Buch-Updates

Registrieren Sie dieses Buch auf unserer Verlagswebsite. Sie erhalten dann Buch-Updates und weitere, exklusive Informationen zum Thema.

Galileo
BUCH UPDATE

Und so geht's

> Einfach **www.galileodesign.de** aufrufen
<<< Auf das Logo **Buch-Updates** klicken
> Unten genannten **Zugangscode** eingeben

Ihr persönlicher Zugang zu den Buch-Updates 114313023750

Christoph Grüder

Adobe InDesign CS3

Das Praxisbuch zum Lernen und Nachschlagen

Galileo Press

Liebe Leserin, Lieber Leser,

vielleicht kennen Sie den Autor dieses Buchs von einer Adobe-Veranstaltung: Christoph Grüder hält dort häufig Vorträge über Adobe InDesign, und er ist dabei so begeisternd und professionell, dass die Anwender ihm stets gebannt zuhören.

So wird es Ihnen auch mit diesem Buch gehen: Es steht unter dem Motto »Professionelles Layout leicht gemacht!« und behandelt alle Aspekte von InDesign, so dass Sie bei einer Frage rund um Ihr Layoutprogramm nur zu diesem Handbuch greifen müssen, um Hilfe zu finden. Und dabei versteht es Christoph Grüder, auch schwierige Themen klar verständlich und leicht zugänglich zu vermitteln und Ihnen so zu einer Lösung Ihrer Probleme zu verhelfen. Besonders ansprechend finde ich außerdem unser Layout: in der Seitenspalte finden Sie viele weiterführende Tipps und Hinweise, die Ihnen die Arbeit mit InDesign CS3 noch weiter erleichtern.

Neben der Behandlung aller Kernthemen von InDesign bietet Christoph Grüder auch einen Einblick in angrenzende Themen wie InCopy CS3, Version Cue und das Troubleshooting und gibt Ihnen Tipps zu hilfreichen Plug-ins. Das Buch wird ergänzt durch eine Referenzkarte, auf der die wichtigsten Tastaturbefehle handlich aufbereitet wurden. Nicht zu vergessen ist auch die DVD, auf der wir für Sie zahlreiche Demoversionen zu Plug-ins und weiterführende Informationen zu PDF, XML, PostScript u. a. gesammelt haben. 2 Stunden kostenlose Video-Lektionen auf der Buch-DVD runden das überzeugende Gesamtpaket ab.

Ich hoffe, dass unser Buch seinen festen Platz neben Ihrem Rechner findet und Ihnen stets weiterhelfen wird!

Ihre Ruth Lahres
Lektorat Galileo Design

ruth.lahres@galileo-presss.de
www.galileodesign.de
Galileo Press • Rheinwerkallee 4 • 53227 Bonn

Die Video-Lektionen auf der Buch-DVD entstammen unserem Video-Training »Adobe InDesign CS3« von Markus Wäger, ISBN 978-3-8362-1036-2. Sie finden folgende Filme:

Kapitel 1: Grundlagen und Farbmanagement

1.1 Neue Funktionen in InDesign CS3 (08:28)
1.2 Weitere neue Funktionen (08:15)
1.3 Tipps für QuarkXPress-Umsteiger (11:15)
1.4 Farbmanagement (06:48)
1.5 Farbeinstellungen (11:24)

Kapitel 2: Arbeiten mit Objekten und Text

2.1 Objekte ausrichten, verteilen und stapeln (08:53)
2.2 Inhalte und Container (11:57)
2.3 Glyphen und Sonderzeichen (04:51)
2.4 Steuerzeichen und Sonderzeichen (10:36)

Kapitel 3: Effekte und fortgeschrittene Funktionen

3.1 Ebeneneffekte und Objektstile (07:00)
3.2 Transparenzeffekte (08:49)
3.3 Effekte einsetzen (08:45)
3.4 Bibliotheken anlegen (07:56)
3.5 Verankerte Objekte (11:49)
3.6 Der Druckfarben-Manager (03:47)

Das Aquarium (
Unterwasserr
genannt, ist die
Meist handelt es sich be
durchsichtigem Kunststo
Mit Hilfe von Fischen u
tieren oder auch Krebsen

ten sich
an Landm
Messung
Wind, W
Tieren, Wolk
dass sich Splitter von

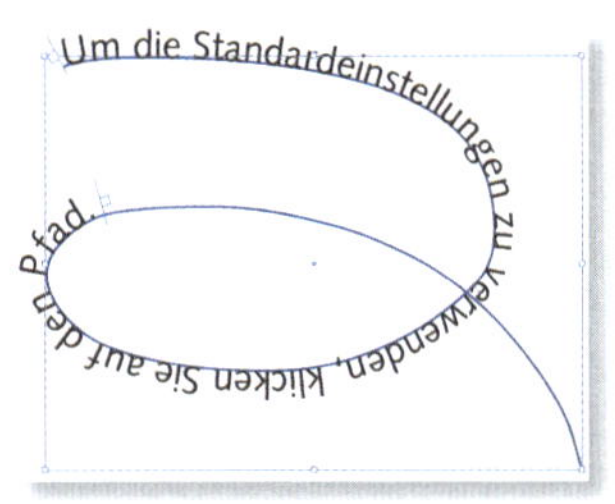
Um die Standardeinstellungen zu verwenden, klicken Sie auf den Pfad.

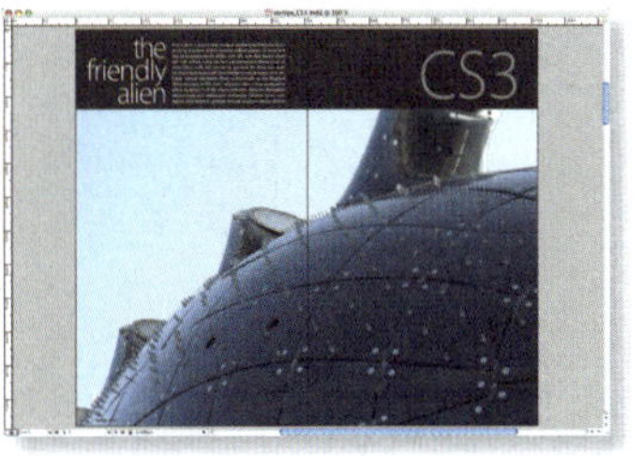
the friendly alien
CS3

Vertigo

1 Mit InDesign CS3 den richtigen Kurs finden

Der kürzeste Weg ist nicht immer der beste. Der schnellste Weg zum perfekten Layout hängt für uns von vielen unterschiedlichen Parametern ab: Von der gestalterischen Erfahrung, von den kreativen Eingebungen, von den jeweiligen Wünschen der Kunden während eines Projekts sowie nicht zuletzt von unvorhersehbaren Schwierigkeiten kurz vor der Drucklegung. Kurz gesagt: Wer beim Rennen um die Layoutkrone ganz nach oben aufs Podest will, sollte sich ausführlich Gedanken um seine Arbeitsweisen machen.

Bei gleichen Voraussetzungen müssen wir als Gestalterinnen und Gestalter für jedes neue Layout individuelle Entscheidungen treffen. Während die gewählte Typografie unter Umständen gut genug ist, um sich an einen aktuellen Trend zu hängen, kann es sich für ungewöhnliche Aufträge lohnen, Kurs auf ein ganz anderes Design zu nehmen.

Jede neue Software-Version wirft bei uns Anwendern die Frage auf, wozu wir ein neues Programm erlernen sollen, obwohl doch mit der vorherigen Version schon alle kreativen Ideen verwirklicht werden konnten. Für Druckvorstufen-Experten bringt jedes Update eines Programms technische Veränderungen mit, die zunächst getestet und bewertet werden wollen.

Für Sie als Gestalterin oder PrePress-Profi zeigen wir in diesem Praxishandbuch, wie Sie mit der neuen InDesign-Version Ihre Ideen umsetzen und produktiv arbeiten. Mehr als bei früheren Ausgaben wollen wir zudem darauf eingehen, welche Arbeitsweisen sich in der Praxis als sinnvoll herausgestellt haben. Dabei kommen uns jahrelange Beobachtung, Schulung und Produktionsbegleitung zugute – Erfahrungen, die wir bei unseren Kunden vor Ort sammeln durften.

Auch für die Vorversionen geeignet

Nicht nur die neuesten Funktionen werden Sie in diesem Buch nachschlagen können, sondern Sie finden auch viele Tipps zu InDesign allgemein, die auch für frühere InDesign-Versionen gelten.

Où est le papillion?
»Das ist Burgunder, und das ist Bordeaux«, sagt Vico von Bülow alias Loriot, als er in der Rolle des Weinvertreters der Weinkellerei Palhuber und Söhne bei einem Hausbesuch beide Weine nacheinander in dasselbe Glas gießt. InDesign kommt nun in der Creative Suite in ungemein charmanter Rotwein-Farbe daher. Welche Assoziationen Sie mit der Farbe verbinden – einen französischen Châteauneuf du Pape oder einen 75er Klöbener Krötenfuhl –, überlasse ich Ihnen gern. Schade nur, dass ein bekanntes Symbol und eine treffende Metapher aus dem Programm genommen wurden: Der InDesign-Schmetterling geht nach gerade vier Versionen in die Geschichte beerdigter Programm-Icons ein und liegt nun friedlich neben der Illustrator-Venus, die es immerhin auf 10 Programmversionen gebracht hat.

1.1 Die Entwicklung von InDesign

1.1.1 Rückblick

Wettbewerb mit Quark

Starke Konkurrenz auf dem Markt soll bekanntlich zu mehr Engagement seitens der Hersteller führen und somit uns Anwendern bessere Produkte bescheren. So hat sich Quark nicht bitten lassen, auf die ständigen Neuerungen von Adobe InDesign mit der lang ersehnten Version Quark 7 zu antworten. Interessant ist das Konzept der Transparenzen in Quark: Die Deckkraft wird über die prozentuale Aufrasterung der Farbe gesteuert. Dadurch werden Verläufe von deckender Farbe zur Transparenz möglich. Dies war bislang mit InDesign nicht möglich, es mussten Umwege gegangen werden, die jedoch umständlich und zeitraubend waren. In der neuen Version CS3 dürfen wir nun die Transparenzeffekte von InDesign bestaunen, die weitaus flexibler als die aus Quark XPress 7 funktionieren. Im entsprechenden Kapitel 13, »Transparenzeffekte«, können Sie sich diese Effekte aneignen.

InDesign 1.0 | Die erste InDesign-Version wurde im Frühjahr 1999 vorgestellt und brachte die bis dahin konkurrenzlose QuarkXPress-Landschaft durcheinander. Nach über zwei Jahren Entwicklungszeit wurde aus dem Projekt unter dem Codenamen K2 das Produkt InDesign 1.0.

InDesign CS | Bis Adobe die Anwender wirklich überzeugen konnte, dauerte es jedoch bis zur Version 3.0 im Frühjahr 2004, besser bekannt als »CS«. Produktionswerkzeuge wie die Ausgabe- und Reduzierungsvorschauen wurden integriert, das ISO-Format PDF/X-3 und /X-1a für drucktaugliche PDF-Dateien fanden den Weg in das Programm, sodass die »Spielzeuge« für Designerinnen und Gestalter wie die Transparenzen auch wirklich ausgegeben werden konnten.

InDesign CS2 | Hinsichtlich der Produktivität und der Integration mit den anderen Produkten der Creative Suite wurde die CS2-Version (4.0) stark überarbeitet, sodass es nicht verwunderlich ist, dass eine der wichtigsten Änderungen außerhalb von InDesign CS2 stattgefunden hat: Mit dem Dateibrowser Adobe Bridge CS2 zog Nachwuchs in die Creative Suite-Familie ein.

1.1.2 Adobe und Macromedia

Die neuen Programmsymbole von InDesign und Co. zeigen es deutlich: Die Programmfamilie der Creative Suite Design Standard und Premium soll nach der Übernahme von Macromedia durch Adobe wie aus einem Guss erscheinen und die Integrationsleistung von Tausenden von Programmierern demonstrieren.

Abbildung 1.1 ▸
Bitte recht freundlich: InDesign im Kreis seiner Verwandten Bridge, Illustrator, Photoshop, InCopy, Acrobat, Flash und Dreamweaver

Auswirkungen auf InDesign CS3 | Der Zusammenschluss mit Macromedia führte bei Adobe natürlich auch zu Umwälzungen. Unter anderem wurde das gesamte Interface der CS3-Programme stark überarbeitet und aneinander angeglichen. Einige aus Flash oder FreeHand bekannte Funktionen wie das Ausrichten von Objekten am Dokumentenformat wurden in InDesign übernommen, und der Dateibrowser Bridge wurde stark verbessert. Damit Sie Layout-Inhalte aus InDesign auch im Internet publizieren können, wurde ein XHTML-Export für DreamWeaver hinzugefügt.

Insgesamt sind die Auswirkungen auf InDesign aus dem Zusammenschluss der Software-Giganten aber eher gering.

1.1.3 Zusammenarbeit mit InCopy

In den letzten zwei Jahren entschieden sich immer mehr große Verlage wie Axel Springer, Burda, Condé-Nast oder Ringier für InDesign und dafür, einzelne Magazine oder ganze Publikationen auf CS2 umzustellen. Ist eine solche Entscheidung erst einmal gefallen, gibt es so schnell kein Zurück. Wichtig in diesem Zusammenhang ist auch die Zwillingsschwester von InDesign: InCopy.

Die Zusammenarbeit der Programme erweist sich als Segen auch für kleine Redaktionen, in denen bislang gar kein Redaktionssystem eingesetzt wurde und der Datenaustausch grundsätzlich über QuarkXPress und Word als Texteditor stattfand. Über ein simples Netzwerk können so Daten zwischen Layout und Textredaktion ausgetauscht werden, und die Arbeit findet parallel statt. Daher finden Sie in diesem Praxishandbuch auch ein Kapitel zu InCopy (Kapitel 26), in dem wir die Redaktionsarbeit im Kleinen wie im Großen erläutern.

Neuerungen wie das Platzieren von InDesign-Dokumenten im Layout sowie die benutzerdefinierten Menüs für eine eingeschränkte Bearbeitung des Layoutdokuments machen jedoch InCopy stellenweise wieder überflüssig. Wir stellen die Vor- und Nachteile gegenüber und zeigen Ihnen, ab welchem Punkt Sie über ein Redaktionssystem nachdenken sollten.

Umstieg von FreeHand

Neben der Verbindung der Programme gibt es noch andere Punkte, die für uns als Anwenderinnen und Anwender ungeklärt sind. Zum Beispiel: »Was passiert mit FreeHand?«.
Viele kleine Agenturen produzieren seit Jahren erfolgreich mit dem vertrauten FreeHand und erstellen auf diese Weise Plakate und Flyer, manch einer sogar seitenstarke Broschüren. Adobe hat Ende 2005 Macromedia übernommen. Daraus folgte, dass FreeHand nun eingestellt wird und den Anwendern von FreeHand Angebote gemacht werden, auf Illustrator umzusteigen. Ist dies die richtige Strategie? Ist nicht InDesign für viele FreeHand-Nutzer aufgrund der Mehrseitigkeit und automatischen Funktionen (Seitenzahlen, Variablen, Musterseiten, Snippets etc.) die bessere Alternative? Ich rate allen FreeHand-Fans, auch einmal ein Auge auf InDesign zu werfen!

1.1.4 Die Zukunft gehört Ihnen

Die technologischen Bausteine von InDesign – PDF, XML, Unicode – haben sich bewährt. Obwohl InDesign technologisch gesehen weitaus komplexer als QuarkXPress ist, haben Entwickler und Kunden Wege gefunden, die Technik sinnvoll anzuwenden. Die unklaren Punkte wie die notwendige RIP-Version für PDF-Dateien aus InDesign oder die Frage nach der Ausbelichtung von Transparenzen erläutern wir in diesem Buch genau, und wir geben Ihnen Tipps aus der Praxis, wie Sie in diesen Untiefen navigieren.

Kritik

Darüber hinaus gibt es aber auch eine Reihe von berechtigter Kritik, die sich Adobe zu Herzen nehmen sollte. Die Bedienung des Textumbruchs gibt vielen Anwendern immer wieder Rätsel auf. Einen Quark-Import für 6.x-Dateien suchen Sie vergebens, und die Komplexität der Formate durch verschachtelte Absatzformate sowie aufeinander basierenden Objektstilen, die sich beide miteinander verbinden lassen, könnte so manche Reinzeichnerin oder manchen Druckvorstufenoperator zur Verzweiflung treiben.

Internationale Standards wie PDF/X-3 und X-1a als Ausgabeformate vereinheitlichen heute schon in vielen Betrieben und Verlagen die Produktion, wobei die Integration des PDF-Formats in InDesign eine seiner vielen Stärken ist. Neu hinzugekommen ist der X-4-Standard, der derzeit als Entwurf bei der ISO vorliegt.

Diese Formate schützen jedoch nicht vor Fehlern. Wir zeigen Ihnen die Möglichkeiten in InDesign, eine Datei druckfertig zu machen, gleich welchen Weg die Daten nehmen.

1.2 Die Creative Suite 3 Design Standard und Premium

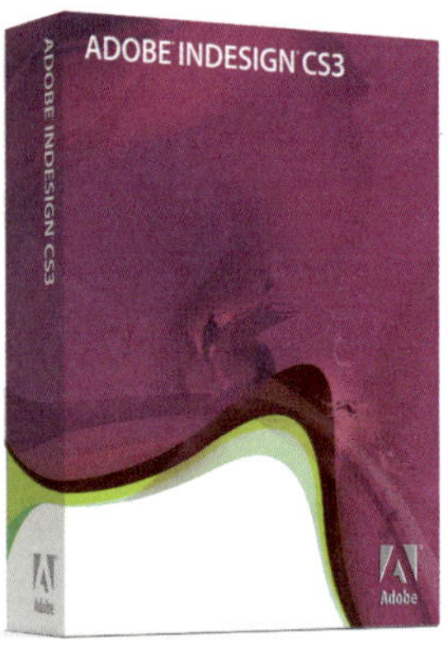

▲ **Abbildung 1.2**
InDesign in der Version CS3

Mit der Creative Suite 3 verstärkt Adobe das Engagement, nicht nur einzelne Lösungen, sondern eine gesamte Plattform anzubieten. Die Programme werden über die Adobe Bridge und über die Servertechnologie Version Cue miteinander verbunden. Das hat Konsequenzen sowohl für die Softwarelizenz als auch für die Technologien.

Die Softwarelizenz auf die Adobe Creative Suite ist eine einzelne Lizenz. Das bedeutet, dass zukünftige Updates auf die gesamte Suite erfolgen können. Neu ist mit der Creative Suite 3, dass Sie auch einzelne Programme der Suite als Update erwerben können. Das nennt Adobe nun »Downgrade«.

1.2.1 Version Cue CS3

Version Cue ist eine Servertechnologie, der es ermöglicht, ein InDesign-Projekt mit mehreren Arbeitsplätzen in gemischten Netzwerken mit PCs und Macs gleichzeitig zu bearbeiten. Haben Sie die Creative Suite 3 auf Ihrem Arbeitsplatz installiert, dann können Sie Projekte eigenständig anlegen und im Netzwerk mit anderen Arbeitsplätzen teilen. Über die einzelnen CS3-Programme können Sie Daten zentral verwalten und lokal auf dem Arbeitsplatz bearbeiten. Über die Bridge CS3 und den Öffnen-Speichern-Dialog im Programm greifen Sie auf die Dateien im Netzwerk zu.

Die Arbeitsgruppe eines Projektes kann mehrere eingebundene Arbeitsplätze umfassen, es gibt keine physikalische Begrenzung. Sinnvoll ist jedoch der Einsatz von Version Cue in kleinen bis mittleren Arbeitsgruppen (2 bis 20 Rechner). Der Zugriff erfolgt über das File Sharing, das FTP- oder HTTP-Protokoll, ermöglicht also auch die Zusammenarbeit über das Internet.

Darüber hinaus kann Version Cue für Sie mehrere Versionen eines Layouts, einer Infografik oder einer Bilddatei speichern.

Somit fällt es leicht, wieder zu einem älteren Stand zurückzukehren oder den Überblick über Gestaltungsvarianten zu behalten.

Wenn Sie InDesign nicht mit der Suite zusammen erworben haben, können Sie kein Version Cue-Projekt anlegen, dafür aber auf freigegebene Projekte im Netzwerk zugreifen. Das gilt ebenso für alle anderen Einzellizenzen. Die genaue Arbeitsweise wird in Kapitel 27, »Version Cue«, beschrieben.

1.3 Design und Layout heute

Ein gutes Layout zur Aufbereitung von visuellen Informationen wird nicht von einer Software gemacht, sondern glücklicherweise von Ihnen – den Grafikerinnen und Gestaltern am Bildschirm. Dabei – so hat es Jan Tschichold betont – ist eine gute typografische Gestaltung immer dann erkennbar, wenn sie sich nicht dem Betrachter aufdrängt, also den Inhalt unterstützt und nicht mit ihm konkurriert. Eine Schrift oder ein Layout ist immer der Träger der Information, die einem Schauspieler gleicht. Das Publikum wird durch eine überzeugende Verkörperung fasziniert.

Die klassische Auffassung von Design ist heute wieder aktueller denn je, da wir in einer Bilderwelt leben, in der sich Trends und Styles einen sehr hohen Wert anmaßen – oft einen höheren, als der mit ihnen codierte Inhalt wirklich bietet. Hinzu kommen Geschwindigkeit und Verbreitung: Während früher zwischen der Erfassung von Information und der Veröffentlichung mehrere Arbeitsschritte und -prozeduren aufgrund der analogen Technologie nötig waren, vergehen heute nur noch wenige Stunden, um die digitalen Medien zu bedienen: Ein digitales Foto ist in wenigen Sekunden aufgenommen, in ebenso kurzer Zeit auf den Computer überspielt und durch automatische Funktionen druckfertig korrigiert worden. Sie müssen somit immer schneller und flexibler für verschiedene Medien gestalten. Für diese Anforderungen wurde InDesign konzipiert.

Die typografische Gestaltung hat durch die digitale Technik ein modernes Gesicht erhalten. Während die Zeiten des Bleisatzes rückblickend nostalgisch verklärt werden, kann niemand leugnen, dass heutige digitale Werkzeuge die typografischen und produktiven Möglichkeiten des Bleisatzes längst übertroffen haben. Dabei sollte sich der Qualitätsmaßstab gleichermaßen aus visuellen Konzepten und handwerklichen Traditionen bilden.

Neue Werkzeuge verändern also auch die Gestaltung, eine Tatsache, der sich Typografinnen und Designer stellen müssen. Unser Anspruch sollte stets sein, dass wir unser Gestaltungsrepertoire nicht von der Software abhängig machen, aber die Software sollte uns alle Möglichkeiten offen halten. Und genau an dieser Stelle setzen wir an.

1.3.1 Danke!

Was wäre ein Buch, wenn wir nicht auch ein paar Worte an die Menschen, die im Hintergrund geholfen haben, richten würden? Ein Dankeschön an die Mitarbeiterinnen und Mitarbeiter der Agentur Cogneus, insbesondere an Kristina Walzer für Ihren Einsatz bei Recherche, Layout und dem Anfertigen von Beispielen und Screenshots. Ein besonderer Dank gilt unserer Lektorin Ruth Lahres für die geduldige und kritische Beurteilung. Darüber hinaus danke ich der Layoutabteilung der MesseZeitung der Schlüterschen Verlagsgesellschaft mbH & Co. KG Hannover für die Vorlagen des Abschnitts Redaktionsworkflow. Wir hoffen, dass Ihnen das Buch einen umfassenden Eindruck von InDesign verschafft und Ihnen Appetit auf eigene Projekte macht. Ebenso ein herzliches Dankeschön an Markus Jasker und Sven Winter für Ihre Version Cue-Unterstützung.

Christoph Grüder

TEIL I
Grundlagen

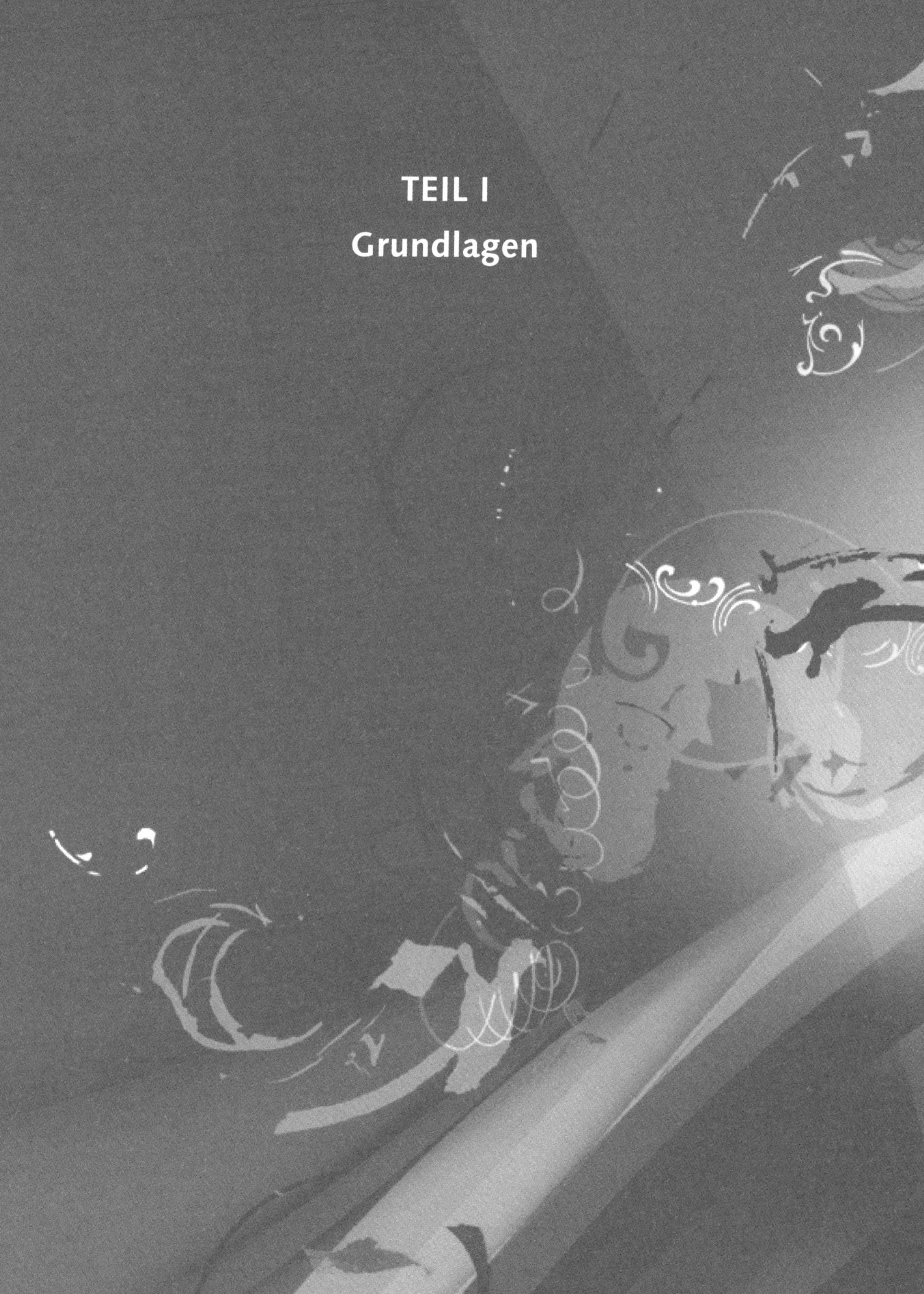

2 Das bietet die Version CS3

2.1 Neu in InDesign CS3

Wer schon mit der InDesign CS2-Version gearbeitet hat oder komplett neu in InDesign einsteigt und sich einen Überblick über die Highlights von InDesign verschaffen will, ist in diesem Kapitel genau richtig. Wir geben Ihnen die nötigen Praxis-Tipps, um von Anfang an mit der CS3-Version produktiv zu arbeiten. Wichtig sind uns bei dieser Betrachtung die kreativen Möglichkeiten und die Produktionstauglichkeit der neuen Funktionen.

Wenn Sie sich selbst einen Überblick über alle neuen oder geänderten Werkzeuge verschaffen wollen, so starten Sie InDesign CS3 und wählen im Menü FENSTER • ARBEITSBEREICH • NEUHEITEN UND VERBESSERUNGEN IN CS3. Sofort stellt InDesign alle Paletten und Menüs um und hebt mit blauer Unterlegung alle wichtigen Änderungen in den Menüs hervor. Viel Spaß bei der Entdeckungsreise! Wenn Sie jedoch eher Schritt für Schritt vorgehen wollen, so lesen Sie hier aufmerksam weiter.

Auf der Buch-DVD finden Sie im Ordner VIDEO-LEKTIONEN Lernfilme zum Thema »Neue Funktionen in InDesign CS3« und »Weitere neue Funktionen«.

Was bietet das Kapitel?

Neue Funktionen, Verbesserungen und was noch fehlt: Dieses Kapitel bietet Anfängern und Profis einen Überblick über InDesign CS3 in seiner fünften Überarbeitung.

2.1.1 Transparenzeffekte

Mit der Deckkraft, den Transfermodi wie Multiplizieren oder einer weichen Kante haben Sie vielleicht schon einmal in InDesign CS oder CS2 gearbeitet. Diese Transparenzeffekte orientierten sich immer am gesamten Rahmen, unabhängig vom Inhalt. Wenn Sie also bislang einen Textrahmen auf 50 % Deckkraft gestellt haben, so wurde auch die Schrift darin transparent.

Adobe hat nun zahlreiche aus Photoshop bekannte Effekte wie den SCHEIN NACH AUSSEN oder ABGEFLACHTE KANTE UND RELIEF in InDesign integriert. Darunter befinden sich auch so einfache wie geniale Werkzeuge wie die WEICHE VERLAUFSKANTE, mit der sich faszinierende Entwürfe realisieren lassen.

Aber das ist nicht das Entscheidende. Viel wichtiger ist, dass Adobe das Transparenzmodell stark verbessert hat, nämlich die Steuerung, was in einem Rahmen überhaupt transparent erscheinen soll: Kontur, Fläche oder Schrift.

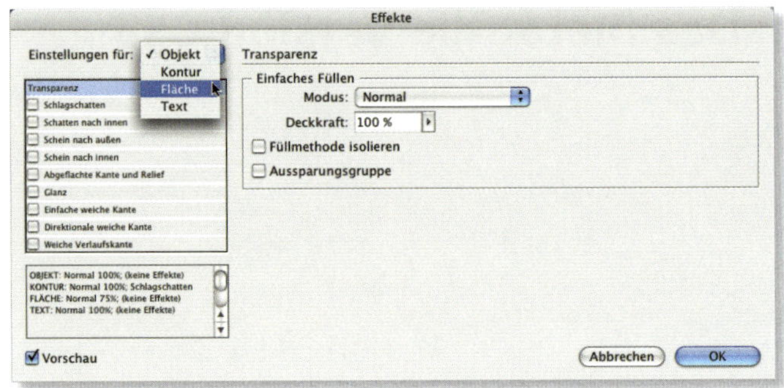

Abbildung 2.1 ▸
Alle Elemente eines Rahmens wie die Füllung, Kontur oder die Typografie können nun unabhängig voneinander transparent gestaltet werden, wie in der neuen Palette EFFEKTE gut zu erkennen ist.

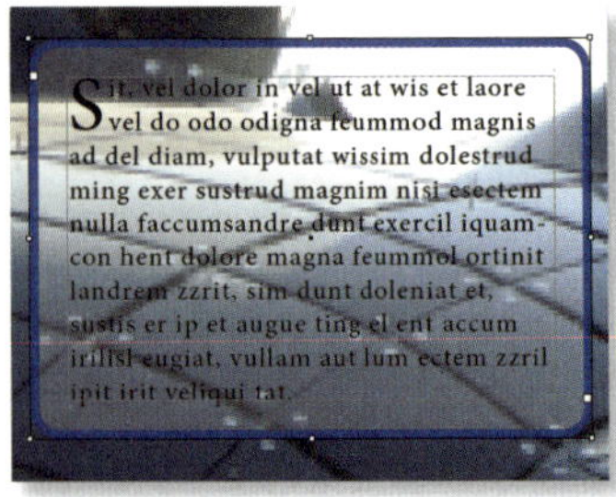

▴ Abbildung 2.2
Verschiedene Transparenzen auf einem Textrahmen mit deckender Schrift

Was bedeutet das für unsere Layoutarbeit? | Wir können nun einen einzigen Textrahmen so einstellen, dass die Schrift deckend auf 100 % Schwarz bleibt, die Rahmenfläche jedoch dahinter auf z. B. 30 % reduziert wird. Auch die Kontur könnte eine unabhängige Transparenz einnehmen. Somit ersparen wir uns das lästige Anlegen von unterschiedlich deckenden Rahmen übereinander. Der einzelne transparente Rahmen ist natürlich so flexibel wie gewohnt (Abbildung 2.2).

Menü Effekte | Alle Transparenzen zusammen nennt Adobe nun »Effekte«, darunter auch die altbekannte weiche Kante oder der klassische Schlagschatten. Somit sind nun alle Transparenzen im Menü OBJEKT • EFFEKTE… zusammengefasst, inklusive der sinnvollen Funktion SÄMTLICHE TRANSPARENZ LÖSCHEN. Der neue Name und das verwendete Kürzel »fx« – das steht im Englischen für »effects« – dienen weniger der Produktivität, aber dafür klingt es cooler.

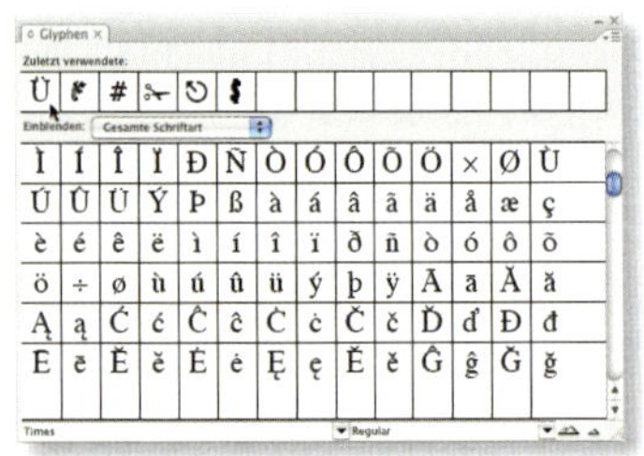

▴ Abbildung 2.3
Die Glyphen-Palette mit der neuen »Merkfunktion«.

2.1.2 Glyphen-Palette mit Gedächtnis

Wenn Sie Sonderzeichen für andere Sprachen, Sonderzeichen oder Ligaturen aus installierten Schriften suchen wollen, ist die Glyhen-Palette genau das Richtige für Sie. Nur für den häufigen Gebrauch derselben Zeichen war sie bislang weniger geeignet. Nun merkt sich die Glyphen-Palette in einer eigenen Zeile, welche Zeichen Sie zuletzt aus verschiedenen Schriften per Doppelklick im Text angewendet haben Somit fällt das Auffinden des gewünschten Zeichens zu einem späteren Punkt deutlich leichter.

2.1.3 Gleichzeitiges Platzieren mehrerer Dateien

Die Bezeichnung der Funktion fällt äußerst harmlos aus, wenn Sie sie mit der internen Bezeichnung der Adobe-Entwickler vergleichen: »Place Gun«. Es hört sich rasend schnell an, und so ist es auch: Wählen Sie in der Adobe Bridge oder auf dem Arbeitsplatz/Finder mehrere Dateien aus, und ziehen Sie die Dateien in das geöffnete Layoutdokument. Sofort berechnet InDesign eine kleine Vorschau dieser Bilder und auch von Texten, sodass Sie genau wissen, welches Bild gerade am Mauszeiger »klebt«.

Mit einem Klick platzieren Sie die Bilder auf den Druckbogen oder in vorbereitete Platzhalterrahmen. Mit trickreichen Tastenbefehlen können Sie die noch nicht platzierten Bilder auch durchblättern – oder »nachladen«, um in der Sprache der Entwickler zu bleiben.

Sie werden diese Funktion bei häufig wiederkehrenden Katalogen oder Broschüren lieben, wenn Sie nur die Inhalte erneuern sollen, der Stehsatz jedoch erhalten bleibt. Schauen Sie sich in diesem Zusammenhang auch die Rahmeneinpassungsoptionen einmal an, und lernen Sie, was Geschwindigkeit mit InDesign bedeutet.

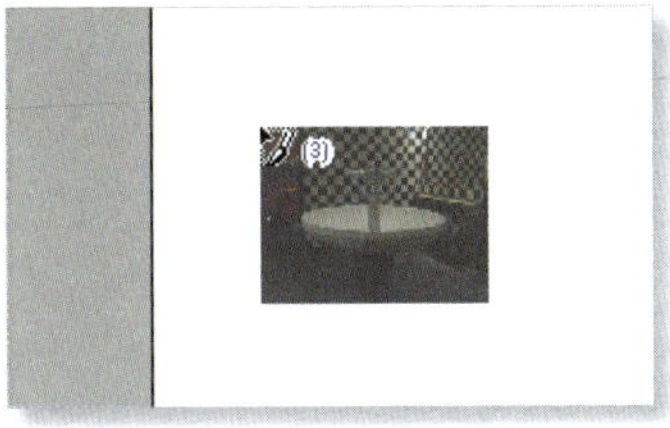

▲ **Abbildung 2.4**
Die Platzieren-Vorschau

2.1.4 Visuelle Seiten-Palette

Eine bessere Orientierung versprechen die neuen Seitenvorschauen in der Seiten-Palette von InDesign. Sie können zwischen winzigen bis riesigen Vorschauen wählen, und Sie sehen auch, was sich auf den Seiten befindet, auf die Sie wechseln wollen. Zudem wurde der Umgang mit zusammenhängenden Doppelseiten verbessert, sodass die Seitenreihenfolge nicht unbeabsichtigt durcheinandergerät. Den Umgang mit der Seitenmontage zeigen wir Ihnen auch ausführlich in Kapitel 5, »Neue Dokumente«.

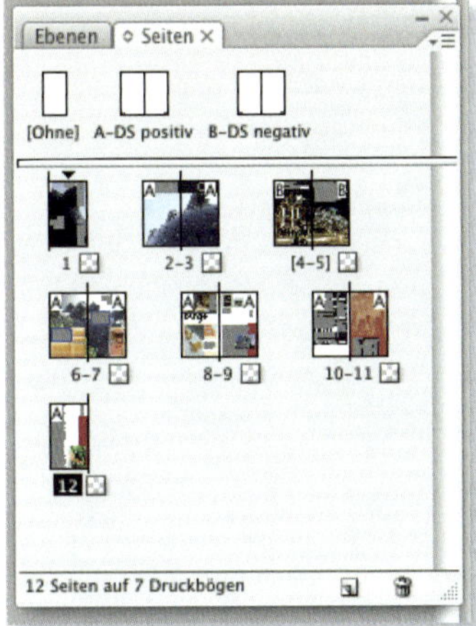

▲ **Abbildung 2.5**
Ansicht der Seiten-Palette mit Miniaturen

2.1.5 Suchen und Ersetzen von Inhalten und Eigenschaften

Hatten Sie nicht schon immer den Wunsch, genau eine grafische Eigenschaft im Layout zu finden und diese durch eine andere zu ersetzen? Zum Beispiel die Konturen unterhalb von 0,1 Punkt auf mindestens 0,25 Punkt zu stellen? Gut, das haut Sie nicht vom Hocker, verhilft aber dem Druckvorstufenleiter zu einer ruhigen Nacht. Wie sieht es mit irrtümlich verwendeten Farben oder Kontureneffekten aus? Mit falschen Schnitten in der Typografie? Oder mit konkreten Unicode-Zeichen aus einer OpenType-Schrift?

Alle diese Fälle können Sie nun beliebig miteinander kombinieren und tatsächlich über die Funktion SUCHEN UND ERSETZEN lösen. Darüber hinaus hat Adobe eine Neuerung eingeführt, die vielleicht die eine Designerin oder den anderen Druckvorstufenprofi rätselhaft anmuten könnte: die regulären Ausdrücke, kurz GREP genannt. Was ist damit möglich? Kurz gesagt: alles. Jede logische Abfolge von Zeichen und Eigenschaften lässt sich damit in InDesign aufspüren und durch mindestens ebenso mächtige wie komplexe logische Abfolgen ersetzen. Wem das jetzt zu abstrakt ist, der kann sich in Kapitel 7, »Texte platzieren und bearbeiten«, einige Beispiele anschauen.

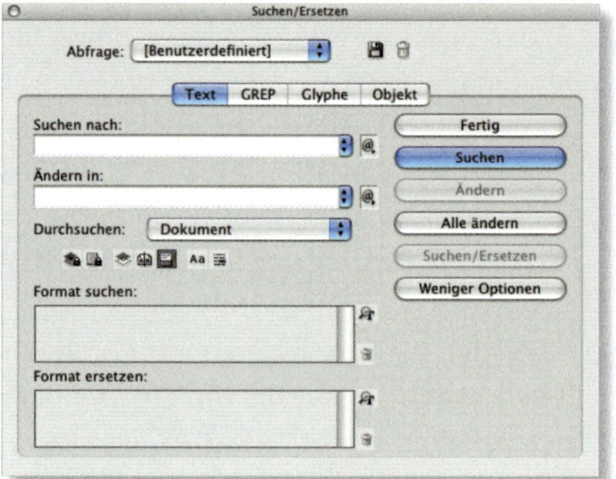

Abbildung 2.6 ▸
Die mächtige Suchfunktion von InDesign

Übrigens: Das Suchen und Ersetzen von simplen Textpassagen ist natürlich auch weiterhin möglich.

2.1.6 Schnell anwenden

Das gab es schon in der Version CS2: Wenn Sie den Tastenbefehl Strg+↵/⌘+↵ drückten, erschien ein kleines Fenster mit allen zur Verfügung stehenden Absatz- und Zeichenformaten im Layoutdokument. Neu hinzugekommen sind nun die Tabellen- und Zellenformate sowie Einträge in den Menüs, die Sie über eine Eingabezeile suchen können. Sie finden die Funktion Schnell anwenden jetzt überall dort, wo ein kleines Blitz-Symbol in den Paletten erscheint.

Geben Sie an dieser Stelle einen konkreten Suchbefehl ein, so erhalten Sie unter Umständen eine sehr lange Liste von möglichen Treffern, darunter auch Artikel in der Programmhilfe. Das ist zwar gut gemeint, führt aber zu einer solchen Unmenge an Treffern, dass Sie die Funktion nicht noch einmal bemühen wollen. Schalten Sie an dieser Stelle die Einträge aus der Hilfe und Menüeinträgen einfach ab. Somit werden Ihnen nur die Absatz-, Zeichen- oder Tabellenformate angezeigt. Wie das funktioniert, zeigen wir Ihnen in Kapitel 3, »Die Arbeitsoberfläche«, sowie in Kapitel 9, »Absatz- und Zeichenformate«.

2.1.7 Tabellen- und Zellenformate

»Endlich!«, mögen viele sagen, die bislang mit InDesign CS2 und Tabellen nicht so richtig warm geworden sind, obwohl das Formatieren von Tabellen durchaus eine komfortable Angelegenheit war. Nur das Speichern der Formatierungen war bislang nicht möglich. Auch das Übertragen von Formatierungen per Pipette etc. war nicht möglich. Die anderen Anwender haben sich das Plug-in vom Software-Hersteller Teacup gekauft und waren glücklich. Da hat sich Adobe gedacht: »Bevor wir das selbst programmieren, kaufen wir das Plug-in für CS3 und nennen es fortan »Tabellen- und Zellenformate.«

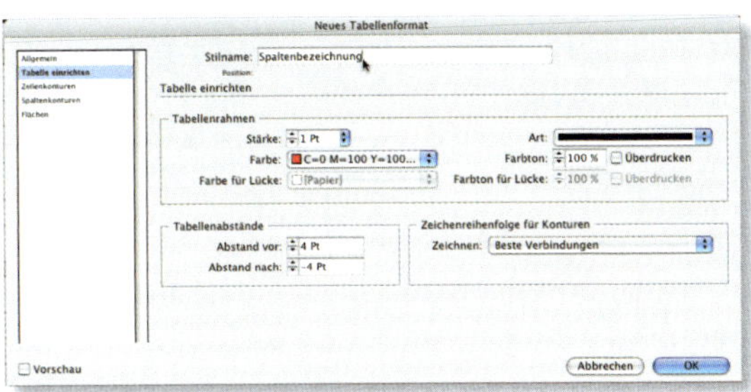

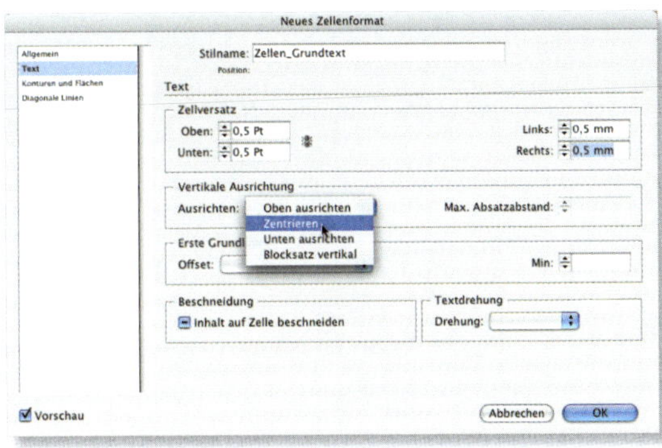

▲ **Abbildung 2.7**
Übersichtliche Menüführung beim Anlegen von Tabellen- und Zellenformaten

Doch diese Formate können noch mehr, als bislang in InDesign mit Kopf- und Fußzeilen zu gestalten war. Sie kennen auch die Unterscheidung zwischen linker erster und rechter letzter Spalte. Somit kann eine Legende oder eine Aufzählung unabhängig vom eigentlichen Tabelleninhalt herausgestellt werden.

In der Kombination mit Zellenformaten, Absatz- und Zeichenformaten machen die Tabellenformate erst so richtig Sinn und dienen uns als produktives Werkzeug. Sehr schön gelöst ist auch das Platzieren von Tabellen: InDesign fragt uns, ob die Tabelle unformatiert importiert und gleich einem Tabellenformat zugeordnet werden soll. Dadurch wird also das Importieren und Formatieren erheblich vereinfacht. Letztlich müssen Sie nur noch die Zellen ausrichten und eventuell verbinden.

2.1.8 Platzieren von InDesign-Dateien

Anzeigen, Layoutbereiche oder gedrehte montierte Rahmen können Sie ab der neuen Version CS3 als eigenständige InDesign-Dateien in eine andere Layoutdatei platzieren. Somit entfällt der Umweg über PDF-Dateien. Als Alternative standen beispielsweise Illustrator-Dateien zur Verfügung, deren typografischen Formatierungen jedoch häufig zu wünschen übrig ließen. Platzierte InDesign-Dateien können insgesamt oder in einzelnen Seiten platziert werden. Die Verknüpfung-Palette verwaltet auch dieses Format, um Änderungen zu aktualisieren oder die Datei separat mit dem Befehl Original bearbeiten zu öffnen. Was genau beim Verpacken oder beim Drucken mit diesen platzierten Dateien passiert, zeigen wir Ihnen ausführlich in Kapitel 20, »Preflight und verpacken«.

HINWEIS

Ganz nebenbei hat Adobe eine unschöne Eigenschaft von InDesign entfernt: Wenn Sie mehrere Tabellenzellen miteinander verbinden, um alles in einer Zelle darzustellen, hat InDesign bislang den Inhalt der anderen Zellen gelöscht, es blieb nur der Inhalt der ersten Zelle übrig. Nun werden in der CS3-Version die Zelleninhalte per Absatz in der verbundenen Zelle aufgelistet, es geht kein Inhalt mehr verloren.

2.1.9 Schnelle Rahmeneinpassung

Das Platzieren von mehreren Bildern in einem Schritt ist eigentlich erst dann sinnvoll, wenn zuvor Platzhalterrahmen im Layout angelegt werden. Wie schön wäre es, wenn diese Platzhalterrahmen bereits wüssten, in welcher Form Bilder, Grafiken,

InDesign- oder PDF-Dateien mit oder ohne Anschnitt »den Rahmen proportional füllend« oder zentriert eingesetzt werden?

Diese Vorgaben stellen Sie unter den RAHMENEINPASSUNGSOPTIONEN ein (Abbildung 2.8). Das Platzieren von Bildern verkürzt sich dadurch immens, wenn das Layout feststeht. Also werden Sie Ihre Kataloge mit InDesign CS3 deutlich schneller bearbeiten können. Das lästige zusätzliche Anpassen an den Rahmen oder das Skalieren von hochauflösenden Bildern auf eine brauchbare Größe im Layout entfallen. Danke, Adobe, danke!

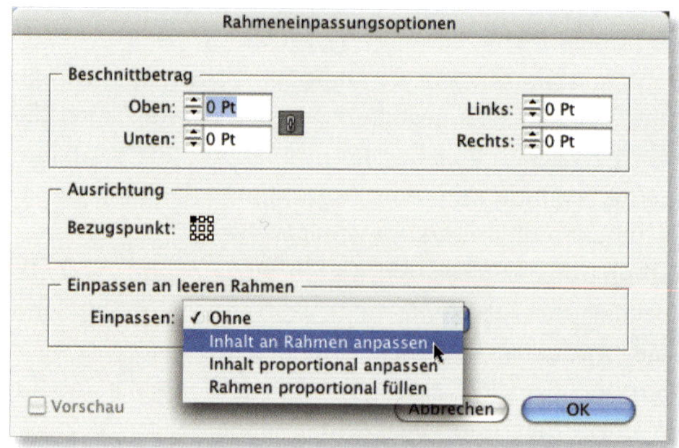

Abbildung 2.8 ▶
Die Rahmeneinpassungsoptionen für ein exaktes Platzieren.

2.1.10 Neu bei den Mustervorlagen

Ebenso wie Sie Formate aus anderen Dokumenten öffnen können, importieren Sie nun auch Mustervorlagen in ein neues Dokument. Darüber hinaus können Sie einstellen, ob einzelne Rahmen auf der Mustervorlage auf einer zugewiesenen Layoutseite bearbeitet werden dürfen. Das Ablösen dieser Objekte von der Mustervorlage ist per Tastenbefehl nicht mehr möglich.

Haben Sie schon einmal mit einem InDesign-Buch gearbeitet, in dem mehrere Layoutdokumente als durchnummerierte Kapitel zusammengefasst werden? Falls nicht, sollten Sie sich Kapitel 15, »Buch, Bibliothek und Snippets«, zu Gemüte führen. Kennen Sie bereits die Buch-Funktion, so werden Sie sicher erfreut sein, dass es nun mit InDesign CS3 möglich ist, die Mustervorlagen der Buchdateien miteinander zu synchronisieren. Ändern sich also der Satzspiegel, Kopf- oder Fußzeilen für das gesamte Buch, so müssen Sie nur die Mustervorlage einmal im »Master«-Dokument ändern. Die neue Mustervorlage wird dann über die Buch-Palette mit den anderen gleichnamigen Mustervorlagen abgeglichen.

2.1.11 Objektausrichtung am Seitenrand oder am Dokumentenformat

Lauter kleine Optimierungen hat Adobe aus der langen Liste der Funktionswünsche der Kunden umgesetzt, darunter auch die

Option, Rahmen am Seitenformat oder an den Layouträndern mit einem Klick auszurichten. Somit benötigen Sie keine »blinden« Rahmen ohne Kontur und Füllung in der Größe des Seitenformats mehr, die Ihnen beim gemeinsamen Ausrichten helfen.

2.1.12 Aufzählungen

Die aus PageMaker eingebürgerten Aufzählungen von aufeinanderfolgenden Absätzen hatten in den früheren Versionen CS und CS2 immer den Nachteil, dass nur eine Aufzählungshierarchie möglich war. Unterpunkte konnten nur durch externe Plug-ins oder Skripte erstellt werden. Nun dürfen Sie sich freuen und Unterpunkte wie z. B. 3.1.5 erstellen, die auch durchgehend durch ein gesamtes Dokument aufgezählt werden. Wie Sie die Aufzählungen anwenden, zeigen wir Ihnen in Kapitel 9, »Absatz- und Zeichenformate«.

Zentriert platzieren

Wählen Sie einen Rahmen mit dem Auswahl-Werkzeug an und schneiden Sie ihn mit ⌘+X/Strg+X aus dem Layout aus. Wählen Sie nun die ganzseitige Darstellung der Layoutseite oder des Druckbogens mit ⌘/Strg+0 bzw. ⌘/Strg+Alt+0. Fügen Sie nun den Rahmen aus der Zwischenablage mit ⌘/Strg+V ein. Der Rahmen erscheint nun exakt in der Seitenmitte, ganz ohne zusätzliche Ausrichten-Palette.

2.1.13 Erweiterte Konturenführung

Das Verdrängen von Texten durch Freisteller – kurz »umfließen« genannt – ist nun mit höherem Komfort möglich. So bietet InDesign die Option, den Bereich links oder rechts eines Freistellers auszulassen und den Text in jedem Fall zu verdrängen, um unliebsame Textverdrängungen mit einzelnen Wörtern zu vermeiden. Was mit der Konturenführung noch alles möglich ist, zeigen wir Ihnen in Kapitel 12, »Platzieren«.

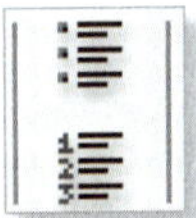

▲ **Abbildung 2.9**
Die Aufzählungsbuttons bei aktivem Textwerkzeug in der Steuerungspalette

2.1.14 Formatgruppen

Wenn Sie angesichts von bis zu 50 Absatzformaten im Magazin- oder Kataloglayout die Übersicht behalten wollen, so gruppieren Sie sich Ihre Formate in den neuen Formatgruppen. Das funktioniert mit Absatz-, Zeichen-, Tabellen- und Zellenformaten sowie mit Objektstilen. Somit ist das Organisieren z. B. nach Fließtext-Formaten, Überschriften, Bildunterschriften oder Infografiken möglich.

2.1.15 Verschachtelte Formate

Eine sinnvolle Verbesserung fand auch in den aus der CS2-Version bekannten verschachtelten Formaten statt. Das Wiederholen von Zeichenformaten in einem Absatzformat ist jetzt bis zum Absatzende möglich. Sie können darin auch die Anzahl der wiederholten letzten Zeichenformate begrenzen. Eine schöne Anwendung zeigen wir Ihnen in Kapitel 9, »Absatz- und Zeichenformate«.

Kopieren von Formatgruppen

Kopieren Sie Textrahmen formatiert mit Absatzformaten in ein anderes Dokument, so werden auch die Formatgruppen mit übernommen. Dies funktioniert übrigens auch mit Snippets und Bibliotheksobjekten.

2.1.16 Komplett renovierte Programmoberfläche

Vielleicht haben Sie sich bei Illustrator, InDesign und Photoshop schon einmal gefragt, weshalb die Programmoberflächen immer wieder unterschiedlich aufgebaut sind. Was in einem Programm funktioniert, sucht man in einem anderen vergebens, so zum Beispiel auch die Arbeitsumgebungen, die erst nacheinander in Photoshop, dann in InDesign und zuletzt in Illustrator integriert wurden.

Für die CS3-Version hat sich das UI-Team (User Interface) von Adobe mächtig ins Zeug gelegt und alle Programmoberflächen stark überarbeitet. InDesign wartet mit einer vollständig überarbeiteten Programmoberfläche auf.

Werkzeuge werden nun einspaltig dargestellt, Paletten werden in Gruppen zusammengefasst und am rechten wie am linken Rand in dunkel gehaltenen Palettenbereichen zusammengefasst. Bei einem Klick auf einen Palettennamen oder ein Paletten-icon springt die Palette auf und bleibt so lange sichtbar, bis eine andere Palette aufgerufen wird. Somit sind nur diejenigen Funktionen sichtbar, die wirklich benötigt werden, und es bleiben alle Paletten an ihrem Platz.

Nicht immer führt das zur gewünschten Verbesserung in der Bedienung, wenn Sie beispielsweise eine Farbe aus der Farbfelder-Palette in die Verlauf-Palette per Drag & Drop ziehen wollen. Wie Sie dies dennoch erreichen, zeigen wir Ihnen neben zahlreichen anderen Verbesserungen in der Bedienung in Kapitel 3, »Die Arbeitsoberfläche«.

Abbildung 2.10 ▼
Die Mac-Oberfläche von InDesign CS3

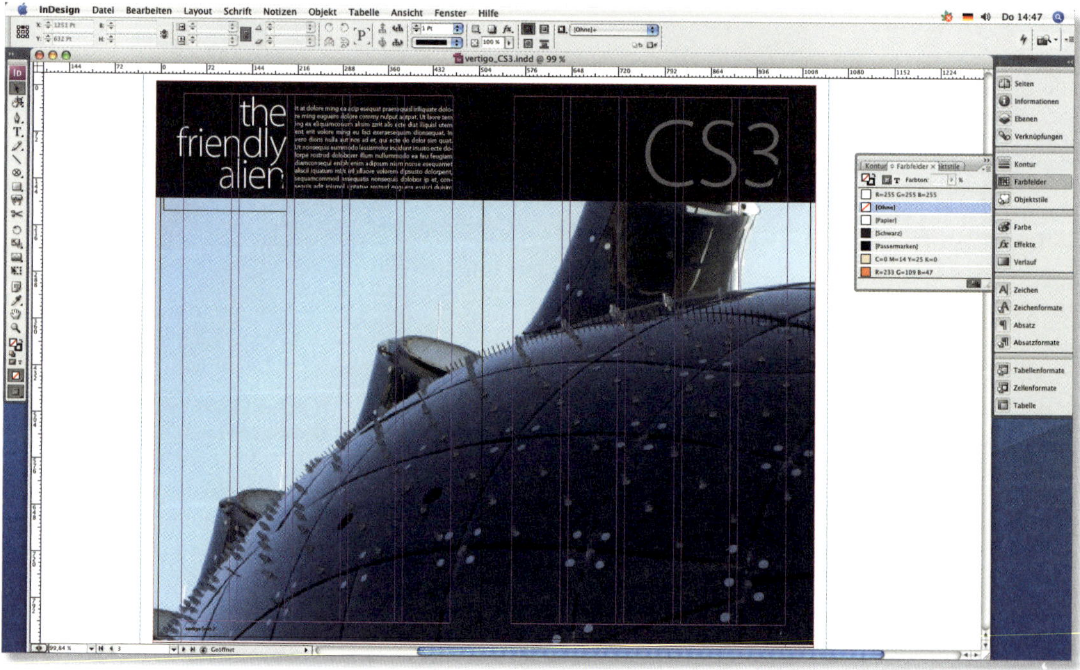

2.1.17 Benutzerdefinierte Menüs und Arbeitsbereiche

Neben der Anordnung der Palettenpositionen lassen sich auch die Menüs frei konfigurieren. Alle Einträge unter der Menüleiste können somit individuell sichtbar oder unsichtbar gemacht oder durch eine Farbe hervorgehoben werden.

Zudem ist das Kontextmenü ebenfalls konfigurierbar. Was soll das? Für Anwenderinnen und Anwender, die nur selten grundlegende Funktionen in InDesign nutzen (wie die Textwerkzeuge oder das Platzieren von Bildern), können eben diese Funktionen farblich hervorgehoben werden. Andere Werkzeuge, die nicht bedient werden sollen (wie die Transparenzreduzierungsvorgaben), verschwinden aus den Menüs oder werden ausgegraut, also deaktiviert dargestellt. Somit kann InDesign in der Programmoberfläche an alle Bedürfnisse des Einzelnen angepasst werden, und die Komplexität des Programms wird auf das Nötige reduziert.

Für häufige Anwendungsfälle hat Adobe feste Arbeitsbereiche eingerichtet: Grundarbeitsbereich oder Druckausgabe und Proofs (Abbildung 2.11). Was sich dahinter verbirgt, zeigen wir in Kapitel 3, »Die Arbeitsoberfläche«.

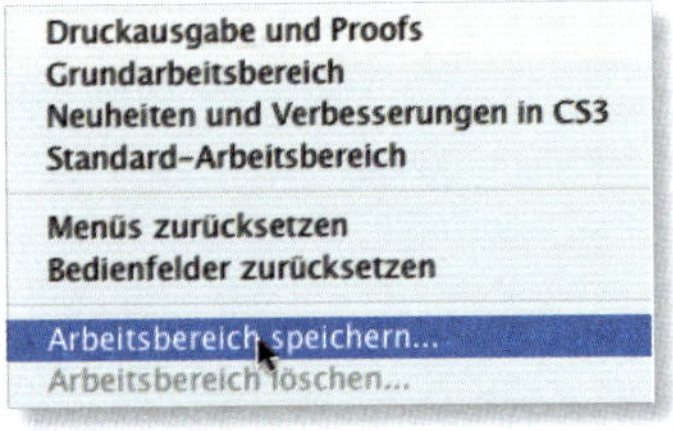

▲ **Abbildung 2.11**
Es ist möglich, feste Arbeitsbereiche auszuwählen oder sich seinen eigenen Arbeitsbereich zu sichern.

2.1.18 Erweiterte Steuerungspalette

Alles auf einen Blick: Die Steuerungspalette in InDesign bietet je nach angewähltem Rahmen und Werkzeug die wichtigsten Informationen wie die Position im Layout, Vergrößerungsfaktoren oder typografische Maße. Neu hinzugekommen sind Buttons zum Spiegeln und Drehen von Rahmen, das Ausrichten anhand der Seite oder das Öffnen der Bridge. Darüber hinaus passt sich die Anzahl der Funktionen auf der Palette an die Monitorauflösung und an das Programmfenster an, sodass beispielsweise auf einem 24-Zoll-Monitor mit 1920 × 1280 Pixeln alle typografischen Zeichen- und Absatzformatierungen nebeneinander passen. Ein Umschalten zwischen den beiden Funktionsgruppen ist dann nicht mehr nötig. Weitere Neuigkeiten stellen wir detailliert in Kapitel 3, »Die Arbeitsoberfläche«, vor.

2.1.19 Doppelklick-Funktionen: Direktauswahl und Auswahl von Gruppenobjekten

Der Doppelklick bekommt in InDesign CS3 einen neuen Stellenwert: Wenn Sie einen Rahmen für Grafiken oder Bilder aufgezogen haben und die Rahmenform bearbeiten wollen, müssen Sie nur noch doppelt auf den Rahmen klicken, und Sie erhalten das Werkzeug Direktauswahl. Damit können Sie nun die Ankerpunkte der Rahmenform bearbeiten. Mit einem erneuten Doppelklick gelangen Sie wieder zum normalen Auswahl-Werkzeug

Zoomfaktor

Sie kennen das sicher, sollten Sie schon einmal mit InDesign gearbeitet haben: Sie arbeiten an einem typografischen Detail und haben dafür einen großen Zoomfaktor gewählt. Wenn Sie daraufhin die Seite in der Seiten-Palette wechseln, springen Sie nicht nur auf die gewünschte Seite, sondern Sie verlassen auch den Vergrößerungsmaßstab, und die Seite wird zu 100 % im Fenster dargestellt. Dies können Sie sich nun in InDesign sparen: Bei einem Wechsel der Seite behält InDesign auch den Vergrößerungsfaktor bei.

zurück und verschieben oder skalieren den Rahmen. Für Textrahmen hingegen verwandelt sich das Auswahl-Werkzeug mit einem Doppelklick in das Textwerkzeug.

Haben Sie einzelne Rahmen zu Gruppen zusammengefasst, so war es bislang schwierig, ein einzelnes Element darin nachträglich zu bearbeiten. Jetzt erreichen Sie einen einzelnen Rahmen per Doppelklick auf die Rahmengruppe. Zudem wechselt das Werkzeug automatisch auf das Direktauswahl-Werkzeug bei einem Grafikrahmen oder platzierten Bild. Das Textwerkzeug erscheint, wenn Sie in der Gruppe auf einen Textrahmen doppelklicken. So einfach kann das sein!

2.1.20 XHTML-Export

Anstelle des in InDesign CS2 enthaltenen GoLive-Exports von Layoutdaten hat Adobe nun wieder einen XHMTL-Export eingeführt, sodass Sie Ihre grafischen Entwürfe und Textinhalte für eine Website aufbereiten können. Selbstverständlich ist dieser Export für Dreamweaver CS3 optimiert, sodass Sie nach dem Export alle Inhalte in eine HTML-Seite mit CSS-Formatierung übernehmen können. Diesen »medienübergreifenden Export« zeigen wir Ihnen im Zusammenhang mit dem Export für Adobe Digital Editions.

2.1.21 Export für Adobe Digital Editions

Die Adobe Digital Editions entstammen einer alten Idee aus dem Jahr 2000, als Adobe die Firma Glassbook übernommen hat. Deren Know-how bestand in einem E-Book-Reader (Glassbook-Reader) für elektronische Bücher im PDF-Format sowie in einer Servertechnik zur EBX-Verschlüsselung von PDF-Dateien. Durch diese Verschlüsselung ist eine Lizenzierung einer einzigen PDF-Datei für eine konkrete Hardware-Konstellation möglich. Das bedeutet: Wenn Sie ein elektronisches Buch in Form einer PDF-Datei über das Internet erwerben, können Sie diese Datei nur auf Ihrer Hardware benutzen. Es sind natürlich auch bestimmte Freiheiten möglich: Somit kann man die Datei »ausleihen«, also für einen gewissen Zeitraum auf eine andere Hardware kopieren. Läuft die Zeit ab, wird die PDF-Datei gesperrt und kann nicht mehr genutzt werden.

Nun hat Adobe nach dem großen Flop von sogenannten E-Book-Lesegeräten zwischen 2000 und 2002 diese Idee wieder aufgegriffen und sie unter neuem Namen und mit neuer Flash-basierter Technik und im XHTML-Format umgesetzt.

Aus InDesign heraus können Sie also nun genau für diesen Zweck Layoutdateien exportieren, die jedoch erst über ein Webportal und einen Verschlüsselungsserver zu einer echten elek-

Reader-Software

Eine entsprechende Reader-Software zum Anzeigen und Verwalten der Bücher auf dem Computer ist bei Adobe unter dem Link *http://www.adobe.com/products/digitaleditions* erhältlich.

tronischen Buchdatei werden. Welche Einstellungen hierbei zu beachten sind, zeigen wir Ihnen in Kapitel 25, »XML-Publishing«.

2.1.22 Optimierung für InCopy CS3

Die Zusammenarbeit mit InCopy – dem Textwerkzeug für Redakteurinnen und Journalisten – ist seit InDesign 2 möglich. InCopy ist ein eigenständiges Programm für Redaktionen, und es ist für die komfortable Textarbeit ausgelegt. Sie können in InDesign Layouts für InCopy so vorbereiten, dass ein Mitarbeiter aus der Redaktion darauf zugreift und Textänderungen vornehmen kann, während Sie weiter am Layout arbeiten. Beide Programme interagieren dabei miteinander über ein Netzwerk oder ein Redaktionssystem. Diese Zusammenarbeit erläutern wir genauer in Kapitel 26, »Redaktionsworkflow mit InCopy«.

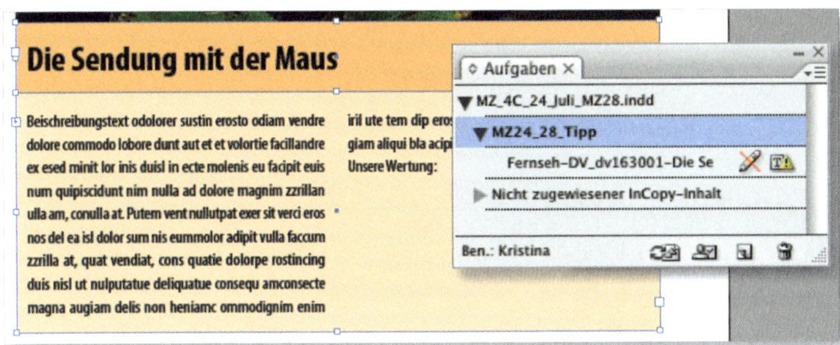

◂ **Abbildung 2.12**
Aufgaben in InCopy

Um InDesign zusammen mit InCopy zu verwenden, war es bislang notwendig, zusätzliche Plug-ins für InCopy zu installieren. Dies können Sie sich nun in der neuen Version CS3 ersparen: Die Funktionen sind bereits integriert, sodass also jede InDesign-Installation bereits optimal für den InCopy-Workflow vorbereitet ist. Bitte beachten Sie, dass Sie ohne InCopy in einem Netzwerk oder an einem anderen Arbeitsplatz diese Funktionalität nicht nutzen können. Ein Deaktivieren dieser Menübefehle zum Beispiel im Menü Bearbeiten • InCopy ist daher empfehlenswert.

2.1.23 Unterstützung durch den InDesign CS3 Server

InDesign und InCopy bilden die Programme für die Anwender im Layout und in der Redaktion. Wie sieht es jedoch bei automatisierten Workflows aus? InDesign allein lässt sich über XML und JavaScripts steuern, sodass Datenbank-Inhalte im Layout platziert werden und im Nachhinein bearbeitet werden können. In einem Netzwerk auf einem Server sieht das schon anders aus. Hierfür bietet Adobe eine Server-Version von InDesign CS3 an. Informieren Sie sich bitte über den Einsatz des Servers auf der Website von Adobe.

2.1.24 Komfortables Platzieren und erweiterte Verknüpfung-Palette

Ob Sie nun das richtige Bild zum Platzieren ausgewählt haben, sehen Sie gleich in der Vorschau. InDesign berechnet eine Miniatur jedes Bildes, das Sie platzieren wollen. Das ist sehr bedienfreundlich und verhindert Verwechselungen. Auch bei Texten wird der Beginn des Textes beim Platzieren angezeigt, sodass Sie sich vergewissern können, die richtige Datei erwischt zu haben.

Ein Grund zum Ärgern weniger: Die platzierten Dokumente im Layout können nun in der Verknüpfung-Palette u.a. nach Seite oder Name neu sortiert werden. Somit ist das manuelle Korrigieren von fehlenden oder geänderten Verknüpfungen pro Seite einfacher.

Wird ein platziertes Bild neu verknüpft, weil es geändert wurde oder durch ein neues Dokument ersetzt werden soll, wird das neue Bild in derselben Vergrößerung platziert wie sein Vorgänger. Zudem können Sie auch alle Instanzen – also alle Stellen, an denen das Bild ebenfalls platziert wurde – neu verknüpfen.

Voreinstellungen

Neben den zahlreichen Neuerungen und Verbesserungen haben auch einige Funktionen eine neue oder geänderte Voreinstellung erhalten, auf die wir in den einzelnen Kapiteln genauer eingehen werden. Darunter fallen die BENUTZEROBERFLÄCHE, der SNIPPETIMPORT oder das VERKNÜPFEN. Zum Beispiel dient die Option ERNEUTE VERKNÜPFUNG BEHÄLT ABMESSUNGEN BEI dazu, Bilder in gleicher Vergrößerung zu platzieren, die anstelle eines bestehenden Bildes im Layout eingesetzt werden sollen. Eine kleine, aber zeitsparende Funktion!

2.1.25 Textvariablen

Die Variablen – besser bekannt als »lebendige Kolumnentitel« – wenden Sie bei Kopf- oder Fußzeilen an. Ein mit einem bestimmten Absatzformat ausgezeichneter Text (z.B. eine Überschrift) wird automatisch von einer Variablen erkannt und zu Beginn oder am Ende einer Seite eingesetzt. Ändert sich der Text der Überschrift, ändert sich auch der Kolumnentitel. Somit ist auch eine automatische Kopfzeile für Wörterbücher u.Ä. möglich.

Doch die Variablen können noch mehr: Mit Variablen können Sie automatische Texte im Layout einsetzen, die global für das gesamte Dokument gelten. So formatieren Sie zum Beispiel eine Variable, die das aktuelle Datum zeigt.

Was kompliziert klingt, ist in der Anwendung kinderleicht. Lesen Sie dazu aufmerksam Kapitel 16, »Inhaltsverzeichnis, Index und Variablen«.

Weitere neue Namen

Nur noch ein paar Kleinigkeiten: Der altbekannte TEXT AUF PFAD heißt jetzt PFADTEXT, ist aber identisch mit seinem Vorgänger. Das Einfügen von Text ohne Formate aus der Zwischenablage wird jetzt als UNFORMATIERT EINFÜGEN bezeichnet, und die ANZEIGEOPTIONEN zur Auswahl der niedrig oder hochauflösenden Darstellung von platzierten Dateien im Layout nennt sich nun ANZEIGELEISTUNG.

2.1.26 Verbesserungen für den XML-Einsatz

Im automatisierten Layout mit XML-Inhalten kann InDesign CS3 mit neuen Verbesserungen aufwarten. Darunter fallen zum Beispiel die regelbasierten Layouts aus XML-Inhalten. Dafür können Sie in JavaScript oder in AppleScript verfasste Regelsätze definieren. Darin definieren Sie bei einer bestimmten Bedingung eine Aktion. Trifft diese Regel auf eine platzierte XML-Datei zu, so führt das Skript beispielsweise automatische Formatierungen von Absätzen aus. Auch die Transformation von XML-Strukturen beim Export einer XML-Datei per XLST ist möglich.

2.1.27 Skriptbasierte Automatisierung und Verbesserung der JavaScript-Unterstützung

Das Steuern von InDesign per Skript (Apple- oder JavaScript) war bislang schon immer möglich, gestaltete sich jedoch ohne Skriptingkenntnisse als schwierig. Skripte können entweder auf einzelne Rahmen angewendet werden, um bestimmte Effekte zu erzielen, oder sie steuern die gesamte Anwendung, um neue Dokumente nach Variablen anzulegen und regelbasiert Vorlagen aus der Bibliothek zu platzieren. Doch es geht auch einfacher. Hierzu wendet sich Adobe besonders an Programmiererinnen und Entwickler, die InDesign per Skript steuern wollen. Im Menü finden Sie unter FENSTER • AUTOMATISIERUNG • SKRIPTEN... zahlreiche Skripte, die Sie direkt in InDesign ausführen können.

Lesen Sie jedoch zuvor Kapitel 25, »XML-Publishing«, in dem wir auf die einzelnen Beispiele eingehen und Ihnen die Grundzüge des Skriptings in InDesign vermitteln wollen.

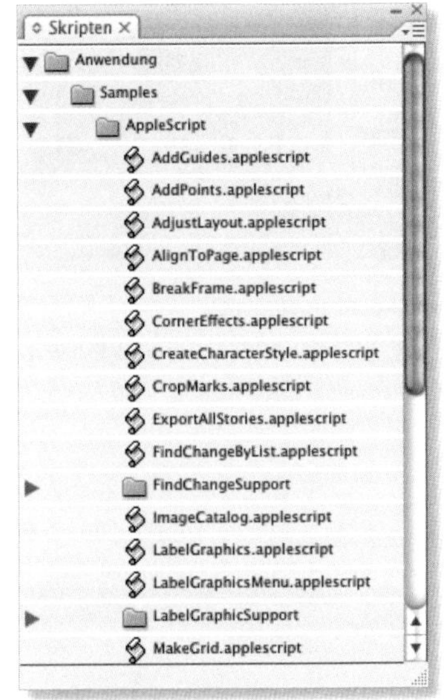

▲ **Abbildung 2.13**
InDesign bietet zahlreiche Beispielskripte im Fenster SKRIPTEN.

2.1.28 Veränderte Bezeichnungen

Stolpern Sie bitte nicht über den Begriff der »Bedienfelder«. Diese bezeichnen die altbekannten Paletten, und so werden wir sie auch in diesem Buch weiterhin nennen.

Falls Sie im Menü DATEI den Eintrag INBOOKLET SE vermissen, werden Sie stattdessen den Befehl BROSCHÜRE DRUCKEN finden. Warum? Das Plug-in InBooklet der Firma Alap wurde von Quark gekauft. Adobe hat seinerseits die SE-Version für InDesign übernommen und integriert. Dem Verständnis kommt diese Änderung zugute, technisch hat sich jedoch nichts weiter geändert.

2.2 Neu in Adobe Bridge CS3

Die Kinder werden erwachsen: Das junge Familienmitglied Bridge wurde stark überarbeitet und in vielen Funktionen verbessert. Wie der Name schon sagt, verbindet dieses Programm die Adobe-Anwendungen und verwaltet alle Layout- und Designdaten, inklusive mehrseitiger PDF-Dateien oder anderer Dateiformate. Dazu zählen neuerdings auch Flash-Animationen, die sich in der Bridge abspielen lassen. Für die Zusammenarbeit mit InDesign wollen wir einige Neuerungen der Bridge zeigen.

2.2.1 Auflösung prüfen

Besonders clever ist das Aussortieren von digitalen Bildern für das Layout: Mit einem Klick in die Vorschau zeigt Bridge die Feinauflösung des Bildes, sodass Sie die Schärfe oder Details kontrollieren können.

2.2.2 Dateien stapeln

Wählen Sie mehrere Bilder mit der [Strg]/[⌘]-Taste aus, so arrangiert Bridge die Bilder für einen optimalen Vergleich. Mehrere Dateien gruppieren Sie in der Bridge zu Stapeln, um mehr Übersicht zu erhalten. Wie Sie dies erreichen können, zeigen wir Ihnen im Anschluss an dieses Kapitel.

▲ **Abbildung 2.14**
Die Bridge zeigt die Feinauflösung digitaler Bilder.

2.2.3 Filter anwenden

Die Filterfunktionen der Bridge ermöglichen es Ihnen, in die Hierarchie einer Ordnerstruktur zu schauen, ohne einzelne Ordner zu öffnen. Was bedeutet das? Bridge CS3 zeigt Ihnen alle Dateien, die sich in einem Ordner und in dessen Unterordnern befinden. Über einen Klick zeigen Sie z. B. nur alle InDesign-Dateien an.

Anhand einer Skala mit bis zu fünf Sternen vergeben Sie eine Bewertung und zeigen sich später nur die besten Motive an.

Auf InDesign zugeschnitten wurde die Unterstützung für Metadaten der Layout-Dateien. Somit können Sie sich die verwendeten Schriften und Farbfelder bereits in der Bridge anschauen (Abbildung 2.15).

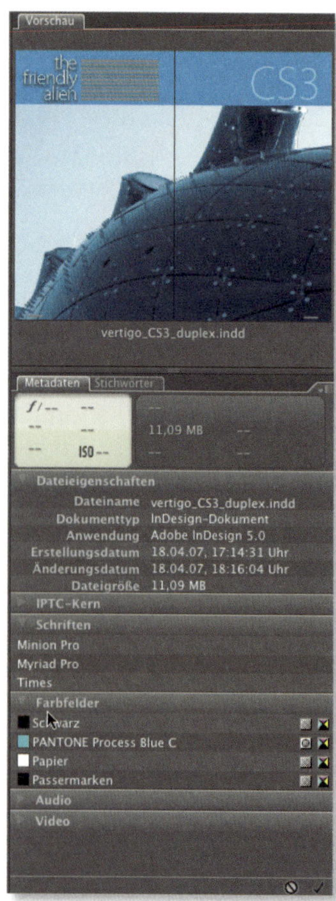

▲ **Abbildung 2.15**
Interessante Metadaten der Layoutdatei werden in der Bridge sichtbar.

2.2.4 Bilder platzieren

Das Zusammenspiel von Bridge und InDesign zeichnet sich besonders dadurch aus, dass Dateien und Layoutgruppen (»Snippets«) direkt aus der verkleinerten Bridge-Ansicht per Drag & Drop in das Layout platziert werden können.

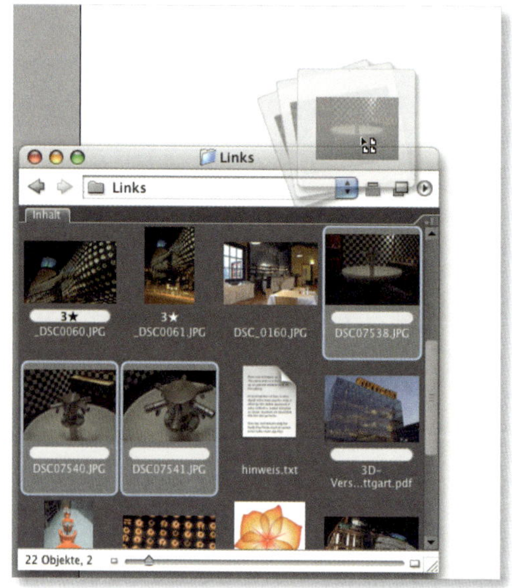

▲ **Abbildung 2.16**
Aus der Bridge ziehen Sie mehrere Dateien per Drag & Drop in das Layout.

Sobald Sie mehrere Dateien auswählen und auf das geöffnete Layout-Dokument ziehen, erhalten Sie in InDesign das Platzieren-Werkzeug mit einer Vorschau der Bilder und der Anzahl der Bilder.

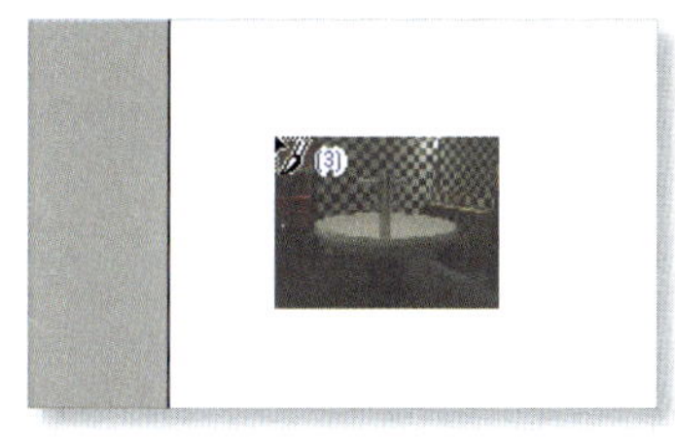

▲ **Abbildung 2.17**
Mit einer Vorschau werden Sie beim Platzieren mehrerer Bilder durch InDesign unterstützt.

2.2.5 Adobe Stock Photos

Bilder über das Internet bei Anbietern von hochpreisigen Bilddatenbanken wie Corbis oder Getty zu suchen, im Layout auszuprobieren und später für den Kunden zu kaufen, ist eine umständliche Prozedur. Jeder Anbieter verkauft Bildrechte nach anderen Regeln und bietet Funktionen, nach Stichwörtern zu suchen und das Suchergebnis zu verfeinern. Auch die Berechnung einer Lizenz kann komplex sein. Um dieses Problem zu lösen, hatte sich Adobe zur Creative Suite 2 die Funktion STOCK PHOTOS einfallen lassen, die nichts anderes ist als ein Webportal mehrerer Anbieter für »Royalty free«-Bilder, also Motive, deren Nutzungsrechte Sie nur einmal erwerben müssen. Dieses Portal wurde natürlich auch in CS3 so übernommen. So suchen Sie über die Adobe Bridge CS3 nach Bildern, laden die Vorschaudaten für das Layout herunter und bezahlen nur über dieses eine Webportal.

Die Vorschaudateien sind während der Entwurfsphase kostenfrei. Sobald Sie eine Vorschau heruntergeladen haben und im Layout ausprobieren, können Sie aus InDesign heraus auch zu einem späteren Zeitpunkt die finale Lizenz für die benötigte Größe erwerben. Mit einem Rechtsklick auf ein platziertes Bild der Stock Photos rufen Sie den Befehl BILD KAUFEN auf. Sofort wird die Bridge geöffnet, und es erscheint das Webportal der Stock Photos. Folgen Sie danach den Anweisungen zur Bezahlung und zum Download der hochauflösenden Dateien.

Texte platzieren

Das Platzieren von Texten aus der Bridge in InDesign funktioniert ebenso wie bei Bildern: Wählen Sie einen oder mehrere Texte in der Bridge-Ansicht aus, und ziehen Sie die Dateien in das geöffnete InDesign-Layout. Sofort erscheint das Platzieren-Werkzeug als Mauszeiger und stellt den Beginn des ersten Textes dar. Nun klicken Sie in die gewünschte Layoutspalte oder in einen leeren Textrahmen, sodass der Text einfließen kann. Mit den weiteren Texten verfahren Sie ebenso.

◄ **Abbildung 2.18**
Aus dem Layout starten Sie den Kaufprozess des platzierten Bildes der Adobe Stock Photos.

Einmal gefundene Bilder werden in der Bridge als Suchergebnis gespeichert und lassen sich auch ohne Internetzugang betrachten. Auch die geladenen Vorschaubilder werden in der Bridge verwaltet. Klicken Sie dazu auf die entsprechenden Favoriten in der Bridge. Preise und Größen der Bilder können Sie ebenfalls abrufen.

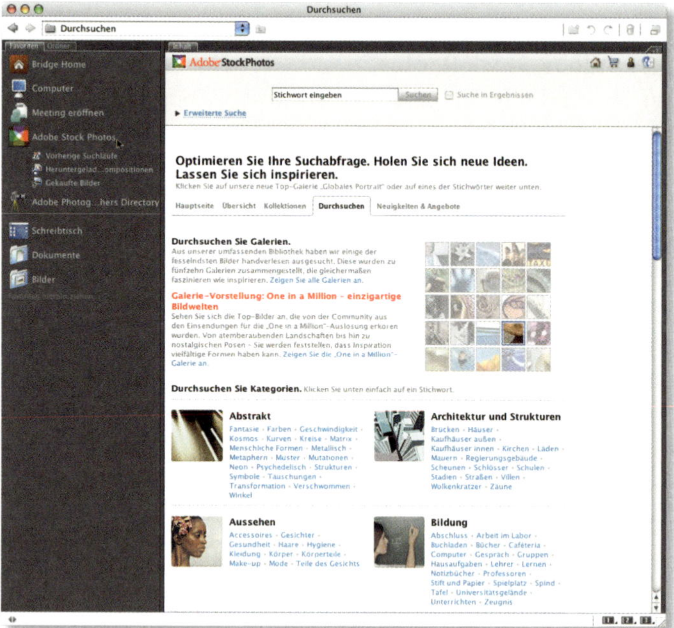

Abbildung 2.19 ▸
Die Adobe Stock Photos bieten eine einfache Suche, eine ständig wachsende Auswahl und einen einfachen Bezahlvorgang.

2.3 Konsequenzen für den Arbeitsalltag

Aus den Neuerungen ergeben sich natürlich auch Konsequenzen, die wir noch genauer in den einzelnen Kapiteln darstellen wollen. Interessant sind jedoch die Auswirkungen für die Objektstile, die letztendlich alles in InDesign miteinander verbinden. Ein Layoutrahmen hat bestimmte Eigenschaften: Rahmenform, Kontur, Farbfüllung, Transparenzeffekte, Schlagschatten, Textspalten sowie definierte Abstände des Textes zum Rahmen. Tabellenformate lassen sich ebenso in einem Objektstil speichern wie Absatzformate. All diese Eigenschaften legen Sie in der Palette Objektstile an und wenden diese auf andere unformatierte Rahmen per Mausklick an. Sofort wird der zuvor unformatierte Rahmen in der gewünschten Erscheinung dargestellt.

Was deutlich mehr Flexibilität im Layout bedeutet, erfordert aber auch mehr Aufwand, wenn Fehler in der Produktion oder Reinzeichnung eliminiert werden müssen. Ein Textrahmen kann demnach zwar ursprünglich mit einem Objektstil formatiert sein, aber das nachträgliche Zuweisen von Absatzformaten und Tabellenformaten ist weiterhin möglich. Somit gibt es also mindestens drei Ursachen für eine fehlerhafte Formatierung. Werden verschachtelte Formate benutzt – also miteinander verbundene Zeichen- und Absatzformate –, so können auch hier Fehler auftreten. Als wären das noch nicht genug technische Möglichkeiten, verband Adobe die Objektstile auch untereinander, indem die Objektstile aufeinander basieren können. Diese Krönung der Objektorientierung in einem Layoutprogramm ist zwar beachtenswert, aber zugunsten der Produktionssicherheit sollten Sie hierauf verzichten.

2.3.1 Abwärtskompatibilität mit InDesign CS2

Eine Abwärtskompatibilität ist immer ein Kompromiss: Was die CS2-Version nicht kennt, kann sie auch nicht darstellen. Wie auch in der vorherigen Version lassen sich InDesign-Dateien aus der neuen CS3-Vesion abwärtskompatibel speichern. Wenn Sie Ihre InDesign-Datei exportieren, nutzen Sie dazu das Format InDesign-Austauschformat (*.inx). Dieses Format konvertiert Ihre aktuelle Datei für die frühere CS2-Version von InDesign. Sie können danach die Datei in der älteren Version öffnen und bearbeiten.

Beachten Sie bitte, dass Sie die CS2-Version von InDesign auf den neuesten Stand bringen. Erwarten Sie hinsichtlich der Kompatibilität von CS3-Funktionen in CS2 keine Wunder. Besonders transparente Objekte mit weichen Verlaufskanten oder Ähnlichem werden nicht identisch umgesetzt. Auch die Position dieser Rahmen kann sich unter Umständen ändern. Wenn Sie häufig Dateien abwärtskompatibel speichern, sollten Sie zuvor einen Test machen, um sicherzugehen, dass Sie keine Arbeit doppelt machen müssen.

TOP-TIPP

Als positiven Nebeneffekt können Sie das Austauschformat als »Waschstraße« nutzen: Durch einen einmaligen Export aus InDesign und nachfolgenden Import werden alle Ressourcen neu geschrieben. Überflüssige Daten werden dabei herausgefiltert und tauchen im neuen Dokument nicht mehr auf. Wenden Sie jedoch diese Funktion nur dann an, wenn Sie Fehler im Dokument entdecken, die sich mit den herkömmlichen Methoden wie dem Speichern als neues Dokument oder dem Kopieren aller Seiten in ein neues Dokument nicht beheben lassen.

2.3.2 Was verschwunden ist ...

Neben all den Neuerungen ist auch eine Funktion aus InDesign verschwunden: Für GoLive verpacken. Diese Möglichkeit, Layoutdaten als Paket mit Formatierungen für ein CSS-basiertes HMTL-Dokument in GoLive zu speichern, sollte das schmale Türchen von InDesign zum Internet offen halten. Die Entscheidung von Adobe, Dreamweaver anstelle von GoLive in die Creative Suite 3 aufzunehmen, führte auch dazu, dass es nun einen neuen XHTML-Export für InDesign gibt.

2.3.3 Was immer noch fehlt ...

Ähnlich wie bei den Neuerungen der Vorgängerversion lag das Augenmerk darauf, Prozesse zu vereinfachen und die Produktivität zu erhöhen. Doch viele Dinge, die InDesign zwar technisch beherrscht, sind bei Weitem nicht so anwenderfreundlich, wie Adobe sich das gern vorstellt.

Probleme mit InDesign tauchen in der alltäglichen Arbeit mit großen Dokumenten bei vermeintlich einfachen, wiederholbaren Arbeitsschritten auf. Zum einen erfordert ein manueller Umbruch eines Blocksatzes eine sehr gute Kenntnis der InDesign-Techniken Silbentrennung, Optimierung und Adobe Absatzsetzer und das Wissen, wo diese in welchem Dialog zu finden sind. Nach den Vorstellungen der Entwickler löst der Adobe Absatzsetzer alle Umbruchprobleme mit einem Mausklick. Jedoch tauchen in der Praxis unliebsame Trennfehler oder einfach unschöne Zeilenumbrüche auf. Wie Sie dennoch einen sauberen manuellen Umbruch herbeiführen, erklären wir Ihnen in Kapitel 8, »Typografie«. Alle Funktionen, die hier zusammenarbeiten, sollten auch unmittelbar in einem Einstelldialog auftauchen. Nach wie vor müssen wir zwischen mehreren Dialogen hin- und herblättern.

Konkurrenz mit QuarkXPress

So ganz darf Adobe die Konkurrenz Quark nicht unterschätzen. So finden wir in der aktuellen Quark-7-Version einige sinnvolle Funktionen, die wir in InDesign vermissen. Beispielsweise lässt sich der Textfluss um einen Freisteller mit Schlagschatten entlang des Schattens steuern, was zu einem deutlich besseren Zeilenfall entlang des Freistellers führt, um hier nur ein Detail am Rande zu nennen.

Der Import von QuarkXPress-Daten ist für die allererste InDesign-Version programmiert worden, ist nur bis zur Version 4.1 möglich und wurde seitdem nicht verändert. Wenn Produktionen von QuarkXPress 6.5 oder 7 auf InDesign CS3 umgestellt werden, hilft nur ein externes Plug-in.

Objektstile, Absatz- und Zeichenformate können immer noch nicht als externe Datei gespeichert werden, obwohl die Farbfelder sich exportieren lassen. Als Umweg laden Sie die Formate aus anderen InDesign-Dateien hinzu.

3 Die Arbeitsoberfläche

Wenn Sie bislang von der Adobe-Oberfläche überzeugt waren, so werden Sie von der neuen Erscheinung von InDesign überrascht sein. Passend zur Übernahme von Macromedia durch Adobe wurden alle CS3-Programme einer nahezu kompletten Modernisierung unterworfen.

3.1 Die Familie ist größer geworden

Adobe achtet seit Jahren auf eine konsistente Programmoberfläche für Mac und PC. Auch wenn Microsofts Vista und Apples Leopard bunter geworden sind, gleichen sich die Oberflächen von InDesign unter beiden Systemen einem Ei wie dem anderen. Einziger Unterschied ist die Unterbringung der Punkte ÜBER INDESIGN und die VOREINSTELLUNGEN, die Sie auf dem Mac gemeinsam unter dem Menüeintrag INDESIGN finden. Auf dem PC hingegen zeigt HILFE alles über InDesign, und das Menü BEARBEITEN enthält die Voreinstellungen.

Mac und Windows in diesem Buch
Wir verwenden im gesamten Buch die Paletten- und Fensterdarstellungen von Mac OS X. Als Windows-User werden Sie die Bildbeispiele sicher für Ihren Arbeitsplatz übertragen können. Falls es Unterschiede gibt, zeigen wir diese in separaten Abbildungen.

Am Beispiel der Creative Suite Design Premium 3 sehen Sie, welche Programme nun in der Suite vereinigt werden: Bridge, Photoshop, Flash, Illustrator, Dreamweaver, InDesign und Acrobat. Während es früher eine starke Anlehnung der Programmoberfläche an Illustrator oder Photoshop gab, wurden nun alle Programme aneinander angeglichen, ohne auf die Vorteile der bekannten Funktionen von InDesign zu verzichten. Werkzeuge, Menüs, Steuerungspalette oder Paletten funktionieren erwartungskonform. Der grafische Gesamteindruck ist nun dunkler, Funktionen werden häufiger durch Icons repräsentiert, und Paletten springen nur dann auf, wenn man sie braucht.

Doch viele Ideen erschließen sich erst bei der Bedienung. So liegen die Dokumentenfenster immer neben den Werkzeugen und Paletten, es kommt nur noch selten dazu, dass geöffnete Paletten Teile des Layouts überlagern. Darüber hinaus richten Sie sich selbst Ihren Arbeitsplatz so ein, wie Sie ihn haben möchten, inklusive der Menüeinträge.

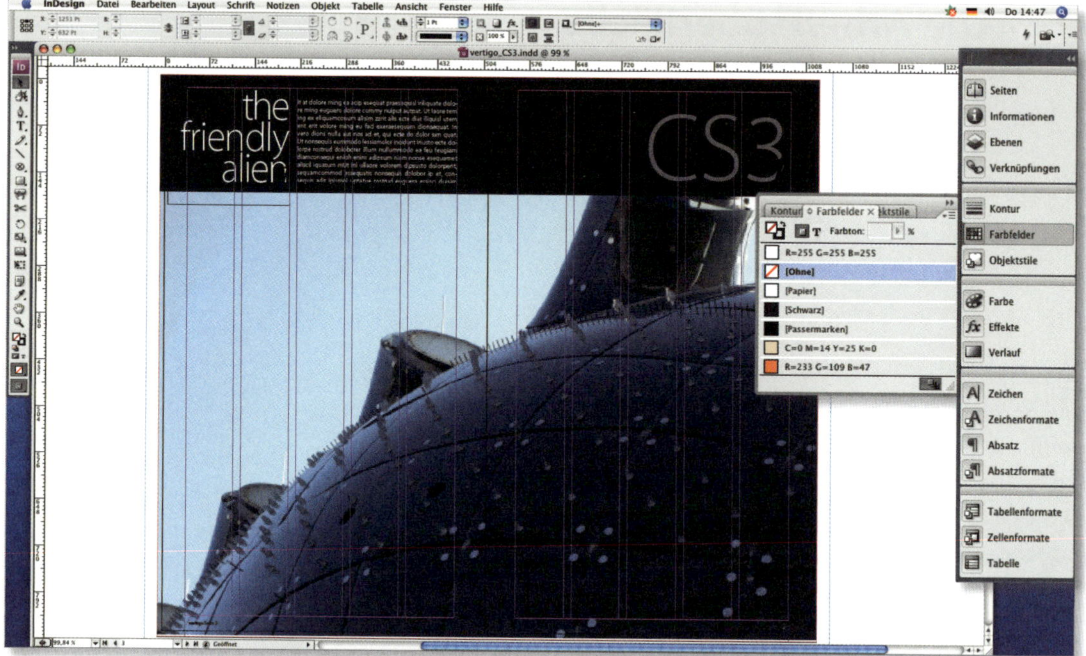

▲ **Abbildung 3.1**
Die Mac-Oberfläche von InDesign CS3 wirkt kontrastreicher. Viele Icons kennzeichnen nun Werkzeuge und Paletten gleichermaßen.

An dieser Stelle wollen wir Ihnen einige Tipps mit auf den Weg geben, wie Sie besonders clever mit der Oberfläche in InDesign umgehen, da wir die Erfahrung gemacht haben, dass sowohl Programmanfänger als auch Fortgeschrittene nahezu geschlossen dieselbe einseitige Bedienung bevorzugen: Sie suchen die Funktionen immer zuerst im Hauptmenü und fahren lange Wege mit der Maus entlang der Pulldown-Menüs ab. Sie werden auf diese Weise auch zu denselben Ergebnissen kommen, benötigen aber ein Vielfaches an Arbeitszeit. InDesign bietet über das Kontextmenü und Tastenbefehle einen schnellen Zugriff auf die am häufigsten genutzten Werkzeuge und Einstellungen.

3.2 Herzlich willkommen: Der Startbildschirm

Wenn Sie Ihre ersten Schritte in InDesign wagen wollen, hilft Ihnen der Startbildschirm im neuen Design, ein neues Dokument anzulegen oder ein bestehendes zu öffnen. Erfahrene Computer-Anwenderinnen und Anwender kennen den Startbildschirm aus den Macromedia-Programmen wie z. B. Flash. Alle anderen CS3-Programme verfügen jetzt über identische Startbildschirme.

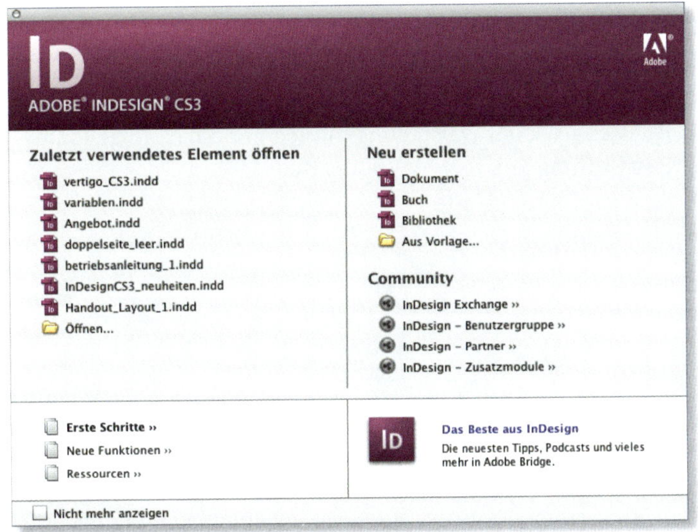

◂ **Abbildung 3.2**
Der Startbildschirm ist ein alter Bekannter aus der Macromedia-Familie.

Links nutzen!

Sie finden bereits im Startbildschirm hilfreiche Links auf Internetseiten von Adobe unter dem Begriff COMMUNITY, leider nur auf Englisch. Wer sich davon jedoch nicht abschrecken lässt, dem empfehlen wir besonders die InDesign-Usergroup mit Neuigkeiten, Tipps und Anwenderberichten unter dem Link INDESIGN – BENUTZERGRUPPE oder *http://www.indesignusergroup.com*.

Wer gleich eine Beschreibung der Neuigkeiten in InDesign sehen möchte, klickt auf NEUE FUNKTIONEN... unten links. Danach öffnet sich der Adobe Help Viewer, ein eigenständiges Hilfe-Programm der Creative Suite 3.

3.2.1 Vorlagen

Mit einem Klick auf die Funktion NEU ERSTELLEN • AUS VORLAGE... öffnet sich die Adobe Bridge, und der Vorlagen-Ordner wird geöffnet. Darin befinden sich unterschiedliche InDesign-Templates, auch abgekürzt ***.indt**, sortiert nach Medien wie Booklets, Büchern oder Broschüren. Leider wurden die Bezeichnungen der Vorlagen nicht ins Deutsche übersetzt.

Haben Sie einmal ein Vorlagenlayout geöffnet, verfügt die InDesign-Datei bereits über zahlreiche Absatz- und Zeichenformate, sodass Sie sofort mit der Eingabe von Texten und dem Platzieren von Bildern beginnen dürfen.

Beachten Sie bitte, dass die englischen Vorlagen auf englischen Wörterbüchern basieren, die Silbentrennung wird daher bei deutschen Texten merkwürdige Ergebnisse hervorrufen. Stellen Sie deswegen die Wörterbücher in allen Absatzformaten um! Am grafischen Stil der Vorlagen können Sie außerdem unschwer erkennen, dass Adobe eine amerikanische Firma ist.

Fehlende Übersetzungen der englischen Begriffe

- Business Set – Akzidenzdrucksachen
- Certificates – Urkunden und Auszeichnungen
- Community Newspaper – Unternehmens- oder Mitarbeiterzeitschrift
- Datamerge – Datenzusammenführung
- Forms – Formulare und Antragsvordrucke
- Manuals – Handbücher
- Miscellaneous – Vermischtes

3.3 Der Aufbau der Programmoberfläche

Kommen wir zur Programmoberfläche selbst, wenn Sie den Startbildschirm schließen. Sie sehen auf Ihrer Arbeitsoberfläche:

Eigene Vorlagen speichern

Wenn Sie nicht auf Ihre eigenen Vorlagen zurückgreifen möchten, so legen Sie sich Ihre Dateien als Templates ab, indem Sie unter DATEI • SPEICHERN UNTER im Dropdown-Menü FORMAT die Option INDESIGNCS3-VORLAGE wählen. Beim Öffnen eines Templates wird das Original nicht verändert, und InDesign öffnet nur eine Kopie der Vorlage.

Abbildung 3.3 ▼
Die Windows-Oberfläche von InDesign CS3

1. Das Hauptmenü
2. Die Steuerungspalette
3. Die Werkzeugpalette
4. Paletten in neuer Darstellung mit Icon und nachfolgender Beschriftung
5. Eine geöffnete Palette
6. Eine geöffnete Datei

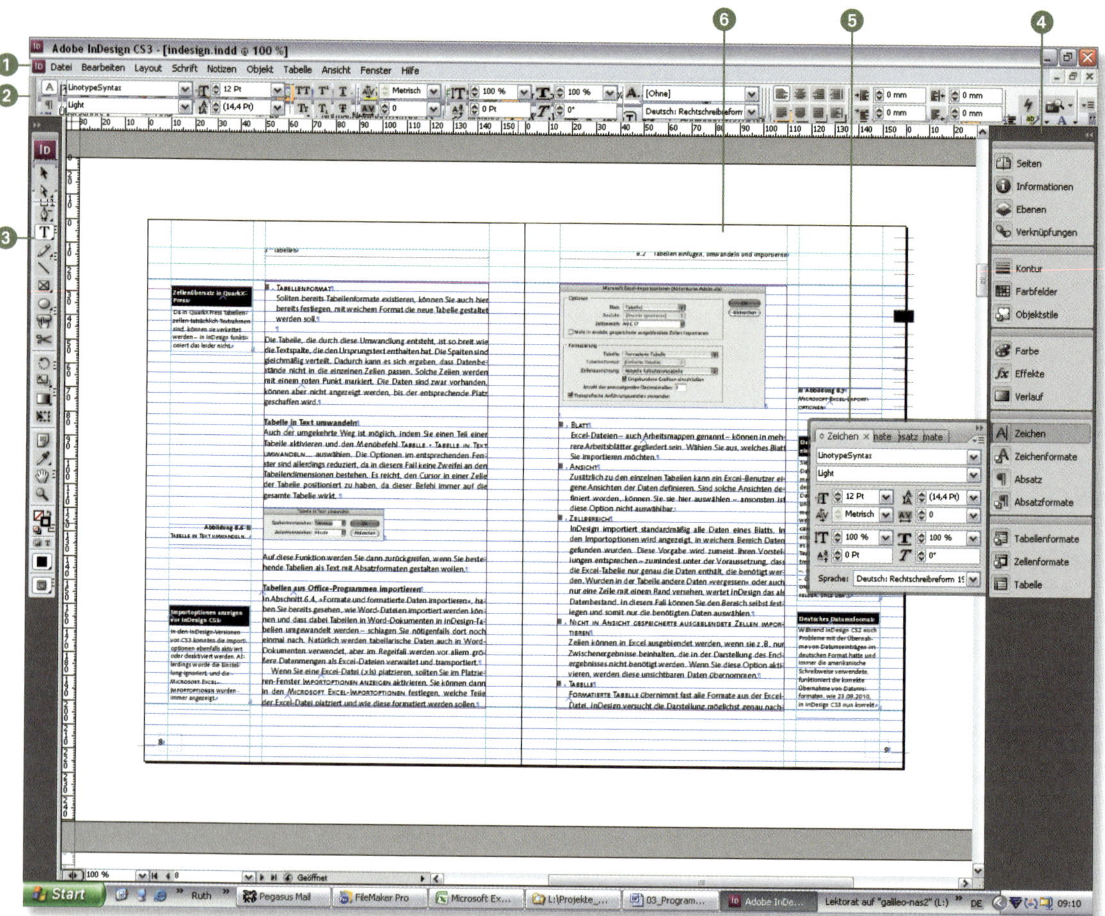

3.3.1 Das Hauptmenü

Unter dem Hauptmenü finden Sie klar gegliedert alle Funktionsgruppen und Einstellmöglichkeiten in InDesign: DATEI, BEARBEITEN, LAYOUT, SCHRIFT, OBJEKT, TABELLE, ANSICHT, FENSTER und HILFE. Viele Funktionen unter dem Hauptmenü können Sie mit Shortcuts (Tastenbefehlen) aufrufen. Der passende Shortcut steht jeweils rechts neben dem Menüpunkt. Weiterführende Untermenüs werden mit einem Pfeil nach rechts angezeigt, nachfolgende Dialoge erscheinen bei Menüpunkten, die mit einer typografischen Ellipse gekennzeichnet sind: DATEIINFO…

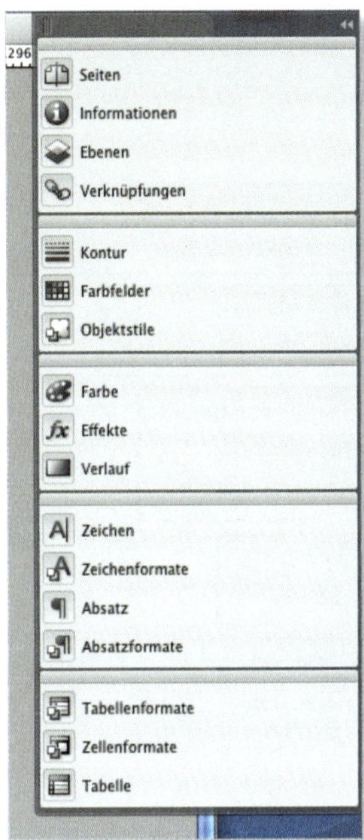

◂ **Abbildung 3.4**
Die Paletten und Werkzeuge werden in dunklen Bereichen gruppiert, die dafür sorgen, dass geöffnete Dokumente diese Bereiche nicht überlagern.

Paletten- und Werkzeugbereiche

Damit alles in InDesign übersichtlich nebeneinander liegt und keine Paletten das Dokument überlagern, besitzt InDesign CS3 neue Bereiche, in denen Werkzeuge und Paletten angeordnet sind. Diese Bereiche erkennen Sie an der dunklen transparenten Hintergrundfarbe und einem kleinen Doppelpfeil. Diese Bereiche ermöglichen es Ihnen, freie Anordnungen von Paletten und Werkzeugen zu speichern und flexibel ein- und auszublenden. Diese Arbeitsweise zeigen wir Ihnen in Abschnitt 3.6, »Arbeitsbereiche«.

3.3.2 Ein kleiner Unterschied zwischen den Systemen

Beachten Sie, dass auf Windows-Rechnern das Programmfenster maximal dargestellt wird. Dies erreichen Sie, wenn Sie in der oberen Programmfensterzeile den rechten Button anwählen oder einen Doppelklick in den oberen Fensterbereich machen. Wenn Sie stattdessen das Programmfenster nur auf die Monitorgröße skalieren, werden die rechts oder links liegenden Paletten nur innerhalb des Programmfensters an den Rand geschoben. Das Mac OS X geht hier wesentlich flexibler und benutzerfreundlicher zu Werke.

3.4 Werkzeuge

3.4.1 Die Werkzeugpalette

Alle Werkzeuge sind nun einspaltig untereinander angeordnet. Wer jedoch die alte Darstellung in zwei Spalten liebt, klickt einfach auf den grauen Doppelpfeil in der dunklen Hintergrundfläche über den Werkzeugen. Daraufhin ordnen sich die Icons in altbekannter Weise an.

◂ **Abbildung 3.5**
Neue und alte Werkzeuge in der einspaltigen Darstellung

Werkzeuge öffnen | Klicken Sie auf die Werkzeugsymbole mit einem kleinen Pfeil nach rechts. Wenn Sie die Maustaste ca. eine Sekunde lang gedrückt halten, öffnet sich ein Untermenü mit Spezialwerkzeugen, Fly-out-Menü genannt. Mit gedrückter ⌥/Alt-Taste und einem Klick auf das entsprechende Werkzeug

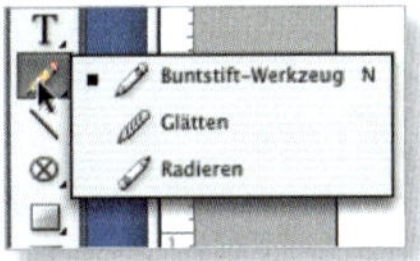

▴ **Abbildung 3.6**
Das Fly-out-Menü des Zeichenstifts

wechselt InDesign auch automatisch auf das nächste Werkzeug, wenn Sie so lange nicht warten wollen.

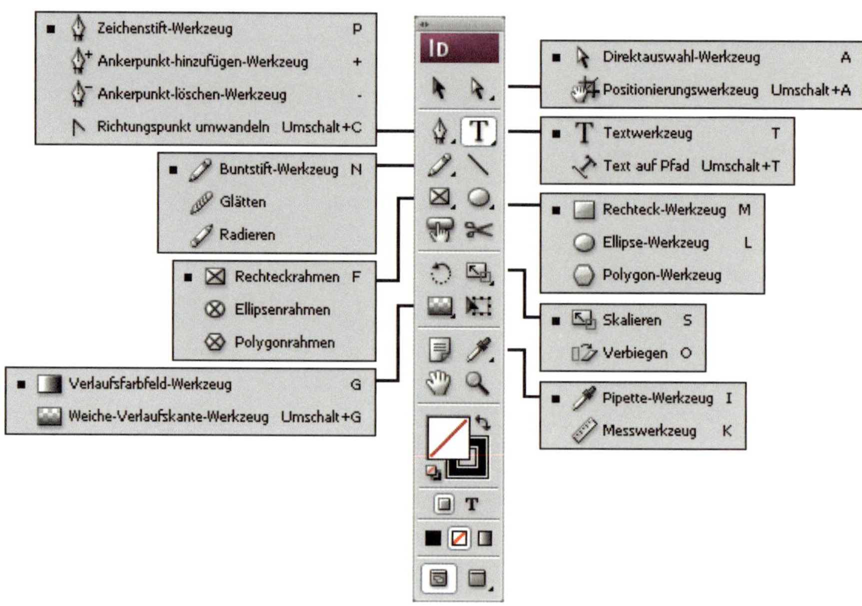

Abbildung 3.7 ▲
Die Werkzeugpalette in der klassischen Form mit ausgeklappten Werkzeugen

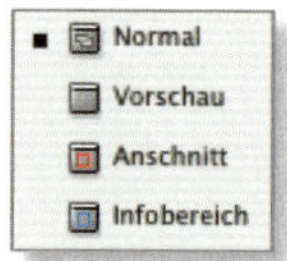

▲ **Abbildung 3.8**
Im Vorschaumodus können auch die Beschnittzugabe und der Infobereich eingeblendet werden.

Ansichtsmodus | Der Vorschaumodus am unteren Ende der Werkzeugpalette wechselt nicht nur vom Layoutmodus in eine Vorschau, in der der Anschnitt ausgeblendet wird, sondern Sie können auch den Beschnittzugabe- und Seiteninfobereich einblenden.

▲ **Abbildung 3.9**
Layoutmodus mit Spaltenlinien und Grundlinienraster

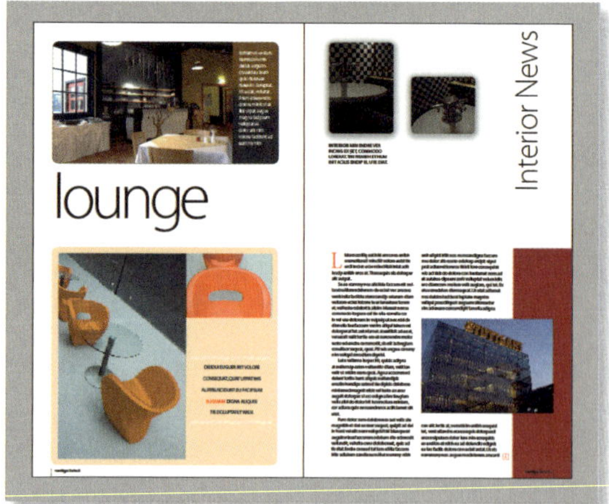

▲ **Abbildung 3.10**
Vorschaumodus ohne Anschnitt

Tastenkürzel | Wie auch in Illustrator oder Photoshop können Sie alle Werkzeuge über Shortcuts erreichen. Da Sie häufig zwischen dem Text- und dem Rahmenwerkzeug wechseln müssen, prägen Sie sich bitte an dieser Stelle schon einmal die Shortcuts T für Text und V für Auswahl ein. Diese Shortcuts sind identisch mit denen von Photoshop und Illustrator.

◀ **Tabelle 3.1**
Tastenkürzel der Werkzeuge

Werkzeug	Symbol	Tastaturbefehl
Auswahl		V
Direktauswahl		A
Positionierungswerkzeug		⇧+A
Zeichenstift		P
Ankerpunkt hinzufügen		+
Ankerpunkt löschen		-
Richtungspunkt umwandeln		⇧+C
Text		T
Text auf Pfad		⇧+T
Buntstift		
Glätten		N
Radieren		
Linienzeichner		< bzw. ^ auf dem PC
Rechteckrahmen		
Ellipsenrahmen		F
Polygonrahmen		
Rechteck		M
Ellipse		L
Polygon		
Schaltfäche		B
Schere		C
Drehen		R
Skalieren		S
Verbiegen		O
Verlaufsfarbfeld		G
Weiche-Verlaufskante		⇧+G
Frei transformieren		E
Notizen		Kein Tastenküzel
Pipette		I
Messwerkzeug		K

Tabelle 3.1 ▸
Tastenkürzel der Werkzeuge (Forts.)

Werkzeug	Symbol	Tastaturbefehl
Hand		H bzw. Leertaste
Zoom		Z
Fläche/Kontur		X
Fläche/Kontur austauschen		⇧+X
Standardfläche/-kontur		D
Farbe anwenden		,
Verlauf anwenden		.
Keine anwenden		#
Normal/Vorschau (mit Anschnitt oder Infobereich)		W

3.4.2 Werkzeuge numerisch anwenden

Über die Auswahl eines Werkzeugs per Mausklick oder Tastenbefehl hinaus rufen Sie mit einem Doppelklick auf die Werkzeuge Drehen, Skalieren und Verbiegen einen numerischen Eingabedialog auf. Neben der Eingabe lassen diese Werkzeuge sowohl eine Vorschau als auch eine Kopie zu.

Abbildung 3.11 ▸
Einige Werkzeuge erfordern eine numerische Eingabe.

Das ermöglicht Ihnen eine zielgerichtete Layoutarbeit, da Sie über die aktivierte Vorschau sofort die Veränderungen im Layout sehen. Das Werkzeug Drehen trennt dabei sogar den Layoutrahmen und den Inhalt durch die Option Inhalt drehen. Sie können den Rahmen entweder einzeln oder zusammen mit dem Inhalt verwenden!

Weiche-Verlaufskante-Werkzeug

Erst wenn Sie einen Rahmen mit einer weichen Verlaufskante von deckend zu transparent über die Effekte angelegt haben, lohnt sich das Werkzeug Weiche Verlaufskante. Damit steuern Sie die Richtung sowie den Anfangs- und Endpunkt des Verlaufs innerhalb des Rahmens, auf einer Kontur oder im Text. Achten Sie dabei besonders darauf, ob die Kontur oder die Füllung in der Werkzeugpalette ausgewählt ist.

3.4.3 Werkzeuge konfigurieren

Bei anderen Werkzeugen, wie dem Buntstift oder der Pipette, öffnen Sie mit einem Doppelklick auf das Werkzeugsymbol die Voreinstellungen.

◂ **Tabelle 3.2**
Eingabedialoge, die sich durch Klick auf ein Werkzeug öffnen

Sie klicken auf ...	Es öffnet sich ...
Buntstift	Buntstift-Voreinstellungen
Farbe anwenden	Farbe-Palette
Fläche	Farbwähler
Glätten	Glätten-Voreinstellungen
Kontur	Farbwähler
Linienzeichner	Kontur-Palette
Messwerkzeug	Informationen-Palette
Pipette	Pipette-Optionen
Polygon	Polygon-Einstellungen
Polygonrahmen	Polygon-Einstellungen
Positionierungswerkzeug	Optionen für Positionierungs-werkzeug
Verlaufsfarbfeld-Werkzeug	Verlauf-Palette
Weiche-Verlaufskante-Werkzeug	Verlauf-Palette

◂ **Tabelle 3.3**
Eingabedialoge, die sich zusätzlich durch Doppelklick öffnen, wenn ein Rahmen aufgezogen ist

Sie klicken auf ...	Es öffnet sich ...
Auswahl	Verschieben-Dialog
Direktauswahl	Verschieben-Dialog
Drehen	Eingabedialog Drehen
Skalieren	Eingabedialog Skalieren
Verbiegen	Eingabedialog Verbiegen

Voreinstellungen Buntstift | Die Schieberegler beschreiben das Werkzeugverhalten des Buntstifts, wenn Sie mit der Maus oder einem Grafiktablett eine Linie zeichnen. Dabei setzt InDesign die Linie des Buntstifts nach diesen Vorgaben in eine Vektorlinie um. Klicken Sie hier auf STANDARDWERTE, falls Sie diese Einstellungen verändert haben und wieder auf die Eingangswerte zurückstellen wollen. Mehr zum Buntstift erfahren Sie im Kapitel 6.10, »Die Vektorbearbeitung«.

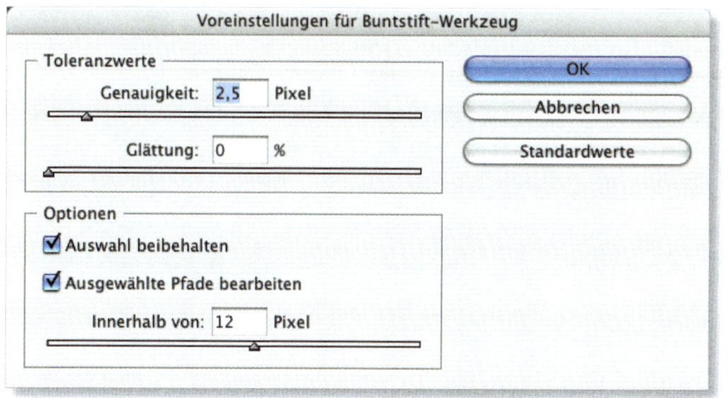

◂ **Abbildung 3.12**
Voreinstellungen des Buntstifts

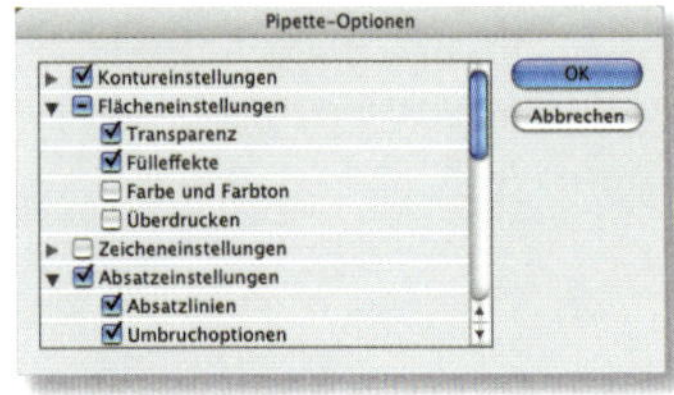

▲ **Abbildung 3.13**
Voreinstellungsmöglichkeiten der Pipette

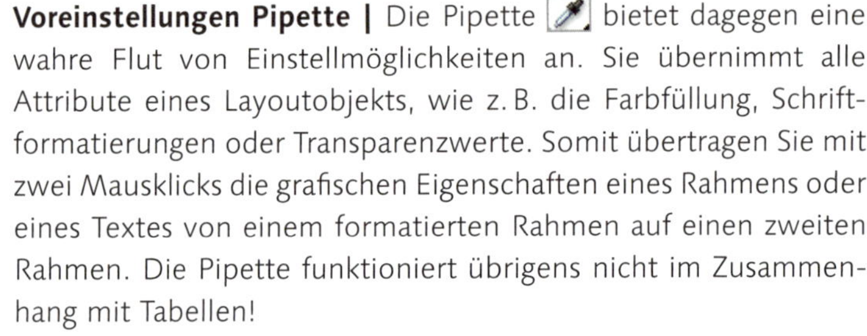

Voreinstellungen Pipette | Die Pipette bietet dagegen eine wahre Flut von Einstellmöglichkeiten an. Sie übernimmt alle Attribute eines Layoutobjekts, wie z. B. die Farbfüllung, Schriftformatierungen oder Transparenzwerte. Somit übertragen Sie mit zwei Mausklicks die grafischen Eigenschaften eines Rahmens oder eines Textes von einem formatierten Rahmen auf einen zweiten Rahmen. Die Pipette funktioniert übrigens nicht im Zusammenhang mit Tabellen!

Quark **QuarkXPress**
Die Steuerungspalette entspricht in QuarkXPress der Maßpalette, die Sie jedoch am unteren Bildrand finden.

3.4.4 Steuerungspalette

Mit der Steuerungspalette bekommen Sie abhängig vom aktiven Werkzeug und vom ausgewählten Rahmenobjekt alle wichtigen Informationen angezeigt. In InDesign CS3 wird sie offiziell Steuerungsbedienfeld genannt.

Befinden Sie sich gerade in der Rahmenbearbeitung, so erhalten Sie hier die physikalischen Maße und Positionen des Rahmens. Darüber hinaus zeigt Ihnen InDesign CS3 auch die Ausrichtung des Rahmens anhand des P-Symbols an. Über Spiegelungs- und Drehfunktionen in Abhängigkeit zu den Orientierungspunkten zeigt InDesign anhand der Lage des P, ob ein Rahmen gespiegelt und auf den Kopf gestellt wurde.

Abbildung 3.14 ▼
Die Steuerungspalette des Rahmenwerkzeugs

In der Textbearbeitung hingegen erhalten Sie unterteilt in Zeichen- und Absatzinformationen Angaben zu Schriftgröße oder zu dem ausgewählten Absatzformat.

▲ **Abbildung 3.15**
Die Steuerungspalette des Textwerkzeugs, die Informationen zu Zeichenformaten

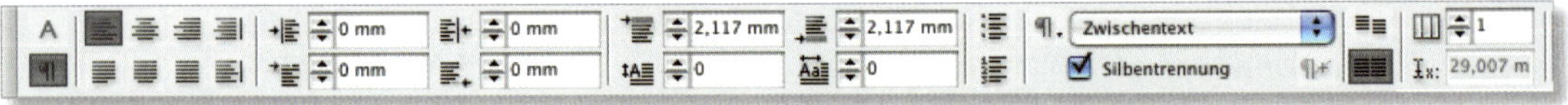

Abbildung 3.16 ▲
Die Steuerungspalette des Textwerkzeugs, die Informationen zu Absatzformaten

Arbeiten Sie an einem besonders breiten Monitor (z. B. mit einer Auflösung von 1920 × 1200 Pixeln), so stellt InDesign möglichst viele Informationen in der Steuerungspalette dar. In der Textbearbeitung finden Sie dann sowohl die Zeichen- als auch die Absatzinformationen nebeneinander, ein Umschalten der Ansichten entfällt.

Anordnung | Die Anordnung der Steuerungspalette kann sowohl am oberen Bildschirmrand als auch am unteren erfolgen. Dazu wählen Sie einfach aus dem Palettenmenü – gekennzeichnet durch einen schwarzen Pfeil nach rechts am rechten Palettenrand – die Option UNTEN ANDOCKEN oder OBEN ANDOCKEN aus. QuarkXPress oder auch Pagemaker lassen grüßen! Alternativ können Sie die Steuerungspalette auch als Floating Box über den Befehl VERSCHIEBBAR definieren. Einen wirklichen Vorteil erzielen Sie jedoch daraus nicht.

Doppelklick auf Rahmen

Mit einem Doppelklick auf einen Bild- oder Grafik-Rahmen wechselt InDesign nun das Werkzeug von der Auswahl auf die Direktauswahl, damit Sie den Inhalt des Rahmens schneller erreichen und bearbeiten können. Somit wird auch die Steuerungspalette angepasst. Ein erneuter Doppelklick in den Rahmen bringt Sie wieder zum Auswahl-Werkzeug zurück.

Blitzschnell anwenden | Über das Symbol mit dem Blitz in der Steuerungspalette am rechten Rand öffnen Sie ein Untermenü, in dem Sie nach Absatzformaten, Zeichenformaten, Tabellenformaten oder Skripten suchen können. Die genaue Arbeitsweise zeigen wir Ihnen u.a. in Kapitel 9, »Absatz- und Zeichenformate«.

TOP-TIPP

Deaktivieren Sie jedoch bitte die Option MENÜBEFEHLE EINBEZIEHEN im Pulldown-Menü der Funktion SCHNELL ANWENDEN, indem Sie auf den kleinen Pfeil nach unten klicken und den Haken an dem entsprechenden Punkt herausnehmen. Damit ersparen Sie sich allzu viele Treffer in der Ergebnisliste, wenn Sie einmal einen Begriff wie »Absatz« eingeben sollten.

3.5 Paletten

Alle weiteren Funktionen sind in jeweils thematisch gruppierten Paletten untergebracht. Auch wenn diese in der neuen CS3-Version als »Bedienfelder« bezeichnet werden, so wollen wir doch den gebräuchlichen Begriff »Paletten« weiterhin verwenden.

Paletten anzeigen | Im Hauptmenü können Sie alle Fenster einzeln aufrufen; welche davon bereits geöffnet sind, sehen Sie an dem Haken links neben der Bezeichnung. Einige Neuerungen sind hier zu finden. So heißt die Palette TRANSPARENZ aus InDesign CS2 nun EFFEKTE.

3.5.1 Paletten-Aussehen

Paletten werden nun in InDesign CS3 als Icon mit Beschriftung dargestellt. Das erleichtert das Auffinden der Paletten und verkleinert den notwendigen Platz. Öffnen Sie InDesign zum ersten Mal, so finden Sie eine sinnvolle Gruppierung am rechten Bildschirmrand vor (Abbildung 3.17).

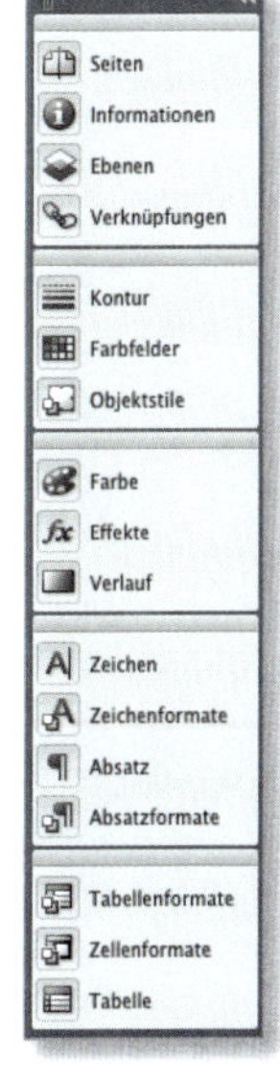

Abbildung 3.17 ▲
Thematische Gruppierung der Paletten nach Funktionen

Paletten schließen sich | Mit einem Klick auf die gewünschte Palette springt diese auf und zeigt so lange alle Funktionen, bis Sie eine andere Palette wählen. Dieses Verhalten ist neu und sorgt bei einem alten InDesign-Hasen möglicherweise zunächst für Verwirrung. Dennoch sollten Sie sich davon nicht irritieren lassen. Wie Sie intelligent mit häufig verwendeten Paletten umgehen, lesen Sie in Abschnitt 3.6, »Arbeitsbereiche«.

◂ **Abbildung 3.18**
Paletten lassen sich praktischerweise jetzt auch in Form von Icons anzeigen.

Paletten als Icons | Die Darstellung der Paletten als Icon und Beschriftung können Sie so weit reduzieren, dass nur noch Icons am linken Monitorrand zu sehen sind. Dafür bewegen Sie die Maus auf den dunklen Bereich oberhalb der Paletten, bis Sie einen Doppelpfeil als Mauszeiger sehen. Ziehen Sie nun die Maus mit gedrückter linker Maustaste nach rechts. Somit verschwindet die Beschriftung. Alternativ können Sie diesen Schritt auch umgekehrt anwenden und die Beschriftungen wieder »herausziehen«.

Tabelle 3.4 ▸
Paletten und ihre Icons

Paletten	Icons
Absatz-Palette	
Absatzformate-Palette	
Attribute-Palette	
Aufgaben-Palette	
Ausrichten-Palette	
Datenzusammenführung-Palette	
Ebenen-Palette	
Effekte-Palette	
Farbe-Palette	
Farbfelder-Palette	
Glyphen-Palette	
Hyperlinks-Palette	
Index-Palette	
Informationen-Palette	
Kontur-Palette	
Konturenführung-Palette	
Lesezeichen-Palette	
Navigator	
Notizen-Palette	
Objektstile-Palette	
Pathfinder	
Reduzierungsvorschau	
Seiten-Palette	
Separationsvorschau	
Skripte-Palette	

Paletten	Icons
Skriptbezeichnung-Palette	
Status-Palette	
Tabelle-Palette	
Tabellenformate-Palette	
Tag-Palette	
Textabschnitt-Palette	
Transformieren-Palette	
Überfüllungsvorgaben-Palette	
Verknüpfungen-Palette	
Verlauf-Palette	
Zeichen-Palette	
Zeichenformate-Palette	
Zellenformate-Palette	

◄ **Tabelle 3.4**
Paletten und ihre Icons (Forts.)

▲ **Abbildung 3.19**
Mit einem Doppelklick in die dunkle Umrandung oberhalb der Paletten entblättern Sie alle verborgenen Funktionen.

Traditionelle Sichtweise | Wollen Sie stattdessen alle Paletten wie in früheren Versionen untereinander angeordnet auf einen Blick zeigen, so klicken Sie doppelt in den dunklen Bereich über den Paletten. Somit springen alle verkleinerten Paletten auf und zeigen ihre Funktionen permanent.

Frei schwebend oder angedockt | Alle Paletten sind nach der Installation so angeordnet, dass Sie problemlos beginnen können, mit InDesign zu arbeiten. Als Alternative steht es Ihnen natürlich auch frei, die Palette von der rechten Monitor- bzw. Fensterseite abzuziehen und an der linken Seite anzudocken. Dazu klicken Sie in den Palettenreiter einer geöffneten Palette und ziehen mit gedrückter Maustaste die Palette an eine andere Stelle. Die Palette löst sich. Ebenso lassen sich umgekehrt auch frei schwebende Paletten wieder »andocken«, sowohl am linken als auch am rechten Monitorbereich. Wo und in welchem Bereich Sie die Palette andocken, zeigt Ihnen eine blaue Umrandung.

Dadurch ist es auch möglich, frei schwebende Paletten **untereinander** andocken zu lassen. Sie müssen hier die erste Palette mit gedrückter Maustaste an die untere Kante der zweiten Palette ziehen, bis Sie eine blaue Hervorhebung am Palettenrand erkennen. Erst dann dürfen Sie die Maustaste wieder loslassen.

Doppelklick auf Werkzeuge

Das Verlaufswerkzeug bzw. die Palette Verlauf öffnen Sie mit einem Doppelklick auf das Verlaufswerkzeug in der Werkzeugpalette. Dagegen rufen Sie mit einem Doppelklick auf das Messwerkzeug die Info-Palette auf, sofern diese ausgeblendet ist. Somit passt sich InDesign nicht nur mit der Steuerungspalette an die jeweilige Arbeitssituation an, sondern auch im Zusammenspiel mit Paletten.

Zweite oder dritte Palettenspalte | Das Abziehen einer Palette hat auch den Vorteil, in InDesign CS3 die Palette wieder neben

Sie benötigen mehr Platz?
Eine Alternative zur Anordnung von Paletten und Dokumentfenstern ist der Anschluss eines zweiten Monitors über eine dafür geeignete Grafikkarte, die zwei Monitore gleichzeitig versorgen kann. Dort können Sie Paletten in mehreren Bereichen ablegen, um möglichst ungestört auf dem Hauptmonitor das Layoutdokument zu bearbeiten.

die anderen verkleinerten Paletten einzusetzen. Dazu klicken Sie in den Palettenreiter einer frei schwebenden Palette und ziehen die Palette mit gedrückter Maustaste an die Kante des dunklen Palettenbereiches rechts oder links am Monitorrand, bis Sie eine blaue vertikale Hervorhebung sehen. Lassen Sie nun die Maustaste los, und die Palette wird in einem neuen dunklen Palettenbereich angeordnet. Auch diesen Bereich können Sie nun wieder vergrößern oder verkleinern.

Abbildung 3.20 ▶
Paletten lassen sich – bei viel Platz auf dem Monitor – auch nebeneinander anordnen.

3.5.2 Eingaben in Paletten vornehmen

Einstellfelder für die Parametereingabe sind weiß unterlegt, ein Klick auf davor angeordnete Pfeil-Buttons vergrößert oder verkleinert den Wert, und dahinter liegende Buttons öffnen eine Auswahlliste.

Sie bedienen alle numerischen Eingaben in InDesign effektiver in Kombination mit der Tabulatortaste und den Pfeiltasten. Klicken Sie z. B. in das Eingabefeld FONT der Zeichen-Palette, und drücken Sie die Pfeiltasten [↑] und [↓]. Der jeweils nächste auf dem System verfügbare Font wird ausgewählt. Oder geben Sie einen Buchstaben ein, z. B. [C]. Der erste Font, der mit einem C beginnt, wird aufgerufen.

Drücken Sie nun [⇆], und nutzen Sie auch hier die Pfeiltasten. Sie wählen somit einen Schriftschnitt aus. Drücken Sie erneut [⇆], gelangen Sie in das Eingabefeld der Schriftgröße und danach in den Zeilenabstand usw. Betätigen Sie die Pfeiltasten [↑] und [↓], und der Wert verändert sich um jeweils eine Punktgröße. Mit gedrückter [⇧]-Taste verändern Sie die Werte in Zehner-Schritten. Mit der Tastenkombination [⇧]+[⇆] springen Sie in den Eingaben rückwärts. Können Sie sich nun vorstellen, was Sie alles allein mit Tastatureingaben bearbeiten können?

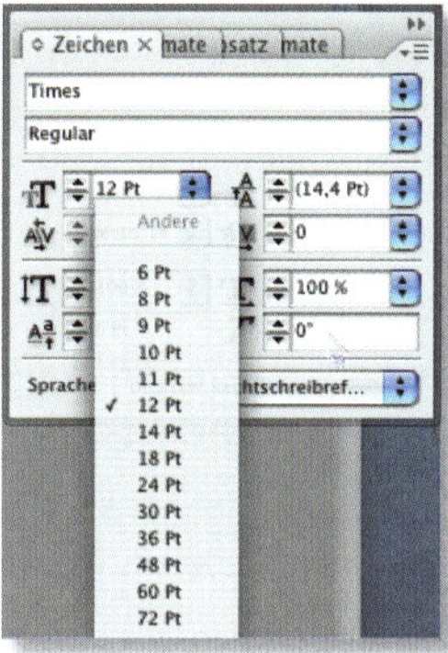

◂ **Abbildung 3.21**
Auswahlliste für die Schriftgröße

3.5.3 Ausblenden von Paletten

Bei der Arbeit mit überlappenden Paletten blenden Sie zwischenzeitlich alle Paletten und Werkzeuge aus, indem Sie ⇥ drücken. Ein erneutes Betätigen von ⇥ lässt die Paletten und Werkzeuge wieder zum Vorschein kommen. Für ein separates Ausblenden der Paletten allein drücken Sie die Tastenkombination ⇧+⇥.

3.5.4 Der kleine Pfeil nach unten: das Palettenmenü

Mit einem Klick auf die kleinen Listen-Buttons ❶ jeweils rechts neben den Palettenreitern öffnen Sie das Palettenmenü dieser Palette. Darunter werden Sie sowohl Darstellungsfunktionen für die Palette finden (wie z. B. die Größendarstellung der Icons für Mustervorlagen und Montageflächen) als auch konkrete Anwendungen.

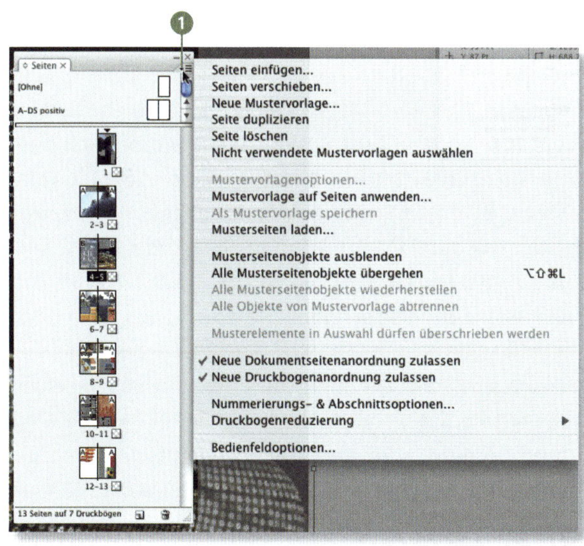

◂ **Abbildung 3.22**
Palettenmenü der Seiten-Palette

Einige Paletten lassen hier auch erweiterte Funktionsdarstellungen mit dem Punkt BEDIENFELDOPTIONEN zu.

3.6 Arbeitsbereiche und benutzerdefinierte Menüs

Wenn Sie alle Paletten so angeordnet haben, wie Sie es für Ihre Arbeit benötigen, so speichern Sie sich diese Einstellung als sogenannten »Arbeitsbereich« ab. Rufen Sie im Menü Fenster • Arbeitsbereich • Arbeitsbereich speichern auf. Geben Sie einen geeigneten Namen ein. Nun können Sie die Oberfläche konfigurieren und dennoch auf Ihren Arbeitsbereich zurückgreifen.

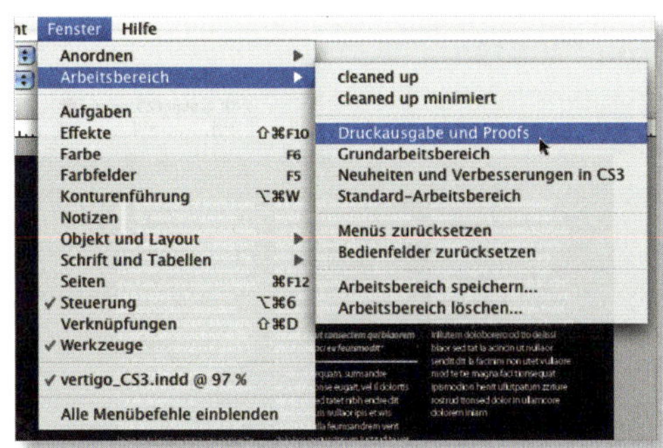

Abbildung 3.23 ▸
Unter Fenster • Arbeitsbereich finden Sie dann an erster Stelle Ihre selbst abgespeicherten Arbeitsbereiche.

Darüber hinaus speichert ein Arbeitsbereich auch die Einstellungen von sichtbaren und unsichtbaren Menüs sowie die farblichen Hervorhebungen. Wie das geht, zeigen wir gleich.

3.6.1 Arbeitsbereich-Vorgaben

Damit Sie für typische Arbeiten in InDesign CS3 auch gleich den richtigen Arbeitsplatz vorfinden, besitzt die neue Version nun die Arbeitsbereiche wie Neuheiten und Verbesserungen in CS3 sowie Druckausgabe und Proofs. Beide Arbeitsbereiche zeigen nicht nur andere Palettengruppen, sondern es werden auch entsprechende Menüeinträge farblich herausgehoben. Blau unterlegt sind alle Einträge, die in InDesign neu hinzugekommen sind oder überarbeitet wurden. Daran können Sie schon erkennen, wie zahlreich die Änderungen der CS3-Version sind. Nehmen Sie sich ein paar Minuten Zeit, und schauen Sie durch, was sich geändert hat.

Grün unterlegt sind die Menüeinträge des Arbeitsbereichs Druckausgabe und Proofs. Hierbei liegt der Fokus auf der Ausgabevorbereitung. Somit werden auch die Vorschaufunktionen zur Separation und der Transparenzreduzierung eingeblendet. Dieser Arbeitsbereich hebt nicht nur hervor, sondern es werden auch viele Menüeinträge ausgeblendet, wie im Menü Bearbeiten und Layout. Kehren Sie einfach zum Standard-Arbeitsbereich zurück, sollte Ihnen einmal ein Menübefehl abhanden gekommen sein.

▴ Abbildung 3.24
Der Arbeitsbereich für die Neuerungen in InDesign zeigt auch alle überarbeiteten und neuen Menüeinträge.

3.6.2 Benutzerdefinierte Menüs

InDesign ist ein komplexes Programm, das jede Anfängerin und jeden Neuling auf die Probe stellt, unter welchem Menü die gesuchte Funktion zu finden ist. Nach einer Eingewöhnungsphase ist eine gemischte Arbeitsweise aus Menüauswahl, Kontextmenü-Anwendung und Tastenbefehlen sinnvoll. Doch es geht auch anders. Für alle, die InDesign nur kurzzeitig benutzen oder darin konkrete wiederkehrende Aufgaben verrichten müssen, wie z. B. das Platzieren von Anzeigen, können alle Menübefehle auf das Nötigste reduziert werden.

Unter dem Menü BEARBEITEN • MENÜS... rufen Sie den Dialog für die Änderungen auf. Hierbei wählen Sie zunächst zwischen den Anwendungsmenüs – also den Einträgen im Hauptmenü – und den Kontextmenüs, wenn Sie beispielsweise mit der rechten Maustaste auf einen Rahmen klicken.

Über das Augen-Symbol schalten Sie den Menübefehl auf sichtbar oder unsichtbar. Eine farbliche Hervorhebung ist in sieben Farben möglich. Gehen Sie mit dieser Funktion behutsam um, da eine Farbmarkierung im Menü nicht immer zum gewünschten Effekt der Übersichtlichkeit führt.

TOP-TIPP

Für typografische Arbeiten empfehlen wir auch, die Palettenanordnung speziell einzurichten: Da die Glyphen-Palette bei umfangreich ausgestatteten OpenType-Fonts viel Platz benötigt und dadurch das Dokument überlagert, sollten Sie diese in einer eigenen Palettenspalte unterbringen, wenn die Monitorgröße dies erlaubt.

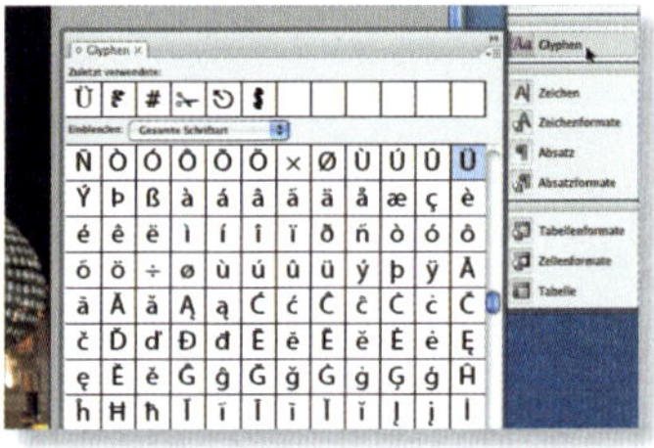

▲ **Abbildung 3.26**
Der Arbeitsbereich, optimal eingestellt für typografische Arbeiten und die Auswahl der Glyphen in einer eigenen Spalte.

3.6.3 InCopy-Funktionen ausblenden

Gruppen von Menüs lassen sich auch vollständig ausblenden, zum Beispiel alle Einträge zu »InCopy«, die Sie nur im Zusammenhang mit anderen Arbeitsplätzen innerhalb einer Redaktion nutzen können. Lesen Sie dazu auch das Kapitel 26, »InCopy«. Blenden Sie daher diese Gruppe aus, wenn Sie nicht mit InCopy arbeiten, ebenso die Einträge zu den Notizen, wenn Sie keine Hinweise innerhalb von Textabschnitten hinzufügen wollen.

3.6.4 Anwendungsbeispiel Textarbeitsplatz

Eine gute Gelegenheit für das Unsichtbarmachen von Menüs ist die Einrichtung einer Arbeitsumgebung für Texterinnen oder Redakteure. Hierfür suchen Sie sich alle Befehle aus, die unmittelbar mit der Bearbeitung von Grafiken und Effekten zu tun haben. So sind viele Menüeinträge unter BEARBEITEN, LAYOUT oder OBJEKT für das Korrigieren und Setzen von Texten überflüssig. Auch Paletten aus dem Menü FENSTER sollten in diesem Fall gesperrt werden. Welche Texterin benötigt eine Separationsvorschau? Welcher Redakteur wollte schon immer einmal wissen, was eine Reduzierungsvorschau ist?

Speichern Sie die Einstellungen dann in einem eigenen Arbeitsbereich ab.

Wo sind meine Menüs?

Im Zusammenhang mit Arbeitsbereichen lohnt es sich, nur eine bestimmte Farbe zu wählen, damit der Unterschied erkennbar bleibt. Da es denkbar ist, viele Menüeinträge auszublenden, kann es passieren, dass Sie eine unsichtbare Funktion suchen. Gehen Sie in diesem Fall wieder auf den Standard-Arbeitsbereich zurück, indem Sie im Menü FENSTER • ARBEITSBEREICH • STANDARD-ARBEITSBEREICH wählen. Alle Menüs werden danach wieder vollständig angezeigt.

3.7 Die Kontextmenüs

Eine besondere Rolle kommt in InDesign den Kontextmenüs zu.

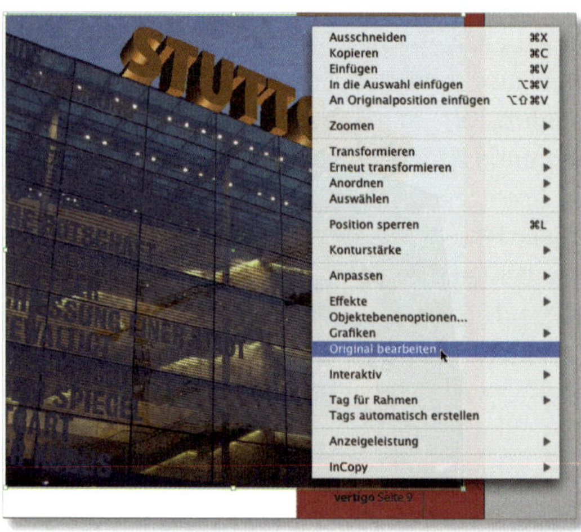

Abbildung 3.25 ▶
Für angewählte Rahmen bietet das Kontextmenü sinnvolle Befehle zum Bearbeiten und Öffnen platzierter Bilder an.

Alle Editiermöglichkeiten zum angewählten Rahmen und zum aktuellen Werkzeug verbergen sich kompakt in diesen Menüs. Wenn Sie einen Text bearbeiten, können Sie über das Kontextmenü nicht nur die Schrift oder die Schriftgröße erreichen, sondern auch typografische Sonderzeichen wie ein Viertelgeviert oder Formatierungszeichen wie einen Seitenumbruch einfügen.

Zu erreichen sind diese Menüs über Ctrl oder die rechte Maustaste. Eine Zwei-Tasten-Maus ist auch für Mac-User an dieser Stelle sehr empfehlenswert.

Alphabetisch sortierte Menüs

Klicken Sie einmal mit gedrückter Strg/⌘+Alt+⇧-Taste in das Hauptmenü. Nun werden Ihnen alle Einträge in alphabetischer Sortierung gezeigt. Kennen Sie den Begriff, aber nicht den Ort in den langen Listen, erleichtern Sie sich hier die Suche nach dem Eintrag in den Menüs. Alternativ steht Ihnen auch die Funktion SCHNELL ANWENDEN zur Verfügung, die jedoch sehr viele Treffer mit dem Begriff findet und bei der Suche weniger hilfreich ist.

Kontextmenü Rechtschreibprüfung | Im Zusammenhang mit der neuen dynamischen Rechtschreibprüfung bietet InDesign beim richtig ausgewählten Wörterbuch die Alternativen im Kontextmenü an

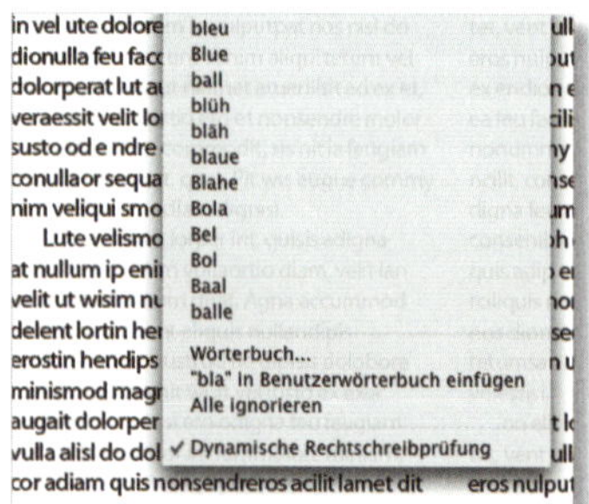

▲ **Abbildung 3.27**
Das Kontextmenü TEXT verändert sich mit aktiver dynamischer Rechtschreibprüfung und bietet Alternativen an.

3.8 Zoomfunktionen und Ansichten

Die Monitorgröße gibt die physikalische Fläche vor, die dargestellt werden kann. Idealerweise verwenden Sie einen Monitor mit einer Bildschirmdiagonale zwischen 19 und 24 Zoll, damit Sie das Layout gleich am Monitor beurteilen können.

Der Zoomfaktor des geöffneten Dokuments ist im Fenstertitel neben dem Dokumentennamen eingeblendet. InDesign bietet einige sehr hilfreiche Funktionen, um detailliert am Dokument zu arbeiten oder die Qualität von platzierten Dokumenten zu begutachten.

Die Arbeit an einem komplexen Layoutdokument erfordert viel Übersicht und die nötigen Shortcuts, um innerhalb der Dokumentansicht zu navigieren. Unten finden Sie eine kleine Tabelle der nötigen Tastenkürzel.

Beachten Sie in der Tabelle die letzten beiden Tastenbefehle. Während der Texteingabe in InDesign erzeugt natürlich die Leertaste ein Leerzeichen. Verwenden Sie bei der Texteingabe daher die ⌥/Alt-Taste, um die Montagefläche zu bewegen.

Optimale Beurteilung am Monitor

Wenn Sie ein A4-Dokument am Monitor nahezu 1:1 darstellen wollen, geben Sie einen Zoomfaktor von 125 % unten links im Dokumentenfenster ein. Bei einer Darstellung von 100 % wird das Layoutdokument grundsätzlich kleiner als die pysikalische Realität abgebildet.

	Mac	Windows
Einzoomen	⌘+⊞	Strg+⊞
Auszoomen	⌘+⊟	Strg+⊟
Ganze Seite	⌘+0	Strg+0
Ganze Doppelseite	⌘+⌥+0	Strg+Alt+0
Ausschnitt einzoomen	⌘+ Leertaste	Strg+ Leertaste
Ausschnitt auszoomen	⌘+⌥+ Leertaste	Strg+Alt + Leertaste
Bewegen der Montagefläche	Leertaste	Leertaste
Bewegen während der Texteingabe	⌥	Alt

◂ **Tabelle 3.5**
Tastenkürzel für den Zoom

Die Navigator-Palette

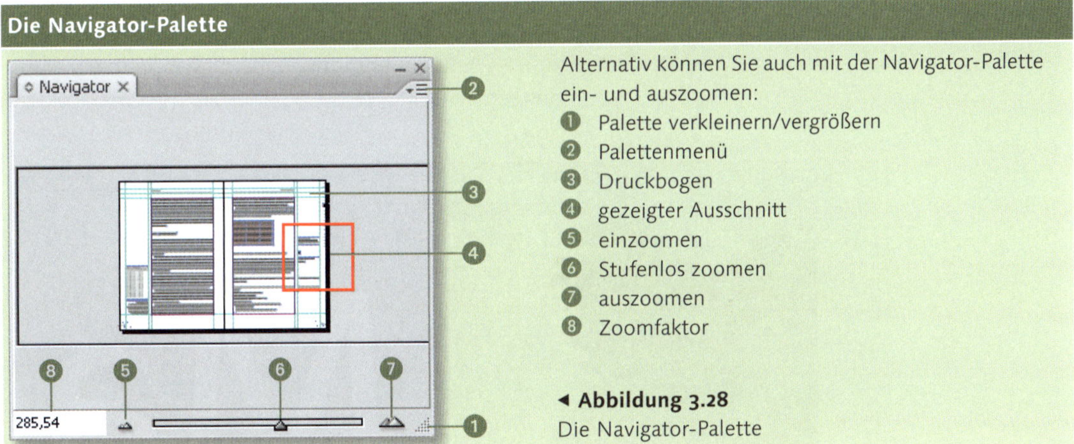

Alternativ können Sie auch mit der Navigator-Palette ein- und auszoomen:

1. Palette verkleinern/vergrößern
2. Palettenmenü
3. Druckbogen
4. gezeigter Ausschnitt
5. einzoomen
6. Stufenlos zoomen
7. auszoomen
8. Zoomfaktor

◂ **Abbildung 3.28**
Die Navigator-Palette

3.8.1 Dokumentansicht mit der Maus verschieben

Die Maus dreht durch: Nahezu jeder Arbeitsplatz ist heute mit einer sogenannten Scroll-Maus ausgestattet, die es Ihnen erlaubt, den Seiteninhalt im Layout per Rädchen nach oben oder unten zu drehen. Wie weit InDesign den Inhalt bewegt, liegt an den Maus-Einstellungen Ihres Systems. Dazu kennt InDesign sinnvolle Anwendungen im Zusammenspiel mit dem Mausrad.

Wenn Sie in einem geöffneten Dokument hineinzoomen wollen, so drücken Sie einfach die [Alt]-Taste und drehen das Maus-Rädchen nach oben. Die Dokumentenansicht vergrößert sich sofort. Umgekehrt geht das natürlich auch: Scrollen Sie mit gedrückter [Alt]-Taste nach unten, so verkleinern Sie die Ansicht der Seite.

Mit gedrückter [Strg]- oder [⌘]-Taste hingegen verschieben Sie die Dokumentenansicht in horizontaler Richtung nach links oder rechts.

Trackball und Grafiktablett
Mäuse oder Trackballs, die über eine frei bewegliche Steuerung verfügen (wie Apples Mighty Mouse oder Logitechs MX Revolution), werden je nach System und Treibersoftware auch in InDesign unterstützt, ebenso wie Grafiktabletts, die über einen berührungsempfindlichen Touch-Strip für die Fingerbedienung verfügen. Letztere verhalten sich wie ein Mausrad, und die Tasten [Alt] und [Strg]/[⌘] helfen hier weiter.

3.8.2 Fenster mit Aussicht

Für Ihre typografische Feinarbeit steht Ihnen eine äußerst hilfreiche Funktion zur Verfügung: Neues Fenster unter dem Menü Fenster. InDesign öffnet eine weitere Ansicht Ihres Dokuments. Wozu dient diese Funktion, da wir doch schon genug Fenster und Paletten bedienen müssen?

Rufen Sie nun die Fenster • Nebeneinander auf. Suchen Sie sich eine Ansicht aus, und zoomen Sie bis zu 4000 % in eine Textstelle. Jede Textänderung, Unterschneidung oder Laufweitenänderung, die Sie nun in diesem Fenster vornehmen, äußert sich im Absatz- oder Seitenumbruch. Umbruchsfehler oder Probleme fallen sofort ins Auge.

Die parallele Anzeige desselben Dokuments hilft Ihnen auch bei der farblichen Beurteilung, wenn der Ausgabefarbraum vom eingestellten Color-Management abweicht. Lesen Sie dazu Kapitel 4, »Farbmanagement«.

Abbildung 3.29 ▲
Darstellung eines Dokuments mit unterschiedlichen Zoomstufen

Wenn Sie zwei unterschiedliche Dokumente geöffnet haben, sortieren Sie die beiden Dokumentenfenster mit der Funktion

Nebeneinander so, dass Sie mit Drag & Drop Text- oder Bildrahmen von einem Dokument in das andere kopieren können. Anschließend wählen Sie die Funktion Überlappend im gleichen Hauptmenü aus, die Dokumentfenster werden wieder über- bzw. hintereinander angeordnet.

Mac OS X

Für Mac OS X-Nutzer wird die Größe und Position des Mac OS X-Docks berücksichtigt, und die Dokumentfenster überlagern dabei das Dock nicht, allerdings nur dann, wenn das Dock auch permanent sichtbar ist.

3.8.3 Die Strukturansicht

Am linken Rand Ihres Dokumentfensters versteckt sich die Strukturansicht. Klicken Sie auf den schmalen grauen Steg ❶. Die Strukturansicht dient dazu, Ihrem Layoutdokument zusätzliche Strukturinformationen in Form von Tags zu verleihen. Wir gehen in Kapitel 25, »XML-Publishing« noch genauer auf diese Funktionalität ein. Die Breite der Strukturansicht können Sie anpassen, indem Sie auf den grauen Steg klicken und ihn mit gedrückter Maustaste nach links oder rechts verschieben. Diese Strukturansicht lassen Sie wieder verschwinden, wenn Sie erneut auf den grauen Rand klicken.

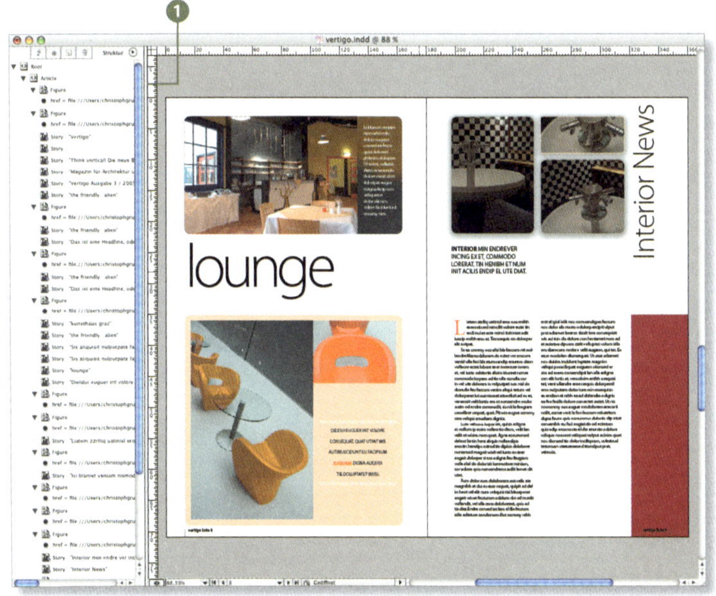

◂ **Abbildung 3.30**
Die Strukturansicht zeigt am linken Rand zugewiesene XML-Tags.

3.9 Kürzere Wege über Tastaturbefehle

Je länger Sie mit einem Programm arbeiten, desto eher wird Ihnen auffallen, dass Sie für die eine oder andere Funktion gern einen Shortcut – auch Tastenbefehl genannt – hätten, um die Funktion schneller aufzurufen. InDesign besitzt zahlreiche Shortcuts, die in den Hauptmenüs jeweils hinter einem Menüpunkt angegeben sind, erlaubt aber auch eine individuelle Shortcut-Vergabe. Dabei bietet InDesign auch für QuarkXPress-Umsteiger einen speziellen Tastaturkürzelsatz an, den wir uns nun näher anschauen wollen.

3.9.1 Tastaturbefehle bearbeiten

Der InDesign-Shortcut-Satz ist eine Vorkonfiguration, die Sie an Ihre Bedürfnisse anpassen können. Sie rufen die Tastaturbelegungen über das Menü BEARBEITEN • TASTATURBEFEHLE auf.

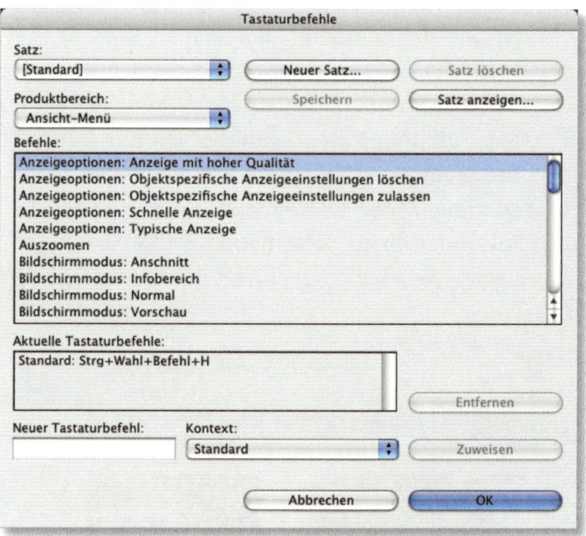

Abbildung 3.31 ▸
Das Dialogfenster TASTATURBEFEHLE

Hier sind alle Tastaturbefehle in PRODUKTBEREICHE sortiert. Die Bezeichnung ist irreführend, eine Bezeichnung als »Werkzeuggruppen«, »Funktionsbereiche« oder schlicht »Menüs und Werkzeuge« würde das Verständnis erleichtern. Darunter sehen Sie die Auswahl der Befehle und den zugeordneten Tastaturbefehl.

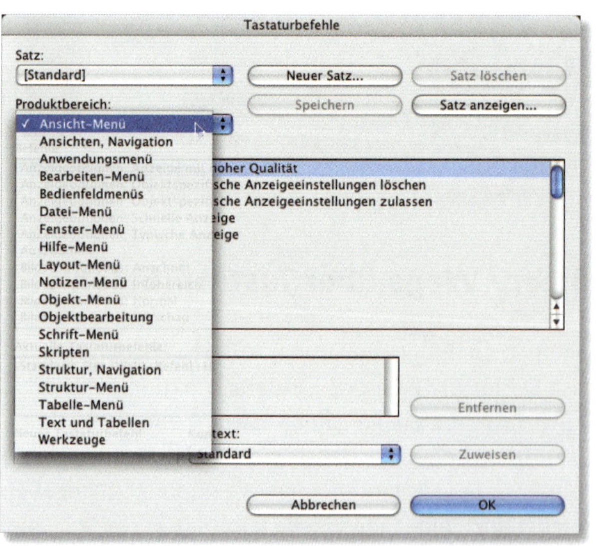

Abbildung 3.32 ▸
Produktbereich der Tastaturbefehle

Wenn Sie sich einen Überblick über die Tastenbefehle verschaffen wollen, dann klicken Sie im Dialog TASTATURBEFEHLE auf den Button SATZ ANZEIGEN… und öffnen damit eine Übersicht in einem beliebigen Texteditor auf Ihrem Computer, die Sie nun bequem ausdrucken können.

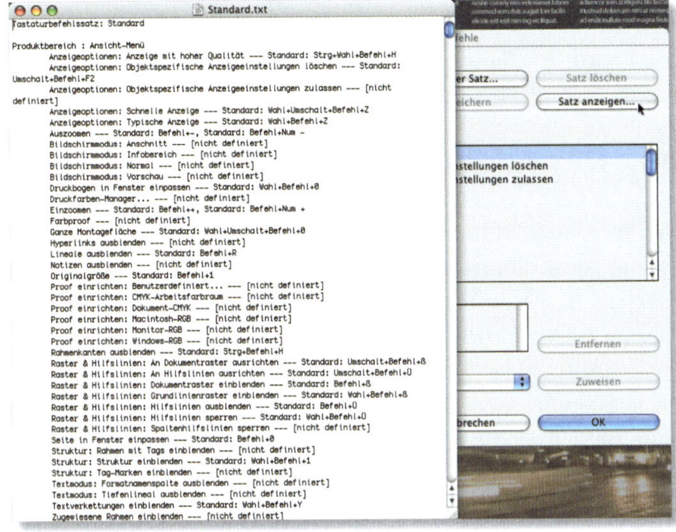

◂ **Abbildung 3.33**
Eine Übersicht über alle Tastaturbefehle bietet InDesign zum Ausdrucken – sehr praktisch!

TOP-TIPP

So manche Funktion, die InDesign nicht direkt über Menüs oder Werkzeuge anbietet, verbirgt sich in den Tastaturbefehl-Definitionen. Wenn Sie also nach einer bestimmten Funktion vergeblich suchen, sollten Sie Ihre Suche auf die Tastaturbefehle ausdehnen.

3.9.2 InDesign oder QuarkXPress?

Wichtiger jedoch ist die Auswahl, die sich hinter dem obersten Punkt SATZ verbirgt. Wenn Sie zuvor jahrelang mit QuarkXPress gearbeitet haben und sich bei den Tastenbefehlen nicht umgewöhnen wollen, stellen Sie einfach alle Shortcuts auf den Befehlssatz von QuarkXPress 4.0 um. Sogleich werden alle Tastenbefehle in den Menüs umgeschaltet. Die reinen Tastaturbelegungen zum Aufruf von Sonderzeichen (€, £, fi etc.) sind davon natürlich nicht betroffen.

Für das Umlernen auf InDesign ist es jedoch ratsam, dass Sie sich gleich mit den InDesign-Tastenbefehlen vertraut machen, denn nicht alle Funktionen sind über den XPress-Befehlssatz erreichbar.

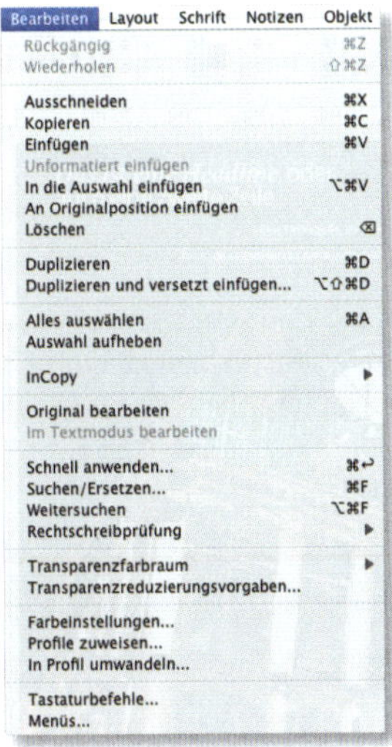

▴ **Abbildung 3.34**
Das Hauptmenü LAYOUT: Am linken Rand wechseln die Tastaturbefehle nach dem Umschalten auf die Tastenkürzel von QuarkXPress.

3.9.3 Tastenbefehle für das schnelle Anwenden von Formaten

Wenn Sie Text formatieren und auf Zeichen- und Absatzformate zugreifen wollen, so markieren Sie mit dem Textwerkzeug den entsprechenden Bereich und drücken die Tasten [⌘]+[↵] oder [Strg]+[↵], und es erscheint in der rechten oberen Programmecke ein kleines Auswahlmenü der angelegten Formate. Darin können Sie mit den Pfeiltasten [↑] und [↓] das gewünschte

Format auswählen, und ein erneutes Drücken der Tastenkombination lässt das Fenster wieder verschwinden. Dadurch ersparen Sie sich das umständliche Aufklappen der entsprechenden Paletten und das Anwählen der Formate.

Allen Formaten können Sie natürlich einen Tastenbefehl zuweisen. Dafür ist der Nummernblock auf Ihrer Tastatur vorgesehen. Lesen Sie dazu Kapitel 9, »Absatz- und Zeichenformate«, in dem erklärt wird, wie Sie einen Shortcut vergeben und anwenden.

3.10 Das Adobe Help Center

Über Hilfe • InDesign-Hilfe erhalten Sie zahlreiche Erklärungen und Anwendungsbeispiele über den Adobe Help Viewer. In einfachen Schritten wird Ihnen die gesuchte Funktion erklärt. InDesign öffnet dazu eine eigene Anwendung, das Adobe Help Center der Creative Suite 3. Die Bedienung erfolgt denkbar einfach. Geben Sie in der Suchmaske oben rechts den gewünschten Begriff ein, und die Hilfe zeigt, für welche Programme Treffer gefunden wurden.

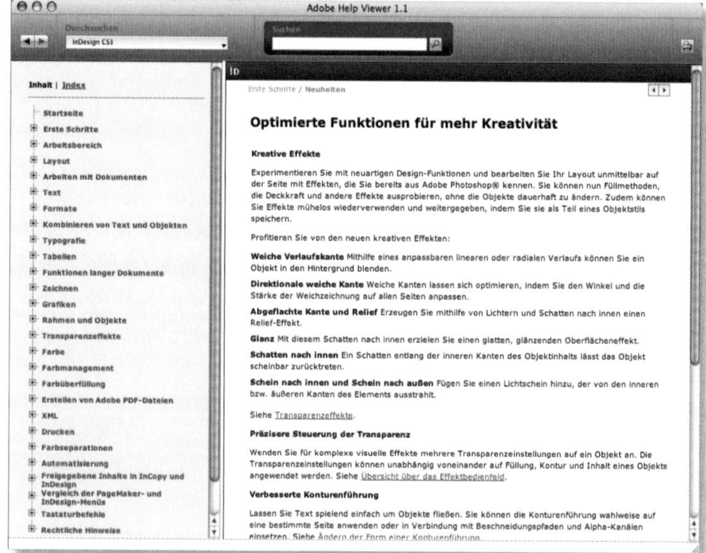

▲ Abbildung 3.35
Der Adobe Help Viewer 1.1 öffnet sich für alle CS3-Programme und bietet eine gesamtheitliche Suche auch für übergreifende Themen an.

Mäuschenschubser oder Fingerbrecher?
Die Verwendung von Shortcuts ist unter Designern schon fast eine philosophische Frage. Während die eine Partei dem Anschieben eines seifenförmigen Gegenstandes ästhetische motorische Handlungen entlockt, antwortet die andere Partei mit endlosen Listen von Tastaturbefehlen. Was ist denn nun wirklich effektiv?
Wie schon zu Anfang erwähnt, verwenden viele Programmanfänger zunächst fast ausschließlich die Maus, um damit die Menüs »abzulaufen«. Dabei werden auch die einfachsten Shortcuts wie das Drücken der Leertaste – zum freien Bewegen der Ansichtsfläche – oder der [Ctrl]-Taste zum Aufruf des Kontextmenüs so lange ignoriert, bis die Tastatur als Eingabemedium aus dem Fokus der Programmbenutzer zu verschwinden droht – oder die linke Hand einschläft. Beides – Maus- und Tastaturbedienung – sollte jedoch erlernt werden, denn erst aus der Kombination von beiden erreichen Sie eine hohe Effektivität. Das betrifft nicht nur InDesign, sondern nahezu jedes Programm mit einer grafischen Benutzeroberfläche.

Hilfe im Web
Neben der normalen Programmhilfe bietet InDesign auch einige zusätzliche Internetlinks zur Support-Seite von Adobe über das Menü Hilfe oder den Startbildschirm an. Darüber hinaus können Sie hier nach Aktualisierungen suchen, sich registrieren oder die Aktivierung Ihrer InDesign-Lizenz ausführen.

4 Farbmanagement

KAPITEL 4

Farben exakt identisch zum abgebildeten Original zu reproduzieren, ist eine anspruchsvolle Aufgabe, mit der Sie sich befassen sollten. Das Farbmanagement von InDesign hat sich in der Vergangenheit bewährt, und mit einem konsequenten Einsatz von Farbprofilen und den richtigen Einstellungen im Programm arbeiten Sie produktiver und erfolgreicher als ohne Farbmanagement.

Auf der Buch-DVD finden Sie im Ordner VIDEO-LEKTIONEN auch einen Lernfilm zum Thema »Farbmanagement«.

4.1 Einführung

Um Ihnen gleich die Angst vor dem komplexen Thema Farbmanagement zu nehmen: Mit aktivem Farbmanagement haben Sie die Möglichkeit, Farben qualitativ hochwertig und präzise wiederzugeben und Farben von einem Farbraum in einen anderen Farbraum umzurechnen.

Da es verschiedene Wege gibt, ein CMS anzuwenden, wollen wir Ihnen die Arbeitsweise empfehlen, die auch die ECI – European Color Initiative – erarbeitet hat. Zu diesem Zweck beachten Sie bitte Abschnitt 4.4.2, »Empfehlungen der ECI«.

Einstellungen, die wir für InDesign beschreiben, sollten Sie stets auch für Illustrator, Photoshop oder Acrobat beachten und ggf. anpassen. Diese Angleichung nennt sich »synchronisieren«, eine Tätigkeit, die wir im Abschnitt 4.4 vorstellen.

CMS
Im Folgenden werden wir der Einfachheit halber die bekannte englische Abkürzung »CMS« für »Color-Management-System« verwenden. Verwechseln Sie diese bitte nicht mit »Content Management System«.

4.1.1 Früher war alles ...

Wer behauptet, dass früher in QuarkXPress oder PageMaker alles einfacher war und sich Farben doch manuell in Photoshop anlegen lassen, wird spätestens beim Thema Druckzuwachs, Papiersorte oder Gesamtfarbauftrag einsehen müssen, dass mehrere Faktoren zusammenkommen, die sich nicht aus den Prozenten eines Prozessfarbtons auslesen lassen. Ein Farbton mit den Werten 100C, 50M, 20Y und 10K sieht im Tiefdruck anders aus als im Offsetdruck und auf gestrichenem Papier anders als auf Zeitungspapier. Ebenso werden Farben auch auf elektronischem Wege publiziert und sollten idealerweise auf dem Bildschirm ebenso wahrgenommen werden wie auf einem bedruckten Medium. Um genau diese gravierenden Unterschiede im Gegensatz zu früher auszugleichen, gibt es das Farbmanagement.

4.1.2 Vorbereitungen

CMS-Standards vereinbaren
Das gesamte Thema füllt bereits zahlreiche Bücher, daher wollen wir Ihnen nur einen Überblick darüber geben, was Sie in InDesign mit aktiviertem Farbmanagement erzielen können. Wenn Sie nach diesem Kapitel die Vorteile erkennen, sollten Sie sich unbedingt mit Ihrer Druckerei oder Ihrem Repro-Unternehmen in Verbindung setzen, um die CMS-Standards zu vereinbaren.

Eine konsequente Anwendung des CMS im Print- und Web-Workflow setzt voraus, dass alle Mitarbeiter geschult werden. Des Weiteren müssen Kalibiergeräte beschafft und Arbeitsplätze neu ausgeleuchtet werden. Gegebenenfalls müssen sogar alte Gerätschaften wie Monitore, die nicht mehr in den Farb-Workflow passen, ausgemustert werden.

Den Vorteil, den Sie mit dieser Umstellung erzielen, ist eine Farbstandardisierung und damit auch gleichzeitig eine deutliche Verminderung bis hin zu Vermeidung von Reklamationen aufgrund von Farbabweichungen. Bei Nachdrucken können Sie als Druckdienstleister bei standardisierter Produktion Ihrem Kunden gegenüber garantieren, dass er seine Druckerzeugnisse in identischer Qualität erhält. Darüber hinaus können Nachdrucke schneller ausbelichtet und gedruckt werden, da hier die Druckmaschine nicht manuell korrigiert werden muss.

Das haben viele Druckereien bereits durch einen konsequenten Einsatz bewiesen. Internationale Unternehmen legen Farbräume fest, die zur Ausgabe Ihrer Drucksachen weltweit verwendet werden. Die Globalisierung macht auch hier nicht halt. Die Druckqualität muss identisch sein, egal wo das Dokument weltweit gedruckt wird.

Woher kommt das Bildmaterial? Auf welchen Plattformen findet die Bearbeitung statt? Wie werden die Daten ausgegeben? Auf welcher Druckmaschine, auf welchem Papier? Diese Fragen müssen Sie zu Beginn jedes Druckauftrags beantworten können. Ist das in Teilen nicht der Fall, so greifen Sie in diesen Fällen auf ISO-Standards zurück. Dazu geben wir Ihnen einige Tipps.

4.2 Theorie und Funktion

[Lab]
Geräteunabhängiger Farbmodus, bei dem Farben durch einen Kanal für die Helligkeit (L für Lightness) und zwei Buntheitskomponenten (Kanal a von Grün bis Magenta und Kanal b von Blau bis Gelb) dargestellt werden. Er umfasst das gesamte Spektrum der sichtbaren Farben.

Farben sind physikalisch messbar in Wellenlängen, Intensitäten und Helligkeiten. Da Sie immer eine »originale« Farbe durch eine drucktechnisch reproduzierte ersetzen, müssen diese Abweichungen dokumentiert werden. Das Ziel eines Farbmanagements ist es, auf Basis dieser Abweichungen die Farbreproduktion zu präzisieren.

Für alle technisch reproduzierbaren Farben wurde der theoretische Farbraum LAB erschaffen. Jeder andere Farbraum – CMYK,

RGB, Hexachrome – ist Teilmenge dieses Farbraums. Jedes Gerät zur Farbwiedergabe – digitale Fotokamera, Scanner, Bildschirm, Proofgerät oder Belichter – hat eine festgelegte Beziehung zu diesem LAB-Farbraum. Die Dokumentierung dieser Abweichung und die anderen Beschreibungen bezeichnet man als Farbprofil.

[RGB]
Farbraum aus Selbstleuchterfarben Rot, Grün, Blau, die sich additiv zu Weiß mischen, beispielsweise beim Farbmonitor.

[CMYK]
Gebräuchliche Abkürzung für die vier Prozessfarben Cyan, Magenta, Gelb (Yellow) und Schwarz (Key Color). Im Vierfarbdruck werden alle anderen Farben aus diesen vier Grundfarben erzeugt.

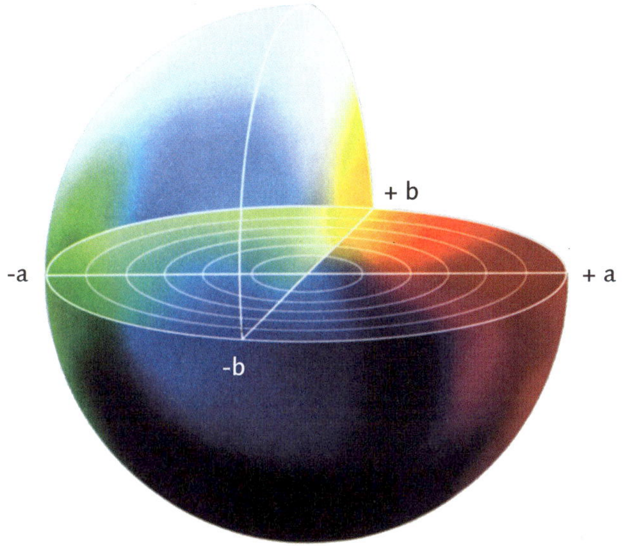

◂ **Abbildung 4.1**
Der LAB-Farbraum

Die verschiedenen Farbräume überschneiden sich, haben jedoch auch Bereiche, die nur durch den einen Farbraum wiedergegeben werden können. Ein reines Cyan ist am Monitor nicht darstellbar, da dieser Wert außerhalb des RGB-Farbraumes des Monitors liegt. Soll z. B. ein Bild von einem Quellfarbraum (RGB) in einen Zielfarbraum (CMYK) umgerechnet werden, müssen eben diese Farben im Bild eine Entsprechung im Zielfarbraum bekommen.

4.2.1 Der doppelte Clou

Der Vorteil von InDesign ist die nahtlose Integration in die Adobe-Familie und die Nutzung gemeinsamer Technologien – auch im Farbbereich. Somit werden Bilder, Vektoren und Schriften im InDesign-Layout farblich identisch zu Photoshop und Illustrator angezeigt. Sogar eine exportierte PDF-Datei mit integrierten Farbprofilen wird unter Acrobat farbidentisch abgebildet. In den Farbeinstellungen wählen Sie die eigenen Arbeitsfarbräume oder übernehmen bestehende Einstellungen aus anderen Programmen. Dabei werden die Einstellungen zentral abgelegt, d. h., alle Programme greifen auf dieselben Einstellungen zu. Diese Technik funktioniert ab Photoshop 6, Illustrator 9, Acrobat 5 und InDesign 2 nahtlos.

[Hexachrome]
Hexachrome ist ein Sechsfarbsystem, das vom Farbhersteller Pantone entwickelt wurde. Bei diesem Verfahren werden zusätzlich zu den veränderten Prozessfarben noch Orange und Grün zur Erweiterung des Farbraumes eingesetzt. Ziel von Hexachrome ist es, den Farbumfang der Prozessfarben zu überschreiten und darüber hinaus Schmuckfarben durch die Umsetzung in den sechs Druckfarben zu ermöglichen.

Hexachrome ist ein High-End-System, das nur von autorisierten Druckereien angeboten wird. Auf einem Standard-Mac oder -PC können Sie Hexachrome nicht einsetzen, dazu benötigen Sie das Pantone-Softwarepaket, das Ihrem System und den Programmen die neue Farbwelt beibringt.

Abbildung 4.2 ▶
Konsistente Farbdarstellung in der Adobe-Familie: InDesign und ein in Photoshop geöffnetes platziertes Dokument.

[Kalibrierung]
Damit das Druckergebnis von Farbbildern mit der Bildschirmanzeige und dem Farbausdruck übereinstimmt, müssen alle Geräte aufeinander abgestimmt sein. Farben mit gleichen Anteilen der vier Druckfarben Cyan, Magenta, Gelb und Schwarz müssen auf jedem Ausgabegerät gleich erscheinen.

4.3 Farbprofile

Eine Digitalkamera kann nur so viele RGB-Farben »sehen«, wie der Kamerachip verarbeiten kann. Hochleistungsscanner arbeiten im LAB-Farbraum, d. h., sie nutzen den maximalen Farbraum zur Bilddigitalisierung.

Geräteprofile erstellen | Monitore hingegen müssen durch eine Kalibrierung an das Farbmanagement angepasst werden. Dazu bieten verschiedene Hersteller handliche Kalibrierungsgeräte an, die in Verbindung mit einer Software ein Geräteprofil einmessen und für das Betriebssystem bereitstellen.

Auf der Apple-Plattform erstellt ColorSync das Geräteprofil und passt entsprechend die Bildwiedergabe an. Bei Windows-Systemen ist Image Color Matching (ICM) bzw. bei Microsofts neuem Betriebssystem Vista das **Windows Color System** (WCS) für die erstellung des Geräteprofils zuständig.

Diese Kalibrierung muss regelmäßig erneuert werden, da Monitore – egal ob klassischer Röhren- oder moderner TFT-Monitor – im fortgeschrittenen Alter Helligkeit und Kontrast verlieren oder Farbschwächen aufweisen. High-End-Monitore werden zusammen mit einem Kalibrierungsgerät ausgeliefert.

Nachdem diese Kalibrierungstechnik jahrelang nur für Röhrenmonitore zur Verfügung stand, sind nun auch Lösungen für TFT-Displays erhältlich. PostScript-fähige Farbdrucker und digitale Druckmaschinen werden mit Farbprofilen ausgeliefert, können jedoch auch kalibriert werden. Dies geschieht mit Spezialgeräten, die feinste Farbnuancen registrieren. Pro Papiersorte muss dafür

Das ColorSync-Dienstprogramm

Wenn Sie auf einem Mac arbeiten, können Sie sich Farbräume auch dreidimensional anschauen und miteinander vergleichen. Wenn Sie einen ECI-RGB-Farbraum mit einem ISO Coated vergleichen, wird Ihnen recht schnell klar werden, dass sich viele Farben des RGB-Farbraums nicht im CMYK-Farbraum abbilden lassen, sondern bei einer Umrechnung an einen nächstmöglichen Wert angenähert werden müssen.

Wenn Sie die Rubrik Profile wählen, so erhalten Sie eine Übersicht über alle installierten Farbprofile. In dem Verzeichnis Andere sehen Sie alle Profile, die z. B. durch die Installation von InDesign CS2 oder der Creative Suite angelegt wurden. Weitere Profile wurden hier von der ECI – European Color Initiative – übernommen. Lesen Sie dazu auch den Abschnitt 4.4.2.

ein Profil auf Basis eines Textcharts als Referenzausdruck angelegt werden.

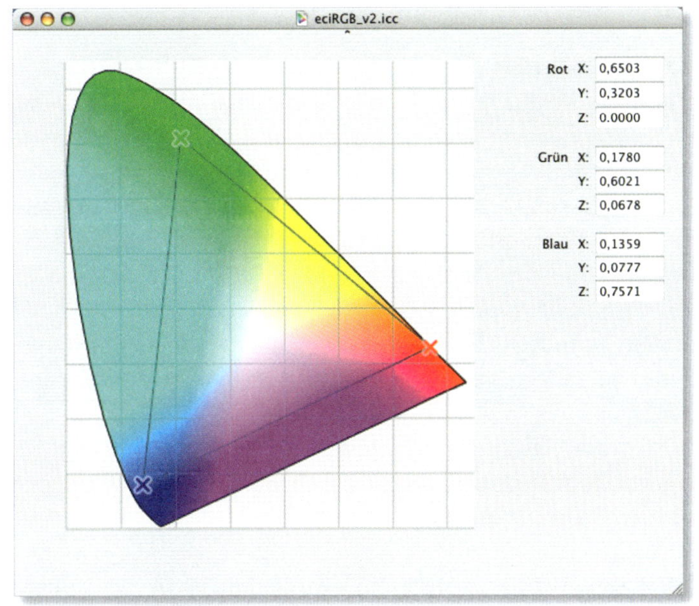

◀ **Abbildung 4.3**
Mit dem Werkzeug ColorSync-Dienstprogramm zeigen Sie Profile innerhalb der bekannten »LAB-Schuhsohle« an. Die Eckpunkte markieren die Referenzpunkte zum LAB-Farbraum.

4.3.1 Kalibrierte Monitore

Wenn Sie an einem kalibrierten Monitor arbeiten, dürfen Sie auf keinen Fall die Helligkeit, den Kontrast oder die Farbtemperatur des Monitors manuell nachregeln. Stellen Sie Ihren Monitor so ein, dass er den größtmöglichen Farbraum darstellen kann, und führen Sie dann die Kalibrierung durch. Wenn Sie z. B. zur Mittagszeit den Monitor heller stellen wollen, weil die Umgebungsbeleuchtung am Arbeitsplatz ansteigt, müssten Sie sofort ein Profil einmessen. Umso wichtiger ist es, dass Sie Ihren Arbeitsplatz so ausstatten, dass zeitliche Lichteinflüsse durch den Sonnenstand vermieden oder ausgeglichen werden. Wir empfehlen Ihnen eine durchgängige Tageslichtbeleuchtung mit einem Kelvin-Wert von 5000°.

Die Arbeitsweise mit CMS auf einem Laptop ist dagegen natürlich schwieriger. Hier hängt es immer vom Umgebungslicht und der Helligkeit ab, nach der Sie beurteilen sollten, wann Sie ein Monitorprofil umstellen, um eine bessere Darstellung zu erreichen. Wenn Sie Ihren Laptop-Monitor mit einem Kalibriergerät einmessen, können Sie dabei auch das Umgebungslicht berücksichtigen, sodass die Farbtemperatur der Umgebung und des Monitors übereinstimmen und somit ein neutrales Grau auch als Grau auf dem Bildschirm erscheint. Grundsätzlich bieten die heutigen TFT-Displays von Laptops keinen ausreichenden Farbraum, um eine wirklich perfekte Bildbearbeitung durchzuführen. Der

[Farbtemperatur]
Die Farbtemperatur beschreibt unterschiedliche Arten von Lichtquellen. Unsere Augen können sich an unterschiedliche Farbtemperaturen je nach Lichtquelle (wie Sonnenlicht oder Glühlampen) anpassen. Technische Reproduktionen verlangen jedoch eine feste Farbtemperatur. So stellen Tageslichtfilme in Fotokameras nur bei Sonnenlicht alle Farben neutral dar. Fotografieren Sie mit einem Tageslichtfilm eine Glühlampe, so erscheinen alle Farben gelblich, bei Neonlicht hingegen grünlich oder am Abend bläulich.

Die Farbtemperatur wird in Grad Kelvin gemessen. Eine 100-Watt-Glühlampe besitzt eine Farbtemperatur von 2800 K, Leuchtstoffröhren 3000 K (Warmweiß) bis 4000 K (Kaltweiß), Tageslicht liegt bei 5500 K, die Schatten dagegen 9000-12000 K.

Digitale Video- und Fotokameras müssen auf die aktuelle Farbtemperatur des Lichts eingemessen werden. Dieser Vorgang ist auch unter dem Begriff **Weißabgleich** bekannt.

Einsatz von Kalibrierungsgeräten lohnt sich aber insofern, als dass Lichter und Tiefen wesentlich differenzierter dargestellt werden – ohne CMS immer ein Nachteil am Laptop.

4.3.2 RGB-Profile

RGB-Profile beinhalten u.a. die Werte zum Weißpunkt und Gammawert. Damit Tiefen und Lichter differenziert am Monitor wiedergegeben werden, sorgt eine nichtlineare Korrektur – der Gammawert – im Farbprofil dafür, dass helle oder dunkle Mitteltöne überproportional detailliert abgebildet werden. Ein plattformübergreifendes Profil wie das ECI-RGB v2 beschreibt z. B. einen Gammawert von 1.8. Damit werden die Lichter stärker differenziert. Adobe RGB oder sRGB beschreiben ein Gamma von 2.2, das im Verlgeich zum ECI-RGB deutlich dunklere Mitteltöne anzeigt.

Für unsere Gestaltung verwenden wir daher das ECI-RGB v2 als Arbeitsfarbraum und folgen damit den Empfehlungen der European Color Initiative.

Mac und PC verwenden unterschiedliche Gammawerte

Ein Bild wird auf dem Mac – ohne Farbmanagement – anders abgebildet als auf einem PC. Das hat den Grund, dass das OS X einen Gammawert von 1.8 verwendet, wogegen Windows den Wert 2.2 nutzt. Ein Bild, dass im Kontrast und in den Tonwerten am Mac neutral wirkt, wird auf dem PC in den Mitteltönen dunkler abgebildet. Mit Farbmanagement werden diese Unterschiede durch Berechnungen des Farbprofils des Bildes, des kalibrierten Monitors sowie der darstellenden Software ausgeglichen.

sRGB | Der weitaus kleinste RGB-Farbraum, sRGB, wird überwiegend im Internet und von Microsoft Office-Programmen oder älteren Digitalkameras verwendet und kann in Sachen Farbmanagement als »kleinster gemeinsamer Nenner« bezeichnet werden. Dabei ist zwar von Vorteil, dass Dateien in diesem kleinen Farbraum von jedem PC-Monitor dargestellt werden können, aber die Reproduktion aus diesem Farbraum in einen Prozessfarbraum ist qualitativ immer die schlechtere Lösung. Zum Bearbeiten in Photoshop sollten Sie stets in den ECI-RGB-Farbraum konvertieren. Verwenden Sie den sRGB-Farbraum nur dann, wenn Sie für das Internet Grafiken exportieren.

4.3.3 CMYK-Profile

Ein CMYK-Profil speichert im Gegensatz zu RGB-Profilen Informationen für die Druckausgabe. Dabei wird die Papiersorte berücksichtigt, ebenso der Tonwertzuwachs, die Methode des Schwarzaufbaus (GCR/UCR), das Papierweiß, das absolute Schwarz sowie der Gesamtfarbauftrag (hierzu später mehr). Alle diese Parameter beschreiben das Verhalten von Prozessfarben auf einer bestimmten Papiersorte und mit einer bestimmten Druckart. Die ECI – European Color Initiative – hat dazu eine ganze Reihe von Profilen veröffentlicht, die für verschiedenste Papiersorten und -gewichte geeignet sind. Jedes Profil wird mit einer PDF-Datei detailliert beschrieben. Darunter befinden sich auch die Profile der großen Verlagshäuser für Tiefdruck oder Rollenoffset.

Das Profil »ISO Coated v2« ist unser Standardprofil und CMYK-Arbeitsfarbraum. »ISO Coated v2« wurde für den Offsetdruck auf gestrichenem Papier eingemessen und hat u.a. einen Gesamtfarbauftrag (GFA) von 330%.

4.4 Farbeinstellungen in der Bridge

Seit der Creative Suite 2 hat sich Adobe eine schöne Neuerung ausgedacht, die anwenderfreundlich ist: das einmalige Einrichten des Colormanagements in der Adobe Bridge für alle installierten Programme der Creative Suite. Aber ist diese Einstellung auch sinnvoll? Wir wollen Vor- und Nachteile beleuchten.

4.4.1 Farbeinstellungen in der Bridge

Zunächst zum einfachen Einstieg: Die Adobe Bridge. Im Menü Bearbeiten finden Sie die Creative Suite-Farbeinstellungen. Im nachfolgenden Dialog erscheint eine kurze Liste von möglichen Vorgaben. Mit aktiviertem Button Erweiterte Liste ... anzeigen blättert die Bridge mehrere Einstellungen auf, die Sie vielleicht schon aus früheren CS-Versionen kennen.

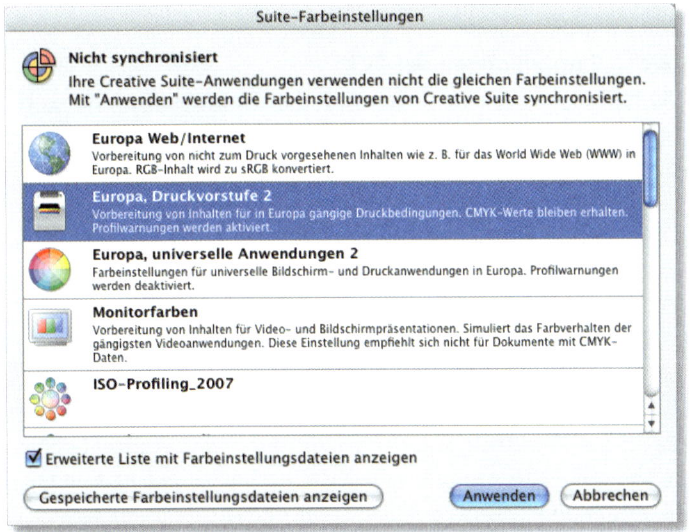

◄ **Abbildung 4.4**
Mit den Standard-Farbeinstellungen der Bridge können Sie alle CS-Programme synchronisieren.

Farbeinstellungen erklärt | Jede Einstellung greift auf ein Farbprofil für RGB-, CMYK-, Graustufen- und Strichgrafiken zurück. Da Sie anhand dieser Liste nicht erkennen können, welche Profile damit verbunden sind, gehen wir die wichtigsten Einstellungen durch.

Tabelle 4.1 ▶
Die wichtigsten Farbeinstellungen

	RGB-Profil	CMYK-Profil
Europa, Druckvorstufe 2	Adobe RGB (1998)	Europe ISO Coated Fogra27
Europa Web/Internet	sRGB	Europe ISO Coated Fogra27
Allgemeine Einstellungen für Druckvorbereitung Europa	Adobe RGB (1998)	Euroscale Coated v2

Farbeinstellung vornehmen | Wählen Sie EUROPA, DRUCKVORSTUFE 2 aus, und klicken Sie auf ANWENDEN. Danach wechselt der Status der Einstellungen auch auf SYNCHRONISIERT. Das bedeutet, dass nun alle CS3-Anwendungen wie InDesign neue Dokumente mit diesen Einstellungen bearbeiten. Zuvor bearbeitete Dokumente können aber mit anderen Farbeinstellungen angelegt worden sein. In diesem Fall werden Sie in InDesign beim Öffnen der Datei eine Warnung erhalten.

Die Einstellung EUROPA WEB/INTERNET arbeitet mit einem sRGB-Profil, ist also wirklich nur für das Webdesign geeignet. Falls Ihre Aufgaben zwischen Web und Print wechseln, sollten Sie bei jedem neuen Job das CMS kontrollieren. Eine gute Einstellung für beide Welten gibt es derzeit nicht.

4.4.2 Empfehlungen der ECI

Wie sollten diese Einstellungen laut den Empfehlungen der European Color Initiative aussehen? Adobe hat hier – wie auch in der Vorgängerversion von InDesign – eigene Sets von Profilen zusammengestellt.

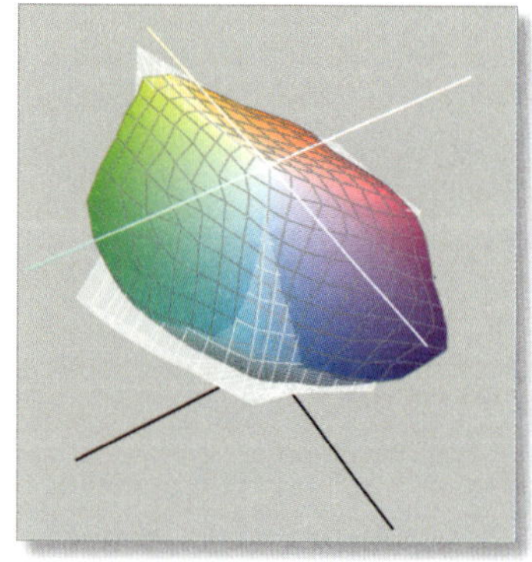

▲ **Abbildung 4.5**
Die Profile Europe ISO Coated Fogra27 (weißes Gitter) und ISO Coated v2 (bunt) im Vergleich

Die erste Einstellung EUROPA, DRUCKVORSTUFE 2 kann praxistauglich eingesetzt werden, entspricht jedoch in keiner Weise den ECI-Empfehlungen. ADOBE RGB wurde schon in Abschnitt 4.3.2, »RGB-Profile« besprochen.

Das CMYK-Profil EUROPE ISO COATED FOGRA27 hat trotz ähnlichen Namens leider nichts mit dem gewünschten »ISO Coated v2« zu tun, sondern basiert nur auf demselben Auflagenpapier. Beide Profile beschreiben einen unterschiedlichen Farbumfang, wie Abbildung 4.5 zeigt.

Das Adobe-Profil beschreibt größere Farbräume im Cyan- und Gelb-Bereich, dargestellt durch das weiße Gitter. ISO Coated v2 hingegen besitzt höhere Werte im Violett-, Orange- und Grünbereich.

4.4.3 Eigene Vorgaben mit ISO-Profilen einrichten

Um sich eine Vorgabe einzurichten, die auf ISO-Profile zurückgreift, müssen Sie die ECI-Vorgaben auf Ihren Computer laden und in InDesign eine eigene CMS-Einstellung einrichten.

Schritt für Schritt: Die ECI-Vorgaben einrichten

1 Die ISO-Profile laden

Die Empfehlungen der ECI können Sie über die Website *http://www.eci.org* herunterladen.

Wählen Sie in der Rubrik DOWNLOAD das Paket »ECI_Offset_2007«. Es enthält die ICC-Profle »ISO Coated_eci«, »ISOCoated_300_eci«, »ISO Web Coated«, »ISO uncoated« und »ISO Uncoated Yellowish«. Ebenso müssen Sie die Datei »eciRGBv20.zip« laden.

2 Entpacken der Profile

Entpacken Sie die ZIP-Dateien nach dem Download auf Ihrem Rechner.

3 Ablegen der Profile

Speichern Sie die Profile auf dem Mac in folgendes Verzeichnis: MACINTOSH HD/LIBRARY/APPLICATION SUPPORT/ADOBE/COLOR/PROFILES/...

Auf dem PC speichern Sie sie unter C:PROGRAMME/GEMEINSAME DATEIEN/ADOBE/COLOR/PROFILES/RECOMMENDED/ oder C:WINDOWS/SYSTEM32/SPOOL/DRIVERS/COLOR/ ab.

4 Einrichten der ECI-Empfehlungen

Schließen Sie in InDesign alle Dokumente, und wählen Sie aus dem Menü BEARBEITEN die FARBEINSTELLUNGEN. Für den RGB- und CMYK-Arbeitsfarbraum erhalten Sie nun in den Auswahllisten die entsprechenden ECI-Profile wie ECI-RGB und ISO COATED V2.

5 Vorgabe speichern

Speichern Sie sich eine neue Vorgabe, um später alle Programme auf diesen CMS-Einstellungen einzurichten.

6 Synchronisieren

Aktiveren Sie die ECI-Vorgabe in der Adobe Bridge in den FARBEINSTELLUNGEN für die gesamte Creative Suite 3.

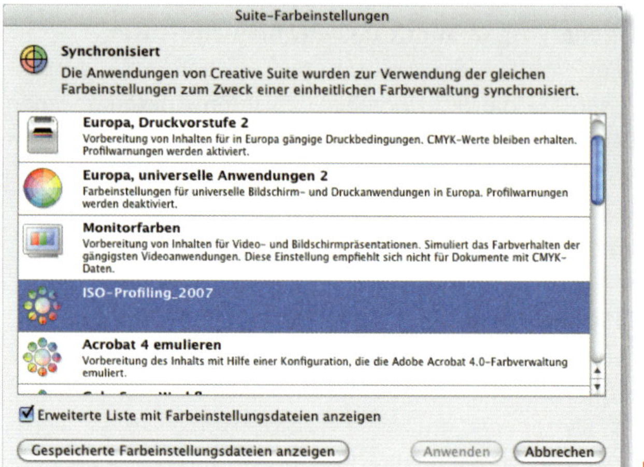

Abbildung 4.6 ►
Wenn Sie die ISO-Profile geladen und ein Set in InDesign vorbereitet haben, können Sie später diese Vorgabe auch in der Bridge für alle anderen Programme übernehmen.

Auf der Buch-DVD finden Sie im Ordner VIDEO-LEKTIONEN auch einen Lernfilm zum Thema »Farbeinstellungen«.

4.5 Farbeinstellungen in InDesign CS3

Einstellungen, die Sie zuvor in der Bridge vorgenommen haben, werden mit der Funktion ANWENDEN auch in InDesign übernommen.

Das Farbmanagement in InDesign verwaltet die Grundeinstellungen, mit welchen Profilen Sie in InDesign oder speziell in einer Datei arbeiten. Unter dem Menü BEARBEITEN • FARBEINSTELLUNGEN finden Sie die Farbzentrale.

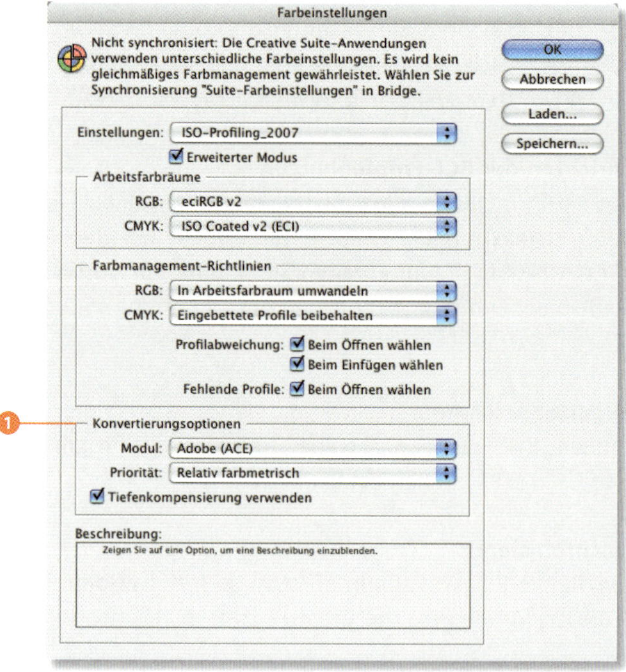

Abbildung 4.7 ►
Das Menü zu den Farbeinstellungen

Die Farbmanagement-Richtlinien definieren das Verhalten von InDesign bei abweichenden Farbprofilen, insbesondere für platzierte Dateien. RGB-Daten sollten dabei in den Arbeitsfarbraum konvertiert werden, wohingegen CMYK-Profile nicht konvertiert werden dürfen: Farbverschiebungen wären vorprogrammiert.

4.5.1 Intent

Die Color-Engine 1 rechnet Farbräume um. Für Ihre Arbeiten empfehlen wir die Adobe Color Engine, kurz ACE genannt, da die ACE plattformübergreifend funktioniert, also gleichermaßen auf Mac und PC identische Ergebnisse liefert. Es gibt vier Umrechnungsarten, um Farben zu konvertieren (zu finden unter PRIORITÄT):

- PERZEPTIV
- SÄTTIGUNG
- RELATIV FARBMETRISCH
- ABSOLUT FARBMETRISCH

Als Grundregel gilt: Bilder werden mit der Einstellung PERZEPTIV umgerechnet; Grafiken mit eindeutigen Farbtönen, die erhalten werden sollen, werden dagegen RELATIV FARBMETRISCH umgerechnet. Eine Mischung aus Bilddaten und eindeutigen Farbangaben, wie z. B. eine Photoshop-Datei mit Vektor- und Textinhalten, wird mit der Methode RELATIV FARBMETRISCH umgerechnet.

- **Relativ farbmetrisch**
  Diese Umrechnungsform vergleicht zunächst den Weißpunkt des Quellfarbraums mit dem des Zielfarbraums und gleicht danach alle Farben an. Farben, die in beiden Farbräumen vorkommen, werden übernommen. Diese Umrechnungsform eignet sich sowohl für Vektorgrafiken mit einfarbigen Bildflächen (z. B. Firmenlogos) wie auch als Standard-Umrechnungsform, da die wenigsten Farbverschiebungen auftreten. Farbtöne, die im Zielfarbraum nicht vorkommen, werden »abgeschnitten«, also ignoriert.
- **Perzeptiv (früher: Wahrnehmung)**
  Für die Konvertierung eines Bildes aus einem größeren Farbraum in einen kleineren Farbraum skaliert die Methode PERZEPTIV die Farbwerte, damit die Farbbeziehungen gleich bleiben. Diese theoretische Beschreibung lässt sich sehr gut am Beispiel verdeutlichen. Der kleinere Zielfarbraum kann nicht alle Farben aus dem Quellfarbraum übernehmen. Um dennoch den Tonwertumfang des Bildes zu erhalten, wird der Farbumfang (Gammut) gleichmäßig verkleinert. Es kommt durch diese Umrechnungsmethode zu Farbverschiebungen,

das Verhältnis von Farbwinkeln sowie Hell-dunkel-Bereichen bleibt aber erhalten.

Diese beiden ersten Methoden sind die am häufigsten verwendeten Umrechnungsarten, wenn Dokumente mit aktiviertem Farbmanagement bearbeitet werden. Andere Methoden stehen ebenfalls zur Auswahl, werden aber nur im Spezialfall angewandt:

- **Absolut farbmetrisch**
  Ebenso wie die Priorität RELATIV FARBMETRISCH erhält die absolute Umrechnung identische Farbtöne im Quell- und Zielfarbraum. Sie werden nicht verändert. Anders als bei der relativen Methode wird dazu aber nicht der Weißpunkt im Quell- und Zielfarbraum hinzugezogen. Somit wird zur Umrechnung die Beziehung eines Farbwertes zur Bildhelligkeit nicht beachtet.
- **Sättigung**
  Für Geschäftsgrafiken aus dem Office-Umfeld soll diese Methode einen möglichst großen Sättigungsgrad und somit eine hohe Farbintensität erzielen, damit die Grafiken auf Beamern mit kleinem darstellbaren Farbraum präsentiert werden können. Die Farbwerte des Quellfarbraums werden auf den Zielfarbraum maximal skaliert. Der visuelle Eindruck nach der Konvertierung ist deutlich intensiver. Eine Konvertierung für die Belichtung ist auf diese Art nicht zu empfehlen.

4.5.2 Farbmanagement-Richtlinien: Werte beibehalten

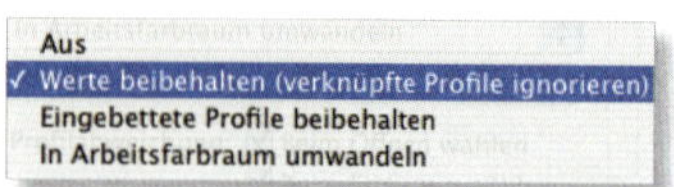

▲ **Abbildung 4.8**
Damit keine CMYK-Werte in den Arbeitsfarbraum in InDesign oder während der Ausgabe umgerechnet werden, verhält sich das CMS immer so, dass »Werte beibehalten« werden.

Farben von platzierten Dokumenten, die aus einem anderen CMYK-Farbraum stammen, der nicht mit dem CMYK-Arbeitsfarbraum identisch ist, werden in InDesign CS3 anhand der Farbmanagement-Richtlinie WERTE BEIBEHALTEN in den Farbeinstellungen sowie im PDF-Export nicht konvertiert. Dadurch wird sichergestellt, dass die Farben nicht ungewollt umgerechnet werden, wodurch eventuell Farbverschiebungen auftreten können. In Kapitel 22, »PDF-Export«, gehen wir noch detailliert darauf ein.

4.5.3 Profile zuweisen

Um Dokumente ohne Farbmanagement nachträglich mit Farbprofilen zu versehen oder um falsche Profile zu ersetzen, rufen Sie unter dem Menü BEARBEITEN die Funktion PROFILE ZUWEISEN auf. Wie bei den Farbeinstellungen sind die Zuweisungsoptionen wiederum in RGB, CMYK und die Umrechnungsprioritäten unterteilt.

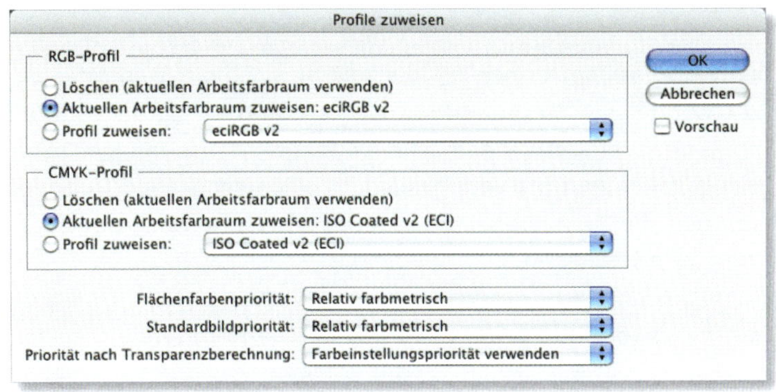

◂ **Abbildung 4.9**
Profile zuweisen

Dokumente ohne Profile werden nur um das Zielprofil ergänzt, ohne umgerechnet zu werden. Diese Information ist sinnvoll, wenn eine spätere Umrechnung ansteht und ein Ausgangsfarbraum benötigt wird. Ist dagegen kein Farbprofil vorhanden, geht das Programm von einem Standardfarbraum aus.

Seit InDesign CS3 besteht auch die Möglichkeit, alle Farbraum-Informationen, die nicht mit den gewünschten Arbeitsfarbräumen übereinstimmen, zu löschen und mit den aktuellen Arbeitsfarbraum-Informationen zu überschreiben.

Priorität nach Transparenzberechnung | Wenn Sie im Layoutdokument halbtransparente Photoshop-Dokumente verwenden, können Sie für die Umrechnung der Transparenzen in das Ausgabeprofil die Priorität nach Transparenzberechnung festlegen. Ist hier wie bei den anderen Einstellungen die Farbeinstellungspriorität ausgewählt, richten sich alle Einstellungen nach den Vorgaben des Farbmanagements.

Vorschau

Mit aktiver Vorschau können Sie kontrollieren, in welcher Weise platzierte Dokumente eventuell ihre Farbdarstellung ändern.

4.5.4 In Profil umwandeln

Des Weiteren finden Sie unter Bearbeiten auch den Menüpunkt In Profil umwandeln. Bestehende Profile von platzierten Dokumenten können mit dieser Funktion vom Quellfarbraum in den Zielfarbraum konvertiert werden.

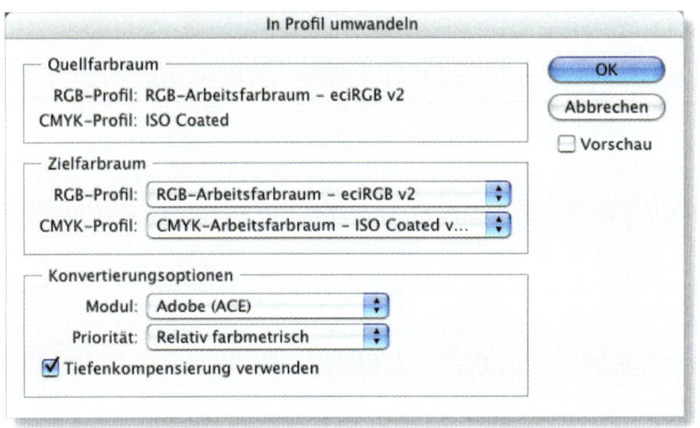

◂ **Abbildung 4.10**
In Profil umwandeln

Die Einstellungen sind in Quell- und Zielfarbraum gegliedert. Mit aktiver Vorschau können Sie gut erkennen, ob die Methode Perzeptiv oder die Methode Relativ farbmetrisch zu dem besten Ergebnis führt. Verwenden Sie die Funktion nur, wenn Sie Dokumente im Layout platziert haben, die ein eigenes Profil mitbringen und die Sie nicht beim Platzieren bereits in das Arbeitsprofil umgewandelt haben.

> **Hinweis**
>
> Auch hier gilt wie für jede andere Konvertierung: Bestehende RGB-Profile dürfen umgerechnet werden, CMYK-Profile müssen erhalten bleiben!

4.5.5 Bilder nachträglich in das CMS einbinden

Haben Sie ein Bild in das Layout platziert, das nicht mit einem Profil versehen war und das Sie auch nicht in den Arbeitsfarbraum konvertiert haben, können Sie es jederzeit manuell kontrollieren.

Bei Auswahl eines Bildes rufen Sie über das Kontextmenü die Farbeinstellungen auf (Grafiken • Farbeinstellungen für Bild) und aktivieren nur für dieses Bild das Farbmanagement nachträglich. Auch die Renderpriorität ist je nach Charakteristik des Bildes wählbar (siehe Abschnitt 4.5.1, »Intent«).

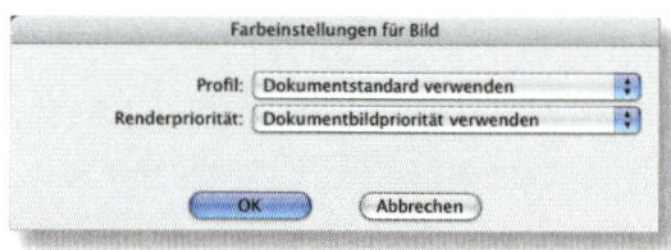

▲ **Abbildung 4.11**
Für jedes Bild können die Farbeinstellungen separat bestimmt werden.

4.5.6 Schwarzdarstellung für CMYK- oder RGB-Ausgabe

Zusätzlich zu den komplexen Einstellungen des Farbmanagements können Sie die Farbe Schwarz am Monitor oder im Druck wahlweise als Druckschwarz (100 % K) oder als Tiefschwarz (RGB 0, 0, 0) anzeigen lassen.

Unter den Voreinstellungen (⌘+K, Strg+K) finden Sie die Einstellungen unter der Rubrik Schwarzdarstellung. Die Einstellungen betreffen vorwiegend schwarze Texte, die nur mit der Druckfarbe Schwarz wiedergegeben werden sollten.

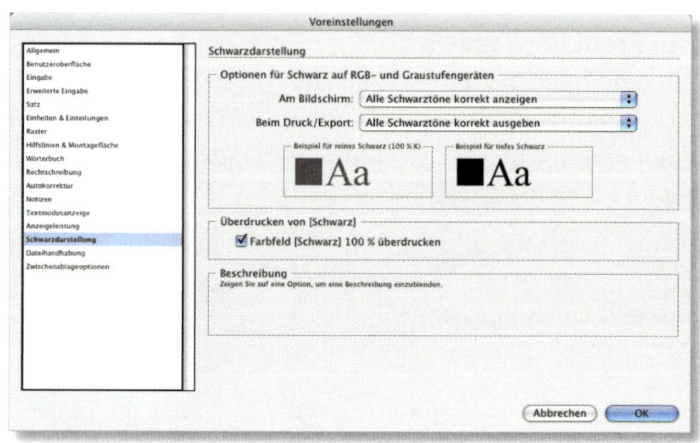

Abbildung 4.12 ▶
Die Farbe Schwarz kann wahlweise wie eine Prozessfarbe (0, 0, 0, 100) oder als ein RGB-Schwarz (0, 0, 0) angezeigt und ausgegeben werden.

Für die Druckproduktion wollen wir natürlich unserer Anzeige vertrauen können und wählen selbstverständlich die Voreinstellung, dass Schwarz am Bildschirm korrekt angezeigt und für den Druck/Export korrekt ausgegeben wird.

Welchen Grund hatte Adobe, diese Möglichkeit einzubauen? | Ein 100-prozentiges Schwarz erscheint in dieser Einstellung am Monitor als Dunkelgrau. Das ist so weit auch korrekt, denn erst ein Tiefschwarz, das sich durch die Mischung mehrerer Prozessfarben ergibt, wird auch als absolutes Schwarz am Monitor mit den RGB-Werten 0, 0, 0 wiedergegeben. Dadurch können wir in der Anzeige überhaupt zwischen diesen Schwarz-Werten optisch unterscheiden. Für das Editieren von Text oder die Aufbereitung von Layoutdaten für die RGB-Ausgabe ist es jedoch eher hinderlich, eine dunkelgraue Darstellung anzeigen zu lassen. Somit könnten wir das Schwarz für die Bildschirmanzeige auch als Tiefschwarz wiedergeben lassen, ohne das Druckergebnis zu beeinflussen. Auch mit der Tiefschwarz-Anzeige wird ein Soft-Proof korrekt wiedergegeben, hierbei überschreibt die Überdrucken-Vorschau die Einstellungen der Schwarz-Darstellung.

Für den Druck und den Export sieht das jedoch anders aus. Hier sollten wir für die CMYK-Ausgabe stets ALLE SCHWARZTÖNE KORREKT AUSGEBEN wählen. Nur in der Ausgabe auf RGB-Geräten wie Fotobelichtern ist die Alternative ein Vorteil: ALLE SCHWARZTÖNE ALS TIEFES SCHWARZ AUSGEBEN sorgt dafür, dass ein 100 % K wie ein Tiefschwarz ausgegeben wird. Das hat den Vorteil, dass bei transluzentem – durchscheinendem – Fotomaterial auch eine Hinterleuchtung der Schrift möglich ist und die Schrift – nahezu lichtdicht – einen maximalen Kontrast darstellt.

4.6 Farbmanagement-Strategien

4.6.1 Medienneutral oder nicht?

Der Begriff **medienneutral** steht für das Konzept, alle benutzten und definierten Farben jeweils ohne Konvertierung in den Ausgabefarbraum zu belassen, bis die Ausgabeform feststeht. Bilder werden also im ECI-RGB-Farbraum retuschiert und für den Druck vorbereitet, ohne sie in den CMYK-Farbraum umzurechnen.

Diese Methode lässt Ihnen die Möglichkeit offen, von einem einzigen Layoutdokument ausgehend alle Farben für einen 4C-Offsetdruck, Prozess- und Schmuckfarbendruck oder einen RGB-Lambda-Print nur ein einziges Mal in der Ausgabe zu konvertieren. Diese Konvertierungen erfolgen auf Basis des Farbmanagements und des definierten Umrechnungsverhaltens (siehe Abschnitt 4.5.1, »Intent«).

Die medienneutrale Aufbereitung der Layoutdaten wird immer wichtiger, da die Druckdaten international weitergegeben und am Bestimmungsort lokal für den Druck angepasst und umgerechnet werden müssen.

Herkömmliche Methode

Als herkömmliche Methode ist es üblich, die Daten gleich beim Erfassen oder Importieren in den Zielfarbraum der Ausgabe zu konvertieren. Das bedeutet zum Beispiel, dass Sie digitale Bilder gleich nach dem Bearbeiten im ECI-RGB-Farbraum beispielsweise in das CMYK-Ausgabeprofil ISO Coated v2 umrechnen oder in InDesign nur Prozessfarben verwenden, wenn die Ausgabe auf einer Offsetmaschine feststeht. Nachteil: Für jede Ausgabesituation muss ein eigenes Farbprofil verwendet werden; Vorteil: geringe Konvertierungsverluste bei häufig aktualisierten Druckerzeugnissen, Farbverschiebungen oder ungünstige Farbwirkungen werden bereits im Layout berücksichtigt.

Zudem werden Hersteller mehr Geräte entwickeln, die im RGB-Farbraum drucken. Eine Schmuckfarbe kann mit Ausnahmen im größeren RGB-Farbraum besser wiedergegeben werden als im Prozessfarbraum.

Farben unterschiedlichster Farbräume werden innerhalb von InDesign oder dem Format PDF im Composite-Farbraum zusammengefasst und erst im RIP in den Ausgabefarbraum umgewandelt. Nachteil: Konvertierungen und die damit verbundenen Farbverschiebungen werden erst zum Ende des Layoutprozesses z. B. im Proof sichtbar; Vorteile: absolute Flexibilität für jede Ausgabeform.

Welchen Weg Sie mit Ihren Layoutdokumenten gehen (medienneutral oder herkömmlich), sollten Sie danach entscheiden, wie viele unterschiedliche Ausgabeformen geplant sind und ob Sie z. B. allgemeine Dokumentvorlagen für ein Corporate Design erstellen, die alle Möglichkeiten in der Ausgabe offen lassen sollen.

4.6.2 ISO-Standards oder spezialisierter Workflow?

Spezialisierter Workflow | Nach den ersten Gehversuchen mit dem Thema Farbmanagement haben Druckereien oftmals eigene Farbprofile von Monitoren und Ausgabegeräten eingemessen und im CMS eingebunden. Die Auswahl der Profile ist somit an Arbeitsplatz- und Druckumgebung gebunden und weicht von Druckerei zu Druckerei ab.

Ein weiterer Punkt kommt in der Abstimmung zwischen Lieferant (Designer) und Datenempfänger (Drucker) hinzu. Da die Meinung in Designbüros weit verbreitet ist, dass die Farbausgabe in der Hand der Druckerei liegt, werden unter Umständen viele verschiedene Farbprofile innerhalb eines Druckjobs angewendet. Die Druckerei muss nun diese Profile in den Ausgabefarbraum umrechnen oder löscht einfach die Profilinformation und ersetzt sie durch druckerei-interne Profile.

Unabhängig davon, wer mit Farbprofilen unzureichend arbeitet, entstehen bei der Weitergabe Farbverschiebungen. Um diesen Fehler zu vermeiden, muss eine Druckerei dem Designbüro die Farbprofile zur Verfügung stellen, und der Designer muss die Profile nach Druckerei und Print-Job geordnet verwalten.

Vor- und Nachteile des spezialisierten Workflows

Vorteile dieses spezialisierten Workflows: genaue Anpassung entsprechend den Druckereibedingungen, exakte Farbreproduktion; Nachteile: unabwendbare Profilkonvertierung bei Druckereiwechsel, Farbabweichungen an unterschiedlichen Druckorten, hoher Verwaltungsaufwand der Farbprofile.

ISO-Standards | Vermehrt wird stattdessen auf ISO-Standards gesetzt. Somit ist klar definiert, was das Designbüro liefert und womit die Druckerei rechnen muss. Nach den Empfehlungen der ECI sollen folgende ISO-Profile für die Bearbeitung und die Ausgabe verwendet werden:

Für den RGB-Arbeitsfarbraum verwenden Sie am besten **ECI RGB v 2.0.**

Profil	Einsatz
ISOcoated_v2_eci.icc	Papiertyp 1 und 2, gestrichene Bilderdruckpapiere, 60/cm, 330 % Farbauftrag
ISOcoated_v2_300_eci.icc	Papiertyp 1 und 2, gestrichene Bilderdruckpapiere, 60/cm, 300 % Farbauftrag
ISOwebcoated.icc	Papiertyp 3, glatt gestrichenes Rollenoffset-Papier (LWC), 60/cm
ISOuncoated.icc	Papiertyp 4, ungestrichene weiße Offset-Papiere, 60/cm
ISOuncoatedyellowish.icc	Papiertyp 5, ungestrichene leicht gelbliche Offset-Papiere, 60/cm

◂ **Tabelle 4.2**
Offset-Paket (»ECI_Offset_2007.zip«) – Profile für den Akzidenzoffsetdruck (Bogen- und Rollenoffset)

Ein Workflow auf Basis dieser Profile ermöglicht einen reibungsloseren Ablauf und eine exakte Datenübergabe auch im internationalen Vergleich.

ISO Coated | Das Profil »ISO Coated« wurde in den vergangenen Jahren überarbeitet und steht nun (2007) in zwei Fassungen bereit. Das Profil »ISOcoated_v2_eci.icc« besitzt einen maximalen Farbauftrag von 330%. Das Schwesterprofil »ISOcoated_v2_300_eci.icc« wartet nur mit einem maximalen Farbauftrag von 300% auf.

Worin besteht nun der Unterschied, und welches Profil sollte genommen werden? | Das bislang häufig empfohlene und eingesetzte Profil »ISOcoated.icc« hat ursprünglich mit einem Gesamtfarbauftrag von 350% manche Druckerei vor Probleme gestellt. Ein maximales Schwarz wird beispielsweise zum einen durch 100 K sowie auch durch 70 C, 70 M und 60 Y aufgebaut. Bei höherem Farbauftrag können manche Papiersorten die Farbe nicht mehr aufsaugen, und die Farbe braucht länger, um abzutrocknen. Durch hohe Druckgeschwindigkeiten überlagern sich nun die Exemplare, und die feuchten Farbbereiche schlagen jeweils auf die Rückseite des darüber liegenden Papiers durch. Bei Werten von 300% bis 330% ist noch gewährleistet, dass dieser Fall nur bei Sonderpapieren eintreten könnte. Hersteller von Natur- und Feinstpapieren geben dafür Empfehlungen aus, wie hoch der Gesamtfarbauftrag definiert werden darf. Richten Sie sich also streng nach diesen Vorgaben und wählen Sie daraufhin das entsprechende Profil aus. Falls Sie keinen Anhaltspunkt zum verarbeiteten Papier haben, wählen Sie »ISOcoated_v2_eci.icc« um einen möglichst großen Farbraum wiederzugeben.

4.6.3 Soft-Proof

Unter der Bezeichnung Soft-Proof versteht man die Simulation des Zielfarbraums am Bildschirm, bevor die Farben in diesen umgerechnet werden. Benötigen Sie also eine Vorschau, wie ein RGB-Bild später im 4C-Offsetdruck aussieht, dann können Sie dafür einen »Soft-Proof« simulieren.

Laufende Verbesserungen seit 2004
Wenn Sie bislang auch mit ISO-Profilen der ECI gearbeitet haben, sollte Ihnen aufgefallen sein, dass sich die Profil-Empfehlungen immer wieder ändern. Im Jahr 2004 hat die ECI neue Profile veröffentlicht. »ISO Coated sb« wude durch »ISO Coated« ersetzt. Das hat den Hintergrund, dass die ECI die alten Profile einmal auf unbedruckter und einmal auf bedruckter Rückseite des Auflagenpapieres eingemessen hat. Die Kennung »sb« bezeichnete also das Profil für den Schöndruck und »bb« das Profil für den Widerdruck. Diese Unterscheidung gibt es nicht mehr, alle Profile sind auf weißem Untergrund eingemessen worden. Ebenso wurde der Farbraum »ECI RGB v1« aktualisiert. Erneuern Sie Ihre Profile, und informieren Sie sich über Veränderungen unter *http://www.eci.org*.

Soft-Proof aktivieren | Aktivieren Sie unter dem Menü Ansicht den Punkt Farbproof. Unter Proof einrichten können Sie den CMYK-Zielfarbraum definieren. Wichtig an dieser Stelle ist, dass ein Soft-Proof niemals farbechte Darstellungen erreichen kann, aber der Eindruck von Sättigung und Leuchtkraft wirkt mit aktiviertem Soft-Proof überzeugender. Ohne Korrektur werden unter Umständen Farben zu intensiv oder grell wiedergegeben.

Ein Ausgabeprofil wie »ISO Coated v2« kennt das Papierweiß der späteren Druckpapierklasse ebenso wie die Darstellung der schwarzen Druckfarbe auf dem Auflagenpapier.

Unter dem Menü Ansicht • Proof einrichten... • Benutzerdefiniert aktivieren Sie diese beiden Optionen Papierfarbe simulieren und Schwarze Druckfarbe simulieren auch für die Darstellung im Soft-Proof. Dies macht dann Sinn, wenn Sie z. B. gelbliches oder gräuliches Zeitungspapier simulieren wollen.

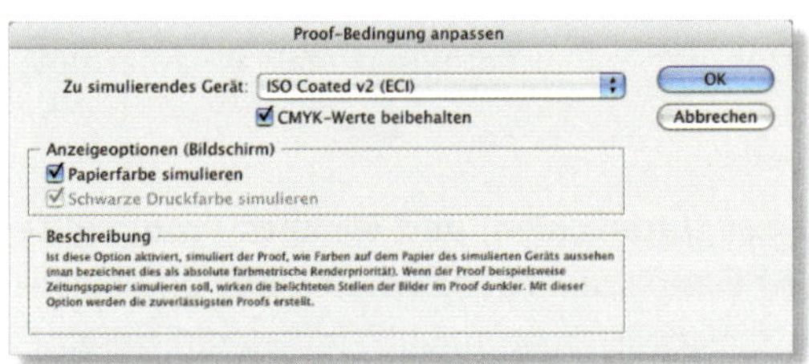

Abbildung 4.13 ▶
Papierweiß und die schwarze Druckfarbe können ebenfalls mithilfe der Funktion Soft-Proof simuliert werden.

Anzeige über Soft-Proof | Eine Anzeige über Soft-Proof ist dann exakt, wenn Sie mit aktiviertem CMS in InDesign arbeiten, alle platzierten Dokumente ein Farbprofil beinhalten und Ihr Monitor kalibriert ist. Ohne diese Technik ist jede Anzeige des Soft-Proofs nicht aussagekräftig, und das Anzeigeergebnis wäre zufällig. Daher ist diese Funktion bei deaktiviertem CMS in InDesign auch deaktiviert.

Soft-Proof-Praxis | Ein Soft-Proof ist in der Praxis immer dann sinnvoll, wenn die Bilder und Grafiken im Layout noch nicht in den endgültigen Farbraum umgerechnet worden sind.

Zwei typische Fälle: Sie wollen die Farbwirkung von RGB-Bildern mit einem ECI-RGB-Farbprofil mit dem CMYK-Profil »ISO Coated v2« für die Ausgabe wiedergeben. Richten Sie dazu die Farbeinstellungen so ein, dass der CMYK-Arbeitsfarbraum »ISO

Coated v2« entspricht, und aktivieren Sie den Soft-Proof im Menü ANSICHT.

Zweiter Fall: Die Bilder wurden bereits in einem CMYK-Farbraum umgewandelt, sollen jedoch in der Ausgabe mit einem anderen Farbraum gedruckt werden. Wenden Sie für den Soft-Proof das entsprechende Ausgabeprofil an: Menü ANSICHT • PROOF EINRICHTEN.

▼ **Abbildung 4.14**
Die Darstellung des Layoutdokuments ohne und mit SOFT-PROOF (ISO COATED YELLOWISH)

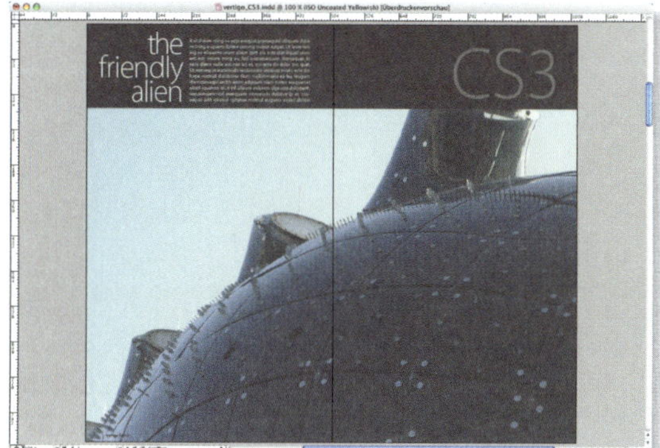

4.7 Praxisbeispiel Farbmanagement

Wir verfolgen den Weg eines Bildes von der digitalen Aufnahme über die Bildbearbeitung in das Layout und zuletzt in die Belichtung aus der medienneutralen Sicht.

Schritt für Schritt: Medienneutraler Farbmanagement-Workflow

1 Aufnehmen

Zunächst wird unser Bildmotiv mit einer Digitalkamera im RGB-Farbraum aufgenommen. Das Bild enthält bereits bei der Aufnahme ein RGB-Profil.

2 In Photoshop öffnen

Nun öffnen wir das Bild in Photoshop, um Bildfehler zu retuschieren und Farben einzustellen.

Beim Öffnen in Photoshop fragt das Programm nach der korrekten Umrechnung. Soll das Quellprofil des Bildes beibehalten oder in den Arbeitsfarbraum von Photoshop umgerechnet werden? Wir konvertieren das Bild in den Arbeitsfarbraum »ECI-RGB v2«, da die Umrechnung zwischen RGB-Farbräumen überwiegend problemlos durchgeführt werden kann.

Über die Funktion unter dem Menü BILD • MODUS • IN PROFIL KONVERTIEREN rufen Sie die Konvertierungsoptionen auf. Mit aktiver Vorschau sehen Sie, welche Farben eventuell verschoben werden oder ob sich die Bildgradation verändert.

3 Bild bearbeiten

Nun wird das Bild im Arbeitsfarbraum mit der Farbbalance als Einstellebene und anderen Werkzeugen bearbeitet. Mit dem Farbproof richten Sie eine Vorschau ein, wie das Bild auf verschiedenen Medien aussehen wird (gestrichene und ungestrichene Papiere, Windows-Computer, Macintosh-Rechner). Für die Vorschau mit Prozessfarbprofilen sollten Sie die Funktion ANSICHT • PROOF EINRICHTEN • PAPIERWEISS SIMULIEREN aktivieren. Damit wird auch der Weißpunkt des Papiers aus dem Ausgabeprofil dargestellt.

4 Speichern

Nach der Bearbeitung in Photoshop speichern wir die RGB-Bilddatei als PSD und sichern dabei das Farbprofil.

5 Zurück zu InDesign

In InDesign platzieren wir nun das Bild in das Layout. Ebenso verwenden wir im Layout nur RGB-Farben oder Schmuckfarben. Letztere sind in Farbbibliotheken abgelegt, die in LAB-Farbrauminformationen vorliegen. Auch im Layout können Sie nun den Farbproof wie in Photoshop aktivieren, um Farbverschiebungen in der Ausgabe zu simulieren.

Abbildung 4.15 ▼
Die Darstellung des Layoutdokuments mit Farbproof

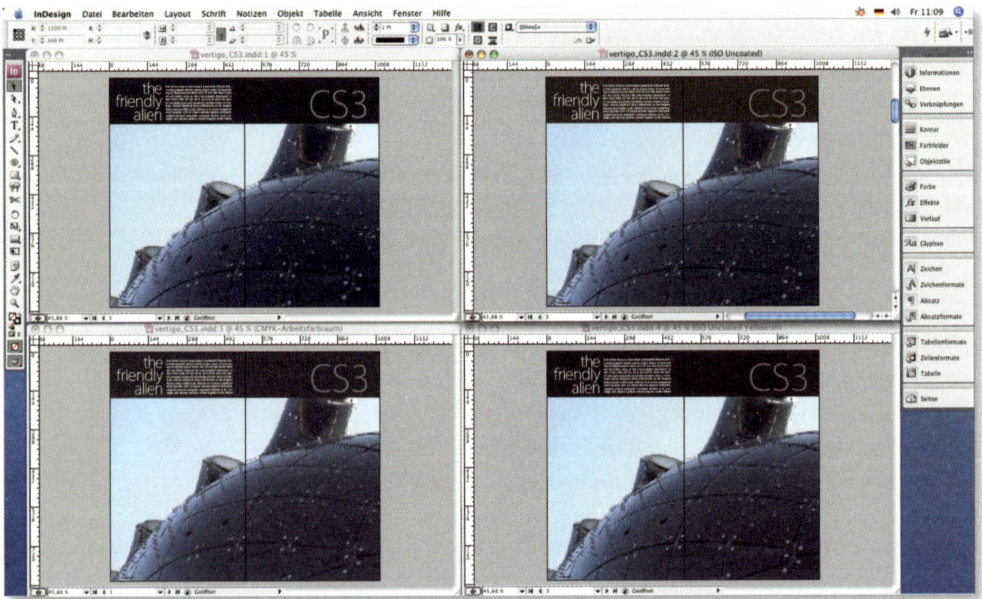

6 Ausgabe

Für die Ausgabe aus InDesign bietet sich nun der Weg über das Format PDF an, das wir sowohl als PDF für das Internet mit RGB-Farben ohne Konvertierung der Farben als auch für den Druck mit der Konvertierung der Farben in den Zielfarbraum aufbereiten können. Im PDF-Export-Dialog finden Sie die Einstellungen, um die Farben für den Export umzurechnen. Wenn Sie hier die Vorgabe PDF/X-3 verwenden, findet keine Farbkonvertierung statt, der Ausgabefarbraum (»ISO Coated v2«) wird jedoch in das PDF geschrieben.

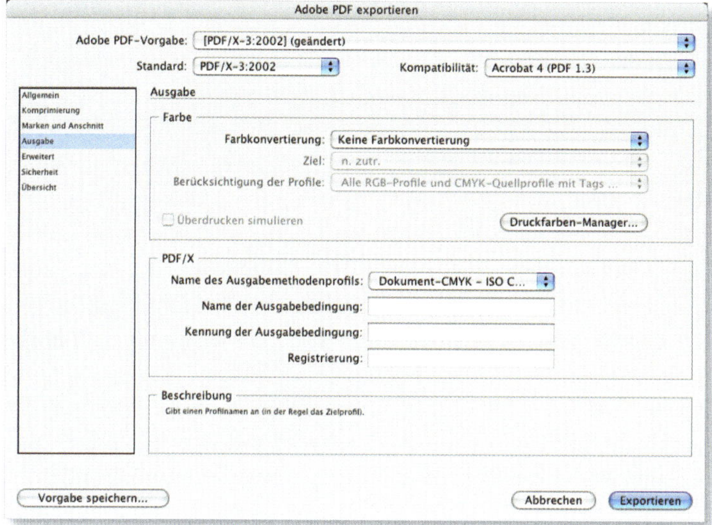

◂ **Abbildung 4.16**
Einstellungen unter Adobe PDF exportieren

Andere Möglichkeiten des Datenexports zeigen wir Ihnen ausführlich in Teil VI des Buchs, »Ausgabe«.

4.7.1 Umgang mit Fremdmaterial

Wie schön die Modelle für die medienneutrale und die »verfahrensneutrale« Produktion auch aussehen mögen: Die Realität ist doch durch Abweichungen bestimmt. Das Bildmaterial oder die Grafiken stammen oft nicht aus der eigenen Produktion, sondern werden von externen Mitarbeitern oder den Kunden selbst bereitgestellt. In diesem Fall halten sie oft die CMS-Richtlinien nicht ein, da diese bei der täglichen Arbeit (noch) keinen großen Stellenwert einnehmen.

Wenden wir uns einmal dem Bild zu, das mit einem unbekannten oder ungeeigneten Profil angeliefert wurde und in das Layout platziert werden soll.

- Für den medienneutralen Workflow konvertieren wir das Bild in den Arbeitsfarbraum, wenn es sich um ein RGB-Bild

Farbmanagement und Tintenstrahldrucker

Für die einfache Farbausgabe werden häufig Tintenstrahldrucker verwendet. Günstige Geräte verstehen überwiegend kein PostScript, also können sie niemals farbverbindliche Prints ausgeben! PostScript-fähige Tintenstrahldrucker dagegen können mit einem Farbmanagement angesteuert werden. Die Gerätehersteller bieten Ihnen die Geräteprofile auf den jeweiligen Internet-Seiten zum Download an.

Die Qualität der Druckfarben schwankt je nach Hersteller und Papiersorten. Normale Drucker verwenden CMYK-Tinten, und sogenannte Fotodrucker arbeiten mit bis zu acht Farben, darunter die Prozessfarben, ein pastoses Gelb und Magenta, um zur Wiedergabe von Hauttönen die Schwächen der 4c-Tinten auszugleichen. Daneben gibt es warm- oder kaltgraue Tinten.

Trotz aller Abweichungen zu den Ausgabestandards werden bei der Installation der Druckertreiber auch Farbprofile angelegt, die für unterschiedliche Papiere (matt, glossy, Film) und Auflösungen eine »Farbharmonisierung« herbeizaubern sollen, das aber nicht schaffen. Generell gibt es aber ein Profil, das verwendet werden kann: Das Standard-Geräteprofil des Druckers. Drucktests lohnen sich!

Auf weitere Druckmöglichkeiten von Geräten ohne PostScript-Level gehen wir in Teil VI, »Ausgabe«, ein.

handelt. Bei CMYK-Daten behalten wir das eingebettete Profil bei, um keinen Farbverlust zu erzeugen. Auch wenn das CMYK-Bild später innerhalb einer PDF-Datei als RGB exportiert werden soll, ist diese Umrechnung weniger kritisch zu beurteilen.

- Im verfahrensneutralen Workflow verhalten wir uns ähnlich: RGB-Daten werden in den CMYK-Arbeitsfarbraum konvertiert, CMYK-Daten bleiben unangetastet.

4.7.2 Grafiken aus Office-Anwendungen

Häufig müssen in ein Layout auch Grafiken aus der Office-Welt platziert werden. Balkendiagramme aus Excel oder eine PowerPoint-Grafik können ein CMS schnell einmal auf den Kopf stellen. Da alle angelegten Farben in der Office-Umgebung als RGB-Farben behandelt werden, besteht schwarze Schrift aus dem RGB-Wert 0, 0, 0! Wenn nun dieses Schwarz automatisch in einen CMYK-Wert konvertiert wird, erhalten Sie ein Tiefschwarz, das zu einem viel zu hohen Farbauftrag bei gedrucktem Text führt. Schriften werden somit mehrfach überdruckt, das Schriftbild wird fett, eine leichte Passerungenauigkeit im Offsetdruck führt zu psychedelischen Farbschatten der Schrift. Daher sollten Sie folgende Faustregel anwenden:

- Textmengen aus Office-Programmen müssen grundsätzlich als Text in InDesign importiert und mit einer InDesign-eigenen Farbe definiert werden, um das »Windows-Schwarz« zu umgehen.
- Businessgrafiken dagegen sollten als Bild oder als PDF-Datei platziert werden. Dabei sollten Sie unbedingt Standards in der PDF-Erstellung vereinbaren. Der Vorteil des Wegs über das PDF ist, dass Sie Vektoren aus z. B. PowerPoint erhalten und gegebenenfalls über Acrobat die Farben im PDF messen und konvertieren können.

TEIL II

Ein Dokument aufbauen

5 Neue Dokumente

Von einfachen Layouts zu hierarchischen Mustervorlagen: Beginnen wir gleich mit der konkreten Layoutarbeit in InDesign CS3. In diesem Kapitel möchten wir Ihnen eine optimale Arbeitsweise vermitteln, die es später ermöglicht, Änderungen flexibel einzuarbeiten. Dazu verwenden wir Mustervorlagen, die sich für wiederkehrende Rahmen auf allen Seiten im Dokument eignen, wie zum Beispiel Kopf- und Fußzeilen, einen Kolumnentitel oder die Seitenzahl.

5.1 Ein neues Dokument anlegen

In InDesign CS 3 finden Sie im Hauptmenü Datei unter dem ersten Menüeintrag Neu die drei Optionen Neues Dokument, Buch und Bibliothek. Wie in nahezu allen anderen Programmen legen Sie mit Datei • Neu bzw. [⌘]+[N] (Macintosh) oder [Strg]+[N] (Windows) ein neues Dokument an. Auf das Anlegen von Buch und Bibliothek gehen wir in Kapitel 15, »Buch, Bibliothek und Snippets«, ein.

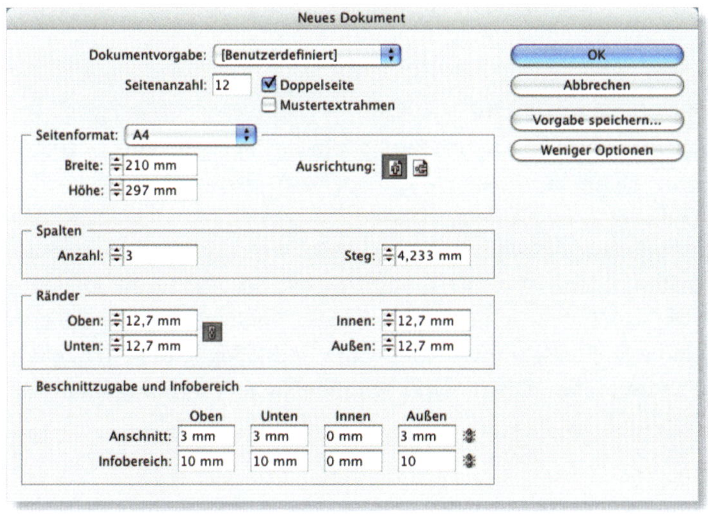

◂ **Abbildung 5.1**
Der Dialog Neues Dokument mit eingeblendeten Optionen, in denen Sie die Beschnittzugabe und den Infobereich angeben.

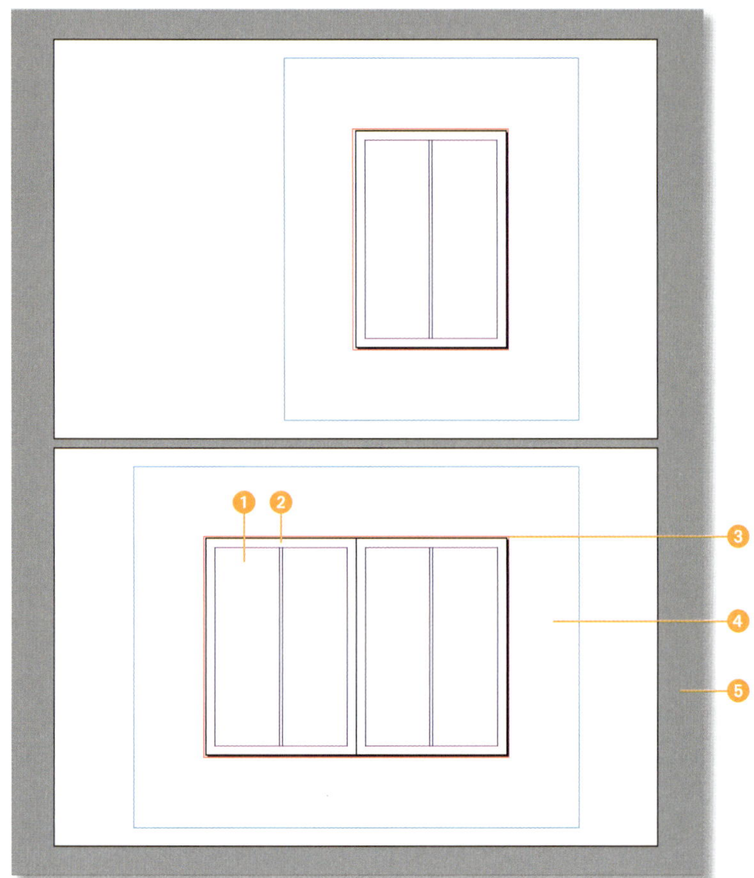

Abbildung 5.2 ▸
Ihr Dokument in der verkleinerten Ansicht in InDesign CS3: Oben eine Seite, unten eine Doppelseite mit: Spalte ①, Steg ②, Anschnitt ③ (rote Linie), Infobereich ④, Montagefläche ⑤.

5.1.1 Seitenanzahl

In der sich jetzt öffnenden Dialogbox geben Sie die Seitenzahl vor, die Ihr Dokument haben soll. Wenn Sie zum Beispiel eine 12-seitige Broschüre erstellen wollen, können Sie diesen Wert bereits jetzt eintragen und später problemlos weitere Seiten hinzufügen oder entfernen.

Lange Dokumente anlegen

In InDesign zählt die Paginierung bis zu 99999 Seiten, die Software kann aber nur 9999 Seiten verwenden. Dieses Problem kann die Verwaltung großer Dokumente über die Buchfunktion lösen. Lesen Sie dazu auch Kapitel 15, »Buch, Bibliothek und Snippets«.

5.1.2 Doppelseite

Das Optionsfeld Doppelseite sollte bei Büchern und Zeitschriften, kleineren Imagebroschüren o.Ä. aktiviert werden. Das Dokument erhält dann einen Bund sowie linke und rechte Seiten. Rechte Seiten tragen ungerade, linke Seiten immer gerade Seitenzahlen. Wird die Option Doppelseite aktiviert, bedeutet das, dass sich bei einem mehrseitigen Dokument bis auf die erste und letzte Seite immer eine rechte und linke Seite in der Seiten-Palette und im Dokument gegenüberstehen. Einzelseiten eignen sich für Flyer oder Plakate.

5.1.3 Mustertextrahmen

Über das Optionsfeld MUSTERTEXTRAHMEN legen Sie fest, ob auf den Mustervorlagen ein an den Satzspiegel gebundener Textrahmen angelegt wird.

Ein Mustertextrahmen wird zwischen den Spaltenhilfslinien angelegt. Mustertextrahmen sind Ihnen vielleicht schon aus QuarkXPress bekannt. Sie dienen dazu, für das Platzieren eines Textes aus einer Datei einen einheitlichen Seitenrahmen für jede Dokumentenseite anzulegen.

Beachten Sie jedoch, dass – anders als in QuarkXPress – ein Mustertextrahmen in InDesign nicht zwingend angelegt werden muss, um Text zu platzieren. Zum einen können Sie auch später auf den Mustervorlagen auch einfach einen Textrahmen anlegen und verketten. Zum anderen legt Ihnen InDesign automatisch anhand des Satzspiegels und Spaltenrasters Textrahmen an, wenn Sie Text platzieren, sogar zusätzliche Seiten, sollte der Text über die angelegten Seiten hinaus laufen. Lesen Sie dazu bitte auch Kapitel 7, »Texte platzieren und bearbeiten«.

[Mustervorlage]
Eine Musterseite, auf die Sie alle Rahmen, Spalten, Grafiken, Bilder und Texte platzieren, die auf mehreren Seiten im Dokument in derselben Weise passgenau dargestellt werden sollen, z. B. Seitenzahlen oder ein Firmen-Logo.

5.1.4 Seitenformat

In unserer Abbildung wurde A4 gewählt, es stehen aber auch andere vordefinierte Formate und besonders das benutzerdefinierte Format zur Verfügung. Mit den Werten 210 × 297 mm ist die Formatvorlage HOCHFORMAT vorgegeben. Sie können gemischte Maßeinheiten angeben und beispielsweise Millimeter mit Punkt kombinieren. Die Schaltfläche AUSRICHTUNG dreht das Format um 90 Grad auf ein Quer- oder Hochformat.

In den Voreinstellungen haben Sie natürlich die Möglichkeit, die Maßeinheiten für alle Dokumente festzulegen.

Großformate

InDesign erlaubt es Ihnen, ein Dokument in den Maßen von maximal 5 486,4 mm Seitenlänge anzulegen. Es können so mit einem Dokument großformatige Wandplakate erstellt werden. Wenn Sie Dokumente mit einer größeren Fläche erzeugen wollen, müssen Sie diese entweder aufteilen oder das Dokument in einem Maßstab zum Original anlegen. Ein Großplakat mit einer Kantenlänge von 30 Metern legen Sie im Maßstab 1:10 an und drucken später die Datei mit einem Vergrößerungsfaktor von 1 000 % aus. Solche Informationen für die spätere Verarbeitung sollten Sie mit Ihrem Drucker besprechen, in die XMP-Daten eingeben oder auf den Seitenrand platzieren. Die Metadaten als XMP besprechen wir in Kapitel 27, »Version Cue«.

5.1.5 Spalten

Die Spaltenzahl gibt an, wie viele Textspalten innerhalb des Satzspiegels einer Mustervorlagenseite vorgesehen sind. Maximal sind nun in InDesign CS3 bis zu 216 Spalten auf einer Seite möglich. Die Spalten sind nicht nur für die grafische Ordnung des Layouts verantwortlich: Wenn Sie Text in das Layout platzieren, fließt der Text immer automatisch in eine Spalte und wird in die jeweils nächste umbrochen. Richten Sie sich also nur so viele Layoutspalten ein, wie Sie benötigen.

Für das Platzieren von Bildern können Sie auch Hilfslinien-Spalten verwenden, die keine Relevanz für das Platzieren von Texten haben.

Abbildung 5.3 ▸
Das Layout des Magazins »Scriptum« ist klassisch dreispaltig angelegt. Der Steg ist 12 pt breit.

Spalten und Hilfslinien
Spalten lassen sich hervorragend mit Hilfslinien ergänzen: Wollen Sie ein für die Gestaltung möglichst flexibles Raster mit mehreren Spalten anlegen, so legen Sie beispielsweise ein dreispaltiges Raster an. Danach ergänzen Sie das Spaltenraster, indem Sie auf die Mustervorlage in der Seiten-Palette klicken und im Menü LAYOUT den Eintrag HILFSLINIEN ERSTELLEN... anwählen. Passend zu den bestehenden Seitenrändern legen Sie Hilfslinienspalten an oder ergänzen den Satzspiegel durch Zeilenhilfslinien.

Steg | Der Steg teilt mehrere Textspalten voneinander. Der vorgegebene Abstand im Feld STEG ist 4,233 mm (entspricht 12 Punkt, also genau dem typografischen Wert von einem »Cicero«). Sie können hier Werte zwischen 0 und 508 mm eintragen.

Die Wahl des Stegs richtet sich wie auch der Zeilenabstand und das Grundlinienraster nach der verwendeten Brotschrift, ihrer Schriftgröße und ihrer Beschaffenheit, wie wir noch eingehend in Kapitel 8, »Typografie«, beschreiben werden. Als Faustregel gilt: Wenn Sie einen engen Zeilenabstand bei geeigneter Type wählen, kommen Sie mit einem schmalen Steg aus, da das Schriftbild an sich eine harmonische Graumenge bildet. Bei hohen Zeilenabständen muss auch der Steg mitwachsen, da der Durchschuss sehr dominant wird. Beide Regeln lassen sich wie folgt zusammenfassen: Zeilenabstand = Steg.

[Brotschrift]
Schriftart des gesetzten Grundtextes einer Publikation, auch Werkschrift oder Bodytype genannt.

[Durchschuss]
Raum zwischen den Textzeilen

5.1.6 Ränder

Die Ränder begrenzen den Satzspiegel. Sie können einen oberen und einen unteren Rand bestimmen. Bei einem doppelseitigen Dokument legen Sie außerdem einen inneren und einen äußeren Rand fest, bei einem einseitigen Dokument wird aus INNEN und AUSSEN dann automatisch LINKS und RECHTS.

Der Verkettungsbutton ❶ ist zunächst immer aktiviert, sodass Sie nur einen Wert eingeben, alle anderen Werte werden übernommen. Dies ist jedoch wenig alltagstauglich. Für einen guten Satzspiegel sind verschiedene Werte nötig.

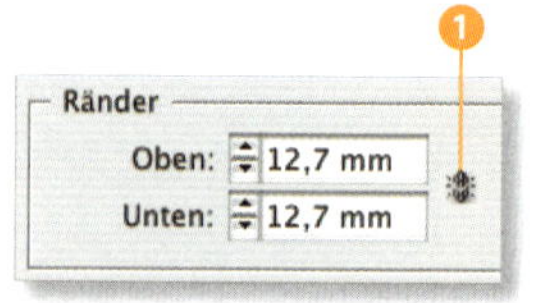

▲ Abbildung 5.4
Einstellung für den Rand oben und unten

Einstellungen für den Bund | Der Rand INNEN – besser bekannt als Bund – wird ebenfalls von InDesign mit den anderen Rändern verkettet. Für seitenstarke Magazine mit Klammerheftung aber auch bei Büchern muss das Format der Seitenstärke angepasst werden. Wählen Sie dabei einen hohen Wert für den Bund, da sonst innen liegende Textzeilen einer aufgeschlagenen Doppelseite in den Bund hineinlaufen und somit nicht mehr lesbar sind. Der Leser muss die Doppelseite »auseinander ziehen«, was dazu führt, dass der Rücken von Leimbindungen aufbricht. Auch eingebundene, geleimte oder geklammerte Einleger mit Postkarten machen durch die Steifigkeit des Postkartenkartons den Bund enger, eine Doppelseite lässt sich nicht mehr so gut aufschlagen.

Diese Dinge werden häufig in der Gestaltung übersehen, wenn z. B. während des Layoutprozesses die Seitenanzahl wächst oder Einleger erst nachträglich einsortiert werden, ohne dass der Gestalter informiert wird.

Wenn Sie sich für die Einstellungen unter Innen nicht sicher sind, hilft Ihnen eine Blätterprobe weiter: Heften Sie entsprechend viele Seiten des Auflagenpapiers oder einer ähnlichen Grammatur aneinander, oder messen Sie bei Exemplaren vergleichbarer Seitenstärke und Grammatur den Bundbereich aus.

[Grammatur]
Grammatur (G) bezeichnet das Flächengewicht von Papier. Eine Grammatur von 90 g/m² besagt, dass ein Bogen von 1 m² des bezeichneten Papiers 90g wiegt. Die Einheit der **G** ist g/m².

5.1.7 Beschnittzugabe und Infobereich

Beschnittzugabe | Für randabfallende Bilder oder Grafiken im Layout benötigen Sie einen Anschnittbereich. Der Anschnitt wird bei der Ausgabe mit ausbelichtet und durch die Schnitt- und Beschnittzugabemarken gekennzeichnet.

[randabfallend]
Im Anschnitt stehend

Der Anschnitt hilft besonders nach dem Druckvorgang: Durch Feuchtigkeit, hohen Farbauftrag oder Druckart dehnt sich das Papier nach einem Druckvorgang geringfügig aus. Die Bedruckung der Rückseite kann daher niemals passgenau erfolgen, ein leichter **Versatz** des Druckbildes ist die Folge. Dieser Versatz ist bei gut zu verarbeitendem Auflagenpapier im Offsetdruck und geregelten klimatischen Bedingungen zu vernachlässigen. Schwieriger wird es jedoch bei Naturpapieren, Druckmedien im Sieb- oder Flexodruck oder bei verschiedenen Papiersorten innerhalb einer Publikation.

Welchen Anschnitt verwenden?

Verwenden Sie einen Standardanschnitt von 3 Millimetern, sofern Sie keine anderen Angaben von Ihrer Druckerei erhalten haben.

Neben dem eigentlichen Anschnitt können in diesem Dokumentbereich auch einfach Falzmarken untergebracht werden, die nicht für den Druck, aber für die Verarbeitung relevant sind. Ebenso wie bei den Randbereichen können Sie über den Verkettungsbutton den ersten Anschnitt von 3 mm für alle weiteren Anschnitte übernehmen. Setzen Sie den Anschnitt Innen bei doppelseitigen Dokumenten bitte auf 0.

Infobereich | Der Infobereich ist die letzte Einstellung. Er ist dazu bestimmt, Informationen zu den Druckbögen abzulegen. Das können zum einen allgemeine Dokumentinformationen sein, zum anderen Farbkeile für die Qualitätskontrolle. Hierfür bietet die

▲ **Abbildung 5.5**
Infobereich-Einstellungen

Forschungsgruppe Druck (FOGRA) den standardisierten CMYK-Medienkeil an, den Sie als TIFF oder EPS in einer Breite des Keils von 6 oder 10 mm platzieren können.

Der Infobereich wird auch hier über den Verkettungsbutton gleichmäßig verteilt. Für einen CMYK-Medienkeil reicht der Wert von 10 mm aus.

5.1.8 Vorgaben

Wenn Sie ein Dokument auf diese Weise angelegt haben, können Sie nun die Eingabe bestätigen und mit der Layoutarbeit beginnen, oder Sie speichern Ihr Dokumentformat als Vorgabe. Dazu klicken Sie im Dialog auf den Button VORGABE SPEICHERN und geben einen entsprechenden Namen ein. Die Vorgabe erscheint dann im Dialog NEUES DOKUMENT unter DOKUMENTVORGABE in der Liste. Alternativ können Sie die Vorgabe auch über DATEI • DOKUMENTVORGABEN aufrufen.

Dokumentvorgaben bearbeiten | Hier können Sie die Dokumentvorgaben auch ändern (über DATEI • DOKUMENTVORGABEN • DEFINIEREN).

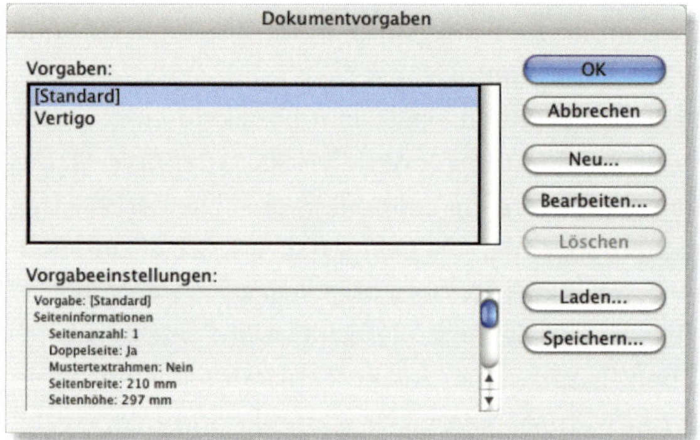

Abbildung 5.6 ▶
Neue Dokumentvorgaben wählen Sie über den Button NEU.

Um Vorgaben nachträglich zu bearbeiten oder neue Vorgabenvarianten anzulegen, wählen Sie in der Liste der Vorgaben ein Format mit einem Mausklick aus und klicken danach auf NEU. Es öffnet sich der Dialog NEUE DOKUMENTVORGABE, in den die Werte des ausgewählten Formats bereits übernommen wurden.

Standard-Vorgabe | Die Standard-Vorgabe wird von InDesign immer dann benutzt, wenn Sie ein neues Dokument über den Tastaturbefehl [⌘]+[N] oder [Strg]+[N] anlegen. Überlegen Sie also, welche Einstellungen Sie häufig oder gern verwenden. Besonders die Angaben für den Anschnitt werden sicher häufig übersehen, geben Sie also in der Standard-Vorgabe einen Beschnitt von 3 Millimetern an.

Formate für eigene Vorgaben | Legen Sie sich Vorgaben für individuelle Projekte oder Formate an, die nicht in der Auswahlliste von InDesign auftauchen.

In den folgenden Aufstellungen finden Sie die Zusammenstellung einiger Papier- und Medienformate, die Sie für Ihre Arbeit benötigen.

A6 (Postkarte)	105 × 148,5 mm
DIN lang (Grußkarte)	105 × 210 mm
A5	148,5 × 210 mm
A4	210 × 297 mm
A3	297 × 420 mm
A2	420 × 594 mm
A1	594 × 840 mm
A0	840 × 1190 mm (1 Quadratmeter)

◂ **Tabelle 5.1**
DIN-Formate

Formatbezeichnung	Vertreter oder ähnliche Formate	Satzspiegel
Berliner Format	Badische Zeitung, Nordwest-Zeitung, Die Presse, Der Standard, die tageszeitung	315 × 470 mm
Rheinisches Format	Aachener Zeitung, Allgäuer Zeitung, Berliner Zeitung, Freie Presse, Mitteldeutsche Zeitung, Rheinische Post, Stuttgarter Zeitung, Thüringer Allgemeine	350 × 510 mm oder 360 × 530 mm
Halbrheinisches Format		260 × 325 mm
Norddeutsches oder Nordisches Format	Berliner Morgenpost, Bild-Zeitung, Frankfurter Allgemeine Zeitung, Frankfurter Rundschau, Hamburger Abendblatt, Hannoversche Allgemeine Zeitung, Süddeutsche Zeitung, Der Tagesspiegel, Die Welt	400 × 570 mm
Halbnordisches Format oder auch Tabloid oder Half-Broadsheet	Bild am Sonntag, B.Z., Kleine Zeitung, Kronen Zeitung, NEWS Frankfurt, Welt kompakt	235 × 315 mm oder 285 × 400
Schweizer Format	Neue Zürcher Zeitung	320 × 475 mm

◂ **Tabelle 5.2**
Zeitungsformate

Tabelle 5.2 ►
Zeitungsformate (Forts.)

Formatbezeichnung	Vertreter oder ähnliche Formate	Satzspiegel
Andere Formate	Asahi Shimbun (Japan)	405 × 545 mm
	Le Figaro (Frankreich)	425 × 600 mm
	New York Times	390 × 585 mm
	Prawda (Russland)	420 × 594 mm
	Broadsheet	295 × 533 mm
	Halbes Schweizer Format	240 × 330 mm
	Tabloid Extra	305 × 457 mm

5.1.9 Das Dokument ist fertig

Nach der Bestätigung der Eingabe zeigt InDesign Ihnen die erste Dokumentseite in der Ganzseitenansicht. Die magentafarbenen Linien zeigen die Randhilfslinien ❶. Die Spaltenhilfslinien erscheinen violett ❷. Der Anschnitt ist rot hervorgehoben ❸, der Seiteninfobereich dagegen hellblau ❹.

Abbildung 5.7 ►
Ein neu angelegtes Dokument mit Spalten (violett), Anschnitt (rot) und Seiteninfo-Bereich (blau). Das Grundlinienraster ist hellblau eingefärbt und wird ab einer Darstellungsgröße von 75 % angezeigt.

Sie befinden sich auf der ersten Seite Ihres Dokuments. Auf der Seite sollte der Satzspiegel aus Spalten und Rändern sichtbar sein. Falls nicht, vergewissern Sie sich, dass Sie die Hilfslinien auch sichtbar gemacht haben. Über die Tastenkombination [⌘]+[Ü] (Macintosh) oder [Strg]+[Ü] (Windows) blenden Sie die Hilfslinien ein und aus. Alternativ schalten Sie zwischen der Layoutansicht und der Vorschau ohne Hilfslinien und Rahmenkanten mit der Taste [W] um. Dabei wird auch der Anschnitt ausgeblendet. Somit kontrollieren Sie während der Gestaltung, wie Ihr Layout mit randabfallenden Bildern und Grafiken nach dem Beschnitt wirkt.

Rahmenfarbe | Die jeweilige Rahmenfarbe ist abhängig von der gewählten Ebene bzw. der definierten Ebenenfarbe. Hellblau ist die Standardfarbe der Ebene 1.

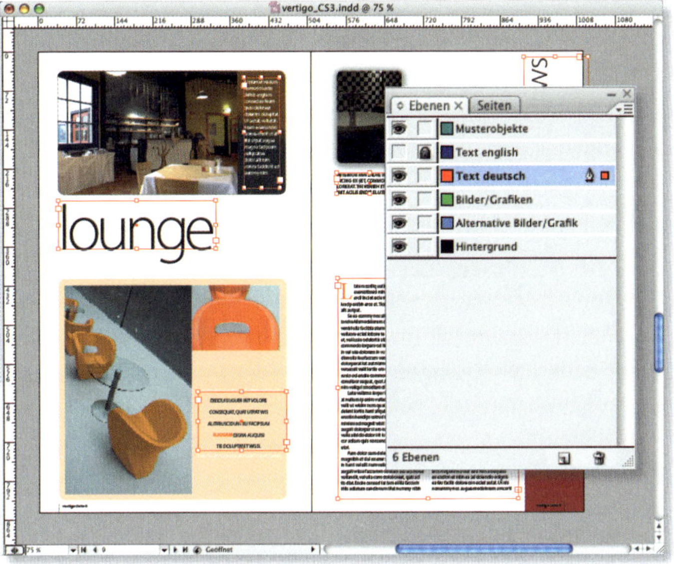

◄ **Abbildung 5.8**
Texte liegen immer über den Bildern: Beispieldoppelseite mit Rahmen in Ebenenfarbe. Hier sind die Textrahmen auf einer eigenen Ebene rot, Bilder und Grafiken violett sowie Hintergrundobjekte mintfarben.

Ansichtsmodus

Wollen Sie den Anschnitt und den Infobereich ebenfalls in der Vorschau einblenden, können Sie in der Werkzeugpalette den unteren rechten Button anklicken: Wahlweise stehen Ihnen dort die entsprechenden Einträge zur Verfügung.

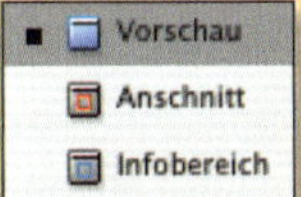

▲ **Abbildung 5.9**
Ansichtsmodi in der Werkzeugpalette

5.2 Dokumente über die Seiten-Palette verwalten

Über den Shortcut F12 blenden Sie die Seiten-Palette ein und aus (alternativ natürlich über FENSTER • SEITEN).

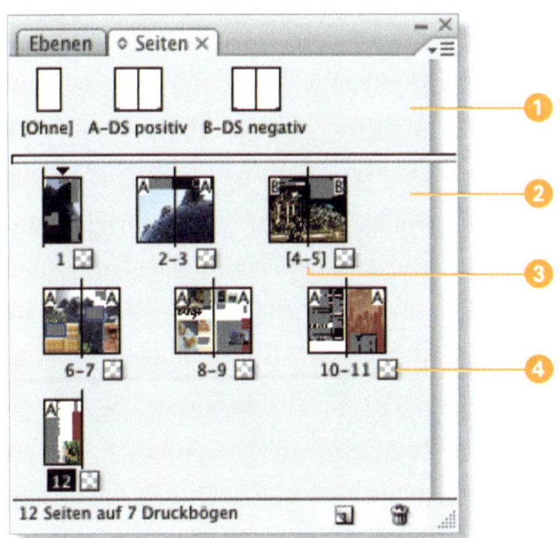

◄ **Abbildung 5.10**
Ansicht der Seiten-Palette, wenn Sie die Seiten über die Bedienfeldoptionen aus dem Palettenmenü horizontal angeordnet haben.

Im oberen Bereich sehen Sie die angelegten Mustervorlagen ❶, im unteren Bereich werden alle Seiten mit einer Layoutvorschau ❷ dargestellt. Ob auf diesen Seiten Transparenzeffekte zum

Einsatz kommen, sehen Sie am Schachbrettmuter rechts neben der Seitenzahl ❹. Eingeklammerte Seitenzahlen ❸ werden als Druckbogen zusammengehalten.

Über diese Palette und ihr Palettenmenü

- navigieren Sie schnell durch das Dokument (durch Klick auf das Seiten-Icon),
- fügen rasch Seiten hinzu,
- löschen Seiten und
- führen komplexe Layoutänderungen über Mustervorlagen durch.

Seiten alternativ aufrufen

Auch über das Menü LAYOUT finden Sie nun in InDesign CS3 die Funktionen, um Seiten, Druckbögen oder Mustervorlagen zu bearbeiten und in ihnen zu navigieren.

5.2.1 Im Dokument navigieren

Durch Ihr Dokument blättern Sie über den Tastenbefehl [Alt]+[Bild↑] oder [Alt]+[Bild↓] auf den vorherigen oder nachfolgenden Druckbogen um, einzelne Seiten rufen Sie dagegen mit [⇧]+[Bild↑]/[⇧]+[Bild↓] auf.

Auf eine Seite springen

Wollen Sie in einem langen Dokument gezielt Änderungen vornehmen, so springen Sie auf die gewünschte Seite, indem Sie den Tastenbefehl [Strg]+[J]/[⌘]+[J] aufrufen. Danach geben Sie die Seitenzahl ein, und InDesign wechselt die Ansicht.

5.2.2 Seiten einfügen

Sie können über die Seiten-Palette jederzeit an einer beliebiger Stelle im Dokument zwischen zwei Seiten, am Anfang oder am Ende eine oder mehrere neue Seiten einfügen und dabei die gewünschte Mustervorlage wählen, die den Seiten zugrunde liegen soll. Die Funktion SEITE EINFÜGEN können Sie über den Tastenbefehl [⌘]+[⇧]+[P] oder [Strg]+[⇧]+[P] aufrufen.

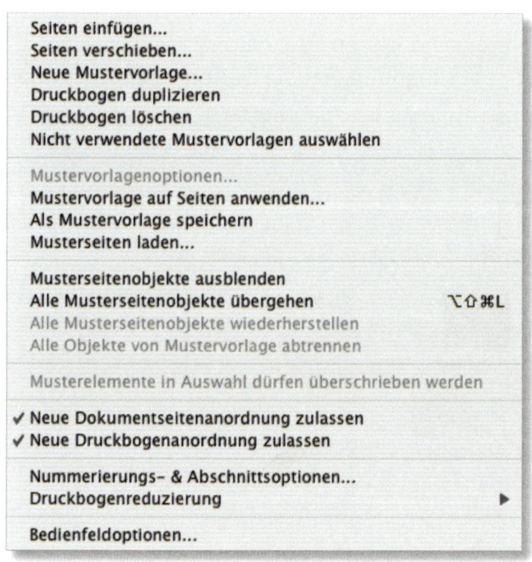

Abbildung 5.11 ▶
Das Palettenmenü der Seiten-Palette. Die Einträge sind weitgehend selbsterklärend.

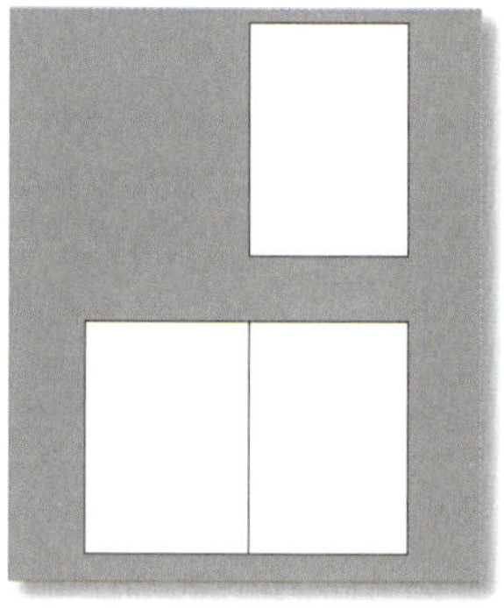

▲ Abbildung 5.12
Oben sehen Sie eine einzelne Seite, unten einen Druckbogen. Die graue Fläche ist die Montagefläche.

Druckbogen | Als Druckbogen wird in InDesign eine Doppelseite bzw. mehrere zusammenhängende Seiten bezeichnet. Druckbögen stehen hier in InDesign einzelnen Seiten gegenüber und können wie sie angelegt und gelöscht werden.

5.3 Mustervorlagen

Bevor Sie nun auf den Bearbeitungsseiten in Ihrem Dokument Texte und Bilder layouten, wollen wir einige Worte zum Aufbau eines Layouts in InDesign verlieren.

5.3.1 Was ist eine Mustervorlage?

Eine der wichtigsten und grundlegenden Funktionen eines Layout-Programms ist die Mustervorlage: Auf solchen Seiten platzieren Sie alle Grafiken, Texte oder Bilder, die auf mehreren Seiten im Dokument in derselben Weise passgenau dargestellt werden sollen, wie z. B. Seitenzahlen (Pagina), Rubrikbezeichnungen, Spiegelstriche, Registerflächen, Fußnoten oder ein Firmen-Logo. Darüber hinaus richten Sie auf Mustervorlagen das Spaltenraster, Ränder oder Hilfslinien ein, die für alle Seiten maßgebend sind. Einer Dokumentseite liegt immer eine Mustervorlage zugrunde.

Die Seitenzahl z. B. wird nur auf einer Mustervorlage angelegt und auch nur hier in Schrift und Form verändert, sodass alle Seiten im Dokument entsprechend angepasst werden.

Bei vielen Projekten kann der Einsatz von Mustervorlagen sinnvoll sein. Darunter fallen z. B. komplexe Magazine und Zeitschriften, bei denen Sie unterschiedliche Mustervorlagenseiten wie zweispaltige Seiten, dreispaltige Seiten oder Titelseiten, Werbeseiten etc. einrichten können.

5.3.2 Mustervorlage anlegen

Wir möchten in diesem Beispiel aus einem doppelseitigen Dokument eine dreispaltige Mustervorlage erstellen.

Erstellen Sie bitte über Datei • Neu • Dokument ein zweispaltiges Dokument, das fünf Seiten umfassen soll. Wählen Sie dann über das Palettenmenü der Seiten-Palette den Menübefehl Neue Mustervorlage aus.

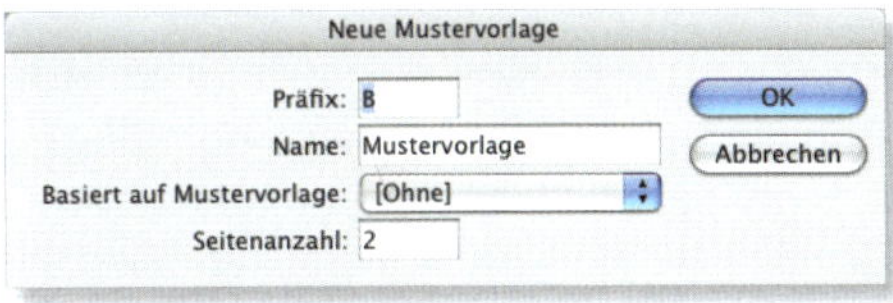

▲ **Abbildung 5.13**
Das Menü öffnet sich, wenn eine neue Mustervorlage angelegt werden soll.

In dem sich jetzt öffnenden Dialogfenster erscheint im Feld Präfix der Eintrag B. Alle Seiten, die beim Erstellen eines Dokuments angelegt werden, basieren zunächst auf der Mustervorlage »A-Mustervorlage«. Es handelt sich in unserem Dokument

Druckbögen zusammenhalten

Die Arbeit mit Doppelseiten verläuft einfacher, wenn Sie die gewünschten Seiten in der Seiten-Palette mit [⇧]+Klick anwählen und danach die Option Neue Druckbogenanordnung zulassen im Palettenmenü der Seiten-Palette deaktivieren. Danach klammert InDesign die nebeneinanderliegenden Doppelseiten zu einem Druckbogen zusammen, erkennbar an den Seitenzahlen in eckigen Klammern. Jetzt lassen sich nur noch die Doppelseiten als Ganzes verschieben. Auch das Kopieren von Doppelseiten in andere Dokumente per Drag & Drop wird einfacher.

Anfängerfehler

Als Anfänger in InDesign oder Umsteiger von FreeHand werden Sie zunächst den Fehler machen, Seitenzahlen auf jeder Seite per Hand einzugeben. Sobald Sie die Seitenreihenfolge verschieben, müssen Sie dann alle Seitenzahlen ändern. Sparen Sie sich diese mühsame und überflüssige Arbeit, indem Sie gleich von Anfang an mit Mustervorlagen arbeiten.

Begriffliches

Der Begriff *Mustervorlage* ist die InDesign-interne Bezeichnung für *Musterseite*, wie sie in QuarkXPress bezeichnet wird. Diese Bezeichnung ist verbal genauer, da sie keine richtige Seite, sondern nur eine Vorlage ist, auf die sich andere Seiten beziehen. Seit der Version CS3 verwendet InDesign beide Begriffe parallel. Warum, weiß niemand so genau.

also um die zweite Mustervorlage. Sie können hier jedes beliebige vierstellige Präfix auswählen und somit eine eigene logische Struktur der Mustervorlagenseiten vorgeben oder jederzeit die logische Reihenfolge Ihrer Mustervorlagen abändern.

Im Feld NAME tragen Sie einen aussagekräftigen Namen ein, beispielsweise »dreispaltig«, da wir eine dreispaltige B-Mustervorlage anlegen wollen.

Basiert auf Mustervorlage
Unter BASIERT AUF MUSTERVORLAGE stellen Sie zunächst [OHNE] ein. Was es damit auf sich hat, erklären wir in Abschnitt 5.3.9, »Hierarchische Mustervorlagen«.

In dem Eingabefeld für SEITENZAHL tragen Sie die Ziffer 2 ein, wenn es sich, wie in den meisten Fällen, um ein zweiseitiges Dokument mit jeweils einer linken und einer rechten Mustervorlagenseite handelt. Bestätigen Sie nun die Eingabe. Automatisch befinden Sie sich dann auf der neu angelegten Mustervorlage.

5.3.3 Mustervorlagen einrichten

Die von Ihnen neu angelegte Mustervorlage wird zunächst noch die Layouteigenschaften der A-Mustervorlage tragen – in unserem Fall also zweispaltig sein –, alle Dokumente werden ja zunächst auf Basis der A-Mustervorlage angelegt.

Mustervorlagen bearbeiten

Um Mustervorlagen nachträglich zu bearbeiten, klicken Sie bitte doppelt auf ihren Namen in der Seiten-Palette und geben dann über das Menü LAYOUT die Änderungen – z. B. neue Ränder und eine andere Spaltenanzahl – an.

Über das Menü LAYOUT • RÄNDER UND SPALTEN können Sie in der neuen Mustervorlage den Satzspiegel und die Spaltenanzahl wie gewünscht einrichten, das heißt, von zweispaltig auf dreispaltig umstellen.

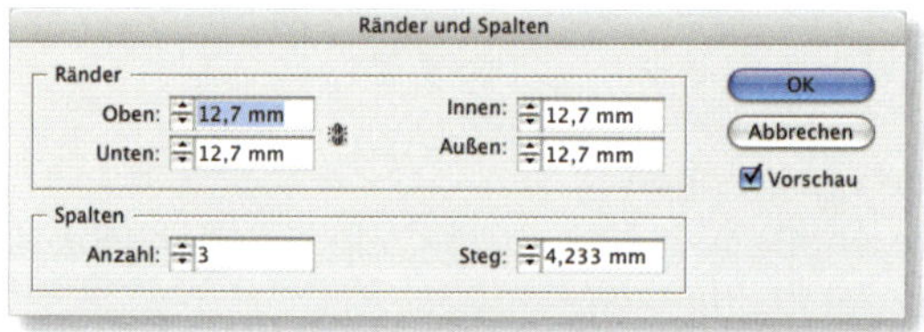

Abbildung 5.14 ▶
Ränder und Spalten verändern Sie immer auf den Mustervorlagen.

Wie bereits erwähnt, können Sie diese Änderungen zum einen in den Dokumentseiten einzeln oder aber auf der Mustervorlage – dann dokumentweit – vornehmen. Wir wählen hier die Mustervorlage aus, da wir dieses Layout auf mehrere Seiten unseres Beispieldokuments anwenden wollen und dabei auch die Flexibilität im Layout beibehalten möchten. Dazu klicken Sie doppelt auf eine Mustervorlagenseite in der Seiten-Palette und markieren mit gedrückter Umschalttaste die benachbarte Mustervorlagenseite ebenfalls, sodass beide Seiten markiert sind. Alle Änderungen gelten nun für die gesamte Doppelseite.

Gepunktete Umrisse

Rahmen von Mustervorlagen erscheinen im Layout nun in einer gepunkteten Darstellung, sodass Sie während der Layoutarbeit den Unterschied zu normalen Rahmen erkennen können.

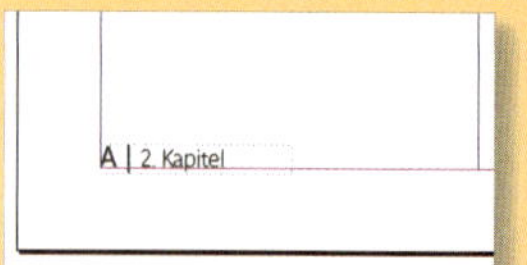

▲ **Abbildung 5.15**
Rahmen auf einer Mustervorlagenseite erscheinen gepunktet.

5.3.4 Mustervorlagen aus anderen Dokumenten laden

Neben dem Anlegen von Mustervorlagen ist natürlich auch eine andere Arbeitsweise in InDesign CS3 möglich: Sie laden sich fertige Musterseiten aus anderen fertig gelayouteten Dokumenten hinzu. Rufen Sie dazu im Palettenmenü der Seiten-Palette den

Punkt MUSTERSEITEN LADEN auf, und wählen Sie das entsprechende InDesign-Dokument. Danach werden die Mustervorlagen eingelesen und erscheinen in der Seiten-Palette.

Sollte es dazu kommen, dass geladene und bereits bestehende Mustervorlagen denselben Namen tragen, erscheint eine Warnmeldung, und InDesign fragt Sie danach, ob Sie die Mustervorlagen nun tatsächlich ersetzen oder die importierten Mustervorlagen umbenennen wollen. Wählen Sie die zweite Option, so ändert sich der Anfangsbuchstabe z. B. von »A-Mustervorlage« in »B-Mustervorlage«.

5.3.5 Zuweisen von Mustervorlagen

Das Zuweisen von Mustervorlagen auf die Dokumentseiten kann in InDesign komfortabel per Drag & Drop seitenweise durchgeführt werden oder aber selektiv auf beliebige Dokumentseiten gleichzeitig. Wählen Sie dazu im Palettenmenü der Seiten-Palette den Befehl MUSTERVORLAGE AUF SEITEN ANWENDEN aus, und tragen Sie die Einzelseiten – durch Kommata getrennt – oder ganze Seitenfolgen ein.

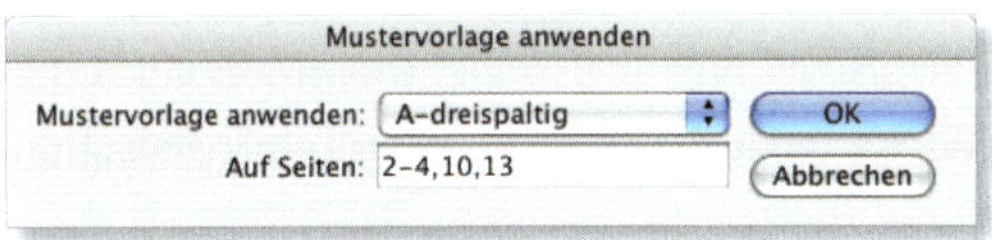

◂ **Abbildung 5.16**
Gleichzeitig können Sie Seiten eine Mustervorlage zuweisen, indem Sie einfach die Seitenzahlen oder Seitenbereiche eingeben.

Wenn Sie eine Mustervorlage anwenden, sehen Sie, dass sich durch das Zuweisen der Textumbruch der entsprechenden Seiten ändert. Die Paginierung wird auf den Seiten sichtbar. Der Text, der zuvor noch zweispaltig lief, läuft in unserem Beispiel nun in drei Spalten. Jede Änderung kann über [Strg]/[⌘]+[Z] rückgängig gemacht werden oder über ein erneutes Zuweisen der ursprünglichen Mustervorlage. Im letzteren Fall werden alle Mustervorlagenelemente neu zugewiesen.

5.3.6 Mustervorlagen bearbeiten

Mustervorlagen umbenennen | Das Umbenennen einer Mustervorlage direkt über die Palette ist leider immer noch nicht möglich. Um das Präfix, den Namen und die Abhängigkeiten der Mustervorlagen zu ändern, klicken Sie zunächst die gewünschte Mustervorlage in der Seiten-Palette an und wählen dann über das Palettenmenü die Option MUSTERVORLAGENOPTIONEN FÜR... aus. Die Dialogbox, die wir bereits vom Anlegen der Mustervorlage kennen, erscheint. Hier können Sie entsprechende Änderungen vornehmen. Auch über das Kontextmenü können Sie diese Optionen anwählen.

Mustervorlagenoptionen alternativ aufrufen

Wählen Sie die Mustervorlage in der Seiten-Palette aus, und klicken Sie mit gedrückter [ALT]-Taste den Namen der Mustervorlage an; schon befinden Sie sich in den Mustervorlagenoptionen.

Mustervorlagen-Objekte lösen | Rahmen auf Mustervorlagen werden wie bereits erwähnt auf den einzelnen Layoutseiten mit einer gepunkteten Umrisslinie dargestellt, um sie besser von anderen Rahmen unterscheiden zu können.

Um die Mustervorlagen-Objekte nun auf den Bearbeitungsseiten separat ändern oder verschieben zu können, müssen Sie die Tastenkombination (Strg/⌘+⇧) drücken und die Objekte mit dem Auswahl-Werkzeug anklicken. Damit werden die Objekte nur für diese Seite von der Mustervorlage gelöst und können bearbeitet werden. Die Mustervorlage bleibt unverändert. Der abgelöste Rahmen wird nun mit durchgezogenem Rahmenumriss dargestellt.

Mustervorlagen-Objekte schützen | Neu in InDesign CS3 ist die Möglichkeit, einzelne Rahmen genau vor dieser Bearbeitung zu schützen. Wählen Sie dazu den entsprechenden Rahmen mit dem Auswahl-Werkzeug an, und deaktivieren Sie im Palettenmenü der Seiten-Palette die Option MUSTERELEMENTE IN AUSWAHL DÜRFEN ÜBERSCHRIEBEN WERDEN. Das nachträgliche Lösen dieses Rahmens auf einer Layoutseite ist nun nicht mehr möglich.

Wenden Sie diese Möglichkeit nur dann an, wenn Sie entweder sehr genaue Mustervorlagen für einen unterschiedlichen Seitenaufbau vorbereitet haben oder wenn zum Beispiel eine schwarze Seitenzahl über einem platzierten dunklen Bildmotiv liegt und nun in Weiß erscheinen soll.

Wollen Sie diesen Bearbeitungsschritt wieder rückgängig machen, so sollten Sie einfach per Drag & Drop die Mustervorlage wieder der aktuellen Seite zuweisen.

ID

Quark **Texte auf Musterseiten platzieren**

Wenn Sie auf den Layoutseiten einen Text aus einer Datei per Mausklick platzieren, richtet sich InDesign beim Erstellen der Textrahmen nach dem Spaltenraster und somit auch nach der Mustervorlage. Für ein dreispaltiges Layout werden pro Seite auch drei miteinander verkettete Textrahmen für eine entsprechende Textlänge angelegt.

Wie zu Beginn schon erwähnt, müssen Sie keine Mustertextrahmen auf den Mustervorlagen anlegen, da InDesign automatisch das Raster beim Platzieren von Text berücksichtigt.

Diese Arbeitsweise ist ungewohnt, wenn Sie zuvor mit QuarkXPress gearbeitet haben, das unbedingt Mustertextrahmen erfordert. Der Vorteil liegt darin, dass Sie jederzeit das Spaltenraster und die Ränder verändern können und InDesign für Sie die Textrahmen des platzierten Textes anpasst. Wenn Sie diese Arbeitsweise einmal verstanden haben, werden Sie nicht wieder zu Quark zurückkehren wollen. Schauen Sie sich im nächsten Abschnitt an, wie Sie den Satzspiegel ändern.

Musterdruckbogen duplizieren | In InDesign werden zwei oder mehrere angeordnete Seiten – im Regelfall die linke und rechte Seite einer Mustervorlagenseite – wie bereits erwähnt als Druckbogen bezeichnet. Das Duplizieren einer Mustervorlage oder eines Musterdruckbogens über die Palette funktioniert per Drag & Drop. Ziehen Sie einfach den entsprechenden Druckbogen auf das Symbol NEU am unteren Rand der Seiten-Palette.

Wenn Sie mit der rechten Maustaste auf einen Musterdruckbogen in der Seiten-Palette klicken, können Sie auch direkt die Funktion DUPLIZIEREN aus dem Kontextmenü auswählen. Beim Duplizieren wird die Mustervorlage mit entsprechenden Einstellungen unter gleichem Namen, aber mit dem Zusatz »Kopie« dupliziert.

Nicht verwendete Mustervorlagen auswählen und löschen | In der Praxis werden häufig Mustervorlagenseiten erstellt, die dann aber im Laufe der Arbeit durch andere Seiten ersetzt oder aber schlicht nicht zugewiesen werden. InDesign hilft Ihnen, diese nicht verwendeten Seiten schnell ausfindig zu machen bzw. sie einfach markieren zu lassen.

Werden in Ihrem Dokument Mustervorlagen vorgehalten, die im Dokument nicht zugewiesen sind, wird im Palettenmenü der Eintrag NICHT VERWENDETE MUSTERVORLAGEN AUSWÄHLEN aktiv. Schnell lassen sich dann alle Mustervorlagen in der Seiten-Palette markieren und per Drag & Drop auf das Papierkorb-Icon der Seiten-Palette ziehen. Das Dokument wird so von unnötigen Informationen befreit. Gleiches lässt sich mit Formaten, Farben, Ebenen etc. machen. Ihre Dokumente bleiben so stets überschaubar, und Sie verhindern, dass später mit diesen nicht verwendeten Vorlagen weitergearbeitet wird.

Keine doppelten Rahmen

Objekte, die Sie von der Mustervorlage gelöst haben, befinden sich immer noch auf der Dokumentenseite. Weisen Sie erneut die Mustervorlage per Drag & Drop auf die einzelne Seite zu, so überlagern sich eventuell die Objekte. Dies kann zu unvorhergesehenen Druckproblemen wie einem Versatz führen. Löschen Sie daher alle zuvor losgelösten Objekte, und weisen Sie erst dann die Mustervorlage zu.

5.3.7 Paginierung auf Mustervorlagen

Auf der Mustervorlage wird das Paginierungsfeld für die Seitennummerierung platziert. Dabei muss die linke Mustervorlage von der rechten Vorlage getrennt bearbeitet werden.

Auf den Musterseiten ziehen Sie für die Paginierung einen Textrahmen auf. Über das Menü SCHRIFT • SONDERZEICHEN EINFÜGEN • AUTOMATISCHE SEITENZAHL ([⌘]+[⌥]+[N] bzw. [Strg]+[Alt]+[N]) fügen Sie auf der Mustervorlagenseite den Platzhalter für die automatische Seitennummerierung ein. Im entsprechenden Textfeld auf der Mustervorlage erscheint als Platzhalter das Präfix dieser Mustervorlagenseite ①. Vor und nach dem Platzhalter können Sie bei Bedarf zusätzliche Schriftzeichen wie Spiegelstriche oder Kapitelbezeichnungen einfügen. Im Dokument hinterher sehen Sie dann anstelle des Platzhalters die jeweilige Seitenzahl.

Mit Formaten arbeiten

Wir empfehlen Ihnen, bei größeren Projekten, Magazinen, Broschüren oder Zeitschriften, in jedem Fall auch für die Paginierung ein eigenes Zeichenformat zu definieren. Es zahlt sich mit Sicherheit aus, sorgfältig und exakt zu arbeiten, denn im weiteren Verlauf werden dann Anpassungen und Änderungen viel leichter möglich sein. Die Absatz- und Zeichenformate erklären wir im gleichnamigen Kapitel 9.

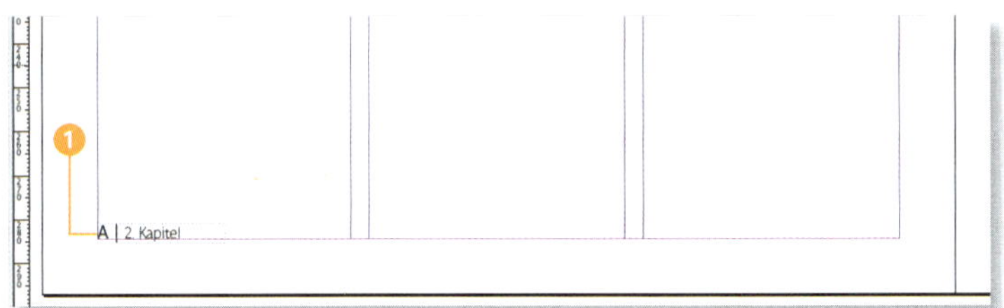

◂ **Abbildung 5.17**
Mustervorlage mit automatischen Seitenzahlen sowie Trennstrich und Kapiteltitel.

5.3.8 Layoutanpassung

Um spätere Layoutänderungen an den Mustervorlagen automatisch anzugleichen, gibt es die Funktion LAYOUTANPASSUNG im Menü LAYOUT. Eine Layoutanpassung wird nur durch Änderungen an Seitenformat, Ausrichtung, Rand- und Spalteneinstellungen ausgelöst. Damit sie aber immer erfolgt, wenn Sie das Seitenformat des Dokuments, die Ausrichtung, Ränder oder Spalten ändern, muss die Option auch aktiviert sein.

Im Dialogfeld Layoutanpassung können Sie über Optionsschalter die jeweiligen Regeln für die Anpassung setzen. Die Layoutanpassung kann global aktiviert werden, indem Sie, ohne ein Dokument geöffnet zu haben, das Menü aufrufen und die Anpassung aktivieren. In allen neuen Dokumenten wird fortan das Layout angepasst.

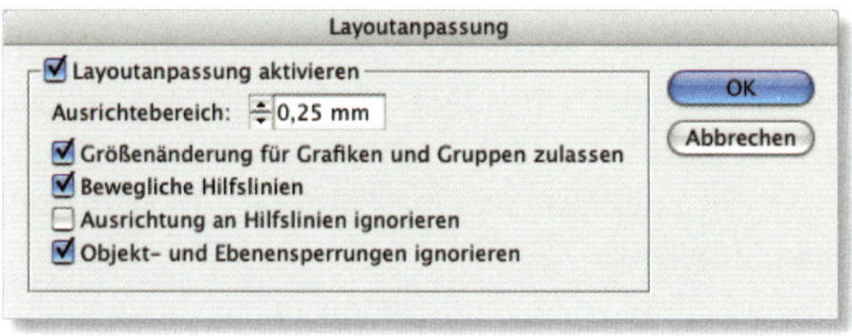

Abbildung 5.18 ▸
Wenn die Layoutanpassung aktiviert ist, werden nach dem Zuweisen anderer Mustervorlagen oder Formatänderungen die Objekte entsprechend diesen Vorgaben an das neue Layout angepasst.

Im Feld Ausrichtebereich geben Sie einen Wert für den Abstand eines Objektes zu den Hilfslinien ein, um festzulegen, wie nah ein Objekt an eine Randhilfslinie, Spaltenhilfslinie oder Seitenkante kommen muss, damit es bei Aktivierung der Layoutanpassung an diesem Element ausgerichtet wird.

Die Option Grössenänderung für Grafiken und Gruppen zulassen bedeutet, dass durch die Layoutanpassungsfunktion diese Objekte skaliert werden sollen. Ist die Option jedoch deaktiviert, können Grafiken und Gruppen durch die Layoutanpassung zwar verschoben, nicht jedoch in ihrer Größe geändert werden.

Aktivieren Sie Bewegliche Hilfslinien, wenn Hilfslinien durch die Layoutanpassungsfunktion automatisch neu positioniert werden sollen – wie bei einer Formatänderung. Sind die Hilfslinien für die Layoutanpassung im Ergebnis nicht gut positioniert, sollten Sie zuvor die Option Ausrichtung an Hilfslinien ignorieren aktivieren. Die Objekte werden dann weiterhin an Spalten- und Randhilfslinien sowie an Seitenkanten ausgerichtet, die manuell gesetzten Hilfslinien werden nicht berücksichtigt.

Aktivieren Sie die Option Objekt- und Ebenensperrungen ignorieren, wenn einzeln gesperrte oder auf einer gesperrten Ebene liegende Objekte bei der Layoutanpassung neu positioniert werden sollen.

Seitenformat mit der Layoutanpassung ändern

Mit der Layoutanpassung werden Formatänderungen von A4 auf A3 möglich, wobei das Layout vollständig erhalten bleibt. Auch die Änderung um wenige Millimeter in der Seitenbreite ist mit der Layoutanpassung möglich und liefert sehr gute Ergebnisse. Beachten Sie jedoch, dass natürlich der Textumbruch neu erfolgt. Änderungen von einem Hoch- zu einem Querformat können dagegen weniger gut von InDesign umgesetzt werden, hier ist manuelle Nacharbeit immer nötig.

5.3.9 Hierarchische Mustervorlagen

Eine Besonderheit in InDesign sind hierarchische Mustervorlagen. Das bedeutet: Eine neue Mustervorlage basiert auf einer zuvor angelegten Mustervorlage und übernimmt alle dort platzierten Objekte. Die »Mutter« vererbt ihrem »Kind« also alle Eigenschaften. Dadurch können intelligente Vorlagen erstellt werden, um für sehr komplexe Layoutdokumente wie Magazine oder technische Dokumentationen wiederkehrende Objekte per Drag & Drop zuzuweisen.

Stellen wir uns vor, wir erstellen eine Programmzeitschrift, so brauchen wir eine Mustervorlage A, die z. B. den Titel der Zeitschrift und die Seitenzahl beinhaltet.

Nun müssen die Wochentage angelegt werden. Zusätzlich zu den Informationen Titel und Seitenzahl benötigen wir eine farbige Grafik und die Abkürzung für den Wochentag.

Da wir in der ersten Vorlage A Titel und Seitenzahl schon definiert haben, erstellen wir uns eine neue Mustervorlage, die auf Vorlage A basiert. Dafür müssen wir im Dialog Neue Mustervorlage nur im Popup Basiert auf Mustervorlage die Vorlage A einstellen. Die neue Vorlage nennen wir »SA« für »Samstag«, und wir sehen, dass sich dort bereits die Seitenzahl und der Magazintitel befinden. Diese wurden von InDesign auf die SA-Vorlage übertragen. Nun fügen wir unsere Grafik und einen Textrahmen auf der Seitenecke ein. Des Weiteren können wir nun eine Sonntag- bis Freitag-Vorlage – jeweils auf dem A-Muster basierend – anlegen.

Die Besonderheit ist aber, dass diese Abhängigkeiten erhalten bleiben. Wenn Sie später Änderungen an der »Mutter« vornehmen, die Seitenzahl umformatieren oder den Magazin-Titel ändern, so werden alle Vorlagen von Montag bis Sonntag automatisch angepasst.

5.3.10 Praxisbeispiel Mustervorlagen

Als Beispiel zum Anlegen eines neuen Dokuments mit Mustervorlagen nehmen wir eine Fernsehzeitschrift. Dies sind die Gegebenheiten:

- In unserer Programmzeitschrift werden die Wochentage Montag bis Sonntag mit unterschiedlichen Farben gekennzeichnet.
- Die äußeren Blattecken sind mit einer Grafik in dieser Farbe dargestellt.
- Pro Wochentag werden vier Seiten benötigt.
- Jeder Wochentag besitzt im Layout eine Mustervorlage, auf der die entsprechenden Layoutobjekte dargestellt sind.
- Allgemeine Informationen wie Seitenzahlen, Kopf- oder Fußgrafiken werden auf einem A-Muster eingerichtet.
- Für Grafiken, die sich nur auf einen Wochentag beziehen, legen Sie eine eigene Vorlage an.

Abschließend werden die Vorlagen den jeweiligen Seiten zugewiesen.

Schritt für Schritt: Eine Programmzeitschrift mit Mustervorlagen erstellen

1 Neues Dokument einrichten

Mit dem Tastenbefehl ⌘+N bzw. Strg+N legen Sie ein neues Dokument an. Wählen Sie ein A4-Format mit 28 Seiten – vier Seiten pro Wochentag –, und richten Sie ein Spaltenraster mit drei Spalten sowie einem Anschnitt von 3 mm ein.

Abbildung 5.19 ▼
So sieht unser Dokument aus.

2 Layoutraster anpassen

Mit einem Doppelklick auf die A-Mustervorlage wechseln Sie die Ansicht auf die Mustervorlage. Rufen Sie aus dem Menü Layout • Ränder und Spalten den Eingabedialog auf, und ändern Sie die Daten so, wie in der folgenden Abbildung zu sehen ist.

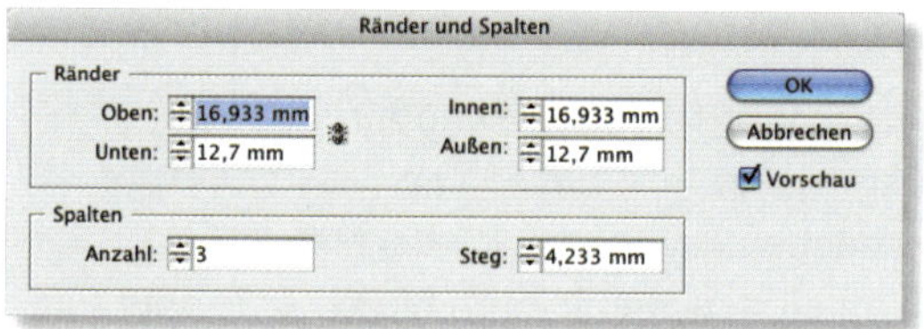

Abbildung 5.20 ▸
Einstellungen unter Ränder und Spalten

3 Umbenennen der Mustervorlage

Wählen Sie in der Seiten-Palette das Icon der A-Mustervorlage mit einem Klick aus. Über Ctrl+Klick oder die rechte Maustaste gelangen Sie in das Kontextmenü der A-Mustervorlage. Rufen Sie den Punkt Mustervorlagenoptionen für A-Mustervorlage auf, und wählen Sie einen passenden Namen.

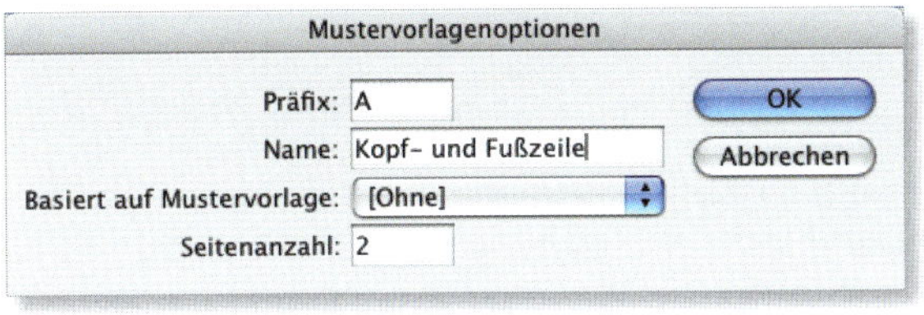

Mustervorlagenoptionen

Präfix: A
Name: Kopf- und Fußzeile
Basiert auf Mustervorlage: [Ohne]
Seitenanzahl: 2

OK
Abbrechen

◀ **Abbildung 5.21**
Über die Mustervorlagenoptionen geben Sie einen Namen ein.

4 Rahmen auf Mustervorlage anlegen

Wählen Sie das Rahmenwerkzeug ⊠, F, und ziehen Sie ein Rechteck über beide Seiten im oberen und anschließend im unteren Seitenbereich auf. Füllen Sie das Rechteck mit einem Verlauf, wie er in der folgenden Abbildung dargestellt ist.

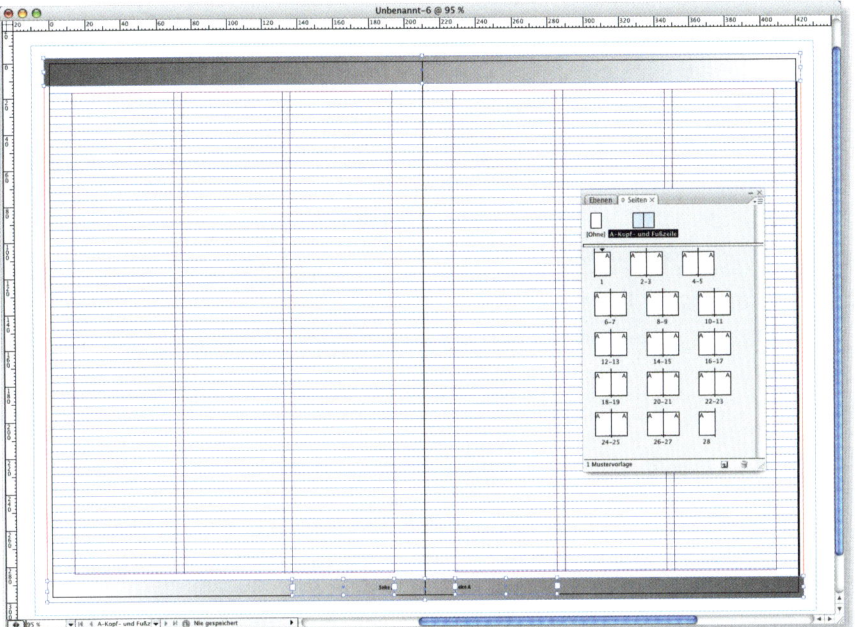

▲ **Abbildung 5.22**
Am oberen Rand ziehen Sie einen Rahmen auf und füllen ihn mit einem Verlauf.

Mit dem Textwerkzeug T ziehen Sie am unteren Seitenrand der linken Seite einen Textrahmen auf und geben dort »Seite« ein. Aus dem Kontextmenü der Texteingabe rufen Sie SONDERZEICHEN • AUTOMATISCHE SEITENZAHL auf. Es erscheint ein »A« stellvertretend für die spätere Seitenzahl. Wechseln Sie auf die Direktauswahl V, und duplizieren Sie den Textrahmen mit gedrückter Maus- und Alt-Taste durch einfaches Ziehen auf die rechte Seite.

5 Neue Mustervorlage »Samstag« anlegen

Rufen Sie jetzt aus dem Palettenmenü der Seiten-Palette die Option NEUE MUSTERVORLAGE auf. Geben Sie als Präfix »SA« ein, und wählen Sie als Mutter der Mustervorlage A-KOPF UND FUSS. Alle Objekte der A-Vorlage werden für die Samstags-Vorlage übernommen.

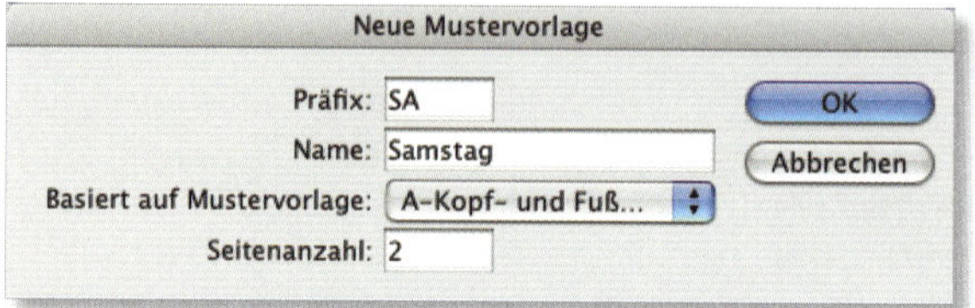

Abbildung 5.23 ▸
Sie erstellen eine hierarchische Mustervorlage.

6 Grafiken für den Samstag gestalten

Legen Sie mit dem Zeichenstift und dem Textwerkzeug einen roten Winkel und einen weißen Text »SA« an den oberen linken und rechten Ecken der Mustervorlage an.

7 Rahmen anlegen

Dazu wählen Sie den Zeichenstift und klicken von Eckpunkt zu Eckpunkt der L-Form. Zuletzt klicken Sie wieder auf den ersten gesetzten Pfadpunkt. Somit ist der Pfad geschlossen.

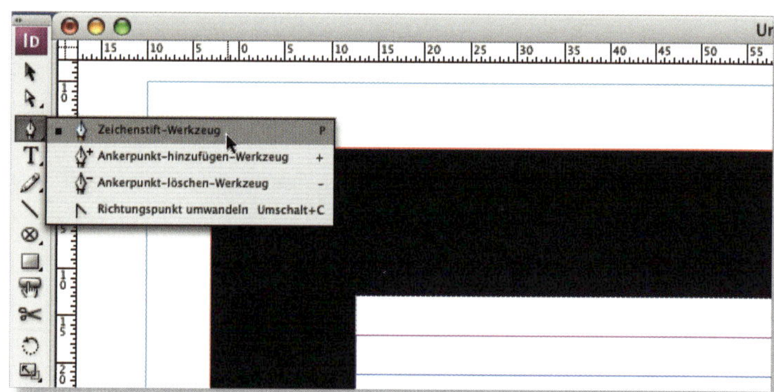

Abbildung 5.24 ▸
Legen Sie Ihren ersten Rahmen an.

8 Rote Füllung wählen

Wählen Sie den Rahmen mit dem Auswahl-Werkzeug an und suchen Sie sich nun aus der Palette der Farbfelder ein Rot für die Rahmenfüllung aus.

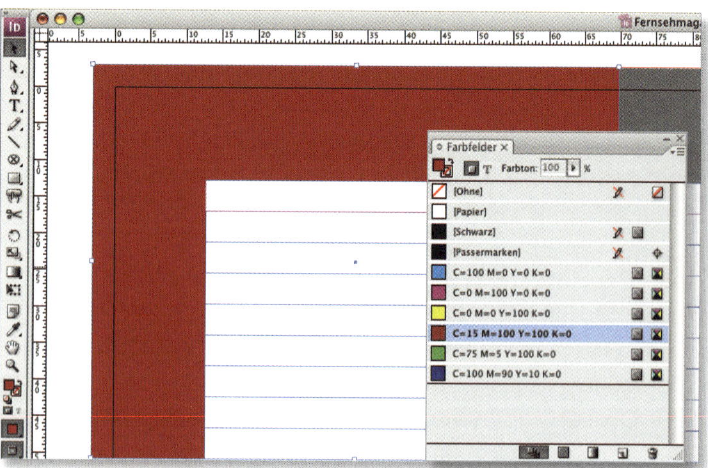

Abbildung 5.25 ▸
Der Rahmen wird eingefärbt.

9 Text eingeben und formatieren

Mit dem Textwerkzeug [T] ziehen Sie mit gedrückter Maustaste einen Textrahmen auf. Danach klicken Sie in den Textrahmen und geben ein »SA« ein.

Wenn Sie den Text markieren, können Sie in der Steuerungspalette geeignete Werte für Schrift, Schnitt und Schriftgröße auswählen. In der Palette Farbfelder können Sie auch die Schriftfarbe [Papier] auswählen. Der Text wird danach umgefärbt.

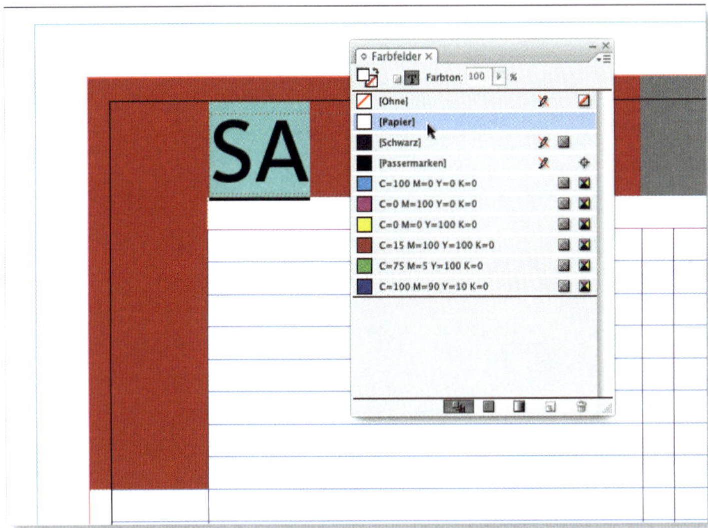

◂ **Abbildung 5.26**
Formatieren Sie Ihren Text.

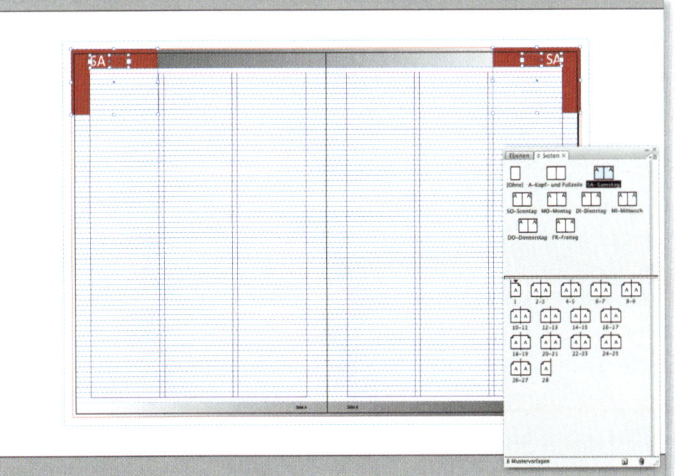

◂ **Abbildung 5.27**
So sieht das Dokument zu diesem Zeitpunkt aus.

10 Andere Wochentagsvorlagen anlegen

Die Samstagsvorlage wird nun über das Palettenmenü der Seiten-Palette mit der Funktion Musterdruckbogen »SA-Samstag« duplizieren kopiert. Geben Sie danach für die Kopie einen neuen Namen für den jeweiligen Wochentag an.

11 Wochentage gestalten

Wählen Sie für die Winkel in den Ecken eine andere Farbe und den entsprechenden Wochentag. Wiederholen Sie die Schritte 7 und 8, bis Sie für alle Wochentage eine Vorlage erstellt haben.

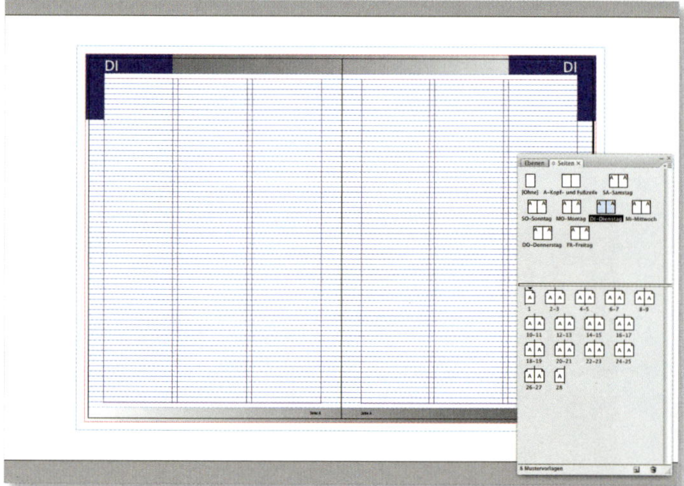

Abbildung 5.28 ▶
Der Dienstag könnte z. B. blau eingefärbt werden.

12 Mustervorlagen zuweisen

Wählen Sie mit gedrückter [⇧]-Taste vier Seitensymbole in der Seiten-Palette aus, rufen Sie aus dem Kontextmenü die Funktion MUSTERVORLAGE AUF SEITEN ANWENDEN... auf, und suchen Sie sich unter MUSTERVORLAGE ANWENDEN die Mustervorlage mit dem richtigen Wochentag aus. Wiederholen Sie diesen Schritt auch für die anderen Wochentags-Seiten.

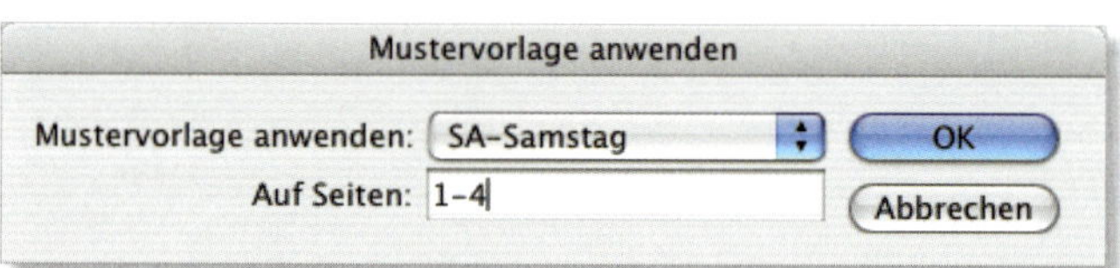

Abbildung 5.29 ▶
Der Dialog MUSTERVORLAGE ANWENDEN

13 Dokument bearbeiten und Mustervorlagen verändern

Nachdem Sie nun alle Mustervorlagen angelegt haben, können Sie für jeden Wochentag das Layout gestalten. Jede Änderung der Seitenzahl oder der Verlaufsrahmen wird auf der Vorlage A-KOPF UND FUSS vorgenommen und wirkt sich automatisch auch auf alle anderen Vorlagen aus. Änderungen der Farbgebung für die Wochentage nehmen Sie bitte in der jeweiligen Vorlage vor. Neue Seiten fügen Sie mit dem Blattsymbol der Seiten-Palette ein. ■

6 Die Layoutrahmen

Bilder, platzierte Dokumente, Vektorgrafiken und Texte werden als gleichwertige Rahmen behandelt, die eine nahezu identische Arbeitsweise und Flexibilität im Layout zulassen. Den Umgang mit den Rahmen über die Rahmen- und Pfadwerkzeuge zeigen wir Ihnen in diesem Kapitel.

6.1 Das Rahmenkonzept

Das Rahmenkonzept von InDesign ist denkbar einfach: Alle Objekte verwenden einen einzigen Layoutrahmen, um im Layout platziert und in der Größe definiert zu werden.

Unterschiede | Die minimalen Unterschiede in der Bearbeitung ergeben sich aus dem Inhalt des Rahmens:

- Für einen Textrahmen erhalten wir Optionen für die Typografie, ob der Text mehrspaltig in einem Rahmen fließt und ob sich die Textzeilen an das Grundlinienraster halten sollen. Ein Textrahmen merkt sich zudem auch die verwendete Schrift.
- In einem Bilderrahmen können wir den Inhalt proportional anpassen oder mit den »Rahmeneinpassungsoptionen« über einen festen Versatz zum Rahmen anlegen.

Handhabung | Sobald Sie einen Rahmen erstellt haben, können Sie ihn numerisch exakt positionieren, drehen, transformieren, Transparenzeffekte zuweisen oder die Rahmenform beeinflussen. Dabei ist Ihnen die Steuerungspalette behilflich.

Mehrere Rahmen lassen sich dann zueinander oder am Seitenrand ausrichten, sodass beispielsweise die Abstände zwischen Rahmen identisch sind. Darüber hinaus ist es möglich, Rahmen miteinander zu gruppieren, auszustanzen oder zu einem neuen Rahmen zu verbinden.

In diesem Kapitel wollen wir Ihnen die grundsätzlichen Werkzeuge zum Anlegen und Bearbeiten der Rahmen vorstellen, auf denen alle weiteren Kreativ- und Produktionsfunktionen in InDesign beruhen.

Abbildung 6.1 ▶
Einer für alle, alle für einen – Layoutrahmen verhalten sich sehr kooperativ und nehmen die Farbe der Ebene an.

Rahmen wiederverwenden | Wenn Sie eine gestaltete Rahmenform wiederverwenden wollen, so speichern Sie den Rahmen als Objektstil ab. InDesign speichert alle Rahmeneigenschaften, die Sie dann für jeden neu angelegten Rahmen anwenden können, darunter auch die Transparenzeffekte wie die Deckkraft oder den Schlagschatten. Lesen Sie dazu auch Abschnitt 6.9, »Objektstile«. Ganze zusammenhängende Text- und Bild-Rahmengruppen speichern Sie am besten als Snippet oder als Bibliotheksobjekt ab. Lesen Sie dazu auch Kapitel 15, »Buch, Bibliothek und Snippets«.

Quark **Ein Rahmen für alles**
Jeweils unterschiedliche Rahmen für Text oder Bild wie in QuarkXPress gibt es nicht. Das hat bedeutende Vorteile, wenn man Bilder platzieren oder die Rahmenform bearbeiten will. Die Nachteile – das Speichern von Schriften im Textrahmen – besprechen wir am Ende des Kapitels sowie in Kapitel 31, »Troubleshooting«.

6.2 Die Rahmenwerkzeuge

6.2.1 Rahmen erstellen

Rahmen können Sie auf vier verschiedene Weisen anlegen:

1. Mit den Werkzeugen Text, Rechteck (Polygon, Ellipse) sowie den Rahmenwerkzeugen
2. Durch das Einfügen einer Datei über die Funktion Platzieren
3. Durch das Einfügen einer Datei per Drag & Drop aus der Adobe Bridge oder vom Finder/Arbeitsplatz
4. Über das Einkopieren aus der Zwischenablage (z. B. eine Vektorgrafik aus Illustrator)

Ai **Illustrator-Vorgehen**
Die gesamte Rahmen- und Vektorbearbeitung ist aus Illustrator entliehen. Es gibt praktisch keine großen Differenzen im Handling, erfahrene Illustrator-Profis werden sich schnell zu Hause fühlen. Dazu erreichen Sie mit einem Doppelklick in einen Grafikrahmen immer das richtige Werkzeug.

Rahmen freihändig aufziehen | Genug der Theorie: Wählen Sie das Werkzeug Rechteckrahmen aus, und ziehen Sie mit gedrückter Maustaste einen Rahmen auf Ihrer Montagefläche auf. Sie erhalten einen aktiven Rahmen in der Layoutansicht.

Mit gleichzeitig gedrückter [Alt]- bzw. [⌥]-Taste ziehen Sie den Rahmen aus dem Mittelpunkt auf. Drücken Sie zudem die [⇧]-Taste, und ziehen Sie einen Rahmen aus dem Mittelpunkt auf, dessen Seiten gleich sind. Bei der Ellipse erzielen Sie dadurch einen Kreis, beim Polygon ein gleichseitiges Vieleck.

▲ **Abbildung 6.2**
Rahmen aufziehen

Rahmen editieren | Sie können nun mit der Auswahl [V] diesen Rahmen editieren: An den Eckpunkten skalieren Sie den Rahmen, an den Seitenpunkten skalieren Sie in horizontale und vertikale Richtung. Wenn Sie ebenfalls hier die [⌥]/[Alt]-Taste drücken, skalieren Sie aus dem Mittelpunkt heraus. Mit der [⇧]-Taste skalieren Sie proportional, d.h., die Seitenverhältnisse des Rahmens bleiben bestehen.

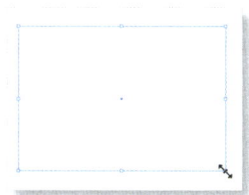

▲ **Abbildung 6.3**
Rahmen aufziehen und manuell skalieren

Die Steuerungspalette Rahmen | Über die Steuerungspalette werden alle wichtigen Werte zum Rahmen angezeigt. Hier finden Sie alle numerischen Werte, ob Ankerpunkt-Ausrichtung, X/Y-Position, Skalierung des Rahmens, Drehwinkel, Konturenstärke und Konturenstile. Darüber hinaus können Sie auch direkt einen Objektstil auswählen.

Rahmen-Steuerungspalette

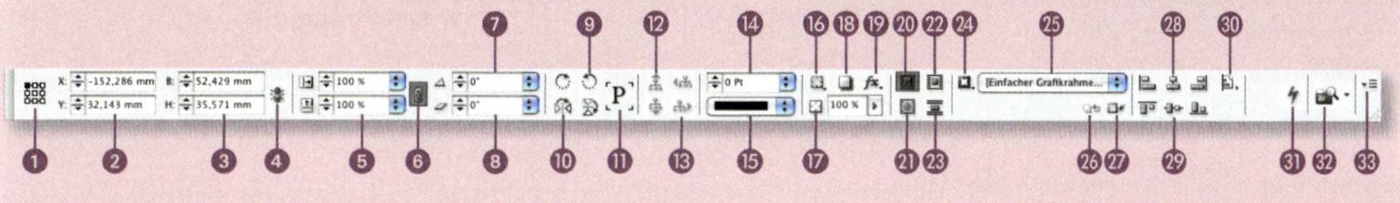

▲ **Abbildung 6.4**
Die Steuerungspalette des Rahmenwerkzeugs bietet alle wichtigen Einstellungen zu den Rahmen.

1 Bezugspunkt
2 X-Position/Y-Position
3 Breite/Höhe
4 Proportionen für Breite und Höhe beibehalten
5 X-Skalierung/Y-Skalierung
6 Proportionen beim Skalieren beibehalten
7 Drehwinkel
8 Verbiegungswinkel X-Achse
9 Um 90° drehen
10 Horizontal spiegeln/Vertikal spiegeln
11 Zustand des gespiegelten Rahmens
12 Container auswählen/Inhalt auswählen
13 Vorheriges Objekt auswählen/Nächstes Objekt auswählen
14 Konturenstärke
15 Konturenstile
16 Effekt anwenden auf
17 Deckkraft
18 Schlagschatten
19 Fügt dem ausgewählten Objekt einen Objekteffekt hinzu
20 Kein Konturenführung
21 Konturenführung um Objektform
22 Konturenführung um Begrenzungsrahmen
23 Objekt überspringen
24 Objektstil
25 Von Grafik- auf Textrahmen umstellen
26 Nicht vom Stil definierte Attribute löschen
27 Abweichungen löschen
28 Kanten horizontal ausrichten
29 Kanten vertikal ausrichten
30 An Auswahl ausrichten
31 Schnell anwenden
32 Bridge öffnen
33 Palettenmenü

Unterschied Rechteckrahmen-werkzeug und Rahmenwerkzeug

Beide Rahmenwerkzeuge und die dazugehörigen Ellipsen- und Polygonrahmen beschreiben einen Layoutrahmen, das Rechteckrahmen-Werkzeug jedoch besitzt keine Füllung oder Kontur, um Bilder in solche Rahmen zu platzieren. Diese Eigenschaft kommt Ihnen später während der Layoutarbeit zugute, wenn Sie dem Rahmen über die Anpassungs-Optionen vorgeben, wie sich ein darin platziertes Bild zur Rahmengröße verhalten soll.

Rahmen numerisch anlegen | Wenn Sie Rahmen über die Eingabe von Werten erstellen wollen, wählen Sie einen Rahmen an, und geben Sie die Werte in den Eingabefeldern ein. Je nach Ankerpunkt auf der linken Seite wählen Sie den entsprechenden Bezugspunkt aus, den Sie mit den X/Y-Werten genau festlegen können. Breite und Höhe können Sie miteinander verknüpfen, um die Proportionen eines Rahmens beizubehalten. Klicken Sie dazu auf das Verketten-Symbol hinter den Eingabefeldern.

Rahmenerstellung über die Dialoge der Werkzeuge | Eine andere Möglichkeit der numerischen Eingabe gibt es direkt über die Werkzeuge: Für die numerische Eingabe wählen Sie zuerst das Rechteck-Werkzeug an (M) und klicken danach auf die Montagefläche. Über einen Eingabedialog erfolgt nun die millimetergenaue Angabe. Verfahren Sie ebenso bei der Ellipse (L).

Zugriff auf die Optionen
Die Funktionen der Steuerungspalette und des Palettenmenüs finden sich teilweise auch in der Transformieren-Palette wieder. In der Steuerungspalette sind aber alle Optionen versammelt, daher wollen wir sie exemplarisch betrachten.

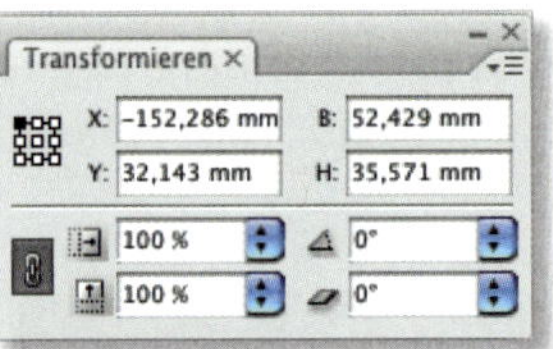

▲ **Abbildung 6.5**
Die Transformieren-Palette ist nahezu identisch zur Steuerungspalette.

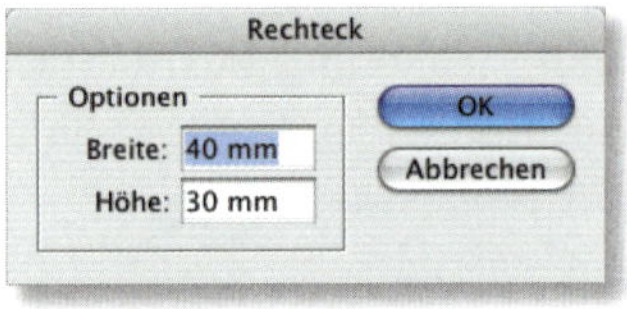

▲ **Abbildung 6.6**
Numerische Rechteckerstellung

Das Polygon benötigt dagegen eine Voreinstellung. Doppelklicken Sie auf das Werkzeug-Symbol POLYGON, und geben Sie hier die Werte ein.

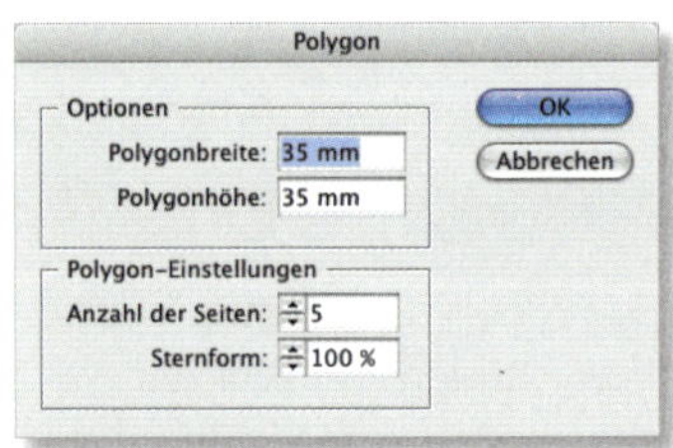

Abbildung 6.7 ▲
Einstellungen für das rechte Polygon-Beispiel

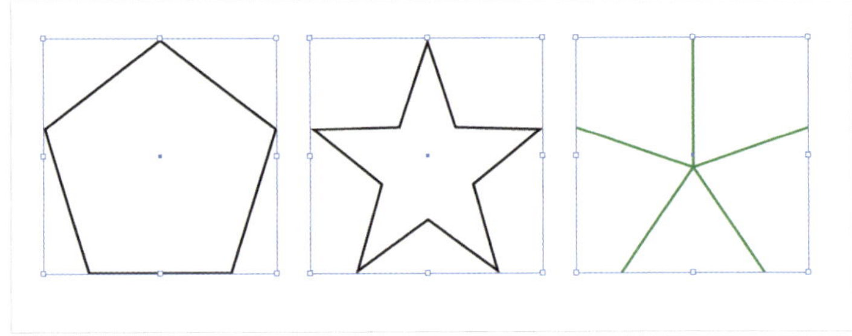

Abbildung 6.8 ▶
Möglichkeiten des Polygons

Die Sternform ist zudem eine Erweiterung des Polygons: Bei 100% erhalten Sie ein Vieleck, bei 50% einen normalen Stern und bei 0% einen extrem spitzen Stern, der jedoch keine Fläche mehr aufweist. Er muss mindestens eine minimale Kontur besitzen, um auch im Ausdruck sichtbar zu sein.

6.3 Rahmen bearbeiten

Über die Werkzeuge DREHEN, SKALIEREN und VERBIEGEN lassen sich nun die Rahmen beliebig bearbeiten – sowohl manuell als auch numerisch!

In Verbindung mit der Umschalttaste bleiben bei der manuellen Bearbeitung die Proportionen erhalten oder feste Winkel werden angenommen. Zusammen mit ⌥/Alt kopieren Sie die Rahmen. Alle Aktionen beziehen sich auf den Ursprung, der zunächst immer auf den Mittelpunkt des Rahmens gesetzt ist.

Mit einem Doppelklick auf die Werkzeugsymbole in der Werkzeugpalette öffnen Sie den entsprechenden numerischen Eingabedialog.

Werkzeuge oder Steuerungspalette?
Die Einstellungen zu den Werkzeugen können Sie auch mit der Steuerungspalette vornehmen. Geben Sie dazu die Werte in die Eingabefelder ein, und drücken Sie ↵.

6.3.1 Rahmen drehen

Drehen über die Steuerungspalette | Rahmen können Sie über einen Klick in der Steuerungspalette um 90 Grad drehen. Wählen Sie dazu den Rahmen an, und entscheiden Sie sich für die Drehrichtung mit oder gegen den Uhrzeigersinn. Der Rahmen wird entsprechend zum Ankerpunkt um 90 Grad gedreht. Gleich daneben finden Sie auch die Funktionen des Spiegelns. Zur besseren Orientierung wird die Lage des Rahmens mit einem »P« gekennzeichnet.

▲ **Abbildung 6.9**
Drehen und Spiegeln in der Steuerungspalette

Manuell drehen | Um Rahmenobjekte frei zu drehen, wählen Sie das Drehen-Werkzeug R aus der Werkzeugpalette aus. Der ausgewählte Rahmen erhält ein Fadenkreuz in der Mitte der Fläche, das den Rotationspunkt markiert. Mit gedrückter Maustaste drehen Sie das Objekt auf die gewünschte Winkelstellung.

Tipps zum Drehen
Drücken Sie beim Drehen die ⇧-Taste, dreht sich der Rahmen nur in 45°-Winkelschritten, wählen Sie dagegen zusätzlich ⌥/Alt, wird der Rahmen beim Drehen gleichzeitig kopiert.

Rotationspunkt | Der Rahmen wird um den Rotationspunkt gedreht. Klicken Sie auf den Rotationspunkt, und ziehen Sie ihn mit gedrückter Maustaste an eine andere Stelle außerhalb des Rahmens. Wenn Sie nun den Rahmen drehen, erfolgt die Rotation um den neu gesetzten Punkt.

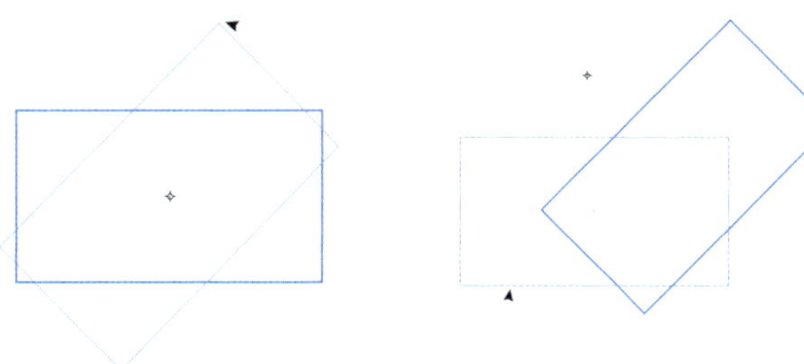

◂◂ **Abbildung 6.10**
Manuelles Drehen mit zentriertem Rotationspunkt

◂ **Abbildung 6.111**
Außen liegender Rotationspunkt

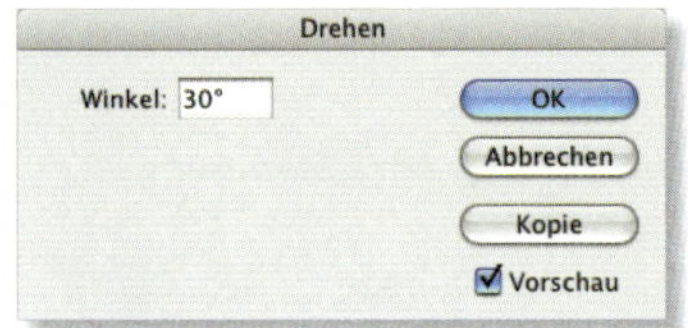

▲ **Abbildung 6.12**
Drehen mit aktiver Vorschau

Drehen-Dialog | Numerisch geben Sie den Rotationswinkel ein, indem Sie einen Rahmen mit dem Auswahl-Werkzeug aktivieren und auf das Symbol DREHEN doppelklicken. Danach öffnet sich der Werkzeug-Dialog. Mit aktivierter Vorschau kommen Sie zu präzisen und schnellen Ergebnissen. Über den Button KOPIEREN erzeugen Sie einen zweiten gedrehten Rahmen; der Ausgangsrahmen bleibt erhalten.

6.3.2 Rahmen skalieren

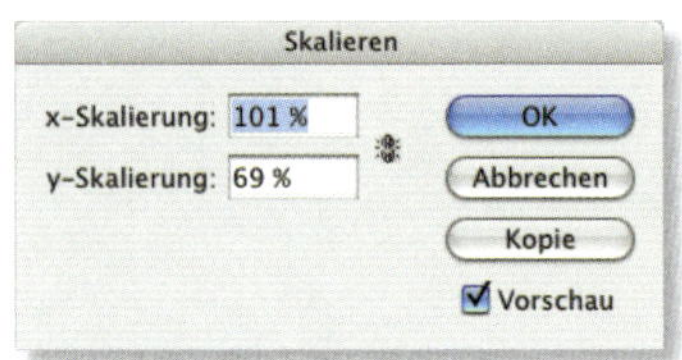

▲ **Abbildung 6.13**
Der Eingabedialog SKALIEREN mit ungleichmäßiger Skalierung und aktiver Vorschau

Die Skalieren-Funktion arbeitet ähnlich wie das Drehen-Werkzeug. Wählen Sie einen Rahmen an, und klicken Sie auf das Werkzeugsymbol SKALIEREN. Auch hier erhalten Sie einen Ursprungspunkt, der zunächst auf den Rahmenmittelpunkt gesetzt ist. Sie können den Rahmen nun frei skalieren.

Mit gedrückter Umschalttaste erhalten Sie die ursprünglichen Proportionen, zusammen mit [Alt]/[⌥] kopieren Sie den Rahmen. Ein Doppelklick auf das Werkzeugsymbol öffnet den Eingabedialog.

6.3.3 Rahmen verbiegen

Diese Funktion dient zur Scherung eines Rahmens, und zwar in zwei Richtungen. Wählen Sie einen Rahmen aus, und klicken Sie auf das Werkzeugsymbol oder die Taste [O]. Auch hier erhalten Sie den bereits bekannten Ursprungsmittelpunkt. Ziehen Sie nun mit gedrückter Maustaste in die horizontale Richtung (links–rechts), so wird der Rahmen um einen Winkel parallel zur x-Achse gekippt, also geschert. Bewegen Sie die Maus vertikal, wird der Rahmen dagegen zur y-Achse geschert. Da InDesign für diese Funktionen nicht zwischen Text und Grafik unterscheidet, ist dies natürlich auch mit allen Rahmen möglich, sogar mit platzierten InDesign-Dateien.

6.3.4 Transformieren: Was Sie dabei beachten müssen

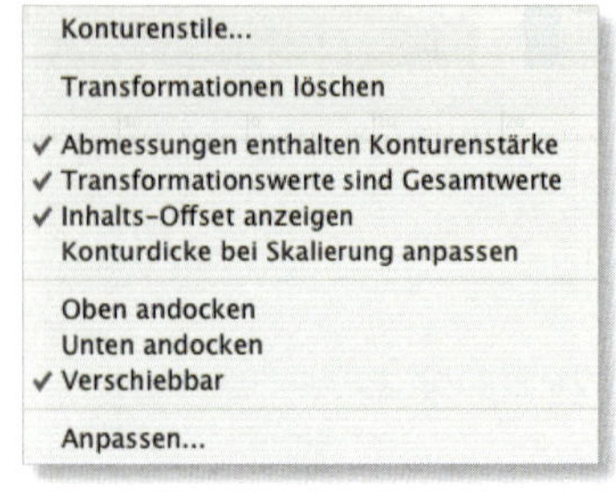

▲ **Abbildung 6.14**
Das Palettenmenü der Steuerungspalette birgt wichtige Optionen.

Weitere Funktionen verbergen sich im **Palettenmenü** der Steuerungspalette.

Wenn Sie einen Rahmen mit einer Kontur gestaltet haben, können Sie mit der Option ABMESSUNGEN ENTHALTEN KONTURENSTÄRKE die Maßangaben in der Steuerungspalette um diese Kontur erweitern.

Skalieren Sie einen Rahmen, werden unter Umständen auch die Konturen skaliert. Dies kann aber dazu führen, dass Sie bei Verkleinerungen sehr feine Konturen erhalten, die im Druck nahezu verschwinden. Verwenden Sie daher grundsätzlich nur Konturen ab 0,25 Punkt Strichstärke. Die Option KONTURENDICKE BEI SKALIERUNG ANPASSEN sollte zunächst deaktiviert sein und nur in Sonderfällen angewendet werden. Noch wichtiger werden die Optionen im Zusammenhang mit gruppierten oder verschachtelten Rahmen, die wir in Abschnitt 6.5 und Abschnitt 6.6 noch erläutern werden.

6.3.5 Rahmeneigenschaften mit der Pipette übertragen

Sie haben verschiedene Rahmen gestaltet und sind mit dem Ergebnis zufrieden. Nun besteht aber Ihre Aufgabe darin, mehrere Rahmen auf dieselbe Weise zu gestalten. Damit Sie nicht jeden einzelnen Rahmen Schritt für Schritt formatieren müssen, gibt es in InDesign die Pipette, ein Allround-Werkzeug, das alle grafischen Eigenschaften eines Rahmens »aufsaugt« und auf einen anderen Rahmen überträgt.

Klicken Sie doppelt auf das Werkzeug PIPETTE in der Werkzeugpalette. Danach sehen Sie die Eigenschaften, die Sie übertragen können, anhand der Liste in den PIPETTE-OPTIONEN.

Klicken Sie mit dem Pipettenwerkzeug auf einen gestalteten Rahmen. Sie erhalten eine gefüllte Pipette als Werkzeugspitze. Danach übertragen Sie alle aufgesogenen Eigenschaften auf einen anderen Rahmen, indem Sie einfach auf ihn klicken. Der zweite Rahmen übernimmt sofort das Aussehen des ersten Rahmens. Weitere Rahmen können Sie auf dieselbe Weise formatieren. Haben Sie sich verklickt und falsche Eigenschaften aufgenommen, so drücken Sie die [Alt]-Taste und klicken erneut in den ersten Rahmen.

Das Werkzeug eignet sich auch zum Übertragen von Transparenz- und Typografieeigenschaften, sodass Sie in kurzer Zeit mehrere unformatierte Rahmen per Mausklick gestalten können.

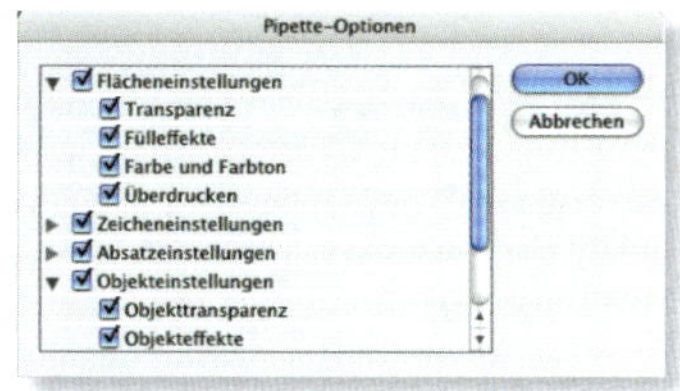

▲ **Abbildung 6.15**
Neben den Kontureinstellungen nimmt die Pipette auch die Flächen-, Transparenz- oder Typografieeigenschaften auf.

Oben oder unten: Rahmen anordnen
Wenn Sie Rahmen übereinanderschieben, werden Sie feststellen, dass es bei Überlagerungen zu einer Sortierung kommt. Welcher Rahmen oben, in der Mitte oder unten liegt, hängt davon ab, in welcher Reihenfolge die Rahmen erstellt wurden und ob Sie diese Anordnung zuvor geändert haben. Sie können Rahmen nach oben befördern, indem Sie den Rahmen mit der Auswahl anwählen und das Kontextmenü aufrufen. Unter dem Menüpunkt ANORDNEN finden Sie den Punkt IN DEN VORDERGRUND, und der Rahmen springt nach oben. Andernfalls können Sie auch Rahmen IN DEN HINTERGRUND, SCHRITTWEISE NACH VORNE oder SCHRITTWEISE NACH HINTEN legen. Diese Logik ist bei nahezu allen Desktop-Publishing-Programmen gleich. Eine andere »räumliche« Ordnung erstellen Sie über die Ebenen. Dazu finden Sie mehr im gleichnamigen Kapitel 14.

6.4 Rahmen ausrichten und verteilen

Layoutrahmen einzeln zu positionieren ist zeitraubend und mühsam, insbesondere wenn die Rahmen regelmäßig an anderen Rahmen, am Satzspiegel oder am Seitenrand ausgerichtet werden sollen. InDesign stellt für diese Anforderungen leicht zu bedienende Werkzeuge zur Verfügung. Auch das Verschachteln und Gruppieren ist ein Kinderspiel.

Um mehrere Rahmen gleichzeitig zu bearbeiten, stehen Ihnen die Steuerungspalette, die Palette AUSRICHTEN und die Funktion GRUPPIEREN zur Verfügung. Leider können nicht alle Funktionen mit einer einzigen Palette ausgeführt werden, die häufigsten finden Sie jedoch in der Steuerungspalette.

Auf der Buch-DVD finden Sie im Ordner VIDEO-LEKTIONEN auch einen Lernfilm zum Thema »Objekte ausrichten, verteilen und stapeln«.

6.4.1 Vertikale und horizontale Ausrichtung

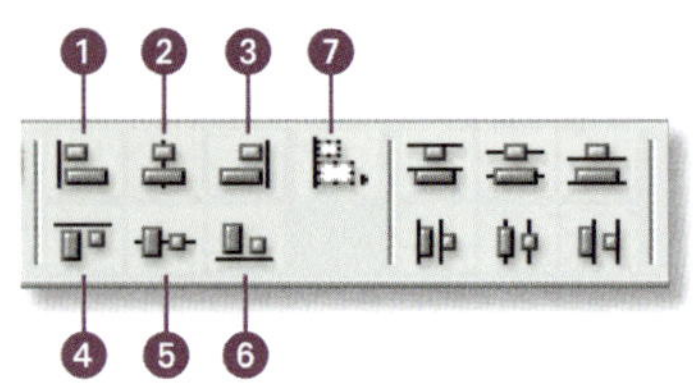

▲ **Abbildung 6.16**
Die Steuerungspalette zeigt im linken Bereich sechs Optionen, Rahmen auszurichten. Rechts daneben sehen Sie die sechs Optionen zum Verteilen mehrerer Rahmen.

Markieren Sie zunächst mehrere Rahmen. In der Steuerungspalette finden Sie Funktionen, um diese Rahmen LINKSBÜNDIG ❶, ZENTRIERT ❷, RECHTSBÜNDIG ❸ sowie OBEN ❹, MITTIG ❺ und UNTEN ❻ auszurichten. Mit einem Klick auf diese Funktionen werden sogleich die Rahmen im Layout ausgerichtet.

Unter dem Button AN AUSWAHL AUSRICHTEN ❼ – erreichbar über den siebten Button in der Steuerungspalette – legen Sie fest, ob mehrere Rahmen zueinander innerhalb der Auswahl ausgerichtet werden oder ob Sie stattdessen die Satzspiegel-Ränder, das Seitenformat oder den Druckbogen wählen. Dies gelingt auch mit einzelnen Rahmen.

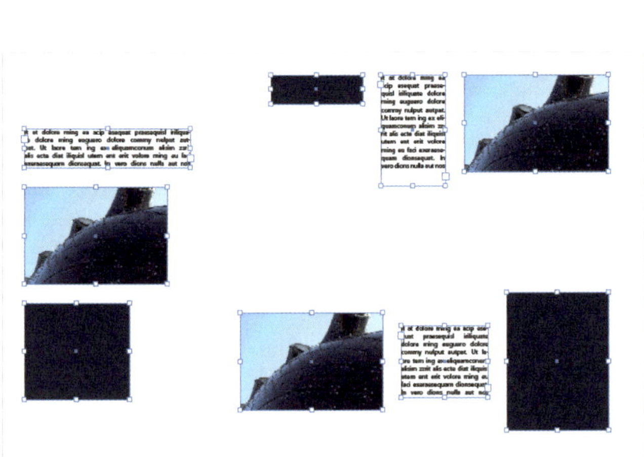

▲ **Abbildung 6.17**
Mehrere Rahmen werden linksbündig, zentriert, rechtsbündig, oben, mittig oder unten ausgerichtet.

▲ **Abbildung 6.18**
Einzelne Rahmen lassen sich in InDesign CS3 auch am Seitenrand oder innerhalb des Satzspiegels ausrichten.

6.4.2 Rahmen gleichmäßig verteilen

Rahmen, die gleichmäßig neben- oder untereinander liegen sollen, werden in der Steuerungspalette oder der Ausrichten-Palette mit der zweiten Button-Reihe bedient.

Die Ausrichten-Palette

1. Linke Kanten ausrichten
2. An horizontaler Mittelachse ausrichten
3. Rechte Kanten ausrichten
4. Obere Kanten ausrichten
5. An vertikaler Mittelachse ausrichten
6. Untere Kanten ausrichten
7. Obere Kanten verteilen
8. Um vertikale Mittelachse verteilen
9. Untere Kanten verteilen
10. Linke Kanten verteilen
11. Um horizontale Mittelachse verteilen
12. Rechte Kanten verteilen
13. Zwischenraum vertikal verteilen (über OPTIONEN EINBLENDEN)
14. Zwischenraum horizontal verteilen (über OPTIONEN EINBLENDEN)

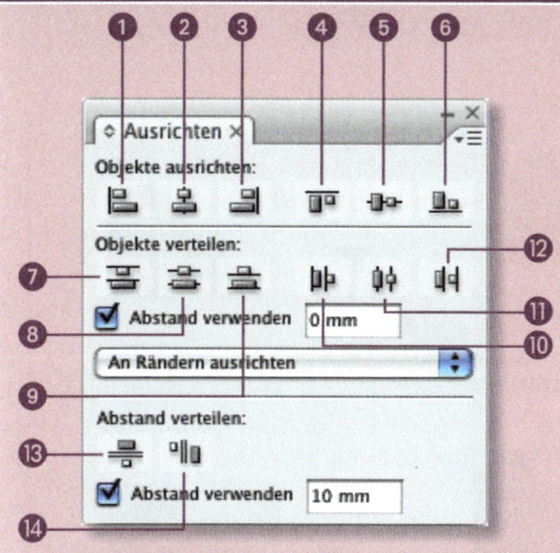

▲ **Abbildung 6.19**
Die Palette AUSRICHTEN bietet viele Funktionen, um Objekte zu verteilen.

Wählen Sie auch hier mehrere Rahmen aus, öffnen Sie die Ausrichten-Palette aus dem Menü FENSTER • OBJEKT UND LAYOUT • AUSRICHTEN, und klicken Sie auf den entsprechenden Button, oder nutzen Sie die horizontale Variante.

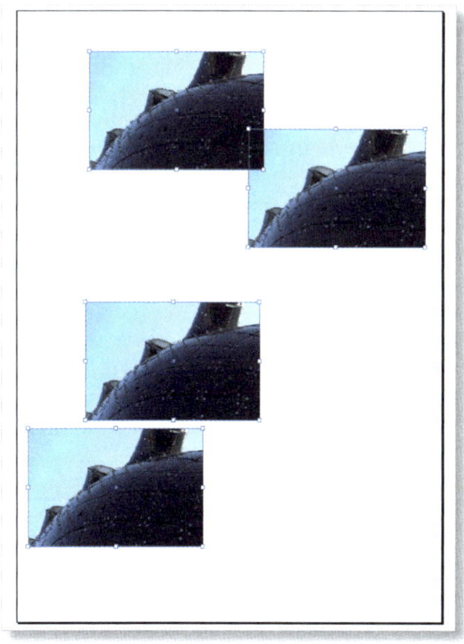

▲ **Abbildung 6.20**
Zunächst werden mehrere Rahmen ausgewählt ...

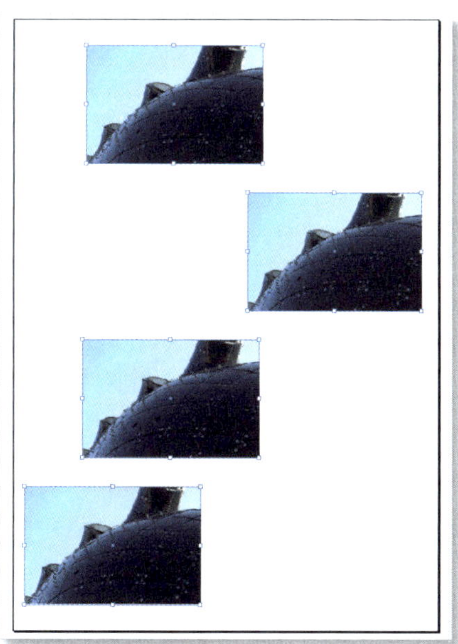

▲ **Abbildung 6.21**
... und danach vertikal verteilt, sodass alle Rahmen einen gleichmäßigen Abstand zueinander einnehmen.

Vor oder nach dem Verteilen können Sie die Rahmen auch noch zueinander ausrichten. Mit zwei Klicks sind somit mehrere Rahmen sauber ausgeglichen.

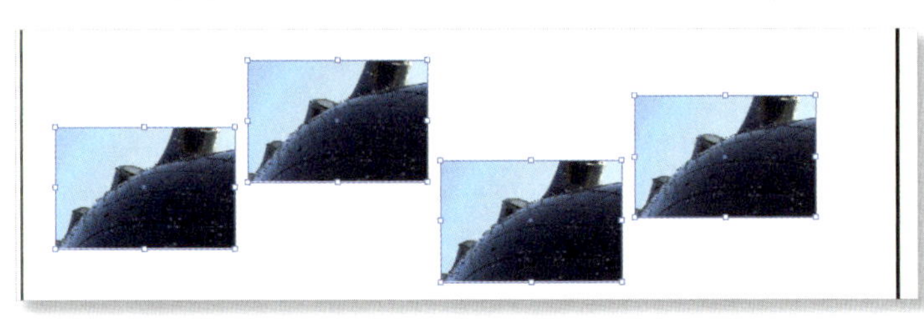

Abbildung 6.22 ▸
Horizontale Rahmen werden ausgewählt …

Abbildung 6.23 ▸
… und horizontal verteilt.

6.4.3 Abstand verwenden und Abstand verteilen

Die Eingabe eines Abstands dient dazu, die Verteilung der angewählten Rahmen zueinander anhand eines Wertes festzulegen. Viel interessanter ist jedoch die Funktion ABSTAND VERTEILEN am Fußbereich der Palette. Zusammen mit einem Abstandswert behalten die so verteilten Objekte die Ausrichtung an Zwischenräumen. Das ist ideal für den grafischen Aufbau eines Rasters.

6.4.4 Kopieren, duplizieren und versetzt einfügen

InDesign kennt viele Möglichkeiten, einen Rahmen zu vervielfältigen.

Rahmen kopieren | Wollen Sie einen Rahmen kopieren, so klicken Sie den Rahmen an und ziehen ihn mit gedrückter Maus- und Alt-Taste an eine neue Position. So einfach duplizieren Sie Objekte. Natürlich funktioniert dies auch, indem Sie den Rahmen mit ⌘+C bzw. Strg+C kopieren und mit ⌘+V/Strg+V einfügen. Über den Befehl AN ORIGINALPOSITION EINFÜGEN… aus dem Menü BEARBEITEN kopieren Sie den Rahmen passgenau auf den ersten zuvor kopierten Rahmen.

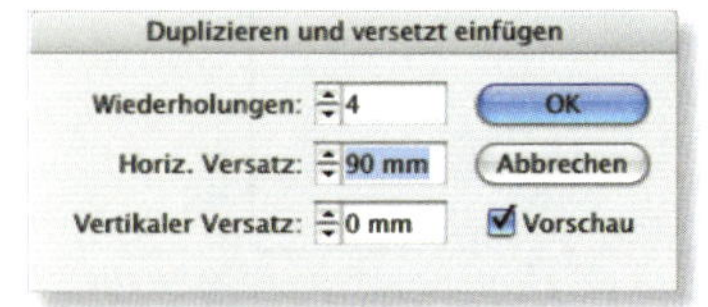

▴ Abbildung 6.24
Die Eingabe ermöglicht es, in einem Arbeitsschritt mehrere Kopien eines Rahmens anzulegen.

Duplizieren und versetzt einfügen | Für das mehrfache Vervielfältigen von Rahmen hingegen stellt InDesign eine besondere Funktion bereit: Wählen Sie einen Rahmen aus, und rufen Sie im Menü BEARBEITEN den Befehl DUPLIZIEREN UND VERSETZT EINFÜGEN auf. Im nachfolgenden Dialog wählen Sie die Anzahl der Kopien und einen Versatz von der Position des zuvor kopierten Rahmens.

6.4.5 Objekt erneut transformieren

Nicht nur eine Kopie eines Rahmens ist mit InDesign möglich, sondern auch das Wiederholen mehrerer Arbeitsschritte! InDesign merkt sich die Transformierungen eines Rahmens und kann diese auf einer Kopie wiederholen, vorausgesetzt, Sie wählen dazwischen keinen anderen Rahmen an. Wie geht das?

InDesign kennt vier Befehle, um einen oder mehrere Transformieren-Arbeitsschritte zu wiederholen:

- Erneut transformieren wendet den letzten Schritt auf einen Rahmen oder eine Rahmengruppe insgesamt an, die Gruppe wird dabei als Gesamtrahmen behandelt.
- Einzeln wendet den letzten Transformationsschritt auf alle Rahmen einer Auswahl oder einer Gruppe separat an.
- Abfolge ruft alle zuvor vorgenommenen Schritte auf.
- Abfolge, Einzeln wird alle Schritte auf alle ausgewählten Rahmen auch innerhalb einer Gruppe anwenden.

Erneut transformieren	⌥⌘3
Erneut transformieren – Einzeln	
Erneut transformieren – Abfolge	⌥⌘4
Erneut transformieren – Abfolge, Einzeln	

▲ **Abbildung 6.25**
Aus dem Menü Objekt • Erneut transformieren kann ein einzelner Schritt oder eine Abfolge von Schritten auf mehrere Rahmen oder eine Rahmengruppe übertragen werden.

Damit das nicht reine Theorie bleibt, wollen wir anhand eines Workshops zeigen, wie diese Funktionen anzuwenden sind. Leider zeichnet InDesign die Arbeitsschritte nicht als Protokoll auf, wie es in Photoshop geschieht. Hier könnte Adobe durchaus mit diesem bekannten Komfort nachbessern.

Schritt für Schritt: Eine Abfolge von Schritten duplizieren

Für eine Grafik über einem Bild wird eine Vektorgrafik ❶ angelegt, dupliziert und gleichzeitig verschoben. Danach folgt das Drehen und das Wiederholen der Arbeitsschritte als Abfolge.

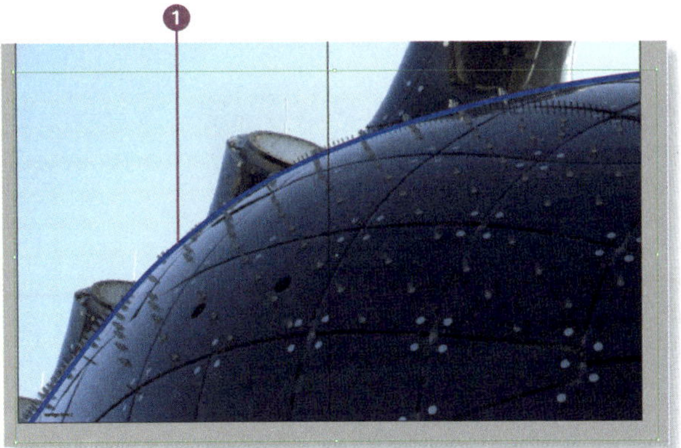

1 Rahmen duplizieren und verschieben

Legen Sie einen Rahmen an, und duplizieren Sie ihn mit gedrückter Alt-Taste an eine neue Position.

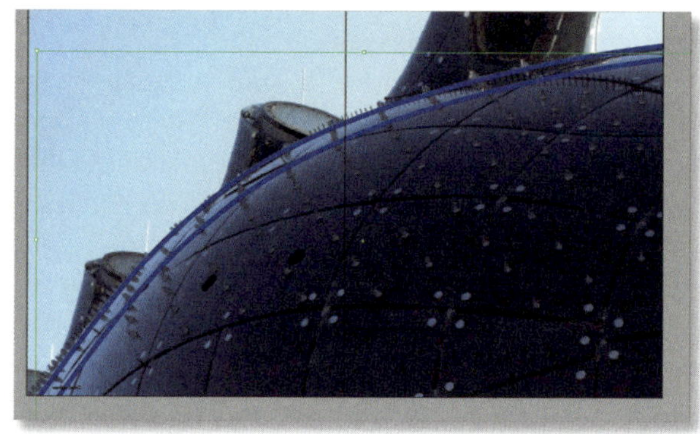

2 Rahmen drehen

Drehen Sie den kopierten Rahmen um 2 Grad mit aktiver Vorschau.

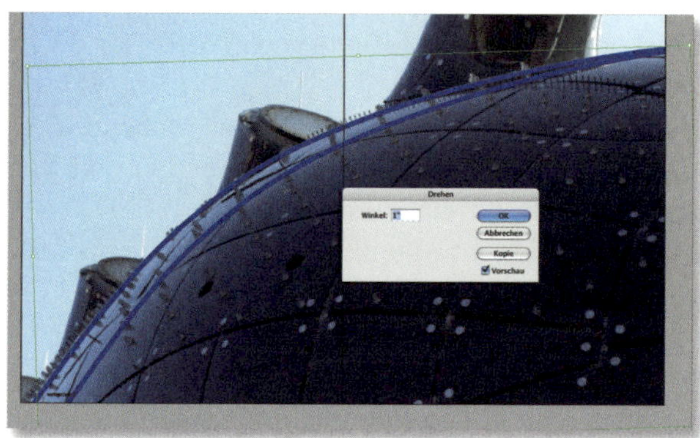

3 Abfolge mehrfach ausführen

Rufen Sie die Abfolge aus Duplizieren, Verschieben und Drehen auf, indem Sie den Tastenbefehl [⌘]+[Alt]+[4] oder [Strg]+[Alt]+[4] aufrufen. Wiederholen Sie den Schritt so lange, bis Sie mit dem Ergebnis zufrieden sind.

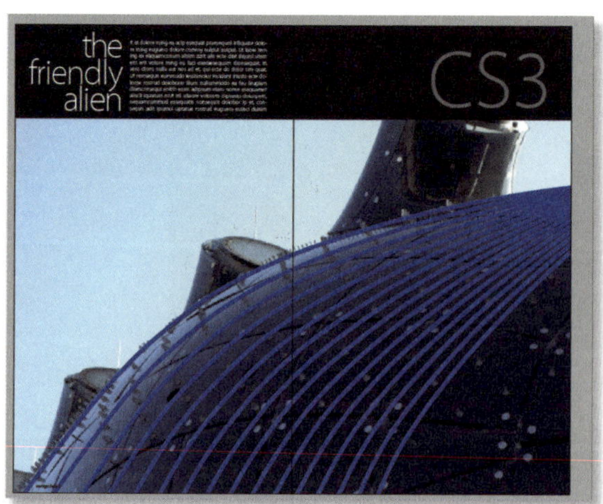

6.5 Rahmen gruppieren

Mehrere Rahmen gruppieren Sie, indem Sie die Rahmen anwählen und aus dem Menü Objekt den Menüpunkt Gruppieren auswählen oder den Tastenbefehl Strg/⌘+G verwenden. Die Rahmen werden in einem gemeinsamen Rahmen zusammengefasst und mit einer gestrichelten Linie umrandet. Dieser Gruppenrahmen kann ebenfalls mit einzelnen Rahmen oder anderen Gruppenrahmen kombiniert werden.

Über die Transformieren-Palette oder die Werkzeuge Drehen, Skalieren, Verzerren oder Transformieren lassen sich die Gruppenrahmen bearbeiten. Farbzuweisungen über die Farbfelder oder die Palette Farbe gelten für alle Objekte innerhalb des Gruppenrahmens.

Mit dem Tastenbefehl ⌘+⇧+G bzw. Strg+⇧+G lösen Sie die Gruppe wieder in Einzelrahmen auf.

Rahmen innerhalb einer Gruppe anwählen

Einzelne Rahmen in der Gruppe wählen Sie mit einem Doppelklick an, um unabhängig von der Gruppe Änderungen vorzunehmen.

Gruppen und Ebenen

Sobald Sie mehrere Rahmen unterschiedlicher Ebenen gruppieren, werden alle Rahmen dieser Gruppe auf einer Ebene zusammengefasst. Dies kann nicht umgangen werden. Lesen Sie dazu auch Kapitel 14, »Ebenen«. Wenn Sie mehrere Rahmen verschiedener Ebenen transformieren wollen, sollten Sie diese nur auswählen und verändern. Eine Gruppierung verschiebt eventuell unvorhergesehene Rahmen auf eine andere Ebene.

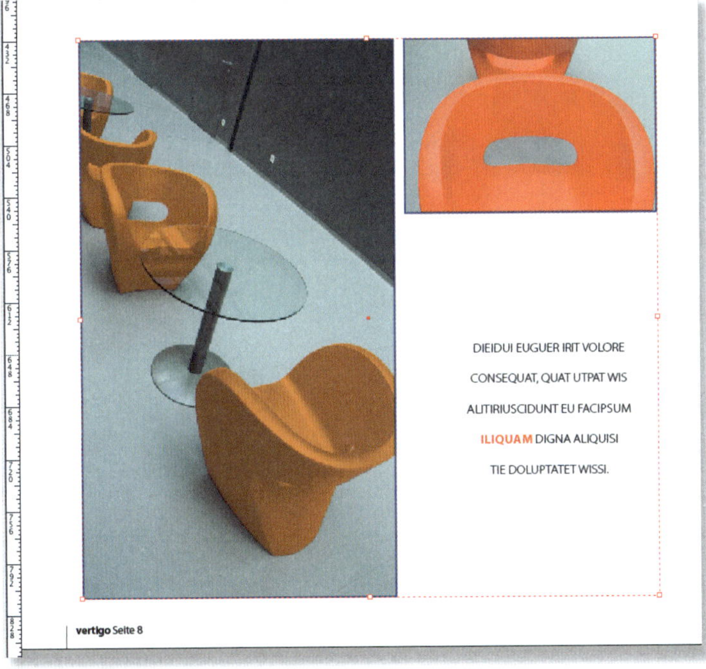

DIEIDUI EUGUER IRIT VOLORE
CONSEQUAT, QUAT UTPAT WIS
ALITIRIUSCIDUNT EU FACIPSUM
ILIQUAM DIGNA ALIQUISI
TIE DOLUPTATET WISSI.
vertigo Seite 8

◂ Abbildung 6.26
Gruppierte Rahmen werden mit einem gestrichelten Gesamtrahmen angezeigt.

6.5.1 Gruppen transformieren

Für Gruppenrahmen steht im Palettenmenü der Steuerungspalette die Option Transformationswerte sind Gesamtwerte zur Verfügung. Die Funktion bewirkt, dass z. B. gedrehte Rahmen in einer wiederum gedrehten Gruppe mit dem aktuell sichtbaren Drehwinkel angezeigt werden. Wenn Sie diese Funktion ausschalten, wird der Winkel des Objekts zur Gruppe angezeigt.

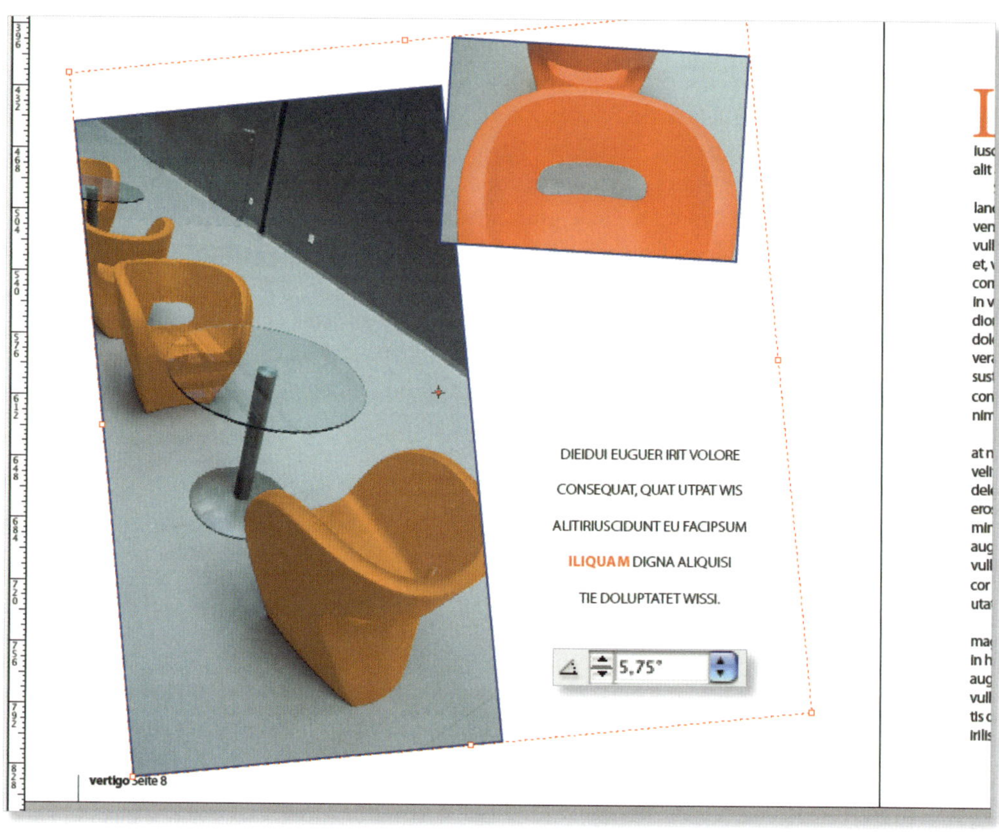

▲ **Abbildung 6.27**
Bei gedrehten Objekten in einer Gruppe müssen Sie auf den angezeigten Drehwinkel in der Steuerungspalette achten.

Sonderfall skalierte Textrahmen
Jede Skalierung eines Textrahmens vergrößert oder verkleinert die Schriftgröße. InDesign CS3 merkt sich nun im Gegensatz zu früheren Versionen über die Voreinstellungen nicht mehr den Ausgangswert der Skalierung, der bislang in Klammern dargestellt wurde, sondern stellt grundsätzlich den aktuellen Wert dar. Das Verhalten von InDesign CS3 hatte bei vielen Anwendern zu Irritationen geführt. Wollen Sie es dennoch wieder einstellen, so rufen Sie in den Voreinstellungen • Allgemein • Bei Skalierung • Skalierungsprozentsatz anpassen auf.

6.5.2 Gruppen skalieren

Bei einer Skalierung von Gruppen müssen Sie beachten, dass die Kontur zunächst in der Standardeinstellung nicht mitvergrößert wird. Erst wenn Sie die Option Konturendicke beim Skalieren anpassen im Palettenmenü der Steuerungspalette aktivieren, verkleinert oder vergrößert sich auch eine Rahmenkontur beim Skalieren.

6.6 Rahmen verschachteln

Rahmen lassen sich nicht nur gruppieren, sondern auch ineinander verschachteln. Das bedeutet, dass Sie einen oder mehrere Rahmen in einen anderen Rahmen einfügen.

Legen Sie zwei Rahmen wie in Abbildung 6.28 übereinander. Schneiden Sie den oberen Rahmen per [⌘]/[Strg]+[X] aus, klicken Sie den Zielrahmen an, und wählen Sie aus dem Menü Bearbeiten die Option In die Auswahl einfügen. Der Rahmen wird aus der Zwischenablage direkt in den Zielrahmen hineinkopiert. Es wird eine Vektormaske erzeugt.

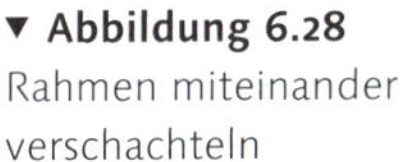

▼ **Abbildung 6.28**
Rahmen miteinander verschachteln

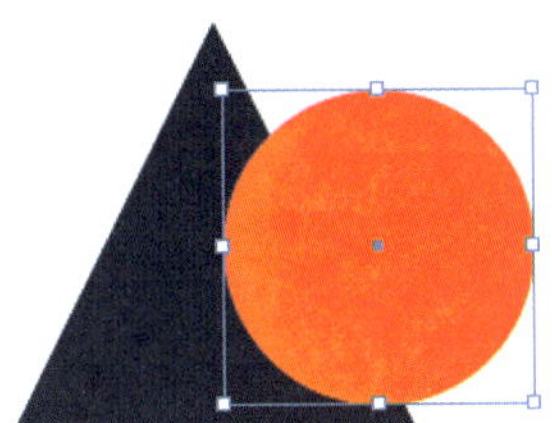

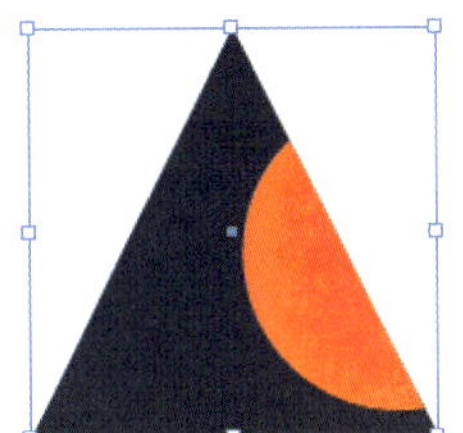

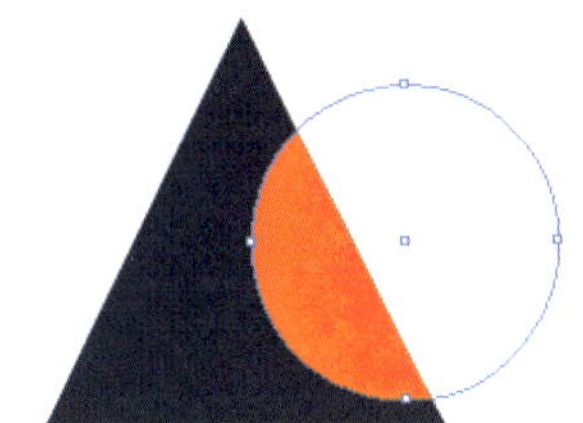

Verschachteltes Objekt bearbeiten | Mit der Direktauswahl oder mit einem Doppelklick können Sie dieses verschachtelte Objekt nun nachträglich bearbeiten.

Die Verschachtelung mittels der Funktion In die Auswahl einfügen kann beliebig wiederholt werden, d.h., dieses maskierte Objekt kann nun wiederum in eine neue Maske eingesetzt werden. Somit können sehr komplexe Objektgruppen entstehen, insbesondere Kombinationen von Text- und Bildrahmen, die mit einem Pfad maskiert werden. Mit dieser Funktion sollten Sie sehr sparsam umgehen, da Sie sonst leicht den Überblick darüber verlieren, welcher Rahmen oder welches Objekt denn nun in welchem Beschneidungspfad liegt und wie Sie diese Objekte wieder entfernen können. Als Faustregel für ein nachvollziehbares Arbeiten gilt: immer nur eine Vektormaske für ein Objekt oder eine Objektgruppe.

Farbzuweisungen für die Rahmenkante und die Füllung sollten Sie nur dann vornehmen, wenn Sie zuvor mit der Direktauswahl oder einem Doppelklick den einzelnen Rahmen innerhalb einer verschachtelten Objektgruppe angewählt haben. Alle Farbdefinitionen beziehen sich dann nur auf diesen ausgewählten Rahmen.

6.6.1 Verknüpfte Pfade

Anders als beim Verschachteln bilden verknüpfte Pfade Schnittobjekte. Wählen Sie dazu zwei überlappende Rahmen aus, und rufen Sie den Menüpunkt Objekt • Verknüpfte Pfade • Erstellen auf.

Ai Vergleich mit Illustrator
Diese Funktion arbeitet anders als in Illustrator. Dort werden zwei übereinanderliegende Rahmen ausgewählt, und ein Beschneidungspfad wird per Menübefehl erzeugt; der obere Rahmen stellt die Vektormaske dar. Leider unterscheiden sich die Programme in diesem elementaren Punkt. Ein wenig mehr Konsistenz wäre wünschenswert.

Auf der Buch-DVD finden Sie im Ordner Video-Lektionen auch einen Lernfilm zum Thema »Inhalt und Container«.

Verschachtelte Elemente auswählen

Als Auswahlhilfe dienen die beiden Funktionen Container und Inhalt im Menü Objekt • Auswählen.

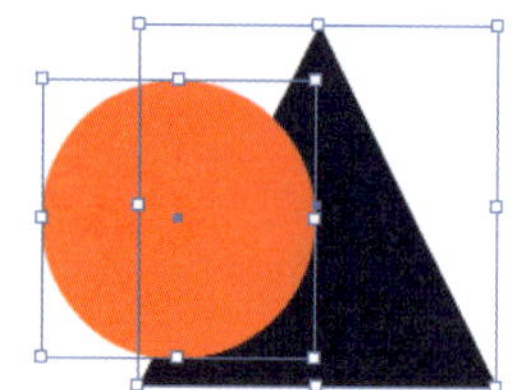

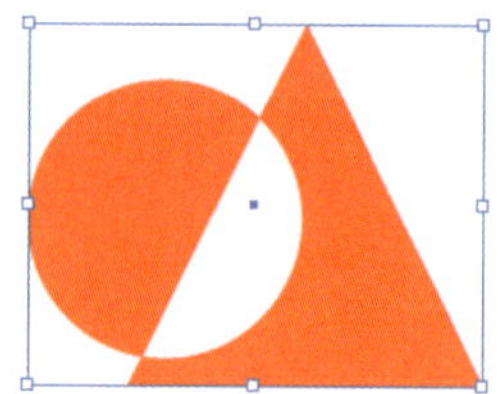

Abbildung 6.29 ▸
Verknüpfte Pfade bilden Schnittobjekte.

Warum gibt es die Funktion Verknüpfte Pfade noch?

Warum diese Funktion angesichts des Pathfinders nicht entfallen ist, in dem die Funktion ÜBERLAPPENDE FORMBEREICHE AUSSCHLIESSEN zu einem zwar nicht gleichen, aber ähnlichen und nachvollziehbaren Schnittobjekt gelangt, bleibt offen. Der Vorteil, dass hier die ursprünglichen Rahmenformen erhalten bleiben und jederzeit wieder gelöst werden können, tritt angesichts des Ergebnisses in den Hintergrund: Wer benötigt eine solche Vektorengruppe?

Textrahmen und der Pathfinder

Wenn Sie einen Schriftzug mit einem Rahmen verrechnen wollen, dann müssen Sie den Text zuerst in Pfade umwandeln: Menü SCHRIFT • IN PFADE UMWANDELN. Andernfalls wird nur der Textrahmen allein – nicht aber die Schriftvektoren – mit den anderen Rahmen verrechnet.

Der Umriss eines Textrahmens lässt sich ebenfalls mit dem Pathfinder beeinflussen: Rahmen, die den Textrahmen überlappen, ergeben nach einer Addition oder Subtraktion im Pathfinder einen neuen Formsatz! Somit arbeiten Sie effizienter, als eine Vektorform zunächst so zu gestalten, dass später ein Text einfließen kann.

Beachten Sie, dass diese Funktion nur mit Vektorpfaden funktioniert. Bild-Textrahmen können nicht miteinander verknüpft werden.

6.6.2 Pathfinder

Den Pathfinder kennen Sie vielleicht schon aus Illustrator oder in einer ähnlichen Variante aus FreeHand. Mit diesem Werkzeug verschmelzen Sie Rahmen, ziehen Rahmen voneinander ab oder bilden Schnittmengen. Die Palette öffnen Sie über das Menü FENSTER • OBJEKT & LAYOUT • PATHFINDER.

Mehrere Objekte wie Rechtecke, Kreise oder Polygone müssen früher oder später einmal miteinander verrechnet werden, um ein neues komplexeres Objekt zu erzeugen. Man spricht auch vom »Boolen«, benannt nach den Boole'schen Operationen aus der Mathematik.

Im Pathfinder sind alle wesentlichen Operationen versammelt: ADDIEREN, SUBTRAHIEREN, SCHNITTMENGE BILDEN, ÜBERLAPPUNG AUSSCHLIESSEN und HINTERES OBJEKT ABZIEHEN. Diese etwas kryptischen Beschreibungen werden durch die Piktogramme hinreichend erklärt.

Werden mehrere Objekte ausgewählt und miteinander verrechnet, werden die Attribute des oberen Objektes für das entstandene neue Objekt übernommen. Das betrifft nicht nur die Farbe der Füllung und der Kante, sondern auch alle anderen Stile: Transparenz, weiche Kante, Linienstile oder den Schattenwurf.

Ist das oberste Rahmenobjekt ein platziertes Bild, werden die anderen Rahmen z.B. in der Funktion ADDIEREN dem platzierten Bildrahmen hinzugefügt. Das Bild kann nun in diesem neuen Rahmen neu ausgerichtet werden. Liegt das Bildobjekt nicht an oberster Stelle der ausgewählten Rahmen, wird das Bild entfernt, und nur der platzierte Rahmen wird mit den anderen verrechnet.

Die Pathfinder-Palette

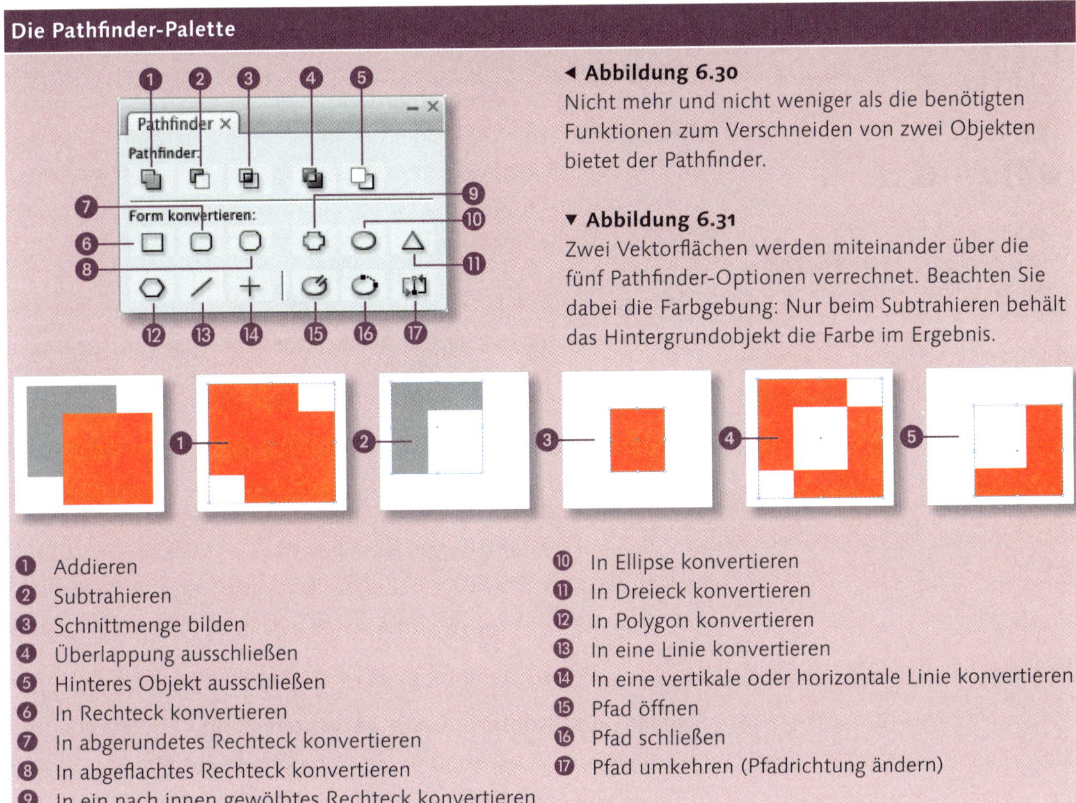

◂ **Abbildung 6.30**
Nicht mehr und nicht weniger als die benötigten Funktionen zum Verschneiden von zwei Objekten bietet der Pathfinder.

▾ **Abbildung 6.31**
Zwei Vektorflächen werden miteinander über die fünf Pathfinder-Optionen verrechnet. Beachten Sie dabei die Farbgebung: Nur beim Subtrahieren behält das Hintergrundobjekt die Farbe im Ergebnis.

1. Addieren
2. Subtrahieren
3. Schnittmenge bilden
4. Überlappung ausschließen
5. Hinteres Objekt ausschließen
6. In Rechteck konvertieren
7. In abgerundetes Rechteck konvertieren
8. In abgeflachtes Rechteck konvertieren
9. In ein nach innen gewölbtes Rechteck konvertieren
10. In Ellipse konvertieren
11. In Dreieck konvertieren
12. In Polygon konvertieren
13. In eine Linie konvertieren
14. In eine vertikale oder horizontale Linie konvertieren
15. Pfad öffnen
16. Pfad schließen
17. Pfad umkehren (Pfadrichtung ändern)

6.7 Fläche und Kontur

Der Layoutrahmen ist ein Bézierpfad, dem Sie eine farbige Fläche oder eine Kontur in Prozess- und Volltonfarben sowie Verläufe zuweisen können. Auch hier macht InDesign keinen Unterschied, ob es sich bei dem Rahmen um einen Text-, Vektor- oder Bildrahmen handelt.

Im Abschnitt 6.2.1 haben Sie erfahen, wie man Rahmen erstellt. Mit Hilfe der Werkzeugpalette, der Farbfelder, der Farbe und Verlauf-Palette sowie der Kontur-Palette legen Sie nun die Farbfüllung und die Konturbeschaffenheit fest. Die Arbeitsschritte der Farbzuweisung in InDesign sind identisch mit denen in Illustrator.

6.7.1 Fläche und Kontur einfärben

In der Werkzeugpalette finden Sie im unteren Bereich die Flächen- und Kontursymbole. Wenn Sie einen Rahmen erstellt haben und beide Symbole mit roten Diagonalen durchgestrichen

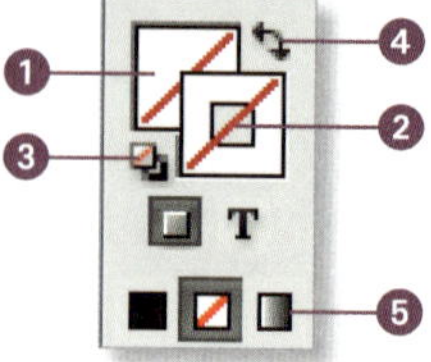

▲ **Abbildung 6.32**
Die Flächen- und Kontursymbole in der Werkzeugpalette

sind, so weist der Rahmen weder Flächen- noch Konturfarbe auf – der Rahmen ist leer.

Klicken Sie auf das Flächensymbol ❶, und wählen Sie entweder aus den Farbfeldern oder aus der Palette FARBE eine Flächenfüllung aus. In der Werkzeugpalette springt das Flächensymbol in den Vordergrund und wird mit der ausgewählten Farbe eingefärbt. Sie können einem Rahmen sowohl Volltonfarben als auch Prozessfarben, Farbtöne oder Verläufe zuweisen.

Klicken Sie auf das Kontursymbol ❷, so springt dieses Zeichen nach vorne, und Sie legen die Konturfarbe ebenfalls über die Palette FARBFELDER oder FARBE fest.

Standardkontur | Jeder neu erstellte Rahmen hat zunächst eine Standardkontur. Diese wird von einer schwarzen Linie von 1 Punkt gebildet, und es gibt keine Flächenfarbe. Wenn Sie diesen Zustand später wiederherstellen wollen, klicken Sie auf das Miniatursymbol STANDARDFLÄCHE UND -KONTUR links unterhalb der Flächen- und Kontursymbole ❸, oder wählen Sie den Tastenbefehl [D].

Flächen- und Konturfärbung umkehren | Um die Flächen- und Konturfärbung umzukehren, klicken Sie bitte auf den gebogenen Pfeil FLÄCHE UND KONTUR AUSTAUSCHEN ❹, oder rufen Sie den Tastenbefehl [⇧]+[X] auf. Danach wird die Farbzuweisung der Kontur auf die Fläche gelegt und umgekehrt.

6.7.2 Verläufe zuweisen

Auf die gleiche Weise, wie Sie der Fläche oder Kontur eines Rahmens zuvor Volltonfarben, Farbtöne oder Prozessfarben zugewiesen haben, können Sie einen Verlauf anwählen. Klicken Sie dazu auf das mittlere Symbol VERLAUF ANWENDEN ❺ zwischen dem Flächen- und dem Kontursymbol. Dabei werden Sie nicht auf eine Flächenzuweisung beschränkt: Sie dürfen auch der Rahmenkontur einen Farbverlauf geben.

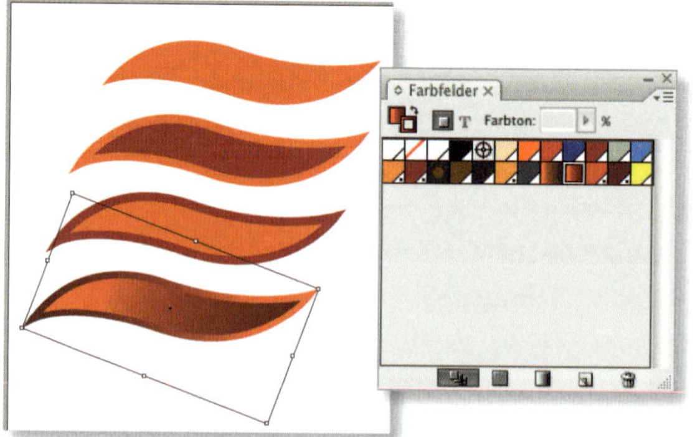

Abbildung 6.33 ▸
Beispiel für Polygonrahmen mit definierter Fläche und Kontur. Die Flächen- und Kontursymbole der Werkzeugpalette finden Sie in den Farbfeldern in Miniaturform wieder. Das erste Objekt besitzt nur eine Füllung. Das zweite Objekt besitzt Füllung und Kontur, die für das dritte Objekt umgedreht wurden, und zuletzt sehen Sie ein Objekt mit einer Verlaufsfüllung und einer Verlaufskontur.

Beachten Sie jedoch, dass der Rahmen eine ausreichende Kontur von mindestens einem Punkt Stärke aufweist, da sonst der Verlauf im Druck kaum zu sehen ist und eher den Anschein eines Belichtungsfehlers erweckt.

Werkzeug Verlaufsfarbfeld | Rahmenflächen oder -konturen müssen Sie nicht unbedingt über die Palette VERLAUF einen Verlauf zuweisen. Intuitiver arbeitet das Werkzeug VERLAUFSFARBFELD [G] in der Werkzeugpalette. Wählen Sie einen Rahmen aus, und weisen Sie über die Farbfelder einen Verlauf zu. Aktivieren Sie das Werkzeug VERLAUFSFARBFELD, und ziehen Sie eine Linie mit gedrückter Maustaste über den Rahmen. Der Punkt, auf den Sie zuerst klicken, ist der Anfangspunkt des Verlaufs, der bis zum Absatzpunkt gesetzt wird. Die Linie, die Sie zwischen Ausgangs- und Absatzpunkt ziehen, bestimmt die Richtung des Verlaufs. Die genaue Farbdefinition entnehmen Sie bitte Kapitel 11, »Farben«.

6.7.3 Die Kontur-Palette

Jedem Rahmen kann eine Kontur in einer beliebigen Stärke zugewiesen werden. Dabei verteilt sich die Kontur gleichmäßig um den Pfad. Die Einstellungen nehmen Sie über die gleichnamigen Palette aus dem Menü FENSTER oder über die Steuerungspalette vor.

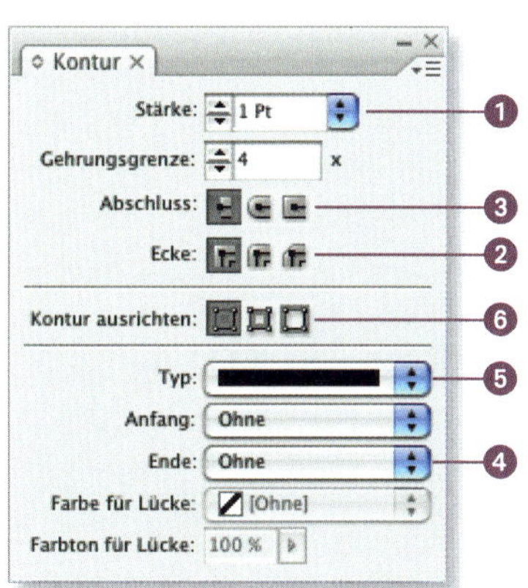

◂ **Abbildung 6.34**
Die Kontur-Palette

Konturbreite | Die Option STÄRKE ❶ legt die Breite der Kontur fest. Hier ist zu beachten, dass es bei Konturenstärken von unter 0,25 pt auf hochauflösenden Geräten zu Ausgabeschwierigkeiten kommen kann, d. h., die Kontur könnte nicht zu sehen sein.

Ecken | Wollen Sie die Ausformung der Ecken des Pfades bestimmen, müssen Sie sich der Optionen für die Ecke ❷ bedienen.

Hier können Sie zwischen Gehrungsecke, abgerundeter Ecke und abgeflachter Ecke wählen. Die Gehrungsecke bezeichnet eine im 90°-Winkel aufgebaute Ecke, sie kann mit der Option Gehrungsgrenze noch weiter definiert werden: Sie können mit Werten von 1 bis 500 festlegen, wann die Form eines Eckpunkts von einer Gehrungsgrenze in eine abgeflachte Ecke geändert wird.

Begrenzungsrahmen

Das Palettenmenü weist aber einen interessanten Punkt auf: Abmessungen enthalten Konturenstärke. Ist diese Option angewählt, wird mit zunehmender der Konturenstärke auch der Rahmen größer. Ist diese Funktion deaktiviert, wächst die Konturenlinie »nach innen«, und die Rahmengröße bleibt gleich.

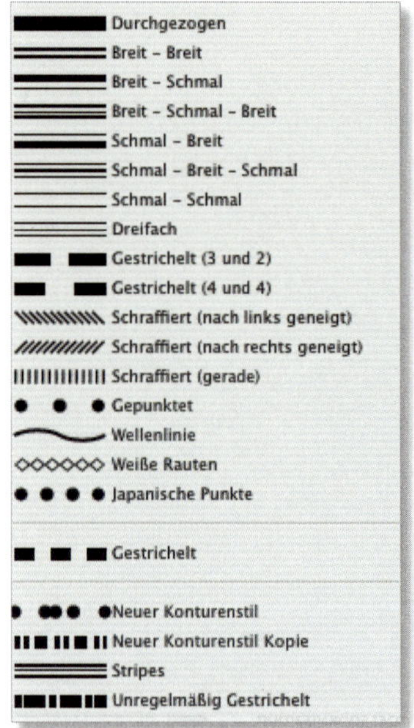

▲ **Abbildung 6.35**
Die Konturenstile bieten bereits eine Fülle an Möglichkeiten.

Abschlüsse | Auf einzelne, nicht geschlossene Pfade hat die Abschlussform der Kontur-Palette einen Einfluss ❸. Wählen Sie die mittlere Form Abgerundet aus, enden die einzelnen Striche in einem Halbkreis. Die dritte Option, Überstehend, erweitert die Striche über den Anfangs- und Endpunkt mit einem halben Quadrat zur Konturenstärke hinaus. Hier wird jedoch die Lücke zwischen den Kontursegmenten kleiner, als Sie es in der Palette angegeben haben. Verwenden Sie diese dritte Funktion nicht in Verbindung mit einer gestrichelten Linie!

Anfangs- und Endformen | Die Optionen für die Anfangs- und Endformen der Kontur ❹ sind selbsterklärend. Hier möchten wir Ihnen raten, die verschiedenen Möglichkeiten einmal durchzuspielen. Die Formen können nicht bearbeitet werden und finden natürlich nur bei offenen Pfaden Anwendung. Ihre Größe wird automatisch proportional zur Konturenstärke berechnet.

Typ | Unter dem Pulldown-Menü Typ ❺ verbergen sich zahlreiche Konturenstile wie doppelte und dreifache Konturen, gepunktete oder gestrichelte Formen sowie Wellen oder auch Muster. Einige Beispiele dazu finden Sie in Abbildung 6.36. Die Option Gestrichelt (3 und 2) bedeutet, dass eine Kontur abhängig von der Konturenstärke in drei Teile Linie und zwei Teile Lücke aufgeteilt wird, wohingegen die Option Gestrichelt (4 und 4) eine gestrichelte Kontur erzeugt, deren Segmente identisch mit den Lücken sind.

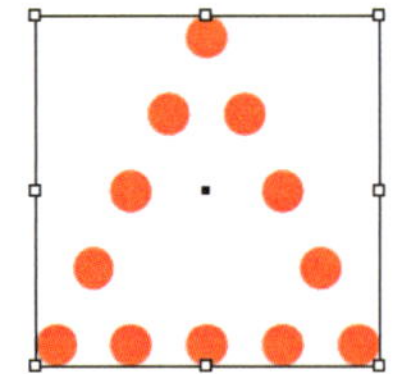
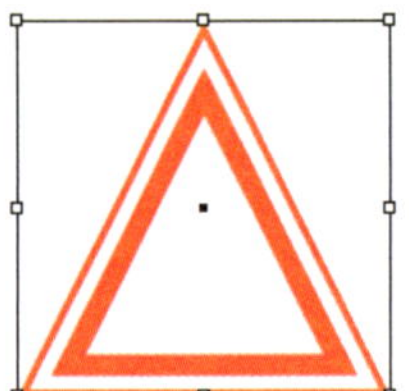
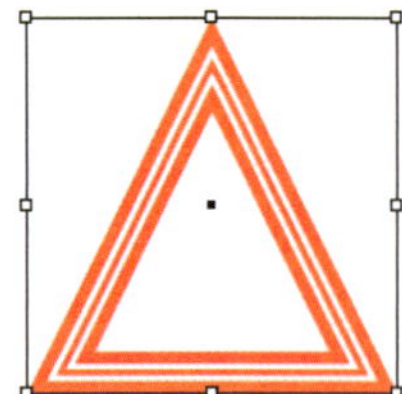

Abbildung 6.36 ▶
Japanische Punkte; Schmal – Breit sowie Breit – Schmal – Breit

Die Typfunktion Gestrichelt erweitert die Kontur-Palette um weitere Eingabefelder. Darin geben Sie ein, in welchem Rhythmus eine Linie gezeichnet wird. Diese Abwechslung von Strich und Lücke dürfen Sie auf bis zu drei aufeinanderfolgende unterschiedliche Längen und Lücken ausbauen. Danach wiederholt sich das Muster. Geben Sie nur eine Strichlänge und eine Lücke in Punkt oder Millimetern ein, erhalten Sie ein regelmäßiges Konturenmuster. Die Farbe der Kontur kann sich dann mit der Farbe der Lücke abwechseln, die Sie in der Palette KONTUR wählen.

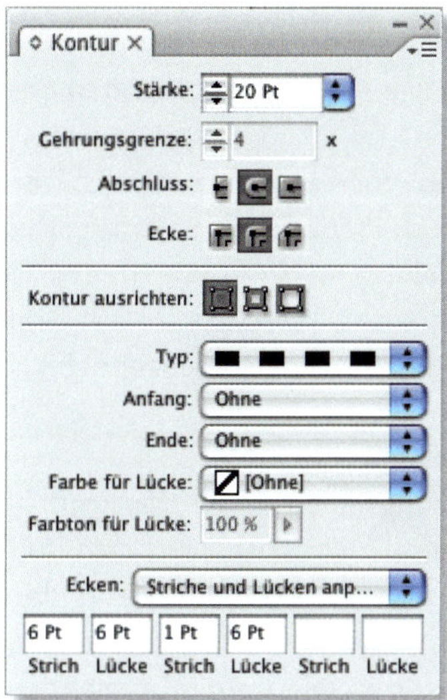

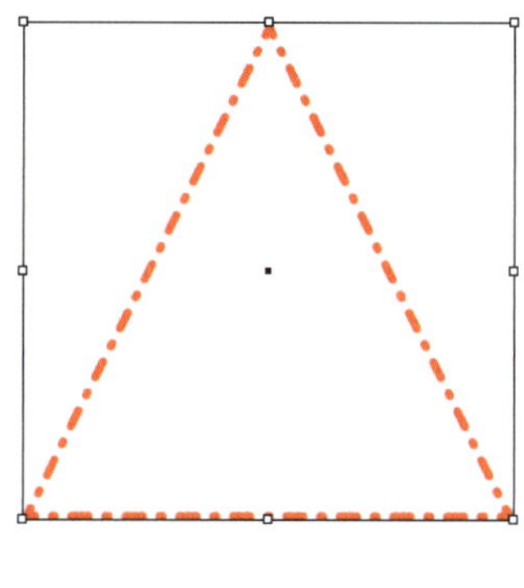

◀ **Abbildung 6.37**
Gestrichelte Konturen können auch mit einer Lückenfarbe gefüllt werden. Mit den Werten bei STRICH und LÜCKE definieren Sie das Muster der Kontur.

Auf alle Einstellungen zu diesen Lücken zwischen den Linienabschnitten können Sie natürlich immer nur dann zugreifen, wenn Sie einen entsprechenden Linientyp ausgewählt haben.

Neben anderen Linienstilen können Sie auch eine **gewellte** Linie als Konturenstil auswählen. Hier zeigt sich jedoch, dass nicht alles sinnvoll ist, was technisch angeboten wird. Die »Dauerwelle« oder auch Sinuskurve kann nicht manuell editiert werden und schwingt einfach nur hin und her. Brauchen Sie also einfach nur eine sehr flach schwingende Welle, können Sie dies nicht einstellen! Auch im Zusammenspiel mit der Position der Kontur zum Pfad erweist sich die Welle als problematisch: Eine gewellte Kontur um ein platziertes Bild legt die Welle entweder direkt auf der Bildkante, innerhalb des Bildes oder außerhalb ab. Bei der letzten Ausrichtung klebt die Welle jedoch direkt an der Bildkante. Ein Abstandswert einer Kontur zu einem Pfad wäre schön gewesen.

Position der Kontur | Ungewöhnlich ist in InDesign, dass Sie die Position der Kontur zum Pfad definieren können. Über die Kontur-Palette können Sie unter KONTUR AUSRICHTEN ❻ mit den drei Buttons bestimmen, dass die Kontur innerhalb des Pfades liegt, oder dafür sorgen, dass die Kontur mittig oder außerhalb liegt. Dabei erweitert sich der Rahmen mit der Kontur; der Pfad wird dabei nicht verändert.

Konturen auf Text

Auch auf Textrahmen und dem Text selbst können Sie eine Füllung oder eine Kontur zuweisen. Diese Kontur liegt jedoch immer hinter dem Text, egal welche Stärke Sie der Kontur zuweisen. Andernfalls würde eine starke Kontur um einen Text die Zeichen verdecken. Wollen Sie dies aufheben, müssen Sie den Text in einen Pfad umwandeln. Wählen Sie dazu aus dem Menü SCHRIFT • IN PFADE UMWANDELN aus.

Konturenstile überall
Die Auswahl verschiedenster Konturenarten finden Sie an vielen Orten über das ganze Programm verteilt. Wollen Sie eine Tabelle mit einer speziellen Kontur gestalten, so erhalten Sie auch hier alle zur Verfügung stehenden Konturenstile. So lassen sich zum Beispiel Tabellenzeilen gut voneinander unterscheiden, wenn sich gestrichelte und geschwungene Linien abwechseln. Auch Absatzformate können mit einer gestrichelten Linie voneinander getrennt werden.

Der Vorteil bei der mittigen Anordnung ist zum Beispiel, dass Sie zwei Bilder nebeneinander platzieren wollen und beide mit einer Kontur versehen. Liegt die Kontur innerhalb des Rahmens, so bilden beide Konturen nebeneinander eine unerwünschte doppelt starke Kontur, ebenso wie mit der Position außerhalb des Rahmens. Die mittige Anordnung führt dazu, dass sich die Linien direkt überlagern und somit die Kontur zwischen den Bildern gleich bleibt.

Die Grundeinstellung jeder neu angelegten Kontur ist die mittig ausgerichtete Position auf dem Pfad. Die Ausrichtung der Kontur auf dem Pfad wird sehr wichtig im Zusammenhang mit Transparenzen. Den Fall einer halbtransparenten Kontur auf dem Rahmen erläutern wir noch in Kapitel 13, »Transparenzeffekte«.

6.7.4 Konturenstile selbst erstellen

Über das Palettenmenü der Steuerungspalette oder der Kontur-Palette öffnen Sie mit der Option Konturenstile den Konturen-Editor. Sie erhalten einen Dialog, in dem Sie die bestehenden Konturenstile sehen können. Um einen neuen Stil anzulegen, klicken Sie auf den Button Neu und wählen einen passenden Namen und unter Art einen Stiltyp aus: Streifen, Gepunktet oder Strich.

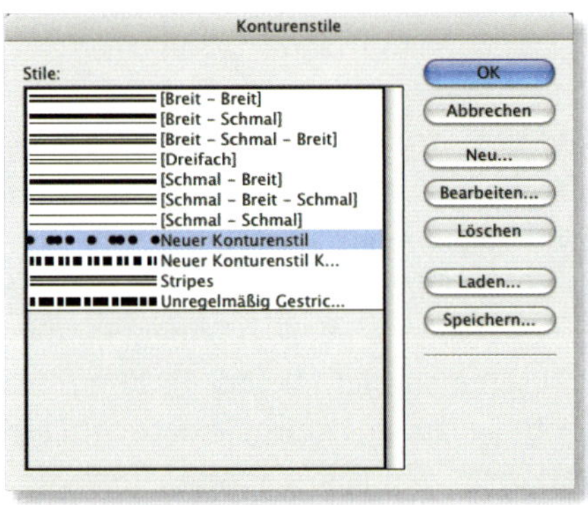

Abbildung 6.38 ▶
Die bestehenden Konturenstile können als Bibliothek bearbeitet, gespeichert oder geladen werden.

Streifen erstellen | Im Editor unter dem Typ Streifen sehen Sie nun eine Skala von 0 bis 100 % der gesamten Strichstärke.

Hier können Sie die Linienstärke der **Streifen** prozentual über die vertikalen Schieberegler einteilen. Wollen Sie einen weiteren Streifen einfügen, so ziehen Sie einfach mit gedrückter Maustaste im Bearbeitungsfenster vertikal einen Streifen auf. Der Streifeneditor verhält sich intelligent: Schieben Sie die Anfangs- und Endpfeile über einen anderen Streifen, so werden die Streifen automatisch verbunden. Zum Löschen eines Streifens klicken Sie auf ihn, halten die Maustaste gedrückt und ziehen den Mauspfeil aus dem Bearbeitungsfenster hinaus.

In der VORSCHAU unter dem Streifeneditor geben Sie den Wert ein, mit dem Ihr neuer Konturenstil angezeigt werden soll. Wenn Sie die Eingabe beendet haben, wählen Sie den Button HINZUFÜGEN an, um den Stil nun im Layout verfügbar zu machen.

Stärke

Die Stärke des Streifens legen Sie hinterher in der Kontur-Palette fest. Beachten Sie dabei, dass Linien unterhalb eines Viertelpunktes je nach Druckart und Auflagenpapier nicht gedruckt werden. Wenn Sie einen Streifen mit 25 % der Gesamtkontur anlegen und diesen Stil hinterher auf eine Linie von 1 Punkt Stärke anwenden, ist der eigentliche Streifen nur 0,25 Punkt stark.

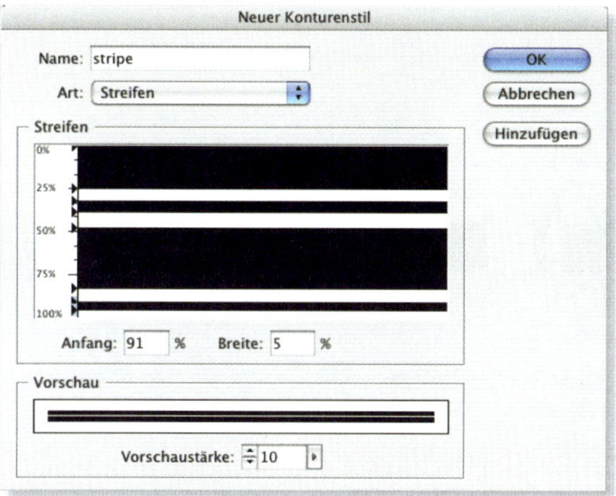

◂ **Abbildung 6.39**
Die Streifen können vertikal verteilt werden. Eine numerische Eingabe ist ebenfalls über die BREITE und den ANFANG möglich.

Gepunktete Linie erstellen | Für gepunktete Linien klicken Sie ebenfalls in das Bearbeitungsfenster und schieben einen Punkt an die gewünschte Stelle. Natürlich funktioniert das auch numerisch über das Eingabefenster darunter. Für die Länge des Musters können Sie einen neuen Wert eingeben, um ein umfangreiches Muster aus mehreren nachfolgenden Punkten zu erstellen.

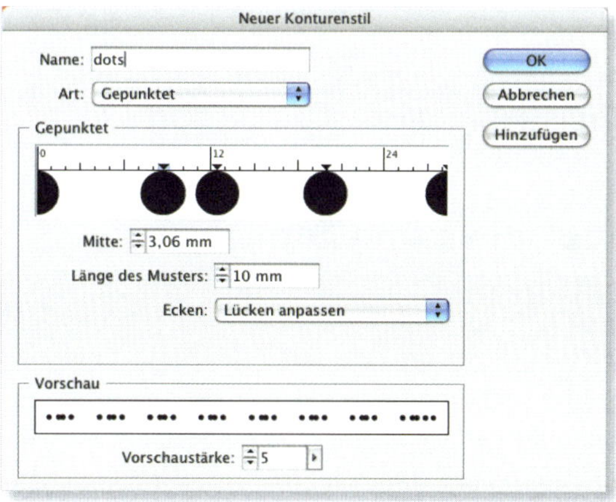

◂ **Abbildung 6.40**
Die Punkte schieben Sie einfach auf dem Lineal an die gewünschte Position. In der VORSCHAU sehen Sie das Endergebnis mit einer frei wählbaren Vorschaustärke.

Strich erstellen | Nun zu den **gestrichelten Linien**. Ähnlich zu den horizontalen Streifen lassen sich auch unterschiedlich lange aufeinanderfolgende Striche anlegen. Dazu klicken Sie ebenso in das Bearbeitungsfenster und ziehen mit gedrückter Maustaste einen neuen Strich auf. Das Löschen eines Striches erfolgt identisch zu den anderen Stilarten: Klicken Sie ein Liniensegment an, und ziehen Sie es aus dem Bearbeitungsfenster hinaus. Wollen

Lückenfarben
Gestrichelte Linien können jederzeit mit einer zusätzlichen Lückenfarbe versehen werden. Eine Anwendung dieser Lücken als Gestaltungsmittel zeigen wir Ihnen in Kapitel 8, »Typografie«, innerhalb der Absatzformate.

Sie das Wiederholungsmuster der Striche erweitern, so legen Sie auch hier einen höheren Musterbereich fest. Den Linienabschluss wählen Sie entweder normal lang vom Anfang bis zum Ende der Linie, abgerundet über diese Punkte hinaus oder erweitert um ein halbes Quadrat.

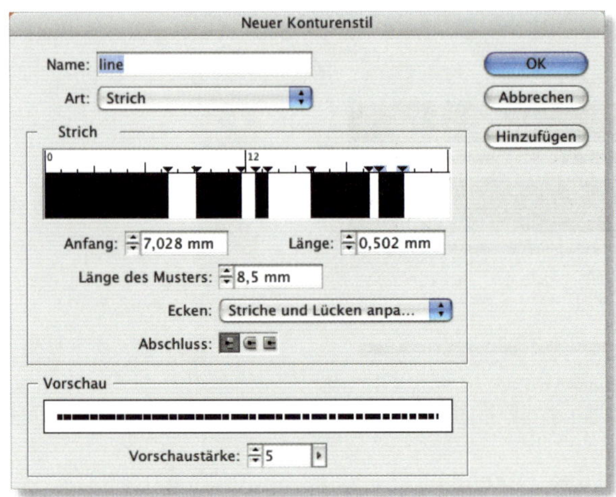

Abbildung 6.41 ▶
Ein neuer gestrichelter Konturenstil lässt sich millimetergenau definieren. Beachten Sie, dass es sich hier nicht um absolute Werte handelt. Die Erscheinung wird also je nach Strichstärke vergrößert oder verkleinert.

Konturenstärke

Nicht nur aus gestalterischen Gründen ist es wenig sinnvoll, die Konturenstile auf Linien mit weit mehr als 10 Punkt Konturenstärke anzuwenden. Gepunktete Linien beispielsweise können mathematisch gesehen ab einer bestimmten Größe nicht mehr gleichmäßig um einen Rahmen gelegt werden: Am Endpunkt des Wiederholungsmusters entsteht eine optische Lücke. Ebenso tritt dieser Effekt bei gestrichelten Linien auf. Auch an Eckpunkten von Pfaden können unregelmäßige Punkte auftauchen.

Konturstil zuweisen | Haben Sie die neuen Stile für gestreifte, gepunktete oder gestrichelte Linien angelegt, so können Sie diese nun jederzeit einer beliebigen Kontur aus dem Pulldown-Menü der Kontur-Palette oder aus der Steuerungspalette zuweisen. Die Stärke der Linie legen Sie unabhängig vom Stil fest, der Stil des Wiederholungsmusters wird bei wachsender Linienstärke skaliert. Die Proportionen von Liniensegmenten oder Punkten zu den Lücken bleiben dabei gleich.

6.8 Eckenoptionen und Form konvertieren

Alle Rahmen – Bilder, Vektorgrafiken oder Texte – können mit Eckenoptionen gestaltet werden. Alle Ecken eines Rahmens werden daraufhin mit einem vorgegebenen Stil dargestellt. Am häufigsten wird zurzeit die abgerundete Ecke verwendet, wie Abbildung 6.42 sie zeigt.

Wählen Sie einen Rahmen aus, und rufen Sie die Funktion Eckenoptionen aus dem Menü Objekt auf. Weitere Stile stehen zur Verfügung: Phantasie, Abgeflachte Kante, Innerer Versatz, Nach innen gewölbt oder Abgerundet.

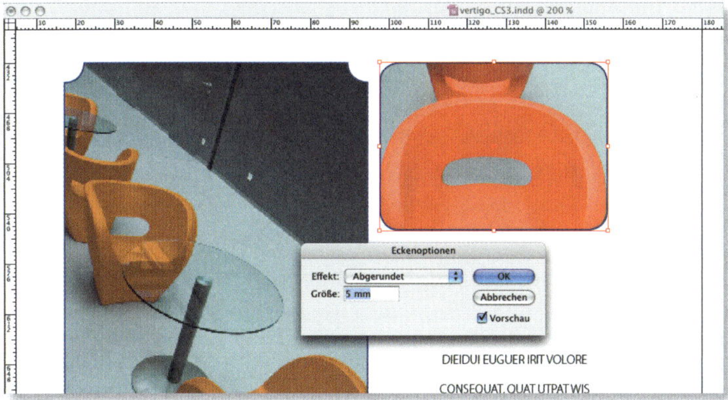

◂ **Abbildung 6.42**
Abgerundete Kanten legen Sie über die Funktion ECKENOPTIONEN fest. Links sehen Sie ein Beispiel für nach innen gewölbte Ecken.

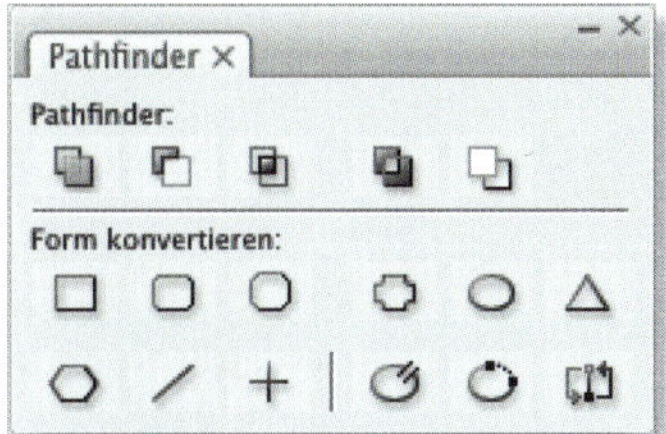

▴ **Abbildung 6.43**
Über den Pathfinder kann die Umrissform umgestellt werden

Wollen Sie die Eckenoptionen später ändern oder entfernen, müssen Sie die Funktion erneut aufrufen und den Effekt auf KEINE stellen.

Form über den Pathfinder konvertieren | Das Entfernen oder Wechseln von Konturenstilen ist jedoch auch mit dem Pathfinder möglich. Rufen Sie dazu die Palette auf, und wählen Sie einfach eine andere Umrissform. Schön ist dabei, dass Sie auch das eigentliche Grundobjekt – Rechteck, Ellipse, Dreieck – umwandeln können.

Die untere Reihe ist jedoch mit Vorsicht zu genießen: Nur der erste Button ergibt ein Polygon. Die weiteren Funktionen, Linie und horizontale/vertikale Linie, lösen den Rahmen an sich auf und erzeugen eine Linie. Ein Zurückwandeln ist später nicht mehr möglich. Die letzten Funktionen dienen zur Vektorbearbeitung und sollten hier nicht angewandt werden.

Eckenoptionen auf Textrahmen

Wenn Sie eine Eckenoption auf einen Textrahmen anwenden, kann dies später zu Problemen führen. Der Text kann dann unter Umständen im Rahmen nicht mehr vertikal mittig ausgerichtet werden. Die inneren Abstände des Textes zum Textrahmen können nur noch mit einem einzigen inneren Versatz gesteuert werden. Diese Änderungen sind später nicht mehr rückgängig zu machen. Lesen Sie bitte hierzu auch Kapitel 8, »Typografie«.

6.9 Objektstile

Alle grafischen Eigenschaften eines Layoutrahmens können Sie als Objektstil speichern und später auf einen neuen unformatierten Rahmen anwenden. Die Eigenschaften Rahmenform, Kontur oder Füllung haben Sie bereits kennengelernt. Aber darüber hinaus speichern Sie in einem Objektstil auch die Transparenzeffekte, die Eckenoptionen, den Schattenwurf, die weiche Kante, Textspalten, Grundlinienraster, den optischen Randausgleich, die Konturenführung sowie die Verankerung als Marginalobjekt. Des Weiteren kann ein Objektstil sogar ein Absatzformat beinhalten.

Objektstile sind sehr mächtig
Wenn Sie Ihre ersten Versuche mit einem Objektstil gemacht haben, sollten Sie dazu auch Kapitel 8, »Typografie«, Kapitel 9, »Absatz- und Zeichenformate«, sowie Kapitel 13, »Transparenzeffekte«, lesen. Da sich die Objektstile nahezu alles merken können, was Sie in InDesign mit einem Rahmen anstellen, können wir an dieser Stelle nur die grundlegenden Funktionen erläutern, die sich auf grafische Rahmen beziehen. Die weiteren Funktionen entnehmen Sie bitte den genannten Kapiteln dieses Buches.

6.9.1 Objektstile anlegen

Der folgende Workshop soll Ihnen zeigen, wie Sie am besten mit Objektstilen arbeiten.

Schritt für Schritt: Objektstile anlegen und zuweisen

Die einfachste Art und Weise, Objektstile anzulegen, besteht darin, einen Rahmen zu gestalten und dann einen Objektstil aus der gleichnamigen Palette unter dem Menü FENSTER zu definieren. Danach kann der Objektstil auf einen neuen Rahmen angewendet werden. Wir arbeiten mit den bekannten Rahmeneigenschaften FÜLLUNG, KONTUR und ECKENOPTION.

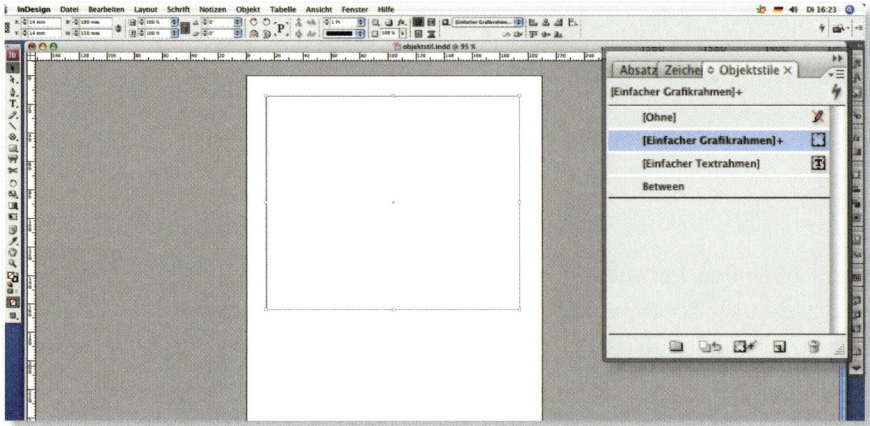

1 Rahmen anlegen und gestalten

Ziehen Sie mit dem Rechteck-Werkzeug einen Rahmen auf. Der Rahmen kann eine beliebige Größe einnehmen. Weisen Sie dem Rahmen eine Füllung und eine Kontur zu.

2 Eckenoption nutzen

Gestalten Sie den Rahmen mit einer Eckenoption wie z. B. ECKEN ABRUNDEN aus dem Menü OBJEKT • ECKENOPTIONEN.

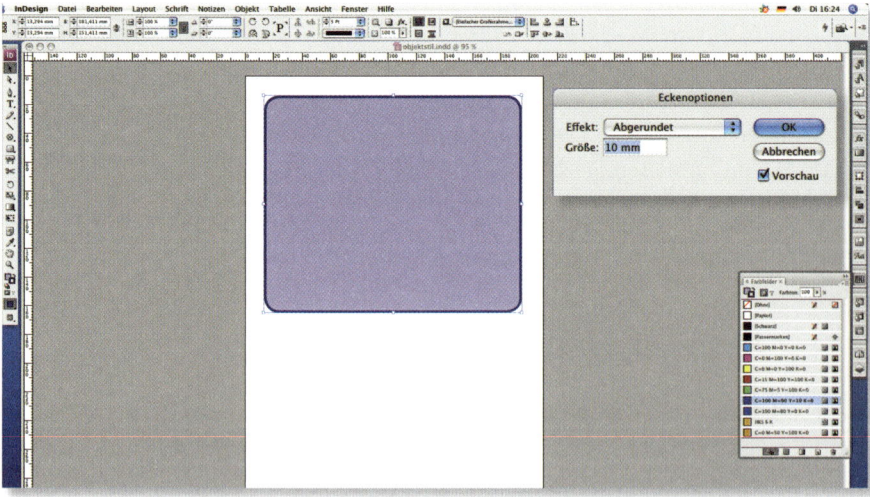

3 Neuen Objektstil anlegen

Wählen Sie den Rahmen mit der Auswahl [V] aus, und öffnen Sie die Palette OBJEKTSTILE aus dem Menü FENSTER. Klicken Sie auf das Blattsymbol. Ein neuer Objektstil erscheint in der Palette.

4 Objektstil benennen und konfigurieren

Mit einem Doppelklick auf den neuen Stil in der Palette der Objektstile öffnen Sie die Objektstiloptionen und vergeben einen Namen. Weitere Einstellungen können Sie hier treffen, auf die wir nach diesem Workshop eingehen werden.

5 Neuen Rahmen erstellen

Ziehen Sie mit dem Rechteck-Werkzeug einen neuen Rahmen auf.

6 Objektstil zuweisen

Klicken Sie in der Steuerungspalette in das Dropdown-Menü der Objektstile. Wählen Sie den neuen Stil aus. Der Rahmen wird sofort mit den zuvor gespeicherten grafischen Eigenschaften dargestellt.

6.9.2 Objektstiloptionen

Sie erzeugen also einen Objektstil, indem Sie einen Rahmen gestalten und wie im Workshop einen neuen Stil anlegen. Alternativ können Sie die Palette der OBJEKTSTILE aus dem Menü FENSTER aufrufen.

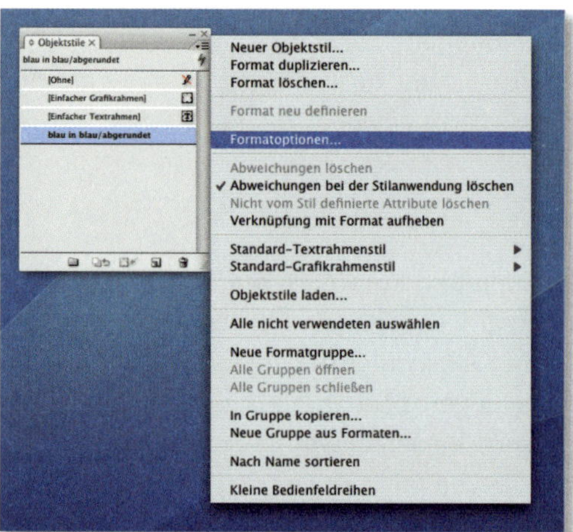

Abbildung 6.44 ▸
Die Palette OBJEKTSTILE und das Palettenmenü geben einen Überblick über die Möglichkeiten. Über FORMATOPTIONEN öffnen Sie die Objektstiloptionen.

Jedes InDesign-Dokument besitzt zwei festgelegte Objektstile, die durch eckige Klammern gekennzeichnet sind: EINFACHER GRAFIKRAHMEN und EINFACHER TEXTRAHMEN.

Über das Blattsymbol am unteren Ende der Objektstile-Palette legen Sie einen neuen Objektstil an. Mit einem Doppelklick auf den Stil in der Liste oder über das Palettenmenü öffnen Sie die Objektstiloptionen.

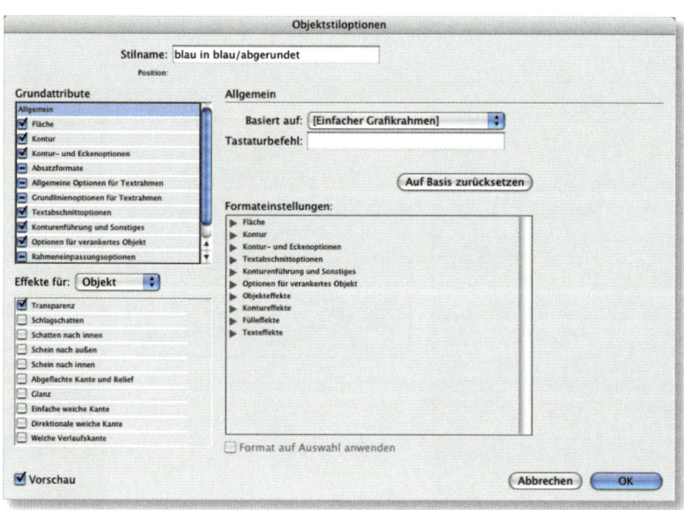

Abbildung 6.45 ▸
In den allgemeinen Optionen legen Sie einen Namen für den Stil fest. Sie sehen alle Formateinstellungen in der Aufklappliste.

Eine allgemeine Übersicht ermöglicht es Ihnen, für Ihren Objektstil einen Tastenbefehl wie ⌘+Num1 oder Strg+Num1 zu vergeben. Ein Klick auf den Button AUF BASIS ZURÜCKSETZEN stellt alle Werte auf den einfachen Grafikrahmen zurück, auf dem ein neuer Stil basiert. In der Ausklappliste unter FORMATEINSTELLUNGEN werden alle Eigenschaften des Stils zusammengefasst. Links in den Rubriken können Sie die Einstellungen verändern: FLÄCHE, KONTUR- UND ECKENOPTIONEN, FÜLLEFFEKTE etc.

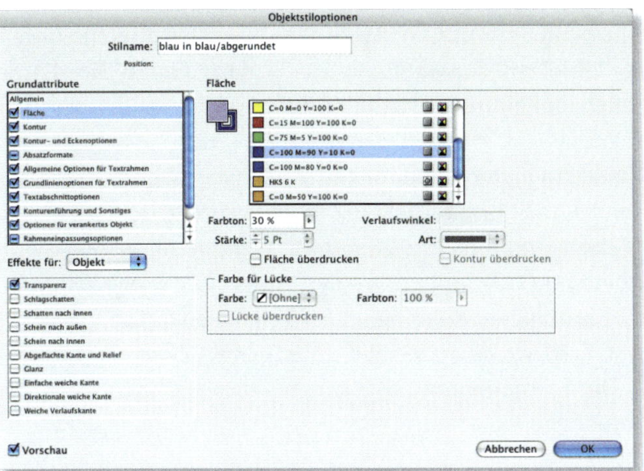

◀ **Abbildung 6.46**
Die Farbangaben zur Fläche/Kontur sowie andere Einstellungen nehmen Sie an den Rubriken in der linken Liste vor.

6.9.3 Objektstil schnell anwenden

Wenn Sie einen Rahmen mit fertigen Objektstilen gestalten wollen, so können Sie den Rahmen mit der Auswahl ▶ V anwählen und über den Tastaturbefehl ⌘+↵ bzw. Strg+↵ die Schnellauswahl aller Objektstile aufrufen. Im rechten oberen Bereich des Dokumentenfensters erscheint die Liste aller Stile. Entweder klicken Sie auf den gewünschten Stil, oder Sie bewegen sich mit den Pfeiltasten nach oben oder unten durch die Liste. Mit der ↵-Taste bestätigen Sie die Auswahl. Falls Ihr Dokument unzählige Stile aufweisen sollte, können Sie in der Eingabezeile sogar danach suchen.

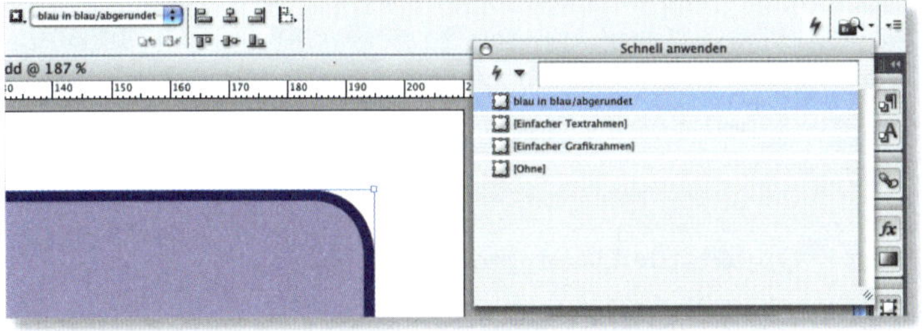

◀ **Abbildung 6.47**
Die Schnellauswahl ist ein komfortabler Weg, Objektstile auszuwählen.

6.9.4 Objektstile bearbeiten und zurücksetzen

Alle abweichenden Eigenschaften vom Objektstil löschen | Ein Objektstil dient natürlich immer nur als Vorlage. Sobald Sie einen Rahmen mit einem Objektstil gestaltet haben, dürfen Sie natürlich Änderungen an dem Rahmen vornehmen. Wählen Sie beispielsweise eine andere Farbfüllung, so ist dies eine Abweichung vom Objektstil. Dies sehen Sie daran, dass der Stil in der Liste der Palette Objektstile mit einem Plus-Zeichen gekennzeichnet ist. Wenn Sie zur ursprünglichen Formatierung mit dem Objektstil zurückkehren wollen, so klicken Sie auf den Button

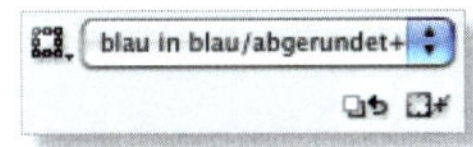

▲ **Abbildung 6.48**
Nicht vom Stil definierte Attribute löschen oder Abweichungen löschen finden Sie als einzelne Buttons.

Abweichungen löschen in der Steuerungspalette rechts unterhalb der Objektstil-Auswahl. Alternativ dazu finden Sie diesen Befehl auch im Palettenmenü.

Keine Stile? Im Prinzip schon, aber ...
Zugegeben, der Umgang mit den Stilen ist etwas verwirrend, da es für InDesign eigentlich keinen Rahmen ohne jeden Stil gibt, denn sogar dafür ist der Fall [keine] vorgesehen. Vergleiche mit dem deutschen Steuerrecht sind rein zufällig und nicht beabsichtigt.

Vom Objektstil lösen | Jeder mit einem Objektstil gestaltete Rahmen ist mit dem Stil weiterhin verknüpft. Während der Gestaltung kann es aber vorkommen, dass der Stil nicht mehr ausreicht und die Verbindung aufgehoben werden muss, um eventuell einen neuen Stil anzulegen. Dazu bietet InDesign die Option Verknüpfung mit Format aufheben im Palettenmenü der Objektstile-Palette. Die Formatierung des Rahmens bleibt erhalten, nur der zugewiesene Stil lautet nun [keine].

Gesonderte Objektstile für Grafikrahmen und Textrahmen

InDesign unterscheidet für Objektstile grob, ob der Inhalt eine Grafik ist oder ob Text einfließen soll. Daher gibt es auch grundsätzlich die Formate Einfacher Grafikrahmen sowie Einfacher Textrahmen. In diesem Kapitel haben wir ausschließlich die Grafikrahmen behandelt, also die Stile, in denen die Kontur, Farbe, Eckenoptionen etc. definiert sind. Anders verhält es sich aber bei Textrahmen. Lesen Sie dazu auch Kapitel 8, »Typografie«, sowie Kapitel 9, »Absatz- und Zeichenformate«.

Rahmen zurücksetzen | Haben Sie einen Rahmen so häufig mit einem Stil gestaltet und Änderungen vorgenommen, dass Sie nicht mehr wissen, auf welchem Stil der Rahmen nun wirklich basiert, dann sollten Sie den Rahmen zurücksetzen, also alle Formatierungen löschen. Dies tun Sie, indem Sie den Rahmen auswählen und mit gedrückter Alt-Taste den Objektstil Einfacher Grafikrahmen wählen. Somit erhalten Sie wieder einen schlichten Rahmen ohne Effekte oder Transparenzen mit einer 1 Punkt starken schwarzen Kontur.

Objektstile gruppieren | Wie bei Absatz- und Zeichenformaten oder bei Mustervorlagen können Sie in InDesign CS3 auch hier Formate als Gruppe anlegen und darin die Objektstile verwalten. Dadurch erleichern Sie sich die Arbeit, wenn Sie erst einmal die Arbeitsweise mit Objektstilen kennen- und lieben gelernt haben. Die passenden Befehle finden Sie auch im Palettenmenü der Objektstile.

6.9.5 Objektstile laden und austauschen

Einzelne oder alle Stile einer anderen InDesign-Datei importieren Sie über das Palettenmenü der Objektstile mit dem Befehl Objektstile laden. Wenn Sie Platzhalterrahmen gestalten und diese als Snippets in der Bridge oder auf Ihrem Arbeitsplatz ablegen, so werden auch darin die Stile gespeichert, die Rahmen »merken« sich also ihre Eigenschaften. Lesen Sie dazu auch das Kapitel 15, »Buch, Bibliothek und Snippets«.

6.9.6 Aufeinander basierende Objektstile

Nicht alle Funktionen können und sollten in der vollständigen Tiefe ausgereizt werden. So dürfen Objektstile auch aufeinander basieren. Wenn Sie bereits mit Absatzformaten gearbeitet haben, kennen Sie diese Möglichkeit, mit Formaten aufeinander aufbauend zu arbeiten – vergleichbar mit hierarchischen Mustervorlagen. Ebenso verhält es sich mit Objektstilen: Sie definieren einen Grundrahmen, z. B. mit abgerundeten Ecken. Ein darauf basierender Rahmen besitzt dann noch einen Schlagschatten oder eine andere Formatierung. Wollen Sie alle Rahmen aber ohne abgerundete Ecken, müssen Sie das erste »Mutter«-Format ändern, sodass alle »Kinder« die Eigenschaften übernehmen.

Vorsicht!

Was sich für rein grafische – also mit Farben gefüllte und in der Deckkraft reduzierte – Rahmen genial anhört, kann im Zusammenhang mit Absatzformaten eine undurchschaubare Fülle von Formatierungen mit sich bringen. Sie sollten diese basierten Formate nur mit Vorsicht anwenden, Ihre Reinzeichnerin oder der Chef vom Dienst wird es Ihnen danken!

6.10 Vektorbearbeitung

Wie auf den vorangegangenen Seiten schon angedeutet, werden alle Rahmenobjekte in InDesign als Bézierkurven behandelt. Das bedeutet, dass Sie zahlreiche einfache Vektorfunktionen im Layout anwenden können. Neben den Rahmenwerkzeugen RECHTECK, ELLIPSE und POLYGON verfügt InDesign über weitere Werkzeuge zur Erstellung vektorbasierter Grafikobjekte:

- DIREKTAUSWAHL
- ZEICHENSTIFT
- ANKERPUNKT HINZUFÜGEN
- ANKERPUNKT LÖSCHEN

6.10.1 Die Direktauswahl

InDesign unterscheidet, ob Sie nur den Rahmen als Ganzes bearbeiten oder ob Sie den Inhalt editieren wollen. Diese Trennung kommt durch die beiden Werkzeuge AUSWAHL [V] und DIREKTAUSWAHL [A] zum Ausdruck.

Erzeugen Sie mit dem Polygon-Werkzeug einen Rahmen. Wechseln Sie nun mit einem Doppelklick auf den Rahmen oder mit dem Tastenbefehl [A] auf die Direktauswahl. Der Layoutrahmen verschwindet und offenbart die **Ankerpunkte** ❶ des Polygons.

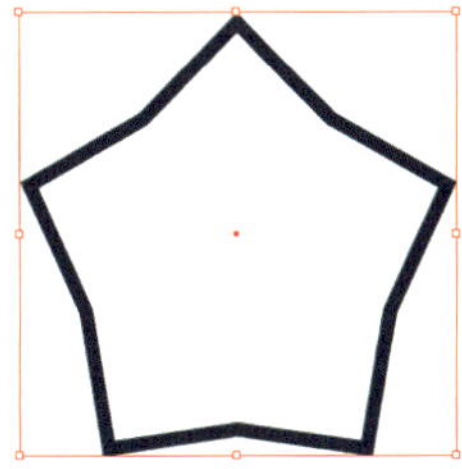

▲ Abbildung 6.49
Ein Polygonrahmen ist mit dem Auswahl-Werkzeug aktiviert, und der Layoutrahmen ist sichtbar.

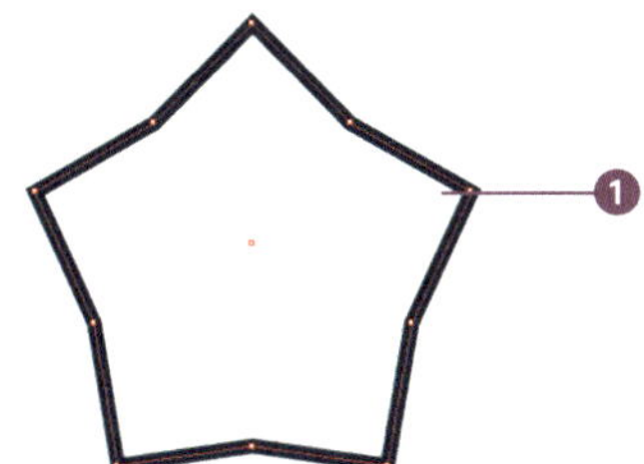

▲ Abbildung 6.50
Ein Polygonrahmen ist mit der Direktauswahl aktiviert, und die Ankerpunkte des Polygons werden gezeigt.

Wir sind jetzt in die Vektorenbearbeitung gesprungen. Nun kann mit der Direktauswahl und anderen Pfadwerkzeugen wie dem ZEICHENSTIFT, ANKERPUNKT HINZUFÜGEN, ANKERPUNKT LÖSCHEN und RICHTUNGSPUNKT UMWANDELN der Vektorpfad bearbeitet werden. Nach einem erneuten Doppelklick kehren Sie zum Auswahl-Werkzeug zurück.

6.10.2 Ankerpunkte bearbeiten

Wenn Sie die Direktauswahl über den Vektorpfad bewegen, zeigt das Werkzeug verschiedene Zusätze rechts unterhalb der Werkzeugspitze an.

Bewegen Sie sich über einen Pfad, wird zusätzlich eine Linie angezeigt ❷. Bewegen Sie das Werkzeug auf einen Ankerpunkt, erhalten Sie ein kleines Quadrat ❸.

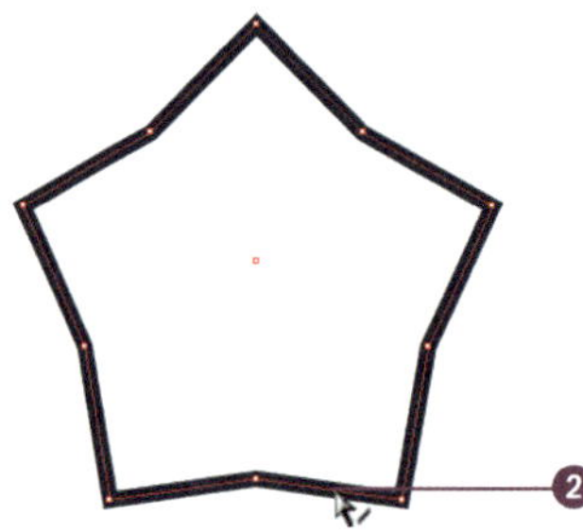

▲ **Abbildung 6.51**
Mit der Direktauswahl bearbeiten Sie die Linie.

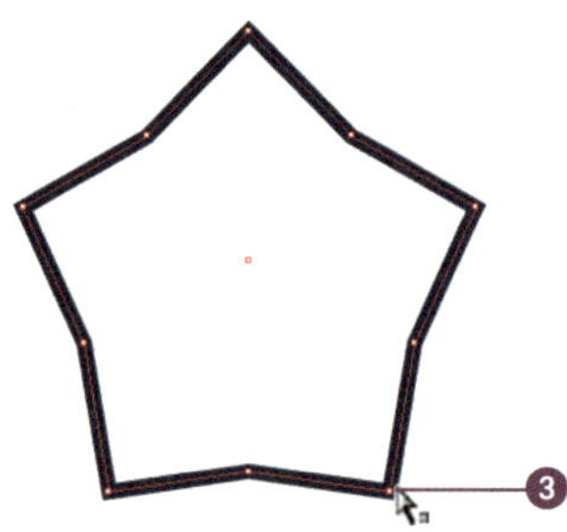

▲ **Abbildung 6.52**
Mit der Direktauswahl einen Ankerpunkt bearbeiten

Ankerpunkte verschieben | Klicken Sie auf einen Ankerpunkt. Der Punkt wird jetzt gefüllt dargestellt. Klicken Sie den Ankerpunkt erneut an, und halten Sie dabei die Maustaste gedrückt. Ziehen Sie den Ankerpunkt an eine andere Stelle. Sie sehen bei der Bewegung, welchen Verlauf der ursprüngliche Pfad hat. Lassen Sie den Ankerpunkt los.

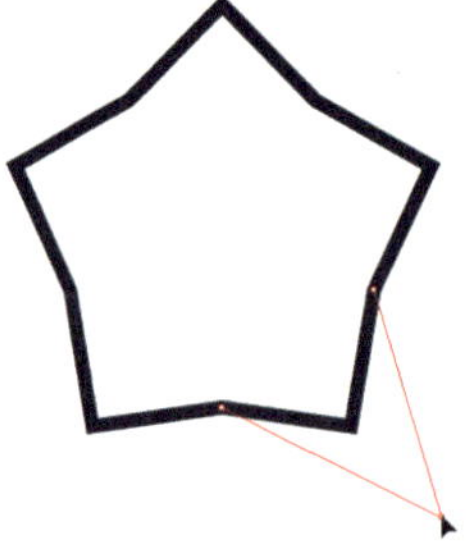

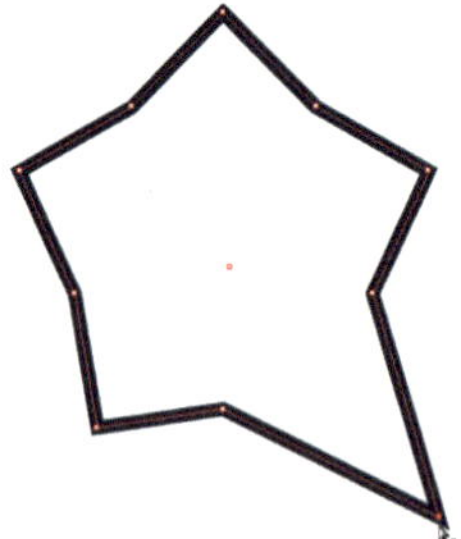

Abbildung 6.53 ▸
Verschieben eines Ankerpunktes

Mehrere Ankerpunkte verschieben | Ziehen Sie ein Auswahlrechteck über mehrere Auswahlpunkte. Nun haben Sie diese

Ankerpunkte gleichzeitig ausgewählt und können sie verschieben. Wenn Sie bei diesen Aktionen [⇧] gedrückt halten, werden die Ankerpunkte exakt mit einem Winkel von 45° oder 90° verschoben.

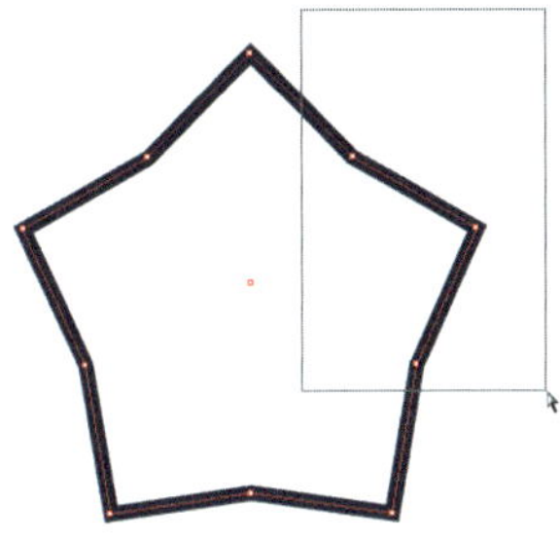
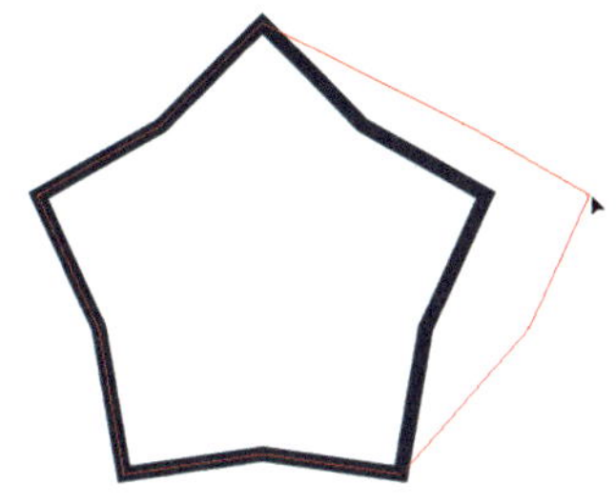

◂ **Abbildung 6.54**
Mehrfachauswahl und Verschieben von drei Ankerpunkten

Ankerpunkte hinzufügen | Wählen Sie nun das Werkzeug Zeichenstift [P] aus. Bewegen Sie den Zeichenstift über den ausgewählten Vektorpfad. Über dem Vektorpfad erscheint ein kleines Plus neben der Stiftspitze, und Sie können mit einem Mausklick einen Ankerpunkt zum bestehenden Pfad hinzufügen.

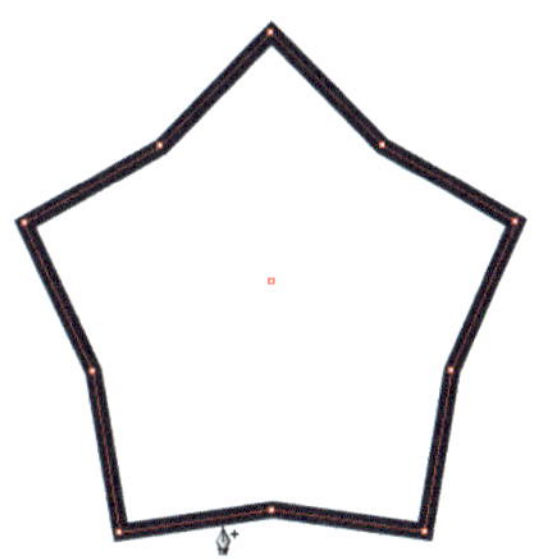
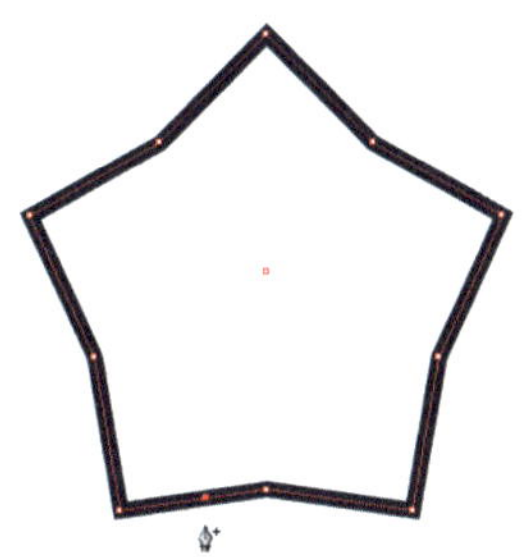

◂ **Abbildung 6.55**
Ankerpunkt hinzufügen

Ankerpunkte löschen | Über einem Ankerpunkt hingegen erscheint ein Minus. Dieser Ankerpunkt kann mit einem Mausklick gelöscht werden. Dieselben Funktionen erreichen Sie über die Werkzeugauswahl Ankerpunkt hinzufügen und Ankerpunkt löschen, die auch über die Tastenbefehle [+] und [-] aufgerufen werden können.

Besondere Tastenbefehle

Bei ausgewähltem Zeichenstift können Sie mit gedrückter [Strg]/[⌘]-Taste temporär zur Direktauswahl wechseln, um einzelne Ankerpunkte schneller zu verschieben, ohne das Werkzeug wechseln zu müssen.

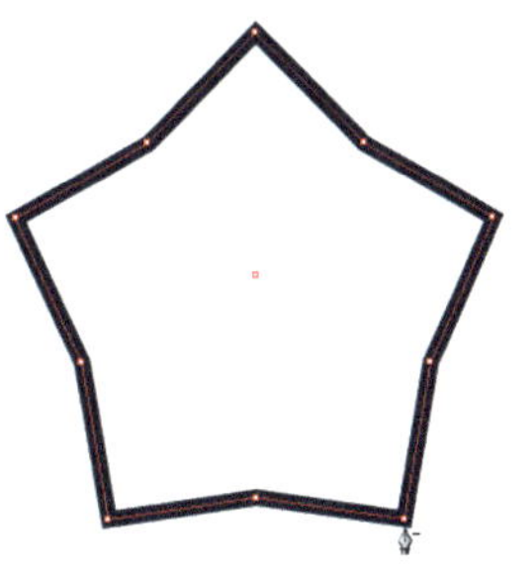
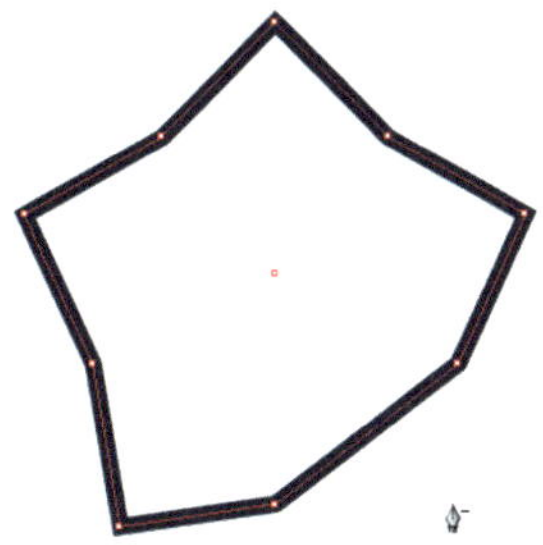

◂ **Abbildung 6.56**
Ankerpunkt löschen

Tangentenpunkt
Eckpunkte werden durch gerade Linien verbunden, Tangentenpunkte dagegen erzeugen durch Tangenten eine Bogenform. Die Länge einer Tangente beeinflusst den Bogen des Vektorpfades.

6.10.3 Richtungspunkt umwandeln

Das Werkzeug mit der etwas irritierenden Bezeichnung RICHTUNGSPUNKT UMWANDELN zieht, wenn Sie auf einen Ankerpunkt klicken und die Maustaste gedrückt halten, einen Eckpunkt als **Tangentenpunkt** auf.

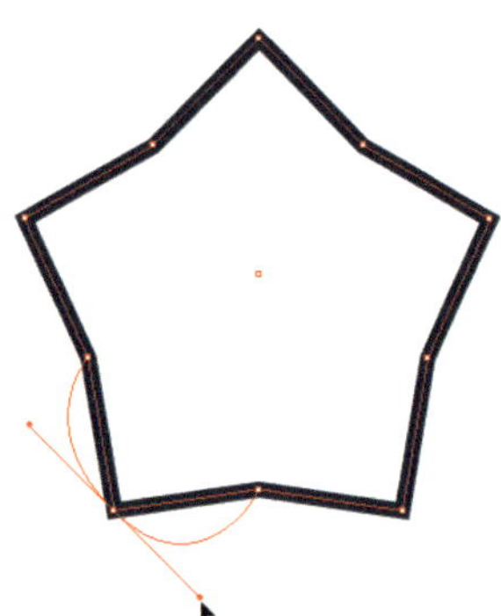

Abbildung 6.57 ▶
Richtungspunkt umwandeln: Aus einem Eckpunkt wird ein Tangentenpunkt.

Tangentenpunkte werden zunächst symmetrisch im rechten Winkel zum Vektorpfad mit gleichen Tangentenlängen angelegt.

Nachträglich können nun die Tangenten angepasst werden – auch bestehende Tangentenpunkte, wie in den Abbildungen 6.58 und 6.59 zu sehen ist: Zunächst ziehen Sie einen Kreisrahmen auf und wechseln auf das Werkzeug RICHTUNGSPUNKT UMWANDELN [icon]. Ziehen Sie einen neuen Tangentenpunkt aus dem unteren Ankerpunkt heraus. Danach klicken Sie mit demselben Werkzeug auf einen einzelnen Tangentenpunkt und verschieben diesen. Nun erstellen Sie eine eigene Bogenform: Der Kreisbogen läuft nicht mehr symmetrisch durch den Ankerpunkt.

Alternativen für eine neue Form

Neben den Vektorwerkzeugen können Sie auch mit vorgegebenen Rahmen- oder Polygon-Werkzeugen sowie dem Pathfinder verschiedene Formen erzeugen, ohne die Pfadwerkzeuge bemühen zu müssen. Binnenformen können Sie beispielsweise dadurch erzeugen, dass Sie ein zweites Objekt über den ersten Vektor zeichnen und dann das obere vom unteren ausstanzen lassen.

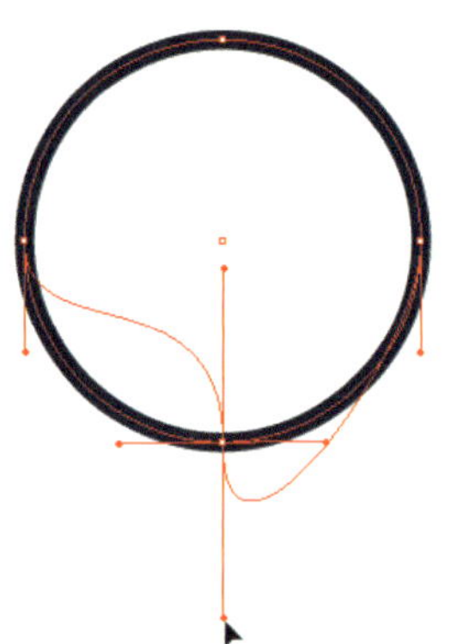

▲ **Abbildung 6.58**
Tangentenpunkt neu aufziehen

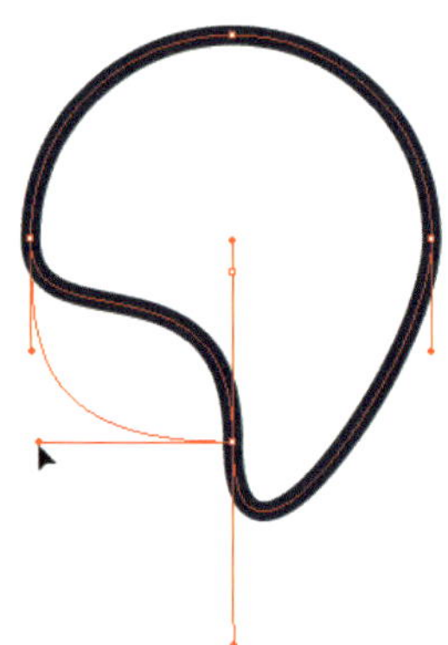

▲ **Abbildung 6.59**
Tangenten einzeln editieren

Ankerpunkte numerisch transformieren

Nicht nur Rahmen, sondern auch Ankerpunkte lassen sich numerisch transformieren! Wählen Sie dazu mit der Direktauswahl einen Ankerpunkt an, und rufen Sie die Transformieren-Palette auf. Sie erhalten die Koordinaten des Punktes und können sie verändern.

Tangentenpunkt in Eckpunkt umwandeln | Bestehende Tangentenpunkte wandeln Sie wieder in Eckpunkte um, indem Sie mit dem Werkzeug auf den Ankerpunkt klicken.

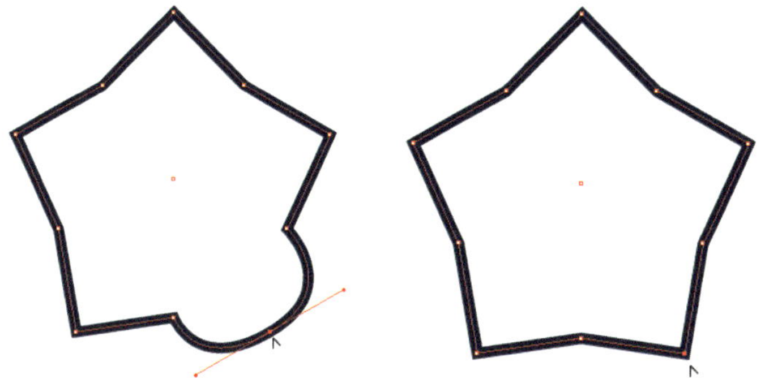

◂ **Abbildung 6.60**
Einen Tangentenpunkt in einen Eckpunkt umwandeln

6.10.4 Werkzeuge zur Vektorbearbeitung: Zeichenstift, Buntstift u. a.

Sie müssen Vektorpfade nicht unbedingt über Rahmen erstellen. Ihnen stehen dafür die Werkzeuge ZEICHENSTIFT [P], BUNTSTIFT [N], GLÄTTEN , RADIEREN und – natürlich – der LINIENZEICHNER ([^] für den PC und [<] für den Mac) zur Verfügung. Mit allen Werkzeugen können Sie die Konturdefinitionen vornehmen.

Zeichenstift | Fangen wir mit dem Zeichenstift an. Wählen Sie das Werkzeug aus, und klicken Sie auf die Montagefläche. Klicken Sie ein weiteres Mal, und die beiden Punkte werden verbunden. Einen Tangentenpunkt können Sie aber setzen, wenn Sie die Maustaste gedrückt halten und den Mauszeiger vom Ankerpunkt wegbewegen. Setzen Sie weitere Tangentenpunkte, und achten Sie auf die Linie, die gezeichnet wird, bevor Sie die Maustaste loslassen.

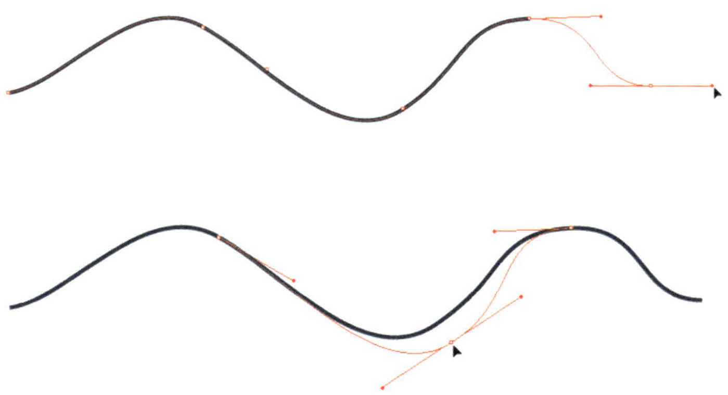

◂ **Abbildung 6.61**
Mit dem Zeichenstift Tangentenpunkte aufziehen

◂ **Abbildung 6.62**
Mit dem Zeichenstift Tangentenpunkte versetzen

Buntstift | Wesentlich intuitiver arbeiten Sie mit dem Buntstift . Bevor Sie nun aber versuchen, damit eine Skizze anzufertigen, benutzen Sie bitte ein Grafiktablett für diese Arbeit, das krakelige Beispiel in Abbildung 6.63 ist mit einer Maus entstanden.

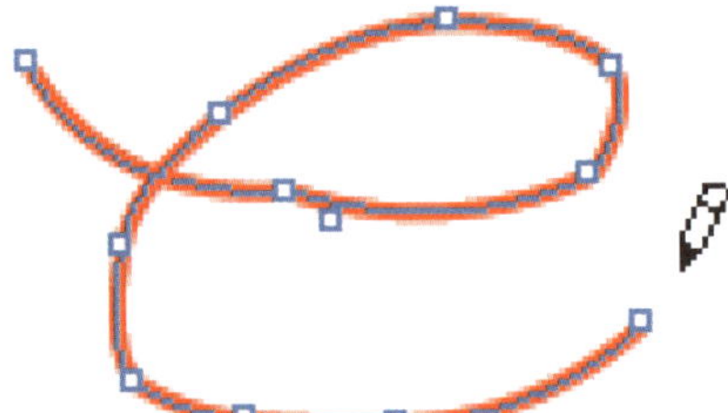

Abbildung 6.63 ▸
Zeichnen mit dem Buntstift

Probleme beim Zeichnen
InDesign erkennt zwar ein Grafiktablett als Eingabe-Instrument, mehr als die Koordinaten werden jedoch nicht unterstützt. Darüber hinaus kann es bei der Anwendung des Zeichenstiftes zu diesem Problem kommen: Sie zeichnen eine erste Freihand-Linie. Dann zeichnen Sie eine zweite. InDesign löscht die erste Linie. Dieser Fehler wurde leider auch in der neuen InDesign-Version CS3 nicht behoben.

Glätten-Werkzeug | Um diese Unebenheiten auszugleichen, wählen Sie das Glätten-Werkzeug . Fahren Sie mit der Werkzeugspitze mehrmals über die aktive Zeichenform. Dadurch wird der krakelige Strich auf wundersame Weise schnell zu einer gleichmäßigen Form.

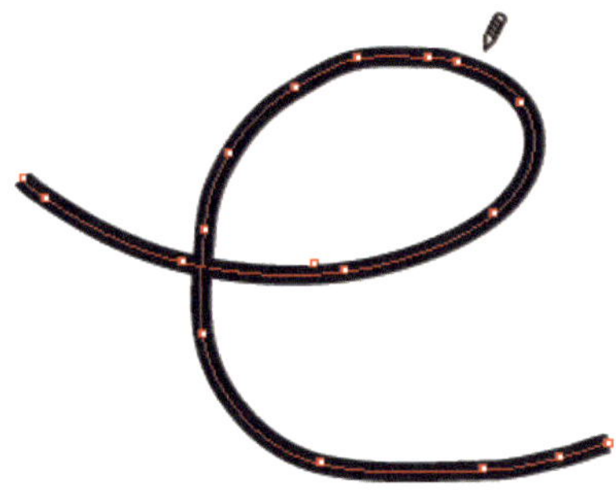

Abbildung 6.64 ▸
Skizzen glätten Sie mit dem gleichnamigen Werkzeug.

Radieren-Werkzeug | Sie haben zu viel gezeichnet? Nun, dafür haben Sie als letztes Zeichen-Werkzeug den Radierer zur Verfügung.

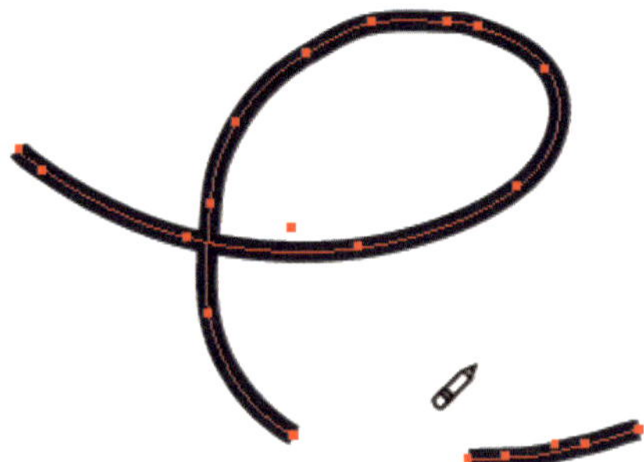

Abbildung 6.65 ▸
Zeichnungen mit dem Radierer entfernen

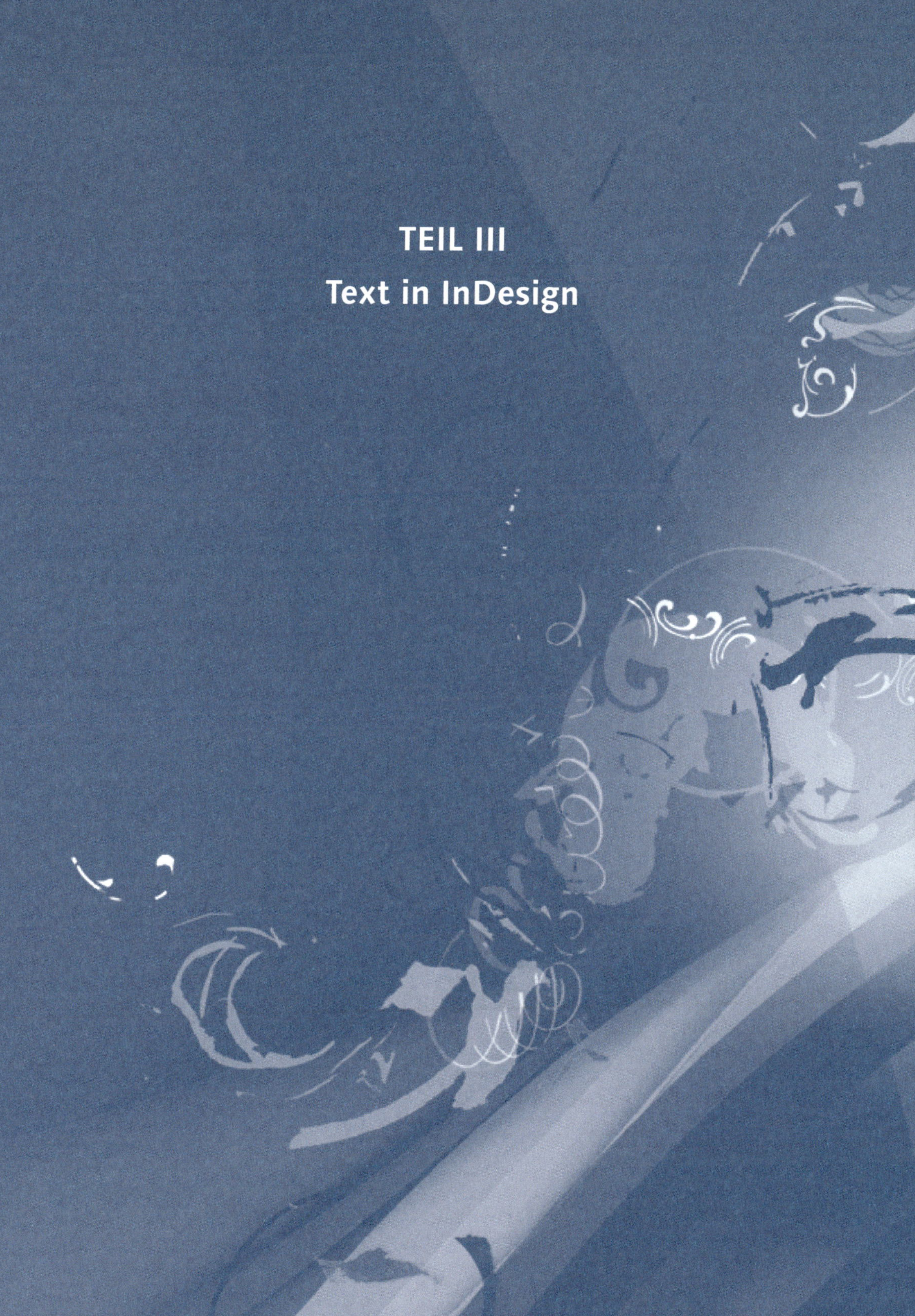

TEIL III
Text in InDesign

7 Texte platzieren und bearbeiten

Für das Erfassen und Korrigieren von Texten stehen Ihnen zahlreiche Datenformate, Importe und Korrekturwerkzeuge zur Verfügung, die den Vergleich mit reinen Texteditoren nicht zu scheuen brauchen. Formatierungen können übernommen, ignoriert oder durch eigene Absatzformate ersetzt werden.

Texte per Drag & Drop platzieren

InDesign erlaubt auch das Platzieren einer Textdatei per Drag & Drop: Ziehen Sie aus Ihrem Arbeitsplatz oder dem Finder eine Textdatei mit gedrückter Maustaste in ein geöffnetes InDesign-Layout. Danach erscheinen eine neue Einfügemarkierung und eine kleine Vorschau des Textes, analog zum Platzieren von Bildern.

7.1 Textformate und Importoptionen

Ob Microsofts Word, eine RTF- oder eine reine Text-Datei – alle lassen sich problemlos in InDesign verarbeiten. Je nach Format bietet InDesign CS3 unterschiedliche Importoptionen, die Ihnen die Arbeit des Platzierens, der Korrektur und der späteren Formatierung erleichtern.

Der Import erfolgt ähnlich wie das Platzieren eines Bildes: Sie rufen mit dem Tastenbefehl [⌘]/[Strg]+[D] den Platzieren-Dialog auf und suchen sich Ihre Textdatei heraus. Alternativ öffnen Sie das Menü Datei • Platzieren. Danach legen Sie in den Importoptionen fest, wie der Text übernommen wird.

Das Thema des Textimports kann ähnlich komplex wie das Platzieren von Bilddaten in das Layout sein. Die Formate, die Sie verwenden können, sind Standardformate, die weltweit genutzt werden. Dabei wird zwischen solchen Textformaten unterschieden, die nur die reine Textmenge transportieren (wie das Nur-Text-Format TXT), und solchen, die auch Absatz- und Zeichenformate sowie weitergehende Informationen wie Inhaltsverzeichnis- oder Indexinformationen beinhalten (RTF und DOC).

Mehrfaches Platzieren mit Vorschau

Wenn Sie für das Platzieren von Texten per Drag & Drop zuvor mehrere Textddateien auswählen, so erhalten Sie in InDesign einen Stapel von Texten mit einer Vorschau des oben liegenden Textes. Durch Umblättern des Stapels per Pfeiltaste oben/unten erscheint die jeweils andere Vorschau. Das spart Zeit und ist besonders effektiv, wenn Sie ein bereits fertiges Layout mit neuen Texten befüllen müssen.

7.1.1 Das richtige Format zum Austausch mit Kunden und Übersetzern

Sind Texte erst einmal im Layout platziert worden, gibt es häufig durch Kundenkorrekturen noch Änderungen an den Texten. Doch an welcher Stelle soll die Änderung vorgenommen werden?

Zum Austausch von Text-Dateien mit Kunden oder Übersetzern bietet sich das **RTF- oder das Word-Format** an. Beim Import beider Dateiformate mit Formatvorlagen können Sie diese den bestehenden Absatz- und Zeichenformaten in InDesign zuordnen. Der Text erscheint nach dem Import sofort in der richtigen Formatierung. Das Anlegen der Absatz- und Zeichenformate erläutern wir noch genauer in Kapitel 9, »Absatz- und Zeichenformate«.

Ein Austausch von Textabschnitten zwischen zwei InDesign-Dokumenten gelingt hervorragend mit dem **Tagged-Text-Format**, da Sie alle Absatzformate aus dem Layout mit exportieren und im neuen Dokument wieder einlesen können.

Wenn Sie einen dauerhaften Austausch von Artikeln mit Layout für eine Redaktion oder in einem Übersetzungsbüro ermöglichen wollen, sollten Sie sich zunächst mit diesem Kapitel beschäftigen und anschließend die Arbeitsweise mit Adobe InCopy CS3 in Kapitel 26, »Redaktionsworkflow mit InCopy«, kennenlernen.

Texte einmalig importieren oder verknüpfen?

Sie können entweder die Datei platzieren und mit der Originaldatei verknüpfen, oder Sie importieren den Text einmalig, ohne dass eine Verknüpfung bestehen bleibt.

Diese Wahl treffen Sie, indem Sie in den Voreinstellungen unter der Rubrik EINGABE die Verknüpfen-Option BEIM PLATZIEREN VON TEXT- UND TABELLENDATEIEN VERKNÜPFUNGEN ERSTELLEN anwählen.

Ist diese Funktion deaktiviert, so können Sie zwar den Text importieren, eine Aktualisierung des Imports ist jedoch nicht möglich. Dies ist die häufigste Arbeitsweise in InDesign im Layoutalltag. Wollen Sie stattdessen eine Aktualisierung der platzierten Textdatei ermöglichen, so lassen Sie diese Funktion aktiviert. Über die Verknüpfungen-Palette können Sie nachträglich entscheiden, ob und wann Sie die verknüpfte Datei in die Layoutdatei einbetten.

7.1.2 Nur-Text-Import

Das Nur-Text-Format – oder auch kurz ».txt« – zählt zu den Dateiformaten ohne weitere Informationen zur Darstellung des Textes. Die Zeichen liegen demnach in einer solchen Datei nur als Textabsatz vor. Das Text-Format kennt jedoch Absätze sowie die Zeichencodierung und die Herkunft der Computerplattform (Mac/PC).

TXT-Dateien lassen sich aus jeder Textanwendung heraus exportieren, natürlich aus Mircosoft Word, aber auch aus Adobe Acrobat oder seit der Version 6.x gar aus dem Adobe Reader, sodass Sie aus PDF-Dateien Text als TXT exportieren können.

Um eine solche TXT-Datei in InDesign zu platzieren, rufen Sie über ⌘+D oder Strg+D oder DATEI • PLATZIEREN den PLATZIEREN-Dialog auf und wählen die entsprechende Datei aus.

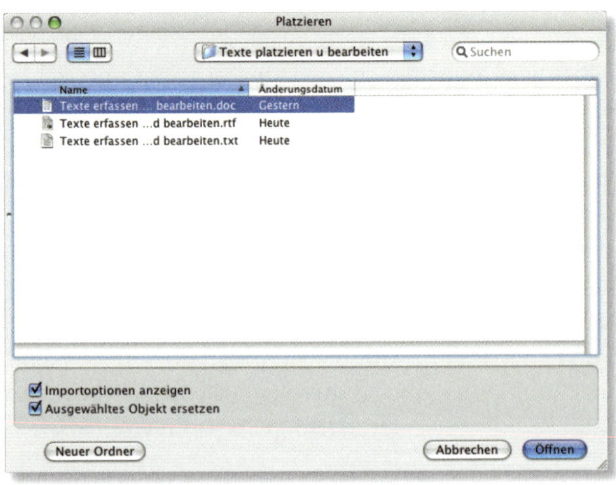

Abbildung 7.1 ▶
Der Dialog PLATZIEREN

Wählen Sie die Funktion IMPORTOPTIONEN ANZEIGEN, so öffnet sich das Dialogfenster TEXTIMPORTOPTIONEN.

Kodierung | Sie erhalten die Möglichkeit, die Kodierung des Textes für die Platzierung auszuwählen. Je nach Plattform und Programm gibt es unterschiedliche Kodierungsarten. InDesign erkennt automatisch die Kodierung der Datei und konvertiert den Text für die interne Verarbeitung als Unicode-Format UTF-8. So lässt sich aus jeder Kodierung heraus auch für fremdsprachige Texte jedem Zeichen eine absolute Kodierung zuweisen. Lesen Sie bitte dazu auch den Abschnitt 8.4.3, »OpenType-Fonts«. Wählen Sie nun die entsprechende Kodierung im Import-Dialog aus, oder übernehmen Sie einfach die von InDesign vorgeschlagene Form.

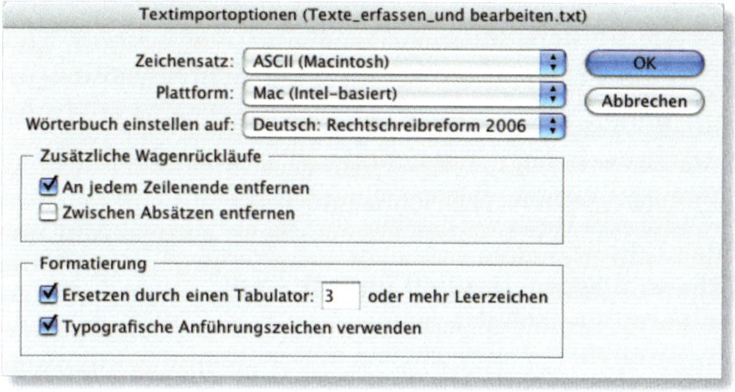

Textimportoptionen (Texte_erfassen_und bearbeiten.txt)
Zeichensatz: ASCII (Macintosh)
Plattform: Mac (Intel-basiert)
Wörterbuch einstellen auf: Deutsch: Rechtschreibreform 2006
OK
Abbrechen
Zusätzliche Wagenrückläufe
An jedem Zeilenende entfernen
Zwischen Absätzen entfernen
Formatierung
Ersetzen durch einen Tabulator: 3 oder mehr Leerzeichen
Typografische Anführungszeichen verwenden

▲ **Abbildung 7.2**
Textimportoptionen für das Nur-Text-Format mit neuen Rechtschreibregeln der Reform 2006

Wörterbuch | Danach weisen Sie ein Wörterbuch zu, z. B. DEUTSCH: RECHTSCHREIBREFORM 2006. Jeder Textabschnitt kann mit einem eigenen Wörterbuch in InDesign unabhängig vom voreingestellten Wörterbuch für das gesamte Dokument arbeiten. Wählen Sie hier die passende Sprache aus, damit der Text korrekt umbrochen wird. Wenn Sie an dieser Stelle ein falsches Wörterbuch zuweisen, z. B. Deutsch zu einem englischen Text, umbricht InDesign die Wörter in einem Blocksatz nicht ausreichend, da es im deutschen Wörterbuch keine Trennrichtlinien für die englischen Begriffe gibt. Sie können zu einem späteren Zeitpunkt auch andere Wörterbücher zuweisen, um den Textumbruch korrekt durchzuführen.

Leerzeilen | Unter ZUSÄTZLICHE WAGENRÜCKLÄUFE versteht InDesign unnötige Leerzeilen, die Sie automatisch beim Import entfernen können. Die Abstände zwischen Absätzen werden in der Regel durch Absatzabstände im Absatzformat defi-

Rechtschreibreform 2016?
InDesign CS3 kennt nun fünf Wörterbücher für die deutsche Sprache: DEUTSCH: ALTE RECHTSCHREIBUNG, DEUTSCH: RECHTSCHREIBREFORM 1996, DEUTSCH: RECHTSCHREIBREFORM 2006 sowie DEUTSCH: SCHWEIZ und DEUTSCH: SCHWEIZ RECHTSCHREIBREFORM 2006. Achten Sie daher besonders auf die Wahl des gewünschten Reformwerks beim Import. Die nächsten Reformen dürften dann im Jahre 2016 erscheinen, passend für die InDesign-Version 9 oder CS7. Bis dahin haben wir noch ein wenig Zeit.

Osteuropa
Durch die Öffnung des osteuropäischen Wirtschaftsraums und die Erweiterung der EU müssen heute viele Broschüren oder Produktdatenblätter mehrsprachig auch auf Polnisch, Slowakisch oder Tschechisch veröffentlicht werden. Während für diese Sprachen früher eine besondere InDesign-Version nötig war, um z. B. polnische Texte zu platzieren und mit dem richtigen Wörterbuch zu umbrechen, werden heute alle nötigen Wörterbücher mitgeliefert.

niert. Dadurch sind auch kleinere Abstände wie 6 Punkt oder 2 Millimeter möglich.

Manche Texte sind von besonders kreativen Autorinnen und Autoren mit Leerzeichen anstelle von Tabulatoren oder Einzügen formatiert worden. Diese Fehler lassen sich beim Import sofort ersetzen: Tabulatorzeichen werden anstelle von mehreren aufeinanderfolgenden Leerzeichen einfügt. Dies können Sie später auch durch die Funktion Suchen und Ersetzen korrigieren, die wir Ihnen in diesem Kapitel noch vorstellen.

Was ist ein Wagenrücklauf?
Es gab auch eine Zeit vor dem Computer. Im Zeitalter der Schreibmaschine wurde der Wagen mit der Andruckwalze zum Einspannen des Papierbogens über das Biegen eines Hebels zurückgesetzt, um eine neue Zeile zu beginnen. Wer diesen mit einem leisen Klingen quittierten Arbeitsschritt nicht mehr kennt, sollte mal auf dem Dachboden die alte Adler, Olympus oder Erika mit Duoband herausholen.

Anführungszeichen | Die typografischen Anführungszeichen richten sich nach Ihren Voreinstellungen und ersetzen falsche Anführungszeichen ("...") durch typografische Zeichen. Je nach Verwendung empfehlen wir entweder die deutschen Satzzeichen „..." – auch 99–66 genannt – oder die deutschen Guillemets »...« Diese werden auch in der französischen Schreibweise «...» benutzt und finden im Buchsatz verschiedener Verlage häufig Verwendung, da sie weniger die Grundlinie und die Oberlänge in einem Mengentext stören. Das Schriftbild wirkt dadurch ruhiger.

7.1.3 RTF- und Word-Dateien importieren

RTF | RTF (Rich Text Format) ist ein Allround-Format, in dem alle Darstellungsangaben und Formatierungen zum Text wie Schriftfamilie, Schnitt, Größe, Farbe und anderes abgespeichert werden können. Ebenso kann ein RTF-Dokument Absatz- und Zeichenformatierungen beinhalten sowie Inhaltsverzeichnisse, Indizes, aber auch Tabellen. Einzig platzierte Bilder können nicht in ein RTF integriert werden.

Diese Optionen und Möglichkeiten bedeuten jedoch nicht, dass eine RTF-Datei auch wirklich Absatzformatierungen mitbringt. Exportieren Sie z. B. aus Acrobat heraus den Text einer PDF-Datei als RTF, so werden zwar die Schriftinformationen aus dem PDF in das RTF konvertiert; da das PDF jedoch keine Absatzformate kennt, existieren auch keine in der RTF-Datei.

Hingegen können Sie eine Word-Datei mit Absatzformatierungen definieren und als RTF speichern. Ein Inhaltsverzeichnis und ein Index werden dabei nicht automatisch angelegt, diese müssen Sie zuvor in Word erstellen. Somit ist also relevant, aus welcher Anwendung heraus die RTF-Datei kommt.

▲ **Abbildung 7.3**
InDesign CS3 versteht auch osteuropäische und andere internationale Sprachen.

Microsoft Word | Das Word-Format beinhaltet alle Eigenschaften eines RTF-Dokuments und darüber hinaus platzierte oder eingebettete Bilder und Grafiken sowie eingebettete Excel-Tabellen aus dem Office-Paket. Der Import einer Word-Datei ist technisch identisch zum RTF-Import, daher erklären wir hier beide gleichzeitig.

Wir empfehlen Ihnen, in Word stets mit Absatz- und Zeichenformaten zu arbeiten, da Sie diese einwandfrei in InDesign importieren und weiterbearbeiten können. Manuelle Formatierungen durch das Markieren von Text und die Auszeichnung durch die Funktionsbuttons FETT oder KURSIV sind hingegen keine Zeichenformate wie in InDesign, sondern reine typografische Formatierungen. Nur wenn Sie für solche Darstellungen in Word ein eigenes Zeichenformat anlegen, können Sie dieses in InDesign importieren. InDesign kann Ihnen die Vorarbeit in Word nicht abnehmen.

RTF und Word platzieren | Wie bei einer TXT-Datei platzieren Sie auch hier über den Tastenbefehl [⌘]+[D] oder [Strg]+[D] oder DATEI • PLATZIEREN eine RTF- und Word-Datei in das Layout. Aktivieren Sie IMPORTOPTIONEN ANZEIGEN. An dieser Stelle erhalten Sie völlig andere Einstellungen als beim TXT-Format angeboten.

▼ Abbildung 7.4
Die Importoptionen zum Word-Format gleichen denen des RTF-Imports.

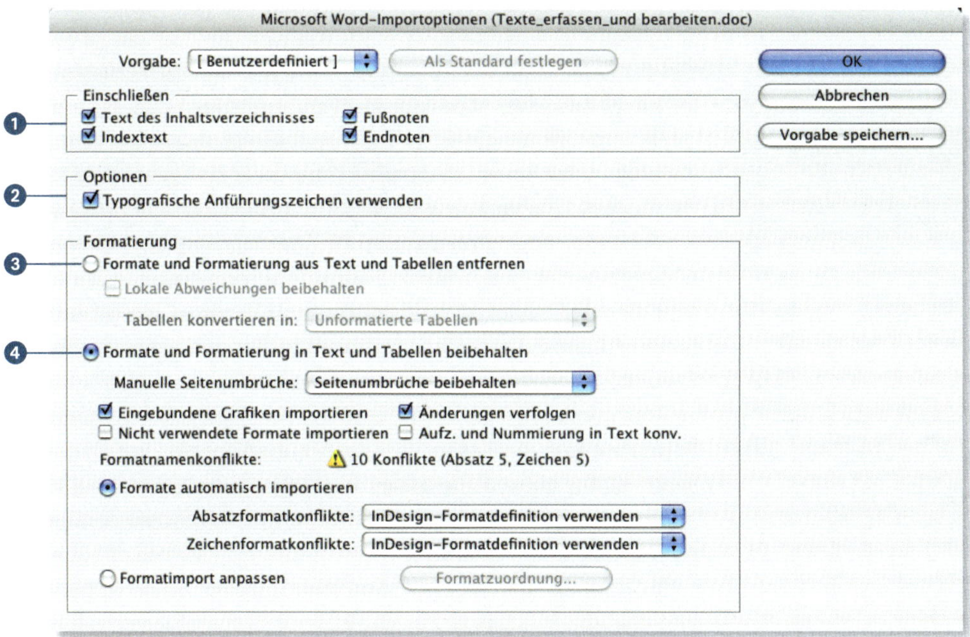

Sie übernehmen den Text eines Inhaltsverzeichnisses ❶ und des Index und platzieren Fuß- und Endnoten, sofern sie im Textdokument vorhanden sind. Darüber hinaus werden auch hier TYPOGRAFISCHE ANFÜHRUNGSZEICHEN verwendet ❷.

Formate entfernen | Nicht immer wurden Texte einwandfrei formatiert, sodass im Layout der gesamte Text neu gesetzt werden muss. Was liegt also näher, als beim Platzieren gleich alle Formate zu löschen und nur die reine Textmenge zu importieren? Wählen Sie daher die Option FORMATE UND FORMATIERUNG AUS TEXT UND TABELLEN ENTFERNEN ❸.

Formatierter Text mit Absatzformaten kann auch eingebundene Grafiken und Seitenumbrüche mitbringen. Bei den nachfolgenden Funktionen ❹ wählen Sie die passenden Optionen für Ihren Text. Da jeder Textimport unterschiedlich ausfallen kann, gibt es an dieser Stelle keine allgemeingültigen Regeln.

Neben diesen etwas unübersichtlich angeordneten Importoptionen wollen wir auf die beiden untersten Funktionen hinweisen.

Formate automatisch importieren | Die Einstellung FORMATE AUTOMATISCH IMPORTIEREN sorgt dafür, dass alle Absatzformate der RTF- oder Word-Datei in InDesign importiert und in InDesign-Formate umgewandelt werden. Wie Sie diese Absatzformate bearbeiten, lesen Sie in Kapitel 9, »Absatz- und Zeichenformate«, nach. Die Absatzformate erscheinen in der gleichnamigen Palette mit einem Diskettensymbol. Word-typische Formate sind z. B. »Überschrift 1« und »Standard«, oder je nach Sprachversion des Office-Pakets auch »heading 1« oder »normal«.

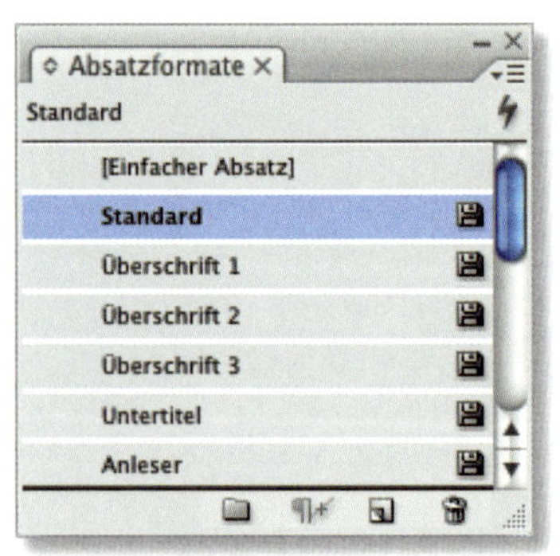

▲ **Abbildung 7.5**
So werden Absatzformate aus RTF oder Word-Dateien in InDesign übernommen.

Ändern Sie an diesem Absatzformat die typografischen Einstellungen mit einem Doppelklick auf den Formatnamen und die nachfolgenden Änderungen, so wird aus dem platzierten Format ein InDesign-Absatzformat, und die Verknüpfung zum Format der platzierten RTF- oder Word-Datei geht verloren. Die Verknüpfung der RTF- oder Word-Datei zum InDesign-Layout hingegen bleibt erhalten, wenn Sie die Voreinstellungen unter der Rubrik EINGABE entsprechend getroffen haben.

Formatimport anpassen | Wenn Sie stattdessen Ihre RTF- oder Word-Datei in ein bestehendes Layout mit Absatzformaten importieren wollen, wählen Sie den untersten Button, FOMATIMPORT ANPASSEN.

So können Sie über die Funktion FORMATZUORDNUNG... im nachfolgenden Dialog entscheiden, ob ein Format als neues Absatzformat angelegt wird, das Format ignoriert oder durch ein bestehendes Format ersetzt werden soll. In unserem Beispiel wird das RTF-Format »Bildunterschrift« durch das InDesign-Format »BU« ersetzt.

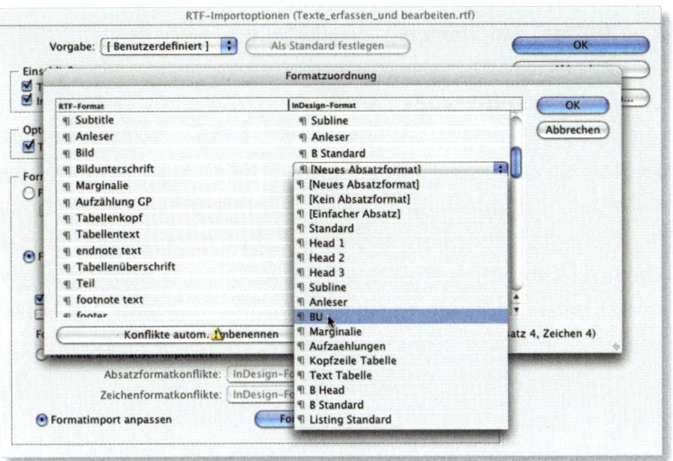

◂ **Abbildung 7.6**
Mit der Formatzuordnung wählen Sie, welches RTF-Format durch ein InDesign-Format ersetzt wird.

Wenn Sie allerdings diese lange Prozedur nicht über sich ergehen lassen wollen, können Sie im Fenster FORMATZUORDNUNG die KONFLIKTE AUTOMATISCH UMBENENNEN. Mit einem Klick auf diesen Button sorgen Sie dafür, dass InDesign die Formate selbstständig zuordnet. Das Ergebnis können Sie nachträglich von Hand verändern.

Importvorgabe speichern | Sobald Sie für eine RTF- oder Word-Datei die Importoptionen festgelegt haben, sollten Sie diese Vorgabe sichern, indem Sie auf den Button VORGABE SPEICHERN... klicken. Somit können Sie bei einem neuen Import der Datei oder einer Aktualisierung stets dieselben Einstellungen verwenden, und die Formate der RTF- oder Word-Datei werden richtig den InDesign-Absatzformaten zugeordnet.

Die gespeicherten Vorgaben wählen Sie dann im Importdialog als ersten Punkt unter VORGABE aus.

Absatzformate laden

Wollen Sie Texte in ein neues Layoutdokument platzieren und gleichzeitig Absatzformaten zuweisen, obwohl noch keine Platzhalterrahmen und Formate angelegt wurden, so importieren Sie sich doch zuvor die Formate aus einer anderen InDesign-Datei. Laden Sie die Formate über die Palette ABSATZFORMATE, indem Sie in das Palettenmenü klicken und den Befehl ABSATZFORMATE LADEN aufrufen. Sind alle Formate importiert worden, können Sie nun die RTF- oder Word-Datei platzieren und den Absatzformaten zuweisen.

RTF- und Word-Dateien austauschen | Der Austausch einer Word- oder RTF-Datei ist einfach, wenn Sie beachten, dass Sie immer dieselben Formate in der Textdatei verwenden und für alle typografischen Auszeichnungen Formate verwenden oder anlegen. So lässt sich in InDesign jederzeit der Text mit einer gespeicherten Vorlage auf dieselbe Weise platzieren.

Wichtig ist hier, dass Sie die Textdatei platzieren und gleichzeitig mit dem Layoutdokument verknüpfen. Dazu sollten Sie in den Voreinstellungen in der Rubrik EINGABE immer die Option BEIM PLATZIEREN VON TEXT- UND TABELLENDATEIEN VERKNÜPFUNG ERSTELLEN aktiviert lassen.

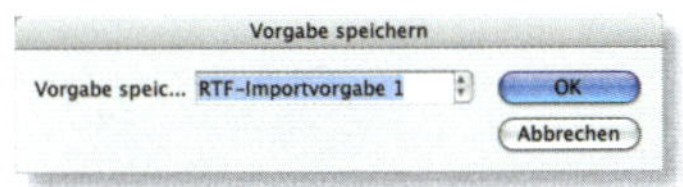

▴ **Abbildung 7.7**
Einmal getroffene Einstellungen für den RTF- oder Word-Import sollten Sie sich für ein erneutes Platzieren abspeichern.

7.1.4 Import aus der Zwischenablage

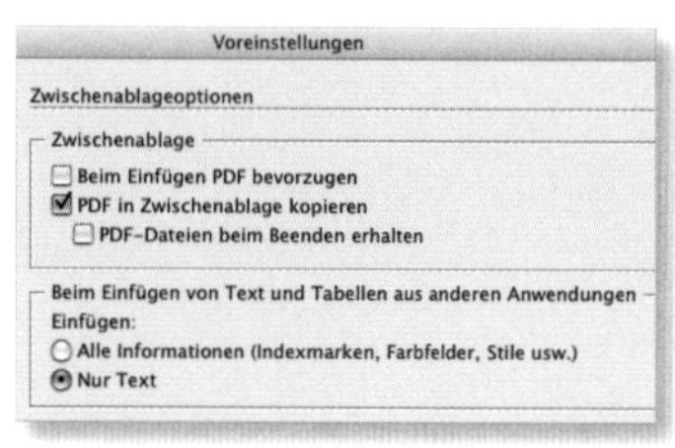

▲ **Abbildung 7.8**
Die Voreinstellungen zu ZWISCHENABLAGEOPTIONEN beinhalten wichtige Vorgaben für das Einfügen von Texten aus der Zwischenablage.

Texte ohne Formatierungen einfügen | Mit dem Tastenbefehl [⌘]+[C] oder [Strg]+[C] kopierte Texte aus der Zwischenablage können als »Nur Text«, aber auch als RTF in das Layout eingesetzt werden. Letztere Möglichkeit ist zwar technisch interessant, führt jedoch dazu, dass Sie unnötige Schriftzuweisungen in das InDesign-Dokument »einführen«. So kann zu einem späteren Zeitpunkt eine nicht verwendete Arial oder Times auf dem Ausgabegerät zu einer Warnmeldung führen und die automatische Ausgabe oder PDF-Konvertierung abbrechen.

Wählen Sie daher in den Voreinstellungen unter der Rubrik ZWISCHENABLAGEOPTIONEN in der Funktion BEIM EINFÜGEN VON TEXT UND TABELLEN AUS ANDEREN ANWENDUNGEN DIE OPTION NUR TEXT.

Tabellen aus der Zwischenablage einfügen | Für Tabellen hingegen sollten Sie gegebenenfalls diese Funktion auf ALLE INFORMATIONEN umstellen. Wenn Sie in Excel eine Tabelle markieren und diese nach InDesign kopieren, bleibt sogar die Struktur der Tabelle in Form von Zellen erhalten. Die Tabelle wird somit nativ kopiert und in eine InDesign-Tabelle umgewandelt. Achten Sie dennoch auf die importieren Schriften, und löschen Sie nicht verwendete Fonts aus dem Layoutdokument. Diese Vorgehensweise zeigen wir Ihnen auch in Kapitel 31, »Troubleshooting«.

Ist die Übernahme von Textattributen in den Voreinstellungen ausgeschaltet, kopieren Sie nur unformatierten Text, der durch Tabulatoren ergänzt ist, um diesen weiter zu formatieren.

7.2 Textfluss und Textverkettungen

7.2.1 Text einfließen lassen

Nach der Wahl der Importoptionen zu den Textformaten bestätigen Sie den Import-Dialog, und Sie erhalten eine Einfügemarke (Abbildung 7.9). Wenn Sie nun an eine beliebige Stelle im Layout klicken, fließt der Text danach innerhalb eines Rahmens automatisch in das Spaltenraster der Mustervorlagen ein.

Abbildung 7.9 ▶
Der Cursor nimmt nach dem Bestätigen des Import-Dialogs die Form der manuellen Texteingabe mit einer Vorschau an. Wenn Sie die Textmarken an Hilfslinien oder Rändern ausrichten, werden die Cursorformen als Kontur dargestellt.

- Standardmäßig wird zunächst die Cursorform des **manuellen** Textflusses mit der neuen Textvorschau angezeigt. Sobald Sie in das Layout klicken, wird der Text in der Breite einer Spalte ab der Höhe des Cursors platziert.
- Ein **manueller Textfluss in einen bestehenden Rahmen** wird mit einem eigenen Symbol ausgezeichnet, einem Text in Klammern.
- Bei gedrückter [Alt]-Taste hingegen verläuft der **Textfluss halbautomatisch** – symbolisiert durch eine gestrichelte Schlangenlinie. Das heißt, Sie können zunächst mit einem Klick einen Textrahmen anlegen und behalten den Rest des Importtextes »in der Hand« bzw. am Mauszeiger – mit einem neuen blauen Zeichen für die Verkettung. Bei erneutem Klick wird ein weiterer Textrahmen erzeugt usw.
- Bei gedrückter [⇧]-Taste erhalten Sie einen **automatischen Textfluss** als Einfügecursor – erkennbar an der durchgezogenen Schlangenlinie –, der so viele neue Seiten und Textrahmen anlegt, wie benötigt werden.
- Mit der Tastenkombination [⇧] und [Alt] erhalten Sie einen **geraden Pfeil** nach unten, um einen Textrahmen anzulegen, der sich strikt an den Satzspiegel und die Anzahl der Spalten hält und nur auf einer Seite automatisch Textrahmen anlegt.

7.2.2 Textverkettungen

Wenn Sie den Text platziert haben, so erkennen Sie zunächst, dass sich der Text in einem Rahmen befindet, der jeweils links oben ❶ und rechts unten ❷ ein kleines Kästchen besitzt. Das sind die Markierungen für den Textfluss.

Olis consuppl. Ne quam. Fuit. Mis vercera re fachusq uemorum vero interes acesim oca mihiliis, nos adductudam terfintiurbi sulingu liquam orebatam pat.
Uppl. essenat ina verionsum iam fatiam temovirmis. Nam aure, se egilium la opublis serta, quam hos hilia ad idius, quos vit. C. Si simihice con

▲ **Abbildung 7.15**
Der Textrahmen mit Textflussmarkierungen

In unserem Beispiel haben wir zwei Rahmen angelegt. Der Text fließt dabei von einem zum nächsten Rahmen, angezeigt durch kleine Pfeile nach rechts ❸ in den Flussmarkierungen.

◀ **Abbildung 7.10**
Manueller Textfluss

◀ **Abbildung 7.11**
Manueller Textfluss in Rahmen

◀ **Abbildung 7.12**
Halbautomatischer Textfluss

◀ **Abbildung 7.13**
Automatischer Textfluss

◀ **Abbildung 7.14**
Automatischer Textfluss mit fixierten Seiten

Platzieren in bestehende Rahmen
InDesign CS3 platziert nur noch dann Texte in bestehende Rahmen, wenn Sie zuvor mit dem Textwerkzeug [T] [T] in den entsprechenden Rahmen geklickt haben. Nach der Auswahl der gewünschten Textdatei und den Importoptionen wird danach der entsprechende Rahmen mit dem neuen Text gefüllt. Dadurch ist sichergestellt, dass Sie keine bestehenden Rahmen durch einen unbedachten Klick überschreiben. Verwenden Sie daher also immer einen gut eingerichteten Satzspiegel, damit die Textspalten automatisch von InDesign beim Platzieren angelegt werden können.

Unterschied zu QuarkXPress
Suchen Sie nicht nach den Ihnen aus XPress bekannten Werkzeugen Verketten und Entketten. InDesign arbeitet hier nach einem anderen Konzept.

Blindtext

Sollten Sie keinen Text zur Hand oder keine Zeit haben, sich einen Fließtext anzulegen, nehmen Sie doch einfach den Platzhaltertext, den InDesign Ihnen über das Menü SCHRIFT • MIT PLATZHALTERTEXT FÜLLEN anbietet. Alternativ können Sie den Platzhaltertext auch über das Kontextmenü im Textbearbeitungsmodus mit der [Ctrl]-Taste (Mac) oder der rechten Maustaste (PC) einfließen lassen. Der Text fließt dabei immer so lange, bis der ausgewählte Textrahmen oder miteinander verkettete Rahmen vollständig ausgefüllt sind.

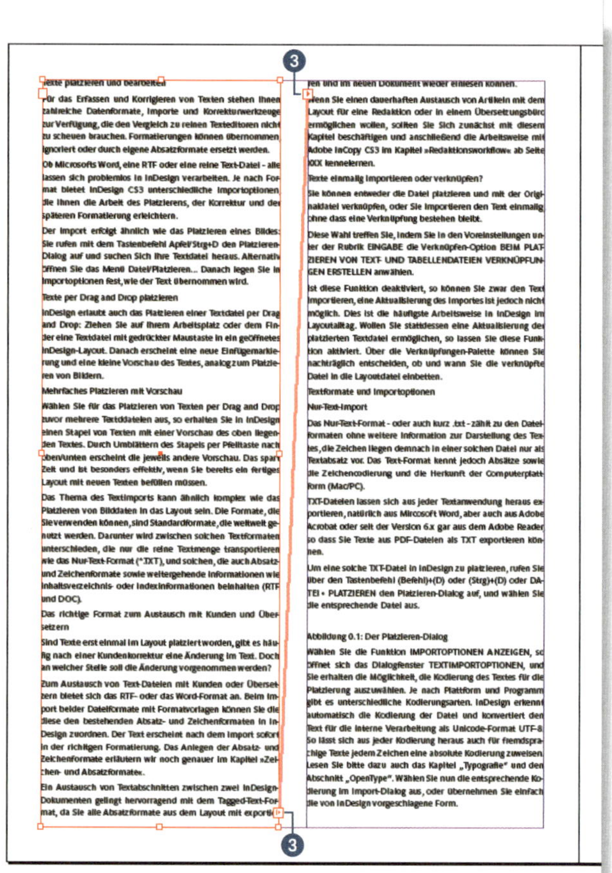

Abbildung 7.16 ▸
Verkettete Textrahmen im Layout werden durch Verbindungslinien in Ebenenfarbe angezeigt.

Um eine Textverkettung zwischen zwei bestehenden Rahmen zu erstellen, müssen Sie mit dem Auswahlwerkzeug den ersten Rahmen aktivieren und dann auf den Ausgang klicken. Das Auswahlwerkzeug verwandelt sich in das Symbol TEXT PLATZIEREN. Ziehen Sie den Mauszeiger nun auf den zweiten Rahmen, und es wandelt sich in das Verketten-Symbol. Per Klick können Sie die Verkettung erstellen.

Textverkettung sichtbar machen | Um die Textverkettung zwischen den Rahmen sichtbar zu machen, wählen Sie im Menü ANSICHT • TEXTVERKETTUNGEN EINBLENDEN aus. Danach werden die Flussrichtungen mit kräftigen Linien zwischen den Rahmen und den Flussmarken angezeigt.

Änderung der Tastenbefehle

Vorsicht! Adobe hat die Tastenbefehle zum Steuern des Textflusses in der CS3-Version neu vergeben. Die häufigsten Anwendungen werden jetzt mit einer zusätzlichen Taste aufgerufen, weniger gebräuchliche mit zwei Tastenbefehlen.

7.2.3 Textverkettungssymbole

Verschiedene Symbole können Ihnen bei der Textverkettung begegnen, die Sie den folgenden Abbildungen entnehmen können.

▲ **Abbildung 7.17**
Ein leerer Ein- und Ausgang. Der Text beginnt und endet in diesem Textrahmen.

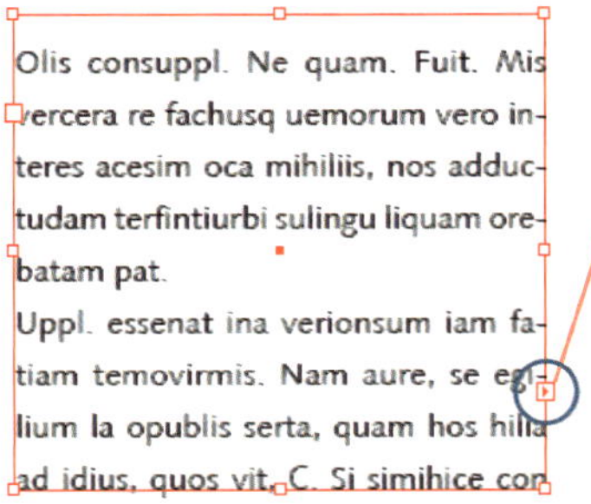

▲ **Abbildung 7.18**
Der Ausgang enthält einen Pfeil. Der Textrahmen ist mit einem zweiten Rahmen verkettet, in dem weiterer Text folgt.

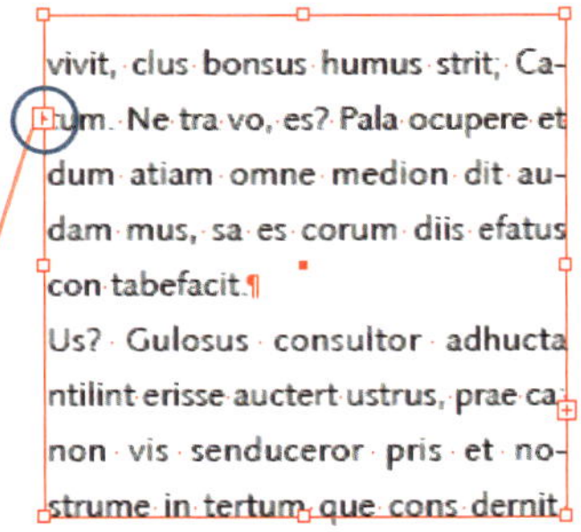

▲ **Abbildung 7.19**
Der Anfang enthält einen Pfeil. Der Textrahmen ist mit einem vorher liegenden Rahmen verkettet, der ebenfalls Text enthält.

Das Pluszeichen am Textende signalisiert, dass der Rahmen mehr Text enthält, als angezeigt werden kann. Wie viel des so genannten Übersatzes vorhanden ist, sehen Sie in der Informationen-Palette. Dazu müssen Sie nur den Cursor in den Textrahmen stellen. Klicken Sie in der Informationen-Palette auf OPTIONEN EINBLENDEN, und schon werden Ihnen die dargestellten und mit einem Pluszeichen auch die nicht dargestellten Zeichen, Wörter, Zeilen und Absätze angezeigt.

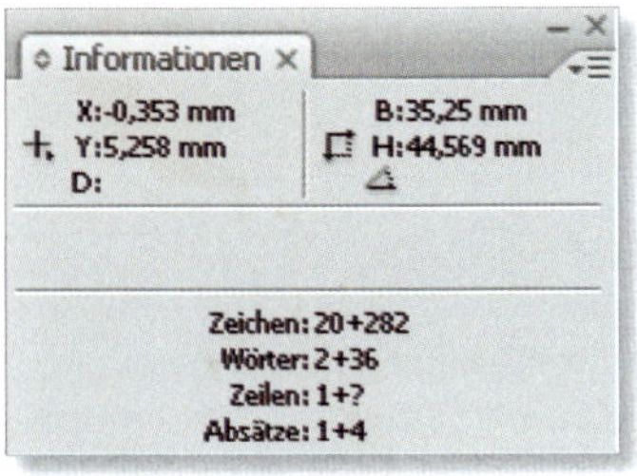

▲ **Abbildung 7.20**
Ein Absatz ist im Rahmen sichtbar, vier aber befinden sich noch im Übersatz.

7.2.4 Textverkettung ergänzen

Wenn Sie zwischen zwei verketteten Textrahmen einen weiteren Rahmen hinzufügen wollen, so klicken Sie in den Textrahmenausgang des ersten Rahmens. Danach wandelt sich der Mauszeiger in die Texteinfügemarkierung. Ziehen Sie nun mit gedrückter Maustaste einen neuen Textrahmen auf. Der Textfluss läuft jetzt vom ersten Rahmen durch den neuen Rahmen weiter in den dritten Rahmen.

7.2.5 Textverkettung lösen oder unterbrechen

Textverkettung lösen | Eine Textverkettung lösen Sie, indem Sie ebenfalls auf den Ausgang des ersten Rahmens klicken und danach mit der Maus auf den zweiten verketteten Rahmen zeigen. Sie erhalten ein Symbol mit offenen Kettengliedern. Mit einem Klick auf diesen zweiten Rahmen lösen Sie die Verkettung und können nun einen neuen Rahmen aufziehen. Dies funktioniert auch umgekehrt mit einem ersten Klick auf das linke obere Eingangssymbol beim zweiten Rahmen und einem zweiten Klick auf dem ersten Rahmen.

▲ **Abbildung 7.21**
Das Kettensymbol

Textverkettung unterbrechen | Wollen Sie eine Textverkettung unterbrechen, müssen Sie zuvor den Text des zweiten Rahmens mit dem Textwerkzeug markieren und in die Zwischenablage kopieren. Danach klicken Sie in den Ausgang des ersten Rahmens und danach in den zweiten Rahmen. Der zweite Rahmen ist nun leer. Wählen Sie das Textwerkzeug, klicken Sie in den zweiten Rahmen, und fügen Sie den Text aus der Zwischenablage mit ⌘/Strg+V ein. Leider ist dies nicht mit einem anderen Werkzeug möglich. Hier sollte Adobe nachbessern, da diese Prozedur sehr umständlich ist.

7.3 Die Verknüpfungen-Palette

Wenn Sie in den Voreinstellungen unter Eingabe • Beim Platzieren von Text- und Tabellendateien Verknüpfungen erstellen aktiviert haben, so erhalten Sie nun in der Verknüpfungen-Palette die platzierte Textdatei dargestellt. Die Palette rufen Sie unter dem Hauptmenü Fenster auf.

Über die Verknüpfungen-Palette sehen Sie alle platzierten Text- und Grafikdateien im InDesign-Layout. Die Verknüpfung bleibt so lange aktiv, bis die platzierte Datei gelöscht oder aber die Textdatei eingebettet wird.

Intelligenter Workflow
Die Platzierung von Text im Layout und eine parallele Korrektur und zwischenzeitliche Aktualisierung der Verknüpfung kann in InDesign nur dann funktionieren, wenn Sie und Ihr Kunde konsequent mit Formatvorlagen in Word arbeiten.

Als Vorbereitung für einen Redakteur kann es daher sehr von Vorteil sein, wenn Sie einfach einen Platzhaltertext mit selbst definierten Absatzformaten gestalten. Danach kopieren Sie diesen Platzhaltertext einfach in ein leeres Word-Dokument und stellen es Ihren Kunden oder der Textredaktion zur Verfügung. Die Absatzformate aus InDesign bleiben beim Kopiervorgang erhalten und lassen sich bequem in Word weiternutzen!

Ist Ihnen und Ihren Kunden dieser Weg zu umständlich, so ignorieren Sie die Formatierungen und verwenden eigene Absatzformate mit etwas mehr manueller Arbeit.

Text einbetten | Das Einbetten ist dann empfehlenswert, wenn es sich um Texte handelt, die nur einmal platziert und danach über eine elektronische Korrespondenz via PDF-Dateien mit dem Kunden ausgetauscht werden. Auch für Texte, deren Korrekturphase definitiv abgeschlossen ist, kann das Einbetten eine Alternative darstellen.

Über das Palettenmenü aktualisieren Sie die Verknüpfung, oder Sie wählen aus, ob die Datei nachträglich in das Layout eingebettet wird. Somit wird die Verknüpfung aufgelöst und kann nicht mehr nachträglich aktualisiert werden.

Text aktualisieren | Platzierte Texte in InDesign lassen sich auch extern bearbeiten und nachträglich aktualisieren. Das kann auf verschiedenen Wegen geschehen.

Der konventionelle Weg führt wie bei platzierten Bildern über die Verknüpfungen-Palette. Dazu müssen Sie die Verknüpfungen-Palette in InDesign unter dem Hauptmenü Fenster aufrufen, die platzierte Textdatei auswählen und auf das Bleistiftsymbol Original bearbeiten ❶ an der unteren Palettenkante klicken. Danach sucht InDesign automatisch nach der Erstellungssoftware der

Textdatei oder nach einem adäquaten Programm wie Word Pad unter Windows XP oder TextEdit unter Mac OS X.

◂ **Abbildung 7.22**
Platzierte Textdateien werden in der Verknüpfungen-Palette angezeigt, wenn Sie in den Voreinstellungen aktiviert haben, dass Texte auch verknüpft und nicht nur platziert werden.

Dieser Weg ist jedoch wenig komfortabel. Stattdessen ist es wahrscheinlicher, dass Ihr Kunde Ihnen eine neue Textdatei schickt, die Sie austauschen sollen. Auch an dieser Stelle gibt es zwei Wege:

- Sie ersetzen die externe Textdatei durch die neue und aktualisieren danach in der Verknüpfungen-Palette die Referenz ❷.
- Sie wählen die alte platzierte Textdatei in der Verknüpfungen-Palette aus und rufen die Funktion Erneut verknüpfen ❸ auf. Danach wählen Sie den Pfad zur neuen Datei.

7.3.1 Verknüpfte Textdateien verschieben

Wenn Sie die Textdatei mit dem Layout verknüpft haben und während der Layoutarbeit den Speicherort der Textdatei wechseln möchten, können Sie die Funktion Verknüpfung(en) kopieren nach... im Palettenmenü der Verknüpfungen-Palette aufrufen. Dann wählen Sie einen neuen Speicherort, und InDesign kopiert die ausgewählten Dateien in ein neues Verzeichnis. Die Verknüpfung wird automatisch aktualisiert. Die ursprüngliche Textdatei bleibt an ihrem alten Platz, besitzt für das Layout aber keine Relevanz mehr. Dieses Verschieben von platzierten Dateien ist auch mit Bildern oder PDF-Dateien möglich.

7.4 Suchen und Ersetzen

Haben Sie erst einmal den gewünschten Text platziert, können Sie nun mit dem Zuweisen von Absatz- und Zeichenformaten fortfahren oder den Text bearbeiten und korrigieren. Klicken Sie dazu mit dem Textwerkzeug [T] in den Textrahmen, den Sie bearbeiten möchten.

Zur Korrektur verhilft die Funktion SUCHEN/ERSETZEN aus dem Menü BEARBEITEN, die Sie auch über den intuitiven Tastenbefehl [⌘]+[F] oder [Strg]+[F] für »Finden« aufrufen.

Die Funktion SUCHEN wurde in InDesign CS3 sehr stark ausgebaut. Jetzt ist es auch möglich, Formate zu tauschen oder ganze Textpassagen anhand einer logischen Folge zu suchen und durch eine andere zu ersetzen. Diese Funktionen verbergen sich unter der Rubrik GREP – eine Abkürzung für die »regulären Ausdrücke«, auf die wir später noch eingehen werden. Bitte beachten Sie, dass wir die SUCHEN- und ERSETZEN-Funktion auch in den Kapiteln 9, »Absatz- und Zeichenformate«, sowie 8, »Typografie«, besprechen.

7.4.1 Der Reiter Text

Weitere Suchoptionen

Über die kleinen Icons können Sie Ihre Suche auf gesperrte oder ausgeblendete Ebenen ausdehnen oder InDesign nur nach exakten Treffern suchen lassen: Stellen Sie dafür GANZES WORT ein.

Text suchen | Hier haben Sie zunächst die Möglichkeit, Wörter zu ersetzen. Diese Suchfunktion können Sie beliebig auf den gewählten Textabschnitt, das gesamte Dokument oder auf alle geöffneten Dokumente anwenden, indem Sie auf das Auswahlmenü DURCHSUCHEN ❶ klicken.

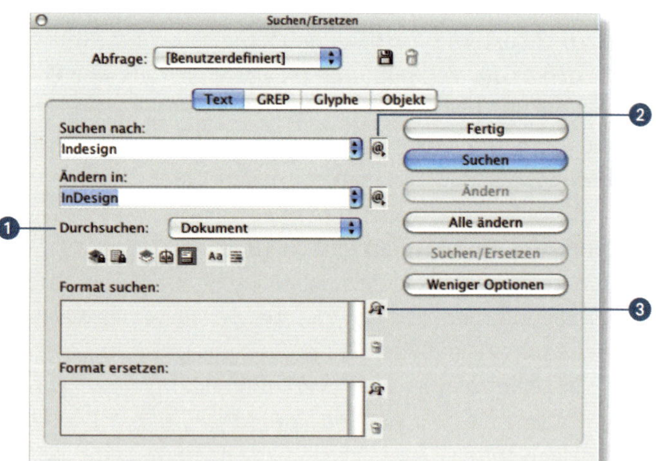

Abbildung 7.23 ▸
Die mächtige Suchfunktion von InDesign erscheint ziemlich unspektakulär mit einigen neuen Reitern, die es jedoch in sich haben.

Sonderzeichen suchen | Auch die Suche nach Symbolen, Markierungen oder Leerräumen ist möglich: Klicken Sie dazu rechts neben dem Eingabefeld SUCHEN auf den kleinen Button mit dem

Pfeil nach rechts ❷: Es öffnet sich ein Auswahlmenü mit allen formatierbaren Meta- und Sonderzeichen. Dadurch können Sie z. B. auch Gevierte durch Halbgevierte automatisch ersetzen.

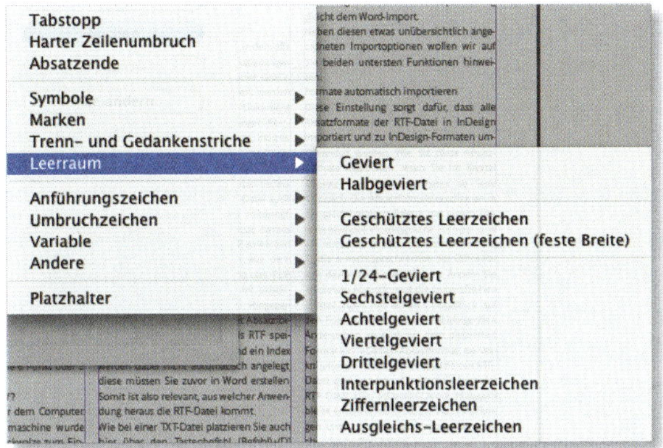

◂ **Abbildung 7.24**
Die Auswahl an Sonderzeichen, die Sie ebenfalls über Suchen/Ersetzen mit anderen Zeichen oder Formaten tauschen können, ist enorm. Dazu können Sie jedoch auch Sonderzeichen im Text kopieren und diese in die Eingabemaske des Suchen/Ersetzen-Dialogs einfügen.

Textformatierung suchen/ersetzen | Auch die Textformatierung durch Absatz- und Zeichenformate kann auf diese Weise bearbeitet werden. Dadurch ersparen Sie sich das manuelle Zuweisen der Formatierungen. Möchten Sie also alle Textstellen umformatieren, die eventuell ein falsches Zeichenformat tragen, so wählen Sie dieses Quell- und Zielformat mit einem Klick auf das Lupensymbol ❸ aus und wählen die Formatierungen. Weitere Möglichkeiten zeigen wir Ihnen auch in Kapitel 9, »Absatz- und Zeichenformate«.

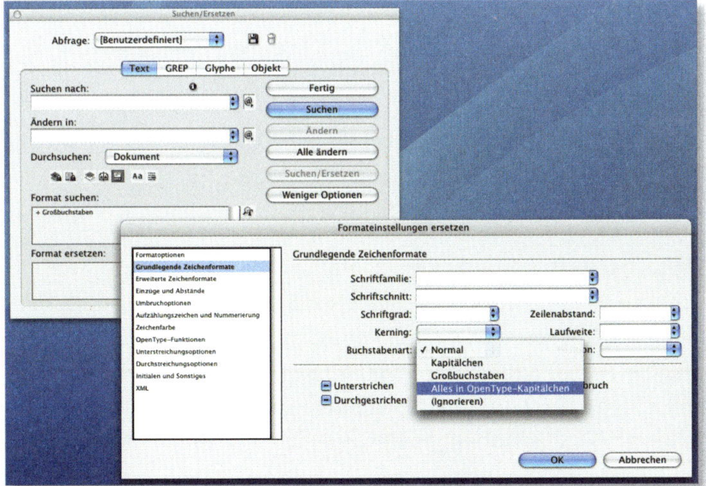

◂ **Abbildung 7.25**
Über Suchen/Ersetzen tauschen Sie die Formate oder weisen neue Formate zu. Alternativ können Sie hier nach typografischen Eigenarten suchen. So könnten z.B. automatisch über das gesamte Dokument normale Großbuchstaben in Kapitälchen aus einer OpenType-Pro-Schrift umgewandelt werden.

Schrift suchen | Wenn Sie einmal eine Warnmeldung zu einer fehlenden Schriftart wie der »Times« beim Öffnen oder in der Druckausgabe erhalten, die eigentlich gar nicht im Dokument verwendet werden soll oder aus der Gestaltungsphase noch im

Layoutdokument übrig geblieben ist, suchen Sie im Dialog FORMATEINSTELLUNGEN ERSETZEN unter GRUNDLEGENDE ZEICHENFORMATE nach der Schrift. Da die Suche dokumentweit durchgeführt wird, kann Ihnen auch ein Metazeichen, das noch in der ungewollten Schrift formatiert ist, nicht entwischen. Eine unverzichtbare Funktion, da Sie hier nicht durch teure Preflight-Tools die Schriftsuche durchführen müssen.

▲ **Abbildung 7.26**
Über diesen Button zwingen Sie InDesign, nur nach Wörtern in der korrekten Groß- oder Kleinschreibung zu suchen.

Der Suchvorgang | Wenn Sie auf den Button WEITERSUCHEN klicken, durchsucht InDesign sofort das Dokument und hebt die Treffer im Text mit einer negativen Markierung hervor. Mit einem erneuten Klick auf WEITERSUCHEN springen Sie zur nächsten Trefferstelle im Dokument. Dabei bleibt der Eingabedialog geöffnet, sodass Sie flexibel die Eingabe korrigieren können oder sofort ein Wort zum Ersetzen eingeben.

Durch den Button ÄNDERN wird die jeweils aktuell gefundene Textstelle ersetzt, und mit der Option ALLE ERSETZEN durchsucht InDesign den gesamten Textabschnitt oder die Dokumente und meldet danach die Anzahl der Ersetzungen.

Beachten Sie bei der SUCHEN/ERSETZEN-Funktion die Anwahl der Groß- und Kleinschreibung.

Tabelle 7.1 ▶
Tastenkürzel für das Suchen und Ersetzen

	Windows	Mac
Weitersuchen	⇧+F2	⇧+F2
Auswahl in ERSETZEN DURCH laden	Strg+F2	⌘+F2
Auswahl in SUCHEN NACH laden	Strg+F1	⌘+F1
Auswahl in SUCHEN NACH laden und weitersuchen	⇧+F1	⇧+F1
Durch ERSETZEN DURCH-Text ersetzen	Strg+F3	⌘+F3
Durch ERSETZEN DURCH-Text ersetzen und weitersuchen	⇧+F3	⇧+F3

7.4.2 GREP

Um eine Konstellation oder Reihenfolge von Zeichen zu suchen, kennt die Informatik die regulären Ausdrücke, kurz GREP genannt (engl. »Global Search for Regular Expressions«). Bevor Sie mit der Suche über GREP in der Suchen und Ersetzen-Funktion von InDesign CS3 beginnen, sollten Sie zunächst einige Begriffe und Arbeitsweisen kennenlernen.

Jede Suchanfrage über den Reiter GREP setzt sich aus Metazeichen zusammen, die eine konkrete Bedeutung haben. Als Beispiel wollen wir eine E-Mail-Adresse mithilfe des Schemas *.*@*.* suchen. In der Realität würde man zwar nicht so vorgehen, da man die E-Mail-Adresse auch auf einfache Art und

Weise finden kann, aber es trifft den Kern, der mit regulären Ausdrücken formuliert werden muss: Wir suchen hier eine beliebig lange zusammenhängende Textkette aus Buchstaben, die mit einem Punkt von einem weiteren Text abgetrennt wird. Darauf folgt ein @-Zeichen und wiederum zwei Zeichenketten, getrennt mit einem Punkt.

Doch wie sieht es jetzt mit der Groß- und Kleinschreibung aus? Um alle E-Mail-Adressen in einem Dokument aufzufinden und mit einem Zeichenformat auszuzeichnen, benötigen Sie auch alle Adressen, die nur mit einer Zeichenkette vor dem @-Zeichen beginnen *@*.* oder ein anderes Domain-Schema wie *.*@*.*.* haben. Zu guter Letzt muss das Suchschema noch dadurch ergänzt werden, dass keine Ziffern oder andere Zeichen in der E-Mail-Adresse auftauchen, es müssen also einzelne Zeichen oder Zeichenbereiche aus der Suchanfrage ausgeschlossen werden.

Weitere Möglichkeiten, über GREP Textstellen zu finden und mit einer anderen logischen Zeichenkette auszutauschen, gibt es viele. Bevor Sie nun verzweifeln, wollen wir Ihnen empfehlen, sich umfangreicher mit dem Thema zu beschäftigen. Adobe hat dazu Informationen im Internet zur Verfügung gestellt, damit Sie schneller in das Thema hineinfinden.

GREP im Web
Mehr zu den regulären Ausdrücken finden Sie auch unter *http://www.adobe.com/go/learn_id_grep_de*

7.5 Wörterbücher und Rechtschreibung

InDesign kennt

- das programmeigene Wörterbuch sowie
- ein benutzerdefiniertes Wörterbuch, das für eine konkrete Datei angelegt werden kann.

Wenn also Wörterbücher für regelmäßige Publikationen von mehreren Arbeitsplätzen aus genutzt werden müssen, so sollten Sie sich gleich zu Beginn ein neues Wörterbuch einrichten und es an einem geeigneten Ort auf Ihrer Festplatte speichern.

7.5.1 Ein benutzerdefiniertes Wörterbuch einrichten

Öffnen Sie dazu die Voreinstellungen mit dem Tastenbefehl [⌘]/[Strg]+[K], und wählen Sie die Rubrik Wörterbuch. Das Standard-Wörterbuch ist zunächst ausgewählt und erscheint in der Liste. Mit einem Klick auf den Plus-Button legen Sie ein neues Wörterbuch an und speichern es als *.UDC (User Dictionary).

Sollte Ihr InDesign-Dokument auch einmal Ihren Computer verlassen und von einem anderen Mitarbeiter verändert werden, sollten Sie die Option Benutzerwörterbuch in Dokument einlesen unbedingt aktivieren.

Vorsicht

Ist die Funktion Bei Änderung alle Textabschnitte neu umbrechen angewählt, ändert InDesign alle Textstellen, die im Benutzerwörterbuch neu angelegt wurden. Lesen Sie dazu auch den nächsten Abschnitt zur Rechtschreibprüfung.

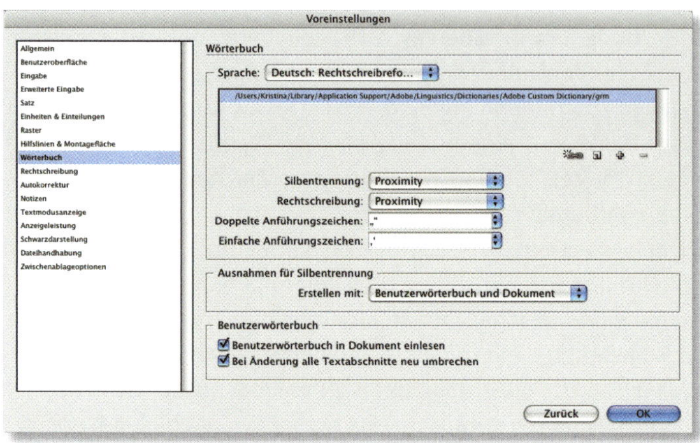

Abbildung 7.27 ▶
Benutzerdefinierte Wörterbücher legen Sie als externe Datei an.

7.5.2 Rechtschreibprüfung

Neben einer normalen Rechtschreibprüfung, die Sie jederzeit durchführen können, besitzt InDesign auch eine automatische Erkennung von Wörtern, die nicht im aktuell zugewiesenen Wörterbuch vorhanden sind. Darüber hinaus können Sie durch eine Autokorrektur schwerwiegende Schreibfehler ausbessern.

Rufen Sie die Rechtschreibprüfung unter dem Menü BEARBEITEN... oder über [Strg]+[I] bzw. [⌘]+[I] auf, und wählen dann als erstes am unteren Dialogrand im DURCHSUCHEN-Menü den Umfang der Überprüfung (in diesem Dokument, allen geöffneten Dokumenten oder einem Textabschnitt).

Es ist sinnvoll, die Rechtschreibprüfung immer zu Beginn eines Textimportes durchzuführen, damit später die Rechtschreibkorrektur den formatierten Textumbruch nicht verändert. Natürlich können Sie die Rechtschreibüberprüfung jederzeit auch während der Gestaltung oder Produktion durchführen.

Beachten Sie vor dem Starten der Rechtschreibprüfung, dass Sie in den Voreinstellungen und in den Absatzformaten bzw. in der Absatz-Palette das korrekte Wörterbuch ausgewählt haben, da Sie ansonsten eine ebenso endlose wie unsinnige Textkorrektur starten.

Reihenfolge beachten

Häufig wird der Fehler begangen, dass die Korrektur erst mitten in der Layoutphase gestartet wird. Dabei befinden Sie sich mitten im Dokument. Somit übersehen Sie leicht, dass die Korrektur in der DURCHSUCHEN-Auswahl ZUM ENDE DES TEXTABSCHNITTES erst ab der aktuellen Seite oder Textauswahl bis zum Ende nach Fehlern sucht, nicht aber von Anfang an. Wählen Sie daher im Zweifelsfall den Suchabschnitt DOKUMENT aus.

7.5.3 Normale Rechtschreibprüfung

Die Rechtschreibkorrektur läuft so ab, dass Sie von Fehlerstelle zu Fehlerstelle springen und einen alternativen Text eingeben oder aus der Liste möglicher Verwandter aus den Korrekturvorschlägen die richtige Schreibweise aussuchen und ersetzen. Wenn Sie bei der Durchführung auf ALLE ÄNDERN klicken, durchsucht InDesign alle weiteren Textstellen und ersetzt automatisch potenzielle Fehler.

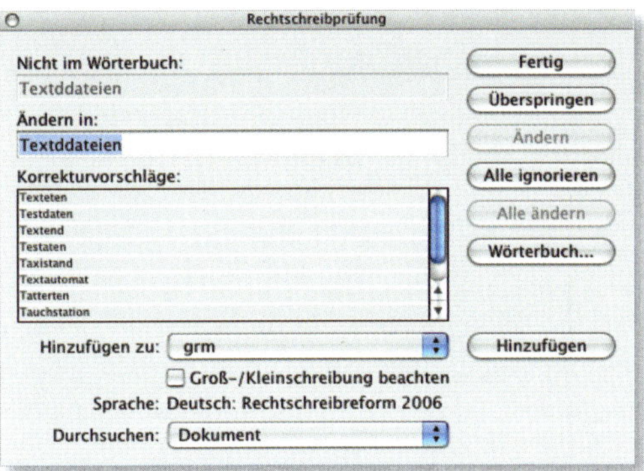

◀ **Abbildung 7.28**
Die Rechtschreibprüfung bietet zum nicht erkannten Wort Korrekturvorschläge an. Achten Sie auf die Auswahl des Suchbereiches. Wenn ein Wort nicht in einem sichtbaren Bereich erscheint, erfolgt der Hinweis »Übersatztext« zu Beginn.

Treffen Sie auf ein Wort, das korrekt geschrieben, aber nicht im Wörterbuch zu finden ist, so können Sie dieses nachträglich hinzufügen, indem Sie auf den Button HINZUFÜGEN klicken. Beim ersten Klick auf HINZUFÜGEN gelangen danach in einen weiteren Dialog namens WÖRTERBUCH. Hier wählen Sie aus, ob dieses Wort nur im Wörterbuch des Dokuments abgelegt werden soll oder für InDesign insgesamt zur Verfügung gestellt wird. Als Ziel wählen Sie entweder das Standard-Wörterbuch von InDesign GRM oder ein eigenes zuvor angelegtes Benutzerwörterbuch UNBENANNT-1.

Silbentrennung | Für neue Begriffe ist es sinnvoll, auch die Silbentrennung mit anzugeben. Das geschieht folgendermaßen: In der Eingabemaske ist der neue Begriff bereits eingetragen, den Sie nun durch einen Klick auf SILBENTRENNUNG komplettieren. Danach erscheinen zwischen den Wortsilben sogenannte Tilden, die die Trennmöglichkeit anzeigen. Dieser Thesaurus-Algorithmus arbeitet erstaunlich gut und verhilft stets zu guten Trennergebnissen. Sollte einmal die Trennung nicht optimal sein, so können Sie manuell die Tilden einfügen oder zu viele Tilden entfernen. Die Anzahl der Tilden beschreibt die Trennpriorität: bei einer Tilde wird zuerst getrennt, danach möglicherweise noch bei zwei Tilden und zuletzt drei Tilden. Drei Tilden zeigen zwar eine erlaubte Trennung an, diese führt jedoch eventuell zu einem ungünstigen Textumbruch.

Keine Trennung
Soll ein Wort nie getrennt werden, geben Sie vor dem Anfangsbuchstaben eine Tilde ein.

Haben Sie Wörter durch ein Zeichen wie einen Slash (/) oder einen Unterstrich (_) aneinandergefügt, so kann die Silbentrennung nicht einwandfrei eine Trennung herbeiführen, sondern trennt immer nur die Wortteile.

Nachdem die Silbentrennung erfolgt ist, fügen Sie den neuen Begriff dem Wörterbuch hinzu und beenden den Dialog mit FERTIG. Sie kehren wieder zur Rechtschreibkorrektur zurück und können die Fehlersuche fortsetzen.

Andere Wörterbücher
InDesign wird mit den Proximity-Wörterbüchern ausgeliefert, die jedoch nicht bei allen Anwendern auf Gegenliebe stoßen. Die Duden-Redaktion hat aus diesem Grund einen eigenen Korrektor für InDesign und InCopy für CS2 und CS3 herausgebracht, der die bekannten InDesign-Schwächen in der deutschen Korrektur ausbügeln soll.

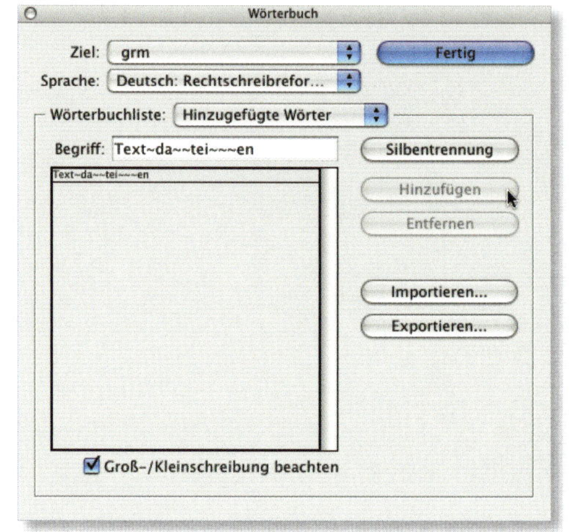

Abbildung 7.29 ▶
Mit einem Klick auf die Silbentrennung schlägt InDesign eine Trennung für ein Wort vor, das in das aktuelle Wörterbuch übernommen werden soll. Die Anzahl der Tilden gibt die Priorität an, mit der später das Wort im Absatz getrennt wird. Diese Tilden können Sie auch nachträglich manuell entfernen.

Grenzen der Fehlererkennung

Wie jede Desktop-Software kann auch InDesign keine grammatikalische Syntax auf Vollständigkeit überprüfen, ein Korrekturlesen auf Papier ist immer sinnvoll, auch wenn der Kunde maßgeblich für die Rechtschreibung verantwortlich ist. Da eine Korrektur in letzter Minute durchaus den Umbruch und somit den Textfluss beeinträchtigen kann, kommt somit eine Fehlerlawine ins Rollen, da nun Übersatz im Textrahmen steckt, der aber nicht größer positioniert werden darf. Das Szenario ist sicher erweiterbar, aber belassen wir es bei dem Hinweis, dass sowohl Gestalter als auch Druckdienstleister nicht nur für die gedruckte Qualität, sondern auch für die Orthographie verantwortlich sind, schließlich ist auch die korrekte Orthographie an sich eine Dienstleistung.

7.5.4 Dynamische Rechtschreibprüfung und Autokorrektur

Zwei Funktionen erleichtern Ihre tägliche Textarbeit in InDesign CS3: Die dynamische Rechtschreibprüfung hebt falsch geschriebene oder dem Wörterbuch unbekannte Wörter hervor. Darüber hinaus bietet InDesign mit dieser Funktion während der Textarbeit Vorschläge an.

Die Autokorrektur hingegen soll selbstständig falsch geschriebene Wörter austauschen können. Häufige Fehler, wie vertauschte Vokale bei dem Wort »veile« anstatt »viele«, lassen sich somit von InDesign korrigieren.

Voreinstellungen | Bevor Sie nun mit der Textkorrektur beginnen, sollten Sie einige Voreinstellungen beachten. Rufen Sie mit dem Befehl [⌘]/[Strg]+[K] die InDesign-Voreinstellungen auf. In den Rubriken WÖRTERBUCH sowie RECHTSCHREIBUNG und AUTOKORREKTUR müssen Sie nun einige Veränderungen vornehmen.

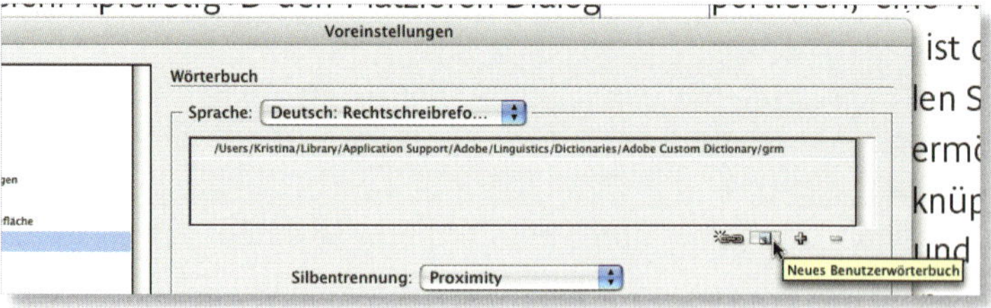

Abbildung 7.30 ▶
Legen Sie sich ein neues benutzerdefiniertes Wörterbuch an, indem Sie auf das Blattsymbol klicken.

Falls Sie noch kein benutzerdefiniertes Wörterbuch angelegt haben, können Sie dies nun nachholen. Klicken Sie in der oberen Liste auf das kleine Blattsymbol (Abbildung 7.30). Danach speichern Sie ein »Benutzerwörterbuch.udc« auf Ihrer Festplatte ab.

Danach besuchen wir die Voreinstellungen zur RECHTSCHREIBPRÜFUNG. Hier sehen Sie, dass die Rechtschreibprüfung grundsätzlich vier verschiedene Fälle erkennt: WÖRTER MIT RECHTSCHREIBFEHLERN, WIEDERHOLTE WÖRTER, KLEINGESCHRIEBENE WÖRTER sowie KLEINGESCHRIEBENE SATZANFÄNGE. Mithilfe der aktiven dynamischen Rechtschreibprüfung können Sie diesen Fällen auch eine Hervorhebungsfarbe im Layout geben.

TIPP

Die Autokorrektur kann Ihnen eine Menge Tipparbeit abnehmen: Vergeben Sie für häufig geschriebene Wörter ein Kürzel, das dann automatisch ersetzt wird. Für das vorliegende Buch könnten wir z. B. »idcs3« durch »InDesign CS3« ersetzen lassen.

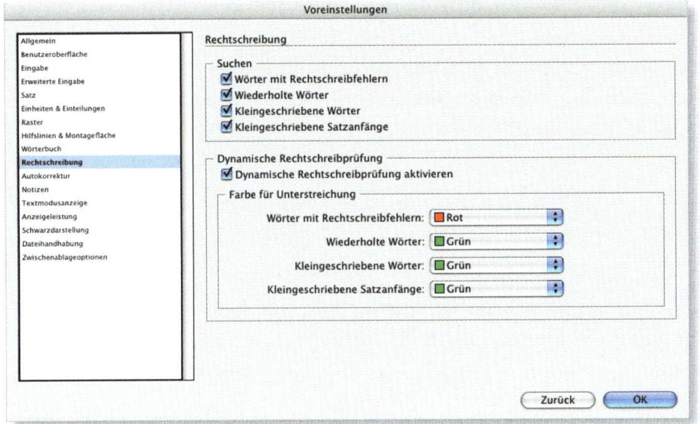

◄ **Abbildung 7.31**
Die dynamische Rechtschreibprüfung sollte in den Voreinstellungen immer aktiviert bleiben.

Wenn Sie danach in der Rubrik AUTOKORREKTUR die neue Funktion aktivieren, können Sie zur aktuell ausgewählten Sprache typische Rechtschreibfehler aufnehmen. Klicken Sie auf HINZUFÜGEN, und geben Sie eine Korrektur ein.

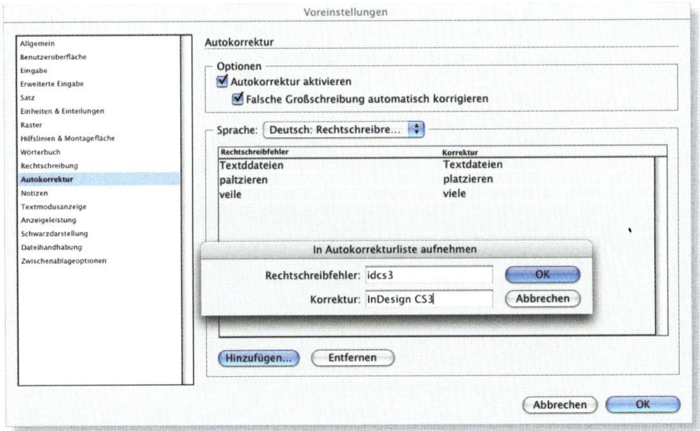

▲ **Abbildung 7.32**
Die Autokorrektur verwaltet typische Rechtschreibfehler oder gewollte Kurzwörter. Anstelle von »idcs3« wird »InDesign CS3« eingesetzt.

Probleme in den Wörterbüchern

Nur die englischen, französischen oder spanischen Wörterbücher haben in InDesign bereits fertige Vorschläge für eine Autokorrektur. Wenn Sie diese auswählen, bekommen Sie eine lange Liste von möglichen Schreibfehlern. Alle anderen Sprachen gehen in InDesign leer aus, hier müssen Sie alle Autokorrekturen selbst eintragen.

Keine Hervorhebung sichtbar?

Wenn Sie die dynamische Rechtschreibkorrektur aktivieren, aber keine roten Wellenlinien im Layout sehen, kann es daran liegen, dass Sie entweder einen hervorragenden Text vor sich haben oder sich im Vorschaumodus befinden. Dabei werden alle Hilfslinien und Markierungen ausgeblendet. Geben Sie den Tastenbefehl W ein, die Wellenlinien sollten damit sofort wieder erscheinen.

Prüfungen durchführen

Nachdem Sie nun die Voreinstellungen abgeschlossen haben, kehren Sie wieder zu Ihrem Layout zurück und rufen unter dem Menü BEARBEITEN • RECHTSCHREIBPRÜFUNG die DYNAMISCHE RECHTSCHREIBPRÜFUNG sowie die AUTOKORREKTUR auf. InDesign

Alles rot?

Wenn Sie mit mehrsprachigen Dokumenten arbeiten, kann es sein, dass Sie noch ein anderes Wörterbuch einer anderen Sprache ausgewählt haben. Sobald Sie die dynamische Rechtschreibprüfung aktivieren, werden nahezu alle Wörter rot hervorgehoben. Stellen Sie einfach das Wörterbuch in den Voreinstellungen um, oder wählen Sie das richtige Wörterbuch in den Absatzeinstellungen. Danach werden nur die falsch geschriebenen oder unbekannten Wörter hervorgehoben.

schaltet dann diese beiden Funktionen ein. Die Auswirkungen erkennen Sie erst in der Textbearbeitung.

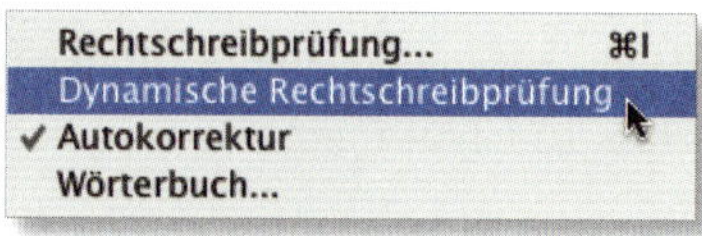

▲ **Abbildung 7.33**
Über das Menü BEARBEITEN oder über das Kontextmenü während der Textbearbeitung aktivieren Sie die dynamische Rechtschreibprüfung und die Autokorrektur.

Die AUTOKORREKTUR bewirkt, dass sofort alle angegebenen Fälle in den Voreinstellungen im Layout ersetzt werden. Nutzen Sie also diese Funktion mit Bedacht, da sich sonst Ihr gesamter Textumbruch ändern könnte. Für unser Beispiel werden u.a. alle Fälle, in denen »veile« gefunden wird, durch ein »viele« ersetzt.

Sobald Sie die DYNAMISCHE RECHTSCHREIBPRÜFUNG aktivieren, erkennen Sie rote Wellenlinien unter nicht im Wörterbuch bekannten oder falsch geschriebenen Wörtern. Alle anderen Fälle werden grün oder in einer anderen Farbe gekennzeichnet, je nachdem, was Sie in den Voreinstellungen gewählt haben.

Korrekturen vorschlagen lassen | Sobald Sie mit dem Textwerkzeug [T] über das markierte Wort fahren und das Kontextmenü aufrufen, erhalten Sie eine Liste aller Wortvorschläge von InDesign. Wechseln Sie das Wort, oder fügen Sie das markierte Wort als neuen Begriff in Ihr Wörterbuch ein.

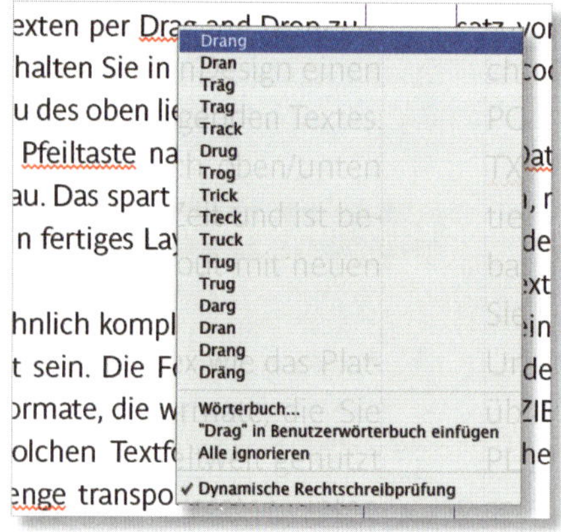

▲ **Abbildung 7.34**
Nicht im Wörterbuch verzeichnete Wörter werden markiert. Über das Kontextmenü sehen Sie die Vorschläge der Rechtschreibprüfung. Bevor Sie aber die [↵]-Taste drücken, sollten Sie besser das nicht erkannte Wort Ihrem Wörterbuch hinzufügen.

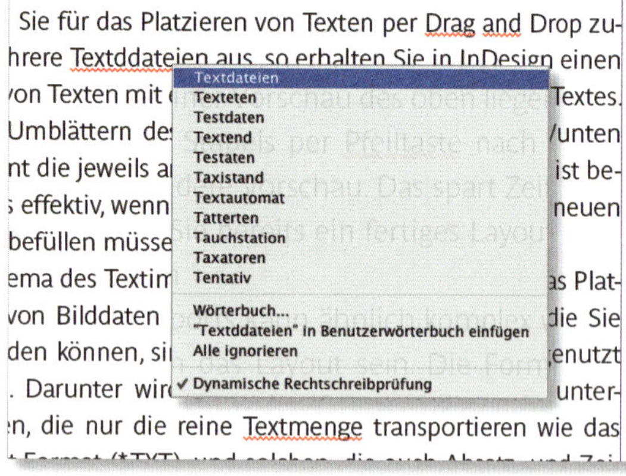

▲ **Abbildung 7.35**
Falsch geschriebene Wörter werden markiert, und die Rechtschreibprüfung schlägt Ihnen eine Korrektur im Kontextmenü vor.

7.6 Der Textmodus

Die Bearbeitung und Korrektur von Texten ist in komplexen Layoutdokumenten häufig umständlich: Textrahmen, die um 90 Grad gedreht sind, lassen sich schwer lesen und korrigieren. Ebenso ist es bei grafisch aufwendigen Dateien: Übereinander liegende transparente Objekte oder unruhige Untergründe behindern die Lesbarkeit, hochauflösende Bilddaten verlangsamen den Bildaufbau im Textumbruch. Damit Sie nicht Ihre Texte außerhalb von InDesign bearbeiten oder eigene Textebenen anlegen müssen, bietet Ihnen InDesign einen Textmodus an. Darin werden bei aktiver dynamischer Rechtschreibprüfung auch die Textmarkierungen angezeigt.

7.6.1 Arbeiten mit dem Textmodus

Textmodus aufrufen | Sie rufen den Textmodus auf, indem Sie zunächst einen Textrahmen anwählen und dann den Tastenbefehl ⌘+Y bzw. Strg+Y drücken oder im Menü Bearbeiten • Im Textmodus bearbeiten... aufrufen. Alternativ dazu können Sie auch über das Kontextmenü mit gedrückter Ctrl-Taste oder nit der rechten Maustaste in den Textmodus wechseln.

Ansicht | Der Textmodus zeigt Ihnen neben dem Text außerdem in der linken Spalte die Formatierungen an. Alle Absatzformate werden benannt. Somit behalten Sie leicht den Überblick über die Textformatierungen. Sie können die Abschnitte auch im Textmodus über die Absatzformate-Palette oder über Tastenbefehle für die Absatzformate formatieren.

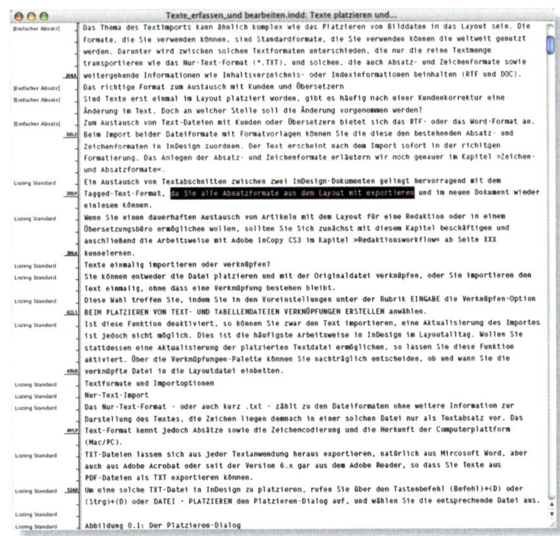

◂ **Abbildung 7.36**
Der Textmodus erlaubt die einfache Textbearbeitung unabhängig vom Layout.

Verborgene Zeichen | Wenn Sie zudem unter dem Menü SCHRIFT die Option VERBORGENE ZEICHEN EINBLENDEN aktivieren, werden auch Sonderzeichen, Leerräume und Umbruchzeichen angezeigt. Auch im Textmodus können Sie jederzeit diese Sonderzeichen aus dem Kontextmenü einfügen.

Übersatz und Untersatz | Blenden Sie während der Textbearbeitung die Info-Palette ein, so erhalten Sie die Anzahl der Anschläge, der Wörter, aber auch den Umfang des Übersatzes – jenes Textabschnitts, der über einen Textrahmen hinausreicht und nicht angezeigt werden kann. Dieser Übersatz wird mit einem Plus gekennzeichnet. Die erste Anzahl an Zeichen in der Info-Palette zeigt die Menge innerhalb der sichtbaren Textrahmen an, die Zahl nach dem Plus zeigt den Übersatz. Somit können Sie an einigen Stellen redaktionelle Textkürzungen oder Umformulierungen vornehmen, um den Übersatz teilweise oder ganz zu verringern (Abbildung 7.37).

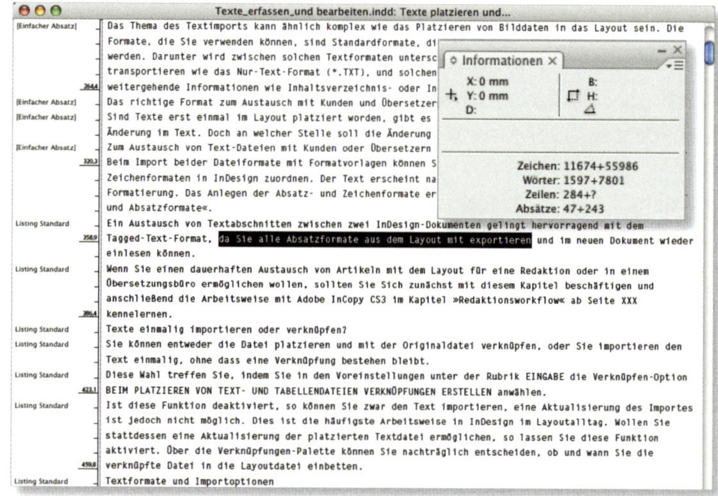

Abbildung 7.37 ▸
Übersatztext wird mit einer roten Markierung hervorgehoben. In der Info-Palette sehen Sie zudem, wie viele Zeichen und Wörter sich außerhalb eines Layoutrahmens befinden: 1597+7801 besagt, dass 7801 Wörter im Übersatz stehen!

Wie viel Untersatz ist noch im Textrahmen?

Wenn Ihre Redaktion wissen will, wie viele Anschläge noch in den Textrahmen hineinpassen, um einen Artikel »auf Zeile« zu ergänzen, können Sie diese Stelle über die rechte Maustaste oder [Ctrl]+Klick mit Platzhaltertext füllen. Markieren Sie nun diesen Abschnitt. Die Info-Palette zeigt Ihnen die entsprechende Anzahl an Zeichen, Wörtern, Zeilen und Absätzen des markierten Bereichs.

Textmodus und Rechtschreibprüfung | Innerhalb des Textmodus korrigieren Sie Texte durch die automatische Rechtschreibkorrektur und durch Wörterbücher. Rufen Sie dazu aus dem Menü BEARBEITEN die Optionen RECHTSCHREIBKORREKTUR oder WÖRTERBÜCHER auf. Ebenso lassen sich Wörter über die Funktion SUCHEN/ERSETZEN korrigieren oder tauschen.

Text verschieben | Ganze Textpassagen lassen sich auch verschieben: Markieren Sie den Textabschnitt, und ziehen Sie ihn mit gedrückter Maustaste an eine neue Position.

Dieses Verschieben per Drag & Drop ist auch im Layout möglich. Rufen Sie die Voreinstellungen mit [⌘]/[Strg]+[K] auf. Unter der Rubrik Eingabe sehen Sie, dass Sie die Textbearbeitung durch Ziehen und Ablegen beeinflussen können. Diese ist nur im Textmodus aktiv. Eventuell können Sie auch im Layout Textabschnitte verschieben. Wählen Sie dazu die Option In Layoutansicht aktivieren aus. Sicherheitshalber ermöglicht InDesign nur das Verschieben innerhalb des ausgewählten Textrahmens oder miteinander verknüpfter Rahmen.

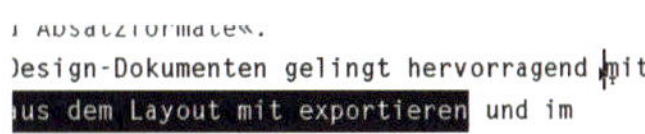

▲ **Abbildung 7.38**
Zunächst markieren Sie den Text, danach ziehen Sie ihn mit gedrückter Maustaste an eine neue Position.

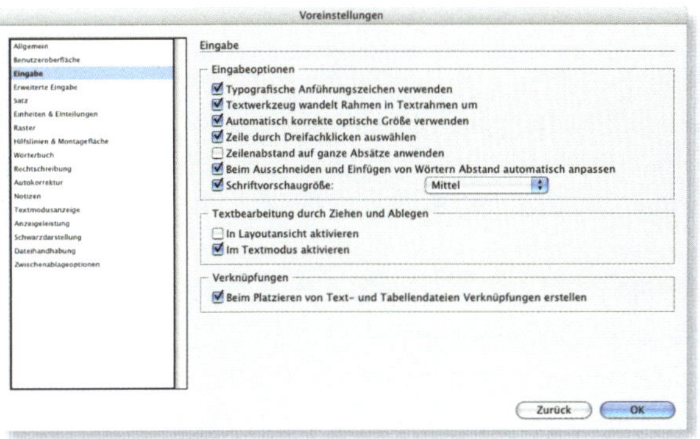

◀ **Abbildung 7.39**
Die Voreinstellungen zur Eingabe betreffen die Textbearbeitung sowohl in der Layoutansicht als auch im Textmodus.

Textmodus beenden | Wollen Sie den Textmodus wieder beenden, so drücken Sie erneut den Tastenbefehl [⌘]+[Y] bzw. [Strg]+[Y]. Somit kehren Sie wieder zur normalen Layoutarbeit zurück, der Textmodus lässt sich jederzeit von Neuem starten.

Darstellungsoptionen des Textmodus | Wie sich der Textmodus präsentiert, stellen Sie in den Voreinstellungen unter Textmodus ein. Dort wählen Sie Font, Farbe, Hintergrund oder die Form des Textmodus. Dazu kommt auch eine Kantenglättung der Schrift, die InDesign grundsätzlich verwendet. Wenn dies Sie stört, können Sie für den Textmodus diese Option deaktivieren.

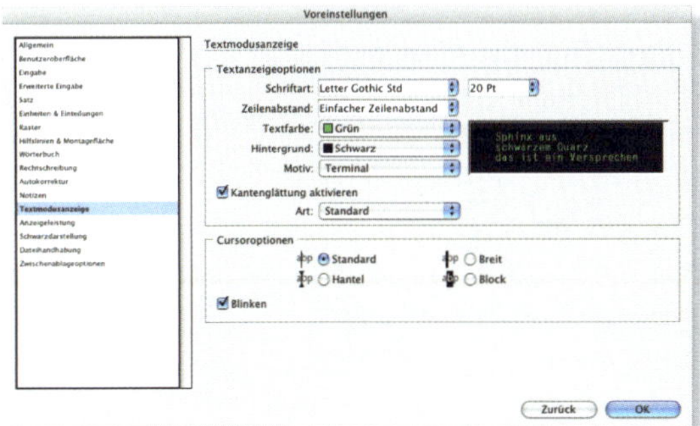

▲ **Abbildung 7.40**
Die Voreinstellungen zum Textmodus erlauben ein komplett anderes Erscheinungsbild, das sich nicht auf das Layout auswirkt.

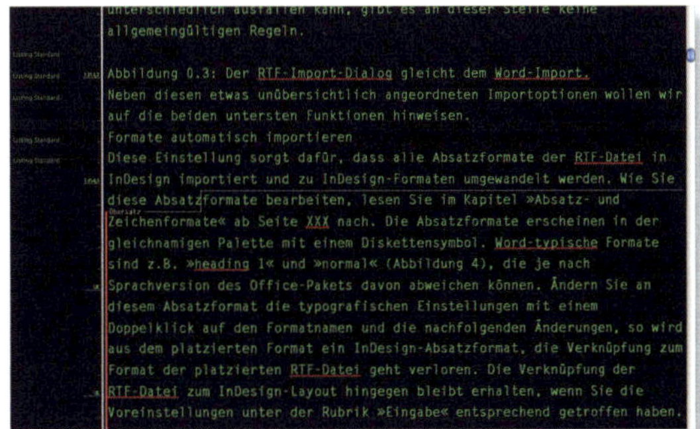

▲ **Abbildung 7.41**
Die Voreinstellung Terminal beschwört nostalgische Programmiererinnerungen.

7.6.2 Tags im Textmodus

Abgesehen von Absatzformaten lassen sich auch XML-Tags zur Markierung von variablen Inhalten anzeigen. Darauf gehen wir noch genauer in Kapitel 25, »XML-Publishing«, ein. Dazu stellt der Textmodus Anfang und Ende der Markierung durch nach innen weisende Pfeile und die Tag-Bezeichnung dar. XML-Markierungen werden durch die Schreibweise `<Tag>` geöffnet und durch `</Tag>` geschlossen, daher bildet auch hier der Textmodus diese Syntax ab.

Verwechseln Sie bitte die Tags nicht mit Absatz- oder Zeichenformatierungen! Tags dienen lediglich zur Markierung des Inhalts, die Absatzformate bilden dagegen die Darstellungsform der Inhalte. Tags und Formate lassen sich über XML-Funktionalitäten miteinander synchronisieren. Somit wird eine Stelle im Text durch die Tags erkannt, durch einen neuen Inhalt ersetzt und mit einem Absatz- oder Zeichenformat dargestellt.

Da alle Sonderzeichen auch im Textmodus frei editierbar sind, lassen sich auf diese Weise durch Ausschneiden und Einfügen die Tags auch manuell versetzen.

7.6.3 Alternativen zum Textmodus

Die Textkorrektur findet nicht immer im Layout statt. Häufig müssen die Kunden selbst die Texte formulieren oder ändern. Dazu ist der Textmodus ungeeignet, da die Texte häufig in Microsoft Word erfasst oder erstellt werden. Neben der Platzierung von Word-Dokumenten gibt es aber auch eine Alternative: InCopy. InCopy ist ein Textverarbeitungsprogramm für Redakteure, das auf derselben Technologie wie InDesign aufbaut. InDesign und InCopy sind so aufeinander abgestimmt, dass Textpassagen oder ganze Textrahmen aus einem Layoutdokument exportiert und in InCopy überarbeitet werden können. Magazinredaktionen wie beim FOCUS in München oder bei der ZEIT in Hamburg arbeiten mit diesen beiden Programmen.

Dazu benötigen die Mitarbeiter der Redaktion oder Ihre Kunden eine InCopy-Lizenz, die separat bei Adobe verfügbar ist. Der Austausch wird über Redaktionssysteme verschiedener Hersteller wie Woodwing oder Softcare realisiert. Lesen Sie dazu auch Kapitel 26, »Redaktionsworkflow mit InCopy«.

7.7 Tagged-Text-Format

7.7.1 Austauschen von Textabschnitten innerhalb von InDesign-Dokumenten

Wenn Sie Texte aus einem InDesign-Dokument in ein anderes Layout kopieren wollen, so können Sie dies natürlich manuell mit den Befehlen Kopieren und Einfügen durchführen. Wollen Sie aber auch sämtliche im Textabschnitt benutzten Absatz- und Zeichenformate kopieren, so verwenden Sie besser das Tagged-Text-Format. Dazu markieren Sie mit dem Textwerkzeug T den gewünschten Abschnitt und wählen unter Datei • Exportieren das Tagged-Text-Format.

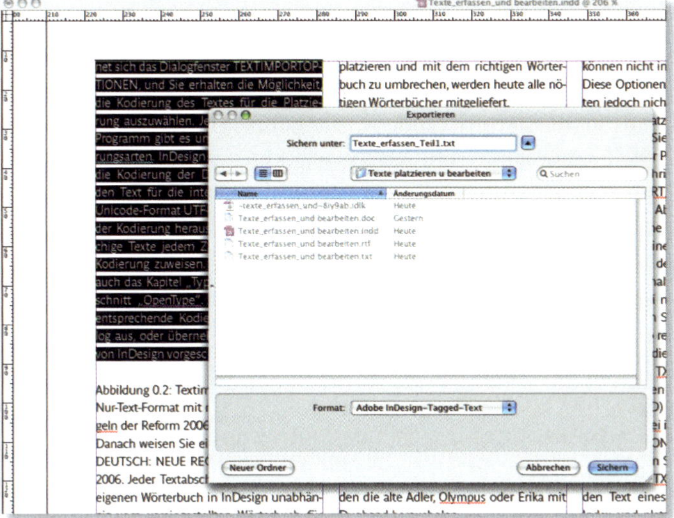

◀ **Abbildung 7.42**
Sobald Sie einen Textbereich im Layout markiert haben, erscheint im Export-Dialog von InDesign das Tagged-Text-Format.

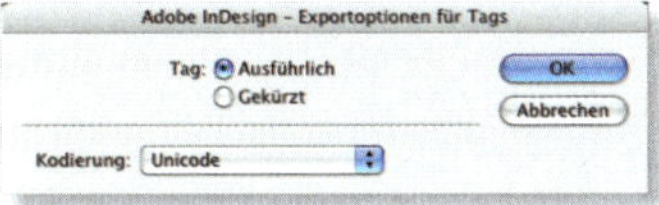

▲ **Abbildung 7.43**
Wenn Sie die Tagged-Text-Datei exportieren, können Sie eine Kodierung dieser Text-Datei wählen. Sobald Sie international arbeiten oder Textabschnitte vom PC auf dem Mac oder umgekehrt exportieren wollen, sollten Sie Unicode als Kodierung nutzen.

Im Zieldokument platzieren Sie diese Datei mit dem etwas irreführenden Kürzel ».txt«. Somit werden auch die Absatz- und Zeichenformate eingefügt, eine enorm hilfreiche Methode, um die Darstellungsqualität des kopierten Textes zu erhalten und die Formate im neuen Dokument für die weitere Arbeit zu nutzen.

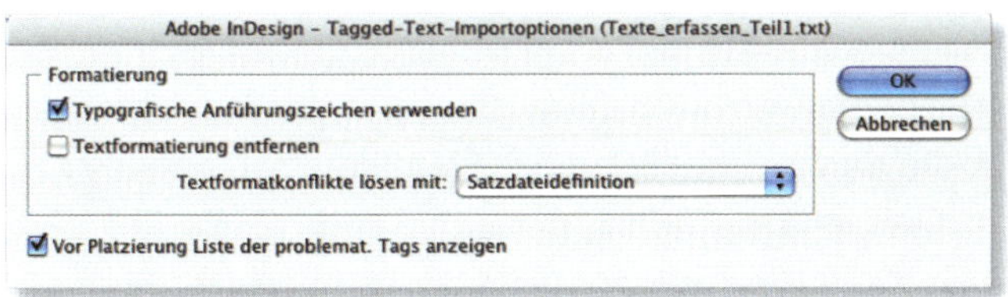

▲ **Abbildung 7.44**
Wenn Sie die Tagged-Text-Datei platzieren, erhalten Sie bei aktivierten Importoptionen diesen Dialog, in dem Sie die Textformatierungen entweder übernehmen oder entfernen können.

7.8 Fußnoten

Neben den vielen schönen Textfunktionen geraten viele sinnvolle Werkzeuge wie die Fußnoten häufig aus dem Blick. Diesem Werkzeug wollen wir uns nun intensiver widmen. Die Fußnoten beschreiben Querverweise zu anderen Seiten oder Literaturverweise zu anderen Büchern. Sie können Fußnoten selbstständig anlegen und die Formatierung wählen oder Fußnoten über den RTF- oder Word-Import einlesen.

Fußnoten und verankerte Objekte
Alternativ zu den Fußnoten können verankerte Objekte dieselbe Funktion übernehmen, da diese in einer eigenen Layoutspalte parallel zum Text mitlaufen. Auf die verankerten Objekte gehen wir später noch genauer ein.

Fußnoten befinden sich immer in demselben Textrahmen wie der Hinweis im Fließtext, hier gibt es seit der erstmaligen Einführung der Funktion in der InDesign CS2 keine Änderung. Wird eine Fußnote zu umfangreich, wird sie bis zur Höhe des Verweises erweitert und in der nächsten Textspalte weitergeführt. Ist kein ausreichender Platz vorhanden, wird sie auf die nächste Seite oder in den nächsten verketteten Textrahmen umbrochen.

Da es sehr viele verschiedene Möglichkeiten gibt, Fußnoten zu gestalten oder anzulegen, wollen wir Ihnen anhand eines einfachen Beispiels den Umgang mit Fußnoten näherbringen.

7.8.1 Fußnoten anlegen

Klicken Sie mit dem Textwerkzeug [T] an eine Textstelle, und rufen Sie das Kontextmenü auf. Wählen Sie die Option FUSSNOTE EINFÜGEN. Zunächst fügt InDesign hinter dieser Textstelle eine hochgestellte Ziffer ein.

typografische Zeichen. Je nach
weder die deutschen Satzzeichen
oder die deutschen Guillemets
französischen Schreibweise «...»
tz verschiedener Verlage häufig
Grundlinie und die Oberlänge in

▲ **Abbildung 7.45**
Der Verweis auf eine Fußnote wird durch eine hochgestellte Ziffer abgebildet.

Danach springt InDesign an das untere Ende des Textrahmens, setzt einen Strich und eine normale Ziffer. Danach blinkt mit dem Abstand eines Tabulators die Einfügemarke. Nun können Sie den Fußnotentext angeben.

7.8.2 Fußnoten formatieren

Um nun die Fußnoten auch zu gestalten, rufen Sie aus dem Menü SCHRIFT die OPTIONEN FÜR DOKUMENTFUSSNOTEN auf.

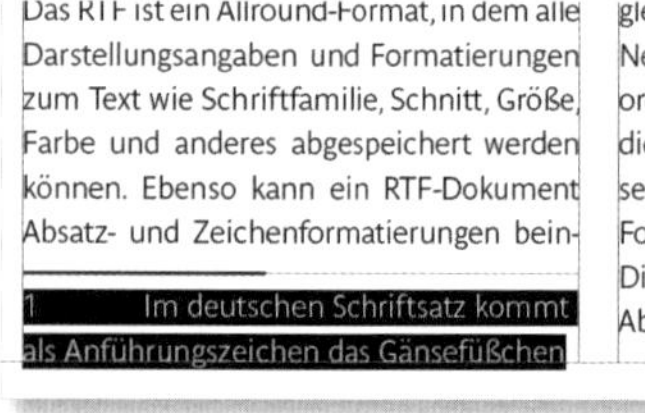
Das RTF ist ein Allround-Format, in dem alle Darstellungsangaben und Formatierungen zum Text wie Schriftfamilie, Schnitt, Größe, Farbe und anderes abgespeichert werden können. Ebenso kann ein RTF-Dokument Absatz- und Zeichenformatierungen bein-

1 Im deutschen Schriftsatz kommt als Anführungszeichen das Gänsefüßchen

▲ **Abbildung 7.46**
Die Fußnote erscheint am unteren Ende des Textrahmens.

Reiter Nummerierung und Formatierung | In diesem Dialog wählen Sie, wie die Fußnote nummeriert wird, wie die Ziffer im Text erscheint und mit welchem Abstand die Fußnote eingezogen wird. Für die Nummerierung können Sie alternativ zur arabischen Ziffer auch ein anderes Format wählen.

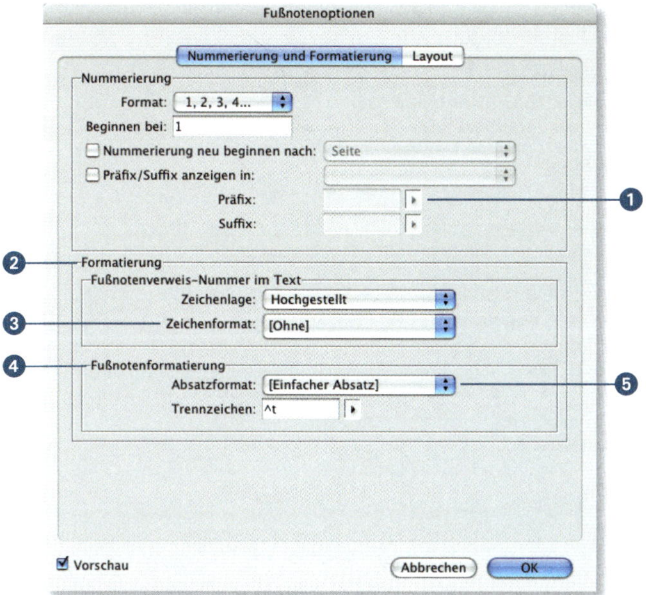

◂ **Abbildung 7.47**
Die Nummerierung und Formatierung des Verweises und der Fußnote nehmen Sie in den Fußnotenoptionen vor.

Für ein Präfix/Suffix können Sie auch die Formatierung VERWEIS UND TEXT wählen, die es erlaubt, die entsprechende Ziffer durch einen Text oder Klammern zu ergänzen. Damit hochgestellte Ziffern nicht zu eng mit dem vorangestellten Wort unterschnitten werden, gibt es hier die Möglichkeit, für das Präfix ein ACHTELGEVIERT als festen Zwischenraum zu wählen. Klicken Sie dazu in das kleine Auswahlmenü ❶ mit dem Pfeil nach rechts.

Neben der Hochstellung der Verweis-Ziffer im Text können Sie in der Rubrik FORMATIERUNG ❷ auch eine tiefgestellte normale Ziffer wählen. Dazu formatieren Sie diese Ziffer mit einem Zeichenformat ❸.

Die FUSSNOTENFORMATIERUNG ❹ beschäftigt sich nur mit der Fußnote am Ende des Textrahmens. Die typografische Auszeichnung der Fußnoten erfolgt mit Zeichen- und Absatzformaten. Hier wählen Sie ein eigenes Absatzformat anstelle der Grundeinstellung [EINFACHER ABSATZ]. Wie Sie Absatz- und Zeichenformate erstellen, lesen Sie im gleichnamigen Kapitel 9. Das Trennzeichen wird mit einem Tabulator angegeben und erscheint in der Schreibweise »^t«. Aber auch ein Geviert kann einen guten Leerraum zum Fußnotentext darstellen.

Reiter Layout | Somit haben Sie nun die Erscheinung der Fußnote und des Verweises festgelegt. Wie sieht es aber mit der Anordnung der Fußnoten zueinander und mit ihrer Position im Layout aus? Wechseln Sie dazu in den Fußnotenoptionen auf den Reiter LAYOUT.

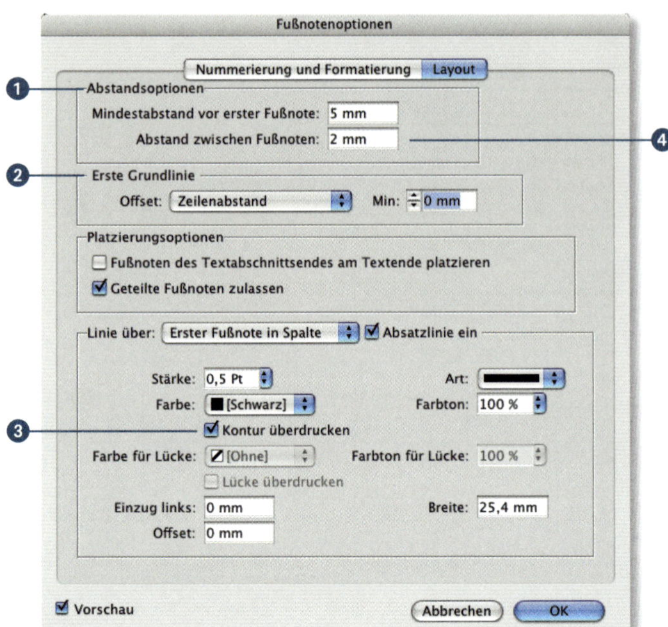

Abbildung 7.48 ▶
Wie sich die Fußnoten zum Layout verhalten, stellen Sie im Reiter Layout ein.

Die Abstandsoptionen ❶ und die Orientierung ❷ an der Grundlinie sind nahezu selbsterklärend. Die Verwendung der ersten Grundlinie lesen Sie bitte in Kapitel 8, »Typografie«, nach.

Wie die Fußnote vom übrigen Text getrennt wird, können Sie mit einer Linie über der ersten Fußnote festlegen. Auch diese Einstellungen geben keine Rätsel auf. Beachten Sie aber hier, dass Sie die Funktion Kontur überdrucken ❸ aktivieren, wenn Sie eine Absatzlinie z. B. in der Farbe Schwarz verwenden. Farbige Konturen werden in InDesign grundsätzlich zunächst nicht überdruckt. Bei feinen Linien unter 1 Punkt Strichstärke sollten Sie diese Option allerdings nutzen. Die Breite der Linie gibt an, wie weit die Fußnotenlinie in die Textspalte gezogen wird. Leider haben Sie hier keine Einstellungen, um diese Linie in der Breite an die Textspalte anzupassen wie in den Absatzformaten.

Für die Formatierung einer Fußnote legen Sie sich ein Absatzformat an. Damit die Fußnote hinter dem Text eingezogen wird, müssen Sie einen linken Einzug (5 mm) und einen negativen Einzug in der ersten Zeile (–5 mm) definieren. Das Absatzformat wählen Sie danach in den Darstellungsoptionen der Fußnoten ❺ (Abbildung 7.47). Damit die Fußnoten voneinander getrennt werden, geben Sie einen Abstand zwischen Fussnoten ❹ in den Fußnotenoptionen an.

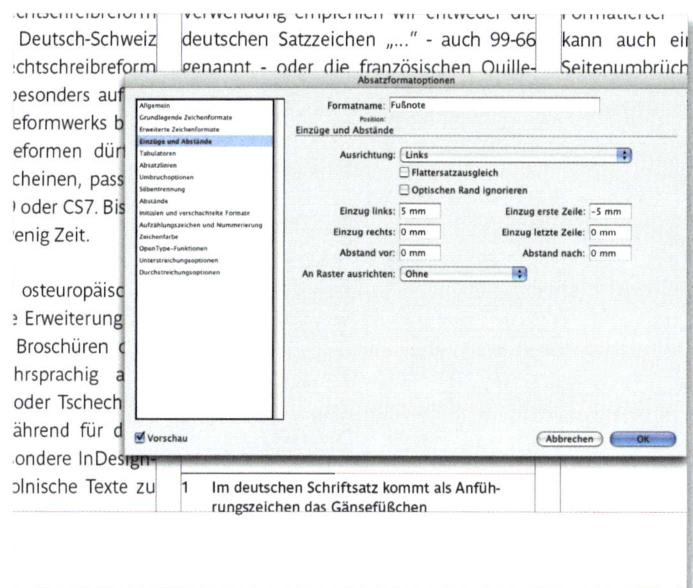

◄ **Abbildung 7.49**
Legen Sie das Absatzformat »Fußnote« nach diesen Einstellungen an.

7.9 Verankerte Objekte

Auf der Buch-DVD finden Sie im Ordner VIDEO-LEKTIONEN auch einen Lernfilm zum Thema »Verankerte Objekte«.

Die verankerten Objekte dienen dazu, in Abhängigkeit von einer Textpassage einen oder mehrere Layoutrahmen auf derselben Textzeile oder auf derselben Seite zu platzieren. Das Thema der verankerten Objekte überschneidet sich mit vielen Kapiteln, wie dem Platzieren von Rahmen und Bildern (Kapitel 12) sowie mit Absatz- und Zeichenformaten (Kapitel 9). Daher werden wir Ihnen an einem einfachen Beispiel einer mitlaufenden Marginalie zeigen, wie das Prinzip der verankerten Objekte funktioniert. Bitte befassen Sie sich mit den angesprochenen Kapiteln, wenn Sie mit der Layoutarbeit in InDesign noch keine Erfahrung haben.

Für zwei Anwendungen verwenden Sie verankerte Objekte.

1. Die nahe liegende Funktion sind Marginalrahmen, also innerhalb des Layouts in einer eigenen Spalte laufende Textrahmen oder Text/Bild-Kombinationen mit einem Literaturhinweis oder einem ergänzenden Bild, so wie sie es auch in diesem Buch sehen. Beide beziehen sich auf eine Textposition im Fließtext
2. Ein zweites sinnvolles Einsatzgebiet sind eingebundene Grafiken.

Ausrichtung am Bund/Rand

Seit der Version CS2 können Sie bestimmen, ob sich Textzeilen in doppelseitigen Dokumenten abhängig zum Bund oder Rand ausrichten. Wählen Sie zum Beispiel die Formatierung zum Bund, erhalten Sie auf einer linken Seite einen rechtsbündigen Textabsatz, auf einer rechten Seite hingegen einen linksbündigen. Besonders bei Marginalien ist dies sinnvoll, sodass sich Literaturangaben beispielsweise auf einer äußeren Marginalienspalte immer an den inneren Textspalten ausrichten.

7.9.1 Marginalrahmen als verankertes Objekt

Für unser Beispiel verwenden wir ein dreispaltiges Layout. Die beiden inneren Spalten sind für den Fließtext reserviert, die Spalten am Seitenrand stellen nur Marginalien dar.

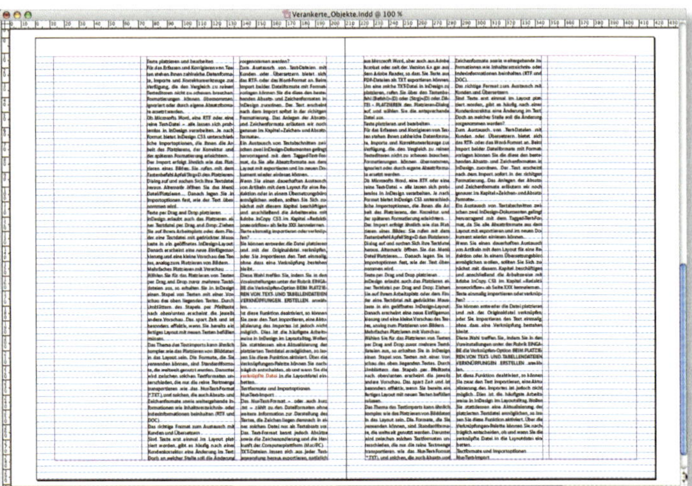

Abbildung 7.50 ►
Die zum Bund liegenden Spalten nehmen den Fließtext auf, die äußeren Spalten (links und rechts) dienen zur Ergänzung durch Marginalien. Eine Marginalie soll mit dem roten Wort verankert werden.

Verankertes Objekt einfügen | Klicken Sie nun an die Stelle im Fließtext, die unmittelbar durch eine Marginalie ergänzt werden soll. Rufen Sie das Kontextmenü auf, und wählen Sie die Option VERANKERTES OBJEKT • EINFÜGEN... aus.

Zum Weiterlesen
In unserem Layout ist ein Wort zur besseren Orientierung rot hervorgehoben. Wie Sie diese Formatierungen erzielen, lesen Sie in Kapitel 9, »Absatz- und Zeichenformate«.

Im nachfolgenden Dialog können Sie alle Einstellungen dafür vornehmen, wie die Marginalie nun mit der Textstelle verankert wird und was für ein Rahmen erzeugt wird.

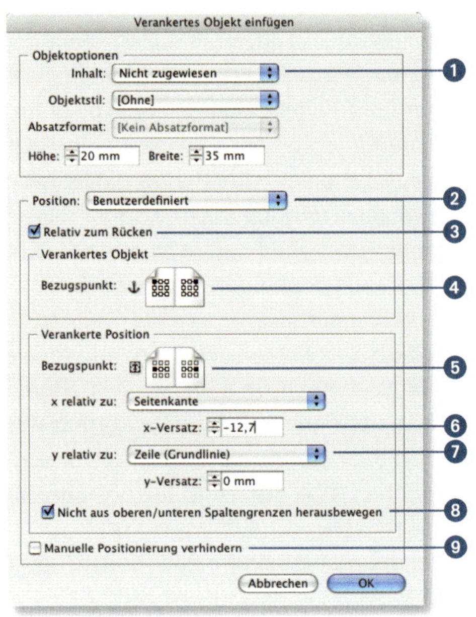

Abbildung 7.51 ►
Wenig komfortabel sind die Einstellungen für die verankerten Objekte, da es keine Vorschau gibt oder die Position des Rahmens mit nur einem Bezugspunkt ausgewählt werden kann. Achten Sie darauf, dass Sie die Position für Marginalien auf BENUTZERDEFINIERT stellen und mitlaufende Grafiken als EINGEBUNDEN ODER ÜBER ZEILE POSITIONIEREN.

Vorsicht: Keine Markierung als Verankerung festlegen

Sie dürfen nur mit dem Textwerkzeug T einmal an die Ankerstelle klicken und danach über das Kontextmenü die Einstellungen zum verankerten Objekt aufrufen. Wenn Sie stattdessen ein Wort markieren und danach ein verankertes Objekt zuweisen, verschwindet später der markierte Text.

Zunächst legen Sie unter INHALT ❶ fest, was für einen Rahmen Sie anlegen wollen. Wenn Sie hier NICHT ZUGEWIESEN wählen, erzeugt InDesign einen neutralen Rahmen, in den Sie später Text oder Grafik einfügen können.

Die Objektstile erklären wir Ihnen in Kapitel 6, »Layoutrahmen«. Damit ist es möglich, dass Sie dem Marginalrahmen gleich einen vordefinierten Stil zuweisen können, sodass beispielsweise der Rahmen mit einem farbigen Hintergrund und einen Innenabstand versehen ist.

Wenn Sie als Inhalt einen Text zuweisen, ist es möglich, dass Sie gleich hier ein Absatzformat für die Marginalie wählen. Dies können Sie aber auch später mit den typografischen Werkzeugen von InDesign festlegen und ein Absatzformat auf den fertigen verankerten Rahmen anwenden.

Position | Kommen wir nun zu den wesentlichen Einstellungen! Die Höhe und die Breite des Rahmens ist selbsterklärend, aber die Positionsangaben des Rahmens zur Seite und zur Textstelle haben es in sich. Leider ist der Dialog recht komplex für unterschiedliche Zwecke angelegt worden, und eine Vorschau darüber, wohin ein neuer Marginalrahmen positioniert wird, ist nicht möglich. Die Orientierung zum Rücken und die Verankerte Position erfordern einige Übung. Daher wollen wir Ihnen am Beispiel diese Einstellungen näherbringen.

Unser Marginalrahmen, der mit der Textstelle verankert wird, soll in einer vom Bund der Doppelseite gesehen äußeren Layoutspalte auf Höhe der Textstelle »mitlaufen«. Somit ist also klar, dass die Position zunächst auf Benutzerdefiniert ❷ umgestellt und der Rahmen Relativ zum Rücken ❸ ausgerichtet wird. Das bedeutet, dass ein Marginalrahmen »weiß«, dass er sich auf einer linken oder rechten Seite befindet, und sich dementsprechend ausrichtet. Der Bezugspunkt kann an den oberen äußeren Seitenecken ausgerichtet werden ❹.

Die Verankerte Position stellt Ihnen eine Unmenge an Möglichkeiten zur Verfügung, da die Anwendungen sehr verschieden sein können. Für unser Marginalienobjekt wählen wir als Bezugspunkt die äußere Position auf der Doppelseite ❺. Die horizontale x-Position richten wir an der Seitenkante aus, und wir wählen einen Versatz in der Breite des äußeren Layoutrandes ❻. Vertikal hingegen wollen wir unsere Marginalien auf Höhe der Textstelle mitlaufen lassen. Das bedeutet: egal wo sich die Textstelle befindet, wird der Marginalrahmen vertikal ausgerichtet. Also wählen wir für die y-Position beispielsweise die Zeile (Grundlinie) ❼. Ein Offsetwert kann auch hier angegeben werden, damit die erste Textzeile des Marginalrahmens auf derselben Höhe wie die Textstelle läuft.

Wichtig sind die beiden letzten Optionen: Wenn Sie ein Spaltenraster wie in diesem Beispiel verwenden, läuft der Marginalrahmen innerhalb der Textspalte wie auf einer vertikalen

Manuelle Positionierung verhindern

Die Option, die manuelle Positionierung zu verhindern, ist keine endgültige Einstellung. Wenn Sie später einen solchen verankerten Rahmen mit Auswahl [V] anwählen und den Befehl [⌘]/[Strg]+[Alt]+[L] aufrufen, wird die Position des Rahmens entsperrt, und Sie können den Rahmen verschieben. Danach können Sie mit dem Tastenbefehl den Rahmen auch wieder sperren.

Keine gute Bedienung

Obwohl Adobe so viel Arbeit in InDesign CS3 investiert hat, um die Bedienoberfläche zu verbessern, sind offenbar einige Funktionen wie die verankerten Objekte dabei übersehen worden. Die Bedienung der Position des verankerten Rahmens stellt die Geduld vieler Anwender auf die Probe. Gleich zwei Bezugspunkte – die Verankerung im Text und die Position auf der Seite – sollen eingestellt werden. Wäre es nicht sinnvoll, ein Werkzeug zu programmieren, das es uns als normalen Anwendern ermöglicht, den Rahmen mit einer Vorschau zu positionieren und InDesign daraus die Abhängigkeiten berechnen zu lassen? Erst wenn ein verankertes Objekt erstellt worden ist, können wir die Position mit einer Vorschau in den Optionen für verankerte Rahmen einstellen.

Eine andere Reihenfolge?
Leider ist das Anlegen einer Marginalie aus dem normalen Layout heraus nicht möglich. Wenn Sie einen Textrahmen oder eine Rahmengruppe anlegen und diese später als verankertes Objekt mit dem Text verbinden wollen, müssen Sie den hier beschriebenen Weg gehen und die Rahmengruppe in einen leeren Rahmen hineinkopieren. Das ist äußerst unflexibel. Auch dies ist ein Punkt, den Adobe ändern sollte.

»Schiene« und wird von den Layouträndern daran gehindert, aus der Seite herauszurutschen. Das hat zur Folge, dass bei einem Seitenumbruch der Textstelle auch die Marginalie auf die andere Seite umbrochen wird. Aktivieren Sie dazu die Option NICHT AUS OBEREN/UNTEREN SPALTENGRENZEN HERAUSBEWEGEN ❽.

Die letzte Option MANUELLE POSITIONIERUNG VERHINDERN ❾ schützt einen Marginalrahmen davor, abweichend von diesen gesamten Einstellungen verschoben zu werden. Da es aber nie auf Anhieb ohne Vorschau gelingen wird, ein verankertes Objekt einwandfrei mithilfe dieses Dialogs zu erstellen, sollten Sie sich alle Möglichkeiten offen halten.

Rahmen anlegen | Sobald Sie den Dialog mit OK bestätigen, legt Ihnen InDesign einen neuen verankerten Rahmen an der angegebenen Position an.

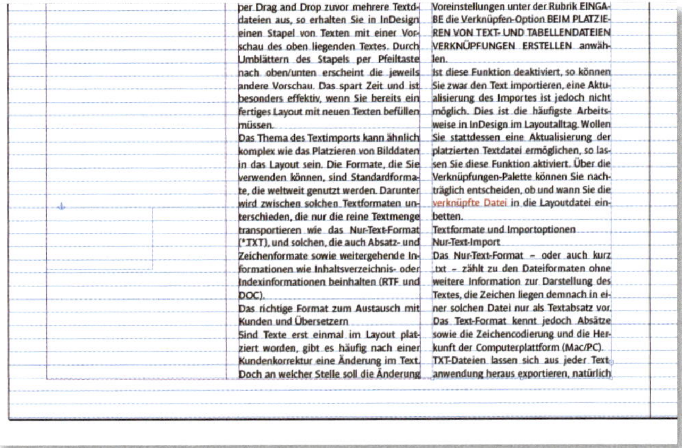

Abbildung 7.52 ▸
Verankerte Rahmen bekommen in der Layoutvorschau ein kleines Ankersymbol.

Ein kleiner Anker erinnert Sie daran, dass dieser Rahmen nun in Abhängigkeit des Fließtextes steht. Die rot markierte Textstelle gibt die Höhe des Rahmens vor, die horizontale Position richtet sich nach der Seitenkante.

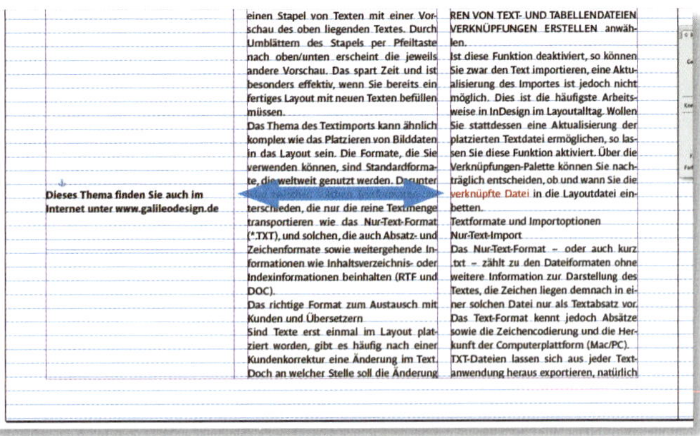

Abbildung 7.53 ▸
Der Marginalrahmen läuft nun in Abhängigkeit zur Textstelle vertikal zum Text mit (optische Verdeutlichung durch blauen Pfeil).

Nun können Sie das Textwerkzeug [T] wählen und in den Rahmen hineinklicken. Sie geben wie in jedem Textrahmen die Schriftgröße oder ein Absatzformat vor, wie wir bereits eingangs beschrieben haben. Alternativ platzieren Sie ein Bild.

Sobald Sie den Seitenumbruch ändern, rutscht auch die Textstelle auf eine andere Seite. Hier zeigt sich nun die Intelligenz des verankerten Marginalrahmens: Er platziert sich einfach auf die rechte äußere Layoutspalte und bleibt auf derselben Höhe wie die Textstelle.

Verankerung in der Layoutansicht anzeigen

Wie auch bei Textverkettungen lassen sich die Verbindungen von verankerten Objekten zur Textstelle mithilfe der Funktion TEXTVERKETTUNGEN EINBLENDEN ([⌘]/[Strg]+[Alt]+[Y]) anzeigen. Die Verbindungslinien sind hier jedoch gestrichelt.

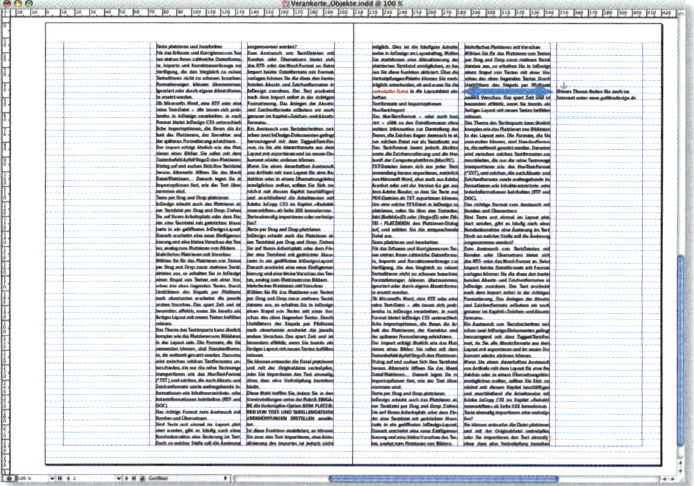

◂ **Abbildung 7.54**
Nach einem neuen Umbruch rutscht die Marginalie auf die entsprechende Seite.

7.9.2 Eingebundene Grafiken

Etwas einfacher ist die zweite Anwendung für verankerte Objekte: eingebundene Grafiken. Dies sind beispielsweise Bildrahmen, die sich im Textfluß befinden.

Bildrahmen anlegen | Wenn Sie einen solchen Rahmen anlegen wollen, verfahren Sie wie bei Marginalobjekten und klicken an eine Textstelle, an der Sie das verankerte Objekt einfügen wollen. Zu Beginn eines Absatzes fügen Sie beispielsweise einen Rahmen auf Spaltenbreite ein.

Einstellungen | Die Einstellungen für eine eingebundene Grafik sind etwas einfacher als für eine doppelseitig ausgerichtete Marginalie.

Sie müssen hier nur die POSITION als EINGEBUNDEN ODER ÜBER ZEILE wählen. Danach bestimmen Sie mit der Option ÜBER ZEILE, dass der eingebundene Rahmen den Text verdrängt. Ein ABSTAND VOR und NACH dem Rahmen in der Größe des Zeilenabstands oder Grundlinienrasters ist angemessen (4,233 mm = 12 Punkt).

Abbildung 7.55 ▸
In den Optionen für verankerte Objekte wählen Sie EINGEBUNDEN ODER ÜBER ZEILE als POSITION aus.

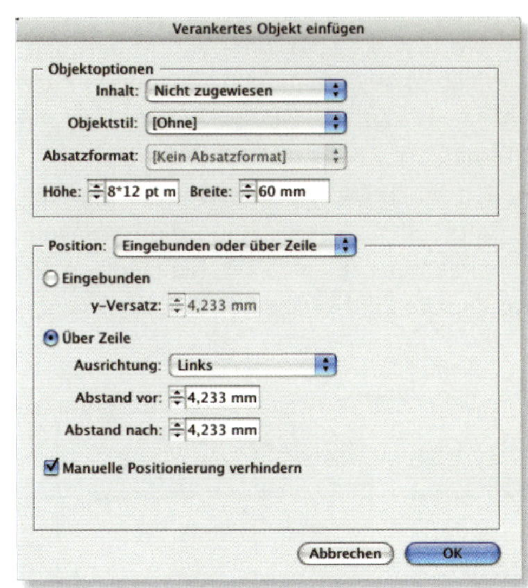

Höhe der eingebundenen Grafik

Die Höhe eines eingebundenen Rahmens geben Sie am besten so an, dass der Rahmen ein Vielfaches des Zeilenabstandes ausmacht. Da InDesign in allen Eingabefeldern erlaubt, einfache Rechnungen mit gemischten Einheiten vorzunehmen, geben Sie z. B. »8 * 12 pt« ein. Der Rahmen wird dann später eine Höhe von 8 Zeilen einnehmen.

Wenn Sie den Dialog bestätigen, erscheint nun auch hier wie bei den Marginalien ein neuer leerer Rahmen im Layout, der allerdings den Text verdrängt, da ein Abstand vor und nach dem Rahmen angegeben wurde.

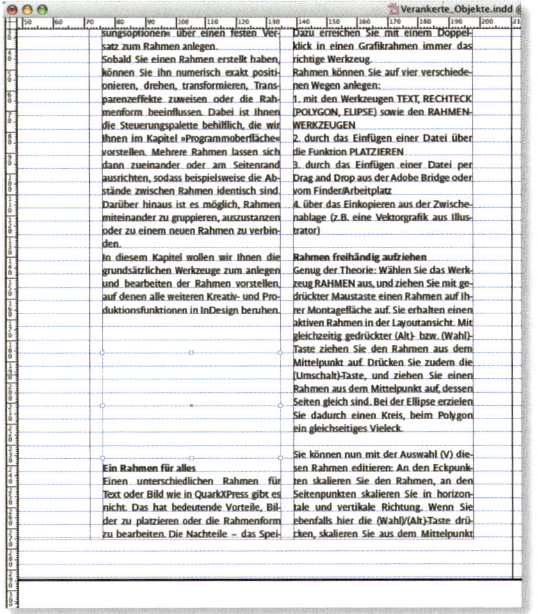

▲ Abbildung 7.56
Der neutrale eingebundene Rahmen verdrängt den Text.

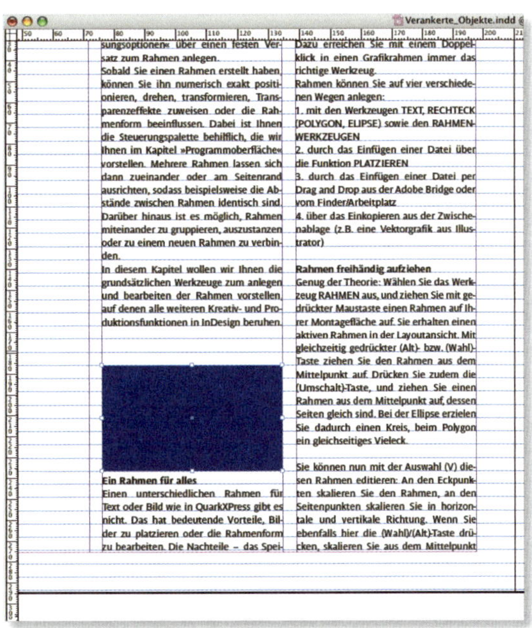

▲ Abbildung 7.57
Nach dem Einbinden wird der Rahmen gestaltet oder ein Bild platziert.

Diesen Rahmen können Sie nun frei gestalten oder ein Bild platzieren (siehe Kapitel 12).

8 Typografie

Typografie ist die visuelle Sprache der Neuzeit. Wie in jedem Layout- oder Satzprogramm steigt oder fällt die Qualität der gestalteten Magazine, Zeitschriften oder Kataloge mit den typografischen Möglichkeiten. InDesign bietet hochklassige Werkzeuge für die Typografie an, darunter auch viele Funktionen im Zusammenhang mit dem Unicode-basierten OpenType-Format.

8.1 Grundlagen der Typografie

Abbildung 8.1 zeigt die wichtigsten typografischen Maße, die in diesem Kapitel häufiger verwendet werden. Später werden wir viele dieser Grundmaße in den Werkzeugen von InDesign wiederfinden.

▼ Abbildung 8.1
Jede Schrift besitzt charakteristische individuelle Größen, die abhängig von der Grundlinie gemessen werden.

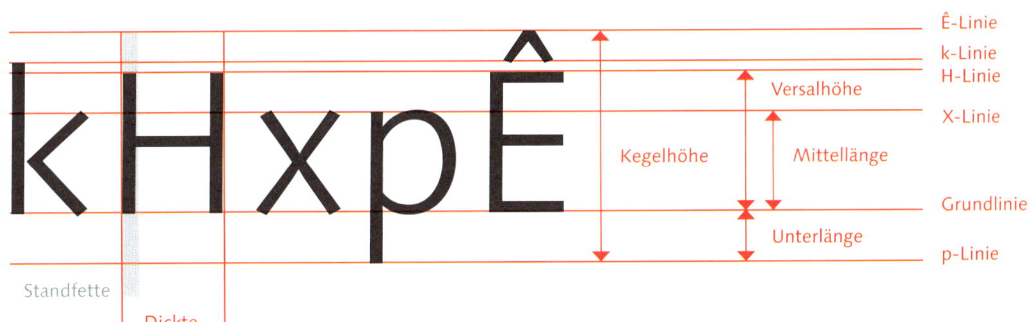

8.2 Neuerungen zur Typografie in InDesign CS3

InDesign CS3 bietet eine große Zahl von typografischen Werkzeugen, angefangen bei der manuellen Formatierung und Unterschneidung von Zeichen bis hin zu aufeinanderfolgenden Absätzen und verschachtelten Formaten. Im Gegensatz zu QuarkXPress oder PageMaker kennt InDesign jedoch auch viele automatische Werkzeuge, wie den optischen Randausgleich zum Ausrichten von Zeilenfluchten sowie den optischen Zeichenausgleich zum Unterschneiden von Zeichenpaaren unterschiedlicher Schnitte oder Schriftgrade.

Alle Paletten beieinander

In der Bedienoberfläche von InDesign CS3 finden Sie alle typografisch relevanten Paletten ordentlich gruppiert nebeneinander. Somit fällt die Formatierung über die Paletten oder – manuell über die Steuerungspalette – leicht.

Die neue InDesign Version CS3 kennt zudem auch verschachtelte Formate, die Sie mehrfach aufeinander folgen lassen können, um beispielsweise zwei Zeichenformate abwechselnd bis zum Absatzende anzuwenden. Diese Formatierungen zeigen wir Ihnen noch genauer in Kapitel 9, »Absatz- und Zeichenformate«.

Die Ausrichtung eines Textrahmens kann für doppelseitige Dokumente auch am Rücken bzw. Bund erfolgen. Das ist besonders bei Textrahmen auf Marginalienspalten sinnvoll. Neben den neuen typografischen Werkzeugen wollen wir auch die Wörterbücher für osteuropäische Sprachen erwähnen, die es in der US- und westeuropäischen Variante von InDesign ermöglichen, z. B. polnische oder tschechische Texte zu layouten und korrekt zu umbrechen.

Da sich auch die deutsche Sprache ständig verändert und neue Wörter in den Gebrauch einfließen, stellt sich die Frage nach den Schreibweisen und der Interpunktion. Die Rechtschreibreformen mit den Ergebnissen von 1996 und einer Neufassung von 2006 werden daher auch in InDesign als eigene Wörterbücher aufgeführt. Für die Schweiz finden wir die Wörterbücher Deutsch: Schweiz sowie Deutsch: Schweiz Rechtschreibreform 2006 vor.

8.3 Textrahmen

8.3.1 Textrahmen erstellen und bearbeiten

Bitte vergewissern Sie sich zunächst, dass Sie unter dem Menü Schrift den letzten Punkt, Verborgene Zeichen einblenden, aktiviert haben. Damit zeigt Ihnen InDesign auch Leerzeichen, Zeilenumbrüche und andere Markierungen an.

Nach dieser Vorbereitung nun aber ans Werk: Wählen Sie aus der Werkzeugpalette das Textwerkzeug T oder rufen Sie den Tastenbefehl T auf. Ziehen Sie einen Rahmen mit gedrückter linker Maustaste auf. Damit haben Sie einen Textrahmen erstellt, in dem nun eine Einfügemarke blinkt, und können mit der Texteingabe beginnen. Der Text wird mit der Standardformatierung angezeigt, die Sie in der Steuerungspalette oder in der Palette Zeichen ablesen können (siehe Absatz 8.4).

Wenn Sie nach der Eingabe wieder das Auswahlwerkzeug anklicken, wird der normale Rahmen sichtbar, und die Steuerungspalette wechselt wieder auf die normalen Rahmenwerkzeuge zurück. Der Textrahmen hat ebenso wie andere Rahmen Eck- und Seitenpunkte, mit denen Sie die gesamte Rahmenform bearbeiten können (siehe Kapitel 6, »Layoutrahmen«).

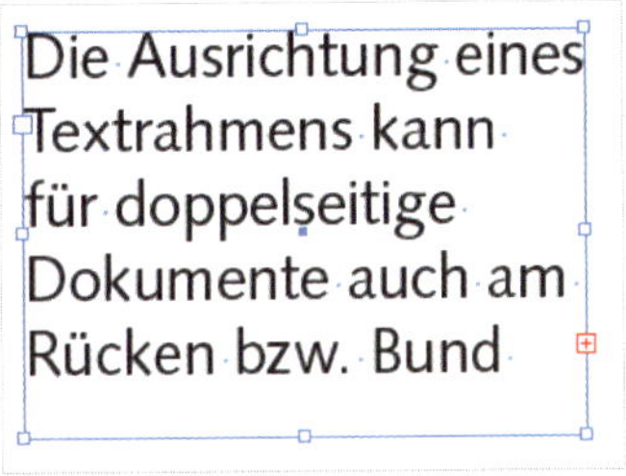

Die Ausrichtung eines Textrahmens kann für doppelseitige Dokumente auch am Rücken bzw. Bund

▲ **Abbildung 8.2**
Übersatz wird im Textrahmen durch ein rotes Kreuz angezeigt.

8.3.2 Textrahmen skalieren

Ziehen Sie den Rahmen schmaler, so wird der Textumbruch neu berechnet. Wenn Sie den Rahmen so verkleinern, dass der eingegebene Text nicht mehr vollständig abgebildet werden kann, wird am rechten Rand ein rotes Kreuz eingeblendet, um den Übersatz anzuzeigen. Wenn Sie den Textrahmen horizontal oder vertikal vergrößern, verschwindet das rote Kreuz wieder, sobald die Textmenge vollständig inklusive aller Absatzmarkierungen im Textrahmen dargestellt werden kann.

Wollen Sie den Textrahmen proportional verkleinern oder vergrößern, dann halten Sie beim Verändern des Textrahmens an den Eckpunkten die Befehlstaste `Strg` bzw. `⌘` gedrückt. Somit wird gleichzeitig der Inhalt des Rahmens skaliert, der Umbruch bleibt erhalten. Dadurch entstehen natürlich merkwürdige Schriftgrößen- und Zeilenabstandswerte von z.B. 11,798 Punkt.

Textrahmen per Mausklick anpassen

Wenn Sie einen Textrahmen gestaltet haben, der für die eingegebene Textmenge zu groß ist, können Sie mit einem Mausklick den Rahmen an den Inhalt anpassen. Wählen Sie dazu einen Textrahmen aus, und klicken Sie in der Steuerungspalette auf den Button mit dieser Bezeichnung, links neben dem Bridge-Button. Sofort wird der Rahmen in der Länge an den Textinhalt angepasst.

8.3.3 Text einfärben

Ein Textrahmen besitzt neben der Flächen- und Konturfarbe des Rahmens auch die Farbgebung der Schrift, ebenso aufgeteilt in Fläche und Kontur. Wählen Sie das Werkzeug Text , klicken Sie mit gedrückter linker Maustaste in den Textrahmen und ziehen Sie die Marke über ein Wort.

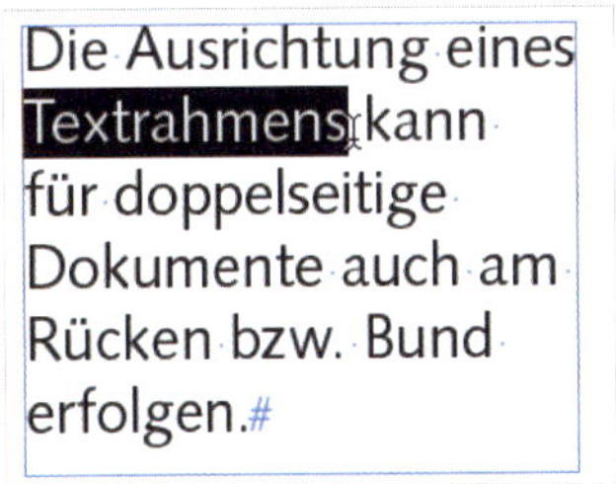

Die Ausrichtung eines Textrahmens kann für doppelseitige Dokumente auch am Rücken bzw. Bund erfolgen.#

▲ **Abbildung 8.3**
Markierter Text kann separat bearbeitet werden.

Schriftgröße per Pfeiltasten vergrößern

Die Schriftgröße erweitern oder verringern Sie um einen Punkt, indem Sie einen Text markieren und in das Feld für den Schriftgrad klicken. Mit den Pfeiltasten nach oben oder nach unten wählen Sie die neue Schriftgröße. Dies funktioniert natürlich auch mit ganzen Textrahmen.

Das Wort wird markiert und invertiert dargestellt, und in der Werkzeugpalette sehen Sie nun anstatt des Flächen- und Kontursymbols die Textsymbole.

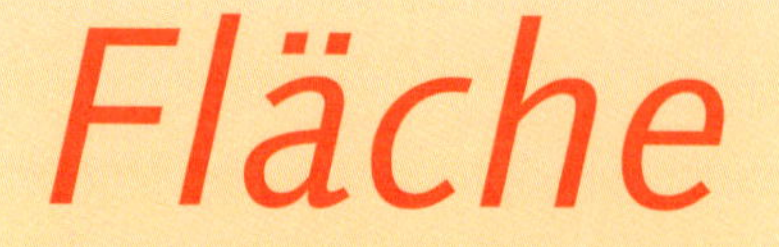

Abbildung 8.4 ▸
Für die Flächen- oder Konturenfüllung von Text müssen zuvor in der Werkzeugpalette die entsprechenden Flächen aktiviert sein.

Typen mit Kontur

Die Kontur wird von InDesign immer hinter den Text gelegt. Eine starke Kontur von mehreren Punkt Strichstärke überlagert damit die Zeichenform nicht. Somit können Ihnen auch keine feinen Serifen verloren gehen.

Färben Sie den markierten Text mit einer Farbe aus den Paletten FARBFELDER oder FARBE. Alternativ dazu können Sie auch mit einem Doppelklick in das Flächen- oder Kontursymbol den Farbwähler öffnen und eine Farbe aus dem Farbspektrum auswählen.

Bei aktiver Kontur können Sie nun die Textkontur einfärben. Auch hier dürfen Sie zusätzlich die Kontur-Palette mit einbeziehen, um die Stärke zu verändern. Die Funktionsweise des Farbwählers sowie der weitere Umgang mit Prozess- und RGB-Farben ist genauer in Kapitel 11, »Farben«, beschrieben.

Konturfunktionen im Textrahmen

Beachten Sie, dass eine Kontur um eine Schrift keine Kontureigenschaften wie Typ, Anfang und Ende besitzen kann. Somit sind Mehrfach-Outlines nicht möglich. Diesen Konflikt können Sie umgehen, wenn Sie zuvor den Schriftzug in Pfade konvertiert haben: Menü SCHRIFT • IN PFADE UMWANDELN.

8.3.4 Textrahmenoptionen

Befinden Sie sich mit der Textmarke in einem Textrahmen, um dort den Inhalt zu bearbeiten, erreichen Sie über [Ctrl] oder die rechte Maustaste das Kontextmenü. Wenn Sie TEXTRAHMENOPTIONEN auswählen, erhalten Sie einen umfangreichen Eingabedialog. Alternativ rufen Sie die Textrahmenoptionen mit dem Tastenbefehl [⌘]+[B] oder [Strg]+[B] oder aus dem Menü SCHRIFT auf. Der Dialog ist aufgeteilt in ALLGEMEIN und GRUNDLINIENOPTIONEN.

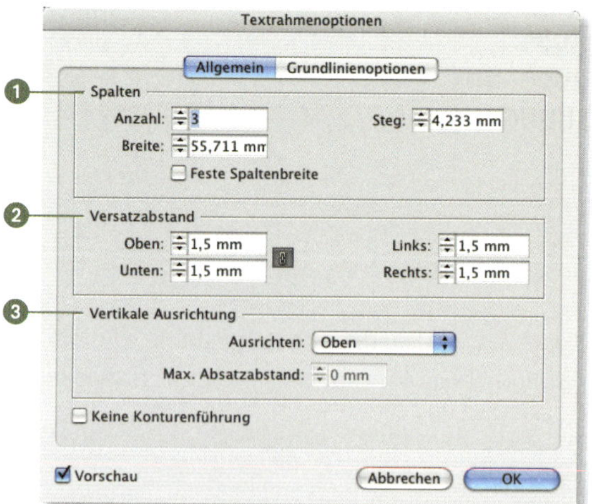

Abbildung 8.5 ▸
Die Textrahmenoptionen unter ALLGEMEIN bieten Optionen, wie sich die Textmenge zum Rahmen verhalten soll. Darunter finden Sie die Anzahl der Spalten in einem Rahmen sowie den Innenabstand oder die vertikale Ausrichtung.

Spalten im Textrahmen | Zunächst wählen Sie die Spaltenanzahl ❶ und den Steg im Textrahmen. Mit aktiver Vorschau können Sie alle Änderungen im Hintergrund sehen. Der Textfluss ist somit durch die Spalten im Textrahmen vorgegeben. Spaltenumbrüche und andere Formatierungen können Sie auch im Text unterbringen.

[Steg]
In InDesign wird der Spaltenabstand als Steg bezeichnet.

Entfernung des Texts vom Rahmen | Für einen Textrahmen mit farbiger oder halbtransparenter Füllung schauen wir uns den Versatzabstand ❷ an. Mit diesen Abständen legen Sie fest, wie weit der Text im Rahmen von der Rahmenkante entfernt liegen soll. Sollten Sie bisher QuarkXPress verwendet haben und hier Ungereimtheiten entdecken: InDesign berechnet den unteren Versatzabstand von der Grundlinie aus und nicht wie XPress in Bezug zur Unterlänge.

Textzeilen optisch ausrichten

Haben Sie einen Textrahmen angelegt, der vertikal so ausgerichtet werden soll, dass die Textzeile optisch denselben Abstand von der oberen wie von der unteren Kante besitzt, so müssen Sie zunächst in den Allgemeinen Textrahmenoptionen die Vertikale Ausrichtung auf zentriert stellen und danach in den Grundlinienoptionen für die Erste Grundlinie den Offset auf die x-Höhe einstellen. Danach wird die Textzeile auf die optisch korrekte Höhe gesetzt, die immer ein wenig höher als die mathematisch genaue Ausrichtung ist. Dadurch wirkt das Schriftbild stabiler und wird als angenehmer empfunden.

Ausrichtung im Textrahmen | Die Vertikale Ausrichtung ❸ im Textrahmen bezieht sich auf den gesamten Inhalt. Oben, Zentriert und Unten sprechen für sich, Vertikaler Keil sorgt hingegen dafür, dass alle Zeilen unabhängig vom eingestellten Zeilenabstand auf die volle Rahmenhöhe ausgetrieben werden. Ändert sich später die Anzahl der Zeilen im Textrahmen, gleicht der vertikale Keil den Durchschuss zwischen den Zeilen aus.

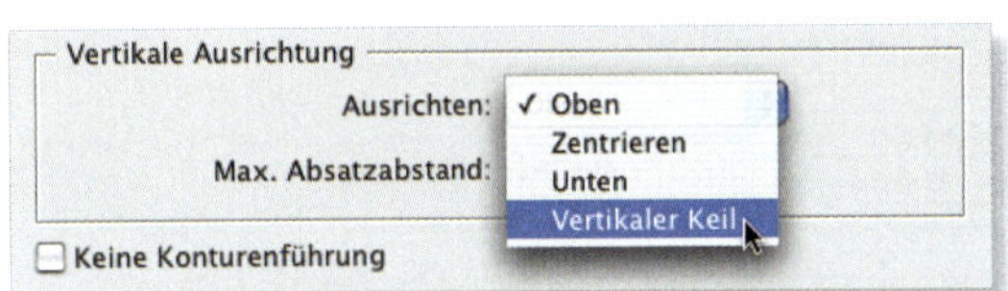

◂ Abbildung 8.6
Den vertikalen Keil wählen Sie im Ausrichten-Menü aus.

Grundlinienoptionen | Wenn Sie mit einem Grundlinienraster im Layout arbeiten, dann gilt das Raster zunächst für alle Seiten und Textrahmen gleichermaßen. In den Voreinstellungen • Raster legen Sie Beginn und Schrittweite des Grundlinienrasters fest. Wenn Sie nur innerhalb des Satzspiegels mit dem Grundlinienraster arbeiten wollen, so ist es ratsam, das Grundlinienraster relativ zum oberen Rand auszurichten.

When shall we three meet again

In thunder, lightning, or in rain?

When the hurlyburly's done,

When the battle's lost and won.

◂ Abbildung 8.7
Ein Beispiel mit aktiviertem vertikalen Keil

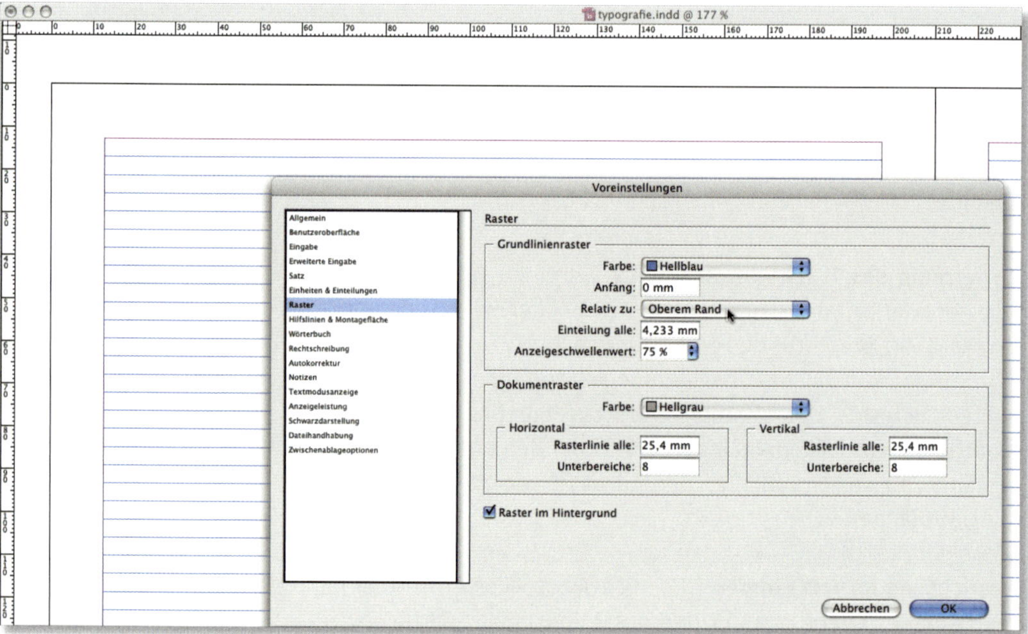

Abbildung 8.8 ▲
In den Voreinstellungen finden Sie die Angaben zum Grundlinienraster im gesamten Dokument. Das Raster wird relativ zum oberen Rand nur innerhalb des Satzspiegels und der Ränder angezeigt.

Abweichend zum gesamten Dokument können Sie das Grundlinienraster auch nur für einen einzelnen Textrahmen bestimmen. Rufen Sie dazu in den Textrahmenoptionen den Reiter Grundlinienoptionen auf.

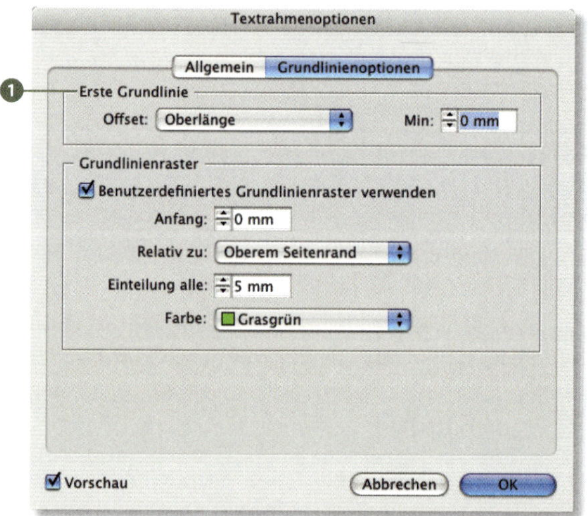

Abbildung 8.9 ▶
Die Textrahmenoptionen Grundlinienoptionen bestimmen ein vom Dokument unabhängiges Grundlinienraster, das nur für diesen einen Textrahmen gilt.

Die Erste Grundlinie ❶ – also die Ausrichtung der ersten Textzeile im Rahmen – kann mit einem Offset angegeben werden, der zunächst auf Oberlänge eingestellt ist. Damit liegt die erste Zeile immer innerhalb des Textrahmens. Stellen Sie diese Werte stets mit einem Beispieltext und aktiver Vorschau ein, damit Sie das Ergebnis überprüfen können.

Keine Überlappungen mehr
Für Marginalienrahmen mit einem eigenen Grundlinienraster außerhalb der Ränder im Layout gibt es nun in InDesign CS3 keine Überlagerungen der Grundlinien in der Layoutansicht mehr, wenn Sie das Grundlinienraster des Dokuments relativ zum oberen Rand einstellen.

Sie können nun das Benutzerdefinierte Grundlinienraster verwenden. Für Textrahmen, die in einer eigenen Marginalspalte mit dem Haupttext verankert sind, legen Sie ein Grundlinienraster relativ zum oberen Seitenrand fest. Geben Sie auch hier einen Anfang und eine Schrittweite mit der Funktion Einteilung alle ein. Ebenso wählen Sie eine passende Farbe aus, die sich vom Grundlinienraster des Dokuments unterscheidet.

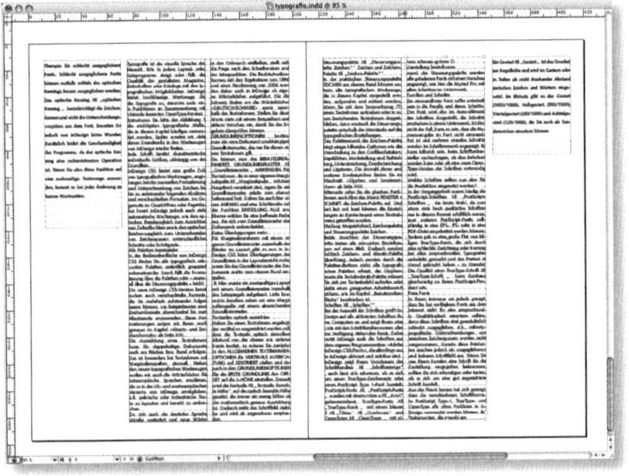

▲ **Abbildung 8.10**
Hier wurde ein zweispaltiges Layout mit einem Grundlinienraster innerhalb des Satzspiegels aufgebaut. Links bzw. rechts daneben sehen wir eine Marginalienspalte mit einem abweichenden Grundlinienraster.

8.4 Steuerungspalette Zeichen und Zeichen-Palette

In der praktischen Steuerungspalette Zeichen am oberen Rand können nahezu alle typografischen Werkzeuge, die in diesem Kapitel vorgestellt werden, aufgerufen und editiert werden. Wenn Sie mit dem Textwerkzeug [T] [T] einen Textrahmen aufziehen oder in einen bestehenden Textrahmen doppelklicken, dann wechselt die Steuerungspalette unterhalb der Menüzeile auf die typografischen Einstellungen.

Alternativ finden Sie die gleichen Funktionen auch über das Menü Fenster • Schrift in der Zeichen-Palette. Und last but not least können die Einstellungen im Kontextmenü eines Textrahmens vorgenommen werden.

Beide Ansichten der Steuerungspalette bieten alle relevanten Einstellungen auf einen Blick. Dadurch werden faktisch die Zeichen- und die Absatz-Palette überflüssig. Jedoch werden durch die Paletten-Buttons nicht alle typografischen Paletten erfasst:

Palettenmenü und Kontextmenü
Das Palettenmenü der Zeichen-Palette birgt einige hilfreiche Optionen wie die Umschaltung zu den Großbuchstaben, Kapitälchen, Hochstellung und Tiefstellung, Unterstreichung, Durchstreichung und Ligaturen. Die Anwahl dieser und weiterer Sonderzeichen finden Sie in Abschnitt 8.6, »Glyphen und Sonderzeichen«.

Die Glyphen- sowie die Textabschnitt-Palette müssen Sie sich per Tastenbefehl aufrufen oder dafür einen geeigneten Arbeitsbereich sichern, wie in Kapitel 3, »Die Arbeitsoberfläche«, beschrieben ist.

Die Zeichen-Palette und die Steuerungspalette Zeichen

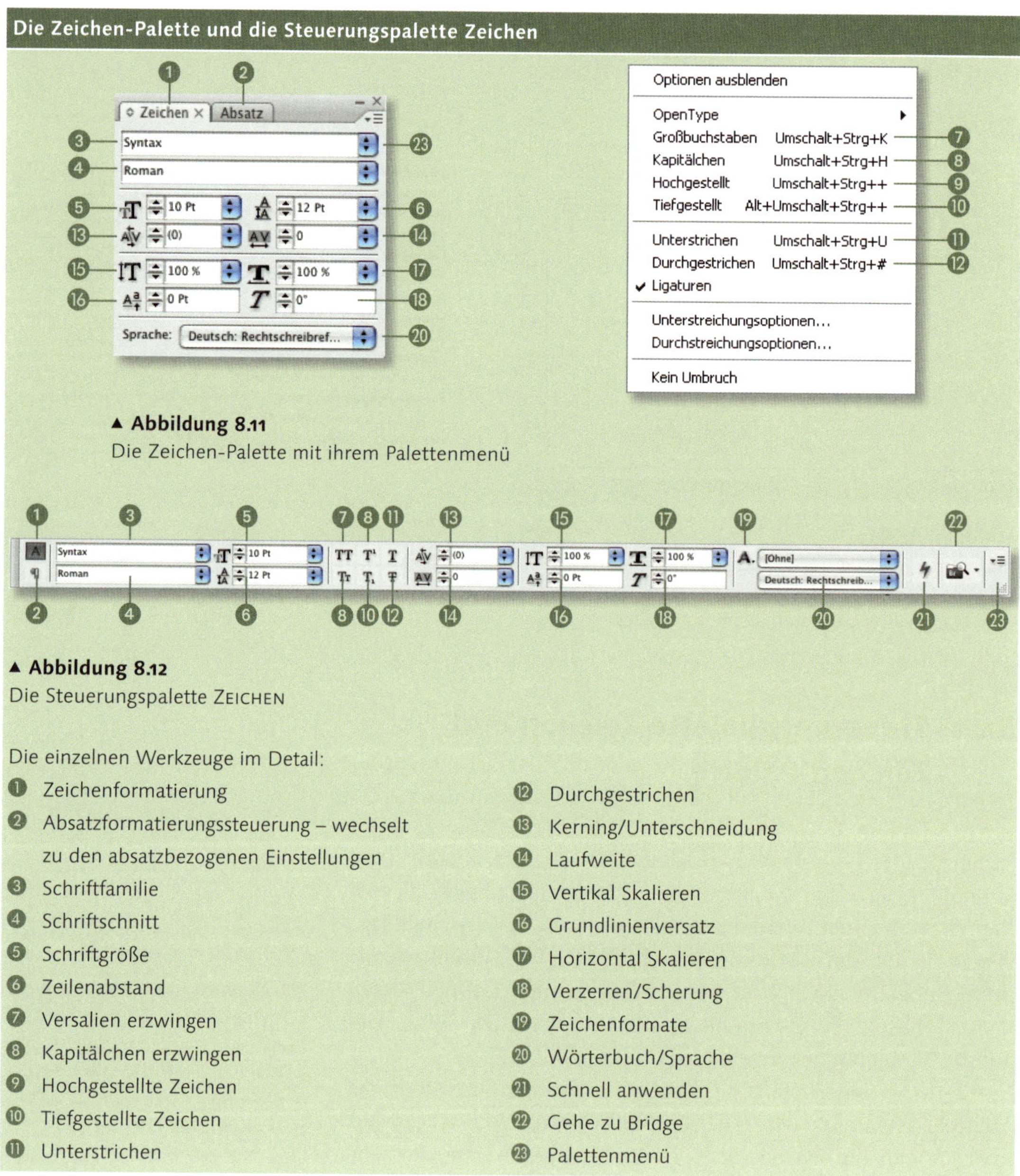

▲ **Abbildung 8.11**
Die Zeichen-Palette mit ihrem Palettenmenü

▲ **Abbildung 8.12**
Die Steuerungspalette Zeichen

Die einzelnen Werkzeuge im Detail:

1. Zeichenformatierung
2. Absatzformatierungssteuerung – wechselt zu den absatzbezogenen Einstellungen
3. Schriftfamilie
4. Schriftschnitt
5. Schriftgröße
6. Zeilenabstand
7. Versalien erzwingen
8. Kapitälchen erzwingen
9. Hochgestellte Zeichen
10. Tiefgestellte Zeichen
11. Unterstrichen
12. Durchgestrichen
13. Kerning/Unterschneidung
14. Laufweite
15. Vertikal Skalieren
16. Grundlinienversatz
17. Horizontal Skalieren
18. Verzerren/Scherung
19. Zeichenformate
20. Wörterbuch/Sprache
21. Schnell anwenden
22. Gehe zu Bridge
23. Palettenmenü

8.4.1 Schriften

Bei der Auswahl der Schriften greift InDesign auf alle aktivierten Schriften Ihres Computers zu und zeigt Ihnen eine Liste mit den Schriftfamiliennamen aller zur Verfügung stehenden Fonts. Dabei nutzt InDesign auch die Schriften aus dem eigenen Programmordner Adobe InDesign CS3/Fonts, die allerdings nur in InDesign aktiviert und sichtbar sind.

InDesign zeigt Ihnen Vorschauen der Schriftfamilien. Auch lässt sich erkennen, ob es sich um einen TrueType-Zeichensatz oder einen PostScript Type 1-Font handelt. PostScript-Fonts werden mit einem roten a gekennzeichnet ❶, TrueType-Fonts mit einem blauen T ❷ und OpenTypes mit einem schwarz-grünen O ❸.

Darstellung beeinflussen

Die Darstellungsgröße der Vorschau stellen Sie in den Voreinstellungen • Eingabe • Schriftvorschau ein.

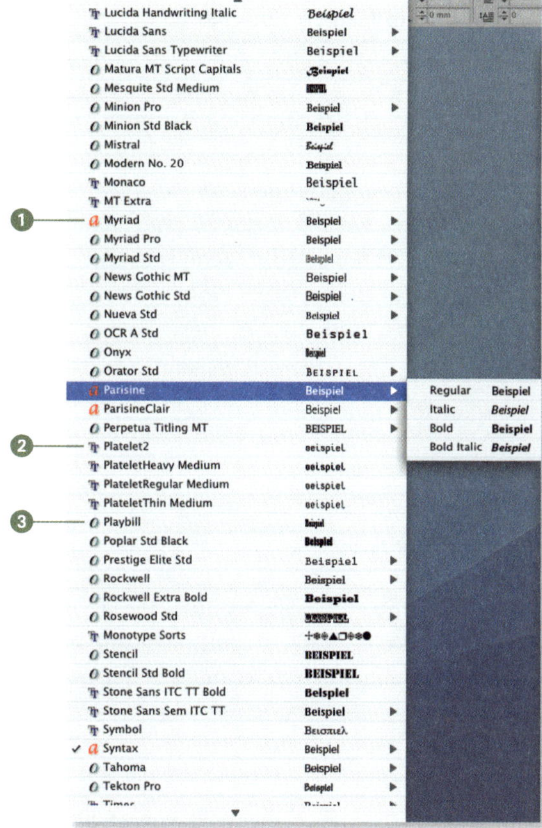

◂ **Abbildung 8.13**
Mit einem Klick in das Schriftmenü der Steuerungspalette werden alle geladenen Fonts mit einer Vorschau angezeigt, wie hier die Parisine mit allen Schnitten im Untermenü.

Familien und Schnitte

Ein einwandfreier Font sollte in die Familie und deren Schnitte unterteilt sein. Der Font wird also im Auswahlmenü der Schriften dargestellt, die Schnitte erscheinen in einem Untermenü. Ist dies nicht der Fall, kann es sein, dass die Namensvergabe im Font nicht einwandfrei ist, und mehrere einzelne Schnitte werden im Schriftenmenü angezeigt. Es kann hilfreich sein, beim Schriftenhersteller nachzufragen, ob dies behoben werden kann oder ob eine neue OpenType-Version der Schriften notwendig wird.

Welche Schriften sollten nun aber für die Produktion eingesetzt werden? | In der Vergangenheit waren häufig die PostScript-Schriften die beste Wahl, da zum einen viele hochqualitative Schriften nur in diesem Format erhältlich waren, zum anderen PostScript-Fonts vollständig in eine EPS-, PS- oder in eine PDF-Datei eingebettet werden können. Zudem gab es eine große Flut von billigen TrueType-Fonts, die sich durch eine schlechte

Freie Fonts
In Ihrem Interesse sei jedoch gesagt, dass Sie frei verfügbare Fonts aus dem Internet nicht für eine anspruchsvolle Qualitätsarbeit einsetzen sollten, denn diese Schriften sind grundsätzlich schlecht ausgeglichen, d.h., mikrotypografische Unterschneidungen von einzelnen Zeichenpaaren werden nicht vorgenommen. Gerade diese Feinheiten machen jedoch ein ausgeglichenes und lesbares Schriftbild aus. Wenn Sie von Ihrem Kunden eine Schrift für die Gestaltung vorgegeben bekommen, sollten Sie sich erkundigen oder testen, ob es sich um eine gut zugerichtete Schrift handelt.

Ausgangsschrift einstellen

Häufig führt die Standard-Schrift von InDesign – Times Roman – zu Problemen in der Ausgabe, da auch eine PS Times New Roman verwendet werden kann, die sich jedoch von der Times des Systems unterscheidet. Schließen Sie daher alle offenen Dokumente, und stellen Sie in der Steuerungspalette eine andere häufig verwendete Satzschrift wie die Myriad Pro ein. Mit dieser Schrift arbeiten Sie dann, sobald Sie einen neuen Textrahmen aufziehen.

Die Schrift des Buchs
Für unsere Beispiele arbeiten wir mit der Linotype Syntax, in der auch dieses Buch gesetzt wurde.

Zurichtung oder schlechtes Kerning bei allen anspruchsvollen Typografen unbeliebt gemacht und das Format in Verruf gebracht haben – zu Unrecht. Die Qualität einer TrueType-Schrift kann durchaus gleichwertig zu ihrem PostScript-Pendant sein.

Aus der Praxis heraus hat sich gezeigt, dass die verschiedenen Schriftformate PostScript Type-1, TrueType und OpenType alle ohne Probleme in InDesign verwendet werden können. Bei Dokumenten, die sowohl am Mac als auch am PC bearbeitet werden, sollten Sie unbedingt identische Fonts des gleichen Herstellers verwenden, da sonst das Schriftbild nicht mehr übereinstimmt und der Textumbruch falsch wiedergegeben wird. Hier bieten sich die Formate TrueType und OpenType an, um einen identischen Umbruch auf Mac und PC zu gewährleisten.

Auch **Fonts mit ähnlichem Namen** sind hier nicht zu gebrauchen, weil eine Berthold Garamond weder eine Adobe Garamond noch eine Stempel Garamond ist. Diese Garamond-Familien stammen von unterschiedlichen Herstellern, die ihrerseits verschiedene Originale des französischen Typografen Claude Garamond als Grundlage der Schrift genommen haben.

Ebenso ist eine Helvetica des Mac-Systems oder eine Swiss auf dem PC nicht mit dem PostScript-Font Neue Helvetica 55 zu vergleichen. Bitte seien Sie an dieser Stelle pingelig, und durchforsten Sie Ihren Schriftenbestand, da Sie diese Fehler häufig erst dann entdecken, wenn der Druckauftrag bereits bearbeitet wurde.

8.4.2 Schriftschnitt

»Geschnitten« wurde die Negativform der Schriftlettern zu Zeiten des Bleisatzes als Ausgangsbasis für eine Gussform der Bleilettern. Daher wird auch heute noch die Herstellung einer Schrift als Schnitt bezeichnet. Welche Schnitte wie fett, mager oder kursiv einer Schriftfamilie genau zur Auswahl stehen, liegt am Schriftdesigner und am Hersteller. InDesign zeigt nur die verfügbaren Schnitte an, künstlich fette oder kursive Schnitte werden mit InDesign nicht erzeugt – da freut sich das Typografenherz!

Bei der Auswahl von Schnitten sollten Sie sich zunächst an die vollen Schnitte halten, um dann gegebenenfalls bei technischen Bedingungen auf einen Halbschnitt – wie bei einer Hinterleuchtung auf Schildern – auszuweichen. Wir wenden zunächst die Auszeichnungsform Fett/Bold und Kursiv/Italic an.

Für eine schnelle manuelle Formatierung eines markierten Textes eignen sich die Tastenbefehle [⌘]/[Strg]+[⇧]+[B] für »Bold« oder Fett. Für eine kursive Auszeichnung benutzen Sie [⌘]/[Strg]+[⇧]+[I] wie »Italic«. InDesign sucht dann nach den entsprechenden Schnitten in der Familie. Wollen Sie wieder zum Regular-Schnitt zurückkehren, so wenden Sie erneut diese Befehle an.

8.4.3 Schriftgrad

Die Schriftgröße – auch als Grad bezeichnet – hängt natürlich zum einen von der Anwendung ab. Der Schriftgrad wird in Punkt angegeben, der am häufigsten verwendeten Einheit. Das Maß richtet sich nach der Kegelhöhe, also der Summe aus Versalhöhe, Über- und Unterlänge. Da alle Schriften nahezu ein anderes Verhältnis dieser Höhen besitzen, ist also nicht jede Schrift von 12 Punkt gleich groß. Versuche, die Schriftgrößen anhand der Versalhöhe zu vereinheitlichen, schlugen allesamt fehl.

▼ Abbildung 8.14
Schriftbeispiele mit unterschiedlichen Versalhöhen. Die Gesamtsumme aus Unterlänge, Versalhöhe und Überlänge wird als Kegelhöhe bezeichnet.

Lesbarkeit | Schriftgrößen zwischen 8 und 12 Punkt gelten für einen Mengentext als gut lesbar. Die Ergonomie einer Gestaltung liegt jedoch auch in den Schriften selbst und im Zusammenspiel mit Zeilenabstand, Laufweite oder Schriftfarbe. Den Schriftgrad um 2 Punkt zu vergrößern führt meistens nicht zu einer Verbesserung der Lesbarkeit! Achten Sie auch auf Laufweite, Schriftfette und Charakter der Typen.

	Windows	Mac
Schriftgrad 5fach erhöhen	⇧+Strg+Alt+.	⇧+⌥+⌘+.
Schriftgrad 5fach verringern	⇧+Strg+Alt+,	⇧+⌥+⌘+,
Schriftgrad erhöhen	⇧+Strg+.	⇧+⌘+.
Schriftgrad verringern	⇧+Strg+,	⇧+⌘+,

▲ Tabelle 8.1
Tastenkürzel für den Schriftgrad

Feste Grade im Bleisatz

Blei war wenig flexibel, was die Schriftgröße anging. Daher gab es in der Schriftgießerei vorgegebene »Schriftgrade« wie 6, 8, 9, 10, 12 ff. Punkt mit jeweils einer eigenen Bezeichnung wie »Petit« (franz. »klein«) für 8 Punkt, 9 Punkt hingegen wurde auch »Bourgeois« oder »Borgis« genannt und entspricht ¾ Cicero. Ein »Cicero« hingegen entspricht 12 Punkt. Das Punktmaß basiert auf Entwicklungen u. a. der französischen Typografen Fournier und Didot, bis es zum heutigen DTP-Punkt von 0,3527 mm kam, der fest in der Seitenbeschreibungssprache PostScript verankert ist.

8.4.4 Zeilenabstand

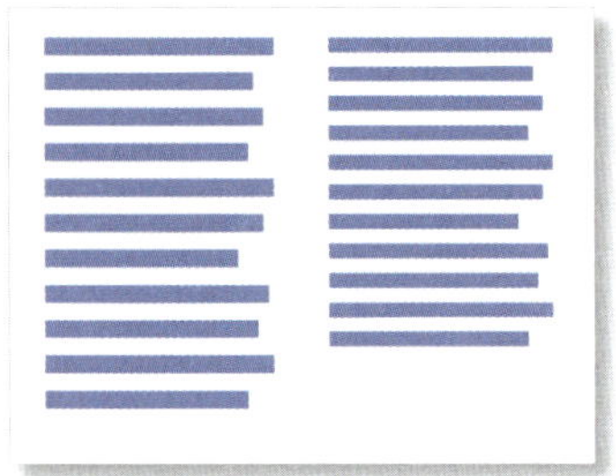

▲ **Abbildung 8.15**
Die weißen Zwischenräume in der rechten Abbildung sind genauso breit wie die blauen Linien, doch sie wirken größer. Geringfügig dünnere Linien erzeugen ein gleichmäßiges Streifenraster. Ebenso verhält es sich mit dem optimalen Zeilenabstand! Testen Sie mit unterschiedlichen Zeilenabständen, ab welcher Größe dieses gleichmäßige Streifenmuster entsteht.

Der Zeilenabstand beschreibt den Raum zwischen zwei Grundlinien und ist automatisch auf 120% des Schriftgrades gestellt, was an der eckigen Einklammerung in der Zeichen-Palette zu erkennen ist. Für einen Mengensatz sollte der Zeilenabstand so groß sein, dass die Zwischenräume nicht neben den Schriftzeilen gleichwertig erscheinen. Der Durchschuss – der Raum zwischen den Zeilen – sollte nicht kleiner als 0,5 Punkt sein.

Das klingt sehr unscharf formuliert, und so ist es in der Tat auch. In der folgenden Abbildung sehen Sie zwei Beispiele mit einem Linienmuster. Im ersten Beispiel entsteht ein optisches Wackelbild, keine Zeile hat eine Gewichtung. Im zweiten Beispiel ist die Gewichtung ausgewogen, die schwarzen Zeilen wirken deutlich kräftiger als die weißen Zwischenräume. Dies ist kein messbares typografisches System, es soll Ihnen vielmehr eine Anleitung sein, den Zeilenabstand mit Augenmaß festzulegen, anstatt automatischen Computereinstellungen zu vertrauen.

Optische Zeilenbildung | Die optische Zeilenbildung ist natürlich abhängig von der verwendeten Schrift. Je fetter eine Schrift ist, umso größer kann der Zeilenabstand gewählt werden. Die Größe der Mittelhöhe ist ebenso wichtig.

When shall we three meet again
In thunder, lightning, or in rain?
When the hurlyburly's done,
When the battle's lost and won.
That will be ere the set of sun.
Where the place?
Upon the heath.
There to meet with Macbeth.

▲ **Abbildung 8.16**
Syntax regular, 9 Punkt, Zeilenabstand 11 Punkt, Normales Schriftbild

When shall we three meet again
In thunder, lightning, or in rain?
When the hurlyburly's done,
When the battle's lost and won.
That will be ere the set of sun.
Where the place?
Upon the heath.
There to meet with Macbeth.

▲ **Abbildung 8.17**
Joanna regular, 9 Punkt, Zeilenabstand 10 Punkt. Eine geringere x-Höhe erlaubt engere Zeilen.

Kräftig und mager | Moderne Groteskschriften wie die Syntax haben eine größere Mittelhöhe als Schriften älterer Epochen wie z.B. die auf Renaissance-Proportionen basierende MT Joanna und erzeugen somit kräftigere Textzeilen.

Verwenden Sie dagegen eher magere Schriften, so tritt dieser Effekt weniger auf, und der Durchschuss darf geringer ausfallen. Der richtige Zeilenabstand wird für die Layoutarbeit als Grundlinienraster angelegt.

When shall we three meet again
In thunder, lightning, or in rain?
When the hurlyburly's done,
When the battle's lost and won.
That will be ere the set of sun.
Where the place?
Upon the heath.
There to meet with Macbeth.

▲ **Abbildung 8.18**
Myriad black, 9 Punkt, Zeilenabstand 12 Punkt. Je fetter, desto weiter der Zeilenabstand.

When shall we three meet again
In thunder, lightning, or in rain?
When the hurlyburly's done,
When the battle's lost and won.
That will be ere the set of sun.
Where the place?
Upon the heath.
There to meet with Macbeth.

▲ **Abbildung 8.19**
Myriad light, 9 Punkt, Zeilenabstand 10 Punkt. Magere Typen brauchen weniger Platz.

Gestaltung mit dem Zeilenabstand | Unabhängig von der reinen Unterstützung der Lesbarkeit kann der Zeilenabstand auch gestalterisch eingesetzt werden. So verschwimmen bei minimalem bis negativem Durchschuss die Zeilen ineinander, serifenbetonte Schriften beginnen, sich ineinander zu verhaken. Wird eine Textmenge so zu einer Graumenge ausgeglichen, in der die einzelne Textzeile fast verschwindet, bezeichnet man diese Form als »compressed«, was nicht gleichbedeutend mit einer sehr engen Type (»condensed«) ist. Ein hoher Durchschuss betont dafür jede Zeile für sich, der Text wirkt hochwertiger, aber auch »inhaltsschwanger«.

Where the place?
Upon the heath.
There to meet with Macbeth.

▲ **Abbildung 8.20**
Syntax regular, 12 Punkt, Zeilenabstand 9 Punkt. Die Zeilen verhaken sich ineinander, der Text wirkt gedrungener und erschwert das Verständnis.

Where the place?

Upon the heath.

There to meet with Macbeth.

▲ **Abbildung 8.21**
Syntax regular, 12 Punkt, Zeilenabstand 30 Punkt. Jede Zeile wird einzeln gelesen, der Inhalt bekommt eine zusätzliche Bedeutung.

	Windows	Mac
Zeilenabstand 5fach erhöhen	Strg + Alt + ↓	⌥ + ⌘ + ↓
Zeilenabstand 5fach verringern	Strg + Alt + ↑	⌥ + ⌘ + ↑
Zeilenabstand erhöhen	Alt + ↓	⌥ + ↓
Zeilenabstand verringern	Alt + ↑	⌥ + ↑

◀ **Tabelle 8.2**
Tastenkürzel für den Zeilenabstand

Quark **QuarkXPress-Terminologie**
Lassen Sie sich nicht verwirren: InDesigns Kerning entspricht in QuarkXPress der **Unterschneidung**, und Laufweite meint **Spationieren**.

8.4.5 Kerning

Der typografische Zeichenausgleich unterteilt sich in den Bereich des horizontalen Ausgleichs von Zeichen (Kerning) und in die Laufweite.

Was ist Kerning? | Das Kerning der Zeichenpaare und die Laufweite werden zunächst vom Font gesteuert, denn jeder Zeichensatz besitzt sogenannte Unterschneidungstabellen. Darin ist definiert, mit welchem Abstand ein bestimmter Buchstabe wie »T« auf einen anderen folgt. Ist ein »y« das nächste Zeichen, so werden die beiden Zeichen näher zueinander gerückt – also unterschnitten.

Besonders bei Zeichen mit Überhängen oder großen Binnenräumen wie T, W oder F mit nachfolgenden Gemeinen (Kleinbuchstaben) sind diese Angaben wichtig, um ein harmonisches Schriftbild zu erzeugen. Diese Tabellen sind je nach Schrift, Designer und Hersteller sorgsam angelegt. Experimentelle Schriften benötigen solche Angaben nicht unbedingt, wenn die Gestaltung des Fonts grundsätzlich dem Setzer-Handwerk widerspricht. InDesign gibt Ihnen dennoch zwei Werkzeuge an die Hand, um einen manuellen Ausgleich durchzuführen.

In der Zeichen-Palette finden Sie die Einstellungen für das Kerning unterhalb des Schriftgrads.

Metrisches Kerning | Die Standardeinstellung ist Metrisch, damit werden die Unterschneidungen aus dem Font interpretiert. Diese Einstellung führt in den häufigsten Fällen zu einem gut ausgeglichenen Schriftbild.

▼ Abbildung 8.22
Zeichenpaare werden separat ausgeglichen. Der korrekte Wortabstand umfasst die Breite eines kleinen i.

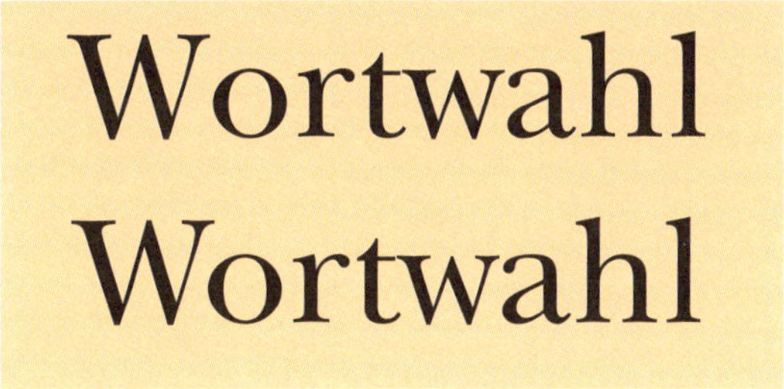

Wortwahl
Wortwahl

Wortwahl
Wortwahl

▲ **Abbildung 8.23**
Durch metrisches Kerning wird der Abstand zwischen W und o durch die Vorgaben aus dem Font ausgeglichen.

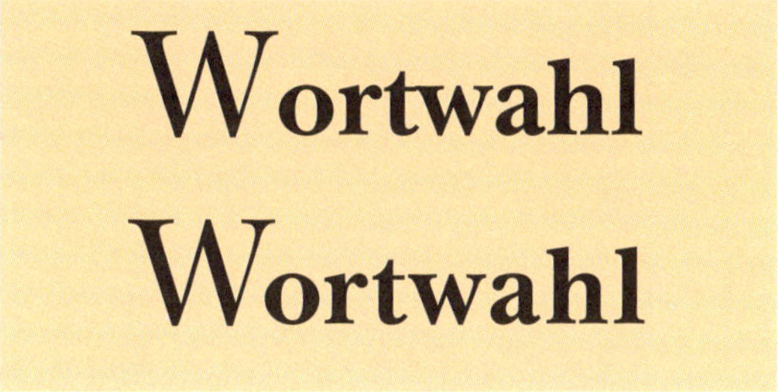

▲ **Abbildung 8.24**
Unterschiedliche Schriftgrade ohne und mit optischem Kerning

Optisches Kerning | Die Einstellung OPTISCH hingegen bezieht zur Berechnung des Kernings einen Algorithmus mit ein, der die Form jedes Zeichens berücksichtigt. In der normalen Anwendung entstehen kaum Unterschiede. Verwenden Sie aber unterschiedliche Schriften innerhalb eines Wortes oder unterschiedliche Schriftgrade wie, so können die Unterschneidungstabellen der Fonts die Zeichen nicht mehr ausgleichen. Das optische Kerning gleicht dieses Manko aus und erzielt sehr gute Ergebnisse bei ungewöhnlichen Anwendungen.

Manuelles Kerning | Sie können einen Ausgleich auch manuell durchführen. Klicken Sie dazu mit dem Textwerkzeug [T] zwischen zwei Buchstaben, oder wählen Sie ein Wort aus. Wählen Sie einen Unterschneidungswert aus dem Pulldown-Menü aus, oder halten Sie die [Alt]-Taste gedrückt und betätigen Sie die Pfeiltasten nach links oder rechts. Dabei ändert sich der Wert um $^{20}/_{1000}$ Geviert, eine sehr feine Unterschneidungseinheit.

Werte wie »–2«, die Sie aus QuarkXPress kennen, werden Sie hier vergeblich suchen. InDesign differenziert um ein Vielfaches höher. Die Unterteilung in mindestens $^{20}/_{1000}$ Geviert ist für nahezu alle manuellen Arbeiten ausreichend. InDesign nutzt ein typografisch korrektes Geviert aus dem Quadrat der Kegelhöhe.

8.4.6 Laufweite

Ist die Textmenge erst einmal ausgeglichen, können Sie über die Laufweite in der Zeichen-Palette den gleichmäßigen Abstand der Zeichen zueinander einstellen, der ebenfalls in Einheiten pro 1000 angegeben wird. So einfach die Auswahl ist, so schwierig ist es, die Laufweite gestalterisch einzusetzen. Die Abbildungen 8.25 bis 8.28 geben Ihnen einen Einblick in die Problematik.

Therapie für schlecht ausgeglichene Fonts
Schlecht ausgeglichene Fonts können notfalls mittels des optischen Kernings besser ausgeglichen werden. Das optische Kerning berücksichtigt die Zeichenformen und nicht die Unterscheidungsvorgaben aus dem Font. Erwarten Sie jedoch von InDesign keine Wunder. Zusätzlich leidet die Geschwindigkeit des Programms, da das optische Kerning eine rechenintensive Operation ist. Wenn Sie also diese Funktion auf eine mehrseitige Textmenge anwenden, kommt es bei jeder Änderung zu kurzen Wartezeiten.

[Geviert]
Ein Geviert ist das Quadrat zur Kegelhöhe und wird im Ganzen oder in Teilen als nicht druckender Abstand zwischen Zeichen und Wörtern eingesetzt. Im Bleisatz gibt es das Geviert ($^{1000}/_{1000}$), das Halbgeviert ($^{500}/_{1000}$), das Viertelgeviert ($^{250}/_{1000}$) und das Achtelgeviert ($^{125}/_{1000}$), die Sie auch als Sonderzeichen einsetzen können (über SCHRIFT • SONDERZEICHEN).

I come, Graymalkin!

Paddock calls: – anon. –

Fair is foul, and foul is fair:

Hover through the fog and filthy air.

▲ **Abbildung 8.25**
Enge Laufweite: Die Buchstaben verbinden sich.

I come, Graymalkin!

Paddock calls: – anon. –

Fair is foul, and foul is fair:

Hover through the fog and filthy air.

▲ **Abbildung 8.26**
Weit laufende Texte sind schwerer zu lesen, vermitteln aber ein luftigeres Schriftbild.

When shall we three meet again
In thunder, lightning, or in rain?
When the hurlyburly's done,
When the battle's lost and won.
That will be ere the set of sun.
Where the place?
Upon the heath.
There to meet with Macbeth.
I come, Graymalkin!
Paddock calls: – anon. –
Fair is foul, and foul is fair:
Hover through the fog and filthy air.

▲ **Abbildung 8.27**
Enge Laufweite und niedriger Zeilenabstand: Der Textkörper wird zur Graumenge. Man spricht auch von einem Compressed-Satz.

When shall we three meet again
In thunder, lightning, or in rain?
When the hurlyburly's done,
When the battle's lost and won.
That will be ere the set of sun.
Where the place?
Upon the heath.
There to meet with Macbeth.
I come, Graymalkin!
Paddock calls: – anon. –
Fair is foul, and foul is fair:
Hover through the fog and filthy air.

▲ **Abbildung 8.28**
Auch eine Graumenge, aber aus einzelnen Buchstaben bei hoher Laufweite und großem Zeilenabstand.

Die auch als **Sperrung** bezeichnete **Spationierung** ist zunächst eine Auszeichnungsform, doch schnell kann die Lesbarkeit bei hohen Abständen der Zeichen verloren gehen. Nutzen Sie die Laufweite mit minimalen Einstellungen, wenn Ihnen die Vermittlung des Inhalts am Herzen liegt.

Für einen optimalen Blocksatz ist die Laufweite sehr entscheidend, obwohl InDesign dies mit der Trennung und den Wortabständen bei der Absatzformatierung in Verbindung setzt. Schon sehr kleine Laufweitenänderungen können die Zurichtung eines Blocksatzes deutlich verbessern.

Tabelle 8.3 ▶
Tastenkürzel für Kerning und Laufweite

	Windows	Mac
Kerning und Laufweite zurücksetzen	Strg + Alt + Q	⌥ + ⌘ + Q
Kerning/Laufweite 5fach erhöhen	Strg + Alt + →	⌥ + ⌘ + →

	Windows	Mac
Kerning/Laufweite 5fach verringern	Strg + Alt + ←	⌥ + ⌘ + ←
Kerning/Laufweite erhöhen	Alt + →	⌥ + →
Kerning/Laufweite verringern	Alt + ←	⌥ + ←

◂ **Tabelle 8.3**
Tastenkürzel für Kerning und Laufweite (Forts.)

Enge Laufweiten werden von Serifen toleriert

Eine Serifenschrift ist aufgrund der zahlreichen An- und Abstriche in den Zeichenformen deutlich robuster gegenüber einer sehr engen Laufweite als eine serifenlose Antiqua. Werden die Zeichenformen verbunden, so bilden die Serifen für das Auge immer noch einen deutlichen Übergang von einem zum anderen Buchstaben. Je nach Font ist eine Laufweite bis –40 bei einer Schriftgröße von 9 Punkt möglich, die immer noch ein gut lesbares Schriftbild ermöglicht.

Serifenlose Fonts laufen in den Zeichenformen nicht zusammen, sondern verklumpen optisch und bilden für unsere Augen einen wahren Stolperstein.

8.4.7 Horizontale und vertikale Skalierung

Die starke Verzerrung einer Schrift in vertikaler wie in horizontaler Richtung ist kein typografisches Gestaltungselement. Stauchung und Streckung verändern die Proportionen von Schriften, und gerade diese Proportionen machen den Charakter einer Schrift aus. Durch eine Verzerrung in vertikaler Richtung erhalten Sie keinen Vorteil; nutzen Sie besser zuerst eine Schriftgradänderung.

Als weitere Alternative kommen auch die Trennregeln in Frage: Eine Absatzeinstellung auf minimale Trennungen oder auf besseren Wortabstand im Absatzformat trägt entscheidend dazu bei, wie viel Text in einen Rahmen hineinpasst. Johannes Gutenberg hat für einen optimalen Blocksatz unterschiedlich breite Zeichen pro Textzeile geschnitten, die optisch jedoch nicht ins Gewicht gefallen sind. Dies können wir ihm nachtun und die Optionen für den Blocksatz in InDesign einstellen. Lesen Sie bitte auch Kapitel 9, »Absatz- und Zeichenformate«.

	Windows	Mac
Normale horizontale Textskalierung	⇧ + Strg + X	⇧ + ⌘ + X
Normale vertikale Textskalierung	⇧ + Strg + Alt + X	⇧ + ⌥ + ⌘ + X

◂ **Tabelle 8.4**
Tastenkürzel für die Textskalierung

8.4.8 Grundlinienversatz

Mit dieser Einstellung verändern Sie den Abstand der Zeichen von der Grundlinie. Eine praktische Anwendung eines Grundlinienversatzes ist das Ausrichten von Sonderzeichen wie »@« in einer E-Mail-Adresse. Je nach Schriftfamilie liegt das Zeichen im Vergleich zu den anderen deutlich höher auf der Grundlinie. Damit das Zeichen optisch besser in eine E-Mail-Adresse eingebunden wird, können Sie es markieren und den Grundlinienversatz um z. B. –0,5 pt verändern. Darüber hinaus ist ein Achtelgeviert als Leerraum vor und hinter dem Zeichen sinnvoll.

Vorsicht!

Verwechseln Sie bitte den Grundlinienversatz nicht mit den Funktionen Hochgestellt oder Tiefgestellt. Hierfür bietet InDesign eigene Buttons und Voreinstellungen, um das Zeichen gleichzeitig zu verschieben und zu skalieren.

Tabelle 8.5 ▶
Tastenkürzel für den Grundlinienversatz

	Windows	Mac
Grundlinienversatz 5fach erhöhen	⇧+Strg+Alt+↑	⇧+⌥+⌘+↑
Grundlinienversatz 5fach verringern	⇧+Strg+Alt+↓	⇧+⌥+⌘+↓
Grundlinienversatz erhöhen	⇧+Alt+↑	⇧+⌥+↑
Grundlinienversatz verringern	⇧+Alt+↓	⇧+⌥+↓

8.4.9 Verzerren

Ebenso wie die vertikale und horizontale Skalierung rein technische Möglichkeiten darstellen und nur in geringen Werten sinnvoll sein können, erzeugt die Verzerrung einer Schrift eine falsche Kursive, die im typografischen Detail besonders durch unschöne Proportionen und ein holpriges Schriftbild auffällt. Auch wenn andere Programme per Knopfdruck automatisch eine Kursive durch Verzerren erzeugen: InDesign bietet bis auf wenige Ausnahmen nur diejenigen Möglichkeiten, die ein Typograf bei der Erstellung der Schrift vorgesehen hat oder die typografisch sinnvoll sind. Nutzen Sie die zahlreichen sehr formschönen professionellen Kursivschnitte Ihrer Schriftensammlung!

8.4.10 Sprache

Die Sprachauswahl und die damit verbundene Unterstützung durch Wörterbücher erfolgt sowohl dokumentübergreifend in den Voreinstellungen als auch manuell in der Zeichen-Palette, wenn Sie mehrsprachige Dokumente layouten (siehe Kapitel 32, »Sinnvolle Voreinstellungen«). Eine konsequente Anwendung der geeigneten Wörterbücher erfordert, dass diese in den Absatzformaten auch zugewiesen sind.

InDesign CS3 bietet neben den – mittlerweile zahlreichen – deutschen Wörterbüchern auch die osteuropäischen Wörterbücher für Polnisch oder Ungarisch an, um einen Text nicht nur korrekt darzustellen, sondern auch optimal zu trennen.

Wie Sie Sprachen für das gesamte Dokument ändern, lesen Sie in Kapitel 9, »Absatz- und Zeichenformate«.

8.5 Steuerungspalette Absatz und Absatz-Palette

Bei einem Klick auf die Absatzformatierungen ❶ in der Steuerungspalette wechseln alle Werkzeuge, und Sie erhalten Zugriff auf die Funktionen für die Absatzeinstellungen. Die gleichen Einstellungen finden Sie auch in der Palette Absatz. Sollten Sie einen Monitor mit einer Größe von mehr als 19 Zoll oder mit einer Auflösung von mehr als 1280 Pixeln in der Breite verwenden, so zeigt InDesign die Absatzformatierungen in der Steuerungspalette auch während der Zeichenformatierungen an.

Absatz-Palette und Steuerungspalette Absatz

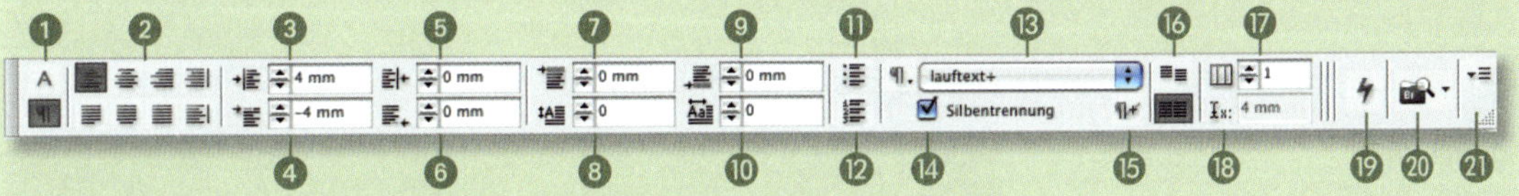

▲ **Abbildung 8.29**
Steuerungspalette Absatz

Optionen ausblenden
Adobe-Absatzsetzer
✓ Adobe Ein-Zeilen-Setzer
Nur erste Zeile an Raster ausrichten
Flattersatzausgleich
Optischen Rand ignorieren
Abstände... Alt+Umschalt+Strg+J
Umbruchoptionen... Alt+Strg+K
Silbentrennung...
Initialen und verschachtelte Formate... Alt+Strg+R
Absatzlinien... Alt+Strg+J
Aufzählungszeichen und Nummerierung...
Nummerierung neu beginnen/fortführen
Aufzählungszeichen und Nummerierung in Text konvertieren
Listen definieren...

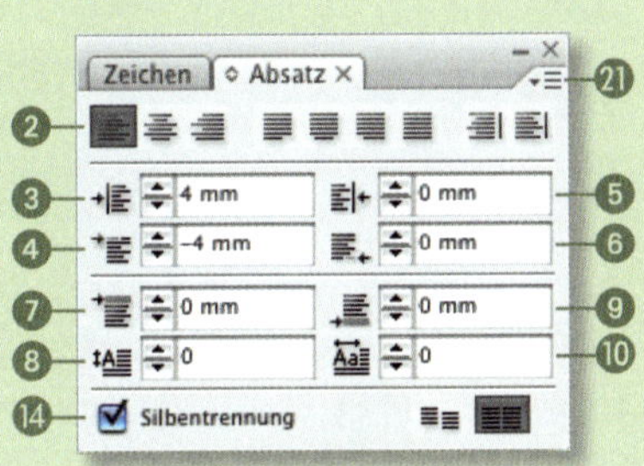

▲ **Abbildung 8.30**
Die Absatz-Palette mit Palettenmenü

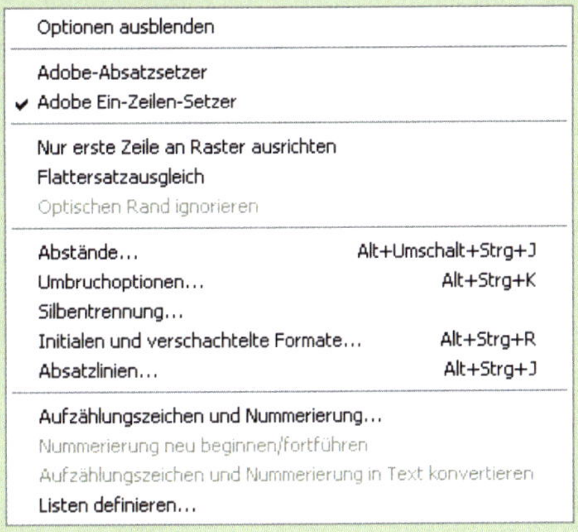

2 Absatzausrichtungen (linksbündig, zentriert, rechtsbündig, Am Rücken ausrichten und Blocksatz mit den Optionen Letzte Zeile linksbündig, Letzte Zeile zentriert, Letzte Zeile rechtsbündig (nur Absatz-Palette), Blocksatz (Alle Zeilen) sowie Nicht am Rücken ausrichten)
3 Einzug links
4 Einzug links in erster Zeile
5 Einzug rechts
6 Letzte Zeile Einzug rechts
7 Abstand vor
8 Initialhöhe (Zeilen)
9 Abstand nach
10 Ein oder mehr Zeichen als Initiale
11 Liste mit Aufzählungszeichen
12 Nummerierte Liste
13 Absatzformat
14 Silbentrennung (ein/aus)
15 Abweichungen in Auswahl löschen
16 Grundlinienausrichtung (an/aus)
17 Anzahl der Spalten
18 Horizontale Cursor-Position
19 Schnell anwenden
20 Bridge öffnen
21 Palettenmenü

8.5.1 Ausrichtung

Eine Textmenge innerhalb eines Rahmens besitzt immer eine Ausrichtung, ob linksbündig, zentriert, rechtsbündig oder Blocksatz. Mit diesen Ausrichtungen können Sie einzelne Zeilen, Absätze oder gesamte Textrahmen formatieren.

InDesign kennt über diese Grundausrichtungen hinaus vier Arten des Blocksatzes. Diese unterscheiden sich in der Formatierung der letzten Zeile, wie Sie unschwer an der oberen Button-Reihe der Absatz-Palette erkennen können. Der letzte Button auf der rechten Seite gleicht auch die letzte Zeile eines Blocksatzes auf die gesamte Spaltenbreite aus.

Tabelle 8.6 ▸
Tastenkürzel für Ausrichtung

	Windows	Macintosh
Blocksatz	[⇧]+[Strg]+[J]	[⇧]+[⌘]+[J]
Blocksatz (inkl. letzte Zeile)	[⇧]+[Strg]+[F]	[⇧]+[⌘]+[F]
Linksbündig	[⇧]+[Strg]+[L]	[⇧]+[⌘]+[L]
Rechtsbündig	[⇧]+[Strg]+[R]	[⇧]+[⌘]+[R]
Zentriert	[⇧]+[Strg]+[C]	[⇧]+[⌘]+[C]

8.5.2 Einzüge

Für die Ausrichtung einer Textmenge stehen Ihnen zudem verschiedene Einzüge zur Verfügung: Einzug links, Einzug rechts, Einzug links in erster Zeile sowie Einzug rechts in der letzten Zeile eines Absatzes. In einem Fließtext ist besonders der Einzug der ersten Zeile hilfreich, um eine Textmenge durch diese »optische Lücke« zu gliedern.

When shall we three meet again
In thunder, lightning, or in rain?
When the hurlyburly's done,
When the battle's lost and won.
That will be ere the set of sun.
Where the place?
Upon the heath.
There to meet with Macbeth.
I come, Graymalkin!
Paddock calls: – anon. –
Fair is foul, and foul is fair:
Hover through the fog and filthy air.

▲ Abbildung 8.31
Ein optisches Quadrat als Einzug

Die Breite eines solchen Einzugs kann auf zwei Arten verwendet werden: traditionell und experimentell. Die klassische Typografie sieht vor, den Einzug mit einem Geviert zu versehen, damit sich durch den Einzug immer ein »weißes Quadrat« ergibt. Tragen Sie als Einzug der ersten Absatzzeile die verwendete Schriftgröße ein, und Sie erhalten ein Geviert.

Wenn Sie allerdings genauer hinsehen, ergibt sich erst ein optisches Quadrat aus dem Einzug, wenn auch der Durchschuss – also der Abstand zwischen zwei Zeilen – doppelt hinzugerechnet wird.

Anderer Einzug ist erlaubt

Alternativ zum Geviert als Einzug darf aus traditioneller Sicht auch bis zu einem Drittel einer Spaltenbreite eingezogen werden. Das hat damit zu tun, dass somit immer noch eine Trennung der Absätze erfolgt, diese jedoch nicht »optisch umfallen« soll und die erste Zeile des Absatzes nicht zu einem unlesbaren Zeilenrest verkommt.

Bevor Sie unsichtbare Kaninchen sehen, ein kleines Beispiel zur Verdeutlichung: Der Schriftgrad in Abbildung 8.31 beträgt 8 Punkt und der Zeilenabstand 10 Punkt. Daraus ergibt sich ein Durchschuss von 2 Punkt. Unser Kaninchen Harvey ist also 10+2+2 = 14 Punkt breit.

Experimentell gesehen dürfen Sie einfach jeden Wert eintragen. Beliebt sind bei breiten Spalten (60–80 Anschläge pro Zeile) tiefe Einzüge bis zur Hälfte der Spalte. Benutzen Sie die Einzüge jedoch behutsam als Gestaltungsmittel. Hierzu eignet sich die gleichzeitige Verwendung eines erzwungenen Blocksatzes, sodass die Einzüge die einzigen Trennungen der Absätze voneinander darstellen.

Auszug für die erste Zeile | Verwenden Sie auch einmal keinen Ein-, sondern einen Auszug. Dazu müssen Sie zunächst einen vollständigen linken Einzug definieren (12 pt). Für den Einzug der ersten Zeile geben Sie nun den Wert –12 pt ein. Schon wird die erste Zeile ausgezogen. Ebenso wie der Einzug um ein Geviert bietet auch der Auszug eine optische Strukturierung der Textmenge.

Leider sieht InDesign keine Möglichkeit vor, diesen Auszug mit einem einzigen Wert einzustellen. Daher müssen wir immer zwei Werte verändern: den Einzug links und den Einzug für die erste Zeile. Allein mit einem Verkettungsbutton zwischen den beiden Eingabefeldern in der Steuerungspalette oder in einem Absatzformat wäre dies möglich.

TYPOGRAFIE IST DIE VISUELLE SPRACHE DER NEUZEIT. WIE IN JEDEM LAYOUT- ODER SATZPROGRAMM STEIGT ODER FÄLLT DIE QUALITÄT DER GESTALTETEN MAGAZINE, ZEITSCHRIFTEN ODER KATALOGE MIT DEN TYPOGRAFISCHEN MÖGLICHKEITEN. INDESIGN BIETET HOCHKLASSIGE WERKZEUGE FÜR DIE TYPOGRAFIE AN, DARUNTER AUCH VIELE FUNKTIONEN IM ZUSAMMENHENG MIT UNICODE-BASIERTEN OPENTYPE-FORMAT.

ENTNEHMEN SIE BITTE DER ABBILDUNG 1 DIE WICHTIGSTEN TYPOGRAFISCHE MASSE, DIE IN DIESEM KAPITEL HÄUFIGER VERWENDET WERDEN. SPÄTER WERDEN WIR VIELE DIESER GRUNDMASSE IN DEN WERKZEUGEN VON INDESIGN WIEDER FINDEN. JEDE SCHRIFT BESITZT CHARAKTERISTISCHE INDIVIDUELLE GRÖSSEN, ABHÄNGIG VON DER GRUNDLINIE.

INDESIGN CS3 BIETET EINE GROSSE ZAHL VON TYPOGRAFISCHEN WERKZEUGEN, ANGEFANGEN BEI DER MANUELLEN FORMATIERUNG UND UNTERSCHNEIDUNG VON ZEICHEN BIS HIN ZU AUFEINANDERFOLGENDEN ABSÄTZEN UND VERSCHACHTELTEN FORMATEN. IM GEGENSATZ ZU QUARKXPRESS ODER PAGEMAKER KENNT INDESIGN JEDOCH AUCH VIELE AUTOMATISCHE WERKZEUGE, WIE DEN OPTISCHEN RANDAUSGLEICH ZUM AUSRICHTEN VON ZEILENFLUCHTEN SOWIE DEN OPTISCHEN ZEICHENAUSGLEICH ZUM UNTERSCHNEIDEN VON ZEICHENPAAREN UNTERSCHIEDLICHER SCHNITTE ODER SCHRITGRADE.

▲ Abbildung 8.32
Durch einen Einzug in der ersten Zeile können mehrere Absätze in einer breiten Spalte bei erzwungenem Blocksatz und einer serifenlosen fett geschnittenen Antiqua eine interessante optische Trennlinie bilden.

When shall we three meet again
In thunder, lightning, or in rain?
When the hurlyburly's done,
When the battle's lost and won.
That will be ere the set of sun.

Where the place?
Upon the heath.
There to meet with Macbeth.

◄ Abbildung 8.33
Typografisches Frage-Antwort-Spiel mit verschiedenen Auszeichnungen und Einzügen

8.5.3 Letzte Zeile: Einzug rechts

Der eher selten angewendete Einzug rechts in der letzten Zeile kann beispielsweise für Inhaltsverzeichnisse oder Indizes angewendet werden. Wenn Sie ein Verzeichnis layouten, indem in der letzten Zeile des Absatzes die Seitenzahl steht, so ist es vorteilhaft, einen Einzug für den gesamten Absatz von rechts festzulegen und den Einzug für die letzte Zeile rechts wieder herauszuziehen, indem Sie einen negativen Wert eingeben. Hier verhält es sich ähnlich wie bei einem Auszug der ersten Zeile eines Absatzes.

Für letzte Zeilen eines Artikels mit dem Hinweis auf einen Autor etc. kann die Zeile zwar mit dieser Funktion von rechts eingezogen werden, jedoch gibt es hier die Möglichkeit, den Abstand zur rechten Rahmenkante mit einem Leerraum wie z. B. einem Geviert einzuhalten.

8.5.4 Abstände

Bei langen Mengentexten lohnt es, geringe Abstände zwischen den Absätzen zu verwenden. Sie ersparen sich damit den Einsatz von Leerzeilen, um Absätze mit einem größeren Abstand voneinander zu trennen. Wenn Sie nicht mit einem Grundlinienraster arbeiten, können Sie diese Abstände auch sehr frei wählen und z.B. auch halbe Zeilen (z.B. 6 pt) zur Auflockerung des Layouts verwenden. Üblicherweise dient der Abstand nach einem Absatz zur Trennung.

8.5.5 Am Grundlinienraster ausrichten

Zum Nachleben
Wie Sie das Grundlinienraster einstellen, entnehmen Sie bitte den Kapiteln 32, »Sinnvolle Voreinstellungen«, und 9, »Absatz- und Zeichenformate«.

Wenn Sie Ihr Layout auf einem Grundlinienraster aufbauen und die Absätze danach ausrichten, läuft jede Textzeile unabhängig vom Schriftgrad oder der Familie auf einem durchgehenden Zeilenraster.

Ziel eines Grundlinienrasters ist es, neben der typografischen Arbeit das Druckbild der Textzeilen auf Schön- und Widerdruck (Vorder- und Rückseite eines Druckbogens) auf gleicher Höhe zu halten. Der Satz ist dadurch »registerhaltig«, wie in Abbildung 8.36 dargestellt. Die Absatz-Palette bietet diese Funktion an, um Rahmen ohne Grundlinienausrichtung auf das Raster zu setzen: An Grundlinienraster ausrichten.

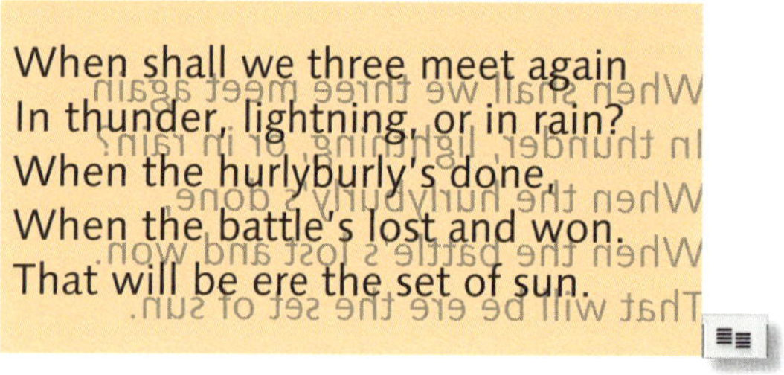

▲ **Abbildung 8.34**
Nicht registerhaltig: Die Textvorderseite ist kaum zu entziffern.

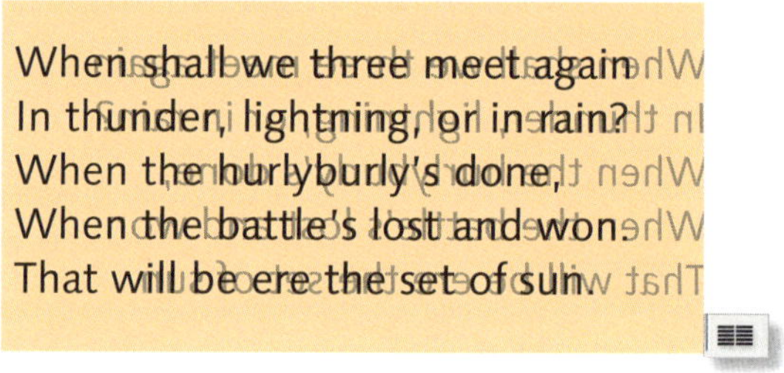

▲ **Abbildung 8.35**
Registerhaltig: Der Widerdruck stört die Lesbarkeit nicht.

Sollen jedoch Textrahmen nur mit der ersten Textzeile auf dem Grundlinienraster beginnen, um Layoutlinien aufzunehmen, dann wählen Sie aus dem Palettenmenü der Absatz-Palette den Eintrag Nur erste Zeile am Raster ausrichten.

8.5.6 Initiale

Zu Beginn eines Absatzes können Initialen verwendet werden, die mehrere Textzeilen hoch sind. Diese Initialen sind besonders dann hilfreich, wenn keinerlei Bilder den Text im Layout auflockern. Wählen Sie üblicherweise zwei bis drei Zeilen aus, um ein brauchbares Initial zu setzen. Generell wird zunächst ein Zeichen verwendet, Sie können jedoch auch mehrere Zeichen hintereinander nehmen. In modernen Zeitungslayouts werden auch riesige Initiale über zehn Zeilen in Verbindung mit einer eigenen Schrift und Farbe verwendet. Die genaue Verwendung von Initialen ist auch in Kapitel 9, »Absatz- und Zeichenformate«, beschrieben.

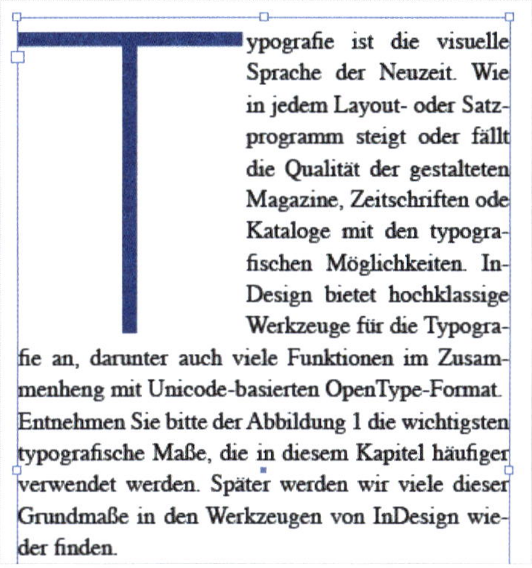

Typografie ist die visuelle Sprache der Neuzeit. Wie in jedem Layout- oder Satzprogramm steigt oder fällt die Qualität der gestalteten Magazine, Zeitschriften ode Kataloge mit den typografischen Möglichkeiten. InDesign bietet hochklassige Werkzeuge für die Typografie an, darunter auch viele Funktionen im Zusammenheng mit Unicode-basierten OpenType-Format. Entnehmen Sie bitte der Abbildung 1 die wichtigsten typografische Maße, die in diesem Kapitel häufiger verwendet werden. Später werden wir viele dieser Grundmaße in den Werkzeugen von InDesign wieder finden.

▲ Abbildung 8.36
Neumodische Initiale erscheinen in eigener Farbe und eigenem mageren Schnitt nicht unter zehn Zeilen.

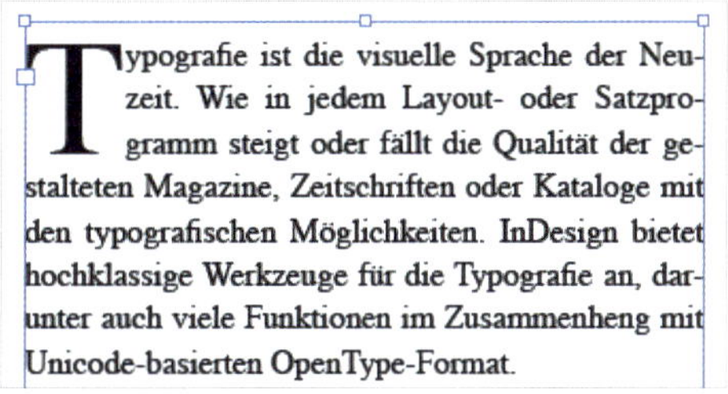

Typografie ist die visuelle Sprache der Neuzeit. Wie in jedem Layout- oder Satzprogramm steigt oder fällt die Qualität der gestalteten Magazine, Zeitschriften oder Kataloge mit den typografischen Möglichkeiten. InDesign bietet hochklassige Werkzeuge für die Typografie an, darunter auch viele Funktionen im Zusammenheng mit Unicode-basierten OpenType-Format.

▲ Abbildung 8.37
Traditionelle Initiale werden über zwei oder drei Zeilen angewendet.

8.5.7 Flattersatzausgleich

Um Überschriften oder auch einen Flattersatz auf einfache Weise optimal auszugleichen, haben Sie in InDesign im Palettenmenü der Absatz-Palette die Funktion FLATTERSATZAUSGLEICH zur Verfügung. Diese Funktion macht besonders bei mehrzeiligen Überschriften Sinn, wenn Sie keine Worttrennung vornehmen wollen. Dazu markieren Sie zunächst die Überschrift und wählen dann im Palettenmenü der Steuerungspalette ABSATZ die Option FLATTERSATZAUSGLEICH.

▼ Abbildung 8.38
Überschriften können durch den Flattersatzausgleich automatisch zu einer besseren Zeilenbildung umbrochen werden.

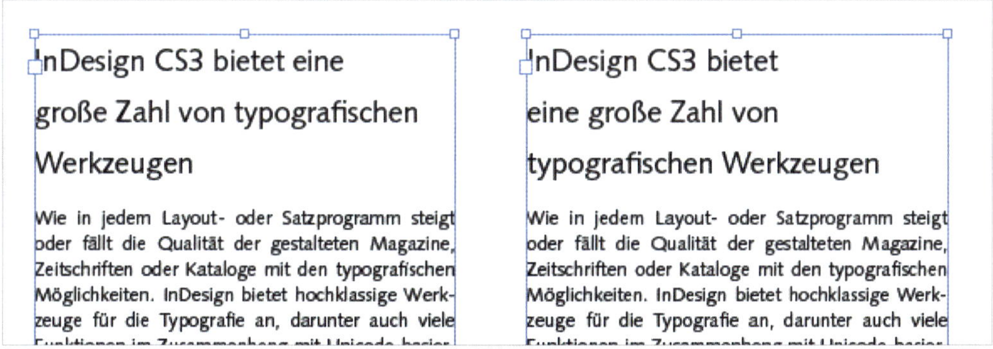

InDesign CS3 bietet eine
große Zahl von typografischen
Werkzeugen

Wie in jedem Layout- oder Satzprogramm steigt oder fällt die Qualität der gestalteten Magazine, Zeitschriften oder Kataloge mit den typografischen Möglichkeiten. InDesign bietet hochklassige Werkzeuge für die Typografie an, darunter auch viele

InDesign CS3 bietet
eine große Zahl von
typografischen Werkzeugen

Wie in jedem Layout- oder Satzprogramm steigt oder fällt die Qualität der gestalteten Magazine, Zeitschriften oder Kataloge mit den typografischen Möglichkeiten. InDesign bietet hochklassige Werkzeuge für die Typografie an, darunter auch viele

Ist der Flattersatzausgleich identisch mit dem Rausatz?

Der Rausatz bezeichnet eine vorgegebene Trennzone, um in einen bestimmten Bereich die Worttrennung durchzuführen. Dies ist jedoch noch kein Hinweis auf ein optisch ausgeglichenes Ergebnis mit gleich langen Zeilen, das wiederum nur der Flattersatzausgleich anstrebt. Hier unterscheiden sich die Funktionen erheblich.

Mit den normalen Einstellungen erhalten Sie eine zweizeilige Überschrift, deren erste Zeile auf die volle Spaltenbreite umbrochen wird. So entstehen unschöne Schriftbilder. Durch die neue Funktion werden möglichst zwei oder mehrere gleich lange Zeilen erzeugt, deren erste Zeile die längste ist. Wenn Sie einen längeren Textabschnitt mit dieser Funktion formatieren, so kann es sein, dass keine einzige Zeile die volle Spalten- oder Rahmenbreite einnehmen wird, da der Flattersatzausgleich dafür sorgt, dass alle Zeilen auf eine durchschnittliche Zeilenbreite ausgeglichen sind. Soll es dagegen stark »flattern«, sollen also alle Zeilen eine möglichst unterschiedliche Länge im Rhythmus lang-kurz-lang-kurz aufweisen, so deaktivieren Sie den Flattersatzausgleich, der ansonsten sehr stark in den Zeilenumbruch eingreift.

8.6 Glyphen und Sonderzeichen

Auf der Buch-DVD finden Sie im Ordner VIDEO-LEKTIONEN Lernfilme zu den Themen »Glyphen und Sonderzeichen« sowie »Steuerzeichen und Sonderzeichen«.

Neben den gebräuchlichen Zeichen eines Fonts zur Darstellung von Text können Sie im Desktop-Publishing viele Sonderzeichen benutzen. Zum einen befinden sich Zeichen darunter, die im Font integriert sind, wie z. B. das Copyright-Symbol © oder der lange Gedankenstrich –. Diese Zeichen können Sie auch über Tastenbefehle aufrufen, Sie müssen dafür jedoch zahlreiche Befehle lernen.

Zum anderen nutzen Layoutprogramme wie InDesign intelligente Steuerzeichen, das sind Zeichen bzw. sichtbare und unsichtbare Anweisungen für den Textfluss oder die Formatierung. Darunter fallen Seitenzahlen, die automatisch die korrekte Zahl aus dem Dokument lesen, Tabulatoren, Einfügemarken, Leerräume und Umbruchanweisungen.

8.6.1 Sonderzeichen aufrufen

ID

Diese Sonder- und Steuerzeichen rufen Sie auf, indem Sie während der Textbearbeitung das Kontextmenü mit der rechten Maustaste oder `Ctrl` aufrufen oder auf SCHRIFT • SONDERZEICHEN EINFÜGEN klicken. Diese Zeichen sind nun in InDesign CS3 neu sortiert nach den Gruppen SYMBOLE, MARKEN, TRENN- UND GEDANKENSTRICHE, ANFÜHRUNGSZEICHEN und ANDERE.

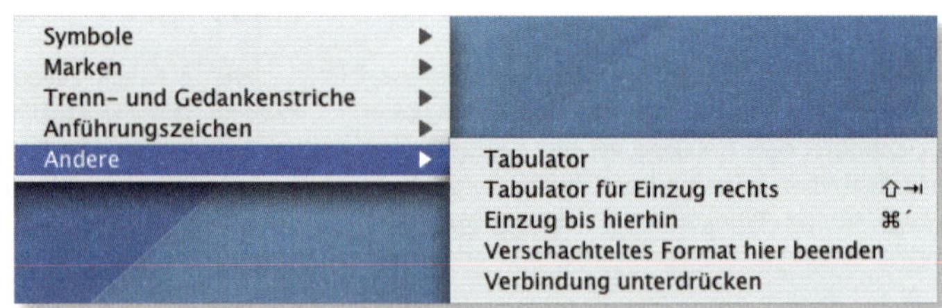

Abbildung 8.39 ▶ Während der Textbearbeitung werden zahlreiche Sonderzeichen angeboten.

Striche | Die Verwendung der verschiedenen Striche ist in der Detailtypografie genau festgelegt. Ein Geviertstrich wird nur selten verwendet, der Halbgeviertstrich dafür um so häufiger – er ist der Gedankenstrich, der Bis-Strich (1–10) und auch der Auslassungsstrich, der z. B. bei Preisangaben verwendet wird: Euro 34,–.

Der bedingte Trennstrich ist eigentlich unsichtbar. Nur wenn das Wort, das einen bedingten Trennstrich gesetzt bekommen hat, auch wirklich getrennt werden soll, kommt er zum Einsatz, und das Wort wird an der gewünschten Stelle getrennt.

Divis
Trennstrich eines Wortes am Zeilenende oder bei Verbundwörtern, z. B. Nordrhein-Westfalen.

Ein geschützter Trennstrich bewirkt, dass die Trennung eines Wortes unterdrückt wird, d.h. das Wort, obwohl es einen Divis enthält, nicht in die nächste Zeile umbricht.

◂ **Tabelle 8.7**
Tastenkürzel für Striche und Sonderzeichen

	Windows	Mac
Geschützter Trennstrich	[Strg]+[Alt]+[-]	[⌥]+[⌘]+[-]
Bedingter Trennstrich	[⇧]+[Strg]+[-]	[⇧]+[⌘]+[-]
Geviertstrich	[⇧]+[Alt]+[-]	[⇧]+[⌥]+[-]
Halbgeviertstrich	[Alt]+[-]	[⌥]+[-]
Öffnendes Anführungszeichen	[Alt]+[Ö]	
Öffnendes einfaches Anführungszeichen	[Alt]+[Ä]	
Schließendes Anführungszeichen	[⇧]+[Alt]+[Ö]	
Schließendes einfaches Anführungszeichen	[⇧]+[Alt]+[Ä]	
Aufzählungszeichen	[Alt]+[8]	[⌥]+[Ü]
Auslassungszeichen	[Alt]+[Ü]	
Copyright-Symbol (©)	[Alt]+[G]	[⌥]+[G]
Paragraphenzeichen	[Alt]+[6]	
Symbol für eingetragene Marke (®)	[Alt]+[R]	[⌥]+[R]

8.6.2 Leerräume

Unter Leerraum einfügen finden Sie nicht druckende Abstände wie Geviert oder Viertelgeviert, darunter jetzt auch ein Sechstel- oder Drittelgeviert.

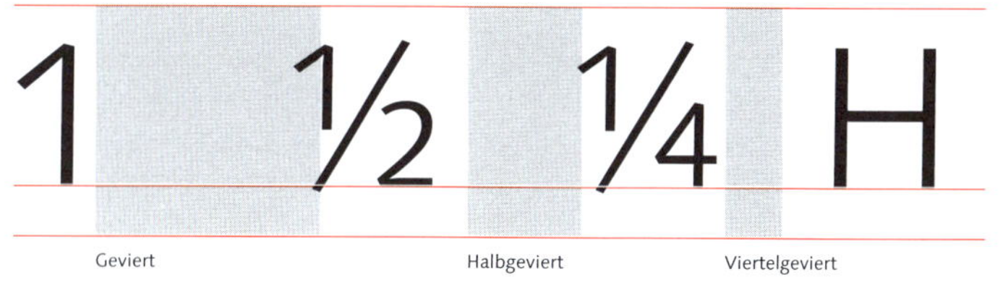

◂ **Abbildung 8.40**
Ein Geviert ist immer so breit wie die Kegelhöhe einer Schrift.

Geviert
Eine Größe zur Beschreibung eines Zwischenraums beim Setzen von Text. Entspricht der jeweiligen Schrifthöhe (Kegelgröße).

Das geschützte Leerzeichen wird zwischen Worte gesetzt, die bei einem Zeilenumbruch nicht getrennt werden sollen. In diesem Buch befindet sich z. B. zwischen dem Wort InDesign und dem Wort CS3 ein geschütztes Leerzeichen. Auch zwischen einen Doktortitel und einem Namen sollte ein geschütztes Leerzeichen eingesetzt werden. Das Breite des geschützten Leerzeichens (feste Breite) wird im Blocksatz nicht angepasst.

Das Achtelgeviert wird im Satz häufig eingesetzt, besonders bei Abkürzungen (wie z. B., u. A.). Auch vor und nach einem Halbgeviertstrich wird es eingesetzt – und zwar so.

Geviert ⇧⌘M
Halbgeviert ⇧⌘N
Geschütztes Leerzeichen ⌥⌘X
Geschütztes Leerzeichen (feste Breite)
1/24-Geviert
Sechstelgeviert
Achtelgeviert ⌥⇧⌘M
Viertelgeviert
Drittelgeviert
Interpunktionsleerzeichen
Ziffernleerzeichen
Ausgleichs-Leerzeichen

▲ **Abbildung 8.41**
Zur Auswahl über das Kontextmenü oder das Menü SCHRIFT • LEERRAUM EINFÜGEN stehen fertige Sonderzeichen wie Halb- oder Achtelgevierte. Das Ausgleichs-Leerzeichen entspricht einem Viertelgeviert.

	Windows	Mac
Geviert-Leerzeichen	⇧+Strg+M	⇧+⌘+M
Halbgeviert-Leerzeichen	⇧+Strg+N	⇧+⌘+N
Achtelgeviert-Leerzeichen	⇧+Strg+Alt+M	⇧+⌥+⌘+M
Geschütztes Leerzeichen	Strg+Alt+X	⌥+⌘+X

▲ **Tabelle 8.8**
Tastenkürzel für Leerzeichen

8.6.3 Umbruchzeichen

Die Umbruchzeichen werden dazu verwendet, einen Umbruch in den nächsten Absatz zu erzwingen, der sowohl im nächsten Rahmen, in der nächsten Spalte oder auf der nächsten geraden oder ungeraden Seite beginnen kann. Auf diese Weise werden falsche Umbrüche von Textzeilen vermieden.

Die meisten von ihnen sind selbsterklärend. Mit einem harten Zeilenumbruch wird ein Absatz zwar geteilt, er bleibt aber als Absatz erhalten. Der bedingte Zeilenumbruch erzwingt einen Zeilenumbruch an genau dieser Stelle.

Tabelle 8.9 ▶
Tastenkürzel für Umbruch

	Windows	Mac
Spaltenumbruch	↵ (Ziffernblock)	↵ (Ziffernblock)
Rahmenumbruch	⇧+ ↵ (Ziffernblock)	⇧+ ↵ (Ziffernblock)
Seitenumbruch	Strg+↵ (Ziffernblock)	⌘+↵ (Ziffernblock)
Harter Zeilenumbruch	⇧+↵	⌘+↵
Absatzumbruch	↵	↵

8.6.4 Verborgene Zeichen

Um Ihre Sonderzeichen im Text überhaupt sehen zu können, müssen Sie sie über SCHRIFT • VERBORGENE ZEICHEN EINBLENDEN erst einmal anzeigen lassen. Und auch dann müssen Sie erst einmal die verschiedenen Symbole deuten können.

◄ **Tabelle 8.10**
Verborgene Steuerzeichen und ihre Bedeutung

Zeichen	Symbol
Geschütztes Leerzeichen	^
Geschütztes Leerzeichen (feste Breite)	^
Leerraum Geviert	—
Leerraum Halbgeviert	-
Ziffernleerzeichen	#
Interpunktionsleerzeichen	!
Ausgleichsleerzeichen	~
Bedingter Trennstrich	-
Geschützter Trennstrich	-
Bedingter Zeilenumbruch	|
Harter Zeilenumbruch	¬
Umbruch gerade Zahlen	ᵕ
Umbruch ungerade Zahlen	·
Seitenumbruch	•
¹⁄₂₄-Geviert	∵
Sechstelgeviert	:
Achtelgeviert	:
Viertelgeviert	•
Drittelgeviert	•
Absatzmarke	¶
Einzug bis hierhin	†
Tabulator nach rechts	ǂ
Tabulator	»

8.6.5 Glyphen

Für alle Zeichen, die im Font vorliegen, aber nur schwer über die Tastatur aufgerufen werden können, steht Ihnen die Glyphen-Palette zur Verfügung. Rufen Sie die Palette auf, indem Sie mit dem Textwerkzeug T in einen Textrahmen klicken und im Menü Schrift die Funktion Glyphen auswählen.

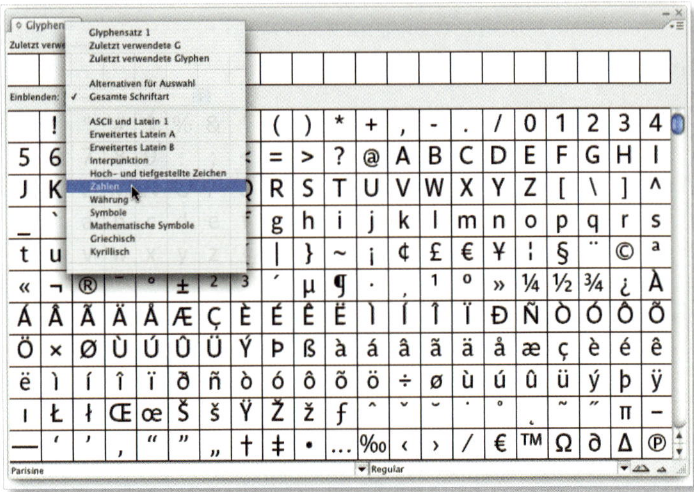

Abbildung 8.42 ▸
Der Standardfont bietet 256 Zeichen und ist auf einen Sprachraum wie z. B. Westeuropa beschränkt.

Die Palette zeigt Ihnen alle verfügbaren Zeichen und Glyphen des aktuellen Fonts. Mit einem Doppelklick auf eine Position fügen Sie das Zeichen in Ihren Textrahmen ein. Diese Übersicht ist die sogenannte **Codepage**, die je nach Schriftformat und Betriebssystem unterschiedlich aufgebaut ist. Jeder PostScript- oder TrueType-Font besitzt 256 Zeichen. Für jeden Sprachraum gibt es unterschiedliche Codepages (Westeuropa, Osteuropa, Kyrillisch etc.). Diese Codepages finden Sie nun auch in der CS3-Version im Pulldown-Menü unter dem Begriff Einblenden.

Sobald Sie eine Glyphe per Doppelklick ausgewählt und damit in einen Textrahmen übertragen haben, wird diese Glyphe in der oberen Zeile der Palette abgelegt, quasi als Zwischengedächtnis. Somit entfällt in vielen Fällen das Anlegen eines eigenen Glyphensatzes, Sie können später die Glyphen-Palette wieder aufrufen und die gemerkten Zeichen in den Text einfügen.

Ersetzen von Unicode-Zeichen

Das Austauschen konkreter Unicode-Zeichen ist nun durch die Funktionen Suchen und Ersetzen möglich. Lesen Sie dazu auch den Abschnitt 8.6.6 und Kapitel 9, »Absatz- und Zeichenformate«, in dem wir den Einsatz von OpenType-Fonts genauer erklären und die Funktion zeigen.

Arbeiten mit Expert-Schnitten | Wenn Sie mit Expert-Schnitten in PostScript-Fonts arbeiten, kann es zu einem gravierenden Problem kommen: Sie formatieren Text z. B. in der Adobe Garamond und markieren einzelne Zeichen oder Wörter, um sie mit dem Expert-Schnitt in Kapitälchen zu ändern. Sobald Sie den Expert-Schnitt auswählen, verschwinden die markierten Zeichen!

Da InDesign intern mit Unicode arbeitet, kennt das Programm alle Zeichen nur unter einer einzigen Bezeichnung: »A« ist im Unicode »0041«. Das Kapitälchen »A« hat dagegen die Kennung »F761«, und InDesign sucht im Expert-Schnitt vergeblich nach »0041«. Die Lösung ist denkbar einfach: Halten Sie während der

Auswahl des Expert-Schnittes die Tastenkombination [⌘]+[⌥] bzw. [Strg]+[Alt] gedrückt. InDesign sucht nun nicht nach der Unicode-Kennung, sondern nach der Bezeichnung »A«.

Achten Sie auch bei der Formatierung von normalen Ziffern in Mediävalziffern auf diese Tastenkombination. Wenn Sie mit einem OpenType-Font arbeiten, tritt die Problematik nicht auf, da InDesign nicht zwei Fonts miteinander vergleichen muss.

8.6.6 Multilinguale Texte

Für den Einsatz von Schriften für mehrsprachige Texte besonders aus dem osteuropäischen Raum werden überwiegend PostScript-CE-Fonts verwendet. CE steht für Central European und verweist auf den geografischen Sprachraum zwischen Estland und Bulgarien. Diese Schriften haben eine andere Codepage und werden durch Sonderzeichen ergänzt. CE-Fonts sind für alle PostScript- und TrueType-Fonts bei den diversen Schriftenherstellern und -häusern erhältlich. Die Schriftfamilie der Myriad Pro bietet zahlreiche Zeichen, mit deren Hilfe auch polnische oder ungarische Texte wiedergegeben werden können.

Neben der Darstellung der Zeichen sind natürlich auch der richtige Textumbruch und die richtige Worttrennung wichtig. InDesign CS3 unterstützt alle osteuropäischen Sprachen wie Bulgarisch oder Lettisch mit einem eigenen Wörterbuch. So können Sie einen polnischen Text z. B. aus Word direkt in InDesign platzieren und mit einer Schrift wie der Myriad Pro darstellen. Danach weisen Sie noch das richtige Wörterbuch zu und formatieren typografisch einwandfrei den fremdsprachigen Text.

Fehlende Zeichen im Font

Immer wieder kann es vorkommen, dass die verwendete Sprache ein Zeichen benötigt, das im zugewiesenen Font nicht existiert. Im Layoutmodus [W] werden alle fehlenden Zeichen durch eine rosa-farbene Lücke hervorgehoben. Im Vorschaumodus hingegen verschwinden diese wichtigen Hinweise. Achten Sie bei mehrsprachigen Texten auf diese Feinheiten.

Dokumente, die mehrere Sprachen gleichzeitig darstellen sollen, müssen mit eigenen Absatzformaten angelegt werden. Lesen Sie dazu auch Kapitel 9, »Absatz- und Zeichenformate«.

8.6.7 OpenType-Fonts und Unicode

Eine andere Lösung zur Wiedergabe fremdsprachiger Texte bietet das OpenType-Format, das nicht nur ausschließlich für die Erweiterung des Fonts um osteuropäische Sonderzeichen gedacht ist, sondern um jede Sprache und ihre Zeichen abzubilden.

Statt der maximal 256 Zeichen eines solchen Fonts kann das OpenType-Format bis zu 65 535 Zeichen aufnehmen. Darüber hinaus ist das Format plattformunabhängig und wird durch nur eine einzige Datei dargestellt. Wie funktioniert das?

Das Zauberwort heißt Unicode, die technische Grundlage, auf der das OpenType-Format basiert. Unicode ist ein 16-Bit-Code zur Abbildung von 2 hoch 16 Zeichen, die auf der ganzen Welt zurzeit verwendet werden. Da im Unicode-Standard möglichst alle Schriftsprachen enthalten sein sollen, werden diese nacheinander eingearbeitet. Jedem Zeichen ist eine Position zwischen 0 und 65 535 zugeordnet, die im Hexadezimalcode angegeben wird. So besitzt das Zeichen »A« den Code 0041. Die Kodierung der Zeichen ist im Unicode-Standard festgelegt. Dieser wird regelmäßig überarbeitet und erweitert. Unicode 5.0 ist der derzeit aktuell verwendete Standard. Hierzu finden Sie auch interessante Links am Ende des Buches.

Die zahlreichen Codepages eines Unicode-Fonts sind in einer vorgegebenen Reihenfolge definiert. Der Font beginnt mit den bekannten lateinischen Zeichen, die auch als **Basic Latin** bezeichnet werden. Danach folgen die Erweiterungen **Latin 1**, **Latin Extended A** und **Latin Extended B**. Das sind Erweiterungen, mit denen alle sprachenspezifischen Zeichen europäischer Sprachen aufgefangen werden. Darunter finden sich u.a. auch Sonderzeichen für Tschechisch, Ungarisch oder Finnisch. Bisherige Fonts bildeten nur eine Auswahl dieser Codepages, begrenzt für einen Sprachraum (ISO Latin 1, ISO Latin 2 etc.). Danach folgen Codepages mit Sonderzeichen für die phonetische Darstellung (IPA), und anschließend beginnen die diakritischen Zeichen.

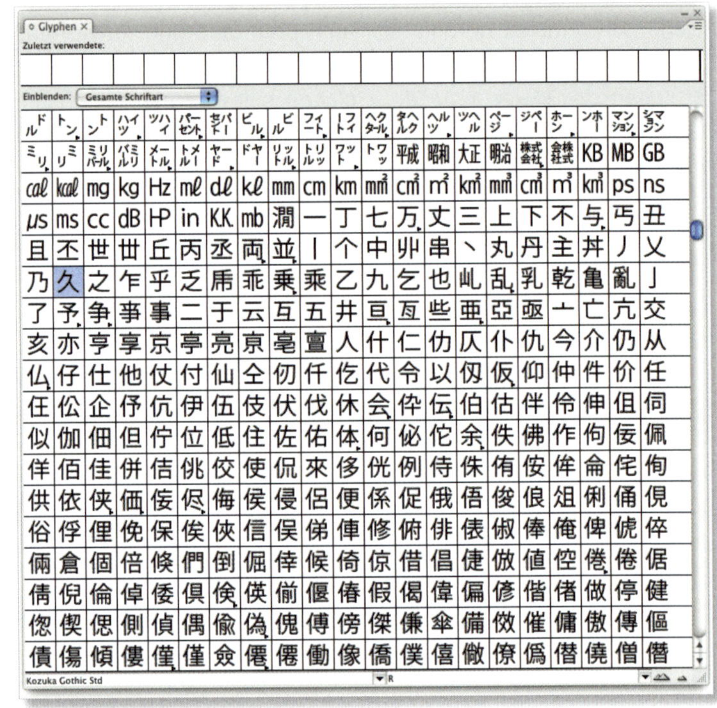

▲ **Abbildung 8.43**
Ein japanischer Font mit Kana-Zeichen

Typografische Funktionen von OpenType | Da Unicode sowohl von einem Windows- als auch von einem Mac-System verstanden wird, können Satzdateien auf beiden Plattformen bearbeitet werden. Der typografische Nutzen liegt bei den sogenannten Pro-Fonts neben echten Kapitälchen und der Auswahl von

Zeichen und Sprachen
Für die Wiedergabe jeder europäischen Sprache sind ca. 500 Zeichen notwendig. Für die Darstellung eines chinesischen oder japanischen Textes hingegen werden mehrere tausend Zeichen verwendet. Dabei werden nur die Schriftzeichen berücksichtigt, die im ständigen Gebrauch sind. Das Japanische ist im weltweiten Vergleich das komplexeste Schriftsystem. Es setzt sich aus drei verschiedenen Zeichensystemen zusammen: Kanji, Kana und Romanji. Kanji sind die ca. 3000 aus dem Chinesischen entlehnten Schriftzeichen, Kana hingegen umfasst vereinfachte Bildzeichen für die Aussprache und Romanji die lateinischen Zeichen. Eine Systemschrift auf dem Mac besitzt für die multilinguale Darstellung eben diese Zeichen. Abbildung 8.43 zeigt einige Beispiele für Kana sowie Kanji des Systemzeichensatzes Osaka.

[Kapitälchen]
Eigenständige Stilvariante einer Schrift, bei der die Kleinbuchstaben auf den ersten Blick wie Großbuchstaben aussehen, aber in etwa die Höhe der Kleinbuchstaben (ohne Ober- und Unterlänge) haben. Auch in der Zeichengestalt unterscheiden sich Kapitälchen von normalen Großbuchstaben: Sie haben oft eigene Proportionen und Strichstärken – dies ist ein entscheidender Unterschied zu den nur am Computer aus den Großbuchstaben einer Schrift errechneten Kapitälchen, wenn die Schriftart keinen echten, eigenen Kapitälchen-Zeichensatz umfasst. »Unechte« Kapitälchen sind oft schlechter lesbar.

Tabellen- oder Mediävalziffern in der Integration von kontextbedingten Varianten: Wie in den Abbildungen 8.44 bis 8.46 zu sehen ist, können Sie über die Glyphen-Palette passende Zeichenalternativen aufrufen.

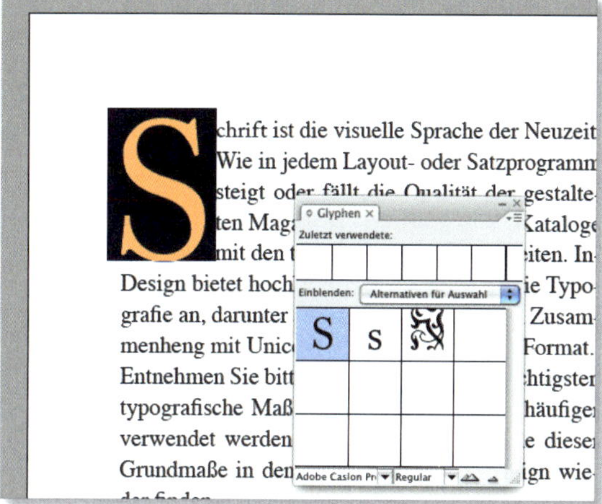

◂ **Abbildung 8.44**
Alternativen bieten OpenType Pro-Fonts für dieselbe Darstellung eines Zeichens, wie zum Beispiel Schwungzeichen in der Adobe Caslon Pro.

▴ **Abbildung 8.45**
Mediävalziffern eignen sich hervorragend im Textfluss, während Tabellenziffern (Monotype-Zeichen) für eine tabellarische Darstellung ein gleichmäßiges Raster bilden.

▴ **Abbildung 8.46**
Altbekannte Ligaturen aus vergangenen Zeiten können dank OpenType-Technologie wieder zum Leben erweckt werden.

OpenType-Fonts können, wie bereits erwähnt wurde, um Glyphen wie Kapitälchen oder echte Brüche ergänzt werden. Diese Fonts tragen die Ergänzung »Pro« im Schriftnamen. OpenType-Fonts ohne diesen Zusatz oder mit der Kennung »Std« für »Standard« bieten nur den Vorrat herkömmlicher Zeichen.

[Ligatur]
Kombination von zwei Buchstaben zu einer Einheit. In Zeichensätzen für den Mac gibt es standardmäßig Ligaturen für die Buchstabenkombinationen »fi« und »fl«. Auch das »ß« ist eigentlich eine Ligatur.

Was kann mein OpenTypePro-Font? | Hier zeichnet sich ab, dass nicht jede OpenType-Schrift alle Möglichkeiten sowohl für die

Hintergrund: OpenType-Technik

Technisch gesehen ist ein OpenType-Font nichts anderes als ein PostScript-Font, der in Unicode vorliegt. Darüber hinaus besitzt ein OpenType-Font aber sogenannte »Features« wie die Erkennung und Ersetzung von Brüchen. Wie funktioniert das? Ein Skript sucht im formatierten Text nach Stellen wie z. B. »1/9« und ersetzt diese durch die hochgestellte 1, einen eigenen Bruchstrich und die tiefgestellte 9. Alle drei Zeichen werden zudem unterschnitten. Wenn Sie also einen OpenType-Font nutzen und in InDesign die Funktion BRÜCHE aufrufen, schalten Sie dieses Skript an. Ebenso gibt es in einem OpenType-Font Skripte für Ligaturen, Kapitälchen und andere Feinheiten, wie hier beschrieben.

typografische Auszeichnung als auch für die Anwendung fremdsprachiger Texte bietet. Vergewissern Sie sich beim Hersteller, ob ein gewünschter Font auch Ihre benötigten Funktionen unterstützt. Viele Schriften, die zurzeit erhältlich sind, wurden nur aus bestehenden TrueType- oder PostScript-Fonts konvertiert.

Die Unterstützung von den hier beschriebenen typografischen Möglichkeiten variiert je nach Schriftfamilie und Schnitt. Wenn Sie eine OpenType-Pro-Schrift auswählen und im Palettenmenü der Zeichen-Palette die Rubrik OPENTYPE auswählen, sehen Sie die möglichen Funktionen. Nicht zur Verfügung stehende Zeichen werden in eckigen Klammern dargestellt. So werden z. B. die Schwungschrift nur bei kursiven Schnitten angeboten.

OpenType von Adobe | Normale OpenType-Schriften des Herstellers Adobe umfassen grundsätzlich alle im westlichen Sprachraum verwendeten Zeichen inklusive einiger internationaler Sonderzeichen wie dem Euro-Symbol. Die Pro-Fonts hingegen sind alle um typografische Alternativen ergänzt und beinhalten die Zeichen für mittel- und osteuropäische Sprachen, teilweise sogar auch kyrillische und griechische Zeichen.

8.6.8 Unicode-Zeichen suchen und ersetzen

Damit Sie irrtümlich gesetzte Zeichen eines fremdsprachigen Textes oder eines wissenschaftlichen Fachartikels austauschen können, dürfen Sie mit der Funktion SUCHEN/ERSETZEN aus dem Menü BEARBEITEN nach der Unicode-Position des falschen Zeichens suchen und es durch ein anderes Zeichen ersetzen. Öffnen Sie den SUCHEN/ERSETZEN-Dialog mit den Tastenbefehlen [⌘]/[Strg]+[F].

Weiterlesen

Wenn Sie sich weitergehend über das aktuelle Schriftenangebot und die Technologie informieren wollen, finden Sie am Ende des Buches hilfreiche Links zu den Herstellern.

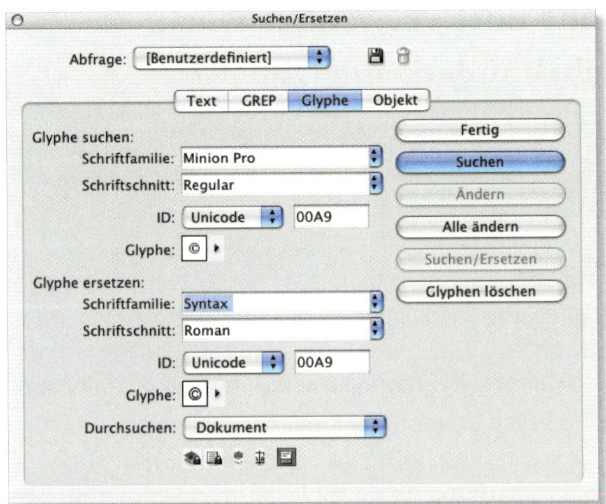

Abbildung 8.47 ►
Die SUCHEN/ERSETZEN-Funktion bietet in InDesign CS3 nun auch die Möglichkeit, einzelne Zeichen anhand ihrer Position in Unicode aufzuspüren.

Unter dem Reiter Glyphe finden Sie die Eingabe für die Unicode-Position. Alternativ können Sie auch eine zuvor in der Glyphen-Palette gefundene Glyphe auswählen, indem Sie in das kleine Ausklappmenü Glyphe klicken. Beachten Sie dabei, dass die Glyphen-Palette auch die entsprechende Schrift mitspeichert, sodass hier eine konkrete Verbindung aus Glyphe, Unicode-Position und Font erzeugt wird. Durch einen Klick auf Suchen starten Sie den Vorgang und können bei einer aufgefundenen Textstelle ein anderes Unicode-Zeichen einsetzen.

Pathfinder und Formsatz
Einfacher geht's nicht: Mit dem Pathfinder, der mehrere Vektorformen zu einer gesamten Form addieren oder auch voneinander abziehen kann, können Sie auch Formsatz verändern. Nehmen Sie einen Formsatz, und ergänzen Sie den Textrahmen um eine neue Vektorform. Markieren Sie beide Objekte, und klicken Sie auf Addieren. Die neue Form wird dem Formsatz zugewiesen, es entsteht eine neue Gesamtform.

Formkonstruktion
Einfacher und schneller lassen sich solche Formen natürlich in Vektorprogrammen wie Illustrator erzeugen. Über die Zwischenablage kopieren Sie den Illustrator-Pfad direkt in InDesign hinein und füllen ihn mit Text.

8.7 Text im Pfad: Formsatz

Eine Spielart der Typografie ist der Formsatz. Wie der Name schon sagt, bildet das Schriftbild eine gegenständliche oder abstrakte Form, die überwiegend einem Motiv aus dem Textinhalt entstammt. Wie nahezu alle traditionellen handwerklichen oder künstlerischen Vorlagen lassen sich auch diese auf moderne Weise interpretieren.

Wie Sie aus der Rahmenbearbeitung bereits wissen, wird auch ein Textrahmen durch Bézierkurven definiert, die zunächst immer ein Rechteck abbilden, in dem der Text läuft.

Wählen Sie einen Textrahmen mit der Auswahl an, und wechseln Sie auf die Direktauswahl. So wird der Textrahmen zu einem Bézierpfad. Nutzen Sie die Pfadwerkzeuge, um die Form des Textrahmens zu verändern, fügen Sie Pfadpunkte hinzu, oder erzeugen Sie Tangentenpunkte (Abbildungen 8.48 bis 8.50): Der Textfluss passt sich immer der Außenform an.

Die andere Möglichkeit besteht darin, zuerst einen Pfad zu erzeugen und danach mit dem Textwerkzeug hineinzuklicken. Danach schreiben Sie den Text innerhalb der Form.

▲ **Abbildung 8.48**
Textrahmen und Hilfsobjekte

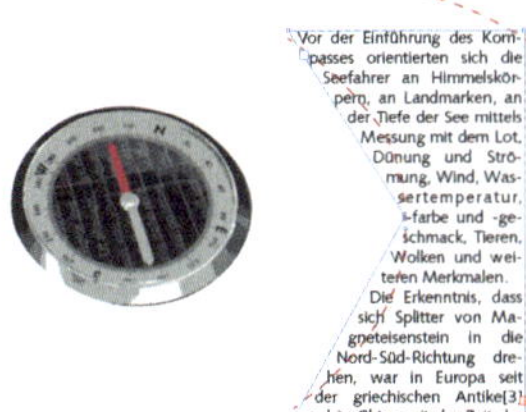

▲ **Abbildung 8.49**
Pfadbearbeitung

▲ **Abbildung 8.50**
Formsatz komplett

8.8 Text auf Pfad: Beschwingtes

Anders als der Formsatz richtet die Funktion TEXT AUF PFAD die Grundlinie nach einem Pfad aus, der sowohl eine Linie als auch eine geschlossene Form sein kann. Ziehen Sie eine schwungvolle Linie mit dem Bleistift oder mit dem Zeichenstift auf, und wechseln Sie auf das Textwerkzeug [T]: Halten Sie die Maustaste über dem Textsymbol in der Werkzeugpalette gedrückt, und das Flyout-Menü mit dem Werkzeug TEXT AUF PFAD erscheint. Alternativ dazu können Sie den Tastenbefehl [⇧]+[T] aufrufen.

Klicken Sie nun mit dem Textpfad auf den gezeichneten Pfad. Die Einfügemarke springt auf den Pfad, und die Eingabe kann beginnen.

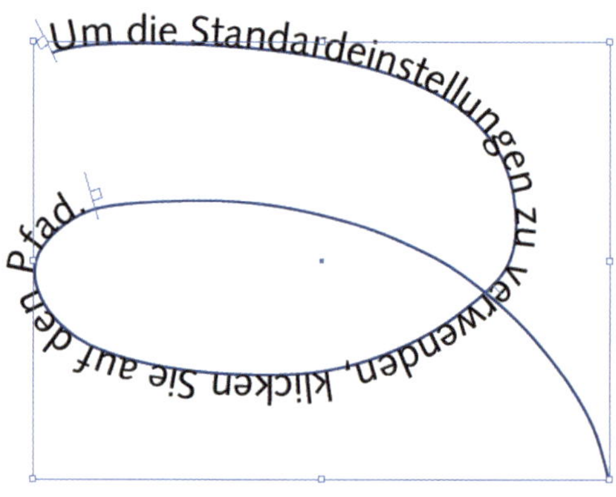

Abbildung 8.51 ▸
Textpfad

Textausrichtung | Die Ausrichtung auf dem Pfad kann auf zwei Wegen beeinflusst werden. Die Ausrichtung der Absatz-Palette ist dabei zunächst entscheidend. Die andere Methode sind die senkrechten Begrenzungsstriche links und rechts vom Text. Klicken Sie eine Begrenzung an, und schieben Sie sie wie einen Regler an die gewünschte Position. Der Text wird danach erneut ausgerichtet.

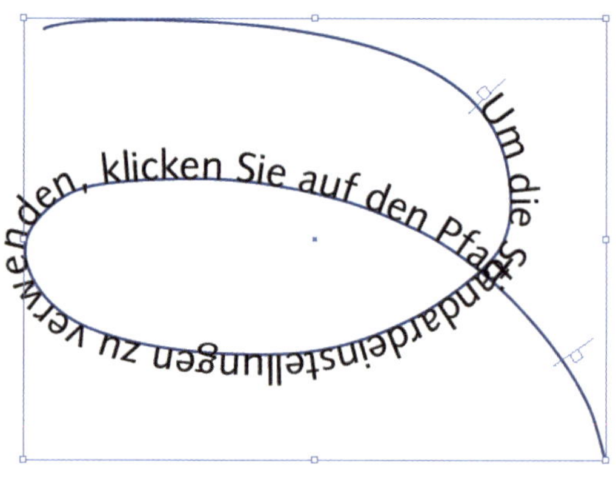

Abbildung 8.52 ▸
Alternativer Anfangspunkt

8.8.1 Pfadtextoptionen

Rufen Sie über das Kontextmenü den Punkt Text auf Pfad • Optionen... auf, oder wählen Sie Schrift • Text auf Pfad • Optionen.

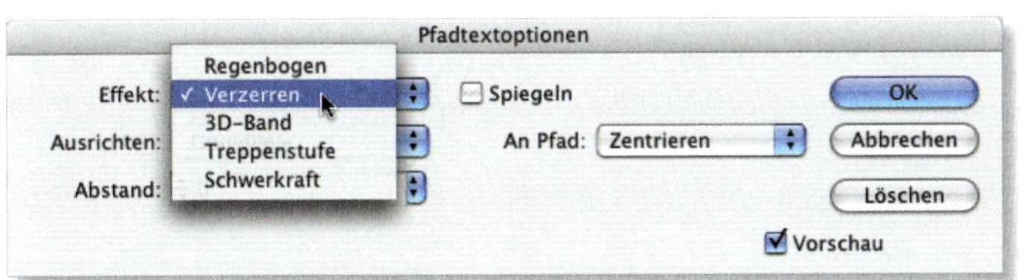

◂ **Abbildung 8.53**
Die Pfadtextoptionen

Verschiedene Effekte stehen Ihnen zur Verfügung. Mit der Option Verzerren kann der Text senkrecht zum Pfad ausgerichtet werden, als würde sich das Schriftband über eine Fläche wölben. Dieser Pseudo-3D-Effekt gleicht ein wenig die verringerte Lesbarkeit des Pfadtextes aus. Regenbogen ist unser altbekannter Kreistext. Die anderen Optionen dürfen Sie sich gern in Ruhe anschauen.

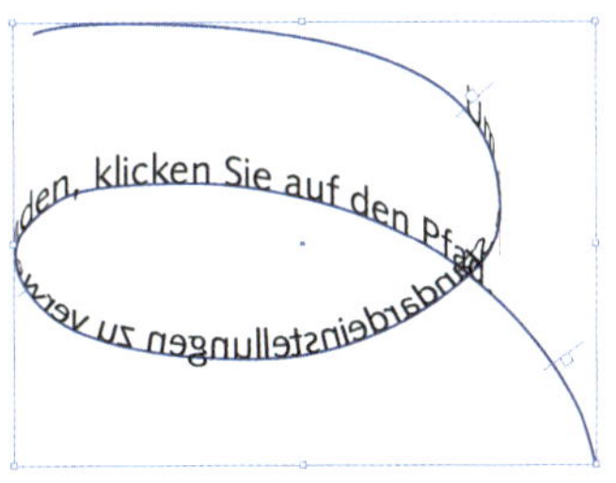

▴ **Abbildung 8.54**
Textpfad mit dem Effekt Verzerren

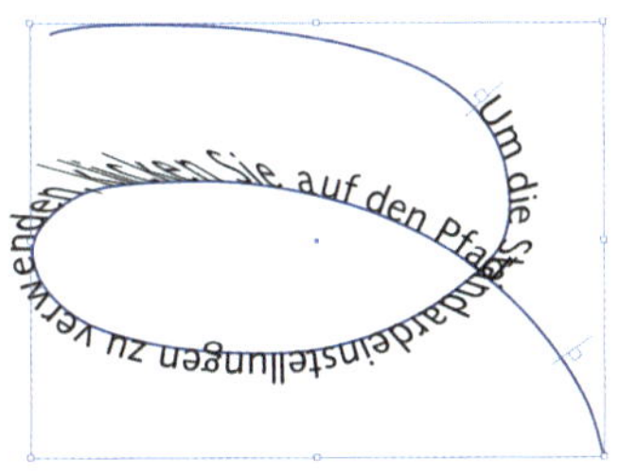

▴ **Abbildung 8.55**
Der Effekt Schwerkraft

▴ **Abbildung 8.56**
Ohne Pfad und mit einem mehrfarbigen Farbverlauf wirken die Schriftbänder mit dem Effekt Verzerren sehr luftig.

Interessant ist hier noch die Ausrichtung: Die Grundlinie, die Oberlänge oder die Unterlänge können als Ausrichtung dienen. Der Abstand hingegen gleicht Zeichenabstände an engen Kurven aus.

8.9 Inline-Grafiken im Textfluss

Als Inline-Objekte werden im Programmierjargon Objekte wie z. B. Bilder bezeichnet, die in einem Text mitlaufen. Dazu wählen Sie einen Bildrahmen aus, kopieren diesen in die Zwischenablage und klicken mit dem Textwerkzeug [T] an eine geeignete Stelle auf dem Textpfad. Nun fügen Sie den Rahmen ein. Sie erkennen nun, dass das Bild auf der Grundlinie der Textzeile steht. Ändern Sie den Text, so wird das Bild auf der Grundlinie einfach

Optisches Kerning auch auf Pfaden

Sollten Sie ungünstige Unterschneidungen von Zeichenpaaren im Text auf einem gebogenen Pfad entdecken, so kann InDesign dann die Zeichen optimal ausgleichen, wenn Sie das optische Kerning aus der Steuerungspalette in der Rubrik Kerning anwählen. Alternativ unterschneiden Sie die Zeichen manuell, indem Sie zwischen die unglücklichen Zeichen klicken und mit der gedrückten [Alt]-Taste und den Pfeil-Tasten nach links und rechts den Abstand korrigieren.

mitverschoben, die Inline-Grafik verhält sich also wie ein eigener Buchstabe. Die Bilder können auch mehrfach hintereinander einkopiert werden.

8.9.1 Inline-Grafiken verzerren

Die Verzerrungseffekte von InDesign für den Pfadtext erlauben es, auch die Inline-Grafiken entsprechend zu verzerren, wie Abbildung 8.56 zeigt. An dieser Stelle wurden mehrere identische Grafiken auf einer Textzeile eingefügt. Zur Gestaltung eignen sich u.a. die Effekte VERZERREN und 3D-BAND. Dies funktioniert übrigens auch bei Symbolen oder Vektorgrafiken, die Sie in InDesign oder Illustrator erstellt haben.

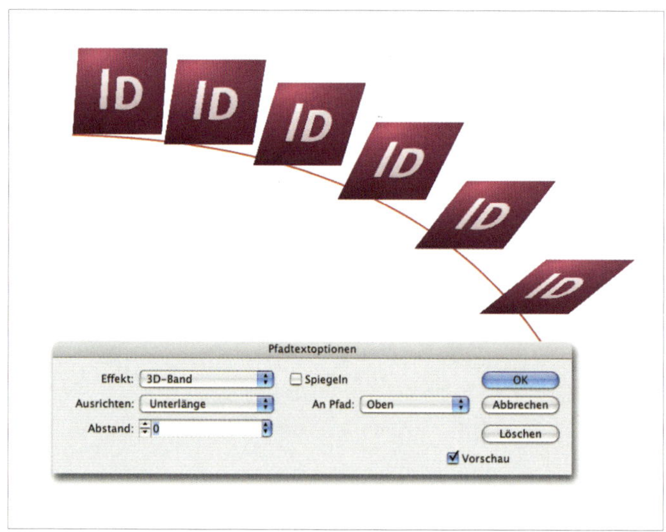

Abbildung 8.57 ▸
Inline-Grafiken können auch auf einem Textpfad einkopiert und gestaltet werden.

8.10 Konturenführung

Die Verdrängung einer Textmenge um eine Grafik, die sowohl Bildmotiv, Vektorgrafik, Logo als auch einen Textrahmen darstellen kann, wird in InDesign Konturenführung genannt. Dabei unterscheidet InDesign, ob das Objekt als Rechteck, als Freiform, als Übersprung oder als Spaltenbegrenzung eingesetzt werden soll.

InDesign CS3 bietet nun auch die Möglichkeit, Freisteller nur links oder rechts umfließen zu lassen, was einen entscheidenden Vorteil mit sich bringt, den wir noch genauer beschreiben.

Legen Sie zunächst einen Textrahmen an, und platzieren Sie ein Objekt über dem Textrahmen. Über das Menü FENSTER rufen Sie die Palette KONTURENFÜHRUNG auf (Strg+Alt+W bzw. ⌥+⌘+W).

Konturenführung-Palette

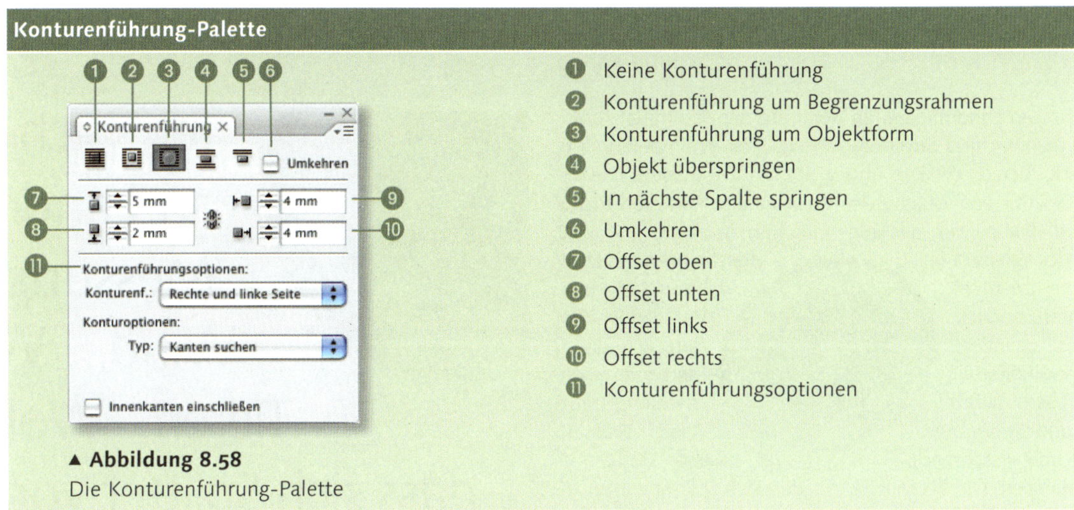

▲ **Abbildung 8.58**
Die Konturenführung-Palette

1. Keine Konturenführung
2. Konturenführung um Begrenzungsrahmen
3. Konturenführung um Objektform
4. Objekt überspringen
5. In nächste Spalte springen
6. Umkehren
7. Offset oben
8. Offset unten
9. Offset links
10. Offset rechts
11. Konturenführungsoptionen

8.10.1 Konturenführung um Begrenzungsrahmen

Aktivieren Sie das platzierte Objekt, und klicken Sie auf den zweiten Button KONTURENFÜHRUNG UM BEGRENZUNGSRAHMEN ❷. Erfreulicherweise sind diese Button-Symbole wirklich selbsterklärend: Das Objekt, das Sie nun mit einer Konturenführung aktiviert haben, wird anhand des Objektrahmens in einer Rechteckform umflossen. Die Abstandswerte nach oben, unten links und rechts definieren den Textabstand von diesem Rahmen.

◄ **Abbildung 8.59**
Platziertes Objekt mit Konturenführung um den Begrenzungsrahmen. Auch bei gedrehten Rahmen verläuft der Textfluss rechteckig entlang der Rahmenkante.

8.10.2 Konturenführung um Objektform

Viel spannender sind dagegen die Auswirkungen des dritten Buttons der Konturenführung-Palette: KONTURENFÜHRUNG UM OBJEKTFORM ❸. Damit wird statt der vorherigen Rahmenkante direkt die Objektkante genutzt. Der Textfluss »klebt« direkt am

Objekt. InDesign kann einen gesamten Freisteller umfließen, links und rechts gleichermaßen.

ten sich
an Landr
Messung
Wind, W
Tieren, Wol
dass sich Splitter vor

▲ Abbildung 8.60
Konturenführung an der Objektform mit einem Abstandswert. Der Freistellpfad kann mit den Pfadwerkzeugen manuell bearbeitet werden.

Bei eingeblendeten Palettenoptionen erhalten Sie eine zusätzliche Auswahl an Konturenführungsoptionen ⓫. In Kapitel 12, »Platzieren«, lernen Sie, wie Sie Freistellobjekte anhand von Beschneidungspfaden, Alpha-Kanälen und Objektkanten erstellen können. Diese Optionen wurden an dieser Stelle sinnvollerweise ein zweites Mal integriert. Somit können Sie platzierte Objekte als EPS-, PDF- oder Illustrator-Datei auch ohne definierten Beschneidungspfad umfließen lassen.

Platzieren Sie eine PDF-Datei mit einem geschlossenen Objekt. Aktivieren Sie die Konturenführung um die Objektkante, und wählen Sie die Option Kanten suchen aus. Mit einem Standard-Abstandswert von zunächst 12 Punkt führt InDesign die Textmenge um das Objekt. Nun können Sie durch einen eigenen Wert den Abstand definieren.

Dieser Konturenpfad, den InDesign selbst berechnet, besteht natürlich aus Bézierkurven. Da Sie bereits die Pfadwerkzeuge und deren Handhabung kennengelernt haben, wissen Sie sicher, wie Sie nun diese Kontur bearbeiten können. Wenn Sie auf die Direktauswahl [A] wechseln, gibt InDesign alle Pfadpunkte frei. An unserem Beispiel entstehen aufgrund der unregelmäßigen Objektkontur des Kompasses zahlreiche Ankerpunkte. Da nicht alle Punkte für eine saubere Konturenführung benötigt werden, können Sie nun viele Punkte löschen oder nachbearbeiten. Leider stellt InDesign keine automatische Vereinfachung mit Vorschaufunktion (wie in Illustrator) oder einen Toleranzbereich zur Verfügung, der Ihnen diese Arbeit abnimmt.

Zu ähnlich komplexen Freistellpfaden kommen Sie mit der Option ALPHA-KANAL. Dagegen bestehen eingebettete Beschneidungspfade häufig aus »schlankeren« Pfaden mit deutlich weniger Knotenpunkten. Die Anzahl der Vektoren und Knoten spielt für die spätere Belichtungszeit heute eher eine untergeordnete Rolle. Wenn Sie diese Funktion häufiger für mehrere Freisteller einsetzen wollen, sollten Sie als Alternative Freisteller in Photoshop mit Transparenzen oder – ganz klassisch – mit einem Beschneidungspfad erstellen.

8.10.3 Wort- und Zeichenausgleich

Durch die Konturenführung entstehen bei links- oder rechtsbündigem Satz neben einem Objekt ungewollte Lücken, wenn der verbleibende Platz z. B. nur für eine Silbe ausreicht. Der Textfluss und die Lesbarkeit werden dadurch zerrissen, wie in Abbildung 8.61 zu sehen ist: Der Begrenzungsrahmen als Kontur wird nur an der rechten Seite klar vom Textfluss eingeschlossen, die linke Kante wirkt dagegen abgerissen.

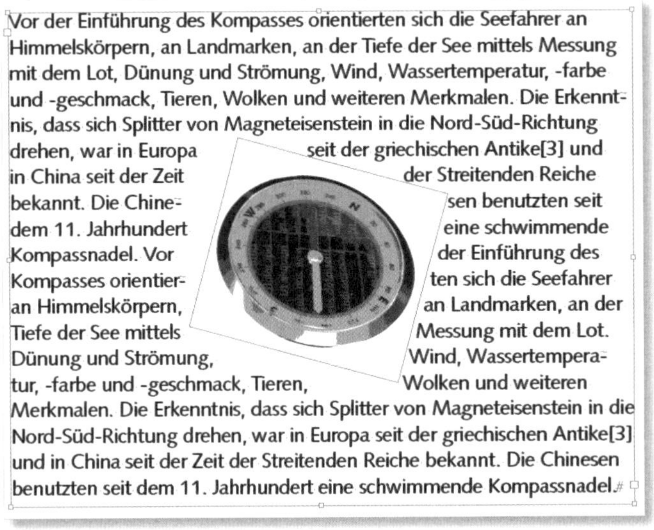

Vor der Einführung des Kompasses orientierten sich die Seefahrer an
Himmelskörpern, an Landmarken, an der Tiefe der See mittels Messung
mit dem Lot, Dünung und Strömung, Wind, Wassertemperatur, -farbe
und -geschmack, Tieren, Wolken und weiteren Merkmalen. Die Erkenntnis, dass sich Splitter von Magneteisenstein in die Nord-Süd-Richtung
drehen, war in Europa seit der griechischen Antike[3] und
in China seit der Zeit der Streitenden Reiche
bekannt. Die Chine- sen benutzten seit
dem 11. Jahrhundert eine schwimmende
Kompassnadel. Vor der Einführung des
Kompasses orientier- ten sich die Seefahrer
an Himmelskörpern, an Landmarken, an der
Tiefe der See mittels Messung mit dem Lot.
Dünung und Strömung, Wind, Wassertempera-
tur, -farbe und -geschmack, Tieren, Wolken und weiteren
Merkmalen. Die Erkenntnis, dass sich Splitter von Magneteisenstein in die
Nord-Süd-Richtung drehen, war in Europa seit der griechischen Antike[3]
und in China seit der Zeit der Streitenden Reiche bekannt. Die Chinesen
benutzten seit dem 11. Jahrhundert eine schwimmende Kompassnadel.#

◄ **Abbildung 8.61**
Konturenführung ohne aktivierte Option TEXT NEBEN OBJEKT AUSRICHTEN

In den Voreinstellungen SATZ unter dem Menü DATEI finden Sie unter der Rubrik KONTURENFÜHRUNG die Option BLOCKSATZ NEBEN KONTURENFÜHRUNG (siehe auch Kapitel 32, »Sinnvolle Voreinstellungen«). Wenn Sie diesen Punkt aktiviert haben, wird der Begrenzungsrahmen auch auf der linken Seite eindeutig umflossen, und der Text wird durch einen Blocksatz ausgeglichen, ohne dass sich die gesamte Textformatierung ändert. Dabei tritt die Absatzformatierung zur Bildung einer regelmäßigen Graumenge in den Hintergrund. Auch hier können größere Wortlücken auftreten, die »weiße Löcher« in das Schriftbild reißen. Nutzen Sie eine minimale Verringerung der Laufweite, um diese Lücken auszugleichen. Dazu reicht schon eine Laufweitenminimierung um 10/1000 Geviert.

Vor der Einführung des Kompasses orientierten sich die Seefahrer an
Himmelskörpern, an Landmarken, an der Tiefe der See mittels Messung
mit dem Lot, Dünung und Strömung, Wind, Wassertemperatur, -farbe
und -geschmack, Tieren, Wolken und weiteren Merkmalen. Die Erkenntnis, dass sich Splitter von Magneteisenstein in die Nord-Süd-Richtung
drehen, war in Europa seit der griechischen Antike[3] und
in China seit der Zeit der Streitenden Reiche
bekannt. Die Chine- sen benutzten seit
dem 11. Jahrhundert eine schwimmende
Kompassnadel. Vor der Einführung des
Kompasses orientier- ten sich die Seefahrer
an Himmelskörpern, an Landmarken, an der
Tiefe der See mittels Messung mit dem Lot.
Dünung und Strömung, Wind, Wassertempera-
tur, -farbe und -geschmack, Tieren, Wolken und weiteren
Merkmalen. Die Erkenntnis, dass sich Splitter von Magneteisenstein in die
Nord-Süd-Richtung drehen, war in Europa seit der griechischen Antike[3]
und in China seit der Zeit der Streitenden Reiche bekannt. Die Chinesen
benutzten seit dem 11. Jahrhundert eine schwimmende Kompassnadel.#

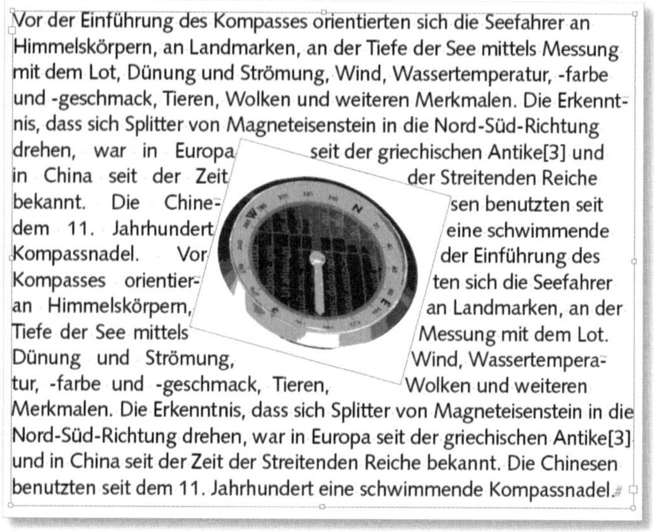

Abbildung 8.62 ▸
Konturenführung mit aktivierter Option TEXT NEBEN OBJEKT AUSRICHTEN in den Voreinstellungen

Einzelwörter neben dem Objekt können auf unterschiedliche Art und Weise ausgeglichen werden, allerdings nur, wenn der Text auf Blocksatz formatiert ist. Unter dem Absatz-Palettenmenü finden Sie im Dialog ABSTÄNDE – in dem Sie das Blocksatzverhalten einstellen können – die Auswahl EINZELWORTAUSRICHTUNG.

Mit der Einstellung BLOCKSATZ werden auch Einzelwörter am Rande einer Konturenführung mit hohem Zeichenabstand auf die maximale Breite ausgetrieben.

8.10.4 Konturenführung rechts und links

Abhängig vom Motiv ist es ratsam, einen Freisteller nur links oder rechts umfließen zu lassen, da es sonst zu unmöglichen Worttrennungen kommt. Wählen Sie also im Pulldown-Menü der Konturenführung die RECHTE SEITE oder LINKE SEITE aus, wenn Sie ein entsprechendes Motiv verwenden. Darüber hinaus ordnen Sie Freisteller oder verankerte mitlaufende Bilder im Textfluss über die Funktion ZUM RÜCKEN ZUGEKEHRTE SEITE oder VOM RÜCKEN ABGEWENDETE SEITE so an, dass in Abhängigkeit von einer Position auf einer linken oder rechten Seite im Layout der Rahmen nur auf einer Seite umflossen wird.

8.10.5 Textrahmen umfließen

Natürlich können auch Textrahmen als Konturenobjekte genutzt werden, sowohl als Rechteckform wie auch als Formsatz. Dazu eignen sich speziell Abstände in der Größe des Zeilenabstandes.

Wie beim Formsatz in Abbildung 8.64 zu sehen ist, kann auch die Konturenführung dem Formsatz automatisch oder manuell mit den Pfadwerkzeugen angepasst werden.

ie mehrfach aufeinander folgen lassen können, um beispiels-
i Zeichenformate abwechselnd bis zum Absatzende anzuwen-
Formatierungen zeigen wir Ihnen noch genauer im Kapitel
und Zeichenformate«. Die
g eines Textrahmens kann
seitige Dokumente auch am
zw. Bund erfolgen. Das ist
bei Textrahmen auf Margi-
ten sinnvoll. Neben den neu-
afischen Werkzeugen wollen
die Wörterbücher für osteu-
Sprachen erwähnen, die es
und westeuropäischen Va-
InDesign ermöglichen, z.B.
oder tschechische Texte zu
und korrekt zu umbrechen.
ch die deutsche Sprache ständig verändert und neue Wörter
rauch einfließen, stellt sich die Frage nach den Schreibweisen
terpunktion. Die Rechtschreibreformen mit den Ergebnissen
und einer Neufassung von 2006 werden daher auch in In-

Ein Geviert XE „Geviert " ist
das Quadrat zur Kegelhöhe
und wird im Ganzen oder in
Teilen als nicht druckender
Abstand zwischen Zeichen
und Wörtern eingesetzt.

▲ **Abbildung 8.63**
Konturenführung um einen Textrahmen

die Sie mehrfach aufeinander folgen lassen können, um bei-
zwei Zeichenformate abwechselnd bis zum Absatzende an-
. Diese Formatierungen zeigen wir Ihnen noch genauer im
bsatz- und Zeichen-
Die Ausrichtung ei-
hmens kann für dop-
Dokumente auch am
w. Bund erfolgen. Das
ers bei Textrahmen auf
nspalten sinnvoll. Neben
n typografischen Werk-
ollen wir auch die Wörter-
r osteuropäische Sprachen
, die es in der US- und west-
en Variante von InDesign
en, z.B. polnische oder tsche-
xte zu layouten und korrekt zu umbrechen. Da sich auch die
prache ständig verändert und neue Wörter in den Gebrauch
stellt sich die Frage nach den Schreibweisen und der Inter-
Die Rechtschreibreformen mit den Ergebnissen von 1996 und

Ein Geviert XE „Geviert " ist
das Quadrat zur Kegelhöhe
und wird im Ganzen oder in
Teilen als nicht druckender
Abstand zwischen Zeichen
und Wörtern eingesetzt.

▲ **Abbildung 8.64**
Auch Textrahmen im Formsatz werden korrekt umflossen.

8.10.6 Objekt überspringen

Anders als bei der Konturenführung am Begrenzungsrahmen oder an der Objektkante, die zu einem neuen Textfluss innerhalb einer Zeile führt, markieren Objekte mit der Einstellung Objekt überspringen ❹ (Abbildung 8.58) in der Konturenführung-Palette einen Textumbruch um die Höhe des platzierten Objektes.

angefangen bei der manuellen Formatierung und Unterschneidung von Zeichen bis hin zu aufeinander folgenden Absätzen und verschachtelten

Formaten. Im Gegensatz zu QuarkXPress oder PageMaker kennt InDesign jedoch auch viele automatische Werkzeuge, wie den optischen Randausgleich zum Ausrichten von Zeilenfluchten sowie den optischen

◀ **Abbildung 8.65**
Option Objekt überspringen

Diese Option ist besonders bei großen Textmengen sinnvoll. Die Einstellung In nächste Spalte springen ❺ (Abbildung 8.58)

hingegen bricht den Text vor dem Objekt um. Die Konturenführung wird hier als Umbruchmarkierung benutzt.

Abbildung 8.66 ▸
In nächste Spalte springen

Verdrängt das Objekt den Text oder wird der Text von Satzangaben umbrochen?

Zwei Wege führen nach Rom: Soll eine Textmenge geschickt im Spaltenraster umbrochen werden, so können entweder platzierte Rahmen mit der Funktion Objekt überspringen oder In nächste Spalte springen dafür sorgen, dass der Text verdrängt wird, oder Sie wenden die Umbruchzeichen wie Spaltenumbruch im Text an, indem Sie aus dem Menü Schrift • Umbruchzeichen einfügen... das entsprechende Zeichen auswählen. Lesen Sie dazu auch Kapitel 7, »Texte platzieren und bearbeiten«.

8.10.7 Konturenführung umkehren

Eine vollständige Umkehrung der Konturenführung erzeugen Sie, indem Sie den Button Umkehren ❻ (Abbildung 8.58) in der Konturenführung-Palette aktivieren. Die Funktion Konturenführung um Objektform muss dazu aktiviert werden, wenn Sie ein Ergebnis wie in Abbildung 8.67 erzeugen wollen. Der Textfluss verläuft nicht am Objekt vorbei, sondern nur innerhalb der Objektform. Es handelt sich hier also um eine weitere Art des Formsatzes mitten im Textrahmen. Der Vorteil gegenüber einem Formsatz ist, dass das Objekt die Form vorgibt. Wird also die Position des Objekts verschoben oder die Größe skaliert, ändert sich auch die Textform. Wenn Sie stattdessen einen getrennten Formsatz über einem anderen Objekt erzeugen, so müssten Sie bei jeder Änderung die Kontur manuell anpassen. Ein klarer Vorteil für einen solchen Spezialfall.

Der Begriff Kreis gehört zu den wichtigsten Begriffen der ebenen Geometrie. Ein Kreis ist definiert als Menge (geometrischer Ort) aller Punkte der euklidischen Ebene, deren Abstand von einem vorgegebenen Punkt M gleich einer festen positiven reellen Zahl r ist. Der Kreis ist also die Ortslinie aller Punkte mit dieser Eigenschaft.

Abbildung 8.67 ▸
Bei umgekehrter Konturenführung fließt der Text innerhalb der Objektform, nicht an ihm vorbei.

8.10.8 Objektstile mit Konturenführung

Als Objektstile speichern Sie das Verhalten, wie ein Text von einer Grafik verdrängt wird, auch in einem Stil für den Grafikrahmen. Alle Optionen, die wir hier beschrieben haben, sehen Sie in Abbildung 8.68.

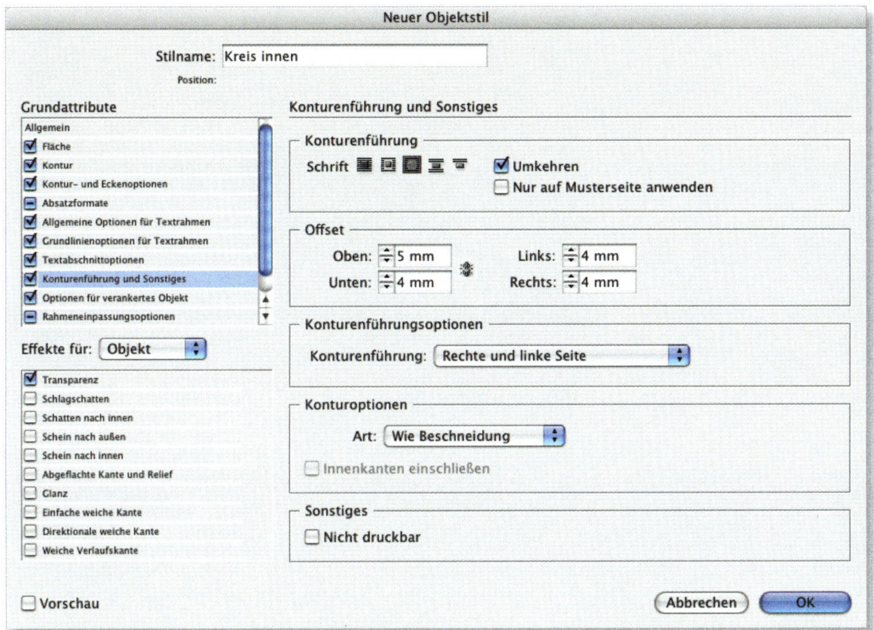

▲ Abbildung 8.68
Die Konturenführungsoptionen werden als Objektstil gespeichert. Vergleichen Sie die Möglichkeiten mit der Palette KONTURENFÜHRUNG.

Wollen Sie also Bilder immer in derselben Art und Weise umfließen lassen, so legen Sie sich einen Objektstil an und wählen in der Rubrik KONTURENFÜHRUNG UND SONSTIGES die entsprechenden Einstellungen. Leichter ist es jedoch, gleich einen Rahmen fertig zu gestalten und mit einem Klick alle Eigenschaften des Rahmens als neuen Objektstil zu übernehmen. Darüber hinaus können Sie gleich danach die Rahmeneinpassungsoptionen anwenden. Wie Sie dies erreichen, zeigen wir in den Kapiteln 6, »Layoutrahmen«, und 12, »Platzieren«.

TEIL IV
Gestaltung und Organisation

9 Absatz- und Zeichenformate

Das Herz jeder Layoutsoftware befindet sich in den automatischen Formatierungen für Absätze oder einzelne Zeichen. Wie intelligent InDesign mit Absätzen umgeht, zeigen wir Ihnen in diesem Kapitel.

9.1 Was sind Absatz- und Zeichenformate?

Alle Formatierungen, die Sie mit typografischen Werkzeugen vorgenommen haben, legen Sie als Format an, um einerseits Texte schneller zu formatieren und um andererseits diese Formate übergreifend in anderen Dokumenten oder auf anderen Arbeitsplätzen innerhalb eines Designteams zu verwenden. Somit stellen Sie sicher, dass die typografischen Qualitäten von InDesign durchgehend auf dieselbe Weise angewendet werden. Zusätzlich können diese Formate auch in den Objektstilen eingebunden werden. Noch einen Schritt weiter gehen die verschachtelten Formate, eine intelligente Verknüpfung von Zeichenformaten innerhalb von Absatzformaten.

Zum Nachlesen
Falls Sie Kapitel 8, »Typografie«, als Neuling in InDesign CS3 noch nicht gelesen haben sollten, so holen Sie dies bitte zunächst nach, da wir dort viele Details erklären und in diesem Kapitel zur Anwendung bringen. Wenn Sie sich mit den typografischen Werkzeugen schon auskennen, so können Sie gleich zum Abschnitt 9.3, »Absatzformate«, drei Felder weiterspringen und eine Joker-Karte ziehen.

Innerhalb eines **Absatzformates** werden all die Einstellungen gespeichert, die sich – wie der Name bereits verrät – auf einen ganzen Textabsatz beziehen: Wie soll der Textabsatz typografisch dargestellt, wie soll der Text ausgerichtet und nach welchen Methoden soll er getrennt und umbrochen werden? Ein Absatz wird mit einem Return oder einer »Zeilenschaltung« abgeschlossen. Wenn Sie im Menü SCHRIFT • VERBORGENE ZEICHEN EINBLENDEN aufrufen, so erkennen Sie einen Textabsatz am nicht druckenden Sonderzeichen »¶«.

Die **Zeichenformate** hingegen beziehen sich nur auf eine Textauswahl wie ein Zeichen oder ein Wort. Intelligenterweise arbeiten Sie daher zuerst mit Absatzformaten und gestalten dann eigene Zeichenformate, um abweichende typografische Auszeichnungen wie »kursiv«, »fett«, »hochgestellt« oder »farbig« anzuwenden. Kreativ angewendet dienen die Zeichenformate auch zum Hinterlegen von einzelnen Wörtern, indem die Unterstreichungsfunktion als farbige Markierung »zweckentfremdet« wird.

Absatz- und Zeichenformate können Sie zu sogenannten **verschachtelten Formaten verbinden**, eine sehr spannende, aber gelegentlich auch komplexe Angelegenheit. Bevor Sie sich mit verschachtelten Formaten beschäftigen, sollten Sie aber die Grundlagen zu den Absatz- und Zeichenformaten erlernen.

Im Zusammenhang mit Absatzformaten müssen wir zunächst auf das Grundlinienraster und die Registerhaltigkeit eingehen.

9.2 Grundlinienraster

Wie schon im Typografie-Kapitel angesprochen wurde, sollten Sie ein Absatzformat für einen Fließtext grundsätzlich auf das Grundlinienraster stellen, denn nur so kann die Registerhaltigkeit von Schön- und Widerdruck erreicht werden. Überall, wo Sie mit mehrseitigen Dokumenten wie Magazinen, Zeitschriften, Büchern und ähnlichen Dingen konfrontiert werden, sollten Sie gleich zu Beginn das Grundlinienraster anwenden.

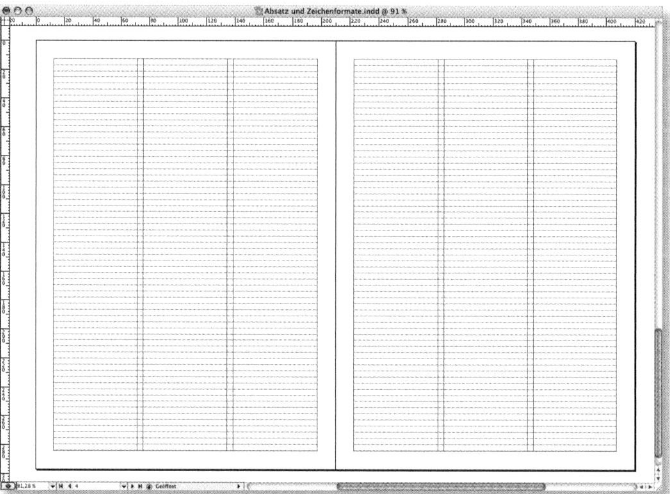

Abbildung 9.1 ▶
Innerhalb der Ränder dient das Grundlinienraster nur zum Ausrichten von Textzeilen und Grafiken innerhalb des Satzspiegels und überdeckt weder den Bund noch den Fußbereich.

Nicht jede Überschrift oder Zwischenüberschrift muss am Grundlinienraster ausgerichtet werden, aber mit Sicherheit sollte der Fließtext mit der Brotschrift am Raster angelehnt sein.

Dabei gibt es die Möglichkeit, nur die erste Zeile eines Absatzes dem Grundlinienraster zuzuordnen, um einen Textrahmen oder einen Absatz sozusagen in das Raster einzuhängen. Vom Grundlinienraster abweichende Zeilenraster lassen sich in einem

Textrahmen über die Textrahmenoptionen anwählen, das ist u.a. sinnvoll für Rahmen auf Marginalspalten.

9.2.1 Grundlinienraster anzeigen und einstellen

Das Grundlinienraster blenden Sie über das Menü ANSICHT oder den Shortcut [⌘]+[⌥]+[ß]/[Strg]+[Alt]+[ß] ein bzw. aus.

Rufen Sie dann die VOREINSTELLUNGEN • ALLGEMEIN auf, und nehmen Sie dort über RASTER einige Einstellung für das Grundlinienraster vor.

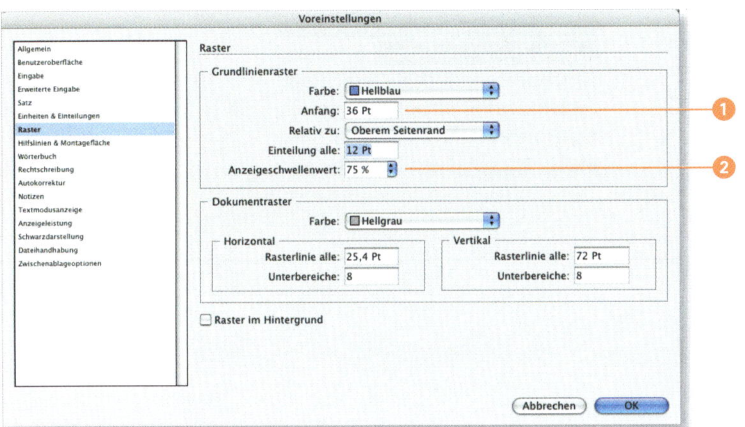

◄ **Abbildung 9.2**
Voreinstellungen für das Grundraster

Startpunkt des Rasters | Zunächst wählen Sie den Startwert (1) aus. Wenn Sie beispielsweise mit einem 12-pt-Grundlinienraster arbeiten, dann kann das Grundlinienraster bereits bei 0 mm an der Seitenkante beginnen, oder Sie starten erst innerhalb der Layoutränder: Dazu wählen Sie in den Vorgaben RELATIV ZU den Punkt OBEREN SEITENRAND. Somit überdeckt das Grundlinienraster weder den Bundbereich bei doppelseitigen Dokumenten noch den Fußbereich unterhalb der Ränder. Haben Sie als Standardeinheit Millimeter angewählt, so können Sie in den Eingabefeldern auch Punktwerte eingeben, indem Sie nach dem numerischen Wert ein »pt« eintippen. Danach wird der Punktwert in Millimeter umgerechnet. Dies ist übrigens überall in InDesign so!

Anzeigeschwellenwert | Besonders angenehm an InDesign ist, dass Sie für die Anzeige des Grundlinienrasters einen ANZEIGESCHWELLENWERT (2) definieren können, der Ihnen das Raster in Abhängigkeit von der Ansichtsgröße des Dokuments einblendet. Den Schwellenwert stellen Sie entweder für das Programm oder für das jeweilige Dokument ein. Achten Sie auch hier wieder darauf, dass Sie auf den normalen Ansichtsmodus wechseln, um sich das Raster auch anzeigen zu lassen.

Zwei Grundlinienraster

Das Arbeiten mit einem Grundlinienraster wird etwas komplexer, wenn Sie ein Dokument erstellt haben, in dem Sie mit mehreren Schriftgrößen arbeiten. Kommen dann noch Marginalspalten mit ins Spiel, bei denen ein anderer Schriftgrad und ein vom Fließtext abweichender Zeilenabstand benutzt wird, trotzdem aber eine Registerhaltigkeit erzielt werden soll, können Sie in den Textrahmenoptionen dieses Marginaltextes ein eigenes Grundlinienraster definieren. Wählen Sie dazu den Textrahmen aus, und drücken Sie den Shortcut [⌘]+[B] oder [Strg]+[B]. In der Rubrik GRUNDLINIENOPTIONEN finden Sie alle nötigen Einstellungen.

Ein »halbes« Grundlinienraster

Mittels eines Tricks können Sie flexibler arbeiten und benötigen sogar nur ein einziges Grundlinienraster: Halbieren Sie einfach das Raster, z. B. von 14 Punkt auf 7 Punkt. Eine 11 Punkt große Brotschrift wird somit auf jeder zweiten Grundlinie laufen. Überschriften oder Zwischentitel können dagegen bei einer Schriftgröße von 18 Punkt auf jeder dritten Grundlinie mit einem Zeilenabstand von 21 Punkt laufen. Fußnoten in der Größe von 6 Punkt – sofern mit der gesetzten Type und optimalem Druck noch lesbar – richten sich dann am 7-Punkt-Raster aus.

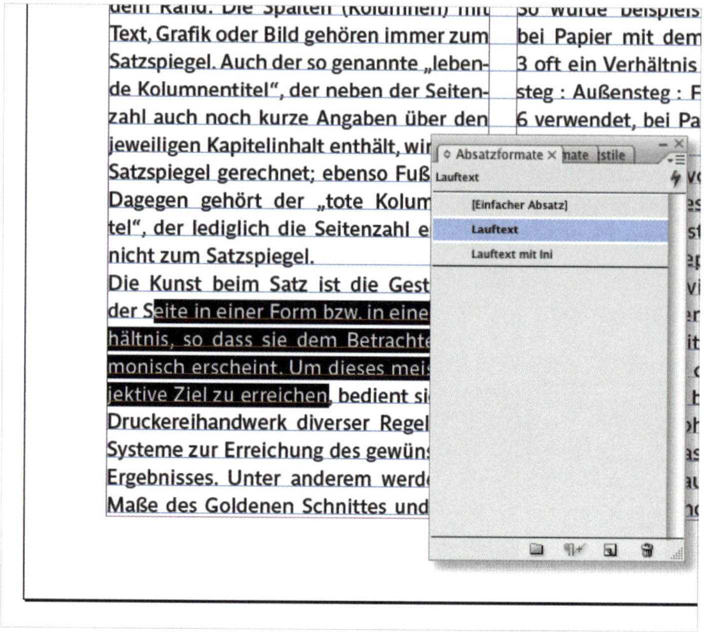

▲ **Abbildung 9.3**
Ausgehend vom blauen Grundlinienraster bestimmen Sie die Brotschrift und legen die Absatzformate fest.

Absatz- und Zeichenformate laden

Haben Sie bereits andere InDesign-Dokumente, deren Formate Sie nutzen wollen, so importieren Sie sich doch einfach diese Formate in Ihr neues Dokument. Öffnen Sie die Palette Absatzformate, und wählen Sie aus dem Palettenmenü die Option Alle Textformate laden aus. Danach erhalten Sie die genaue Aufstellung der Formate und können gegebenenfalls einzelne Formate ersetzen oder ignorieren.

9.3 Absatzformate

Nun aber zu den Absatzformaten. Wir möchten Ihnen die Erstellung von Absatzformaten anhand eines Beispiels demonstrieren. Wir zeigen, wie Sie Absatzformate erstellen, die aufeinander basieren, wie Sie die Formatierungen zuweisen und was mit zugewiesenen Zeichenformaten beim Ändern eines Absatzformats passiert.

9.3.1 Das Beispiel

Stellen Sie sich vor, dass Sie einen Zeitschriftenartikel zu formatieren haben. Entsprechend dem Aufbau des Artikels wollen wir einmal die notwendigen Absatzformate auflisten:

- Titel
- Untertitel
- Anleser
- Erster Absatz mit Initiale
- Folgeabsatz mit Einzug
- Zwischentitel
- Zitat
- Folgeabsatz ohne Einzug
- Autor

Angaben für unser Beispiel
Für den Fließtext haben wir als Ausgangsbasis einmal die Adobe Caslon Pro im Regular-Schnitt und in der Schriftgröße von 10 Punkt ausgewählt. Das Grundlinienraster, an dem wir die Absatzformate ausrichten, beträgt 12 Punkt.

Innerhalb des Artikels können natürlich die Absatzformate in unterschiedlicher Reihenfolge aufeinandertreffen. Als Ausgangsformat benötigen wir also ein Basisformat für den Fließtext und seine Formate FOLGEABSATZ OHNE EINZUG, MIT EINZUG, ERSTER ABSATZ MIT INITIAL, ANLESER und zuletzt AUTOR. Die anderen Formate fassen wir als Titelformate zusammen.

[Brotschrift]
Wasser und Brot waren auch zu früheren Zeiten Nahrungsmittel der Schriftsetzerinnen und -setzer. Je mehr Bleilettern sie setzen konnten, umso besser wurden sie bezahlt. Die Schrift des Fließtextes eines Buches oder einer Zeitung nennt man daher auch Brotschrift, weil eben dieses mit dem Fließtext verdient wurde.

9.3.2 Ein Absatzformat erstellen

Bevor Sie nun ein Absatzformat Schritt für Schritt anlegen, können Sie auch einen Absatz in Ihrem Layout zunächst manuell formatieren und Schriftfamilie, -schnitt, -grad und Ausrichtung bestimmen. Das erfolgt auf dem einfachen Weg zumeist schneller und intuitiver als die Eingabe der Formatierungen in den Absatzformaten. Die manuellen Formatierungen zeigen wir Ihnen in Kapitel 8, »Typografie«. Haben Sie bereits einen Absatz wie gewünscht formatiert, so werden diese Formate gleich übernommen, wenn Sie ein neues Absatzformat anlegen.

Absatzformate werden über die gleichnamige Palette erstellt. Die Absatzformate-Palette blenden Sie über die Funktionstaste F11 ein bzw. aus. Wählen Sie über Palettenmenü der Absatzformate-Palette den Befehl NEUES ABSATZFORMAT aus. Es erscheint das Dialogfenster zum Ändern der Absatzformatoptionen.

Mac-Problem

F11 funktioniert eventuell auf dem Mac nicht, da dieser Tastaturbefehl vom Betriebssystem für eine Exposé-Funktion verwendet wird! Sie könnten sich aber über BEARBEITEN • TASTATURBEFEHLE einen neuen Tastaturbefehl hinterlegen oder die Exposé-Funktion in den Systemeinstellungen mit einem anderen Tastenbefehl hinterlegen.

9.3.3 Allgemeine Absatzformatoptionen

Der komplexe Dialog zeigt zunächst das Register ALLGEMEIN an. Hier definieren Sie zunächst den Formatnamen wie beispielsweise »Lauftext«. Damit Sie auch alle weiteren Änderungen auf einen markierten Beispieltext im Hintergrund anwenden können, steht Ihnen die Option FORMAT AUS AUSWAHL ANWENDEN (1) zur Verfügung. Dies hatten frühere Versionen von InDesign automatisch immer gemacht, hier dürfen Sie jedoch dieses Verhalten unterbinden, indem Sie die Funktion deaktivieren.

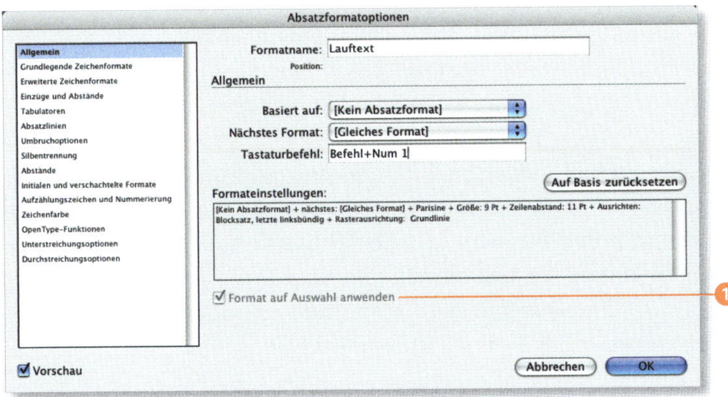

◂ **Abbildung 9.4**
Register NEUES ABSATZFORMAT • ALLGEMEIN

Niemals [Einfacher Absatz]

InDesign kennt im Prinzip keinen unformatierten Absatz. Daher wird alles Unformatierte zunächst mit dem »Einfachen Absatz« angegeben. Der Teufel steckt jedoch im Detail. In diesem »Einfachen Absatz« ist nach einer Standard-Installation immer die Times Regular in 12 Punkt definiert. Wer nicht aufpasst, erhält später immer Dokumente, in denen die Times als blinder Passagier ihr Unwesen treibt und zu Fehlermeldungen führt. Lassen Sie daher niemals Absatzformate auf diesem »Einfachen Absatz« basieren oder formatieren Sie damit Absätze. Dummerweise lässt sich das nicht ändern oder abschalten.

Basiert auf | Solange Sie noch keine weiteren Absatzformate erstellt haben, sind Verknüpfungen im Dialogfeld ALLGEMEIN nicht möglich. Daher können Sie unter BASIERT AUF ❷ auch kein anderes Absatzformat auswählen. Erst wenn mehrere Formate definiert worden sind, können nach erneutem Öffnen der bestehenden Absatzformate Folgeformate zugewiesen werden.

Arbeiten Sie zum Beispiel mit einem Absatzformat LAUFTEXT, können Sie nun ein basierendes Format LAUFTEXT ERSTE ZEILE definieren. Geben Sie das Ausgangsformat unter BASIERT AUF ein, und verändern Sie dann nur einen Wert für den Einzug der ersten Zeile. Alle anderen Angaben werden aus dem basierenden Format übernommen.

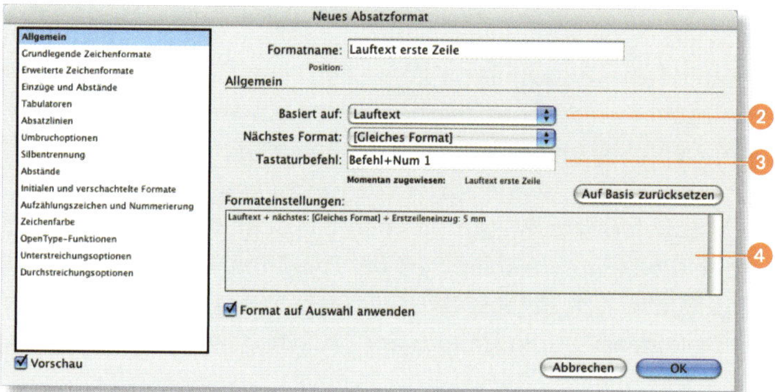

▲ **Abbildung 9.5**
Wenn nur die erste Zeile eines Textabschnitts nicht zu Beginn eingezogen werden soll, legen Sie ein Absatzformat basierend auf dem Grundformat LAUFTEXT an, und stellen Sie den Einzug der ersten Zeile zurück.

Bei korrekter Definition der Absatzformate wird nach Betätigung des Zeilenschalters das nächste Format dann automatisch benutzt. Auf diese Weise lässt sich u.a. bei einer Aufzählung geschickt zwischen zwei Formaten wechseln und ein Text bereits bei der Erfassung formatieren.

Das **Löschen aller Abweichungen** zur »Mutter« ist mit dem Button AUF BASIS ZURÜCKSETZEN möglich, sodass alle Änderungen gegenüber dem basierenden Format gelöscht werden.

Vorsicht bei hierarchischen Absatzformaten

Damit dies richtig funktioniert, ist es notwendig, die Absatzformate gut zu pflegen und bei hoher Komplexität auch genau zu prüfen. Durch strukturierte Definition der Absatzformate und deren Abhängigkeiten können Sie sich einen großen Teil der oftmals aufwendigen manuellen Formatierung ersparen und arbeiten effizienter und produktiver.

Tastenbefehl zuweisen | Interessant sind die Eingabemöglichkeiten unter TASTATURBEFEHL ❸. Hier können Sie dem Absatzformat einen eigenen Tastenbefehl zuweisen, sodass Sie Texte in InDesign schnell formatieren können. Diese Tastenbefehle sind idealerweise mit der Befehlstaste [⌘] oder [Strg] und dem Nummernblock Ihrer Tastatur erreichbar. Jedoch können Sie dazu auch die Funktion SCHNELL ANWENDEN verwenden. Dazu später mehr.

Weitere Tastenbefehle können in der Kombination mit ⇧ und Alt definiert werden und ergänzen sich neben anderen denkbaren, aber nicht sinnvollen Tastenbefehlen zu immerhin 27. Beachten Sie hierbei, dass andere Tastenbefehle wie z. B. ⌘+0 vordefinierte Befehle für die ganzseitige Darstellung sind. Bei Eingabe solcher Kombinationen lässt InDesign nicht mit sich reden und lehnt diese Tastenbefehle ab, damit Sie nicht aus Unachtsamkeit das Programm unbedienbar machen.

Übersichtsbereich | Sinnvoll ist, dass Sie die für das Absatzformat getroffenen Formateinstellungen direkt im Übersichtsbereich ❹ ablesen können. Somit können Sie später auf einen Blick auch Fehler entdecken oder sofort sehen, dass das Absatzformat auf Basis eines anderen definiert wurde.

Eingaben für unser Beispiel
In unserem Beispiel könnten wir z. B. für eine gute Aufteilung der Tastenbefehle folgende Einteilung wählen.

1. Fließtextformate:
Lauftext mit Einzug
⌘/Strg+Num1
Lauftext ohne Einzug
⌘/Strg+Num2
Lauftext mit Initial
⌘/Strg+Num3

2. Titelformate:
Überschrift ⌘/Strg+Num4
Unterzeile ⌘/Strg+Num5
Zwischentext ⌘/Strg+Num6

3. Sonderformate:
Anleser/Teaser
⌘/Strg+Num7
Bildunterschrift/BU
⌘/Strg+Num8

9.3.4 Grundlegende Zeichenformate

Klicken Sie auf GRUNDLEGENDE ZEICHENFORMATE, und es erscheint das gezeigte Dialogfenster.

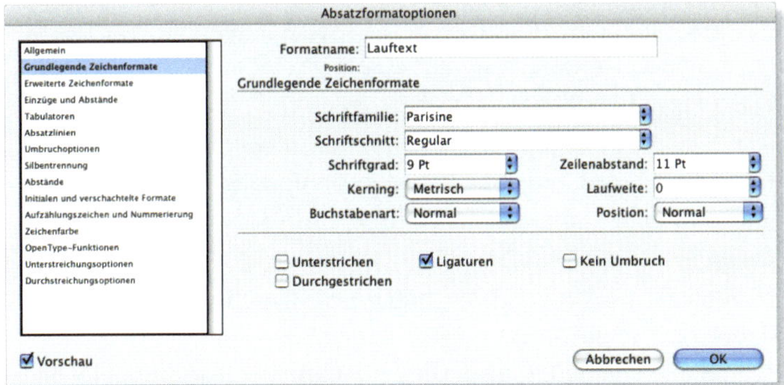

◂ **Abbildung 9.6**
Grundlegende Zeichenformate für das Absatzformat

Hier bestimmen Sie, welchen Font Sie dem Format zuweisen möchten, und legen den Zeilenabstand, den Schriftgrad, die Laufweite, die Buchstabenart und sonstige wichtige typografische Eigenschaften des Absatzformates fest.

InDesign unterstützt bekanntlich OpenType-Schriften, und so können Sie bei den Grundeinstellungen auch festlegen, ob im Dokument beispielsweise echte Ligaturen oder echte Kapitälchen benutzt werden sollen, wenn Sie wie bei unserem Beispiel eine OpenType Pro-Schrift nutzen. Die Kapitälchen werden dann dem jeweiligen Font entnommen und nicht etwa nur horizontal und vertikal skaliert. Diese typografische Perfektion stellt ein Highlight von InDesign dar.

Zum Nachlesen
Das optische und metrische Kerning wie auch die übrigen Einstellungsmöglichkeiten in diesem Register haben wir in Kapitel 8, »Typografie«, beschrieben.

9.3.5 Erweiterte Zeichenformate und mehrsprachige Dokumente

Die erweiterten Zeichenformate erlauben es Ihnen, die Schriften horizontal und vertikal zu skalieren und bei Bedarf einen Grundlinienversatz einzugeben. Eine Schrift sollte aber grundsätzlich nicht über diese Funktion skaliert werden, da dies ihren Charakter zerstört.

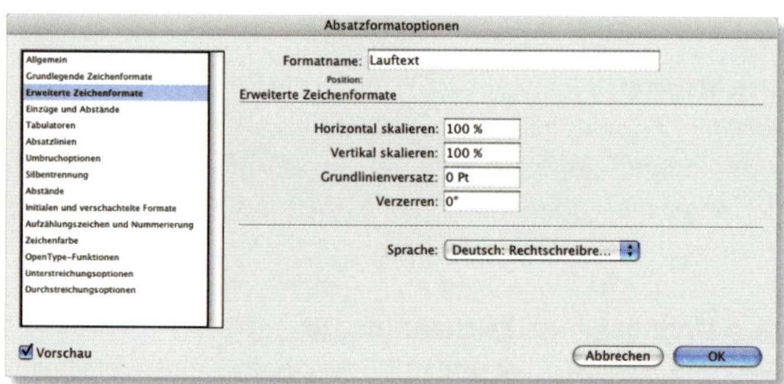

Abbildung 9.7 ▸
Erweiterte Zeichenformate beinhalten u. a. das zugewiesene Wörterbuch. Wollen Sie in mehreren Sprachen layouten, so müssen Sie für jede Sprache ein eigenes Format definieren.

Sprache | Über das Popup-Menü Sprache legen Sie fest, welche Grammatikregeln auf das Absatzformat angewendet werden sollen. InDesign unterstützt die jeweils installierten Grammatikregeln völlig absatzbezogen. Im Typografie-Kapitel beschreiben wir, wie über die Zeichen-Palette einem einzelnen Absatz, z. B. einem fremdsprachigen Zitat, die jeweilige Grammatik zugewiesen werden kann. Diese Einstellung ist auch für die Rechtschreibprüfung maßgeblich.

Wollen Sie also ein mehrsprachiges Layoutdokument mit z. B. deutschen, englischen, französischen, russischen oder türkischen Texten anlegen, so müssen Sie unbedingt einzelne Absatzformate anlegen, denen Sie jeweils das richtige Wörterbuch zuweisen. Nutzen Sie daher zunächst eine erste Sprache, wie Deutsch oder Englisch, und legen Sie später Absatzformate an, die auf dem »deutschen« Format basieren und nur ein anderes Wörterbuch mit der gewünschten Sprache beinhalten.

Sprachen global im Dokument ändern

Wollen Sie für alle Textrahmen Ihres Dokuments die Sprache ändern und ein anderes Wörterbuch zuweisen, so nutzen Sie die Funktion Suchen/Ersetzen aus dem Menü Bearbeiten. Wenn Sie hier auf Mehr Optionen klicken und unter Formateinstellungen suchen die Rubrik Erweiterte Zeichenformate auswählen, finden Sie die Auswahl der Sprache. Geben Sie zunächst die gesuchte Sprache ein, und wählen Sie anschließend unter Format ersetzen die neue Sprache aus. InDesign wird dann für die formatierten Textabschnitte das neue Wörterbuch zuweisen und ggf. die Trennung neu durchführen.

9.3.6 Einzüge und Abstände

Die Ausrichtung ist wahrscheinlich neben der Wahl der Schriftgröße die wichtigste Einstellung. Unter Einzüge und Abstände finden Sie daher auch spezielle Blocksatzausrichtungen, die sich jeweils in der Behandlung der letzten Absatzzeile unterscheiden.

Flattersatzausgleich | Interessant ist der Flattersatzausgleich: Er dient dazu, möglichst gleich lange Zeilen bei linksbündiger, zentrierter oder rechtsbündiger Ausrichtung zu erzeugen. In Kapitel 8, »Typografie«, sind wir bereits auf die Details und den

Unterschied zur herkömmlichen Weise eingegangen, die Zeilen im Flattersatz im Rhythmus lang-kurz-lang-kurz auszugleichen. Bitte achten Sie auch hier darauf, dass der Flattersatz zu unvorhergesehenen Umbrüchen führt und versucht, auch bei kurzen Absätzen alle Zeilen auf dieselbe Breite auszugleichen. Dies ist besonders bei mehrzeiligen Überschriften hilfreich, aber auch bei einzelnen isoliert stehenden Absätzen sinnvoll. Als Standardeinstellung sollte der Flattersatzausgleich nicht eingesetzt werden, da sich die Silbentrennung und Wortabstände dem Flattersatzausgleich unterordnen müssen.

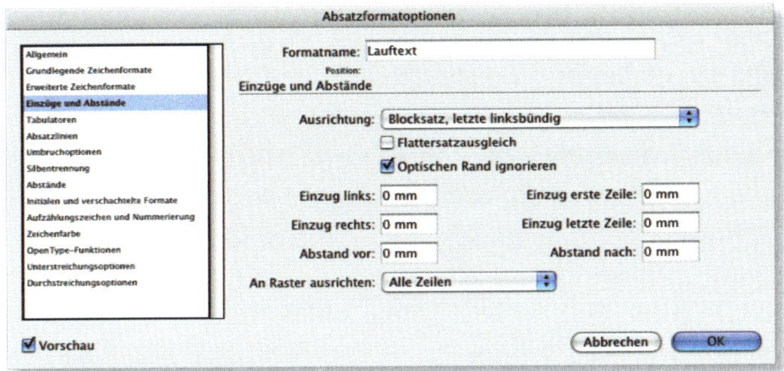

◂ **Abbildung 9.8**
Neu hinzugekommen ist die Option, den optischen Randausgleich des Textrahmens zu ignorieren. Dies macht bei speziellen Fonts oder Headlines Sinn.

Einzüge | Weitere Optionen betreffen die Einzüge: Erstzeileneinzüge, negative Erstzeileneinzüge, linke und rechte Einzüge. Als Faustregel für den klassischen Satz gilt: Erste Absätze werden ohne Einzug, nachfolgende Absätze mit Einzug gewählt. Die Tiefe des Einzugs ist auch von der Schriftgröße und dem Zeilenabstand abhängig, wie Sie in Kapitel 8, »Typografie«, nachlesen können.

Einzug der ersten Zeile

Einen negativen Einzug der ersten Zeile erzielen Sie, indem Sie einen linken Einzug von z. B. 12 pt definieren und dagegen den Einzug der ersten Zeile bei –12 pt anlegen. Lesen Sie zu der Wahl der Einzüge Kapitel 8, »Typografie«.

Abstand | Der Abstand vor und nach dem Absatz erzeugt einen Freiraum, ohne dass Sie zusätzliche Umbruchzeichen eingeben müssen. Wenn Sie mit einem Grundlinienraster arbeiten, geben Sie auch hier ein Vielfaches des Rasters ein, wie z. B. 12, 24 oder 36 Punkt. Arbeiten Sie mit einem »halben« Grundlinienraster von beispielsweise 6 Punkt, so nutzen Sie diesen Wert.

Registerhaltigkeit | Sie finden hier auch die Einstellungsmöglichkeit zur Festlegung der Registerhaltigkeit. Stellen Sie in der Checkbox An Raster ausrichten die Option Alle Zeilen ein, um das Absatzformat am Grundlinienraster auszurichten. Dabei steht diese Einstellung im Wechselspiel mit dem Zeilenabstand der Grundlegenden Zeichenformate. Ist an dieser Stelle ein manueller Zeilenabstand eingestellt, der höher als das Grundlinienraster ist, so springt der Text in die jeweils zweite Zeile. Der Zeilenabstand ist damit doppelt so hoch. Stellen Sie daher grundsätzlich immer einen Zeilenabstand ein, der dem Grundlinienraster entspricht bzw. kleiner ist.

Als weitere Option steht Ihnen die Möglichkeit offen, nur die erste Zeile eines Absatzes in das Grundlinienraster »einzuhängen«. Wenn Sie das Grundlinienraster nur als Anhaltspunkt verwenden oder von Absatz zu Absatz den Zeilenabstand geringfügig verringern oder erweitern oder dieselbe Höhe von platzierten Bildern horizontal treffen, ist dies ein guter Kompromiss zwischen der Freiheit im Layout und der Registerhaltigkeit für den Druck.

9.3.7 Tabulator

Ähnlich wie in der Formatierung von Tabulatoren (siehe auch Kapitel 10, »Tabellen und Tabulatoren«) treffen Sie hier übergreifende Tabulatorzeichen. Mit aktivierter Vorschau und einer entsprechend markierten oder zugewiesenen Textstelle können Sie sogar die Tabulatoren auf dem Lineal in Echtzeit verschieben und die Auswirkungen auf den Text begutachten.

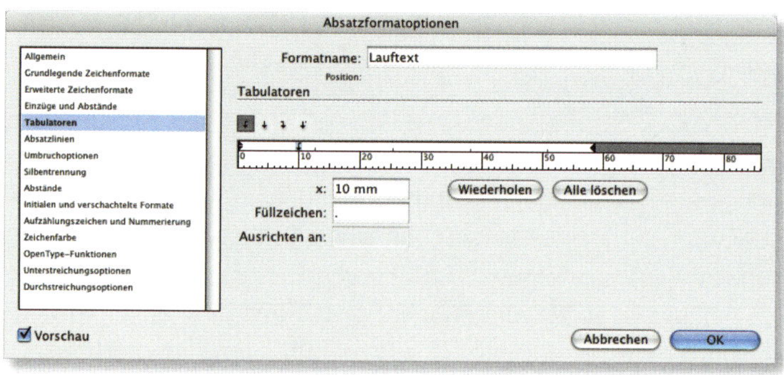

Abbildung 9.9 ▸
Einstellungen für Tabulatoren

Füllzeichen

Als Füllzeichen zwischen einem Eintrag und einem nachfolgenden Tabulator über eine breite Textspalte hinweg eignen sich nicht nur Punkte, sondern auch Unterstriche. Wenn Ihnen direkt aufeinanderfolgende Punkte zu eng erscheinen, so geben Sie in das Feld des Füllzeichens einfach einen Punkt und ein nachfolgendes Leerzeichen ein und drücken danach die [⇥]-Taste. Somit bleiben die Punkte schön auf Distanz.

Einfacher, als einen Tabulator über das Absatzformat einzustellen, ist es aber, einen Text mit Tabulatoren manuell zu formatieren, den Absatz zu markieren und ein neues Absatzformat anzulegen. Somit werden automatisch die Tabulatoreinstellungen in das Format geschrieben.

9.3.8 Absatzlinien

Für die Markierung eines Absatzes können Sie Absatzlinien ober- und unterhalb des Absatzes formatieren. Alle Konturenoptionen – auch die Wahl der Füllfarbe für gestrichelte Linien – stehen Ihnen offen.

Linie darüber und darunter | Etwas unübersichtlich ist der Wechsel zwischen LINIE DARÜBER und LINIE DARUNTER. Achten Sie hier besonders darauf, welche Linie Sie gerade verändern. Wichtig ist in den selbsterklärenden Einstellungen der Offset-Wert, der für die Linie oberhalb und unterhalb des Absatzes immer manuell gewählt werden muss, um ein optisch ansprechendes Schriftbild zu erreichen. Arbeiten Sie daher auch hier mit aktivierter Vorschau.

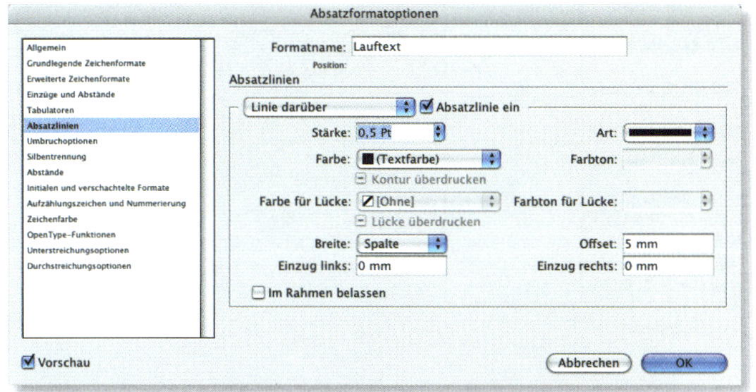

◂ **Abbildung 9.10**
Linien ober- und unterhalb eines Absatzes gliedern auf grafische Weise eine Textmenge, eignen sich jedoch nur für besondere Auszeichnungen von Zitaten, Zwischenüberschriften oder Anlesern.

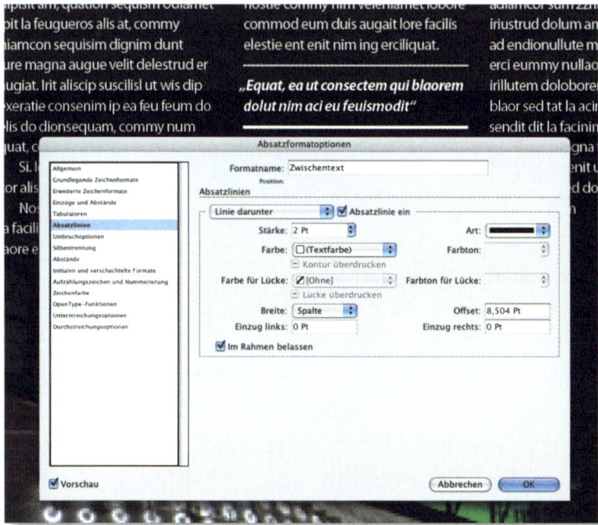

◂ **Abbildung 9.11**
Ein Beispiel für Absatzlinien mit einer mageren Linie oben und einer fetten Linie unten. Beachten Sie, dass auch die Abstände des Absatzes zum vorherigen und zum nachfolgenden Absatzformat angegeben werden müssen.

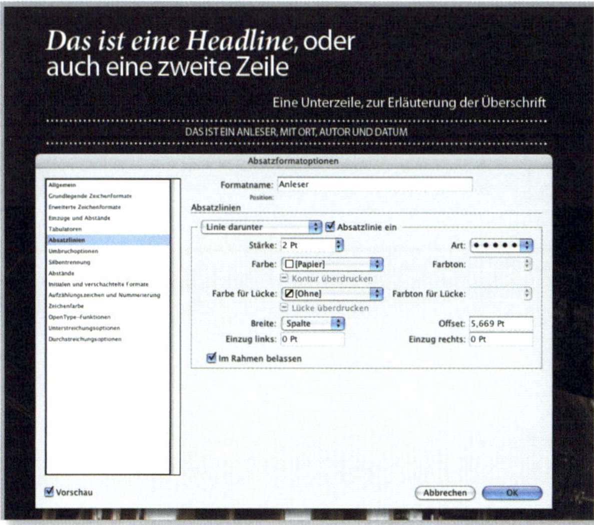

◂ **Abbildung 9.12**
Für den Anleser wird ein Absatzformat verwendet, das gepunktete Absatzlinien nutzt. Dazu stellen Sie die Art der Linie um.

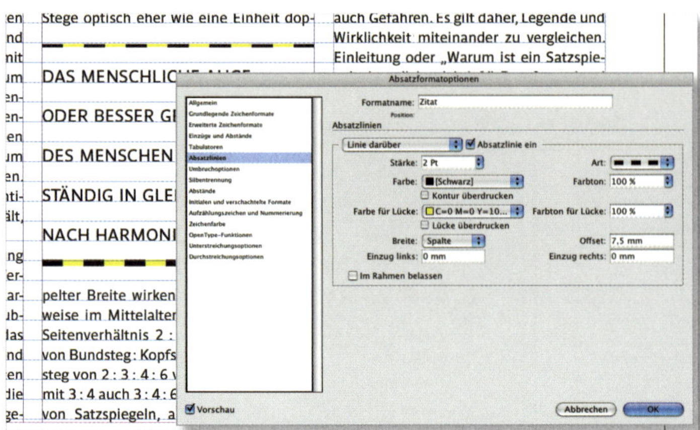

Abbildung 9.13 ▸
Absperrbänder für Formatierungen, die Aufmerksamkeit erregen sollen, durch abwechselnd schwarz und gelb gestrichelte Absatzlinien mit einer Stärke von 4 Punkt

Im Rahmen belassen | Neu in InDesign CS3 ist der Button Im Rahmen belassen, damit die Absatzlinien aufgrund eines negativen Wertes bei den Einzügen (wie z. B. –20 mm) nicht außerhalb des Textrahmes erscheinen und in andere Textspalten hinübergreifen. Wenn Sie jedoch keinerlei Einzüge für eine Absatzlinie definieren und die Breite auf Spalte anwenden, hält sich die Linie immer innerhalb des Rahmens auf.

9.3.9 Umbruchoptionen

Wie soll sich der Text am Ende oder Anfang eines Absatzes verhalten? Nichts ist schlimmer als eine auslaufende Absatzzeile, die losgelöst auf einer neuen Seite steht, oder eine Absatzzeile, die am Ende einer Spalte oder Seite einsam und alleine stehend beginnt. Die sogenannten »Hurenkinder« und »Schusterjungen« können durch Setzen der richtigen Optionen schon beim Anlegen der Absatzformate weitestgehend vermieden werden, indem Sie dafür sorgen, dass mindestens zwei Zeilen am Anfang oder Ende des Absatzes zusammengehalten werden.

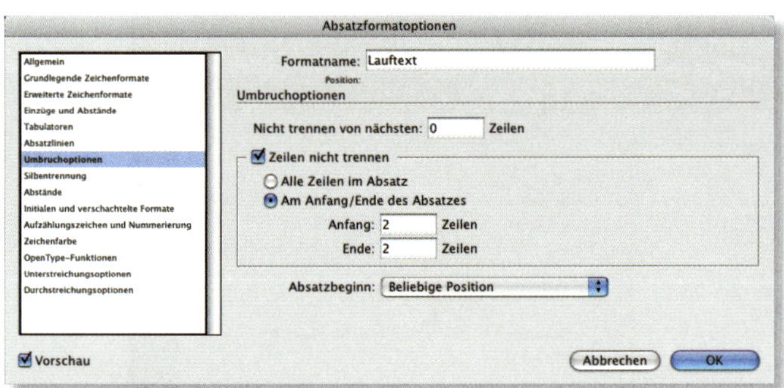

Abbildung 9.14 ▸
Umbruchoptionen sorgen dafür, dass durch einen ungünstigen Zeilen- und Seitenumbruch keine Schusterjungen und Hurenkinder entstehen.

9.3.10 Silbentrennung

Die Silbentrennung und die Abstände sind die wichtigsten Einstellungen für den automatischen Zeilenumbruch und einen ansprechenden Zeilenfall. In diesem Menüpunkt steuern Sie zunächst das Trennverhalten von InDesign CS3. Sie legen fest, wie viele Zeichen ein Wort haben muss, um von InDesign überhaupt getrennt zu werden, die Anzahl der Zeichen vor bzw. nach dem Trennstrich und wie viele Trennzeichen in Folge erlaubt werden. Dabei sind maximal drei aufeinander folgende Trennstriche ein guter Anhaltspunkt. In besonders schmalen Spalten kann diese Einstellung auch bis zu sechs aufeinanderfolgende Trennstriche erhöht werden, sodass InDesign einen größeren Spielraum gewinnt.

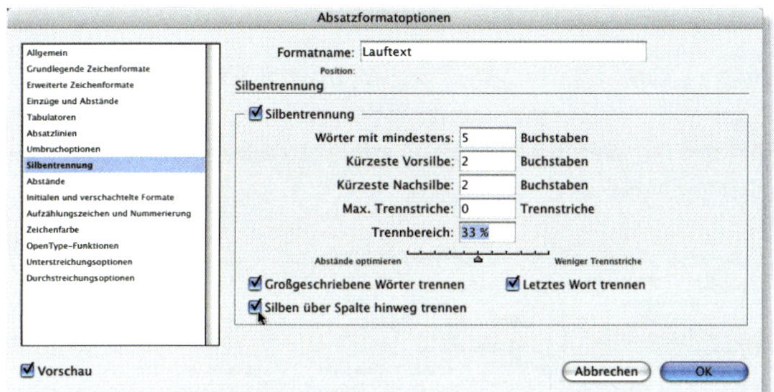

◂ Abbildung 9.15
Wenn der Regler der Trennoptimierung ganz nach links geschoben wird, gleicht InDesign die Abstände optimal aus. Maximal drei Trennstriche in Folge gehören nach den ungeschriebenen Satzregeln zum guten Ton der Mikrotypografie.

Trennbereich | Im Feld Trennbereich legen Sie die Trennzone fest. Diese Zone beschreibt den Abstand vom rechten Textrand, in den der Text laufen muss, um überhaupt getrennt zu werden. Da der Trennbereich aus typografischer Sicht bis zu einem Drittel der Spaltenbreite einnehmen sollte, müsste der Wert von 12,7 mm in jedem Fall verändert werden. Dies ist dann möglich, wenn Sie in das Eingabefeld den Wert »33 %« eingeben. InDesign berechnet aus der aktuellen Spaltenbreite den entsprechenden Wert, proportional zur Spaltenbreite. In vielen Fällen wird der Trennbereich deutlich kleiner ausfallen.

Sollten Sie mit dem Trennbereich grundsätzlich nicht zufrieden sein, können Sie bei aktiver Vorschau den Wert auf null setzen. InDesign bekommt dann keinerlei Beschränkungen für die Worttrennung über die Zeilenbreite.

Keine Trennstriche?
Setzen Sie die maximale Anzahl der Trennstriche auf null: InDesign besitzt nun alle Freiheiten, Wörter nach Belieben zu trennen, wenn die Abstände in einem Absatz optimiert werden sollen.

Abstände optimieren und Trennstriche | Besonders schön in InDesign sind die Schieberegler, mit denen Prioritäten dynamisch gesetzt werden können. Diese Funktion basiert auf dem Adobe-Absatzsetzer, dessen Verhalten wir noch genauer erläutern. Hier legen Sie fest, ob den definierten Abständen oder aber der Anzahl der Trennungen der Vorzug zu geben ist. Für einen gut ausgeglichenen Blocksatz ziehen Sie den Regler ganz nach links auf Abstände: optimieren. Dies führt zu häufigeren Worttrennungen am Zeilenende. Arbeiten Sie hier immer mit der aktiven Vorschau, um das Ergebnis zu beurteilen.

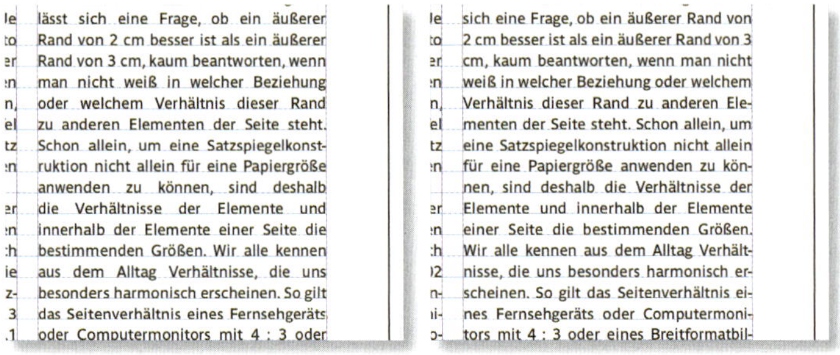

Abbildung 9.16 ▸
Ein Blocksatz kann durch häufigere Trennungen besser ausgeglichen werden: Die Wortabstände fallen geringer aus.

Wenn er ganz nach rechts geschoben wird, sorgt der Regler bei Flatter- oder Mittelachsensatz dafür, dass weniger Trennungen durchgeführt werden. Dadurch kann es zu unregelmäßigeren Zeilenlängen kommen.

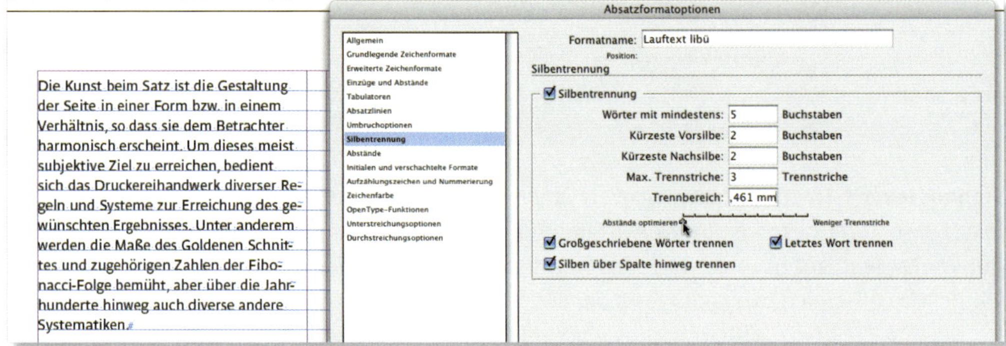

Abbildung 9.17 ▴
Eine linksbündige, zentrierte oder rechtsbündige Ausrichtung kann durch geringere Worttrennungen optimiert werden. Die Zeilenbildung erfolgt dann unregelmäßiger.

Weitere Einstellungen | Für Absatzformate bei Titeln oder Untertiteln ist es gelegentlich empfehlenswert, die Silbentrennung für großgeschriebene Wörter oder ganz zu deaktivieren. Auch das letzte Wort in einem Absatz sollte unter Umständen nicht getrennt werden, da sonst zu kurze letzte Zeilen entstehen. Neu hinzugekommen in InDesign CS3 ist die Möglichkeit, auch Silben über einen Spaltenumbruch hinweg zu trennen oder diese Option zu unterbinden, falls Sie nur mit einer Textspalte pro Seite arbeiten.

Der zweite Teil für den Zeilenumbruch befindet sich im nächsten Dialog, in den Abständen.

9.3.11 Abstände

Eine der wichtigsten Optionen für das Arbeiten mit Mengentext stellt der Menüpunkt ABSTÄNDE beim Anlegen eines Absatzformates dar. Werden hier falsche Vorgaben gemacht, kann kein Blocksatz vernünftig durchgeführt werden. Was aber sind vernünftige Werte?

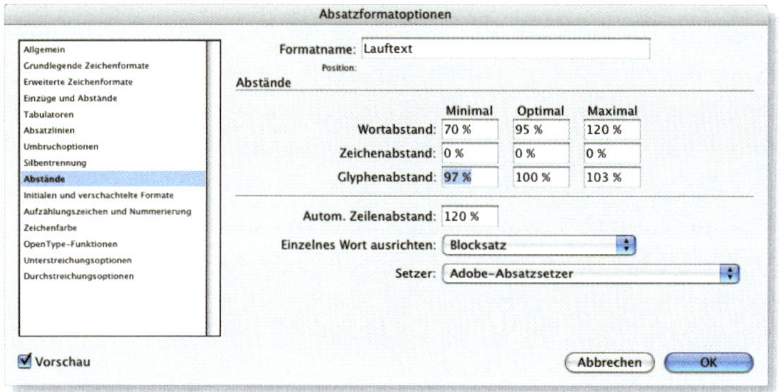

◂ **Abbildung 9.18**
Die Abstände zwischen Wörtern und Zeichen sind die Verhandlungsmaße für InDesign, um eine gute Zurichtung im Absatz herbeizuführen. Eine Skalierung der Glyphen ist innerhalb geringer Werte erlaubt und sinnvoll.

Eine verbindliche, eindeutige Antwort gibt es hierzu nicht. Die Ergebnisse, die Sie erzielen, hängen zum größten Teil von den im Dokument benutzten Schriften und Schriftgrößen ab. Ein ganz wichtiger Aspekt bei der Festlegung der Wort- und Zeichenabstände ist die Breite der Textspalten im Layout. Sind die Spalten zu schmal oder ist die Schriftgröße des Fließtextes zu groß gewählt, wird kaum ein ausgewogenes Schriftbild erreicht werden können.

Diese Grundeinstellungen von InDesign sind für sehr viele typografische Aufgaben äußerst sinnvoll, einige Verbesserungen sind aber möglich. Die Praxis hat gezeigt, dass die Einstellungen der Abstände in den meisten Fällen zu einem deutlich besseren Zeilenumbruch führen als die Variationen in der Silbentrennung.

Glyphen-Skalierung | Geben Sie InDesign kleine Pufferzonen vor, mit denen die möglichen Varianten erhöht und optimiert werden können. Eine solche Pufferzone ist neben der maximalen Trennstrichanzahl die Zeichenbreite der Schrift. Über den Minimal- und Maximalwert des Glyphenabstand erreichen Sie mit den Einstellungen 97 % bzw. 103 %, dass die Zeichen in einer Zeile des Absatzes geringfügig schmaler oder breiter skaliert werden dürfen. Eine solche minimale Stauchung oder Streckung der Zeichen ist auch für geschulte Augen kaum zu erkennen. InDesign erhält insgesamt dadurch 6 % mehr Spielraum. In einigen Fällen ist auch eine Stauchung und Streckung von 95 bis 105 % möglich. Somit steigt der Spielraum für InDesign auf 10 % an. Übrigens ist diese Technik schon über 500 Jahre alt, kein Geringerer als Johannes Gutenberg nutzte unterschiedlich breite Zeichen für den Buchdruck.

Einzelnes Wort ausrichten | Wenn ein einzelnes Wort eine gesamte Zeilenbreite einnimmt, ohne getrennt zu werden, können Sie selbst bestimmen, wie mit diesem Wort verfahren wird. Dies tritt häufig bei langen Einzelwörtern in Fachbüchern oder in schmalen Zeitungsspalten auf. Auch neben Freistellern, die den Text verdrängen, kann ein Einzelwort pro Zeile erscheinen. In der Regel ist die Einzelwortausrichtung auf Blocksatz gestellt. Alle Zeichen des Wortes werden dann auf die Spaltenbreite auseinandergetrieben, was zu einer höheren Laufweite führen kann. Stellen Sie nur dann den Wert auf eine andere Ausrichtung, wenn Sie einen solchen Spezialfall im Flatter- oder Mittelachsensatz entdecken.

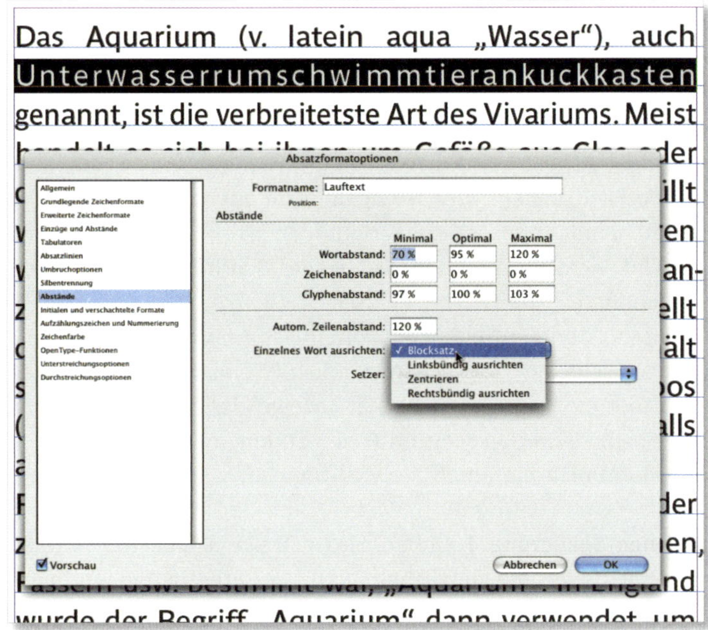

Abbildung 9.19 ▸
Die Einzelwortausrichtung sorgt dafür, dass einzelne Wörter innerhalb eines Blocksatzes auf die volle Spaltenbreite ausgetrieben werden.

Adobe-Absatzsetzer und Adobe-Ein-Zeilen-Setzer | Beachten Sie besonders die Einstellungen unter SETZER. Der **Adobe-Absatzsetzer** ist eine geniale Erfindung: Ein Algorithmus betrachtet einen zusammenhängenden Textabsatz und ermittelt, wie mit möglichst wenigen Trennungen der Textfluss umbrochen werden kann. Im Falle des Blocksatzes können auch zugunsten engerer Wortabstände mehr Trennungen als üblich durchgeführt werden. Somit erspart Ihnen InDesign diese lästige Arbeit der manuellen Umbruchkorrektur. Die Einstellung des Adobe-Absatzsetzers finden Sie in der Rubrik SILBENTRENNUNG über die ABSTÄNDE OPTIMIEREN.

InDesign bietet neben dieser Satzmethode auch eine Standardabsatzmethode an, den **Adobe Ein-Zeilen-Setzer**. Der Adobe

Ein-Zeilen-Setzer stellt die traditionelle Methode zum zeilenweisen Trennen – vergleichbar mit QuarkXPress – dar. Textkorrekturen in den Absätzen führen dann nicht zu größeren Änderungen des Textbildes.

Beim Anlegen des Absatzformates können Sie bereits die gewünschte Satzmethode festlegen. Mit beiden Methoden berechnet InDesign den optimalen Umbruch, basierend auf den Absatzvoreinstellungen für Silbentrennung und Ausrichtung.

9.3.12 Initiale und verschachtelte Formate

Neu hinzugekommen in InDesign CS3 ist die Möglichkeit, das Initial gleich an der linken Spaltenflucht auszurichten. In älteren Versionen von InDesign wurde ein Initial unter Umständen zu weit eingezogen. Ebenso ist die Skalierung für Unterlängen neu. Ist ein »J« als Initial ausgewählt oder ragen Unterlängen unter die Grundlinie, so kann das Initial in diesem Fall automatisch verkleinert werden, sodass die Unterlängen auf die Grundlinie passen. Andernfalls würden die Unterlängen in die nächste Textzeile darunter hineinragen.

Zum Nachlesen
Lesen Sie hierzu auch das Typografie-Kapitel dieses Buches. Dort erklären wir Ihnen ausführlich, wie das Gestaltungsmittel Initial eingesetzt werden sollte. Hier können Sie Initialen ein Zeichenformat zuweisen, das sich nur auf die Darstellung des Initials bezieht.

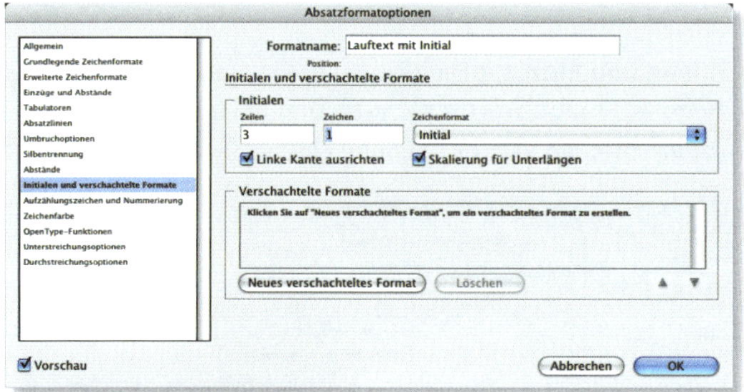

◂ **Abbildung 9.20**
Traditionell gelten Initiale über ein Zeichen und zwei bis drei Zeilen als geeignete Methode, um den thematischen Beginn eines Kapitels zu kennzeichnen. Gesondert für das Initial können Sie ein eigenes Zeichenformat anlegen.

▴ **Abbildung 9.21**
Hier sehen Sie ein rotes Initial über drei Zeilen. Bei Unterlängen des Initials kann das Zeichen geringfügig skaliert werden. Zudem wird die linke Spaltenflucht berücksichtigt und ein Initial ggf. nach links ausgezogen.

Initiale ausgleichen
InDesign CS3 macht Typografen glücklich: Es verfügt über eine automatische Korrektur von Initialen, die je nach gewählter Schrift zu weit in die Spalte eingezogen werden. Klicken Sie auf LINKE KANTE AUSRICHTEN im Dialog des Absatzformates. Somit wird das Initial an der linken Spaltenflucht ausgerichtet.

9.3.13 Aufzählung

Mittels der Aufzählungszeichen legen Sie fest, wie eine Liste formatiert wird. Wählen Sie dazu als LISTENTYP die AUFZÄHLUNGSZEICHEN aus. Entweder nutzen Sie dazu vor jedem Listeneintrag ein Kennzeichen wie den bekannten BulletPoint oder ein beliebiges anderes Sonderzeichen.

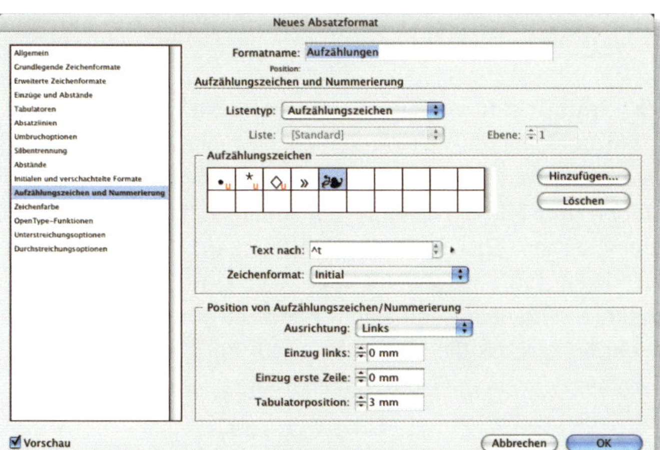

Abbildung 9.22 ▸
Aufzählungszeichen und Nummerierungen können direkt im Absatzformat gespeichert werden.

Aufzählung und Einzug | Die Einzüge LINKS und ERSTE ZEILE aus dem Register EINZÜGE UND ABSTÄNDE sind maßgeblich dafür verantwortlich, wie weit die Aufzählung eingezogen wird.

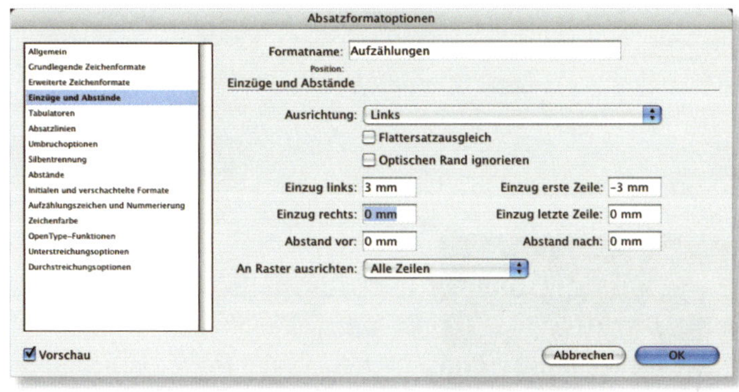

Abbildung 9.23 ▸
Die Einstellungen im Register EINZÜGE UND ABSTÄNDE wirken sich auch auf die Aufzählungsformatierung aus.

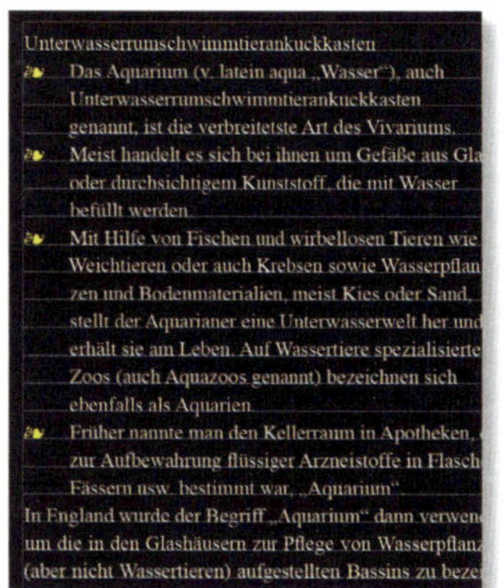

Unterwasserrumschwimmtierankuckkasten

- Das Aquarium (v. latein aqua „Wasser"), auch Unterwasserrumschwimmtierankuckkasten genannt, ist die verbreitetste Art des Vivariums.
- Meist handelt es sich bei ihnen um Gefäße aus Gla oder durchsichtigem Kunststoff, die mit Wasser befüllt werden.
- Mit Hilfe von Fischen und wirbellosen Tieren wie Weichtieren oder auch Krebsen sowie Wasserpflan zen und Bodenmaterialien, meist Kies oder Sand, stellt der Aquarianer eine Unterwasserwelt her und erhält sie am Leben. Auf Wassertiere spezialisierte Zoos (auch Aquazoos genannt) bezeichnen sich ebenfalls als Aquarien.
- Früher nannte man den Kellerraum in Apotheken, zur Aufbewahrung flüssiger Arzneistoffe in Flasch Fässern usw. bestimmt war, „Aquarium".

In England wurde der Begriff „Aquarium" dann verwen um die in den Glashäusern zur Pflege von Wasserpflanz (aber nicht Wassertieren) aufgestellten Bassins zu beze

▲ Abbildung 9.24
Ein Beispiel für eine automatische Aufzählung nach den Einstellungen aus den Abbildungen 9.22 und 9.23.

Aufzählungszeichen hinzufügen | Über den Button HINZUFÜGEN... wählen Sie dann wie aus der Glyphen-Palette ein Sonderzeichen aus der gewählten Schrift aus. Sobald Sie dieses Zeichen verwenden, sollten Sie sich aber auch darüber klar sein, dass die Schrift dazu für den weiteren Gebrauch der Datei mitgeliefert werden muss oder von InDesign in eine PDF-Datei eingebettet wird.

Ist dieser Font für die Ausbelichtung nicht vorhanden, werden alle Aufzählungszeichen später eventuell mit einem falschen

Symbol ausbelichtet. Nutzen Sie daher zunächst ein Zeichen aus Ihrer Schriftfamilie, die auch im Layout verwendet wird.

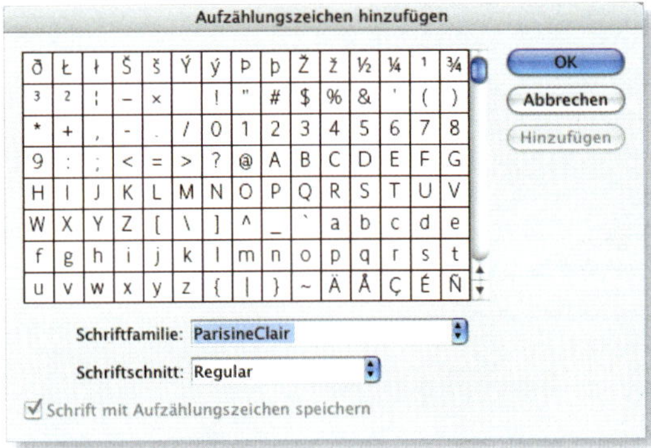

◂ **Abbildung 9.25**
Jedes Zeichen aus dem Schriftenvorrat kann als Aufzählungszeichen ausgewählt werden.

Passen Sie die Größe und die Beschaffenheit des Zeichens über ein Zeichenformat an. Zeichenformate beschreiben wir in diesem Kapitel noch genauer. Ein Aufzählungszeichen sollte immer etwas deutlicher hervortreten als der nachfolgende Text. Suchen Sie sich daher entweder einen fetteren Schriftschnitt oder eine andere Schriftgröße aus.

Position von Aufzählungszeichen und Nummerierung | Neuerdings können Sie in InDesign CS3 auch die Position und die Ausrichtung des Aufzählungszeichens beeinflussen, was bislang in älteren Versionen von InDesign sehr umständlich zu lösen war. Geben Sie hier die Ausrichtung, die Einzüge und die nachfolgende Tabulatorposition zwischen Aufzählungszeichen und beginnendem Text ein.

Death by Bullet Point
Aus zahlreichen nicht enden wollenden PowerPoint-Präsentationen kennen Sie den Bullet Point, den fetten runden Punkt, der stets vor einem neuen »Highlight«, »Feature« oder einer »Unified Selling Proposition« steht. Leider hat das Programm PowerPoint dafür gesorgt, dass bei jeder Verwendung des Bullet Points der Betrachter wie auf Knopfdruck in einen Tiefschlaf fällt. Wollen Sie also Ihre Leser wach halten, so verwenden Sie doch einfach ein anderes Zeichen, z. B. ein Guillemet: ».

9.3.14 Nummerierung

Die Nummerierung hingegen erfolgt nach arabischen oder römischen Ziffern, es ist aber auch eine alphabetische Aufzählung möglich. Wählen Sie dazu als Listentyp ZAHLEN ❶ (Abbildung 9.26) aus, und legen Sie die weiteren Formatierungen an. Auch für die Zahlen oder Buchstaben gibt es eine gesonderte Einstellung eines Zeichenformats.

Einfache Nummerierung | Handelt es sich um eine einfache Nummerierung (1., 2., 3. ...) innerhalb eines Absatzes, reichen diese Einstellungen aus.

Hierarchische Nummerierungen | Doch was passiert, wenn noch weitere Nummerierungen im gesamten Dokument fällig werden, oder wenn Sie gar hierarchische Nummerierungen wie »1.2« formatieren wollen? Für diesen Fall legen Sie mehrere Absatzformate

Kapitelnummer und Ebene

Im Eingabefeld der Anzahl ist auch die Berücksichtigung der aktuellen Kapitelnummer möglich, sofern Sie diese in der Seiten-Palette oder im Menü LAYOUT unter dem Eintrag NUMMERIERUNGS- UND ABSCHNITTSOPTIONEN angegeben haben. Klicken Sie dazu in das Pfeilmenü neben der Eingabe, und wählen Sie in den Zahlenplatzhaltern die KAPITELNUMMER aus.

an, die jeweils eine Ebene formatieren, die Ziffern unterschiedlich darstellen und laufend durchnummerieren.

Dafür wählen Sie unter LISTE ❷ den Eintrag [STANDARD] oder einen neuen Listentyp aus. Wenn Sie auf NEUE LISTE... klicken, erscheint ein Dialog für den Namen und das Nummerierungsverhalten. Danach wählen Sie die Tiefe der Ebene aus. Benötigen Sie eine Tiefe bis »4.8.1«, dann geben Sie hier unter EBENE »3« an ❸.

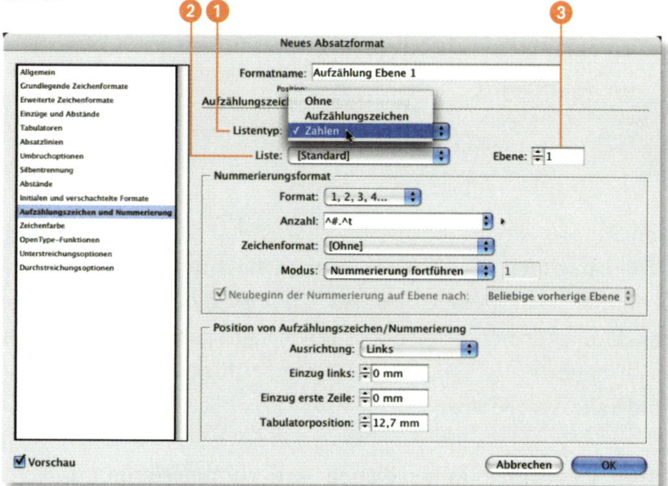

Abbildung 9.26 ▶
Verschiedene Listentypen legen Sie in den Nummerierungseinstellungen im Absatzformat fest.

Im Eingabefeld ANZAHL wird es nun spannend. Hier formatieren Sie die Erscheinung der Ebene. Mit einem Schema wie »^1.^2.^3« erreichen Sie eine korrekte Darstellung zum genannten Beispiel der dritten Ebene »4.8.1«. Wählen Sie dazu aus dem kleinen Pfeil-Menü rechts neben dem Eingabefeld die Zahlenplatzhalter der entsprechenden Ebene aus.

Mit der Angabe des Neubeginns der Nummerierung schließen Sie die Formatierungen ab.

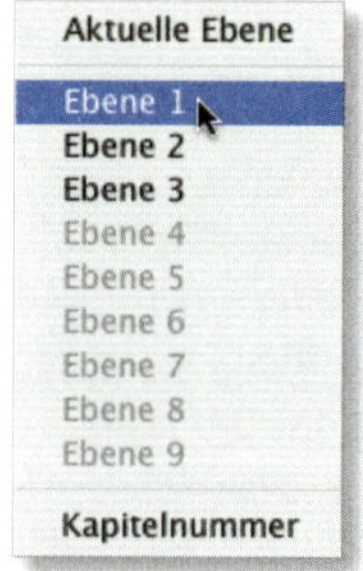

▲ **Abbildung 9.27**
Nummerierungen mit mehreren Ebenen werden dann möglich, wenn Sie die Ebenen zuvor angeben.

Schritt für Schritt: Nummerierung mit drei Ebenen

In diesem Workshop zeigen wir Ihnen, wie Sie drei Absatzformate anlegen, um drei Nummerierungsebenen mit durchlaufender Nummerierung und individueller Erscheinung zu ermöglichen. Das gewünschte Ziel ist es, die erste Ebene mit 1., 2., 3. usw. darzustellen. Die zweite Ebene folgt mit 1.1, 1.2, 1.3, und die dritte Ebene wird 1.1.1., 1.1.2 usw. nummeriert. Alle Ebenen nummerieren durchlaufend. Für andere Fälle der Nummerierung empfehlen wir Ihnen, sich dieses Beispiel anzueignen und nachträglich Veränderungen vorzunehmen oder weitere Ebenentiefen zu ergänzen.

1 Ein neues Absatzformat für die erste Ebene

Wählen Sie einen mit mehreren Zeilenumbrüchen strukturierten Text aus, und klicken Sie in der Palette ABSATZFORMATE auf das Blatt-Symbol, um ein neues Absatzformat anzulegen. Klicken Sie nun doppelt auf das Absatzformat. Hier können Sie mit aktiver Vorschau alle wichtigen typografischen Eingaben machen. Nennen Sie das Format »Aufzählung Ebene 1«.

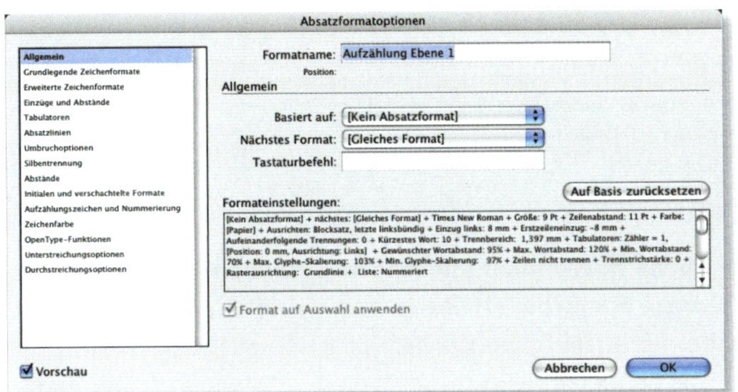

◂ **Abbildung 9.28**
Legen Sie ein neues Absatzformat an.

2 Listentyp, Ebene und Erscheinung festlegen

Wählen Sie in der Rubrik AUFZÄHLUNGSZEICHEN UND NUMMERIERUNG als Listentyp ZAHLEN ❶ aus. Auf Basis der Standard-Liste haben Sie jetzt die erste Ebene aktiviert. Die Anzahl erscheint in kryptischer Reihenfolge, die jedoch die aktuelle Nummer mit einem Punkt und einem nachfolgenden Tabulator formatiert (^#.^t) ❷. Achten Sie darauf, dass Sie unter dem Punkt MODUS • NUMMERIERUNG FORTFÜHREN ❸ ausgewählt haben. Klicken Sie nun als Bestätigung auf OK.

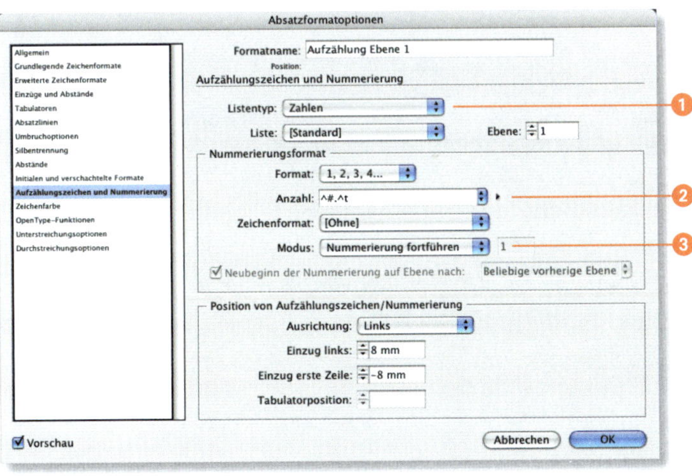

◂ **Abbildung 9.29**
Einstellungen für den Listentyp ZAHLEN

Welche Aufzählungen?

Falls Sie hier eine andere Schreibweise wünschen, markieren Sie diesen Eintrag und löschen alles. Danach können Sie aus dem Pfeil-Menü nach rechts Zahlen- und Sonderzeichenplatzhalter einfügen.

3 Absatzformat für die zweite Ebene

Markieren Sie nun einen weiteren Absatz, und verfahren Sie wie bei Punkt 1, um ein weiteres Absatzformat anzulegen. Nennen Sie das Format »Aufzählung Ebene 2«. Achten Sie darauf, dass das Format für die zweite Ebene auf dem ersten Format basiert, damit die Typografie übernommen wird.

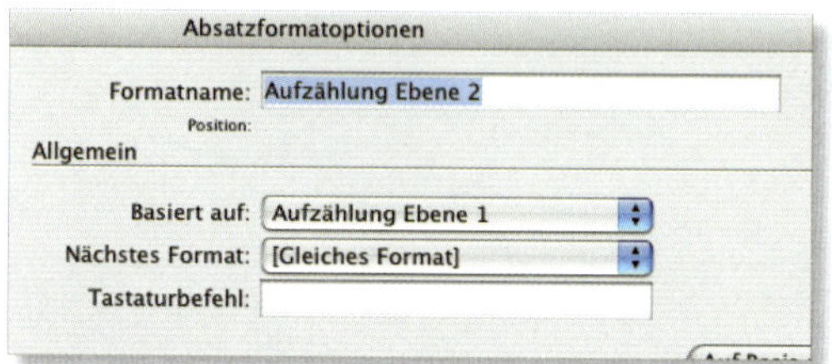

Abbildung 9.30 ▶
Die zweite Nummerierungsebene muss auf der ersten basieren!

4 Ebene hochzählen und Anzahl eingeben

Wählen Sie nun in der als Ebene eine Zwei aus. Markieren Sie die Angabe der Anzahl, und löschen Sie diese. Wählen Sie anschließend aus dem Pfeilmenü zunächst einen Zahlenplatzhalter für die Ebene 1 aus. Geben Sie danach einen Punkt ein. Nun fügen Sie aus dem Pfeil-Menü als Zahlenplatzhalter die aktuelle Ebene ein. Abschließend geben Sie einen »Tab« mit der Tabulator-Taste ein.

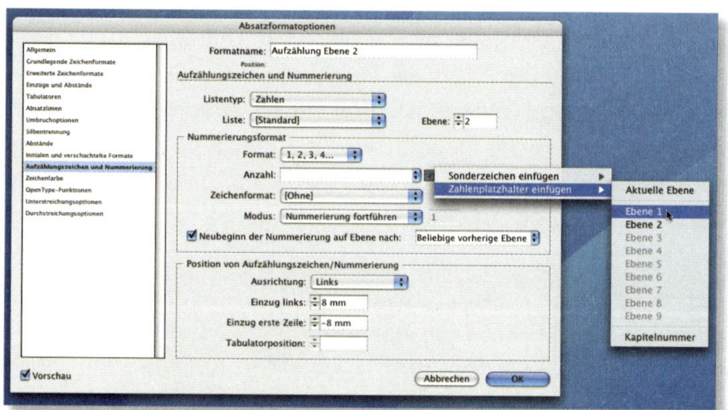

Abbildung 9.31 ▶
Wählen Sie den Zahlenplatzhalter aus.

5 Nummerierung mit 1 beginnen

Bevor Sie auch diesen Dialog mit OK abschließen, können Sie noch den Start für die Nummerierung wählen. Führen Sie unter Modus die Nummerierung fort.

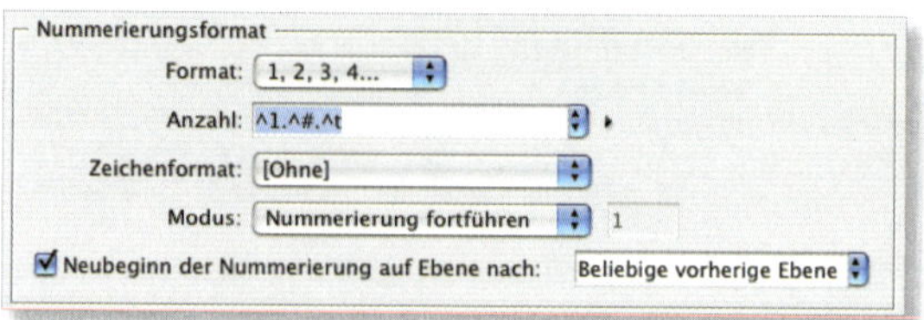

Abbildung 9.32 ▶
Die Liste wird fortgeführt.

6 Absatzformat der dritten Ebene

Zu guter Letzt legen Sie sich, wie schon beschrieben wurde, ein neues Absatzformat für die dritte Ebene an, das auf Ebene 2 basiert. In der Rubrik der Nummerierungen wählen Sie die dritte Ebene. Klicken Sie für die genaue Ebenenbezeichnung dann in das Feld Anzahl hinter die »^1.«, und wählen Sie aus dem Pfeil-Menü den Zahlenplatzhalter Ebene 2. Danach können Sie wiederum einen Punkt eingeben. Führen Sie auch hier die Nummerierung fort. Schließen Sie die Eingaben mit einem OK ab, und formatieren Sie Ihren Text mit den Absatzformaten je nach Ebene.

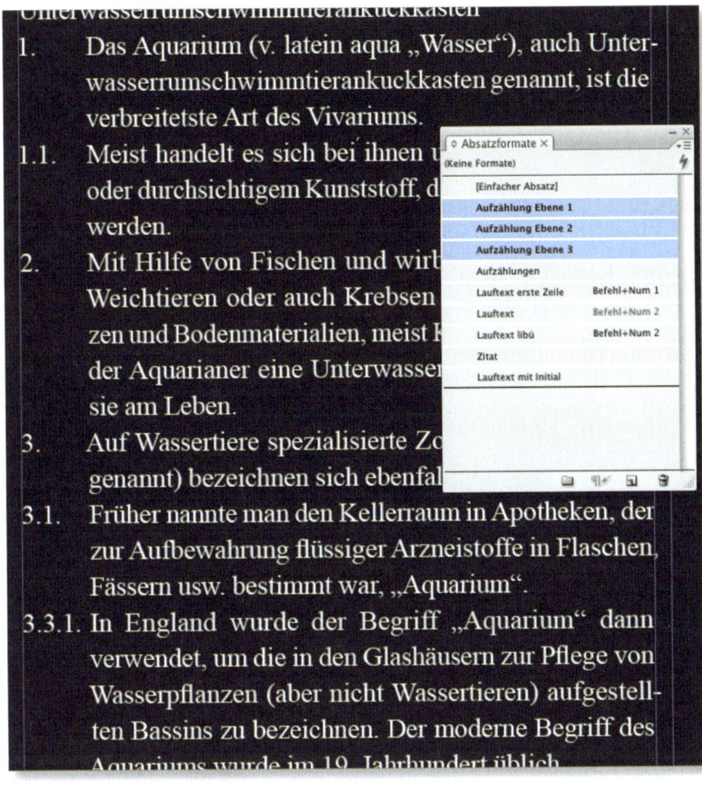

◂ **Abbildung 9.33**
Ein Text mit drei nummerierten Ebenen ■

9.3.15 Zeichenfarbe

Es stehen alle in InDesign angelegten Farben für die Absatzformate zur Verfügung.

Zum Weiterlesen
Der Umgang mit den Farbfeldern wird in Kapitel 11, »Farben«, ausführlich beschrieben.

Neue Farbe anlegen | Falls Sie hier eine eigene Farbe anmischen wollen, so klicken Sie doppelt in die Symbole der Farbfüllung und der Kontur. So öffnet sich ein neuer Dialog mit den CMYK-Reglern, der ebenso wie das Anmischen eines neuen Farbfeldes funktioniert. Damit Sie später die Farbangabe auch getrennt vom Absatzformat ändern können, klicken Sie auf den Button

HINZUFÜGEN. Somit wird die angemischte Farbe als Farbfeld übernommen.

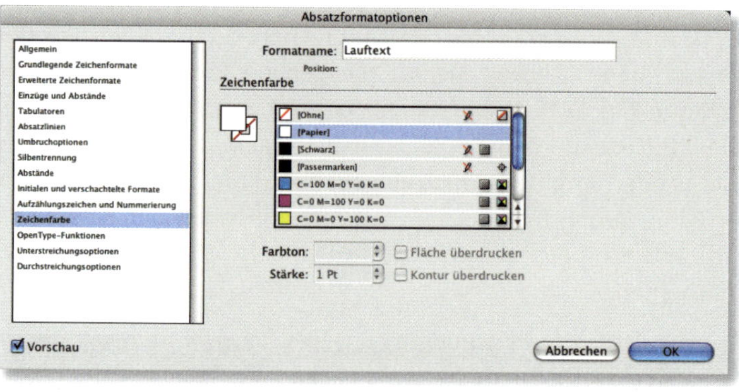

Abbildung 9.34 ▸
Die Zeichenfarbe steht zunächst immer auf Schwarz, also 100 % K, und wird überdruckt. Sie können jedoch eine andere Farbe wählen. Die Mischung der Zeichenfarbe durch Prozessfarben sollten Sie besonders aus drucktechnischen Gründen nur für große Schriftgrade anwenden. Bei kleinen Schriftgrößen eignen sich vorrangig die Färbung durch die Grundfarben oder verwendete Schmuckfarben, die im Druck nicht aufgerastert, sondern auf einer eigenen Druckplatte ausgegeben werden.

Weitere Einstellungen | Die den Absatzformaten zugewiesenen Farben können im Farbton (Deckkraft) prozentual reduziert werden. Sie haben ferner die Möglichkeit, unabhängig von den Überfüllungseinstellungen einen Text gegenüber seiner Hintergrundfarbe überdrucken zu lassen (FLÄCHE ÜBERDRUCKEN). Wenn Sie mit Konturen der Schriften arbeiten, bietet Ihnen InDesign die Möglichkeit, bei der Definition des Absatzformates auch die Kontur überdrucken zu lassen.

Zeichenfarbe

Zu den Einstellungen der Zeichenfarbe sei noch einmal betont, dass kleine Schriftgrößen ungeeignet sind, mehrfarbig durch Prozessfarben wiedergegeben zu werden. Besonders feine Serifenschriften werden dadurch grob aufgerastert, wirken unscharf oder brechen aus. Volltonfarben wie 100 % Schwarz oder eine Schmuckfarbe erzeugen dagegen ein scharfes Druckbild.

9.3.16 OpenType-Funktionen

InDesign wird bereits mit OpenType-Schriften ausgeliefert, die automatisch mitinstalliert werden, wie die Myriad Pro oder die Adobe Garamond Pro. Die auf Unicode basierenden OpenType-Schriften können theoretisch bis zu 65 000 Schriftzeichen in einem Font enthalten, da die Schrift 16-Bit-codiert ist. Dabei besteht ein OpenType-Font – ähnlich der Großfamilie im Bleisatz – aus weiteren Zeichen, die in anderen Sprachen verwendet werden. Das OpenType-Format haben wir bereits in Abschnitt 8.6.7 ausführlich erklärt.

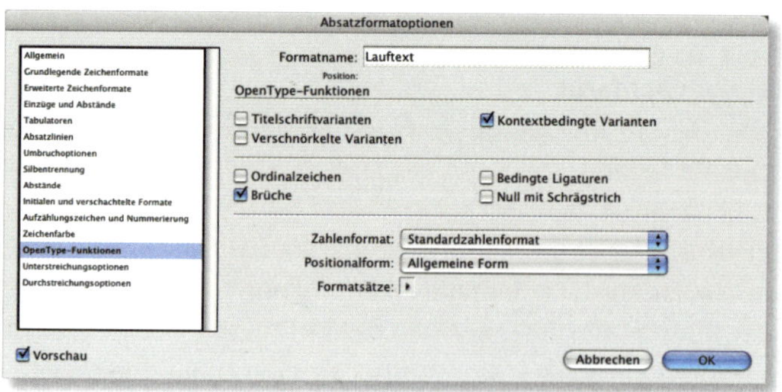

Abbildung 9.35 ▸
OpenType-Einstellungen im Absatzformat für typografische Alternativen, Brüche, Ligaturen oder Tabellenziffern

Verschnörkelte Varianten | Ein Großteil der in den OpenType-Schriften enthaltenen Alternativen wie Schwungschrift – etwas missverständlich als »verschnörkelte Varianten« übersetzt – ist für erfahrene DTP-Profis ungewöhnlich, da man diesen Zeichen zuletzt im Bleisatz begegnet ist. Wählen Sie beispielsweise die Schriftfamilie Adobe Caslon Pro mit dem Schnitt »Italic«, werden sich alle Zeichen zu Beginn eines Absatzes verändern.

Verhältnis, so dass sie dem Betrachter harmonisch erscheint. Um dieses meist subjektive Ziel zu erreichen, bedient sich das Druckereihandwerk diverser Regeln und Systeme zur Erreichung des gewünschten Ergebnisses. Unter anderem werden die Maße des Goldenen Schnittes und zugehörigen Zahlen der Fibonacci-Folge bemüht, aber über die Jahrhunderte hinweg auch diverse andere Systematiken.

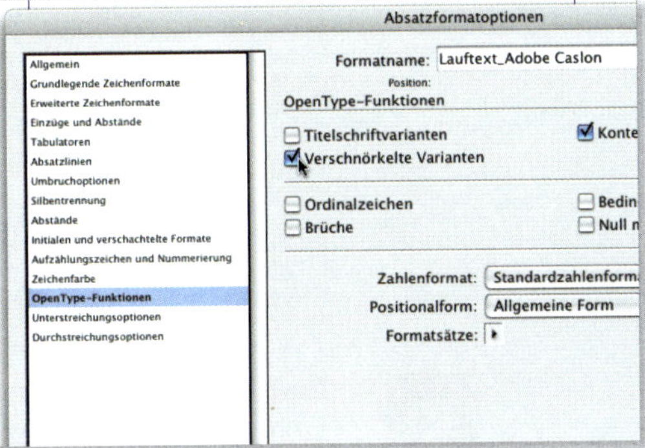

▲ Abbildung 9.36
Mit der Adobe Caslon Pro und einem Kursiv-Schnitt können Sie die Ergebnisse der Schwungzeichen – oder verschnörkelten Varianten – im Gegensatz zu der herkömmlichen Weise sehen.

Brüche | Das Arbeiten mit echten Brüchen, bedingten Ligaturen und Ordinalzahlen ist dagegen naheliegend und interessant. Wenn Sie OpenType-Schriften einsetzen, können Sie auf das manuelle Setzen von Brüchen verzichten, da InDesign automatisch die echten Brüche aus hoch- und tiefgestellten Ziffern setzt, wenn Ziffern durch das Slash-Zeichen voneinander getrennt werden.

Null mit Schrägstrich | Die Null mit Schrägstrich ist ein sehr exotischer Fall und dafür gedacht, eine 0 von einem O zu unterscheiden. Sollten die Proportionen sehr ähnlich sein, da die Schrift eine sehr schmale Dickte aufweist oder in Verbindung mit Buchstaben der Unterschied nicht klar zu erkennen ist, so können Sie diese Extranull einsetzen. OpenType-Fonts wie die Myriad Pro bieten sogar für Proportional- wie Monospace-Ziffern eine durchgestrichene Null.

Zahlenformat | Das Zahlenformat der OpenType-Funktionen ist sehr komplex. Die Auswahlmöglichkeiten setzen natürlich voraus, dass Sie auch eine entsprechende OpenType-Schrift einsetzen. Die mit InDesign installierte Myriad Pro bietet beispielsweise proportionale wie tabellarische Ziffern an).

- Beim Aktivieren von VERSALZIFFERN FÜR TABELLEN werden Ihnen Ziffern in Versalhöhe bereitgestellt, die alle dieselbe Breite einnehmen (Monospace-Zeichen). Das ermöglicht das saubere Setzen von mehrzeiligen Zahlenreihen untereinander.

Versalziffern für Tabellen
Proportionale Mediävalziffern
Proportionale Versalziffern
Mediävalziffern für Tabellen
✓ Standardzahlenformat

▲ Abbildung 9.37
Je nach Ausstattung des OpenType-Fonts sind neben den normalen Standardziffern auch Monospace-Ziffern für Tabellen oder Mediävalziffern möglich.

- Mit der Option PROPORTIONALE MEDIÄVALZIFFERN werden alle Ziffern als Mediävalziffern gesetzt, d. h., die Ziffern laufen im Grundkörper zwischen Grundlinie und Mittelhöhe und haben je nach Ziffer Unter- oder Oberlängen (6, 9 etc.). Anders als bei den Tabellenziffern besitzt jede Ziffer eine eigene Breite. Diese Ziffernform eignet sich für die Formatierung von Zahlenwerten innerhalb des Textflusses, da sich die Mediävalziffern harmonisch in das Schriftbild integrieren.
- Aus diesen Vorgaben setzen sich auch die beiden weiteren Optionen PROPORTIONALE VERSALZIFFERN und MEDIÄVALZIFFERN FÜR TABELLEN zusammen.
- Wollen Sie dagegen bei OpenType-Fonts auf diesen Komfort verzichten, so wählen Sie STANDARDZAHLENFORMAT, und InDesign setzt alle Ziffern so, wie es für den Font an den Positionen 0030 bis 0039 im Unicode definiert ist.

Positionalformen | Der exotischen Möglichkeiten nicht genug: Sehr unscheinbar, aber typografisch interessant sind die Positionalformen, die in InDesign CS3 neu hinzugekommen sind. Durch diesen Zusatz ist es möglich, Glyphen auszuwählen, die abhängig von ihrer Position zu Beginn eines Wortes oder am Ende eines Satzes eine andere Erscheinung haben als innerhalb eines Wortes. Dies muss jedoch auch eine installierte OpenType-Schrift unterstützen.

Wann treten Positionalformen auf?

In einigen kursiven Schriftarten und in Sprachen wie Arabisch hängt das Aussehen eines Buchstabens von seiner Position im Wort ab.

Wählen Sie einen Buchstaben und anschließend die Option POSITIONALFORM, um ihn richtig zu formatieren. Über ALLGEMEINE FORM wird der übliche Buchstabe eingefügt. Über AUTOMATISCHE FORM wird der Buchstabe je nach Position im Wort oder als alleinstehende Glyphe eingefügt. Andere Formen hängen von der gewählten Schrift, dem Schnitt und dem Einsatz im Text ab. Welche Schriften tatsächlich die Positionalformen unterstützen, sehen Sie, wenn Sie in der Palette ZEICHEN in das Palettenmenü klicken und unter OPENTYPE/POSITIONALFORM Einträge erscheinen, die nicht in eckigen Klammern eingefasst sind. Falls Sie die Warnock Pro installiert haben, so erscheinen beispielsweise die Sätze »Finalform«.

9.3.17 Unterstreichungs- und Durchstreichungsoptionen

Um einen gesamten Absatz zu unterstreichen oder durchzustreichen, sind die letzten beiden Register der Absatzformat-Einstellungen gedacht. Sie verhalten sich ebenso wie die Absatzlinien, und es stehen Ihnen auch hier alle technisch machbaren Konturenstile und Strichelungen zur Verfügung. Wenn Sie nur ein einzelnes Wort oder eine Wortfolge unterstreichen wollen, legen

Sie dafür aber besser ein Zeichenformat an. Bei gestrichelten Konturstilen definieren Sie auch eine Lückenfarbe.

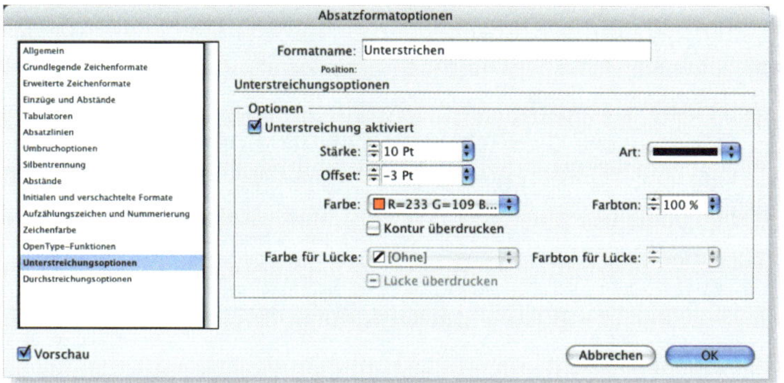

◀ **Abbildung 9.38**
Diese Einstellungen für die Unterstreichung erzeugen einen »Hintergrundstrich«, wie er in Abbildung 9.39 zu sehen ist.

Der Vorteil davon, einen gesamten Absatz zu unterstreichen, besteht darin, allen Textzeilen eine einfarbige Hintergrundlinie zu geben. Dazu geben Sie als Strichstärke der Unterstreichung einen höheren Wert an als die Schriftgröße. Zusätzlich müssen Sie noch den Offset bestimmen, eine Verschiebung der Unterstreichung nach oben oder unten. Die sehr starke Linie liegt jetzt hinter jeder Textzeile im Absatz. Dazu können Sie die Kontur auch hier überdrucken lassen. Wer es experimentell mag, kann eine gestrichelte Linie auswählen und eine Lückenfarbe nutzen. Die gestrichelte Linie wird, weil sie hinter den Textzeilen läuft, auf jeden Fall den Leserhythmus stören.

▲ **Abbildung 9.39**
Die Funktion UNTERSTREICHUNG lässt sich auch als Hervorhebung oder Markierung im Text anwenden, da ein kräftiger Unterstrich hinter dem Text läuft, eine eigene Farbe besitzen darf und mit einem Offsetwert verschoben wird.

9.4 Zeichenformate

In InDesign können Sie neben den vorab beschriebenen Absatzformaten auch Zeichenformate für die Auszeichnung von einzelnen Zeichen oder Wörtern erstellen. Wenn Sie zunächst einem Textabschnitt ein Absatzformat zugewiesen haben, können Sie nun mit einem Zeichenformat einzelne Wörter mit Auszeichnungen wie »kursiv« oder mit einer gesonderten Farbe hervorheben. Die Absatzformatierung bleibt davon unangetastet.

Sollten Sie später das Absatzformat ändern und die Schrift auf eine andere Familie umstellen, bleibt das Zeichenformat hingegen erhalten und arbeitet mit der neuen Schriftformatierung zusammen. Bislang war es bei anderen Layoutprogrammen so, dass nach einer Neuzuweisung eines Absatzformates alle darin getätigten manuellen Änderungen, auch über Zeichenformate, wieder aufgelöst wurden. In InDesign bleiben die zugewiesenen Zeichenformate jedoch erhalten.

Zeichenformate-Palette
Die Zeichenformate-Palette öffnen Sie über FENSTER • SCHRIFT & TABELLEN bzw. ⇧+F11.

9.4.1 Zeichenformat erstellen

Die Definition eines Zeichenformates erfolgt ebenso wie bei einem Absatzformat, es genügt hier aber, nur die Unterschiede zum Absatzformat einzustellen – alle nicht ausgefüllten Eingabefelder wie z. B. die Schriftgröße bleiben weiß, und die Werte werden vom Absatzformat übernommen.

Der deutliche Unterschied zum Absatzformat ist der, dass Zeichenformate keine Hinweise zum Umbrechen des Textes kennen – dies übernimmt nämlich das Absatzformat oder eine manuelle Vorgabe.

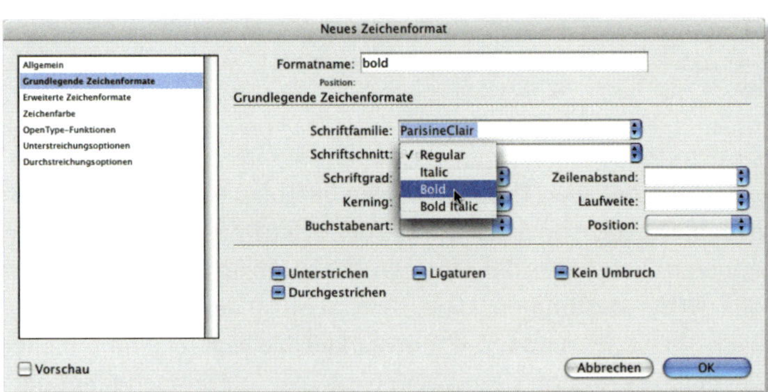

Abbildung 9.40 ▶
Beim Zeichenformat geben Sie nur die abweichenden Eigenschaften an. Hier soll anstatt der normalen Absatzformatierung nur der Schnitt Bold der Schriftfamilie ParisineClair verwendet werden. Alle anderen Vorgaben liefert das Absatzformat.

Top-Tipp: Formate nachträglich formatieren

Sehr praktisch finde ich die Funktion, ein Zeichen- oder Absatzformat auf Basis eines formatierten Textes zu erstellen: Markieren Sie den Text, der die von Ihnen gewünschte Formatierung enthält, und wählen Sie Neues Zeichenformat bzw. Neues Absatzformat. Sie werden sehen, dass InDesign CS3 die von Ihnen eingestellten Formatierungen automatisch übernommen hat.

Ein Beispiel: Möchten Sie mehrere Wörter im Absatz durch eine rote Zeichenfarbe hervorheben, so erstellen Sie ein neues Zeichenformat in der gleichnamigen Palette unter dem Hauptmenü Fenster • Schrift & Tabellen, indem Sie aus dem Palettenmenü die Funktion Neues Zeichenformat aufrufen. So erhalten Sie einen Eingabedialog, der ebenso wie ein Absatzformat aufgebaut ist, allerdings ohne Umbruch- oder Einzugsoptionen.

Unter dem Register Zeichenfarbe wählen Sie eine entsprechende Farbe und einen treffenden Formattitel aus. Danach bestätigen Sie die Eingabe, markieren ein Wort in einem Absatz und weisen mit einem Klick auf den Namen des Zeichenformats in der Zeichenformat-Palette die Formatierung zu. Schon erscheint der markierte Text in der gewünschten Farbe. Wenn Sie nun im Absatzformat die Schriftfamilie umstellen, so bleibt der formatierte Text bestehen und wechselt auf den gewünschten Schriftschnitt.

Zeichenformat und Absatzformat kollidieren also nicht miteinander, sondern ergänzen sich hervorragend. Auf diese Weise können Sie Zeichenformate für kursive Hervorhebungen, fette Auszeichnungen oder Kapitälchen anlegen. Auch die Durch- oder Unterstreichung ist mittels eines Zeichenformates möglich.

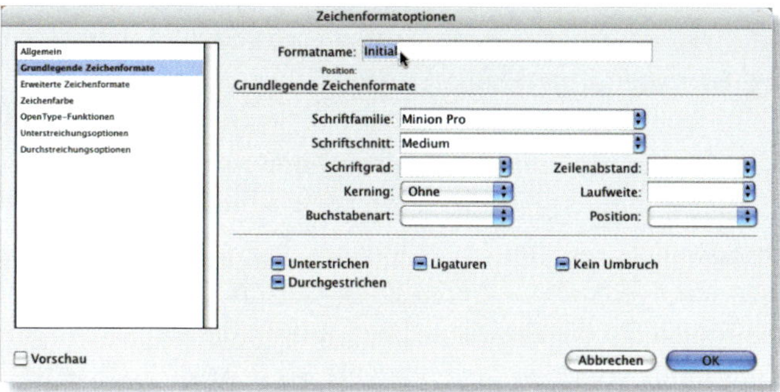

◂ **Abbildung 9.41**
Für Initiale können Sie ein Zeichenformat anlegen, das später im Absatzformat verwendet wird.

9.4.2 Zeichenformate und fehlende Schriften

Bei der Arbeit mit den Zeichenformaten ist bezogen auf die Schriftschnitte etwas Vorsicht geboten. InDesign wird Ihnen, wenn Sie keine Schrift ausgewählt haben, eine recht lange Liste der grundsätzlich möglichen Schnitte inklusive der speziellen OpenType-Schnitte anbieten. Diese Liste ist keine Funktionsliste! Leider ist hier jedoch nicht ersichtlich, welcher Schnitt in Kombination mit einem Absatzformat und seiner Schriftfamilie überhaupt möglich ist. Wird ein Zeichenformat wie zum Beispiel »Bold Italic« definiert und einem Absatzformat zugewiesen, dessen gewählte Schrift nicht über diesen Schnitt verfügt, wird InDesign die entsprechende Stelle im Text mit der Markierung für eine fehlende Schrift anzeigen oder eine Fehlermeldung ausgeben.

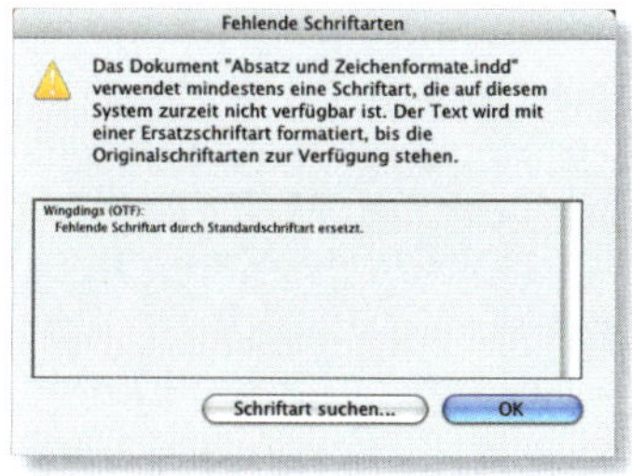

▴ **Abbildung 9.42**
Fehlende Schriften werden mit der Standardschrift Myriad oder Times dargestellt, und eine Fehlermeldung erscheint.

Schriftschnitte ermitteln | Welche Schriftschnitte eine Schrift enthält, lässt sich, wenn man es nicht genau weiß, leicht ermitteln. Dazu müssen Sie beim Anlegen eines Zeichenformates unter der Option GRUNDLEGENDE ZEICHENFORMATE die gewünschten Schriften nur einmal aktivieren. Je nach geladener Schrift erscheinen dann nur die tatsächlich existierenden Schriftschnitte der Schrift im Popup-Menü hinter dem Schriftnamen.

Format mit der Format-Palette bearbeiten
Um ein bestehendes Absatz- oder Zeichenformat direkt über die Palette zu bearbeiten, müssen Sie in der jeweiligen Format-Palette nur auf den Formatnamen doppelklicken.

Befindet sich der Textcursor dabei innerhalb eines Absatzes oder ist Text markiert, wird er automatisch formatiert. Um das zu verhindern und das Format nicht sofort auf ausgewählten Text anzuwenden, halten Sie ⇧+⌘/Strg gedrückt, wenn Sie den Formatnamen durch Doppelklick bearbeiten wollen.

9.5 Absatz- und Zeichenformate bearbeiten

9.5.1 Formate austauschen

Damit Sie Formate auch für andere Dokumente nutzen können, ohne diese noch einmal für jedes Dokument neu anzulegen, müssen Sie aus einem neuen Dokument heraus über das jeweilige Palettenmenü der Absatzformate- oder Zeichenformate-Palette ABSATZFORMATE LADEN bzw. ZEICHENFORMATE LADEN wählen. Um beide Formattypen gleichzeitig zu importieren, wählen Sie ALLE TEXTFORMATE LADEN. Danach wählen Sie das entsprechende Ausgangsdokument aus und importieren die Formate. In einem weiteren Dialog wählen Sie die Formate aus und können darin einzelne Formate für den Import ausschließen.

9.5.2 Formate als Snippets weitergeben

Als Alternative zum Laden der Formate aus anderen InDesign-Dateien speichern Sie Ihre Textrahmen als Snippets ab, um sie in einem anderen Dokument weiterhin zu nutzen.

Dazu öffnen Sie die Bridge und verkleinern die Ansicht in den Kompaktmodus über den Tastenbefehl [⌘]+[⌅] oder [Strg]+[↵]. Nun wechseln Sie in Ihr Layout und markieren einen entsprechenden Rahmen. Ziehen Sie den Rahmen mit gedrückter Maustaste in die Bridge. Dort wird der Rahmen als Snippet gespeichert.

Zum Nachlesen
Wie Sie mit diesen Snippets umgehen, erklären wir Ihnen in Kapitel 15, »Buch, Bibliothek und Snippets«.

Sobald Sie ein Snippet in der Bridge abgelegt haben, können Sie dieses »Schnipsel« jederzeit per Drag & Drop in ein neues Layoutdokument ziehen. Dort wird nicht nur der Rahmen lokal konstant platziert, sondern auch die Absatz- und Zeichenformate werden importiert.

Diese intelligente und sehr einfache Arbeitsweise ist auch auf andere Rahmen oder ganze Rahmengruppen übertragbar und funktioniert ähnlich wie Bibliotheksobjekte, die wir in Kapitel 15, »Buch, Bibliothek und Snippets« genauer beschreiben.

9.5.3 Tipp: Formate in einer Arbeitsgruppe verteilen

Auch über dem Arbeitsplatz

Die Bridge wird nicht unbedingt zum Ablegen und Anwenden eines Snippets benötigt: Dazu ziehen Sie den Textrahmen einfach aus Ihrem Dokument auf den Schreibtisch oder den Arbeitsplatz. Dort kann ein Snippet wie jede andere Datei auch verschoben, kopiert oder gelöscht werden.

Leider können Sie die Formate nicht als externe Datei ablegen, sondern immer nur aus bestehenden Dateien importieren – eine etwas umständliche Arbeitsweise, die über eine unabhängige Datei leichter zu pflegen wäre. Damit auch Ihre Kolleginnen und Kollegen von den angelegten Formaten profitieren, ohne die Ursprungsdatei aufzurufen, legen Sie einen formatierten Textrahmen in einer InDesign-Bibliothek ab. Wenn Sie in einem neuen Dokument diesen Textrahmen wieder in das Layout ziehen, werden automatisch alle Formatierungen übernommen und erscheinen wieder in den jeweiligen Paletten.

Auch der Ex- und Import einer Tagged-Text-Datei importiert die Absatz- und Zeichenformate für die weitere Layoutarbeit im neuen Dokument.

9.5.4 Abweichende Formatierungen zurücknehmen oder löschen

Sicher wird Ihnen bald ein kleines Pluszeichen in der Zeichenformate- oder Absatzformate-Palette auffallen. Es deutet darauf hin, dass das Zeichenformat (in der Abbildung das Format INITIAL), nicht mehr in seinem Originalzustand vorliegt, sondern dass die Textformatierung geändert wurde. Sobald Sie einen Absatz mit einem Absatzformat gestaltet haben und nachträglich manuelle

Korrekturen vornehmen, sind diese Änderungen eine sogenannte »Abweichung« vom Format. Das ist im Satzalltag nichts Ungewöhnliches: Schnell haben Sie im Blocksatz die Laufweite reduziert, damit der Textfluss an einer bestimmten Stelle eine Zeile Text einspart.

InDesign zeigt nur Änderungen von wirklich im Format festgelegten Einstellungen an. Wurde z. B. eine Unterstreichung im Format definiert, die nun zurückgenommen wird, erscheint ein Plus-Zeichen.

Wenn sich diese Abweichungen jedoch stark häufen, wird eine Satzkorrektur schwierig. Dazu ist es gelegentlich notwendig, die Formate wieder vollständig neu zuzuweisen. Wenn Sie den entsprechenden Absatz markieren und mit gedrückter [Alt]- bzw. [⌥]-Taste in der Absatz- oder Zeichenformat-Palette das neue Format anklicken, so werden damit alle vorherigen manuellen Änderungen gelöscht, und der Text erscheint nur mit den typografischen Angaben aus dem Format. Alternativ markieren Sie die Textstelle und klicken in der Steuerungspalette auf ABWEICHUNGEN IN AUSWAHL LÖSCHEN. Parallel dazu können Sie dasselbe mit gedrückter [⌘]- oder [Strg]-Taste tun. Somit werden alle Abweichungen im aktuellen Absatz gelöscht.

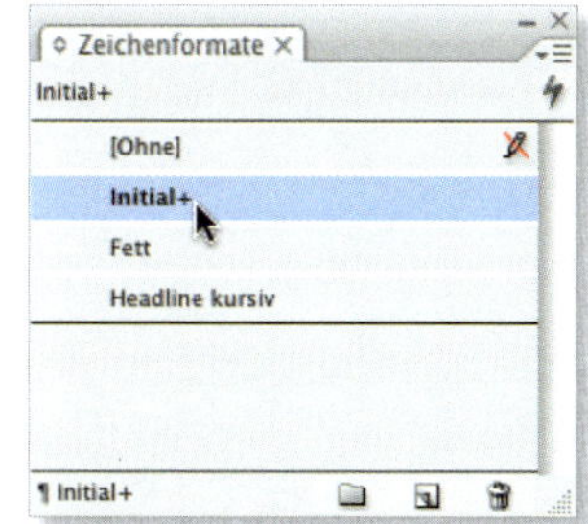

▲ **Abbildung 9.43**
Durch das Plus-Zeichen wird ein verändertes Zeichenformat angezeigt.

9.5.5 Formate schnell finden

Absatz- und Zeichenformate können Sie mit einem Tastenbefehl aufrufen und während der Textarbeit anwenden. Doch diese Arbeitsweise ist bei mehr als 27 Formaten schwierig, da Ihnen die möglichen Tastenbefehle ausgehen. Über die Funktion SCHNELL ANWENDEN rufen Sie die Formate anhand ihrer Benennung auf, und das funktioniert so: Klicken Sie in das Blitzsymbol der Steuerungspalette oben rechts, der Absatzformat- oder der Zeichenformat-Palette.

Daraufhin klappt das Auswahlmenü auf, in dem die Treffer angezeigt werden. Geben Sie nun die Bezeichnung des gesuchten Absatzformats an, wie z. B. »Flie…«, und es werden Ihnen die Formate »Fließtext« oder ähnliche angezeigt. Falls in den Ergebnissen zu viele Treffer auftauchen sollten, können Sie im Pulldown-Menü der Suche die Auswahl einschränken. Deaktivieren Sie hier Skripten und Menübefehle, da Sie sonst mit einer Flut an Ergebnissen bombardiert werden.

▲ **Abbildung 9.44**
Schnell anwenden – jetzt mit Blitz noch schneller!

Noch schneller anwenden

Wenn Sie im Layout arbeiten, können Sie über den Tastenbefehl [⌘]/[Strg]+[↵] die Funktion SCHNELL ANWENDEN noch rascher aufrufen. Geben Sie danach einfach die Anfangsbuchstaben des gewünschten Formats ein, und wählen Sie mit den Pfeiltasten nach oben und nach unten das Format aus.

9.5.6 Formate suchen und ersetzen

Da die SUCHEN/ERSETZEN-Funktion in InDesign CS3 sehr komfortabel geworden ist, können Sie selbstverständlich neben Textpassagen oder einzelnen Glyphen auch nach Absatz- und Zeichenformaten suchen. Rufen Sie mit dem Tastenbefehl [⌘]/[Strg]+[F]

die Funktion auf. Lassen Sie die beiden oberen Texteingabefelder frei, und klicken Sie stattdessen in Format suchen. Wählen Sie nun das gewünschte Zeichen- oder Absatzformat aus.

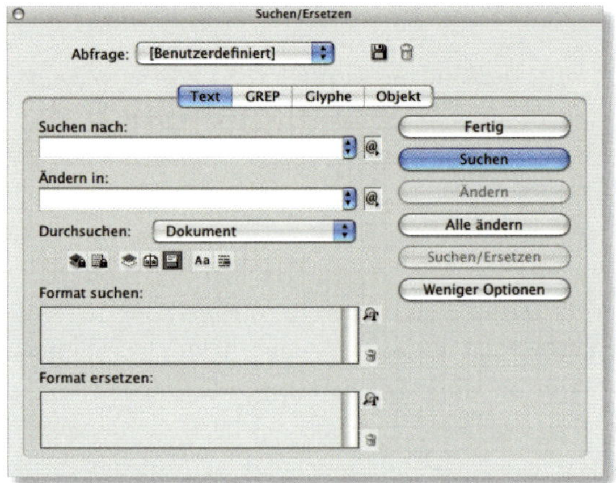

Abbildung 9.45 ▶
Klicken Sie in das Feld Format suchen.

Nun können Sie die Eingabe bestätigen und das Ersatzformat auf dieselbe Weise im Feld Format ersetzen auswählen. Starten Sie die Suche, und Sie gelangen zur ersten formatierten Textstelle. Nun können Sie sich absatz- oder zeichenweise dafür entscheiden, das neue Format einzutauschen, oder Sie wählen Alle ändern, um alle Stellen durch das neue Format zu ersetzen. Somit sparen Sie sich unnötige Verzögerungen – effizienter geht es nicht.

9.5.7 Formate lösen und löschen

Wenn Sie einen Text von einem Format ablösen wollen, so markieren Sie die Textstelle und wählen im Palettenmenü der Absatzformate Verknüpfung mit Format aufheben.

Nicht mehr benötigte Formate, seien es nun Absatz- oder Zeichenformate, lassen sich über das Palettenmenü der jeweiligen Palette und den Befehl Format löschen wieder entfernen.

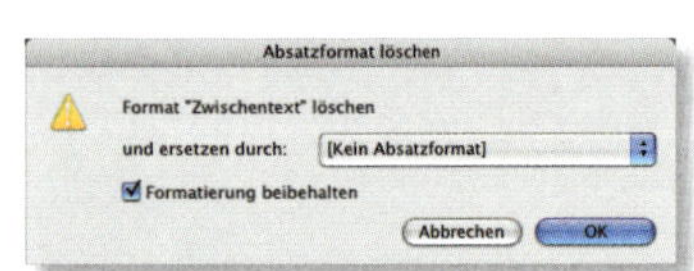

▲ **Abbildung 9.46**
Format löschen und ersetzen

Wurde das Format in Ihrem Layout nicht eingesetzt, wird es ohne Rückfrage entfernt. Sollten Sie ein Format löschen, das in Ihrem Dokument noch verwendet wird, erscheint ein Dialogfenster, in dem Sie entscheiden müssen, wie der betreffende Text formatiert werden soll.

Wenn Sie hier Formatierung beibehalten deaktivieren und [Keine] wählen, so wird der Text mit dem Standardformat ausgezeichnet. Ansonsten können Sie unter Format löschen und ersetzen durch ein Ersatzformat benennen.

Über die Funktion Alle nicht verwendeten auswählen aus dem Palettenmenü lassen sich alle überflüssigen Formate markieren. Diese können Sie dann gemeinsam auf den Papierkorb-Button der Palette ziehen und entfernen.

	Windows	Mac
Absatzformate-Palette ein-/ausblenden	F11	F11
Zeichenformate-Palette ein-/ausblenden	⇧+F11	⇧+F11
Zeichenformatdefinition vom Text übernehmen	⇧+Alt+Strg+C	⇧+⌥+⌘+C
Absatzformatdefinition vom Text übernehmen	⇧+Alt+Strg+R	⇧+⌥+⌘+R
Abweichende Formatierung entfernen	Alt+Klick auf das Format	⌥+Klick auf das Format
Abweichende Einstellungen aus dem Format löschen	Alt+⇧+ auf den Namen des Formats klicken	⌥+⇧+ auf den Namen des Formats klicken

◂ **Tabelle 9.1**
Tastenkürzel für die Arbeit mit Formaten

9.6 Absatzformate als Objektstile speichern

Die grafische Erscheinung eines Rahmens kann als Objektstil gespeichert werden. Innerhalb eines Objektstils lässt sich auch das erste Absatzformat mit speichern.

Zum Nachlesen
Wie Sie Objektstile für alle Arten von Rahmen definieren, zeigen wir Ihnen ausführlich in Kapitel 6, »Die Layoutrahmen«.

9.6.1 Neuen Objektstil anlegen

Wenn Sie einen neuen Objektstil auf Basis eines ausgewählten Textrahmens anlegen, ist das Absatzformat zunächst deaktiviert. Öffnen Sie die Objektstiloptionen per Doppelklick aus der Palette Objektstile, und klicken Sie auf den Haken vor der Rubrik Absatzformate. Nun werden automatisch das erste und das nachfolgende Format im Objektstil übernommen.

Ganz entscheidend ist es, welches Format nicht nur im Objektstil gespeichert wird, sondern auch, welches Format nach diesem folgt. Dies legen Sie wiederum im Absatzformat an. Das klingt etwas kompliziert, aber wenn Sie die Logik einmal durchschaut haben, arbeiten Sie spielend mit Objektstilen. Es folgt ein kleiner Workshop zu diesem Thema.

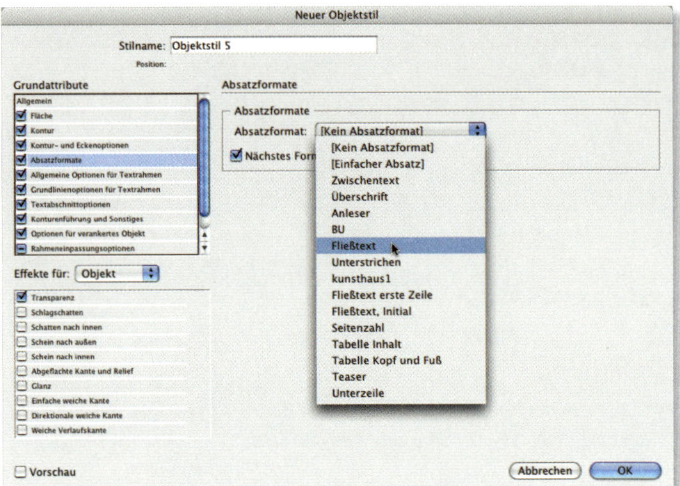

Abbildung 9.47 ▸
Absatzformate können ebenso wie andere grafische Eigenschaften in einem Objektstil gespeichert werden.

Schritt für Schritt: Objektstile mit Absatzformat und »Nächstes Format« anwenden

1 Textrahmen formatieren

Bevor Sie den Text formatieren, kümmern Sie sich zunächst um die Größe und die Beschaffenheit des Textrahmens: Wählen Sie einen dreispaltigen Text innerhalb des Rahmens.

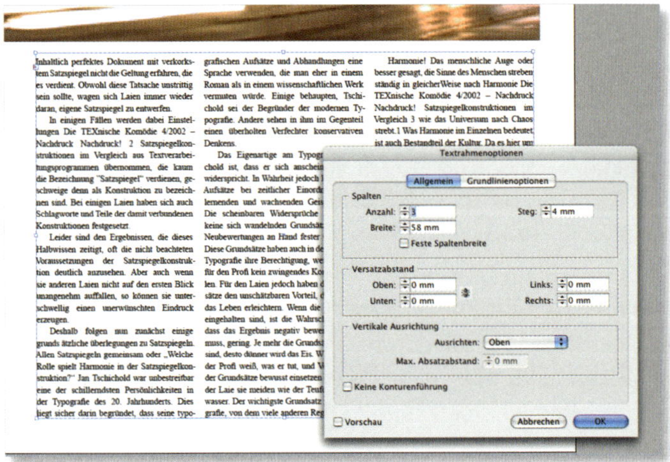

Abbildung 9.48 ▸
Legen Sie einen dreispaltigen Text an.

2 Absatzformate definieren

Dann legen Sie geeignete Absatzformate an, wie einen Fließtext und ein darauf basierendes Format Lauftext.

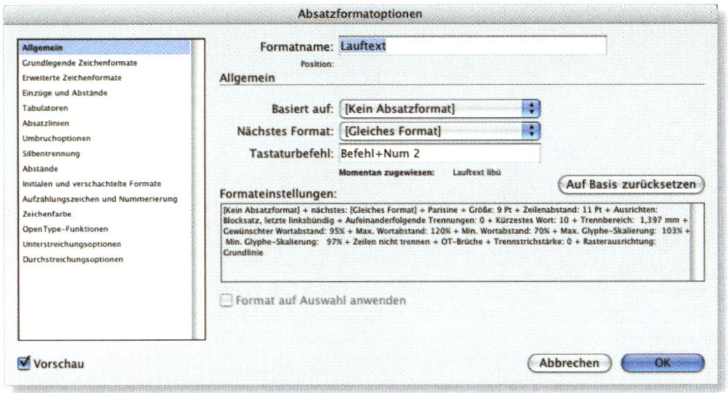

◀ **Abbildung 9.49**
Formatieren Sie Ihr Absatzformat LAUFTEXT.

3 Absatzfolge festlegen

Als Nächstes geben Sie im LAUFTEXT-Format an, welches Format folgen soll, z. B. LAUFTEXT MIT INITIAL.

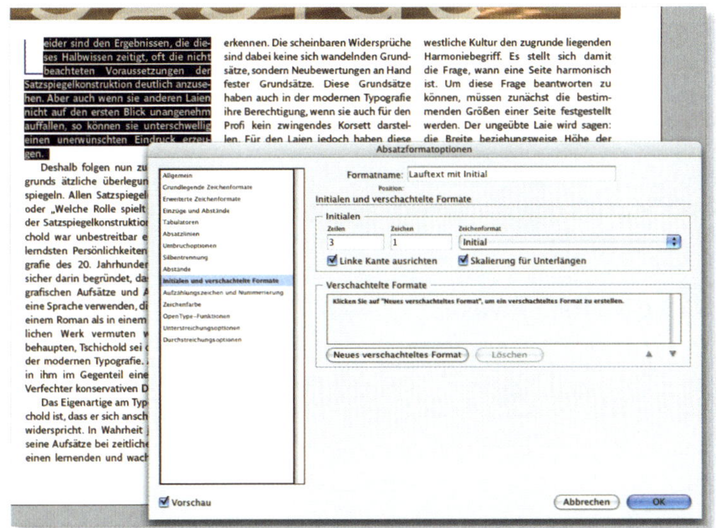

◀ **Abbildung 9.50**
Das Format LAUFTEXT MIT INITIAL

4 Texte formatieren

Bevor es mit den Stilen weitergeht, müssen Sie den Text im Rahmen mit den gewünschten Absatzformaten gestalten.

5 Objektstil speichern

Damit Sie nun jedem Textrahmen entsprechende Formatierungen zuweisen können, markieren Sie den Rahmen mit der Auswahl und klicken in der Objektstil-Palette auf das Blattsymbol. Somit werden zunächst alle grafischen Eigenschaften des Rahmens gespeichert.

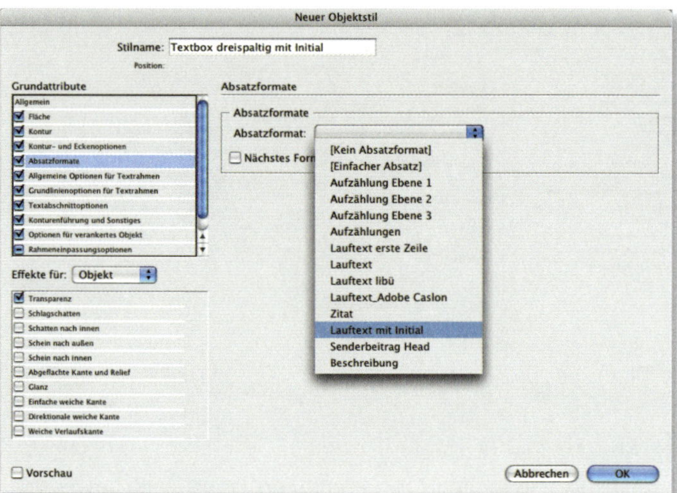

Abbildung 9.51 ▸
Dialog NEUER OBJEKTSTIL

6 Absatzformate einbeziehen

Wählen Sie mit einem Doppelklick den neuen Objektstil aus, und aktivieren Sie den Button ABSATZFORMATE.

7 Absatzformat auswählen

Aus der Liste der Formate des Dokuments suchen Sie LAUFTEXT MIT INITIAL aus und aktivieren auch hier den Button NÄCHSTES FORMAT ANWENDEN.

8 Objektstil zuweisen

Per Drag & Drop formatieren Sie neue oder andere Textrahmen mit dem Objektstil. Somit werden alle grafischen Eigenschaften des Textrahmens und die typografische Formatierung für den neuen Rahmen übernommen. Als Alternative können Sie aber auch aus der Steuerungspalette im Pulldown-Menü der Objektstile den neuen Stil auswählen.

▾ Abbildung 9.52
Unser Text vor und nach der Formatierung

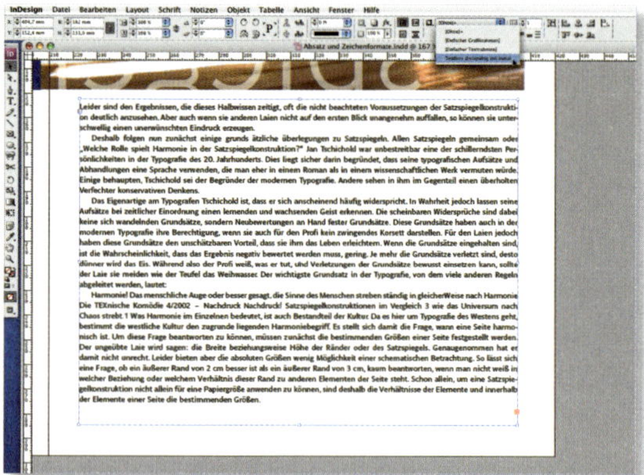

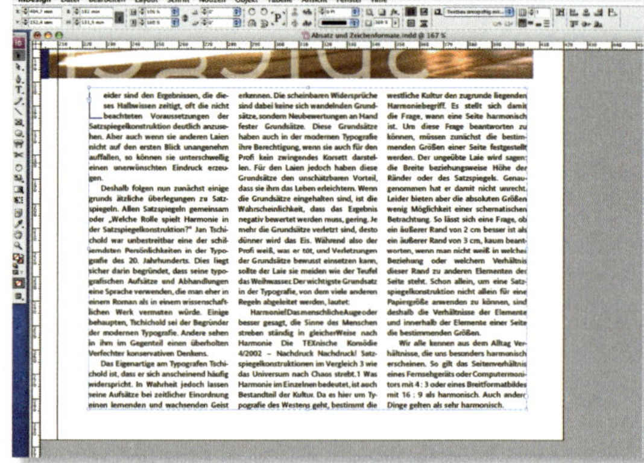

9.6.2 Objektstile lösen

Wollen Sie aber alle typografischen Formatierungen und Textrahmeneinstellungen aufheben, so klicken Sie mit der Auswahl den Textrahmen an. Sie finden in der Steuerungspalette das Pulldown-Menü der Objektstile. Hier wählen Sie [Keine] oder [Einfacher Textrahmen].

◂ **Abbildung 9.53**
Die Objektstile können dafür sorgen, dass alle Formatierungen mit einen Klick zurückgesetzt werden. Sie erhalten einen einfachen Textrahmen mit der Standardschrift Times.

9.7 Optischer Randausgleich

Ausgesprochen hilfreich ist in InDesign die Funktion des Optischen Randausgleichs. Das ist ein Algorithmus besonders für die Verbesserung der Blocksatzbildung. Auch wenn Sie nicht unmittelbar einen Randausgleich im Absatzformat einstellen können, wollen wir Sie an dieser Stelle mit dem Randausgleich vertraut machen.

Hierbei werden bei der Aktivierung im Blocksatz die auslaufenden Zeilen leicht über die linke und rechte Satzspiegelkante hinausgeschoben, wenn Sonderzeichen wie Trennstriche, Kommata, Anführungszeichen u. Ä. als letztes bzw. erstes Zeichen einer Zeile stehen. Das führt zu einer harmonischen, optisch idealen Erscheinung. Auch Initiale, die überhängende Serifen haben, werden dabei ausgeglichen.

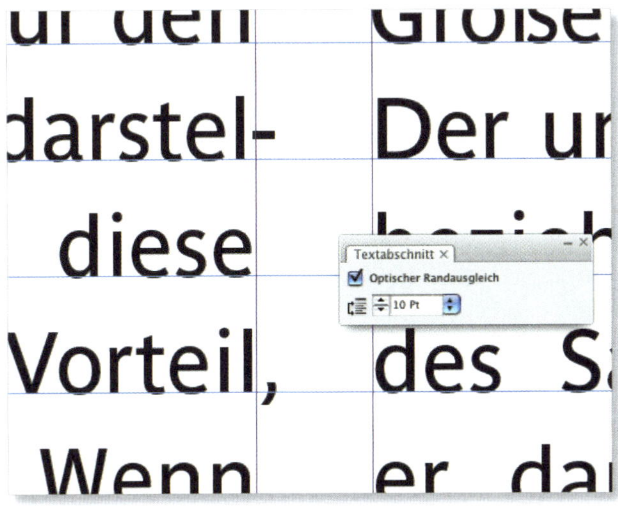

◂ **Abbildung 9.54**
Der Optische Randausgleich bewirkt, dass innerhalb eines Absatzes Zeichen wie Trennstriche oder Kommata außerhalb des Textrahmens platziert werden, um die Blocksatzflucht links und rechts optisch gleichmäßiger erscheinen zu lassen.

Randausgleich per Absatzformat ignorieren

Der optische Randausgleich ist eine Eigenschaft des Layoutrahmens. Wenn jedoch ein Textabsatz nicht einbezogen werden soll, so können Sie in den Absatzformaten diesen Randausgleich ignorieren, indem Sie in den Einstellungen zum Absatzformat auf EINZÜGE UND ABSTÄNDE klicken. Hier steht Ihnen die Funktion zur Verfügung.

Den optischen Randausgleich aktivieren | Leider ist der optische Randausgleich kein Bestandteil eines Absatzformates. Somit bleibt Ihnen nichts anderes übrig, als diese Funktion manuell zu aktivieren.

Um den OPTISCHEN RANDAUSGLEICH zu aktivieren, klicken Sie einfach auf einen Textrahmen und rufen über das Menü SCHRIFT die Funktion TEXTABSCHNITT auf. Sind die Rahmen verkettet, wird die Funktion auf den vollständigen Text angewandt. Wählen Sie jetzt noch einen Schriftgrad, um den Umfang des Überhangs für die Schriftgröße im Textabschnitt festzulegen.

Dabei werden Sie die besten Ergebnisse erzielen, wenn Sie denselben Schriftgrad wie für den Fließtext verwenden. Probieren Sie diese Funktion im aktiven Vorschaumodus einfach aus.

Kontroverse | Der optische Randausgleich spaltet die Gemüter. So ist diese Anwendung aus Magazinentwürfen schon auf Wunsch der Redaktion herausgenommen worden – zum einen deswegen, weil der Algorithmus nicht grundsätzlich bei jeder beliebigen Schrift ein gleich gutes Ergebnis erzielt, zum anderen aus dem Grund, dass es keine nachvollziehbaren Einstellungsmöglichkeiten außer der Schriftgröße gibt. Alternativ dazu könnte es auch einen Regler von schwach bis stark geben.

Für fette Schriftschnitte ist übrigens der Randausgleich gänzlich ungeeignet, da auch die Trennstriche zum Ende oder die Anführungsstriche zu Beginn einer Zeile recht kräftig geschnitten sind, sodass sie durch den Algorithmus eine ungewohnte Aufmerksamkeit erhalten.

9.8 Verschachtelte Formate

Im vorherigen Abschnitt haben Sie die Formatierung von Textmengen mittels Absatz- und Zeichenformaten kennengelernt. Dabei stellt sich heraus, dass Absatzformate zueinander eine logische Verknüpfung eingehen können, indem ein basierendes Absatzformat ausgewählt wird. Also haben wir eine grundlegende Formatierung und darauf basierende Abwandlungen. Einzüge zu Beginn eines Absatzes, eine erste Zeile eines Textabschnitts, die nicht eingerückt wird, ein Initial, das große Textmengen optisch deutlich trennt, oder ein Zitat erfordern jeweils ein spezielles Absatzformat.

Außerdem können Absatzformate aufeinanderfolgen, indem Sie in jedem Absatzformat das nachfolgende Format bestimmen.

Nun gibt es aber auch Formatierungswünsche, die Sie allein durch ein Absatzformat nicht lösen. Dazu verwenden Sie

Zeichenformate. Somit lassen sich beispielsweise einzelne Wörter kursiv oder fett herausheben. Das Zeichenformat besitzt nur die einzelne typografische Anweisung: *Kursiv*. Ein Absatzformat wird somit durch das Zeichenformat ergänzt.

Über diese Beziehung zwischen dem Absatzformat und dem ergänzenden Zeichenformat für einzelne Wörter oder Wortgruppen wie Eigennamen etc. entsteht eine Verknüpfung. InDesign besitzt verschachtelte Formate, die ein Absatzformat als Basis haben, in das Sie weitere Zeichenformate einbetten können. Die Zeichenformate müssen dann aber einen Anhaltspunkt haben, wann sie beginnen und enden.

9.8.1 Initiale mit Zeichenformaten

Der einfachste Einsatz von verschachtelten Formaten besteht in der Auswahl von Zeichenformaten für ein Initial über mehrere Zeilen. Definieren Sie eine andere Schriftfamilie und einen entsprechenden Schnitt, um einem Initial grafisch mehr Gewicht und Aufmerksamkeit zu geben. Eine farbige Auszeichnung kann hinzukommen.

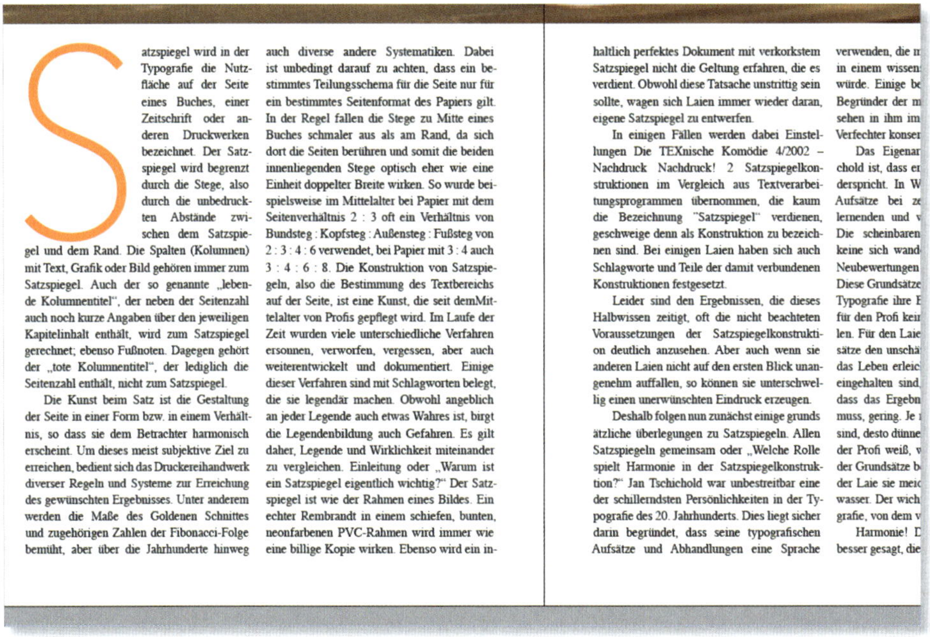
Satzspiegel wird in der Typografie die Nutzfläche auf der Seite eines Buches, einer Zeitschrift oder anderen Druckwerken bezeichnet. Der Satzspiegel wird begrenzt durch die Stege, also durch die unbedruckten Abstände zwischen dem Satzspiegel und dem Rand. Die Spalten (Kolumnen) mit Text, Grafik oder Bild gehören immer zum Satzspiegel. Auch der so genannte „lebende Kolumnentitel", der neben der Seitenzahl auch noch kurze Angaben über den jeweiligen Kapitelinhalt enthält, wird zum Satzspiegel gerechnet; ebenso Fußnoten. Dagegen gehört der „tote Kolumnentitel", der lediglich die Seitenzahl enthält, nicht zum Satzspiegel.

Die Kunst beim Satz ist die Gestaltung der Seite in einer Form bzw. in einem Verhältnis, so dass sie dem Betrachter harmonisch erscheint. Um dieses meist subjektive Ziel zu erreichen, bedient sich das Druckereihandwerk diverser Regeln und Systeme zur Erreichung des gewünschten Ergebnisses. Unter anderem werden die Maße des Goldenen Schnittes und zugehörigen Zahlen der Fibonacci-Folge bemüht, aber über die Jahrhunderte hinweg auch diverse andere Systematiken. Dabei ist unbedingt darauf zu achten, dass ein bestimmtes Teilungsschema für die Seite nur für ein bestimmtes Seitenformat des Papiers gilt. In der Regel fallen die Stege zu Mitte eines Buches schmaler aus als am Rand, da sich dort die Seiten berühren und somit die beiden innenliegenden Stege optisch eher wie eine Einheit doppelter Breite wirken. So wurde beispielsweise im Mittelalter bei Papier mit dem Seitenverhältnis 2 : 3 oft ein Verhältnis von Bundsteg : Kopfsteg : Außensteg : Fußsteg von 2 : 3 : 4 : 6 verwendet, bei Papier mit 3 : 4 auch 3 : 4 : 6 : 8. Die Konstruktion von Satzspiegeln, also die Bestimmung des Textbereichs auf der Seite, ist eine Kunst, die seit demMittelalter von Profis gepflegt wird. Im Laufe der Zeit wurden viele unterschiedliche Verfahren ersonnen, verworfen, vergessen, aber auch weiterentwickelt und dokumentiert. Einige dieser Verfahren sind mit Schlagworten belegt, die sie legendär machen. Obwohl angeblich an jeder Legende auch etwas Wahres ist, birgt die Legendenbildung auch Gefahren. Es gilt daher, Legende und Wirklichkeit miteinander zu vergleichen. Einleitung oder „Warum ist ein Satzspiegel eigentlich wichtig?" Der Satzspiegel ist wie der Rahmen eines Bildes. Ein echter Rembrandt in einem schiefen, bunten, neonfarbenen PVC-Rahmen wird immer wie eine billige Kopie wirken. Ebenso wird ein inhaltlich perfektes Dokument mit verkorkstem Satzspiegel nicht die Geltung erfahren, die es verdient. Obwohl diese Tatsache unstrittig sein sollte, wagen sich Laien immer wieder daran, eigene Satzspiegel zu entwerfen.

In einigen Fällen werden dabei Einstellungen Die TEXnische Komödie 4/2002 – Nachdruck Nachdruck! 2 Satzspiegelkonstruktionen im Vergleich aus Textverarbeitungsprogrammen übernommen, die kaum die Bezeichnung "Satzspiegel" verdienen, geschweige denn als Konstruktion zu bezeichnen sind. Bei einigen Laien haben sich auch Schlagworte und Teile der damit verbundenen Konstruktionen festgesetzt.

Leider sind den Ergebnissen, die dieses Halbwissen zeitigt, oft die nicht beachteten Voraussetzungen der Satzspiegelkonstruktion deutlich anzusehen. Aber auch wenn sie anderen Laien nicht auf den ersten Blick unangenehm auffallen, so können sie unterschwellig einen unerwünschten Eindruck erzeugen.

Deshalb folgen nun zunächst einige grundsätzliche überlegungen zu Satzspiegeln. Allen Satzspiegeln gemeinsam oder „Welche Rolle spielt Harmonie in der Satzspiegelkonstruktion?" Jan Tschichold war unbestreitbar eine der schillerndsten Persönlichkeiten in der Typografie des 20. Jahrhunderts. Dies liegt sicher darin begründet, dass seine typografischen Aufsätze und Abhandlungen eine Sprache verwenden, die m
in einem wissen
würde. Einige be
Begründer der m
sehen in ihm im
Verfechter konser

Das Eigenar
chold ist, dass er
derspricht. In W
Aufsätze bei ze
lernenden und v
Die scheinbaren
keine sich wand
Neubewertungen
Diese Grundsätze
Typografie ihre E
für den Profi kein
len. Für den Laie
sätze den unschä
das Leben erleic
eingehalten sind,
dass das Ergebn
muss, gering. Je
sind, desto dünne
der Profi weiß, v
der Grundsätze b
der Laie sie meic
wasser. Der wich
grafie, von dem v

Harmonie! D
besser gesagt, die

▼ Abbildung 9.55
Ein Initial einer mageren serifenlosen Antiqua, das in auffälligem Orange über mehrere Zeilen hinwegreicht, zieht die Blicke auf sich, um dann den Fließtext einzuleiten.

9.8.2 Einsatz von verschachtelten Formaten

Beim Setzen eines Interviews wollen wir Fragesteller und Antwortgeber automatisch mit einem Zeichenformat herausheben. Da zunächst der volle Name und dann eine Abkürzung genannt werden, ist der Doppelpunkt unsere Markierung, bis zu der unser Zeichenformat gehen soll.

Schritt für Schritt: Verschachtelte Formate – Workshop »Interview«

1 Absatzformat »Fragestellung« definieren

Zunächst formatieren Sie den Text nach Belieben und legen hierfür ein Absatzformat FRAGESTELLUNG an.

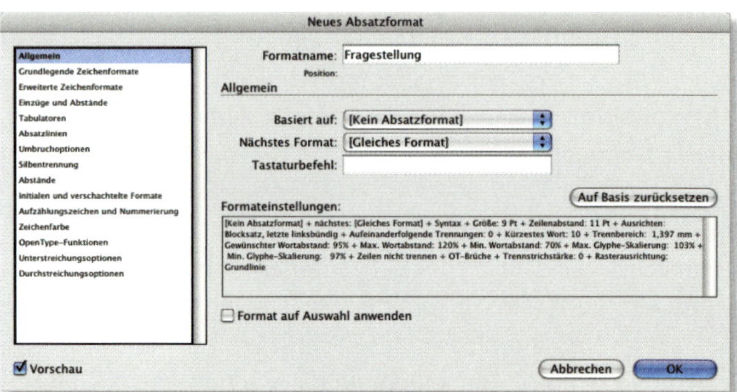

Abbildung 9.56 ▸
Legen Sie ein Absatzformat an.

2 Absatzformat »Antwort« basieren lassen

Zur besseren Unterscheidung von Frage und Antwort legen Sie ein eigenes Absatzformat für die Antworten an. Darin legen Sie fest, dass alle typografischen Vorgaben aus dem Format FRAGESTELLUNG übernommen werden.

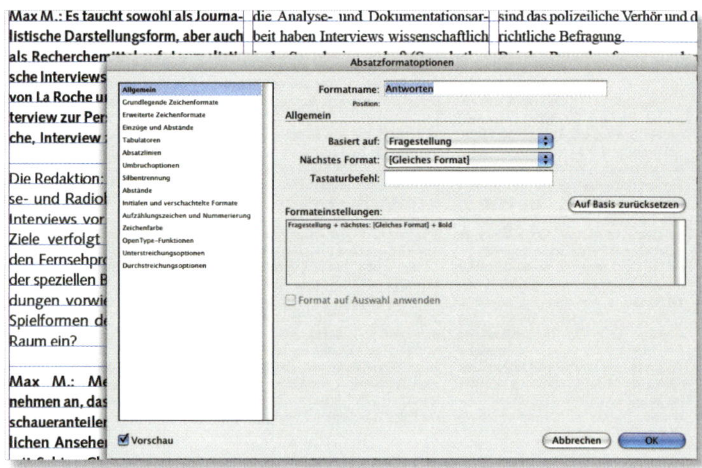

Abbildung 9.57 ▸
Das zweite Absatzformat basiert auf dem ersten.

3 Unterschied formatieren

In den GRUNDLEGENDEN ZEICHENFORMATEN des Absatzformats wählen Sie einen anderen Schriftschnitt, wie z. B. Bold.

4 Zeichenformat »Rot kursiv«

Rufen Sie das Absatzformat FRAGESTELLUNG erneut auf. Mit aktiver Vorschau wechseln Sie nun in die Einstellungen zu den verschachtelten Formaten. Klicken Sie auf Neues verschachteltes Format, und wählen Sie beispielsweise »Rot kursiv« aus.

5 Doppelpunkt eingeben

Danach definieren Sie, dass über den ersten Doppelpunkt hinaus das Zeichenformat angewendet wird, indem Sie anstatt »Wörter« einen Doppelpunkt eingeben. Schon werden im Hintergrund die abwechselnden Interviewpartner hervorgehoben.

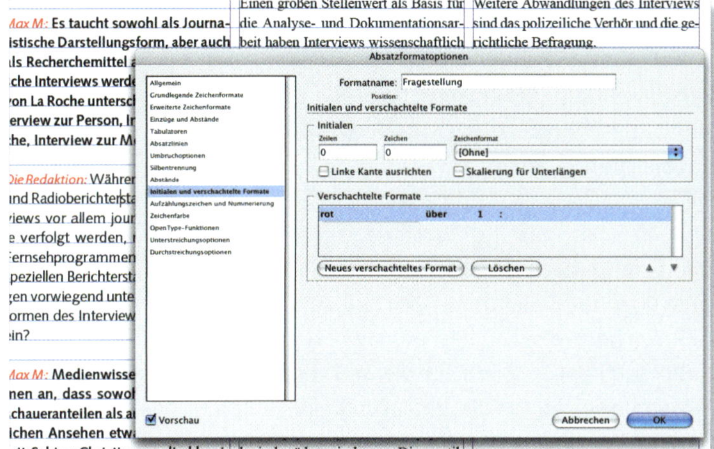

◂ **Abbildung 9.58**
Einstellungen unter Initiale und verschachtelte Formate

9.8.3 Verschachtelte Formate mit Beziehung

Wollen Sie für ein verschachteltes Format hingegen eine feste Anzahl von Wörtern benutzen, so legen Sie in den Absatzformatoptionen in der Einstellung Initialen und verschachtelte Formate das Zeichenformat fest, das auf die ersten drei Wörter angewandt werden soll. Klicken Sie dazu auf den Button Neues verschachteltes Format. Es erscheint eine neue Zeile in den Einstellungen. Wählen Sie nun ein Zeichenformat im Dropdown-Menü aus. Als Beziehung definieren Sie in der nachfolgenden Spalte »über«, »3« und »Wörter«. Bestätigen Sie die Eingabe, und weisen Sie nun dieses verschachtelte neue Absatzformat einem Text zu. Die ersten drei Wörter jedes Absatzbeginns werden nun entsprechend ausgezeichnet.

Diese Logik können Sie auch auf eine Anzahl von Sätzen oder Zeichen anwenden. Die verschiedenen Verschachtelungsoptionen folgen jetzt im Überblick.

Sätze, Wörter, Zeichen, Buchstaben und Ziffern | Die einfachste Option legt die Anzahl dieser Elemente für die Begrenzung des Zeichenformates fest. Sätze werden durch einen Punkt, ein Ausrufezeichen oder ein Fragezeichen beendet, Wörter werden durch die Trennung mit einem Leerraum erkannt, Zeichen sind alle Zeichen außer Metazeichen wie XML-Tags oder Ähnliches. Buchstaben schließen Ziffern, Leeräume oder Interpunktionen aus. Im Gegensatz dazu dienen Ziffern als Begrenzung.

Endzeichen der Verschachtelung | Das Endzeichen ist ein nicht druckendes Sonderzeichen, das Sie in der Texteingabe mit gedrückter rechter Mauste oder Ctrl-Klick aus dem Kontextmenü SONDERZEICHEN EINFÜGEN • VERSCHACHTELTES FORMAT HIER BEENDEN aufrufen.

Tabellenmarkierung | Für eine abwechselnde Zeichenformatierung innerhalb von Texten, die durch Tabulatoren formatiert sind, dient diese Begrenzung. Dadurch können Sie eine Tabelle mit Tabulatoren – keine InDesign-Tabelle – spaltenweise auszeichnen.

Weitere Zeichen | Weitere Zeichen zur Endmarkierung sind ein erzwungener Zeilenumbruch, Einzug bis hierhin, ein geschütztes Leerzeichen, ein Geviert oder ein Halbgeviert. Darüber hinaus kann auch das Zeichen für die automatische Seitenzahl oder der Abschnittsname für die Betitelung eines Kapitels zur Markierung genutzt werden.

Mitlaufende Grafik | Wenn Sie ein Rahmenobjekt oder eine Rahmengruppe in den Textfluss eingefügt haben, dient mit dieser Einstellung diese Grafik als Begrenzungsobjekt. Dies kann unter anderem auch ein Firmenlogo sein.

9.8.4 Verschachtelte Formate wiederholen

Wenn Sie mehrere Zeichenformate hintereinander im Layout anwenden, so gehen Ihnen irgendwann die verschachtelten Formate aus – bei 35 Formaten, um es genau zu sagen. Danach ist es nicht mehr möglich, noch in einem einzelnen Absatz weitere automatische Zeichenformate einzubinden. Zudem werden Änderungen in den bestehenden 35 Formaten sehr unübersichtlich. Was liegt also näher, als eine Endlosschleife einzubauen? Und genau das hat Adobe getan: Wählen Sie ein weiteres verschachteltes Format aus, und klicken Sie auf das Pulldown-Menü [OHNE]: Hier finden Sie den Befehl WIEDERHOLEN. Danach schaltet InDesign die Formatierung um. Nun können Sie einstellen, wie viele Formate nun endlos bis zum Absatzende wiederholt werden sollen.

Benötigen Sie ein Beispiel, um sich die Wiederholungen vorzustellen? Nun, Sie haben zwei Zeichenformate, die einen Text in Blau und in Grün einfärben. Im Absatzformat wenden Sie nun diese beiden Zeichenformate jeweils über ein Wort an. Nun nehmen Sie ein weiteres verschachteltes Format, [Wiederholen], und lassen diese beiden Zeichenformate – blaues Wort, grünes Wort – bis zum Absatzende wiederholen.

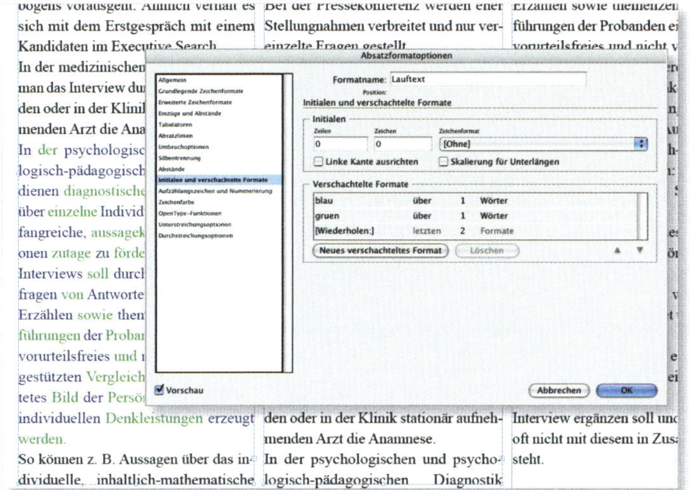

◂ **Abbildung 9.59**
Verschachtelte Formate wie diese beiden Zeichenformate lassen sich nun auch bis zum Ende eines Absatzformates anwenden und wiederholen.

9.8.5 Verschachtelte Formate in Objektstilen

Die ausgiebigste Verknüpfung von Formatierungen der Rahmen und des Textes in InDesign sind die Objektstile, die Sie ja schon eingangs kennengelernt haben. Auch hier lassen sich die verschachtelten Formate einbinden, indem Sie ein Absatzformat zuweisen, das eben diese verschachtelten Zeichenformate vorsieht.

Somit ist es also möglich, für unser Workshop-Beispiel auch Rahmenfarbe und Kontur, Schlagschatten und Deckkraft zuzuweisen, die in einem einzigen Objektstil gespeichert werden.

Um das Ganze auf die Spitze zu treiben, hat Adobe auch vorgesehen, Objektstile aufeinander basieren zu lassen. Ob Sie dann allerdings noch den Durchblick behalten, möchten wir Ihnen überlassen.

9.8.6 Fazit: Verschachtelte Formate

Auf diese Weise lassen sich sicher viele Möglichkeiten finden, die Formatierungen zu verfeinern. Besonders die Festlegung der Reihenfolge ist reizvoll. So beschränkt InDesign Ihre Kreativität nicht darauf, nur ein Zeichenformat in ein Absatzformat einzubetten, sondern Sie können beliebig viele eingebettete Formate definieren, die entweder durch die Anzahl von aufeinanderfolgenden Wörtern, durch ein bestimmtes Zeichen, durch einen Leerraum oder durch ein eingefügtes Sonderzeichen beendet werden.

10 Tabellen und Tabulatoren

Tabellensatz ist einfacher als zuvor: Die manuelle Gestaltung von Zellen, Zeilen und Spalten können Sie jetzt mit Tabellen- und Zellenformaten lösen. Wer es jedoch klassisch mag, nutzt die Tabulatoren als Alternative.

Der Satz von Tabellen ist in InDesign CS3 über zwei Wege möglich:

1. Der erste, herkömmliche Weg führt über Tabulatoren, das sind Steuerzeichen, die Wörter markieren, die später ausgerichtet werden.
2. Der zweite Weg erfolgt über das Importieren von Tabellen.

Beginnen wir zunächst mit dem ersten, dem herkömmlichen Weg. Sollten Sie sich schon länger mit Tabulatoren auseinander gesetzt haben, fahren Sie bitte mit dem Abschnitt 10.2 fort. Für viele Anwendungen werden sich Tabellen besser eignen, und die Bearbeitung ist flexibler.

10.1 Tabulatoren

Ein Tabulator ist ein nicht druckbares Steuerzeichen, die Wortbedeutung stammt vom lateinischen Wort »tabula« für »Tafel« ab. Ein Tabulator wird durch die Tabulator-Taste [⇆] gesetzt und markiert damit den nachfolgenden Text bis zum nächsten Tabulator. Anhand dieser Steuerzeichen im Text können später Zeilenabschnitte vertikal untereinander ausgerichtet werden. Eine Textzeile darf aus beliebig vielen Tabulatoren mit nachfolgenden Texten, Zahlenwerten oder Einheiten bestehen. Geben Sie zunächst immer einen Tabulator ein, und schreiben Sie danach direkt nach dem Zeichen den entsprechenden Text.

Wenn Sie im Menü SCHRIFT die Funktion VERBORGENE ZEICHEN EINBLENDEN aktiviert haben, sehen Sie die Tabulatorzeichen als kleine Doppelpfeile nach rechts. Zum Ende der Textzeile fügen

Sie einen Absatz mit der Return-Taste ein und fahren mit der zweiten Zeile fort.

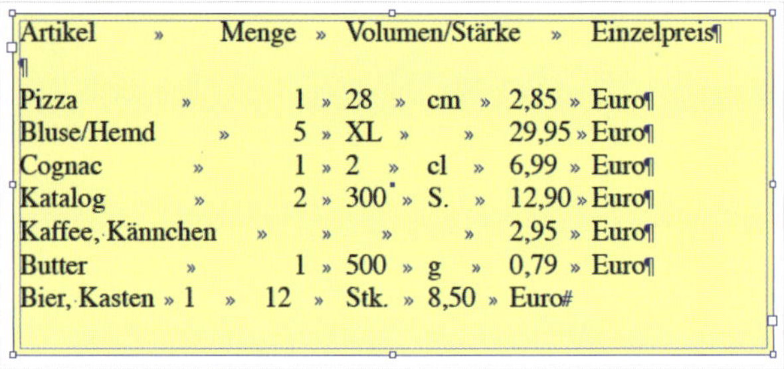

Hinweis: Verschobenes Tabulatoren-Lineal

InDesign blendet das Lineal über dem tabulator-formatierten Text mit dem Tastenbefehl [⌘]/[Strg]+[⇧]+[T] ein. Achten Sie darauf, dass die obere Rahmenkante zu sehen ist, auch wenn Sie in einem unteren Abschnitt Tabulatoren formatieren wollen. InDesign richtet anhand der oberen Rahmenkante das Lineal aus. Ist diese Rahmenkante nicht zu sehen, erscheint das Lineal in der Mitte des Bildschirms und passt nicht mit dem Rahmen überein.

▲ **Abbildung 10.1**
Unformatierter Textrahmen mit eingegebenen Tabulatoren und eingeblendeten Zeichen

10.1.1 Tabulator linksbündig, rechtsbündig, zentriert

Wenn Sie nun genug Werte und Zeilen eingetragen haben, rufen Sie die Tabulatoren aus dem Menü SCHRIFT auf. Über dem Textrahmen, den Sie gerade bearbeiten, erscheint ein Lineal.

Markieren Sie die oberste Tabellenzeile mit einem Dreifachklick. Zunächst ist die linksbündige Ausrichtung ausgewählt, d. h., alle ersten Tabulatoren richten den nachfolgenden Text linksbündig zu dieser vertikalen Position aus. Durch Klicken und Ziehen auf die Ausrichtungsmarkierung verschieben Sie den Text, der nun an dieser Markierung »klebt«.

Magnetisches Lineal

Wenn Sie die Ansicht während der Formatierung mit dem Tastenbefehl [Alt] verschieben, wandert das Lineal nicht mit. Klicken Sie danach auf das Magnet-Symbol im Lineal, sodass InDesign dieses wieder an die gewünschte Position verschieben kann. Achten Sie auch hier darauf, dass die obere Rahmenkante sichtbar ist.

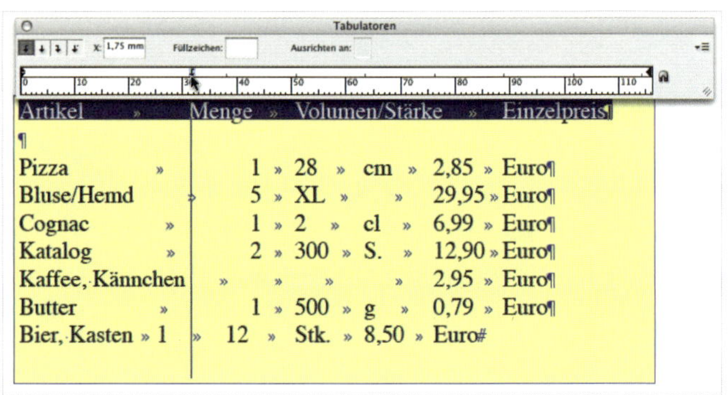

Abbildung 10.2 ▶
Setzen eines linksbündigen Tabulators im Lineal für den markierten Textbereich (dunkelblau)

Vervollständigen Sie für die Kopfzeile der Tabelle auch hier die linksbündigen Ausrichtungen. Wie Sie feststellen können, lassen sich die Markierungen auch numerisch setzen. Wenn Sie also genau auf dem Abstand von 55 Millimetern eine linksbündige Ausrichtung setzen wollen, geben Sie den Wert in das X-Feld ein.

Markieren Sie nun den Inhalt, d.h. alle Werte, die einheitlich ausgerichtet werden sollen. Verteilen Sie zunächst linksbündige Ausrichtungen in der Anzahl der möglichen Spalten auf dem Lineal, um die ungeordneten Werte in eine überschaubare Ansicht zu bringen. Wählen Sie nun eine linksbündige Markierung an, und klicken Sie unter den Ausrichtungssymbolen an der linken Seite des Tabulatorlineals auf RECHTSBÜNDIG. Die Werte in der Tabelle richten sich sofort bündig zur rechten Seite an der Markierung aus. Rechtsbündige Markierungen werden besonders bei der Ausrichtung ganzzahliger Werte mit nachfolgender Einheit eingesetzt.

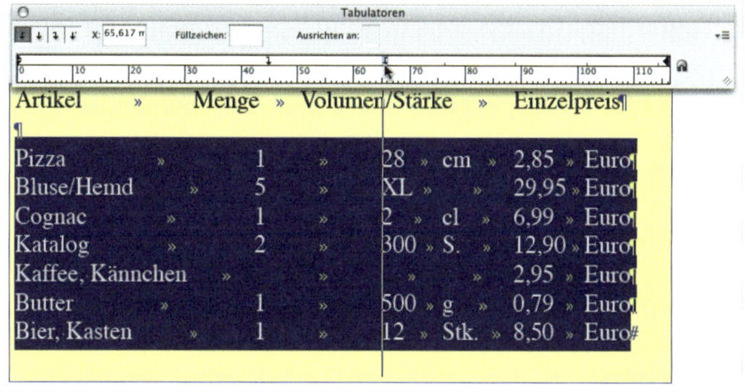

◂ **Abbildung 10.3**
Setzen eines rechtsbündigen Tabulators

Selbstverständlich lassen sich Werte auch an einer Zentrierungsmarke ausrichten. Verfahren Sie bei der Anwendung ebenso wie bei links- oder rechtsbündigen Ausrichtungen.

10.1.2 Dezimaltabulatoren

Die vierte Ausrichtungsart für Tabulatoren ist die Dezimalausrichtung. Wenn Werte mit Nachkommastellen verwendet werden, wie z.B. Geldbeträge, Füllmengen oder physikalische Messwerte, so bilden sie ein harmonisches Gesamtbild, wenn alle Kommentare untereinander angeordnet sind. Somit lassen sich Werte innerhalb einer Tabelle auch gut vergleichen!

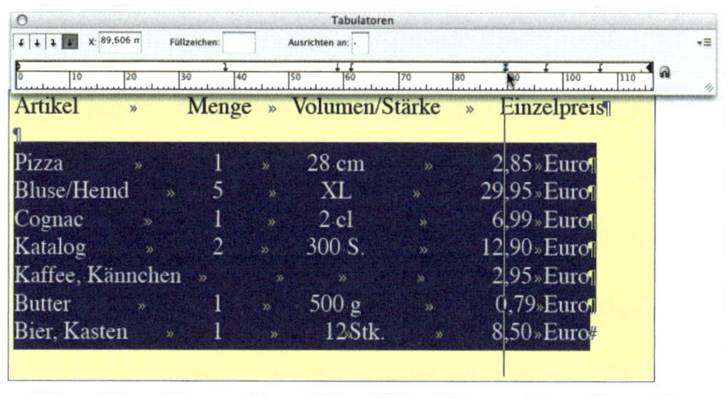

◂ **Abbildung 10.4**
Der Dezimaltabulator sorgt für eine vertikale Ausrichtung der Nachkommastellen.

Hinweis: Schreibweisen von langen Beträgen

In verschiedenen Sprachen werden Geldbeträge oder andere Werte in Gruppen mit einem Punkt und die Nachkommastellen mit einem Komma abgetrennt, wie z. B. »100.000,00 €«. Achten Sie hierbei stets auf das Zeichen, an dem sich ein Dezimaltabulator orientieren soll. In diesem Fall ist es das Komma-Zeichen, in anderen Sprachen kann jedoch auch ein Punkt als Trennzeichen vor den Nachkommastellen stehen!

Verwenden Sie daher den vierten Button zur Auswahl einer solchen Dezimalausrichtung. Befinden sich unter den Werten an einer Stelle keine Nachkommastellen, so wird dieser Wert linksbündig zu den ganzzahligen Werten ausgerichtet. Ob sich der Wert nun an einem Komma orientiert oder ob Sie dafür lieber einen Punkt benutzen – InDesign überlässt diese Entscheidung Ihnen, indem Sie das entsprechende Zeichen einfach im Tabulatorlineal in das Feld AUSRICHTEN AN eintragen.

10.1.3 Füllzeichen

Bei besonders breiten Tabellen, in denen zwischen den ersten Spalten (z. B. Artikel) und der letzten Spalte (Preis) sehr viel Platz ist und das Auge der Linie dazwischen nicht mehr nachfolgen kann, übernehmen Füllzeichen in Form eines normalen Punktes oder eines Mittelpunktes diese Funktion, um den Bezug zwischen links und rechts wieder herzustellen.

Diese Methode ist besonders bei Restaurant-Speisekarten beliebt! Andere Füllzeichen wie ÄÄÄ, (((oder --- sind ebenso erlaubt, dennoch Vorsicht: Allzu schnell erhält das Füllzeichen mehr Aufmerksamkeit als die eigentlichen Inhalte.

Zur Variation eines Punktes als Füllzeichen können auch ein Punkt und ein nachfolgendes Leerzeichen dienen. Die an einen Textilschnittbogen anmutenden Punktlinien werden so dezenter, obwohl die Grundlinie immer noch zu erkennen ist.

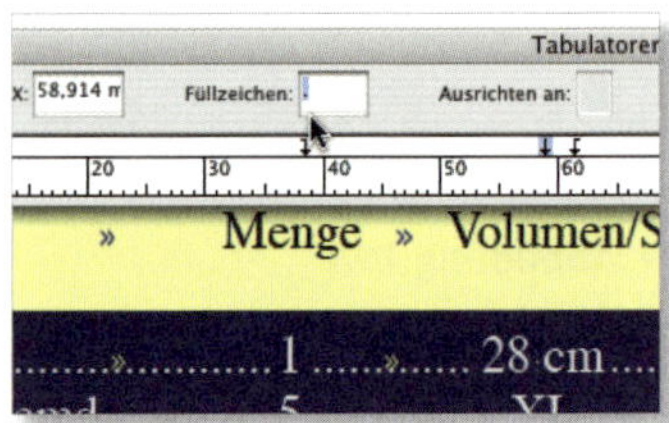

▲ **Abbildung 10.5**
Der Punkt als Füllzeichen

Andere Füllzeichen

Verwenden Sie einmal anstatt eines Punktes einen Doppelpunkt in Verbindung mit einem Leerzeichen. Erinnert Sie das nicht an einen großen deutschen Feinripp-Unterwäsche-Hersteller?

Artikel	Menge	Volumen/Stärke	Einzelpreis
Pizza	1	28 cm	2,85 Euro
Bluse/Hemd	5	XL	29,95 Euro
Cognac	1	2 cl	6,99 Euro
Katalog	2	300 S.	12,90 Euro
Kaffee, Kännchen			2,95 Euro
Butter	1	500 g	0,79 Euro
Bier, Kasten	1	12Stk.	8,50 Euro

▲ **Abbildung 10.6**
Alternativ zu den Füllzeichen können auch Absatzstriche verwendet werden.

10.1.4 Tabulatoren wiederholen

Wollen Sie ein und denselben Abstand einer Ausrichtungsmarkierung wiederholen, um eine regelmäßige Tabelle mit identischen Spaltenabständen zu erzeugen, so wählen Sie eine Tabulatormarkierung im Lineal aus und dann im Palettenmenü den Punkt TABULATOR WIEDERHOLEN. Der Tabulator wird einmal erneut im gleichen Abstand gesetzt. Danach können Sie natürlich die Abstände wieder ändern.

10.1.5 Tabulatoren löschen

Einzelne Tabulatormarkierungen können Sie entfernen, indem Sie die entsprechende Markierung im Lineal anklicken und sie nach oben oder nach unten aus dem Lineal herausziehen.

Bei dieser Aktion sollten Sie aber bedenken, dass daraufhin Ihr kompletter Tabellensatz verschoben wird, da sich nun alle Textelemente an dieser vertikalen Position eine neue Markierung suchen.

Alle Tabs löschen

Im Palettenmenü finden Sie den Eintrag ALLE LÖSCHEN, falls Sie die Übersicht verloren haben oder einfach alle Tabulatoren entfernen wollen, weil der Aufbau einer Tabelle nun doch sinnvoller ist.

10.1.6 Textlineal

Über den Tastenbefehl `Strg`/`⌘`+`⇧`+`T` können Sie das Lineal aus- und auch gleich wieder einblenden. Über das Magnetsymbol richten Sie das Lineal wieder am Rahmen aus, sollten Sie die Ansicht mit der `Alt`-Taste verschoben haben. Dabei muss jedoch die obere Rahmenkante im Layout sichtbar sein.

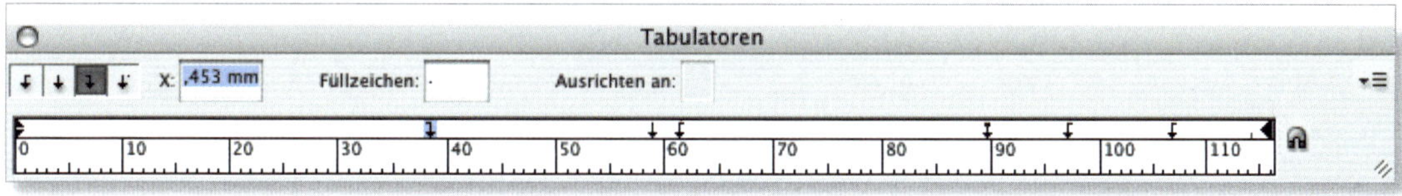

▲ **Abbildung 10.7**
Die Tabulator-Palette

Wenn Sie bei laufender Tabulatorbearbeitung mit der Maus auf das Maßband klicken, können Sie mit gedrückter Maustaste den Ausschnitt verschieben. Somit lassen sich auch Tabulatoren in besonders großen Tabellen setzen, ohne dass die Dokumentansicht verschoben werden muss.

Dagegen können Sie über den Anfasser an der rechten unteren Ecke des Textlineals die Ansichtsbreite verkleinern oder vergrößern. Auch hier dient das Magnetsymbol wieder dazu, das Lineal optimal zum Textrahmen zu positionieren.

Alle Formatierungen für Tabulatoren können Sie auch mit einem Absatzformat genauer definieren und jederzeit die Formatierung zentral ändern.

10.1.7 Textmodus für knifflige Formatierungen

Wenn Sie Werte in einer bereits gesetzten Tabelle verändern, kann es vorkommen, dass der Text innerhalb einer Tabellenspalte breiter wird als geplant und Textzeilen verrutschen. Daraufhin müssen Sie die Tabellenspalte verbreitern und den betroffenen Tabulator versetzen. Damit Sie nicht vergessen, für Änderungen den gesamten Textinhalt zu markieren, wählen Sie besser den Textmodus. Wie bereits beim Importieren von Texten beschrieben, öffnen Sie den Texteditor über das Menü BEARBEITEN • IM TEXTMODUS BEARBEITEN oder mit dem Tastenbefehl `⌘`+`Y` bzw. `Strg`+`Y`. Blenden Sie hierzu die verborgenen Zeichen mit dem

Absatzbedingte Tabulatoren
Wie in diesem Kapitel beschrieben wird, können Sie Tabulatoren für jede einzelne Zeile oder einen Absatz anwenden, um bei unterschiedlicher Formatierung durch Tabulatoren zum einen Tabulatoren einzusparen oder auf weitere Textrahmen zu verzichten.
Dieser Vorteil kann sich als Hindernis erweisen, wenn Sie z. B. mehr als zwei Absätze innerhalb Ihres Textrahmens mit unterschiedlichen Tabulatoren formatiert haben. Sobald Sie zu einem späteren Zeitpunkt die Formatierung ändern müssen, erkennen Sie nur graue Tabulatormarkierungen im Textrahmen, d. h., dass sich diese Markierungen nur auf einen Absatz beziehen, nicht aber auf den gesamten Textrahmen. Für andere Mitarbeiter, die Änderungen vornehmen wollen, ist hier eine Katastrophe vorprogrammiert, die häufig dazu führt, dass eine Tabelle komplett neu gesetzt werden muss.

Achten Sie daher darauf, Tabulatoren generell in der gesamten Textmenge oder in einem geschlossenen Absatz zu benutzen und gegebenenfalls neue Rahmen zu erzeugen. Somit bleiben die Markierungen transparent und nachvollziehbar.

Tastenbefehl [⌘]+[⌥]+[I] oder [Strg]+[⌥]+[I] unbedingt ein, damit Sie die Formatierung der Textzeilen im Auge behalten.

10.2 Was ist das Besondere an Tabellen?

Tabulatoren waren lange Zeit der einzige Weg, Tabellen in einem Layoutdokument aufzubauen. Vom mühsamen Datenimport einmal abgesehen, sind Tabulatoren jedoch sehr unflexibel; mit einfachen Handgriffen mehrere Unterteilungen vorzunehmen und automatisch farbige Flächen mit der Tabelle zu verknüpfen ist gar unmöglich. Der Tabellensatz in InDesign CS3 ist dagegen deutlich flexibler. Schauen wir uns den Aufbau einer Tabelle genau an.

Tabellen bestehen aus den Spalten, Zeilen und den einzelnen Zellen. Zusätzlich kommen die Kopf- und Fußzeilen hinzu: wiederkehrende Zeilen zu Beginn und am Ende einer Tabelle, um beispielsweise Spaltenbeschriftungen aufzunehmen. Ein Programm zur Tabellenkalkulation wie Excel dient zur Berechnung der Zelleninhalte aufgrund einfacher bis umfangreicher Algorithmen, darin liegt der Vorteil eines solchen Programms. Die Ausgabe gestaltet sich dagegen schwierig, die Möglichkeiten der Tabellen- und Zeichenformatierung sind begrenzt.

InDesign schlägt eine Brücke zwischen der Funktionalität einer Tabellenkalkulation und den Ansprüchen der PostScript-Ausgabe. Sie können entweder Tabellen im Layout aufbauen oder bestehende Tabellen als Excel-Dokumente direkt importieren und anspruchsvoll formatieren.

Der Tabellensatz ist mit dem Textwerkzeug verknüpft, Sie benötigen kein weiteres Werkzeug. Eine Tabelle liegt immer innerhalb eines Textrahmens. Neben der leichten Bearbeitung gibt es dadurch noch einen Vorteil: Tabellen lassen sich mit dem Textfluss umbrechen! Kopf- und Fußzeilen können Sie auch nachträglich formatieren, sodass an jedem neuen Seitenanfang oder in jedem neu verknüpften Rahmen die Kopf- und Fußzeilen erscheinen. Neu hinzugekommen ist die Möglichkeit, eine linke oder rechte Spalte als Zeilenindex über die Tabellenformate abweichend zu den übrigen Zellen zu gestalten. Doch dazu später mehr.

10.3 Tabellen anlegen und importieren

Viel einfacher, als eine Tabelle manuell zu erstellen, ist es, bestehende Excel- oder Word-Tabellen zu importieren und schnell zu formatieren.

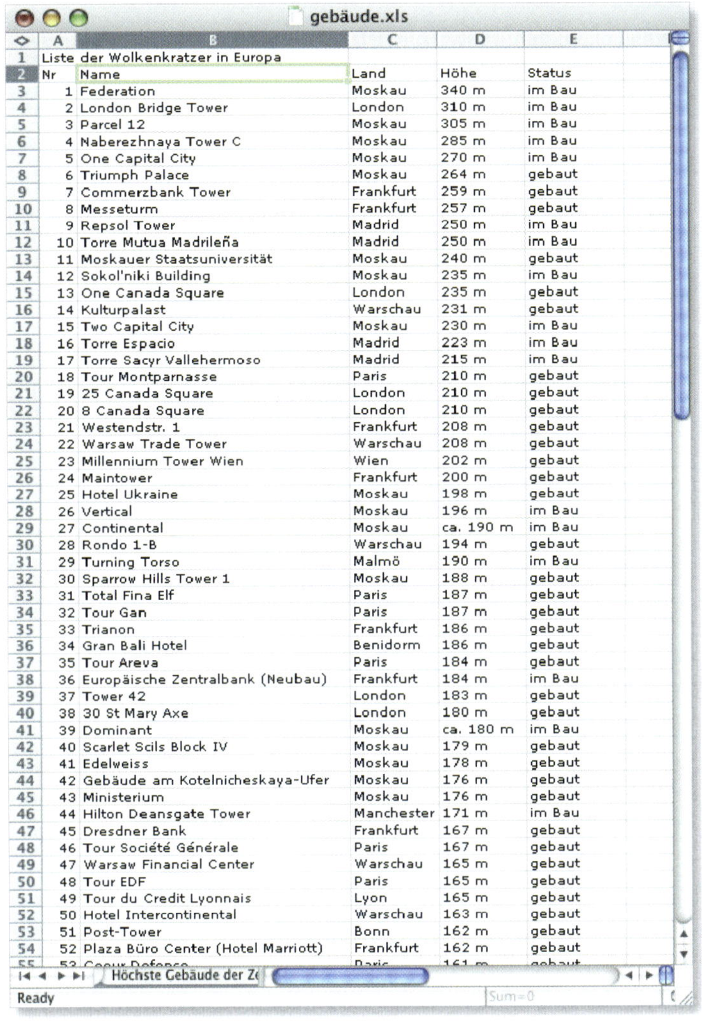

gebäude.xls

Nr	Name	Land	Höhe	Status
Liste der Wolkenkratzer in Europa				
1	Federation	Moskau	340 m	im Bau
2	London Bridge Tower	London	310 m	im Bau
3	Parcel 12	Moskau	305 m	im Bau
4	Naberezhnaya Tower C	Moskau	285 m	im Bau
5	One Capital City	Moskau	270 m	im Bau
6	Triumph Palace	Moskau	264 m	gebaut
7	Commerzbank Tower	Frankfurt	259 m	gebaut
8	Messeturm	Frankfurt	257 m	gebaut
9	Repsol Tower	Madrid	250 m	im Bau
10	Torre Mutua Madrileña	Madrid	250 m	im Bau
11	Moskauer Staatsuniversität	Moskau	240 m	gebaut
12	Sokol'niki Building	Moskau	235 m	im Bau
13	One Canada Square	London	235 m	gebaut
14	Kulturpalast	Warschau	231 m	gebaut
15	Two Capital City	Moskau	230 m	im Bau
16	Torre Espacio	Madrid	223 m	im Bau
17	Torre Sacyr Vallehermoso	Madrid	215 m	im Bau
18	Tour Montparnasse	Paris	210 m	gebaut
19	25 Canada Square	London	210 m	gebaut
20	8 Canada Square	London	210 m	gebaut
21	Westendstr. 1	Frankfurt	208 m	gebaut
22	Warsaw Trade Tower	Warschau	208 m	gebaut
23	Millennium Tower Wien	Wien	202 m	gebaut
24	Maintower	Frankfurt	200 m	gebaut
25	Hotel Ukraine	Moskau	198 m	gebaut
26	Vertical	Moskau	196 m	im Bau
27	Continental	Moskau	ca. 190 m	im Bau
28	Rondo 1-B	Warschau	194 m	gebaut
29	Turning Torso	Malmö	190 m	im Bau
30	Sparrow Hills Tower 1	Moskau	188 m	gebaut
31	Total Fina Elf	Paris	187 m	gebaut
32	Tour Gan	Paris	187 m	gebaut
33	Trianon	Frankfurt	186 m	gebaut
34	Gran Bali Hotel	Benidorm	186 m	gebaut
35	Tour Areva	Paris	184 m	gebaut
36	Europäische Zentralbank (Neubau)	Frankfurt	184 m	im Bau
37	Tower 42	London	183 m	gebaut
38	30 St Mary Axe	London	180 m	gebaut
39	Dominant	Moskau	ca. 180 m	im Bau
40	Scarlet Scils Block IV	Moskau	179 m	gebaut
41	Edelweiss	Moskau	178 m	gebaut
42	Gebäude am Kotelnicheskaya-Ufer	Moskau	176 m	gebaut
43	Ministerium	Moskau	176 m	gebaut
44	Hilton Deansgate Tower	Manchester	171 m	im Bau
45	Dresdner Bank	Frankfurt	167 m	gebaut
46	Tour Société Générale	Paris	167 m	gebaut
47	Warsaw Financial Center	Warschau	165 m	gebaut
48	Tour EDF	Paris	165 m	gebaut
49	Tour du Credit Lyonnais	Lyon	165 m	gebaut
50	Hotel Intercontinental	Warschau	163 m	gebaut
51	Post-Tower	Bonn	162 m	gebaut
52	Plaza Büro Center (Hotel Marriott)	Frankfurt	162 m	gebaut

Höchste Gebäude der Z

Ready

Abbildung 10.8
Eine Excel-Tabelle dient als Vorlage für die Layoutdaten.

Bevor Sie eine Excel-Datei in das Layout platzieren, sollten Sie sich auch hier wie bei Textdateien fragen, ob dieser Import einmalig ist oder ob Sie eine veränderte Dateiversion von Ihrem Kunden im Layout aktualisieren müssen. InDesign importiert zunächst immer nur die Inhalte der Tabelle; es wird keine Verknüpfung hergestellt. Diese Arbeitsweise ist trotz des »Verlustes« der Datenquelle die häufigste im Layoutalltag, da keine unnötigen Schriftinformationen importiert oder Excel-Tabellen verknüpft werden, die aufgrund von internen Skripten nicht auf allen Systemen einwandfrei ausgeführt werden.

Wenn eine Aktualisierung notwendig ist, müssen Sie unbedingt in den Voreinstellungen Eingabe und der Rubrik Verknüpfungen die Option Beim Platzieren von Text- und Tabellendateien Verknüpfungen erstellen aktivieren.

10.3.1 Excel-Datei platzieren

Platzieren Sie nun die Excel-Tabelle wie ein Bild oder eine Grafik. Mit aktivierten Importoptionen wählen Sie für eine Excel-Tabelle die betreffende Arbeitsmappe aus ① – Excel hat in der Regel mindestens drei Arbeitsmappen angelegt. Bei einfachen Tabellen befinden sich die gewünschten Inhalte in der ersten Mappe.

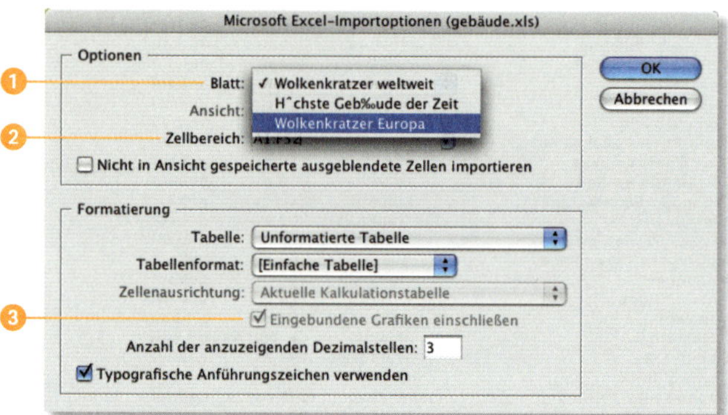

Abbildung 10.9 ▸
In den Importoptionen für eine Excel-Tabelle suchen Sie sich aus mehreren Blättern der Datei die richtige Tabelle heraus.

Neben der Arbeitsmappe können Sie aus allen Feldern – auch Arrays genannt – der Excel-Tabelle einen genauen Ausschnitt importieren ②.

Unformatierte Tabelle einfügen | Danach legen Sie in den IMPORTOPTIONEN fest, ob Sie die Tabelle als UNFORMATIERTE Tabelle in InDesign anlegen oder ob auch Gestaltungsattribute aus Excel mit importiert und übernommen werden. Hier sollten Sie stets die Formatierungen aus Excel ignorieren, da Sie ansonsten ungewollte Verweise zu Systemschriften importieren und InDesign diese Schriften bei allen Vorgängen wie Öffnen, Verpacken und Drucken abfragt.

Tabelle als Text einfügen | Alternativ zu diesen Einstellungen lässt sich eine Tabelle auch als Textmenge – durch Tabulatoren getrennt – importieren. Rufen Sie dann den Befehl UMFORMATIERTER TEXT MIT TABULATORTRENNZEICHEN auf. Darüber hinaus können Sie nun auch eingebundene Grafiken übernehmen ③.

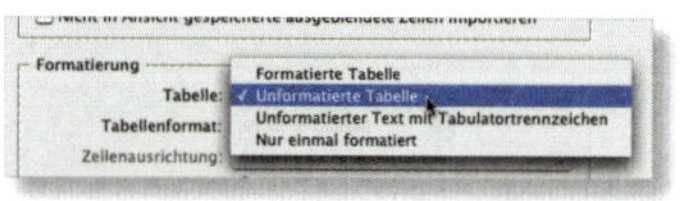

▴ Abbildung 10.10
Wählen Sie die UNFORMATIERTE TABELLE für einen optimalen Import in InDesign aus.

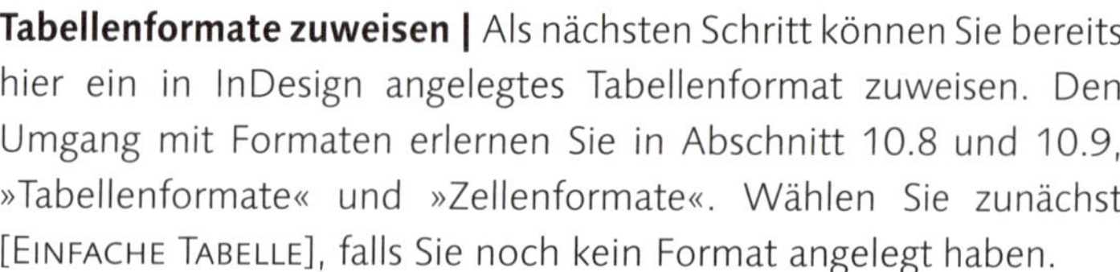

Tabellenformate zuweisen | Als nächsten Schritt können Sie bereits hier ein in InDesign angelegtes Tabellenformat zuweisen. Den Umgang mit Formaten erlernen Sie in Abschnitt 10.8 und 10.9, »Tabellenformate« und »Zellenformate«. Wählen Sie zunächst [EINFACHE TABELLE], falls Sie noch kein Format angelegt haben.

Bestätigen Sie die Auswahl, und InDesign legt Ihnen die Tabelle mit den ausgewählten Werten an. Gestalten Sie die Tabelle nun nach Belieben.

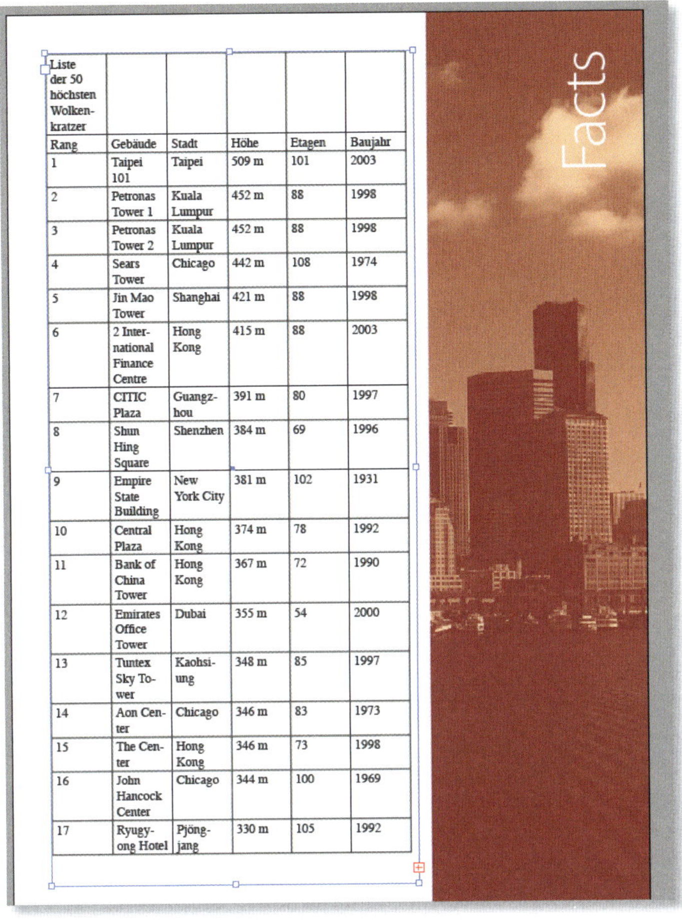

Liste der 50 höchsten Wolkenkratzer					
Rang	Gebäude	Stadt	Höhe	Etagen	Baujahr
1	Taipei 101	Taipei	509 m	101	2003
2	Petronas Tower 1	Kuala Lumpur	452 m	88	1998
3	Petronas Tower 2	Kuala Lumpur	452 m	88	1998
4	Sears Tower	Chicago	442 m	108	1974
5	Jin Mao Tower	Shanghai	421 m	88	1998
6	2 International Finance Centre	Hong Kong	415 m	88	2003
7	CITIC Plaza	Guangzhou	391 m	80	1997
8	Shun Hing Square	Shenzhen	384 m	69	1996
9	Empire State Building	New York City	381 m	102	1931
10	Central Plaza	Hong Kong	374 m	78	1992
11	Bank of China Tower	Hong Kong	367 m	72	1990
12	Emirates Office Tower	Dubai	355 m	54	2000
13	Tuntex Sky Tower	Kaohsiung	348 m	85	1997
14	Aon Center	Chicago	346 m	83	1973
15	The Center	Hong Kong	346 m	73	1998
16	John Hancock Center	Chicago	344 m	100	1969
17	Ryugyong Hotel	Pjöngjang	330 m	105	1992

◀ **Abbildung 10.11**
Fertig importierte, aber unformatierte Excel-Tabelle

10.3.2 Leere Tabellen anlegen

Anstelle einer inhaltlich ausgearbeiteten Tabelle können Sie selbstverständlich auch leere Tabellen anlegen, um sie später mit Inhalt zu füllen. Ziehen Sie mit dem Textwerkzeug einen Textrahmen auf, und wählen Sie im Menü TABELLE die Option TABELLE EINFÜGEN..., oder wählen Sie den Tastenbefehl ⇧+⌘+⌥+T bzw. ⇧+Strg+Alt+T. Sie erhalten einen Eingabedialog, in dem Sie die Zeilen- und Spaltenanzahl angeben.

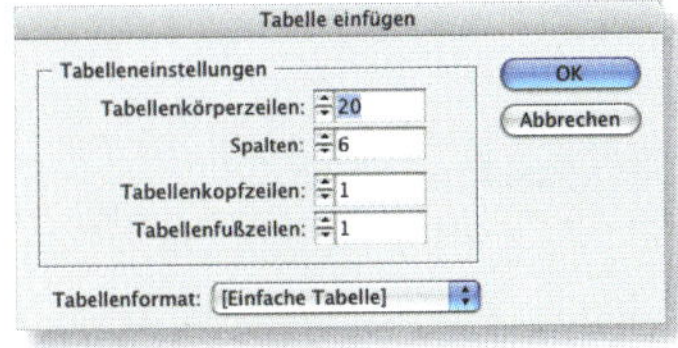

▲ **Abbildung 10.12**
Neben den Zeilen und Spalten legen Sie auch fest, ob und wie viele Kopf- und Fußzeilen Sie verwenden wollen.

Kopf- und Fußzeilen | Außerdem definieren Sie an dieser Stelle, ob Sie mit Kopf- und Fußzeilen arbeiten wollen, also Zellen, die als Titel- oder Anmerkungsbereich horizontal durch die gesamte Tabelle laufen. Diese als Überschriften oder Legenden verwendeten Kopf- und Fußzeilen können Sie später noch nachformatieren (siehe Abschnitt 10.6.4). Wichtig werden Kopf- und Fußzeilen, wenn Sie Tabellen über mehrere Seiten hinweg layouten wollen. Wenn Sie dazu mehrere miteinander verkettete Textrahmen anlegen, wiederholen sich die Kopf- und Fußzeilen auf jeder Seite.

Text eingeben | Die Tabelle wird danach zunächst in der Breite des Textrahmens angelegt. Als Standardformatierung zieht InDesign um jede Zelle eine 1 Punkt starke schwarze Linie, die Flächen werden nicht gefüllt.

Klicken Sie nun in eine Tabellenzelle, und geben Sie den Text wie in einen Textrahmen ein. Betätigen Sie [⇥], und Sie springen in die nächste Zelle. Gelangen Sie an ein Zeilenende, springen Sie mit [⇥] in die nächste Zeile darunter. Mit dem Tastenbefehl [⇧]+[⇥] springen Sie rückwärts.

10.4 Tabellen- und Steuerungspalette

Die weiteren Angaben zur gesamten Tabelle lassen sich über die Tabelle-Palette oder über die Steuerungspalette einstellen.

Tabellen-Palette und Steuerungspalette Tabelle

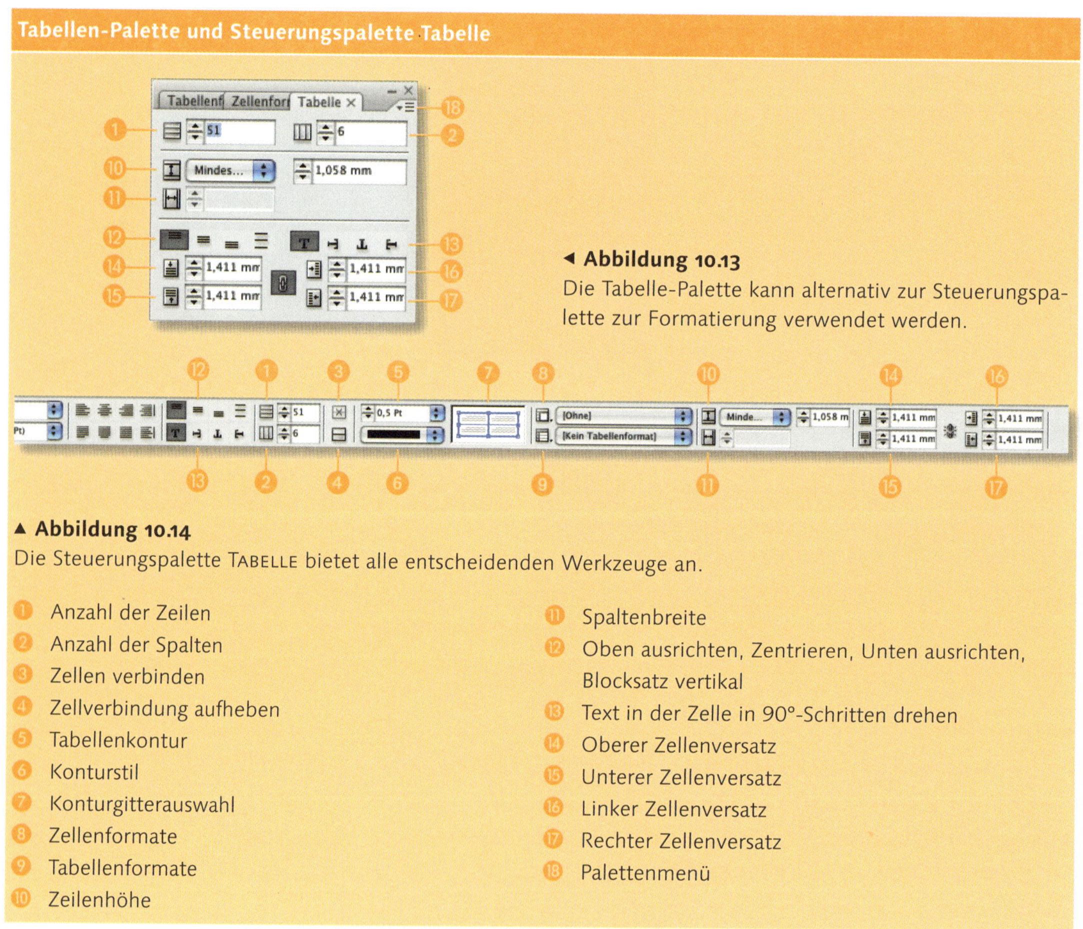

◂ **Abbildung 10.13**
Die Tabelle-Palette kann alternativ zur Steuerungspalette zur Formatierung verwendet werden.

▴ **Abbildung 10.14**
Die Steuerungspalette Tabelle bietet alle entscheidenden Werkzeuge an.

1 Anzahl der Zeilen
2 Anzahl der Spalten
3 Zellen verbinden
4 Zellverbindung aufheben
5 Tabellenkontur
6 Konturstil
7 Konturgitterauswahl
8 Zellenformate
9 Tabellenformate
10 Zeilenhöhe
11 Spaltenbreite
12 Oben ausrichten, Zentrieren, Unten ausrichten, Blocksatz vertikal
13 Text in der Zelle in 90°-Schritten drehen
14 Oberer Zellenversatz
15 Unterer Zellenversatz
16 Linker Zellenversatz
17 Rechter Zellenversatz
18 Palettenmenü

Anzahl Zeilen und Spalten | Neben der Auswahl der Typografie geben Sie über die Einstellfelder 1 und 2 der Tabelle-Palette die Zeilen- und Spaltenanzahl an. Haben Sie bereits eine Tabelle angelegt und sie mit dem Textwerkzeug markiert, erhöhen Sie nun die Anzahl, und InDesign legt Ihnen weitere Zeilen oder Spalten rechts neben bzw. unterhalb der bestehenden Tabelle an. Das Reduzieren über diese Einstellfelder nimmt Zeilen und Spalten vom rechten Rand und von unten weg.

Zeilenhöhe und Spaltenbreite | Mit der Zeilenhöhe ⑩ und der Spaltenbreite ⑪ darunter legen Sie die Höhe und Breite jeder markierten Zelle fest. Über die Einstellung Genau bleiben diese Größen immer fest, Mindestens hingegen schützt die Zellen vor einer zu kleinen Darstellung.

Inhalte ausrichten | Weitere Optionen in der Steuerungspalette sind die Ausrichtungen des Inhalts innerhalb der Zellen ⑫. Die Ähnlichkeit zu den Textrahmen-Optionen bei der normalen Textbearbeitung ist hier nicht zu übersehen: Die Ausrichtungen Oben, Zentriert, Unten und Blocksatz vertikal funktionieren hier ebenso. Die Textausrichtung innerhalb der Zelle ⑬ ist in 90°-Schritten möglich, horizontal, 90° absteigender Text, 180° auf dem Kopf stehend und 270° aufsteigend. Der Zellenversatz ⑭ bis ⑰ hält den Text vom Zellenrand fern.

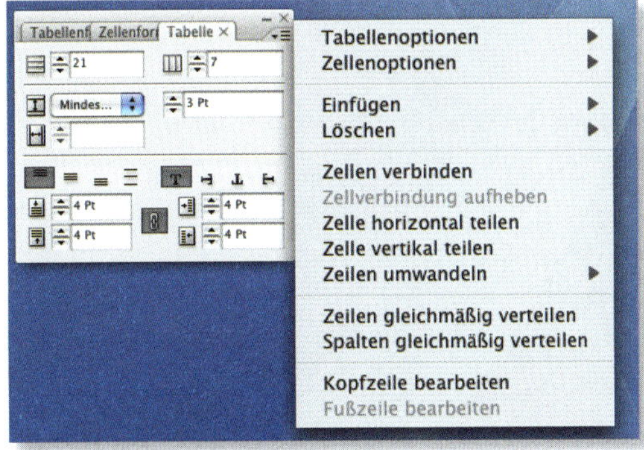

◄ **Abbildung 10.15**
Alle genannten und weitere Tabellenoptionen finden Sie übersichtlich im Palettenmenü.

Weitere Optionen können erscheinen | Je nach Auswahl der gesamten Tabelle oder einer einzelnen Zelle erhalten Sie in der Palette alle Optionen zur Bearbeitung der Texte in den Zellen. Neben der horizontalen Ausrichtung wie linksbündig, zentriert oder rechtsbündig stehen Ihnen auch vertikale Ausrichtungen oder die Drehung des Textes zur Verfügung.

Kontextmenü | Alle Funktionen, die Sie über die Tabelle-Palette einstellen oder aufrufen können, sind für Sie auch über das Kontextmenü mit der `Ctrl`-Taste oder die rechte Maustaste erreichbar. Die Praxis zeigt, dass die Funktionen über das Kontextmenü schneller aufzurufen sind, die Paletten jedoch mehr Übersicht gewähren.

Abbildung 10.16 ▸
Über das Kontextmenü erreichen Sie alle wichtigen Einstellungen, um Zellen zu verbinden oder Kopfzeilen zu markieren.

> **Gehe zu Zeile ...**
>
> Wenn Sie innerhalb einer umfangreichen Tabelle, die über mehrere Seiten läuft, navigieren möchten, gibt es im Kontextmenü eine schöne Navigationshilfe: den Sprung zu einer beliebigen Zeile nach Zeilennummer.

10.5 Tabellen bearbeiten

10.5.1 Zellen markieren und bearbeiten

Um eine Tabelle zu formatieren, müssen Sie entweder einzelne Zellen, Spalten, Zeilen oder die gesamte Tabelle selbst markieren. Bewegen Sie den Mauszeiger bei angewähltem Textwerkzeug über die Ränder der Zellen und der Tabelle insgesamt.

Spaltenbreite verändern | Wenn Sie sich mit dem Mauszeiger genau auf einer vertikalen Trennlinie zweier Zellen befinden, können Sie mit einem Klick und der gedrückten Maustaste die Spaltenbreite verändern. Auf der horizontalen Trennlinie verändern Sie die Höhe der Zeilen.

Zeile oder Spalte markieren | Am Rand hingegen erhalten Sie ein schwarzes Pfeilsymbol, was jeweils auf die Spalte oder die Zeile weist. Klicken Sie in dieser Mausposition einmal auf den Tabellenrand, und schon haben Sie eine komplette Spalte oder Zeile markiert.

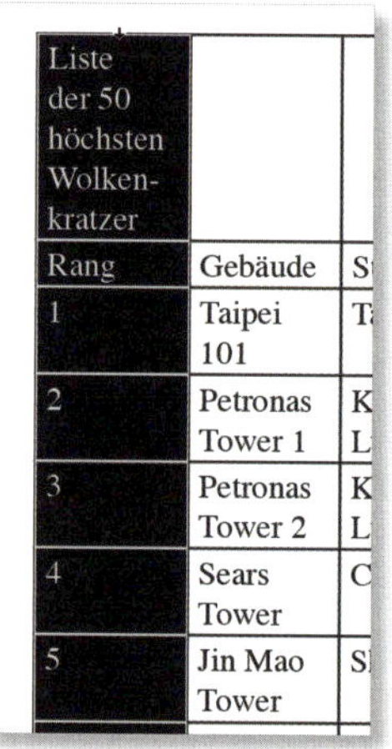

▴ Abbildung 10.17
Eine Spalte markieren Sie, indem Sie den Mauszeiger an die obere Spaltenkante bewegen, wo sich der Mauszeiger in einen Pfeil nach unten verwandelt.

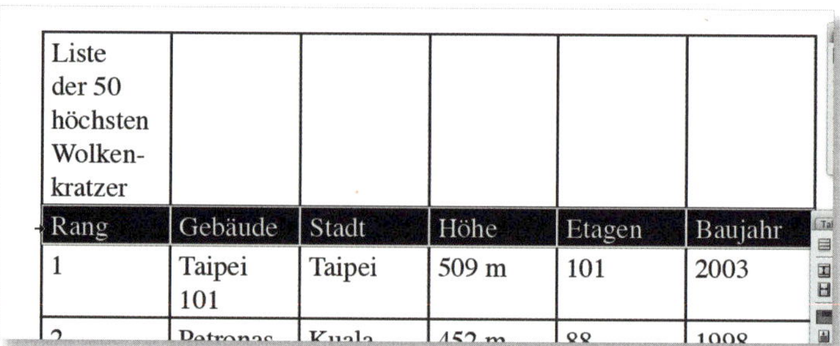

Abbildung 10.18 ▸
Sobald Sie eine Zeile markiert haben, werden alle typografischen Änderungen oder Farbangaben auf diese Zellen angewendet.

Tabelle markieren | Wenn Sie den Mauszeiger auf die linke obere Ecke der Tabelle bewegen, weist der Pfeil im 45°-Winkel auf die Tabellenecke. Mit einem Klick markieren Sie alle Zellen gleichzeitig, alle weiteren Formatierungen betreffen alle Zellen und deren Inhalte.

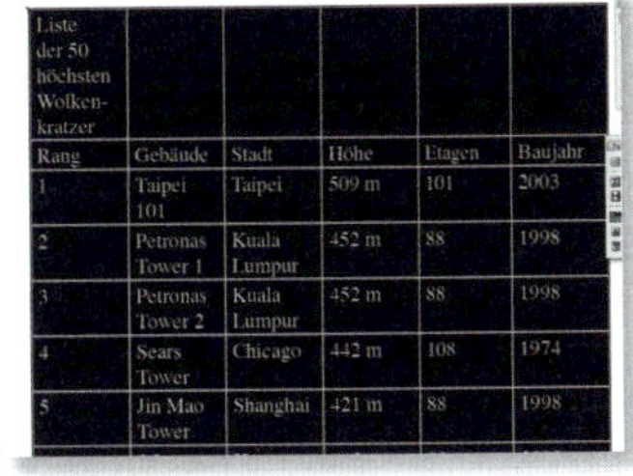

Liste der 50 höchsten Wolkenkratzer					
Rang	Gebäude	Stadt	Höhe	Etagen	Baujahr
1	Taipei 101	Taipei	509 m	101	2003
2	Petronas Tower 1	Kuala Lumpur	452 m	88	1998
3	Petronas Tower 2	Kuala Lumpur	452 m	88	1998
4	Sears Tower	Chicago	442 m	108	1974
5	Jin Mao Tower	Shanghai	421 m	88	1998

▲ **Abbildung 10.19**
Alle Zellen einer Tabelle markieren Sie über die linke obere Ecke.

Tabellengröße verändern | Das Klicken und Ziehen auf die rechte oder untere Kante bestimmt hingegen die Gesamtgröße der Tabelle. Die Zellengrößen verändern Sie, indem Sie auf die Trennlinie zwischen zwei Zellen klicken und diese mit gedrückter Maustaste verschieben.

Felder markieren | Wenn Sie mit der Einfügemarke in ein beliebiges Feld klicken und mit gedrückter Maustaste in horizontale oder vertikale Richtung ziehen, markieren Sie das erste Feld wie auch weitere Felder. Nun können Sie die Felder bearbeiten, Farben zuweisen oder Texte formatieren.

Farben zuweisen | Sobald Sie die Gesamttabelle oder einzelne Zellen markiert haben, weisen Sie über die Werkzeugpalette und die Paletten FARBFELDER, FARBE, KONTUR und VERLAUF die Farben der Tabelle zu. Achten Sie darauf, dass InDesign diese Attribute sowohl für einzelne Zellen, Zeilen und Spalten als auch für die gesamte Tabelle vergibt.

Tabelleninhalte formatieren

Bei der Tabellenbearbeitung unterscheidet InDesign zwischen den Hintergrundflächen, der Kontur und den Inhalten. Alle Tabelleninhalte können über die Zeichen- und Absatz-Palette formatiert werden, oder Sie weisen ein Absatz- oder Zeichenformat zu (siehe Kapitel 8, »Typografie«).

10.5.2 Zellen teilen und verbinden

Zellen verbinden | Benachbarte Zellen fügen Sie zusammen, indem Sie die Zellen zunächst markieren und im Paletten- oder Kontextmenü die Funktion ZELLEN VERBINDEN aufrufen. Die Zellen werden danach zu einer Zelle verbunden, und die Inhalte werden direkt mit einem Absatz untereinander aufgeführt, unabhängig davon, ob die Zellen zuvor unter- oder nebeneinander angeordnet waren. Natürlich können verbundene Zellen auch wieder geteilt werden. In unserem Beispiel werden alle Zellen in der ersten Zeile zu einer durchgehenden Zeile zusammengefasst.

Zellenverbindung aufheben | Wenn Sie mehrere Zellen so verbunden haben, dass sich durch eine nachträgliche Teilung nicht mehr automatisch die Ursprungszellen ergeben, bietet InDesign eine sehr praktische Funktion: Es merkt sich nun die Originalzellen vor der Verbindung, sodass Sie bequem über die Funktion ZELLENVERBINDUNG AUFHEBEN aus dem Kontextmenü zu diesen zurückkehren können.

10.5.3 In Tabellenkopfzeilen umwandeln

Sobald Sie eine Kopfzeile aus mehreren Zellen zusammengefügt haben, können Sie sie in eine Tabellenkopfzeile umwandeln. Das hat den Vorteil, dass diese Kopfzeile bei einem Rahmen-, Spalten- oder Seitenumbruch wiederholt wird, sodass also die Spaltenüberschriften immer oberhalb der Einträge stehen. Dies werden wir auch in den TABELLENOPTIONEN noch näher erklären. Dazu markieren Sie die entsprechenden Zeilen und rufen aus dem Kontextmenü den Befehl auf.

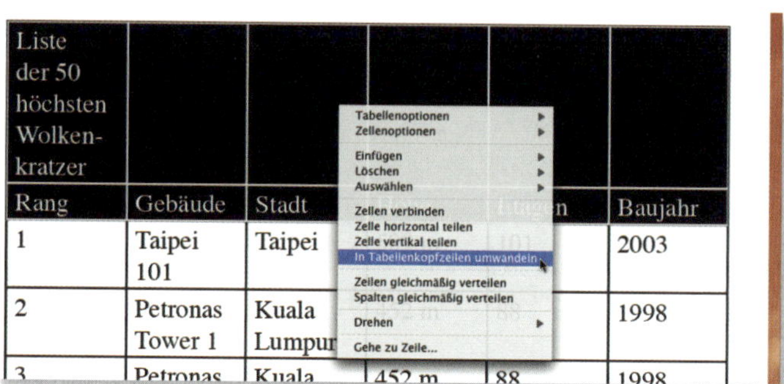

Abbildung 10.20 ▸
Die beiden Tabellenkopfzeilen werden bei einem Umbruch in einen anderen Rahmen, eine andere Textspalte oder auf eine andere Seite wiederholt.

10.5.4 Zellen gleichmäßig verteilen

Wenn Sie mehrere Zeilen, Spalten oder Zellen markiert haben, die eine unterschiedliche Höhe oder Breite aufweisen, können Sie mit der Option ZELLEN GLEICHMÄSSIG VERTEILEN aus dem Paletten- oder dem Kontextmenü die Unterschiede ausgleichen. Diese Funktion ist besonders dann sinnvoll, wenn Sie die gesamte Breite oder Höhe der Tabelle oder einzelne Zeilen verändert haben und nun die Zellen wieder regelmäßig zueinander ausrichten wollen.

10.5.5 Zellen ausrichten

Für alle Tabelleninhalte kann eine Ausrichtung innerhalb der Zelle vorgenommen werden. Horizontal wird der Text wie in einem normalen Textrahmen formatiert: LINKSBÜNDIG, ZENTRIERT, RECHTSBÜNDIG, AM RÜCKEN AUSGERICHTET und andere Funktionen stehen dazu in der Steuerungspalette bereit.

Zum Nachlesen
Welche Konsequenzen für die Rücken-Ausrichtung entstehen, erklären wir Ihnen in Kapitel 9, »Absatz- und Zeichenformate«.

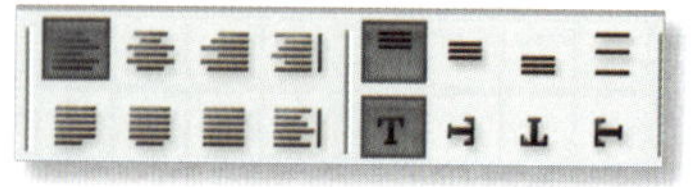

▲ Abbildung 10.21
Die Funktionen zur Ausrichtung des Tabelleninhalts liegen in der Steuerungspalette kompakt zusammen. Sogar die Ausrichtung am Rücken ist für Tabelleninhalte möglich.

10.5.6 Tabulatoren in Tabellen

Sobald Sie innerhalb der Tabellenbearbeitung die Tabulatortaste betätigen, springen Sie in die nächste Tabellenzelle. Wenn Sie einzelne Spalten auch mit Hilfe von Tabulatoren formatieren wollen, so rufen Sie den Tastenbefehl [Alt]+[⇥] auf. Danach können Sie auch für einzelne Zellen das Tabulatoren-Lineal für die weitere Bearbeitung mit dem Tastenbefehl [⌘]/[Strg]+[⇧]+[T] aufrufen.

	Windows	Mac
Tabelle einrichten	⇧+Strg+Alt+B	⇧+⌥+⌘+B
Zellen-/Textauswahl wechseln	Esc	Esc
Zellenoptionen: Text	Strg+Alt+B	⌥+⌘+B
Zeile in nächstem Rahmen beginnen	⇧+Enter	⇧+⌅
Zeile in nächster Spalte beginnen	Enter	⌅
Größe der Zeilen oder Spalten verändern, ohne die Größe der Tabelle zu ändern	⇧+inneren Zeilen- oder Spaltenrand ziehen	⇧+inneren Zeilen- oder Spaltenrand ziehen
Größe von Zeilen oder Spalten proportional ändern	⇧+Tabellenrand ziehen	⇧+Tabellenrand ziehen
Auswählen		
Tabelle auswählen	Strg+Alt+A	⌥+⌘+A
Spalte auswählen	Strg+Alt+3	⌥+⌘+3
Zeile auswählen	Strg+3	⌘+3
Zelle auswählen	Strg+#	⌘+#
Zellen darüber auswählen	⇧+↑	⇧+↑
Zellen darunter auswählen	⇧+↓	⇧+↓
Zellen zur Linken auswählen	⇧+←	⇧+←
Zellen zur Rechten auswählen	⇧+→	⇧+→
Einfügen		
Tabelle einfügen	⇧+Strg+Alt+T	⇧+⌥+⌘+T
Spalte einfügen	Strg+Alt+9	⌥+⌘+9
Zeile einfügen	Strg+9	⌘+9
Zeilen oder Spalten beim Ziehen einfügen	Zeilen- oder Spaltenrand ziehen, dann Alt drücken und weiter ziehen	Zeilen- oder Spaltenrand ziehen, dann ⌥ drücken und weiter ziehen
Löschen		
Spalte löschen	⇧+←	⇧+←
Zeile löschen	Strg+←	⌘+←
Zeilen oder Spalten beim Ziehen löschen	Zeilen- oder Spaltenrand ziehen, dann Alt drücken und weiter ziehen	Zeilen- oder Spaltenrand ziehen, dann ⌥ drücken und weiter ziehen

◀ **Tabelle 10.1**
Tastenkürzel für das Bearbeiten von Tabellen

Tabelle 10.1 ▶
Tastenkürzel für das Bearbeiten von Tabellen (Forts.)

	Windows	Mac
Cursor bewegen		
In benachbarte Zelle bewegen	↑ ↓ ← →	↑ ↓ ← →
Zur nächsten bzw. vorherigen Zelle gehen	⇆ bzw. ⇧+⇆	⇆ bzw. ⇧+⇆
Zur ersten bzw. letzten Zelle in der Spalte gehen	Alt+Bild↑/Bild↓	⌥+Bild↑/Bild↓
Zur ersten bzw. letzten Zelle in der Zeile gehen	Alt+Pos1 bzw. Ende	⌥+Anfang bzw. Ende

10.6 Tabellenoptionen

Unter den Tabellenoptionen im Paletten- oder im Kontextmenü sind alle Formatierungsfunktionen zusammengestellt, die die gesamte Tabelle betreffen. Es öffnet sich eine Dialogbox mit fünf verschiedenen Reitern.

10.6.1 Tabelle einrichten

Unter TABELLE EINRICHTEN legen Sie die Anzahl der Zeilen und Spalten fest.

Tabelleneinstellungen | Auch die Anzahl von Kopf- und Fußzeilen stellen Sie entweder hier oder im Reiter TABELLENKOPF UND -FUSS ein. Da sich dieselben Einstellungen an verschiedenen Positionen mehrfach befinden, reicht es aus, nur im letzten Reiter der Tabellenoptionen die Anzahl anzugeben.

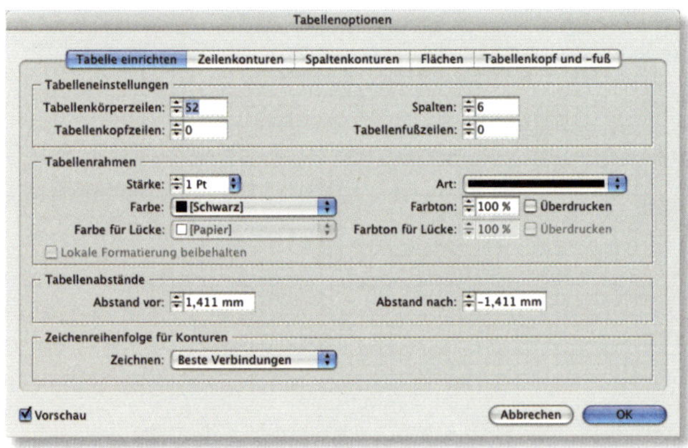

Abbildung 10.22 ▶
Unter dem Reiter TABELLE EINRICHTEN finden Sie alle grundlegenden Vorgaben.

Tabellenrahmen | Die Stärke und Darstellung des Tabellenrahmens bearbeiten Sie darunter. Ebenso wie Sie Konturen festlegen, definieren Sie auch hier die Konturenstärke, die Farbe und die Erscheinung. Die Option Lokale Formatierung beibehalten schützt die Konturen von Einzelzellen, die Sie unter den Zellenoptionen festlegen.

Tabellenabstände | Die Tabellenabstände hingegen sind vergleichbar mit den Absatzabständen, die den vorhergehenden oder nachfolgenden Text auf Distanz halten.

Zeichenreihenfolge für Konturen | Die Reihenfolge der Konturendarstellung treffen Sie in der letzten Option, Zeichenreihenfolge für Konturen. Dabei wird der Sonderfall berücksichtigt, dass Sie eine Tabelle sowohl insgesamt als auch angrenzende Zellen mit einer Kontur formatiert haben. Somit würden sich diese beiden Konturen überlagern. Wählen Sie stets das visuell beste Ergebnis mit dem Eintrag Beste Verbindungen aus.

10.6.2 Zeilen- und Spaltenkonturen

Für alle Einstellungen der Kontur oder Flächenfüllung in Tabellen hält InDesign abwechselnde Muster bereit. Darunter wird die Formatierung mit zwei unterschiedlich aufeinanderfolgenden Konturen oder Flächen verstanden.

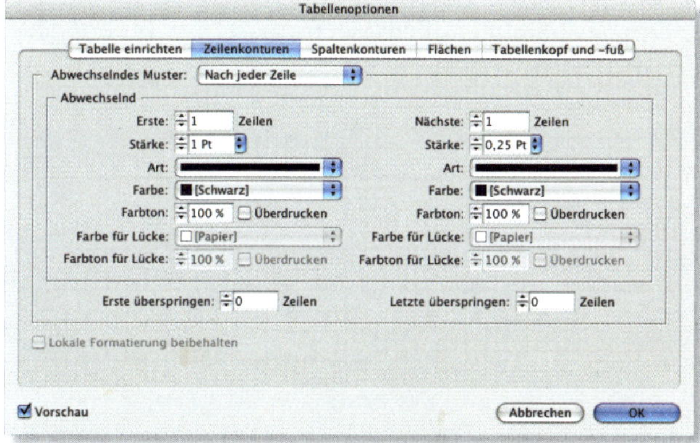

◂ Abbildung 10.23
Einstellungen für die Zeilenkonturen

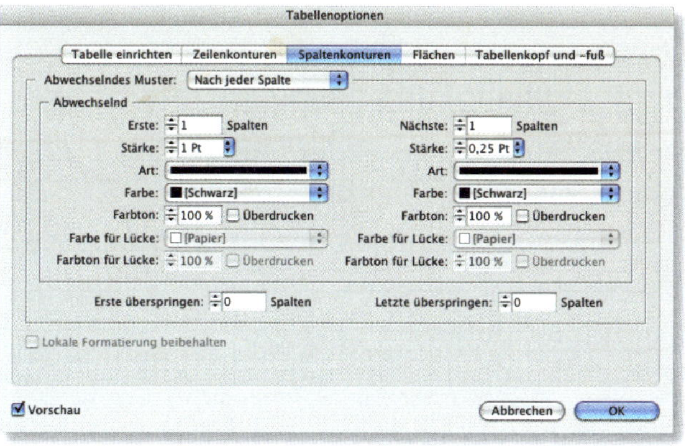

◂ Abbildung 10.24
Die Kontureneinfassung von Zeilen wie auch Spalten kann einem benutzerdefinierten Muster folgen.

Zum Weiterlesen
Mehr zu den Einstellungsmöglichkeiten der Konturenstärke oder zum Stil für die Zeilen oder Spalten lernen Sie in Abschnitt 6.10, »Vektorbearbeitung«. Auch hier gibt es wie an jeder Einstellung zur Kontur die Auswahl der Konturenstile sowie Optionen für eine gestrichelte Linie mit Lückenfarbe. Ob Sie diese grafischen Möglichkeiten wirklich ausschöpfen, bleibt Ihnen überlassen.

Abwechselnde Muster | Wie viele Zeilen oder Spalten auf einmal mit der ersten Einstellung auf der linken Seite und danach mit den Optionen auf der rechten Seite dargestellt werden, legen Sie unter MUSTER fest. Einige feste Muster bietet InDesign bereits an: Musterwechsel nach jeder einzelnen Zeile, nach zwei Zeilen oder drei Zeilen. Die benutzerdefinierte Einstellung lässt Ihnen freie Hand. Sie dürfen hier auch z. B. drei Zeilen mit gleicher Einstellung und danach eine Zeile mit alternativer Einstellung folgen lassen.

Erste und letzte Überspringen | Nicht jede Tabelle hat jedoch nur aufeinanderfolgende Zeilen, wie unser Beispiel in Abbildung 10.26 zeigt. Zuerst müssen Sie hier sechs Zeilen überspringen, bis das Wechselmuster beginnt. Die Fußzeile der Tabelle soll dabei nicht berücksichtigt werden. Welche Zeilen oder Spalten somit übersprungen werden sollen, geben Sie im unteren Bereich des Einstellungsdialogs ein.

10.6.3 Flächen

Auch für die Flächenfarben der Zellen stehen die abwechselnden Muster zur Verfügung. Hier unterscheidet InDesign nicht zwischen Zeilen und Spalten, da nur eines von beiden definiert werden kann. Die Einstellungen hier folgen denen der Zeilen- oder Spaltenkontur.

Abbildung 10.25 ▶
Auch Flächen können in unterschiedlichen Mustern auf Zeilen oder Spalten angewendet werden, um besonders umfangreiche Tabellen übersichtlich zu gestalten. Kopf- und Fußzeilen können dabei ausgelassen werden.

Während abwechselnde Konturen innerhalb einer Tabelle jedoch nicht unbedingt zu einer harmonischen Ansicht führen, zeigen wir die abwechselnde Flächenfärbung am Beispiel.

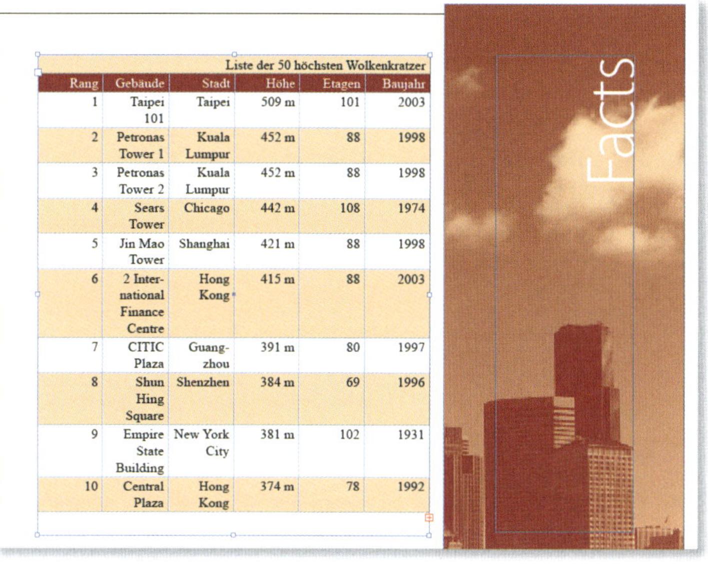

Liste der 50 höchsten Wolkenkratzer					
Rang	Gebäude	Stadt	Höhe	Etagen	Baujahr
1	Taipei 101	Taipei	509 m	101	2003
2	Petronas Tower 1	Kuala Lumpur	452 m	88	1998
3	Petronas Tower 2	Kuala Lumpur	452 m	88	1998
4	Sears Tower	Chicago	442 m	108	1974
5	Jin Mao Tower	Shanghai	421 m	88	1998
6	2 International Finance Centre	Hong Kong	415 m	88	2003
7	CITIC Plaza	Guangzhou	391 m	80	1997
8	Shun Hing Square	Shenzhen	384 m	69	1996
9	Empire State Building	New York City	381 m	102	1931
10	Central Plaza	Hong Kong	374 m	78	1992

◂ Abbildung 10.26
Alternierende Füllungen zur Verbesserung der Lesbarkeit von Zeilen

10.6.4 Tabellenkopf und -fuß

Die schon angesprochenen Kopf- und Fußzeilen für Tabellen finden Sie im letzten Reiter der Tabellenoptionen. So einfach, so genial: Mit der Anzahl der Zeilen geben Sie an, wie groß der Bereich ist, der als fester Bestandteil jedes umbrochenen Tabellenabschnitts wiederholt wird. Zusätzlich definieren Sie darunter, auf welche Weise die Kopf- und Fußzeilen wiederholt werden: pro Textspalte, pro Textrahmen oder pro Seite.

▾ Abbildung 10.27
Wird die Tabelle über mehrere Textrahmen umbrochen, so können Kopf- und Fußzeilen spalten-, rahmen- oder seitenweise wiederholt werden.

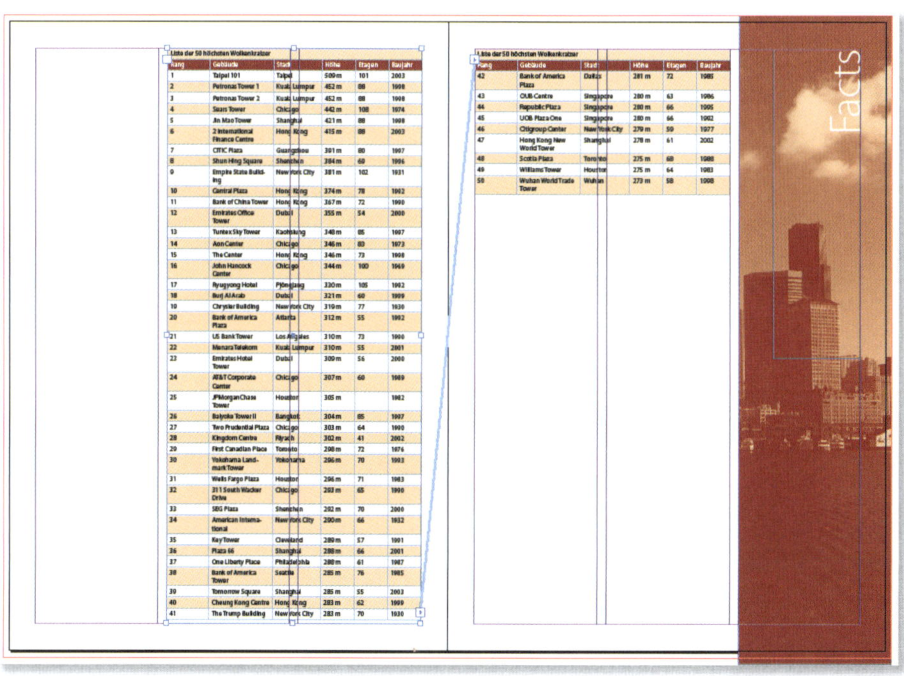

Die Gestaltung der Kopf- und Fußzeilen müssen Sie nur an einer markierten Zeile durchführen, die grafische Erscheinung wird auf den wiederholten Zeilen übernommen.

In Tabellenkopfzeilen umwandeln | Neben der Eingabemethode über die Tabellenoptionen können Sie auch direkt aus der Tabellengestaltung hinaus Zeilen in Kopfzeilen umwandeln. Dazu markieren Sie einfach die erste Zeile Ihrer Tabelle und rufen über die rechte Maustaste oder `Ctrl` im Kontextmenü den Eintrag In Tabellenkopfzeilen umwandeln auf. Auch eine Markierung und Umwandlung über mehrere Zeilen ist möglich. Gleichermaßen gehen Sie mit Fußzeilen vor. Zeilen innerhalb einer Tabelle können nicht als Kopf- oder Fußzeilen definiert werden.

10.7 Zellenoptionen

In den Tabellenoptionen legen Sie die Darstellung der gesamten Tabelle fest. Die Zellenoptionen hingegen richten sich nur an diejenigen Zellen, die Sie zuvor mit dem Textwerkzeug markiert haben. Dies können sowohl eine einzelne Zelle, eine Zeile, eine Spalte als auch alle Zellen sein.

10.7.1 Text

Die Textformatierungen beziehen sich auf den Textfluss innerhalb einer Zelle. Die Einstellungen sollten Ihnen aus den Textrahmenoptionen bereits bekannt sein, der Textabstand ist hier der Zellversatz.

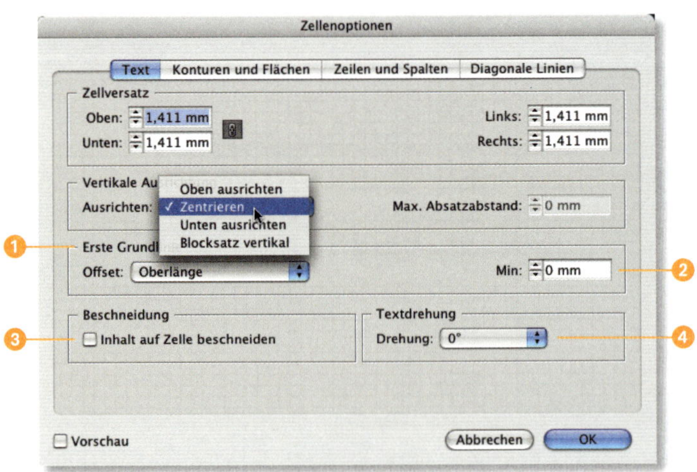

Abbildung 10.28 ▸
Zellenoptionen für die Ausrichtung von Text, vergleichbar mit den Textrahmenoptionen

Erste Grundlinien | Die Einstellung unter Erste Grundlinien ❶, nämlich die Ausrichtung an den typografischen Horizonten

Oberlänge oder x-Höhe (siehe auch Kapitel 8, »Typografie«) ist hier mit einem Minimalbereich gekoppelt. Die Bezeichnung Fixiert ist etwas widersprüchlich, als »Grundlinie« definiert wäre die Übersetzung besser gelungen.

Der Minimalbereich ❷ ist an den zuvor ausgewählten Offset gekoppelt. Wenn Sie also z. B. die x-Höhe auswählen und hier 1 mm eingeben, wird der Text innerhalb der Zelle ausgehend von der x-Höhe um einen Millimeter nach unten zur vertikalen Ausrichtung versetzt in der Zelle platziert. Haben Sie alles verstanden? Nun, es zeigt, dass InDesign an dieser Stelle besonders viele Möglichkeiten bietet, die die Wahl zur Qual machen.

Beschneidung | Die Beschneidung des Inhalts auf die Zelle ❸ ist eine nützliche Funktion, wenn Sie Bilder in eine Zelle importieren. Klicken Sie dazu mit der Einfügemarke in eine Zelle, und platzieren Sie wie gewohnt eine Bilddatei. Die Grafik oder das Bild wird dann mit der linken oberen Ecke in die Zelle gesetzt. Wenn die Zelle nicht groß genug ist, ragt das Bild zunächst über die Zelle hinaus und verdeckt benachbarte Tabellenfelder. Wenn Sie die Option Inhalt auf Zelle beschneiden aktivieren, wird der überlappende Bildbereich ausgeblendet und auf die Zellenfläche begrenzt.

Textdrehung | Bei der nächsten Einstellung geht es jedoch wieder um den Text innerhalb der Zelle: Textdrehung ❹. In 90°-Schritten richten Sie den Text in einer Zelle aus. Das spart Ihnen oft Platz, wenn Sie schmale Spalten mit Zahlenwerten anlegen müssen und die Überschrift oder Bezeichnung der Spalte besonders viel Platz einnimmt.

10.7.2 Konturen und Flächen

Parallel zu den Tabellenoptionen können Sie einzelne Zellen separat mit einer eigenen Zellenkontur und Zellfläche gestalten, um eine Zelle optisch besonders hervorzuheben. Diese Einstellungen werden unter den Tabellenoptionen als »lokale Formatierung« geschützt. Achten Sie hier besonders auf die Auswahl der blauen Linien im Konturengitter. Wenn alle Linien ausgewählt und blau dargestellt werden, stellt InDesign alle Konturen der Tabelle oder der Zellenauswahl entsprechend Ihren Angaben dar. Doch wie können Sie in InDesign nur die Zeilen mit einer Kontur unterstreichen, nicht jedoch die Spalten durch Linien trennen? Und wie entfernen Sie die gesamte Kontur um Zellen und Tabellen?

Gedrehter Text in einer Zelle

Leider bietet InDesign keinen Drehwinkel um 45° oder 30° an, um die Spaltenüberschriften lesbarer anzuordnen. Hier hilft Ihnen ein Trick: Erzeugen Sie zunächst einen Textrahmen, und drehen Sie ihn um 45 Grad. Schneiden Sie den gedrehten Rahmen in die Zwischenablage mit aus, klicken Sie nun mit dem Textwerkzeug in die Tabellenzelle, und fügen Sie den Textrahmen ein. Voilà! Über die Textausrichtung links- oder rechtsbündig sowie die vertikale Ausrichtung des Textes innerhalb der Zelle platzieren Sie den Textrahmen genauer.

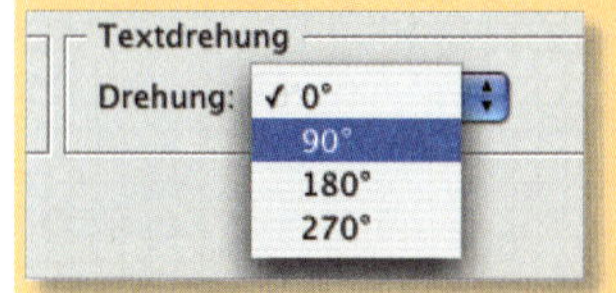

▲ **Abbildung 10.29**
Die Textdrehung ist nur in 90°-Schritten möglich. Andere Drehungen erreichen Sie nur, indem Sie einen gedrehten Rahmen in eine Zelle hineinkopieren. Leider ist InDesign CS3 hier noch sehr unflexibel.

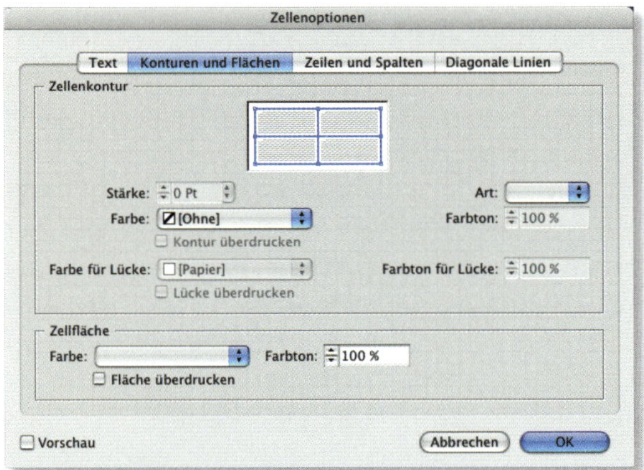

Abbildung 10.30 ▶
Zellenoptionen: Konturen und Flächen

Die Konturengitterauswahl | Mit einem Klick auf die einzelnen Linien aktivieren oder deaktivieren Sie die Linien, die Sie beeinflussen möchten. Deaktivierte Linien werden grau dargestellt. Dabei gilt, dass die äußeren Linien oben, unten, links und rechts die Gesamtkontur um die Tabelle oder um einen Zellenbereich darstellen. Das innere Kreuz beschreibt nur die horizontalen und vertikalen Linien zwischen einzelnen Zellen.

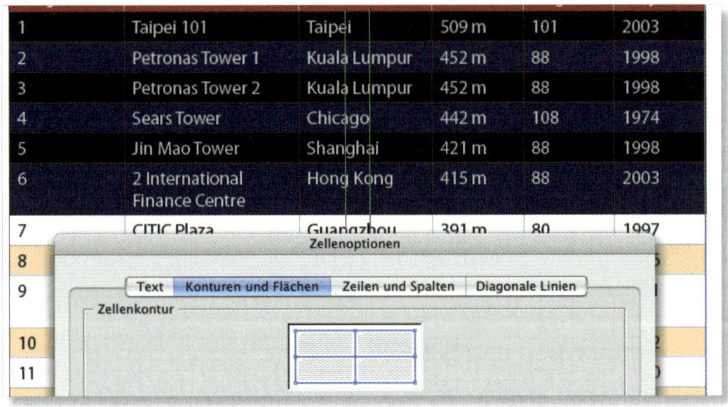

1	Taipei 101	Taipei	509 m	101	2003
2	Petronas Tower 1	Kuala Lumpur	452 m	88	1998
3	Petronas Tower 2	Kuala Lumpur	452 m	88	1998
4	Sears Tower	Chicago	442 m	108	1974
5	Jin Mao Tower	Shanghai	421 m	88	1998
6	2 International Finance Centre	Hong Kong	415 m	88	2003
7	CITIC Plaza	Guangzhou	391 m	80	1997
8					
9					
10					
11					

Abbildung 10.31 ▶
Das Auswahlwerkzeug für die Konturen der Tabelle und der Zellen in Form eines Gitters zeigt ausgewählte Konturen als blaue Linien an.

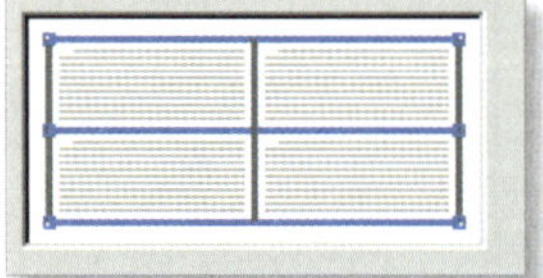

▲ **Abbildung 10.32**
Die horizontale Kontur ist aktiviert und blau dargestellt.

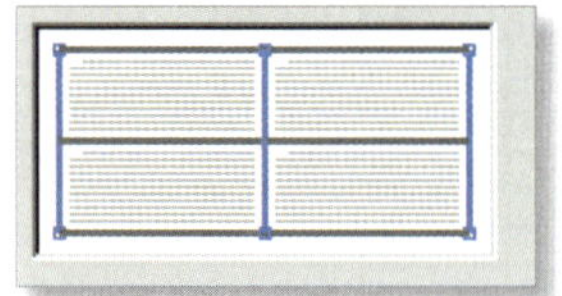

▲ **Abbildung 10.33**
Die vertikale Kontur ist nun aktiviert und für Veränderungen bereit.

Wollen Sie horizontale Konturen zwischen Zellen mit einer Stärke von 1 Punkt in Schwarz darstellen, so deaktivieren Sie alle anderen Linien außer der horizontalen Linie in der Mitte. Stellen Sie nun die gewünschte Kontur mit aktiver Vorschau ein.

Deaktivieren Sie nun die blaue horizontale Linie mit einem Klick, und wählen Sie ebenfalls mit einem Klick die vertikale Linie in der Mitte an. Sie können nun nur für diese Kontur Ihre Einstellungen vornehmen.

Falls es mit der Auswahl der Konturlinien schneller gehen soll, müssen Sie die [⌘]/[Strg]-Taste gedrückt halten und dabei in das Feld der Gitterauswahl klicken. Nun aktiviert InDesign die weiteren Linien bei jedem Klick und deaktiviert diese auch.

10.7.3 Zeilen und Spalten

Die genaue Höhe und Breite von Zeilen und Spalten definieren Sie hier. Schneller jedoch geben Sie die Maße über die Tabelle-Palette ein, die hier für die gesamte Tabelle gelten.

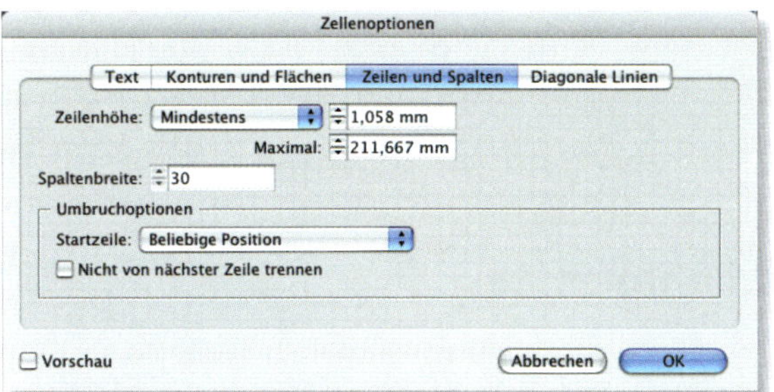

◂ **Abbildung 10.34**
Zellenoptionen: Zeilen und Spalten

Umbruchoptionen | Wichtig in diesem Menü sind die UMBRUCHOPTIONEN. Da sich eine Tabelle innerhalb eines Textrahmens befindet, kann sie auch umbrochen werden. Die Tabelle verhält sich wie normaler Text in verketteten Textrahmen und bricht zeilenweise in den nächsten Textrahmen um. Verkettete Textrahmen beschreiben wir genauer in Kapitel 5, »Neue Dokumente«.

10.7.4 Diagonale Linien

Zellen einer Tabelle, die nicht gefüllt sind, können mit diesen Einstellungen gekennzeichnet werden. Mit diagonalen Linien aufsteigend, absteigend oder durchkreuzt können Sie diese Zellen im Vordergrund oder Hintergrund kennzeichnen. Wie bei allen Kontureinstellungen innerhalb des Tabellensatzes stehen Ihnen auch hier STÄRKE, ART, FARBE und FARBTON zur Verfügung.

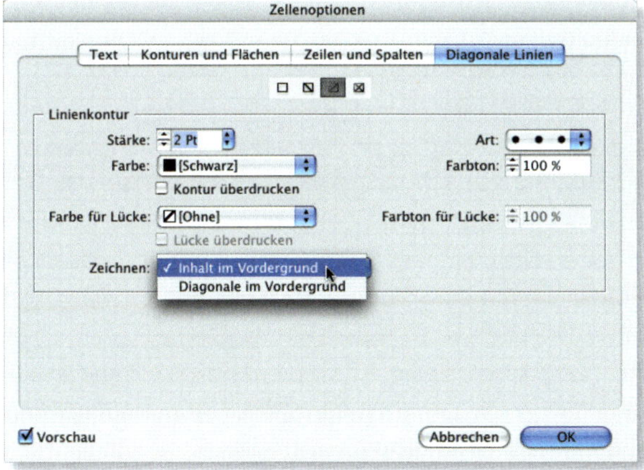

◂ **Abbildung 10.35**
Diagonale Linien markieren entweder fehlende Einträge oder können als Gestaltungsmittel eingesetzt werden. Die Linie wird immer innerhalb der Zelle eingefasst.

Eine Einschränkung gibt es jedoch: Der Anfangs- und Endpunkt wird bei Linien, die stärker als ein Punkt sind, spitz in die Ecken der Zelle gesetzt. Das bedeutet für die Anwendung, dass Sie

Höhe	Etagen	Baujahr
305 m		1982
304 m	85	1997
303 m	64	1990

▲ **Abbildung 10.36**
Diagonale Linien können einen fehlenden Eintrag kennzeichnen.

entweder nur feine Linien verwenden oder um die betroffenen Zellen eine zusätzliche Kontur ziehen müssen, die die spitzen Eckpunkte kaschiert. Die Form der Eckpunkte können Sie nicht wie in der Konturen-Palette beeinflussen.

Wenn Sie in der durchgestrichenen Zelle auch Inhalte eingefügt haben, so können Sie zusätzlich entscheiden, ob die Diagonale diese Inhalte überlagert oder ob der Inhalt im Vordergrund der Zelle steht.

10.8 Tabellenformate

Die Version InDesign CS3 erlaubt es Ihnen nun, Tabellen in InDesign auch mit Formaten zu gestalten, so wie Sie es mit den Absatz- und Zeichenformaten in der Typografie gewöhnt sind.

Teacup

Bei den Tabellenformaten waren die Adobe-Entwickler nicht besonders kreativ, sondern haben ein bewährtes Plug-in der Firma Teacup für die vorausgegangene CS2-Version aufgekauft und für CS3 etwas verfeinert.

Die Formate für die grafische Erscheinung von Tabellen und deren Zellen verhalten sich ähnlich wie Absatz- und Zeichenformate: Sie dürfen aufeinander basieren, können aus anderen Dokumenten geladen werden, und Zellenformate richten sich immer nach den übergeordneten Tabellenformaten.

Die Typografie wird jedoch wie gehabt von Absatz- und Zeichenformaten geregelt. Absatzformate binden Sie in die Zellenformate ein, damit die Inhalte auch mit einem Klick in der gewünschten Schrift, Schnitt und Größe erscheinen.

Daher sollten Sie sich klarmachen, dass eine Tabelle zunächst mit dem Tabellenformat festgelegt wird. Einzelne Bereiche wie die Kopf- und Fußzeilen werden mit Zellenformaten definiert, und die Typografie darin kann mit einem Absatzformat eingebunden werden.

10.8.1 Palette Tabellenformate

Öffnen Sie die Palette der Tabellenformate, wenn Sie bereits eine Tabelle formatiert oder grob strukturiert haben. Sollten Sie alle grafischen Punkte schon ausgewählt haben, so werden diese Arbeiten im Tabellenformat übernommen, und Sie können gegebenenfalls Korrekturen daran vornehmen. Daher wollen wir im Folgenden die wichtigsten Punkte im Umgang mit Formaten erläutern.

Die Palette TABELLENFORMATE ist sinnvoll mit der Palette der Tabelle und den Zellenformaten als Gruppe zusammengefasst, so fällt das Umschalten der Formatierungen leicht.

10.8.2 Tabellenformat anlegen

Wie bei Absatzformaten finden Sie auch hier das Blattsymbol zum Anlegen neuer Formate sowie den Mülleimer zum Entfernen.

Klicken Sie auf das Blattsymbol, und Sie legen ein neues Format TABELLENFORMAT 1 an.

Mit einem Doppelkick darauf erhalten Sie den Eingabedialog für ein neues Tabellenformat, das im Aufbau ebenfalls den Absatzformaten sehr ähnelt. Die Gruppen ALLGEMEIN, TABELLE EINRICHTEN, ZEILENKONTUREN, SPALTENKONTUREN und FLÄCHEN bieten Ihnen nun alle nötigen Optionen.

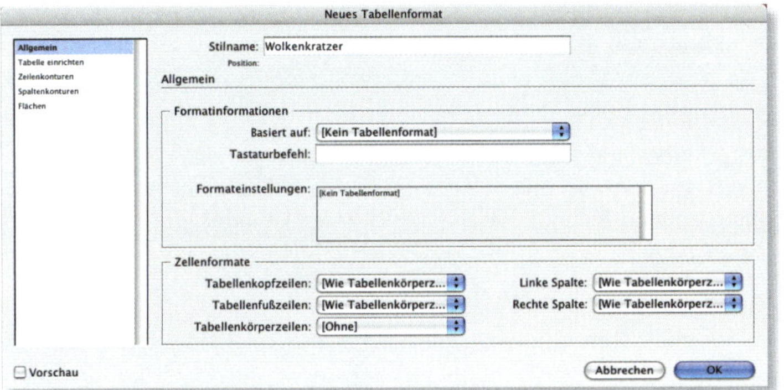

◄ **Abbildung 10.37**
Im Dialog ALLGEMEIN können Sie Tabellenformate auf anderen Formaten basieren lassen und schließen Zellenformate für Tabellenbereiche ein.

10.8.3 Allgemein

Unter der Rubrik ALLGEMEIN geben Sie einen treffenden Namen für das Tabellenformat an.

Basiert auf | Wie bei Absatzformaten lassen Sie das neue Format auf einem anderen basieren, um nur Abweichungen festzulegen. Sollten Sie nur ein Tabellenformat benutzen, so wählen Sie im Pulldown-Menü BASIERT AUF [KEIN TABELLENFORMAT].

Tastaturbefehl vergeben | Für eine schnelle Formatierung per Tastenbefehl stehen Ihnen nun 27 mögliche Shortcuts zur Verfügung, die Sie nur in Verbindung mit den Ziffern des Nummernblocks wählen können, wie z. B. [⌘]/[Strg]+[1] oder [⌘]/[Strg]+[⇧]+[Alt]+[9]. Geben Sie den gewünschten Befehl im Eingabefeld TASTATURBEFEHL ein.

Doppelte Tastenbefehle?

Falls Sie hier bereits Tastenbefehle für Absatz- oder Zeichenformate vergeben haben, werden Ihnen diese unterhalb des Eingabefeldes für die Shortcuts mit dem Hinweis »Bereits zugewiesen:« angezeigt. Somit geraten Sie bei der Wahl nicht durcheinander oder belegen Tastenbefehle doppelt.

Zellenformate für Spalten, Kopf- und Fußzeilen einbinden | Neben den grundlegenden Angaben geht es in den unteren Einstellungen für das Einbinden von Zellenformaten gleich ans »Eingemachte«: Hier wählen Sie Zellenformate, die nur für einen fest definierten Bereich wie die Kopf- oder Fußzeilen gelten sollen. Besonders interessant sind die Vorgaben für den Bereich LINKE und RECHTE SPALTE. Hiermit sind die Index-Spalten einer Tabelle gemeint, die häufig eine Nummerierung der Zeilen oder eine Legende darstellen.

Weiterlesen
Wie Sie die Zellenformate definieren, zeigen wir Ihnen in Abschnitt 10.9, »Zellenformate«. Kehren Sie zu dieser Einstellung zurück, wenn Sie diese Bereiche mit eigenen Zellenformaten gestalten wollen.

Die Einstellungen sind hier jedoch miteinander verknüpft: Wenn Sie bei allen oberen Gruppen [Wie Tabellenkörperzeilen] wählen, so stellen Sie in der letzten Vorgabe Tabellenköperzeilen das Zellenformat für alle Zellen ein, das zunächst immer auf [Ohne] steht. Wählen Sie hier ein anderes Format, gilt dies auch für alle anderen Rubriken.

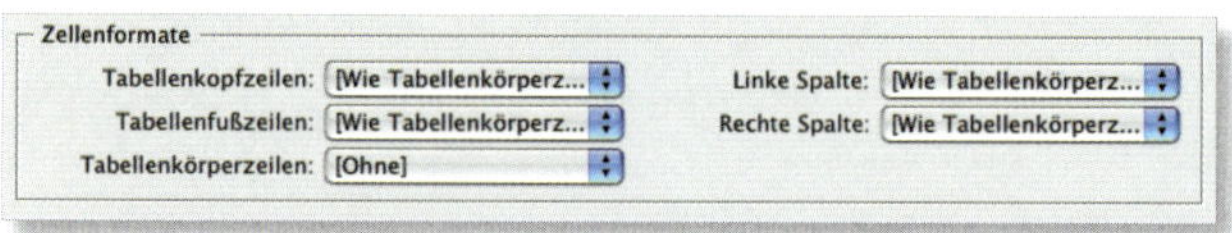

▲ **Abbildung 10.38**
Das Schema einer Tabelle ist unterteilt in Kopfzeilen, linke und rechte Indexspalten, Körperzeilen und darunter die Fußzeile, die jeweils mit einem eigenen Zellenformat definiert werden können.

10.8.4 Tabelle einrichten

In der nächsten Rubrik, Tabelle einrichten, finden Sie bereits alle Angaben, die Sie vielleicht schon in den Tabellenoptionen vorgefunden haben, wie den Tabellenrahmen, die Tabellenabstände sowie die Zeichenreihenfolge für Konturen. Die einzige Einstellung, die hier leider fehlt, ist die Anzahl der Tabellenkopf- und Fußzeilen, die Sie nur in den Tabellenoptionen unter dem Tastenbefehl ⌘/Strg+⇧+B aufrufen können.

Beachten Sie bitte hier, dass die Tabellenkontur nur einmal um die gesamte Tabelle führt und über die Zellenkonturen platziert wird. Wollen Sie Konturen zwischen den Zellen einfügen, so müssen Sie dies über die nächsten beiden Einstellungen vornehmen oder ein Zellenformat anlegen.

10.8.5 Zeilen- und Spaltenkonturen

Die Einstellungen zu den nächsten beiden Rubriken der Zeilen- und Spaltenkonturen entnehmen Sie bitte dem Abschnitt 10.6.2, »Zeilen- und Spaltenkonturen« der Tabellenoptionen. Die Vorgaben funktionieren nur dann, wenn die gesamte Tabelle auch eine Kontur besitzt. Das erscheint etwas widersprüchlich, ist jedoch aus programmiertechnischer Sicht nicht anderes zu lösen, da die Zeile ein »Kind« der »Mutter« Tabelle ist und nur alle Eigenschaften auf das Kind vererbt werden, die die Mutter besitzt. Gott sei dank ist die Natur flexibler! Schön wäre es jedoch, dass Adobe Ihnen diese Brücke baut und die Kontur der Tabelle automatisch aktiviert, wenn Sie Konturenmuster anwenden wollen.

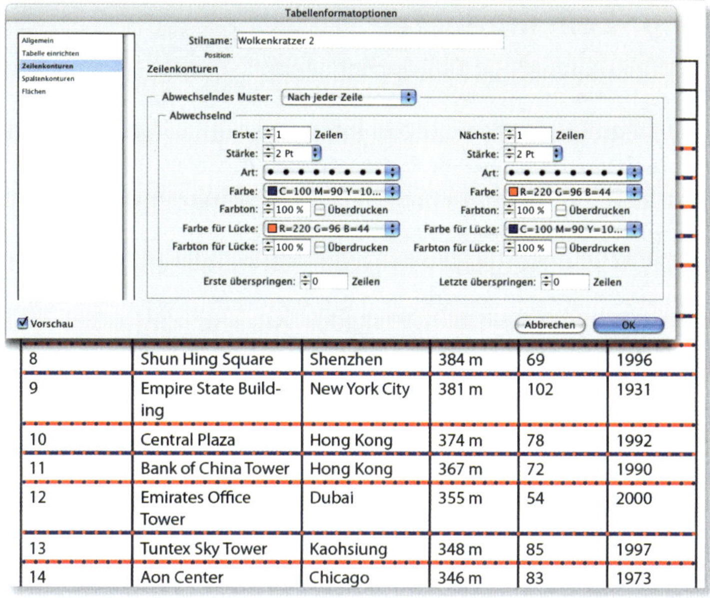

◀ **Abbildung 10.39**
Beispiel für ein abwechselndes Muster mit Zeilen- und Spaltenkonturen, die jeweils nach jeder Zeile oder Spalte eine andere Kontur führen.

10.8.6 Flächen

Abwechselnde Flächen zur Unterstützung der Zeilenbildung sind sicher die häufigsten Gestaltungsmittel, um Tabellen zu ordnen. In der letzten Rubrik, FLÄCHEN, stellen Sie die Muster und die verwendeten Farben ein. InDesign nutzt zunächst ein Muster mit 20% Schwarz und ohne Füllung. Aus Kapitel 11, »Farben«, können Sie lernen, wie Sie eigene Farbtöne anlegen, die aufeinander basieren, sodass Sie alle Farbänderungen nicht noch einmal in den Tabellenformaten vornehmen müssen. Sobald Sie mit Farbfeldern arbeiten, tauchen diese in den Pulldown-Menüs auf. Leider gibt es hier keine Möglichkeit, die Farbe mit einem Regler auszuwählen. Das zwingt Sie dazu, stets mit Farbfeldern zu arbeiten.

Konturenstile

Achten Sie darauf, dass Sie Konturenstile wie GEPUNKTET oder WELLENLINIEN nur gezielt einsetzen. Die Effekte werden erst ab einer Linienstärke von 2 bis 3 Punkt sichtbar. Eine schraffierte Linie kann in magerer Dicke von 0,25 Punkt schnell als Druckfehler missverstanden werden!

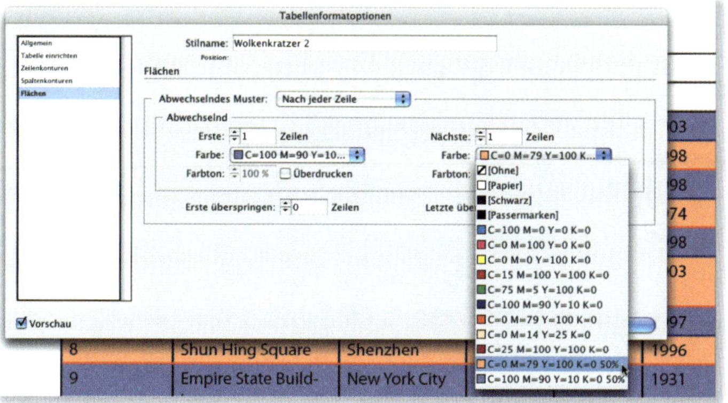

◀ **Abbildung 10.40**
Ein abwechselndes Flächenmuster mit Tonwerten aus den Farbfeldern erleichert die spätere Farbkorrektur.

10.9 Zellenformate

Ähnlich wie beim Zusammenspiel der Absatz- und Zeichenformate legen Sie sich nun Zellenformate an, die für einzeln markierte Zellen oder feste Bereiche wie die Kopfzeilen abweichende Gestaltungen wie eine andere Flächenfarbe oder eine trennende Kontur erhalten sollen. Beachten Sie, dass Sie nur die Abweichungen zum Tabellenformat anlegen, alle anderen Gestaltungsvorgaben haben Sie bereits im Tabellenformat getroffen.

10.9.1 Zellenformate-Palette aufrufen

Die Palette der ZELLENFORMATE finden Sie gleich neben den TABELLENFORMATEN oder im Menü FENSTER • SCHRIFT UND TABELLEN.

Markieren Sie in Ihrer Tabelle eine Zelle durch Hineinklicken und Ziehen der Maus, um die gestalterischen Änderungen in der Vorschau sehen zu können. Öffnen Sie dann die Palette der ZELLENFORMATE.

10.9.2 Allgemein

Verfahren Sie hier wie bei einem Tabellenformat: Klicken Sie auf das Blattsymbol, um ein neues ZELLENFORMAT 1 anzulegen. Geben Sie dann einen Namen ein, und stellen Sie an der Position BASIERT AUF [OHNE] ein.

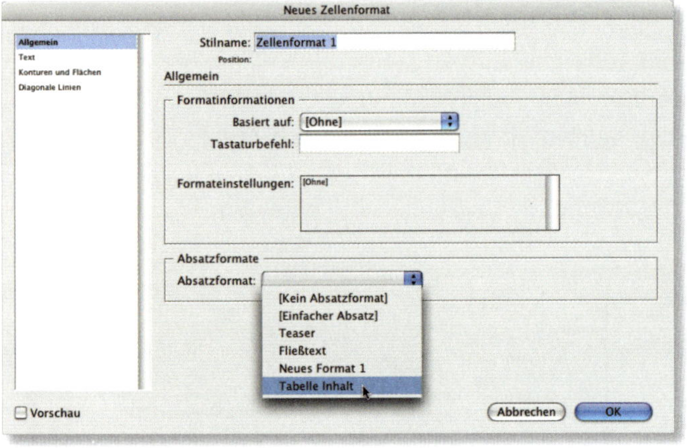

Abbildung 10.41 ▸
Die allgemeinen Einstellungen zum Zellenformat

Absatzformate einbinden | Wie der Inhalt der Zellen formatiert werden soll, legen Sie gesondert in einem Absatzformat fest, das Sie bereits an dieser Stelle in das Zellenformat einbinden können. Auch wenn diese Arbeitsweise auf den ersten Blick umständlich erscheinen sollte, so ist die Verknüpfung von bestehenden Formaten besser zu verwalten, und Änderungen können an zentraler Stelle für das gesamte Dokument vorgenommen werden.

10.9.3 Text

Wie in einem Textrahmen legen Sie über die Textrahmenoptionen fest, wie sich der Text im Rahmen verhalten soll. Welcher Innenabstand soll von oben, unten, links und rechts eingehalten werden? Wie wird der Text ausgerichtet? Benötigen Sie einen vertikalen Keil? Alle diese Einstellungen nehmen Sie in der Rubrik TEXT der Zellenformate vor.

Unter BESCHNEIDUNG legen Sie mit AKTIVIERTER OPTION fest, ob die Größe der Zelle unabhängig vom Textfluss bestehen bleibt oder ob der Text die Größe festlegt, sodass kein Übersatz entsteht.

Übersatz in Tabellen

In der Layoutdarstellung sehen Sie an einem roten Punkt in einer Zelle, ob sich darin Übersatz-Text befindet. Damit Sie den Text trotz festgelegter Tabelle ändern können, rufen Sie einfach den Textmodus mit dem Tastenbefehl ⌘/Strg+Y auf.

10.9.4 Konturen und Flächen

In dieser Rubrik legen Sie fest, ob angrenzende Konturen zum Tabellenrand oder zu anderen benachbarten Zellen abweichend zu Zeilen- und Spaltenkonturen die einzelne Zelle betonen sollen. Zur Auswahl der richtigen Kontur dient Ihnen auch hier die Gitterauswahl, deren etwas gewöhnungsbedürftige Bedienung wir schon in Abschnitt 10.7.2 erläutert haben. Blaue Konturen sind aktiv, graue Konturen sind deaktiviert, und die Änderungen werden entsprechend auf blau markierte Konturen übernommen.

Bilder in Zellen einsetzen

Falls Sie daran interessiert sind, Bilder in Zellen einzusetzen, sollten Sie beachten, dass Bilder nur in der richtigen Größe verwendet werden können und in den Textfluss als sogenannte Inline-Grafik eingefügt werden. Kopieren Sie eine Grafik über die Zwischenablage, setzen Sie den Textcursor in die Zelle, und fügen Sie das Bild in diese ein. Die Option INHALT AUF ZELLE BESCHNEIDEN sorgt dafür, dass auch Bilder die Zelle nicht vergrößern.

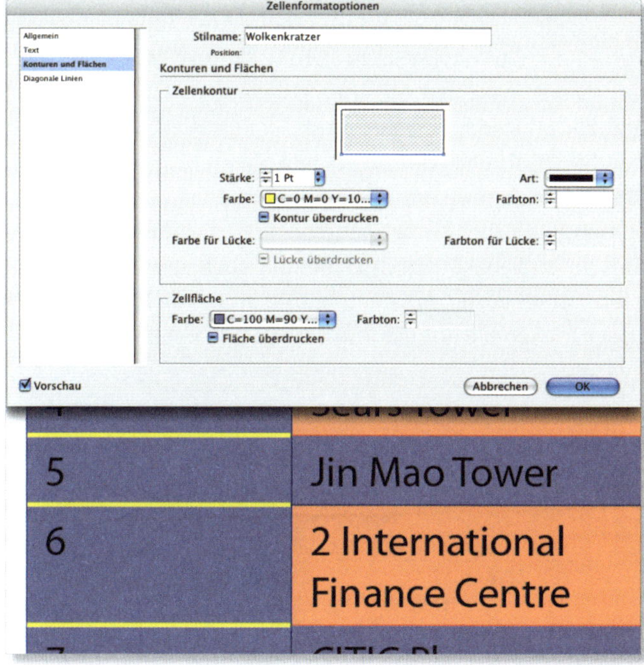

◂ **Abbildung 10.42**
Eine abweichende Kontur im Zellenformat unterhalb einer Zelle wird erst dann sichtbar, wenn die gesamte Tabelle mit einer Kontur gestaltet wird.

Zellfläche | Die Zellfläche ist hingegen eine Vorgabe, die ein abwechselndes Flächenmuster aus dem Tabellenformat überschreibt. Wollen Sie hier nur halbtransparente Markierungen

Konturen in Zellenformaten nur mit Tabellenkontur

Wie schon bei den Tabellenformaten erwähnt, funktionieren Konturen in Zellenformaten nur dann, wenn die Kontur für die gesamte Tabelle aktiviert ist! Haben Sie also eine Kontur angelegt, die in der Tabelle nicht sichtbar wird, sollten Sie alle Tabellenzellen an der linken oberen Ecke markieren und die Kontur in der Werkzeugpalette auf z. B. »Schwarz« stellen. Danach erscheinen auch alle Konturen, die in Tabellen- oder Zellenformaten angelegt sind.

vornehmen, die sich mit dem Flächenmuster überlagern, sollten Sie die Option FLÄCHE ÜBERDRUCKEN aktivieren.

10.9.5 Diagonale Linien

Ob einzelne Zellen ohne Inhalt erscheinen, können Sie unter anderem mit diagonalen Linien festlegen. Die Wahl des Linienmusters und der Kontur ist selbsterklärend und folgt dem gewohnten Umgang, wichtig ist jedoch hier die Einstellung ZEICHNEN: Haben Sie einen Texteintrag in der Zelle, so kann der INHALT IM VORDERGRUND oder im Hintergrund stattfinden.

10.10 Formate verwalten

Damit Ihre einmal angelegten Formate auch in anderen Dokumenten verwendet werden können, laden Sie Tabellen- und Zellenformate aus einem bestehenden Dokument als Quelle. Je mehr Formate Sie verwenden, desto sinnvoller ist eine Gruppierung, in der Sie in InDesign mehrere Formate zusammenfassen.

10.10.1 Tabellen- und Zellenformate laden

Sie können alle Formate aus einer anderen InDesign-Datei hinzuladen, indem Sie in das Palettenmenü der Tabellenformate klicken und die Option TABELLEN- UND ZELLENFORMATE LADEN… aufrufen. Danach wählen Sie Ihre Quelle aus. Nun importiert InDesign zunächst die Formate und vergleicht diese mit schon bestehenden in Ihrem geöffneten Dokument. Sie erhalten nun einen Dialog, in dem Sie entscheiden, welche Formate hinzugeladen werden. Da Zellenformate auch eine Verbindung zu Absatzformaten aufweisen können, erscheinen auch die verwendeten Absatzformate in dieser Aufstellung. Aktivieren Sie einzelne Formate, oder klicken Sie auf die Buttons ALLE AKTIVIEREN oder ALLE DEAKTIVIEREN.

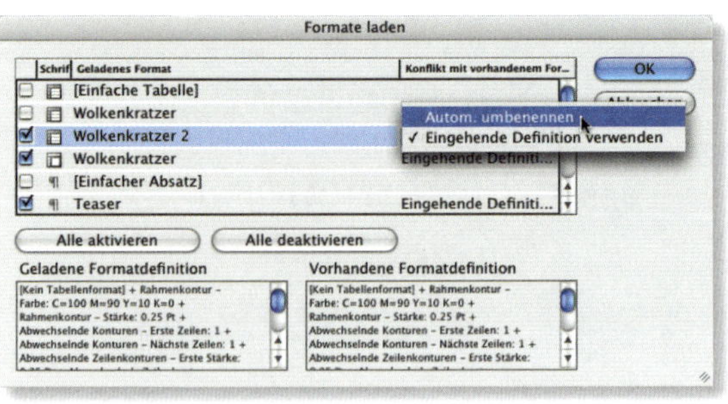

Abbildung 10.43 ▸
Konflikte mit Formaten heben Sie durch eine automatische Umbenennung auf.

Falls ein Konflikt mit gleichnamigen Formaten im geöffneten Dokument auftritt, können Sie ein Verhalten festlegen. Im

Zweifelsfall wählen Sie im Pulldown-Menü AUTOM. UMBENENNEN aus. Danach erscheinen alle Formate in den entsprechenden Paletten, wenn Sie abschließend auf OK klicken.

10.10.2 Formatgruppen anlegen

Absatz-, Zeichen-, Tabellen- und Zellenformate lassen sich auf dieselbe Art und Weise als Gruppe zusammenfassen. Wählen Sie beispielsweise die Palette TABELLENFORMATE aus. Klicken Sie nun auf das Ordnersymbol NEUE FORMATGRUPPE. Es erscheint ein Gruppenordner in Ihrer Palette, in den Sie nun per Drag & Drop die Formate hineinziehen können.

Einen anderen Weg können Sie einschlagen, wenn Sie bereits viele Formate verwenden, die Sie zusammenfassen möchten. Dazu markieren Sie Ihre Formate mit [⌘]/[Strg]+Klick und wählen aus dem Palettenmenü NEUE GRUPPE AUS FORMATEN aus.

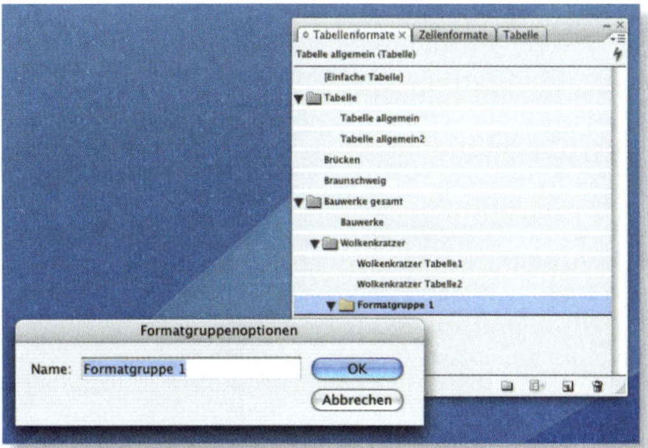

◂ **Abbildung 10.44**
Die Tabellenformate mit angelegten Gruppen, die ineinander verschachtelt sind.

Die Gruppen können Sie auch ineinander verschachteln. Sie ziehen dafür ein Ordnersymbol einfach in einen anderen Ordner hinein. Dies können Sie bis zu drei Ebenen tief tun.

Abweichungen löschen

Haben Sie Tabellen mit Formaten gestaltet und später manuell Änderungen vorgenommen, werden Ihnen diese in Form eines Pluszeichens hinter den Formaten in der Palette der Tabellen- und Zellenformate angezeigt. Durch den Klick auf den zweiten Button ABWEICHUNGEN ZUM FORMAT LÖSCHEN am Fuß der Palette heben Sie diese manuellen Änderungen auf.

10.10.3 Verknüpfungen zu Formaten aufheben

Nach der gesamten Formatierungsarbeit haben wir Ihnen noch gar nicht gezeigt, wie Sie Tabellen, Zellen und andere Inhalte auch wieder unformatiert weiterbearbeiten können, sollte Ihnen einmal der Überblick über die Formate abhanden gekommen sein oder sollten Sie andere Formate stattdessen hinzugeladen haben. Wählen Sie dazu die Tabelle oder die Zellen aus, und klicken Sie im Palettenmenü der Tabellen- oder Zellenformate auf die Option VERKNÜPFUNG MIT FORMAT AUFHEBEN. Somit werden die Tabelleninhalte wieder unformatiert angezeigt.

10.10.4 Formate tauschen

Mit der Funktion SUCHEN/ERSETZEN können Sie in der Regel alle Stellen in InDesign aufsuchen und durch einen anderen Inhalt oder eine alte Formatierung austauschen – nicht jedoch bei Tabellen. Hier bleibt Ihnen nur die Alternative, ein Absatz- oder Zellenformat zu löschen, indem Sie das Format aus der Formate-Palette auf den Mülleimer ziehen. InDesign fragt Sie danach, durch welche Formatierung Sie den Inhalt nun ersetzen wollen.

Hoffentlich verfolgt Adobe das Ziel, auch Tabellen- und Zellenformate zu suchen und durch andere zu ersetzen, wie es bereits mit Absatzformaten möglich ist, damit Sie ein Format nicht mehr löschen müssen.

10.11 Transparente Tabellen?

Ebenso wie ein Textrahmen kann auch eine Tabelle mit Effekten wie einem Schlagschatten gestaltet werden. Der einzige Unterschied ist jedoch der, dass InDesign nur die Transparenz des Textrahmens steuern kann, nicht jedoch die Zellenflächen! Die Zellinhalte oder der Tabellenhintergrund kennen also keine Transparenz – eigentlich schade, da eine transparente Zellenfläche als Gestaltungsmerkmal unabhängig vom Text wünschenswert wäre.

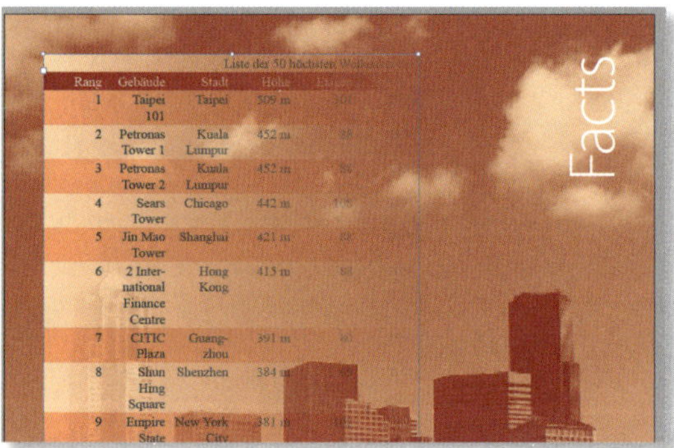

▲ **Abbildung 10.45**
Hier wurde eine Verlaufskante auf einen Textrahmen mit einer Tabelle angewendet.

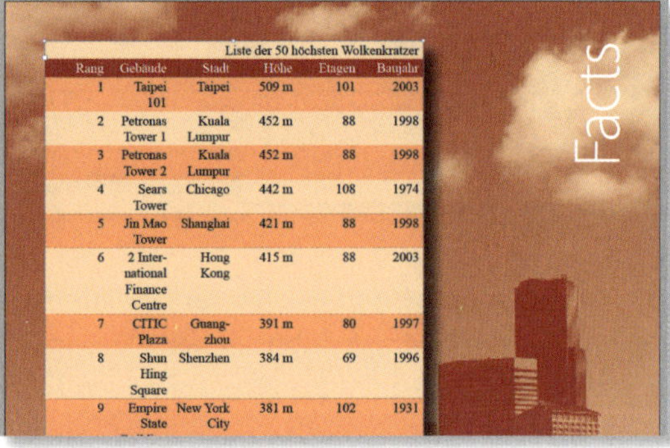

▲ **Abbildung 10.46**
Ein Schlagschatten fällt von einer Tabelle mit deckender Flächenfarbe.

Auch Schattenwürfe sind selbstverständlich möglich, wie auch Farbverläufe auf Zellenkonturen. Beachten Sie jedoch, dass Tabellen häufig während der Layoutphase geändert werden müssen. Folglich müssen eventuell auch alle grafischen Eigenschaften angepasst werden. Da eine Tabelle wie eine einzelne Zelle global formatiert werden kann, können sich die Effekte schnell anhäufen und unübersichtlich werden.

11 Gestalten mit Farben

KAPITEL 11

In diesem Kapitel wollen wir Ihnen zeigen, wie Sie in InDesign Farben anmischen oder auf bestehende Bibliotheken aus InDesign zugreifen können. Den technischen Hintergrund bildet das Farbmanagement, das wir bereits im gleichnamigen Kapitel 4 beschrieben haben. Für die Ausgabe von Farben lesen Sie bitte Kapitel 17, »Ausgabevorbereitung«.

Ob LAB, CMYK, RGB, Pantone oder HKS – InDesign bietet Ihnen alles Nötige, um die Welt der Farben zu erobern. Nutzen Sie die Farbfelder als Bibliothek für Ihr Layoutdokument, um Volltöne, Prozessfarben, Farbtöne, Verläufe oder Mischdruckfarben anzulegen. Tauschen Sie die Farben mit anderen Dokumenten aus.

Alle Rahmen können mit einer Farbfüllung und einer Kontur definiert werden. Ebenso wenden Sie Farben auf Schriften, Graustufen-Dateien wie TIFFs oder Photoshop-Dokumente oder Schwarz-Weiß-Bitmaps an.

▲ **Abbildung 11.1**
Flächen- und Konturfarbe werden in der Werkzeugpalette angezeigt.

11.1 Der Farbwähler

Die aktuelle Farbfüllung und -kontur eines Objekts oder Ihres aktuellen Werkzeugs erkennen Sie anhand der Werkzeugpalette.

Das Quadrat und die Kontur geben Ihnen immer eine Rückmeldung, welche Farben gerade angemischt sind. Ein rot durchgestrichenes Symbol zeigt Ihnen an, dass entweder keine Füllung oder keine Kontur ausgewählt ist. Mit einem Doppelklick auf Füllung oder Kontur öffnen Sie den Farbwähler, den Sie sicher schon aus Photoshop kennen.

Mit einem Klick in das Farbspektrum ❶ wählen Sie eine Farbe aus und sehen gleichzeitig die RGB-, LAB- und CMYK-Werte der Auswahl rechts angezeigt.

Der Farbkreis und das HSB-Modell

Wir kennen den Farbkreis als Farbmodell, um Farben nach dem Winkel auf dem Kreis auszuwählen. Dieses Modell ist in InDesign leider nicht wie in Photoshop vorhanden, daher müssen Sie sich nach Prozesswerten oder Farbbibliotheken richten.

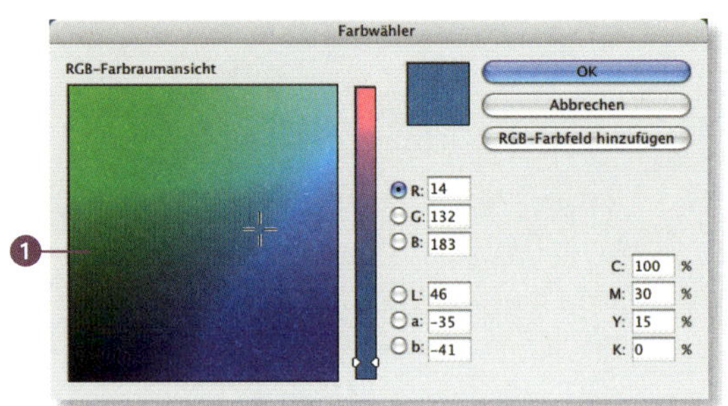

Abbildung 11.2 ▸
Der Farbwähler erleichtert das Anmischen von benutzerdefinierten Farben.

Intuitive Farbwahl

Um eine Farbe und verwandte Farben zu finden, setzen Sie zunächst bei H (Hue – Farbton), S (Saturation – Sättigung) oder B (Brightness – Helligkeit) einen Klick. Je nachdem, welche der drei Optionen aktiviert wurde, ändert sich das Aussehen des schmalen Farbbalkens in der Mitte des Farbwählers. Dort können Sie nun durch Verstellen des Schiebers die Farbe ändern – geändert wird eben entweder die Helligkeit, die Sättigung oder der Farbton, je nach der Voreinstellung, die Sie im ersten Schritt vorgenommen haben.

RGB | Wenn Sie einen der RGB-Buttons aktivieren, erscheint das Farbspektrum im RGB-Farbraum, und der Regler bestimmt die Werte für jeden Farbkanal von 0 bis 255. Ein absolutes Schwarz wird im RGB-Modus mit 0, 0, 0 wiedergegeben, ein absolutes Weiß mit 255, 255, 255 und ein neutrales Grau mit 128, 128, 128.

LAB | Im LAB-Modus hingegen bestimmt der L-Kanal die Luminanz von 0 bis 100 %. Die Werte a und b sind Achsen durch den LAB-Farbraum, die im Wert 0 einen Grauwert ergeben. a und b lassen sich jeweils von –127 bis +127 einstellen.

CMKY | Da das Anmischen von Farben im LAB-Modus äußerst ungewöhnlich und das Farbmodell abstrakt und dadurch wenig intuitiv für die tägliche Arbeit ist, wollen wir uns stattdessen auf die CMYK-Mischung konzentrieren: Aus Cyan, Magenta, Yellow und Black wählen Sie prozentual einen neuen Farbwert.

Dummerweise werden die CMYK-Werte aber nicht im Farbwähler angezeigt. Da ein CMYK-Farbraum immer eine Teilmenge von LAB ist, werden die Prozessfarben nur mit dieser Spektrumdarstellung korrekt wiedergegeben.

Zum Nachlesen
Ist Ihnen dieser Sachverhalt neu oder unklar, so sollten Sie sich eingehend mit Kapitel 4, »Farbmanagement«, beschäftigen.

11.1.1 LAB-, RGB- und CMYK-Farbfelder anlegen

Wenn Sie mit der Maus auf einen RGB-Wert klicken, erhalten Sie als dritten Button die Option RGB-Farbfeld hinzufügen. Mit einem Klick legen Sie ein neues Farbfeld an. Sobald Sie aber ein CMYK-Eingabefeld anwählen, wechselt der Button auf CMYK-Farbfeld hinzufügen. LAB-Farbfelder können Sie ebenso auf dieselbe Weise anmischen und anlegen.

Das zuvor angezeigte Ergebnis der angelegten Farben entspricht aber nicht der Umsetzung in den Farbfeldern. Je nachdem, wie Ihr Farbmanagement eingerichtet ist, weichen die Werte der Farbfelder um einige Prozent ab. Es bleibt Ihnen also nichts anderes übrig, als die Farbfelder gegebenenfalls zu korrigieren oder gleich in der Farbfelder-Palette anzulegen. Wie dies geschieht, lesen Sie im nächsten Abschnitt.

Farbquäler

So schön das Anmischen von Farben über den Farbwähler auch ist, so stellt sich doch die Frage, warum Adobe die Farbvorschau nur im RGB-Modus darstellt. Dadurch wird die Auswahl von Prozessfarben schwer, und eine Korrektur der Werte ist in jedem Fall nötig. Auch die Farbumfangswarnung fehlt, wenn die angewählte RGB-Farbe im CMYK-Ausgabefarbraum nicht ausgegeben werden kann. Hier sollte Adobe unbedingt nachbessern.

11.2 Die Farbfelder-Palette

InDesign verwaltet alle anwendungs- und dokumentspezifischen Farben in der Palette FARBFELDER, die Sie über das Menü FENSTER aufrufen.

Die Farbfelder-Palette

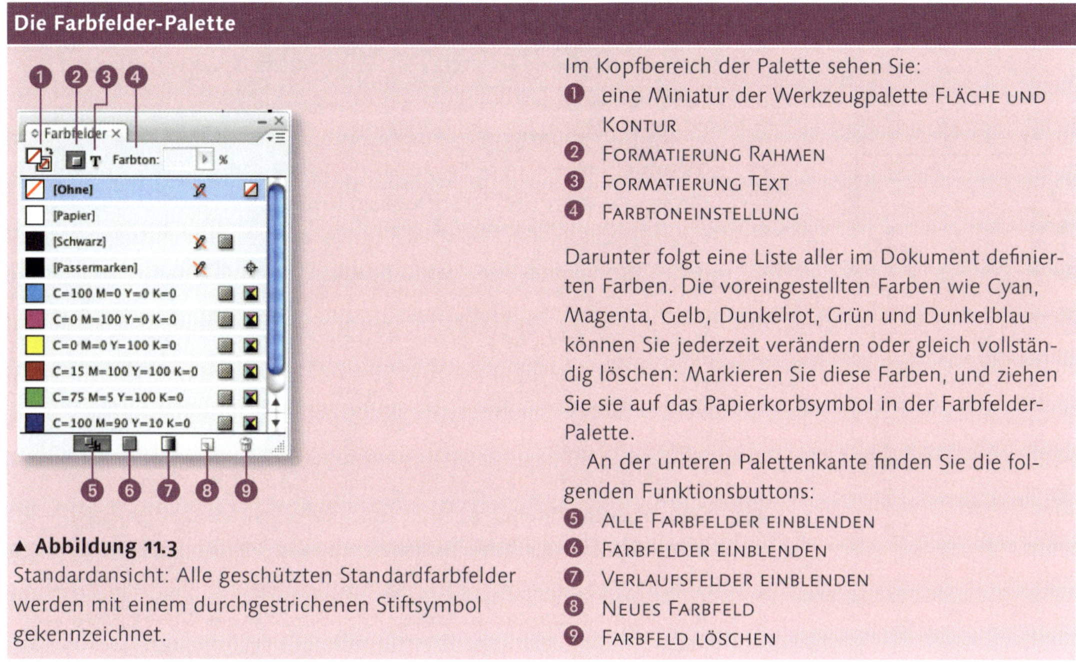

▲ **Abbildung 11.3**
Standardansicht: Alle geschützten Standardfarbfelder werden mit einem durchgestrichenen Stiftsymbol gekennzeichnet.

Im Kopfbereich der Palette sehen Sie:

❶ eine Miniatur der Werkzeugpalette FLÄCHE UND KONTUR
❷ FORMATIERUNG RAHMEN
❸ FORMATIERUNG TEXT
❹ FARBTONEINSTELLUNG

Darunter folgt eine Liste aller im Dokument definierten Farben. Die voreingestellten Farben wie Cyan, Magenta, Gelb, Dunkelrot, Grün und Dunkelblau können Sie jederzeit verändern oder gleich vollständig löschen: Markieren Sie diese Farben, und ziehen Sie sie auf das Papierkorbsymbol in der Farbfelder-Palette.

An der unteren Palettenkante finden Sie die folgenden Funktionsbuttons:

❺ ALLE FARBFELDER EINBLENDEN
❻ FARBFELDER EINBLENDEN
❼ VERLAUFSFELDER EINBLENDEN
❽ NEUES FARBFELD
❾ FARBFELD LÖSCHEN

11.2.1 Der Palettenaufbau

In der Standarddarstellungsform NAME werden Ihnen die Farbfelder mit einer genauen Farbbezeichnung aufgelistet, die entweder aus einer Farbbibliothek kommt (z. B. »Pantone Orange 021 C«) oder die Sie selbst definiert haben. In Abbildung 11.3 sehen Sie diejenigen Farben, die InDesign immer zur Verfügung stellt: [OHNE], [PAPIER] (Weiß), [SCHWARZ] (100 % K) und [PASSERMARKEN] (100 % C, 100 % M, 100 % Y und 100 % K).

Passermarker | Die Farbe PASSERMARKER dient zur Markierung von Schnittmarken, Passkreuzen etc., die auf allen späteren Farbauszügen zu sehen sein sollen, und ist als Vollton im CMYK-Farbraum definiert. Auch bei einer Ausgabe von Sonderfarben wie HKS- oder Pantone-Tönen werden diejenigen Objekte, die mit diesem Farbton definiert sind, auf dem Film mit ausbelichtet. Da Schnittmarken, Passkreuze oder Farbkontrollstreifen generell automatisch bei der Ausgabe auf den Film oder die Druckplatte ausbelichtet werden, sollten Sie das Anlegen von zusätzlichen Schnittmarken nur bei außergewöhnlichen Druck- oder

Farben sortieren

Die Liste der Farben können Sie sich nach Ihren Bedürfnissen sortieren: Klicken Sie auf ein Farbfeld, und ziehen Sie es mit gedrückter Maustaste an eine andere Position.

Stanzformen mit Ihrem Druckdienstleister besprechen. Diese Marken können auf dem Seiteninfo-Bereich angelegt werden. Lesen Sie dazu auch Kapitel 5, »Neue Dokumente«.

Die Symbole der Palette | In Abbildung 11.4 sehen Sie eine Auswahl verschiedener Farben aus den Farbräumen RGB, CMYK, HKS K und Pantone Solid Coated. Darüber hinaus werden auch Verlaufsfelder angezeigt. Die Farbfeldnamen ergeben sich automatisch aus den Farbwerten der Farbkanäle. An den Symbolen hinter den Farbnamen erkennen Sie, ob es sich um eine **Schmuckfarbe** handelt (weißes Quadrat mit grauem Innenkreis) oder ob das Farbfeld als **Prozessfarbe** definiert ist (graues Quadrat). Die zweite Symbolspalte beschreibt den Farbraum, aus dem die ausgewählten Farben stammen.

Farbfelder-Ansicht | Über den Befehl GROSSES FARBFELD im Palettenmenü stellen Sie die Ansicht der Farbfelder um. Hier werden Volltonfarben mit einem Punkt in der rechten unteren Ecke eines Farbfeldes gekennzeichnet.

Das Palettenmenü | Über das Palettenmenü der Farbfelder legen Sie mit der Auswahl der ersten Option NEUES FARBFELD ein Farbfeld an, definieren Verläufe, ändern bestehende Farbfelddefinitionen unter dem Punkt FARBFELDOPTIONEN oder verändern die Ansicht der Palette mit der Auswahl zwischen NAME, NAME (KLEIN), KLEINES FARBFELD oder GROSSES FARBFELD.

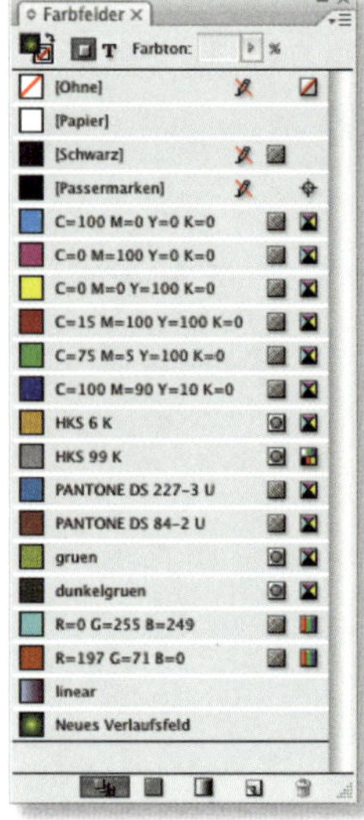

▲ **Abbildung 11.4**
Eine Farbauswahl aus den verschiedenen Modi CMYK, RGB, HKS K und Pantone Solid Coated. Die zusätzlichen Icons hinter dem Farbnamen kennzeichnen den Unterschied zwischen Prozess- und Volltonfarbe sowie die verschiedenen Farbmodelle.

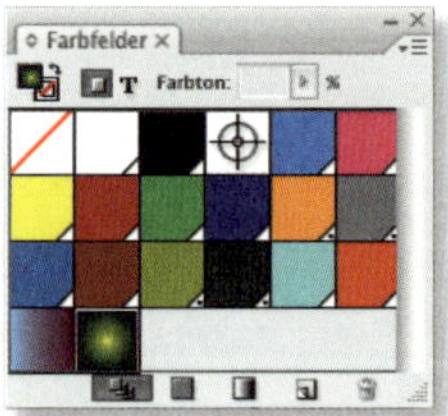

▲ **Abbildung 11.5**
Die großen oder kleinen Farbfelder eignen sich für die Kreativarbeit und nehmen deutlich weniger Platz ein als die Listenansicht. Die Farbfelder sind identisch zur Abbildung 11.4.

▲ **Abbildung 11.6**
Über FARBFELDOPTIONEN können Sie bestehende Definitionen ändern. Sowohl Volltonfarben als auch Farbtöne und Verlaufsfelder sind auf diese Weise editierbar. Sie erhalten die beschriebenen Auswahldialoge.

11.3 Farbfelder anlegen und löschen

Rufen Sie die Funktion NEUES FARBFELD im Palettenmenü auf. Sie erhalten einen Farbfeld-Dialog, in dem Sie die Farbe nach Farbtyp, Farbmodus und den Werten in den Farbachsen festlegen.

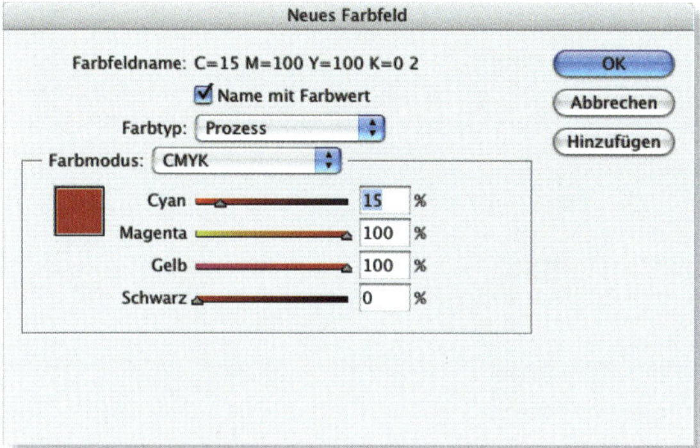

◀ **Abbildung 11.7**
Der Auswahldialog NEUES FARBFELD

11.3.1 Farbtyp

Die Auswahl des FARBTYPS richtet sich danach, ob Sie später die Farbe als Prozessfarbe im CMYK-Farbraum ausgeben wollen oder ob mit Vollton ein eigener Farbauszug ausbelichtet wird.

Eine Umwandlung von Vollton- in Prozessfarben ermöglicht die Funktion DRUCKFARBEN-MANAGER (siehe Abschnitt 11.8).

[Prozessfarben]
Die vier Farben Cyan, Magenta, Gelb und Schwarz (CMYK), aus denen im Vierfarbdruck alle anderen Farben erzeugt werden. Es gibt auch den Sechsfarbendruck, bei dem als zusätzliche Prozessfarben noch Grün und Orange hinzukommen.

11.3.2 Farbmodus

Über den FARBMODUS greifen Sie auf die InDesign-Farbbibliotheken zu, aus denen Sie vordefinierte Farben laden können.

[Volltonfarben]
Volltonfarben sind alle Sonderfarben wie HKS- oder Pantone-Farben sowie Gold, Silber oder eine Lackform.

LAB | Der LAB-Farbraum ist, wie schon in Kapitel 4, »Farbmanagement«, beschrieben, der theoretische Farbraum, der jede technisch reproduzierbare Farbe enthält. Dies beschränkt sich aber nicht nur auf den druckbaren CMYK-Farbraum, sondern beinhaltet auch die Farbräume RGB oder Hexachrome.

CMYK | Nach den Standarddruckfarben Cyan, Magenta, Yellow und Black mischen Sie in Prozentwerten die Farben an. In der Praxis liegt der maximale Farbauftrag bei ca. 300–350%. Beachten Sie bitte, dass Sie keine Farben anlegen, die zusammengenommen diesen Wert überschreiten. Ein solch hoher Farbauftrag kann dazu führen, dass das Papier nach der Bedruckung wellt, das Druckbild auf andere Bögen durchschlägt oder die Druckmaschine stoppt.

TIPP: Farben in der Helligkeit ändern

Wenn Sie eine Farbe mit Prozessfarben anmischen, können Sie mit gedrückter [Alt]-Taste einen Regler nach links oder rechts schieben. Dadurch werden alle anderen Farben proportional heller oder dunkler angepasst. Somit erspart Ihnen InDesign unnötig lange Versuche, den richtigen Prozentwert zu treffen.

HKS | Die Standarddruckfarben im deutschsprachigen Raum unterteilen sich in den E- Fächer für Endlosdruck, den N-Fächer

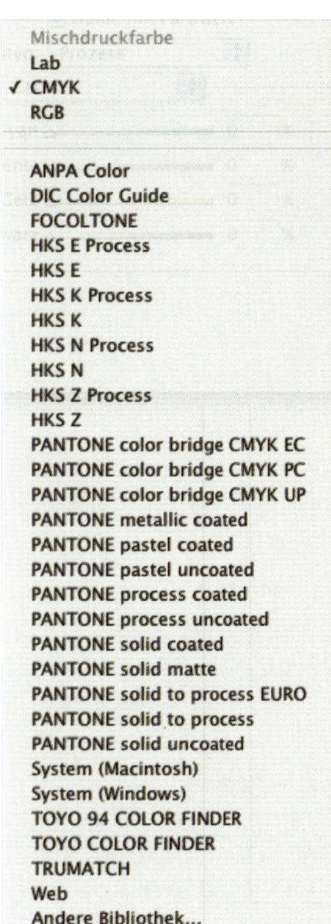

▲ **Abbildung 11.8**
Die Grundfarbräume und Farbbibliotheken der Farbmodusauswahl

für mattgestrichene Papiere, den K-Fächer für gestrichene Sorten und den Z-Fächer für den Zeitungsrotationsdruck. HKS-Töne werden grundsätzlich als Volltonfarbe angelegt. Hinzugekommen sind nun auch die HKS-Prozess-Fächer, also diejenigen Farben, die sich auch durch die einzelnen Prozessfarben Cyan, Magenta, Gelb und Schwarz wiedergeben lassen.

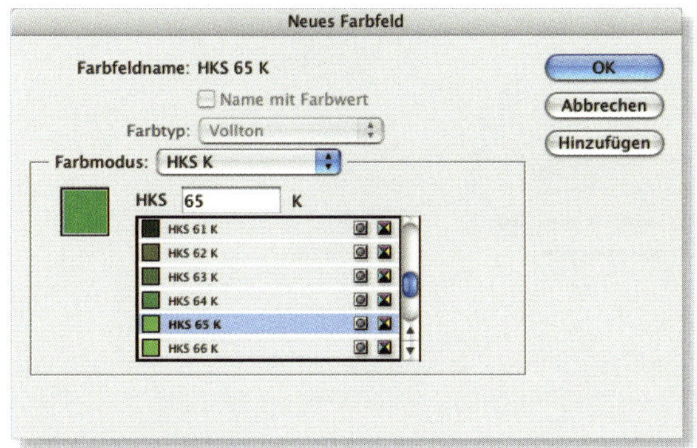

▲ **Abbildung 11.9**
Der Auswahldialog zur Anlage eines HKS-Farbtons

RGB | Farben im RGB-Modus werden in den Kanälen Rot, Grün und Blau definiert. Pro Farbkanal dürfen Sie aus 255 Farbnuancen auswählen. Sind alle Kanäle auf 0 gestellt, erhalten Sie Schwarz, im Gegenzug ergibt sich Weiß aus R = 255, G = 255 und B = 255. RGB-Farben werden von Digitalkameras, Monitoren und Foto-Belichtungsgeräten verwendet. Legen Sie RGB-Farbfelder nur dann an, wenn Sie die Layoutdaten medienneutral aufbauen, später für das Internet verwenden oder auf einem RGB-Belichtungsgerät wie z. B. einem Lambda-Belichter ausgeben wollen. Verwenden Sie RGB-Farben für den CMYK-Druck nur dann, wenn Sie zur automatischen Umrechnung für die Ausbelichtung mit Farbprofilen arbeiten, nach denen dann die Farbinformationen von RGB in CMYK umgerechnet werden.

Pantone | Pantone ist ein international verbreitetes Farbsystem von Sonderfarben. Auch dieses System ist in unterschiedliche Fächer eingeteilt: Process Coated für gestrichene Papiere besteht aus Farben, die sich aus einem Mischungsverhältnis der 4c-Grundfarben ergeben. Solid Coated ist ebenfalls für gestrichene Papiere, jedoch ohne Mischverhältnis. Solid Matte ist für mattgestrichene Sorten und Solid Uncoated für ungestrichene Papiere.

Wie die HKS-Töne werden auch diese als Volltöne angelegt. Fächer, die mit »Process« beginnen, führen nur Pantone-Farben auf, die sich auch durch die Grundfarben Cyan, Magenta, Yellow und Black mischen lassen. Somit ist die Reproduktion einer solchen Pantone-Farbe auch ohne separate Schmuckfarbe möglich.

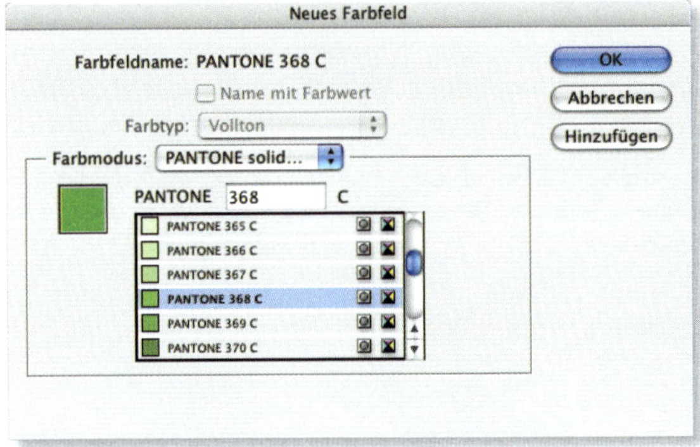

◂ **Abbildung 11.10**
Die Anlage eines Pantone-Farbtons

11.3.3 Farbnamen oder -bezeichnungen

Wenn Sie eigene Farben anmischen, empfehlen wir Ihnen, für die frei definierbare Bezeichnung entweder die Farbwerte zu verwenden oder die Verwendung im Dokument zu betiteln, ähnlich wie bei der Bezeichnung der Absatz- oder Zeichenformate. Verwenden Sie eine Farbe z. B. nur für Überschriften oder als gesamte Auszeichnungsfarbe, so sollten Sie passende Benennungen vergeben. Eine schlechte Benennung wäre z. B. »Mausgrau« oder »Aschgrau«, sinnvoll hingegen wäre »Pantone Cool Gray 5C« oder »L=51, A=0, B=0«.

11.3.4 Überflüssige Farben löschen

Alle nicht verwendeten Farben löschen | Wählen Sie die Option ALLE NICHT VERWENDETEN AUSWÄHLEN aus dem Palettenmenü an. Klicken Sie danach auf den Punkt FARBFELD LÖSCHEN..., um unnötige Farbfelder aus dem Dokument zu entfernen. Dies erspart Ihnen bei der Weitergabe der Dokumente an die Druckerei oder den Prepress-Dienstleister unnötige Probleme.

Löschen über den Papierkorb | Der Weg zum Papierkorb ist ebenfalls nicht weit. Wählen Sie einen oder mehrere Farbtöne aus, und ziehen Sie diese auf das Papierkorb-Symbol am Fuß der Farbfelder-Palette. InDesign fragt Sie danach, durch welche Farbe die zu löschende ersetzt werden soll. Zunächst wird immer Schwarz als Ersatzfarbe angegeben. InDesign benötigt unbedingt eine Ersatzfarbe, um eine lückenlose Farbdefinition zu erhalten.

Löschen über den Druckfarben-Manager | Als Alternative dazu steht Ihnen der Druckfarben-Manager zur Verfügung, mit dessen

Hilfe Sie durch die Alias-Funktion in der Ausgabe mehrere Farben zu einer Volltonfarbe (Druckkanal) zusammenfügen können. Diese Vorgehensweise ist eingehend in Kapitel 21, »Drucken«, beschrieben.

Tabelle 11.1 ►
Tastenkürzel für die Farbfelder-Palette

	Windows	Mac
Neues Farbfeld aus dem aktuellen Farbfeld erstellen	Alt + NEUES FARBFELD	⌥ + NEUES FARBFELD
Neues Volltonfarben-Farbfeld aus dem aktuellen Farbfeld erstellen	Alt + Strg + NEUES FARBFELD	⌥ + ⌘ + NEUES FARBFELD

11.4 Farbtonfelder anlegen

Um Layoutdokumente auch mit wenigen Sonderfarben lebendig zu gestalten, benötigen Sie Abstufungen der Volltonfarben.

Wählen Sie zunächst eine bestehende Vollton- oder Prozessfarbe in der Palette FARBFELDER mit einem Mausklick aus. Über das Palettenmenü rufen Sie mit der zweiten Funktion, NEUES FARBTONFELD, den Auswahldialog auf. Sie erhalten einen Dialog, der sehr ähnlich zu dem normalen Farbfeld-Dialog aufgebaut ist.

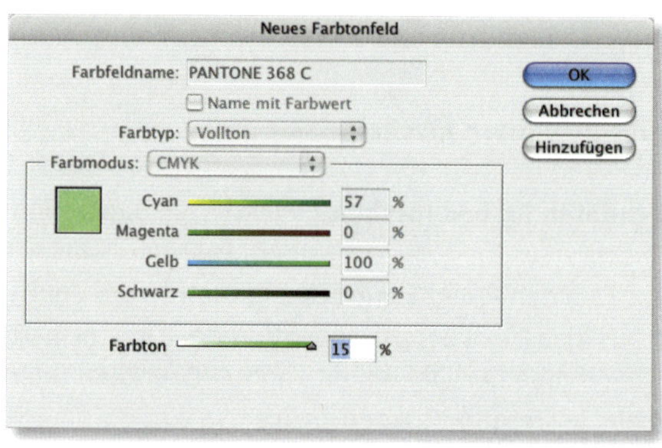

Abbildung 11.11 ►
Der Auswahldialog FARBTONFELD

Sie sehen die Farbfeld-Bezeichnung, den Farbmodus und die Farbwerte. Allerdings sind diese Funktionen ausgeblendet, dafür ist ein FARBTON-Regler hinzugekommen, mit dem Sie den Tonwert eingeben können. Wählen Sie z. B. einen Farbton von 35 %. Nach der Bestätigung erscheint der Farbton in Ihrer Farbfelder-Palette.

Im Eingabefeld des Farbtons im Kopf der Farbfelder-Palette sehen Sie diesen ausgewählten Prozentsatz. Beachten Sie, dass alle Objekte, die im Layout diesen Farbton tragen, bei einer Farbtonänderung ebenfalls umgefärbt werden.

Abhängige Farbtöne | Ändern Sie nun den Vollton, auf dessen Basis Sie den Farbton ausgewählt haben. Alle zugehörigen Farbtöne werden danach umgeschrieben; sie sind also abhängig vom Vollton. Ebenso funktioniert das Anlegen von Farbtönen mit Prozessfarben.

11.5 Verlaufsfelder anlegen

Egal ob Sie nun selten oder oft Verläufe als Gestaltungsmittel nutzen, hier zeigen wir Ihnen die zahlreichen Möglichkeiten, diese anzulegen.

11.5.1 Volltonverlauf

Beginnen wir mit einem Volltonverlauf. Öffnen Sie dazu über das Palettenmenü Neues Verlaufsfeld... den Verlaufsfeld-Dialog.

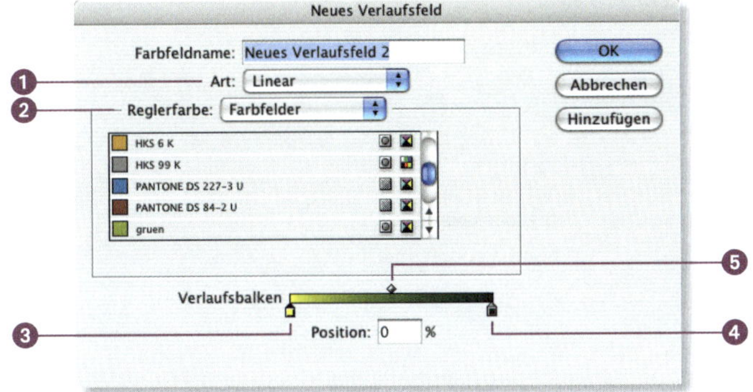

◂ **Abbildung 11.12**
Der Auswahldialog Verlaufsfeld

Geben Sie dem Verlauf einen treffenden Namen, und ändern Sie die Verlaufsart auf Linear oder Radial ❶. Außerdem stellen Sie die Reglerfarbe auf Farbfelder ❷. Damit stehen Ihnen die bereits angelegten Farbfelder oder Farbtöne für einen Verlauf zur Verfügung.

Klicken Sie danach auf den linken Farbregler unterhalb des Verlaufsbalkens ❸. Nun können Sie diesem Button ein bestehendes Farbfeld oder einen Farbton zuweisen. Klicken Sie danach auf den rechten Farbregler ❹, und wählen Sie auch hier den Vollton aus. In der wählen wir einen Verlauf von HKS 16K nach HKS 6K.

11.5.2 Asymmetrische Verläufe

Die Positionen der Farbfelder im Verlauf lassen sich verändern, indem Sie auf die Farbregler unterhalb des Verlaufsbalkens klicken und diese mit gedrückter Maustaste an eine andere Position ziehen. Sie sehen die neue Position in Prozentwerten unterhalb des Balkens.

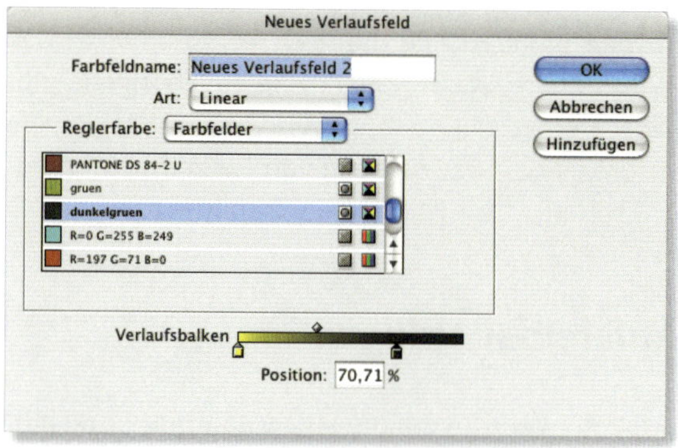

Abbildung 11.13 ▸
Verschieben der Farbfelder auf dem Verlaufsregler (Ausschnitt)

Den Verlaufsmittelpunkt ❺, der zunächst immer auf neutralen 50 % steht, können Sie ebenfalls anklicken und nach links oder rechts ziehen.

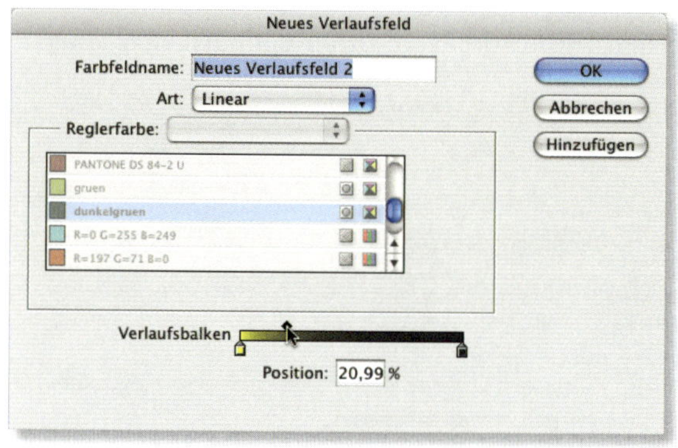

Abbildung 11.14 ▸
Verschieben des Verlaufsmittelpunktes zur Erzeugung eines asymmetrischen Verlaufs

Farben nummerisch bestimmen

Diese beiden Arbeitsschritte sind auch numerisch möglich, indem Sie zunächst auf einen Farbregler oder den Verlaufsmittelpunkt klicken und die gewünschte Position in die Eingabefelder eintragen.

Bestätigen Sie die Verlaufseingabe, und ein neues Verlaufsfeld erscheint in der Palette FARBFELDER.

11.5.3 CMYK-Verläufe: Regenbogen

Alternativ zu einem Volltonverlauf können Sie auch einen CMYK-Verlauf anlegen. Öffnen Sie den Dialog NEUES VERLAUFSFELD..., und klicken Sie auf einen Farbregler unterhalb des Verlaufbalkens. Wählen Sie als REGLERFARBE • CMYK aus und als ART • LINEAR. Definieren Sie die Farbwerte und die Positionen wie folgt. Die Verlaufsmittelpunkte sind jeweils auf 50 % gesetzt:

- 0, 100, 100, 0, Position 0 %
- 0, 0, 100, 0, Position 25 %
- 100, 20, 0, 0, Position 50 %
- 80, 100, 0, 0, Position 100 %

Wenn Sie die Eingabe bestätigen, erhalten Sie in der Farbfelder-Palette das neue Verlaufsfeld REGENBOGEN.

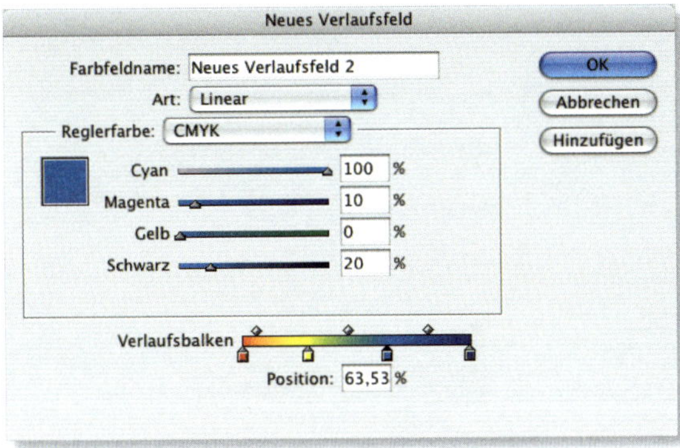

◀ **Abbildung 11.15**
Definition eines Regenbogen-Verlaufs

11.6 Farben suchen und ersetzen

Durch die neue InDesign-Funktion Suchen/Ersetzen können alle Objekte identifiziert und mit anderen grafischen Eigenschaften getauscht werden, auch die Farbfelder.

Wählen Sie einen Layoutrahmen aus, dessen Fläche mit einer Farbe aus den Farbfeldern gestaltet wurde. Rufen Sie aus dem Menü Bearbeiten die Funktion Suchen/Ersetzen auf.

Im Reiter Objekt finden Sie die Möglichkeiten, grafische Eigenschaften zu suchen. Klicken Sie in das graue Feld Objektformat suchen.

◀ **Abbildung 11.16**
Im Dialog Suchen/Ersetzen können Sie alle Eigenschaften eines Layoutrahmens suchen und durch andere ersetzen – darunter auch die Farbfelder.

Im nachfolgenden Fenster Optionen für Objektformatsuche rufen Sie unter dem Reiter Fläche alle Angaben für die Farben auf. Hier werden alle Farbfelder aufgeführt, die Sie mit einem Klick anwählen. Falls Sie die Farbe einer Kontur suchen und ersetzen wollen, werden Sie im nächsten Reiter, Kontur, fündig.

Der nächste Schritt ist selbsterklärend: Kehren Sie mit OK zum Suchen/Ersetzen-Dialog zurück, und geben Sie auf dieselbe Weise die Farbe für die Fläche an, die anstelle der ersten Angabe eingesetzt werden soll.

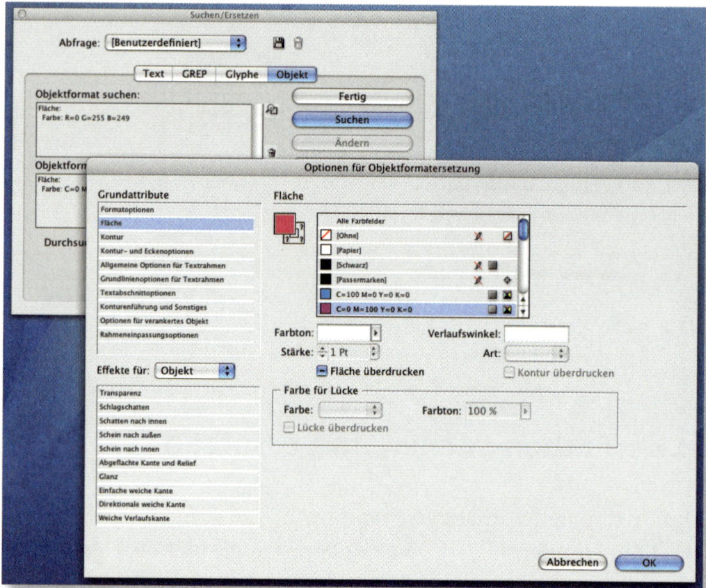

Abbildung 11.17 ▶
Die Optionen für die Suche nach Objektinformationen bietet die Auswahl der Farbfelder an.

Starten Sie danach mit Suchen, und ersetzen Sie die gewünschten Rahmen einzeln mit einem Klick auf Ändern oder alle auf einmal, indem Sie Alle ändern anklicken. Wie viele Rahmen gefunden wurden, gibt Ihnen InDesign danach aus.

11.7 Farbfelder austauschen

Alle angelegten Farbfelder speichern Sie als eigene Bibliothek, und Sie können diese somit in anderen Dokumenten nutzen. Somit können Sie die Farbvorgaben des Corporate Designs eines Kunden einmal in InDesign anlegen und auch auf anderen Arbeitsplätzen importieren. Darüber hinaus kann die Datei auch in Photoshop oder Illustrator importiert werden. Ebenso können Sie aus eben diesen Programmen stammende Bibliotheken in InDesign einlesen – Sie sehen, dass Adobe hier viele Brücken und identische Formate geschaffen hat.

11.7.1 Farbfelder Austausch speichern und laden

Farbfelder speichern | Wenn Sie eine Reihe von Schmuckfarben und Prozessfarben angelegt haben, so können Sie diese mit [⌘]+Klick bzw. [Strg]+Klick auswählen und über das Palettenmenü mit Farbfelder speichern exportieren. Die Farbfelder werden als Datei mit dem Kürzel .ase (Adobe Swatch Exchange) angelegt. Diese Datei können Sie nun auf Ihrem Computer belassen oder auf andere Arbeitsplätze verteilen.

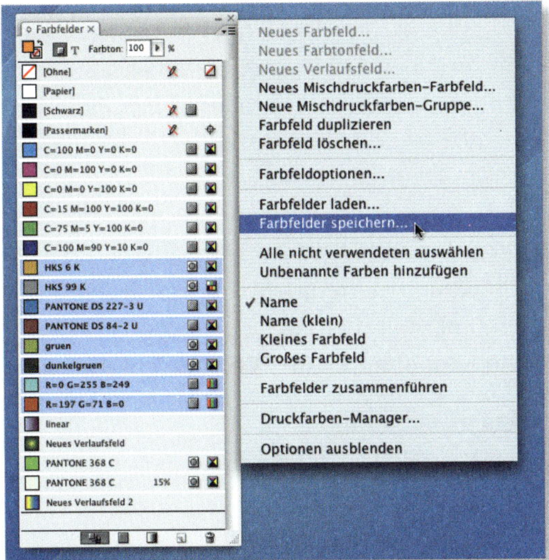

◂ **Abbildung 11.18**
Farbfelder werden zunächst exportiert und später in ein anderes Dokument geladen.

Farbfelder laden | Der Import erfolgt auf ähnliche Weise: Wählen Sie aus dem Palettenmenü die Option Farbfelder laden, und rufen Sie die Datei auf. Die importierten Farbfelder erscheinen in der Palette und können problemlos angewandt oder verändert werden. Eine Verknüpfung zu dieser Austauschdatei besteht nicht.

Import-Tipp

Der Import von Farbfeldern beschränkt sich nicht allein auf die Austauschdatei. Auch aus anderen InDesign-Dateien, Vorlagen (.indt) und Illustrator-Dateien (.ai oder .eps) lassen sich automatisch die verwendeten Farbfelder auslesen und hier importieren.

11.7.2 Platzierte Farbfelder löschen

Platzierte Dateien, die Schmuckfarben beinhalten (wie eine Mehrkanal-Photoshop-Datei, eine DCS 2.0-Datei, EPS- oder Illustrator-Dokumente), legen ihre Schmuckfarben auch automatisch in der Farbfelder-Palette ab. Solange ein solches Dokument platziert ist, kann die entsprechende Schmuckfarbe nicht gelöscht werden. Erst wenn Sie das Dokument entfernen, ist es auch möglich, die Schmuckfarbe über den Befehl im Palettenmenü Alle nicht verwendeten auswählen zu markieren und mit einem Klick auf den Papierkorb in der Farbfelderpalette zu löschen.

11.8 Der Druckfarben-Manager

Was kann der Druckfarben-Manager | Je kreativer gearbeitet wird, desto häufiger wird eine Unmenge an Farbfeldern entstehen. Es kommt hinzu, dass auch platzierte Dateien wie InDesign-Dokumente, PDF- oder EPS-Dateien Farben beinhalten, die InDesign beim Platzieren ausliest und als Farbfeld anlegt – da kommt es schnell vor, dass eine Schmuckfarbe beispielsweise als »Pantone 382 C« und gleichzeitig »Pantone 382C« oder nur einfach als »P 382« mehrfach im Dokument vorliegt. Um den

Überblick zu behalten, gibt es den Druckfarben-Manager, eine geniale Idee, an einem zentralen Ort Farben zu verwalten.

Darüber hinaus können Sie Schmuckfarben als Prozessfarben ausgegeben, doppelte oder falsch benannte Farben unterdrücken sowie die Reihenfolge der Überfüllung einrichten.

Druckfarben-Manager aufrufen | Diese Farbverwaltung rufen Sie über den vorletzten Punkt im Palettenmenü der Farbfelder auf.

Sollten Sie im Dokument Volltonfarben verwenden, so werden Ihnen alle Prozess- und Sonderfarben im Dialog aufgeführt.

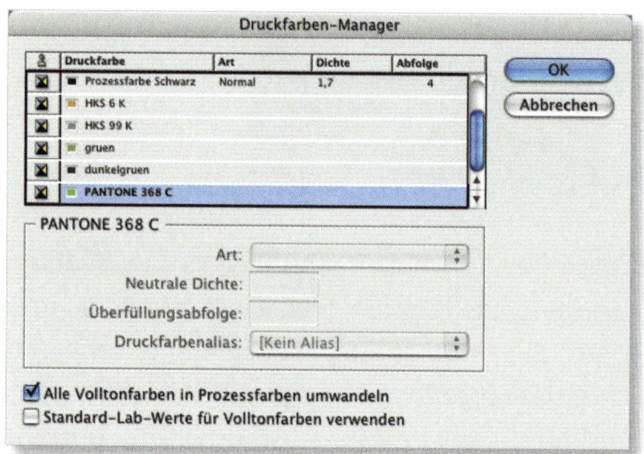

Abbildung 11.19 ▸
Der Druckfarben-Manager mit Prozessfarben und Volltonfarben

Hier erkennen Sie auf einen Blick, wie viele Separationen aus Ihrem InDesign-Dokument für die Belichtung exportiert werden würden.

Druckfarben-Manager und Separationsvorschau
In Kapitel 19, »Separationsvorschau«, gehen wir genauer auf das Zusammenspiel mit der neuen Darstellung der Ausgabefilme ein. Der Druckfarben-Manager ist auch hier aus dem Palettenmenü auswählbar und arbeitet wundervoll mit der Separationsvorschau zusammen, um Volltöne zu reduzieren oder vollständig in Prozessfarben umzuwandeln.

Alle Volltonfarben in Prozessfarben umwandeln | Wird das Dokument nur mit den Prozessfarben gedruckt, muss der zusätzliche Vollton umgewandelt werden. Dafür müssen Sie nun nicht das Vollton-Farbfeld nachträglich editieren, sondern wählen einfach die Option Alle Volltonfarben in Prozessfarben umwandeln an.

11.9 Farben in den Paletten Farbe und Verlauf frei anmischen

Die Farbwahl über die Palette Farbfelder hat den Vorteil, dass Sie diese definierten Farben jederzeit innerhalb des gesamten Dokuments einsetzen können. Auch in der Reinzeichnung sind die Farbangaben somit sichtbar, ohne jedes einzelne farbige Objekt überprüfen zu müssen. Wenn Sie jedoch Farben oder Verläufe frei anmischen möchten, so stehen Ihnen die Paletten Farbe und Verlauf zur Verfügung.

11.9.1 Die Palette Farbe

Rufen Sie die Palette FARBE über das Menü FENSTER auf. Blenden Sie über das Palettenmenü die Optionen ein, und wählen Sie abermals aus dem Palettenmenü den Farbmodus LAB, CMYK oder RGB aus. Die Palette zeigt die Farbkanäle an, über die Sie nun eine Farbe anmischen können.

Farben mit der Pipette anmischen

Am Fuß der Palette können Sie alternativ aus einem Farbspektrum mittels einer Pipette die Farbe anwählen. Wenn Sie die Maustaste gedrückt halten und die Pipette über das Spektrum ziehen, sehen Sie gleichzeitig die CMYK- oder RGB-Farbwerte darüber.

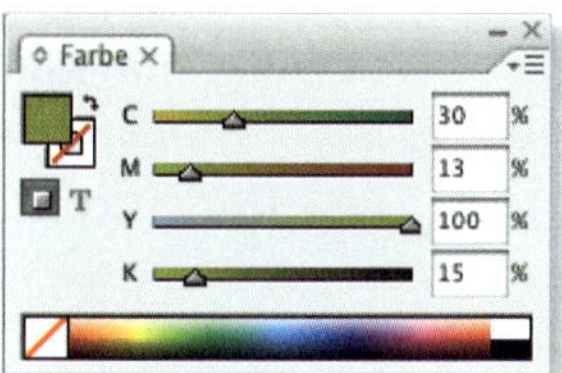

▲ **Abbildung 11.20**
Die Palette FARBE

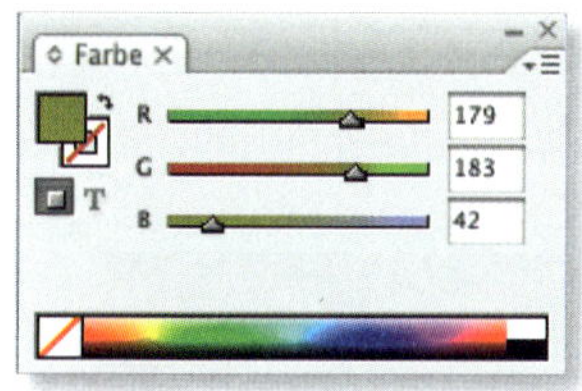

▲ **Abbildung 11.21**
RGB-Farben können ebenso angemischt werden.

Eine ausgewählte Farbe darf hier den Farbfeldern hinzugefügt werden, um im gesamten Dokument auch andere Objekte damit zu kolorieren. Wählen Sie dazu im Palettenmenü den letzten Punkt, DEN FARBFELDERN HINZUFÜGEN, aus.

11.9.2 Die Palette Verlauf

Die Palette VERLAUF wird ähnlich gehandhabt. Auch hier empfehlen wir, die Optionen einzublenden, da sonst nur ein Farbspektrum zu sehen ist. Hier können Sie ebenso einen Regenbogen-Verlauf auf einfache Weise erzeugen: Klicken Sie zunächst auf das Spektrum, und mischen Sie genau wie in der Farben-Palette im CMYK-Modus einen Rotton, danach einen Gelb-, Blau- und violetten Ton an.

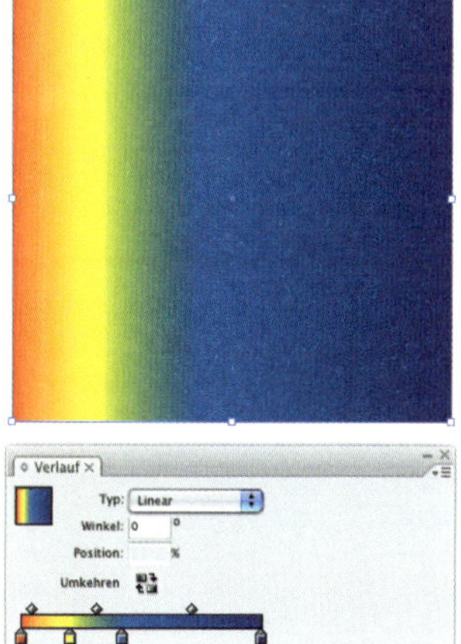

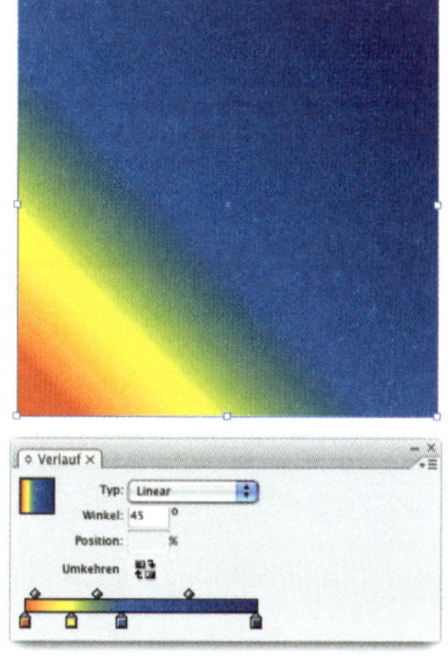

◂◂ **Abbildung 11.22**
Mehrfarbverlauf

◂ **Abbildung 11.23**
Gedrehter Verlauf

Auch hier dürfen Sie die Positionen der Farben und der Verlaufsmittelpunkte numerisch über POSITION definieren. Die Eigenschaft, ob es sich um einen linearen oder radialen Verlauf handelt, wählen Sie im Pulldown-Menü TYP.

Der WINKEL bestimmt die Richtung: 0 Grad ist ein horizontaler Verlauf, 90 Grad ein senkrechter. Die Gegenwerte wären 180 Grad und 270 Grad, um den Verlauf umzudrehen. Stattdessen klicken Sie auf den Button UMKEHREN, der die Verlaufssymmetrie spiegelt.

Abbildung 11.24 ▸
Ein radialer Farbverlauf

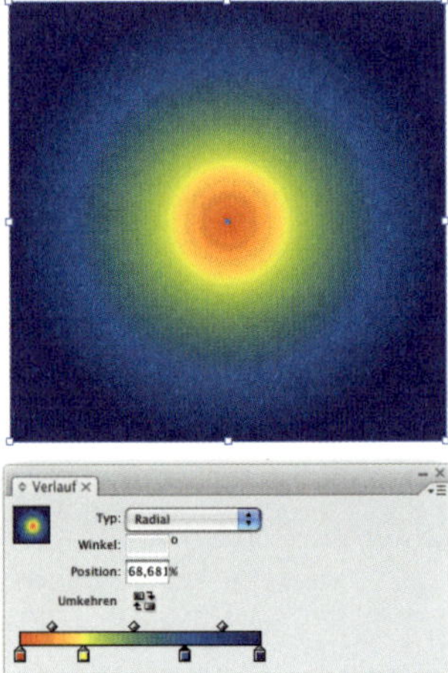

11.9.3 Farbverläufe als Verlaufsfelder definieren

Auch einen Verlauf können Sie von hier übernehmen, leider fehlt jedoch dieser Punkt im Palettenmenü.

Färben Sie einen Rahmen mit dem Verlauf ein. Klicken Sie danach einfach in der Farbfelder-Palette auf das Blatt-Symbol, und der angemischte Verlauf wird sofort als Feld übernommen.

Bestehende Vollton- und Prozessfarbfelder, Farbtöne oder Verläufe können als Ausgang für die Farbmischung dienen. Klicken Sie zunächst in der Farbfelder-Palette auf das gewünschte Feld. In der Farbe-Palette werden die Felder direkt übernommen, Sie können nun einen Farbton auswählen, eine neue Mischfarbe erstellen oder den Verlauf editieren. Das Ausgangsfeld wird dadurch nicht verändert.

Tabelle 11.2 ▸
Tastenkürzel für die Arbeit mit Farben

	Window	Mac
Farbe-Palette: Alle Farbregler gleichzeitig verschieben	⇧ + Regler ziehen	⇧ + Regler ziehen
Anderer Farbmodus (CMYK, RGB, LAB)	⇧ + auf Farbbalken klicken	⇧ + auf Farbbalken klicken

11.10 Mischdruckfarben

Wenn Sie zwei Farben miteinander mischen, erhalten Sie in der Regel einen Mischton, der an Leuchtkraft gegenüber den Basisfarben einbüßt. Je mehr Farben Sie miteinander mischen – egal ob Prozess- oder Sonderfarbe –, desto »erdiger« wird der Ton.

11.10.1 Mischdruckfarben anlegen

Zusätzlich zu den herkömmlichen Farbdefinitionen als Farbfelder können Sie mit InDesign CS3 sogenannte Mischdruckfarben erzeugen. Was der Name ausdrücken soll: Jede Farbe ist mit jeder anderen mischbar! Theoretisch lässt Ihnen InDesign die Freiheit, eine LAB-Farbe, eine RGB-Farbe mit einer Sonderfarbe aus dem HKS-Fächer sowie einer Prozessfarbe wie Cyan zu mischen. Wie Sie bereits bemerkt haben, liegt die Betonung auf »theoretisch«, denn wirklich Sinn machen nur Mischverhältnisse, die reproduzierbar bleiben. Niemand wird voraussagen können, wie ein solcher Mischton separiert wird.

Für einen günstigen zweifarbigen Druck mit Sonderfarben – z. B. mit HKS 3K und HKS 42K – können problemlos Mischtöne erzeugt werden. Dazu rufen Sie die Farbfelder-Palette auf. Über das Palettenmenü erreichen Sie mit der Option NEUES MISCHDRUCKFARBEN-FARBFELD den Mischdialog.

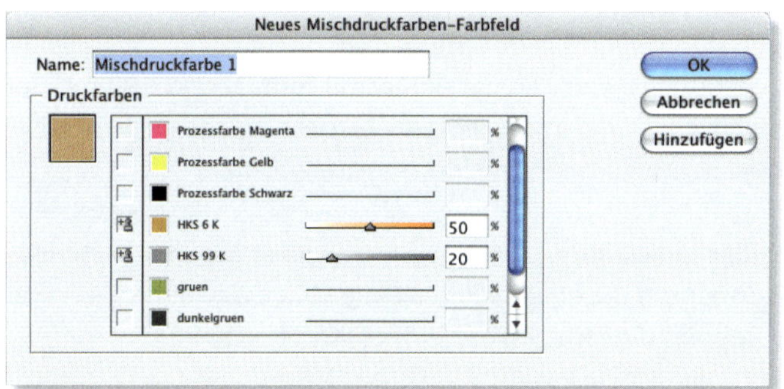

◂ **Abbildung 11.25**
Ein neues Mischdruckfarben-Farbfeld aus zwei Schmuckfarben. Zwei Schmuckfarben können somit zu neuen Tönen gemischt werden – eine interessante Alternative für die Gestaltung von zweifarbigen Layoutdaten.

Farbtöne mischen | Sie sehen alle definierten Farben und können nun über den Prozentregler die Farbtöne miteinander kombinieren. Beachten Sie bitte wie auch in der konventionellen Farbfelddefinition, dass Farbtöne unterhalb eines Mindestwertes nicht gedruckt werden.

Schwarzton | Abgesehen von diversen Zwischentönen, die durch die Kombination der Werte erreicht werden können, mischen Sie einen Schwarzton aus zwei oder mehreren Sonderfarben mit mehr als 95 % Tonwert. Beachten Sie dabei, dass es sich natürlich nicht um ein korrektes Tiefschwarz handelt, sondern dadurch

Farbe und Schrift

Wenn Sie eine Mischfarbe verwenden, um Schriften unterhalb von 12 Punkt Schriftgröße einzufärben, beachten Sie bitte, dass dadurch die Schrift um einen halben Schnitt fetter erscheinen kann, da hier zwei oder mehr Platten übereinander gedruckt werden. Auch durch die zusätzliche Aufrasterung können die Schriften häufig an den Kanten ausfransen: Es entsteht der Eindruck, dass die Schrift unscharf oder verwackelt ist.

Dies betrifft natürlich auch jeden Farbton, der aus Prozessfarben gemischt wird. Bei leichtem Versatz im Offsetdruck können so Blitzer entstehen. Verwenden Sie daher aus typografischer Weitsicht nur eindeutige Sonderfarben für kleine Punktgrößen, oder planen Sie den Druckzuwachs mit ein, indem Sie keine allzu feingliedrige serifenbetonte Antiqua einsetzen.

ein geschönter, »sehr dunkler« Farbton entstehen kann. Ein tiefes geschöntes Schwarz mischen Sie z.B. aus dem Prozesskanal »Black« und einer zusätzlichen Farbe im Blau-, Rot- oder Grünbereich.

11.10.2 Gesamtfarbauftrag

In diesem Zusammenhang sei noch einmal auf den Gesamtfarbauftrag hingewiesen: Mehr als 300–350% der miteinander addierten Farbtöne – ganz gleich ob es sich um einen hellen Gelbton oder einen dunklen Blauton handelt – verträgt der Offsetdruck nicht! Das Druckbild kann die Rückseite des darüber liegenden Druckexemplars durchschlagen, oder sie können sogar miteinander verkleben. Dies bezieht sich auch auf Sonderfarben: Vier Schmuckfarben zu je 100% Auftrag ergeben 400%, egal welche Farbtöne – helle oder dunkle – damit abgebildet werden.

Um diesen Fall auszuschließen, öffnen Sie die Separationsvorschau, die wir in Kapitel 19 noch vorstellen: Hier lassen sich über die Funktion FARBUMFANG solche Flächen an einer roten Hervorhebung erkennen, deren Farbauftrag den eingestellten Wert übertrifft. Je nach Druckart sind unterschiedlich hohe Werte zulässig.

11.10.3 Mischdruckfarben-Gruppen

Neben der Anlage eines Mischdruckfarben-Farbfeldes können Sie auch gleich eine Gruppe möglicher Kombinationen anlegen. Bis zu 1000 Farbfelder lassen sich somit in InDesign CS3 mit der Funktion NEUE MISCHDRUCKFARBEN-GRUPPE anlegen, die Sie über das Palettenmenü der Farbfelder-Palette aufrufen.

Farbfelder auswählen | Wählen Sie zunächst aus den bestehenden Farbfeldern diejenigen aus, die die Gruppe bilden sollen. Für unser Beispiel dienen die Farbfelder HKS 6K und 99K.

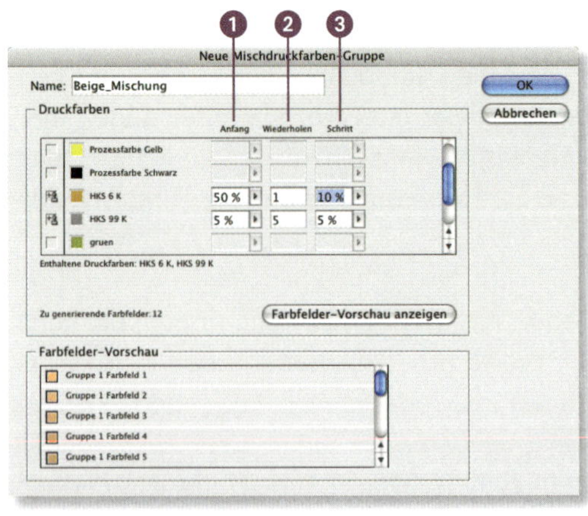

Abbildung 11.26 ▸
Eine Gruppe aus Mischdruckfarben greift auf bestehende Farbfelder zurück.

Anfang, Wiederholen, Schritt | Jedes Farbfeld definieren Sie jeweils mit einem Anfangswert ❶, einer Wiederholrate ❷ und einer Schrittweite ❸. ANFANG und SCHRITT werden prozentual wie bei den bereits beschriebenen Farbtonfeldern angegeben. Die Wiederholung gibt an, wie oft das Farbfeld um die Schrittweite erweitert wird.

Für das Beispiel ergeben sich zwei Reihen an Farbfeldern. HKS 6 K wird einmal mit 50% und einmal mit 60% gemischt. HKS 99 K wird in fünf Abstufungen von 5% bis 30% hinzugemischt.

Gleichmäßige Mischung | Zum einen lassen sich alle Felder gleichmäßig mischen, indem alle einen identischen Anfangswert, eine identische Wiederholung und Schrittweite besitzen. Mischen Sie beispielsweise ein Gelb mit einem Blau, so erhalten Sie durchgängige Helligkeitsabstufungen desselben Grüntons, da das Mischverhältnis der Farben zueinander immer gleich bleibt.

Unregelmäßige Mischung | Verändern Sie jedoch die Schrittweite oder die Wiederholung, erhalten Sie eine scheinbar unregelmäßige Mischung. Somit erzeugen Sie eine Farbgruppe, die Sie hauptsächlich zur kreativen Anwendung nutzen können.

▲ **Abbildung 11.27**
Eine Mischgruppe wird entweder als Farbname oder als Miniatur angezeigt.

Mischgruppe in der Farbfelder-Palette | In der Farbfelder-Palette stellt sich diese Mischgruppe als Liste dar. Überflüssige Farbmischfelder löschen Sie aus der Palette, ohne dass die anderen Abstufungen davon beeinflusst werden.

Optionen für Mischdruckfarben-Gruppen | Wollen Sie die ausgewählten Farben der Mischung nachträglich ändern, so wird die Mischgruppe in den Farbfeldern mit einem eigenen Symbol angezeigt ❹. Mit einem Doppelklick in diese Mischgruppe gelangen Sie in die Optionen zurück, in denen Sie die Ausgangsfarben ändern oder Schmuckfarben für die Gruppe in Prozessfarben umwandeln können.

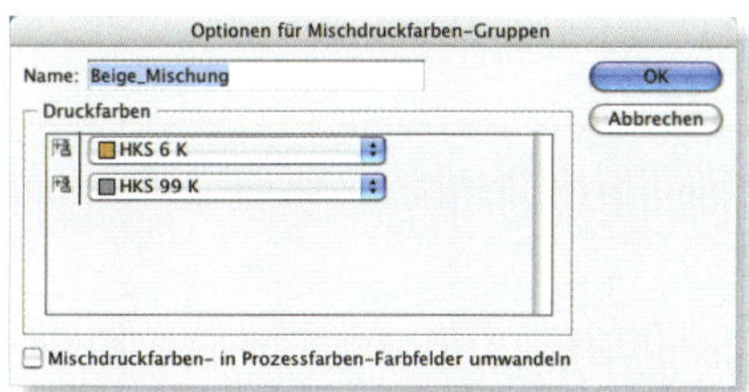

◀ **Abbildung 11.28**
Die Druckfarben einer Mischgruppe lassen sich nachträglich ändern.

Wenn Sie hier anstatt der angegebenen Farbe HKS 6K eine andere wählen, so werden auch alle Mischtöne der Gruppe passend dazu geändert.

12 Dateien platzieren und verknüpfen

In diesem Kapitel erfahren Sie, welche Dateiformate für die Platzierung von Bild- und Vektordateien in InDesign geeignet sind, wie Sie die Bild- und Vektordokumente parallel bearbeiten und welche Optionen Ihnen für das Layout zur Verfügung stehen.

12.1 Der Dateiimport

InDesign akzeptiert nahezu alle Standardformate für Bild- und Vektordateien von TIFF, EPS, JPEG, BMP bis zu PDF mit Ausnahme von JPEG2000. Darüber hinaus können Sie nun in InDesign CS3 native InDesign-, Photoshop- oder Illustrator-Dokumente importieren, in denen Ebenen, Ebeneneffekte, Einstellebenen, Freistellpfade, Schmuckfarben oder Alphakanäle integriert sind – ein genialer Vorteil für alle Designer, die unter Zeitdruck schnelle Ergebnisse präsentieren müssen und sehen wollen, ob sich ein Photoshop-Composing auch gut in das Layout einfügt.

Mehrfach platzieren | Die neue Funktion Mehrfach platzieren unterstützt Sie zudem, Bilder auf dem Arbeitsplatz, dem Finder oder aus der Bridge auszuwählen und per Drag & Drop in das Layout zu ziehen. Die genaue Arbeitsweise im Zusammenspiel mit den Rahmeneinpassungsoptionen zeigen wir Ihnen im gleichnamigen Abschnitt 12.4.3.

Photoshop-Dateien | InDesign erkennt auch Photoshop-Dateien mit allen Ebenen und den flexiblen Ebenenkompositionen, die Sie in der Layoutansicht austauschen können. PDF-Dateien können ebenfalls Ebenen beinhalten, die Sie auch nach dem Platzieren in InDesign austauschen können. Mehrseitige PDF-Dateien können Sie nun in dieser Version in einem Arbeitsschritt platzieren.

Die Nachteile, die durch die hohe Flexibilität von InDesign entstehen, sind zum einen die recht großen Dateien, die mit der Layoutdatei verknüpft werden, und zum anderen die mangelnde

Was ist mit XML, QuickTime-Movies und AVI-Dateien?
Ja, Sie haben richtig gelesen: InDesign kann als Layoutwerkzeug auch strukturierte Daten in Form von XML-Dateien und Filme platzieren. Wie Sie die XML-Dateien platzieren und verknüpfen, lesen Sie bitte in Kapitel 25, »XML-Publishing«, nach, QuickTime- oder AVI-Filme platzieren Sie wie Bilder und verwenden sie für interaktive PDF-Dateien, was in Kapitel 30, »Interaktive PDF-Dokumente« beschrieben ist.

Datentransparenz für die Druckdienstleister, denn wer weiß schon, ob noch eine weitere Photoshop-Ebene sichtbar sein soll oder nicht? InDesign löst dieses Problem mit der überaus komfortablen Verknüpfungen-Palette, über die alle platzierten Dokumente – auch Text- oder Tabellendateien – verwaltet werden. Im Einzelnen wollen wir Ihnen die Unterschiede der Dateiformate beim Platzieren erläutern.

12.1.1 Dateien platzieren

Die Funktion PLATZIEREN rufen Sie im Menü DATEI auf oder wählen den Tastenbefehl [Strg]/[⌘]+[D].

Importoptionen | Aktivieren Sie zuerst die Importoptionen über IMPORTOPTIONEN ANZEIGEN, und klicken Sie danach die betreffende Datei an. Je nach importiertem Dateiformat erhalten Sie zusätzliche Funktionen. Die Abbildung zeigt zum Beispiel Importoptionen für das Photoshop-Format mit Ebenenkompositionen.

Abbildung 12.1 ▶
Das normale Platzieren einer Photoshop-Datei mit eingeblendeten Importoptionen ermöglicht die Auswahl einer Ebenenkomposition.

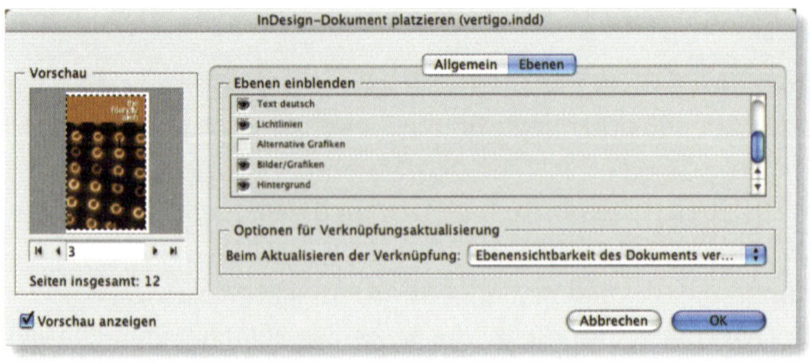

Abbildung 12.2 ▶
Neuerdings können Sie auch InDesign-Dateien platzieren. Dabei wählen Sie die entsprechenden Seiten und die Ebenen aus.

Farbmanagement | Alle Farbprofile von PSD-, INDD-, AI-, TIFF-, JPEG- oder BMP-Formaten können mit aktiviertem Farbmanagement in InDesign angesteuert werden. Beim Dateiimport wählen Sie, ob Sie eingebettete Profile in den Arbeitsfarbraum konvertieren möchten und mit welcher Umrechnungsart das geschehen soll. Nur ein konsequent durchgängiger Workflow garantiert Ihnen eine optimale Bildschirmdarstellung. Lesen Sie hierzu auch Kapitel 4, »Farbmanagement«.

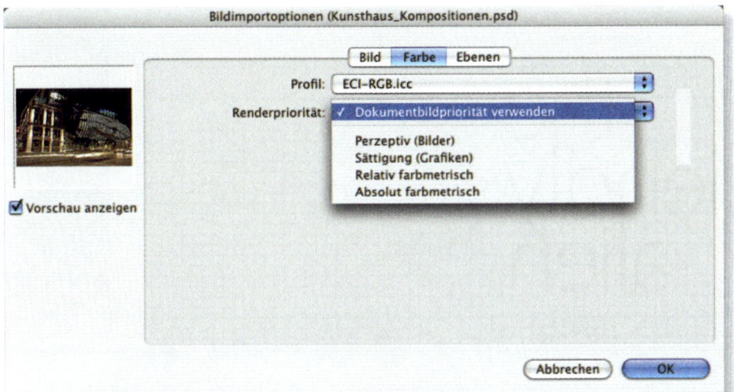

◂ **Abbildung 12.3**
Importoptionen für das Farbmanagement

Sehr gut eignen sich natürlich das Photoshop- und das Photoshop-PDF-Format – Letzteres nicht nur wegen der Erhaltung der Ebenen und Transparenzen, sondern auch durch die interne Komprimierung der Daten.

Platzierencursor | Nach Bestätigung dieses Dialogs zeigt Ihnen InDesign das Platzieren-Symbol im Mauszeiger mit einem Pinsel an einem Winkel und einer neuen Vorschau an. Klicken Sie an die gewünschte Stelle im Layout, und die Datei wird eingefügt.

12.1.2 Import über Drag & Drop

Die einfachste Methode, eine Datei zu platzieren, ist es jedoch, aus einem Dokumentenfenster heraus die gewünschte Datei mit gedrückter Maustaste per Drag & Drop in das Layout zu bewegen. Somit ersparen Sie sich die Auswahl des Dokuments über den Platzieren-Dialog. Die Importoptionen sind jedoch nicht wählbar, und mit welchen Einstellungen zum Farbmanagement das Bild eventuell konvertiert wird, übernimmt InDesign aus den Standardvorgaben.

Zur besseren Übersicht wird Ihnen die Dateivorschau halbtransparent angezeigt, bis Sie die Maustaste über dem Layoutfenster von InDesign loslassen und somit die Datei platzieren. Neu hingegen ist die Vorschau, die InDesign berechnet. Dazu wird kurzzeitig eine kleine JPEG-Datei berechnet, damit Sie das Motiv besser beurteilen können.

ID

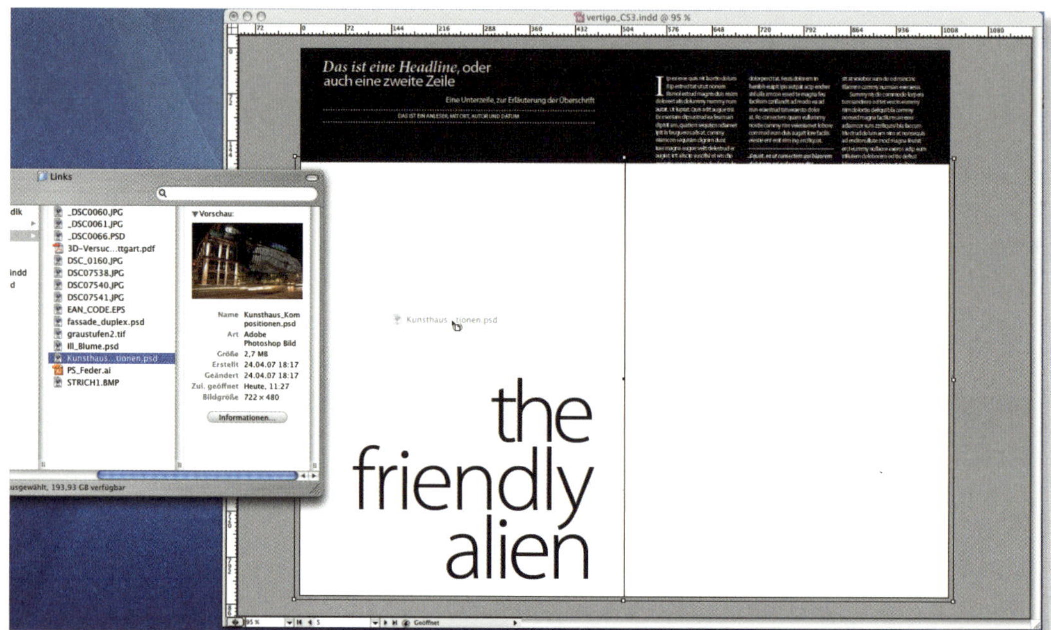

Abbildung 12.4 ▲
Ziehen Sie das Bild aus dem offenen Dateifenster Ihres Finders oder Arbeitsplatzes in das Layout. Die neue Vorschau zeigt Ihnen die Datei vor dem Platzieren an.

12.1.3 Mehrfach-Platzieren mit der Adobe Bridge

Alternativ können Sie auch über die Adobe Bridge die gewünschte Datei in das Layout befördern. Dazu starten Sie die Bridge und wählen den Kompaktmodus, indem Sie den Tastaturbefehl [⌘]/[Strg]+[↵] aufrufen. Das Fenster der Bridge wird sofort verkleinert. Klicken Sie nun die gewünschte Datei an, und ziehen Sie sie mit gedrückter Maustaste in das Layoutfenster im Hintergrund. Eine transparente Darstellung der Dateivorschau wird zwischenzeitlich sichtbar, bis Sie die Maustaste loslassen.

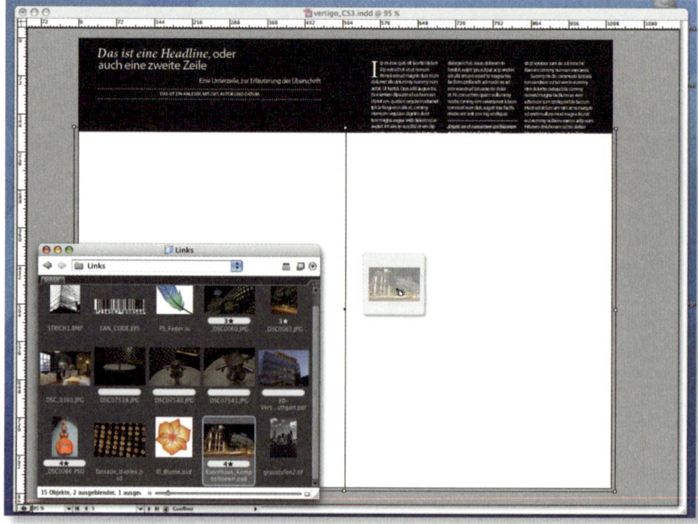

Abbildung 12.5 ▶
Die verkleinerte Bridge im Vordergrund dient als Tablett, von dem die Bilder per Drag & Drop in das Layout gezogen werden.

Mehrfachauswahl | Auch eine Mehrfachauswahl ist möglich: Klicken Sie mit gedrückter [⇧]-Taste die Datei-Icons in der verkleinerten Bridge an, und ziehen Sie die Dateien ebenfalls in das Layoutfenster von InDesign. Dabei wird die Mehrfachauswahl durch ein Icon mit mehreren Blattsymbolen sichtbar. Sobald Sie nun in das Layout klicken, berechnet InDesign eine visuelle Vorschau (als JPEG-Datei) von allen zu platzierenden Bildern und Dokumenten, die übereinander gestapelt werden. Das erfordert einen kurzen Augenblick Rechenzeit. Danach sehen Sie das neue Platzieren-Werkzeug mit der Vorschau und einer Ziffer mit der Anzahl der Bilder im Stapel.

Wenn Sie nun in das Layout klicken, wird das jeweils obere Dokument im Stapel platziert, die anderen Bilder bleiben am Mauszeiger »hängen«, bis alle Dokumente platziert worden sind.

Bildauswahl im Stapel

Die Auswahl des Bildes im Stapel erfolgt durch die Pfeiltasten: Drücken Sie die [↑] oder [↓], und Sie blättern durch den Stapel, der sich an Ihrem Mauszeiger befindet. Mit der Taste [ESC] können Sie das obere Bild aus dem Stapel löschen.

Mehrfache Texte platzieren

Auch mehrere Texte können Sie in einem Schritt platzieren. Dabei erscheint eine kleine Textvorschau. Das Durchblättern des Stapels funktioniert ebenfalls bei Texten. Auch das Platzieren gemischter Dokumentenarten ist möglich.

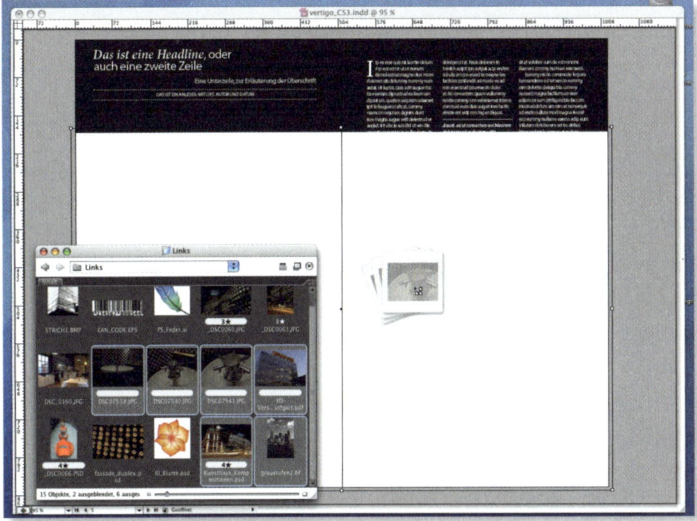

◂ **Abbildung 12.6**
Mehrere Bilder werden mit [⇧]+Klick ausgewählt und in einem Arbeitsschritt in das Layout platziert, bis die Vorschau erscheint.

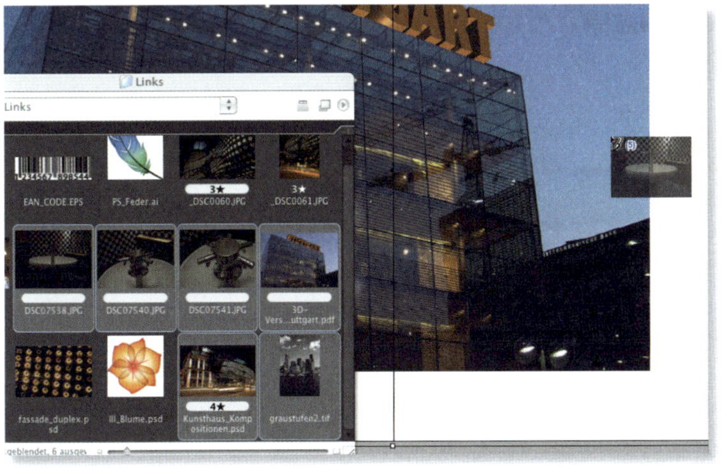

◂ **Abbildung 12.7**
Ist ein Bild platziert worden, erscheint das jeweils nächste Dokument im Stapel. Durch Blättern mit den Pfeiltasten nach oben oder nach unten können Sie auch ein anderes Dokument im Stapel aussuchen.

12.1.4 CMYK oder RGB?

In Platzhalter-Rahmen platzieren

Natürlich können Sie auch gleich die Dokumente in vorbereitete Platzhalter-Rahmen einfügen. Dazu lesen Sie bitte Abschnitt 12.4.3, »Rahmeneinpassungsoptionen«.

Ob Sie CMYK- oder RGB-Dateien in InDesign platzieren, sollten Sie nach der Ausgabeform entscheiden. Wie in Kapitel 11, »Farben«, beschrieben wurde, stellen sich hier dieselben Fragen: Arbeite ich mit Schmuckfarben? Wird das Dokument auf einer Offsetmaschine gedruckt oder auf einem Foto-Belichter ausgegeben? InDesign erlaubt Ihnen, während der Layoutarbeit alle Farbräume nebeneinander zu nutzen und somit medienneutral zu produzieren. Auch wenn Ihnen hier ein sehr großer Spielraum eingeräumt wird, sollten Sie darauf achten, dass alle platzierten Bilddokumente für die spätere Ausgabe passen und nicht unnötig von RGB nach CMYK konvertiert werden müssen, da sich sonst unvorhersehbare Farbverschiebungen ergeben. Diese Empfehlung gilt sowohl für pixel- als auch für vektorbasierte Dokumente.

12.2 Importoptionen

Nach einem Klick auf die Importoptionen erhalten Sie je nach gewähltem Format verschiedene Einstellungsmöglichkeiten.

12.2.1 TIFF-Dateien importieren

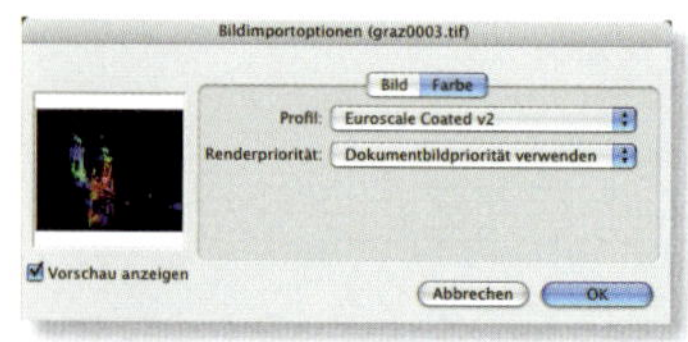

▲ **Abbildung 12.8**
Importoptionen bei TIFF-Dateien

TIFF-Dokumente im CMYK- oder RGB-Farbraum mit einer Bildebene sind bis auf wenige Ausnahmen ein sehr häufig eingesetztes Dateiformat. Bevor Sie jedoch aus anderen Dokumenten wie Photoshop-Dateien erst in das TIFF-Format umwandeln und dann in InDesign platzieren, sollten Sie die nativen Dateiformate wie PSDs verwenden. Das Format TIFF bietet zwar reichlich Möglichkeiten, Ebenen zu speichern und Bilddaten zu komprimieren, jedoch bremst das Dateiformat Programme wie Photoshop beim Öffnen oder Speichern zugunsten der Dateigröße aus.

Mit Druckdienstleister sprechen

Bevor Sie dieses neue TIFF-Format mit mehreren komprimierten Ebenen in InDesign platzieren, sprechen Sie sich aber besser mit Ihrem Druckdienstleister ab, oder machen Sie eine Testbelichtung. TIFF-Dokumente dieser Art sparen trotz aller Ebenen immerhin über 50% der Dateigröße ein. Als Alternative zum TIFF mit Ebenen nutzen Sie bitte das Photoshop-Format.

In den Importoptionen wählen Sie, ob Sie eingebettete Profile umrechnen wollen. Generell gilt der Grundsatz: RGB-Profile werden in den Arbeitsfarbraum des Dokuments umgerechnet, CMYK-Profile dagegen bleiben erhalten.

Seit Photoshop 6.0 können TIFF-Dateien alle Ebenen aus einer Photoshop-Datei übernehmen, inklusive Effekten und Einstellungsebenen. Zusätzlich seit Photoshop 7.0 kommt die Möglichkeit hinzu, anstatt der verlustfreien LZW-Kompression den ebenfalls verlustfreien ZIP-Algorithmus oder die verlustbehaftete JPEG-Kodierung für die Verkleinerung der Dateigröße einzusetzen. Darüber hinaus erlaubt Photoshop beim TIFF-Export, die Ebenen ebenfalls zu komprimieren. Hier stehen der RLE- und der ZIP-Algorithmus zur Verfügung. Schmuckfarben und Transparenzen können ebenfalls im TIFF-Format gespeichert und in InDesign platziert werden.

12.2.2 JPEG-Dateien importieren

Das derzeit häufigste Format für digitale Bilder ist das JPEG-Format. Wie Sie bereits aus der Bildbearbeitung wissen sollten, besitzen JPEGs immer eine Kompression zwischen Stufe 1 und 12. Die Bilddaten sind also über eine Berechnung verkleinert worden, die Qualität wurde dazu geringfügig gemindert. Als Faustregel gilt, dass JPEGs unterhalb von Stufe 8 nicht für den Druck geeignet sind.

RGB und CMYK | Jedes JPEG kann sowohl im RGB- als auch im CMYK-Farbraum vorliegen, das Farbprofil wird anhand des vorgegebenen Verhaltens im Farbmanagement beibehalten oder in das Arbeitsfarbprofil umgerechnet. RGB-Daten sollten in das RGB-Arbeitsfarbprofil umgerechnet werden, CMYK-Daten sollten nicht verändert werden. Lesen Sie dazu auch Kapitel 4, »Farbmanagement«.

Adobe Stock Photos und andere Bildarchive

Bilddaten, die aus Bildarchiven wie den Adobe Stock Photos geliefert werden, sind unter Umständen höher komprimiert (JPEG-Qualitätsstufen 8 bis 9). Hierbei wird berücksichtigt, dass die Daten nur in der Größe für das Layout angepasst werden, jedoch nicht mehr farblich korrigiert werden müssen. Außerdem verzeihen gröbere Raster für den Zeitungsdruck so manche Qualitätseinbußen durch die Kompression, da die minimalen Artefakte im Bild im Druck nicht mehr zu sehen sind.

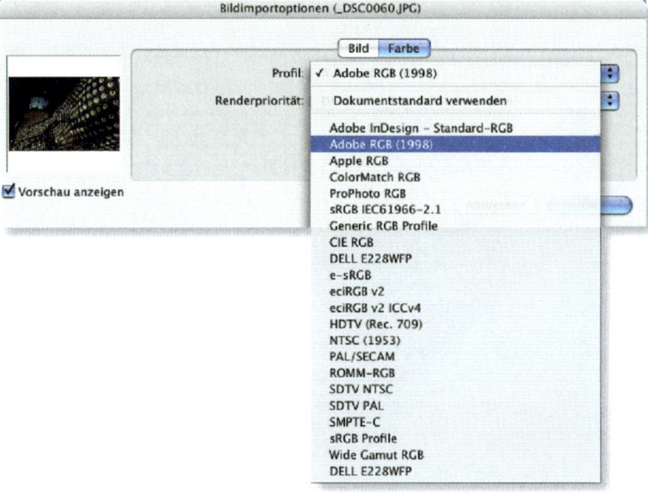

◂ **Abbildung 12.9**
Beim Platzieren von JPEGs sind die Farbmangement-Regeln auswählbar.

Die JPEG-Kompression arbeitet besonders dann effizient, wenn die Bildinformationen möglichst kleine Tonwertunterschiede von Pixel zu Pixel aufweisen. Genauer gesagt: Je unschärfer ein Bild ist, desto kleiner wird die exportierte JPEG-Datei. Handelt es sich dagegen um Bildmotive mit vielen Details und kontrastreichen Texturen, so ist die exportierte JPEG-Datei bei gleicher Kompressionsstufe wesentlich größer. Beim nachträglichen Bearbeiten einer JPEG-Datei mit Filtern für die Bildschärfe werden minimale Kontraste in das Bild hineingerechnet, sodass diese Datei wiederum größer wird als die Ausgangsdatei.

12.2.3 EPS-Dateien importieren

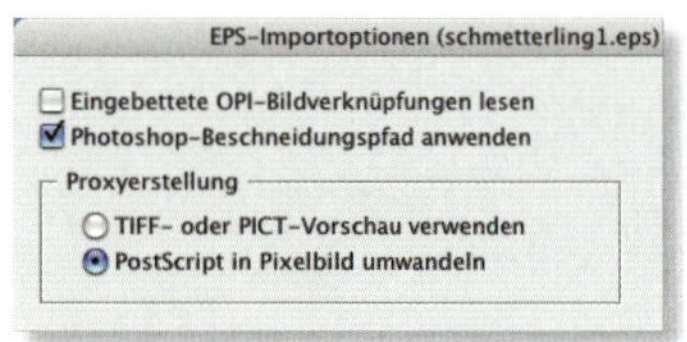

▲ **Abbildung 12.10**
EPS-Importoptionen mit der Möglichkeit, die EPS-Inhalte erneut in InDesign für eine optimale Vorschau zu berechnen.

Encapsulated PostScript – die Formatbezeichnung sagt bereits einiges über dieses komplexe Dateiformat aus. Die Inhalte liegen im PostScript-Code vor und sind mit einer 72-dpi-Vorschau gekapselt, die entweder als Macintosh-PICT oder als 8-Bit-TIFF abgespeichert wird. Neben einer Pixelebene können im EPS auch Vektorobjekte, Freistellpfade, Schmuckfarben, Rasterangaben oder Druckkennlinien mit abgespeichert werden.

Der Vorteil für Ihre Layoutarbeit ist hierbei, dass Sie immer mit einer Vorschau arbeiten, die schneller zu handhaben ist. Beim Platzieren bietet InDesign an, die EPS-Vorschau zu verwenden oder eine eigene Ansicht mit der Option PostScript in Pixelbild umwandeln zu berechnen. Die zweite Lösung führt zu einer besseren Bildschirmdarstellung: Die Vorschau wird in die Layoutdatei hineingerechnet.

▼ **Abbildung 12.11**
EPS mit niedrig aufgelöster Vorschau aus der Datei

▲ **Abbildung 12.13**
Die Anzeige mit hoher Qualität errechnet InDesign aus den Feindaten und stellt auch Vektoren und Schriften hochauflösend dar.

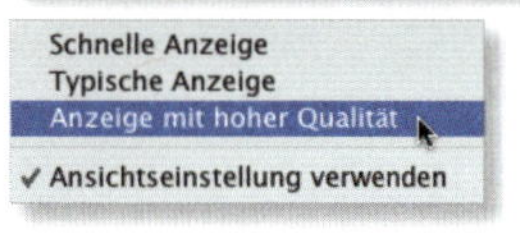

▲ **Abbildung 12.12**
Anzeigeoptionen für die schnelle Layoutdarstellung oder hochauflösende Details

Bessere EPS-Darstellung im Layout
Für eine bessere Ansicht der EPS-Datei im Layout können Sie es auch InDesign überlassen, die Vorschau zu berechnen: Aktivieren Sie hierzu die Funktion PostScript in Pixelbild umwandeln. InDesign berechnet aufgrund der Feindaten in der EPS-Datei die bestmögliche Ansicht im Layout!

Die Importoptionen bieten Ihnen ebenfalls an, den Beschneidungspfad einer EPS-Datei zu übernehmen. InDesign importiert diesen Pfad als eigenen Vektorpfad.

12.2.4 DCS 2.0-Datei importieren

Das Format DCS – Desktop Color Separations – wurde von der Firma Quark entwickelt, um besonders farbsensible Bilddaten durch eine Separierung vor einer Bildumrechnung durch das Ausgabe-RIP zu schützen und die Arbeit im Vorfeld zu erledigen. Dabei können alle Farbauszüge als separate Dateien abgespeichert werden, die über eine sogenannte Masterdatei verbunden sind.

Mehrkanaldokumente | InDesign CS3 beherrscht auch den Import dieser Mehrkanaldokumente. Sie können diese problemlos platzieren: Schmuckfarben aus einem DCS werden ebenso wie aus jeder anderen EPS-Datei in den Farbfeldern von InDesign erkannt und importiert.

Mehrkanalinformationen lassen sich auch in einer Photoshop-Datei abspeichern. Der Vorteil gegenüber einer DCS-Datei liegt in der Flexibilität. Sie können jederzeit diese Mehrkanaldatei in Photoshop bearbeiten oder die Sonderfarbdefinition ändern. Die DCS-Datei hingegen ist um ein Vielfaches kleiner, da die Dateigröße mittels JPEG-Kompression verkleinert werden kann.

Formatgeschichte
Das Format DCS wurde zu einer Zeit entwickelt, als die RIPs noch leistungsschwach waren und die Geschwindigkeit des Rasterns maßgeblich war. Heute werden DCS 2.0-Dateien nicht mehr benötigt, aber aufgrund ihrer Vorseparation als Speziallösung eingesetzt.

DCS-Dateien eignen sich primär für vorseparierte, hostbasierte Workflows. Hostbasiert bedeutet, dass die Daten softwareseitig für die Ausgabe separiert und danach belichtet werden. InDesign ist in erster Linie für den Composite-Workflow ausgelegt, der die Separierung der Druckkanäle erst über das RIP – Raster Image Processor – in der Ausgabe vorsieht. DCS-EPS-Daten eignen sich für die Speicherung von Mehrkanaldokumenten, also Bilddaten mit Prozessfarben und Sonderfarben.

12.2.5 Duplex-EPS importieren

Für Dokumente mit Schmuckfarben kann ein Graustufenbild in Photoshop mit bis zu vier Sonderfarbkanälen definiert werden. Danach werden die Sonderfarben anteilig über Tonwertkurven den Graustufen zugeordnet. Die häufigste Anwendung dieses Formates ist die Duplex-Variante mit zwei Sonderfarben, z.B. einem HKS-K-Farbton und Schwarz. Das Dokument ist daher nicht größer als ein EPS mit Graustufen. Nach dem Platzieren finden Sie die Sonderfarben in Ihrer Farbfelder-Palette wieder, sodass Sie gleich auf Basis dieser Farben Rahmen oder Texte einfärben können. um sogleich auf Basis dieser Farben Rahmen oder Texte einzufärben.

Importierte Farbfelder aus platzierten EPS-Dateien können jederzeit für die Erzeugung einer Mischdruckfarbe oder einer Mischgruppe verwendet werden. Lesen Sie dazu auch Kapitel 11, »Farben«.

Doppelte Schmuckfarben

Sollten Sie bereits einen identischen HKS-Ton zur Duplex-EPS angelegt haben, können Sie über den Druckfarben-Manager diesem Farbton den HKS-Farbton des platzierten EPS als Alias zuordnen, um auch wirklich nur zwei Druckfilme oder -platten zu erhalten.

12.2.6 Adobe-PDF-Dateien importieren

PDF-Dateien enthalten Bild-, Schrift- und Vektordaten, die InDesign einwandfrei platzieren kann. Darüber hinaus werden auch Transparenzen und Ebenen erkannt. Mehrseitige PDFs platzieren Sie in einem Arbeitsschritt.

PDF-Dateien verhalten sich beim Platzieren wie EPS-Dateien, da auch sie ein geschlossenes Format abbilden. Bei den Importoptionen wird aber schnell deutlich, dass es sich hier um weitreichendere Funktionen handelt als beim EPS-Format. Abgesehen von der Seitenwahl bei mehrseitigen PDF-Dokumenten finden Sie eine Auswahl von Begrenzungen unter OPTIONEN.

Aussterbende Arten?
Neben dem DCS- und dem EPS-Format scheint sich auch das Duplex-EPS bald zu verabschieden. Wenn Sie eine Photoshop-Graustufen-Datei als Duplex gestalten und dabei beachten, dass eine Hintergrundebene vorhanden ist, können Sie auch dieses Photoshop-Format als Duplex speichern und in InDesign platzieren.

Diese Auswahl bildet die Boxentechnologie des PDF-Formats ab. Demnach können bis zu fünf Boxen gesetzt werden, die jeweils das Rechteck um die Mediengröße der Belichtung, das Endformat mit Beschnittzugabe, das Endformat mit Anschnitt, das Endformat selbst und das maximale Rechteck um alle Layoutobjekte bezeichnen. Die Option BEGRENZUNGSRAHMEN platziert Ihnen das PDF im Nettoformat ohne Anschnitt.

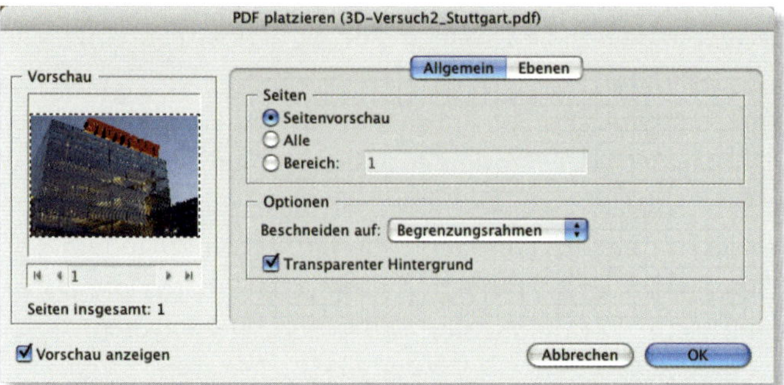

Abbildung 12.14 ▸
Importoptionen einer PDF-Datei mit der Auswahl der Seite oder eines Seitenbereiches. Enthält die PDF-Datei Transparenzen, können diese mit einem transparenten Hintergrund importiert werden.

PDF und Ebenen | PDF-Dateien neuerer Version können auch Ebenen beinhalten. Lesen Sie dazu Kapitel 22, »PDF-Export«. Programme wie InDesign oder Illustrator exportieren Layoutdokumente als PDFs mit Ebenen, wenn dies so gewünscht ist. Nachträglich können diese auch über Acrobat-Plug-ins in die PDF-Datei eingefügt werden, wie z. B. mit dem »pdfLayerMaker« von Callas.

In unserem Beispiel besitzt die PDF-Datei drei Ebenen, zwei davon dienen als Varianten. In den Importoptionen dieser Datei sehen Sie die Ebenen unter dem gleichnamigen Reiter. Hier können Sie bereits wählen, welche Ebenenkombination platziert werden soll.

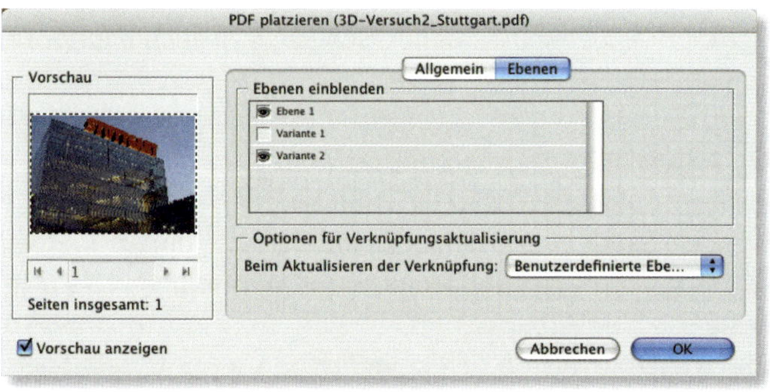

Abbildung 12.15 ▸
Auswahl der Ebenen in einer PDF-Datei

Objektebenenoptionen | Sobald die Datei platziert ist, können Sie auch später noch auf die anderen Ebenen zugreifen. Rufen Sie aus dem Menü OBJEKT DIE OBJEKTEBENENOPTIONEN auf. Alternativ erreichen Sie diese auch über das Kontextmenü.

Die Objektebenenoptionen zeigen Ihnen alle Ebenen der platzierten Datei an. Nun können Sie mit aktiver Vorschau die Alternativen aussuchen. Wählen Sie eine andere Ebene aus, und bestätigen Sie den Ebenentausch mit OK.

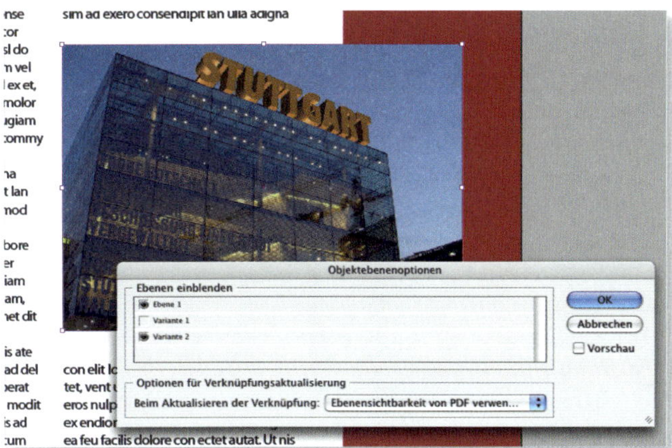

◂ **Abbildung 12.16**
Eine Gestaltungsalternative verbirgt sich in den Ebenen der PDF-Datei.

Mehrseitige PDF-Dateien | Mehrseitige PDF-Dateien sind keine Seltenheit, und die Platzierung war bislang mühsam. Jede Seite musste einzeln ausgewählt und platziert werden. Dankenswerterweise besitzt InDesign CS3 die Eigenschaft, eine mehrseitige PDF-Datei nur einmal zu platzieren. Wie dies funktioniert? Nun, zunächst wählen Sie in den Importoptionen, dass alle Seiten platziert werden sollen. Alternativ können Sie auch einen Bereich wie »1, 3, 5–8, 12« eingeben, falls das PDF Anzeigenseiten beinhaltet, die Sie nicht übernehmen möchten. Danach können Sie noch entsprechende Ebenen – soweit vorhanden – auswählen und platzieren die Seiten. Sie erhalten auch hier die Platzierungsmarke, und bei jedem Klick in das Layout platzieren Sie eine Seite in der gewünschten Größe. Solange Sie noch nicht alle Seiten platziert haben, wird die PDF-Platzierungsmarke mit einem Plus gekennzeichnet.

Das können Sie so lange fortsetzen, bis Sie alle Seiten verteilt haben. Wenn eine PDF-Seite auf der falschen Layoutseite gelandet ist, so wählen Sie [⌘]+[Z] oder [Strg]+[Z] und platzieren sie noch einmal. Einfacher geht es nicht.

Das Einfügen von mehreren Seiten aus der Bridge per Drag & Drop ist leider nicht möglich, hier nutzt InDesign nur die Standardeinstellungen, und die erkennen nur die erste Seite einer PDF-Datei.

Mehrsprachige Dateien
Eine tolle Anwendung für PDF-Ebenen sind mehrsprachige Dokumente. Dazu muss zunächst eine Layoutdatei in InDesign mit einzelnen Dokumentebenen pro Sprache angelegt werden. Danach exportieren Sie die PDF-Datei im Format 1.5 oder 1.6 mit Ebenen. Wenn Sie nun die Datei wiederum in ein anderes Layout platzieren, können Sie sich die Sprachversion über die Objektebenenoptionen aussuchen. Das ist doch toll, oder?

Alle PDF-Seiten auf einer Seite platzieren
Wenn Sie beim Platzieren die [Alt]/[⌥]-Taste drücken, werden alle Seiten auf einmal positioniert und erscheinen leicht versetzt übereinander. Aus diesem Stapel können Sie dann die gewünschten Seiten »herausziehen« und die Layoutrahmen bearbeiten.

12.2.7 InDesign-Dateien platzieren

Nicht nur mehrseitige PDF-Dateien können in das Layout platziert werden, sondern auch InDesign-Dokumente. Somit ist es möglich, dass Sie Anzeigen im InDesign-Format gestalten und diese später in das Magazin-Layout platzieren. InDesign-Dateien werden mit dem Layout verknüpft und können jederzeit über ORIGINAL BEARBEITEN geöffnet und verändert werden. Die Änderungen werden beim Aktualisieren mit der Layoutdatei übernommen, genauso, wie es mit platzierten Bilddateien geschieht.

Rufen Sie auch hier den Befehl PLATZIEREN aus dem Menü DATEI auf, und wählen Sie die Importoptionen. Diese sind vergleichbar mit den Importoptionen für eine PDF-Datei aufgebaut und gliedern sich in die Seitenauswahl und die Ebenen. Folgen Sie den Angaben wie beim PDF-Format.

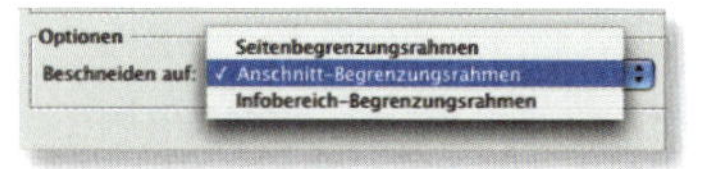

▲ **Abbildung 12.17**
Die Beschnitt-Optionen beim Platzieren von InDesign-Dateien

Beschnitt | Der einzige Unterschied ist die Auswahl des Beschnitts in den Importoptionen. Dazu wählen Sie das Nettoformat, wenn Sie SEITENBEGRENZUNGSRAHMEN aus dem Pulldown-Menü BESCHNEIDEN AUF anklicken. Mit ANSCHNITT-BEGRENZUNGSRAHMEN wählen Sie das Format mit der zweiten Option, und die dritte platziert auch den Infobereich.

12.2.8 Photoshop-Dateien importieren

Es hört sich für ehemalige Quark-Nutzer ungewöhnlich einfach an, und so ist es auch in der Anwendung: Nehmen Sie Ihr Photoshop-Composing, und platzieren Sie es direkt in InDesign. Bei aktivierten Importoptionen sehen Sie auch, wie elegant InDesign das bewerkstelligt. InDesign platziert eine Ansicht der Photoshop-Datei im PNG-Format. InDesign erkennt ähnlich wie beim PDF-Format die Transparenzen, Ebenen und verwendete Schriften. Die Ebenen können Sie separat an- und abwählen. Da jedoch die sichtbaren Ebenen einer Photoshop-Datei den aktuellen Zustand wiedergeben, sollten Sie daran nur etwas ändern, wenn Sie die Photoshop-Daten genau kennen.

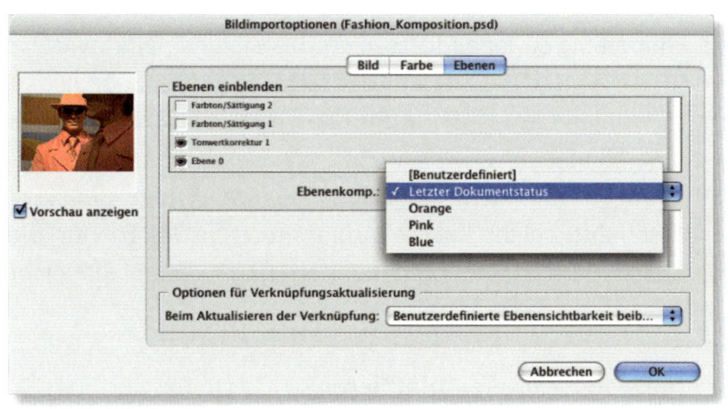

Abbildung 12.18 ▶
Das normale Platzieren einer Photoshop-Datei mit eingeblendeten Importoptionen ermöglicht die Auswahl einer Ebenenkomposition.

Zum Nachlesen
Wie Sie InDesign für das Farbmanagement optimieren und welche Profile Sie in den Importoptionen auswählen, wird in Kapitel 4, »Farbmanagement«, erklärt.

Ebenenkompositionen | Darüber hinaus wird das Farbprofil der Datei eingelesen, und die Ebenenkompositionen werden abgefragt. Ebenenkompositionen sind sichtbare Ebenen, die in Photoshop gespeichert werden. Lesen Sie bitte dazu im Handbuch von Photoshop oder in der Online-Hilfe, wie Sie diese Ebenenkompositionen anlegen.

Sobald Sie eine solche Photoshop-Datei platzieren, erkennt InDesign die Ebenenkompositionen, und Sie können sie in den Importoptionen auswählen. Wenn Sie diese Datei nun im Layout platzieren, können Sie auch zu einem späteren Zeitpunkt die Ebenenkompositionen wechseln. Rufen Sie dazu ebenso wie bei PDF-Dateien aus dem Menü OBJEKT die OBJEKTEBENENOPTIONEN auf.

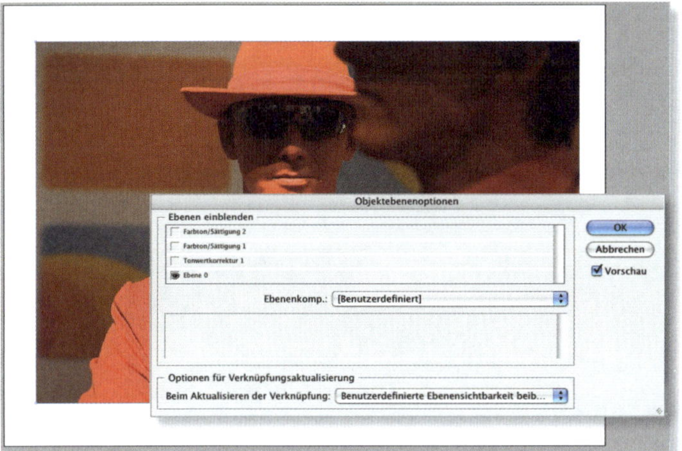

◂ **Abbildung 12.19**
Die Ebenenkompositionen zu dieser Photoshop-Datei können jederzeit gewechselt werden.

Für unser Layoutbeispiel wurden für das farblich schwierige Motiv verschiedene Korrekturen und kreative Varianten erzeugt. Da die Farbtemperaturen der Lichtquellen im Bildmotiv unterschiedliche Werte haben, kann das Bild insgesamt nicht ohne Farbstich korrigiert werden. Die Korrekturen betreffen den Farbstich der neutralen Grautöne im Bild. Die Varianten hingegen sind mögliche Versionen für das Layout, bei denen Lichtfarben entweder neutral oder bewusst akzentuierend in den Blau- oder Rotbereich verschoben werden.

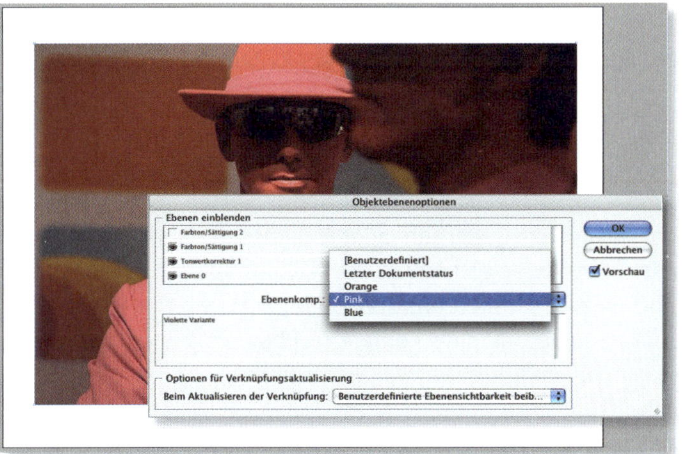

◂ **Abbildung 12.20**
Die Ebenenkomposition »Pink« taucht das Bildmotiv der Herren mit Hut über eine Einstellungsebene FARBTON/SÄTTIGUNG in der Photoshop-Datei in eine andere Lichtfarbe.

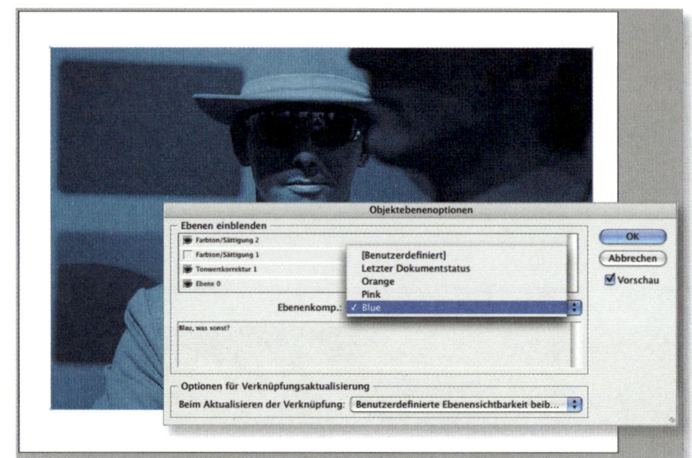

Abbildung 12.21 ▶
Auch hier dient eine Einstellungsebene in Photoshop dazu, die Szenerie in bläulichen Tönen einzufärben.

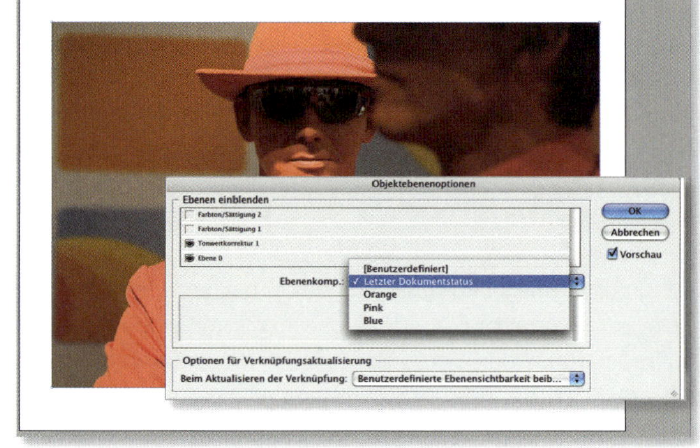

Abbildung 12.22 ▶
Möchte die Designerin oder der Mediengestalter nur die korrigierte Originalversion verwenden, wird die entsprechende Ebenenkomposition ausgewählt.

Wie kommen die Transparenzen in das Layout?
InDesign platziert eine Ansicht der Photoshop-Datei im PNG-Format – Portable Network Graphics. Pardon? PNG? Ja, Sie lesen richtig, InDesign macht sich die 24-Bit-Technik dieses Formats zunutze, um die stufenlosen Transparenzen einer Photoshop-Datei darzustellen. PNG-Dateien werden mit einem Gammawert gespeichert, um eine Helligkeitskorrektur für Bildschirme oder nicht PostScript-fähige Ausgabegeräte herbeizuführen. Die Standardeinstellung kann dabei problemlos übernommen werden.

Mehrkanaldokumente | Wie schon beim DCS-Format angesprochen, speichern Sie Mehrkanaldokumente ebenfalls als Photoshop-Datei oder als Photoshop-PDF, um das Bild in InDesign zu platzieren. Das Photoshop-Format ist im direkten Vergleich wesentlich flexibler und komfortabler. Nutzen Sie daher für Mehrkanaldateien dieses Format.

12.2.9 Photoshop-PDF importieren

Speziell nur in Photoshop bearbeitete Bilder lassen sich als Photoshop-PDF speichern. Darin bleiben Ebenen, Ebeneneffekte, Alphakanäle, Sonderfarben oder Vektorinformationen erhalten. Im direkten Vergleich können die Pixelinformationen des Photoshop-PDF komprimiert werden. Somit kann ein Photoshop-PDF deutlich kleiner als eine komplette Photoshop-Datei werden – und gleichzeitig alle Informationen erhalten.

12.2.10 Illustrator-Dateien platzieren

Ebenso wie sich EPS- oder PDF-Dateien verhalten, so können Sie auch Illustrator-Dateien platzieren. Wenn Sie eine Vektorgrafik mit Illustrator CS, CS2 oder CS3 erstellen, verwendet Illustrator intern bereits das PDF-Format. Beim Speichern aus Illustrator müssen Sie dazu die Option PDF-KOMPATIBLE DATEI ERSTELLEN aktivieren.

Illustrator-Pfade aus der Zwischenablage importieren | Beachten Sie hier, dass Illustrator-Objekte in einem platzierten AI-Format nicht in InDesign bearbeitet werden können. Für Illustrator-Funktionen wie das Verlaufsgitter oder die Symbolobjekte mag diese Eigenschaft von Vorteil sein. Wenn Sie jedoch Pfadobjekte aus Illustrator übernehmen möchten, so kopieren Sie diese über die Zwischenablage einfach in InDesign hinein. Die Objekte werden in native Bézierkurven umgewandelt und in die Layoutdatei integriert, wenn Sie in den Voreinstellungen zu Illustrator als Zwischenablage-Format AICB wählen. Wenn Sie die Objekte als PDF nach InDesign kopieren, platzieren Sie sozusagen eine Rahmengruppe, ohne an die einzelnen Objekte zu gelangen.

12.2.11 Graustufen- und Strichbilder einfärben

Mehr kreative Möglichkeiten stehen Ihnen bei Graustufen- und Strichbildern zur Verfügung. Platzieren Sie ein Graustufen-TIFF, eine Graustufen-Photoshop-Datei mit einer Hintergrundebene oder eine Strichgrafik im BMP-Format. Rufen Sie die Palette FARBFELDER auf, und ziehen Sie mit gedrückter Maustaste ein Farbfeld auf die platzierte Grafik. Schon wird das Graustufenbild eingefärbt.

◂ **Abbildung 12.23**
In diesem Beispiel ist das Graustufen-TIFF platziert und mit zwei unterschiedlichen Farbtönen einer Prozessfarbe eingefärbt worden. Dazu muss das Graustufenbild zuerst mit dem Auswahlwerkzeug aktiviert und mit der VORDERGRUNDFARBE eingefärbt werden, danach wechseln Sie auf die Direktauswahl und wählen die Hintergrundfarbe. Auf diesem Weg erzielen Sie auf simple Weise eine Einfärbung des Bildes, ohne auf Transparenzeffekte zurückgreifen zu müssen.

Ebenso verfahren Sie bei Strichgrafiken. Beachten Sie dabei, dass die Farbflächenauswahl in der Werkzeugpalette für die Farbzuweisung nicht geeignet ist, da hier nur der positionierte Rahmen und damit der Hintergrund des Bildes eingefärbt wird. Wenn Sie aber auf die Direktauswahl wechseln, bezieht sich das Flächensymbol auf den Rahmeninhalt, also auf das platzierte Bild selbst.

12.3 Das Original

12.3.1 Original anzeigen

Wenn Sie während der Layoutarbeit einen Blick auf die platzierte Datei werfen wollen, gibt es mit InDesign CS3 zwei Wege, die Daten anzuzeigen:

- entweder auf dem Finder/Arbeitsplatz oder
- in der Adobe Bridge.

Dies ist insofern komfortabel, als Sie nicht das Original öffnen müssen, was einige Sekunden pro Bild beanspruchen kann. Die Bridge errechnet Ihnen recht schnell eine ausreichende Ansicht der Feindaten, je nach Darstellungsgröße.

Markieren Sie Ihr platziertes Dokument. Über das Kontextmenü gelangen Sie in der Rubrik Grafiken zu den genannten Optionen Im Finder anzeigen oder In der Bridge anzeigen. Im Explorer/Finder wird die Datei natürlich nur angezeigt, wenn Sie die Darstellungsweise Miniaturansicht ausgewählt haben, sonst sehen Sie den Dateinamen.

12.3.2 Original bearbeiten

Platzierte Dateien lassen sich während der Layoutarbeit nachbearbeiten. Wählen Sie dazu eine platzierte Grafik an, und rufen Sie das Kontextmenü auf. Mit der Option Original bearbeiten öffnen Sie diese Grafik in dem Programm, mit dem sie erstellt wurde. Nach der Bearbeitung speichern Sie das Dokument einfach ab und kehren zu InDesign zurück, das automatisch die Ansicht in exakt derselben Darstellungsgröße der Grafik im Layout erneuert. Die Verknüpfung muss nicht mehr extra aktualisiert werden.

Es kann vorkommen, dass platzierte Bilder, die nicht mit Photoshop bearbeitet wurden oder die Sie über das Internet erhalten haben, über die Funktion Original bearbeiten nicht in Photoshop geöffnet werden, sondern in einem Bildbetrachtungsprogramm des jeweiligen Systems. Das hat den Hintergrund, dass das System einer Datei ein Programm zuordnet. Diese Zuordnung kann im Internet oder beim Brennen auf eine CD oder DVD verloren gehen. Öffnen Sie hierzu auf der Arbeitsoberfläche des

Systems (Mac Finder oder Windows-Arbeitsplatz) die Informationen/Eigenschaften zu dieser Datei, und ändern Sie das zugewiesene Programm auf Photoshop. Danach öffnet InDesign wie gewünscht das richtige Programm.

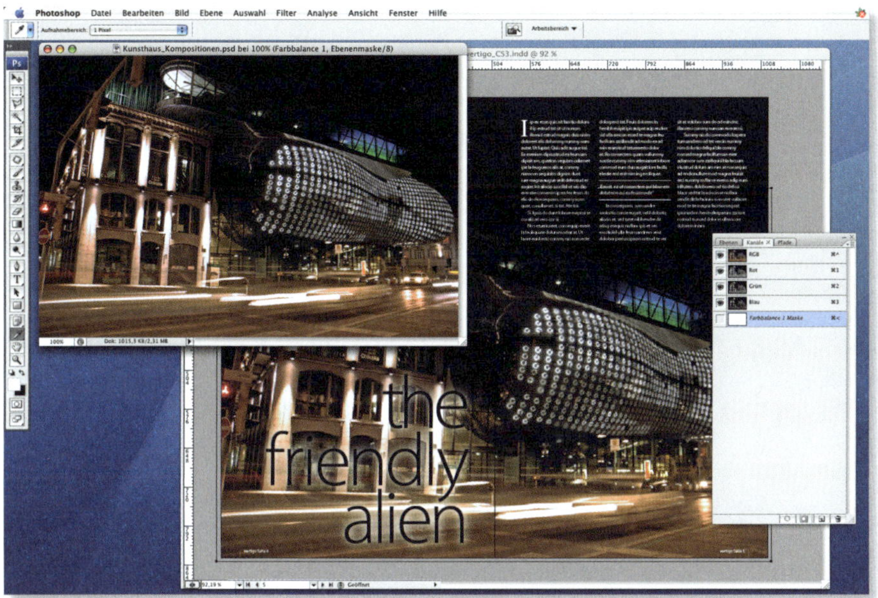

▲ **Abbildung 12.24**
Aus dem Layout heraus öffnen Sie eine platzierte Photoshop-Datei und bearbeiten das Dokument. Nach dem Speichern wird die Ansicht im Layout aktualisiert.

12.4 Bilder an Rahmen anpassen

Zunächst lässt sich das platzierte Bild oder die Grafik an den Layoutrahmen anpassen. Danach können Sie den Rahmen mitsamt dem Inhalt proportional skalieren und die Rahmenform bestimmen. Beginnen wir mit der Anpassung.

12.4.1 Rahmen skalieren

Sobald Sie ein Dokument platziert haben, werden Sie sicher die Grafik skalieren wollen. Wählen Sie dazu das Auswahl-Werkzeug, und klicken Sie mit gedrückter [⌘]/[Strg]+[⇧]-Taste auf einen Rahmenanfasser, z.B. unten rechts. Nun halten Sie die Tasten gedrückt und ziehen mit der Maus den Rahmen größer oder kleiner. Auf diese Weise skalieren Sie den Rahmen und den Inhalt gleichzeitig, und vor allem proportional.

12.4.2 Ausschnitt einer Grafik anzeigen lassen

Wenn Sie eine Grafik platziert haben, aber der Inhalt stimmt nicht mit den Proportionen des Rahmens überein, oder wenn Sie einen Ausschnitt layouten wollen, stehen Ihnen verschiedene Anpassungsoptionen zur Auswahl.

▲ **Abbildung 12.25**
Nach dem Platzieren können Sie das Bild mit der Direktauswahl anklicken und den Ausschnitt mit gedrückter Maustaste verschieben. Die verdeckten Bildteile werden in einer Halbtransparenz gezeigt.

Zum Beispiel können Sie den Rahmen durch Klicken und Ziehen an den Rahmenanfassern so verkleinern, dass nur noch ein Ausschnitt der Grafik zu sehen ist. Wenn Sie nun auf die Direktauswahl wechseln, in das Bild klicken und die linke Maustaste gedrückt halten, erscheint nach kurzem Augenblick die Vorschau des Gesamtbildes als transparentes Geisterbild. Somit erkennen Sie in Echtzeit, welchen Ausschnitt Sie layouten!

12.4.3 Rahmeneinpassungsoptionen

Wie wäre es nun, wenn ein Layoutrahmen bereits weiß, in welcher Größe ein Bild in den Rahmen eingepasst wird? Mit InDesign CS3 können Sie dem Rahmen bereits vor dem Platzieren ein Verhalten mitgeben, wie ein Bild, eine Grafik oder eine PDF-Datei in den Rahmen eingepasst wird.

Dies funktioniert zunächst am besten mit einem Platzhalter-Rahmen. Legen Sie sich einen Rahmen mit dem Werkzeug Rechteck [F] an. Über das Kontextmenü erreichen Sie unter Anpassen die Rahmeneinpassungsoptionen, alternativ rufen Sie aus dem Menü Objekt den Punkt Anpassen auf.

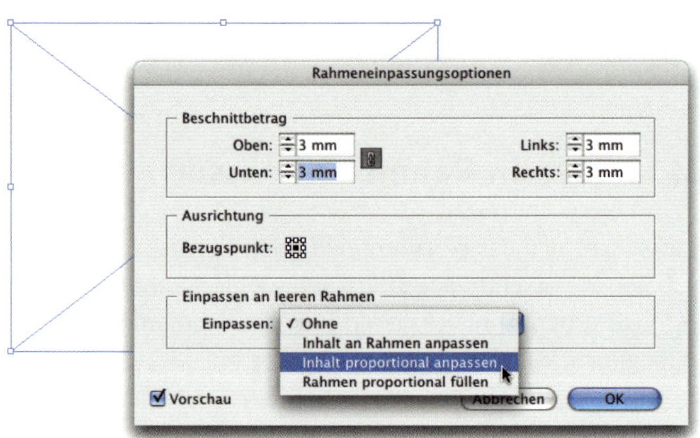

Abbildung 12.26 ▶
Ein Platzhalterrahmen kann schon vor dem Platzieren des Inhalts wissen, welche Größe und Skalierung der spätere Inhalt – Bild, Grafik oder InDesign-Datei – einnehmen soll. Über die Rahmeneinpassungsoptionen stellen Sie das Verhalten ein.

Beschnittbetrag | Unter Beschnitt versteht InDesign, inwiefern die platzierte Datei mit dem Layoutrahmen maskiert wird. Das ist besonders beim Einpassen von Anzeigen sinnvoll, die eventuell mit einem Anschnitt und mit Schnittmarken geliefert werden, die natürlich im Druck nicht erscheinen sollen. Stellen Sie je nach Motiv die Werte ein.

Ausrichtung | Ob ein Bild beispielsweise oben links im Rahmen platziert wird, legen Sie mit dem Bezugspunkt fest. Wie Sie schon beim Transformieren oder Drehen von Rahmen gesehen haben, markiert der schwarze Punkt im 3 × 3-Raster den Bezugspunkt für das Einpassen. Falls Sie einen neutralen »intelligenten« Rahmen anlegen wollen, so wählen Sie einfach die Mitte in der Ausrichtung, später können Sie sich für den passenden Ausschnitt entscheiden.

Einpassen an leere Rahmen | Wie sich nun ein Bild oder eine Grafik an den Rahmen anpassen soll, legen Sie unter ANPASSEN fest. Die am häufigsten gewählten Optionen werden INHALT PROPORTIONAL ANPASSEN und RAHMEN PROPORTIONAL FÜLLEN sein:

- INHALT AN RAHMEN ANPASSEN ❶ verzerrt und skaliert den Inhalt gleichzeitig, bis die Größe der Grafik mit der des Rahmens übereinstimmt.
- INHALT PROPORTIONAL ANPASSEN ❷ führt zur gleichmäßigen Skalierung der Grafik zum Rahmen, sodass die Grafik vollständig sichtbar bleibt.
- RAHMEN PROPORTIONAL FÜLLEN ❸ skaliert den Inhalt so, dass der Inhalt mit der kürzeren Seite in den Rahmen passt; überlappende Teile der Grafik werden maskiert.

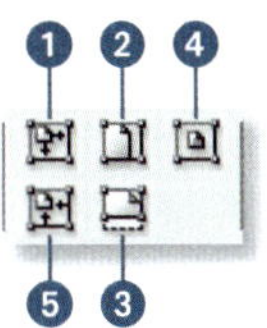

▲ **Abbildung 12.27**
Auch in der Steuerungspalette finden Sie die Buttons für das Anpassen von platziertem Bild und Rahmen.

▲ **Abbildung 12.28**
Im Menü OBJEKT • ANPASSEN finden Sie alle Optionen für platzierte Grafiken. Merken Sie sich die Tastenbefehle, um noch schneller im Layout arbeiten zu können.

Diese Einpassungsmöglichkeiten können Sie natürlich auch dann wählen, wenn Sie bereits einen Rahmen platziert haben. Darüber hinaus finden Sie diese letzten drei Optionen und zwei weitere auch in der Steuerungspalette, wenn der entsprechende Rahmen ausgewählt ist. Die weiteren Punkte dieser Einstellungen können Sie auch über die Rahmeneinspassungsoptionen wählen.

- INHALT ZENTRIEREN ❹ ist eine schöne Möglichkeit, wenn der Rahmen größer ist als die platzierte Grafik.
- Hingegen bewirkt die Funktion RAHMEN AN INHALT ANPASSEN ❺ das Gegenteil.

12.4.4 Rahmenstile und Formen wechseln

Wenn Sie keine neuen Rahmenstile für das platzierte Bild angelegt haben, so benutzt InDesign stets einen rechteckigen Rahmen zur Darstellung im Layout. Doch was ist mit anderen Rahmenformen? Abgeschrägte oder abgerundete Kanten? Besonders im Anzeigensatz wäre hier ein entsprechendes Werkzeug optimal.

InDesign CS3 hat eine Antwort: In der Pathfinder-Palette finden Sie im unteren Bereich die Buttons zur Rubrik FORM KONVERTIEREN. Mit einem Klick auf die entsprechende Form ändert sich auch gleich der Layoutrahmen Ihrer platzierten Grafik. Ein Wechsel zu einer anderen Form ist immer möglich. Die Funktion erläutern wir genauer in Kapitel 6, »Die Layoutrahmen«.

Transformieren
Die gesamte platzierte Grafik kann ebenso über die Transformieren-Palette positioniert, gedreht, verzerrt oder gespiegelt werden, wie wir in Kapitel 6, »Die Layoutrahmen«, bereits erläutert haben.

Freie Rahmenformen | Ob Vektorobjekte, Textmengen oder platzierte Bilder, InDesign macht auch hier keinen Unterschied in der Rahmenbearbeitung und erlaubt frei definierte Rahmenformen.

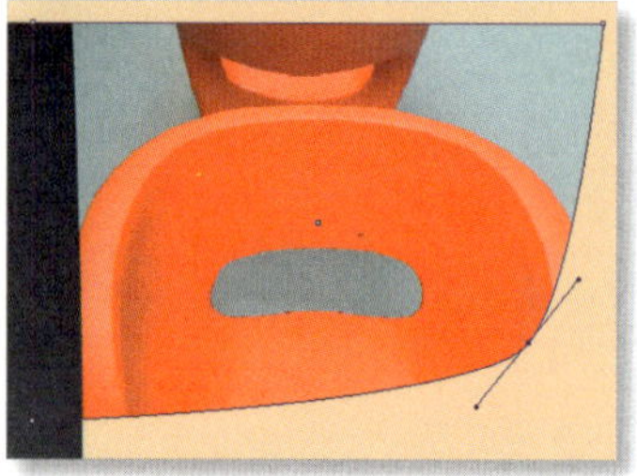

▲ **Abbildung 12.29**
Mit der Direktauswahl und den anderen Pfadwerkzeugen bearbeiten Sie die Rahmenform des platzierten Bildes.

Platzieren Sie eine beliebige Bilddatei in das Layout, und wechseln Sie auf die Direktauswahl. Sie erkennen – wie bei der Vektorbearbeitung – die Rahmenkante als Bézierpfad. Mit den Pfadwerkzeugen können Sie nun dem Rahmen eine neue Form geben.

Tabelle 12.1 ▶
Tastenkürzel für das Anpassen

	Windows	Mac
Inhalt an Rahmen anpassen	Strg+Alt+E	⌥+⌘+E
Inhalt proportional anpassen	⇧+Strg+Alt+E	⇧+⌥+⌘+E
Inhalt zentrieren	⇧+Strg+E	⇧+⌘+E
Rahmen an Inhalt anpassen	Strg+Alt+C	⌥+⌘+C
Rahmen proportional füllen	⇧+Strg+Alt+C	⇧+⌥+⌘+C

12.5 Freistellen mittels Beschneidungspfad oder Alphakanal

Um Pixelobjekte frei vor farbigen Flächen zu positionieren, wurden die Beschneidungspfade erfunden. Aus Photoshop heraus kann ein Beschneidungspfad erzeugt und in das EPS-, PSD- oder das TIFF-Format exportiert werden. Ein Pfad beschneidet das Pixelobjekt und wirkt wie eine Maskierung. Ein weiterer Vorteil ist auch die Kantenschärfe, da die Pfadkanten das Objekt abschneiden. Als Alternative platzieren Sie eine Photoshop-Datei, in der der Freisteller mit einem Alphakanal oder einer Ebenenmaske **pixelgenau** maskiert wurde.

12.5.1 Dokumente mit Beschneidungspfaden platzieren

Dokumente mit Beschneidungspfaden können auf zwei Wegen platziert werden.

- Zum einen so, dass Sie den Pfad nachbearbeiten können,
- zum anderen mit dem Verzicht auf den sichtbaren Pfad, wenn das Objekt bereits sorgfältig freigestellt wurde, ohne dass Blitzer an den Objekträndern auftreten können.

Andernfalls könnte der maskierte Bildhintergrund am Motivrand »durchblitzen«. Wählen Sie die betreffende Option Photoshop-Beschneidungspfad anwenden aus.

Sobald Sie die Grafik platziert haben, wählen Sie die Direktauswahl aus, und klicken Sie auf eine beliebige Objektkante. Der Beschneidungspfad wird sichtbar.

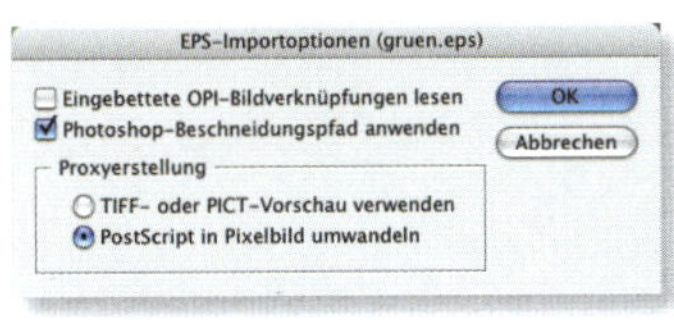

▲ **Abbildung 12.30**
Der Photoshop-Beschneidungspfad wird in den Importoptionen ausgewählt.

◄ **Abbildung 12.31**
Aktiver Beschneidungspfad aus der platzierten Datei

Da Sie natürlich mit einer vergrößerten EPS-Vorschau kein Objekt freistellen können, stellen Sie über das Kontextmenü die Anzeigequalität auf Hoch. Nach kurzer Berechnung werden die Originalpixel gezeigt, und Sie können mit den Pfadwerkzeugen den Beschneidungspfad editieren.

◄ **Abbildung 12.32**
Ein Beschneidungspfad in InDesign mit der Funktion Kanten suchen erzeugt einen nach Helligkeit ausgerichteten Pfad, der allerdings sehr viele Ankerpunkte enthält.

12.5.2 Beschneidungspfade in InDesign erzeugen

InDesign kann Beschneidungspfade selbst erzeugen, wenn platzierte Bilder keinen Beschneidungspfad aufweisen. Es gibt zwei Möglichkeiten:

1. anhand von Objektkanten (z. B. auf weißem Grund)
2. mit Alphakanälen oder Ebenenmasken

Beschneidungspfad anhand von Objektkanten erzeugen | Für die erste Möglichkeit gehen Sie so vor: Wählen Sie eine platzierte Bilddatei aus, und rufen Sie unter dem Menü OBJEKT • BESCHNEIDUNGSPFAD den Einstellungsdialog auf.

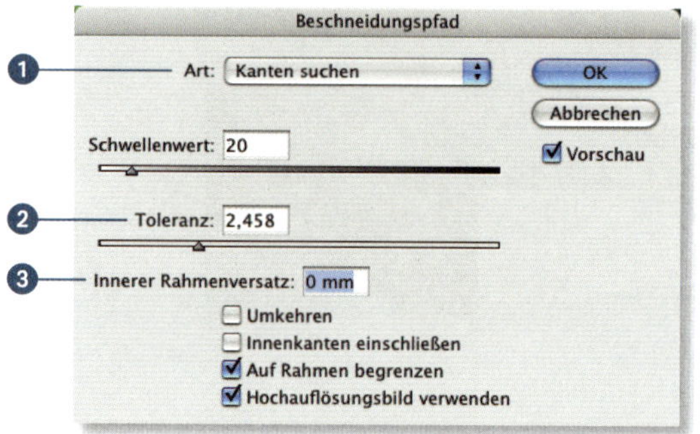

Abbildung 12.33 ▸
Beschneidungspfad bestimmen

Wählen Sie als ART die Option KANTEN SUCHEN ❶. Mit Hilfe eines Grenzwertes zwischen 0 und 255 tastet InDesign die Bildhelligkeit ab. Bei aktivierter Vorschau sehen Sie die freigestellten Bildpartien. Bilder mit weißem Untergrund sind besonders gut geeignet.

Der Toleranz-Bereich ❷ legt fest, wie genau die Objektkante erkannt werden soll und wie viele Ankerpunkte gesetzt werden. INNERER RAHMENVERSATZ ❸ ist ein sehr wichtiger Zusatz: InDesign verkleinert um diesen Wert die erkannte Objektauswahl. Das bedeutet, eventuelle Blitzer werden sofort ausgeschlossen! Bei jedem Motiv ist die Balance zwischen möglichst genauer Pfadzeichnung und Rahmenversatz anders. Arbeiten Sie daher immer mit aktivierter Vorschau, und stellen Sie das Bild möglichst groß und in höchster Darstellungsqualität dar, um alle nötigen Details erkennen zu können. Selbstverständlich können Sie auch diesen Beschneidungspfad mit den Pfadwerkzeugen nachbearbeiten.

Zum Weiterlesen
Alternativ zur Erzeugung von nachträglichen Beschneidungspfaden können Sie Alphakanäle aus Photoshop-Dateien über die Transparenzreduzierung ausgeben. Die Umrechnungsarten zeigen wir Ihnen in Kapitel 18, »Transparenz und Reduzierungsvorschau«.

Beschneidungspfad anhand von Alphakanälen oder Ebenenmasken erzeugen | Die Funktionalität ist identisch zur eben beschriebenen manuellen Kantenerkennung. Alphakanäle sind zusätzliche Farbkanäle im Bilddokument neben den CMYK- oder RGB-Kanälen, die zur Maskierung des Gesamtbildes genutzt werden. Da sie pixelbasiert sind, werden Bildpartien genauer freigestellt als mit Pfaden. Alphakanäle können aufgrund der Transparenzen nicht ausgegeben werden und können somit in Beschneidungspfade umgewandelt werden. Die zusätzliche Qualität der Kanäle hat jedoch auch ihren Preis: Die Dateien werden verhältnismäßig größer als herkömmliche Bilddateien mit Beschneidungspfaden.

◂ **Abbildung 12.34**
Platzierte EPS-Datei mit Beschneidungspfad (orange) und Konturenführung auf Basis dieses Pfades (hellblau). Mit Pfadwerkzeugen können Sie den orangefarbenen Freistellpfad nachbearbeiten. Für die exakte Bearbeitung empfehlen wir die Umschaltung auf die hohe Darstellungsqualität, damit Sie die Ankerpunkte und Tangenten genau positionieren können, sodass keine Blitzer zum Untergrund entstehen (Schattenwurf oder Hintergrundfarbe).

12.5.3 Freisteller ohne Pfade

Es geht aber auch vollständig ohne Beschneidungspfade. Ist ein Motiv so schwierig freizustellen, dass Bildmotive wie z. B. Haare oder transparente Stoffe nicht ohne Qualitätsverlust mit einem Pfad freigelegt werden können, so sollten Sie einen Alphakanal oder eine Ebenenmaske mittels einer Photoshop-Datei platzieren. Einen Pfad benötigen Sie für die Transparenz des Freistellers nicht, da diese pixelgenau aus der Datei in InDesign ausgelesen wird. Bei einer PostScript- oder PDF-Ausgabe werden mit Hilfe der Transparenzreduzierung wieder deckende Flächen errechnet.

Zum Weiterlesen
Lesen Sie dazu auch Kapitel 18, »Transparenz und Reduzierungsvorschau«. Die genaue Erstellung eines Freistellers mittels Transparenzen können Sie dem Photoshop-Handbuch entnehmen, oder lesen Sie »Adobe Photoshop CS3« von Sibylle Mühlke, ebenfalls bei Galileo Design erschienen.

Schritt für Schritt: Freisteller über eine Ebenenmaske in Photoshop

◂ **Abbildung 12.35**
Das Freisteller-Bildmotiv als Ausgangsbild

1 Ebenenmaske anlegen

Zunächst müssen Sie eine schwebende Auswahl der überflüssigen Bildbereiche erstellen und eine Ebenenmaske daraus anfertigen. Für diese Auswahl kann ein Alphakanal dienen.

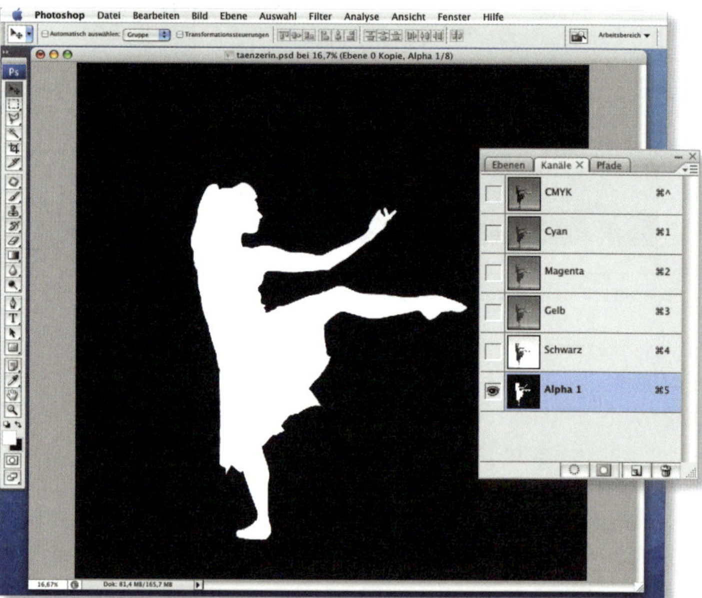

Abbildung 12.36 ▶
Auswahl aus einem Alpha-Kanal

Eine schwebende Auswahl wird nun vom Alphakanal abgezogen und eine Ebenenmaske daraus erstellt.

Abbildung 12.37 ▶
Die Ebenenmaske

2 Datei platzieren

Die Datei wird als Photoshop-Dokument in InDesign platziert. In den Importoptionen müssen Sie darauf achten, dass nun die Transparenz des Photoshop-Dokuments für die Berechnung eines Alphakanals in InDesign dient. So wird der Freisteller auch ohne Pfad im Layout dargestellt!

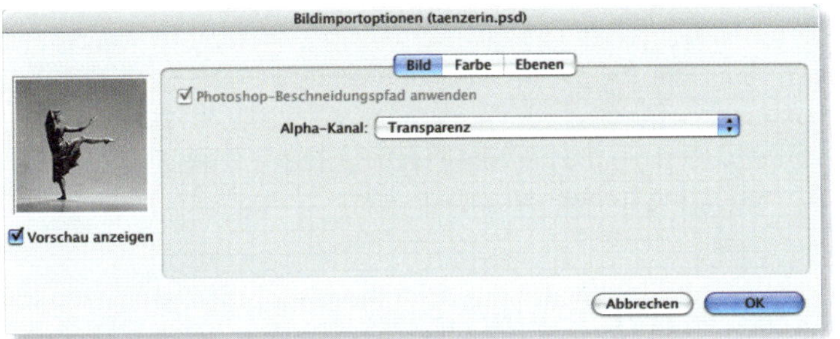

◂ **Abbildung 12.38**
Unter ALPHA-KANAL müssen Sie TRANSPARENZ einsetzen.

3 Ergebnis

Nach der Platzierung in InDesign erscheint die Transparenz bei maximaler Darstellungsqualität einwandfrei.

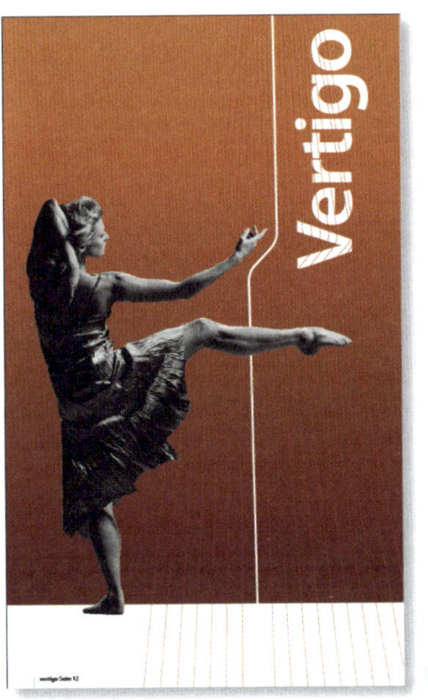

◂ **Abbildung 12.39**
Das Ergebnis

12.6 Bildinterpolationen

Sobald Sie platzierte Dokumente skalieren, ändern Sie die Auflösung des Bildes für die Ausgabe. Ein Beispiel: Eine platzierte Bilddatei hat die Größe von 10 mal 10 cm bei einer Auflösung von 300 dpi. Sie verkleinern die Datei im Layout um 50%. Damit

Verkleinern

Die Verkleinerung ist im Vergleich zur Vergrößerung weniger kritisch zu beurteilen. Erst bei sehr detailreichen Motiven wie Textilstrukturen oder Mikroskopie-Bildern kann es passieren, dass ein Bilddetail nach einer Verkleinerung im Layout und einer Neuberechnung für die Druckausgabe »verschwindet«.

verdoppelt sich die Ausgabeauflösung der platzierten Datei auf 600 dpi. Eine Skalierung auf 200% halbiert dagegen die Auflösung auf 150 dpi, erste Unschärfen und Pixelartefakte sind im Druck eventuell bereits zu erkennen.

Ausgabe
Für die Ausgabe als Druck oder als PDF-Datei wird eine kleiner oder größer skalierte Datei neu berechnet, wenn Sie z. B. die Vorgabe PDF/X-3:2003 wählen.

Bleiben die Änderungen zwischen 71 und 141% der ursprünglichen Größe, sind diese Skalierungen tolerierbar und führen nicht zu wesentlichen Qualitätsverlusten. Skalieren Sie jedoch über diesen Wert hinaus eine platzierte Datei, so kann es sowohl bei der Vergrößerung als auch bei der Verkleinerung zu Unschärfen kommen. Sollte dies aus Gestaltungs- oder Platzgründen der Fall sein, rechnen Sie die platzierte Datei extern auf die Zielgröße des zur Verfügung stehenden Layouts um.

12.7 Verknüpfungen

InDesign legt eine Verknüpfung vom Layoutdokument zur platzierten Datei an. Diese Verbindungen können Sie in der Palette VERKNÜPFUNGEN unter dem Menü FENSTER einsehen und bearbeiten. Alle platzierten Dateien – auch Textdokumente oder Tabellen – werden in der Palette aufgelistet.

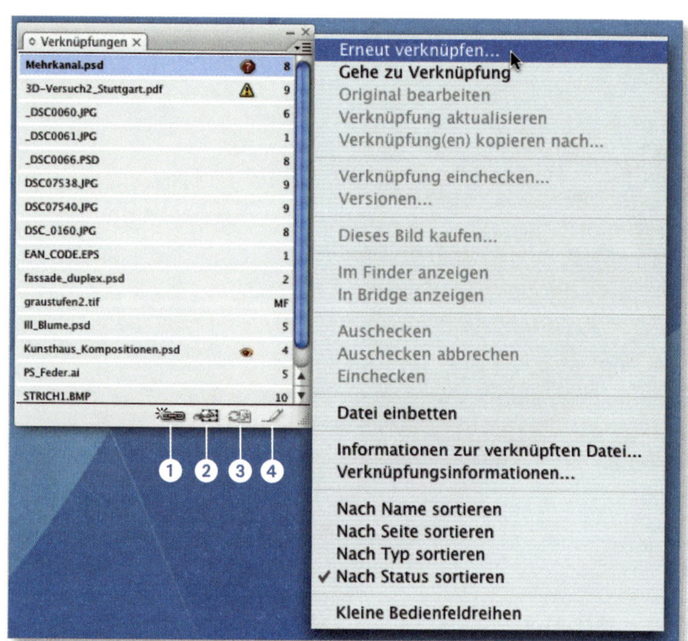

Abbildung 12.40 ▶
Die platzierten Bilder erscheinen in der Verknüpfungen-Palette. Rot gekennzeichnete Bilder fehlen, gelbe Dreiecke zeigen eine Änderung des Dokuments an, das Auge zeigt eine Änderung der Objektebenenoptionen an, und MF bedeutet »Montagefläche«.

Den Status, d. h., ob eine Verknüpfung aktiv ist, erkennen Sie an den zusätzlichen Symbolen hinter den Dateinamen:

- Ein rotes Fragezeichen zeigt eine fehlerhafte Verknüpfung, d. h., das Originaldokument konnte nicht gefunden werden.

- Das gelbe Dreieck hingegen steht für eine Datei, die zwischenzeitlich geändert und mit der Layoutdatei noch nicht aktualisiert wurde.

Über die Button-Zeile am Fuß der Palette lassen sich die Dateien ERNEUT VERKNÜPFEN ❶, die Verknüpfung im Layout anzeigen ❷, aktualisieren ❸ oder das Original in einem externen Editor bearbeiten ❹.

12.7.1 Verknüpfungsinformationen

Mit einem Doppelklick auf einen Dateinamen oder über das Palettenmenü öffnen Sie die Verknüpfungsinformationen. Auch hier werden Ihnen der Status und weitere Parameter gezeigt. Über die WEITER/ZURÜCK-Buttons wechseln Sie zur nächsten platzierten Datei.

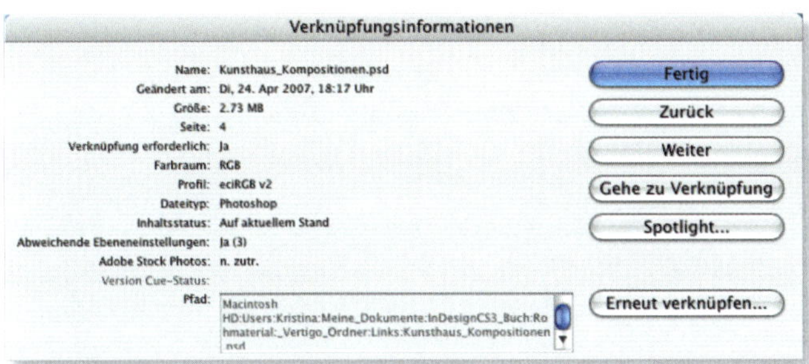

◂ **Abbildung 12.41**
Mit einem Doppelklick auf eine Datei in der Verknüpfungen-Palette öffnen sich die weiteren Informationen, sodass Sie beispielsweise den Farbraum oder ein eingebettetes Farbprofil erkennen können.

Fehlerhafte Verknüpfungen können Sie auch hier wieder neu setzen, indem Sie den Pfad der Datei angeben oder aus einem Systemdialog die Datei auswählen.

12.7.2 Verknüpfungen in einem Schritt aktualisieren

Wenn Sie eine Layoutdatei öffnen, die fehlerhafte Verknüpfungen erkennt, werden Sie schon zu Beginn aufgefordert, die Verknüpfungen zu aktualisieren. Ignorieren Sie diese Aufforderung und arbeiten Sie weiter, so bleiben die Verknüpfungswarnungen erhalten. Besitzt Ihre Layoutdatei also solche fehlenden Verknüpfungen, ist es ratsam, das Dokument zu speichern, zu schließen und neu aufzurufen. Danach erscheint wieder die Aufforderung, die Pfade der Dateien anzugeben. Dieser Weg ist komfortabler als das manuelle Verknüpfen über die Palette.

Leider sortiert InDesign die Einträge in der Liste nicht nach der Reihenfolge im Layout. Oben stehen die fehlenden oder geänderten Verknüpfungen. Sobald die Verknüpfung aktualisiert wird, rutscht die Datei an eine völlig andere Position. Das macht das Verknüpfen mit diesem Verfahren sehr schwierig bis nahezu unmöglich.

MF

Ein besonderer Clou steckt hier in der Palettenliste: Rahmen, die Sie von der Seite auf die Montagefläche geschoben haben, werden mit einem »MF« gekennzeichnet! Dadurch erkennen Sie, ob es sich beispielsweise um ein Motiv handelt, das während des Entwurfs wieder aus dem Layout herausgenommen wurde. Das ist doch sehr nett, oder? Rahmen, die nicht auf dem Druckbogen liegen, werden auch beim PDF-Export oder Ausdruck ignoriert.

Dateiinformationen
Digitalbilder oder gekaufte Bilder aus Archiven beinhalten Metadaten, die InDesign als XMP-Daten verwaltet. Diese rufen Sie ab, indem Sie im Palettenmenü der Verknüpfungen-Palette die Option INFORMATIONEN ZUR VERKNÜPFTEN DATEI... aufrufen. Hier erkennen Sie, mit welcher Kamera die Bilder aufgenommen wurden oder wo die Bildrechte liegen.

12.7.3 Einbetten und Einbettung aufheben

Um nicht nach verlorenen Dateien suchen zu müssen, können Sie die platzierten Dokumente auch über das Palettenmenü einbetten. Ein kleines Grafiksymbol erscheint hinter dem Dateinamen in der Palette. Doch Vorsicht, die Layout-Dateigröße kann sehr schnell anwachsen.

Eingebettete Dateien können Sie wieder aus der Layoutdatei herausziehen: Wählen Sie aus dem Palettenmenü EINBETTUNG DER DATEI AUFHEBEN. Dokumente, die kleiner als 48 KByte sind, werden von InDesign automatisch eingebettet. Dazu zählen z. B. kleine Logos, Vektorsymbole oder kurze importierte Textmengen.

Platzierte Bilder und Grafiken müssen Sie nicht unbedingt einbetten. Mit Hilfe der Funktion VERPACKEN werden alle platzierten Dokumente mit der InDesign-Datei in einen neuen Ordner kopiert und dort neu verknüpft. Lesen Sie dazu auch Kapitel 20, »Preflight und Verpacken«.

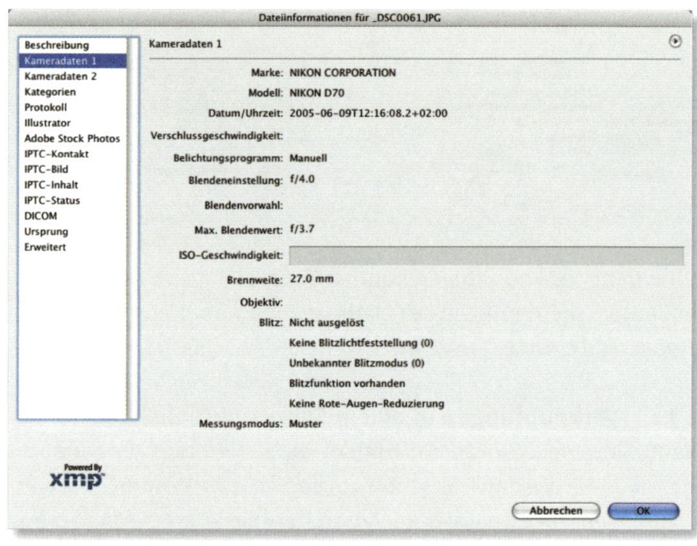

Abbildung 12.42 ▸
Die Metadaten einer digitalen Aufnahme werden auch in InDesign erkannt.

12.7.4 Verknüpfungen kopieren

Wenn Sie einmal platzierte Daten verschieben wollen, so müssten Sie die Daten zunächst kopieren und in InDesign die Verknüpfungen einzeln aktualisieren. Das ist eine zeitraubende Angelegenheit. Doch es geht auch anders: Wählen Sie zunächst die entsprechenden Dateien in der Verknüpfungen-Palette aus. Nutzen Sie die Funktion VERKNÜPFUNG(EN) KOPIEREN nach im Palettenmenü der Verknüpfungen-Palette, um aus InDesign heraus die platzierten Dateien an einen anderen Ort zu verschieben. Wählen Sie einen neuen Speicherort. InDesign kopiert nun die

Dateien und aktualisiert gleichzeitig die Verknüpfung. Die zuerst platzierte Datei bleibt sicherheitshalber an ihrem alten Ort.

	Windows	Mac
Zum verknüpften Element gehen	Alt + auf Name der verknüpften Datei doppelklicken	⌥ + auf Name der verknüpften Datei doppelklicken
Alle Dateinamen auswählen	Strg + auf Name der verknüpften Datei doppelklicken	⌘ + auf Name der verknüpften Datei doppelklicken

◂ **Tabelle 12.2**
Tastenkürzel für das Verknüpfen

13 Transparenzeffekte

Licht aus, Spot an: Deckkraft reduzieren, Farben miteinander negativ multiplizieren, Layoutrahmen mit weichen Kanten oder Schattenwürfen gestalten: Diese Funktionen kennen Sie bereits aus älteren InDesign-Versionen oder anderen Programmen. Doch was wäre, wenn InDesign CS3 auch viele andere Photoshop-Effekte beherrschte? Darüber hinaus stellen wir uns im Layout immer die Frage, auf was die Effekte angewendet werden sollen.

Auf der Buch-DVD finden Sie im Ordner VIDEO-LEKTIONEN auch Lernfilme zum Thema »Transparenzeffekte« und »Effekte einsetzen«.

13.1 Grundlagen

Alle Funktionen, die bislang als »Transparenzen« bezeichnet wurden, werden in der CS3-Version nun »Effekte« oder kurz »fx« genannt. Die letzte Bezeichnung stammt aus der Filmindustrie, die mit viel »special effects« Feuer, Rauch und Pulverdampf erzeugt. Also, lassen wir es krachen!

Trennung der Inhalte

Falls Sie sich bereits seit InDesign 2 mit Transparenzen auskennen, sollten Sie sich Abschnitt 13.15, »Objekttrennung«, anschauen. Darin beschreiben wir, wie Sie unterschiedliche Effekte für Fläche, Kontur oder Text wählen.

13.1.1 Was ist Transparenz?

Für alle Anwenderinnen und Anwender, die bislang noch nie mit Transparenzen im Layout gearbeitet haben, wollen wir erwähnen, dass sich die Transparenzen zunächst

- aus der Deckkraft,
- einer weichen Kante oder
- einem Schlagschatten

zusammensetzen können. Dabei handelt es sich bis auf wenige Ausnahmen um Effekte, die eine neue Bildberechnung auf Pixelbasis für die Ausgabe erfordern.

Für die spätere Ausgabe stehen Ihnen die Funktion TRANSPARENZREDUZIERUNG und die REDUZIERUNGSVORSCHAU zur Verfügung, die wir noch detailliert beschreiben. Somit werden die Transparenzen auch für alle Designerinnen und Layouter kontrollierbar, die dieser Thematik bisher eher kritisch gegenüberstanden.

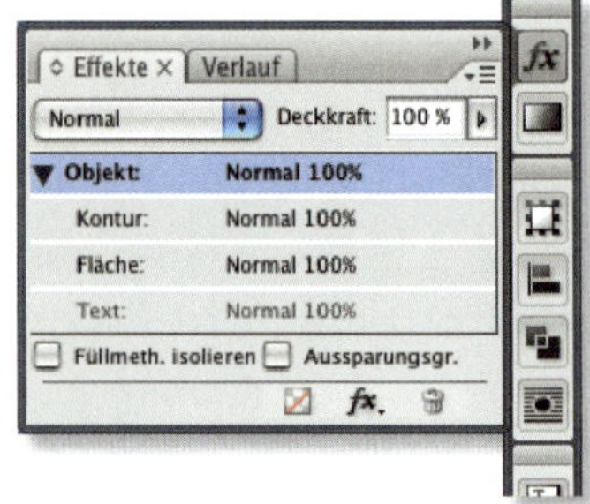

▲ **Abbildung 13.1**
Die Effekte-Palette übernimmt alle Transparenz-Aufgaben.

▲ **Abbildung 13.2**
Das Pulldown-Menü führt alle Effekte in InDesign CS3 auf.

Transparenzeffekte können Sie in InDesign CS3 auf alle Layoutrahmen anwenden. Ob platzierte Bilder, Vektorobjekte, Textrahmen oder sogar ganze Tabellen – InDesign kennt keine Grenzen in der kreativen Gestaltung, ein wahres Highlight für alle Designer, für die Reinzeichnung und Druckvorbereitung eine anspruchsvolle Aufgabe.

13.1.2 Die Effekte-Palette

Die Effekte-Palette rufen Sie mit der gleichnamigen Palette am rechten Rand oder unter dem Menü Fenster • Effekte auf. Ebenso wie in Photoshop oder Illustrator stellen Sie über das Pulldown-Menü der Palette die Füllmethode des Objekts zum Hintergrund ein. Ihnen stehen die bekannten Arten wie Multiplizieren oder Ineinander kopieren zur Verfügung.

Deckkraft | Die Deckkraft eines Layoutobjekts wählen Sie mit Hilfe des Schiebereglers oder einer numerischen Eingabe. Wenn Sie bereits in Photoshop oder Illustrator Ihre Erfahrungen mit Transparenzen gesammelt haben, werden Sie sich in InDesign schnell zurechtfinden, da hier dieselbe Technik genutzt wird.

Einstellungen beschränken | Darüber hinaus stellen Sie in den weiteren Angaben ein, ob das Objekt, die Kontur, die Fläche oder sogar die Typografie einzeln oder teilweise den Einstellungen folgen sollen. Doch hier wählen wir zunächst immer das gesamte Objekt. Auf die Trennung der Inhalte gehen wir in Abschnitt 13.15, »Objekttrennung«, ein.

Alle Einstellungen, die Sie in der Palette Effekte vornehmen, können Sie auch mit dem Button fx in der Steuerungspalette aufrufen, wo sie als Pulldown-Menü dargestellt werden.

13.2 Die Deckkraft

Die nächstliegende Möglichkeit, Transparenzen zu erzeugen, ist natürlich die Verringerung der Deckkraft. In der folgenden Abbildung sehen Sie verschiedene Deckkrafteinstellungen. Über die Effekte-Palette stellen Sie bequem die Deckkraft in Prozentwerten ein – entweder über den Schieberegler oder numerisch über das Eingabefeld.

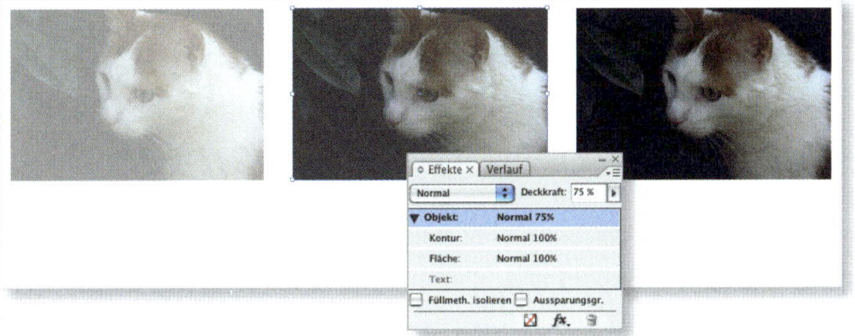

◂ **Abbildung 13.3**
Über die Deckkraft wird die Sichtbarkeit eines Layoutobjekts gesteuert.

Rahmen überlagern | Mit Hilfe der Deckkraft können Sie natürlich auch Rahmen überlagern. In Abbildung 13.4 sehen Sie, dass das obere Bild mit einer Deckkraft von 75% durchscheinend zum Untergrund ist. Auch die Farben der transparenten Rahmen mischen sich über die Deckkraft.

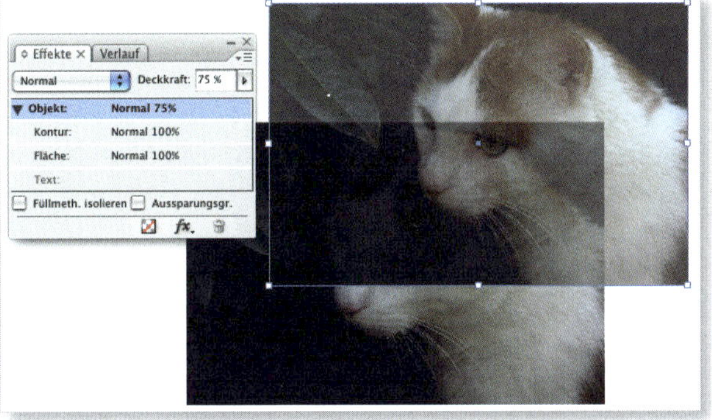

◂ **Abbildung 13.4**
Die reduzierte Deckkraft sorgt für Durchblick.

In Abbildung 13.5 wird ein gelb gefüllter Rahmen (Y = 100%) mit einer Deckkraft von 50% über das Bild gelegt. Daraus ergeben sich aber nicht automatisch Farben mit einem höheren Gelbanteil. Die Farbmischung messen Sie, indem Sie die Separationsvorschau anschalten. Lesen Sie dazu auch das gleichnamige Kapitel 19.

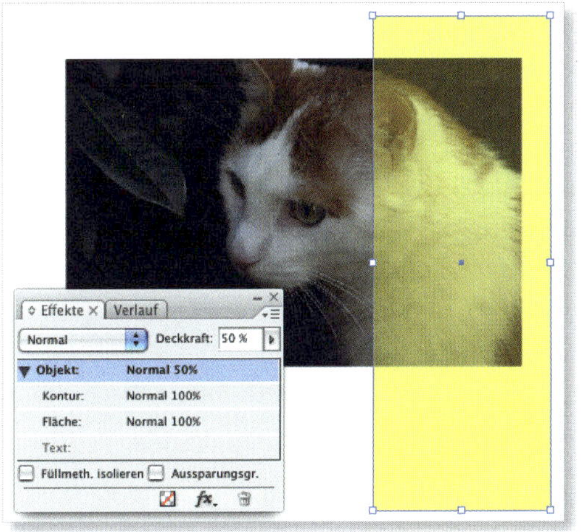

◂ **Abbildung 13.5**
Eine gelbe Fläche von 100% Yellow überdeckt ein platziertes Bild.

▲ **Abbildung 13.6**
Mit den Füllmethoden beeinflussen Sie die Berechnung der Farben des transparenten Objekts zum Untergrund.

13.3 Die Füllmethoden

Neben zahlreichen Möglichkeiten, Layoutobjekte farblich miteinander zu kombinieren, wollen wir Ihnen an dieser Stelle alle Füllmethoden im Einzelnen vorstellen. Bei der Beschreibung gehen wir davon aus, dass Sie ein Bild im Hintergrund und eine Vektorfläche im Vordergrund liegen haben, auf die Sie die Füllmethoden anwenden. Nicht immer lässt sich das Ergebnis der Farbtonberechnung vorhersagen, die zugrunde liegenden Algorithmen sind sehr komplex und können hier nur im Ergebnis beschrieben werden. Eine Vorausberechnung, welche Farbwerte sich zueinander addieren, ist für eine drucktaugliche Ausgabe nicht nötig, dazu haben Sie in InDesign die Separationsvorschau zur Verfügung, an der Sie die resultierenden Werte der übereinanderliegenden Farbwerte ablesen können.

13.3.1 Normal

Die Farbwerte von übereinandergelagerten Objekten werden in der Einstellung Normal nicht gesondert berechnet, nur eine reduzierte Deckkraft erzeugt die Transparenz. Die Farbmischung führt nicht automatisch zu einer Addition der Farbwerte, sondern kann auch eine Aufhellung zur Folge haben, wie Sie in Abbildung 13.5 sehen können.

13.3.2 Multiplizieren

Diese Füllmethode addiert überlagernde Farbwerte. Das Ergebnis ist immer dunkler als die Ausgangsfarben, also eignet sich der Effekt u.a. für die Gestaltung von Schatten. Legen Sie einen Rahmen mit der Füllung Cyan 100% über einen Rahmen mit Magenta 100%, so erhalten Sie eine Transparenzfarbe von 100 C und 100 M.

Gern wird diese Methode auch benutzt, um Graustufenbilder mit einem farbigen Untergrund zu verbinden. Alle Graustufen des Bildes werden zur Untergrundfarbe addiert, weiße Partien werden ausgeblendet.

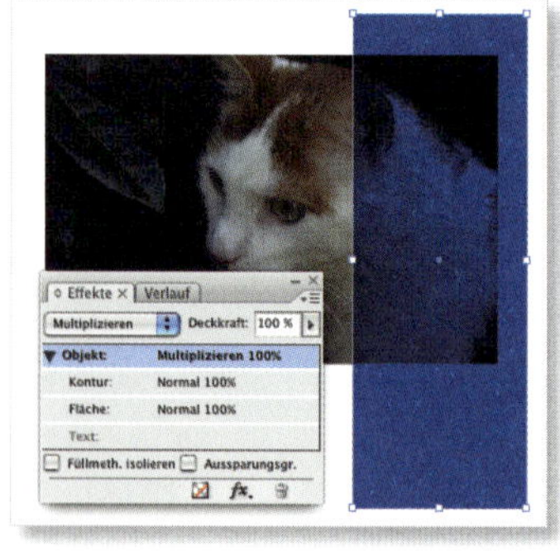

▲ **Abbildung 13.7**
Füllmethode Multiplizieren

13.3.3 Negativ multiplizieren

Wie die Bezeichnung schon vermuten lässt, folgt nun das Gegenteil: Die Farbwerte werden voneinander abgezogen: Das Ergebnis ist immer heller als die Ausgangswerte. Somit eignet sich diese Option für Lichter oder Glüheffekte. Farbwerte mit jeweils 100% Deckung werden zu 0 subtrahiert, Farbwerte mit 50% Deckung ergeben einen Mischton mit jeweils 25%.

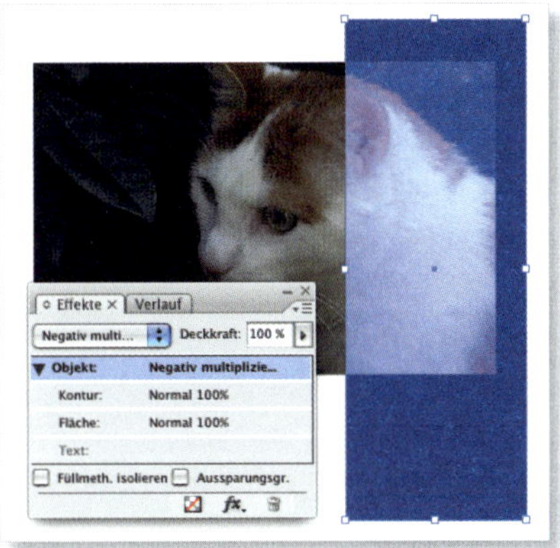

◂ **Abbildung 13.8**
Beispiel für die Füllmethode NEGATIV MULTIPLIZIEREN

Wenn Sie helle Objekte auf dunklen Untergründen platzieren und die Deckkraft reduzieren, ist diese Methode vorteilhaft, da das Vordergrundobjekt den Untergrund aufhellt. Somit ist es möglich, mit Rahmen doppelseitige Bilder zu überdecken, um dort Fließtext zu gestalten.

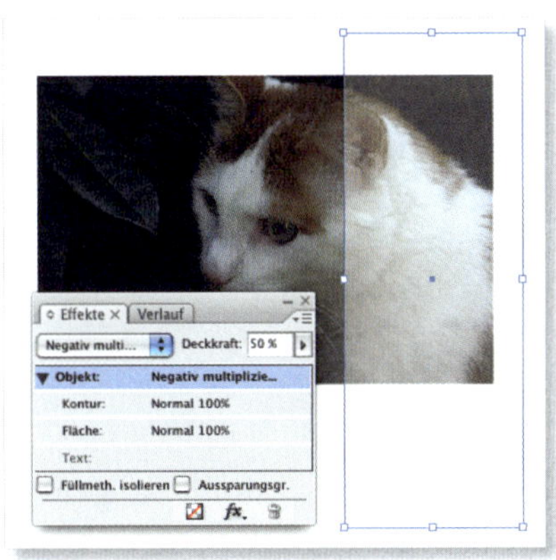

◂ **Abbildung 13.9**
Mit der Füllmethode NEGATIV MULTIPLIZIEREN können Sie Bilder aufhellen. Der weiße Rahmen überlagert das Bild mit reduzierter Deckkraft.

13.3.4 Ineinanderkopieren

Diese Methode ist u. a. geeignet, wenn Sie Bilder mit Vektorflächen einfärben wollen. In Abbildung 13.10 sehen Sie, dass der gelbe Rahmen (100 % Y) mit einer Deckkraft von 50 % und der Füllmethode INEINANDERKOPIEREN das Bild nur gelblich färbt. Im Vergleich zu Abbildung 13.5 wird der Hintergrundfarbton aber nicht aufgehellt.

13.3.5 Weitere Füllmethoden

Wir könnten für die zahlreichen Füllmethoden zwar jeweils beschreiben, mit welcher Füllmethode welches Farbadditionsergebnis erreicht wird. Dennoch wird es sinnvoller sein, sich einmal bei einem eigenen Beispiel die verschiedenen Füllmethoden anzuschauen und anzuwenden. Dazu sehen Sie nun noch eine Auswahl dieser Methoden.

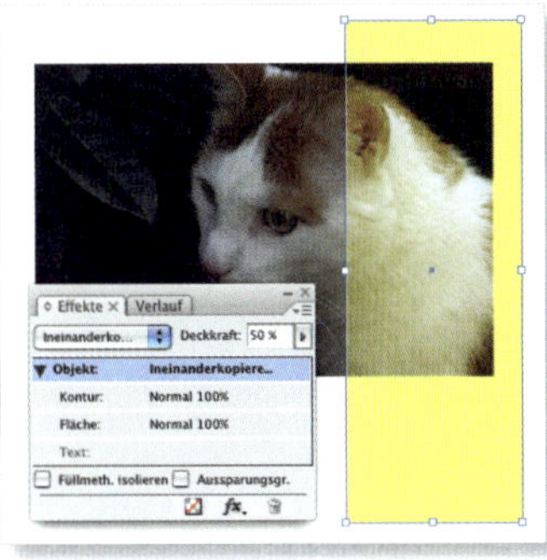

▴ **Abbildung 13.10**
Beispiel für die Füllmethode INEINANDERKOPIEREN

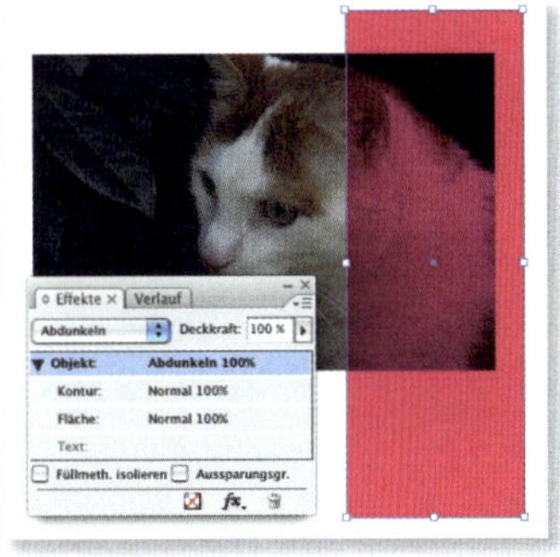

▴ **Abbildung 13.11**
Beispiel für die FÜLLMETHODE ABDUNKELN

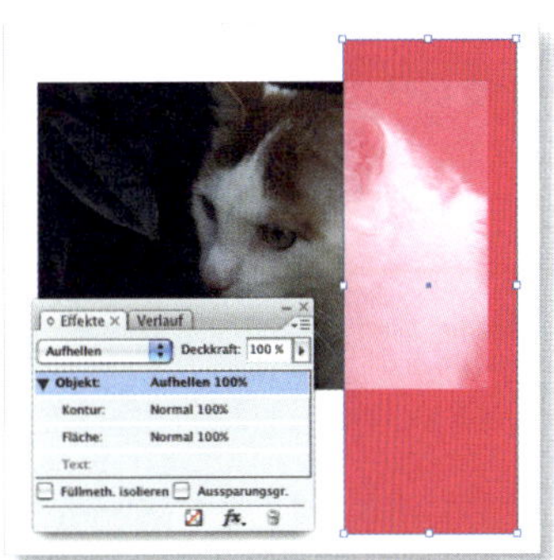

▴ **Abbildung 13.12**
Beispiel für die Füllmethode AUFHELLEN

13.4 Sonderfälle und Ausnahmen

In der Praxis zeigt sich, dass nicht jede Transparenzfunktion das Design verbessert, wenn für die Ausgabe die Grenzen der Drucktechniken nicht berücksichtigt werden. Anhand einiger Beispiele wollen wir Ihnen zeigen, dass es durchaus Sonderfälle gibt, die häufiger in Ihrer Layoutarbeit auftauchen, als Sie glauben!

13.4.1 Transparenzen in Gruppen

Wenn Sie transparente Objekte mit Füllmethoden gestalten und gruppieren, gibt es zwei Möglichkeiten,

- die Transparenzeffekte entweder nur auf die Gruppe selbst zu beschränken oder
- die Füllmethoden nur auf den Hintergrund anzuwenden.

Transparenzeffekt auf Gruppe beschränken | Wählen Sie FÜLLMETHODE ISOLIEREN in der Effekte-Palette für eine Gruppe aus, wenn Sie den Hintergrund nicht mit Füllmethoden berechnen lassen wollen.

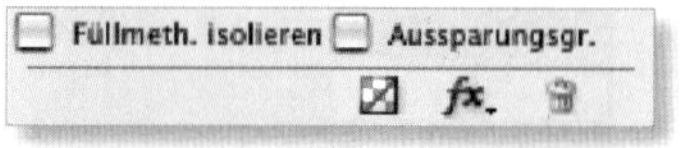

▲ **Abbildung 13.13**
FÜLLMETHODE ISOLIEREN und AUSSPARUNGSGRUPPE in der Effekte-Palette

Transparenzeffekt auf den Hintergrund beschränken | Die AUSSPARUNGSGRUPPE hingegen bewirkt das Gegenteil: Die Füllmethoden der Gruppe werden nur auf den Hintergrund, nicht aber auf die Gruppenobjekte selbst angewendet.

13.4.2 Die Deckkraft und der Farbauftrag

Tonwertgrenze | Für Ihre gestalterische Arbeit beachten Sie bitte, dass alle Objekte, deren Deckkraft Sie verringert haben, unterhalb einer Tonwertgrenze von ca. 5 % je nach Rasterweite und Papier nicht mehr im Offsetdruck wiedergegeben werden können.

Ein Beispiel soll dies verdeutlichen: Ein Graustufen-Bild enthält Bildpartien mit Werten zwischen 10 und 20 % Schwarz. Eine Deckkraftverringerung von 50 % halbiert diese Werte zu 5–10 %, das Bild kann je nach Rasterweite und Papierart im Druck noch vollständig wiedergegeben werden. Eine Deckkraftverringerung auf 30 % führt zu Werten zwischen 1,5 und 6 %, die nahezu vollständig im Druck verschwinden. Wenn Sie also weich modulierte Bilder mit Transparenzeffekten verwenden oder Vektorobjekte mit geringem Farbanteil, beachten Sie die untere Tonwertgrenze!

Maximaler Farbauftrag | Durch Transparenzen kann auch der maximale Farbauftrag überschritten werden. Wenn ein Bild durch einen überlagernden Rahmen und die Füllmethode MULTIPLIZIE-

REN abgedunkelt wird, so ergeben sich neue Farbwerte, die in der Separationsvorschau den Gesamtfarbauftrag übersteigen.

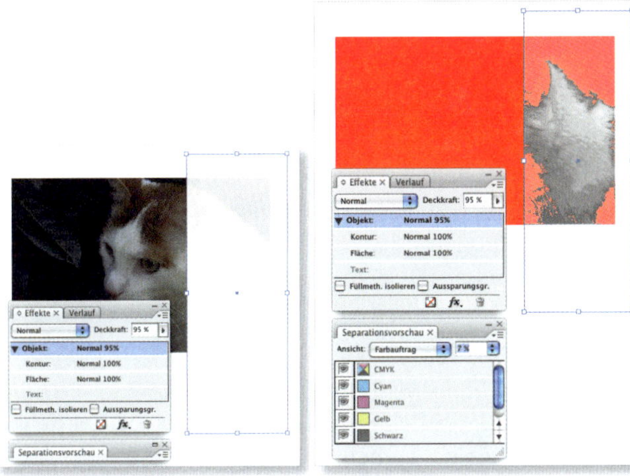

◂ **Abbildung 13.14**
Der weiße Rahmen überdeckt mit 95 % das Bild. In der Ausgabevorschau des Farbauftrags zeigt sich bei einer Grenze von 7 %, dass die Katze keine Zeichnung mehr aufweist (graue Partien).

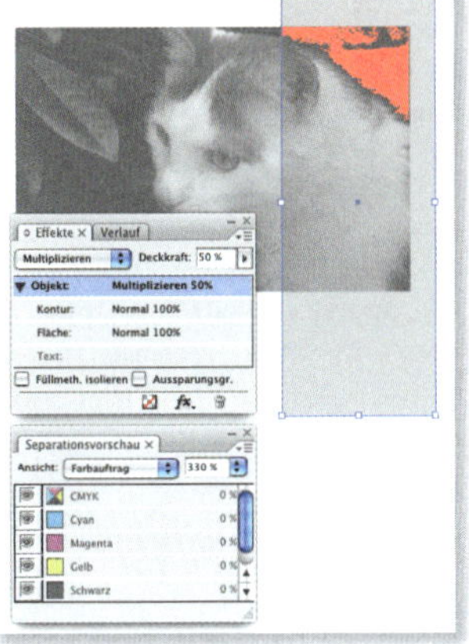

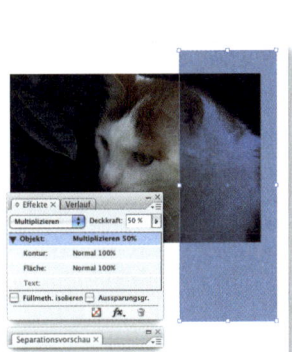

◂ **Abbildung 13.15**
Der blaufarbene Rahmen überdeckt mit 50 % das Bild in der Füllmethode MULTIPLIZIEREN. In der Ausgabevorschau des Farbauftrags zeigt sich bei einer Grenze von 330 %, dass die Schatten auf der Katze eine zu hohe Deckkraft aufweisen.

13.4.3 Der Sonderfall für Graustufen

Für den eben beschriebenen Sonderfall des Graustufenbildes gibt es allerdings einen Umweg: Mischen Sie die Hintergrund- und Vordergrundfarbe an, mit denen das Graustufenbild dargestellt werden soll. Färben Sie das Graustufenbild mit diesen Farben ein. Das genauere Vorgehen können Sie in Kapitel 12, »Dateien platzieren und verknüpfen«, nachlesen.

13.5 Schlagschatten

Schattenwürfe dienen in Katalogen oder Magazinen als grafische Allrounder. Lange haben Sie diesen Effekt mit platzierten Bildern aus Photoshop erzeugt, oder Sie haben Ihre Layout-Software mit Plug-ins erweitert. Diese Schatten gehören jedoch der

RGB, LAB oder CMYK?

Ob medienneutral oder nicht: Die Transparenzfunktionen können selbstverständlich auf RGB-, LAB- sowie auf Prozessfarbwerte angewendet werden. Auch Sonderfarben wie HKS- oder Pantone-Farben sind dazu grundsätzlich geeignet. Allerdings ist es hierbei wichtig, den korrekten Transparenzfarbraum zu wählen, ein geeignetes Reduzierungsformat anzulegen und zu berücksichtigen, welche Objekte letztendlich nach einer Transparenzreduzierung entstehen. Lesen Sie dazu bitte auch Kapitel 18, »Transparenz und Reduzierungsvorschau«.

Vergangenheit an. Da der Schlagschatten zahlreiche Transparenz-Eigenschaften von InDesign miteinander verbindet, wollen wir für diesen Effekt genauer auf die Details eingehen. Andere Effekte wie der Schatten nach innen bauen auf diesem Schlagschatten auf, sodass Sie dort viele ähnliche Einstellungen finden werden.

13.5.1 Schatten hinzufügen

Sie fügen beliebigen Objekten wie platzierten Bildern, Vektorgrafiken oder Textrahmen einen Schattenwurf hinzu, indem Sie mit dem Auswahlwerkzeug auf das Objekt klicken und in der Steuerungspalette die Effekte mit dem Button FX aufrufen. Alternativ können Sie in der Palette EFFEKTE einen Doppelklick auf OBJEKT ausführen und erhalten somit den Effekte-Dialog. In diesem Dialog aktivieren Sie zunächst den Button SCHLAGSCHATTEN. Danach aktivieren Sie auch die VORSCHAU, um den gewünschten Schattenwurf gleich im Original zu beurteilen.

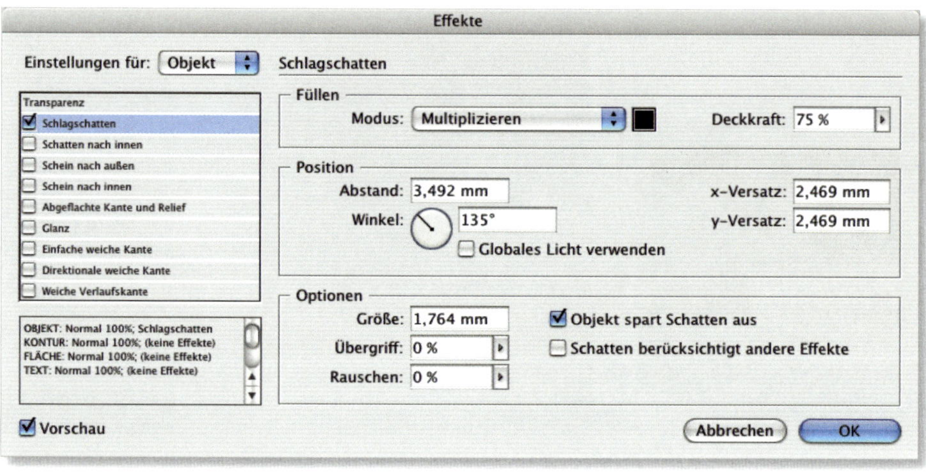

Abbildung 13.16 ▲
Im EFFEKTE-Dialog nehmen Sie alle Einstellungen zum Schlagschatten vor. Dieser Effekt ist eine Kombination aus Füllmethode, Deckkraft und weicher Kante.

Füllen | Der MODUS bezeichnet das Farbverhalten des Schattens. Diese Modi haben Sie ja bereits zu Beginn des Kapitels kennengelernt. Da Schatten nun einmal die Eigenschaft haben, Bereiche abzudunkeln – also Farbwerte miteinander zu multiplizieren –, ist die Vorauswahl des Modus immer MULTIPLIZIEREN.

Schattenfarbe | Als Schattenfarbe ist zunächst Schwarz mit 100% K ausgewählt. Hier gelangen Sie über das kleine Quadrat zur Farbe in die Auswahl der Farbfelder oder aber in die Anwahl der Farbmodelle RGB, LAB und CMYK, um eigene Farben direkt nur für diesen Schatten anzumischen. Auch Schmuckfarben können für zwei- oder mehrfarbige Layouts ausgewählt werden. Dazu müssen Sie jedoch zuvor in den Farbfeldern diese Farben anlegen oder Mischdruckfarben definieren.

Deckkraft | Die DECKKRAFT ist mit 75% akzeptabel, erzeugt aber stets einen leidenschaftslosen kräftigen Schattenwurf. Verwenden Sie leichtere Schatten von 30–50% bei hellen Untergründen oder höhere Werte von 80–100% bei mittleren bis dunklen Untergründen.

Gedrehte Rahmen

Schatten oder andere Effekte können über einen Winkel oder eine Richtung gesteuert werden. Sobald Sie einen Rahmen drehen, bleiben diese Effekte erhalten und drehen sich nicht mit. Beachten Sie also, dass Sie zunächst den Rahmen ausrichten und anschließend die Effekte anwenden.

Winkel | Seit InDesign CS3 können Sie nun auch einen WINKEL und einen ABSTAND bestimmen, ganz so, wie Sie es aus Photoshop gewöhnt sind. Der Winkel bezeichnet die Richtung der Lichtquelle, die den Schlagschatten wirft. Aktivieren Sie die Funktion GLOBALES LICHT VERWENDEN, so wird für diesen Schlagschatten ein einheitlicher Winkel angenommen. Zunächst gibt InDesign 120° vor. In anderen Effekten können Sie ebenfalls ein GOBALES LICHT vorgeben.

Abstand | Wer es genauer mag, der kann nach wie vor mit einem X-VERSATZ und einem Y-VERSATZ den zweidimensionalen Abstand des Schattens vom Objekt bestimmen. Dieser Abstand darf auch negative Werte haben und kann bis zu 352 mm vom Objekt entfernt liegen – falls Sie Großplakate anlegen wollen.

Optionen | Wie weich die Schattenkante gezeichnet wird, können Sie hier selbst unter GRÖSSE bestimmen. Zudem spart das Objekt, das den Schatten wirft, zunächst immer den Schatten selbst aus, es sei denn, es handelt sich um ein halbtransparentes Objekt. Dann sollten Sie diese Option deaktivieren. Falls der Schlagschatten und andere Effekte gemeinsam auf ein Objekt angewendet werden sollen, müssen diese Effekte eventuell für bessere Ergebnisse miteinander verrechnet werden.

Lebendige Schatten

Seit der klassischen Moderne werden Schattenfarben in der Malerei nicht mehr mit Schwarz abgedunkelt, sondern mit Blautönen. Diese Schatten wirken auf den Betrachter lebendiger. Mischen Sie dazu eine eigene Farbe für 4C-Druckjobs mit Schwarz und Cyan an, z. B. 50% C und 80% K, die Sie als Schattenfarbe in den Farbfeldern ablegen. Schon bei einer Anwendung von 50% Deckkraft wird der Schatten als bläulich wahrgenommen.

Übergriff | Interessant und nützlich sind die Erweiterungen der weichen Kante durch den ÜBERGRIFF und das RAUSCHEN. Die etwas merkwürdige Bezeichnung »Übergriff« beschreibt die Erweiterung der Schattenkante innerhalb der weichen Kante. Wenn Sie z. B. eine weiche Kante von 4 mm und einen Übergriff von 50% angeben, so wird der Schatten um 2 mm ausgedehnt.

Rauschen | Das Rauschen hingegen sollten Sie aus Photoshop kennen: Die weiche Kante des Schattenwurfs wird mit einer Körnung versehen, die mit dem fotografischen Runzelkornvergleichbar ist. Dadurch wirkt ein Schatten weniger technisch perfekt, sondern mehr analog erzeugt. Verwenden Sie stets ein leichtes Rauschen von 2–3%.

Schritt für Schritt: Schattenwurf

Für eine Headline auf einer Doppelseite soll die Schrift einen Schatten erhalten. Mit Hilfe der Schattenfunktion gestalten wir einen geeigneten Schatten.

1 Schatten auf einen Textrahmen anwenden

Wählen Sie den Textrahmen aus, und öffnen Sie über das Menü Objekt • Effekte den Dialog. Aktivieren Sie die Vorschau, und wählen Sie die Einstellungen nach der Abbildung:

Abbildung 13.17 ▶
Wichtig für einen Schatteneffekt in Verbindung mit Schrift ist, unter Einstellungen für • Text einzugeben.

Ein schwarzer Schatten mit weicher Kante macht zunächst einen technischen Eindruck.

2 Schattenfarbe anwenden

Aus Cyan und Black können Sie sich eine geeignete Schattenfarbe anmischen. Der Cyan-Anteil sorgt dafür, dass der Schatten auf dem späteren Hintergrund lebendiger erscheint. Wählen Sie dieses Farbfeld unter Farbe aus.

3 Übergriff

Damit der Schatten kräftiger wird, können Sie mit Hilfe des Übergriffs bestimmen, wie weit der Schatten innerhalb der weichen Kante verdickt wird. Wählen Sie eine Einstellung von 30%.

◂ **Abbildung 13.18**
Das Ergebnis mit einem Übergriff von 30%

4 Rauschen

Eine Körnung der weichen Kante führt zu einer unregelmäßigen Struktur des Schattens. Als Körnung erhält der Schlagschatten ein RAUSCHEN von 15%.

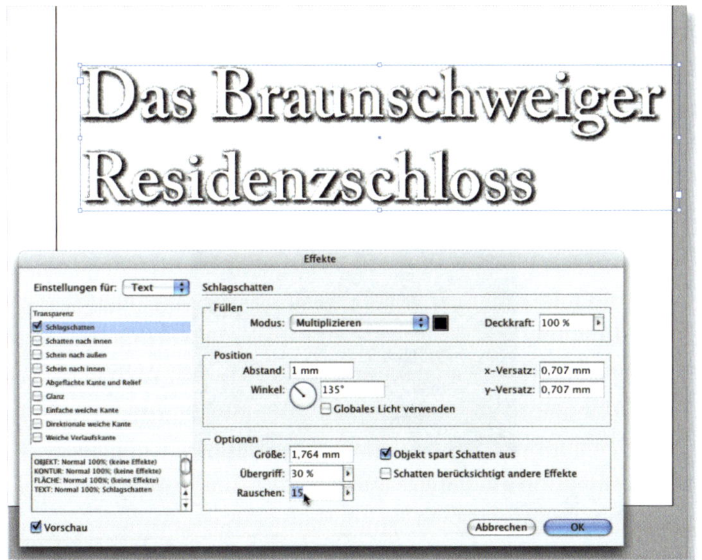

◂ **Abbildung 13.19**
Ein Rauschen von 15% wird eingestellt

5 Ergebnis

Somit wirkt der Schattenwurf im Ergebnis lebendiger. Er sorgt dafür, dass sich die Headline gut vom unruhigen Hintergrund abhebt.

Abbildung 13.20 ▸
Der Text mit Schatteneffekt wird auf ein Foto gelegt.

13.6 Schatten nach innen

SCHATTEN NACH INNEN ist ein Effekt, der ebenso wie der Schlagschatten funktioniert. Wählen Sie einen Rahmen an, und klicken Sie aus dem FX-Menü auf den SCHATTEN NACH INNEN, sodass die Einstellungen sichtbar werden. Die Richtung und die Fläche des Schattens ist jedoch auf den Layoutrahmen beschränkt – kurz gesagt: Sie gestalten mit diesem Effekt Rahmen, die nach innen versetzt erscheinen sollen.

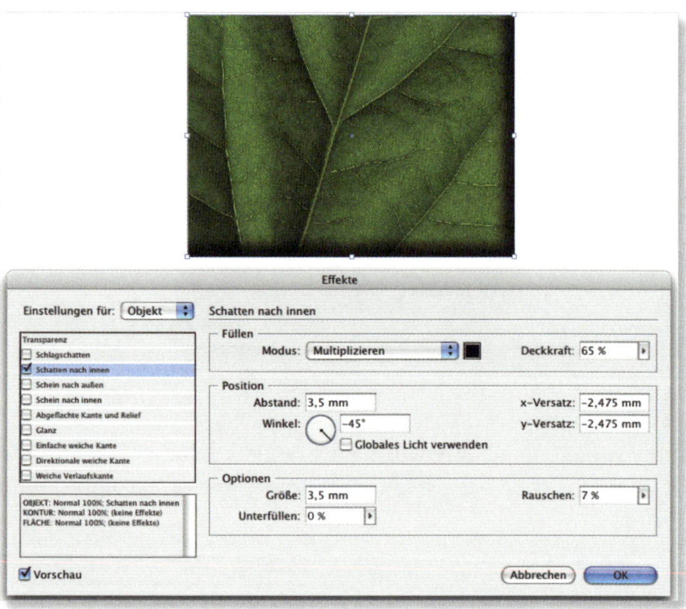

Abbildung 13.21 ▸
Der Schatten nach innen verhält sich genau so wie der Schlagschatten und trifft hier mit beispielhaften Einstellungen nur auf den Rahmen selbst.

Der Effekt Schatten nach innen ist natürlich immer nur dann zu sehen, wenn Sie keinen schwarzen Rahmen damit gestalten, sondern helle oder bunte Objekte. Die Schattenkante wird dann in Richtung der Lichtquelle erzeugt, sodass der Eindruck entsteht, dass der Rahmen tiefer liegt oder geprägt wurde. Diesen Eindruck können Sie jedoch auch mit dem Effekt Abgeflachte Kante und Relief entstehen lassen.

Schattenfarben

Verwenden Sie bei Bildern, auf die Sie diesen Effekt anwenden, eine andere Schattenfarbe als Schwarz. Häufig entstehen harmonischere Eindrücke, indem Sie eine passende dunklere Farbe wählen, deren Farbton sich am Rahmen orientiert.

13.7 Schein nach außen

Nach den düsteren Effekten Schlagschatten und Schatten nach innen wollen wir uns jetzt dem Schein nach außen widmen. Dieser Effekt lässt Rahmen leuchten! Hierzu wird der Modus von InDesign als Negativ multiplizieren vorgegeben, damit übereinander liegende Farben heller berechnet werden als die Ausgangswerte.

Verwenden Sie als Leuchtfarbe an dieser Stelle neben dem neutralen Weiß ein Blassgelb oder ein kühles Blau zusammen mit dem Modus Normal. Der Gelbton kann einen Sonnenschein imitieren, wenn Sie den CMYK-Wert 0, 0, 33, 0 anwenden. Der Blauton entsteht mit einem leichten Cyan-Wert: 33, 0, 0, 0. Dazu sollte der Schein auch auf andere Farben in der Umgebung fallen, damit man die Wirkung sieht.

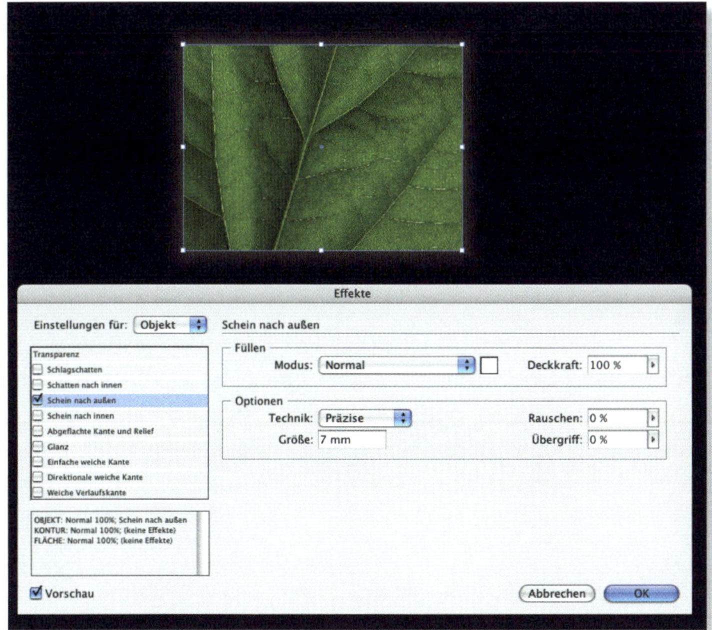

▲ **Abbildung 13.23**
Der Schein nach aussen mit blassgelber Färbung; Modus Normal

◄ **Abbildung 13.22**
Der Schein nach aussen mit weißem Schein

Darstellungsqualität von Schatten und Schein

InDesign berechnet alle Effekte auf Basis einer 72-dpi-Vorschau. Wenn Sie in das Dokument hineinzoomen, werden diese Effekte immer pixeliger. Schalten Sie für eine optimale Darstellung die ANZEIGELEISTUNG im Menü ANSICHT auf ANZEIGE MIT HOHER QUALITÄT.

Richtung | Anders als bei der Schlagschatten-Einstellung finden Sie hier keine Richtung des Scheins vor. Er verbreitet sich von allen Rahmenkanten aus gleichmäßig mit demselben Wert und kann durch die TECHNIK beeinflusst werden, wobei die Einstellung WEICHER immer einen natürlicheren Schein aufgrund eines exponentiellen Algorithmus erzeugt als die Option PRÄZISE mit einem linearen Verlauf innerhalb des Millimeter-Bereiches.

13.8 Schein nach innen

Der SCHEIN NACH AUSSEN wird mit diesem Effekt einfach nach innen auf den Layoutrahmen selbst angewendet. Verwechseln Sie bitte diesen Effekt nicht mit einer weichen Kante, da der SCHEIN NACH INNEN keine transparente Kante erzeugt, sondern nur einen Verlauf von einer deckenden Farbe bis zur Transparenz anwendet. Der Layoutrahmen selbst ist dabei ein deckendes Objekt.

Die Einstellungen folgen denen von SCHEIN NACH AUSSEN. Jedoch gibt es hier einige Besonderheiten, auf die wir Sie aufmerksam machen wollen.

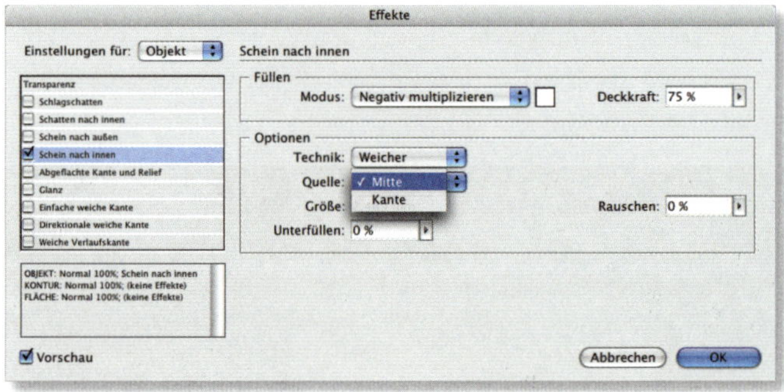

Abbildung 13.24 ▸
Der SCHEIN NACH INNEN mit den üblichen Optionen vergleichbar zum SCHEIN NACH AUSSEN und der Option zur Ausrichtung des Effekts von der Mitte oder der Kante.

Quelle | Als QUELLE geben Sie entweder die KANTE an, um den Schein zur Mitte hin zu gestalten. Oder Sie wählen die MITTE, von der aus der Schein leuchtet.

Unterfüllen | Was Sie als ÜBERGRIFF bereits beim Schlagschatten kennengelernt haben, finden Sie hier als UNTERFÜLLEN. InDesign CS3 bezeichnet alle Erweiterungen nach außen als »Übergriff«, nach innen wird dieselbe Methode »Unterfüllung« genannt, um den Schein-Effekt zu verstärken.

13.9 Abgeflachte Kante und Relief

Während die Schein-Effekte durchaus einfach zu begreifen und anzuwenden sind, wird es bei dem Effekt Abgeflachte Kante und Relief komplexer – kein Wunder, handelt es sich doch hierbei um eine Kombination aus verschiedenen Transparenzwerkzeugen, die mehrfach angewendet werden. Sie wenden den Effekt an, indem Sie einen Rahmen auswählen und aus dem fx-Menü den Punkt Abgeflachte Kante und Relief anklicken.

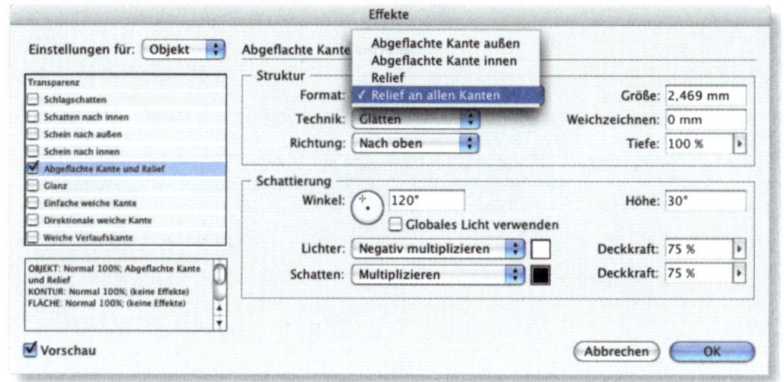

◄ **Abbildung 13.25**
Der Einstelldialog für den Effekt Abgeflachte Kante und Relief

Der Effekt ist unterteilt in die Struktur und die Schattierung.

Struktur | Unter der Struktur versteht InDesign CS3 die Kantenwiedergabe: Handelt es sich um eine abgeflachte Kante nach innen, nach außen, ein einfaches Relief oder ein Relief an allen Kanten?

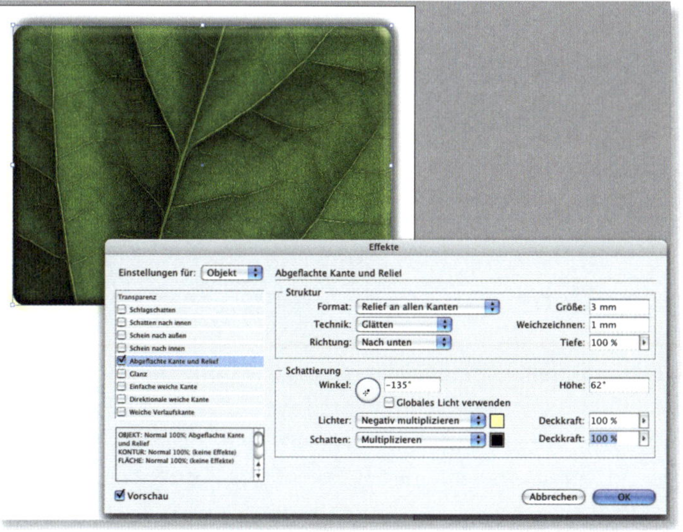

◄ **Abbildung 13.26**
Die Kantendarstellung kann sehr unterschiedlich ausfallen. Während die Kante nach außen die häufigste Umsetzung darstellen sollte, wirkt ein Relief an allen Kanten wie die Gestaltung eines Buttons für ein Screendesign.

Wenn Sie alle Formate vergleichen, wird Ihnen schnell klar, dass InDesign hier sehr umfangreich den Schlagschatten, den

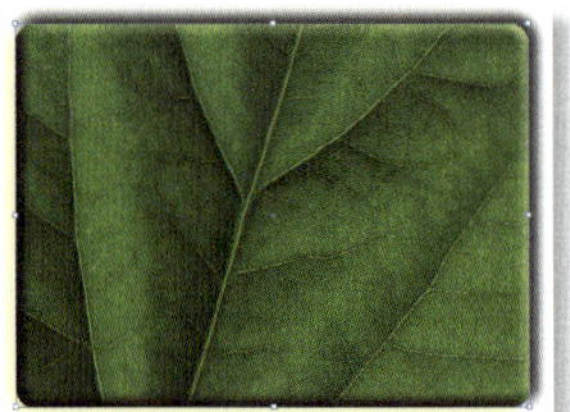

▲ **Abbildung 13.27**
Morgens, 7 Uhr. Die Schatten sind noch lang, der Höhenwinkel liegt bei 10°.

▲ **Abbildung 13.28**
Vormittag, 11 Uhr. Lichter und Schatten werden kürzer, der Höhenwinkel liegt jetzt bei 60°.

▲ **Abbildung 13.29**
Zur Mittagszeit sind keinerlei Schatten und Lichter mehr zu sehen, die Sonne steht nun bei 90°.

Deckkraft für ein Relief

Die Deckkraft sollte für die Lichter mindestens genauso stark – besser höher – gewählt werden wie für die Schatten. Ein Schatten von 66 % und Lichter von 100 % Deckkraft ergeben in der Regel ein optisch besseres Ergebnis.

SCHATTEN NACH INNEN sowie die Schein-Effekte anwendet. Die TECHNIK der FORMATE probieren Sie am Beispiel aus, um sich für eine Möglichkeit zu entscheiden.

Die visuelle Richtung kann entweder aus der Fläche heraus NACH OBEN oder in die Fläche hinein NACH UNTEN wirken, um ein Relief entstehen zu lassen. GRÖSSE, WEICHZEICHNEN und TIEFE erklären sich von allein. Die TIEFE können Sie auch als Stärke des Effekts ansehen: Je geringer der Wert, desto blasser erscheint eine Kante oder ein Relief.

Schattierung | Für eine gute plastische Wirkung ist der Stand der Lichtquelle wichtig, den Sie mit den Optionen WINKEL und HÖHE beeinflussen können. Den Winkel kennen Sie ja bereits vom Schlagschatten. Für eine eindeutige Erkennbarkeit sollte die Lichtquelle immer von oben links scheinen, damit wir ein plastisches Bild wahrnehmen können. Die HÖHE hingegen bezeichnet den Grad zum Horizont.

Das ist etwas erklärungsbedürftig: Stellen Sie sich vor, Ihr Layout liegt auf einer Ebene. Über der Ebene geht die Sonne auf, der Höhenwinkel der Sonne beträgt jetzt 10°. Die Schatten und Lichter sind lang.

Die Sonne steigt höher und erreicht 30°. Die Schatten und Lichter sind nun kürzer. High Noon: Erreicht die Sonne die 90°, ist kein Schatten und kein Lichtreflex zu sehen (Abbildung 13.29). Werte oberhalb von 90° sind natürlich auch möglich, führen jedoch nur zur Umkehrung der Schattierung, die auch mit dem Winkel beeinflusst werden kann.

Lichtfarbe | Doch womit soll InDesign Licht und Schatten berechnen? Hierzu wählen Sie bei LICHTER eine Lichtfarbe, die in der Regel negativ multipliziert wird. Der SCHATTEN hingegen wird multipliziert. Verfahren Sie hier ebenfalls wie bei den Schein- und den Schatten-Effekten.

13.10 Glanz

Der Transparenzeffekt GLANZ ist ein Versatz-Effekt, der dazu führt, dass die Rahmenkanten des Layoutobjekts gegeneinander über einen Winkel nach innen versetzt, weichgezeichnet und in einer Schattenfarbe mit der Rahmenfläche verrechnet werden. Das klingt schwieriger, als es ist. Wenden Sie den Glanz-Effekt auf einen Layoutrahmen mit dem Pulldown-Menü FX an.

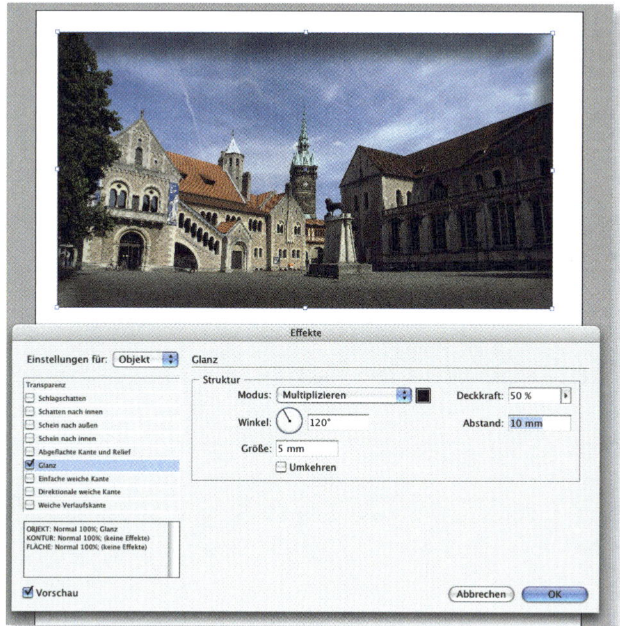

◂ **Abbildung 13.30**
Der Glanz-Effekt braucht für eine gelungene Anwendung etwas Übung.

Damit Sie nachvollziehen können, was der Effekt bewirkt, stellen Sie zunächst die GRÖSSE auf 0 mm. Nun erkennen Sie bereits einen Versatz, den Sie über die Werte ABSTAND und WINKEL verändern können.

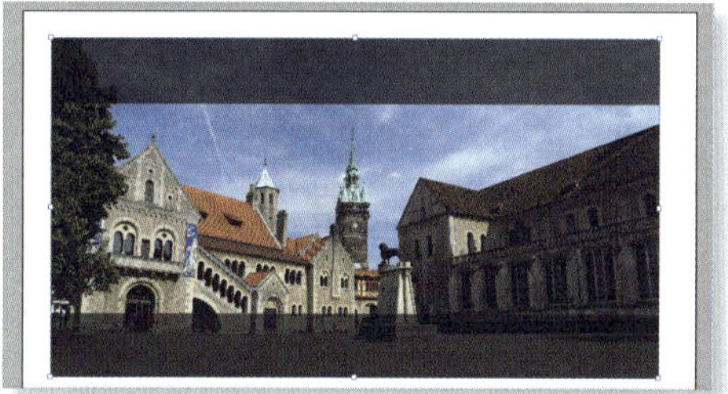

◂ **Abbildung 13.31**
Ohne eine weiche Kante entzaubern Sie den Effekt.

In welcher Farbe dieser Versatz erscheint und mit welchem Modus die Farbe auf den Inhalt des Layoutrahmens berechnet wird, legen Sie in den oberen Einstellungen des Effekt-Dialoges fest. Natürlich dient die letzte Einstellung, UMKEHREN, dazu, den Versatz in die jeweils andere Richtung zu spiegeln.

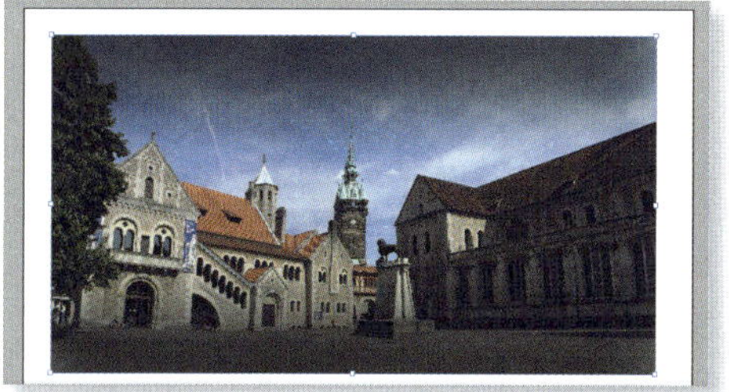

◂ **Abbildung 13.32**
Wenn Sie den Effekt GLANZ auf platzierte Bilder anwählen und dabei den Winkel auf 90° stellen, können Sie bei entsprechender Größe den oberen und unteren Bildbereich wie eine künstliche Vignettierung abdunkeln oder aufhellen, je nach Transparenzmodus und -farbe.

Abbildung 13.33 ▶
Beispiel für einen 90°-Winkel mit einer Tönung der oberen und unteren Bildpartien mit einer braunen Farbe und dem Modus Multiplizieren.

13.11 Einfache weiche Kante

Die weichen Kanten kennen Sie eventuell schon aus einer früheren InDesign-Version. Sie sind jetzt jedoch unter den Effekten einsortiert worden. Diese Funktion erzeugt eine transparent verlaufende Kante bei allen InDesign-Objekten. Diese Funktion rufen Sie bei einem ausgewählten Objekt über das Pulldown-Menü fx mit Einfache weiche Kante auf.

Abbildung 13.34 ▶
Weiche Kanten sind einfach in der Anwendung, aber anspruchsvoll in der Ausgabe. Für den Spot dient eine Vektorform, die mit einem leichten Rauschen versehen ist.

Die Methode, wie die Kante berechnet wird, wählen Sie unter dem Pulldown-Menü Ecken. Verschwommen bedeutet dabei, dass die Kante mit einem Gaußschen Weichzeichner diffus berechnet wird. Diese Methode kommt auch bei der Schlagschatten-Funktion zum Einsatz. Die grafischen Ergebnisse mit den Einstellungen Spitz, Abgerundet und Verschwommen können Sie mit einer einfachen Vektorform schnell nachvollziehen. In der Praxis benötigen Sie häufig nur die Methode Verschwommen, da die anderen Einstellungen zu eher unfreiwillig hässlichen Ergebnissen führen.

Rauschen | Aus dem Abschnitt zum Schlagschatten kennen Sie schon das RAUSCHEN: Dieses führt dazu, dass eine Körnung – ähnlich dem fotografischen Runzelkorn – hinzugegeben wird. Bei entsprechenden Bildern im Hintergrund führt diese Einstellung dazu, dass sich die weiche Kante mit dem Untergrundmotiv harmonischer überlagert. In der Praxis genügt ein Rauschen zwischen 3 und 5%, um eine unregelmäßige Struktur zu erzeugen.

13.12 Direktionale weiche Kante

Mit einer einfachen weichen Kante gibt sich InDesign in der CS3-Version nicht zufrieden. Die DIREKTIONALE WEICHE KANTE ist ein interessantes, wenn auch schwierig einzustellendes Werkzeug.

Das Konzept von InDesign sieht vor, die weiche Kante vom oberen, unteren, linken und rechten Rand unterschiedlich stark einzustellen. Dabei müssen Sie nicht gleich alle Ränder mit verschiedenen Werten einstellen, es reichen auch eine oder zwei Kanten aus.

Breite der weichen Kanten | Die Größe der weichen Kante stellen Sie im oberen Bereich des Dialogs DIREKTIONALE WEICHEN KANTE ein, wenn Sie den Effekt einem Rahmen zuweisen, indem Sie unter FX das Pulldown-Menü auswählen und den entsprechenden Kanteneffekt anwählen. Mit aktiver Vorschau können Sie alle Änderungen vergleichen.

Wenn Sie die Werte OBEN/UNTEN oder LINKS/RECHTS einstellen, so sehen Sie einen Verlauf von transparent zur vollen Deckkraft des Layoutrahmens und an der anderen Kante wieder zu transparent.

▲ **Abbildung 13.35**
Der Effekt DIREKTIONALE WEICHE KANTE oben und unten auf ein Bild angewendet.

▲ **Abbildung 13.36**
Unterschiedlich hohe Werte bei diesem Beispiel für die linke und rechte Kante erzeugen ein spannenderes Abbild als identische Werte.

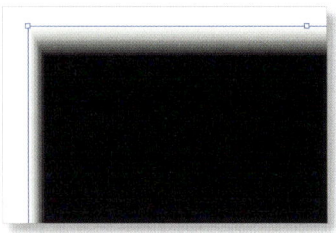

▲ **Abbildung 13.37**
Beispiel für eine weiche Kante oben und links bei einem Rahmen mit schwarzer Füllung. Die aufeinanderstoßenden Kanten werden interpoliert. Der Knick-Bereich wird immer etwas kräftiger wiedergegeben, sodass eine optische »Spitze« innerhalb des Verlaufs sichtbar wird.

Weiche Kante unten

In der Bildsprache des 3D-Renderings ist es beliebt, Objekte wie Bücher, CDs oder technische Geräte auf einer spiegelglatten Oberfläche zu präsentieren. Dies erreichen Sie, indem Sie ein platziertes Bild duplizieren, vertikal spiegeln und mit dem Effekt Direktionale weiche Kante einen Wert für Unten eingeben. Nun müssen Sie nur noch die Deckkraft reduzieren, und Ihr Spiegelbild ist fertig.

Doch was passiert, wenn Sie Kanten anwählen, die im rechten Winkel aufeinandertreffen? Diese weichen Kanten werden miteinander verrechnet, und es entsteht optisch ein »Knick« oder eine Spitze im Verlaufsbereich. Dies lässt sich nicht beeinflussen: Die Art und Weise der Berechnung ist von InDesign vorgegeben.

Die Funktionen Rauschen und Unterfüllen kennen Sie bereits vom den Schatten- und Scheineffekten. Interessant wird es jedoch bei der Einstellung Form und beim Winkel.

Form | Wenden Sie den Effekt der direktionalen weichen Kante auf einen Layoutrahmen mit einer farbigen Fläche oder einem platzierten Bild an, so besitzt der Rahmen zunächst immer nur die vier Außenkanten oben, unten usw. Doch was passiert bei Vektorrahmen, die eine Aussparung innerhalb des Rahmens besitzen? Wie sieht es bei Streifenobjekten innerhalb eines Rahmens aus?

Hierzu wählen Sie in der Form, ob der Effekt nur auf die erste (äußere) Kante des Rahmens oder auf alle Kanten angewendet wird.

In den Abbildung 13.39 und 13.41 sehen Sie zwei Beispiele für die Einstellungen.

▲ **Abbildung 13.38**
Die Auswahlmöglichkeiten der Einstellung zur Form der direktionalen weichen Kante

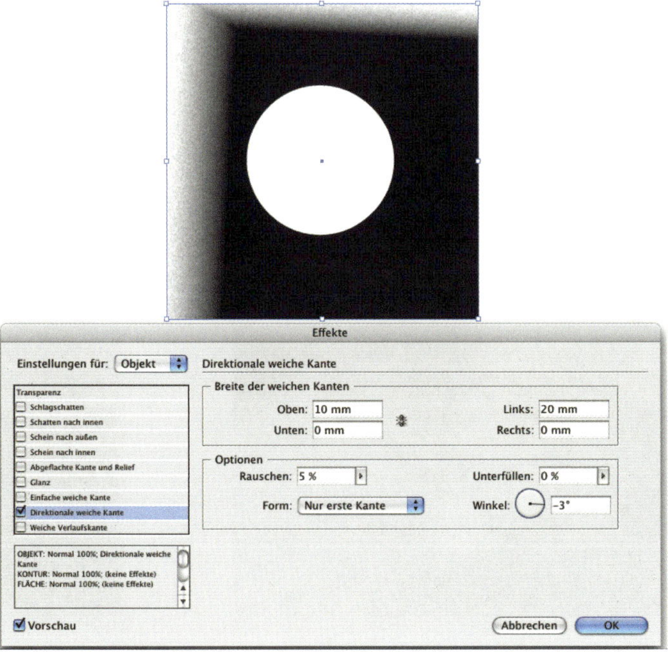

▲ **Abbildung 13.39**
Die Option Nur erste Kante wendet den Effekt nur auf äußere Kanten an, auch wenn es sich um ein Objekt handelt, das im Inneren mehrere Kanten aufweist.

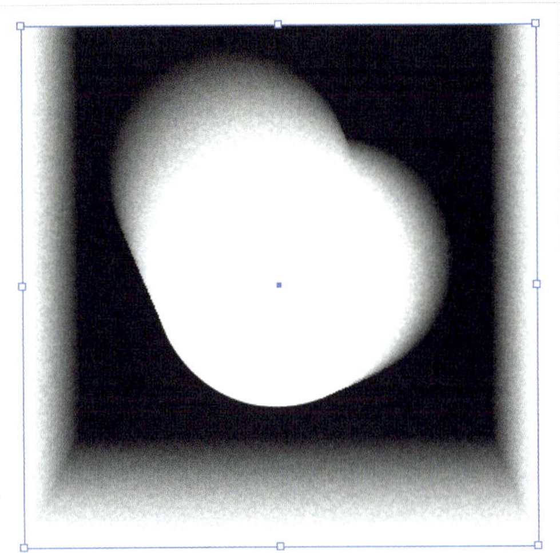

◂ **Abbildung 13.40**
Wenn Sie ALLE KANTEN auswählen, so werden auch die inneren Kanten des Objekts verändert.

Die dritte Option, FÜHRENDE KANTEN, ist sprachlich etwas misslungen. Wenn Sie den Effekt auf diese Kanten anwenden, so versteht InDesign darunter, dass alle ersten Kanten, die im äußeren und im inneren Bereich des Rahmens liegen, vom Effekt verändert werden. In Abbildung 13.41 sehen Sie dafür ein Beispiel mit einer Vektorgrafik.

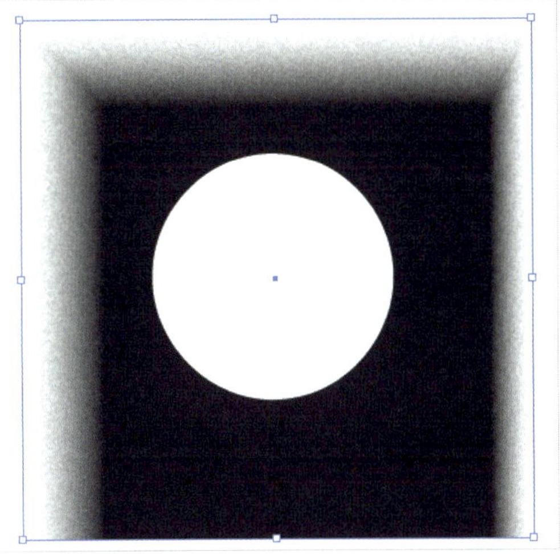

◂ **Abbildung 13.41**
Die FÜHRENDE KANTE ist immer die erste Kante des Objekts im Rahmen.

Winkel | Faszinierend, aber zunächst schwer nachvollziehbar ist das grafische Ergebnis, das Sie mit dem Winkel erzeugen können. Setzen Sie zunächst eine weiche Kante am oberen und linken Rand mit wenigen Millimetern ein. Nun wählen Sie anstelle eines Winkels von 0° einen anderen Gradwert, indem Sie mit gedrückter Maustaste den Drehregler verändern. Was passiert mit Ihren Rändern? InDesign verschiebt diese Ränder nun in Richtung des gewählten Winkels. Dazu entstehen beispielsweise bei 45° auch

Anwendung gesucht

Falls Sie selbst eine sinnvolle Anwendung für den WINKEL in dem Effekt DIREKTIONALE WEICHE KANTE finden sollten, schreiben Sie uns! Wir sind sehr daran interessiert, leider ist uns beim besten Willen keine geeignete Anwendung eingefallen.

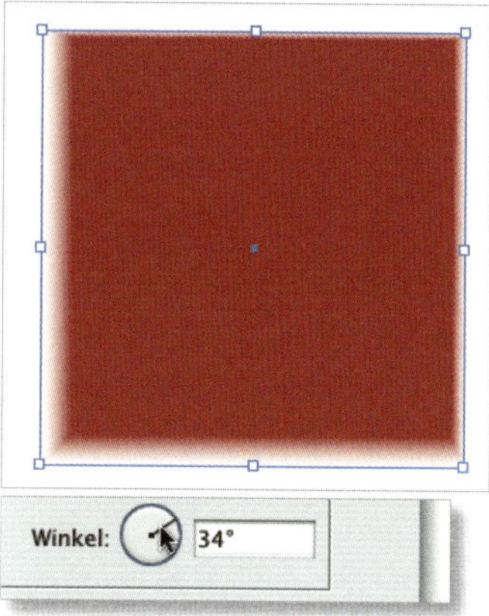

▲ **Abbildung 13.42**
Der Winkel verschiebt die weichen Kanten in Richtung des Gradwertes und erzielt einen leichten perspektivischen Eindruck.

weiche Kanten rechts und unten, an denen Sie keine Werte eingegeben haben. Bevor Sie versuchen, das Ergebnis wissenschaftlich nachzuvollziehen, sollten Sie sich von den erzielten Effekten beeindrucken lassen. Sie sind es nicht? Dann vergessen Sie diesen Regler, und schauen Sie sich einmal den nächsten Effekt an, der Sie sicher mehr beeindrucken wird.

13.13 Weiche Verlaufskante

Kommen wir zum Star unter den Effekten: Mit Weiche Verlaufskante können Sie jedes deckende Objekt zur Transparenz auslaufen lassen. Diese Funktion hatten sich die InDesign-Anwender explizit von Adobe gewünscht. Bislang mussten die Layouterinnen und Grafiker den Umweg über Photoshop machen, um eine Ebenenmaske mit einem Verlauf anzulegen und die Datei in InDesgign zu platzieren. Das muss jetzt nicht mehr sein, die Verläufe können Sie nun direkt auf alle Objekte anwenden. Dabei unterscheidet InDesign – wieder einmal – nicht zwischen Text, Vektorgrafik, Bild, platzierter PDF- oder InDesign-Datei. Ergänzend zu diesem Effekt hat Adobe auch ein neues Werkzeug beigelegt, doch dazu später mehr.

QuarkXPress hat es vorgemacht

Den Verlauf zur Transparenz hat Quark für die XPress-Version 7.x programmiert, der jedoch auf einem Farbkonzept basiert. Das bedeutet, Sie stellen eine 100% deckende Farbe über einen Verlauf auf 0% Deckkraft. Das ermöglicht viele Effekte, kann jedoch nicht auf Grafiken oder Bilder im Layout angewendet werden.

Weiche Verlaufskante anwenden | Wenden Sie den Effekt Weiche Verlaufskante auf einen Rahmen mit einem Klick in das FX-Pulldown-Menü an, und stellen Sie alle weiteren Vorgaben im Dialog mit aktiver Vorschau ein.

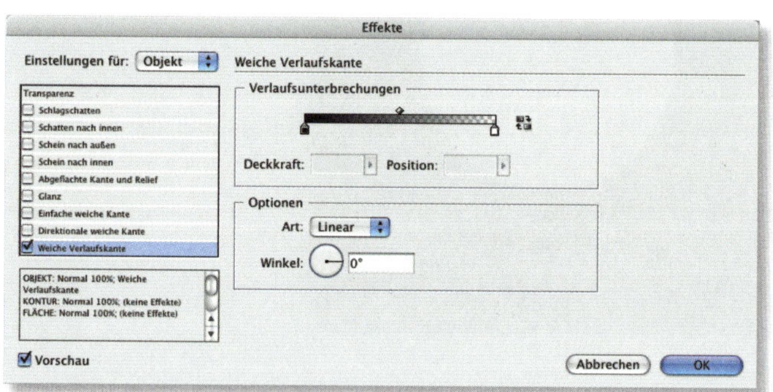

Abbildung 13.43 ▶
Der Dialog für die Weiche Verlaufskante

Die Bedienung des Effekts ist wesentlich einfacher als der der direktionalen weichen Kante. Wichtig für Sie ist der Verlauf, der von Schwarz nach Weiß dargestellt wird. Dies ist quasi eine Ebenenmaske für den Layoutrahmen, indem Schwarz alles kennzeichnet, was sichtbar bleiben soll und Weiß den transparenten Bereich markiert. Den Verlauf stellen Sie wie einen Farbverlauf ein, wie in Kapitel 11, »Farben«, bereits beschrieben wurde. Den

Verlauf umdrehen

Über den Winkel können Sie einen Verlauf von deckend zu transparent auch umdrehen, indem Sie ihn auf 180° stellen. Alternativ gibt es rechts neben dem Verlaufsbalken einen Button Verlauf umkehren, der Ihnen diese Arbeit erleichtert.

Schwarz- und Weißpunkt können Sie mit gedrückter Maustaste enger zusammenziehen. Der Mittelpunkt – als kleine Raute über dem Verlauf abgebildet – stellt den Mittelwert (50 % Schwarz) dar. Durch Ziehen der Raute nach links oder rechts verschieben Sie diese Mitte. Das führt in den meisten Fällen zu einer harmonischeren Wirkung des Transparenzverlaufs.

Falls Sie es genauer wissen wollen, können Sie auch unterhalb des Farbverlaufs klicken und neue feste Grauwerte einstellen. Diese Werte lassen sich im Eingabefeld DECKKRAFT beeinflussen.

▲ **Abbildung 13.44**
Durch ein Verschieben und Austauschen der Grauwerte unterhalb des Farbverlaufs können Sie einen Verlauf von beispielsweise 100 % Deckkraft zu 33 %, zu 66 % und dann zu 0 % darstellen.

Art | Per radialem oder linearem Winkel stellen Sie nun die Richtung des Effekt-Verlaufs ein. Doch dazu können Sie auch das Werkzeug WEICHE VERLAUFSKANTE-WERKZEUG aus der Werkzeugpalette anwenden, damit Sie das gewünschte Ergebnis schneller erzielen. Dazu folgen Sie bitte diesem kleinen Workshop.

Auf ein platziertes Bild im Layout wenden Sie den Effekt WEICHE VERLAUFSKANTE an und stellen über das neue Verlaufswerkzeug die Transparenz genau ein.

Schritt für Schritt: Weiche Verlaufskante steuern

1 Effekt anwenden

Wählen Sie ein platziertes Bild im Layout aus, und klicken Sie auf das Pulldown-Menü FX in der Steuerungspalette. Rufen Sie den Effekt WEICHE VERLAUFSKANTE auf.

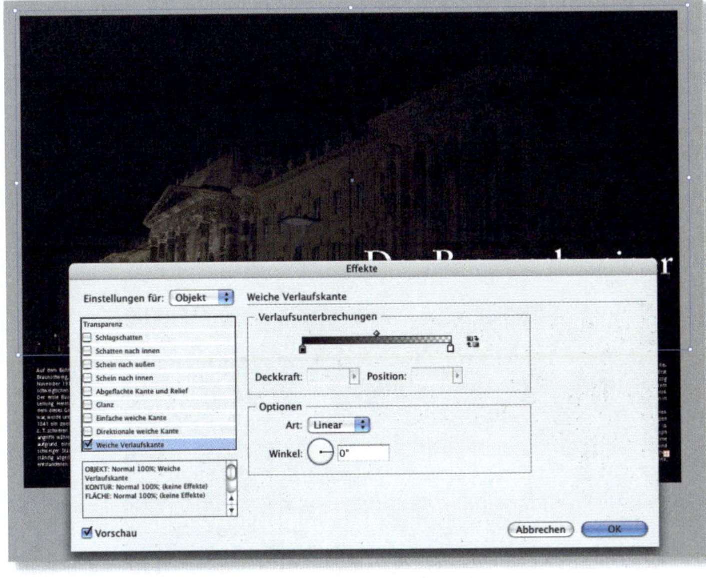

◄ **Abbildung 13.45**
Der Ausgangspunkt unseres Workshops

2 Effekt einstellen

Ziehen Sie den Schwarz-Punkt geringfügig nach rechts, damit später mehr vom Bild zu sehen ist. Der Mittelpunkt kann auf eine Position von 66 % ausgerichtet werden, wenn Sie ihn anklicken und mit gedrückter Maustaste nach rechts ziehen. Mit aktiver Vorschau sehen Sie sofort das Ergebnis.

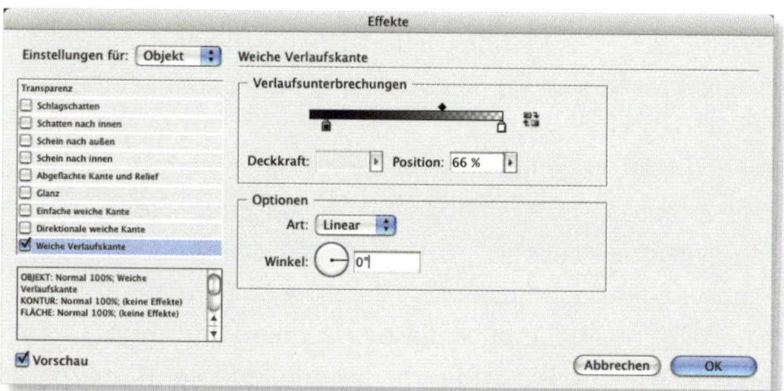

Abbildung 13.46 ▸
Stellen Sie den Verlauf wie hier angegeben ein.

3 Werkzeug auswählen

Nun klicken Sie bitte in die Werkzeugpalette auf das Verlaufsfarbfeld-Werkzeug und halten die Maustaste gedrückt. Es erscheint in einem kleinen Fly-out-Menü das neue Werkzeug Weiche Verlaufskante.

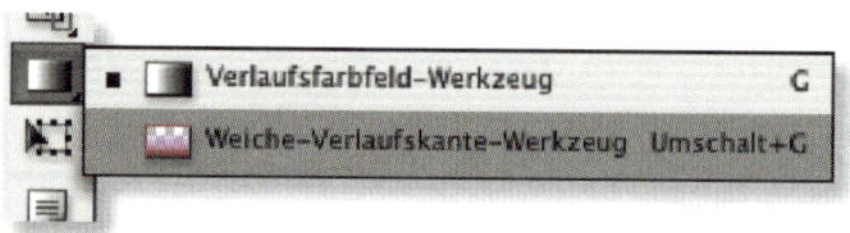

Abbildung 13.47 ▸
Das Weiche-Verlaufskante-Werkzeug rufen Sie auch über ⇧+G auf.

4 Verlauf steuern

Klicken Sie jetzt mit diesem neuen Werkzeug an die Stelle im Bild, die noch vollständig zu sehen sein soll. Halten Sie die Maustaste gedrückt, und ziehen Sie bis zu dem Punkt im Bildmotiv, der vollständig transparent erscheinen soll. Dann können Sie die Maustaste loslassen, und der Verlauf wird vom ersten zum zweiten Punkt ausgeführt, wie Sie ihn zuvor angegeben haben.

Abbildung 13.48 ▸
Das Ergebnis kann sich sehen lassen.

Sollte Ihnen das Ergebnis nicht gefallen, so können Sie diese Prozedur so oft wiederholen, bis Sie glücklich sind. ■

13.14 Effekte miteinander kombinieren

Effekte aufrufen

Über die Palette Effekte sowie über die Steuerungspalette oder das Menü Objekt rufen Sie die Effekte auf. Aber auch mit einem Rechtsklick auf einen Rahmen sowie mit einem Doppelklick auf das Weiche Verlaufskante-Werkzeug erscheinen die Effekte.

Sofern Sie sich nun alle Effekte einzeln angeschaut und gleich ausprobiert haben, sollten Sie sich die Möglichkeiten anschauen, Effekte miteinander zu kombinieren. Zur besseren Orientierung verwenden Sie bis zu drei Effekte. Mehr Einstellungen widersprechen sich häufig oder ergeben eine unsinnige Wirkung, die an einen Druckfehler erinnert.

13.14.1 Buttons mit abgeflachter Kante, Schlagschatten und Glanz

Naheliegend und einfach in der Anwendung ist die Gestaltung von Schaltflächen oder Buttons, die Sie übrigens auch später für interaktive PDF-Dateien verwenden können. Doch zunächst zur Gestaltung. Wählen Sie einen Rahmen aus, der bereits eine farbige Fläche besitzt. Rufen Sie die Effekte FX auf die bekannte Art aus der Steuerungspalette auf.

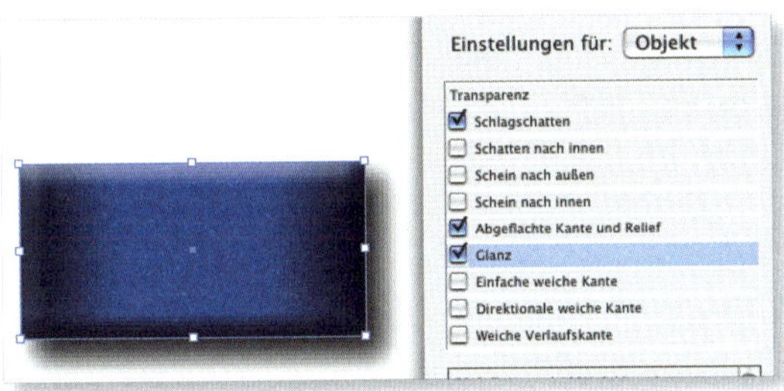

◄ **Abbildung 13.49**
Schaltflächen können mit drei Effekten gleichzeitig gestaltet werden.

Wählen Sie zunächst Abgeflachte Kante und Relief und Schlagschatten. Dabei helfen Ihnen bereits die Standard-Werte der Effekte.

Doch nun zum dritten Effekt, dem Glanz: Wählen Sie diesen Effekt an, und stellen Sie zunächst den Winkel auf 0°. Jetzt geben Sie einen hohen Wert für den Abstand und die Grösse an. Durch den Abstand legen Sie den Bereich des Versatzes fest, wie wir bereits beschrieben haben. Die Grösse hingegen steuert, wie weich dieser Versatz gezeichnet wird. Wenn Sie das Ergebnis genauer beeinflussen wollen, können Sie auch jeweils in die Eingabefelder dieser beiden Werte klicken und die Pfeiltasten [↑] und [↓] drücken. Bei unserem Beispiel in Abbildung 13.49 sehen Sie, dass der Glanz die Mitte betont und die linke und rechte Seite des Buttons jeweils etwas verdunkelt. Wollen Sie den Effekt umdrehen, so klicken Sie auf die Option umkehren.

13.15 Objekttrennung

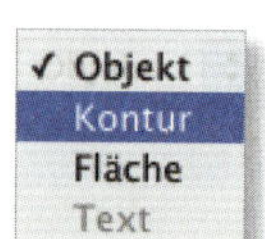

▲ **Abbildung 13.50**
In den EFFEKTE-Einstellungen können Sie wählen, welchen Bereich Sie mit Effekten gestalten wollen.

Besonders effizient werden die neuen Effekte durch die separate Anwendung der Effekte auf die einzelnen Elemente eines Layoutrahmens: Objekt – Kontur – Fläche – Text.

Das bedeutet, dass Sie einen Rahmen – und alle darin befindlichen Elemente – mit einem Effekt gestalten können, oder Sie wenden die Effekte nur auf einen konkreten Teil des Layoutrahmens an. Damit das nicht zu theoretisch klingt, wollen wir Ihnen zwei Beispiele aufzeigen: einen Textrahmen mit transparenter Fläche und ein Bild mit einer effektvollen Kontur.

13.15.1 Textrahmen mit transparenter Fläche

Keine Umwege

Anstatt nun zwei Rahmen – deckend und transparent – übereinanderzulegen, benötigen Sie nur noch einen Rahmen. Das verkürzt die Arbeiten und erhöht die Passergenauigkeit.

Die sicher häufigste Anwendung ist der Textrahmen mit einer farbigen Fläche, die ein Bild im Hintergrund überlagern soll. Dabei darf jedoch nur die Fläche des Textrahmens transparent sein, die Schrift muss weiterhin den Hintergrund überdecken.

Wählen Sie einen Textrahmen, der mit einer Farbfläche angelegt wurde und einen Innenabstand des Textes zur Rahmenkante aufweist. Falls Sie dies genauer nachlesen wollen, empfehlen wir Ihnen Kapitel 8, »Typografie«.

Rufen Sie nun die Effekte in der Steuerungspalette auf. Bevor Sie einen konkreten Effekt anwenden, sollten Sie das kleine Pulldown-Menü EINSTELLUNGEN FÜR aufklappen. Zunächst sind alle Effekte für den gesamten Rahmen ausgewählt, die Option steht auf OBJEKT.

Wählen Sie stattdessen nun FLÄCHE aus. InDesign schaltet nun alle Effekte um, sodass die nachfolgenden Einstellungen nur noch für die Fläche gelten. In der Rubrik TRANSPARENZ können Sie die Deckkraft der Fläche reduzieren. Mit aktiver Vorschau sehen Sie auch, was mit dem Textrahmen passiert.

▲ **Abbildung 13.51**
Ein Textrahmen mit Farbfüllung über einem platzierten Bild.

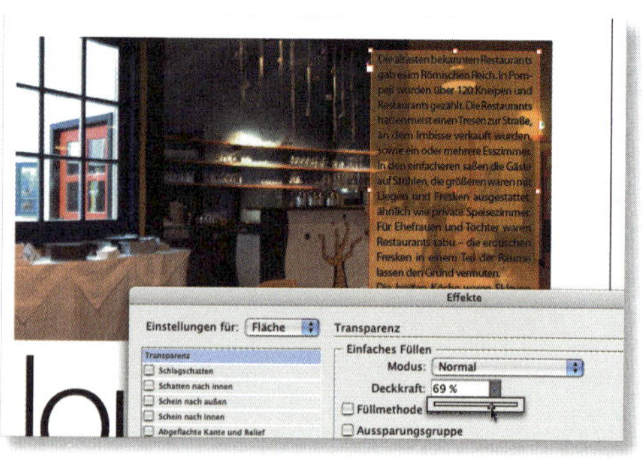

▲ **Abbildung 13.52**
Nur die Fläche des Textrahmens wird in der Deckkraft reduziert.

Damit Sie diese Prozedur für den nächsten Textrahmen nicht noch einmal anlegen müssen, speichern Sie sich am besten gleich einen neuen Objektstil. Wie das funktioniert, zeigen wir Ihnen im nächsten Abschnitt.

13.15.2 Platziertes Bild mit transparenter Kontur

Etwas ungewöhnlich, aber grundsätzlich möglich ist die Gestaltung eines platzierten Bildes mit einer transparent verlaufenden Kontur. Dazu gibt es für die Gestaltung zwei Möglichkeiten, und von allen Mediengestalterinnen und Reinzeichnern ist erhöhte Aufmerksamkeit gefordert.

▲ **Abbildung 13.53**
Ein platziertes Bild mit einer deckenden Kontur von 5 Punkt

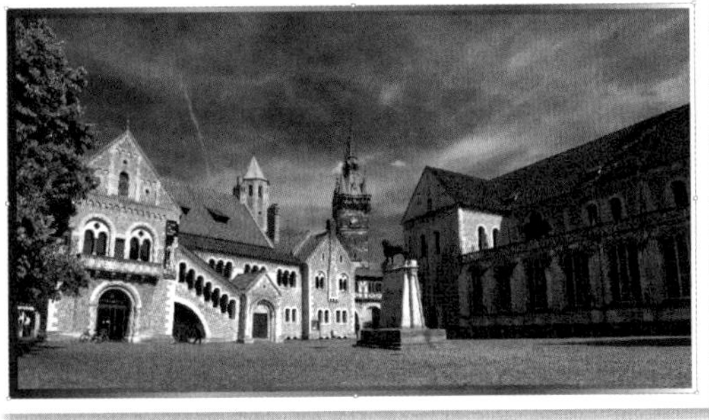

▲ **Abbildung 13.54**
Der Effekt WEICHE VERLAUFSKANTE wird nur auf die Kontur angewendet.

Wählen Sie ein platziertes Bild mit einer deckenden Kontur von mindestens 2 Punkt Strichstärke aus. Rufen Sie nun die EFFEKTE aus der Steuerungspalette auf. Anstelle der Objekt-Effekte klicken Sie im Pulldown-Menü EINSTELLUNGEN FÜR auf KONTUR. Nun aktivieren Sie die WEICHE VERLAUFSKANTE. Der Verlauf von deckend zu transparent wird nun auf die Kontur angewendet, die zunächst links deckend und rechts transparent erscheint.

Bestätigen Sie die Eingabe mit OK, und schauen Sie sich das Ergebnis genauer an, indem Sie mit der Lupe (⌘/Strg + Leertaste) eine Kante des Rahmens vergrößern, wo die Kontur halbtransparent zu sehen ist.

▼ **Abbildung 13.55**
Die Position der Kontur ist entscheidend für das grafische Ergebnis. Entweder liegt die Kontur innerhalb des Rahmens, um das Bild abzudecken, oder sie liegt außerhalb.

Nun wählen Sie die Palette KONTUR aus dem rechten Monitorbereich aus. Anhand des Punktes KONTUR AUSRICHTEN sehen Sie, wie die Kontur momentan die Rahmenkante überlagert. Grundsätzlich werden Konturen in InDesign zunächst immer auf die Mitte der Rahmenkante gelegt. Wenn Sie nun das Ergebnis der Effekte betrachten, überdeckt die Kontur halbtransparent sowohl das Bild als auch den Untergrund.

Damit dies später im Druck nicht zu einem vermeintlichen Druckfehler führt, sollten Sie sich entscheiden, ob die Kontur innerhalb des Rahmens oder außerhalb liegt. Dies legen Sie mit den beiden weiteren Buttons KONTUR INNEN AUSRICHTEN und KONTUR AUSSEN AUSRICHTEN in der Palette der Kontur fest, damit es keine Unklarheiten in der Ausgabe gibt.

Weiterlesen
Beachten Sie bitte, dass natürlich auch diese Effekte eine spätere Transparenzreduzierung zur Folge haben, die wir Ihnen noch genauer bei der Ausgabe genauer beschreiben.

13.16 Effekte als Objektstile speichern

Da alle Effekte mittlerweile mit recht komplexen Einstellungen zu bedienen sind, kann es Ihnen ernorm viel Arbeitszeit sparen, wenn Sie sich die häufigsten Effekte und Effekt-Kombinationen gleich als Objektstil speichern.

Dazu legen Sie zunächst alle Effekte für einen Rahmen fest. Nun rufen Sie die Palette der OBJEKTSTILE auf. Klicken Sie hier auf das Blattsymbol am unteren Rand der Objektstile. Jetzt wird ein neuer Stil angelegt, den Sie immer wieder per Drag & Drop auf andere Rahmen anwenden können.

Mit einem Doppelklick in den gewünschten Objektstil sehen Sie auch, welche Inhalte darüber hinaus darin gespeichert werden. Die Trennung in Objekt–Fläche–Kontur–Text ist auch hier sichtbar, und Sie können diese Werte an Ihre Bedürfnisse anpassen.

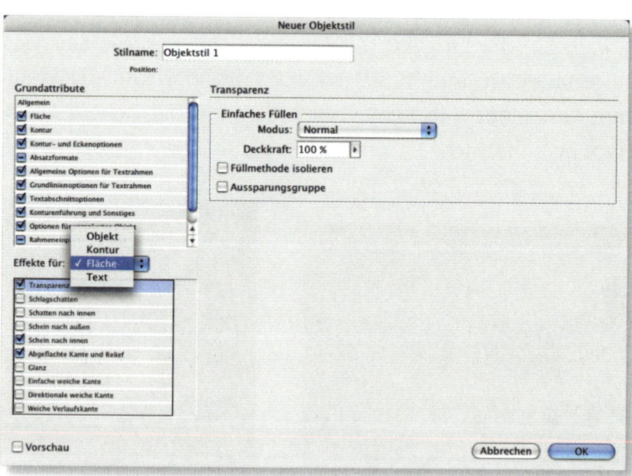

Abbildung 13.56 ▸
Die komplexen Objektstile speichern auch alle Transparenzeffekte, inklusive der getrennten Einstellungen für Objekt, Fläche, Kontur und Text.

14 Arbeiten mit Ebenen

Mit Hilfe der Ebenenfunktionen ist es möglich, Rahmen in den Vorder- oder Hintergrund zu stellen, mehrsprachige Textversionen zu verwalten und eine genaue Kontrolle oder das Einblenden von nicht druckbaren Objekten zu gewährleisten.

Vorne, hinten und dazwischen

Unabhängig von den genannten Vorteilen lässt sich jedes Layoutdokument auch ohne Ebenen bearbeiten und ausgeben, da InDesign grundsätzlich innerhalb einer Bearbeitungsebene den Unterschied von vorne und hinten kennt und Sie die Objektreihenfolge mit Hilfe des Kontextmenüs sortieren können. Dabei geht aber bei komplexen Layoutdokumenten schnell die Übersicht verloren, zudem können die Objekte nicht einfach ausgeblendet werden.

14.1 Was sind Layoutebenen?

Bevor wir auf die genaue Arbeit mit Ebenen in InDesign eingehen, müssen Sie zunächst wissen, dass die Layoutebenen im gesamten Dokument auf jeder Seite dieselbe Funktion haben, also keine Photoshop-Ebenen sind. Folglich können Sie keine Transparenz auf eine Ebene anwenden oder eine Maskierung vornehmen. Die Ebenen in InDesign CS3 sind daher sehr einfach zu bedienen, aber begrenzt in den Anwendungsmöglichkeiten. Sie sollen Ihnen helfen, Ihr Layoutdokument übersichtlicher zu strukturieren und kreative Lösungen bei Gestaltungsfragen zu finden.

Die Vorteile von Ebenen können sein:

- Trennung von Text -, Bild- und Vektorebenen in Vorder-, Mittel- und Hintergrund
- Sortierung der Objektreihenfolge
- Separate Objekte von Muster- und Bearbeitungsseiten
- Ein- und Ausblenden von Hintergrundmustern
- Mehrsprachige Textversionen in einer Layoutdatei
- Identische Layoutentwürfe mit alternativen Bildmotiven
- Verschiedene Layoutversionen
- Schutz von fertig bearbeiteten Grafiken oder importierten Vorlagen

Ein weiterer Vorteil der Arbeit mit Ebenen ist die **Datentransparenz**. So kann sich ein Reinzeichner schneller zurechtfinden, um nötige Änderungen vorzunehmen oder das Dokument zu überprüfen.

▲ **Abbildung 14.1**
Sobald mehrere Layoutobjekte übereinander liegen, können Sie mit dem Kontextmenü ANORDNEN entscheiden, ob ein Rahmen oder eine Rahmengruppe ganz in den Vordergrund oder in den Hintergrund gelegt wird.

14.1.1 Hilfslinien

InDesign ordnet die Hilfslinien immer der jeweiligen Ebene zu. Das bedeutet für Ihre Arbeit, dass Sie – wenn Sie ausgiebig mit Ebenen arbeiten wollen – genau planen sollten, welche Hilfslinien Sie für alle Ebenen oder nur für Objekte einer Ebene benötigen. Für den ersten Fall legen Sie sich bitte eine eigene Ebene mit einer treffenden Bezeichnung an, die Sie über allen anderen Objekten platzieren, damit andere großflächige Rahmen Ihnen nicht die Sicht nehmen. Hilfslinien, die Sie dagegen nur für Objekte in einer Ebene benötigen, brauchen Sie nicht in einer gesonderten Ebene unterzubringen. Die Spalten- und Randhilfslinien, das Grundlinienraster sowie die Beschnittzugabe sind von dieser Wahl nicht betroffen, sie sind immer absolut für das gesamte Dokument angelegt.

14.2 Die Ebenen-Palette

Gestrichelt und Gepunktet

Entsprechend der Ebene werden alle Rahmen eingefärbt, auch gestrichelte Rahmengruppen oder Mustervorlagenobjekte, die mit einer gepunkteten Umrisslinie gekennzeichnet sind.

Unter dem Menü FENSTER oder am rechten Bildschirmrand rufen Sie die Palette EBENEN auf. Zunächst besteht jede Datei, die Sie in InDesign anlegen oder aus anderen Layoutanwendungen importieren, aus der Ebene 1, die mit einem blauen Quadrat gekennzeichnet ist.

Alle Rahmen von Text-, Grafik- oder platzierten Bildobjekten werden entsprechend der Ebenenfarbe (Hellblau) eingefärbt. Diese Ebene zieht sich vollständig durch das gesamte Dokument und über alle Musterseiten hinweg. Wenn Sie im Menü ANSICHT die Option RAHMENKANTEN EINBLENDEN aktiviert haben, sehen Sie auch die Kanten von nicht aktivierten Rahmen der zugeordneten Ebene eingefärbt.

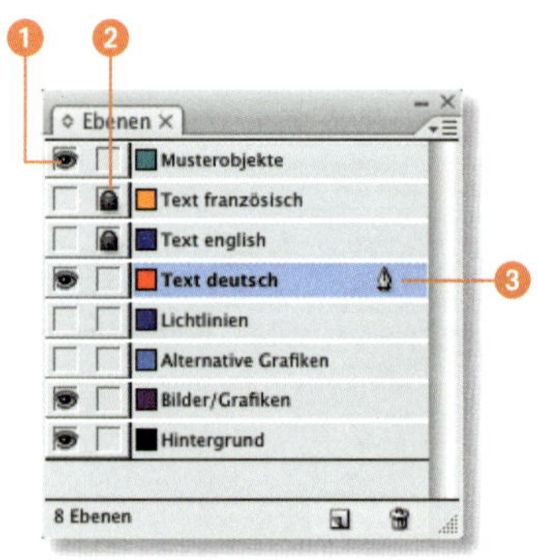

▲ **Abbildung 14.2**
Die Ebenen-Palette erlaubt das separate Einblenden oder Sperren von Ebenen sowie die farbliche Markierung. Ebenenfarben sind immer auch die Farben der Layoutrahmen auf dieser Ebene und somit im Layout gut zu unterscheiden.

14.2.1 Sichtbarkeit und Sperrung

In der Palettenansicht befinden sich zwei Felder vor der Ebene: die Sichtbarkeit ❶ und die Sperrung ❷. Drücken Sie ein Auge zu, verschwinden die Ebenenobjekte in der Dokumentansicht. Durch Sperren/Entsperren schützen Sie Ebenen vor ungewollter Bearbeitung.

In der Ebenenzeile wird ein Zeichenstift hinter dem Ebenennamen angezeigt ❸, der Ihnen sagt, dass Sie nun alle Objekte bearbeiten können. Wird die Ebene gesperrt, wird auch der Zeichenstift durchgestrichen. Sobald Sie einen Rahmen mit der Auswahl angeklickt haben, erscheint hinter dem Zeichenstift ein kleines Quadrat.

14.2.2 Rahmen verschieben

Rahmen, die von einer Ebene zur nächsten verschoben werden sollen, müssen Sie zunächst aktivieren. Klicken Sie auf das kleine Quadrat hinter dem Zeichenstift in der Ebenen-Palette, und ziehen es auf die gewünschte Ebene nach oben oder nach unten. Lassen Sie die Maustaste los, und der Rahmen springt auf die Zielebene. Der Rahmen wird in der Ebenenfarbe umgefärbt.

Wenn Sie einen Rahmen in die Zwischenablage kopieren und auf einer neuen Ebene einfügen wollen, so müssen Sie zuvor die entsprechende Ebene anwählen. Der Rahmen wird dann auf dieser Ebene in der Bildschirm-Mitte eingefügt. Verwenden Sie daher auch den Befehl aus dem Menü Datei • An Originalposition einfügen, sodass Rahmen passgenau kopiert werden.

Mehrfachauswahl | Eine Mehrfachauswahl von Rahmen ist möglich, wenn alle Rahmen auf einer Ebene liegen. Leider funktioniert die Verschiebung auf eine Zielebene von mehreren Rahmen nicht, die auf unterschiedlichen Ebenen vorliegen. Dazu können Sie alle Rahmen mit dem Tastenbefehl [⌘]/[Strg]+[G] gruppieren. Die Gruppe wird dann auf die oberste der zugehörigen Ebenen verschoben. Danach können Sie die Gruppe wieder auflösen, indem Sie [⌘]/[Strg]+[⇧]+[G] betätigen.

14.2.3 Ebenenoptionen

Mit einem Doppelklick auf die Ebene 1 in der Ebenen-Palette öffnen Sie die Optionen, in denen Sie den Namen, die Farbzuordnung, die Sichtbarkeit der Ebene und die Sichtbarkeit der Hilfslinien definieren können. Alternativ dazu erreichen Sie die Ebenenoptionen über das Palettenmenü.

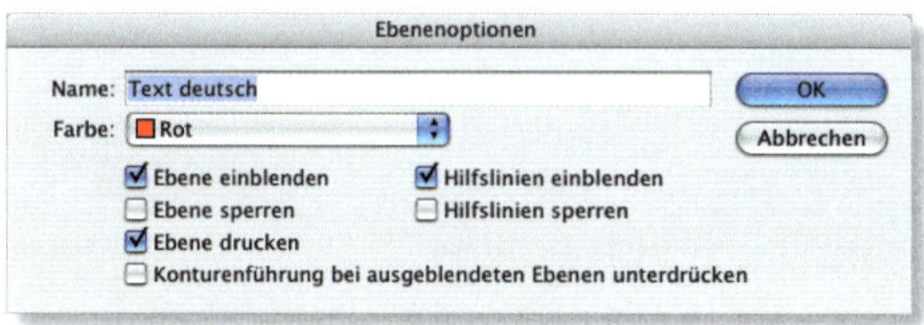

◂ **Abbildung 14.3**
In den Ebenenoptionen wählen Sie einen Namen, die dargestellte Farbe als Ebenenmarkierung sowie weitere Optionen. Wichtig ist auch die letzte Funktion: Die Konturenführung von Textrahmen um Bilder oder Grafiken kann deaktiviert werden, wenn diese zu umfließenden Objekte ausgeblendet sind.

Ebene benennen | Geben Sie der Ebene einen neuen Namen, und wählen Sie eine andere Farbe aus, z. B. Rot. Die Farbbezeichnungen sind hier keine druckrelevanten Angaben, Sie dürfen sich somit auch Farben mit den schönen Namen »Weinrot« oder »Schwefel« aussuchen, ohne einen Nervenzusammenbruch Ihres Druckdienstleisters zu provozieren.

Hilfslinien | Ob die Ebene sichtbar sein soll oder nicht, können Sie in der Ebenen-Palette selbst einstellen. Wichtiger dagegen sind die Hilfslinien. Wie eingangs beschrieben, sind Hilfslinien immer ebenenabhängig. Hilfslinien können Sie an dieser Stelle separat ein- oder ausblenden.

Im Produktionsalltag hat sich herausgestellt, dass es sinnvoll ist, zunächst nicht bei jeder horizontalen oder vertikalen Anordnung von Rahmen eine Hilfslinie zu benutzen. Dafür stellt InDesign die Ausrichten-Funktionen in der Steuerungspalette zur Verfügung, die wesentlich schneller zu Ergebnissen führen. Zusätzlich bieten die Spalten- und Randhilfslinien, das Grundlinienraster und nicht zuletzt das Dokumentraster Hilfslinien in Hülle und Fülle an, die alle ebenenübergreifend festgelegt und über einfache Tastenbefehle ein- und ausgeblendet werden können.

Ebenen und Textfluss | Wenn Sie eine Ebene ausblenden, auf der ein Rahmen liegt, der von einem Text umflossen wird, bleibt der Textfluss erhalten. Das ist auch gut so, solange Sie verschiedene platzierte Bilder derselben Größe übereinander angeordnet haben, um herauszufinden, welches Bild am besten mit dem Layout harmoniert. Wollen Sie dagegen Bilder oder Rahmen für das Layout ausblenden, muss der Textfluss neu berechnet werden. Um dies zu ermöglichen, wählen Sie in den Ebenenoptionen Konturenführung bei ausgeblendeten Ebenen unterdrücken.

▲ **Abbildung 14.4**
Ein platziertes Bild auf der Ebene Bilder/Grafiken verdrängt einen Text der Ebene Text deutsch.

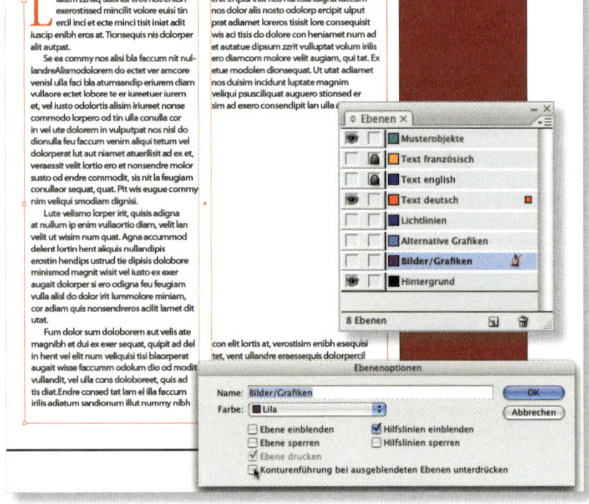

▲ **Abbildung 14.5**
Die Ebene Bilder/Grafiken wurde ausgeblendet, der Text wird weiterhin verdrängt. In den Ebenenoptionen für die Bilder/Grafiken können Sie dieses Verhalten abschalten, sodass der Text normal fließt oder von einem Objekt einer anderen Ebene verdrängt werden soll.

14.2.4 Ebenen zusammenfügen

Mit gedrückter Strg-/⌘-Taste klicken Sie mehrere Ebenen an, die Sie zusammenfügen wollen. Wählen Sie im Palettenmenü die Option AUF EINE EBENE REDUZIEREN aus. Alle betreffenden Rahmen werden somit zusammengefügt. Sollten Sie den Wunsch verspüren, alle Ebenen im Dokument zu reduzieren, da Sie mit der Layoutarbeit fertig sind oder keine weitere Ebenenunterteilung benötigen, wählen Sie einfach alle Ebenen aus, und wiederholen Sie den Schritt.

14.2.5 Ebenen löschen

Unbenutzte Ebenen, auf denen kein Rahmen mehr liegt, können Sie mit dem nachfolgenden Befehl UNBENUTZTE EBENEN LÖSCHEN im Palettenmenü löschen.

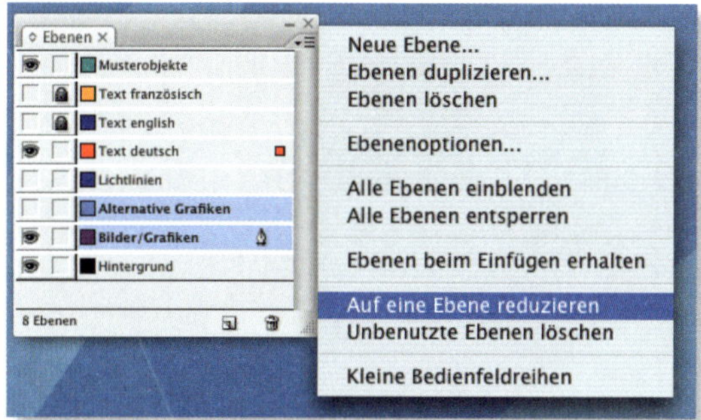

◂ **Abbildung 14.6**
Das Palettenmenü der Ebenen bietet auch die Möglichkeit, unbenutzte Ebenen zu löschen oder mehrere Ebenen auf eine zu reduzieren.

14.2.6 Ebenen beim Einfügen erhalten

Wenn Sie Rahmen aus anderen Layoutdokumenten kopieren, die Sie aus verschiedenen Ebenen angewählt haben, so haben Sie die Wahl, beim Einfügen in ein neues Dokument diese Ebenenreihenfolge und -namen mit zu kopieren und damit zu erhalten (EBENEN BEIM EINFÜGEN ERHALTEN). Ist diese Option im Palettenmenü aktiviert, werden die kopierten Objekte mit deren Ebenen über die zuletzt aktivierte Ebene im neuen Dokument eingefügt. Dagegen kopieren Sie bei deaktivierter Option nur die Rahmen auf die zuletzt aktive Ebene.

14.3 Anwendungsbeispiele für Ebenen

Nachdem Sie nun die Funktionsweise von Ebenen kennengelernt haben, kommen wir jetzt zu den spannenden Anwendungsbeispielen.

14.3.1 Rahmensortierung mit Ebenen

Eine Trennung in Vordergrund und Hintergrund bietet ebenso die Trennung in Bild, Text und weitere Grafiken. Legen Sie sich dazu mehrere Ebenen an, denen Sie sinnvolle Namen geben.

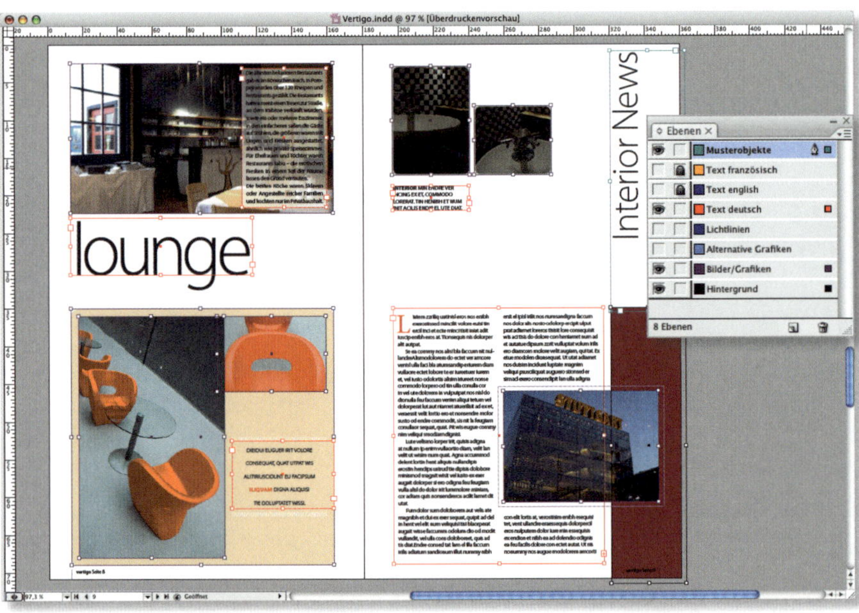

Abbildung 14.7 ▲
Das vollständige Layout mit allen eingeblendeten Ebenen

Verteilen Sie die Rahmen auf die betreffenden Ebenen. Nun blenden Sie für die Textbearbeitung die Bildebene aus, um schneller im Dokument zu navigieren, da der Grafikprozessor Ihres Computers nicht mehr mit der Zeichnung von platzierten Bilddaten beschäftigt ist. Ebenso verfahren Sie mit der Bearbeitung von Vektorobjekten.

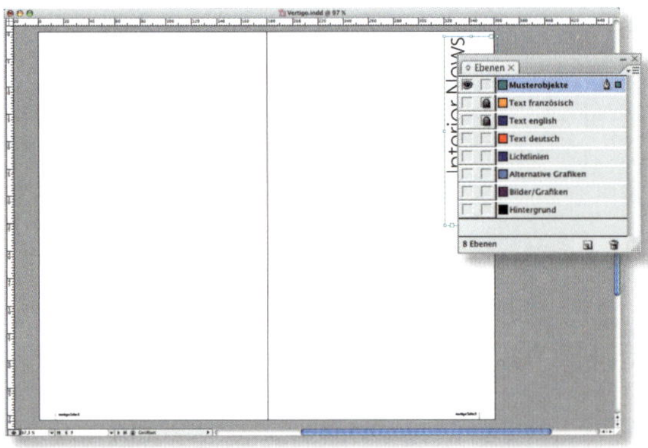

▲ Abbildung 14.8
Die Rahmen der Mustervorlage werden auf einer separaten Ebene (grün) platziert. Somit können keine Musterrahmen von anderen verdeckt werden.

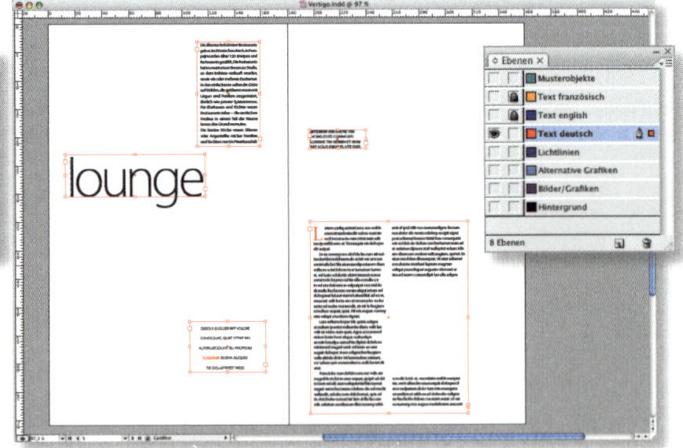

▲ Abbildung 14.9
Eine separate Ebene für Texte (rot) oder verschiedene Sprachen

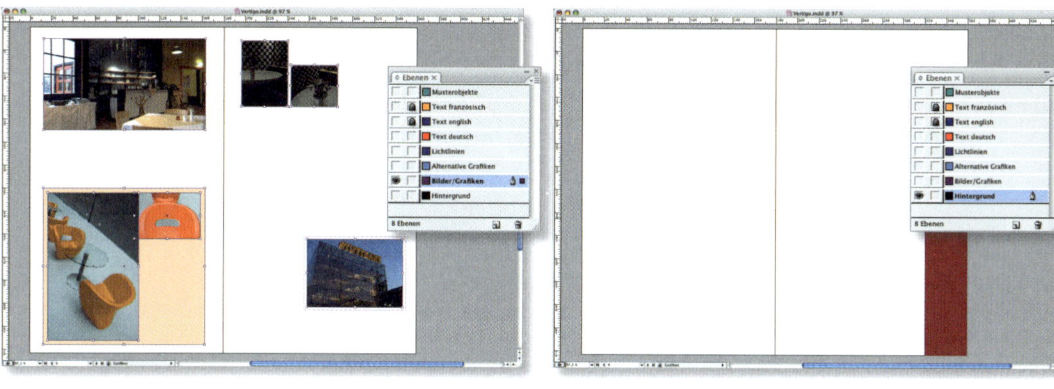

▲ **Abbildung 14.10**
Bilder- und Grafikebene (violett)

▲ **Abbildung 14.11**
Rahmen im Hintergrund liegen idealerweise auf einer eigenen Ebene (schwarz).

14.3.2 Mehrsprachige Dokumente über Ebenen organisieren

Die Aufgabe, mehrsprachige Dokumente anzulegen, stellt zusätzliche Anforderungen an das Layout. So müssen Sie z. B. für ein deutsch-, englisch- oder französischsprachiges Dokument berücksichtigen, dass Texte in Französisch und Deutsch länger sind als im kompakteren Englisch. Das heißt, im Satzspiegel müssen Sie auch kleine »Pufferzonen« einrichten, die – gleich ob mit Text gefüllt oder nicht – das Gesamtbild des Layouts nicht stören. Darüber hinaus ist es notwendig, dass Sie für jede Sprache eigene Absatzformate anlegen, damit der Text in der jeweiligen Sprache auch korrekt umbrochen wird. Dazu verwenden Sie Absatzformate, die aufeinander basieren und sich nur im Wörterbuch unterscheiden.

Zum Weiterlesen
Lesen Sie dazu auch die Kapitel 9, »Absatz- und Zeichenformate«, sowie 26, »Redaktions-Workflow mit InCopy«.

14.3.3 Transparenzeffekte: Texte immer nach oben

Als Faustregel und als Hinweis auf die spätere Transparenzreduzierung sollten Sie unbedingt beachten, dass Sie Textebenen nach oben und Grafikebenen nach unten platzieren. Das hat folgenden Hintergrund: Die Transparenzreduzierung dient dazu, transparente Objekte mit Effekten mit dem Untergrund zu verrechnen. Dies betrifft sowohl Textobjekte als auch Vektoren oder platzierte Bilder. Dabei sind bereits Schatten, die auf einen Schriftzug angewendet wurden, transparente Objekte, die mit dem Hintergrund für die PostScript-Ausgabe verrechnet werden müssen. Damit keine Schriftobjekte in der Transparenzreduzierung in Pixel umgewandelt oder mit einer zusätzlichen Kontur versehen werden, sollten Textrahmen immer auf der obersten Ebene platziert werden.

Zum Weiterlesen
Im Zusammenhang mit diesem Thema gehen wir in Kapitel 18, »Transparenz und Reduzierungsvorschau«, noch genauer auf die Arten der Reduzierung und deren Ergebnisse ein.

14.4 Ebenen im Einsatz: Die Lackform

Lackformen sind keine Transparenzen
Transparenzen wie die Deckkraft oder die Transfermodi sollten Sie für Lackformen unbedingt vermeiden. Durch eine Transparenzreduzierung in der Ausgabe können die Volltonfarbinformationen verloren gehen, und alle übereinanderliegenden Rahmen werden in Prozessfarbobjekte umgerechnet. Lackformen werden grundsätzlich überdruckt und mit Hilfe der Überdruckenvorschau angezeigt.

Wollen Sie Bilder im Druck zusätzlich lackieren, um die Brillanz des Druckbildes zu erhöhen oder die Grafiken zu schützen, empfehlen wir Ihnen, sich mit Ihrer Druckerei abzustimmen, welcher Lack geeignet ist oder wie die Farbbezeichnung lauten muss.

Ist diese Absprache nicht möglich, empfehlen wir Ihnen folgende Vorgehensweise, damit eine Lackform als zusätzlicher Farbauszug ausgegeben wird. Die weitere Bearbeitung der Volltonfarbe und die Überfüllung der Lackformen sollte in der Druckerei in der Ausgabe als PDF- oder PostScript-Datei erfolgen. Führen Sie die folgenden Arbeitsschritte erst dann durch, wenn das Layout feststeht. Ansonsten müssen Sie aufgrund der veränderten Bildrahmen die Lackformen neu positionieren und anpassen.

Schritt für Schritt: Lackform

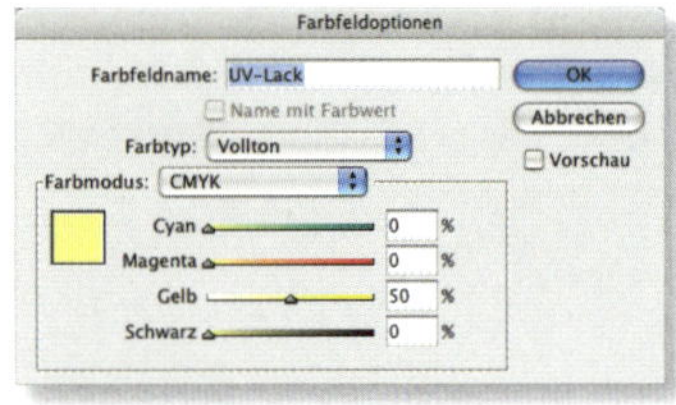

▲ **Abbildung 14.12**
Legen Sie dieses Farbfeld an.

1 Ein neues Farbfeld anmischen

Öffnen Sie die Farbfelder-Palette, und klicken Sie auf das Blattsymbol, um eine neue Farbe zu definieren. Mischen Sie die Farbe als Volltonfarbe mit einer eigenen Bezeichnung, wie z. B. »UV-Lack«.

2 Rahmen auswählen und duplizieren

Markieren Sie alle platzierten Bilder oder Grafiken, die mit einem Lack bedruckt werden sollen, auf einer Doppelseite. Kopieren Sie diese Rahmen mit [⌘]+[C] oder [Strg]+[C].

Abbildung 14.13 ▶
Markieren Sie alle zu bedruckenden Bilder.

3 Neue Ebene anlegen

In der Ebenen-Palette klicken Sie nun auf das Blattsymbol und legen somit eine neue Ebene namens »UV-Lack« an. Klicken Sie auf diese Ebene. Die neue Ebene »UV-Lack« muss immer über den lackierten Objekten liegen.

◄ **Abbildung 14.14**
Die Ebene liegt ganz oben.

4 Rahmen an Originalposition einfügen

Platzieren Sie nun die kopierten Rahmen auf der Lack-Ebene mit dem Befehl Bearbeiten • An Originalposition einfügen.

5 Löschen der Grafiken

Wechseln Sie auf die Direktauswahl [A], klicken Sie in die einzelnen Bilderrahmen, und löschen Sie die Inhalte mit der [Entf]-Taste.

6 Füllen der Rahmen

Wählen Sie als neue Füllung der nun leeren Rahmen die angemischte Volltonfarbe.

◄ **Abbildung 14.15**
Füllen Sie die Rahmen neu.

7 Lackform überdrucken

Wählen Sie alle Lackform-Rahmen aus, und öffnen Sie aus dem Menü FENSTER die ATTRIBUTE. Klicken Sie hier auf FLÄCHE ÜBERDRUCKEN.

8 Überdruckenvorschau aktivieren

Zur besseren Darstellung können Sie die Überdruckenvorschau aus dem Menü ANSICHT aufrufen. InDesign stellt das Layout so dar, dass die Lackformen transparent erscheinen.

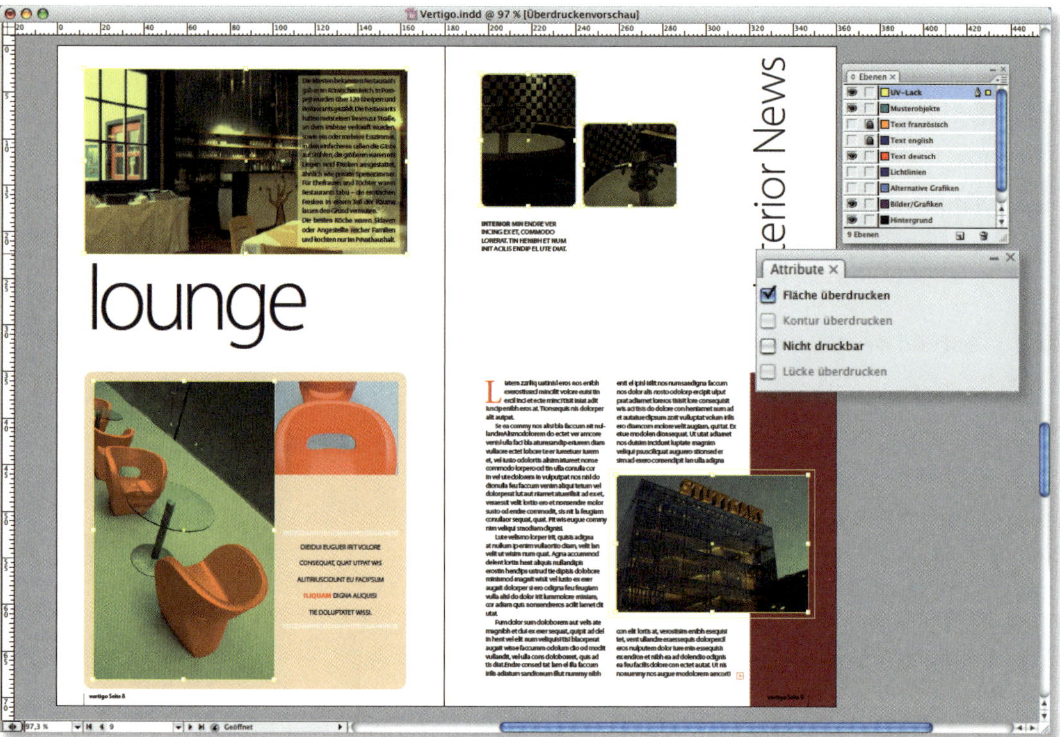

Abbildung 14.16 ▲
Überdruckenvorschau aktivieren

9 Ebene sperren

Damit die Lackformen nicht verschoben werden, können Sie als letzten Schritt die Ebene »UV-Lack« sperren, indem Sie in der Ebenen-Palette auf das Schloss-Symbol vor dem Ebenennamen klicken. ■

TEIL V

Lange Dokumente

15 Buch, Bibliothek und Snippets

In diesem Kapitel lernen Sie, wie Sie mit komplexen Dokumenten arbeiten und flexible Vorlagen erstellen. Sie sollten von Beginn an versuchen, sich bei Handbüchern, Katalogen oder technischen Dokumentationen der Buchfunktion von InDesign zu bedienen. Wenn Sie wiederkehrende Rahmen platzieren wollen, nutzen Sie die Bibliotheken. Als Alternative stehen Ihnen in der neuen InDesign-Version die »Snippets« zur Verfügung. Das sind einzelne Rahmen oder Rahmengruppen mit Texten, Bildern oder Grafiken, die Sie mit der Adobe Bridge oder auf Ihrem Arbeitsplatz verwalten.

15.1 Die Buch-Funktion

Für das Anlegen eines Buches gibt es etliche plausible Gründe, die wir kurz darstellen wollen.

Übersicht | Je größer ein Dokument wird, desto mehr Einschränkungen gibt es bei der Bedienung und Übersichtlichkeit. Bei 250 Seiten macht das Navigieren auch über die Seiten-Palette mit einer Seitenvorschau keinen Sinn mehr. Die Aufgabe, Inhalte zu ändern, kommt der Suche nach der Nadel im Heuhaufen gleich. Eine Unterteilung in Kapitel und separate Dokumente ist angebracht.

Paralleles Arbeiten | Sie müssen verschiedene Kapitel eines Buches oder eines Magazins parallel auf verschiedenen Arbeitsplätzen erstellen. Über die Buchfunktion können problemlos mehrere Mitarbeiter an jeweils einem oder an mehreren Kapiteln arbeiten, die zu guter Letzt als Gesamtdokument in Form einer PDF-Datei oder einer Belichtung zusammengeführt werden können.

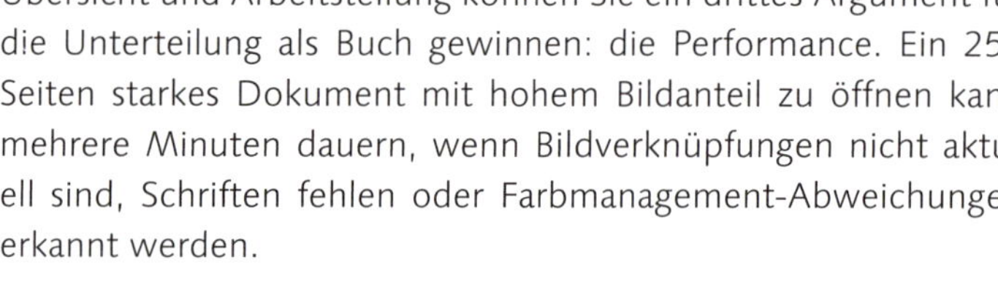

Performance | Aus den bereits angesprochenen Themen wie Übersicht und Arbeitsteilung können Sie ein drittes Argument für die Unterteilung als Buch gewinnen: die Performance. Ein 250 Seiten starkes Dokument mit hohem Bildanteil zu öffnen kann mehrere Minuten dauern, wenn Bildverknüpfungen nicht aktuell sind, Schriften fehlen oder Farbmanagement-Abweichungen erkannt werden.

Einheitliche Formate | Absatz- und Zeichenformate, Mustervorlagen, Farbangaben oder Objektstile werden aus einem zentralen Dokument für alle Buchdateien verwendet. Abweichungen davon können erlaubt oder mit der Formatquelle wieder synchronisiert werden.

Auch die Navigation im Dokument über das Scrollen von Seiten ist keine Stärke von InDesign und die Arbeit wird dadurch zusätzlich ausgebremst.

15.1.1 Ein neues Buch erstellen

Unabhängig davon, welche Einzeldokumente letztlich in das Buch aufgenommen werden sollen, kann gleich zu Beginn einer Projektarbeit über das Menü Datei • Neu • Buch... eine neue Buchdatei angelegt und unter geeignetem Namen gesichert werden. Es öffnet sich eine eigene Palette, die den Namen der gespeicherten Buchdatei trägt.

Über das dazugehörige Palettenmenü erreichen Sie weitere Funktionen, die auf die selektierten Dokumente in der Buch-Palette angewandt werden können.

Buch auf Knopfdruck

Auf dem Startbildschirm von InDesign erscheint die Möglichkeit, gleich zu Beginn ein Buch anzulegen und darin InDesign-Dateien einzubinden. Dazu klicken Sie auf Neu erstellen • Buch.

15.1.2 Dokumente hinzufügen und entfernen

Über diese Palette selbst lassen sich nun die gewünschten Dokumente durch einen einfachen Klick auf das Pluszeichen ❶ am unteren Palettenrand hinzufügen.

Wählen Sie einfach den Quellordner Ihrer InDesign-Dokumente aus, oder treffen Sie mit gedrückter [⇧]- oder [⌘]-Taste auch eine Mehrfachauswahl. Die Dokumente erscheinen dann in alphabetisch sortierter Reihenfolge in der Buch-Palette.

▲ **Abbildung 15.1**
Die leere Buch-Palette

Dokumente entfernen | Die aktivierten Dokumente lassen sich genauso einfach wieder aus der Palette entfernen (über die Minustaste ❷) oder auch ausdrucken ❸. Sie können die Dokumente zudem auch durch einen Doppelklick auf das entsprechende Dokument in der Buch-Palette direkt öffnen, ein Buchsymbol zeigt dies in der Palette hinter dem Dateinamen an ❹.

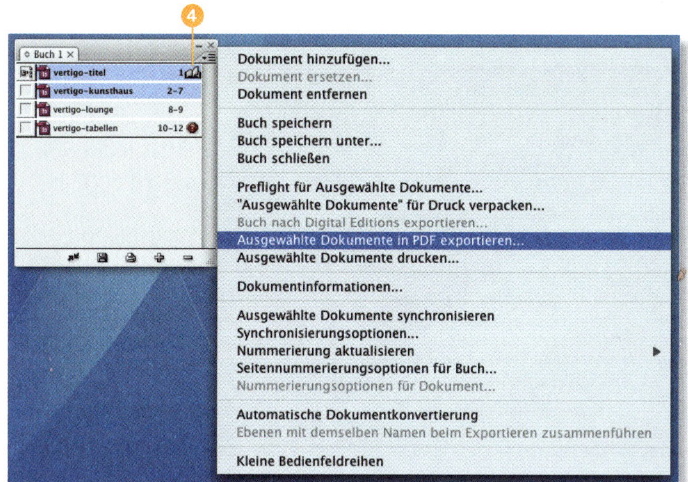

◀ Abbildung 15.2
Nachdem Sie alle InDesign-Dokumente zum Buch hinzugefügt haben, erscheinen sie in der Buch-Palette. Dateien, die nicht gefunden wurden, werden mit einem roten Fragezeichen gekennzeichnet. Ausgewählte Buchkapitel exportieren Sie ebenfalls über das Palettenmenü in das PDF-Format.

15.1.3 Automatische Paginierung

Per Drag & Drop ändern Sie auch die Reihenfolge der einzelnen Teildokumente innerhalb des Buches. Das Schöne hierbei ist, dass sich eine auf der Mustervorlage definierte Pagina automatisch anpasst. Wenn Sie die Reihenfolge der Dokumente in der Buch-Palette ändern, werden die Seitenzahlen auf den einzelnen Teildokumenten automatisch entsprechend den Vorgabeoptionen aktualisiert. Sie müssen sich nicht mehr darum kümmern, ob die Seitenzahlen der Einzeldokumente richtig gesetzt worden sind. Somit entfällt die manuelle Definition der Kapitelanfänge und deren Paginierung, da sie automatisch durch InDesign berechnet wird.

Seiten über das Buch nummerieren | Die Seitennummerierungsfunktionen lassen sich über das Palettenmenü einerseits global für das Buch definieren. Wählen Sie hierzu SEITENNUMMERIERUNGSOPTIONEN FÜR BUCH.

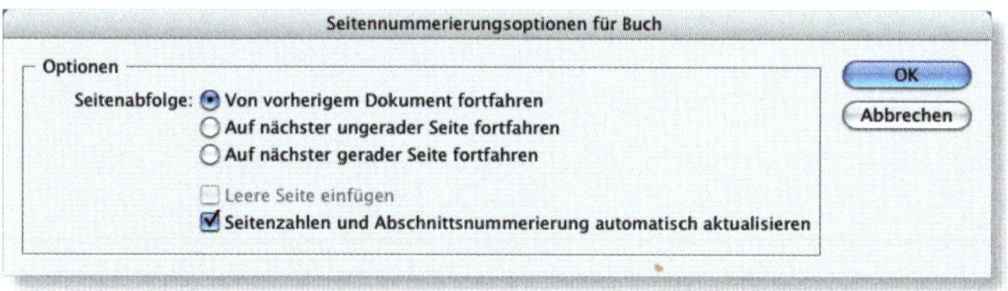

◀ Abbildung 15.3
Eine durchgehende Paginierung aller Seiten des Buches erreichen Sie mit der ersten aktiven Option.

Dokumentweise Seitennummeriung | Es ist aber auch möglich, nur die Seitennummerierung eines Dokuments zu ändern, und zwar über NUMMERIERUNGSOPTIONEN FÜR DOKUMENT.

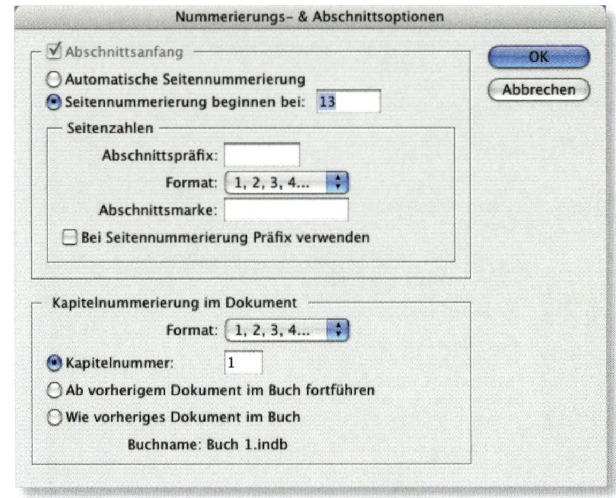

Abbildung 15.4 ▸
Die Paginierung darf an einer beliebigen Position im Dokument beginnen. Unterschiedliche Darstellungsformen der Seitenziffern oder eine Ergänzung durch das Präfix des Kapitels runden die Optionen ab.

Die Paginierungsvorgaben für ein Dokument lassen sich wesentlich eleganter nach dem Anlegen des Buches vornehmen. Beachten Sie, dass InDesign das entsprechende Dokument lädt, wenn Sie die Dokumentpaginierung über die Buch-Palette aufrufen. Sie erkennen ein geöffnetes Dokument in der Buch-Palette am entsprechenden Icon.

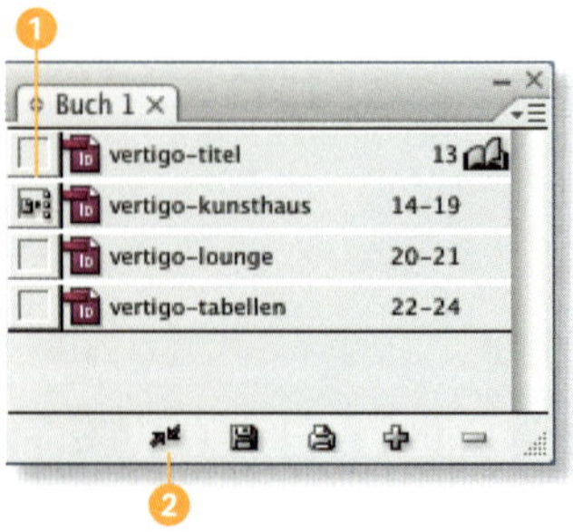

15.1.4 Formatquellen angeben und synchronisieren

Eine Buchdatei stellt eine Sammlung von Dokumenten dar, die auf dieselben Absatz- und Zeichenformate und Farbfelder zugreifen sollten. Eines der Dokumente in der Buchdatei ist die Formatquelle, was an dem kleinen Icon links neben dem Dokumentsymbol in der Buch-Palette zu sehen ist ❶.

Abbildung 15.5 ▴
Nachdem eine Paginierung im geöffneten Dokument (Buchsymbol) geändert wurde, aktualisiert InDesign die Paginierung aller nachfolgenden Dokumente.

Formatquelle wechseln | Standardmäßig ist die Formatquelle das erste Dokument im Buch, aber Sie können jederzeit durch Anklicken der grauen quadratischen Fläche vor dem Dokumentsymbol in der Buch-Palette eine neue Formatquelle auswählen, aus der die Farbdefinitionen und Formate entnommen werden sollen. Durch Aktivierung des Palettensymbols FORMATE UND FARBFELDER MIT FORMATQUELLE SYNCHRONISIEREN ❷ links neben dem Diskettensymbol der Buch-Palette werden die Absatzformate und Farbfelder der gewählten Formatquelle auf alle weiteren Dokumente der Buch-Palette angewandt, d.h., die Formate und Farbfelder aus der Formatquelle ersetzen alle Formate in den anderen Buchdokumenten.

Synchronisierungsoptionen | Der Menüpunkt SYNCHRONISIERUNGSOPTIONEN aus dem Palettenmenü gibt Ihnen die Möglichkeit festzulegen, welche Einstellungen bei der Synchronisation aus der Formatquelle übernommen werden sollen und von

InDesign automatisch den anderen Dokumenten des Buches zugeführt werden.

Neu in InDesign CS3 ist die Möglichkeit, auch die Musterseiten von der Formatquelle auf die anderen Buchdateien zu synchronisieren. Diese Funktion ist zunächst deaktiviert, da dieser Fall eher selten auftritt. Achten Sie also bei jedem Synchronisieren darauf, welche Optionen in diesen Vorgaben aktiviert sind.

◄ Abbildung 15.6
Welche Eigenschaften aus der Formatquelle auf alle anderen Buchkapitel übertragen werden, wählen Sie in den SYNCHRONISIERUNGSOPTIONEN. Auch die Objektstile werden erkannt und von der Formatquelle auf alle Buchdateien übernommen. Musterseiten können bei Bedarf ebenfalls abgeglichen werden.

InDesign öffnet beim Synchronisieren und Neupaginieren im Hintergrund alle zugehörigen Dokumente des Buches und ändert die entsprechenden Stellen gemäß den Vorgaben automatisch ab. Die Änderungen werden gespeichert, und das Änderungsdatum wird den Dateien angefügt.

15.1.5 Buch für Digital Editions exportieren

Für die Ausgabe aus InDesign wurde die Möglichkeit geschaffen, Dateien für elektronische Bücher zu exportieren. Das ganze Konzept nennt sich Digital Editions und basiert auf einem kodierten XHTML-Format, dass über einen Server verschlüsselt und mit einem Reader betrachtet werden kann.

Zum Weiterlesen
Die Einstellungen zu diesem Format finden Sie in Kapitel 25, »Publishing mit XML«. Die Funktion finden Sie im Buch-Palettenmenü: BUCH FÜR DIGITAL EDITIONS EXPORTIEREN.

15.1.6 Buch als PDF exportieren

Besonders gelungen ist die Übernahme der komplexen Preflight-, Verpacken-, PDF-Export- und Druckfunktionalität für ein Buch. Das bedeutet, alle Dokumente eines Buches lassen sich zentral über die Buchfunktion mit einem Befehl in ein PDF exportieren.

Um alle Dokumente oder nur einen Teil des Buches in PDF zu exportieren, wählen Sie die jeweiligen Dokumente in der Buch-Palette aus. Über das Palettenmenü rufen Sie die Funktion AUSGEWÄHLTE DOKUMENTE IN PDF EXPORTIEREN auf.

Alle ausgewählten Dokumente werden in eine PDF-Datei geschrieben. Hierbei ist es unerheblich, ob die einzelnen InDesign-Dokumente allesamt ein einheitliches Format aufweisen. Sie können so beispielsweise ein A3-Überformat quer problemlos mit A4 kombinieren, so wie man es vielleicht gewohnheitsmäßig in

Zum Weiterlesen
Genaue Erläuterungen zu den Einstellungen für den PDF-Export finden Sie in Kapitel 22.

FreeHand tut. Eine Titelseite kann mit dem zugehörigen Inhalt in eine PDF-Datei überführt werden. Wenn Sie eine Ausschießsoftware wie Nicola, Preps oder Imposition Publisher einsetzen, sollten Sie jedoch immer mit derselben Seitengröße arbeiten.

Auf der Buch-DVD finden Sie im Ordner VIDEO-LEKTIONEN auch einen Lernfilm zum Thema »Bibliotheken anlegen«.

15.2 Bibliotheken

InDesign besitzt eine Bibliothek, in der Sie alle Arten von einzelnen Rahmen, Rahmengruppen oder platzierten Grafiken ablegen und in anderen Dateien wiederverwenden können. Es besteht keinerlei Einschränkung, welchen Inhalt die Rahmen transportieren, sei es formatierter Text, Tabellen, Gruppen aus Vektorgrafiken, Texten und beispielsweise platzierte EPS-, PDF- oder InDesign-Dateien.

Vorlagen und Stile

Widmen wir uns der Arbeit mit Vorlagen in InDesign CS3. Aus anderen Programmen sind Sie es gewohnt, mit Musterseiten zu arbeiten und darauf gleich Mustertextrahmen anzulegen. Üblich war es auch, für verschiedene grafische Zwecke viele Mustervorlagen einzurichten.

Diese bekannten Arbeitsweisen sind mit InDesign nicht unmöglich, aber viele Werkzeuge wie die Bibliotheken, Snippets, Objektstile, verschachtelte Formate sowie die Layoutanpassung können die Arbeit deutlich flexibler gestalten – und dabei sind Sie auch noch schneller in der Umsetzung. Für welchen Einsatz besonders die Bibliotheken und die Snippets sinnvoll sind, zeigen wir Ihnen im nächsten Abschnitt.

Sortieren

Die Darstellung und Ordnung von abgelegten Bibliotheksobjekten ist über das Palettenmenü konfigurierbar: In der Listendarstellung werden lediglich die Objektbezeichnungen dargestellt, und die Thumbnail-Darstellung zeigt eine kleine Vorschau. Die Sortierung erreichen Sie ebenso im Palettenmenü: nach Name, NACH DATUM (NEUESTES), NACH DATUM (ÄLTESTES) und NACH TYP.

15.2.1 Die Bibliothek-Palette

Die Bibliothek ist unabhängig von einer Layoutdatei, daher legen Sie auch unter dem Menü DATEI • NEU • BIBLIOTHEK oder über den Startbildschirm eine eigene Bibliotheksdatei mit dem Dateikürzel **.indl** (InDesign-Library) an. Sie erhalten eine eigene Bibliothek-Palette.

Elemente per Drag und Drop ablegen | In dieser Palette können Sie nun per Drag & Drop Ihre Grafiken aus einer Layoutdatei ablegen. Die Palette ist ähnlich wie die Ebenen- oder Verknüpfungen-Palette aufgebaut und funktioniert auch so.

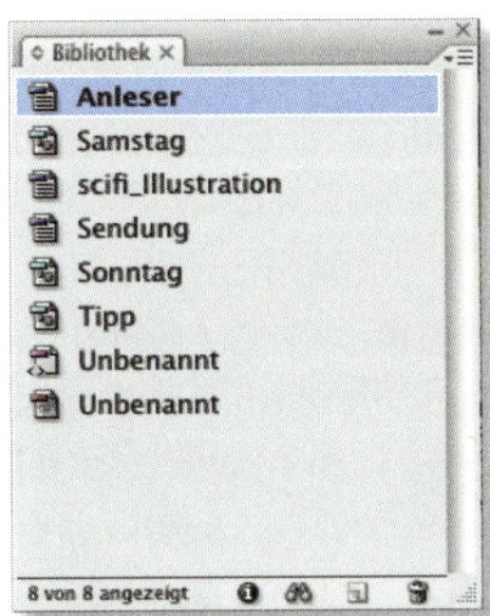

▲ **Abbildung 15.7**
In der Listenansicht versieht InDesign jedes Objekt je nach Art mit einem kleinen Icon.

In der Symbolansicht werden die Objekte, die Sie in einer Bibliothek ablegen, mit einer Vorschau gespeichert. Die Bibliothek erkennt automatisch, was für einen Rahmen Sie hier ablegen und welcher Inhalt darin liegt.

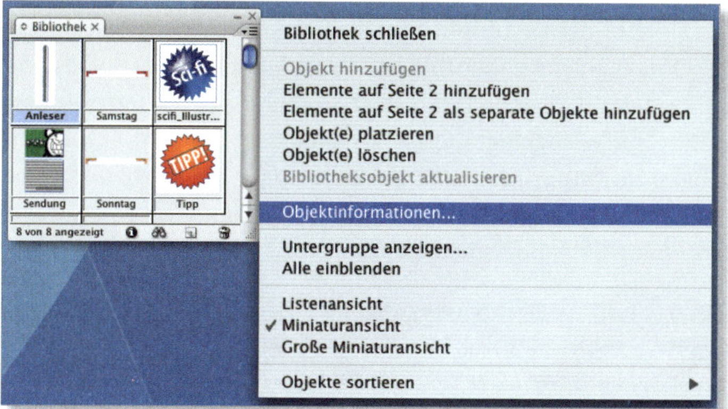

◄ **Abbildung 15.8**
Die Bibliothek erkennt das Objekt und zeigt es in der Palette in Form einer Symbolansicht an.

Rahmen einer gesamten Seite ablegen | Eine schnelle Methode, die Rahmen einer gesamten Seite abzulegen, finden Sie im Palettenmenü der Bibliothek-Palette: Elemente auf Seite X hinzufügen. Somit kopiert InDesign einfach die gesamte aktuelle Seite als eigenes Seiten-Objekt.

Wenn Sie jedoch nicht alle Rahmen und Rahmengruppen insgesamt in der Bibliothek als ein Objekt ablegen wollen, nehmen Sie einfach die nächste Option im Palettenmenü, Elemente auf Seite X als separate Objekte hinzufügen.

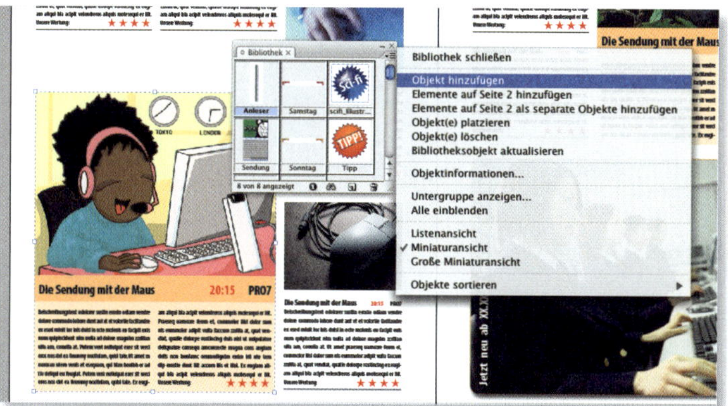

◄ **Abbildung 15.9**
Die ausgewählten Rahmen (rot) werden über das Palettenmenü der Bibliothek als neues Objekt hinzugefügt.

Bibliotheksobjekte anwenden | Die Objekte können jederzeit ebenfalls per Drag & Drop aus der Palette in eine Layoutdatei kopiert werden.

Bibliotheken speichern nicht nur die Größe und Formatierung eines Objektes, sondern auch seine Position auf der Seite. Wenn Sie das Objekt nicht einfach aus der Palette in das Layout ziehen, sondern das Objekt auswählen und über das Palettenmenü mit dem Befehl Objekt(e) platzieren aufrufen, wird das Objekt positionsgenau auf die aktive Bearbeitungsseite gesetzt. Diese Aktion entspricht dem Befehl Bearbeiten • An Originalposition einfügen.

Hinzufügen und Objektinformationen festlegen
Wenn Sie den Befehl Objekt hinzufügen wählen, sollten Sie gleichzeitig die Alt-Taste gedrückt halten. Somit werden sofort die Objektinformationen geöffnet, in denen Sie eine Bezeichnung eingeben können.

15.2.2 Bibliotheksobjektinformationen

Das Objekt in der Bibliothek wird bis auf platzierte InDesign-, PDF- oder EPS-Dateien zunächst immer mit der Bezeichnung »Unbenannt« abgelegt. Über den Button BIBLIOTHEKSOBJEKTINFORMATIONEN an der unteren Kante der Palette rufen Sie die Objektinformationen auf und können hier den Namen und eine Bemerkung eingeben sowie die Objektart editieren.

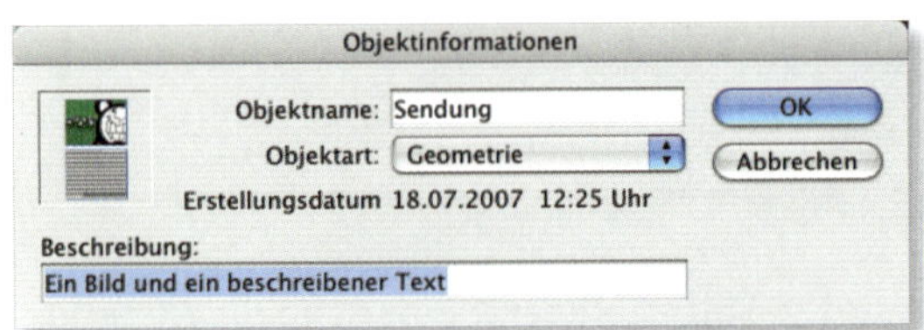

Abbildung 15.10 ▸
Die Objektinformationen lassen sich je nach Objektart durch freie Texteinträge als Beschreibung ergänzen.

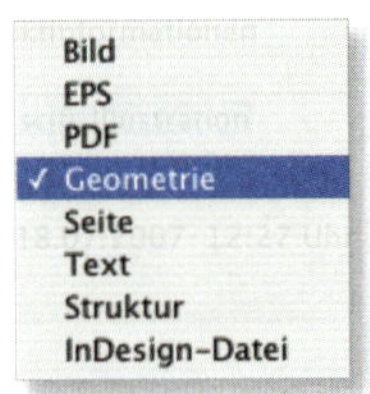

▴ **Abbildung 15.11**
Die GEOMETRIE ist die beste Objektart für Rahmengruppen mit gemischten Inhalten. Alle Inhalte einer Seite können als Seitenobjekt verwaltet werden.

Objektarten | Letzteres ist allerdings unnötig, da InDesign die Art der Layoutrahmen von allein erkennt: Es unterteilt folgende Objektarten: BILD, EPS, PDF, GEOMETRIE, SEITE, TEXT, STRUKTUR und INDESIGN-DATEI. Dabei dienen diese Arten dazu, die Inhalte zu ordnen und zu sortieren; technisch werden die Daten nicht verändert.

Unter die Bezeichnung BILD fallen alle relevanten Bildformate wie TIFF, JPEG oder BMP. Als GEOMETRIE kennt InDesign Vektorrahmen und Rahmengruppen. Befindet sich in einer abgelegten Rahmengruppe mindestens ein Vektor- oder Pixelrahmen, dann ist das abgelegte Bibliotheksobjekt bereits eine Geometrie. Als TEXT wird ein gesamter Textrahmen oder eine Gruppe von Textrahmen erkannt. Im Text mitlaufende Grafiken – sogenannte Inline-Grafiken – führen nicht dazu, dass die Textrahmen als Geometrie abgelegt werden, sondern sie bleiben Textrahmen.

Formate und Objektstile

Sobald Sie einen Rahmen in der Bibliothek ablegen, der einen zugewiesenen Objektstil besitzt, werden selbstverständlich alle Stil-Eigenschaften mit gespeichert. Auch Absatzformate und anderes wird in der Bibliothek gespeichert und beim Zuweisen auf Seiten wieder in das Dokument kopiert.

15.2.3 Suchoptionen

Mit einem Klick auf das Fernglassymbol am unteren Rand der Palette öffnen Sie die Suchoptionen. Hier können Sie die abgelegten Objekte recht bequem nach Namen, Erstellungsdatum oder Objekttyp der Beschreibung durchsuchen.

Hilfreich ist besonders das Ausschlussprinzip: Mit der Auswahl ENTHÄLT NICHT suchen Sie alle Objekte außerhalb dieser Parameter. Die Eingrenzungen können Sie auch kombinieren. Wenn Sie auf den Button MEHR OPTIONEN klicken, bekommen Sie eine weitere Suchzeile hinzu. Das bedeutet, Sie können eine kombinierte Suche durchführen, wie die Abbildung zeigt.

Das Suchergebnis wird Ihnen danach direkt in der Palette angezeigt. InDesign stellt Ihnen hier eine sogenannte Untergruppe dar.

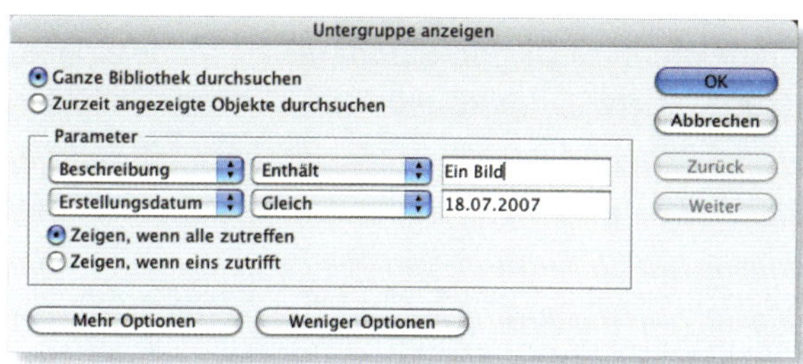

◂ **Abbildung 15.12**
Die Suchfunktion und deren Umfang innerhalb der Bibliothek zeigen, dass es sich bei der Bibliothek um eine eigenständige Objektdatenbank innerhalb von InDesign handelt. Umfangreiche Suchparameter grenzen die Suche nach dem richtigen Objekt ein.

Alle Objekte anwenden | Um alle Objekte wieder zum Vorschein kommen zu lassen, wählen Sie im Palettenmenü der Bibliothek-Palette den Punkt Alle einblenden aus.

15.2.4 Anwendungsgebiete von Bibliotheken

Bibliotheken lassen sich für zahlreiche Szenarien einsetzen, wie zum Beispiel die automatische Platzierung eines Bibliotheksobjekts über ein Skript. Auch Plug-ins bedienen sich dieser Logik, um Vorlagen mit XML-Tags aus der Bibliothek in das Layout zu platzieren und mit Inhalten aus einer Datenbank zu füllen.

Bibliotheken für Kataloge | Bei umfangreichen Dokumenten wie Katalogen o.Ä. treten einige grafische Elemente immer wieder auf, wie z.B. Logos, Abbildungen gleicher Größe oder kleine Tabellen mit technischen Daten, Preisen oder Adressen.

Daher ist es effizient, bei Arbeiten an Katalogen zunächst eine Beispielseite mit diesen wiederkehrenden Rahmen aufzubauen und diese in der Bibliothek abzulegen, sodass sie bei Bedarf später in einem neuen Dokument wiederverwertet werden können.

Bibliotheken für Kunden | Auch für einzelne Kunden können Sie eine eigene Bibliothek zusammenstellen – mit dem Firmenlogo als platzierte EPS-Datei, einem Textrahmen für die Firmenanschrift und einigen Freiformen, um darin Bilder zu platzieren.

Bibliotheken für Symbole und Logos | Da sich eine Bibliothek nicht an eine Layoutdatei bindet, können Sie auch genauso gut mehrere Bibliotheken anlegen. So ist es sinnvoll, für die Verwendung wiederkehrender Symbole eine Piktogramm-Bibliothek anzulegen. Beachten Sie dabei, dass die abgelegten Objekte auch ihre physikalische Größe behalten, die sie aus dem ursprünglichen Layout mitnehmen. Soll diese Piktogramm-Bibliothek wirklich eine Arbeitserleichterung und die daraus kopierten Piktogramme einheitlich sein, so ist eine sorgfältige Ablage wichtig.

Auch Firmenlogos müssen als EPS-Datei immer wieder platziert werden – seien es Logos der eigenen Firma als auch Logos für Werbeprospekte.

Bibliotheken, Objektstile und Snippets
InDesign bietet mit der CS3-Version zahlreiche Möglichkeiten, die grafischen oder typografischen Eigenschaften von Rahmen zu speichern und als Vorlage für ein neues Layout anzuwenden. Die Bibliotheken stehen hier in der Konkurrenz zu den Objektstilen oder den flexiblen Snippets. Welches dieser Werkzeuge für Ihre Anwendung ideal ist, sollten Sie danach entscheiden, ob Sie eine strukturierte Ablage mit mehreren Arbeitsplätzen in Form der InDesign-Bibliothek benötigen oder stattdessen zugunsten der hohen Flexibilität die Objektstile nutzen. Snippets können hilfreich sein, um besonders schnell Inhalte nach Vorlagen zu gestalten.

Unabhängigkeit
Alle Bibliotheken sind unabhängig vom Layoutdokument, aus dem die abgelegten Objekte ursprünglich stammen, d.h., die ursprünglichen Layoutdokumente erhalten keine Verknüpfung mehr zu den Rahmen in der Bibliothek. Verwechseln Sie also die Bibliothek nicht mit der Verknüpfungen-Palette!

Bibliotheken für Corporate Design-Standards | Grundelemente eines Corporate Design-Standards können Hintergrundbilder, Logos oder formatierte Tabellen sein. Auch hierfür lohnt es sich, eine eigene Bibliothek anzulegen.

Textbibliotheken | Formulierungen wie ein vorgegebenes Firmenprofil in 50, 100 oder 250 Wörtern als Marketing-Material für Pressemitteilungen oder Produktbeschreibungen lassen sich auf diese Weise in einer Bibliothek ablegen. Dabei bleiben natürlich die Schrift- und Absatzformatierungen erhalten.

Keine Logik
Mit der Symbol-Bibliothek aus Illustrator ist die Bibliothek in InDesign aber nicht zu vergleichen, da Illustrator ein Symbol und eine platzierte Instanz verwendet. Ändern Sie in Illustrator das Symbol, ändert sich auch das platzierte Symbol im Dokument. Diese logische Abhängigkeit kennt InDesign leider nicht, somit sind auch Größen nicht automatisch veränderbar oder Bibliotheksobjekte über mehrere geöffnete Dokumente miteinander verknüpft. Die bisherige Lösung in InDesign ist sinnvoll und einfach zu bedienen. Andere Ansätze, wie hier beschrieben, lassen sich besser über die Adobe Bridge, Version Cue, ein Content Management System oder eine Redaktionsumgebung lösen.

Bibliotheken mit interaktiven Elementen | Auch Bibliotheken für Schaltflächen oder Hyperlinks sind denkbar. Dabei sollten Sie jedoch beachten, dass nur allgemeine Schaltflächen, die zum Beispiel die nächste Seite im Dokument sichtbar machen, oder Hyperlinks, die eine absolute URL wie *http://www.galileo-press.de* beinhalten, in einer Bibliothek sinnvoll sind. Das Abspielen eines Filmes als Schaltflächenaktion macht in einer Bibliothek keinen Sinn, da in dieser Aktion auf den entsprechenden Film verwiesen wird. Der Film müsste dann ebenso in der Bibliothek abgelegt werden.

15.2.5 Kombination und Weitergabe

Arbeiten Sie mit mehreren geöffneten Bibliotheken, wenn die Anzahl der abgelegten Objekte die Übersicht behindert. Eine inhaltliche Trennung nach Thema wie Corporate Design oder nach Einsatz wie Kataloggestaltung ist hier sinnvoll.

Da Bibliotheken eigene unabhängige Dateien sind, lassen sie sich auch innerhalb eines Netzwerkes schnell verteilen und in InDesign öffnen. Somit arbeiten mehrere Designerinnen oder Layouter mit denselben Musterobjekten – eine perfekte Ergänzung zu den Buchprojekten!

15.3 Snippets

Als Alternative zu Bibliotheken stehen Ihnen die Snippets (»Schnipsel«) zur Verfügung. Sie benötigen keine Verwaltungsdatei, sondern ziehen einfach per Drag & Drop diejenigen Rahmen, die Sie später in anderen Dokumenten verwenden oder mit anderen Inhalten füllen wollen, aus Ihrem InDesign-Dokument auf den Finder/Arbeitsplatz oder in die Adobe Bridge.

15.3.1 Snippets ablegen

Zunächst öffnen Sie eine Layoutdatei und legen dort Platzhalterrahmen an. Falls Sie schon ein fertiges Layout mit platzierten Grafiken besitzen, wählen Sie die Bilder mit der Direktauswahl [A] an und löschen sie. Übrig bleiben die leeren Platzhalterrahmen.

Danach öffnen Sie das Programm Adobe Bridge, suchen einen geeigneten Ablageordner und verkleinern die Darstellung der Bridge mit dem Tastenbefehl [⌘]/[Strg]+[↵] auf den Kompaktmodus. Sie können sich die Bridge so verkleinern, dass sie wie eine kleine Ablagefläche am Bildschirmrand funktioniert. Nun kehren Sie wieder nach InDesign zurück.

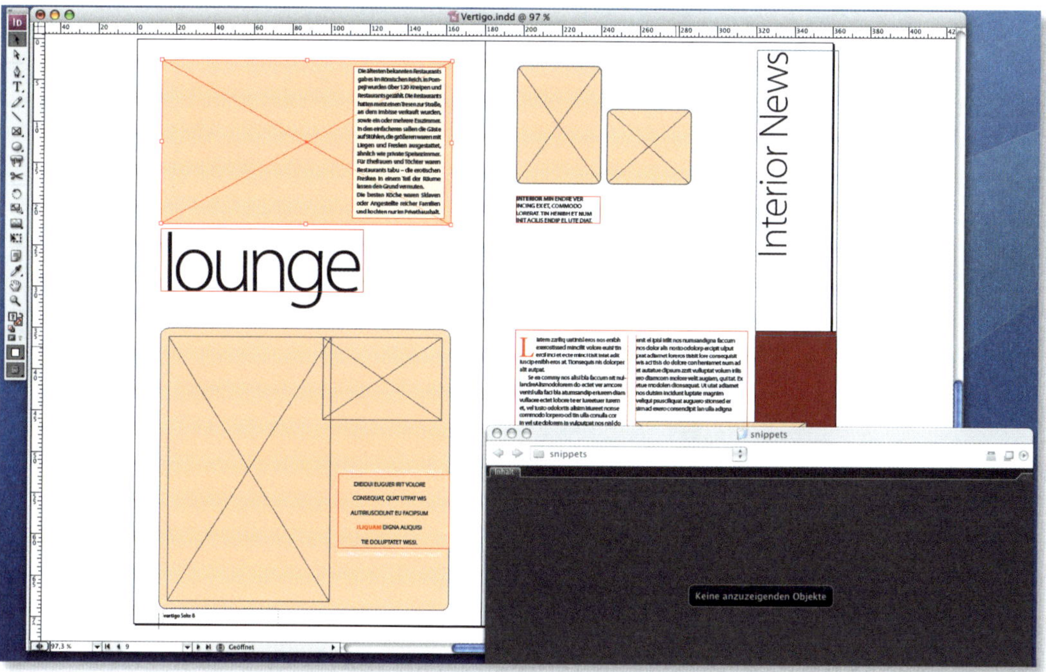

▲ **Abbildung 15.13**
Die Bridge wird auf die Kompaktdarstellung verkleinert, und die Rahmengruppe wird per Drag & Drop in der Bridge abgelegt.

Jetzt wählen Sie einen Rahmen oder eine Rahmengruppe aus und ziehen diese per Drag & Drop in den leeren Bereich der Bridge. InDesign exportiert daraufhin die Rahmen oder Rahmengruppen als Snippet mit dem Dateikürzel **.inds**. Alle grafischen und typografischen Formatierungen inklusive der Objektstile oder Effekte der Rahmen werden beibehalten und in der Datei gespeichert. Sobald Sie also das Snippet in der Bridge angelegt haben, erscheint hier ein Icon. Legen Sie nun weitere Rahmen und Rahmengruppen an.

Abbildung 15.14 ▸
Sobald die Gruppe abgelegt wurde, erscheint das Snippet als verkleinerte Darstellung in der Bridge.

Danach können Sie das Ursprungsdokument schließen. Die Snippets bleiben in der Bridge im ausgewählten Verzeichnis erhalten.

Abbildung 15.15 ▸
Alle Platzhalterrahmen wurden als Snippet abgelegt.

Probleme mit Bildern | Haben Sie Bilder als Snippets ablegt, so verweist das Snippet nur auf das Bild. Sobald Sie das verknüpfte Originalbild verschieben oder löschen, kann das Snippet das Bild nicht finden. Eine fehlerfreie Platzierung des Snippets ist dann nicht möglich. Das Bild muss nachträglich neu verknüpft oder aktualisiert werden. Lesen Sie dazu auch aufmerksam Kapitel 12, »Dateien platzieren und verknüpfen«.

15.3.2 Snippets einfügen

Sobald Sie diese Rahmen wieder benötigen, können Sie ebenfalls per Drag & Drop das Snippet in ein Layoutdokument ziehen. Die verkleinerte Bridge dient als »Tablett«, von dem aus die Snippets eingefügt werden.

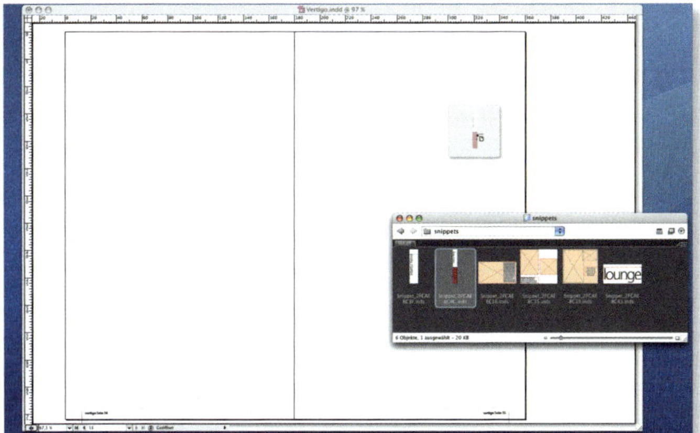

◂ **Abbildung 15.16**
Per Drag & Drop ziehen Sie ein Snippet in das Layout im Hintergrund.

Der Vorteil daran ist, dass im einzelnen Snippet nicht nur alle Elemente so gespeichert wurden, wie sie im Layout aussahen, sondern dass auch die Position der Rahmen oder Rahmengruppen darin aufgezeichnet wird. Sobald Sie das Snippet wieder in eine Layoutdatei ziehen, wandert es an die richtige Position im Layout, ebenso wie über den Befehl BEARBEITEN • AN ORIGINALPOSITION EINFÜGEN. Dabei »merkt« sich InDesign allerdings keine Verknüpfung zum Snippet, Sie können also diesen Rahmen unabhängig vom Snippet verändern.

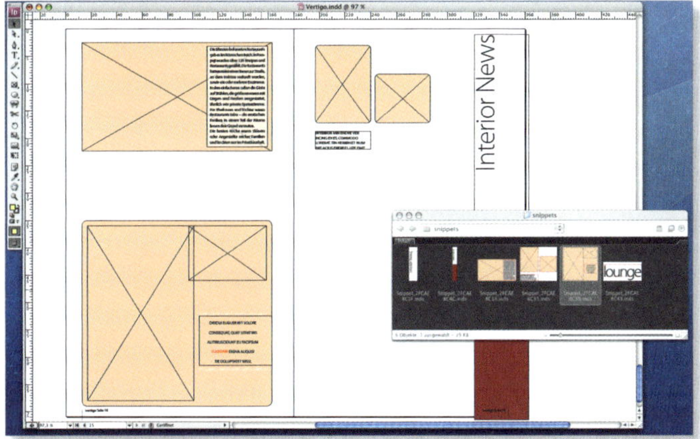

◂ **Abbildung 15.17**
Nacheinander fügen Sie alle benötigten Snippets in das Layout ein.

15.3.3 Platzhalterrahmen befüllen

Sobald Sie Snippets ablegen und in ein Layout einfügen, müssen Sie wahrscheinlich auch die Bilder platzieren. Dazu können Sie ebenfalls die Adobe Bridge nutzen. Wählen Sie ein entsprechendes Verzeichnis mit den Bildern aus, und verkleinern Sie die Bridge wie beim Einfügen der Snippets.

Nun ziehen Sie die Bilder mit gedrückter Maustaste auf die Platzhalterrahmen. Sie erhalten ein eingeklammertes Einfüge-Symbol anstatt des Mauszeigers, wenn Sie sich direkt über dem

Objektstile und Absatzformate

Wenn Sie bei den abgelegten Rahmen Absatz- und Zeichenformate sowie Objektstile verwenden, bleiben diese im Snippet erhalten. Sobald Sie das Snippet neu platzieren, werden auch diese Informationen wieder dem Layout hinzugefügt. Sie können dann die Formate und Stile in den entsprechenden Paletten sehen und natürlich auch für andere Rahmen und Textabschnitte verwenden.

Platzhalterrahmen befinden. Wenn Sie nun die Maustaste loslassen, wird die Datei in den Rahmen platziert.

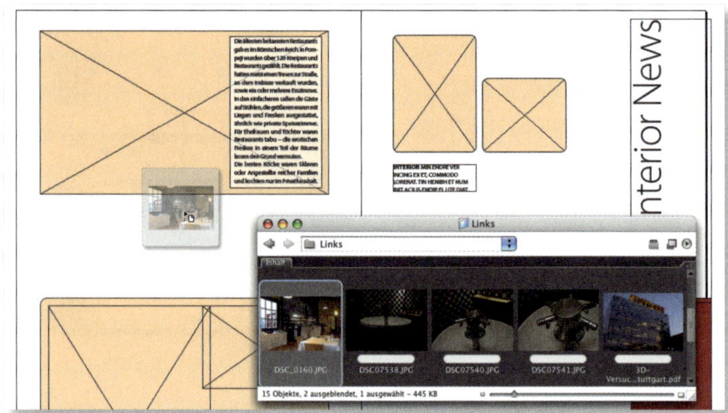

Abbildung 15.18 ▸ Eine kleine Vorschau des Bildes erscheint halbtransparent, wenn Sie ein Bild aus der Bridge auf einen Rahmen im Layout ziehen.

Ausschnitt anpassen | Die Datei ist selten in der richtigen Größe berechnet worden, sodass zunächst nur ein kleiner Ausschnitt der Datei zu sehen ist. Wechseln Sie auf die Direktauswahl [A], klicken Sie in das Bild, und halten Sie die Maustaste gedrückt. Sofort ist das gesamte Bild halbtransparent sichtbar, und Sie können sich den Bildausschnitt nun aussuchen.

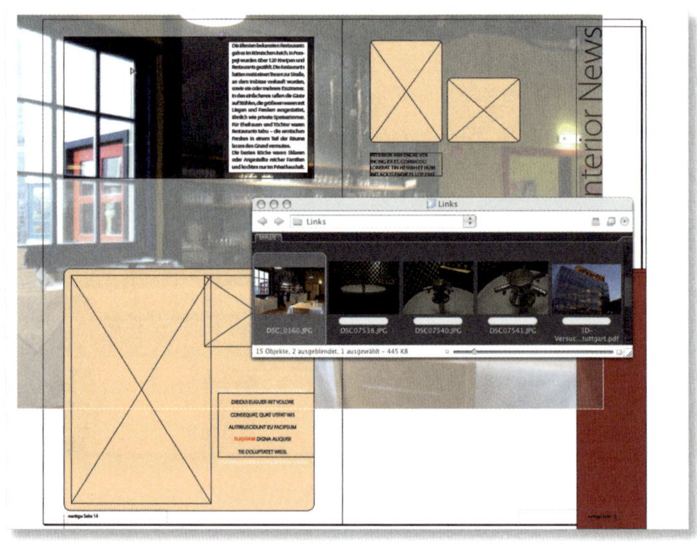

Abbildung 15.19 ▸ Mit gedrückter Direktauswahl verschieben Sie den Inhalt des Rahmens.

Inhalt proportional anpassen | Alternativ rufen Sie einfach die Funktion INHALT PROPORTIONAL ANPASSEN... mit dem Tastenbefehl [⌘]/[Strg]+[Alt]+[⇧]+[E] auf. Der Bildinhalt wird dann so auf die Rahmengröße verkleinert, dass die längere Seite des Bildes vollständig in den Rahmen hineinpasst.

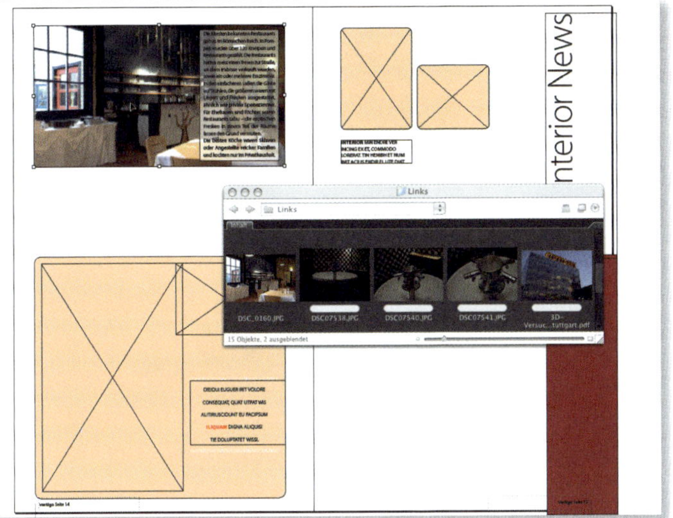

◂ **Abbildung 15.20**
Das Bild wurde proportional an die Rahmengröße angepasst.

Mit den anderen Bildern verfahren Sie ebenso. Hier legt InDesign natürlich für jedes platzierte Bild eine Verknüpfung an, die in der gleichnamigen Palette sichtbar wird. Darin unterscheidet sich das Platzieren eines Bildes von dem Einfügen eines Snippets.

Snippets mit Bildern | Natürlich können Sie auch Rahmen mit platzierten Bildern als Snippets abspeichern. Dabei behält das Snippet allerdings die Verknüpfung zum Originalbild bei. Sobald das Bild verschoben oder gelöscht wird, erkennt das Snippet das verwendete Bild nicht mehr und zeigt nach dem Einfügen im Layout nur einen leeren Rahmen anstelle des Bildes. Die Verknüpfung kann nicht aktualisiert werden. Dies können Sie nicht beeinflussen. Die Dateigröße eines Snippets ist vergleichsweise winzig, somit verwenden Sie nur kleine Dateien, die Sie auch per E-Mail versenden können. Die Dateigröße eines Snippets würde sich enorm vergrößern, wenn das Bild im Snippet gespeichert würde. Somit ist das Snippet ein guter Kompromiss aus flexibler Handhabung und Datensicherheit.

15.3.4 Snippets verwalten

Die Snippet-Datei können Sie mit der Adobe Bridge verwalten und umbenennen, und Sie können auch eine Vorschau des Snippets betrachten. Natürlich lassen sich die Snippets auch über den Arbeitsplatz verwalten.

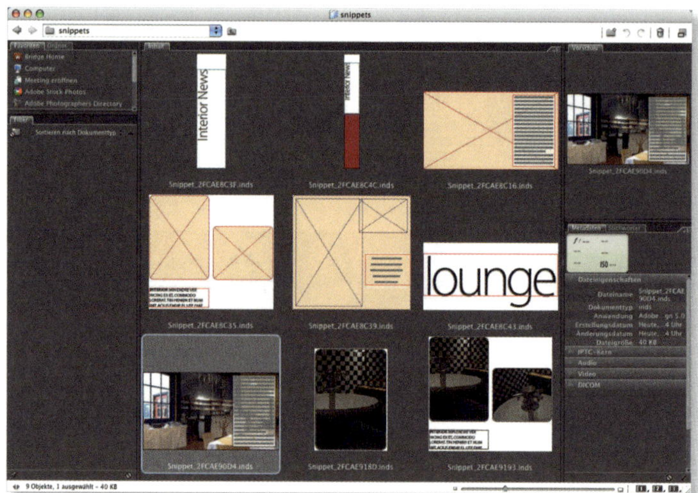

Abbildung 15.21 ▸
Snippets mit Platzhalterrahmen und mit Bildern können in der Adobe Bridge verwaltet und umbenannt werden. Die Dateivorschau sagt allerdings nichts darüber aus, ob eine Bildverknüpfung des Snippets noch aktiv ist.

Stapeln und mehrfach platzieren | Nutzen Sie die Stapeln-Funktion, wenn Sie mit mehreren Snippets arbeiten, die Sie häufig benötigen. Dazu ziehen Sie die entsprechenden Rahmen und Rahmengruppen nacheinander als Snippets in die verkleinerte Bridge.

Nun markieren Sie diese Snippets mit [Strg]/[⌘]+Klick und wählen aus dem Kontextmenü über die rechte Maustaste den Befehl Stapeln • Als Stapel gruppieren auf. Nun werden alle Snippets übereinander dargestellt. Die Ziffer im Stapel gibt an, wie viele einzelne Snippets darin liegen.

Wenn Sie diesen Stapel insgesamt auswählen und in ein geöffnetes Layout-Dokument in InDesign ziehen, werden wie beim Platzieren von Bildern kleine Vorschauen dargestellt. Wählen Sie mit den Pfeiltasten [↑] oder [↓] das richtige Snippet aus, und klicken Sie in das Layout. Dann geht es mit dem zweiten Snippet weiter.

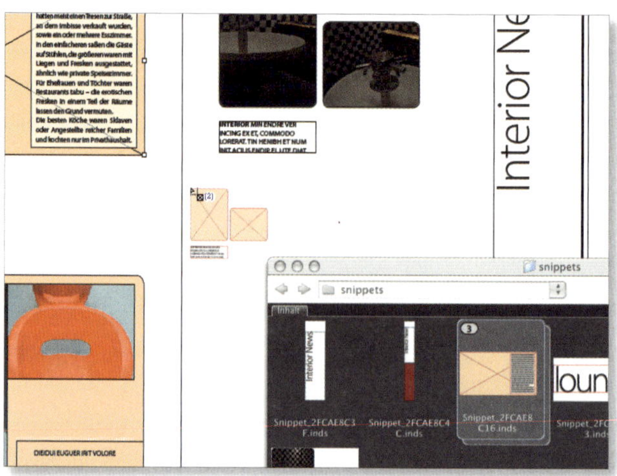

Abbildung 15.22 ▸
Wenn Sie einen Stapel platzieren, können Sie bei jedem Snippet entscheiden, wohin es im Layout gehört oder ob Sie es löschen wollen. Dafür drücken Sie dann einfach die [ESC]-Taste.

15.3.5 Voreinstellungen für Snippets

Das Platzieren von Snippets erfolgt in der Regel dort, wohin Sie das Snippet aus der Bridge oder vom Arbeitsplatz/Finder aus in das Layout ziehen und mit dem Cursor auf die Seite klicken. Doch das Snippet »weiß« noch immer, aus welcher Seitenposition es ursprünglich angelegt wurde. Damit Sie nun stattdessen die Originalposition vergleichbar zu den Bibliotheksobjekten beim Platzieren nutzen, stellen Sie dies in den Voreinstellungen in InDesign ein. Rufen Sie dazu die Vorgaben unter VOREINSTELLUNGEN • DATEIHANDHABUNG auf. Unter der Rubrik SNIPPET-IMPORT wählen Sie die Option AN ORIGINALPOSITION PLATZIEREN.

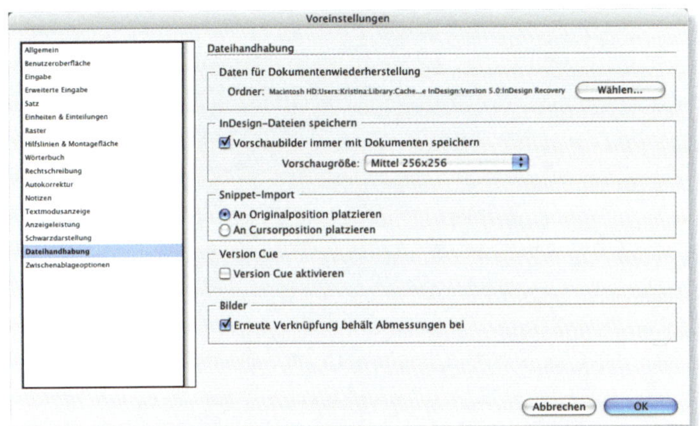

◄ **Abbildung 15.23**
Die Voreinstellungen für das Platzieren von Snippets

15.3.6 Technischer Hintergrund

Snippets sind XML-Dateien, die alle Informationen zur grafischen Formatierung speichern können. Dabei nehmen sie nur wenige Kilobyte an Daten ein. Wenn Sie ein Snippet per Datenleitung oder E-Mail versenden wollen, müssen Sie darauf achten, dass das Snippet in der Kodierung der XML-Informationen nicht geändert wird, da der Empfänger sonst mit dem Snippet nichts anfangen kann. Vor dem Versand sollten Sie daher eventuell die XML-Datei als ZIP-Archiv komprimieren.

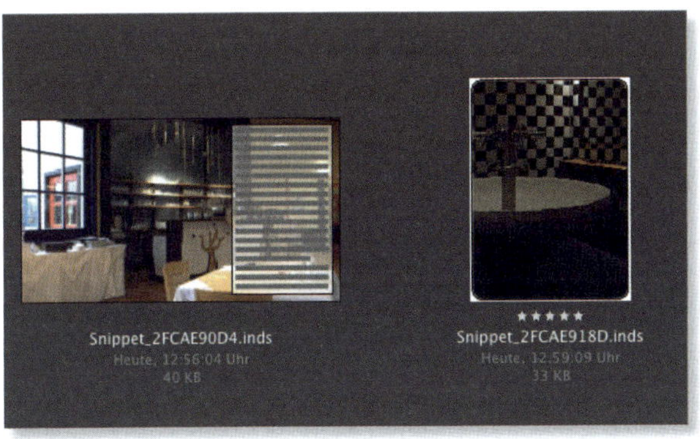

◄ **Abbildung 15.24**
Snippets sind Winzlinge. Wenn keine Bilddaten gespeichert werden, nehmen sie nur wenige Kilobyte ein. Im direkten Vergleich besitzt das linke Snippet nur eine etwas größere Vorschau, daher der kleine Unterschied von 40 zu 33 KB.

16 Inhaltsverzeichnis, Index und Variablen

Über die Absatzformate in InDesign generieren Sie ein automatisches Inhaltsverzeichnis, das per Mausklick jederzeit aktualisiert werden kann. Dazu wählen Sie, wie die Einträge formatiert werden und in welchem Zeichenformat die Seitenzahl hinzugefügt wird. Die alphabetische Sortierung der Einträge ist ebenso möglich wie das Verschachteln des Inhaltsverzeichnisses auf mehreren Ebenen. Auch das Arbeiten und Erstellen von komplexen, verschachtelten Indizes mit InDesign ist eine zentrale Funktionalität der Software. Neu hinzugekommen sind die komfortablen Variablen, über die Sie ein automatisches Datum oder einen lebenden Kolumnentitel einfügen können.

16.1 Inhaltsverzeichnis

16.1.1 Das Vorgehen

Um mit InDesign ein Inhaltsverzeichnis anlegen zu können, müssen Sie mit Absatzformaten arbeiten.

Meistens sollen die Kapitelüberschrift und mindestens zwei weitere Zwischenüberschriften in ein Inhaltsverzeichnis überführt werden. Jeder Text, der mit dem entsprechenden Absatzformat belegt ist, wird in einem zweiten Schritt von InDesign herausgesucht und in ein bestehendes oder neu erstelltes Dokument eingefügt. Diesen Text können Sie dann im neuen Dokument ebenfalls formatieren lassen.

Werden die Absatzformate im Dokument richtig zugewiesen und angewendet, ist das Inhaltsverzeichnis in kürzester Zeit automatisch erstellt. Seitenzahlen können mit Zeichenformaten herausgestellt werden.

Je nach Komplexität eines Werkes werden in der Praxis nicht mehr als drei bis vier Absatzformate für ein übersichtliches Inhaltsverzeichnis benötigt. Benennen Sie die Absatzformate beginnend mit »IHV-« für »Inhaltsverzeichnis« oder »TOC-« für »Table of

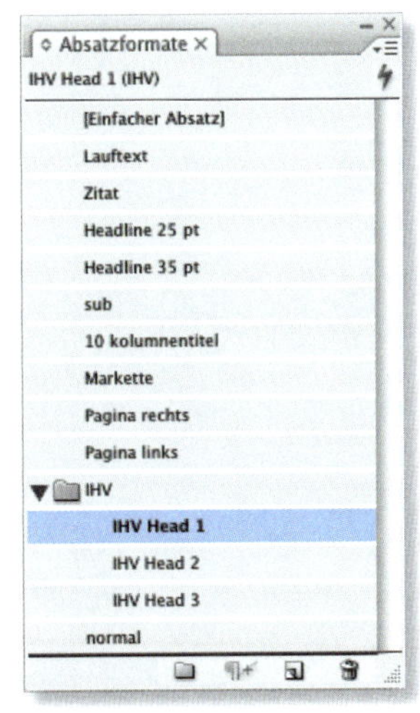

▲ Abbildung 16.1
Die Formate für das Inhaltsverzeichnis lassen Sie sich am besten gesammelt anzeigen oder wie in diesem Beispiel in einer Formatgruppe zusammenfassen.

Content«, sodass alle Formate zusammen in der Absatzformat-Palette aufgeführt werden.

Inhaltsverzeichnisse und Buchfunktion | Die Möglichkeit, ein Inhaltsverzeichnis über mehrere Dokumente hinweg zu generieren, ist ebenfalls gegeben. Sie müssen dazu die einzelnen Dokumente in die Buch-Palette übernehmen und am besten auch gleich ein entsprechendes Dokument für das Inhaltsverzeichnis erstellen.

Zum Weiterlesen
Weiterführende Hinweise dazu finden Sie in Kapitel 15, »Buch, Bibliothek und Snippets«.

Als Formatquelle für die Synchronisation von Absatzformaten und Farben wählen Sie das entsprechende Dokument, das die Absatzformate für das Inhaltsverzeichnis enthält. InDesign wird Ihnen ein Inhaltsverzeichnis über mehrere Dokumente hinweg generieren können.

16.1.2 Inhaltsverzeichnis erstellen lassen

Um das Inhaltsverzeichnis in einem Dokument automatisch generieren zu lassen, wählen Sie den Menüpunkt Layout • Inhaltsverzeichnis aus.

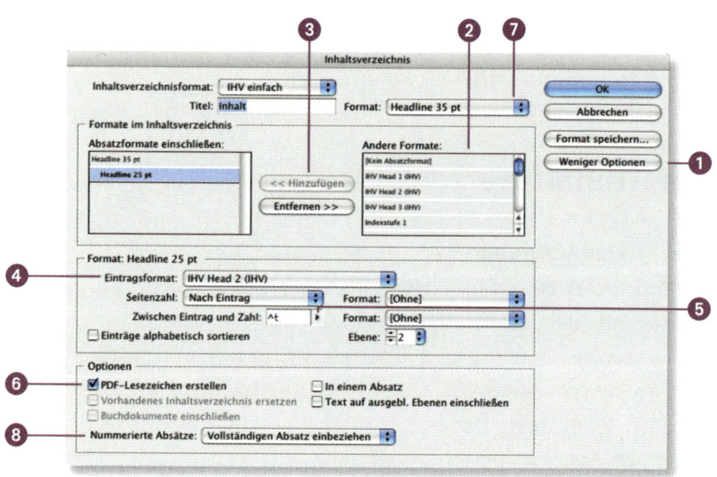

Abbildung 16.2 ▸
Einstellungen für die Konfiguration eines Inhaltsverzeichnisses mit verschachtelten Inhalten

Wenn Sie mit der Buchfunktion arbeiten, wird InDesign nun alle Dokumente prüfen und die Formatnamen der einzelnen Dokumente abfragen und zusammenstellen.

Weitere Optionen
Über die Schaltfläche Mehr Optionen bzw. Weniger Optionen ❶ können Sie Zusatzinformationen ein- bzw. ausblenden, die die Formatierung beeinflussen.

Formate im Inhaltsverzeichnis | Wählen Sie aus der Liste unter Andere Formate ❷ die Formate aus, aus denen Sie das Inhaltsverzeichnis generieren lassen möchten. Mit gedrückter [⇧]-Taste ist hier eine Mehrfachselektion möglich.

Klicken Sie jetzt auf die Schaltfläche Hinzufügen ❸, um die gewählten Absatzformate für Ihr Dokument in die Liste Absatzformate einschliessen zu überführen. Dies ist auch mit einem

Doppelklick auf den Formatnamen möglich. Nach der Reihenfolge der Auswahl wird im linken Feld auch die hierarchische Ordnung der Inhaltsverzeichnisformate festgelegt, wie z. B. »Überschrift 1«, »Überschrift 2« etc. Die Hierarchie des Inhaltsverzeichnisses, die durch die Einrückung der Einträge dargestellt wird, lässt sich durch einfaches Drag & Drop ändern.

Wie soll das Inhaltsverzeichnis aussehen? | Im nächsten Schritt müssen Sie dafür Sorge tragen, dass die mittels Format extrahierten Texte formatiert werden. Gehen Sie dazu der Reihe nach vor, und aktivieren Sie in der Liste ABSATZFORMATE EINSCHLIESSEN den ersten Eintrag.

Eintragsformat | Jetzt müssen Sie aus der Liste der bestehenden Absatzformate noch das entsprechende Eintragsformat ❹ wählen, das dann beim Generieren des Inhaltsverzeichnisses für den Eintrag benutzt wird. Das heißt: Das Format, das Sie hier eintragen, bestimmt das Aussehen des Textes des Inhaltsverzeichnisses. Wenn Sie [GLEICHES FORMAT] eintragen, wird der Inhaltsverzeichniseintrag genauso aussehen wie im Ausgangsdokument. Legen Sie sich zuvor ein entsprechendes Absatzformat für die Einträge an.

Darüber hinaus können Sie auch der Seitenzahl ein eigenes Zeichenformat zuweisen.

Seitenzahl und Füllung | Wie die Seitenzahl vom Eintrag abgesetzt wird, legen Sie in den nächsten Einstellungen fest. Hier ist ein Tabulator als Standard angegeben und mit der kryptischen Bezeichnung »^t« dargestellt. Im kleinen Pfeilmenü ❺ sehen Sie die möglichen Satzzeichen, die Sie für eine Trennung auswählen können. Auch dieser Bereich zwischen Eintrag und Seitenzahl kann mit einem eigenen Zeichenformat gestaltet werden.

Geben Sie auch noch an, ob Sie aus dem später angelegten Inhaltsverzeichnis auch gleich PDF-LESEZEICHEN ERSTELLEN wollen ❻, die bei einem direkten PDF-Export aus InDesign auch in das PDF geschrieben werden und in Acrobat oder dem Adobe Reader in der Lesezeichen-Spalte zu sehen sind.

Einträge alphabetisch sortieren

Die Inhaltsverzeichnis-Funktion ist z. B. auch bei der Erstellung von Orts- oder Namensregistern sinnvoll. Dann kann eine alphabetische Sortierung angeraten sein.

Inhaltsverzeichnistitel | Auch dem Inhaltsverzeichnistitel kann eine eigene Formatierung zugewiesen werden ❼. Dazu wählen Sie ein bestehendes Absatzformat, das nicht in die Liste der einzuschließenden Formate übernommen werden muss. Auch hier empfiehlt es sich, im Vorfeld ein Absatzformat beispielsweise mit dem Namen »TOC-Titel« zu erstellen. Der Titeltext für das Inhaltsverzeichnis wird bei der Erstellung des Inhaltsverzeichnisses eingetragen.

Ebene

Der Eintrag mag etwas kryptisch anmuten: mit Ebene können Sie die Hierarchie des Eintrags bestimmen. So können auch mehrere Einträge auf der gleichen Stufe erscheinen.

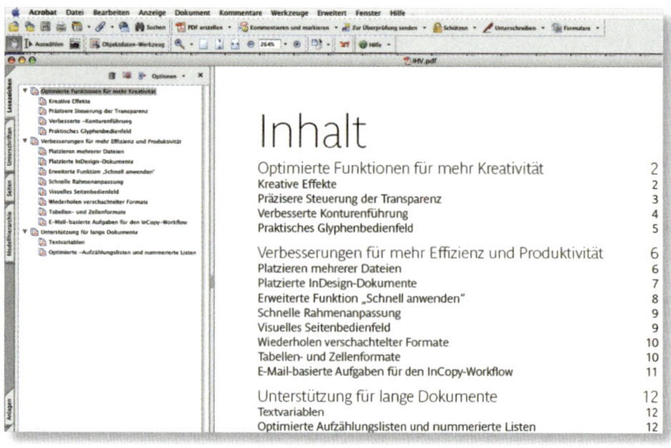

Abbildung 16.3 ▸
Wenn Sie ein Inhaltsverzeichnis mit Lesezeichen erstellen, erhalten Sie je nach Einstellungen für die PDF-Ausgabe eine Datei mit einer Lesezeichen-Leiste wie in diesem Beispiel.

In einem Absatz
In einem Absatz stellt alle Einträge einer Hierarchiestufe in einem eigenen Absatz zusammen.

Nummerierte Absätze | Aufgrund der neuen Nummerierung von Absätzen kann InDesign für die Erstellung des Inhaltsverzeichnisses auch Ziffernfolgen wie »3.2.5« in den Eintrag des Inhaltsverzeichnisses einschließen. Ein Beispiel dafür finden Sie im Inhaltsverzeichnis dieses Buches bei der Auflistung der Kapitel und ihrer Unterthemen.

Wählen Sie im unteren Bereich des Dialogs für Nummerierte Absätze • Vollständigen Absatz einbeziehen ❽ aus, wenn Sie Ziffern und Text auflisten wollen. Andernfalls wählen Sie Nur Zahlen einbeziehen, wenn nur die Nummerierung im Inhaltsverzeichnis erscheinen soll. Die dritte Option Zahlen ausschliessen bewirkt das Gegenteil.

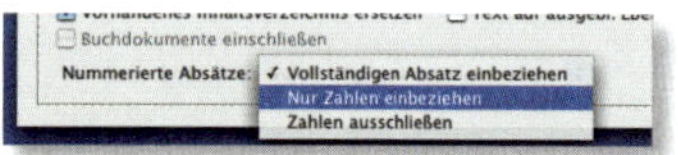

▲ Abbildung 16.4
Nummerierungen in Absatzformaten können im Pulldown-Menü Nummerierte Absätze eingeschlossen oder ignoriert werden.

Inhaltsverzeichnis in einem neuen Dokument anlegen | Nach einem Bestätigen mit dem OK-Button wird das Inhaltsverzeichnis generiert. Sie erhalten dann den Platzierungscursor für Text und können, je nach Umfang, auf einer Leerseite oder auf vorab eingefügten Seiten im Dokument den manuellen, halbautomatischen oder vollautomatischen Textfluss ausführen.

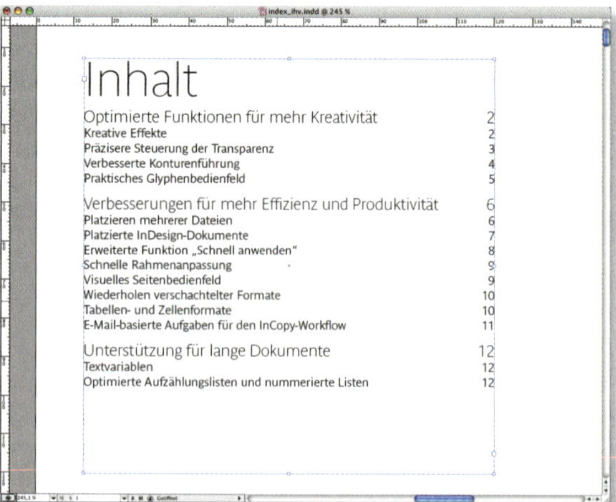

Abbildung 16.5 ▸
Das fertig erstellte Inhaltsverzeichnis erscheint als eigener Textrahmen, der nun nachträglich mit Textrahmenoptionen oder Einfärbungen gestaltet werden kann.

16.1.3 Inhaltsverzeichnisse aktualisieren

Ein erstelltes Inhaltsverzeichnis kann jederzeit über das Menü LAYOUT • INHALTSVERZEICHNIS AKTUALISIEREN erweitert bzw. ergänzt werden. Korrekt zugewiesene Absatzformate im Text werden bei der Aktualisierung dann, wenn sie als Format auch in der Liste der eingeschlossenen Formate aufgeführt sind, mit in das Inhaltsverzeichnis aufgenommen und entsprechend aktualisiert.

Um den Menüpunkt INHALTSVERZEICHNIS AKTUALISIEREN überhaupt aktivieren zu können, muss ein Inhaltsverzeichnis natürlich erst einmal erstellt und das Layout geändert worden sein. InDesign erkennt dann die Positionen auf neuen Seiten oder die geänderten Überschriften im Dokument.

Sie sollten möglichst keine manuellen Änderungen im generierten Inhaltsverzeichnis vornehmen – diese gehen bei einer Aktualisierung verloren.

Inhaltsverzeichnis speichern

Sehr sinnvoll ist es, einmal gewählte Einstellungen im Dialog INHALTSVERZEICHNIS zu speichern. So bleiben sie im vorliegenden Dokument erhalten und können über das Dialogfeld INHALTSVERZEICHNISFORMAT sogar in anderen Dokumenten aufgerufen werden.

16.1.4 Inhaltsverzeichnisformate erstellen

Für wiederkehrende, regelmäßige Arbeiten können Sie Inhaltsverzeichnisformate definieren, die sich unter einem eigenen Formatnamen abspeichern lassen. Wählen Sie dazu aus dem Menü LAYOUT den Befehl INHALTSVERZEICHNISFORMATE. Sie können bestehende Formate anderer Dokumente übernehmen und Ihre eigenen Inhaltsverzeichnisformate exportieren.

Klicken Sie auf die Schaltfläche NEU, wenn Sie ein neues Format erstellen wollen. Sie gelangen dann automatisch in das Dialogfeld NEUES INHALTSVERZEICHNISFORMAT, das genau wie das Menü INHALTSVERZEICHNIS aufgebaut ist. Inhaltsverzeichnisformate können zwar auch direkt über das Dialogfeld INHALTSVERZEICHNIS erstellt werden, allerdings können sie nur hier gelöscht und aus anderen Dokumenten geladen werden.

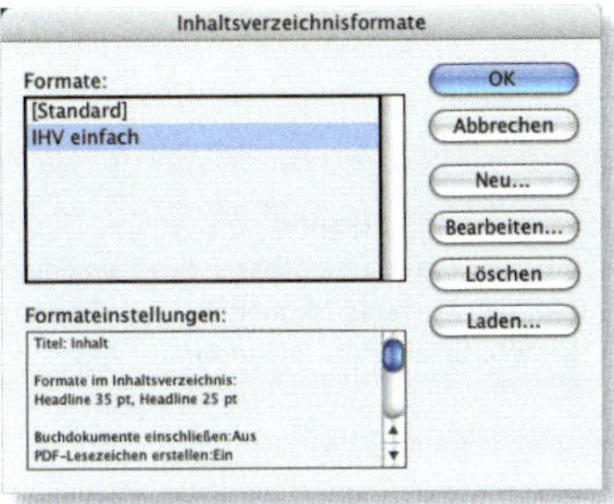

▲ **Abbildung 16.6**
Die Inhaltsverzeichnisformate sind wie alle Vorgaben in InDesign leicht zu verwalten und zu ändern.

16.2 Der Index

Das Arbeiten mit Indizes empfiehlt sich bei Lehrwerken, wissenschaftlichen Abhandlungen, Fachbüchern und Büchern, die Querverweise oder einfach ein ausführliches Sachregister enthalten sollen. Mit InDesign lassen sich sowohl einfache Schlagwortregister als auch verknüpfte Abhängigkeiten mit Querverweisen zu anderen Kapiteln oder Abschnitten erstellen.

Die Indizes von Sachbüchern enthalten oftmals Ebenen und Unterebenen, z. B. als Überbegriff »Creative Suite« und als Unterbegriff »Illustrator CS3« und »InDesign CS3«. Wir sprechen hier auch von einer Mehrstufigkeit, die Sie in InDesign beim Anlegen eines Seitenverweises gesondert einstellen können.

Der Index lässt sich vergleichbar zum Inhaltsverzeichnis anlegen und kann auch mit eigenen Absatz- und Zeichenformaten gestaltet werden.

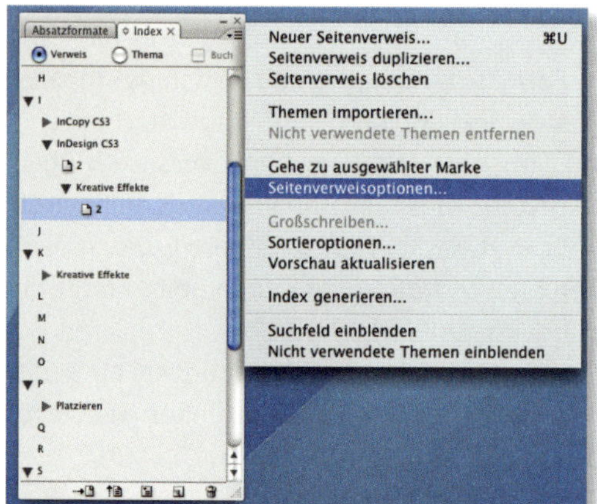

Abbildung 16.7 ▶
In der Index-Palette legen Sie über das Palettenmenü einen neuen Querverweis an.

Weiche Verlaufskante¶
Mithilfe eines anpassbaren linearen oder radialen Verlaufs können Sie ein Objekt in den Hintergrund blenden.¶

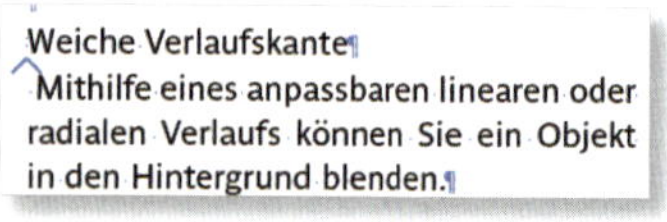

▲ **Abbildung 16.8**
Indexmarke im Text: »Weiche Verlaufskante« ist im Index eingetragen.

Das Thema Indexerstellung ist sehr komplex und vielseitig, besonders bei einer Generierung über die Buchfunktion. Das Anlegen des Index kann Ihnen von InDesign nicht abgenommen können. An dieser Stelle sind Sie gefragt und müssen die Entscheidung treffen, welche Begriffe auf welcher Ebene im Index stehen sollen und welche Abhängigkeiten existieren. Jeder Eintrag muss manuell in den Index aufgenommen werden.

Indexeinträge, die Sie vorgenommen haben, sind auch im Dokument sichtbar. Über Verborgene Zeichen einblenden lassen sich die Indexmarken anzeigen.

16.2.1 Die Index-Palette

Über das Menü Fenster rufen Sie mit Schrift und Tabellen die Index-Palette auf (⇧+F8). Die Index-Palette erscheint zunächst ohne Einträge. Es werden Ihnen zwei Modi zur Verfügung gestellt:

- Indexeinträge werden gewöhnlich im Modus Verweis alphabetisch vorgenommen.
- Über den Modus Thema können Indexeinträge thematisch geordnet werden.

Index automatisieren
InDesign kann einen Index nicht nachträglich automatisch durch neue Seitenverweise ergänzen. Daher sollten Sie das Anlegen eines Index erst zum Schluss Ihrer Layoutarbeit vorsehen. Sollten Sie allerdings genau diese Arbeitsweise bevorzugen, benötigen Sie das Plug-in **Sonar Bookends**, das Ihnen diese Arbeit abnimmt. Mehr dazu finden Sie in Kapitel 33, »Plug-ins«.

16.2.2 Indexeinträge erstellen

Es gibt mehrere Möglichkeiten, einen einfachen Indexeintrag zu erstellen:

1. Markieren Sie im Dokument das Wort, das dem Index hinzugefügt werden soll. Über das Blatt-Symbol der Index-Palette lassen sich schnell und einfach Einträge in dieselbe übernehmen.

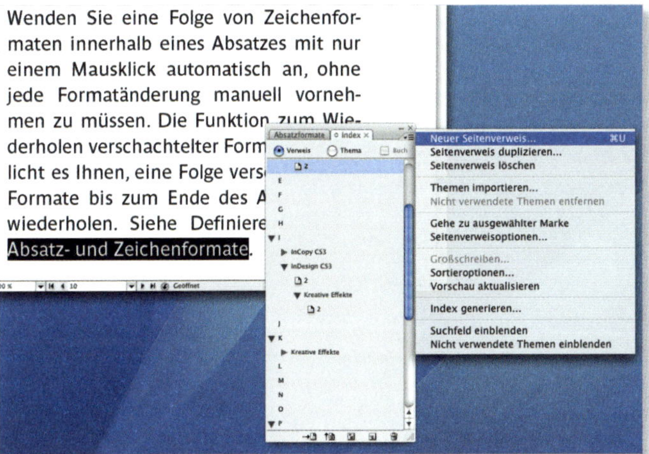

◀ **Abbildung 16.9**
Einen Eintrag über die Index-Palette hinzufügen

2. Sie können einen neuen Seitenverweis auch über das Palettenmenü erstellen, indem Sie ebenfalls ein aufzunehmendes Wort markieren und im Palettenmenü der Index-Palette den Befehl Neuer Seitenverweis aufrufen.
3. Das Dialogfeld Neuer Seitenverweis können Sie direkt über den Shortcut Strg/⌘+U aufrufen, was dem geübten Anwender sicherlich erheblich Zeit sparen wird.
4. Manuell lassen sich einstufige Indexeinträge ohne Aufruf eines Dialogfeldes mit dem Shortcut ⌘+⌥+⇧+Ö bzw. Strg+Alt+⇧+Ö erstellen. Die entsprechende Seitenzahl der zum Eintrag gehörenden Seite wird dabei mit eingefügt.

16.2.3 Einstellungen für den neuen Seitenverweis

In den ersten beiden Fällen öffnet sich nun das Dialogfeld Neuer Seitenverweis.

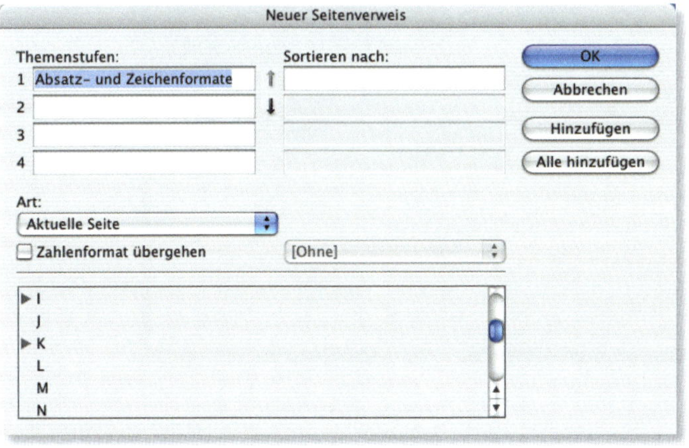

◀ **Abbildung 16.10**
Einen einstufigen, einfachen Indexeintrag erstellen Sie über den Dialog Neuer Seitenverweis.

Themenstufen | Wie Sie sehen, haben Sie hier die Möglichkeit, bis zu vier Unterebenen anzulegen, indem Sie diese unter

THEMENSTUFEN ❶ eingeben. Meistens sollten Sie es aber bei zwei Stufen, d.h. einem Untereintrag, bewenden lassen, da der Index ansonsten zu komplex wird.

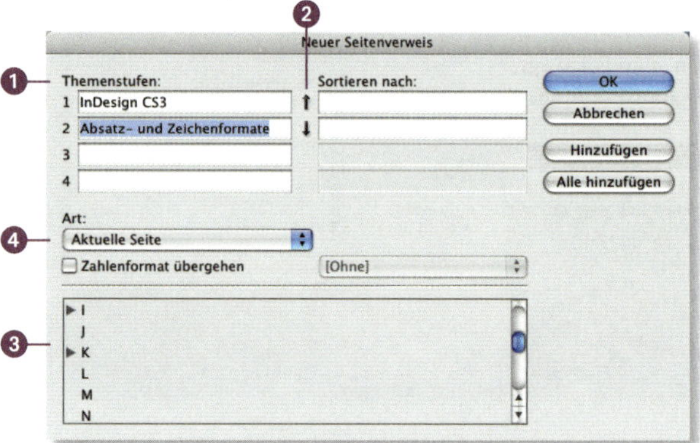

Abbildung 16.11 ►
Mehrstufige Indizes erstellen Sie über die THEMENSTUFEN.

Mehrstufige Einträge sollten Sie unbedingt gleich zu Beginn festlegen. Geben Sie entweder beide Begriffe direkt ein, oder verschieben Sie einen Eintrag, z. B. »Illustrator CS3« mit den Pfeiltasten ❷ nach unten auf die zweite Ebene, und wählen Sie aus der alphabetischen Liste der Themen unten ❸ ein Oberthema aus.

Sortieren | Unter SORTIEREN NACH können Sie bestimmen, dass z. B. ein Eintrag wie »Kreative Effekte« nicht unter »Kreative«, sondern unter »Effekte« einsortiert wird. Dazu geben Sie unter SORTIEREN NACH einfach »Effekte« ein.

Abbildung 16.12 ►
Die Funktion SORTIEREN NACH

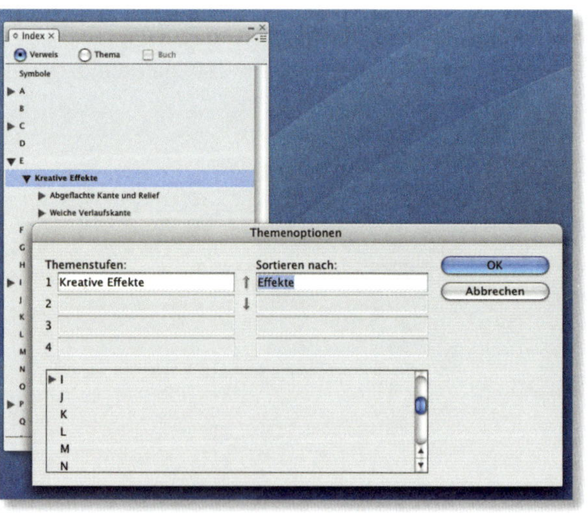

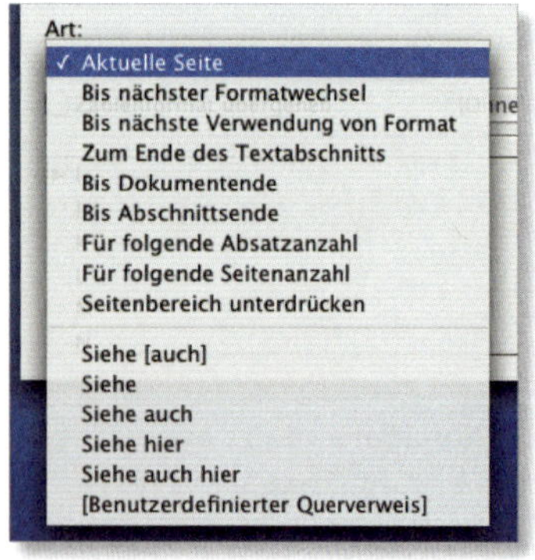

▲ Abbildung 16.13
Die Optionen des Menüpunkts ART bieten vordefinierte Formulierungen für den Indexeintrag.

Art | Über das Menü ART geben Sie ein, wohin der Indexeintrag verweisen soll. Meistens werden Sie auf die aktuelle Seite verweisen (AKTUELLE SEITE). Hier können Sie aber auch Indexeinträge nach Art von »Zeichenformate 267–269« festlegen, d.h. einen

Seitenumfang angeben. Unter ART legen Sie nun fest, welchen Bereich der Eintrag umfassen soll, z. B. bis zum Dokumentende oder Absatzende.

Querverweis | Neben den einfachen Indexeinträgen der ersten oder zweiten Stufe, die lediglich Schlagwörter enthalten, kann die Indexstruktur durch Querverweise noch weiter verdichtet werden. Hierzu erstellen Sie einen Indexeintrag und wählen unter ART ❹ entweder die Option SIEHE oder SIEHE AUCH aus. Unter MIT VERWEIS geben Sie dann das Wort ein, auf das verwiesen werden soll, oder Sie ziehen aus der Liste der bestehenden Index-Einträge darunter das betreffende Wort per Drag & Drop in das Feld MIT VERWEIS.

Bucheinträge

Soll ein Indexeintrag für mehrere Dokumente, die in einem Buch zusammengefasst sind, erstellt werden, muss das Feld BUCH durch das Häkchen ❺ aktiviert sein. So sorgen Sie dafür, dass der Eintrag für alle Dokumente vorgenommen wird. Allerdings müssen Sie bei der Erstellung des Index alle Dokumente, die beachtet werden sollen, außerdem auch noch geöffnet haben!

16.2.4 Einzelne Verweise oder alle im Dokument hinzufügen

Klicken Sie nun auf OK, wird der Eintrag dem Index hinzugefügt. Die Index-Palette verwandelt sich: Es wird eine alphabetische Liste angezeigt. Überall, wo ein kleiner grauer Pfeil erscheint, sind Indexeinträge vorhanden.

Wenn Sie stattdessen auf ALLE HINZUFÜGEN klicken, sucht InDesign automatisch nach allen verwendeten Stellen im Dokument. Diese Stellen werden dann als Verweise im Index aufgenommen. Bei der Suche nach allen Vorkommen des markierten Textes berücksichtigt InDesign nur ganze Wörter und dabei die Groß- und Kleinschreibung. Wenn Sie z. B. »Absatzformat« markieren, wird »Absatzformate« nicht indiziert werden. Diese Arbeitsweise ist wesentlich schneller, und Sie können jederzeit überflüssige Einträge im Index löschen. Natürlich eignet sich dieses Vorgehen nicht bei sehr allgemeinen Begriffen wie »InDesign« in diesem Buch – die Anzahl der Einträge wäre unüberschaubar.

Den Indexeinträgen der einzelnen Stufe kann außerdem direkt ein eigenes Absatzformat zugewiesen werden. Haupteintrag und Verweis formatieren Sie somit bequem eigenständig. Das Erstellen und Pflegen eines Index ist zwar eine Fleißarbeit, zahlt sich aber in jedem Fall aus!

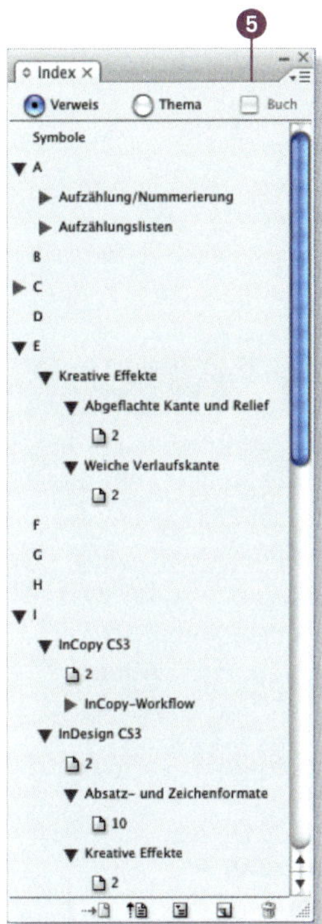

▲ **Abbildung 16.14**
Die Ansicht nach angelegten, alphabetisch sortierten Verweisen oder Themen wählen Sie in der Index-Palette mit einem Klick auf den entsprechenden Button. Mehrstufige Themen werden eingerückt dargestellt, z. B. »InDesign CS3« mit »Absatz- und Zeichenformate« etc.

16.2.5 Indexeintrag nach Themenstufen ändern

Wenn Sie einen Seitenverweis eingerichtet haben, ist es möglich, diesen nachträglich einzeln zu ändern. Mit einem Doppelklick in die Index-Liste auf ein Seitensymbol mit einer Ziffer öffnen Sie die Seitenverweis-Optionen. Sie gehen vor wie bei der Neuanlage eines Seitenverweises: Wollen Sie die Themenstufe nach unten verschieben, sodass der Seitenverweis unterhalb eines Oberthemas im Index erscheint, müssen Sie mit den Pfeiltasten

Mehrere mehrstufige Verweise nachträglich ändern
Wenn Sie einen mehrstufigen Eintrag im Index vornehmen wollen und dabei alle Stellen im Dokument berücksichtigen, benutzen Sie den Button ALLE HINZUFÜGEN im Dialog NEUER SEITENVERWEIS. Dadurch entstehen eventuell sehr viele Einträge im Index. Wenn Sie die Stufen der Verweise nachträglich ändern wollen, stellt Ihnen InDesign leider kein Werkzeug zur Verfügung. Alle Einträge müssten einzeln per Hand geändert werden. Löschen Sie daher das betreffende Verweisthema in der Index-Palette, und legen Sie es neu in der richtigen Themenstufe an.

den Eintrag nach unten auf die zweite Stufe schieben. Danach ist die erste Stufe leer. Entweder geben Sie nun hier ein neues Oberthema ein, oder Sie suchen sich aus der alphabetischen Liste im unteren Bereich des Dialogs den Begriff heraus. Mit einem Doppelklick wird er in die erste leere Themenstufe eingetragen. Sobald Sie den Dialog mit OK bestätigen, verschiebt InDesign den Seitenverweis an die gewünschte Position.

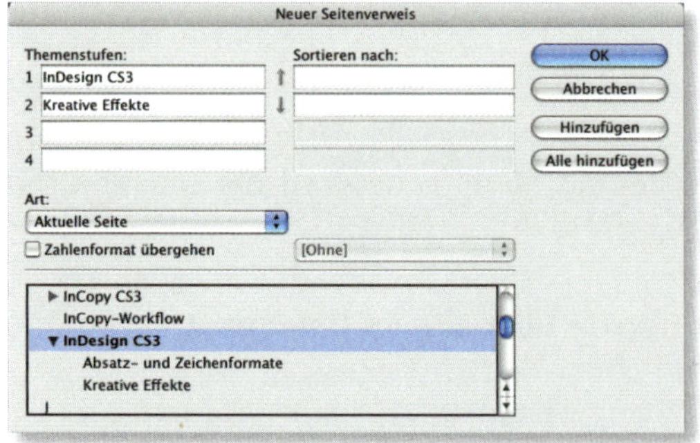

▲ **Abbildung 16.15**
Wählen Sie die übergeordnete Themenstufe eines Seitenverweises, indem Sie aus der Liste der Themen unten mit einem Doppelklick den Begriff auswählen.

16.2.6 Index generieren

Nun bleibt uns nur noch, den Index auch erstellen zu lassen. Um das Menü INDEX GENERIEREN aufzurufen, klicken Sie entweder auf die Taste am unteren Rand der Index-Palette, oder Sie öffnen es über das Palettenmenü. Der in Abbildung 16.16 gezeigte Dialog erscheint.

Großschreiben

Über das Palettenmenü der Index-Palette können Sie bestimmen, ob alle oder bestimmte Einträge Ihres Indexes großgeschrieben werden sollen. Das ist besonders dann interessant, wenn Sie doppelte Einträge durch Klein- und Großschreibung erzeugt haben.

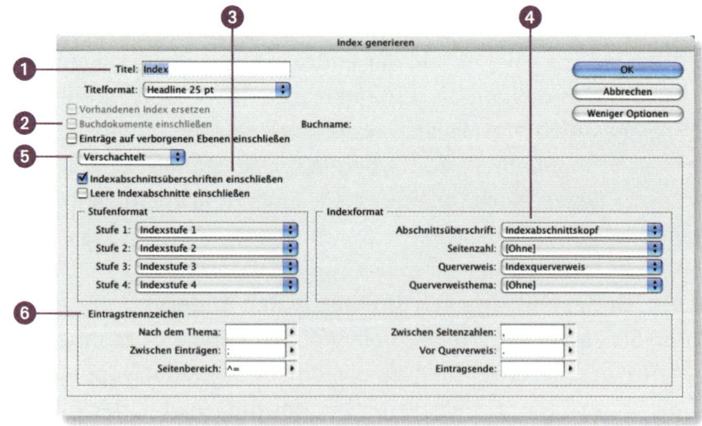

Abbildung 16.16 ►
Ohne Optionen ist der Dialog INDEX GENERIEREN schön übersichtlich. Mit Optionen hingegen können Sie genaue Absatz- und Zeichenformate zuweisen, damit der Index gleich richtig formatiert wird.

Stellen wir uns vor, Ihr Index soll in einem Buch von Galileo Design erscheinen. Dazu benötigen wir als Erstes eine Überschrift für den Index, die vermutlich in den meisten Fällen »Index« lauten wird.

Sie wird unter TITEL ❶ eingegeben. Zur Formatierung des Titels kann das vorgegebene TITELFORMAT »Headline 25 pt« oder jedes vorher erstellte Absatzformat verwendet werden.

Wir wollen in unserem Fall einen Index erstellen, der sich über das gesamte Buch erstreckt, daher ist es wichtig, die Dialogbox BUCHDOKUMENTE EINSCHLIESSEN ❷ anzuklicken. VORHANDENEN INDEX ERSETZEN kommt natürlich nur zum Tragen, wenn Sie einen Index aktualisieren wollen.

Überschriften im Index bestimmen | Besonders interessant für die übersichtliche Strukturierung des Index ist INDEXABSCHNITTSÜBERSCHRIFTEN EINSCHLIESSEN ❸. InDesign fügt selbstständig Ordnungsüberschriften im Format A, B, C ein. LEERE INDEXABSCHNITTE EINSCHLIESSEN bewirkt, dass auch für Buchstaben, denen kein Indexeintrag zugeordnet werden kann (meistens Q, X oder Y), eine Überschrift erstellt wird. Diese Option sollten Sie deaktiviert lassen, damit nicht ein langer, aber inhaltsloser Index sichtbar wird.

Unter INDEXFORMAT • ABSCHNITTSÜBERSCHRIFT ❹ belegen Sie die Überschriften mit Absatzformaten, die Sie vorher erstellt haben. Unter SEITENZAHL können Sie ebenso die Darstellung der Zahlen beeinflussen. Hier liegen allerdings die Zeichenformate, die Sie definiert haben, zugrunde.

Verschachtelt | Beachten Sie auch das Menü VERSCHACHTELT ❺. Bei verschachtelten Indizes werden die Folgeebenen eingerückt untereinander dargestellt (Abbildung 16.17).

Für Indizes, die mit der Funktion IN EINEM ABSATZ erstellt wurden, legt InDesign für jeden Eintrag nur eine Zeile an.

Weitere Optionen | In dem Feld ZWISCHEN EINTRÄGEN aus der Rubrik EINTRAGSTRENNZEICHEN ❻ bestimmen Sie die Zeichen, die zur Trennung der Ebenen verwendet werden – wir haben hier ein Semikolon gewählt. Jeder Ebene des Index können Sie bereits hier im Dialog eine Formatierung zuweisen. Das geschieht in der Rubrik STUFENFORMAT. Das waren bereits die wichtigsten Einstellungsmöglichkeiten.

16.2.7 Index in ein neues Dokument einfügen

Abschließend sollten Sie sich überlegen, wo genau Sie den Index einfügen möchten. Bei einem Index, der über ein gesamtes Buch erstellt wird, bietet es sich natürlich an, ein neues Index-Dokument zu erstellen. Bei einem kürzeren Text könnte der Index auch auf der letzten Seite des Dokuments eingesetzt werden.

Creative Suite 3

E

Kreative Effekte
  Abgeflachte Kante und Relief 2
  Weiche Verlaufskante 2

I

InCopy CS3 2
  InCopy-Workflow 1
InDesign CS3 2
  Absatz- und Zeichenformate 10
  Kreative Effekte 2, 10

▲ **Abbildung 16.17**
Verschachtelter Index

Creative Suite 3

E

Kreative Effekte; Abgeflachte Kante und Relief 2; Weiche Verlaufskante 2

I

InCopy CS3 2; InCopy-Workflow 1
InDesign CS3 2; Absatz- und Zeichenformate 10; Kreative Effekte 2, 10

▲ **Abbildung 16.18**
Index IN EINEM ABSATZ

Indizes für mehrsprachige Dokumente
Indizes pro Sprache in einem InDesign-Dokument anzulegen ist nicht sehr komfortabel, aber möglich. Hierzu sollten Sie pro Ebene eine Sprache verwenden und zur Generierung des Index die nicht verwendeten Sprachen ausblenden. Damit werden diese Einträge in der Standardeinstellung von InDesign ignoriert. Achten Sie darauf, dass im Dialog Index generieren der Button Einträge auf verborgenen Ebenen einschliessen deaktiviert ist. Leider bietet InDesign nur einen Index pro Dokument an.

Index und PDF

Abschließend hält InDesign noch einen besonderen Leckerbissen für Sie bereit. Wenn Sie die Layoutdatei als PDF aus InDesign exportieren, können Sie – wie auch beim Inhaltsverzeichnis – die Indexeinträge als interaktive Links mit exportieren. Klicken Sie im Export-Dialog auf die Option HYPERLINKS. Alle Seitenzahlen als Indexeinträge des PDF-Dokuments sind nun interaktiv.

Die Lesezeichen im PDF werden nicht über den Index, sondern über das Inhaltsverzeichnis erstellt.

Wenn Sie nun auf OK klicken, nimmt der Cursor die Form des manuellen Textflusses an, und Sie können den Index durch einen einfachen Klick an der gewünschten Stelle des Dokuments einfügen. InDesign hat uns in wenigen Schritten einen durchaus akzeptablen Index erzeugt. Sie können die Formatierung des Index aber auch auf einfache Weise ändern, denn InDesign hat automatisch ein eigenes Index-Format angelegt.

	Windows	Mac OS
Index-Palette öffnen	⇧+F8	⇧+F8
Indexeintrag erstellen, ohne das Dialogfeld zu öffnen	⇧+Strg+Alt+Ö	⇧+⌘+⌥+Ö
Dialogfeld INDEXEINTRAG öffnen	Strg+U	⌘+U
Indexeintrag für Eigennamen (Nachname, Vorname) erstellen	⇧+Strg+Alt+Ä	⇧+Strg+Alt+Ä

▲ **Tabelle 16.1**
Tastenkürzel für die Arbeit mit Indizes

16.3 Textvariablen

Mit der Integration von Variablen in InDesign CS3 hat Adobe ein weiteres Türchen in die Welt der Automatisierung geöffnet. Neben dem Wunsch vieler Anwender nach »lebenden Kolumnentiteln« ist es damit auch möglich, das aktuelle Datum, die Kapitelnummer oder einen frei definierbaren Text einzufügen. Wir wollen Ihnen in diesem Abschnitt die Arbeitsweise mit den verschiedenen Typen von Variablen näherbringen, insbesondere die »Laufende Kopfzeile«.

16.3.1 Textvariablen definieren

Die TEXTVARIABLEN rufen Sie im Menü SCHRIFT auf. Wählen Sie DEFINIEREN…, und klicken Sie im nachfolgenden Dialog auf NEU. Nun erhalten Sie die Eingabemaske, in der Sie eine Variable anlegen können. Dazu stehen Ihnen verschiedene Typen von Textvariablen zur Verfügung, die wir Ihnen kurz vorstellen möchten. Die Reihenfolge haben wir zugunsten der inhaltlichen Zusammenhänge ein wenig umgestellt.

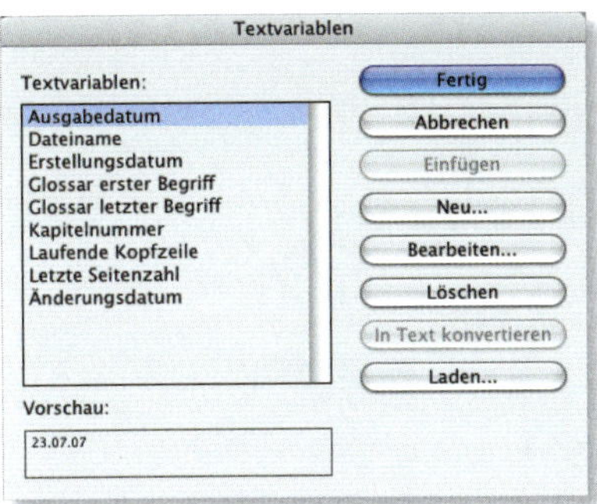

◂ Abbildung 16.19
Die Auswahl von bestehenden und neuen Textvariablen

16.3.2 Variablentypen

Benutzerdefinierter Text und Dateiname | Die Textvariablen Benutzerdefinierter Text und Dateiname dienen zur Eingabe eines eigenen Textes sowie des Dateinamens inklusive des Dateipfades, unter dem die Datei auf der Festplatte zu finden ist. Dies ist besonders dann sinnvoll, wenn Sie im Infobereich außerhalb des Nettoformats Angaben zum Druckjob machen wollen. Da eine Datei immer wieder verschoben wird, passt InDesign dadurch den Ort als Pfad an.

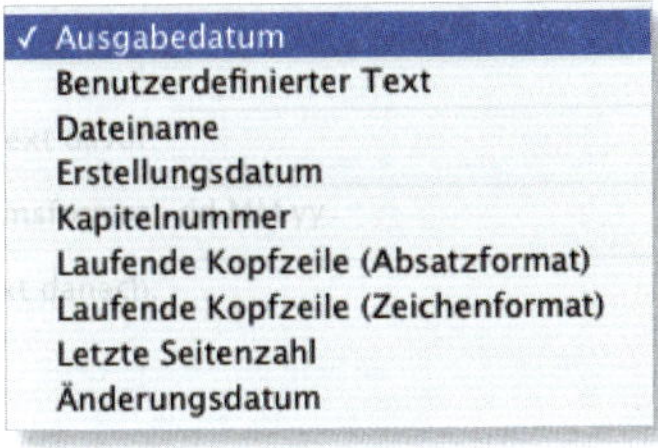

▴ Abbildung 16.20
Es gibt unterschiedliche Typen von Variablen.

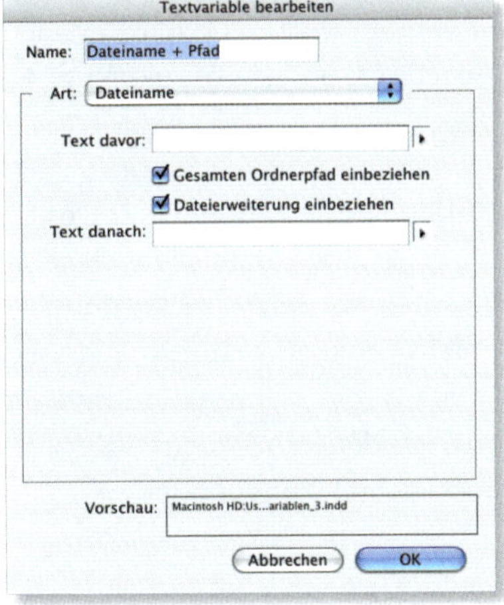

◂ Abbildung 16.21
Der Dateiname kann inklusive des Dateipfades im Layout erscheinen und wird von InDesign bei jedem Verschieben oder Speichern der Datei erneuert. In der Vorschau im unteren Bereich des Dialogs sehen Sie das spätere Textschema.

Datumsformate | Verschiedene Datumsformate stehen darüber hinaus zur Verfügung, um quasi einen Zeitstempel in der Datei zu hinterlassen, sobald die Datei gespeichert oder gedruckt wird. Das Ausgabedatum steht für den Zeitpunkt des Druckvorgangs, das Erstellungsdatum bezeichnet das erste Anlegen der InDesign-Datei und das Änderungsdatum den Zeitpunkt des letzten Speichervorgangs. Alle Datumsformate können bis auf die Sekunde genau im Layout vermerkt werden. Wählen Sie im Ausklapp-Menü neben dem Datumsschema »dd.MM.yy« die entsprechenden »Bausteine« aus, die angezeigt werden sollen.

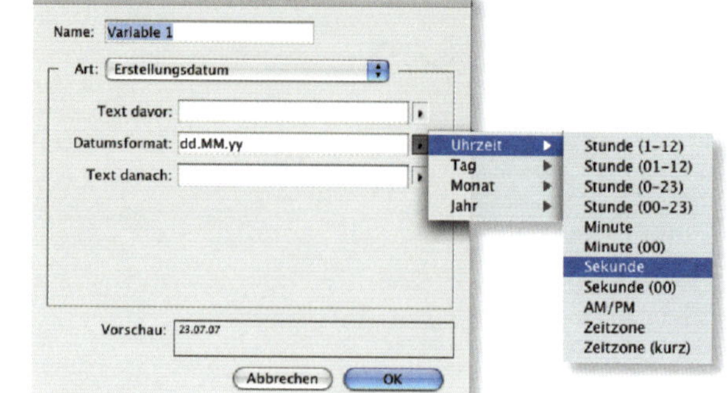

Abbildung 16.22 ▸
Datumsformate können sekundengenau angelegt und als Zeitstempel in das Layout geschrieben werden.

Viertelgeviert als Abstand

Wenn Sie eine Variable verwenden und einen Text vor die Variable einfügen wollen, so geben Sie nach dem Text ein Viertelgeviert als festen Leerraum ein, um den Wortabstand zur nachfolgenden Variable zu markieren. Klicken Sie dafür in das Ausklappmenü des Eingabefeldes TEXT DAVOR, und wählen Sie den Leerraum aus. Mit einem nachfolgenden Text setzen Sie zuerst den Leerraum und geben danach den Text ein.

Kapitelnummer | Zur Strukturierung eines längeren Dokuments oder eines Buches, das aus mehreren InDesign-Dateien besteht, deren Paginierung durchgehend ist, bietet die Variable KAPITELNUMMER das Einsetzen der Ziffer oder des Buchstabens für das aktuelle Kapitel an. Welches Kapitel das InDesign-Dokument bezeichnet, legen Sie im Menü SCHRIFT • NUMMERIERUNGS- UND ABSCHNITTSOPTIONEN fest.

Letzte Seitenzahl | Die Variable LETZTE SEITENZAHL kann auf Mustervorlagen für die Paginierung gewählt werden, wenn Sie das Schema »Seite 4 von 24« verwenden wollen. Dazu ist es auch möglich, die letzte Seite eines Abschnitts im Layoutdokument zu verwenden.

Laufende Kopfzeile | Lebende Kolumnentitel wurden in InDesign mit dem Begriff LAUFENDE KOPFZEILE übersetzt. Diese Textvariable kann Ihnen einen Begriff auf Basis eines Zeichenformats oder einen Textinhalt, der mit einem Absatzformat formatiert ist, auslesen und den Inhalt in eine Kopf- oder Fußzeile schreiben. Wem das etwas zu unverständlich ist, der sollte sich das Beispiel anschauen, dass wir im nächsten Abschnitt beschreiben.

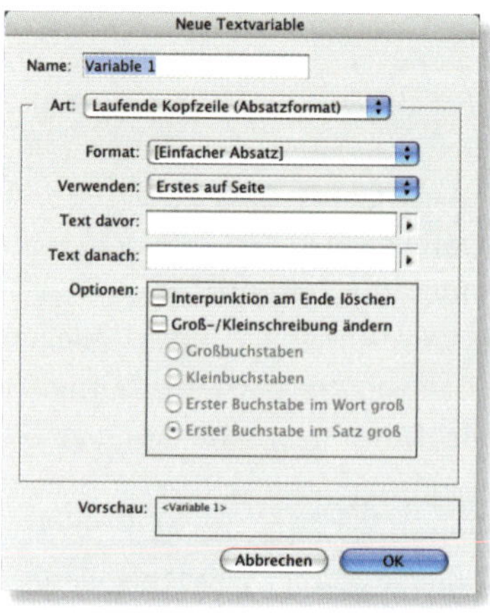

Abbildung 16.23 ▸
Die Komplexität der Eingabe für die LAUFENDE KOPFZEILE zeigt, dass ursprünglich genau für diese Anwendung die Textvariablen programmiert worden sind.

16.3.3 Variablen einfügen

Sofern Sie eine Variable angelegt haben, können Sie nun mit der Layoutarbeit fortfahren. Markieren Sie eine Stelle in einem Textrahmen, an der Sie eine Variable einfügen wollen. Dafür eignen sich Kopf- und Fußzeilen auf Mustervorlagen, sodass die Variablen auf jeder zugewiesenen Seite erscheinen. Nun wählen Sie aus dem Menü Schrift • Textvariablen • Variable einfügen... die gewünschte Variable aus. Der Text oder das Datum erscheint sofort im Layout.

Interessant ist es jedoch, dass InDesign diese Variablen als ein einzelnes Zeichen behandelt. Sie können jetzt keinerlei Textänderungen vornehmen. Erst, wenn Sie die Textvariable erneut bearbeiten, können Sie das Schema und den Inhalt beeinflussen. Zu erkennen ist eine Variable im Layoutmodus anhand einer dünnen Kontur, wenn Sie im Menü Schrift die Option Verborgene Zeichen einblenden wählen.

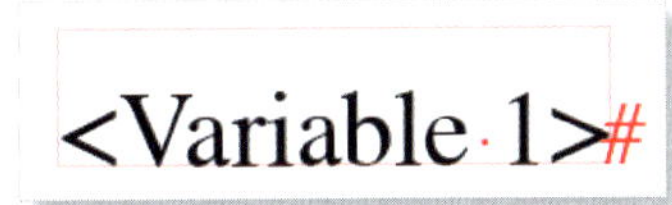

▲ **Abbildung 16.24**
Eine feine Kontur umschließt eine Textvariable.

Verändern Sie später das Schema einer Textvariablen, indem Sie das Datumsformat ändern oder einen Vorlauf- bzw. Nachlauftext einfügen, so wird die Stelle im Layout aktualisiert. Sie müssen also die Variable nicht noch einmal einfügen.

Schritt für Schritt: Lebende Kolumnentitel erstellen

Für ein Wörterbuch wollen wir in der Kopf- und Fußzeile den jeweils ersten und letzten Begriff auf der Seite abbilden. Dazu wählen wir zwei Textvariablen vom Typ Laufende Kopfzeile (Absatzformat) aus.

1 Absatzformate anwenden

Wenden Sie für ein Wörterbuch oder ein ähnliches Dokument Absatzformate für die Auszeichnung von Überschriften und Begriffen an. Hier haben wir ein Absatzformat »Heading 3« vorbereitet, das auf alle Begriffe der Seite auszeichnet.

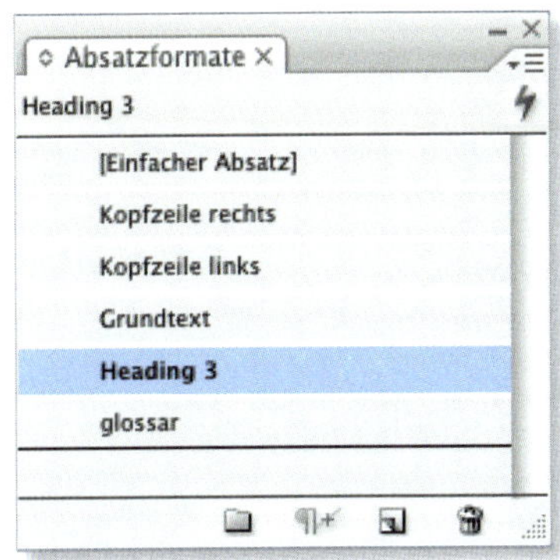

◂ **Abbildung 16.25**
Die Absatzformate für unser Wörterbuch

2 Erste Textvariable definieren

Rufen Sie im Menü SCHRIFT den Punkt TEXTVARIABLEN • VARIABLE DEFINIEREN... auf, und klicken Sie im nachfolgenden Dialog auf NEU.

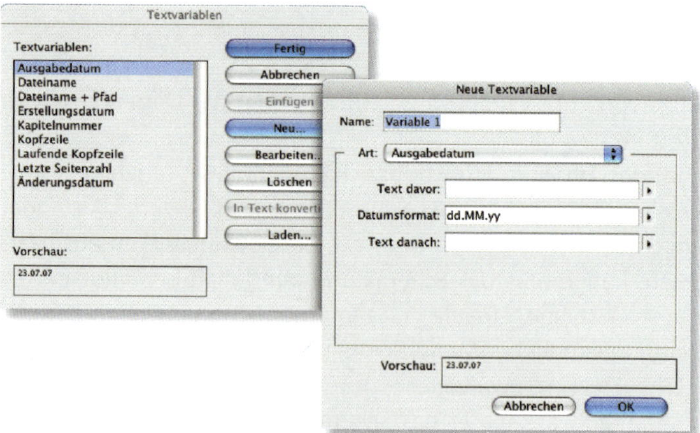

Abbildung 16.26 ▶
Eine Textvariable wird definiert.

3 Laufende Kopfzeile wählen

Nun geben Sie die Bezeichnung »Glossar erster Begriff« ein und wählen als Typ LAUFENDE KOPFZEILE (ABSATZFORMAT) aus. Folgen Sie den Einstellungen wie in der nächsten Abbildung, und bestätigen Sie die Eingabe mit OK.

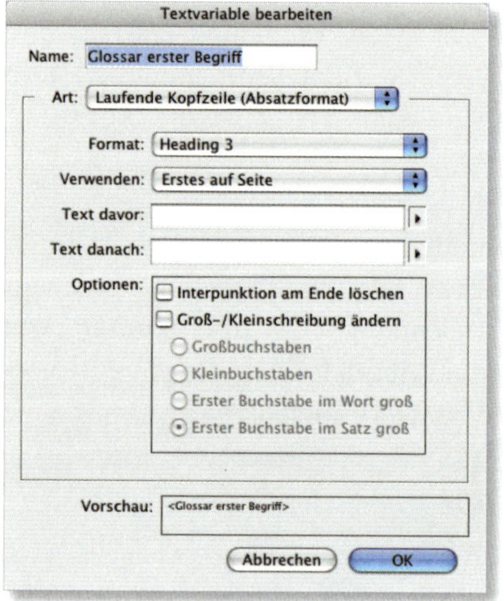

Abbildung 16.27 ▶
Einstellungen für die Laufende Kopfzeile

4 Zweite Textvariable

Legen Sie im Dialog TEXTVARIABLEN nun eine zweite Variable mit einem Klick auf NEU... an. Nennen Sie diese »Glossar letzter Begriff«, und wählen Sie als Typ ebenfalls LAUFENDE KOPFZEILE (ABSATZFORMAT).

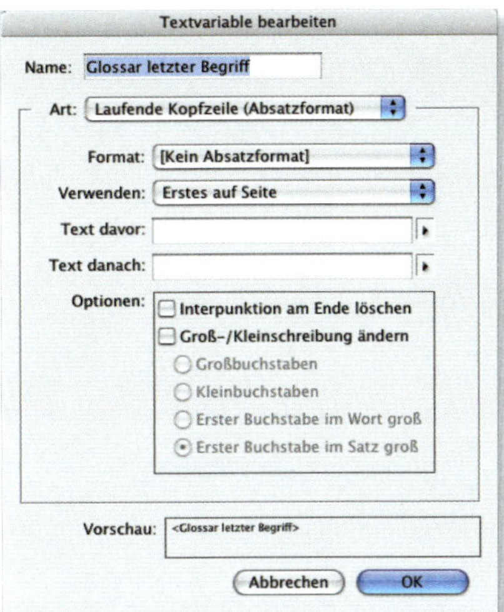

◄ Abbildung 16.28
Einstellungen für die zweite Textvariable

5 Als Letztes auf Seite einstellen

Auch für diese Variable nutzen Sie nun das Absatzformat »Heading 3«, allerdings als Letztes auf Seite.

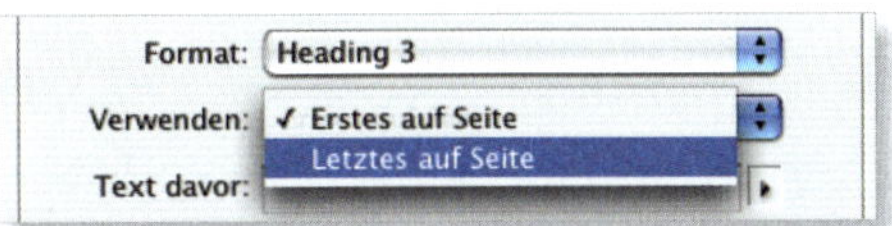

◄ Abbildung 16.29
Setzen Sie Formate ein.

6 Textvariable auf Mustervorlage einfügen

Nun können Sie den Dialog der Textvariablen mit OK bestätigen und auf einer Mustervorlage im Kopf-Bereich einen Textrahmen anlegen.

Klicken Sie in den Textrahmen, bis die Einfügemarke blinkt, und rufen Sie nun aus dem Menü Schrift • Textvariablen • Variable einfügen... auf. Wählen Sie hier zunächst die Variable Glossar erster Begriff, geben Sie dann einen Bindestrich ein, und wählen Sie auf dieselbe Weise die zweite Variable, Glossar letzter Begriff, aus. Zur besseren Trennung der Wortzwischenräume können Sie jetzt auch vor und nach dem Gedankenstrich einen festen Leerraum wie ein Viertelgeviert einsetzen. ■

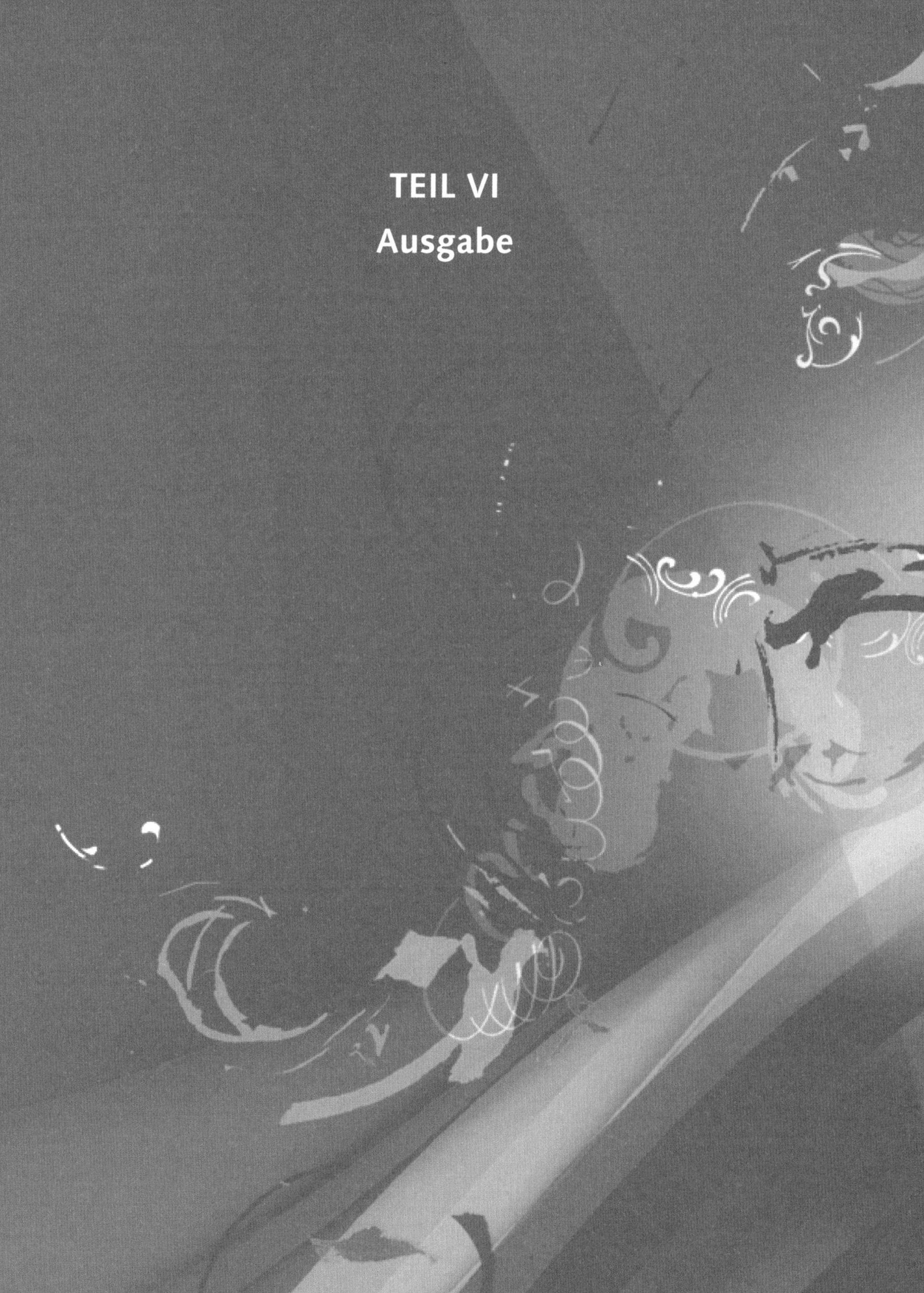

TEIL VI
Ausgabe

17 Grundwissen Ausgabe

RIP-Vorgänge, Ausgabemedien und Überfüllungen: Bevor Sie Ihre Daten ausbelichten oder an Ihren Druckdienstleister weiterleiten, wollen wir kurz auf die Alternativen eingehen, die Sie für die Ausgabe auf Film oder Druckplatte haben und Ihnen helfen. Dabei beginnen wir mit der Wahl der Ausgabeform, stellen die verschiedenen RIP-Vorgänge vor und die Ausgabemedien zur Diskussion. Im zweiten Teil des Kapitels gehen wir auf das wichtige Thema Überfüllungen ein.

17.1 Vorüberlegungen

17.1.1 Offen oder geschlossen?

Offene Dateien | Als »offene« Daten werden solche Ausgabeinformationen bezeichnet, die bestehend aus der Layoutdatei, den damit verknüpften Dateien und den Schriften zur Ausbelichtung kommen. Verpackte Daten aus InDesign sind also »offene« Daten.

Geschlossene Dateien | Als »geschlossen« gelten Daten, die alle relevanten Informationen gekapselt transportieren, also mit einem Layoutwerkzeug wie InDesign nicht zu editieren sind. Geschlossene Formate sind PostScript-, EPS- sowie PDF-Dateien, die sowohl direkt über die PDF-Library aus InDesign als auch via Distiller aus PageMaker oder QuarkXPress oder mittels PDF-Maker aus Office- oder CAD-Anwendungen erstellt werden.

Vor- und Nachteile | Die Problematik, die offene Dateien immer wieder gegenüber geschlossenen Daten aufweisen, liegt in den zahlreichen unterschiedlichen Dateiformaten und den damit verbundenen Methoden der Schrift- und Farbverwaltung. Schriften können in EPS-Dateien beispielsweise vollständig eingebunden werden. Im Layout wird die Schrift nicht benutzt, dafür werden die Fontdaten separat mitgeschickt. Ein Preflight-Werkzeug kann beispielsweise erst in der PostScript-Ausgabe überprüfen, ob alle Fontinformationen vollständig vorhanden sind.

Entgegen dem offenen Format kann eine PDF-Datei bereits vor dem RIP-Prozess auf Vollständigkeit überprüft und gegebenenfalls korrigiert werden, indem nachträglich Schriften eingebunden, unfreiwillige Haarlinien auf eine Minimalstärke gesetzt oder Farben in den gewünschten Farbraum konvertiert werden, so wie es die Acrobat 7- und 8-Version mit den Werkzeugen für die Druckproduktion durchführen kann.

Die Vorteile liegen also klar auf der Hand: Die geschlossenen Daten als PDF-Datei gewinnen die Oberhand, die klassischen Vorteile des kompakten Dateiformats kommen langsam, aber sicher zum Tragen. Heute sind schon mehr als zwei Drittel aller Ausgabedaten PDF-Dateien.

Warum dauert dieser Prozess mehrere Jahre, obwohl es doch schon vor Jahren mit Acrobat 3 oder 4 problemlos möglich war, PDF-Dateien für die Ausbelichtung anzufertigen? Viele Faktoren spielen hier eine gewichtige Rolle. Zum einen ist für die Ausgabe der Daten immer ein RIP zuständig, das die Daten in hochauflösende Schwarz-Weiß-Bitmaps pro Druckfarbe separiert und umwandelt, die danach auf Film oder Druckplatte belichtet werden. Zum anderen werden für geschlossene Daten spezielle neue Preflight-, Korrektur- oder Montage-Werkzeuge benötigt, die nachträglich als Acrobat-Plug-in oder eigenständige Software entwickelt wurden.

17.1.2 RIP und CID – Character Identifier

[CID]
Das sind von InDesign konvertierte Schriftdaten im Unicode-Format. Harlekin-RIPs unterstützen CID-Fonts ab ScriptWorks 5.5.

Bevor Sie zum Schluss kommen, RIP würde im Zusammenhang mit InDesign »Rest in Peace« bedeuten, wollen wir Ihnen ein wichtiges Thema näherbringen, das die PDF-Ausgabe mit InDesign betrifft. RIP bedeutet **Raster Image Processor**. RIPs werden grob in fünf Klassen unterteilt: Es wird nach

- den originalen Adobe PostScript-Versionen 1, Level 2 und 3 unterschieden,
- nach der Tauglichkeit, PDF 1.4-Daten direkt interpretieren zu können, und danach,
- ob sie nur einen der genannten PostScript-Level emulieren, wie z. B. ein Harlekin-RIP.

Was genau ist ein CID-Font?

CID steht für Character Identifier und ist eine Weiterentwicklung des Type 1-PostScript-Fonts von Adobe. Gedacht sind diese CID-Fonts für den asiatischen Raum. Chinesische, koreanische und japanische Schriften benötigen mehr als 265 Zeichen, die im herkömmlichen Verfahren nicht in einem PostScript-Font beschrieben werden können.

So erlaubt ein **100 % kompatibles Adobe-PostScript-RIP ab der Version 3.0.11** eine einwandfreie Umsetzung von PDF-Dateien direkt aus InDesign inklusive der oftmals diskutierten CID-Fonts.

Für RIPs vor dieser Version müssen Sie PostScript-Daten aus InDesign exportieren und über den Acrobat Distiller in PDF-

Dateien generieren. CID-Fonts werden auf diese Weise nicht erzeugt.

Emulierte RIPs | Ein RIP mit emuliertem PostScript-Level ist nichts anderes als ein nachprogrammiertes RIP, das jedoch nicht den Lizenzbestimmungen des Original-PostScripts von Adobe unterliegt. Damit sind diese RIPs kostengünstiger für Druckereien oder Druckvorstufenbetriebe, jedoch bergen sie auch die Gefahr, dass nicht alle Innovationen, die in einem PostScript-Level definiert sind, nahtlos umgesetzt werden können.

Ebenso wie 100% kompatible Adobe-PostScript-RIPs je nach Version unterschiedliche Funktionen unterstützen, weisen auch emulierte RIPs einen Versionsstand auf. Wenn Sie ein solches RIP einsetzen, sollten Sie sich darüber informieren, welche PostScript-Anweisungen nicht interpretiert werden. Dies betrifft übrigens nicht nur den PDF-Export von InDesign, sondern auch die PostScript-Ausgabe direkt auf einen Belichter.

17.1.3 Transparenzen und RIPs

RIPs, die nativ PDF-Dateien mit Transparenzen interpretieren und rippen können, sind verhältnismäßig wenig auf dem Markt verbreitet. Da diese RIP-Generation keine Umwandlung mehr von Transparenzen in PostScript-taugliche Daten benötigt, sondern diese direkt aus der PDF-Datei interpretieren und eigenständig verflachen kann, entfällt die vorherige Transparenzreduzierung in InDesign oder Acrobat. Dennoch schützt fortschrittliche Technik nicht vor der falschen Anwendung, sodass z. B. Schriften aufgerastert werden, obwohl eine vektororientierte Verflachung vorgegeben ist.

Film oder Druckplatte?

Kann die Belichtung auf Film durch eine Direktbelichtung der Druckplatte (Computer-to-Plate, CtP) ersetzt werden, sparen Sie nicht nur Zeit ein, sondern es entfällt auch ein chemischer Prozess in der Druckvorstufe. Während die Belichtung auf Film lange Zeit die Garantie dafür war, flexibel eine weitere Auflage zu einem späteren Zeitpunkt ohne Neubelichtung drucken zu können, müssen heute die Druckjobs in immer kürzerer Zeit preisgünstig geleistet werden. Insofern ist der Umstieg auf einen Computer-to-Plate-Workflow ein klarer Wettbewerbsvorteil.

17.1.4 Medienneutral oder geräteneutral?

In Kapitel 4, »Farbmanagement«, erläutern wir, dass es zwei Strategien gibt, die Layoutdaten aufzubereiten.

Medienneutral | Der medienneutrale Weg beschreibt die Aufbereitung in LAB- oder RGB-Farbräumen, um eine Ausgabe auf ein beliebiges Medium zu ermöglichen. Erst bei der Ausgabe selbst findet eine einmalige Farbkonvertierung in den Zielfarbraum statt. Somit lassen sich aus einer einzigen Datei PDF-Dateien für die Ausbelichtung, den Digitaldruck, die RGB-Belichtung oder für das Internet exportieren.

Die Bedingung für die Farbkonsistenz in der Ausgabe über verschiedene Medien hinweg ist die, dass grundsätzlich mit aktivem CMS gearbeitet wird und dass der jeweilige Dienstleister Erfahrung in der Farbkonvertierung hat, da hier die Verantwortung der

Datenaufbereitung beim Dienstleister selbst liegt, wenn er die medienneutralen RGB-Daten bekommt.

Der PDF/X-3-Standard ermöglicht übrigens die Lieferung medienneutraler PDF-Dateien, da der Standard nur einen eindeutig definierten Ausgabefarbraum vorsieht, die eingebetteten Bilder jedoch im RGB-Farbraum liegen dürfen.

Geräteneutral | Die Alternative liegt weiterhin im herkömmlichen Verfahren, das Ausgabeverfahren und somit auch den Zielfarbraum von Anfang an zu bestimmen. Somit wird zum Beispiel direkt für den Zielfarbraum eingescannt, Fremddaten werden zunächst konvertiert, und eine Farbraumtransformation findet im späteren Verlauf nicht mehr statt. Somit ist das Ergebnis weitaus weniger von Faktoren in der Ausgabe abhängig. Im Gegensatz zum medienneutralen Workflow müssen Sie die Daten jeweils für ein bestimmtes Ausgabeverfahren vorbereiten und gegebenenfalls separate Daten für Offsetdruck oder RGB-Belichtung anlegen.

Fazit | Entgegen den Trends, dem technisch Machbaren jederzeit zu folgen, empfehlen wir Ihnen an dieser Stelle, dass Sie abwägen, ob sich ein medienneutraler Workflow für Sie lohnt oder ob Sie mit Ihrem Druckdienstleister bereits zahlreiche Tests gemacht haben und einen geräteneutralen Weg gehen, um die optimale Qualität zu erhalten. Dagegen sind die geschlossenen Formate wie PDF, Standards wie X-3 oder die Computer-to-Plate-Belichtung aus dem Produktionsalltag bald nicht mehr wegzudenken. Setzen Sie sich mit der modernen Technik auseinander, InDesign ist hier das geeignete Werkzeug, mit dem Sie diese Innovationen in Ihre Produktion integrieren.

17.2 Was bedeutet Überfüllen?

Die Überfüllungs-Engine von InDesign ist der des Mitbewerbers QuarkXPress bei Weitem überlegen. Sollten Sie mit den Standardeinstellungen der Überfüllungsvorgaben nicht zufrieden sein, können Sie auch eigene Überfüllungsvorgaben definieren und bei Bedarf wahlweise auf beliebige Dokumentseiten anwenden.

17.2.1 Warum überfüllt werden muss

Überfüllungen stellen eine drucktechnische Notwendigkeit im farbigen Offsetdruck dar. Immer dort, wo farbige Objekte wie Logos oder Texte auf farbigen Untergründen aneinandergrenzen, liegen potenzielle Problemstellen.

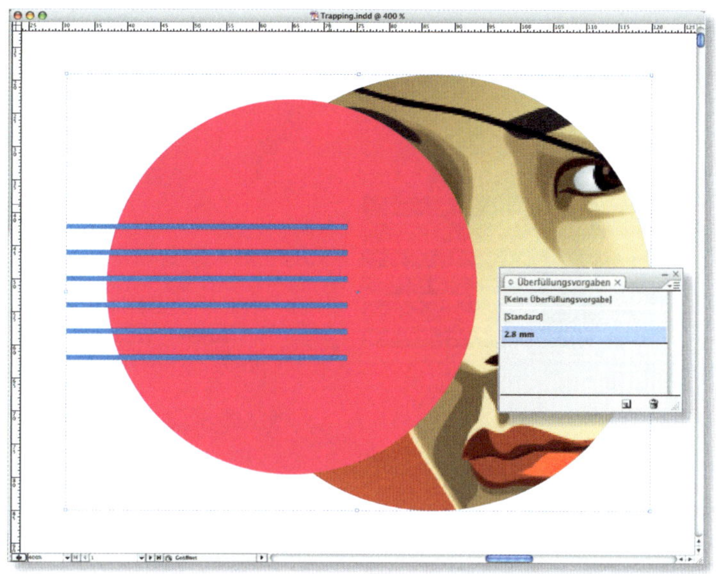

◂ **Abbildung 17.1**
Unser Beispiel für das Überfüllen in InDesign CS3

Der Grund dafür liegt einerseits in der Eigenschaft der Druckfarben und zum anderen im drucktechnischen Verfahren. Druckfarben sind lasierend und haben die Eigenschaft, dass ein anderer Farbton entsteht, wenn sie zu 100 Prozent übereinander gedruckt werden.

Aussparen | Wird zum Beispiel auf eine Cyanfläche ein Objekt gelegt, das die Farbe Yellow hat, so entsteht ein Grünton. Damit nun aber im Offsetdruck das Gelb hinterher auch gelb erscheint, muss die Objektkontur aus der blauen Fläche entfernt werden: Man spricht hierbei von »aussparen«.

Blitzer | Würden die Objekte jetzt messerscharf voneinander getrennt, gäbe es im anschließenden Offsetdruck unausweichliche Blitzer: Das Papierweiß würde an den Übergängen marginal sichtbar werden, hierfür reichen schon hundertstel Millimeter vollkommen aus.

Genau diese durch den Betrachter als unschön empfundenen Differenzen sollen durch Überfüllungsvorgaben verhindert werden. InDesign trennt entsprechend der Einstellungen für die Überfüllungsvorgaben die Objekte nicht entlang einer 100%igen Schnittkante, sondern es wird je nach Helligkeit der übereinanderliegenden Objekte entweder den darüber liegenden Teil leicht vergrößern (Überfüllung) oder den darunter liegenden Teil minimal verkleinern (Unterfüllung). Nehmen Sie einfach eine Lupe zur Hand, und sehen Sie sich farbige Drucksachen einmal genau an.

Präzision mit Toleranzen
Keine Druckmaschine der Welt ist in der Lage, 100% passergenau zu drucken, und das menschliche Auge ist viel sensibler, als man glauben mag. Bedenken Sie, dass das Papier im vierfarbigen Druck mindestens viermal am Andruckzylinder der Druckmaschine enormem Druck ausgesetzt ist, dass außerdem die einzelnen Bögen mit sehr hoher Geschwindigkeit durch die Druckmaschine rasen und dass zusätzlich die Druckfarben, aber auch die Druckplatten an den farbfreien Bereichen eine gewisse Feuchte aufweisen, die unweigerlich das Papier beeinträchtigt. Der Offsetdruck erfordert auch heute mit dem Einsatz modernster Druckmaschinen und Kontrolltechniken Fingerspitzengefühl.

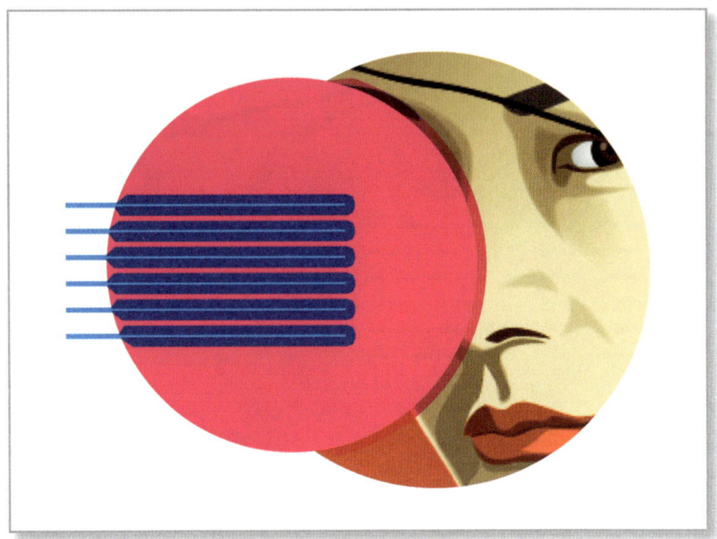

Abbildung 17.2 ▸
Hier überfüllt InDesign CS3 die kritischen Stellen.

17.3 Überfüllungen in InDesign

Die Überfüllungsmethode von InDesign ist sehr effizient und vor allem auch sehr sicher. Der wesentliche Vorteil aber ist, dass jede Seite im Bedarfsfall mit eigenen Überfüllungswerten versehen und unterschiedlich überfüllt – auf Denglisch »getrappt« – werden kann.

Ohne Überfüllung?

Entgegen der weitläufigen Meinung, es könne für den Offsetdruck mit Prozessfarben nicht ohne Überfüllungen gearbeitet werden, besteht die Möglichkeit, Druckmaschine, Verfahren und Verarbeitung so weit zu präzisieren, dass Überfüllungen nicht mehr notwendig sind. Dieser Anspruch kann jedoch mit dem Ehrgeiz an der falschen Stelle gleichgesetzt werden: Investitionen in das Color-Management zahlen sich weit mehr aus, da die Standardüberfüllungen von InDesign grundsätzlich gute Ergebnisse liefern und die Präzision für den Kunden marginal ist. Zumal kann eine solche Präzision auch nur dann erreicht werden, wenn Auflagenpapier, Druckverfahren und andere Bedingungen identisch sind – keine Alltäglichkeit in den Druckereien.

17.3.1 Seitenweise Überfüllen

Diese seitenweise Definition von Überfüllungs-, aber auch von Transparenzreduzierungsvorgaben ist nur dann anzuraten, wenn es sich um besonders sensible grafische Objekte handelt oder aber um ein anderes Druckverfahren. Gestalten Sie zum Beispiel einen Druckbogen, der im Siebdruck separat gedruckt und nachträglich mit den Offsetseiten zusammengetragen und gebunden wird, so benötigen Sie für dieses Druckverfahren selbstverständlich andere Überfüllungsangaben.

In einem solchen Fall ist es jedoch ratsam, anstatt der seitenweisen Definition das Layoutdokument durch ein Buchprojekt in einen Offset- und einen Siebdruckteil aufzusplitten. Somit entstehen keine seitenweisen Abweichungen, sondern sie beziehen sich immer auf das gesamte Dokument.

17.3.2 Überfüllungen im Composite-Workflow

InDesign ist in der Lage, auch bei einer Composite-Ausgabe die eingestellten Überfüllungen zu berücksichtigen und in die Datei zu schreiben. Das bedeutet, dass eine Composite-PostScript-Datei Überfüllungsinformationen enthalten kann und eine daraus erzeugte PDF-Datei in Acrobat mit der aktivierten Überfüllungsvorschau auch am Bildschirm, je nach Auflösung, zuverlässig überprüft werden kann. InDesign ermöglicht somit einen Soft-Proof. So kann ein Layouter die benutzten Überfüllungseinstellungen am Bildschirm sichtbar machen und sein Dokument überprüfen, ohne dafür einen kostspieligen Proofdruck erstellen zu müssen.

Zu 99% zuverlässig sind auch die Default-Einstellungen von InDesign. InDesign wird entsprechend der vordefinierten Werte die Farben von aufeinandertreffenden Objekten analysieren und daraus schließlich die Überfüllungen berechnen. Dabei kann InDesign auch platzierte Bilder berücksichtigen und kritische Kantenbereiche über Gehrungsangaben unterschiedlich behandeln.

17.3.3 Überfüllungsvorgaben

Über das Menü Fenster • Ausgabe rufen Sie die Palette Überfüllungsvorgaben auf. Dort gibt es zunächst die Vorgabe Keine Überfüllungsvorgabe und Standard.

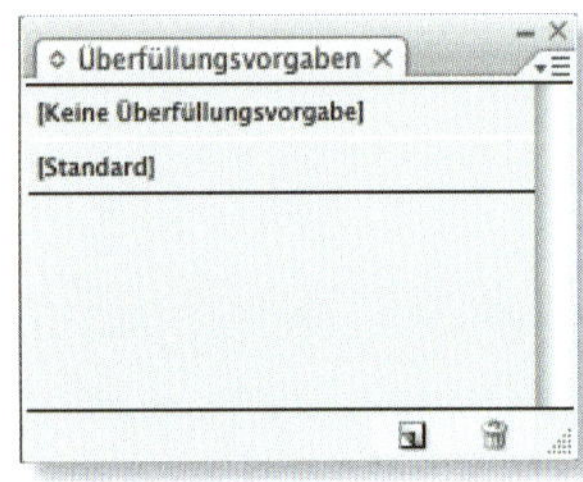

▲ **Abbildung 17.3**
Die Überfüllungsvorgaben-Palette

Richten Sie nur in Absprache mit Ihrer Druckerei eigene Vorgaben für spezielle Druckverfahren ein, und zwar über das Palettenmenü. Es öffnet sich der Dialog Neue Überfüllungsvorgabe-optionen. Hier sehen Sie zunächst die Vorgabenwerte basierend auf der Einstellung [Standard].

Überfüllungsvorgabe anlegen | Das Dialogfenster ist in vier Teilbereiche aufgeteilt. Sie legen zunächst die Überfüllungsbreite fest. Zusätzlich können Sie das Behandeln von Bildobjekten steuern sowie das Erscheinungsbild an Kanten und sogar die Überfüllungsgrenzwerte definieren.

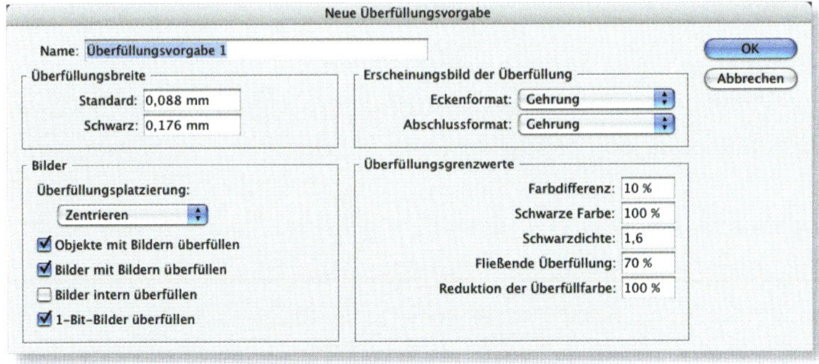

◀ **Abbildung 17.4**
Eine neue Überfüllungsvorgabe erstellen

17.3.4 Zuweisen von Überfüllungsvorgaben

Die Überfüllungsvorgaben müssen Sie nur dann einzelnen Seiten zuweisen, wenn Sie unterschiedliche Druckverfahren oder Papiersorten innerhalb des Layoutdokumentes verwenden. Um eine angelegte Vorgabe einer oder mehreren Dokumentseiten

Überfüllen und Buchfunktion

Beim Synchronisieren von Dokumenten innerhalb der Buchfunktion werden auch die Überfüllungsvorgaben aus der Quelle für alle anderen Dokumente übernommen.

zuweisen zu können, klicken Sie auf das Palettenmenü der Überfüllungsvorgaben-Palette und wählen den Befehl ÜBERFÜLLUNGSVORGABEN ZUWEISEN aus.

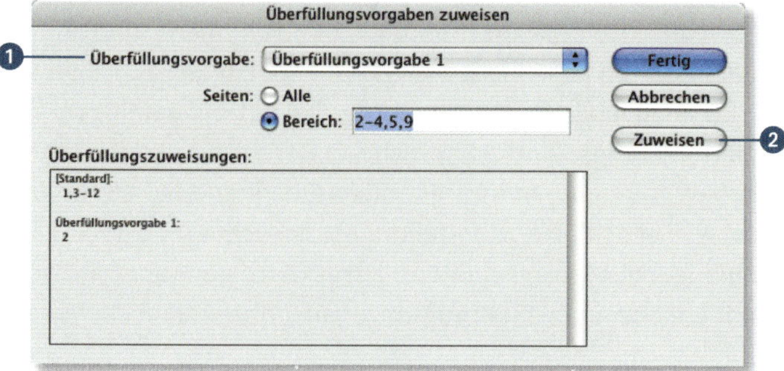

Abbildung 17.5 ▸
Überfüllungen werden den Seiten zugewiesen, auf denen sie verwendet wurden.

Wählen Sie zunächst die jeweiligen Seiten des Dokuments aus, wobei Sie auch Seitenbereiche als »1–6« oder »1, 2, 4–7, 12« benutzen können. Anschließend wählen Sie aus dem Popup-Menü ÜBERFÜLLUNGSVORGABE ❶ die jeweils zuzuweisende Vorgabe aus. Klicken Sie dann zunächst auf die Schaltfläche ZUWEISEN ❷. Erst jetzt wird die ausgewählte Überfüllungsvorgabe auch tatsächlich auf die Seiten angewandt.

Wiederholen Sie diesen Vorgang, bis alle Dokumentseiten die richtigen Vorlagezuweisungen tragen. Erst dann klicken Sie auf die Schaltfläche FERTIG, damit die Zuweisung gespeichert wird.

17.4 Überdrucken

Schwarzer Text | Die Einstellungen für die Farbe Schwarz lauten immer: Schwarz überdrucken. Diese Grundeinstellung ist absolut sinnvoll, wenn Sie schwarzen Text in einer Schriftgröße von 8 Punkt auf eine farbige Fläche stellen. Im Druck werden dann Schriftfarbe und Hintergrundfarbe zusammengemischt. So werden Blitzer an den Schriftkonturen vermieden.

▴ Abbildung 17.6
Schwarz überdruckt und führt zu sichtbaren Flächenbildungen.

Schwarze Flächen | Überdecken sich zwei Flächen wie in der folgenden Abbildung, so liegt der Fall anders: Im Druck entsteht in der überdeckten Fläche ein tieferes Schwarz, da es aus 100 % K und 100 % Cyan gemischt wird. Optisch wirkt die Schnittfläche somit als eigenes Quadrat. Um dies zu erkennen, aktivieren Sie die ÜBERDRUCKENVORSCHAU im Menü FENSTER • AUSGABE.

Um den Effekt der hier durchschimmernden Farben zu vermeiden und das Schwarz zu einem wirklich tiefen Schwarz werden zu lassen, empfiehlt es sich, eine eigene Prozessfarbe Tiefschwarz (50, 0, 0, 100) zu erstellen und diese Farbe den kritischen

Objekten zuzuweisen. Sie erreichen so eine angenehme, wirklich gleichmäßige Farbe.

▲ **Abbildung 17.7**
Zwei Rahmen überlappen sich.

17.5 Aussparen

Für andere Fälle ist es möglich, Objekte auszusparen. Legen Sie zwei überlappende Rahmen wie in der Abbildung an. InDesign spart die magentafarbene Fläche in der Cyan-Fläche aus. Ebenso verhält es sich bei Schmuckfarben.

Wenn Sie jedoch transparenzähnliche Effekte erzielen wollen, so können Sie den oben liegenden Rahmen auf ÜBERDRUCKEN stellen. Wählen Sie dazu das Objekt im Vordergrund aus, und öffnen Sie im Menü FENSTER die ATTRIBUTE.

Fläche überdrucken | Wählen Sie nun die Funktion FLÄCHE ÜBERDRUCKEN. Mit aktiver Überdruckenvorschau sehen Sie nun, dass die Farbfläche im Vordergrund mit der Farbe im Hintergrund gemischt wird.

Zum Weiterlesen
Dieser Effekt, der in 17.9 zu sehen ist, entspricht der Füllmethode MULTIPLIZIEREN, die wir auch in Kapitel 13, »Transparenzeffekte«, erläutern.

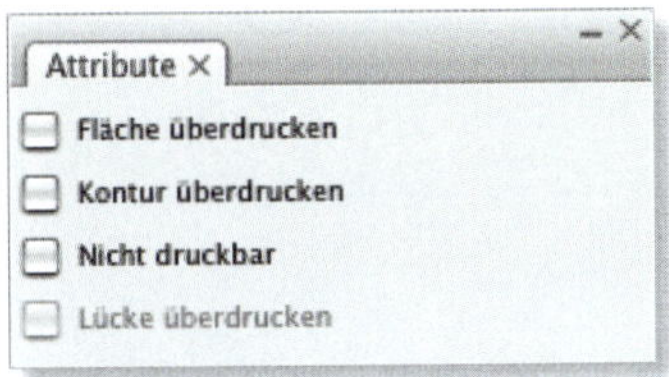

▲ **Abbildung 17.8**
Die Palette ATTRIBUTE ermöglicht das Überdrucken von einzelnen Objekten.

▲ **Abbildung 17.9**
Die Schnittfläche mischt sich aus 100 C und 100 M zusammen.

Die Möglichkeit, einzelne Flächen zu überdrucken, ist eine recht alte Methode, um transparenzähnliche Darstellungen zu erzeugen. Besonders im Zusammenhang mit Schmuckfarben wird das Überdrucken oder Aussparen zu kreativen Zwecken angewandt. Nutzen Sie die Überdruckenvorschau in InDesign, um das Druckergebnis gleich am Monitor zu beurteilen.

Überdrucken ist keine Transparenzfunktion
Auch wenn sich durch diese Funktion Farben überlagernder Rahmen mischen, ist sie doch keine Transparenzfunktion, die Rahmen müssen hierzu nicht in der Transparenz reduziert werden. Für InDesign sind nur Layoutrahmen wirklich transparent, die z. B. in der Deckkraft reduziert werden.

17.6 Nicht druckende Objekte

Um Notizen oder Markierungen im Layout anzubringen, wählen Sie die Option für ausgewählte Layoutrahmen: NICHT DRUCKBAR. Somit markieren Sie Rahmen, die zwar in der Layoutansicht von InDesign zu sehen sind, in der Ausgabe jedoch verschwinden. Hier erkennen wir auch, wie intelligent InDesign die verschiedenen Ansichten wie Vorschaumodi, Layoutansicht, Druckvorschau, Überdruckenvorschau etc. miteinander verknüpft: Sobald wir mit dem Tastenbefehl [W] in die Vorschau wechseln, verschwindet unser nicht druckender Rahmen. Wollen Sie innerhalb der Layoutansicht die nicht druckenden Rahmen ausblenden, so aktivieren Sie die ÜBERDRUCKENVORSCHAU im Menü ANSICHT.

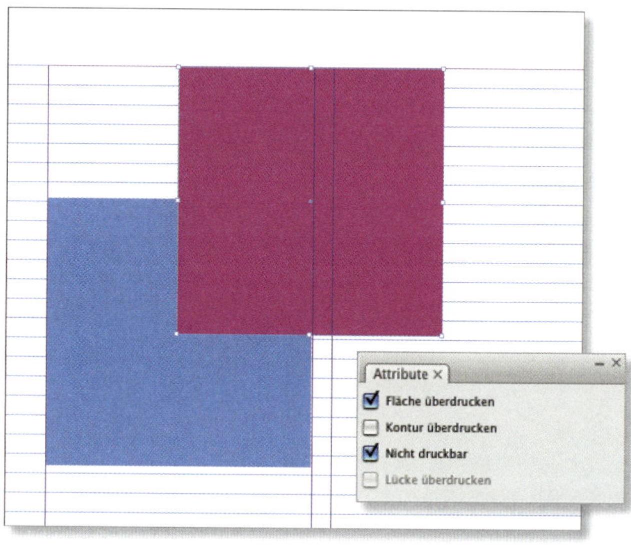

Abbildung 17.10 ►
Im Layoutmodus sehen Sie auch nicht druckende Rahmen.

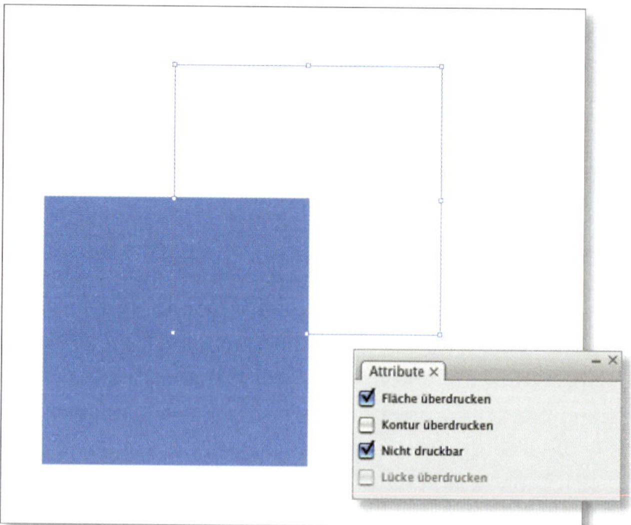

Abbildung 17.11 ►
In der Vorschau verschwindet der Rahmen komplett.

17.6.1 Wann nicht überdruckt wird: Papierqualität

Farbauftrag | Für den Druck auf stark saugenden Papieren wird gegebenenfalls die Druckfarbe Schwarz nicht überdruckt oder der Schwarzaufbau reduziert. Das können Sie sich einmal anschauen, wenn Sie einen Comic zur Hand nehmen und dort Schattenflächen genauer betrachten. Diese werden generell nur mit 100% Schwarz gedruckt, um den Farbauftrag zu reduzieren und den Farbverbrauch, der bei Comics auch durch das Papier selbst sehr hoch ist, zu minimieren.

Abrieb | Beim Zeitungsdruck taucht zudem das Problem der Ablage auf. Auch hier wird das Schwarz entweder nicht überdruckt oder durch den Schwarzaufbau durch die anderen Prozessfarben ausgeglichen. Ebenso taucht der Effekt bei der automatisierten Verpackung der Zeitungen auf, wenn Exemplare aufeinander abgelegt werden. Bei zu hohem Farbauftrag verschmutzt die überschüssige Farbe das Druckbild der Gegenseite. Im Anzeigensatz kann dies zu Reklamationen führen.

Ausgabefarbprofil | InDesign regelt diese Fälle nicht über das Attribut ÜBERDRUCKEN/AUSSPAREN, sondern mittels Einstellungen im Farbmanagement. Das Ausgabefarbprofil wie beispielsweise »ISO Coated v2« weiß, wie hoch der Farbauftrag sein soll. Auf diesen Sachverhalt gehen wir in Kapitel 19, »Separationsvorschau«, noch genauer ein.

18 Transparenz und Reduzierungsvorschau

Was wären die Transparenzfunktionen in InDesign wert, wenn man sie nicht vernünftig ausgeben könnte? InDesign stellt eine Funktion bereit, die Transparenzen während der Ausgabe in das PostScript- oder PDF-Format umrechnet: die Transparenzreduzierung, auch Flattening genannt.

Seit einigen Jahren können Sie in verschiedenen Software-Programmen mit Transparenzen arbeiten. Die Bildumrechnung auf eine Hintergrundebene in Photoshop oder die Erzeugung von Schnittobjekten in FreeHand für die Ausgabe waren jedoch lange der einzige Weg, bis Illustrator erstmals Transparenzen sowohl mit Pixelobjekten als auch mit Vektoren ermöglichte. Mit InDesign wenden Sie Transparenzen wie die Deckkraft oder Füllmethoden auf Layoutrahmen an und wandeln diese mit der Transparenzreduzierung für die PostScript- oder PDF-Ausgabe um.

18.1 Die Aufgabe

»Transparenzen können nicht gedruckt werden«, so lautet die weit verbreitete Meinung. Das ist richtig, die Ausgabesprache PostScript kennt keine Transparenzbefehle, und entsprechende Druckgeräte oder RIPs können mit Transparenzen nichts anfangen. Daher müssen sie für die Ausgabe reduziert werden. Der englische Begriff dafür lautet »Flattening« – also eine Verflachung, was den Prozess eindeutig beschreibt: Übereinanderliegende transparente Rahmen werden so zu nebeneinanderliegenden Objekten verrechnet, dass das Abbild des Layouts erhalten bleibt, aber keine Transparenzen mehr vorhanden sind. Wir unterscheiden in InDesign zwei Methoden:

1. die vektororientierte und
2. die pixelorientierte Reduzierung.

Im Praxiseinsatz kommt die vektororientierte Methode für die Ausgabe zur Anwendung. Doch dazu später mehr.

18.1.1 Vektororientierte Reduzierung

»Vektororientiert« bedeutet, dass Vektorgrafiken, Beschneidungspfade oder Schriftvektoren nach einer Transparenzreduzierung möglichst erhalten bleiben sollen. InDesign bietet dazu mehrere Grundeinstellungen an, die unter dieser Methode zusammengefasst werden können.

Die Auswirkungen einer vektororientierten Reduzierung zeigen sich ganz einfach am Beispiel. Überschneiden sich zwei transparente Vektorgrafiken, so wird die Schnittmenge in ein drittes Vektorobjekt umgewandelt und bekommt eine eigene Füllung.

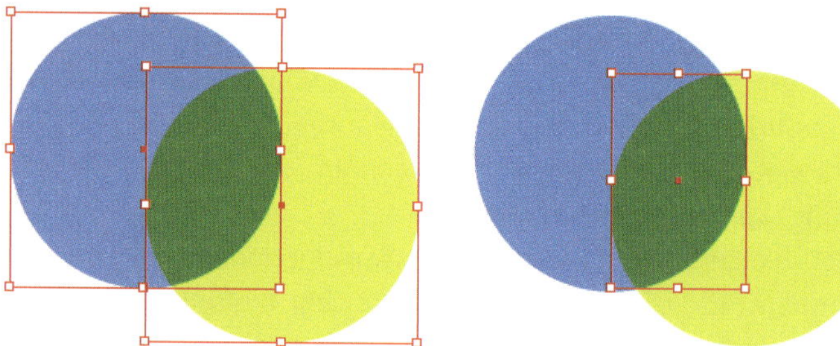

Abbildung 18.1 ▶
Zwei übereinanderliegende transparente Vektorobjekte ergeben für die Transparenzreduzierung eine Schnittmenge, die in ein drittes Vektorobjekt umgewandelt wird.

Liegen zwei platzierte Bilder übereinander, so ergeben sich nach der Reduzierung drei Bilder. Auch hier wird die Schnittmenge als drittes Bild behandelt, und alle drei erhalten einen Beschneidungspfad.

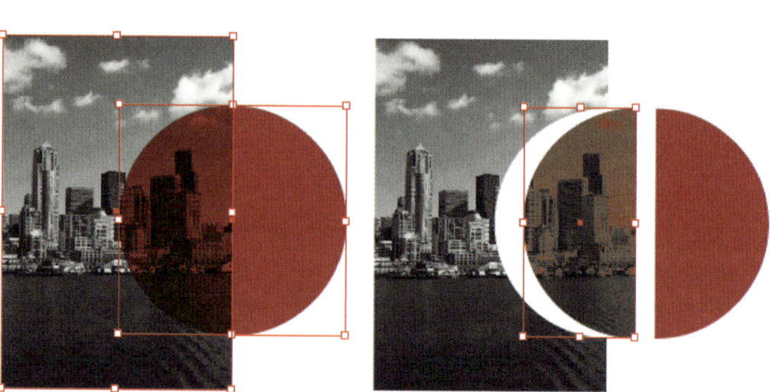

Abbildung 18.2 ▶
Beispiel für eine vektor- und pixelbasierte Transparenzreduzierung: Übereinanderliegende Bilder und Grafiken (links) ergeben nach der Reduzierung ein drittes Objekt (rechts). Alle drei Bildteile erhalten einen eigenen Beschneidungspfad. Zur besseren Darstellung wurden die Grafiken auseinandergezogen (Schematische Darstellung).

18.1.2 Pixelorientierte Reduzierung

Für das Internet ist die pixelorientierte Reduzierung geeignet. Überlagern sich zwei oder mehrere Grafiken, so versucht InDesign, daraus ein einziges Pixelbild zu errechnen. Vektorgrafiken, Beschneidungspfade oder Schriften werden hierfür vollständig in Pixelgrafiken umgewandelt. Dazu benötigt InDesign eine Basisauflösung für die Umrechnung in den Vorgaben.

Immer dann, wenn Sie Effekte wie Schlagschatten, weiche Kanten, Reliefs, Deckkraftänderungen oder die Füllmethoden auf

Objekte anwenden, arbeiten Sie mit Transparenzen, die bei dem Export in eine PDF-Datei oder direkt bei der Druckausgabe das Flattening (Transparenzreduzierung) erforderlich machen. Auch eine Photoshop-Datei mit transparentem Hintergrund oder halb deckenden Ebenen wird für die Druckausgabe umgerechnet.

18.2 Der Vorgang

Anhand von Modellbeispielen zeigen wir Ihnen, wie sich die Standardeinstellungen von InDesign bei unterschiedlichen Objekten auswirken.

InDesign wendet bei jeder Druckausgabe eine interne Funktion an, die alle Objekte, die Transparenzen enthalten, vor der Ausgabe an den Belichter oder den Drucker entsprechend der auswählbaren Transparenzreduzierungsvorgaben in neue Pixelbilder umwandelt oder auch neue Vektorobjekte errechnet. Dabei werden, je nach ausgewählter Transparenzreduzierungsvorgabe, die Objektdaten miteinander verrechnet und somit die am Bildschirm dargestellten Informationen ausgabegerecht umgewandelt. Das Beispiel in Abbildung 18.1 würde bei der Transparenzreduzierung in genau sieben Teilvektorobjekte zerlegt werden, die dann wiederum von einem PostScript-Ausgabegerät sauber als Vektoren interpretiert werden können.

Sie können es selbst für einzelne Layoutseiten leicht prüfen, indem Sie Ihr InDesign-Dokument in eine PostScript-Datei mit den entsprechenden Reduzierungsvorgaben drucken und diese PostScript-Datei mit Adobe Illustrator öffnen. Das soll für Sie nur eine Möglichkeit darstellen, die Vorgänge in InDesign nachzuvollziehen. Generell sollten Sie diesen Arbeitsschritt jedoch nicht als Kontrollinstanz in Ihren Ausgabe-Workflow einbauen.

Sind Überdrucken oder Aussparen auch Transparenzen?
Farben können überdruckt oder ausgespart werden. Dabei beziehen sich diese Formen der Transparenz – deckend und nicht deckend – weniger auf die Verrechnung übereinanderliegender Objekte, sondern auf das Verhalten der Druckfarben in der Ausgabe. PostScript erkennt die Anweisungen deckend/aussparend und setzt diese um, InDesign muss diese Art der Transparenz nicht zuvor umrechnen.

18.3 Transparenzreduzierungsvorgaben

InDesign bietet Ihnen drei interne Voreinstellungen für Transparenzreduzierungsvorgaben an, mit denen sich, je nach Ausgabegerät, sehr gute Ergebnisse erzielen lassen.

Über das Menü Bearbeiten • Transparenzreduzierungsvorgaben rufen Sie das Fenster auf, in dem die Standardvorgaben Niedrige Auflösung, Mittlere Auflösung und Hohe Auflösung hinterlegt sind.

Hohe Auflösung
Wenn Sie mit transparenten Objekten arbeiten und den Druckdialog starten, sollten Sie für hochwertige Ausgaben auf einen Belichter immer mit der hohen Auflösung arbeiten.

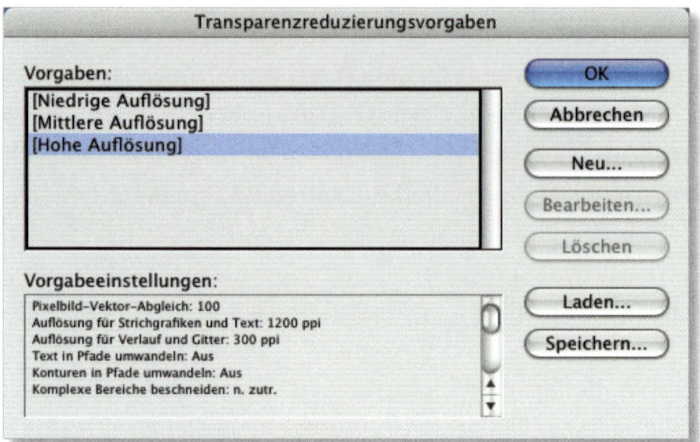

Abbildung 18.3 ▸
Der Dialog Transparenzreduzierungsvorgaben

Die jeweiligen Einstellungen bestimmen die Ausgabequalität und die Ausgabegeschwindigkeit der Reduzierung. Sie hängen also vom gewünschten Verwendungszweck ab.

- [Niedrige Auflösung]: Diese Vorgabe eignet sich für die Ausgabe schneller Probedrucke auf einfachen Schwarz-Weiß-Laserdruckern und für Dokumente, die im Web veröffentlicht werden sollen.
- [Mittlere Auflösung]: Die mittlere Auflösung eignet sich für Dokumente, die für Probedrucke bei Bedarf auf PostScript-Farbdruckern gedruckt werden. Um qualitativ hochwertige Belichtungen zu ermöglichen, ist diese Einstellung nicht geeignet. Ähnlich verhält es sich mit der PDF-Exportvorgabe [Qualitativ hochwertiger Druck], die ebenfalls nur für Farblaserdrucker geeignet ist.
- [Hohe Auflösung]: Diese Vorgabe eignet sich für die Ausgabe auf einem Belichter und für hochwertige Proofs wie separationsbasierte Farbproofs, beispielsweise auf Thermosublimationsdruckern.

18.3.1 Eigene Vorgaben anlegen

Mit der Vorgabe Hohe Auflösung erzeugen Sie für den Offsetdruck oder andere qualitativ hochwertige Druckverfahren optimale Dateien. In einzelnen Fällen ist es sinnvoll, die Auflösungseinstellungen zugunsten der Verarbeitungsgeschwindigkeit oder der Druckqualität zu verändern. Dazu sollten Sie sich unbedingt mit Ihrem Druckdienstleister abstimmen, der seinerseits Testreihen in InDesign anlegen und ausbelichten sollte, um einen anderen optimalen Wert zu ermitteln. Nachfolgend wollen wir Ihnen die Werte für eine eigene Vorgabe erläutern, falls dies nötig sein sollte.

Um eine eigene Transparenzreduzierungsvorgabe zu erstellen, klicken Sie im Menü Bearbeiten • Transparenzreduzierungsvorgaben... auf die Schaltfläche Neu. Tragen Sie im nun erscheinenden

Dialog einen sinnvollen Namen, wie beispielsweise etwa den Belichternamen, für die zu erstellende Vorgabe ein.

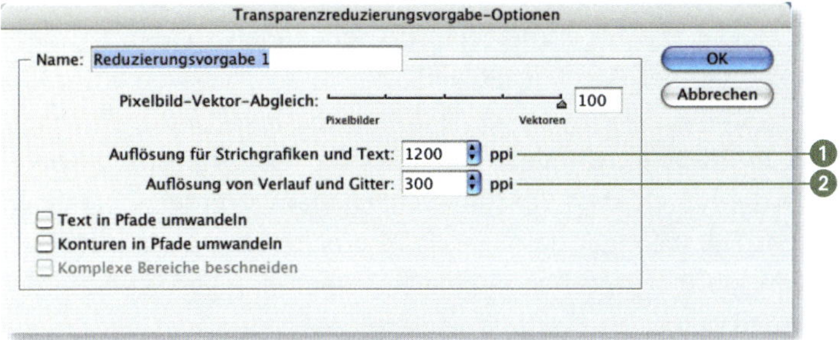

◂ **Abbildung 18.4**
Eigene Transparenzreduzierungsvorgaben für die Ausbelichtung sollten auf Basis der hohen Auflösung getroffen werden.

Pixelbild-Vektor-Abgleich | Der Schieberegler ermöglicht eine Verlagerung mehr zum Pixelbild oder mehr zur Vektorisierung hin. Die Orientierung zum Pixelbild bewirkt, dass die Pixelobjekte, die sich mit anderen Objekten überlagern, nicht in einen eigenen Beschneidungspfad gesetzt werden. Auf ein gesamtes Layoutdokument angewandt, bedeutet dies, dass eventuell die Dateigröße geringer ausfallen wird, da weniger Pfadobjekte in der ausgegebenen PostScript-Datei oder PDF-Datei vorhanden sind. Aber dadurch können auch unsaubere Bildkanten entstehen. Der Regler sollte für die Ausbelichtung für den Offsetdruck oder ein vergleichbares Druckverfahren immer auf der rechten Position bei **100** stehen.

Auflösung | Eine Reduzierungsauflösung ❶ von 1200 dpi ist in der Regel für die Umrechnung von Bilddaten und Texten angebracht, auch wenn hier Werte von bis zu 2400 dpi möglich sind. Je nach maximaler Rasterweite des Belichters lässt sich die notwendige und optimale Bildauflösung berechnen. Natürlich ist die Umrechnung von der Qualität der ursprünglichen Bilddaten abhängig. Zu hohe Werte werden die Dateigröße unnötig aufblähen und keine qualitative Verbesserung mehr erzielen können. Niedrigere Werte unterhalb von 600 ppi tragen dazu bei, dass Strichgrafiken und Texte nach der Reduzierung pixelig erscheinen.

Verlaufsauflösung | Die Verlaufsauflösung ❷ wird getrennt von der Bildauflösung eingestellt. Hier reichen üblicherweise Werte von 300 dpi aus.

Komplexe Bereiche beschneiden | Daneben können Sie über die Checkboxen weitere Einstellungen vornehmen, die die Dateigröße allerdings gravierend beeinflussen können. Die Option Komplexe Bereiche beschneiden ist in der Vorgabe Hohe Auflösung deaktiviert. Erst wenn Sie den Abgleichregler nach links auf 75% schieben, wird diese Checkbox auswählbar. Komplexe Bildbereiche werden beschnitten und über den Pixelbild-Vektor-Ausgleich idealerweise in Vektorobjekte umgewandelt. Da Sie den Abgleichregler immer bei 100 verwenden sollten, ist diese Funktion in der Regel deaktiviert.

Text in Pfade umwandeln | Die Option TEXT IN PFADE UMWANDELN bedeutet, dass Text im Bereich transparenter Objekte in jedem Fall als eigenständiger Pfad erhalten bleibt, unabhängig davon, ob InDesign beim Verflachen eher eine Verrechnung der Objektdaten in ein Pixelbild vorziehen würde.

Diese Einstellung macht allerdings keinen Sinn, wenn Sie beachten, dass Textrahmen immer im Vordergrund liegen. Schon ein winziger Bereich eines überlagernden Schlagschattens würde ausreichen, um einen benachbarten Textrahmen für die Reduzierung in Pfade umzuwandeln. Dadurch entstehen unnötig große Dateien.

Konturen in Pfade umwandeln | Ebenso lassen sich während der Transparenzreduzierung auch alle KONTUREN IN PFADE UMWANDELN. Das heißt, es werden von der Transparenz beeinflusste Pfade mit einer Kontur zwingend in Vektorobjekte mit einem Umriss und einer Füllung konvertiert. Auch von dieser Option sollten Sie die Finger lassen, da nur unnötige Knotenpunkte entstehen und nachträgliche Konturänderungen in Acrobat nicht mehr möglich sind.

18.3.2 Transparenzfarbraum zuweisen

Über das Menü BEARBEITEN • TRANSPARENZFARBRAUM weisen Sie den Arbeitsfarbraum für die Transparenzreduzierung zu. Wählen Sie für eine Druckausgabe immer die Einstellung DOKUMENT-CMYK. InDesign benutzt bei aktiviertem Farbmanagement den CMYK-Arbeitsfarbraum als Referenz für die farbliche Transparenzreduzierung, wie z. B. »ISO Coated v2«.

Die Option DOKUMENT-RGB wählen Sie bei der Ausgabe von Dokumenten für das Web oder eine PDF-Bildschirmpräsentation, aber auch bei einer medienneutralen Ausgabe für den Offsetdruck. Auch hier wird der eingestellte Arbeitsfarbraum in InDesign benutzt, optimal ist das »ECI-RGB v2«.

Obwohl Sie gleichermaßen RGB-, LAB- wie CMYK-Daten in das Layout platzieren oder in diesen Farbmodellen Farbfelder definieren können, kann die Transparenzreduzierung nur in den RGB- oder CMYK-Arbeitsfarbraum erfolgen. RGB-Farbinformationen werden also bei ausgewähltem Dokument-CMYK für die reduzierte Ausgabe in CMYK-Werte umgesetzt und somit auch konvertiert. Das macht durchaus Sinn: Legen Sie ein RGB-Bild und ein CMYK-Bild per reduzierter Deckkraft oder mit einer Füllmethode wie MULTIPLIZIEREN transparent übereinander, muss das Ergebnis in der Ausgabe zwangsläufig ein CMYK- oder RGB-Objekt sein.

18.3.3 Vorgaben anwenden

Bei der Druckausgabe weisen Sie im Druckdialog unter der Option ERWEITERT die gewünschte Transparenzreduzierungsvorgabe zu. Ebenso kann die Reduzierungsvorgabe im PDF-Export ausgewählt werden.

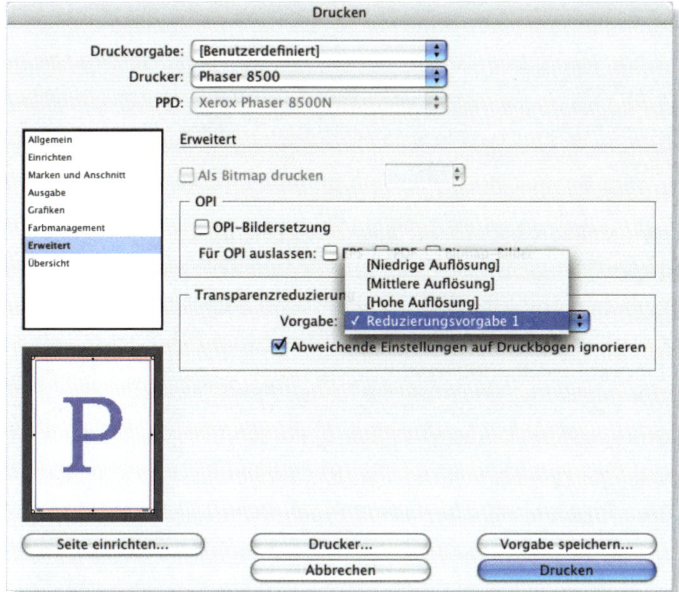

◂ **Abbildung 18.5**
Zuweisen der Transparenzreduzierungsvorgabe bei der Druckausgabe

Abweichende Einstellungen auf Druckbögen | Einmal mehr zeigt InDesign, was Technik möglich macht, aber den Anwender überfordern kann: Pro Druckbogen können Sie auch eine abweichende Einstellung für die Transparenzreduzierung wählen. Dieser Sonderfall macht dann Sinn, wenn Anzeigen auf einzelnen Seiten platziert werden und diese mit einer niedrigeren Auflösung reduziert werden können als die übrigen Seiten eines Magazins. Dazu wählen Sie den entsprechenden Druckbogen in der Seiten-Palette aus und rufen aus dem Palettenmenü die Option DRUCKBOGENREDUZIERUNG • BENUTZERDEFINIERT auf.

Wenden Sie diese Möglichkeit aber erst dann an, wenn ein Andruck eine schlechte Qualität aufweist und Sie wissen, dass die Änderung der Transparenzreduzierung die einzige Möglichkeit darstellt.

Keine Reduzierung für die Formate ab Adobe PDF 1.4
Adobe hat das Portable Document Format in den Versionen 1.4 (ab Acrobat 5), 1.5 (ab Acrobat 6), 1.6 (ab Acrobat 7) und 1.7 (ab Acrobat 8) dahingehend weiterentwickelt, dass Sie nun Objekte mit Transparenzen, weichen Kanten und Schlagschatten in das Format einbetten können, ohne die Transparenzen zu reduzieren. Zusätzlich erlauben die Formate ab 1.5 die Verteilung auch von transparenten Objekten auf mehreren Ebenen, die im PDF-Dokument separat ein- und ausgeblendet werden können. Daraus entstehen kleinere Dateien, da z. B. transparente Vektorobjekte nicht zuvor in speicherhungrige 300-dpi-Rasterauflösungen umgerechnet werden müssen.

18.3.4 Transparenzreduzierung mit PDF/X

Die ISO-Standardformate PDF/X-3 und X-1a erlauben keine Transparenzen im PDF-Dokument, also müssen diese verflacht werden. Dazu bietet InDesign die direkte Ausgabe als PDF/X-3 an, in der HOHE AUFLÖSUNG als Vorgabe definiert ist. Das neue ISO-Format PDF/X-4, das 2007 verabschiedet wird, erlaubt hingegen u. a. die Anwendung von Transparenzen und Ebenen im PDF-Dokument. Lesen Sie dazu auch Kapitel 22, »PDF-Export«.

18.4 Typische Transparenzfälle

Da sich die Transparenzreduzierung und ihr Ergebnis immer sehr stark am Motiv orientieren, wollen wir Ihnen einige Grundmodelle aufzeigen, die in der Reduzierung auftreten können. Dabei berücksichtigen wir ausschließlich die Vorgabe HOHE AUFLÖSUNG.

18.4.1 Vektorobjekt überlagert Vektorobjekt

Unproblematisch ist die Transparenzreduzierung dann, wenn es sich bei den transparenten Objekten ausschließlich um Vektorobjekte handelt, die eine Füllfarbe aufweisen und sich per reduzierter Deckkraft oder Füllmethode überlagern. Nach der Vorgabe HOHE AUFLÖSUNG werden beide Objekte so verrechnet, dass die Schnittmenge ein neues Vektorobjekt ergibt.

18.4.2 Pixelobjekt überlagert Pixel- oder Vektorobjekt

Sich überlagernde Pixelbilder, die eine reduzierte Deckkraft oder eine spezielle Füllmethode aufweisen, stellen ebenfalls kein Problem bei der Transparenzreduzierung dar. Schnittbereiche werden nach der Reduzierungsvorgabe HOHE AUFLÖSUNG in neue Objekte umgewandelt und mit einem Beschneidungspfad versehen, sodass die Überlappungs- oder Bildkanten erhalten bleiben.

Datenmengen

Je größer ein transparentes Objekt ist, umso größer ist auch die Datenmenge, die bei der Transparenzreduzierung erzeugt wird. Wenn Sie also wirklich auf die Idee kommen sollten, z. B. einen vektorbasierten Architekturplan von A0 als Vektorobjekt vollständig mit Schlagschatten oder weichen Kanten zu gestalten, sollten Sie zuvor bedenken, dass alle weichen transparenten Übergänge in der Transparenzreduzierung Pixeldaten in 300 dpi erzeugen. Dies könnte zu Dateigrößen bis zu 800 MByte und mehr führen.

18.4.3 Textrahmen überlagert Vektor- oder Pixelobjekt

Ein in der Deckkraft reduzierter oder per Füllmethode gestalteter Textrahmen überdeckt ein Vektorobjekt. Ähnlich wie das Verhalten zwischen Vektorobjekten werden im Schnittbereich die Pfade der Schrift in Vektorobjekte umgewandelt. Wenn Textrahmen Pixelobjekte überlagern, so wird die in Beschneidungspfade umgewandelte Schrift mit dem resultierenden Pixelobjekt gefüllt. Dabei kann es jedoch sein, dass nicht betroffene Buchstaben oder Wörter nach wie vor echte Textobjekte bleiben.

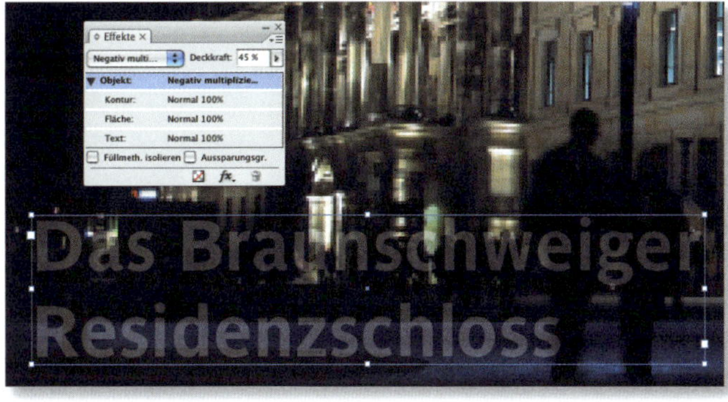

◂ **Abbildung 18.6**
Ein häufiger Fall in der Reduzierung: ein transparenter Schriftzug wird über die Füllmethode NEGATIV MULTIPLIZIEREN und mit reduzierter Deckkraft auf ein Pixelobjekte gelegt. Bei der Vorgabe HOHE AUFLÖSUNG wird die Schrift in Vektorobjekte umgewandelt und mit den resultierenden Flächen aus dem Bild gefüllt (schematische Darstellung).

Die wichtigste Regel im Umgang mit Textobjekten und Transparenzen | Textobjekte gehören immer in der Objektanordnung in den Vordergrund oder auf eine obere Ebene. Egal wie kreativ Sie auch InDesign verwenden möchten, Sie sollten stets Textrahmen über andere Objekte legen, damit diese nicht versehentlich in Pixelobjekte verrechnet werden. Dadurch könnte das Schriftbild durch die niedrigere Auflösung der Pixelobjekte in der Reduzierungsvorgabe ausfransen oder fetter wirken als beabsichtigt.

18.4.4 Weiche Kanten und Schattenwürfe

Die Transparenzfunktionen WEICHE KANTE sowie SCHLAGSCHATTEN erzeugen für die Transparenzreduzierung immer eine Pixelgrafik. Fällt der Schatten auf einen Textrahmen, werden die betroffenen Bereiche des Textes in Beschneidungspfade mit einer Pixelbildfüllung umgerechnet. Diese Problematik beleuchten wir in Abschnitt 18.5, »Reduzierungsvorschau«.

18.4.5 Transparenz und OPI

Viele große Verlage arbeiten heute noch mit OPI-Servern, auch wenn es nicht mehr so erforderlich ist wie vor einigen Jahren. Bei der Nutzung der OPI-Technik wird der Layouter nicht das hoch aufgelöste Layoutbild (High Resolution) in seiner Satzdatei platzieren, sondern lediglich das von dem OPI-Server zur Verfügung gestellte niedrig aufgelöste Platzierungsbild (Low Resolution). Wesentliche Gründe sprechen in komplexen Produktionsumgebungen für den OPI-Workflow. So wird zum einen die Netzwerklast bei der Platzierung und Anzeige von komplexen Bilddaten in die Satzdatei deutlich reduziert, und vor allem wird bei der Druckausgabe verhindert, dass die High-Res-Bilddaten zunächst in das Layoutprogramm geladen werden müssen, um dann von dort aus an das gewählte Ausgabegerät geschickt zu werden.

Mit manchen OPI-Servern lassen sich, auch bei älteren Satzprogrammen, problemlos PDF-Dateien über ein EPS-Vorschaubild platzieren oder DCS-Formate ausgeben. Das Anwenden von Transparenzfunktionen in diesen Layoutbildern ist zwar möglich, und die Layoutdaten werden auch reduziert, allerdings werden sie bei der Interpretation des PostScripts auf dem OPI-Server durch die Originaldaten ersetzt. Um Transparenzen innerhalb eines OPI-Workflow-Systems zum heutigen Zeitpunkt wirklich nutzen zu können, müssen Sie in jedem Fall in InDesign die High-Res-Daten platzieren.

Technologische Entwicklung

Die heutigen RIPs, die Composite-Daten in separierte Filme umrechnen, kennen zu weiten Teilen noch keine Transparenz, d. h., Sie müssen für die Ausgabe die Transparenzen zuvor in Pixeldaten umrechnen, bevor ein RIP die Daten interpretieren, separieren und rastern kann. Die völlig reibungslose Ausgabe von Transparenzen wird erst mit einer neuen RIP-Generation möglich sein, die Transparenzen im PDF 1.4- oder einem jüngeren Format interpretiert.

18.4.6 Volltonfarben und die Transparenz

Die Verwendung von Volltonfarben mit Transparenzen ist nur dann möglich, wenn Sie übereinanderliegende Vektorobjekte mit Volltonfarben im Dokument maximal mit der Reduzierung der Deckkraft auf Transparent stellen. Wenn dagegen eine Volltonfarbe auf eine Prozessfarbe trifft, wird in der Transparenzreduzierung automatisch die Volltonfarbe in eine Prozessfarbe umgewandelt. Dieser Nachteil tritt insbesondere bei Schlagschatten auf, die auf eine Volltonfarbe fallen. Die Transparenz, die durch die Deckkraftreduzierung einer Volltonfarbe auf einem weißen Untergrund entsteht, ist dadurch natürlich nicht betroffen.

Blitzer im PDF?

Wenn Sie eine reduzierte PDF-Datei in Acrobat anzeigen, kann es vorkommen, dass Sie am Monitor vermeintliche Blitzer entdecken. Wenn Sie sehr stark in das Dokument hineinzoomen, verschwinden diese Fehler. Das liegt an der Kantenglättung von Vektorobjekten in Acrobat. Da generell transparente Objekte häufig in Beschneidungspfade mit Pixelbildfüllung umgewandelt werden, ergeben sich daraus Vektorobjekte im PDF, die auf diese Weise angezeigt werden. Die Darstellung können Sie abschalten, indem Sie in Acrobat unter den Grundeinstellungen • Seitenanzeige die Option Vektorgrafiken glätten deaktivieren.

18.5 Reduzierungsvorschau

Der Einsatz von Transparenzen für die Ausgabe erfordert die Reduzierung auf eine Bildebene pro Druckplatte. Wie InDesign Transparenzen verflacht, sehen Sie in der Reduzierungsvorschau je nach Vorgabe.

Der besondere Clou liegt auf der Hervorhebung von Objekten, die in die spätere Transparenzreduzierung einbezogen werden; eine Situation, die Sie während der Layoutarbeit nicht abschätzen können, die InDesign Ihnen aber sichtbar macht. Anhand eines typischen Beispiels wollen wir Ihnen zeigen, wie Sie Druckfehler mit Hilfe der Reduzierungsvorschau vermeiden können. Dabei kommt es darauf an, die rot hervorgehobenen Bereiche der Reduzierung richtig zu deuten und Änderungen vorzunehmen.

18.5.1 Fallbeispiel: Ein Schlagschatten fällt auf einen Textrahmen

Probleme können dann auftreten, wenn Sie Schlagschatten oder weiche Kanten als Gestaltungsmittel anwenden, die sich transparent auf darunter liegende Objekte auswirken. Alle Schatten und weichen Kanten wandeln die darunter liegenden Objekte in Vektor- und Pixelobjekte um, unabhängig von der Herkunft.

Fällt also ein Schatten auf eine schwarze Schrift (K = 100 %), so werden die betroffenen Buchstaben in Vektor- oder Pixelobjekte umgewandelt, und das Schwarz wird in eine Prozessfarbe konvertiert. Dabei wird das Objekt zunächst auf die Bereiche mit und ohne Schattenbeeinträchtigung zerschnitten. Die nicht betroffenen Zeichen bleiben unter Umständen schwarze Textobjekte. Somit erhalten Sie unterschiedliche Darstellungen der Schrift durch die Pixelung und Auflösungsdifferenzen zu Vektoren in der Ausgabe.

▼ Abbildung 18.7
Eine alltägliche Situation – ein Bildrahmen wirft einen Schlagschatten. Zwei benachbarte Bildrahmen werden durch den Schlagschatten beeinflusst. Ein Textrahmen (rot) liegt auf einer unteren Ebene.

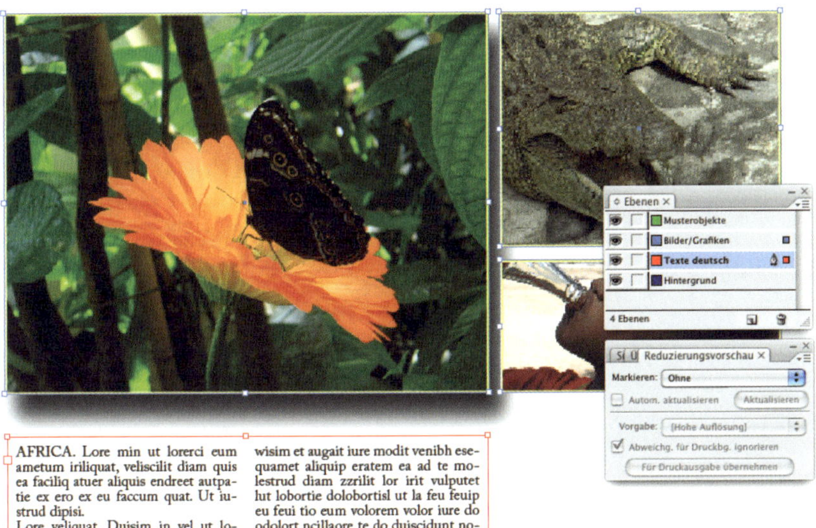

18.5.2 Einstellungen in der Reduzierungsvorschau

Die Reduzierungsvorschau rufen Sie unter dem Menü Fenster • Ausgabe • Reduzierungsvorschau auf.

Die Reduzierungsvorschau-Palette unterteilt sich in den Markierungsbereich und die Vorgabe zur Reduzierung. Mit aktivierter Aktualisierung wird jede Veränderung im Layout sofort in der Vorschau berücksichtigt. Wenn Sie die Reduzierungsvorgaben für einzelne Druckbögen zuweisen sollten, können Sie mit der

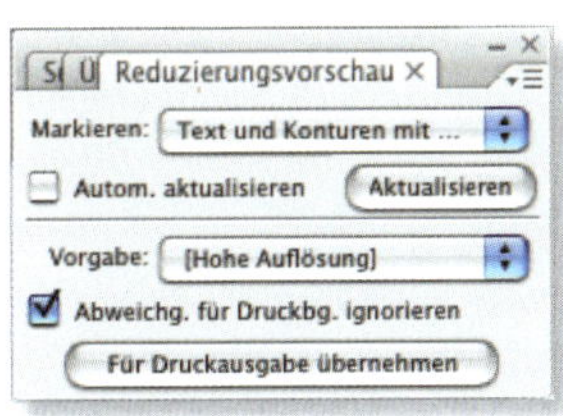

▲ Abbildung 18.8
Die Palette Reduzierungsvorschau

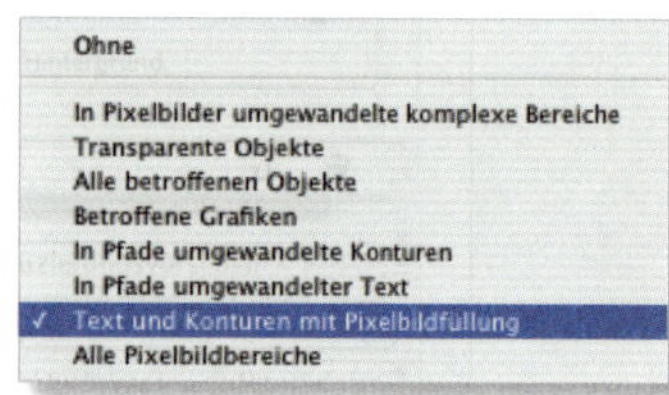

▲ **Abbildung 18.9**
Optionen unter Markieren

Option Abweichung für Druckbögen ignorieren die Vorgabe des Druckbogens überschreiben und eine Reduzierung auf Basis der aktuellen Vorgabe erzwingen.

Markierungen | Unter Markieren können Sie sich die gewünschten Objekte anzeigen lassen. Darunter suchen Sie die passende Anzeige aus, um gezielt nach Fehlern zu suchen. Anhand unseres Fallbeispiels wollen wir die wichtigsten Punkte genauer erklären.

- In Pixelbilder umgewandelte komplexe Bereiche: Wenn in den Vorgabeoptionen zur Transparenzreduzierung die Option Komplexe Bereiche beschneiden aktiviert ist und der Schieberegler auf der Seite der pixelorientierten Reduzierung steht, werden dort, wo besonders viele Vektor- und Pixelobjekte zusammentreffen, diese Bereiche markiert. In der Vorgabe Hohe Auflösung sollte dies eher selten der Fall sein. In der Niedrigen Auflösung hingegen tritt dieser Fall sehr häufig auf.
- Transparente Objekte: Diese Markierung zeigt alle Objekte an, auf die eine Transparenz angewendet wurde. Ein Schlagschatten oder eine weiche Kante können einen sehr großen Umraum einnehmen. Innerhalb dieses Umraums werden alle darunter liegenden Rahmen in die Reduzierung einbezogen.

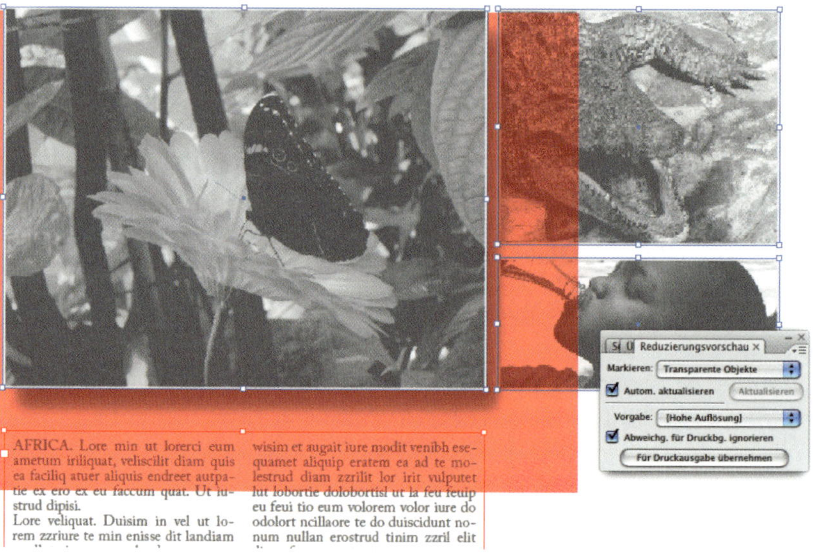

▲ **Abbildung 18.10**
Der weich auslaufende Schlagschatten erzeugt einen großen transparenten Bereich.

- Alle betroffenen Objekte: Wenn Sie ein Dokument generell nach Transparenzen durchsuchen und überprüfen möchten, eignet sich diese Option als erste Vorschaumethode. Abbildung 18.11 zeigt, dass neben dem Schlagschatten auch die benachbarten Bildrahmen und der darunter liegende Text vom Schlagschatten überdeckt wird.

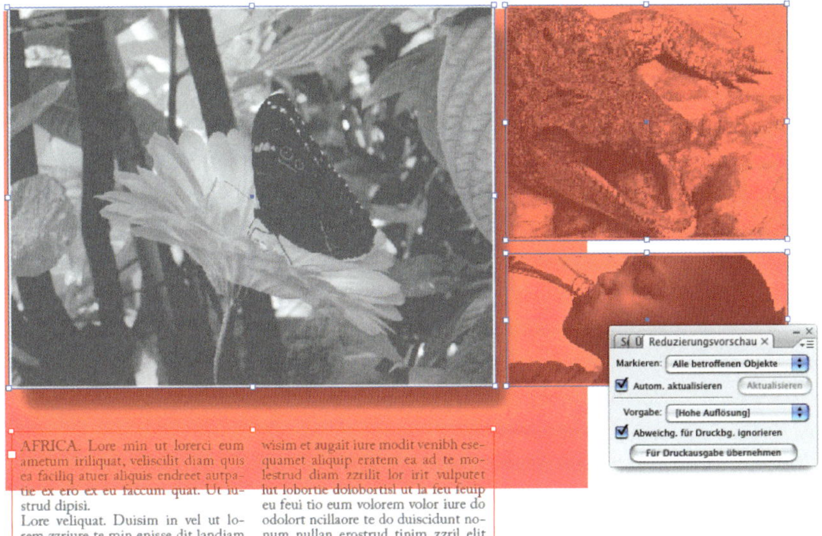

▲ **Abbildung 18.11**
Alle betroffenen Objekte im Seitenbereich

- Betroffene Grafiken: Überlagert eine Transparenz eine platzierte Grafik, so wird diese zur Verdeutlichung hervorgehoben. Allerdings ist diese Option wenig sinnvoll, da bereits in der vorhergehenden Anzeige Alle betroffenen Objekte auch die Grafiken rot eingefärbt werden.
- In Pfade umgewandelte Konturen: Konturen, die von einem Schlagschatten oder einer weichen Kante überdeckt werden, müssen in der Transparenzreduzierung in Pfade konvertiert werden. Mit dieser Option markieren Sie diese Konturen wie in Abbildung 18.12: Der Schlagschatten überdeckt die rot hervorgehobenen Konturen der beiden Bilder.

▼ **Abbildung 18.12**
Konturen, die in Pfade umgewandelt werden

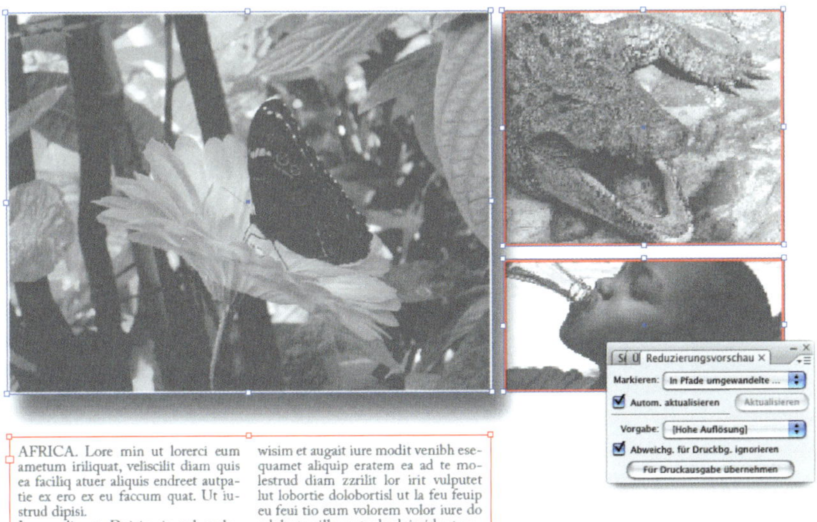

- **In Pfade umgewandelter Text**: Wie bei der beschriebenen Überlagerung von Vektor- und Pixelobjekten werden auch Texte in Vektoren umgewandelt, um Konturen zu erhalten und gleichzeitig die transparente Darstellung wiedergeben zu können. Grundsätzlich ist ein in Pfade konvertierter Text keine Problemstelle für die Druckausgabe. Wird der umgewandelte Text allerdings mit einem Pixelbild gefüllt, kann dies zu ungewollten Druckfehlern führen, wie im nächsten Schritt erläutert wird.
- **Text und Konturen mit Pixelbildfüllung**: Wie in Abbildung 18.13 zu sehen ist, werden Texte und Konturen gleichsam in Konturen umgewandelt und mit Pixelbildern gefüllt, wenn sich im Layout ein Schlagschatten darüber befindet. Problematisch sind hier die beiden Konturen rechts neben dem Schatten und die ersten beiden Textzeilen des Textrahmens. Die Objektreihenfolge muss unbedingt geändert werden, wenn der Textrahmen nicht zerschnitten werden soll und die oberen Textzeilen mit einer Prozessfarbe gefüllt werden sollen. Um dieses Problem zu umgehen, setzen Sie die Objektreihenfolge um und positionieren die Textebene über die Bildebene.

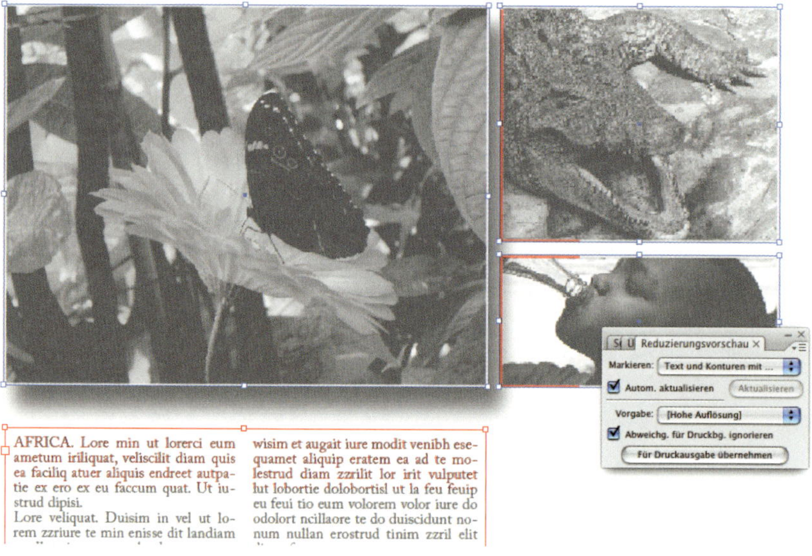

Abbildung 18.13 ▲
Texte und Konturen mit Pixelbildfüllung

- **Alle Pixelbildbereiche**: Mit der Vorgabe Niedrige Auflösung werden Schriften oder Pfade in Pixelobjekte umgerechnet. Schriften, die nur teilweise in Pixelobjekte aufgerastert werden, werden optisch um einen halben Schriftschnitt dicker. So kann es durchaus vorkommen, dass Zeichen als Schriftvektoren neben aufgerasterten Pixelbuchstaben stehen. Diese

Katastrophe können Sie zum einen durch die hohe Auflösung als Vorgabe abwenden, zum anderen müssen Sie unbedingt darauf achten, dass sich Textobjekte immer auf einer höher gelagerten Objekt- oder Layoutebene befinden.

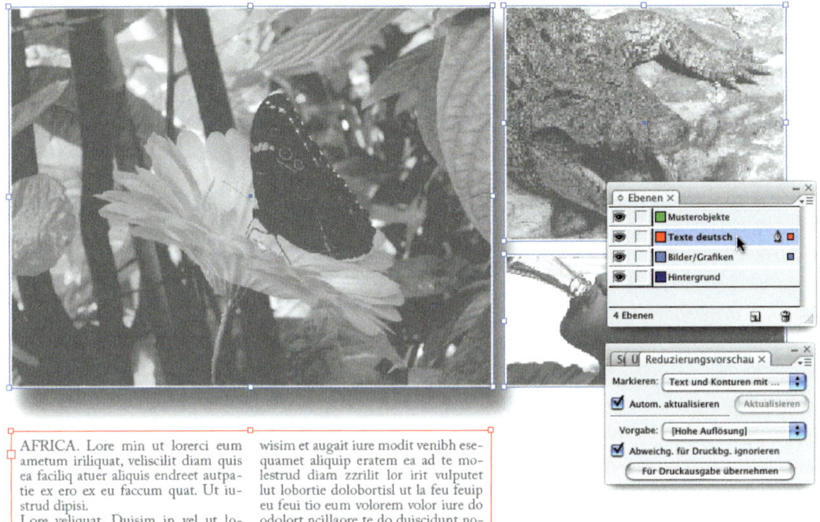

▲ **Abbildung 18.14**
Eine neue Sortierung der Ebenen und Objekte löst das Reduzierungsproblem. Die Textebene liegt über der Bildebene. Innerhalb der Bildebene ist der Rahmen mit Schlagschatten das unterste Objekt und beeinflusst somit nicht mehr die benachbarten Grafiken rechts.

18.5.3 Zusammenfassung: Transparenzreduzierung

Anhand des Fallbeispiels sehen Sie, dass es unbedingt darauf ankommt, wie die transparenten Objekte in der Reihenfolge zueinander stehen. Die Reduzierungsvorschau zeigt Ihnen anhand der roten Markierung, welche Rahmen und Grafiken von der Reduzierung betroffen sind und für die PostScript- oder PDF-Ausgabe umgewandelt werden. Da diese Optionen vielfältig und auf den ersten Blick schwer verständlich sind, achten Sie bitte immer auf diese Punkte:

- Textrahmen müssen auf einer eigenen Textebene überhalb von transparenten Rahmen liegen.
- Konturen sollten erst ab einer Stärke von mindestens 1 Punkt in Konturen umgewandelt werden.
- Schatten, weiche Kanten oder transparente Verlaufskanten besitzen einen großen Transparenzumraum, der durch die Einstellung ALLE BETROFFENEN OBJEKTE in der Reduzierungsvorschau sichtbar wird.
- Schmuckfarbenobjekte werden durch Transparenzen unter Umständen in Prozessfarben konvertiert. Die Separationsvorschau zeigt dieses Problem an.
- Vektorkanten der Beschnittobjekte in einer reduzierten PDF-Datei werden in Acrobat nur durch eine Voreinstellung fehlerhaft als Blitzer dargestellt.

19 Die Separationsvorschau

Ausgabesimulation am Bildschirm: Wie die Farbseparationen oder der Farbauftrag nach der Belichtung auf Film oder Druckplatte aussehen, zeigen Sie mit der Separationsvorschau an. Falsche oder doppelte Schmuckfarben korrigieren Sie mit dem Druckfarben-Manager. Die Separationsvorschau eignet sich auch dazu, Farbergebnisse transparenter Bereiche für die Ausgabe zu beurteilen oder die Umrechnung von RGB-Bildern im Layout in den CMYK-Ausgabefarbraum zu testen.

Arbeitsbereich Druckausgabe und Proofs

Damit Sie schneller auf Paletten der Vorschaufunktionen für Separation und Transparenzreduzierung zugreifen können, wechseln Sie doch einfach unter dem Menü FENSTER • ARBEITSBEREICH • DRUCKAUSGABE UND PROOFS die Paletten- und Menüanordnung.

19.1 Der Einsatz

Bevor eine Layoutdatei geprooft oder ausbelichtet werden muss, können Sie mit der Separationsvorschau anzeigen und ausmessen, wie die Farbauszüge mit den aktuellen Einstellungen belichtet werden. Dadurch erkennen Sie potenzielle Fehler und vermeiden teure Nachkorrekturen. Besonders effektiv arbeiten Sie mit der Separationsvorschau für Sonderfarben, die in Prozessfarben ausgegeben werden sollen. Zusätzlich lässt sich auch die Überschreitung des Gesamtfarbauftrages (GFA) anzeigen.

Mit der Separationsvorschau wird gleichzeitig auch die Überdruckenvorschau aktiviert, damit Sie über die Separationsvorschau auch erkennen können, wie sich überdruckte oder ausgesparte Objekte separiert in der Ausgabe darstellen. Gleichzeitig wird Text immer möglichst genau abgebildet, egal, welchen Vergrößerungsfaktor Sie eingestellt haben.

Fehler, die in der Separationsvorschau sichtbar werden, können Sie in der Regel mit dem Druckfarben-Manager oder mit einer Farbkonvertierung platzierter Bilder beheben.

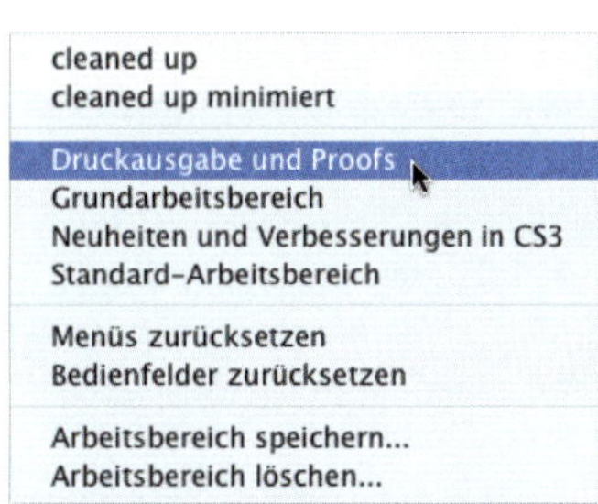

▲ **Abbildung 19.1**
Falls Sie den Arbeitsbereich unter dem Menü FENSTER auf DRUCKAUSGABE UND PROOFS umschalten, werden Ihnen alle Ausgabe-Funktionen als Paletten präsentiert, und Menüs zeigen druckrelevante Einstellungen in grüner Markierung an.

19.1.1 Die Separationsvorschau aufrufen

Über das Menü FENSTER • AUSGABE • SEPARATIONSVORSCHAU rufen Sie diese Funktion auf. Sie erhalten eine neue Palette, die mit der

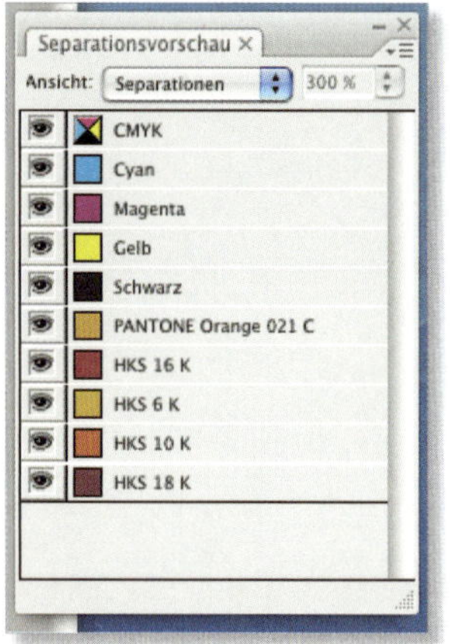

▲ **Abbildung 19.2**
Die Palette SEPARATIONSVORSCHAU mit Sonderfarben

Transparenzreduzierungsvorschau gekoppelt ist. Alternativ rufen Sie die Palette mit dem Tastenbefehl [⇧]+[F6] auf.

Die Palette ist unterteilt in einen Kopfbereich, in dem Sie den Modus der Vorschau wählen. Die Option SEPARATIONEN zeigt Ihnen die einzelnen Farbauszüge an, der Modus FARBAUFTRAG hingegen markiert diejenigen Stellen, die oberhalb des angegebenen maximalen Farbauftrages liegen. Und im Palettenmenü finden Sie den praktischen Eintrag DRUCKFARBEN-MANAGER.

19.2 Separationen anzeigen

Beginnen wir mit den Separationen: Wenn Sie aus dem Dropdown-Menü der Palette die Separationen ausgewählt haben, schaltet InDesign in den Vorschaumodus um. Dabei werden alle Farbauszüge errechnet, die nach den aktuellen Angaben für die Ausgabe im Druckfarben-Manager entstehen. Gleichzeitig aktiviert InDesign die Überdruckenvorschau. Neben Objekten, die überdruckt werden sollen, wird auch ausgegrauter Text in der bestmöglichen Auflösung dargestellt.

Separationen und Farbmanagement
Beide Vorschauen für die Farbauszüge und den Farbauftrag arbeiten Hand in Hand mit dem Farbmanagement von InDesign CS3 zusammen. Dabei beeinflussen alle Farbprofile und Umrechnungsrichtlinien das Ergebnis. Innerhalb der Farbprofile werden Informationen zum Gesamtfarbauftrag, dem Schwarzaufbau oder dem Tonwertzuwachs gespeichert. Falls Sie Kapitel 4, »Farbmanagement«, überschlagen haben sollten, so empfehlen wir Ihnen, dieses vor diesem Kapitel zu lesen, da Sie sonst Ergebnisse erhalten, die für Sie nicht aussagekräftig sind.

Alle Farbauszüge anzeigen | In der Separationsvorschau werden zunächst alle gewünschten Farbauszüge angezeigt. Fahren Sie mit der Maus über einzelne Bildpartien im Layout, und Sie erhalten in der Auszugsliste die genauen Farbwerte zu dieser Stelle.

Abbildung 19.3 ▶
Links wird ein Soft-Proof dargestellt. Auf der rechten Seite werden dagegen nur die Auszüge Cyan und Schwarz angezeigt.

Einen Farbauszug anzeigen | Wählen Sie stattdessen nur einen einzelnen Auszug aus, indem Sie direkt in die Liste auf den Farbauszugsnamen (z. B. Magenta) klicken, so wechselt die Separationsvorschau in den Graustufenmodus. Die Farbwerte der anderen Auszüge lassen sich für einen gewünschten Punkt im Layout dennoch ablesen.

◂ **Abbildung 19.4**
Korrekte Darstellung in Graustufen für den Auszug Yellow

Zu diesem Auszug können Sie nun beliebig die anderen Auszüge über einen Klick auf das Auge in der Liste sichtbar machen – vergleichbar mit der Ebenen-Palette oder den Kanälen in Photoshop. Die Graustufen-Darstellung der einzelnen Druckplatten wird durch die Farbmischung mehrerer Auszüge ersetzt.

Einzelplatten in Schwarz anzeigen | Zusätzlich finden Sie im Palettenmenü die Option EINZELPLATTEN IN SCHWARZ ANZEIGEN. Anstelle der Bezeichnung »Platte« verwenden wir zum besseren Verständnis jedoch den Begriff »Auszug«. Haben Sie nur einen Auszug zur Ansicht ausgewählt, so wird dieser in Graustufen abgebildet, um die Vorschau besser beurteilen zu können. Diese Funktion sollte immer aktiviert sein. Die Vorschauergebnisse werden dadurch nicht beeinflusst, die Separationswerte sind mit dieser Funktion oder ohne sie identisch.

◂ **Abbildung 19.5**
Die sinnlose Einfärbung der einzelnen Druckplatten sollten Sie vermeiden.

Mehrfachansicht

Wie mit allen anderen Vorschaufunktionen können Sie auch gleichzeitig eine Mehrfachansicht wählen, indem Sie unter dem Menü FENSTER • ANORDNEN • NEUES FENSTER mehrere Ansichten desselben Layoutdokumentes öffnen und dort ebenfalls die Separationsvorschau aktivieren, wie Sie in Abbildung 19.6 sehen können.

Ausgeblendete Ebenen vermeiden | Objekte auf ausgeblendeten Ebenen werden nicht in die Separationsvorschau einbezogen. Daher machen Sie zur Überprüfung der Farbauszüge alle Ebenen sichtbar, die für die Ausgabe wichtig sind.

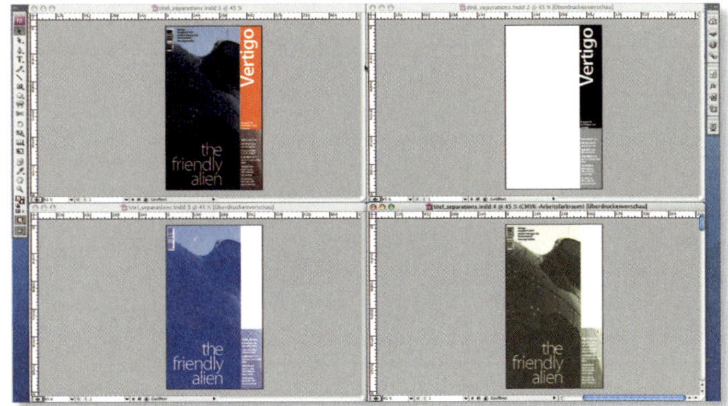

▲ **Abbildung 19.6**
Mehrfachansicht der Farbauszüge. Oberere Reihe: Soft-Proof und Schmuckfarben; untere Reihe: Cyan und Magenta sowie Yellow und Black.

19.2.1 Farbmanagement in der Separationsvorschau

Zum Nachlesen

Die Arbeitsweise mit den Farbprofilen und die Simulation am Monitor beschreiben wir ausführlich in Kapitel 4, »Farbmanagement«.

Auch das Farbmanagement kann gleichzeitig per Soft-Proof in die Separationsvorschau integriert werden, um die Farbauszüge in Abhängigkeit zum Ausgabeverfahren zu zeigen, wie Abbildung 19.7 verdeutlicht. Die Farbwerte jedoch verändern sich nicht, da es sich nur um eine Simulation am Bildschirm handelt, nicht um eine Farbkonvertierung. Ein Soft-Proof wird erst dann nötig, wenn der Ausgabefarbraum vom eingestellten Ausgabeprofil abweicht.

Abbildung 19.7 ▶
Links »ISO Coated v2« und rechts »ISO Uncoated Yellowish«, jeweils mit Simulation des Papierweiß

	Windows	Mac
Palette Separationsvorschau öffnen	⇧+F6	⇧+F6
Überdruckenvorschau aktivieren	Strg+Alt+⇧+Y	⌘+⌥+⇧+Y
Alle Druckplatten anzeigen	Strg+Alt+⇧+´	⌘+⌥+⇧+´
Cyan-Platte anzeigen	Strg+Alt+⇧+1	⌘+⌥+⇧+1
Magenta-Platte anzeigen	Strg+Alt+⇧+2	⌘+⌥+⇧+2
Gelb-Platte anzeigen	Strg+Alt+⇧+3	⌘+⌥+⇧+3
Schwarz-Platte anzeigen	Strg+Alt+⇧+4	⌘+⌥+⇧+4
1. Volltonfarben-Platte anzeigen	Strg+Alt+⇧+5	⌘+⌥+⇧+5
2. Volltonfarben-Platte anzeigen	Strg+Alt+⇧+6	⌘+⌥+⇧+6
3. Volltonfarben-Platte anzeigen	Strg+Alt+⇧+7	⌘+⌥+⇧+7
4. Volltonfarben-Platte anzeigen	Strg+Alt+⇧+8	⌘+⌥+⇧+8
5. Volltonfarben-Platte anzeigen	Strg+Alt+⇧+9	⌘+⌥+⇧+9

◂ **Tabelle 19.1**
Tastenkürzel für die Separationsvorschau-Palette

19.3 Druckfarben-Manager: Schmuckfarben-Fehler beseitigen

Wenn Sie Sonderfarben wie HKS- oder Pantone-Töne verwenden, vergewissern Sie sich, ob im Druckfarben-Manager alle Angaben korrekt getroffen sind. Den Druckfarben-Manager erreichen Sie über das Palettenmenü der Separationsvorschau-Palette.

Auf der Buch-DVD finden Sie im Ordner VIDEO-LEKTIONEN auch einen Lernfilm zum Thema »Der Druckfarben-Manager«.

19.3.1 Sonderfarben umwandeln

Wenn Sie Sonderfarben im Layout verwendet haben, Ihr Dokument jedoch wie z. B. für den Digitaldruck nur in den Prozessfarben ausgeben wollen, so aktivieren Sie den unteren Button ALLE VOLLTONFARBEN IN PROZESSFARBEN UMWANDELN. Somit wird die Sonderfarbe für die Ausgabe und für die Vorschau in Prozessfarben umgerechnet. Wollen Sie stattdessen die Sonderfarben als eigenen Farbauszug belichten, dann lassen Sie diese Option deaktiviert.

Alternativ können Sie auch eine einzelne Schmuckfarbe mit einem Klick in die vordere Spalte des Druckfarben-Managers in die entsprechende Prozessfarbe konvertieren. Beachten Sie bitte, dass die Schmuckfarben im Layout erhalten bleiben. Erst wenn Sie eine PDF-Datei exportieren oder einen PostScript-Druck starten, nutzt InDesign diese Vorgabe und konvertiert die Schmuckfarben.

19.3.2 Doppelte Schmuckfarben vermeiden

Falls zwei identische, aber unterschiedlich benannte Schmuckfarben verwendet werden, wie z. B. Orange 021 C und HKS 16 K, können Sie eine Schmuckfarbe im Druckfarben-Manager auch durch die andere wiedergeben, sodass nur ein HKS-Farbton ausgegeben wird. Dadurch sparen Sie unnötige Farbauszüge ein. Wählen Sie dazu die doppelte Farbe Orange 021 C in der Liste der Farben aus, und klicken Sie auf das Dropdown-Menü Druckfarbenalias. Nun wählen Sie die andere Schmuckfarbe HKS 16 K als Ausgabefarbe. Die überflüssige Farbe erhält in der Liste der Druckfarben einen Verweis auf die richtige Ausgabefarbe.

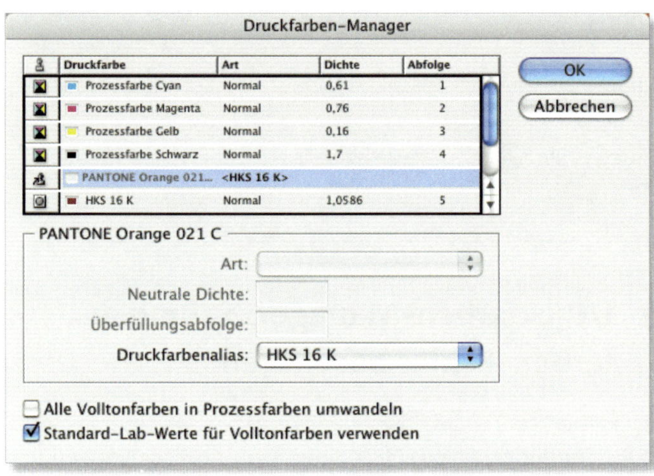

Abbildung 19.8 ▸
Der Druckfarben-Manager ist auch hier ein hilfreiches Werkzeug, um doppelte oder falsche Schmuckfarben zu unterdrücken.

Natürlich könnten Sie somit auch eine Schmuckfarbe wie HKS 40 durch den einzelnen Prozessfarbton Cyan oder durch eine alternative Pantone-Schmuckfarbe ersetzen. Dazu müssen Sie jedoch zuvor eine geeignete Pantone-Farbe in den Farbfeldern anlegen.

19.3.3 Prozessfarben durch Schmuckfarben austauschen

Das in der Verpackungsindustrie häufige Ersetzen der vier Prozessfarben durch hochpigmentierte Schmuckfarben, die auf bestimmten Materialien wie Kunststoff oder Getränkekartons eine qualitativ bessere Farbwiedergabe ermöglichen, ist mit dem Druckfarben-Manager und der Separationsvorschau leider nicht möglich. Die Prozessfarben sind im Druckfarben-Manager vor einem Austausch geschützt. Das hat den Hintergrund, dass InDesign CS3 Farben nur dann einwandfrei mit dem Farbmanagement darstellen und verarbeiten kann, wenn alle Prozessfarben beibehalten werden. Ebenso verfährt Acrobat, wenn Sie eine PDF-Datei aus InDesign exportieren.

Prozessfarben mit Schmuckfarben zu tauschen, ist sinnvoll in der Bildbearbeitung oder in der finalen Druckausgabe. Für Photoshop gibt es daher von unterschiedlichen Anbietern wie z. B. Esko Plug-ins, die dies ermöglichen und die so veränderten Bilder auch korrekt anzeigen. In Acrobat ist diese Arbeitsweise ebenso nur mit zusätzlichen Werkzeugen möglich.

Was geschieht mit RGB- oder LAB-Farben?
Je nach Einstellung des Farbmanagements werden die RGB- oder auch LAB-Farben für die Ansicht in der Separationsvorschau in Prozessfarben umgerechnet. Dabei kommen den Arbeitsfarbräumen und der Umrechnungspriorität eine entscheidende Rolle zu. Der RGB-Arbeitsfarbraum beschreibt die genaue Position der RGB-Farbe innerhalb dieses beschriebenen Farbraums. Die Umrechnungsmethode – z. B. RELATIV FARBMETRISCH – konvertiert nun bei aktiver Separationsvorschau diesen RGB-Ton in eine Prozessfarbe in den Ausgabefarbraum. Wie die Methode RELATIV FARBMETRISCH Farbwerte umrechnet, entnehmen Sie bitte Kapitel 4, »Farbmanagement«.

19.4 Gesamtfarbauftrag

Der Gesamtfarbauftrag bezeichnet den maximalen Wert an prozentualer Deckkraft der Druckfarben C, M, Y und K sowie der Schmuckfarben. Wie in Kapitel 4, »Farbmanagement«, bereits ausführlich erläutert wurde, richtet sich der Gesamtfarbauftrag nach der Druckart und der Papiersorte. Er liegt mit Ausnahmen zwischen 240 % (Zeitungsrotation, Flexodruck etc.) und 330 % (Offsetdruck nach »ISO Coated v2«). Wird also ein Schwarz mit allen Prozessfarben gedruckt, sollten die Farbauszüge insgesamt keinen Farbauftrag oberhalb dieses Wertes erzeugen, da sonst die Druckfarbe nicht schnell genug trocknen kann.

19.4.1 Gesamtfarbauftrag überprüfen

Um diesen Gesamtfarbauftrag zu überprüfen, wählen Sie aus dem Dropdown-Menü der Palette SEPARATIONSVORSCHAU die Option FARBAUFTRAG. Nun errechnet InDesign aus den Farbwerten und der vorgegebenen Grenze diejenigen Bereiche, die oberhalb dieses Wertes liegen, und hebt sie rot markiert hervor. Auch hier können Sie wieder mit der Maus über die roten Bereiche wandern und die Prozentwerte der Druckplatten in der Palette ablesen.

ISO Coated v2

Wie wir in Kapitel 4, »Farbmanagement«, beschrieben haben, veröffentlicht die ECI regelmäßig neue Farbprofile. Nun wurde das »ISO Coated v2«-Profil herausgegeben, das im Gegensatz zum Vorgänger mit einem maximalen Farbauftrag von 330 % aufwartet. Durch die Verwendung dieses Profils als CMYK-Arbeitsfarbraum für den Prozess-Offsetdruck auf gestrichenen Papieren sollte die Kontrolle mit der Ausgabevorschau GESAMTFARBAUFTRAG nicht mehr nötig sein.

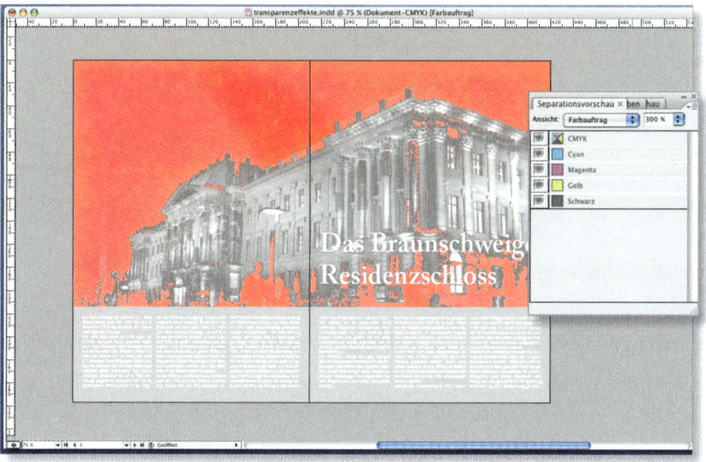

◂ Abbildung 19.9
Farbauftrag: Rot dargestellte Bereiche haben einen zu hohen Farbauftrag zu verzeichnen.

Begrenzungswert eingeben | Der Wert für die Begrenzung ist frei konfigurierbar. In der Auswahlliste rechts neben dem Begrenzungswert finden Sie vorgegebene Schritte von 280 bis 400 Prozent. Sie können jedoch auch einen eigenen Wert manuell eingeben, indem Sie in das Feld mit dem Prozentwert klicken und den gewünschten Wert eintragen.

Wie hoch der Farbauftrag jenseits des maximalen Wertes liegt, zeigt InDesign anhand der Färbung: Es färbt die jeweiligen Objekte oder Bildpartien zuerst rosa und zuletzt deckend rot ein.

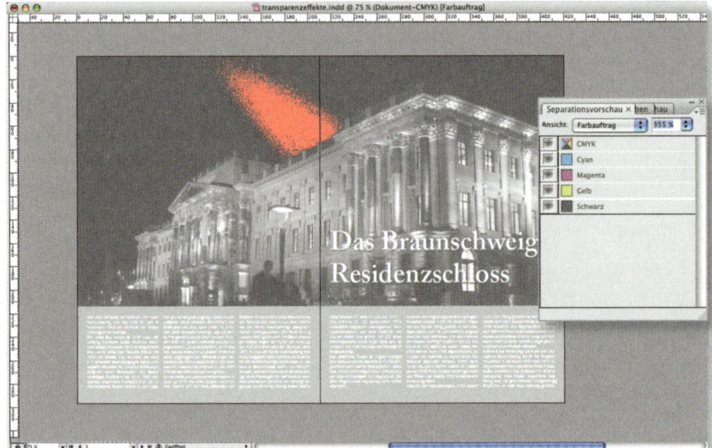

Abbildung 19.10 ▶
Bei 355 % werden die darüber liegenden Bereiche nur noch blassrot dargestellt. Nur der Farbspot auf der linken Seite verursacht eine Umfangswarnung.

Abbildung 19.11 ▶
Bei einem sehr niedrigen Wert von 240 % Gesamtfarbauftrag werden alle darüber liegenden Bereiche in diesem Beispiel hellrot bis dunkelrot eingefärbt, da die Bilder und Grafiken in diesem Beispiel für die Ausgabe »ISO Coated« bearbeitet wurden.

19.4.2 Korrektur der roten Bereiche

Bereiche, die oberhalb des maximalen Farbauftrages liegen, lassen sich nur insofern korrigieren, als dass Sie die platzierten Originaldaten bearbeiten oder angemischte Farben in InDesign in den Farbwerten verringern: Bei aktiver Vorschau öffnen Sie die Farbe aus den Farbfeldern und verändern die Prozentwerte der Kanäle mit aktivierter Vorschau in den Farbfeldoptionen. Beträgt die Summe der Prozente weniger als der angegebene Farbauftrag, so werden Objekte, die mit dieser Farbe angelegt sind, nicht mehr rot oder rosafarben, sondern grau dargestellt, siehe Abbildungen 19.12 und 19.13.

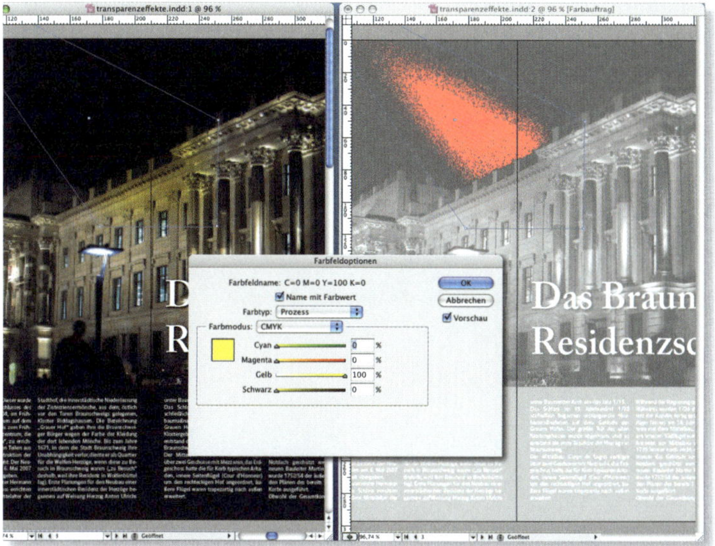

◂ **Abbildung 19.12**
Die Vektorform mit weicher Kante wurde mit einer gelben Farbe angemischt und überdeckt im Transfermodus Ineinanderkopieren das Bild. Dadurch kommt der hohe Farbauftrag zustande.

◂ **Abbildung 19.13**
Werden die Farben reduziert, verschwindet mit aktiver Vorschau in den Farbfeldoptionen die Farbumfangswarnung.

Dies wird jedoch im Druckalltag sehr selten der Fall sein, da alle Bilder zunächst im RGB-Farbraum in einen CMYK-Farbraum konvertiert werden, dessen Gesamtfarbauftrag niemals über 350% hinausragt. Also können nur mutwillig falsche Farbangaben eine Umfangswarnung provozieren und eine Nacharbeit nötig machen.

Gesamtfarbauftrag und Soft-Proof

Jedes Farbprofil beansprucht einen anderen Gesamtfarbauftrag. Im direkten Vergleich zwischen »ISO Coated v2« und »ISO Uncoated Yellowish« verträgt der Druck auf gestrichenem Papier einen höheren Gesamtfarbauftrag (330%). Der Druck auf ungestrichenem gelblichen Papier hingegen kann nur mit maximal 320% erfolgen. Für die Anzeige der Farbauftragswarnung müssen Sie daher unbedingt die Soft-Proof-Anzeige anschalten.

Werte vermerken | Ist es Ihnen nicht möglich, bei z. B. platzierten EPS-Daten die Farbwerte zu korrigieren, müssen Sie diese falsch gewählten Werte vermerken. Da es kein Report-Werkzeug in InDesign gibt, machen Sie von den problematischen Seiten einen Screenshot, und fügen Sie diese zu einer PDF-Datei mit Acrobat zusammen. Die platzierten Bilder und Grafiken müssen erst in das korrekte Ausgabeprofil umgerechnet und die Verknüpfung in InDesign aktualisiert werden.

Je nach Ausgabeverfahren und Software kann der maximale Farbauftrag auf den Druckplatten auch während der Berechnung im RIP begrenzt werden.

20 Preflight und Verpacken

Das Dokument ist fertiggestellt und soll einem Dienstleister als offene Datei übergeben werden. Sind alle Bilddaten eingebunden und verfügbar, sind die Schriften alle vorhanden, wurden alle Farben richtig als CMYK-Farben definiert? InDesign prüft alle Angaben und schnürt Ihnen ein fertiges Versandpaket.

Sie können vor dem Zusammentragen aller Dokumentbestandteile dafür sorgen, dass InDesign die eventuellen Problemstellen analysiert und in einem Bericht zusammenfasst. Im nächsten Schritt können Sie dann Ihre Satzdaten, bestehend aus Bildverknüpfungen, Schriften und der InDesign-Datei, zusammentragen lassen und verpacken.

20.1 Preflight-Check in InDesign

Der Begriff »Preflight« stammt aus dem Bereich der Druckvorstufe und beschreibt den Vorgang, die Ausgabe auf einen Belichter zu simulieren.

Mit der PREFLIGHT-Funktion von InDesign können Sie Ihre Belichtungsdokumente auf Vollständigkeit und potenzielle Fehler prüfen. So vermeiden Sie teure Fehlbelichtungen auf Filmmaterial oder Druckplatten.

Preflight-Tools
Seit etlichen Jahren gibt es Preflight-Programme wie Flightcheck von Markzware, Preflight Pro von Extensis oder Asura von One-Vision, um diese Dokumentanalyse durchführen zu können.

20.1.1 Was wird geprüft?

InDesign prüft die klassischen Fehlerquellen:

- Gebrochene Dateiverknüpfungen zu der Layoutdatei
- Falsche oder unterschiedliche Farbräume
- Schmuckfarben im Layout oder in platzierten Dateien
- Fehlende Schriften oder einzelne Schriftschnitte im Layoutdokument und in platzierten Dateien (EPS, PDF, INDD)

Für Ausgabe sammeln
Die Programme QuarkXPress oder FreeHand bieten reine Sammelfunktionen an, um die Layoutdatei und die verknüpften Grafiken in einen neuen Belichtungsordner zu kopieren. InDesign kann weitaus mehr: Mit dem Preflight wird die Layoutdatei geprüft, und die Daten werden inklusive der verwendeten Schriften verpackt.

20.1.2 Preflight aufrufen

Über das Menü DATEI • PREFLIGHT... [⌘]+[⌥]+[⇧]+[F] bzw. [Strg]+[Alt]+[⇧]+[F] rufen Sie das Preflight-Modul von InDesign auf.

Danach startet InDesign automatisch mit einem Standard-Suchmuster die Überprüfung Ihrer Layoutdatei. Dies kann je nach Umfang des Dokuments und der Bildverknüpfungen zwischen einigen Sekunden und wenigen Minuten dauern. Wenn Sie gleich zu Beginn die Funktion VERPACKEN im Menü DATEI auswählen, wird ebenfalls ein Preflight gestartet. Anschließend beginnt der Verpackungsvorgang.

20.1.3 Übersicht

Als Ergebnis öffnet sich ein Dialogfenster, in dem das Resultat des Preflight-Checks anschaulich dargestellt ist.

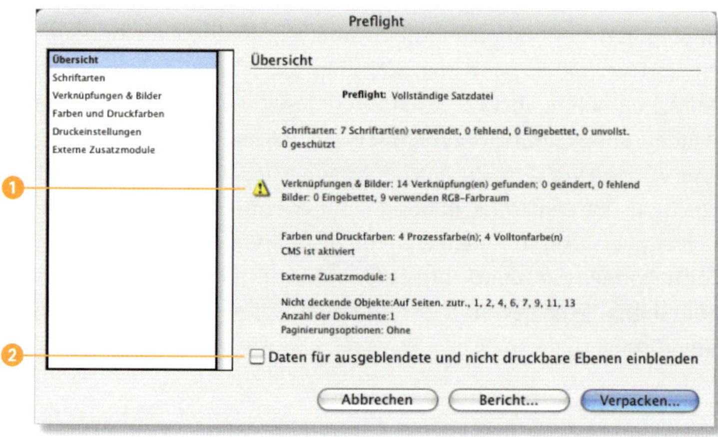

Abbildung 20.1 ▸
Ergebnis des Preflight-Checks eines InDesign-Dokuments

Problemstellen werden durch ein gelbes Dreieck ❶ deutlich angezeigt. Interessant ist, dass InDesign auch die ausgeblendeten Ebenen überprüfen kann ❷ und entsprechend berücksichtigt.

20.1.4 Schriftarten analysieren

Im zweiten Register, SCHRIFTARTEN, werden Ihnen die verwendeten Fonts der InDesign-Datei und von platzierten Dokumenten wie PDF, EPS oder weitere InDesign-Dokumente angezeigt.

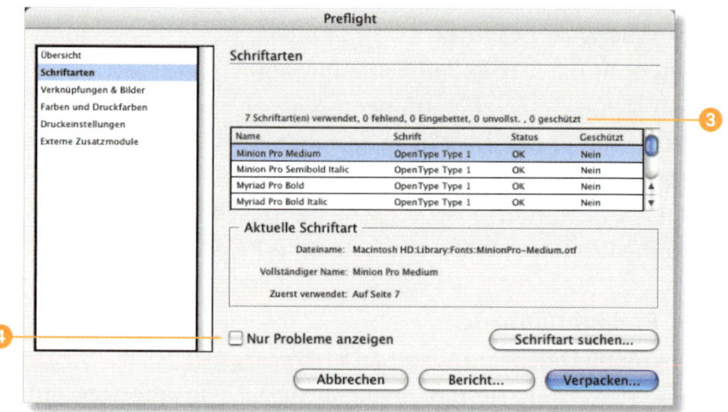

Abbildung 20.2 ▸
Benutzte Schriften

Gibt es eine Warnung und ist der Status einer Schrift »fehlend«, so können Sie den entsprechenden Font in der Liste auswählen und über den Button SCHRIFTART SUCHEN… die Verwendung der Schrift sowie den Ort der Schriftdatei ermitteln.

InDesign zeigt Ihnen u.a. an, wie viele Zeichen mit diesem Font formatiert sind. Handelt es sich um eine fehlerhafte Schrift oder werden keine Zeichen im Layout mit dem problematischen Font formatiert, so können Sie die Schrift auch hier auswählen und durch eine andere Schrift ersetzen – vorzugsweise durch einen Font, der im Layout schon verwendet wird.

Nur Probleme

Noch ein Tipp für die tägliche Arbeit: Lassen Sie sich bei komplexen Dokumenten nur die Probleme 4 anzeigen. So bleibt das Ergebnis übersichtlich.

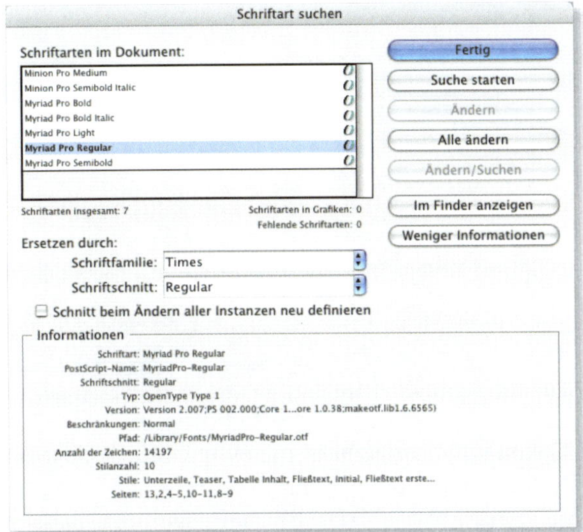

◂ **Abbildung 20.3**
Über die Funktion SCHRIFTART SUCHEN erkennen Sie die Verwendung im Layout und den Ort der Schriftdatei.

Geschützte Schriften | Abgesehen von der Font-Überprüfung zeigt Preflight an, ob eine Schrift geschützt 3 ist. Was verbirgt sich dahinter? Einige Schriftenhersteller versehen ihre Schriften mit einem Kopierschutz, sodass der Font z.B. nicht vollständig in eine PostScript- oder PDF-Datei eingebettet und somit wieder extrahiert werden kann. Dieser Kopierschutz betrifft überwiegend ältere TrueType-Schriften, die grundsätzlich bei einem PDF-Export nur in Untergruppen eingebunden werden. Dadurch erreichen die Schriftenhersteller, dass an jeder Stelle, an der diese Schrift reproduziert oder verwendet wird, auch eine vollständige Lizenz vorhanden sein muss. Der Kopierschutz innerhalb einer Fontdatei kann daher durch die Preflight-Funktion nicht aufgehoben werden.

Weitergabe der Schriften

Die Weitergabe ist aus lizenzrechtlichen Gründen schwierig, da verschiedene Schriftenhäuser unterschiedliche Lizenzen vergeben, die diese Praxis erlauben oder untersagen. Wenden Sie sich bei Bedarf an Ihren Schriftenlieferanten.

20.1.5 Verknüpfungen und Bilder

Alle externen Dateien, insbesondere die nicht in das Dokument eingebundenen Bilddateien, werden durch eine aktive Verknüpfung, einen sogenannten Link, in das Layoutdokument eingebunden. Sie können die aktiven Bild- und Textverknüpfungen in der Verknüpfungen-Palette sehen.

Preflight überprüft diese (mit der Buch-Funktion auch über mehrere Dokumente hinweg) und meldet gebrochene Links unter Angabe der Seite. In der Detailansicht können Sie nun diese Verknüpfungen neu setzen 1, d. h., eine neue Verbindung zum Bilddokument direkt im Ergebnisfenster der Preflight-Funktion herstellen. Ein erneuter Preflight ist danach nicht mehr notwendig (siehe auch Kapitel 12, »Dateien platzieren und verknüpfen«).

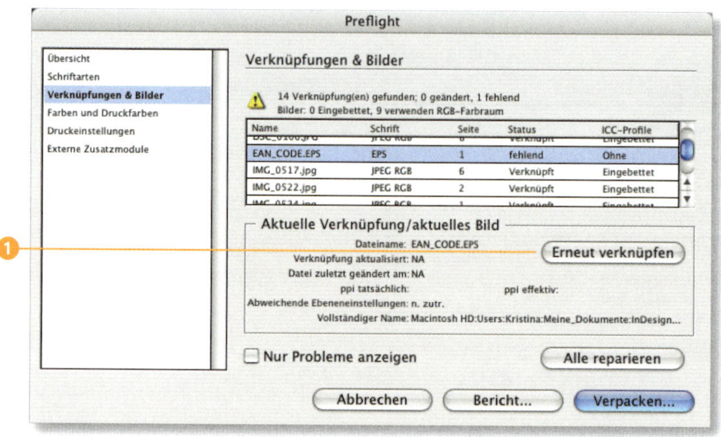

Abbildung 20.4 ▸
Verknüpfungen und Bilder

Eingebettete Dateien | Rastergrafiken mit einer Größe kleiner als 48 KB und alle Textdateien werden automatisch eingebettet, d. h., die gesamte Datei wird im InDesign-Dokument gespeichert und in der Verknüpfungen-Palette mit einem Eingebettet-Icon aufgeführt.

Farbraum überprüfen | Neben der Verknüpfung ist die Verwendung des korrekten Farbraums für eine Farbausgabe unabdingbar, in Einzelfällen kann auch eine gemischte Anwendung von RGB- und CMYK-Farbinformationen sinnvoll sein. Preflight sucht nach RGB-Farbräumen und zeigt die Abweichung davon an. In der Detailansicht können Sie diese Warnungen jedoch nicht beheben. Eine externe Farbkonvertierung durch eine Profilumrechnung in Photoshop wird erforderlich.

20.1.6 Farben und Druckfarben

Diese Überprüfung bezieht sich darauf, welches Ausgabegerät Sie ausgewählt haben bzw. welchen Farbraum Sie verwenden. Standardfarbraum ist hier der CMYK-Arbeitsfarbraum ohne Schmuckfarben.

Leider kann man von hier aus nicht den Druckfarben-Manager des Druckdialogs aufrufen oder andere Korrekturen vornehmen.

Dazu müssten Sie den Preflight abbrechen und wieder die Satzdatei bearbeiten.

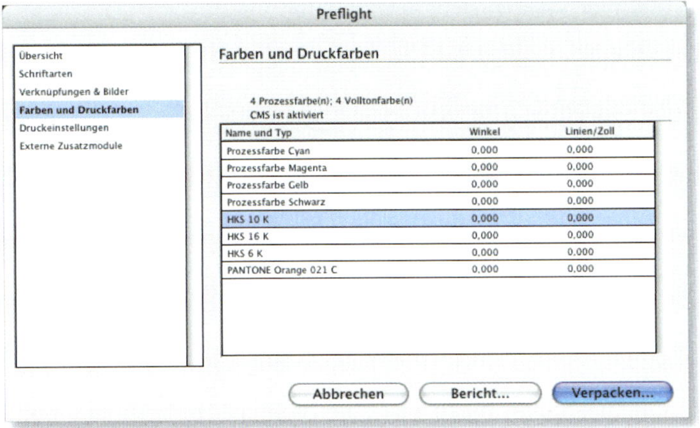

◂ **Abbildung 20.5**
Alle verwendeten Prozess- und Schmuckfarben im Dokument

20.1.7 Druckeinstellungen

Auf dem Reiter Druckeinstellungen finden Sie die aktuell verwendeten Einstellungen, wie Sie die Datei u. a. auf Ihrem Laserdrucker ausgedruckt haben. Diese Information ist für einen Druckdienstleister allerdings erst dann interessant, wenn direkt aus InDesign auf einen Belichter ausgegeben wird.

20.1.8 Externe Zusatzmodule

InDesign kann durch Erweiterungen anderer Hersteller – sogenannte Plug-ins – ergänzt werden. InDesign speichert in Ihre Layoutdatei, mit welchen Plug-ins Sie diese Datei bearbeitet haben. Diese werden zur Ausgabe beim Dienstleister erforderlich. Der Dienstleister muss also diese Plug-ins ebenfalls erwerben, wenn sie die Darstellung der Layoutinhalte beeinflussen. Sollte ein Plug-in nicht aktiv sein oder gar fehlen, ist die Dokumentdarstellung eventuell fehlerhaft und kann nicht einwandfrei ausbelichtet werden.

Sie können über das Menü InDesign (nur bei Mac OS X, sonst über das Menü Hilfe) den Befehl Zusatzmodule konfigurieren aufrufen und sich schnell einen Überblick über notwendige, optionale oder installierte Drittanbieter-Plug-ins verschaffen.

20.1.9 Fazit Preflight

Sie führen mit dem Preflight eine schnelle Analyse Ihrer Satzdatei durch und können einen Teil der Verantwortung für die Vollständigkeit Ihrer Druckdaten selbst übernehmen. Die lästigen Standardfehler, die das Leben so schwer machen, können auf diese Weise vermieden werden. Nutzen Sie daher diese Funktion, wann immer Sie Daten zur Ausgabe an Dritte weitergeben möchten. Ihr Dienstleister oder Druckvorstufenbetrieb wird es Ihnen danken.

20.2 Verpacken

Nachdem Sie nun umfangreich Ihre Layoutdatei überprüft haben, dürfen Sie auch gleich ein Päckchen schnüren. Die Funktion VERPACKEN finden wir erfreulicherweise gleich in der Preflight-Funktion. Separat können Sie diese Funktion natürlich auch über das Menü DATEI • VERPACKEN... aufrufen. InDesign wird Ihre Dokumente beim Verpacken ebenfalls prüfen und den Preflight-Algorithmus im Hintergrund ausführen.

Wenn Sie die Funktion VERPACKEN direkt nach dem Preflight aufrufen, fordert InDesign Sie zunächst auf, das Dokument zu speichern – unabhängig davon, ob Sie gerade vorher gesichert haben. Es erscheint danach die Druckanleitung, in der Sie Ihre Kontaktdaten eintragen sollten.

Abbildung 20.6 ▸
Druckanleitung

Klicken Sie jetzt auf FORTFAHREN, um die druckrelevanten Dateien inklusive der Schriften in einen neuen Ordner schreiben zu lassen. Sie müssen dazu keinen neuen Ordner anlegen, denn das macht InDesign automatisch. Sie wählen nur den Ort auf Ihrer Festplatte aus. In diesem Ordner legt InDesign den zum Dokument gehörenden Bericht, die Satzdatei und die zwei Unterordner LINKS und FONTS an. Dieser Vorgang kann je nach Umfang der Layoutdaten einige Minuten in Anspruch nehmen.

Platzierte Dokumente – PSD, INDD, AI, TIFF, JPEG, PDF, EPS, TXT, DOC, XLS – werden in den Ordner LINKS kopiert. Dabei werden die Verknüpfungen von der Layoutdatei zu diesen Dateien neu gesetzt. Daher können Sie nun den gesamten Sammelordner komprimieren, auf ein Medium (CD, DVD) brennen oder per Datenleitung (ISDN, FTP) versenden. Auf dem Ausgabecomputer wird der gesamte Ordner auf die Festplatte kopiert oder die Layoutdatei direkt vom Medium geöffnet. Die Verknüpfungen bleiben alle aktiv und müssen nun nicht mehr aktualisiert werden.

▴ Abbildung 20.7
Zusammenstellung der Daten nach dem Verpacken einer Datei

20.2.1 Verpacken von Büchern

Besonders angenehm bei der VERPACKEN-Funktion ist die Funktionalität über die Buch-Funktion hinweg. Wenn Sie mehrere oder alle Dokumente eines Buches auswählen, schreibt InDesign die ausgewählten Dateien in einen Ordner und legt ebenfalls die Unterordner LINKS und FONTS an. Zusätzlich wird die Buchdatei mit gespeichert. Die Buchdatei enthält dann alle zum Buch gehörenden Dateien und zeigt Ihnen gegebenenfalls sofort fehlende Dateien an.

▲ **Abbildung 20.8**
Für den Druck oder das Internet können ebenso Bücher gesammelt und verpackt werden.

20.2.2 Verpacken im OPI-Workflow

Vorsicht ist bei dieser Funktion geboten, wenn Sie mit einem OPI-Server arbeiten. In aller Regel platzieren Sie in InDesign, wie in anderen Programmen auch, die Layoutbilder. Diese Layoutbilder sind in InDesign letztlich verlinkt. Durch den Befehl VERPACKEN... kann InDesign selbstverständlich nur die Layoutbilder aus dem OPI-Ordner LAYOUTS zusammentragen. Das bedeutet, die Daten sind unvollständig. In diesem Fall muss der Operator die entsprechenden Feindaten zusammentragen. Die Funktionen PREFLIGHT und VERPACKEN sind also für den Einsatz mit OPI-Servern ungeeignet.

21 Drucken

Neben der Ausgabe auf Papier mit Ihrem Drucker ist es auch möglich, eine PostScript-Datei zu erzeugen, die später über den Acrobat Distiller als PDF-Datei umgewandelt wird. Verfügen Sie über Acrobat 7 oder 8 auf Ihrem Computer, können Sie diesen Vorgang gleich in einem Schritt durchführen. Dazu verwenden Sie als Ausgabegerät einen virtuellen Drucker, der die Daten an den Distiller weiterleitet. Lesen Sie bitte dazu auch das Kapitel 22, »PDF-Export aus InDesign«.

21.1 PostScript-Ausgabe über den Druckdialog

Der Aufruf des Druckbefehls mit dem Shortcut [⌘]/[Strg]+[P] öffnet ein umfangreiches Menü mit neuen Funktionen, das sich wesentlich von Druckdialogen anderer Programme unterscheidet und somit zunächst ungewöhnlich erscheint. Der Druckdialog ist jedoch in einfache Rubriken unterteilt und schnell erlernbar.

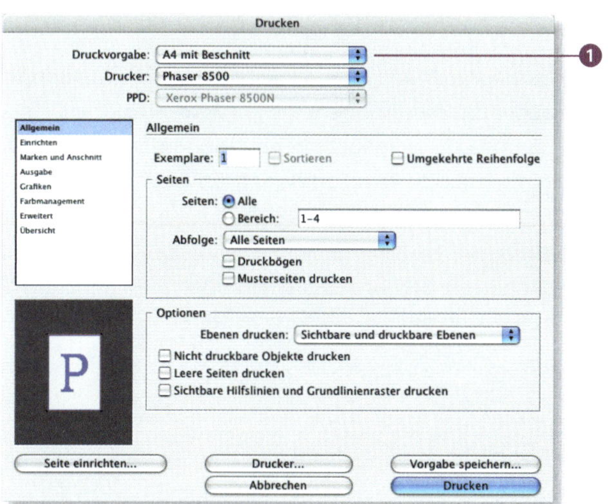

◂ **Abbildung 21.1**
Der Druckdialog mit den allgemeinen Einstellungen

Fenster des Druckdialogs
In diesem Druckdialog erscheinen die folgenden Menüpunkte, die je nach Selektion ein anderes Fenster zeigen: ALLGEMEIN, KONFIGURATION, MARKEN UND BESCHNITTZUGABE, AUSGABE, GRAFIKEN, FARBMANAGEMENT, ERWEITERT und ÜBERSICHT.

Hier geben Sie die Seitenfolge an, fassen Doppelseiten zu Druckbögen zusammen, legen fest, in welchem Farbraum die Ausgabe stattfindet und ob Sie Druckmarken ausgeben. Darüber hinaus können Sie alle Seiten als Miniaturen auf einem Druckbogen ausgeben, um beispielsweise eine Layoutstrecke zu beurteilen.

21.1.1 Generelle Angaben: PPD, Druckvorgabe, Drucker

Druckvorgabe | Um Druckeinstellungen für wiederkehrende Druckjobs nicht immer wieder vornehmen zu müssen, können Sie diese Einstellungen als Druckvorgabe abspeichern. Wie das geht, erklären wir gleich. Im oberen Bereich wählen Sie bei Bedarf zunächst die gewünschte Druckvorgabe ❶ aus.

[PPD]
PostScript Printer Definition, Druckerbeschreibungsdatei für Post-Script-Drucker. In dieser sind die gerätespezifischen Informationen wie Auflösung, Papierformat und verfügbare Papierschächte gespeichert. Diese werden vom Druckertreiber gelesen und dann im Dialogfenster angezeigt.

Drucker und PPD | Unter DRUCKER wählen Sie den lokalen Drucker oder die im Netzwerk zur Verfügung stehenden Drucker aus und weisen die entsprechende PPD für das jeweilige Ausgabegerät zu. Vergewissern Sie sich, dass Sie auch die aktuellen PPD-Dateien verwenden. Die PPD wird in der Regel mit dem Druckertreiber installiert.

Hier können Sie auch die Ausgabe in eine PostScript-Datei wählen, um diese manuell mit dem Adobe Acrobat Distiller in eine PDF-Datei zu konvertieren oder sie direkt an einen Dienstleister zu versenden.

Erscheinen in der Liste der Drucker auch die »Geräte« ADOBE PDF 7.0 oder ADOBE PDF 8.0, so ist auf Ihrem Computer eine Lizenz von Acrobat 7 oder 8 installiert. Hinter diesen beiden Einträgen verbergen sich virtuelle Drucker, die wir Ihnen in Kapitel 22, »PDF-Export aus InDesign«, noch vorstellen werden.

Die PPD-Druckerbeschreibungsinformationen (PostScript Printer Definition) werden mit dem Druckdialog auf intelligente Weise verknüpft. Somit werden Sie nicht durch separate Einstellungen für das Papierformat und den Druck abgelenkt. PostScript-Drucker im Netzwerk können ebenso wie Nicht-PostScript-Drucker angesprochen werden, jedoch stehen Ihnen dann technisch bedingt nur eingeschränkte Druckoptionen zur Verfügung.

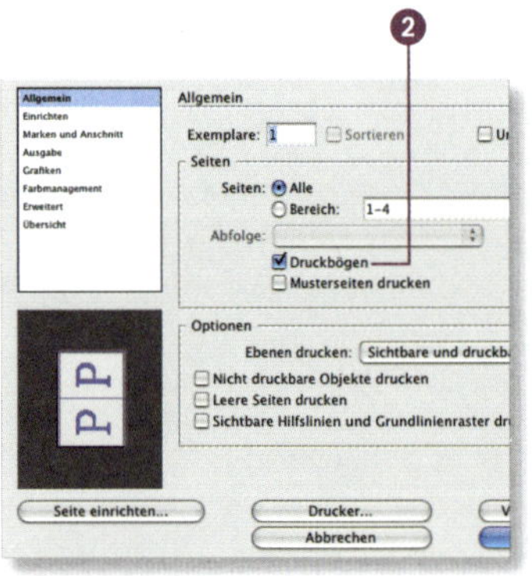

▲ **Abbildung 21.2**
Wenn Sie in den Einstellungen ALLGEMEIN die Druckbögen aktiviert haben, erscheint in der Seitenvorschau unten links die Doppelseite.

21.1.2 Allgemein

Unter ALLGEMEIN legen Sie Grundeinstellungen wie die Anzahl der zu druckenden Kopien, zu druckende Seiten und Seitenabfolgen fest.

Druckbögen | Wird das Optionsfeld DRUCKBÖGEN ❷ aktiviert, bedeutet das, dass ein doppelseitiges Dokument als Montage zusammengefasst als Querformat ausgegeben wird. Daher stammt auch die bei QuarkXPress verwendete Bezeichnung Montagefläche.

Optionen | Unter den Optionen finden Sie weitere Elemente im Layout wie Hilfslinien oder das Grundlinienraster, die Sie für einen Korrekturauszug mitdrucken können. Für die Ausbelichtung sind diese Funktionen natürlich nicht bestimmt.

Vorschaufenster | Interessant ist auch das Vorschaufenster. Es zeigt Ihnen unmittelbar die Auswirkungen der einzelnen Optionen an. Sie erkennen direkt, ob das Dokument auf das vorgewählte Ausgabeformat passt. Wenn Sie während der Einstellung im Druckdialog auf das Seitensymbol klicken, so ändert InDesign die Ansicht der Vorschau auf die genauen Seitenmaße oder die Darstellung des Anschnitts.

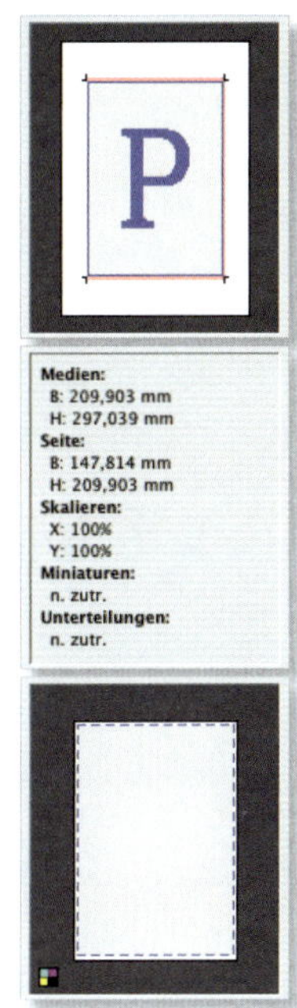

▲ **Abbildung 21.3**
Diese drei verschiedenen Vorschau-Varianten zeigt InDesign, wenn Sie auf die Seitenminiatur links unten im Druckdialog klicken.

21.1.3 Einrichten

Unter dem Menüpunkt Einrichten legen Sie das Ausgabepapierformat fest. Das Papierformat ❸ wird in der Regel von der PPD-Datei übernommen (Von Treiber definiert). Sie können aber auch abweichende, eigene Formate definieren, um beispielsweise auf überformatigem Papier auszudrucken.

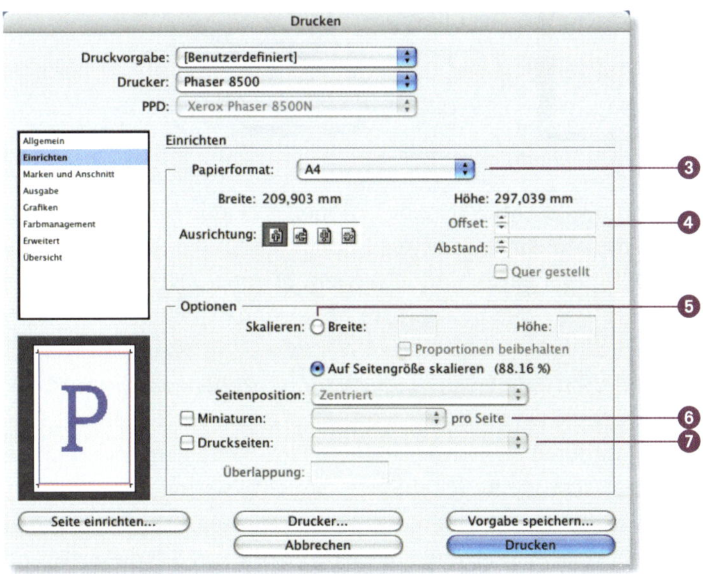

◀ **Abbildung 21.4**
Menüpunkt Einrichten

Bei einem benutzerdefinierten Papierformat können Sie für Endlosformate einen Film- oder Fotobelichter angeben und über die Einstellungen Offset ❹ und Abstand die Nutzen auf dem Format genau positionieren. Der Offset bestimmt die Entfernung des Nutzens zur Formatkante, und der Abstand gibt den

Zwischenraum der Nutzen an. Wenn Sie QUER GESTELLT darunter aktivieren, so wird der Nutzen auf dem Endformat um 90° gedreht. Bei einem günstigen Verhältnis von Nutzen und Ausgabeformat können Sie Letzteres günstiger ausnutzen.

Skalierung | Des Weiteren nehmen Sie eine Skalierung des Ausdrucks ❺ vor. Bei aktiver Einstellung PROPORTIONEN BEIBEHALTEN bleibt das Seiten- und Höhenverhältnis bestehen. Sollten Sie ein A4-Format auf einem A4-Drucker inklusive der Schnittmarken ausdrucken wollen, so wählen Sie stattdessen AUF SEITENGRÖSSE SKALIEREN. In der Vorschau links unten sehen Sie die daraus resultierende Verkleinerung. Die Seitenposition geben Sie mit dem Dropdown-Menü SEITENPOSITION an.

Kontaktabzug | Über das Optionsfeld MINIATUREN ❻ können Sie ein mehrseitiges Dokument verkleinert ausdrucken lassen, um beispielsweise für ein Magazin oder eine Broschüre eine Übersicht zu erhalten. Sie sehen ein Beispiel in der in Abbildung 21.5 gezeigten Vorschau.

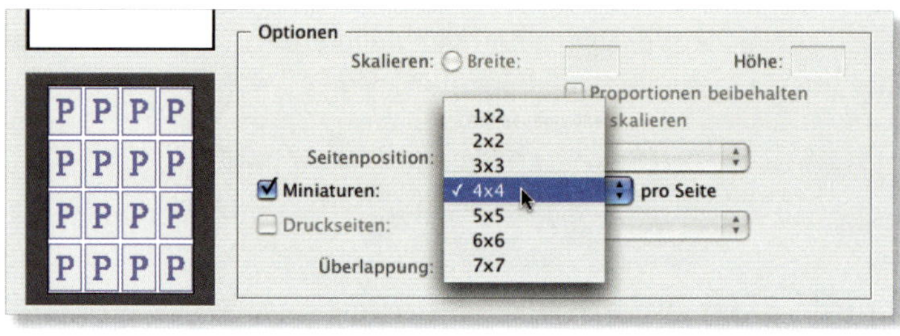

Abbildung 21.5 ▸
Miniaturen und Druckseiten

Herkömmliche Druckertreiber können hier nur gerade Anzahlen von Seiten auf einer Seite ausdrucken, wie 2 × 2, 4 × 4 oder 8 × 8. InDesign hingegen gibt eine Vielzahl von Zwischenstufen von 1 × 2 bis 7 × 7 Seiten aus. Eine höhere Anzahl ist nicht sinnvoll, da ansonsten die verkleinerten Miniaturen so winzig abgebildet werden, dass viele Details völlig verloren gehen, zudem wird der Druckvorgang unnötig verzögert. Eine gute Beurteilung des Layouts ist dadurch nicht möglich. Jede Einzelseite wird im Ausdruck mit einer schwarzen Seitenkante eines stilisierten Schattens aus einer Vektorform versehen, der für den Ausdruck von InDesign in das Druckbild hineingerechnet wird. Benutzen Sie diese Option nur für Probedrucke für die Korrektur oder Präsentationszwecke.

Großformate | Über die Option DRUCKSEITEN ❼ geben Sie ein Überformat auf mehreren Einzelseiten aus, wie beispielsweise ein A0-Plakat auf einem A3-Drucker. Den Bereich, in dem sich die Teilseiten überlappen sollen, geben Sie im darunter liegenden

Textfeld an. Je nach Ausgabeformat und Drucker ist der Mindestbereich für die Überlappung unterschiedlich. Wollen Sie die Einzelseiten nach dem Ausdruck anschneiden und anstoßend auf einem Untergrund kaschieren, so reicht ein Überlappungsbereich von ca. 10 mm. Einen hohen Wert von 20–30 mm benötigen Sie, wenn die Einzelseiten überlappend verleimen.

Auch hier ist die Vorschau sehr hilfreich, um einen Eindruck von dem zu erwartenden Resultat zu bekommen. Dieses Verfahren ähnelt dem Überformatdruck von Illustrator. Sie können zwar manuell nicht die Einzelseitenausschnitte bestimmen, jedoch ist der Dialog wesentlich einfacher zu bedienen und somit effizienter, auch wenn zwei oder mehr Seiten bei einem Überformatdruck zusätzlich mitgedruckt werden.

21.1.4 Marken und Anschnitt

Hier hat der Profi die Möglichkeit, alle druckrelevanten Parameter wie Schnittmarken, Beschnittzugabemarken, Passerkreuze, Farbkontrollstreifen und die Standardseiteninformationen zu setzen. Auch hier sehen Sie in der Vorschau direkt die Auswirkungen der aktivierten Funktionen und auch, ob alle Marken auch auf das ausgewählte Papierformat passen.

Beschnittzugabe und Infobereich | Fehlender Anschnitt kann über die vier Eingabefelder auch nachträglich in das Dokument aufgenommen werden. Im Normalfall sollte man bereits beim Anlegen des Dokuments auf den Anschnitt von 3 mm achten, um im Anschnitt liegende Objekte auch jederzeit vernünftig ausgeben zu können.

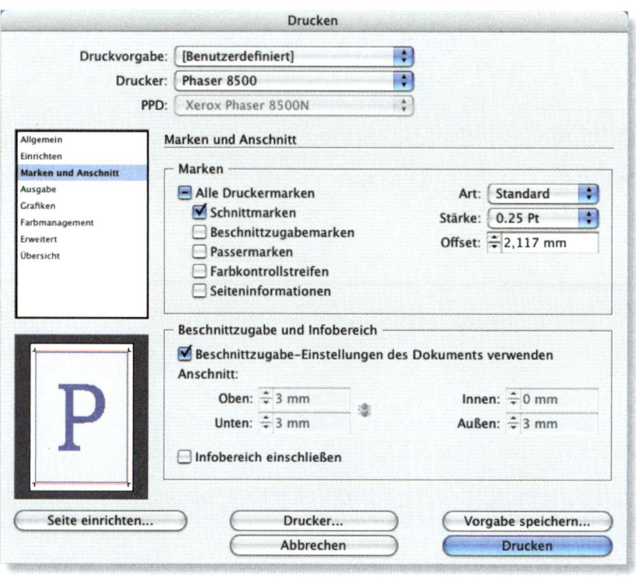

◂ **Abbildung 21.6**
Druckdialog Marken und Beschnittzugabe

PPD

Der Druckertreiber erzeugt für die Grafik- und Textausgabe allgemein gültige PostScript-Anweisungen, die mithilfe der gerätespezifischen PPD um den notwendigen Ansteuerungsbefehl für das gewählte Ausgabegerät ergänzt werden. In der PPD sind betriebssystemübergreifend die speziellen Eigenarten des Geräts wie unterstützte PostScript-Version, Papierformate und vorhandene Schriften sowie die Ansteuerung von Sonderfunktionen als PostScript-Code gespeichert.

Wir haben in der Praxis die Erfahrung gemacht, dass es sehr sinnvoll ist, alle im Betrieb benötigten PPD-Dateien zentral auf einem Serverlaufwerk zu pflegen und bei Bedarf bzw. bei der Installation lokal auf einem Client-Rechner abzulegen. Standardmäßig werden von Apple zahlreiche PPD-Dateien mit installiert, die unter Umständen bei der Auswahl der gerade benötigten PPD dann eher für Irritationen sorgen. Ein Großteil von Ausgabefehlern beruht auf dem Zuweisen einer falschen oder fehlenden PPD-Datei. Die Pflege und Ordnung sollte den Systemadministratoren überlassen werden, die auch überflüssige PPDs entfernen sollten.

Bei der Installation von PostScript-Druckertreibern werden grundsätzlich PPD-Dateien installiert. Die richtige PPD wird dadurch jedoch nicht automatisch aktiviert. Erst in den Druckereinstellungen im Print-Center des Mac OS oder in den Systemeinstellungen unter Windows XP wählen Sie die PPD aus.

Zum Nachlesen
Die Höhe des Anschnitts liegt in der Verwendung und Druckart begründet. Dazu haben wir Ihnen in Kapitel 5, »Neue Dokumente«, bereits einige Tipps gegeben.

Ist Ihr Dokument ein doppelseitiges Dokument, so erhalten Sie statt der Werte LINKS und RECHTS die Bezeichnungen INNEN und AUSSEN. Die Innen-Werte liegen im Bund und müssen mit 0 definiert sein. Bei einzelseitigen Dokumenten müssen Sie alle Werte gleichmäßig mit 3 mm beschneiden.

Wenn Sie bereits beim Einrichten des Layoutdokuments den Anschnitt definiert haben, dann wählen Sie ihn mit der Checkbox BESCHNITTZUGABE DES DOKUMENTS VERWENDEN aus. Dann werden die Werte ausgegraut und können nicht verändert werden.

Infobereich | Auch der Infobereich für die Kennung des Print-Jobs oder zur Ablage eines Farbkeils kann mit ausgedruckt werden. Dabei wird jedoch auch hier neben den Schnittmarken das Nutzenformat auf dem Papierformat immer kleiner. Für eine Ausbelichtung eignet sich jedoch diese Funktion, da Sie von einem Farbkeil die Dichten der Farbwerte nach dem Andruck einmessen und den Auflagendruck daran angleichen können.

21.1.5 Ausgabe

Der Menüpunkt AUSGABE ermöglicht Ihnen, das Dokument als Composite zu drucken oder zu separieren und die einzelnen Farbauszüge zu erstellen.

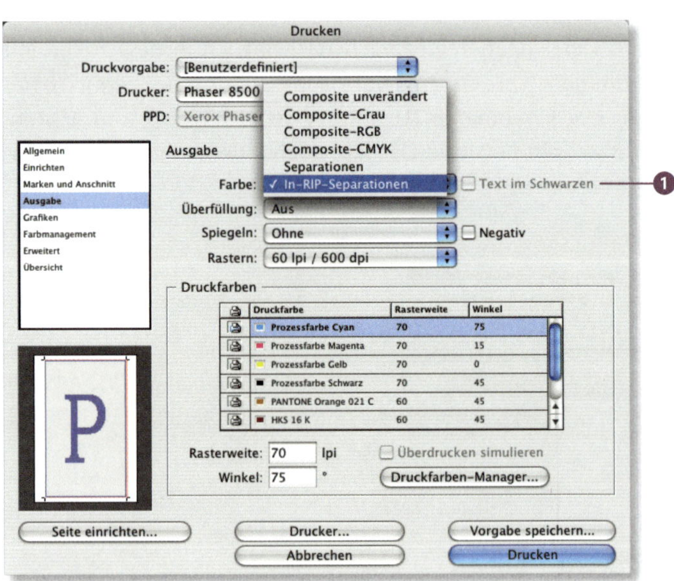

Abbildung 21.7 ▸
Ausgabe der einzelnen Separationen: Entweder wird die Separation von InDesign durchgeführt oder über eine In-RIP-Separation direkt im angeschlossenen RIP.

Farbe

- ▶ COMPOSITE UNVERÄNDERT
  Alle Farbinformationen wie Prozessfarben, RGB- und LAB-Werte sowie Schmuckfarben werden unverändert an die Ausgabe weitergegeben.

- Composite-Grau
  Alle Farbwerte werden in Prozentwerte von Schwarz umgesetzt. Diese Funktion eignet sich gut für die Ausgabe auf Schwarz-Weiß-Laserdruckern, da hier die Farbhelligkeit erhalten bleibt und der Drucker nicht intern die Farben wiederum umrechnen muss.
- Composite-RGB
  Wenn Sie direkt auf einen Fotobelichter ausgeben wollen oder eine PostScript-Datei über den Acrobat Distiller für das Internet erzeugen wollen, dann wählen Sie diese Option, um die Farben in den RGB-Arbeitsfarbraum zu konvertieren. Auch Prozessfarben und Schmuckfarben werden danach umgerechnet.
- Composite-CMYK
  Im Gegensatz zu Composite unverändert werden alle Farbtöne – auch Schmuckfarben – in den CMYK-Ausgabefarbraum umgewandelt. Diese Option ist für die Ausgabe auf Belichtern und Farblaserdruckern geeignet.

Beim Aktivieren des Popup-Menüs Farbe • Separationen eröffnen sich weitere Optionen wie die Überfüllung und das Festlegen der Rasterweiten sowie Optionen für das Spiegeln der Dokumente, was ausschließlich bei der Belichtung auf Filmmaterial notwendig ist.

Überfüllung | Die Einstellung Anwendungsintegriert im Menü Überfüllung bedeutet, dass die Separationen nach den Werten, die in InDesign in den Überfüllungsvorgaben angegeben sind, benutzt werden, um die Farben zu überfüllen. Mit der Einstellung Adobe In-RIP hingegen berechnet das Ausgabe-RIP pixelgenau die Überfüllungen. Dazu ist ein PostScript Level-3-RIP notwendig. Zur In-RIP-Ausgabe sollten Sie sich mit Ihrem Druckdienstleister oder dem RIP-Hersteller in Verbindung setzen.

Text im Schwarzen | Die Option Text im Schwarzen ❶ bedeutet, dass Text immer mit 100 % K gedruckt wird, unabhängig davon, ob es sich um farbigen oder weißen Text handelt und ob das Layoutdokument mit CMYK- oder RGB-Farben angelegt wurde. Diese Angabe macht für Textkorrekturauszüge Sinn. Dazu sollten dann auch die Bilddaten für die Ausgabe deaktiviert werden. Dies stellen Sie dann in dem nächsten Reiter, Grafiken, ein.

Rastern | Die Angaben unter Rastern sind feste Voreinstellungen, die bei angewählten Separationen aktiviert sind. Daraus lassen sich Auflösungen zwischen 72 und 4000 dpi sowie Rasterweiten vom 60er- bis 200er-Raster anwählen. Durchschnittliche Rasterungsangaben liegen zwischen 1200 und 2400 dpi je nach Belichtungsgerät. Für einen Audruck auf einem Farblaserdrucker wird in der Regel nur die optimale Rasterung wie z. B. 60 lpi/600 dpi angezeigt.

Druckfarben-Manager | Wer kennt das Problem nicht? Sie haben durch eine EPS-Datei eine Sonderfarbe importiert, zusätzlich jedoch dieselbe Farbe im Layoutdokument angelegt. Eine andere EPS-Datei benutzt dieselbe Farbe, jedoch ist die Farbbezeichnung unterschiedlich, z. B. Pantone 293 CVC anstatt P 293 C. Bei der Ausgabe erhalten Sie ohne Korrektur drei Farbauszüge, die doch eigentlich auf einem Film erscheinen sollten. InDesign bietet mit dem Druckfarben-Manager im Menüpunkt AUSGABE ein ganz besonderes Feature.

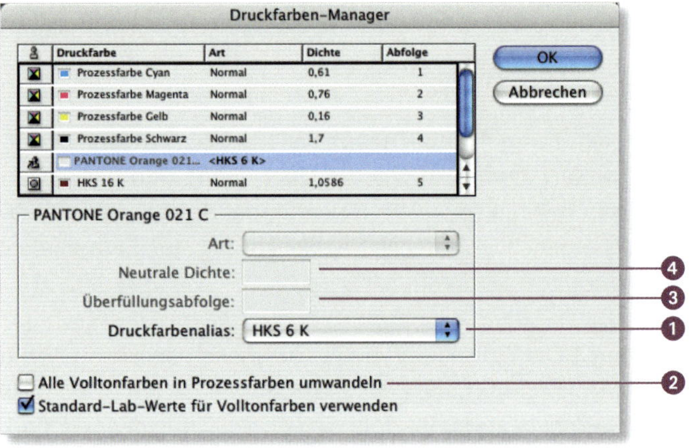

Abbildung 21.8 ▸
Zuweisen eines Druckfarbenalias im Druckfarben-Manager

InDesign löst dieses Problem sehr elegant, da Sie die Möglichkeit haben, einzelne Farbauszüge bei der Separation zusammen auf einen Film oder gleich auf eine Druckplatte (CtP) zu belichten. Sie müssen dazu lediglich die entsprechende Farbe auswählen und im Popup-Menü DRUCKFARBENALIAS ❶ die neue Auszugsfarbe zuweisen. InDesign berücksichtigt die Zuweisung bei der anschließenden Farbseparation.

Schmuckfarben ersetzen über den Druckfarben-Manager | Diese Option kann auch in kritischen Projektphasen die letzte Möglichkeit sein, Schmuckfarben komplett im gesamten Dokument zu ändern, ohne die Farbzuweisung zu den Layoutobjekten korrigieren zu müssen. Wollen Sie also anstatt der Schmuckfarbe »Pantone Orange 21« ein »HKS 6 K« verwenden, so legen Sie diesen einfach nur in der Farbfelder-Palette an, und geben Sie im Druckfarben-Manager an dieser Stelle oder aus dem Palettenmenü der

Farbfelder für den Druckfarbenalias diesen neuen Farbwert an, wie in Abbildung 21.8. zu sehen ist.

Schmuckfarben in Prozessfarben konvertieren | Ebenfalls lassen sich hier per Knopfdruck alle im Dokument vorkommenden Schmuckfarben in Prozessfarben konvertieren ❷. Überfüllungsreihenfolgen der einzelnen Farbauszüge lassen sich in ihrer Abfolge tauschen ❸, und es können auch die Farbdichtewerte in Ausnahmefällen manuell eingetragen und verändert werden ❹.

Absprache hilft

Sprechen Sie in jedem Fall mit Ihrem Druckdienstleister, bevor Sie hier Korrekturen oder Änderungen vornehmen. Sie sehen an dieser Stelle recht deutlich, welche weitreichenden Einflussmöglichkeiten InDesign bei der Druckausgabe bietet.

21.1.6 Grafiken

Bilder drucken | InDesign CS3 bietet zahlreiche Möglichkeiten, die platzierten Bilder im Layout in einer anderen als der hochauflösenden Fassung auszudrucken. Verwenden Sie unter DATEN SENDEN stets den Eintrag ALLE, um ein optimales Druckergebnis zu erzielen.

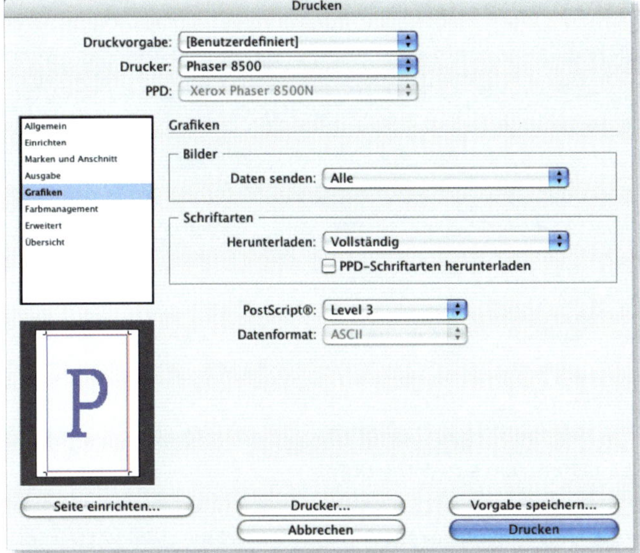

◀ **Abbildung 21.9**
Einstellungsmöglichkeiten für das Drucken von Grafiken

Für Korrekturauszüge eignen sich dagegen die weiteren Optionen. Daher können Sie beim Drucken unter GRAFIKEN • BILDER die Anweisung DATEN SENDEN auf KEINE stellen, um nur den Text für einen Korrekturbogen auszugeben.

Bildrahmen werden bei der Ausgabe als graue Flächen dargestellt, um die Position der Grafiken und Bilder auf den Seiten sehen zu können. Die Einstellung PROXY bedeutet, dass die platzierten Bitmap-Bilder mit einer Bildschirmauflösung von lediglich 72 dpi an das Ausgabegerät geschickt werden. Es empfiehlt sich, diese Einstellung dann vorzunehmen, wenn Sie Probedrucke

▲ **Abbildung 21.10**
Senden Sie beim Druck nur so viele Daten wie erforderlich.

erstellen möchten und dabei die Bilder und Grafiken in der Ansicht benötigen.

Ausgabegerät

InDesign unterstützt kein PostScript Level 1, sondern benötigt mindestens ein PostScript 2-RIP oder einen entsprechenden Drucker. Für die bestmögliche Ausgabe z. B. der Farbverläufe sollte Ihr Ausgabegerät daher nach Möglichkeit mit PostScript 3 kompatibel sein.

Bei der Einstellung OPTIMIERTE ABTASTAUFLÖSUNG sendet InDesign gerade die für das angeschlossene Ausgabegerät notwendigen Daten, um ein optimales Ergebnis zu erzielen. Angenommen, Sie haben bereits die hochaufgelösten Bilddaten, die belichtet werden sollen, in InDesign platziert, so wird bei der ausgewählten Einstellung beim Drucken auf einem Laserdrucker nicht die vollständige Datenmenge geschickt, sondern nur die für das Gerät tatsächlich benötigte. So erfolgt der Ausdruck wesentlich schneller als beim Senden aller Daten, da die Druckdatei kleiner wird. Dafür berechnet InDesign jedoch die Datenmenge, was bei älteren Computern und großen Bilddaten im Layout die Ausgabe ausbremst. Wählen Sie stattdessen ALLE, so gibt InDesign die Druckdatei schneller aus. Dafür muss jedoch das RIP oder der PostScript-Drucker die Daten intern umrechnen.

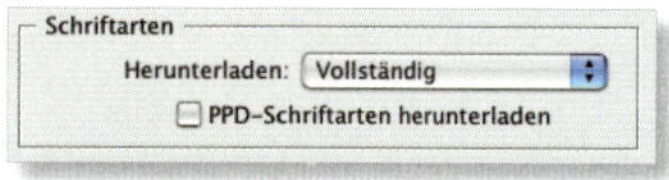

▲ **Abbildung 21.11**
Schriften sollten immer vollständig heruntergeladen werden.

Schriften | Beim Ausdruck entscheiden Sie auch, ob die Schriften vollständig, gar nicht oder nur teilweise entsprechend der tatsächlich im Dokument benutzten Zeichen als Untergruppe an das Ausgabegerät geschickt werden. Wenn Sie sehr viele unterschiedliche Fonts im Dokument benutzen, macht sich das auch in der Ausdruckgeschwindigkeit bemerkbar. Ebenso werden umfangreiche OpenType-Fonts grundsätzlich in Untergruppen ausgegeben. Geben Sie an dieser Stelle für eine bestmögliche Ausgabe VOLLSTÄNDIG an.

Durch Aktivieren der Schaltfläche PPD-SCHRIFTARTEN HERUNTERLADEN lassen sich häufige Fehler bei Ausgabegeräten vermeiden, die bereits Schriften installiert haben, denn es werden alle im Dokument benutzten Schriften erneut heruntergeladen. Typische Fehler mit unterschiedlichen Schriftarten wie Times und Helvetica lassen sich so vermeiden.

PostScript und Datenformat | InDesign wählt den PostScript-Level des jeweiligen Ausgabegerätes selbstständig. Wenn Sie auf einen PostScript Level 2-Drucker ausgeben, wird InDesign im Druckdialog automatisch auf DRUCKER: POSTSCRIPT-DATEI umgeschaltet. Die Kodierung der Ausgabe als ASCII ist für ältere Belichtungsgeräte geeignet, BINÄR hingegen ist die Standardoption für neuere Ausgabegeräte. Binärdaten sind in der Regel kleiner als ASCII-Daten.

Zum Nachlesen

Lesen Sie Kapitel 4, »Farbmanagement«, aufmerksam durch, um hier die entsprechenden Einstellungen vorzunehmen.

21.1.7 Farbmanagement

Die Einstellungen, die Sie hier vornehmen, richten sich nach den Grundeinstellungen für das Farbmanagement. Ist das

Farbmanagement in den Grundeinstellungen von InDesign deaktiviert, sind auch die Schaltflächen ohne Funktion, und es können keine weiteren Voreinstellungen vorgenommen werden.

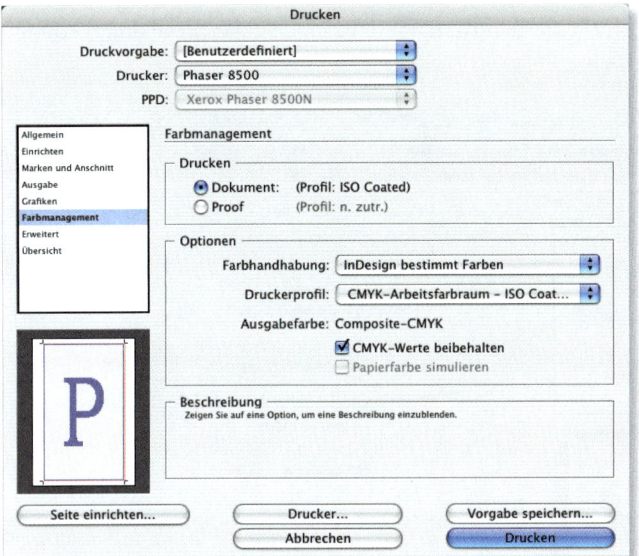

◂ **Abbildung 21.12**
Farbmanagement-Einstellungen beim Drucken

Findet der Ausdruck nicht auf dem vorgesehenen Ausgabefarbraum der Offsetmaschine statt, sondern drucken Sie auf einem Farblaserdrucker aus, so können Sie die Farbwerte in den Farbraum des Laserdruckers umrechnen, indem Sie das entsprechende Profil hier auswählen.

Das PostScript-Farbmanagement besagt, dass Farbtransformationen erst zur Ausgabe im RIP berechnet werden. Diese Funktion sollten Sie in der Standardausgabe nicht anwählen.

CMYK-Werte beibehalten
InDesign CS3 bietet die Option, CMYK-Werte für einen Ausdruck oder einen Export zu erhalten. Die Option finden Sie im Druckdialog unter der Rubrik Farbmanagement.

Was bedeutet das? Wenn InDesign Daten in ein Druckerprofil konvertieren soll, sind davon auch die CMYK-Werte betroffen und werden umgerechnet. Aktivieren Sie diesen Button, bleiben alle in InDesign angelegten CMYK-Farbwerte erhalten und werden nicht umgerechnet.

Proof | Für Druckaufträge mit fein nuancierten Farbabstufungen eignet sich immer ein Proof für die farbverbindliche Darstellung vor dem Druck. Anders als der Soft-Proof am Monitor mit InDesign drucken Sie direkt auf ein Proof-Gerät, das dazu geeignet ist, einen möglichst großen Farbraum abzubilden und spezielle Ausgabesituationen simulieren zu können. Als kostengünstige Proof-Lösungen können PostScript-fähige Tintenstrahldrucker oder Farblaserdrucker im Zusammenspiel mit einem Software-RIP eingesetzt werden. Eine High-End-Lösung stellt z. B. das Cromalin-Verfahren von DuPont dar, das mit lichtechten Farbpartikeln arbeitet. Speziell für Pantone-Farben können mit diesem Verfahren farbechte Proofs angefertigt werden.

Wollen Sie einen Proof direkt aus InDesign ausgeben, so hält InDesign spezielle Einstellungen für Sie bereit. Im Register Farbmanagement des Druckdialogs wechseln Sie auf die Proof-

Analog- und Digitalproof

Um einen Proof anzufertigen, stehen zwei Techniken zur Verfügung: Für den modernen Digitalproof werden die Daten direkt an ein Proof-Gerät ausgegeben. Der analoge Proof sieht die Erstellung der Farbauszüge als Filme vor, die für eine Belichtung einer speziellen Druckform dienen.

[Formproof]
Verwechseln Sie einen Farbproof nicht mit einem Formproof. Dieser ist nur dazu da, die Passergenauigkeit des Layouts zu prüfen und den aufgebauten Druckbogen für spätere Verarbeitungsschritte zu beurteilen. Die farbliche Genauigkeit ist hier unwichtig.

Einstellungen. Danach schaltet InDesign die Optionen für die Papierfarbe frei. Ein Proof soll das spätere Druckergebnis bestmöglich darstellen. Findet der Proof auf einem neutralen Papier statt, so können Sie die PAPIERFARBE SIMULIEREN. Danach wandelt InDesign die Farbwerte nach dem im Druckerprofil angegebenen Werten um.

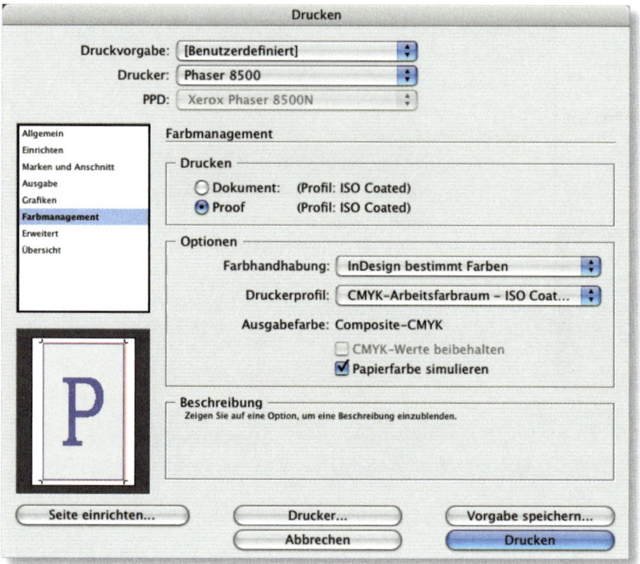

Abbildung 21.13 ▸
Ist die Option PROOF aktiviert, so ist die Wahl des Druckerprofils und die Simulation der Papierfarbe möglich.

Wenn Sie jedoch auf einem Papier proofen, das dem späteren Auflagenpapier ähnelt, sollten Sie die Funktion deaktivieren. Für den Zeitungsdruck gibt es beispielsweise Rollenpapiere für Proof-Geräte, die ein nahezu identisches Farbannahmeverhalten und ein Papierweiß zeigen wie das spätere Auflagenpapier.

21.1.8 Erweitert

Als Bitmap drucken | Bei der Ausgabe auf nicht-PostScript-fähigen Druckern wie beispielsweise einfachen Tintenstrahldruckern zählt nur das optisch brilliante Ergebnis. Aus Bild-, Vektor- oder Schrift-Anweisungen von InDesign macht ein Tintenstrahldrucker nichts anderes, als mit eigenen Mitteln eine Bilddatei zu berechnen und auszudrucken. Dies kann je nach Gerät unterschiedlich lange dauern. Was liegt also näher, als diese Methode gleich in InDesign zu integrieren, um die Bildumrechnung dem schnelleren Computer zu überlassen?

Hierfür hat Adobe in InDesign CS3 in der Rubrik ERWEITERT die Möglichkeit geschaffen, das Layoutdokument als Bitmap zu drucken. Dafür stehen Ihnen Auflösungen zwischen 72 dpi für einen Probedruck und 600 dpi für einen hochauflösenden Druck zur Verfügung. Falls der Drucker technisch eine höhere Auflösung von 1440 dpi und mehr erreichen kann, rechnet dann der Druckertreiber wiederum die Bilddaten um. Unterschiede sollten im Ausdruck jedoch nicht zu erkennen sein.

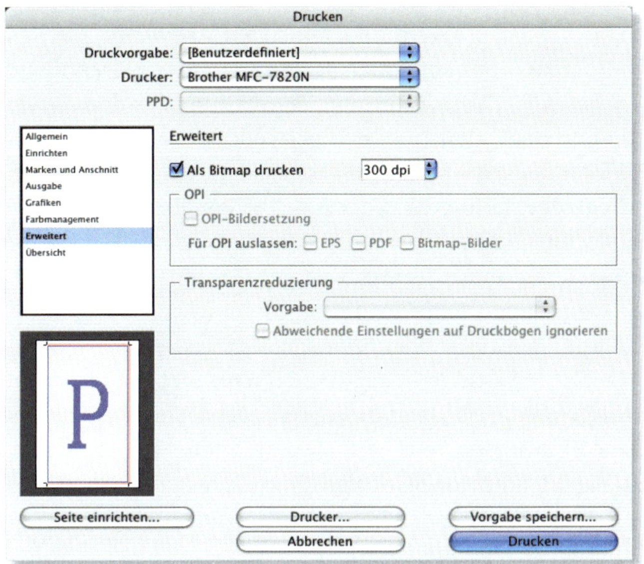

◀ **Abbildung 21.14**
Bei den Layoutvorgaben für Tintenstrahldrucker können Sie neuerdings auch ALS BITMAP DRUCKEN wählen.

Falls Sie also die Option ALS BITMAP DRUCKEN aktivieren, werden andere Bereiche (wie die TRANSPARENZREDUZIERUNG) ausgegraut. Somit ist auch klar, dass natürlich eine Reduzierung von Transparenzen stattfindet, diese jedoch pixelorientiert verläuft.

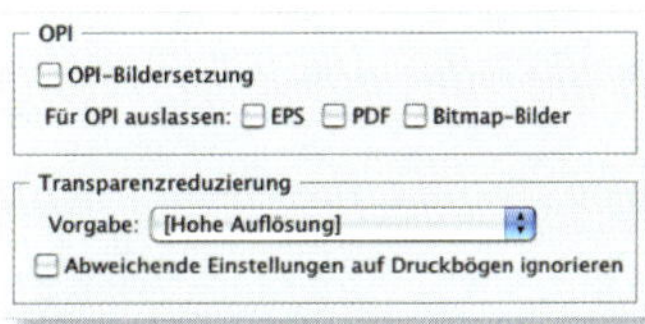

▲ **Abbildung 21.15**
Erweiterte Einstellungen für OPI und die Transparenzreduzierung

OPI | Im Kapitel 18, »Transparenz und Reduzierungsvorschau«, wurde bereits auf die Problematik der Transparenzen und Schlagschatten in Zusammenhang mit OPI hingewiesen. OPI (Open Prepress Interface) ist eine Technologie, die von Adobe zu Beginn der 90er-Jahre entwickelt wurde. Adobes Ziel war es damals, die Druckausgabe komplexer Satzdateien erheblich zu beschleunigen, indem die rechenintensiven Prozesse auf den OPI-Server verlagert werden. Der Layouter arbeitet am Bildschirm mit niedrig aufgelösten Grobdaten, die schließlich bei der Druckausgabe vom OPI-Server durch die hochaufgelösten Feindaten ausgetauscht werden. Damit der OPI-Server auch weiß, welche hochaufgelösten Bilddaten ersetzt und ausgegeben werden sollen, wird von der Anwendung ein sogenannter OPI-Kommentar anstelle des Bildes zum Server geschickt. In diesen Kommentaren stehen die entsprechenden Informationen. Die OPI-Spezifikationen sind bei Adobe frei zugänglich.

Natürlich arbeitet InDesign auch mit dem HELIOS-OPI-Server problemlos zusammen. Nur wenn die Schaltfläche OPI-

OPI: Low-Res für das Layout, High-Res für die Ausgabe
Wenn im OPI-Workflow auch mit Transparenzen, Schlagschatten und weichen Kanten gearbeitet werden soll, so müssen in diesem Fall die hochaufgelösten Originaldaten platziert werden. Beim Drucken werden dann die Transparenzreduzierungsformate entsprechend der Voreinstellung angewandt.

BILDERSETZUNG aktiviert ist, werden die OPI-Kommentare geschrieben und beim Drucken die niedrig aufgelösten Platzierungsbilder durch die hochaufgelösten Daten ausgetauscht. Der gesamte Ausgabeprozess kann zusätzlich noch erheblich beschleunigt werden. Beim Senden der Satzdatei an den OPI-Server können die platzierten Daten durch Aktivieren der Felder EPS, PDF und Bitmap-Bilder deaktiviert werden. Dann wird lediglich der OPI-Kommentar zur Verarbeitung an den Server geschickt und der Datenstrom dadurch reduziert.

Transparenzreduzierung | Bei der Ausgabe können Sie direkt auf die angelegten Transparenzreduzierungsformate zugreifen, die festlegen, wie die transparenten und gegebenenfalls mit Schlagschatten versehenen Objekte der Satzdatei für die Ausgabe in eine Bitmap-Datei verrechnet bzw. verflacht werden.

Die Option ABWEICHENDE EINSTELLUNGEN AUF DRUCKBÖGEN IGNORIEREN sollten Sie dann aktivieren, wenn Sie auf eine seitengenaue Transparenzreduzierung verzichten. InDesign CS3 benutzt dann immer die globalen Einstellungen. In der Regel werden keine abweichenden Einstellungen vorgenommen. Lesen Sie dazu bitte auch Kapitel 18.

21.1.9 Übersicht

Alle im Druckmenü vorgenommenen Einstellungen werden in einer Übersicht zusammengefasst, die sich als Textdatei, quasi als Report, abspeichern lässt. Der Bericht kann mit den Daten archiviert werden und erlaubt bei späteren Nachdrucken einen schnellen Abgleich der Ausgabesituation.

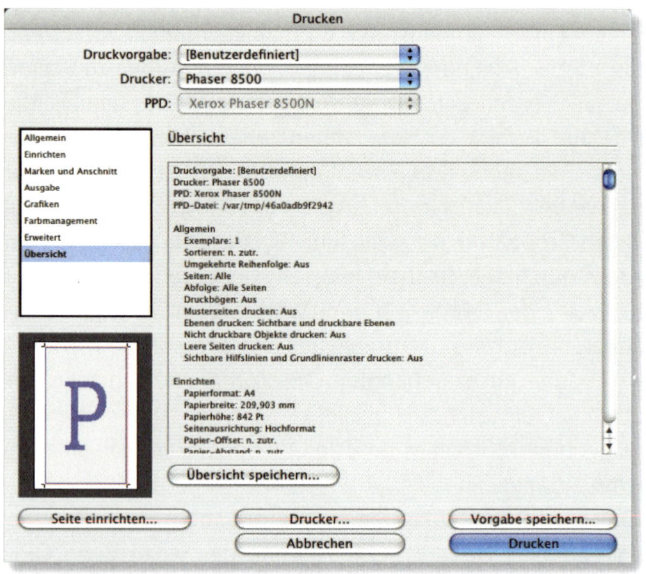

Abbildung 21.16 ▸
Übersicht erstellen

21.1.10 Druckvorgaben erstellen und gemeinsam nutzen

Um Einstellungen bei wiederkehrenden Druckjobs nicht immer wieder vornehmen zu müssen, legen Sie sich Druckvorgaben an, in denen alle Ausgabeeinstellungen als Voreinstellung gespeichert werden. Druckvorgaben lassen sich auch aus externen Dateien bei Bedarf laden. So können Sie auf Druckereinstellungen zugreifen, die Ihnen von Ihrem Dienstleister bereitgestellt werden. Aus QuarkXPress sind Ihnen die Druckvorgaben als Druckstile bekannt.

Druckjobs für alle
Standardeinstellungen für häufig wiederkehrende Kundenjobs lassen sich, einmal korrekt angelegt, speichern und auf alle weiteren InDesign-Arbeitsplätze übertragen. Der Ausgabeprozess wird somit sicherer und leichter reproduzierbar. Dabei ist es sinnvoll, die Druckvorgaben auf einem Server-Volume zu hinterlegen.

Zwei Wege gibt es, diese Druckvorgaben anzulegen oder zu bearbeiten:

- Zum einen rufen Sie unter dem Menü Datei • Druckvorgaben die Einstellungen auf.
- Zum anderen können Sie aus dem Druckdialog heraus die Angaben als Druckvorgabe speichern. Das ist besonders dann sinnvoll, wenn Sie nachvollziehen wollen, mit welchen Angaben Sie die Layoutdaten gedruckt oder belichtet haben.

Wählen Sie für die Druckvorgaben einen sinnvollen Namen, je nach den im Format vorgenommenen Einstellungen beispielsweise für Farbseparationen oder Papierformate.

Die gesamte Druckvorgabe speichern Sie als externe Datei. Somit können Sie auch innerhalb eines Netzwerkes von mehreren Arbeitsplätzen aus auf dieselben Vorgaben zugreifen.

▲ **Abbildung 21.17**
Druckvorgaben definieren Sie für verschiedene Ausgabegeräte oder Methoden.

Schritt für Schritt: Doppelseite mit Anschnitt

Doppelseiten müssen häufig als zusammenhängender Druckbogen mit Anschnitt zur Layoutkontrolle ausgedruckt werden. Hierfür legen wir uns eine neue Druckvorgabe an.

1 Druckvorgabe neu anlegen

Wählen Sie im Menü Datei die Option Druckvorgaben • Definieren..., und klicken Sie in der Übersicht der Druckvorgaben auf Neu.

2 Druckbögen einrichten

In den Einstellungen Allgemein aktivieren Sie die Druckbögen, damit Doppelseiten als einseitiges Querformat ausgegeben werden.

3 Papierformat einrichten

Wählen Sie das Papierformat in der Rubrik Einrichten, und passen Sie den Ausdruck des Dokuments auf das Papierformat an, indem Sie auf den Button Auf Seitengrösse skalieren klicken.

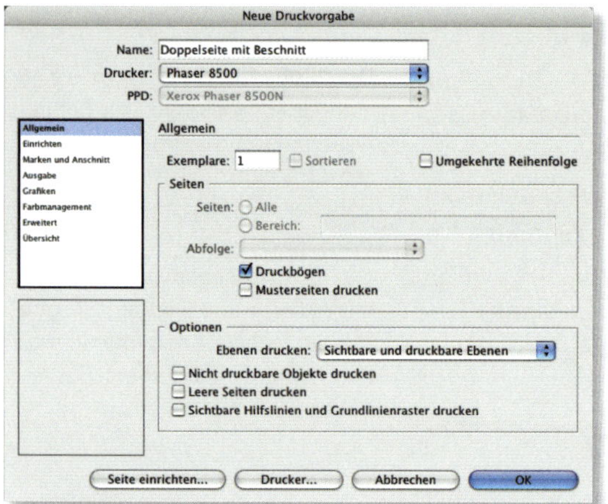

▲ **Abbildung 21.18**
Einstellungen ALLGEMEIN

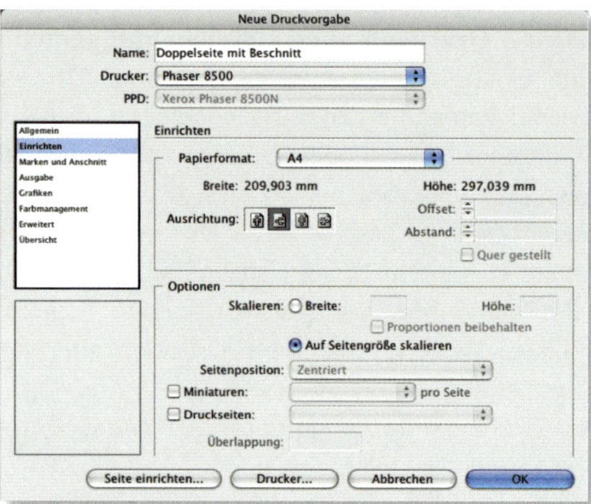

▲ **Abbildung 21.19**
Einstellungen unter EINRICHTEN

4 Druckermarken und Anschnitt hinzufügen

Im Register MARKEN UND ANSCHNITT suchen Sie sich die Druckmarken aus, die Sie mit auf dem Ausdruck benötigen. Sinnvoll sind die SCHNITTMARKEN und die SEITENINFORMATIONEN. Den Anschnitt des Dokuments drucken Sie mit, wenn Sie die BESCHNITTZUGABE-EINSTELLUNGEN DES DOKUMENTS VERWENDEN.

5 Farbausgabe wählen

Wählen Sie die Einstellung COMPOSITE-CMYK in der Rubrik AUSGABE für den Druck auf einem Farblaserdrucker aus.

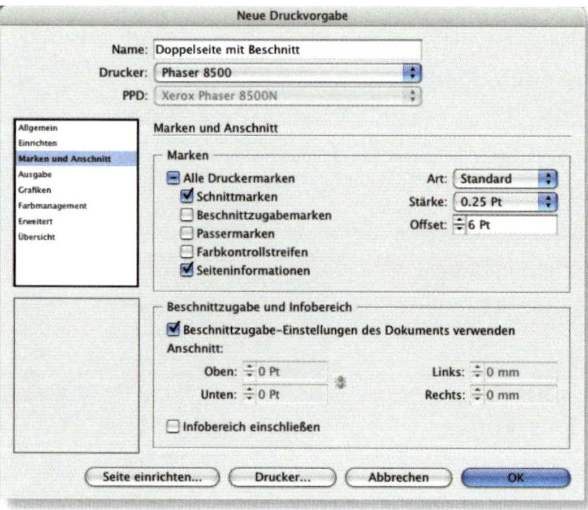

▲ **Abbildung 21.20**
Einstellungen unter MARKEN UND ANSCHNITT

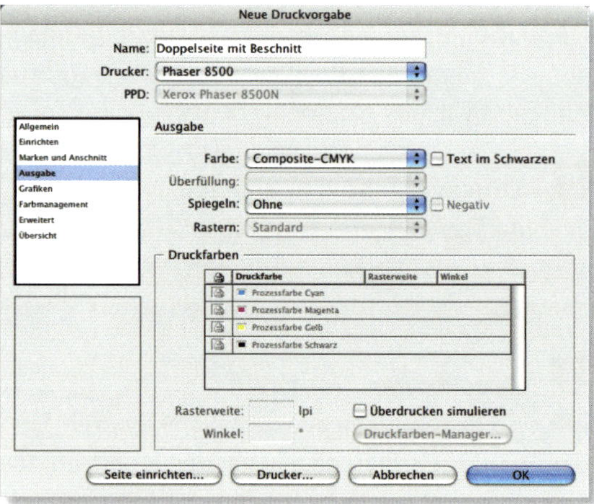

▲ **Abbildung 21.21**
Einstellungen unter AUSGABE

6 Bilder und Schriftarten übermitteln

Alle platzierten Grafiken und Bilder sollten in der eigenen Auflösung an den Drucker geschickt werden. Wählen Sie daher DATEN SENDEN • ALLE. Schriftarten müssen vollständig heruntergeladen werden.

7 PostScript und Datenformat

Sofern nichts anders vorgegeben ist, sollte der PostScript-Level auf 3 stehen und das Datenformat binär sein. Für unser Beispiel arbeiten wir mit einem Drucker, der nur die in der Abbildung gezeigte Kombination versteht.

8 CMYK-Werte erhalten

Im FARBMANAGEMENT des Druckdialogs wählen Sie, dass InDesign die Farben bestimmt und dass das DRUCKERPROFIL mit dem DOKUMENT-CMYK übereinstimmt. Insofern findet keine Farbumrechnung speziell für die Druckausgabe statt, und die CMYK-Werte werden erhalten.

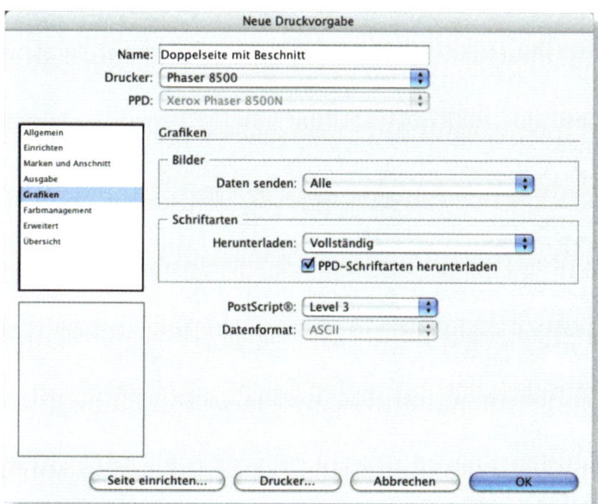

▲ **Abbildung 21.22**
Einstellungen unter GRAFIKEN

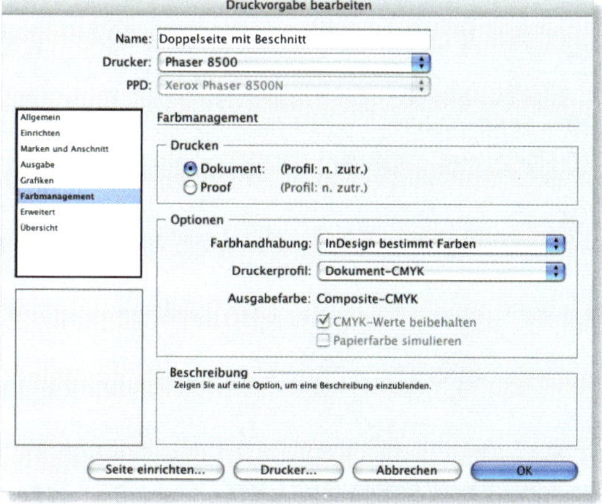

▲ **Abbildung 21.23**
Einstellungen beim Farbmanagement

9 Transparenzen reduzieren

Wählen Sie die hohe Auflösung für die Reduzierung der Transparenzen, um die maximale Qualität an den Drucker weiterzugeben.

10 Neue Vorgabe speichern

Klicken Sie auf OK, und Ihre neue Einstellung erscheint in der Liste der Druckvorgaben.

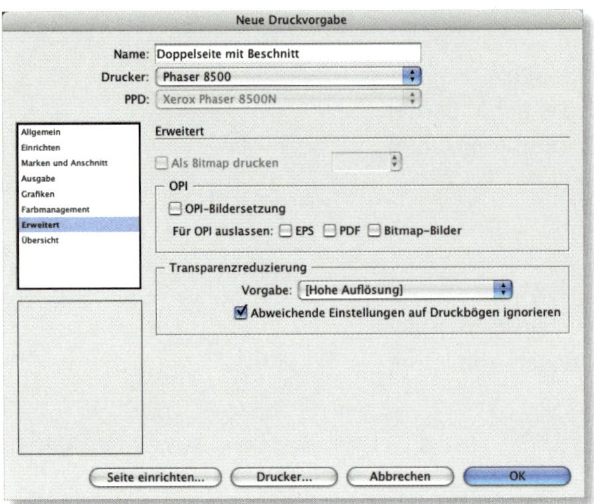

▲ **Abbildung 21.24**
Einstellungen unter Erweitert

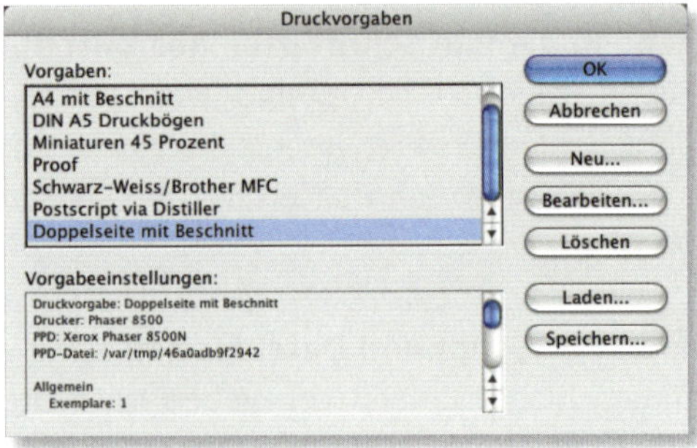

▲ **Abbildung 21.25**
Eine neue Druckvorgabe wurde angelegt.

11 Dokument nach Vorgabe drucken
Öffnen Sie ein Dokument, und rufen Sie mit dem Tastenbefehl [⌘]/[Strg]+[P] den Druckdialog auf. Hier wählen Sie im Pull-down-Menü die entsprechende Vorgabe aus.

Abbildung 21.26 ▶
Wählen Sie die Vorgabe nun aus.

21.2 Broschüre drucken

Die Ausgabe einer Broschüre aus InDesign als PostScript oder als PDF-Datei ist direkt möglich. Sie können die Seiten einer Broschüre ausschießen und sofort an den angeschlossenen Drucker senden.

21.2.1 Was ist ausschießen, und was ist montieren?

Das Ausschießen beschreibt den Vorgang, einzelne Dokumentenseiten in der richtigen Reihenfolge und Ausrichtung für den Druckbogen zu sortieren. Die **Montage** ist die passergenaue Fixierung auf dem gesamten Druckbogen. Dabei ist es wichtig, je nach Größe des Druckbogens und späterer Verarbeitung wie Schneiden, Binden, Klammern, Heften, Falzen oder Stanzen die

Wo ist das Ausschießen mit InBooklet SE geblieben?

Wenn Sie schon mit InDesign CS2 gearbeitet haben, kennen Sie vielleicht die Funktion InBooklet SE, ein Plug-in der Firma Alap. Da Quark die Firma Alap übernommen hat, konnte Adobe das Plug-in für CS3 nicht mehr verwenden und hat eine ähnliche Funktion, Broschüre drucken, geschaffen, die jedoch nur die Grundlagen der Ausschießmöglichkeiten von InBooklet wiedergibt.

Seiten in der richtigen Position und Ausrichtung zu platzieren, sodass das Endprodukt – ein gebundenes Buch – eine richtige Seitenfolge erhält.

21.2.2 Unser Beispiel

Anhand eines zwölfseitigen Dokuments für den Digitaldruck wollen wir Ihnen die Funktionsweise erklären: Eine Broschüre hat das Endformat A4 und wird digital gedruckt. Die Druckbögen werden einmal gefalzt und durch eine Klammerheftung gebunden. Die Layoutmotive liegen im Anschnitt.

Schmuckfarben unterdrücken
Bevor Sie das Layoutdokument ausschießen, sollten Sie noch beachten, dass der Digitaldruck keine Schmuckfarbeninformationen verarbeiten kann. Überprüfen Sie daher Ihr Dokument mit dem Druckfarben-Manager: Öffnen Sie die Farbfelder-Palette, und wählen Sie die Funktion aus dem Palettenmenü aus. In der Übersicht des Druckfarben-Managers sehen Sie auf einen Blick, ob Sie wirklich Schmuckfarben im Layout verwenden. Aktivieren Sie die Funktion ALLE VOLLTONFARBEN IN PROZESSFARBEN UMWANDELN. Somit bleibt Ihre Schmuckfarbe im Layout erhalten, wird aber in eine Prozessfarbe für die Ausgabe als PostScript oder PDF-Datei konvertiert. Bestätigen Sie die Eingabe mit OK. Den entsprechenden CMYK-Farbwert erhalten Sie über die Separationsvorschau.

21.2.3 Die Dialog Broschüre drucken

Über das Menü DATEI rufen Sie die Funktion BROSCHÜRE DRUCKEN auf. Mit den folgenden Einstellungsdialogen geben Sie alle Parameter an, damit InDesign aus Ihrem Dokument die Druckbögen erstellt und an den angeschlossenen Drucker weitergibt.

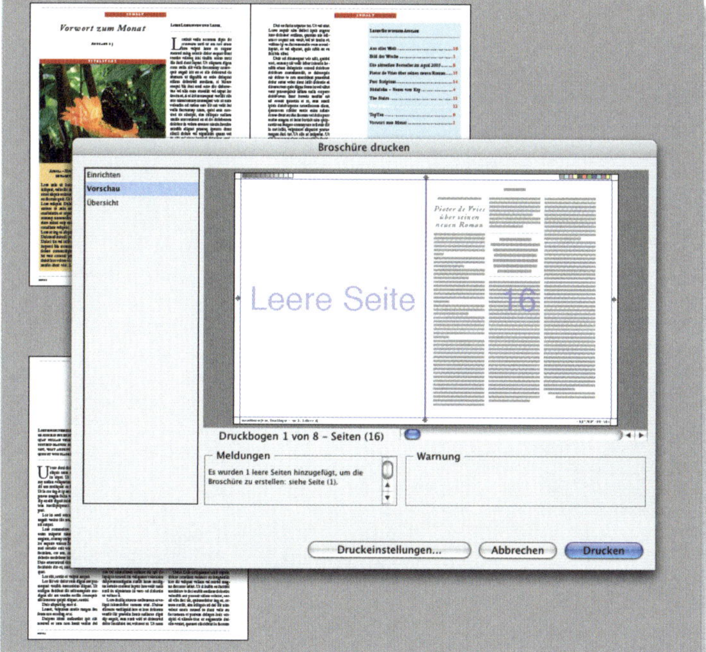

◂ **Abbildung 21.27**
Das Ausgangsdokument für eine Rückendrahtheftung in zwei Nutzen muss aus einem Vielfachen von vier bestehen. In unvollständige Dokumente fügt InDesign so viele leere Seiten ein, bis das nächste passende Seitenschema erreicht ist.

Druckeinstellungen | Wählen Sie zunächst den unteren Punkt DRUCKEINSTELLUNGEN aus, um die Vorgaben des Ausgabegerätes anzupassen. Folgen Sie dazu den Angaben, die wir in diesem Kapitel in den vorangegangenen Abschnitten gemacht haben. Wichtig ist dabei, dass Sie das Papierformat Ihres Druckers wählen. Bei randabfallenden Bildern benötigen Sie auch die Schnittmarken oder andere Angaben wie Passerkreuze oder Farbkeile.

Ausgeschossene Datei als PDF exportieren | Wollen Sie anstelle eines Papierdokuments eine ausgeschossene PDF-Datei exportieren, so legen Sie sich eine entsprechende Vorgabe »PDF via Distiller« an, die wir Ihnen im nächsten Kapitel 22, »PDF-Export aus InDesign«, genauer erläutern.

Wählen Sie dazu bitte in den Druckeinstellungen als Drucker Adobe PDF 8.0, wenn Sie Acrobat 8 installiert haben. Für die vorherige Version dient der Drucker Adobe PDF 7.0. Dabei handelt es sich um virtuelle Drucker, die zunächst die PostScript-Daten erzeugen und an den Acrobat Distiller weitergeben. Haben Sie hier einen PDF-Drucker gewählt, können Sie nun ein benutzerdefiniertes Papierformat in der Rubrik Einrichten wählen und Schnittmarken in der nächsten Rubrik, Marken und Anschnitt, hinzufügen. Somit erhalten Sie später eine PDF-Datei, die mit einer ausgeschossenen Seitenfolge als einzelne Druckbögen angelegt wird.

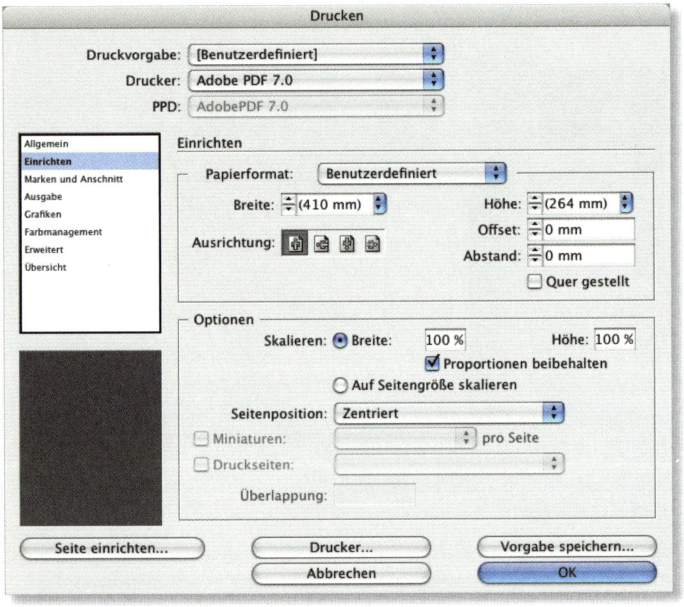

Abbildung 21.28 ▸
In den Rubriken Einrichten und Marken und Anschnitt legen Sie die wesentlichen Einstellungen für den Druckvorgang inklusive Ausschießen fest.

Layout per Skript ausschießen
Verschiedene Skripte erzeugen beispielsweise ausgeschossene Seiten als PDF-Dateien, die in einem neuen InDesign-Dokument angelegt werden. Lesen Sie bitte dazu auch Kapitel 33, »Plug-ins«.

Einrichten | Wenn Sie die Druckereinstellungen getroffen haben, können Sie nun mit den folgenden Angaben fortfahren: Im Dialog Einrichten wählen Sie den verfügbaren Drucker aus und geben den Seitenbereich an. In der Regel werden Sie für ein zwölfseitiges Dokument für den Digitaldruck auch alle Dokumentenseiten in InDesign angelegt haben und verwenden daher die Auswahl Alle. Besitzt Ihr Dokument nur elf Seiten, so wird eine leere letzte Seite auf dem letzten Druckbogen angelegt.

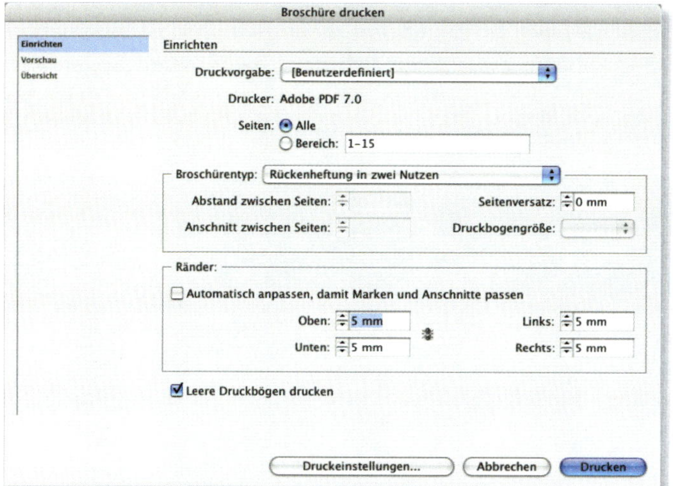

◂ **Abbildung 21.29**
In den Einrichten-Vorgaben wählen Sie Typ, Abstände und Ränder aus.

Der Broschürentyp bietet Ihnen die verschiedenen Schemata, Ihr Layoutdokument auszuschießen:

- Rückenheftung in zwei Nutzen ist die Einstellung für unser Beispielprojekt. Ein Druckbogen wird also aus zwei Nutzen aufgebaut und entspricht einer Doppelseite im Layout, jedoch in der richtigen Seitenanordnung. Danach wird die Seite 1 aus dem Layout mit der Seite 12 auf einen Druckbogen montiert, die Seite 2 mit 11 usw. Es gibt immer einen Druckbogen für die Vorderseite (Schöndruck) und die Rückseite (Widerdruck) eines Papierbogens.
- Das zweite Schema Klebebindung in zwei Nutzen dient zum Anlegen von Druckbögen, die nach dem Druck am Rücken angeschnitten und verleimt werden.
- Die weiteren Schemata, Fortlaufend, bieten Vorlagen für Seiten, die direkt aufeinander folgen. Die Nutzen werden also von links nach rechts auf einem Druckbogen verteilt, die Seitenzahlen werden aufsteigend ausgeschossen. Diese Schemata eignen sich bei Klappseiten im Wickelfalz oder als Leporello.

Bücher sind keine Broschüren, meint InDesign

Leider können über die Funktion »Broschüre drucken« keine Buchdateien ausgeschossen werden. Sie müssten daher alle einzelnen Dokumente des Buches zu einer neuen InDesign-Datei zusammenfügen, damit die Seiten in der richtigen Reihenfolge auf dem Druckbogen erscheinen.

Der Seitenversatz wird dann benötigt, wenn aufgrund einer hohen Papiergrammatur und eines großen Seitenumfangs die gefalzten Druckbögen eine Verschiebung der innen liegenden Seiten bilden und somit ein späterer Anschnitt schwierig wird. Als Beispiel können Sie sich Ihre Fernsehzeitschrift mit Drahtheftung nehmen, die in den inneren Doppelseiten ein um ca. 5 Millimeter schmaleres Seitenformat besitzt als der Umschlag.

Ränder

Die Ränder bezeichnen irrtümlicherweise nicht den Anschnitt um das Druckbild des Bogens, sondern beziehen auch Schnittmarken, Passerkreuze und Farbkeile mit in den Rand ein.

Vorschau | Haben Sie alle Einstellungen vorgenommen, so können Sie in der Rubrik Vorschau die Druckbögen anschauen.

Mit Hilfe des horizontalen Scrollbalkens blättern Sie zum nächsten Druckbogen und suchen sich den gewünschten Bogen aus. Welche Seiten auf diesem Druckbogen montiert sind, sehen Sie zusätzlich neben dem Druckbogentitel.

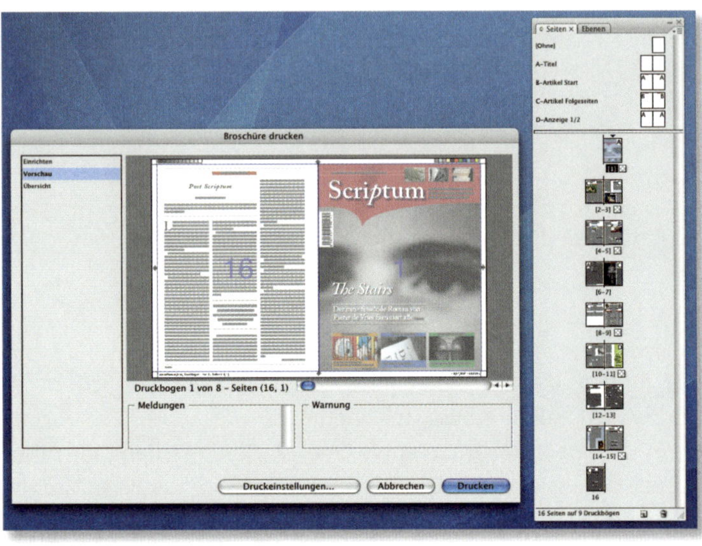

Abbildung 21.30 ▶
Die erste und die letzte Seite werden für die Rückendrahtheftung aneinandermontiert.

Papierformat zu klein?

Wenn Sie einen Drucker ausgewählt haben, der das gewünschte Papierformat nicht in Originalgröße wiedergeben kann, werden Ihnen anhand eines roten Bereichs die nicht druckenden Flächen des Druckbogens angezeigt.

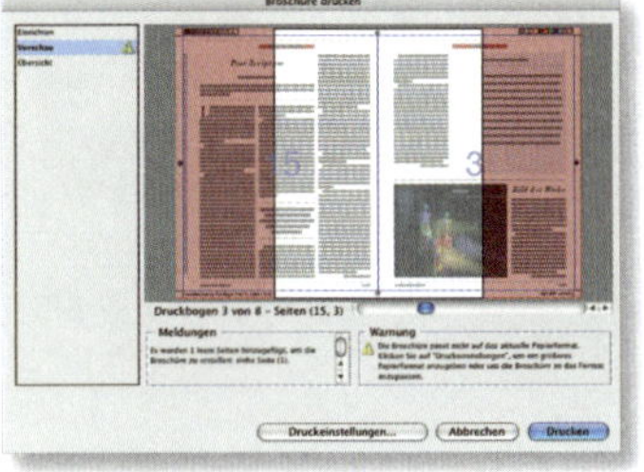

▲ Abbildung 21.31
Falsche Druckvorgaben durch ein zu kleines Papierformat oder einen ungeeigneten Drucker werden als rote Bereiche sichtbar.

Nach der Kontrolle der Druckbögen in der Vorschau können Sie nun den Druckvorgang starten.

21.3 Nicht-PostScript-Ausgabe

Für einen Probedruck, eine Korrektur oder eine Präsentation müssen Sie eventuell Ihre Layoutdaten auf einem Nicht-PostScript-Drucker ausgeben, wie z.B. einem Tintenstrahldrucker ohne PostScript-RIP. Alle günstigen Tintenstrahldrucker besitzen grundsätzlich kein RIP, somit ist es nicht möglich, einen positionsgenauen Druck anzufertigen. So werden Linienstärken anders dargestellt als in der Ausbelichtung, oder das Kerning der Schrift wird nicht präzise umgesetzt, da die Vektorinformationen anders als bei einem PostScript-Drucker in ein Bitmap umgerechnet und an den Drucker gesendet werden. Sie können jedoch aus InDesign CS3 mit der neuen Option ALS BITMAP DRUCKEN nicht nur annehmbar präzise, sondern auch farblich gute Probedrucke auf einem Tintenstrahldrucker ausgeben.

Im Folgenden stellen wir die Einstellungen vor, die Sie brauchen, um eine Ausgabe für einen sogenannten »Layout-Dummy« optimal vorzubereiten. Einige Funktionen sind reine PostScript-Funktionen, andere hingegen lassen sich auch mit einem Tintenstrahldrucker anwenden.

21.3.1 Anschnitt- und Beschnittzugabemarken

Auch hier spielt InDesign seine Stärken aus: Anschnitt, Schnittmarken oder Beschnittzugabemarken können ebenso ausgegeben werden wie Farbkontrollstreifen oder der Infobereich. Haben Sie zum Beispiel in den allgemeinen Einstellungen die Doppelseitenfunktion angewählt, so können Sie nun mit den Schnittmarken und dem Anschnitt zusammen eine Doppelseite als Dummy ausdrucken, anschließend beschneiden und mittig falzen.

21.3.2 Ausgabe

Tintenstrahldrucker besitzen je nach Ausstattung vier, sechs oder sogar acht Farbpatronen (letzteres bei sogenannten Fotodruckern). Diese Mehrfarbpatronen setzen sich aus dem herkömmlichen Prozessfarben und weiteren Pastellfarben wie Hellgelb und Hellmagenta zusammen. Auch Grautöne wie Kalt- oder Warmgrau werden als Tinte angeboten. Die Pastellfarben dienen dazu, den Farbraum der stark leuchtenden Prozessfarben bei Porträts für besonders sensible Hauttöne natürlicher auszugeben. Die zusätzlichen Grautöne verbessern die Qualität von Graustufen-Bildern.

InDesign erlaubt die Ausgabe für Nicht-PostScript-Drucker als Bitmap und im RGB-Farbraum. Dies bedeutet, dass die Farben in Graustufen- oder RGB-Daten umgesetzt und an den Druckertreiber geschickt werden. Dieser wiederum konvertiert die Daten für den CMYK-Farbraum des Druckers.

Cyan ist nicht gleich Cyan
Beachten Sie bitte, dass die Prozessfarben von Tintenstrahldruckern nicht genormt sind und somit eine 100%ige Cyan-Fläche nicht identisch zu einer 100%igen Cyan-Fläche im Offsetdruck ist. Mit dieser Hintergrundinformation erkennen Sie hoffentlich, dass es nicht möglich ist, farbverbindliche Probedrucke anzufertigen. Versprechen Sie Ihren Kunden nicht, dass die Druckfarben im Offsetdruck auch so aussehen wie aus dem Tintenstrahldrucker, Sie werden sich nur unbequeme Fragen gefallen lassen müssen. Rechtlich farbverbindlich sind nur Farb-Proofs.

Als Bitmap drucken | Unter der Rubrik Erweitert finden Sie die wichtige neue Option, alle Grafiken, Bilder und Schriften als Bitmap zu drucken. Auf die möglichen Auflösungen sind wir bereits in Abschnitt 21.15, eingegangen.

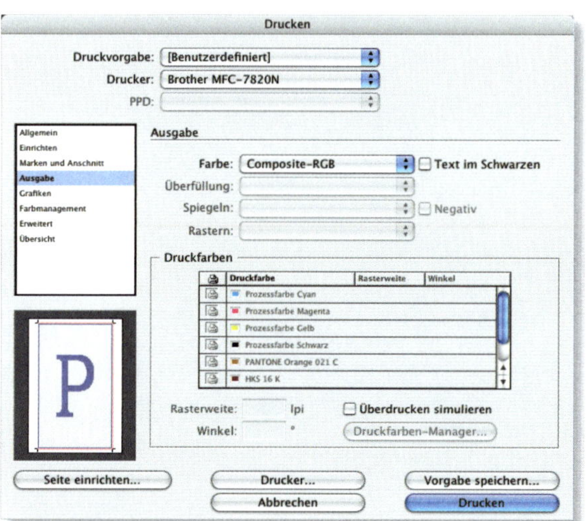

◂ **Abbildung 21.32**
In den Ausgabe-Einstellungen erkennen Sie bei einem Tintenstrahldrucker, der nicht Post-Script-fähig ist, dass die Farbe nur als Composite-RGB an den Drucker weitergegeben wird.

21.3.3 Farbmanagement

Mit dem Ausgabeprofil im Druckerfarbraum geben Sie an, ob die Daten, die InDesign schickt, für den Druck farblich in den Zielfarbraum konvertiert werden. Wenn Sie diese Transformation vornehmen wollen, sollten Sie dafür als Zielfarbraum das Geräteprofil Ihres Druckers wählen. Es lohnen sich Drucktests, da nicht alle Geräteprofile, die mit dem Druckertreiber abgelegt werden, einen geeigneten Farbraum bieten. Sollten Sie mit einem ausgewählten Geräteprofil nicht zu dem gewünschten farblichen Ergebnis kommen, wählen Sie das Arbeitsprofil »ECI RGB v2«. Die RGB-Werte können Sie für die Ausgabe erhalten, sodass InDesign keine Farbkonvertierungen vornimmt. Lesen Sie bitte auch Kapitel 4, »Farbmanagement«, und die darin beschriebenen empfohlenen Profilkonvertierungen, die Sie hier angeben können.

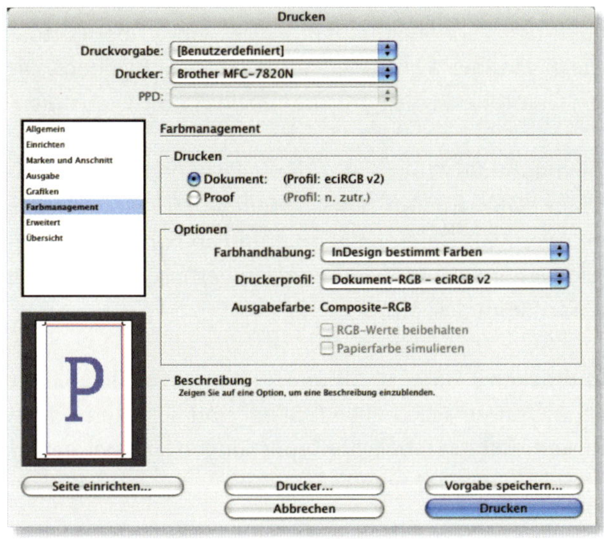

Abbildung 21.33 ▸
Das Farbmanagement im Druckdialog erlaubt es Ihnen, die Farben nur für den Tintenstrahldrucker auf ein Ausgabeprofil umzurechnen.

22 PDF-Export aus InDesign

Ob für das Internet, für den Digitaldruck, die Ausbelichtung mit Einstellungen Ihrer Druckerei oder als PDF/X: InDesign bietet für jede Ausgabeform eine Vorgabe an, die Sie einfach übernehmen oder konfigurieren können.

In diesem Kapitel wollen wir uns ausschließlich mit PDF-Dateien beschäftigen, die Sie für die Korrektur durch den Kunden und für die Ausbelichtung anfertigen. Interaktive PDF-Dateien sind auch mit InDesign möglich. Lesen Sie dazu bitte Kapitel 30, »Interaktive PDF-Dokumente«.

Diese Vorgaben wollen wir Ihnen im Detail vorstellen. Danach beleuchten wir das PDF/X-Format und zeigen den klassischen Weg über PostScript und Distiller zum PDF-Format.

22.1 Möglichkeiten des PDF-Exports

Zwei Wege bietet InDesign zum PDF-Format:

1. Den direkten Export aus dem Programm mit vielen Optionen für PDF-Dateien, die nicht nur drucktauglich sein sollen (siehe Abschnitt 22.3).
2. Die zweite Möglichkeit besteht in der herkömmlichen Erzeugung einer PDF-Datei über den Acrobat Distiller im Druckdialog (siehe Abschnitt 22.5).

Beide Verfahren bieten eine qualitativ hochwertige PDF-Erstellung auf Basis der bekannten ISO-Standards PDF/X-3 und X-1a, des neuen Standards PDF/X-4 oder für das Internet an.

22.1.1 PDF-Versionen in der Übersicht

Damit Ihnen bei der PDF-Technik nicht schwindlig wird, wenn Sie versuchen, die Versionen und Anforderungen auseinanderzuhalten, haben wir für Sie die Formate einmal in einer Tabelle zusammengestellt:

Jahr	PDF-Version	Acrobat	PostScript	Bezeichnung
1992	PDF 1.0	Carousell	Level 1	–
1993	PDF 1.1	Acrobat 2	Level 2	2014
1996	PDF 1.2	Acrobat 3	Level 2	2017
1999	PDF 1.3	Acrobat 4	PostScript 3	3010
2001	PDF 1.4	Acrobat 5	PostScript 3	3011
2003	PDF 1.5	Acrobat 6	PostScript 3	3015
2004	PDF 1.6	Acrobat 7	PostScript 3	3016
2005			PostScript 3	3017
2006	PDF 1.7	Acrobat 8		

22.2 Adobe PDF-Vorgaben

Definieren...
[Druckausgabequalität]...
[Kleinste Dateigröße]...
[PDF/X-1a:2001]...
[PDF/X-3:2002]...
[PDF/X-4:2007]...
[Qualitativ hochwertiger Druck]...
Druck PDF 1.4 ohne Beschnitt...
Interaktives Web-PDF...
PDF zur Ansicht_72 dpi...

▲ **Abbildung 22.1**
Die Standard-PDF-Exportvorgaben sind in eckige Klammern eingefasst.

Über das Menü Datei haben Sie die Möglichkeit, die Adobe PDF-Vorgaben aufzurufen. Die in älteren Versionen von InDesign bekannten Vorgaben wurden nun allgemein durch Standardvorgaben für die gesamte Creative Suite ersetzt. In einem kurzen Überblick wollen wir zunächst auf die Eigenschaften hinweisen.

Die Vorlagen eignen sich für die unterschiedlichen Einsatzgebiete, für die eine PDF-Datei exportiert werden kann. Dafür sind natürlich die Auflösung der Bilddaten, die Farbangaben, das Farbmanagement und die Verwendung von interaktiven Elementen maßgeblich. Auch die Dateigröße ist dafür ausschlaggebend, ob Sie als Anwender eine PDF-Datei über das Internet von einer Website herunterladen können.

Druckausgabequalität | Mit dieser Einstellung exportieren Sie PDF-Dateien, die für den Offsetdruck geeignet sind. Jedoch wurden die Transparenzen im Format PDF 1.4 noch nicht reduziert, sodass Sie sich mit der Druckerei zuvor absprechen müssen. Nutzen Sie daher besser die Vorgabe PDF/X-3:2002 für den Offsetdruck oder andere hochqualitative Druckverfahren.

Zum Weiterlesen
Wie Sie interaktive PDF-Dateien exportieren, lesen Sie in Kapitel 30, »Interaktive PDF-Dokumente«.

Kleinste Dateigröße | Mit Hilfe dieser Vorgabe erzeugen Sie eine PDF-Datei, die nur für eine Korrektur geeignet ist und als E-Mail-Anhang möglichst wenig Platz einnimmt. Darüber hinaus eignet sich die Datei aber nicht für das Internet: Interaktive Elemente wie Hyperlinks werden nicht übernommen.

PDF/X-1a:2001 | Die erste Vorgabe nach dem PDF/X-Standard erzeugt drucktaugliche PDF-Dateien im Format 1.3, die auch mit Acrobat 4 geöffnet und belichtet werden können. Das Format ist überwiegend im amerikanischen Wirtschaftsraum im Einsatz. Lesen Sie dazu auch den Abschnitt zum ISO-Standard.

PDF/X-3:2002 | Ebenso wie mit /X-1a erzeugen Sie eine drucktaugliche Datei. Der X-3-Standard ist die meistgenutzte Variante der neuen ISO-Standards in Europa und wird mit den von der European Color Initiative (ECI) empfohlenen Profilen angewandt, um eine universell nutzbare PDF-Datei für die Druckvorstufe zu erzeugen. Diese Vorgabe und die damit verbundenen Anforderungen an die PDF-Datei beschreiben wir ausführlich in Abschnitt 22.4, »PDF/X«.

PDF/X-4: 2007 | Noch nagelneu ist das Format /X-4, das im Jahre 2007 voraussichtlich als ISO-Standard zertifiziert werden wird. Das Format ist eine Alternative zu X-3 und erlaubt u.a. Transparenzen und Ebenen innerhalb der PDF-Datei. Dabei erfordert eine X-4-Datei auch neueste RIP-Techniken. Auch hierzu geben wir Ihnen genauere Informationen in Abschnitt 22.4, »PDF/X«.

Qualitativ hochwertiger Druck | Mit dieser Einstellung erzeugen Sie PDF-Dateien, die für Desktop-Drucker und Proof-Geräte geeignet sind. Diese Vorgabe ähnelt der ersten Vorlage, Druckausgabequalität, für die Ausbelichtung ist diese Vorgabe jedoch nicht geeignet.

Schritt für Schritt: PDF-Exportvorgaben aus InDesign CS2 übernehmen

Wenn Sie mit einer InDesign CS2-Version bereits Vorgaben definiert haben, die Sie in InDesign CS3 einfach nur übernehmen wollen, exportieren Sie die Vorgaben und laden sie später in der neuen CS3-Version.

1 Alte Vorgaben speichern

Wählen Sie in InDesign CS2 den Befehl Datei • Adobe PDF-Vorgaben • Definieren..., suchen Sie die entsprechende Vorgabe aus, und klicken Sie auf Speichern unter mit einem geeigneten Namen mit der Endung ».joboptions«.

2 Alte Vorgaben laden

Öffnen Sie InDesign CS3, und rufen Sie denselben Befehl aus Schritt 1 auf. Klicken Sie nun auf Laden, und wählen Sie die Vorgabendatei. ■

22.3 Direkter PDF-Export

InDesign ermöglicht mit der eingebauten PDF-Library den direkten Export. InDesign ist der Zeit damit ein gutes Stück voraus, denn es schreibt PostScript 3-Code, der nicht von allen RIPs interpretiert werden kann. Das direkt erzeugte PDF ist qualitativ sehr hochwertig, aber führt in vielen Umgebungen nicht zuletzt aufgrund der 2-Byte-CID-codierten Fonts (Character Identifier) zu Ausgabeproblemen. Erst RIPs ab der PostScript-Version 3011 interpretieren diese CID-Fonts einwandfrei.

In diesem Fall empfehlen wir, zur PDF-Erstellung nach wie vor über den PostScript-Druckdialog via Distiller zu verwenden, um auch in älteren Produktionsumgebungen eine sichere Ausgabe zu gewährleisten.

InDesign hält sich beim direkten Export erwartungsgemäß streng an die aktuellen Adobe-Standards. Zum Öffnen von PDF-Dateien, die aus InDesign heraus geschrieben wurden, benötigen Sie mindestens Acrobat 4 für PDF 1.3 und Acrobat 5 für PDF 1.4, das Transparenzen unterstützt. Für die Unterstützung von Ebenen aus dem Layoutdokument in das Format PDF stehen Acrobat 6, 7 und 8 mit den Formaten 1.5, 1.6 sowie 1.7 zur Verfügung.

22.3.1 Den Dialog aufrufen

Über das Menü DATEI rufen Sie den Befehl EXPORTIEREN auf (Strg/⌘+E) auf. Sie werden aufgefordert, den Speicherort der PDF-Datei anzugeben und der zu speichernden Datei einen Namen zu geben. Ist Ihr InDesign-Dokument bereits benannt, wird automatisch der Dokumentname mit der jeweiligen Export-Dateiendung benutzt. Unter der Option FORMATE (bzw. unter Windows DATEITYP) wählen Sie ADOBE PDF aus.

Wenn Sie den Exportbefehl über die Schaltfläche SICHERN bzw. SPEICHERN bestätigen, öffnet sich der Dialog ADOBE PDF EXPORTIEREN.

22.3.2 Generelle Einstellungen

Adobe PDF-Vorgabe | Über das Popup-Menü ADOBE-PDF-VORGABE ❶ erreichen Sie die erwähnten Standard-PDF-Exportvorgaben oder die bereits von Ihrem Dienstleister zur Verfügung gestellten und importierten benutzerdefinierten PDF-Exportvorgaben.

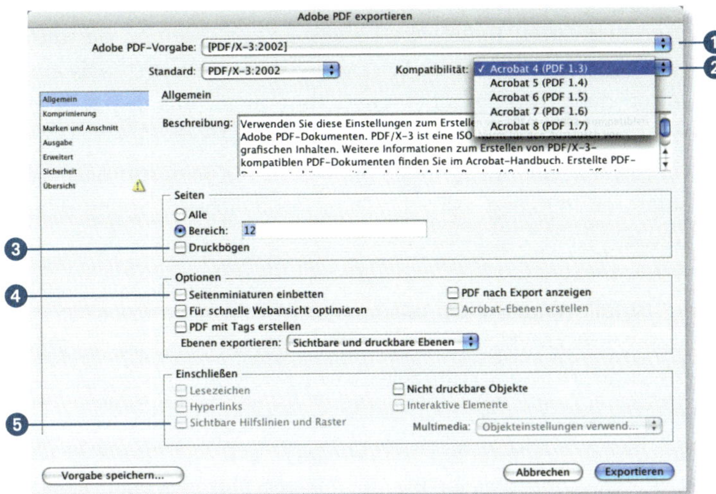

◂ **Abbildung 22.2**
Dialog Adobe PDF exportieren

Unabhängig von den neuen Dokumentvorlagen können Sie auch selbst eine Exportvorgabe für das Internet, für interaktive PDFs oder für den Digitaldruck erstellen. Dies sollten Sie allerdings in enger Abstimmung mit Ihrer Druckerei tun oder Vorgaben anfragen, die Sie dann in InDesign als »Joboption« importieren können.

Buch exportieren
Aus InDesign heraus können Sie grundsätzlich einzelne InDesign-Dokumente in PDF-Dateien exportieren oder aber über die Buch-Palette mehrere selektierte Dokumente gemeinsam. Besonders erwähnenswert ist die Tatsache, dass so Dateien unterschiedlicher Dokumentgröße in eine PDF-Datei überführt werden können. Über das Palettenmenü der Buch-Palette aktivieren Sie die Funktion Buch in PDF exportieren.

Standard und Kompatibilität | Weiterhin legen Sie fest, mit welcher Acrobat-Version Ihre PDF-Datei kompatibel sein soll ❷. Sie geben somit auch an, welche Techniken (wie Transparenzen oder Ebenen) in der PDF-Datei verwendet werden. Da dieser Zusammenhang nicht sofort ersichtlich ist, empfehlen wir Ihnen, sich mit den PDF-Versionen und den unterstützten Techniken auseinanderzusetzen. Mehr dazu später.

ISO-Formate und PDF

Mittlerweile können Sie aus fünf verschiedenen Standards bei der PDF-Ausgabe wählen. Der genaue Hintergrund ist teilweise trivial. So ist der Unterschied zwischen X-3:2002 und X-3:2003 der, dass im ersten Format nur PDF 1.3-Dateien verarbeitet werden dürfen.

X-3:2003 akzeptiert auch 1.4-Dateien, die jedoch denselben technischen Eigenschaften entsprechen müssen. Halten Sie sich stets an das PDF/X-3:2002-Format, um Missverständnissen vorzubeugen.

22.3.3 Allgemein

Unter Allgemein legen Sie Grundeinstellungen wie die Anzahl der zu druckenden Kopien, zu druckende Seiten und Seitenabfolgen fest.

Druckbögen | Mit der Funktion Druckbögen ❸ werden Seiten gemeinsam exportiert, als wären sie direkt miteinander verbunden oder auf demselben Blatt gedruckt. Pro Blatt können Sie nur einen Druckbogen exportieren. Aktivieren Sie die Funktion Druckbögen allerdings nicht, wenn die Ausgabe der PDF-Datei durch eine Druckerei erfolgen soll, denn die Seiten können dann in aller Regel nicht mehr als Einzelseiten ausgeschossen werden.

Sie sehen im Feld für die Optionen, dass weitergehende zusätzliche Parameter gesetzt werden können.

Zum Nachlesen
Zum Thema »Ausschießen« sollten Sie auch Kapitel 21, »Drucken«, lesen.

Byte-Serving

Das Laden einer PDF-Datei über einen Webbrowser ist mit dem Adobe Reader 8 und Acrobat 8 deutlich komfortabler geworden. Wenn Sie eine umfangreiche PDF-Datei laden, wird Ihnen zunächst die erste Seite angezeigt, und im Hintergrund werden weitere Seiten geladen. Den Fortschritt dieses »Byte-Servings« durch den Webserver sehen Sie anhand eines Verlaufsbalkens.

Seitenminiaturen einbetten | Beim Export können Sie durch Aktivieren der Schaltfläche SEITENMINIATUREN EINBETTEN ❹ automatisch dafür sorgen, dass Seiten-Thumbnails angelegt werden, die Ihnen beim Navigieren in der PDF-Datei in Acrobat eine Vorschau liefern. Bedenken Sie aber, dass die PDF-Datei durch die Miniaturen je nach Größe der Datei zusätzlichen Speicherbedarf benötigt.

Für schnelle Webansicht optimieren | Die Option FÜR SCHNELLE WEBANSICHT OPTIMIEREN sorgt dafür, dass die exportierte Adobe PDF-Datei in ihrer Dateigröße verringert wird. Dabei wird die Datei neu strukturiert und so für seitenweises Laden (Byte-Serving) durch Webserver vorbereitet. Text und Strichgrafiken werden dabei komprimiert, und die Komprimierungseinstellungen, die Sie vorgenommen haben, werden überschrieben. Das Ergebnis dieser Funktion sind ein erheblich schnellerer Zugriff und eine schnellere Anzeige beim Laden der Datei vom Internet oder von einem Netzwerk.

Zum Weiterlesen

In Kapitel 30, »Interaktive PDF-Dokumente«, erfahren Sie, wie Sie diese Lesezeichen anlegen und exportieren.

PDF nach Export anzeigen | Als sehr praktisch erweist sich die Schaltfläche PDF NACH EXPORT ANZEIGEN. Gleich nach der Konvertierung in ein Adobe PDF wird der Adobe Reader oder Adobe Acrobat gestartet, um die Datei am Bildschirm anzuzeigen. So können Sie das Ergebnis am Bildschirm schnell beurteilen und kontrollieren. Wir empfehlen Ihnen hier, mit einem Dokument mehrere Tests zu machen, um das Ergebnis der jeweiligen Konvertierungseinstellungen auch richtig bewerten zu können. Die Tatsache, dass die Option SICHTBARE HILFSLINIEN UND RASTER ❺ vorhanden ist, eröffnet Ihnen beispielsweise hervorragende Korrekturmöglichkeiten.

Exportieren, Prüfen und Versenden

Wenn Sie Ihr Layout fertig gestaltet haben und Ihrem Kunden eine Korrektur zuschicken wollen, legen Sie sich eine PDF-Vorgabe »Korrektur« an, und exportieren Sie eine PDF-Datei mit der Option NACH DEM EXPORT ANZEIGEN. Sobald die fertige PDF-Datei in Acrobat geöffnet wird, können Sie mit den Preflight-Tools die Datei prüfen und danach auf den E-Mail-Button in der Acrobat-Oberfläche klicken. Danach öffnet sich Ihr E-Mail-Programm mit der angehängten PDF-Datei und dem Dateinamen in der Betreffzeile. Einfacher geht es nicht!

Einschließen | Sie können bei der PDF-Erzeugung aus InDesign LESEZEICHEN und HYPERLINKS direkt einschließen. Lesezeichen und Hyperlinks in einer PDF-Datei verbessern die Dokumentnavigation, vorausgesetzt, Sie haben in Ihrem Layoutdokument auch entsprechende Markierungen vorgenommen.

22.3.4 Komprimierung

Die Einstellungen unter KOMPRIMIERUNG erinnern sehr stark an das Konfigurationsfenster des Adobe Acrobat Distillers. Auch hier hat Adobe nützliche Funktionen integriert, die viel Zeit und Ärger sparen und die Dateigröße optimal beeinflussen. So wie der Distiller bietet InDesign unter dem Popup-Menü ADOBE PDF-VORGABE wie schon erwähnt Standardkomprimierungen für die jeweiligen Ausgabeerfordernisse an.

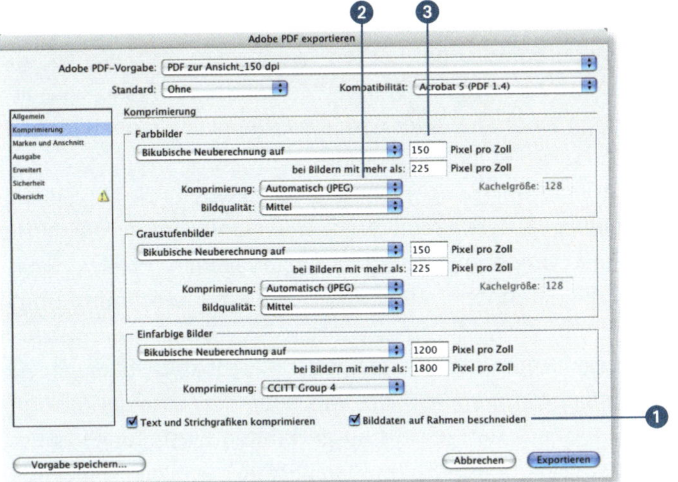

◂ **Abbildung 22.3**
Die Komprimierungseinstellungen für den PDF-Export einer internet-tauglichen Datei, die Sie auch an Ihre Kunden zur Korrektur senden können. Eine Auflösung von 72–150 dpi reicht zur Beurteilung und zum Ausdruck auf einem Farblaserdrucker aus.

Bilddaten auf Rahmen beschneiden | Die Option BILDDATEN AUF RAHMEN BESCHNEIDEN ❶ ist funktional hervorragend. Per Mausklick werden bei der PDF-Erzeugung aus InDesign unnötige Bildinformationen entfernt, die verborgen hinter Rahmen enthalten sein können oder von Masken verdeckt werden. Diese Funktion reduziert die Ausgabezeiten unter Umständen deutlich.

Auflösung | Sie können in InDesign die **Auflösung** ❸ eines Bildes bestimmen, um die Bilddaten auf die für ein Ausgabegerät erforderliche Menge zu reduzieren. Das Neuberechnen empfiehlt sich, wenn Bilder mehr Daten enthalten, als das Ausgabegerät verwenden kann, oder wenn die exportierte Adobe PDF-Datei im Web verwendet werden soll.

Mit einer kleinen Übersicht wollen wir Ihnen die richtigen Auflösungs- und Kompressionsstufen näherbringen:

Keine Warnung bei geringen Auflösungen

Der Acrobat Distiller 8 verfügt über einen guten Sicherheitsmechanismus: Unterhalb einer bestimmten Auflösung gibt der Distiller eine Warnung aus oder bricht auf Wunsch den PDF-Ausgabevorgang ab. Das wünschen wir uns auch für InDesign CS3, damit keine Qualitätsverluste bei der PDF-Umrechnung entstehen.

▾ **Tabelle 22.1**
Auflösung und Kompression

Einsatz	Ziel	Auflösung	JPEG-Kompression	Extras
PDF-Download im Internet	Minimale Dateigröße	72 ppi	Minimum	Keine Hyperlinks oder Lesezeichen
PDF-Download im Internet; gute Qualität bei 100–150 ppi	Mittel	Auch für Kundenkorrektur geeignet		
Multimedia-PDF	Einbindung von Filmen	100–150 ppi	Mittel	Eingebettete Filmdaten beeinflussen die Dateigröße
Digitaldruck	Optimale Qualität und Dateigröße	240–300 ppi	Hoch	
PDF/X	ISO-Standard	300 ppi	Maximum	Hohe Dateigröße, aber standardisierte Qualität

Neuberechnung | Ein Neuberechnen von platzierten Bildern kann generell vermieden werden, wenn man die Zeit hat, die Bilddaten im Vorfeld genau zu berechnen. In der Praxis wird aus Zeitgründen wohl aber eher damit gearbeitet, dass die Bilddaten bei der Ausgabe angepasst werden.

Durch eine Bildneuberechnung ❷ werden die Pixelmaße eines Bilds geändert. Beim Neuberechnen werden durch die Auflösungsverringerung auf den eingetragenen Pixelwert tatsächlich Bilddaten gelöscht. Erfolgt eine Neuberechnung durch die Erhöhung der Auflösung, werden Pixel durch Interpolation hinzugefügt. Auch in InDesign wie im Acrobat Distiller gilt ein Berechnungsgrenzwert von 1,5, was bedeutet, dass die Bildneuberechnung nach den jeweils ausgewählten Einstellungen überhaupt erst erfolgt, wenn eine Bildauflösung den hier angegebenen Wert um mehr als das 1,5fache übersteigt. Ansonsten findet keine Bildneuberechnung statt.

✓ Keine Neuberechnung
Durchschnittliche Neuberechnung auf
Subsampling auf
Bikubische Neuberechnung auf

▲ **Abbildung 22.4**
Die bikubische Berechnung der Bildauflösung bei verkleinerten oder vergrößerten Bildern im Layout bietet stets die besten Bildergebnisse.

Interpolationsmethoden | Anhand der gewählten Interpolationsmethode geben Sie an, mit welchem Algorithmus die Bilder in die PDF-Datei gerechnet werden.

- Bei Durchschnittliche Neuberechnung auf wird der Durchschnitt der Pixel in einem Abtastbereich errechnet und danach der gesamte Bereich durch die durchschnittliche Pixelfarbe in der festgelegten Auflösung ersetzt.
- Erfolgt hingegen ein Supsampling, wird ein Pixel in der Mitte des Abtastbereichs gewählt und dann der gesamte Bereich durch diesen Pixel in der festgelegten Auflösung ersetzt. Bei diesem Verfahren wird die Verarbeitung im Vergleich zur Auflösungsverringerung erheblich schneller vonstatten gehen. Die resultierenden Bilder aber wirken anschließend weniger glatt. Das Verfahren ist für den hochauflösenden Druck nicht unbedingt empfehlenswert.
- Bessere Ergebnisse lassen sich in jedem Fall mit Bikubische Neuberechnung auf erzielen. Hierbei wird eine Pixelfarbe anhand eines gewichteten Durchschnitts bestimmt. Die bikubische Neuberechnung liefert deutlich bessere Ergebnisse als Durchschnittliche Neuberechnung auf. Das Verfahren dauert zwar in der Berechnung länger, ist aber dafür am präzisesten und bietet dem Anwender die glattesten Tonabstufungen.

Beachten Sie, dass InDesign eine Neuberechnung in der Regel nur mit einer niedrigeren Auflösung durchführen kann und nicht mit einer höheren. Enthält Ihr Dokument transparente Objekte, kann für die Bilder allerdings unter bestimmten Umständen durch die Transparenzreduzierung dennoch eine Auflösungserhöhung erzielt werden.

22.3.5 Marken und Anschnitt

So wie bereits im Kapitel über die PostScript-Ausgabe ausführlich beschrieben wurde, haben Sie die Möglichkeit, beim Exportieren Ihres InDesign-Dokuments Druckmarken zu setzen und die jeweiligen Informationen direkt in das PDF schreiben zu lassen. Setzen Sie sich dazu mit Ihrer Druckerei zusammen, oder beraten Sie Ihre Designer, die Ihnen die PDF-Daten anliefern. Der Anschnitt muss für die Druckausgabe immer mit exportiert werden. Die Schnittmarken hingegen können auch später durch eine Ausschießsoftware ergänzt werden.

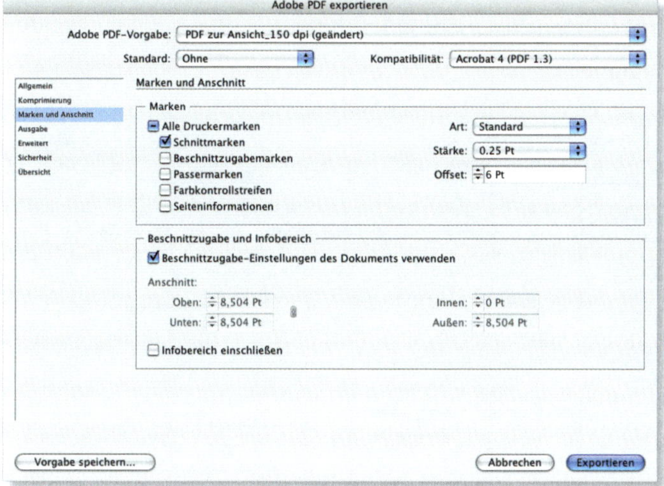

◂ **Abbildung 22.5**
Die Schnittmarken und der Anschnitt sollten immer dann ausgegeben werden, wenn mit der Druckerei keine andere Vorgehensweise abgestimmt wurde.

InDesign geht dabei von den Dokumentmaßen aus und erweitert das Dokument um die voreingestellten Maße des Anschnitts, um alle Informationen in dem PDF unterbringen zu können. Befinden sich Objekte im Anschnitt, ist es erforderlich, dass Sie in den Feldern für den Anschnitt die entsprechenden Werte eintragen oder einfach die bestehenden Werte mit einem Klick auf die Option Beschnittzugabe-Einstellungen des Dokuments verwenden übernehmen. Man geht in der Praxis von einer Beschnittzugabe von 3 mm aus.

Die Lage der Beschnittzeichen in Bezug zum beschnittenen Endformat kann frei gewählt werden, sollte jedoch nur in Ausnahmefällen angepasst werden. Normalerweise beträgt der Abstand der Beschnittzeichen 6 pt von der Papierkante, was der Voreinstellung von 2,117 mm entspricht.

22.3.6 Ausgabe

In der Rubrik Ausgabe der Exporteinstellungen entscheiden Sie, ob Farben für den Export der PDF-Datei in ein Zielprofil umgewandelt oder beibehalten werden. Dazu sollten Sie durch einen Preflight in Erfahrung bringen, ob Sie beispielsweise Bilder in einem RGB-Farbraum platziert haben.

Noch Unklarheiten?
Sollten Sie beim Erstellen Ihres Layoutdokuments nicht wissen, was für Ihre Zwecke das Beste ist, so sollten Sie sich Kapitel 4, »Farbmangement«, durchlesen.

Farbkonvertierung | Verwenden Sie gemischte RGB- und CMYK-Farbräume im Layout, sollten Sie an dieser Stelle In Zielprofil konvertieren (Nummern beibehalten) wählen und als Ausgabefarbprofil ISO Coated v2 oder ein entsprechendes ECI-Profil wählen.

Mit der Einstellung In Zielprofil konvertieren (Nummern beibehalten) werden nur Bilder umgewandelt, die mit einem Profil gekennzeichnet sind und nicht dem Zielprofil entsprechen. Andere Objekte wie Schriften, die keine Profile besitzen, werden nicht umgewandelt, und ihre Farbwerte werden beibehalten.

Nummern beibehalten

Der Begriff »Nummern beibehalten« ist hier irrtümlich gewählt, richtig müsste es heißen, dass die »Werte beibehalten« und nicht konvertiert werden, handelt es sich doch bereits um CMYK-Farben.

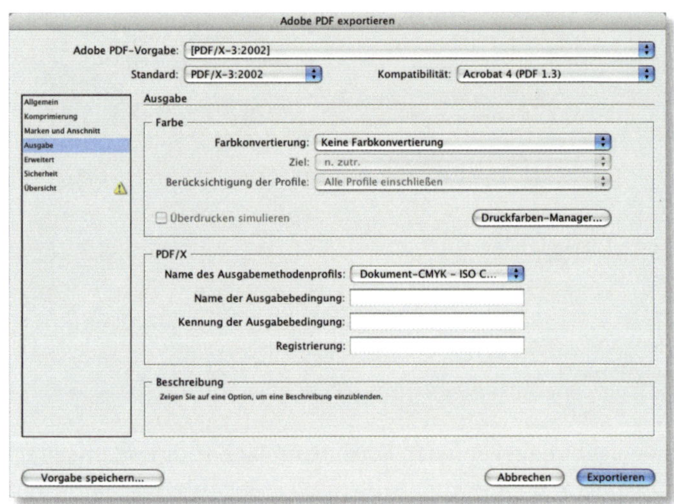

Abbildung 22.6 ▸
Die Rubrik Ausgabe bietet die Optionen zur Farbkonvertierung.

Ziel | Für das Internet können die Farben auch in den sRGB-Farbraum konvertiert werden. Das Profil sRGB ist der üblicherweise im Web verwendete Farbraum. Eine Umwandlung an dieser Stelle hat den Vorteil, dass die Farben bei der Betrachtung am Monitor in einem Browserfenster, im Adobe Reader oder in Acrobat brillanter erscheinen als die CMYK-Farbwerte oder Schmuckfarben. Zudem genügen auch nur die drei RGB-Farbwerte, um eine Farbe zu beschreiben, die PDF-Datei wird also um dem Faktor 25 % kleiner als eine vergleichbare PDF-Datei mit CMYK-Bildern.

Wenn Sie Ihr Dokument medienneutral aufgebaut haben und im Layout den ECI-RGB-Farbraum verwenden, so kann auch eine

Umwandlung von ECI-RGB in sRGB eine bessere Monitordarstellung erzeugen. Die Abweichungen sind jedoch minimal.

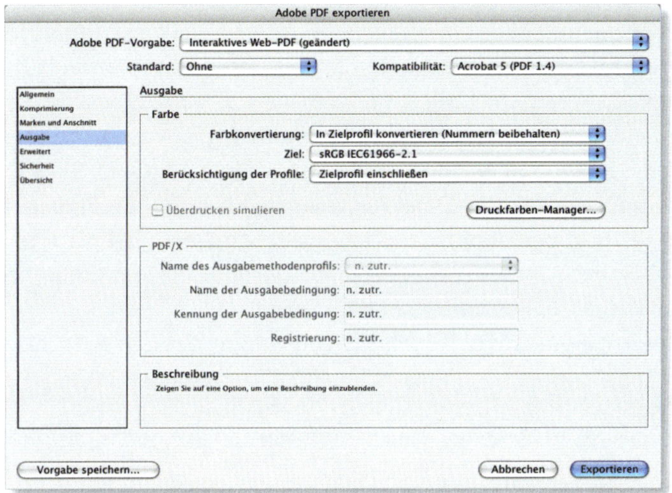

◂ **Abbildung 22.7**
Die Ausgabe für das Internet erfolgt mit einer Farbumwandlung in das Zielprofil sRGB.

22.3.7 Erweitert

Die Transparenzreduzierung und die JDF-Einstellungen legen Sie in der Rubrik Erweitert im Exportdialog fest.

Transparenzreduzierung | Die Transparenzreduzierung für den PDF/X-Export haben wir in Kapitel 18, »Transparenz und Reduzierungsvorschau« ausführlich beschrieben. Bestimmen Sie für andere Anwendungen die Auswahl Mittlere Auflösung oder Niedrige Auflösung.

JDF: Job Definition Format | Das Job Definition Format spielt dann eine Rolle, wenn Sie Ihre Auftragsdaten bereits in der Layoutphase elektronisch erfasst haben und mit der PDF-Datei für einen entsprechend automatisierten Daten-Workflow exportieren wollen. Verwenden Sie oder Ihre Druckerei kein solches System, lassen Sie die Option deaktiviert.

Das neue Standardformat JDF wird bereits in Druckereien zur Kontrolle und automatischen Steuerung von Druckjobs verwendet. Mit ihm können Informationen zum Kunden, zur Auflage, zur Papiersorte, zur Bindung und zu anderen Verarbeitungsschritten gespeichert werden.

JDF im Internet
Mehr Informationen zum Thema JDF finden Sie unter der Adresse der CIP4-Organisation, einem Zusammenschluss von Herstellern, die den JDF-Standard entwickeln und in ihren Produkten einsetzen (*http://www.cip4.org*).

Hintergrund: Magazinproduktion mit JDF | Ein Magazin wird im Offsetdruck mit einem Innenteil und einem Umschlag vollständig vierfarbig gedruckt. Die Papiersorten sind unterschiedlich, somit auch die Zielfarbräume. Der Umschlag bekommt eine zusätzliche

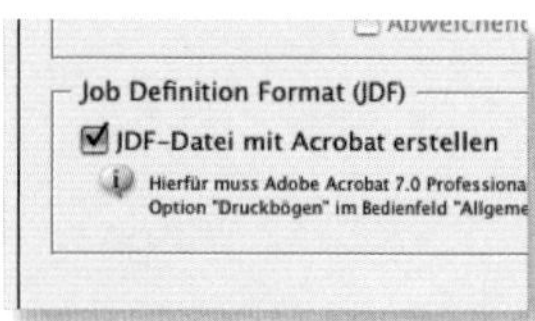

▲ **Abbildung 22.8**
JDF-Daten erfordern die Weiterverarbeitung durch Acrobat 7 oder 8.

Schmuckfarbe. Umschlag und Innenteil werden geklammert und beschnitten.

Die Daten für diesen Druckjob bestehen aus mindestens zwei PDF-Dateien. Sollen nun die PDF-Dateien ausbelichtet und gedruckt werden, so beschreibt die JDF-Datei, was mit den Patienten passieren soll. Alle beschriebenen Verarbeitungsschritte werden von einem Serversystem aus der JDF ausgelesen, und die Dateien werden in entsprechende Dateiordner abgelegt. Ein RIP bekommt aus der JDF-Datei Anweisungen u.a. für die Farbauszüge, Druckbogenmontage, Rasterweite und das Farbmanagement. Somit kann also ein automatischer Druckprozess mithilfe einer kleinen JDF-Datei gesteuert werden.

Lesen Sie auch das Handbuch von Adobe Acrobat 8 zu diesem Thema, oder kontaktieren Sie Ihre Druckerei, wenn Sie Ihre Druckjobs mit dem JDF-Format steuern wollen.

22.3.8 Sicherheit

Keine Sicherheit bei PDF/X-3

Die ISO-Formate PDF/X-1a oder X-3 für die Weitergabe drucktauglicher PDF-Dateien erlauben keinerlei Verschlüsselung.

Schützen Sie Ihre PDF-Daten, wenn Sie Dateien zur Korrektur schicken oder Preislisten, Vertragswerke und andere sensible Dokumente im Internet zum Download zur Verfügung stellen wollen. Der Klassiker für diesen Fall ist der Geschäftsbericht, der über den Kunden an ein Wirtschaftsprüfungsunternehmen zur Freigabe weitergeschickt werden soll.

Kennwörter | So können Sie ein Dokumentkennwort festlegen, um das unerlaubte Öffnen Ihres PDF-Dokuments zu verhindern. Ferner haben Sie die Möglichkeit, ein vom Benutzerkennwort abweichendes Berechtigungskennwort zu vergeben, um die Nutzungsmöglichkeiten in der PDF-Datei einzuschränken.

Diese Option ist besonders sinnvoll: Versenden Sie eine PDF-Datei zur Korrektur an Ihren Kunden und nutzen ein Berechtigungskennwort, dann kann der Kunde bei aktivierter Einstellung Zulässige Änderungen • Ohne die PDF-Datei zwar öffnen und drucken, jedoch keine Änderungen mit Acrobat-Werkzeugen vornehmen.

Bei der Vergabe der Kennwörter sollten Sie darauf achten, dass die Kennwörter aus mindestens acht Zeichen und keinem bekannten Wort bestehen. Der Grad der Verschlüsselung – z.B. 128 Bit – richtet sich übrigens nach der Kompatibilität. Erst ab Acrobat 5 (PDF 1.4) ist die höhere Verschlüsselung möglich.

Alternativ zur Verschlüsselung aus InDesign heraus können Sie später die PDF-Datei natürlich auch in Acrobat öffnen und nachträglich digitale Unterschriften oder Passwörter hinzufügen und somit die Datei gegen unerlaubten Zugriff absichern.

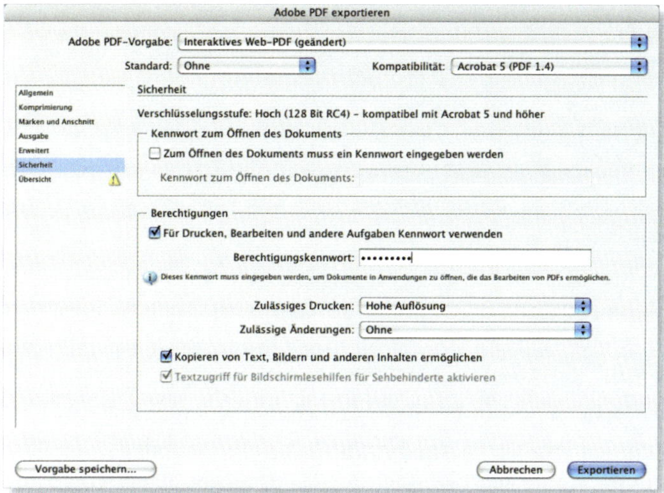

◂ **Abbildung 22.9**
Entsprechend den Möglichkeiten der Acrobat 5-kompatiblen Verschlüsselung lässt sich der Zugriff auf die exportierte PDF-Datei beschränken.

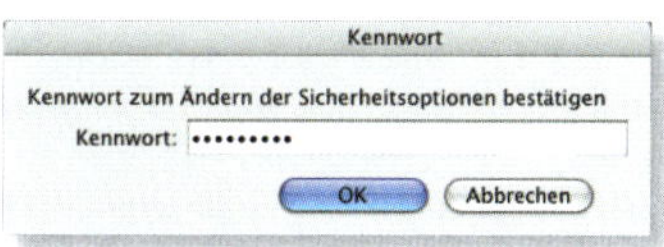

▴ **Abbildung 22.10**
Die Bestätigung des Kennworts erfolgt unmittelbar vor dem Export der PDF-Datei. Dieses Kennwort müssen Sie auch in Acrobat eingeben, um die Sicherheitseinstellungen zu modifizieren oder wieder ganz aufzuheben.

22.4 PDF/X erstellen

22.4.1 Vorgeschichte

Seit 1996, als das PDF-Format 1.2 zusammen mit der Acrobat-Version 3.0 von Adobe veröffentlicht wurde, waren die Grundvoraussetzungen geschaffen, auf Basis des PDF-Formats sowohl Schwarz-Weiß- als auch vierfarbige Druckvorlagen zu erstellen.

Die amerikanische Organisation Committee for Graphic Arts Technologies Standards – kurz CGATS genannt – liebäugelte damit, das Format PDF zu einem internationalen Standard zu entwickeln, da schon frühzeitig die Notwendigkeit und die Chancen erkannt wurden, eine genormte technologische Basis für die Erstellung und Lieferung von Anzeigen und Drucksachen aller Art zu schaffen. Dabei ging die CGATS zunächst nach amerikanischen Bedürfnissen vor, um eine ANSI-Norm zu definieren, die nur für den US-Markt gilt.

Da es sich um eine internationale Norm handeln sollte, die nur von der International Standard Organisation (ISO) erarbeitet und verabschiedet werden kann, wurden seit 1998 auch europäische Experten mit in die Entwicklung einbezogen. Die europäischen Bedenken und Änderungswünsche wurden nur zögerlich eingearbeitet, sodass man sich erst im Jahr 2000 auf eine gemeinsame Richtung einigen konnte. Es sollte nun zwei ISO-Formate geben:

- **PDF/X-1a** für den Print-Workflow ohne medienneutrale Daten und
- **PDF/X-3** mit medienneutralen profilierten RGB-Daten, die erlaubt, aber nicht vorausgesetzt werden.

Mehr über Sicherheit im PDF
Auch zu diesem Thema haben wir Ihnen Zusatzinformationen unter *http://www.galileodesign.de* bereitgestellt.

PDF/X-2

Ein weiterer Standard ist PDF/X-2. Dieser Standard spielt jedoch überwiegend für den asiatischen Markt eine Rolle. Hier geht es primär darum, auf genormtem Wege Schriften aus lizenzrechtlichen Gründen und wegen des enormen Datenformats nicht vollständig in eine PDF-Datei einzubetten, denn asiatische Fonts sind aufgrund des enormen Zeichenvorrats mit z. B. mehreren tausend Zeichen allein für das Chinesische ungleich größer als ein uns bekannter Standardfont für den europäischen Raum. Hier kommen das TrueType- und OpenType-Format ins Spiel. Auf diese Thematik gehen wir genauer in Kapitel 8, »Typografie«, ein.

Diese Normen wurden im Jahr 2001 und 2002 offiziell als ISO-Norm verabschiedet.

PDF/X-1a | Zurück zu den beiden ISO-Normen: PDF/X-1a ist ausschließlich dazu bestimmt, nur geräteabhängige Prozess- und Sonderfarben zu transportieren und auf 4C-Geräten auszugeben.

PDF/X-3 | Für eine medienneutrale Aufbereitung im RGB-Format sowie die verfahrensneutrale Strategie bei Prozess- und Sonderfarben für die Ausgabe auf RBG- und 4C-Geräten ist die Norm PDF/X-3 bestimmt, inklusive Color-Management. Letzteres Format wurde besonders auf Drängen der europäischen ISO-Mitglieder definiert und trägt auch der technologischen Entwicklung Rechnung, da es zukünftig immer mehr Ausgabegeräte geben wird, die im RGB-Farbraum drucken oder belichten – man denke z. B. nur an Fotobelichter.

Formate und Standards müssen sich im Alltag bewähren. Dabei stellt sich heraus, ob ein Standard zu frei oder zu eng definiert wurde, damit Workflows, die auf dem Standard basieren, für eine Vielzahl von Druckjobs vorbereitet werden können.

PDF/X im Internet
Zahlreiche nützliche Informationen warten auf Sie im Internet: Das Schweizer Magazin Publisher hat mit Fachreferenten einen Lehrgang zum Thema PDF/X-Erstellung erarbeitet. Dazu kommen auch wirtschaftliche Argumente und Praxisbeispiele. Mehr Informationen erhalten Sie unter *http://www.publisher.ch/pdf-x*.

Aus der Erfahrung der letzten Jahre hat sich gezeigt, dass der Standard PDF/X-3 eine gute Wahl für die Ausgabe von PDFs für die Ausbelichtung ist, wenn man einmal davon absieht, dass Sie als Anwender immer unwissentlich etwas falsch machen können, sodass eine PDF/X-3-Datei nicht ausbelichtet werden kann. Davor kann kein Standard schützen.

Weiterentwicklung | Organisationen wie die international ausgelegte Ghent Workgroup, die sich aus Experten und Herstellern zusammensetzt, bzw. **PDF/X ready** aus der Schweiz oder Software-Lösungen wie Certified PDF von Enfocus kümmern sich um die genauere Ergänzung der Standards und entwickeln diese weiter.

PDF/X-4 und X-5 und kein Ende in Sicht? | Damit technologische Entwicklungen und ISO-Standards möglichst Hand in Hand gehen, werden neue Standards für neue Technologien benötigt, wie auch am Beispiel X-4 zu sehen ist.

In diesem Standard-Entwurf werden unter anderem Transparenzen und Ebenen in einer PDF-Datei erlaubt, um mehr Flexibilität in der Verarbeitung zu gewinnen. Für die Ausgabe einer solchen Datei bedeutet dies auch, dass RIPs ein PDF 1.4-Format verarbeiten können, um die Transparenzen auszulesen und beim Rastern zu verflachen.

Bis zur Drucklegung dieses Buches wurden die ISO-Standards PDF/X-4 und X-5 noch nicht zertifiziert. Daher können wir Ihnen an dieser Stelle keine Empfehlung für den Praxisalltag geben, sondern weisen Sie auf die zahlreichen Internetseiten hin, die sich mit diesem Thema beschäftigen.

Spätestens zur nächsten InDesign-Version CS4 wird klar sein, für wen die neuen Formate geeignet sind und welche Entwürfe dann zwischen 2007 bis 2009 zu erwarten sind.

Zum Weiterlesen
Hinweise zu den Internet-Adressen zum Thema PDF/X-4 finden Sie in Kapitel 34, »Links«.

22.4.2 Regeln und Konventionen für PDF/X-3 und X-1a

Einige gemeinsame Regeln dieser Normen sollen Ihnen verdeutlichen, worin die Normierung besteht:

- Fonts müssen eingebettet sein.
- Bilddaten müssen als Bestandteil des PDF enthalten und mit Mitteln einer PDF-Seitenbeschreibung kodiert sein.
- OPI-Kommentare sind verboten.
- Transferkurven sind verboten.
- Rastereinstellungen sind erlaubt, müssen vom Empfänger einer PDF/X-Datei aber nicht verwendet werden.
- Die Trim Box muss definiert sein. Sofern eine Beschnittzugabe vorhanden und für die Produktion relevant ist, muss die Bleed Box definiert sein.
- Kommentare und Formularfelder innerhalb der durch Trim Box bzw. Bleed Box definierten Seitenflächen sind nicht erlaubt.
- Mittels des Eintrags TRAPPED in der Dokumentinformation einer PDF-Datei muss angegeben sein, ob die Datei bereits überfüllt wurde oder nicht.
- Die LZW-Kompression ist verboten, da Softwarehersteller Lizenzgebühren an den LZW-Patentinhaber Unisys entrichten müssen, um LZW verwenden zu dürfen. Andererseits ist aber die ZIP-Kompression ähnlich leistungsfähig, ohne mit Patenten belegt zu sein.
- Jegliche Verschlüsselung ist untersagt. Das heißt, es ist auch nicht zulässig, PDF-Dateien zu verwenden, die verschlüsselt sind, aber kein Kennwort zum Öffnen erfordern.
- Mittels eines PDF/X-spezifischen Output-Intent-Dictionarys muss angegeben werden, für welche Ausgabebedingung – also Druckart, Schwarzaufbau, Druckpunktzuwachs, Papierweiß, Farbauftrag – die PDF/X-Datei erstellt worden ist.
- PDF/X-1a wie PDF/X-3 basieren auf PDF 1.3. Insbesondere von den in PDF 1.4 eingeführten Transparenzfunktionen soll kein Gebrauch gemacht werden, dafür werden das PDF/X-4- und PDF/X-5-Format vorbereitet.

22.4.3 PDF/X-Überprüfung?

Schon allein an den vielen Einzelbestimmungen dieser Norm erkennen Sie, dass es sich bei dem Format PDF um ein komplexes Format handelt, das nun so weit vereinheitlicht wurde, dass Sie als Anwender ohne große Schwierigkeiten eine drucktaugliche genormte PDF-Datei erzeugen können. Mittels Acrobat 6, 7 und 8 können Sie selbst testen, ob PDF-Dateien den Qualitätsmaßstäben gerecht werden. Anhand von Prüfprofilen testen Sie eine PDF-Datei auf Drucktauglichkeit. Unter Acrobat 8 finden Sie die Prüfvorgänge unter dem Menübefehl ERWEITERT • DRUCKPRODUKTION • PREFLIGHT. Acrobat 8 bietet dazu Profile für den Digitaldruck, die Druckvorstufe sowie für die ISO-Standards an. Je nach Profil sehen Sie die Ergebnisse und können sich grafische Fehler anzeigen lassen.

22.4.4 PDF/X-3-Dokument erstellen

Auf zwei verschiedenen Wegen kommen Sie aus InDesign zu einem PDF/X-3-Dokument:

1. InDesign besitzt eine eigene PDF-Exportvorgabe.
2. Es ist immer der parallele Weg über den PostScript-Druckdialog und den Distiller möglich.

Beginnen wir jedoch mit dem direkten **PDF/X-3 Exportdialog**. Sie rufen den Ausgabedialog auf, indem Sie im Menü DATEI • EXPORTIEREN... wählen und als Ausgabeformat PDF bestimmen.

Adobe PDF-Vorgabe | Im nachfolgenden Dialog wählen Sie unter ADOBE PDF-VORGABE • PDF/X-3 aus. Nun müssen Sie, um ein PDF/X-3-kompatibles PDF zu erstellen, nur noch die Seitenanzahl angeben oder bestimmen, ob Sie einen Druckbogen exportieren möchten.

Marken und Beschnittzugaben | Die einzige sinnvolle Ergänzung zu den Vorgabeeinstellungen für den Export als PDF/X-3-Datei besteht darin, die Schnittmarken und den Anschnitt hinzuzufügen. Sprechen Sie sich jedoch zuvor mit Ihrer Druckerei ab, ob die Schnittmarken schon hier im InDesign-Export angelegt werden sollen. Viele Ausschießprogramme können auch nachträglich diese Schnittmarken in die Druckform einbelichten.

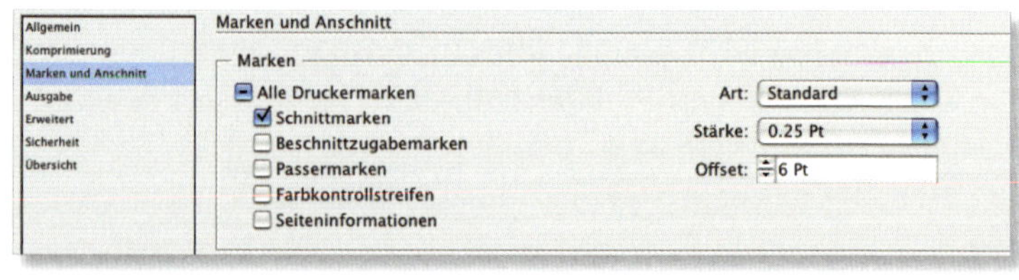

Abbildung 22.11 ▶
Ergänzend zu den PDF/X-3-Vorgaben aktivieren Sie den Anschnitt und die Schnittmarken.

Ausgabe | Unter der Rubrik Ausgabe im Exportdialog sehen Sie, dass die Farbkonvertierung ausgeschaltet ist. Dies hat zur Folge, dass alle Farbinformationen, in welchen Farbräumen sie auch vorliegen mögen, in das PDF-Format übertragen werden. Darunter können auch RGB-Werte fallen. In diesem Fall wählen Sie In Zielprofil konvertieren (Nummern beibehalten), sodass alle Farbangaben, die nicht dem Ausgabefarbraum entsprechen, in diesen konvertiert werden.

Die Ausgabe wird im PDF/X-Format als »Output-Intent« beschrieben. InDesign stellt dafür die Wahl des Namens des Ausgabemethodenprofils zur Verfügung. Hier ist grundsätzlich der CMYK-Arbeitsfarbraum gewählt. Wenn Sie bei der Lektüre von Kapitel 4, »Farbmanagement«, alle Einstellungen gemäß der ECI-Empfehlungen vorgenommen haben, sollten Sie hier das Format ISO Coated vorfinden.

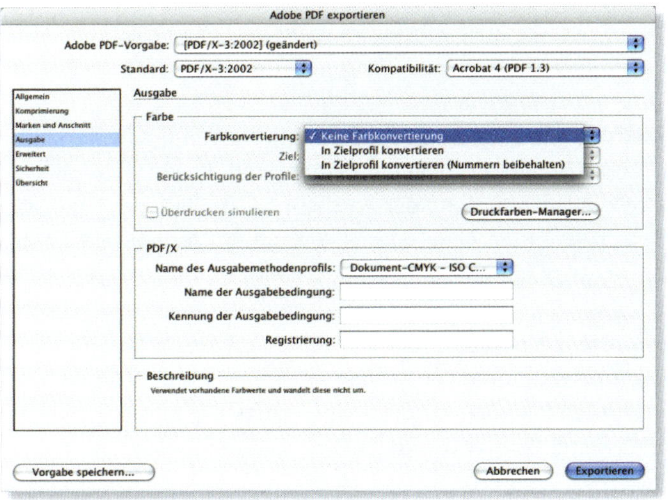

◂ **Abbildung 22.12**
Für die Ausgabe findet keine Farbkonvertierung statt. Das Ausgabemethodenprofil entspricht dem eingestellten CMYK-Arbeitsfarbraum.

Datei speichern | Da Sie bei der Erzeugung eines PDF-X-3 bei den Einstellungsmöglichkeiten sehr eingeschränkt sind, haben Sie jetzt nur noch die ehrenvolle Aufgabe, die Datei zu speichern. Mit einem PDF/X-3-Preflight in Acrobat können Sie diese Datei später auf Konformität überprüfen. Sie werden feststellen, dass die Datei alle Standards einhält.

22.5 PDF-Datei über den Acrobat Distiller erstellen

Adobe PDF 7.0 und 8.0 nur für die Druckvorstufe
Die beiden virtuellen Drucker PDF 7.0 und 8.0 eignen sich nur für den Export von drucktauglichen PDF-Dateien. Alle anderen Anwendungen erledigen Sie besser mit einem direkten PDF-Export. Multimedia-Elemente wie Filme oder Hyperlinks werden von dem virtuellen Drucker nämlich einfach ignoriert.

Die Alternative zum direkten Export einer PDF-Datei besteht darin, Ihr PDF zu drucken. Dazu müssen Sie Adobe Acrobat installiert haben.

22.5.1 Das Vorgehen

Seit Acrobat 7 rufen Sie im Druckdialog sowohl unter OS X als auch unter Windows XP den Drucker Adobe PDF 7.0 und mit Acrobat 8 den Drucker Adobe PDF 8.0 auf. Somit wird der entsprechende Acrobat Distiller als virtueller Drucker im Hintergrund eingebunden, um eine PDF-Datei zu erzeugen. Während diese Arbeitsweise früher sehr umständlich war, weil eine zwischenzeitliche PostScript-Datei aus InDesign exportiert und später im Distiller umgewandelt werden musste, geschieht dies nun ohne manuelle Arbeit.

Adobe PDF-Drucker einrichten
Wie Sie den Adobe PDF-Drucker für OS-X oder Windows XP einrichten, entnehmen Sie bitte dem Acrobat-Handbuch oder der Online-Hilfe.

Standarddrucker Adobe PDF | Doch zunächst müssen Sie Adobe PDF 8.0 als Standarddrucker einrichten und die korrekten Vorgaben für die Umwandlung der PostScript-Datei in eine PDF-Datei wählen. Nutzen Sie hierzu die PDF/X-3:2002-Vorgabe des Distillers.

Frühere Versionen von Acrobat

Mit der Version 6 von Acrobat drucken Sie ebenfalls über den Druckdialog, indem Sie Adobe PDF als Drucker auswählen und dem hier beschriebenen Weg folgen. Für Acrobat 4 und 5 müssen Sie eine PostScript-Datei als Drucker auswählen und die entsprechende PPD vom Acrobat Distiller 4 oder 5 auswählen, um eine optimale Datei zu erhalten. Danach müssen Sie allerdings die PostScript-Datei per Hand mit dem Distiller in eine PDF-Datei umwandeln.

Seitenformat | Danach richten Sie das Dokument wie für einen normalen Druck mit einer Ausnahme ein: Das Seitenformat muss als Benutzerdefiniert ausgewählt werden, damit die PDF-Datei auch dasselbe Format wie die InDesign-Datei besitzt.

Der Druck | Nachdem Sie alle Einstellungen vorgenommen haben, klicken Sie auf Drucken. Den Acrobat Distiller müssen Sie nicht im Hintergrund geöffnet haben. Er wird automatisch als PDF-Drucker aktiviert, und die PDF-Datei wird umgewandelt. Das fertige PDF erscheint dann auf Ihrem Arbeitsplatz.

Schritt für Schritt: Ein PDF drucken

1 Druckdialog öffnen

Öffnen Sie mit [⌘]/[Strg]+[P] den Druckdialog von InDesign.

2 Allgemeine Einstellungen

Wählen Sie den Drucker Adobe PDF 7.0 oder Adobe PDF 8.0 im Pulldown-Menü unter Drucker aus.

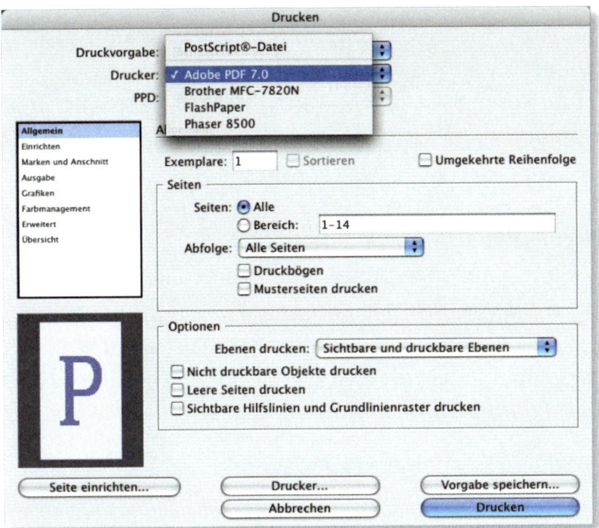

◂ **Abbildung 22.13**
Wählen Sie unter DRUCKER • ADOBE PDF.

3 Einrichten

In der Rubrik EINRICHTEN wählen Sie als Papierformat BENUTZERDEFINIERT, damit InDesign Ihr Dokumentformat als Druckformat übernimmt.

Die Skalierung muss auf 100 % eingestellt sein, damit die PDF-Datei nicht größer oder kleiner als das InDesign-Layout erzeugt wird. Die SEITENPOSITION ist mit ZENTRIERT optimal voreingestellt.

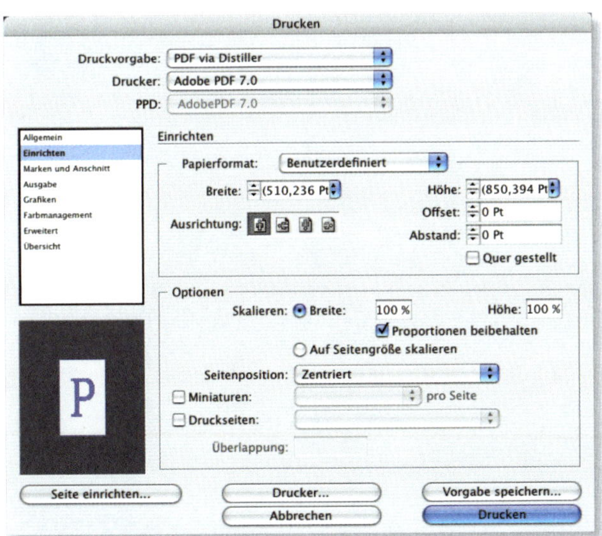

◂ **Abbildung 22.14**
Einstellungen unter EINRICHTEN

4 Marken und sonstige Angaben

Sofern Sie keine Angaben Ihrer Druckerei darüber besitzen, ob Schnittmarken exportiert werden sollen oder nicht, sollten Sie sicherheitshalber die Schnittmarken anwählen.

Die Beschnittzugabe aktivieren Sie, wenn Sie im Layout mit randabfallenden Rahmen arbeiten.

In den Rubriken AUSGABE, GRAFIKEN, FARBMANAGEMENT und ERWEITERT brauchen Sie keine weiteren Einstellungen vorzunehmen.

5 Druckvorgabe sichern und dann ...

Sichern Sie alle Einstellungen unter dem Namen PDF VIA DISTILLER, indem Sie auf VORGABE SPEICHERN... klicken.

Starten Sie abschließend mit einem Klick auf DRUCKEN den Druckvorgang, und der virtuelle Drucker Adobe PDF 7.0 bzw. 8.0 wird geöffnet.

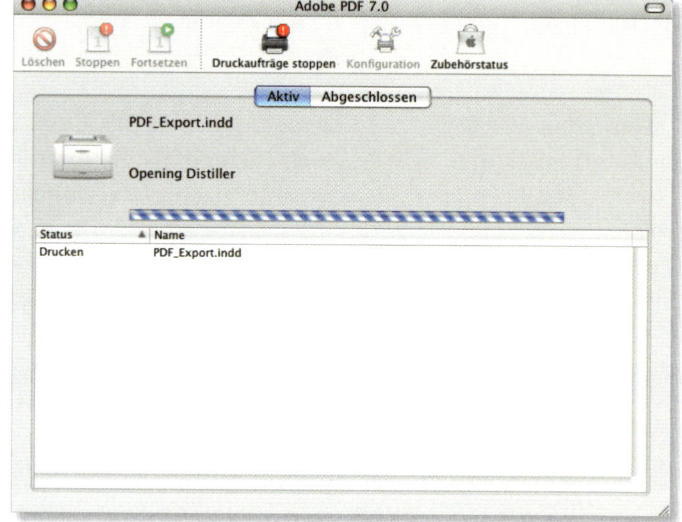

Abbildung 22.15 ▶
Der Druckvorgang läuft.

Doppelseiten in Acrobat darstellen
Die Ansicht einer fertigen PDF-Datei mit Acrobat erleichtern Sie sich, indem Sie die Ansicht auf das doppelseitige Format stellen. Rufen Sie dazu im Menü ANZEIGE den Befehl SEITENANZEIGE • ZWEI SEITEN, FORTLAUFEND auf.

TEIL VII
Vernetztes und automatisiertes Layout

23 Datenzusammenführung: Einfaches Database-Publishing mit InDesign CS3

Database-Publishing kann so einfach sein: Wenn Sie einen Serienbrief, Visitenkarten oder Produktdatenblätter erstellen wollen, muss es nicht gleich eine XML-Lösung sein. Mit der Funktion DATENZUSAMMENFÜHRUNG erreichen Sie mit einfachen Bordmitteln von InDesign CS3 Ihr Ziel.

23.1 Funktionsweise

Wer gleich an XML denkt, sobald variable Inhalte aus einer Datenbank in ein Layoutdokument übernommen werden sollen, wird überrascht sein, wie unspektakulär und einfach auch für Einsteiger ein Database-Publishing mit InDesign CS3 möglich ist: Mit der Funktion Datenzusammenführung importieren Sie eine Datenquelle und tauschen einen Platzhaltertext im Layout gegen die gewünschten Inhalte aus. So lässt sich dasselbe Layoutdokument mit einem Text in verschiedenen Fassungen gestalten wollen, z. B. für einen Serienbrief mit austauschbaren Adressen.

Diese Funktion stammt aus dem PageMaker Plug-in-Pack für InDesign CS. Sollten Sie diese Funktion bereits kennen, wird es Sie vielleicht interessieren, welche Datenquellen für InDesign genutzt werden können und wie Sie Bilder und andere Dokumente als austauschbare Inhalte für eine »Layout-Schablone« einbinden.

Das Vorgehen ist ganz einfach: Sie erstellen in einem Tabellenkalkulationsprogramm wie Excel eine Datenquelle mit Felder, d.h. Platzhaltern, setzen dann diese Platzhalter in Ihr Layoutdokument (z. B. den Serienbrief) ein und InDesign CS3 ersetzt die Platzhalter abschließend automatisch mit den Datensätzen aus Ihrer Datenquelle.

23.2 Vorbereitungen

23.2.1 Die Datenquelle anlegen: eine einfache Tabelle

Als Quelle Ihrer Inhalte dient eine Tabelle, die Sie aus einer Tabellenkalkulation wie z. B. Excel exportieren können.

ADRESSEN.XLS

	A	B	C	D	E	F	H	I	J
1	Vorname	Nachname	Bezeichnung	Straße	PLZ	Ort	Telefon	Fax	E-Mail
2	Peter	Mustermann	Dr.	Beispielstraße 2a	89571	Neustadt	09876-654321	09876-654322	mustermann@company.de
3	Daniel	Düsentrieb	Erfinder	Teichweg 13	12345	Entenhausen	01928-38475	01928-38475	daniel@e-technk.de
4	Jean-Paul	Gaultier	Maître de couture	Unter den Linden 12	19280	Paris	03234-576890		jean@gaultier.com
5	Garhard	Koren	Geschäftsführung	Annenstraße 50	8010	Graz	0361-918273645		g.koren@video2brain.com
6									
7									
8									

Tabelle1 Tabelle2 Tabelle3

Ready Sum=0 SCRL CAPS NUM

Abbildung 23.1 ▼
Eine simple Excel-Tabelle dient als Datenvorlage.

Ein Komma in kommaseparierten Dateien

Wollen Sie innerhalb einer kommaseparierten Datei ein Komma innerhalb eines Datenfeldes nutzen, müssen Sie es in Anführungsstriche setzen. Dadurch wird das Komma nicht als Trennung zum nächsten Datenfeld, sondern als reine Textinformation erkannt. Wenn für Visitenkarten »Manager Central Europe, Africa and Middle East« als Titel verwendet wird, so muss der Text in der CSV-Datei lauten: »Manager Central Europe«, »Africa and Middle East«.

Struktur | Die Tabelle muss so strukturiert sein, dass die erste Zeile die **Datenfelder** wie z. B. »Name« enthält. Diese Überbegriffe sind die Felder bzw. Platzhalter, die hinterher in Ihr Layoutdokument übernommen werden. Jede weitere Zeile enthält dann einen Datensatz, wie z. B. »Max Mustermann«.

In jeder Spalte stehen die unterschiedlichen Datenfeldinhalte. Sollte es zu einem Datenfeld keine Informationen geben (z. B. bei »Titel«), so lassen Sie die entsprechende Zelle in der Tabelle einfach frei.

Export | Sobald Sie diese Tabelle fertiggestellt haben, exportieren Sie sie als mit Tabulatoren getrennte Textdatei (.TXT) oder als kommaseparierte Liste (.CSV). Eine Textdatei entspricht dann folgendem Schema:

```
Name » Vorname » Titel » Straße » Postleitzahl » Ort » Tel » Fax » E-Mail » Internet¶
Mustermann » Max » Beispielstraße 12 » 12345 » Hauptstadt » +49(0)987 876 543 »
+49(0)987 876 544 » mmustermann@company.de » http://www.company.de¶
```

Die exportierte Datei kann selbstverständlich auch später noch nachbearbeitet werden. Dazu öffnen Sie die Datei in einem Texteditor oder importieren sie in eine Tabellenkalkulation. Durch Tabs getrennte Dateien eignen sich dabei besser als die etwas unübersichtlichen kommaseparierten CSV-Dateien, die in der Regel aus Datenbanken exportiert werden können.

Somit haben Sie alle Datensätze bereits als Datei exportiert und können das Layout vorbereiten.

23.2.2 Die Layoutvorlage anlegen

Jedes Layout eignet sich als Vorlage, um die Inhalte aus der Datenquelle einfließen zu lassen. Bedenken Sie jedoch, dass Sie Textrahmen groß genug aufziehen, damit Texte unterschiedlicher

Länge (Doppelnamen) oder Titel wie »Dipl.-Ing. Dr. phil. Dr. h.c.« oder »Senior Account Manager Central Europe« auch hineinpassen.

Die Darstellung und Formatierung wird einzig und allein in InDesign vorgenommen. Wenn Sie also in Excel einzelne Datenfelder fett oder kursiv ausgezeichnet haben, so gehen diese Formatierungen bereits beim TXT-Export verloren. InDesign importiert nur reine Textinformationen.

Legen Sie also in InDesign CS3 Ihre Visitenkarte, den Serienbrief o. Ä. an. Befüllen Sie das Layout einmal testweise mit einem Datensatz, um das Aussehen Ihres Printprodukts zu überprüfen.

Flattersatzausgleich
Für den Import von unterschiedlich langen Texten eignet sich als Formatierung des dafür vorgesehenen Textrahmens der InDesign-eigene Flattersatz. Die Funktion sorgt dafür, dass alle Zeilen innerhalb eines Textrahmens möglichst gleichmäßig in der Länge der Zeilen umbrochen werden. Bei kurzen wie langen Texten, die als unterschiedliche Datenfelder in diesen Textrahmen importiert werden, sorgt der Flattersatz für den Umbruch. Die Funktion ist in Kapitel 8, »Typografie«, genauer beschrieben.

◂ **Abbildung 23.2**
Eine Visitenkarte wird im Endformat mit einem Beispiel ohne weitere Tricks layoutet. Der Textrahmen ist vertikal zentriert ausgerichtet, falls zusätzliche Textzeilen je nach Datenquelle hinzukommen sollten.

23.3 Die Datenzusammenführung

Unter Fenster • Automatisierung • Datenzusammenführung rufen Sie die gleichnamige Palette auf.

23.3.1 Datenquelle auswählen

Ein kurzer Erklärungstext gibt Ihnen schon einen Hinweis, was Sie nun tun müssen: Rufen Sie aus dem Palettenmenü die Option Datenquelle auswählen auf, und wählen Sie Ihre TXT- oder CSV-Datei.

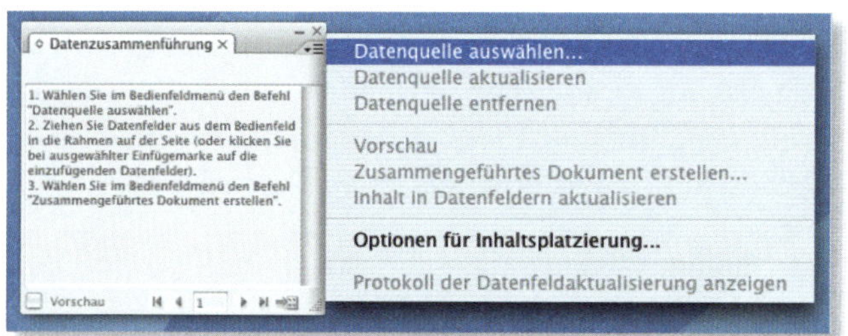

◂ **Abbildung 23.3**
Mit der Palette der Datenzusammenführung wählen Sie Ihre Datenquelle aus.

Optionen für den Datenquellimport | Wenn Sie IMPORTOPTIONEN ANZEIGEN aktiviert haben, fragt InDesign zunächst nach dem entsprechenden Trennzeichen (KOMMA oder TABULATOR) sowie nach der Kodierung der Datei. Sofern Sie keine anderen Informationen haben, können Sie das angebotene Format akzeptieren.

Auslesevorgang | Die Datenfelder werden nun ausgelesen und erscheinen als Liste in der Palette.

23.3.2 Datenfelder in der Layout übertragen

Jetzt folgt die Zuweisung zum Layout: Klicken Sie in einen Textrahmen, in dem später der betreffende Inhalt erscheinen soll. Wenn Sie vorher Platzhaltertext angelegt haben, so markieren Sie diesen (z. B. in unserem Fall »Peter«) und ziehen dann das Datenfeld »Vorname« mit gedrückter Maustaste auf den Platzhalter. Das Datenfeld wird jetzt mit der Bezeichnung in doppelten Tag-Klammern, z. B. <<Vorname>>, eingesetzt.

Wenn Sie keinen Platzhaltertext angelegt haben, reicht es auch, jetzt einen Textrahmen anzulegen und durch Doppelklick die Felder einzufügen.

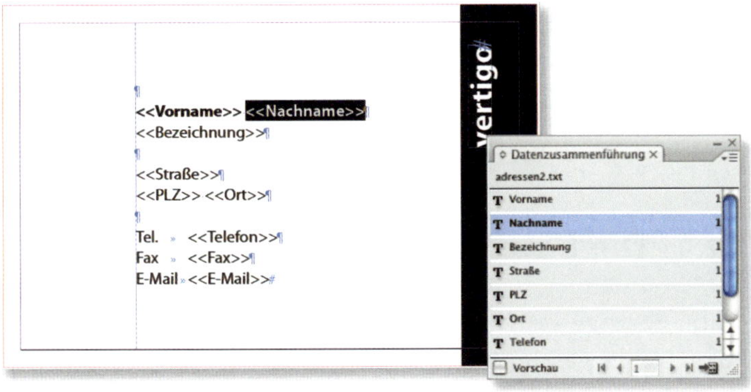

Abbildung 23.4 ▸
Die Platzhalter werden markiert und dann per Drag & Drop aus der Palette der Datenzusammenführung gezogen.

Feintypografie
Für den Ausgleich von Ziffern wie bei Telefonnummern können Sie die Zahlengruppen nicht anhand des Platzhalters oder Datenfeldes manuell unterschneiden. Beim späteren Import der Datenquelle geht diese Formatierung verloren. Nur mit einer optimalen Vorbereitung der Texte und einer manuellen Spationierung und Unterschneidung nach der Datenzusammenführung erklimmen Sie den typografischen Olymp, indem Sie alle Telefonnummern nach demselben Schema erfassen und nachträglich im Layout ausgleichen. Lesen Sie dazu auch Kapitel 8, »Typografie«.

So verfahren Sie auch mit den anderen Datenfeldern und weisen allen Feldern eine Position im Layout zu. Die Tag-Klammern << und >> dürfen dabei nicht gelöscht werden, da sonst die Verbindung zur Datenquelle verloren geht und die entsprechenden Datenfelder nicht importiert werden.

Vorschau | Sobald die Datenquelle importiert ist und die Felder dem Layout zugeordnet sind, können Sie überprüfen, ob die Datenzusammenführung Ihren Vorstellungen entspricht: Klicken Sie auf den VORSCHAU-Button in der Palette. Danach erscheinen die Inhalte der Datenquelle im Layout. Noch einmal: Dies ist noch keine endgültige Befüllung des Layouts, Sie können also hier zunächst prüfen, ob alle Textinformationen in die dafür vorgesehenen Textrahmen passen. Mit den Pfeilbuttons in der Datenzusammenführung-Palette blättern Sie nach rechts und links durch die Datensätze.

◄ **Abbildung 23.5**
Die Vorschau zeigt Ihnen die Inhalte anstelle der Datenfelder an.

23.3.3 Optionen für die Inhaltsplatzierung

Im Palettenmenü der Datenzusammenführung wählen Sie über Optionen für Inhaltsplatzierung die Platzierungsoptionen, in denen Sie festlegen können, wie mit den Inhalten verfahren werden soll.

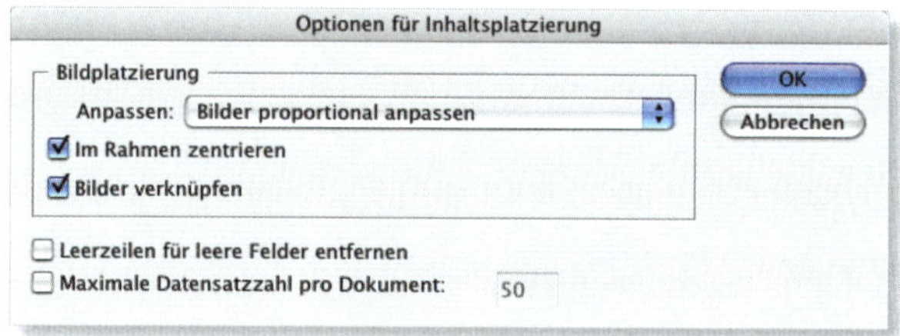

◄ **Abbildung 23.6**
Die Optionen für Inhaltsplatzierung sind allgemein gehalten und beziehen sich nur auf die Bildplatzierung und Leerzeilen anstelle von leeren Feldern.

Bilder anpassen | Grundsätzlich macht die Voreinstellung, die InDesign hier bietet, Sinn. Bilder werden proportional in den Platzhalterrahmen angepasst, also in der Größe so weit skaliert, dass das Bild vollständig im Rahmen zu erkennen ist.

✓ Bilder proportional anpassen
Bilder an Rahmen anpassen
Rahmen an Bilder anpassen
Rahmen- und Bildgrößen beibehalten
Rahmen proportional füllen

▲ **Abbildung 23.7**
Bilder unterschiedlicher Formate aus der Datenquelle müssen eventuell angepasst werden. Damit sich das Höhen- und Seitenverhältnis nicht ändert, wählen Sie Bilder proportional anpassen.

Im Rahmen zentrieren | Wenn Sie Bilder proportional anpassen wählen, so ist es je nach Layout von Vorteil, dass Sie die Bilder auch gleich Im Rahmen zentrieren. Diese Funktion benötigen Sie, wenn Sie Bilder unterschiedlicher Seitenformate als Datenquelle verwenden. In einem quadratischen Platzhalterrahmen wird mit dieser aktiven Einstellung z. B. das Hoch- und das Querformat horizontal wie vertikal zentriert eingesetzt. Mit deaktivierter Option platziert InDesign die unterschiedlichen Formate immer oben links in den Layoutrahmen.

Korrekte Auflösung wählen

Beachten Sie hierbei, dass die Bilder eine geeignete Auflösung besitzen. Wenn Sie ein zu niedrig aufgelöstes Bild verwenden, könnte es sein, dass es durch diese Einstellung übermäßig in einem Layoutrahmen vergrößert wird und die Auflösung unterhalb von 300 dpi sinkt. Befassen Sie sich bitte mit Kapitel 12, »Dateien platzieren und verknüpfen«, falls Ihnen diese Problematik noch nicht bekannt ist.

Verknüpfung erstellen | Sobald die Bilder platziert sind, ist es sinnvoll, dass Sie für das Layoutdokument die Bilder verknüpfen. Nach der Datenzusammenführung erscheinen diese dann in der Palette Verknüpfungen.

Leerzeilenproblem lösen | Wenn in der Datenquelle einzelne Felder leer sind, so wie z. B. bei unserem Visitenkarten-Beispiel ein <<Titel>> fehlt, setzt InDesign an diese Stelle kein weiteres Zeichen, und eine Textzeile bleibt leer. Jedoch können dadurch in einem automatisierten Layout unschöne Leerzeilen entstehen. Entweder tolerieren Sie diese, oder Sie entscheiden sich für Leerzeilen für leere Felder entfernen.

Rahmenanpassungsoptionen

Platzhalterrahmen können Sie in InDesign auch gleich beibringen, wie ein Bild im Rahmen skaliert wird. Dazu wählen Sie den Platzhalterrahmen an und rufen unter dem Menü Objekt • Anpassen die Rahmeneinpassungsoptionen auf.

Maximaler Datensatz | Bis zu 9999 Datensätze können für den Import von InDesign CS3 verarbeitet werden. Das sollte für die meisten Anwendungen ausreichen. Bedenken Sie bitte, dass im Extremfall die Anzahl der dadurch entstehenden Seiten oder Dokumente die Leistungsfähigkeit Ihres Rechners überfordert. Teilen Sie in diesem Fall die Inhalte in zwei oder mehrere TXT- oder CSV-Dateien auf, und starten Sie erst dann die Datenzusammenführung. Haben Sie jedoch umfangreichere Inhalte zu layouten, so sollten Sie sich über weiterführende Möglichkeiten durch Plug-ins von Drittanbietern informieren. Lesen Sie hierzu Kapitel 33, »Plug-ins«.

23.3.4 Zusammengeführtes Dokument erstellen

Die Datenzusammenführung kann die Datenquelle auf zwei verschiedenen Wegen in die Felder importieren:

1. Entweder wird ein einzelner Datensatz pro Seite oder Dokument importiert,
2. oder Sie erstellen mit der Vorlage mehrere Datensätze auf einer Layoutseite.

Ein Datensatz pro Seite | Sobald Sie in der Palette unten auf Zusammengeführtes Dokument erstellen klicken, öffnet sich der gleichnamige Dialog, in dem Sie weitere Angaben zur Auswahl der Datensätze und zur Befüllung eingeben können.

Dort bestimmen Sie in der Einstellung Datensätze pro Dokumentenseite, ob Sie nur einen Datensatz oder mehrere im zusammengeführten Dokument erzeugen möchten. Wählen Sie jetzt Einzelner Datensatz.

Dazu erhalten Sie mit aktiver Vorschau einen Blick auf das zusammengeführte Layout ❶. Sie können hier außerdem wählen, ob Sie alle Datensätze anlegen wollen oder nur Teile und sich diverse Warnungen anzeigen lassen.

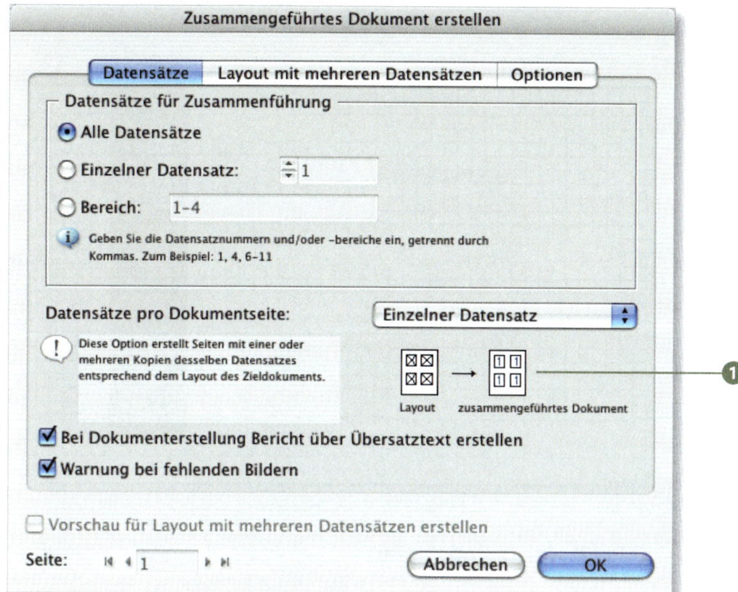

◂ **Abbildung 23.8**
Die Zusammenführung für einen einzelnen Datensatz

Sobald Sie diesen Dialog mit OK bestätigen, legt Ihnen InDesign ein neues Dokument mit den zusammengeführten Daten an.

Dieses InDesign-Dokument besitzt nun keine Verbindung mehr zur Datenquelle, sodass Sie hier Feinheiten layouten oder die Datei als PDF exportieren können.

Mehrere Datensätze anlegen | Interessant wird es jedoch, wenn Sie mehrere Datensätze pro Layoutseite anlegen wollen. Dazu müssen Sie jedoch das Layout anders aufbauen. Während wir beim einzelnen Datensatz nur eine Seite im Nettoformat der Visitenkarte (85 × 55 mm) angelegt haben, wollen wir Ihnen anhand eines kleinen Workshops die Montage und die Datenzusammenführung näherbringen.

Schritt für Schritt: Visitenkarten mit der Datenzusammenführung erstellen

1 Layout der Visitenkarte

Gestalten Sie eine Visitenkarte mit einer Platzhalteradresse auf einem Format von 85 × 55 mm. Ergänzen Sie die Visitenkarte gegebenenfalls mit Schnittmarken (Linien mit 0.25 Punktkontur und [Passkreuz-]Farbe). Gruppieren Sie die Karte und die Schnittmarken.

Abbildung 23.9 ▶
Unsere Layoutvorlage

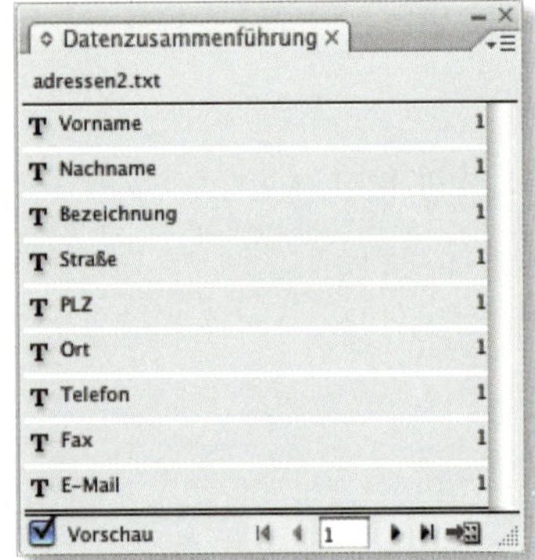

▲ Abbildung 23.10
Datenfelder in der Palette DATENZUSAMMENFÜHRUNG

2 Import der Datenquelle

Über das Palettenmenü der Datenzusammenführung importieren Sie die Datenquelle im TXT-Format. Die Datenfelder erscheinen in der Palette.

3 Austausch mit Datenfeldern

Markieren Sie den Platzhaltertext mit dem Textwerkzeug (T), und klicken Sie in der Liste der Datenfelder auf das entsprechende Feld. Wiederholen Sie diesen Schritt, bis alle Platzhalter durch die Datenfelder ersetzt wurden.

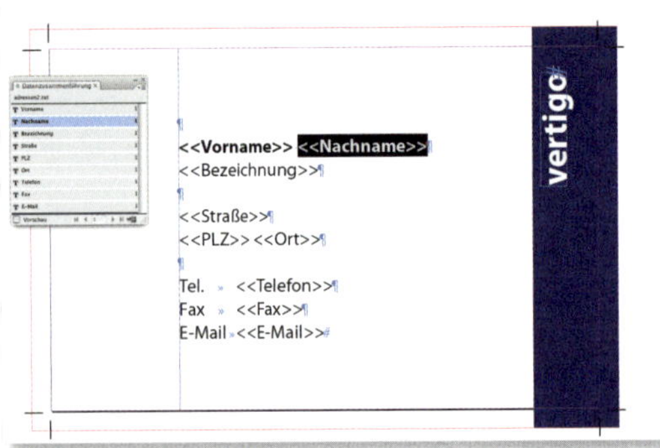

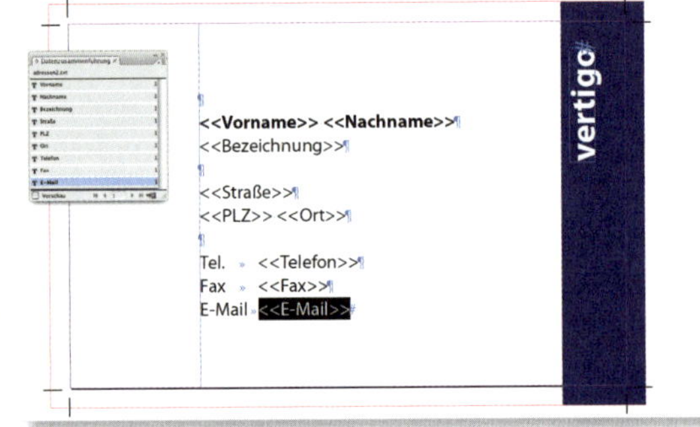

▲ Abbildung 23.11
Setzen Sie die Datenfelder in Ihr Layout ein.

4 Gruppieren

Markieren Sie alle Objekte mit dem Tastenbefehl ⌘/Strg+A, und erstellen Sie eine Gruppe mit ⌘/Strg+G. Die Gruppe wird durch einen gestrichelten Rahmen angezeigt.

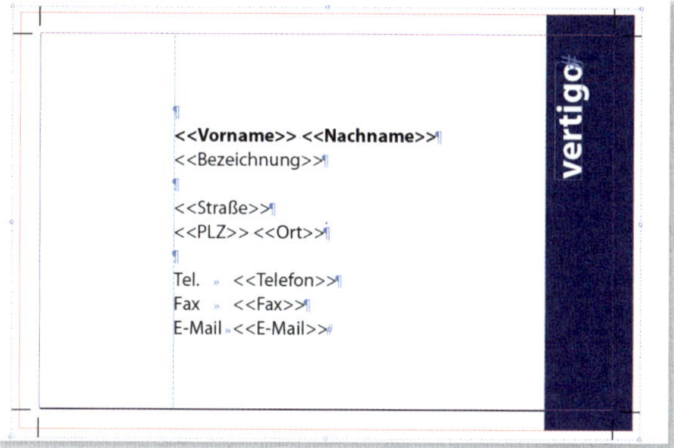

◀ **Abbildung 23.12**
Erstellen Sie eine Gruppe.

5 Format ändern

Rufen Sie unter dem Menü Datei die Option Dokument einrichten auf. Wählen Sie ein A4-Format.

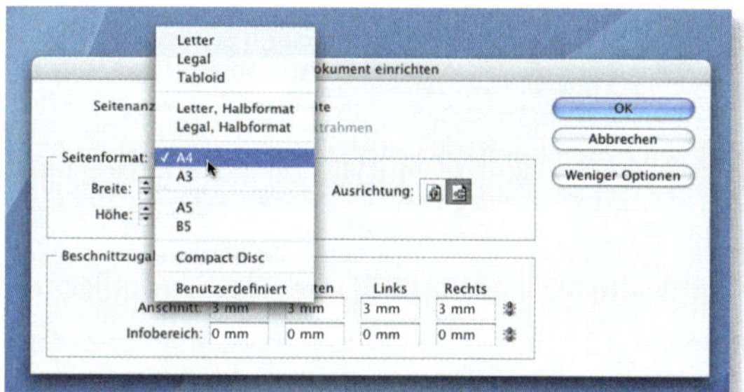

◀ **Abbildung 23.13**
Ein A4-Format anlegen

6 Gruppe positionieren

Die Gruppe erscheint nun auf dem Gesamtformat. Verschieben Sie die Gruppe mit der Auswahl [V] nach links oben.

▼ **Abbildung 23.14**
Sortieren Sie die erste Visitenkarte auf dem A4-Blatt.

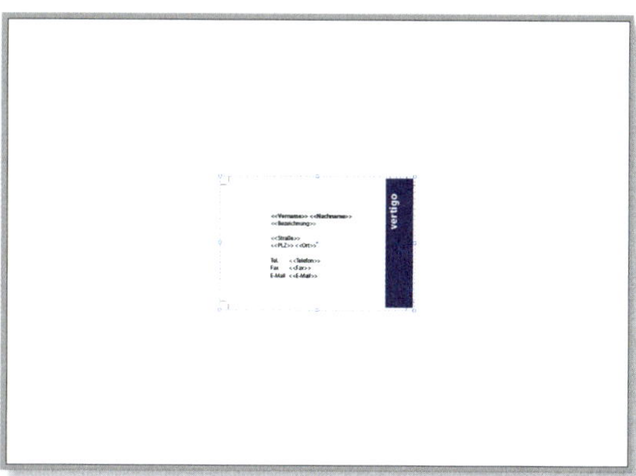

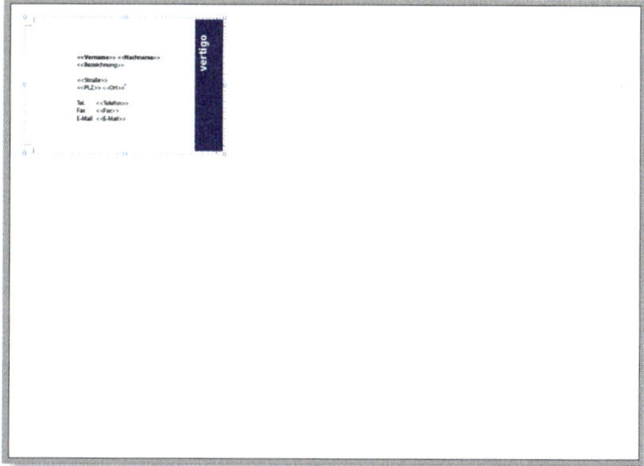

7 Datenzusammenführung starten

Rufen Sie mit einem Klick auf den Zusammenführen-Button in der Palette Datenzusammenführung den Eingabedialog für das zusammengeführte Dokument auf.

Abbildung 23.15 ▸
Der Button Zusammengeführtes Dokument erstellen

8 Mehrere Datensätze wählen

Aus der Einstellung zu den Datensätzen wählen Sie Mehrere Datensätze. Mit aktiver Vorschau sehen Sie im Hintergrund bereits die vier Visitenkarten.

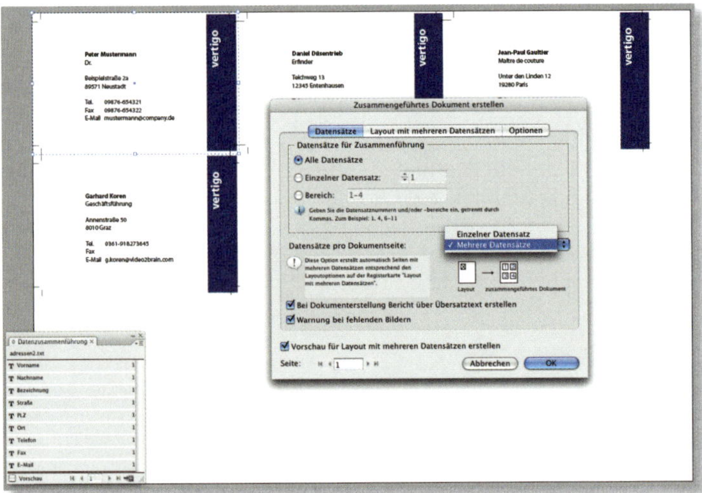

Abbildung 23.16 ▸
Der Stand des Dokuments bei eingeschalteter Vorschau

9 Layout einrichten

Damit die Visitenkarten einen Abstand zum Rahmen und zueinander einnehmen, wählen Sie im Reiter Layout mit mehreren Datensätzen für die Ränderwerte und Abstände von 5 mm aus.

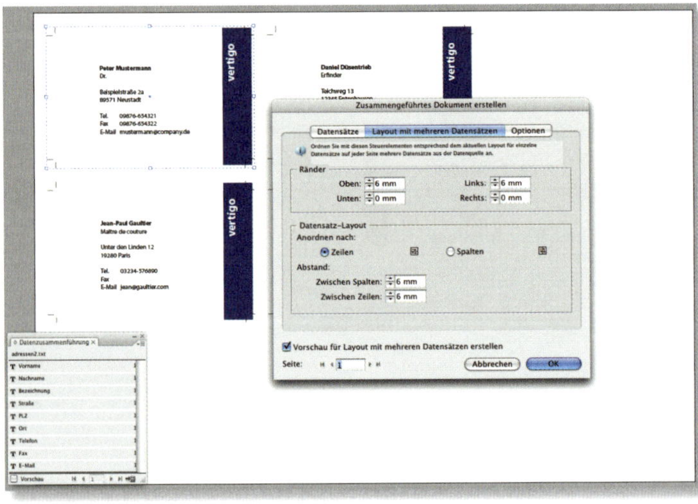

Abbildung 23.17 ▸
Der Reiter Layout mit mehreren Datensätzen

10 Zusammenführung fertigstellen

Klicken Sie auf OK, und InDesign legt Ihnen ein neues Dokument mit den gewünschten Layoutobjekten an. Dabei wird noch eine Meldung ausgegeben, ob Übersatztext durch zu lange Textinhalte entstanden ist. ■

23.4 Bilder platzieren

Neben den Textinformationen kann die Datenzusammenführung auch Bilder automatisch platzieren. In der Datenquelle muss dafür eine Spalte gekennzeichnet sein, deren Überschrift mit einem @-Zeichen beginnt: »@Bilder«.

Als Eintrag in dieser Spalte dient der absolute Pfad zu der Bilddatei. Die Schreibweise variiert je nach Computersystem. Verwenden Sie auf einem Macintosh-Rechner die folgende Schreibweise:

```
Macintosh HD:Benutzer:Max:Bilder:Beispiel.jpg
```

Für einen Windows-PC müssen Sie dagegen dieses Pfadschema verwenden:

```
c:\Eigene Dateien\Beispiel.jpg
```

Bildfelder platzieren Sie ebenso wie Textfelder. Zunächst legen Sie sich wieder ein Layoutdokument an und importieren die Datenquelle wie zuvor beschrieben. Dann ziehen Sie einen Textrahmen im Layoutdokument auf und klicken in der Datenzusammenführung-Palette auf die @Bilder. Der Text <<Bilder>> erscheint dann in dem Layout. Nach aktivierter Vorschau werden die Bilder in den Platzhalterrahmen importiert, und Sie können die Ausrichtung im Rahmen prüfen.

Falls Sie alle Bilder zentriert im Rahmen positionieren wollen, wählen Sie vor der Datenzusammenführung die Optionen für die Inhaltsplatzierung aus und aktivieren die Funktion IM RAHMEN ZENTRIEREN.

TIPP: Das @-Zeichen in Excel

Tabellenkalkulationen wie Excel erlauben kein @-Zeichen als Texteingabe, sondern vermuten dahinter sofort eine Funktion oder einen Link. Um diesen Programmen die Eingabe trotzdem beizubringen, müssen Sie vor das @-Zeichen ein Apostroph setzen: '@Bilder.

23.4.1 Erlaubte Dateiformate

Neben den üblichen Verdächtigen wie TIFF oder JPEG können Sie auch alle anderen Formate nutzen, die InDesign CS3 platzieren kann – darunter EPS, PDF, INDD oder PSD. Bei diesen Formaten gelten jedoch immer wieder andere Bedingungen für die Verwendung. So kann ein EPS einen Freistellpfad enthalten, den

Sie in InDesign nutzen wollen, oder ein Photoshop-Dokument besitzt Ebenen oder Ebenenkompositionen.

InDesign kann diese Formate nur mit der Standardeinstellung importieren. Die Importoptionen lassen sich nicht öffnen und bei der Datenzusammenführung auswählen – eine Funktion, die in einer zukünftigen InDesign-Version sehr hilfreich wäre. Daher müssen Sie die Bilder so vorbereiten, dass InDesign diese in einem Arbeitsschritt platzieren kann, vergleichbar mit dem Platzieren von Bildern aus der Bridge per Drag & Drop.

Ein Freisteller beispielsweise kann dann nur als Photoshop-Dokument mit einer freigestellten Bildebene ohne Hintergrundebene platziert werden, damit die Transparenz des Freistellers erhalten bleibt. Hier orientiert sich InDesign an der Sichtbarkeit der Photoshop-Ebenen im gespeicherten Zustand.

23.5 Mehrseitige Dateien automatisch platzieren

Natürlich können auch PDF- und InDesign-Dateien in die Datenquelle eingebunden werden. Geben Sie dazu einfach den Pfad zur betreffenden Datei ein. Wenn Ihre Datei jedoch mehrere Seiten hat, die Sie nacheinander für jeden Datensatz platzieren wollen, erkennt InDesign immer nur die erste Seite, wenn Sie in jedem Datensatz denselben Pfad eingeben. Hier enden die Möglichkeiten der Datenzusammenführung.

Für PDF-Dateien gibt es einen Umweg: Wenn Sie Acrobat 7 oder 8 nutzen, so können Sie in der Palette Seiten über das Flyout-Menü die Funktion Seiten entnehmen... aufrufen. Danach wählen Sie die betreffenden Seiten und aktivieren die Funktion Seiten als einzelne Dateien entnehmen. Somit legt Acrobat aus jeder Seite der ursprünglichen PDF-Datei eine neue PDF-Datei an und fügt die Seitenzahl in den Dateinamen ein. So werden aus einer mehrseitigen PDF-Datei »Beispiel.pdf« die einseitigen Dokumente »Beispiel1.pdf«, »Beispiel2.pdf« usw.

Diese Dateipfade müssen Sie in der Datenquelle angeben, und dann wird jedem Datensatz eine einzelne PDF-Seite – als separate Datei – zugewiesen.

24 Skripte

Eine besondere Form der Automatisierung einzelner Arbeitsschritte und komplexer Abläufe stellen in InDesign CS3 Skripte dar. InDesign kann per JavaScript, AppleScript auf dem Mac und mit VisualBasic-Skripten unter Windows konkrete Aufgaben ausführen.

24.1 Was bewirken Skripte im Layout?

An dieser Stelle wollen wir Ihnen die Skripte vorstellen, die InDesign CS3 bereits mit der Grundinstallation mitbringt. Das Thema Skripterstellung ist komplex und nicht in einem Kapitel umfassend zu erklären. Soll ein Skript eine konkrete Aufgabe in Ihrem Layout übernehmen, benötigen Sie Grundkenntnisse in Programmiersprachen wie JavaScript.

Was ist ein Skript? | Skripte sind immer ein einfaches ablaufendes Programm, das aufgrund von Bedingungen und Abfragen Arbeitsschritte ausführt, die mit eindeutigen Ergebnissen vorgegeben sind. Dazu kann man per Skript auch einen Eingabedialog öffnen und die Daten, die Sie als Benutzer eingeben, auslesen. Auch Warnungen und einfache Abfragen der eingegebenen Daten sind möglich.

Die Skripte, die mit InDesign zusammenarbeiten, basieren auf den Sprachen JavaScript, AppleScript oder VisualBasic. Alle Skriptsprachen sind jedoch eng verwandt. Wir wollen uns den plattformübergreifenden JavaScripts widmen, die Sie in InDesign aufrufen können.

Do you speak English? | Skripte werden in der Syntax der Programmiersprache verfasst, die aus englischen Befehlen und Begriffen zusammengesetzt ist. Daher ist es auch möglich, mit Grundkenntnissen der Programmierung die Skripte im Quellcode zu lesen.

Abfragen

In der Regel beginnt jedes ordentlich verfasste Skript damit, die Eingangsdaten zu prüfen. Kann ein Skript nur mit Textabschnitten arbeiten, müssen andere Objekte abgelehnt und muss eine Warnung angezeigt werden. Dies trifft auch auf Zahlenformate, Dateitypen, Zeichenlängen oder Maße zu.

Die Eingabeaufforderungen und Dialoge sind ebenfalls in Englisch verfasst, eine Übersetzung der Begriffe ist möglich, wenn Sie selbst ein Skript bearbeiten und nur die Einträge der Text-»Labels« verändern. Legen Sie dann zuvor unbedingt eine Sicherungskopie an. Aufgrund der einfachen Editierbarkeit eines Skripts per Editor können sich schnell Unsauberkeiten oder Codefehler einschleichen, sodass ein Skript nicht mehr einwandfrei abläuft.

24.2 Die Skripten-Palette

Öffnen Sie ein Layoutdokument, und rufen Sie im Menü Fenster • Automatisierung • Skripten auf. InDesign blendet Ihnen die Skripten-Palette ein, die sehr einfach aufgebaut ist und auf die wir nicht näher eingehen wollen.

Abbildung 24.1 ▶
Die Skripten-Palette mit den vorgefertigten Skripten im Ordner JavaScript

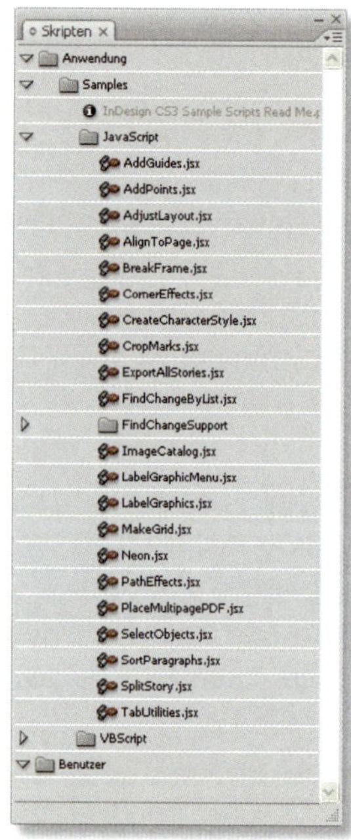

Interessant ist, dass InDesign die Skripte in Unterordnern angelegt hat. So finden Sie unsere Beispiele im Verzeichnis Anwendung/JavaScript.

Achtung: Erst ausprobieren

Bevor Sie Skripte direkt in Ihrem Layout anwenden, sollten Sie die Vorgehensweise des Skripts verstehen, um keine Fehlbedienung zu verursachen. Erst dann sollten Sie ein Skript auch in Ihrem Layout direkt einsetzen.

Skripte aufrufen | Mit einem Doppelklick rufen Sie die Skripte auf. Um ein Skript wirksam auszuführen, müssen Sie bei vielen Skripten schon einen Rahmen ausgewählt haben. Andere Skripte greifen auf eine Datenquelle zurück, um beispielsweise eine Bildergalerie anzulegen. Nutzen Sie daher Testdateien, um die Funktionsweise nachzuvollziehen.

24.2.1 AddGuides.jsx: Hilfslinien um ein Objekt erzeugen

Für dieses erste Skript wählen Sie einen Rahmen oder eine Rahmengruppe mit dem Auswahlwerkzeug aus und rufen mit einem Doppelklick das Skript AddGuides.jsx auf. Nun erhalten Sie einen kurzen Eingabedialog, in dem Sie gefragt werden, ob Sie Hilfslinien um den gesamten Rahmen herum anlegen wollen. Interessant ist hierbei die untere Option: Add Guides Based On: Visible Bounds. Wenn Sie diese Funktion wählen, erkennt das Skript auch Freisteller, deren Rahmen natürlich größer angelegt sind als das freigestellte Motiv an sich. Hierzu gibt es auch einen horizontalen und vertikalen Abstandswert.

Kein Zurück

Skripte werden als Arbeitsschritte nicht von InDesign protokolliert und können somit auch nicht rückgängig gemacht werden.

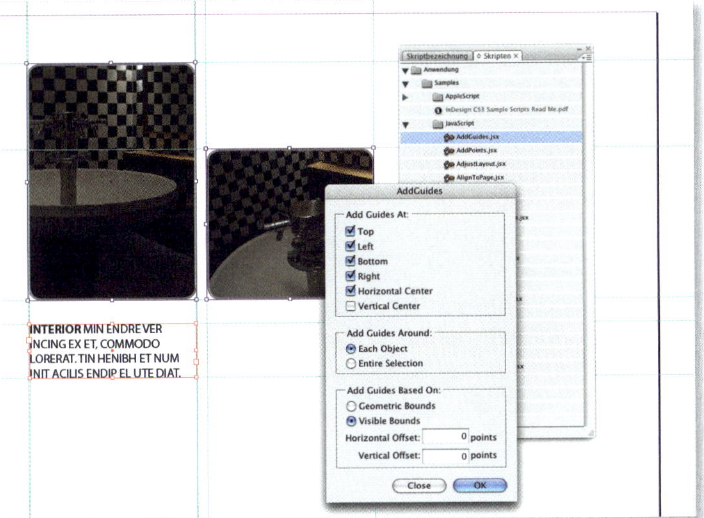

◂ **Abbildung 24.2**
Mit AddGuides erzeugen Sie Hilfslinien entlang eines Rahmens oder eines Freistellers.

24.2.2 AddPoints.jsx: Knotenpunkte verdoppeln

Wählen Sie eine Vektorgrafik aus, und klicken Sie den Pfad mit der Direktauswahl [A] an. Rufen Sie nun das Skript AddPoints.jsx auf. InDesign erzeugt zwischen allen bestehenden Ankerpunkten weitere Punkte auf der Hälfte der Pfadabschnitte. Je häufiger Sie das Skript aufrufen, desto mehr Punkte entstehen hintereinander.

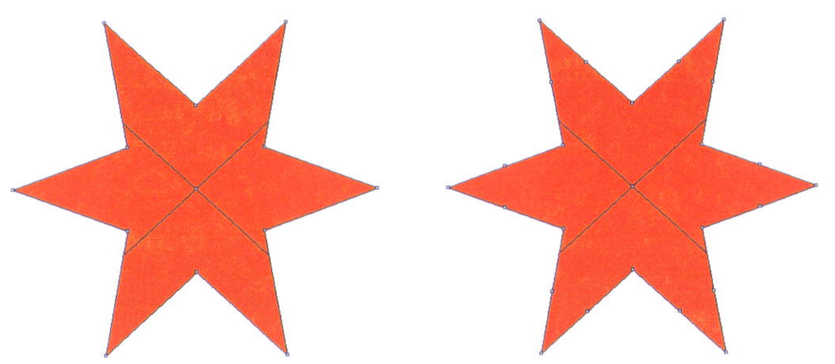

◂ **Abbildung 24.3**
Vorher – nachher

24.2.3 AdjustLayout.jsx: Objekte auf linken und rechten Seiten verschieben

Je nachdem, ob ein Rahmen auf einer linken oder rechten Seite eines Layouts liegt, können Sie alle Rahmen darauf um einen konkreten Wert verschieben. Das ist besonders bei langen Dokumenten mit einer Klebebindung sinnvoll, deren Seiten stark in den Bund laufen. Hierzu können Sie das Skript auch auf einen Seitenbereich reduzieren.

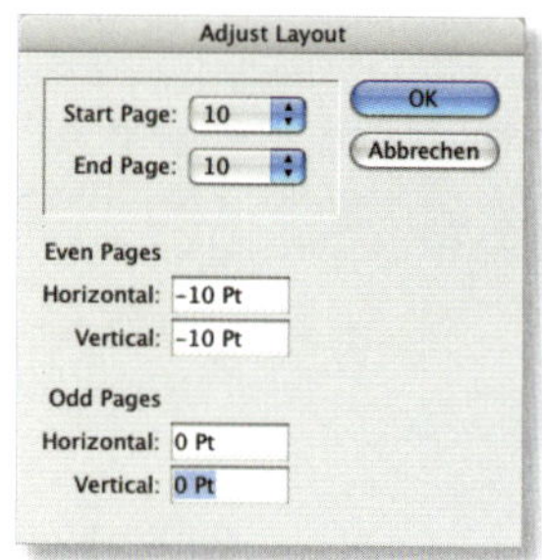

▲ **Abbildung 24.4**
Die Optionen des Skripts AdjustLayout.jsx

24.2.4 AdjustLayout.jsx: Rahmen an Seitenrändern ausrichten

Dieses Skript entspricht der Möglichkeit, mehrere Rahmen auszuwählen und per Ausrichten-Palette auf der gesamten Seite linksbündig, oben, zentriert, unten oder rechtsbündig anzuordnen. Dabei können auch die Seitenränder des Satzspiegels berücksichtigt werden.

Textverkettungen einblenden

Machen Sie die Textverkettungen sichtbar, indem Sie im Menü Ansicht die TEXTVERKETTUNGEN EINBLENDEN.

24.2.5 BreakFrame.jsx: Verkettete Textrahmen trennen

Sie kennen das sicher schon: Sie wollen einen Textrahmen aus einer Verkettung so lösen, dass der Textinhalt zwar bestehen bleibt, die Verkettung jedoch an diesem Rahmen vorbeiläuft. Dazu sind normalerweise mehrere Handgriffe nacheinander nötig, die Ihnen nun das Skript »BreakFrame.jsx« abnimmt. Wählen Sie einen Textrahmen aus, der mit anderen verkettet ist, und rufen Sie das Skript auf.

Einschränkung für »BreakFrame.jsx«

Die Funktion arbeitet nicht mit umbrechenden Tabellen zusammen.

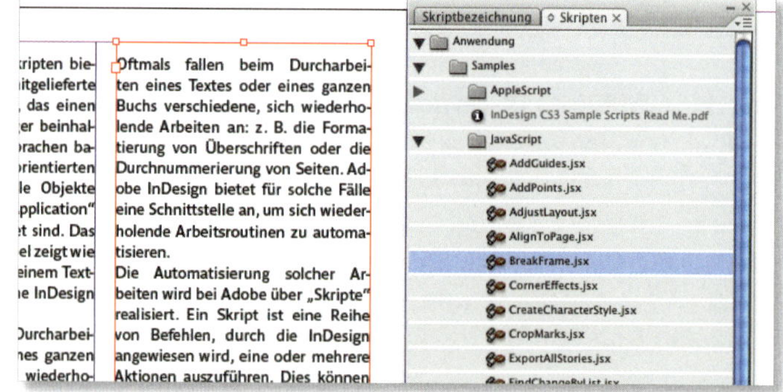

▲ **Abbildung 24.5**
Als wenn die Textrahmen niemals etwas miteinander zu tun gehabt hätten, setzt das Skript den Inhalt des mittleren Rahmens in einen eigenständigen Rahmen.

24.2.6 CornerEffects.jsx: Eckenoptionen

Ebenfalls wie das Skript »AlignToPage.jsx« imitieren die »CornerEffects.jsx« eine bestehende Funktion in InDesign: die Eckenoptionen. Je nach Wahl des Effektes und der Größe des Eckenradius erscheint ein Rahmen mit neuer Kontur. Dabei werden die Konturen jedoch in echte Ankerpunkte umgerechnet. Ein erneutes Anpassen des Eckenradius ist nicht möglich.

Doch der Clou dieses Skripts liegt im Pulldown-Menü PATTERN: Hier wählen Sie, welche Punkte tatsächlich verändert werden. Jeder Bézierpfad besitzt eine Pfad-Richtung. Folglich gibt es einen ersten oder einen letzten Punkt. Wählen Sie ein Rechteck aus und wenden Sie einen Effekt an, so wird der **linke obere Ankerpunkt als erster Punkt** mit der Option FIRST POINT verändert. Die weiteren Punkte zählt InDesign **gegen den Uhrzeigersinn**. Nutzen Sie stattdessen ODD POINTS oder EVEN POINTS, wird nur jeder zweite Punkt mit dem Effekt verändert, je nachdem, ob es sich um einen Punkt mit einer geraden oder ungeraden Nummer handelt. Probieren Sie die Möglichkeiten einmal aus, sodass Sie schnell ein Gespür für die Arbeitsweise erhalten.

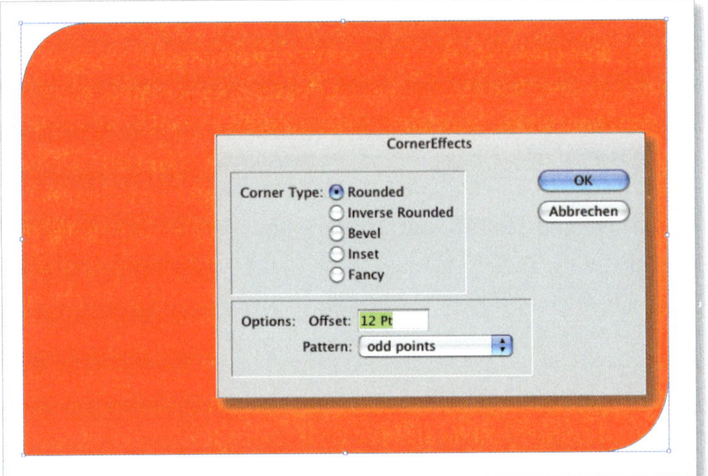

◂ **Abbildung 24.6**
Bei einem Rechteck wird bei allen Ankerpunkten mit gerader Nummer ein abgerundeter Eckeneffekt angewendet, wenn ODD POINTS ausgewählt wurde.

24.2.7 CreateCharacterStyle.jsx: Ein neues Zeichenformat anlegen

Wählen Sie einen Text aus, den Sie wie gewünscht formatiert haben, und klicken Sie doppelt auf das Skript »CreateCharacter-Style.jsx«, um ein neues Zeichenformat anzulegen. Dazu müssen Sie nur noch einen Namen eingeben.

24.2.8 CropMarks.jsx: Schnittmarken hinzufügen

Haben Sie eine Anzeige oder eine Visitenkarte gestaltet, die konkret aus InDesign ausbelichtet werden soll, so benötigen Sie vielleicht Schnittmarken und Passerkreuze. Wählen Sie einen Rahmen oder eine Rahmengruppe aus, und rufen Sie mit einem Doppelklick das Skript »CropMarks.jsx« auf. Nun fragt das Skript nach der Größe und dem Abstand der Marken und setzt diese anschließend um den Rahmen herum.

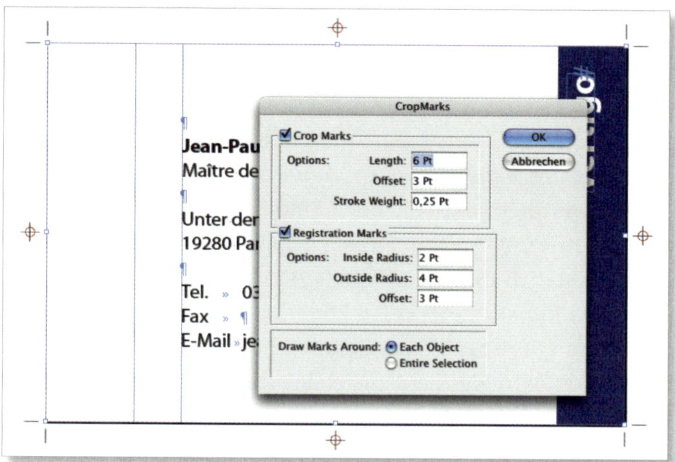

Abbildung 24.7 ▸
Schnittmarken werden vom Skript angelegt.

24.2.9 ExportAllStories.jsx: Texte exportieren

Wenn Sie alle Texte ihres Layoutdokuments als einzelne Textdateien benötigen, um sie in ein anderes Layout einfließen zu lassen, so rufen Sie das Skript »ExportAllStories.jsx« auf. Danach werden Sie gebeten, das entsprechende Format zu wählen. Wenn Sie das Tagged-Text-Format wählen, bleiben alle typografischen Auszeichnungen von InDesign erhalten. Das Ergebnis sind übrigens einzelne Dateien: Verkettete Textrahmen werden als eine Textdatei exportiert.

24.2.10 FindChangeByList.jsx: Vorgegebene Such-Aktionen

Aufgrund einer externen Textdatei »FindChangeList.txt« im SKRIPTE-Verzeichnis von InDesign CS3 können vorgegebene Suchen ausgeführt und durch vordefinierte Texte oder Zeichen ersetzt werden.

24.2.11 ImageCatalog.jsx: Bilder als Kontaktabzug

Eines der interessantesten Skripte aus grafischer Sicht ist wohl das Skript »ImageCatalog.jsx«, das, wenn es mit einem Doppelklick aufgerufen wurde, erst einmal nach einem Bilderverzeichnis fragt. Geben Sie hier einen Testordner mit einfachen Dateien an. Nun liest das Skript die Anzahl der möglichen Bilder aus und bietet ein Muster an, wie die Bilder als Kontaktabzug in das Layout eingepasst werden können. Für den Anfang können Sie mit 3 Spalten und 4 Zeilen starten.

Die Beschriftung der platzierten Bilder ist natürlich auch möglich: Unter der Rubrik LABELS legen Sie die maximale Höhe des Textrahmens der Beschriftung fest. Darüber hinaus erzeugt das Skript gleich ein neues Absatzformat, damit typografische Änderungen ein Kinderspiel sind. Auch eine eigene Ebene hierfür kann das Skript auf Wunsch erzeugen.

Ebene mit Metadaten

Für einen Bilderkatalog werden für die Auswahl der Motive nur die Bilder selbst benötigt. Aber wo befindet sich die Datei, oder welche Schlagworte sind vergeben? Diese Metadaten können auf einer eigenen Ebene angelegt werden, wenn Sie in der letzten Auswahl unter LAYER die Option LAYER 1 wählen. Sie können sich dann immer entscheiden, ob Sie nur die Bilder ausdrucken wollen.

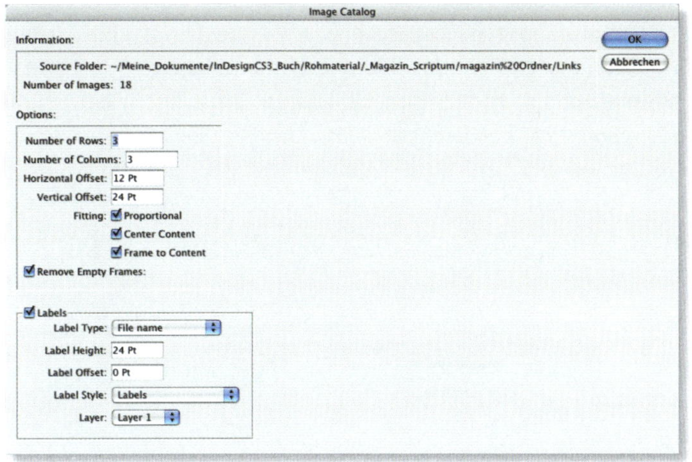

◂ Abbildung 24.8
Die Optionen der Bildergalerie

Beachten Sie bitte die Option LABEL TYPE: Hier wählen Sie entweder den Namen, den gesamten Pfad auf dem Computer oder die XMP-Metadaten für die Beschreibung oder den Autor aus, die in nahezu jeder digital aufgenommenen Bilddatei integriert sind.

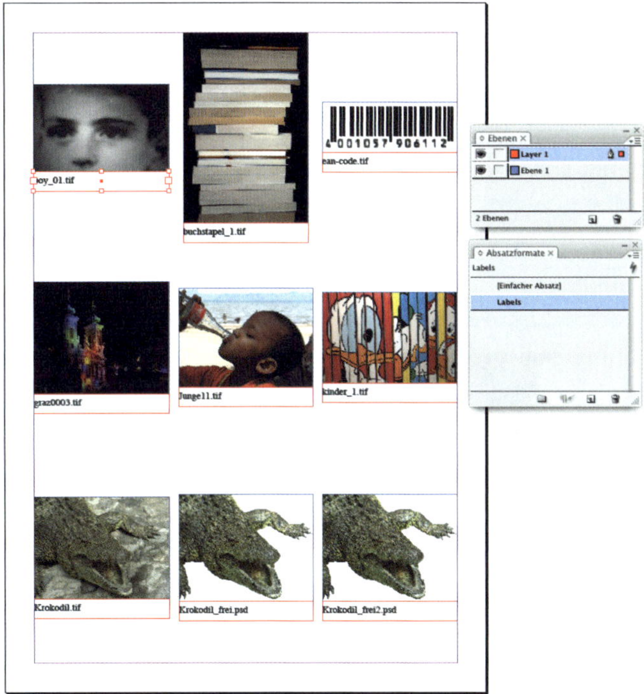

◂ Abbildung 24.9
Das fertige Ergebnis der Übersicht mit einem neuen Absatzformat für die Beschriftung und eigener neuer Ebene

24.2.12 LabelGraphicMenu.jsx und LabelGraphics.jsx: Bildunterschriften automatisieren

Dieses Skript fragt nach dem Aufruf durch einen Doppelklick erst einmal, ob Sie einen neuen Menüpunkt im Kontextmenü anlegen möchten. Ziel ist es, ein platziertes Bild mit einer Bildunterschrift zu versehen. Diese Bildunterschrift wird per Skript als Textrahmen optimal unterhalb des Bildrahmens angelegt.

Wenn Sie das erste Skript bestätigen, wird der Menübefehl Label Graphics gespeichert. Nun können Sie eine platzierte Grafik anwählen und rufen mit der rechten Maustaste oder `Ctrl`+Klick das Kontextmenü auf. Als letzten Eintrag finden Sie nun den Befehl Label Graphics, der das zweite gleichnamige Skript aufruft.

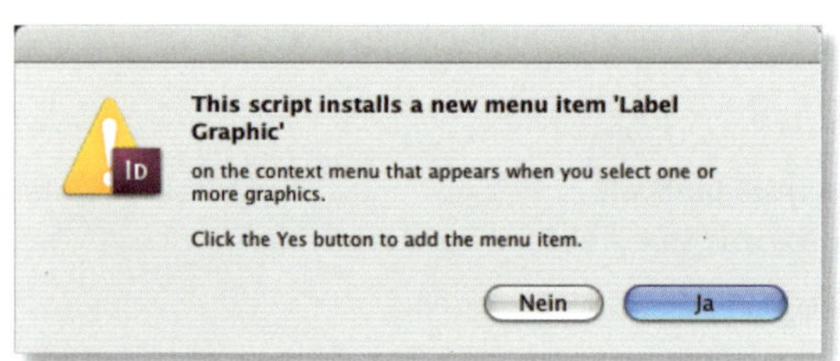

▲ **Abbildung 24.10**
Das erste Skript legt den Menübefehl für das zweite Skript an.

Auswählen
Position sperren ⌘L
Konturstärke
Anpassen
Effekte
Grafiken
Original bearbeiten
Interaktiv
Tag für Rahmen
Tags automatisch erstellen
Anzeigeleistung
InCopy
Label Graphic

▲ **Abbildung 24.11**
Im Kontextmenü erscheint der neue Befehl bei platzierten Grafiken oder Bildern.

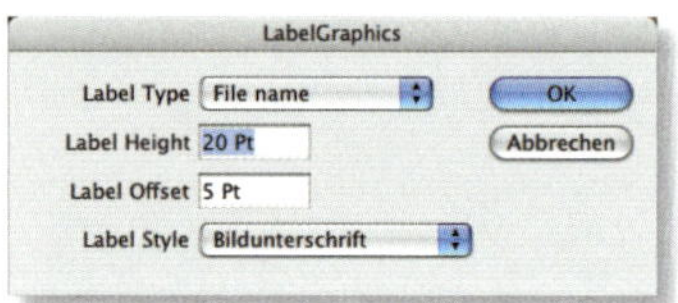

▲ **Abbildung 24.12**
Die Optionen zum Bildtitel sind identisch mit der Beschriftung der Bildergalerie.

Nun öffnet sich ein Dialog, in dem Sie Inhalt und Erscheinung der Bildunterschrift festlegen. Wenn Sie zuvor ein passendes Absatzformat angelegt haben, so dürfen Sie dies an dieser Stelle zuweisen.

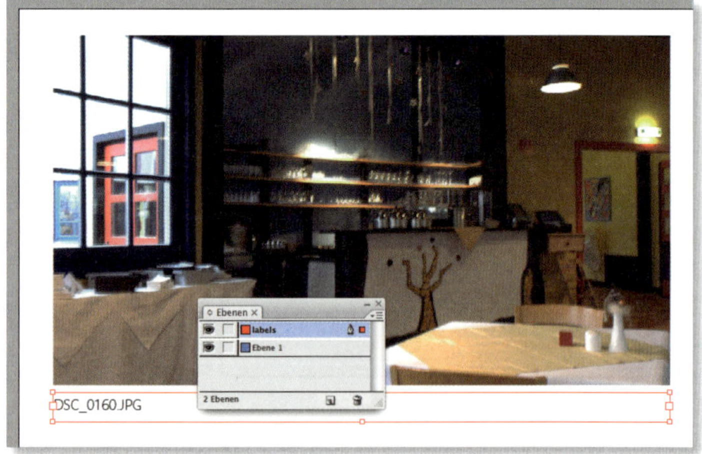

Abbildung 24.13 ▶
Das fertige Ergebnis der Bildunterschrift auf einer eigenen Ebene.

24.2.13 MakeGrid.jsx: Rahmen als Raster aufteilen

Dieses amüsante Skript teilt einen Rahmen im Layout in mehrere Rahmen auf. Das hört sich zunächst nicht sehr spektakulär an.

Doch wählen Sie ein platziertes Bild, und rufen Sie das Skript »MakeGrid.jsx« mit einem Doppelklick auf. Im Dialog stellen Sie nun die Anzahl der resultierenden Rahmen in Zeilen und Spalten ein. Der Abstand zwischen den späteren Rahmen kann auch hier horizontal wie vertikal angepasst werden.

Das Ergebnis ist überraschend: Das Bild wird tatsächlich in ein Raster aus mehreren Rahmen zerschnitten. Interessant ist jedoch, dass die Position des Bildes in den einzelnen Rahmen erhalten bleibt. Auch die Kontureigenschaften des ersten Rahmens werden auf alle anderen übertragen.

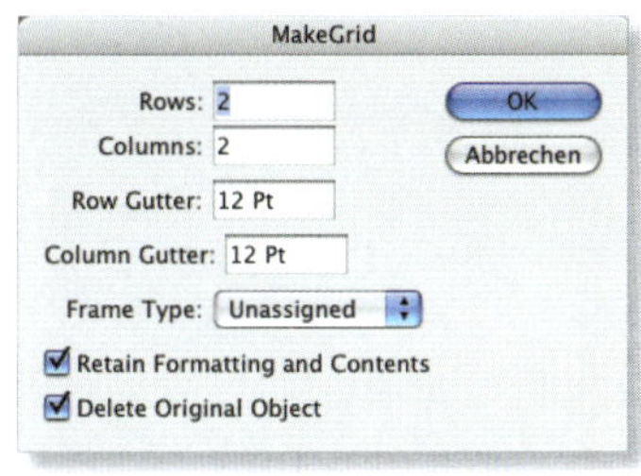

▲ **Abbildung 24.14**
Die Optionen für das Raster

▲ **Abbildung 24.15**
Aus einem Rahmen werden vier, inklusive der Kontur und Eckenoptionen.

Es könnte auf den ersten Blick für einen Nachfolger von PageMaker gehalten werden, hat jedoch einen völlig neuen technischen Unterbau (Plugins). Die Benutzeroberfläche entspricht den anderen Produkten von Adobe Systems, wie z. B. Photoshop oder Illustrator.
Durch das Bündeln mit der Adobe Creative Suite erhöhten sich auch die Verkaufszahlen, nicht notwendigerweise damit verbunden der Marktanteil von InDesign. Seit Freigabe der CS3 und Erhöhung der Preise um 20% gegenüber der CS2 entsteht speziell in Europa immer mehr der Eindruck, dass Adobe seine Marktmacht ausnutzt.
[1]
InDesign wird vor allem in Werbeagentu-

Es könnte auf den ersten Blick für einen Nachfolger von PageMaker gehalten werden, hat jedoch einen völlig neuen technischen Unterbau (Plugins). Die Benutzeroberfläche entspricht den anderen Produkten von Adobe Systems, wie z. B. Photoshop oder Illustrator.
Durch das Bündeln mit der Adobe Creative Suite erhöhten sich auch die Verkaufszahlen, nicht notwendigerweise damit verbunden der Marktanteil von InDesign. Seit Freigabe der CS3 und Erhöhung der Preise um 20% gegenüber der CS2 entsteht speziell in Europa immer mehr der Eindruck, dass Adobe seine Marktmacht ausnutzt.
[1]
InDesign wird vor allem in Werbeagentu-

Es könnte auf den ersten Blick für einen Nachfolger von PageMaker gehalten werden, hat jedoch einen völlig neuen technischen Unterbau (Plugins). Die Benutzeroberfläche entspricht den anderen Produkten von Adobe Systems, wie z. B. Photoshop oder Illustrator.
Durch das Bündeln mit der Adobe Creative Suite erhöhten sich auch die Verkaufszahlen, nicht notwendigerweise damit verbunden der Marktanteil von InDesign. Seit Freigabe der CS3 und Erhöhung der Preise um 20% gegenüber der CS2 entsteht speziell in Europa immer mehr der Eindruck, dass Adobe seine Marktmacht ausnutzt.
[1]
InDesign wird vor allem in Werbeagentu-

Es könnte auf den ersten Blick für einen Nachfolger von PageMaker gehalten werden, hat jedoch einen völlig neuen technischen Unterbau (Plugins). Die Benutzeroberfläche entspricht den anderen Produkten von Adobe Systems, wie z. B. Photoshop oder Illustrator.
Durch das Bündeln mit der Adobe Creative Suite erhöhten sich auch die Verkaufszahlen, nicht notwendigerweise damit verbunden der Marktanteil von InDesign. Seit Freigabe der CS3 und Erhöhung der Preise um 20% gegenüber der CS2 entsteht speziell in Europa immer mehr der Eindruck, dass Adobe seine Marktmacht ausnutzt.
[1]
InDesign wird vor allem in Werbeagentu-

◄ **Abbildung 24.16**
Ein Textrahmen kann zwar zerschnitten werden, jedoch bleibt der Textfluss nicht erhalten, und alle Rahmen besitzen nun einen Übersatz.

Für Textrahmen funktioniert dieses Skript ebenfalls: Aus einem ersten Rahmen werden mehrere kleine Rahmen. Doch hier ist das Skript nicht »intelligent« genug, denn der Textfluss wird unterbrochen, und jeder kleinere Rahmen ist eine Kopie des ursprünglichen Rahmens.

24.2.14 Neon.jsx: Neoneffekte als Rahmenkontur

▲ **Abbildung 24.17**
Neoneffekte – seit über 20 Jahren verschollen, jetzt wiederentdeckt!

Der Name ist Programm, das Skript legt einen Farbverlauf in Form übereinandergezeichneter Konturen einer Schmuckfarbe an. Definieren Sie zuvor eine Schmuckfarbe als Farbfeld. Wählen Sie nun einen Rahmen aus, und rufen Sie das Skript auf. Zunächst werden zwölf Konturen angelegt. Die Schmuckfarbe erscheint im Pulldown-Menü Stroke Color. Beginnen Sie nun mit einer mageren Kontur von 0,25 Punkt und einer Rasterung (Stroke Tint) von 100%. Nun geben Sie das Ende der Konturen mit einer Stärke von 12 Punkt und 10% Rasterung an.

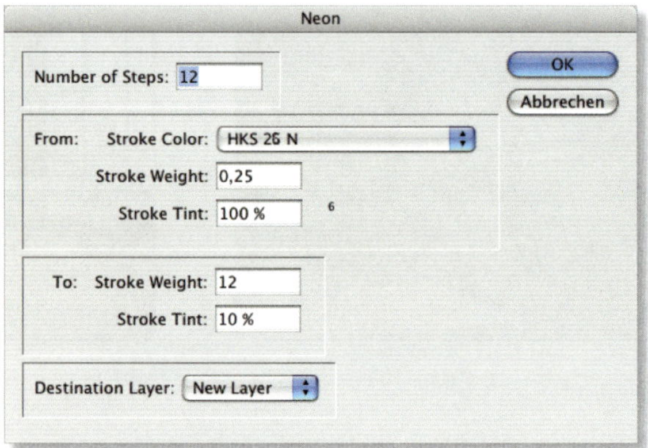

Abbildung 24.18 ▶
Die Eingabe des Neon-Effekts

Nachdem Sie die Eingabe bestätigt haben, wird Ihnen das Skript einen wunderschönen Neon-Rahmen zeichnen, sofern Sie auch eine entsprechend leuchtende Schmuckfarbe gewählt haben. Das Ergebnis ist übrigens eine Rahmengruppe aus einzelnen Konturen, das fertige Objekt lässt sich somit nur noch schwer nachbearbeiten.

24.2.15 PathEffects.jsx: Verzerren von Pfaden

Falls Sie die Verzerren-Optionen aus Illustrator kennen, um eine Rahmenform zu gestalten, werden Sie sich für dieses Skript erwärmen, denn es imitiert eine Reihe dieser Verzerrungen anhand eines Prozentsatzes für die Stärke des Effekts. Die englischen Bezeichnungen sind wenig selbsterklärend, daher hier eine kurze Übersicht der wichtigsten Effekte:

- Punk – Zusammenziehen
- Bloat – Aufblasen
- Twirl – Wirbel
- RetractAll – Kurven glätten
- MakeRectangle – Rechteck erzeugen
- MakeOval – Ellipse erzeugen

Zurück bei Pfadeffekten

Da die Pfad-Berechnung der PathEffects offenbar nur einen Arbeitsschritt darstellt, kann InDesign diesen Effekt auch rückgängig machen.

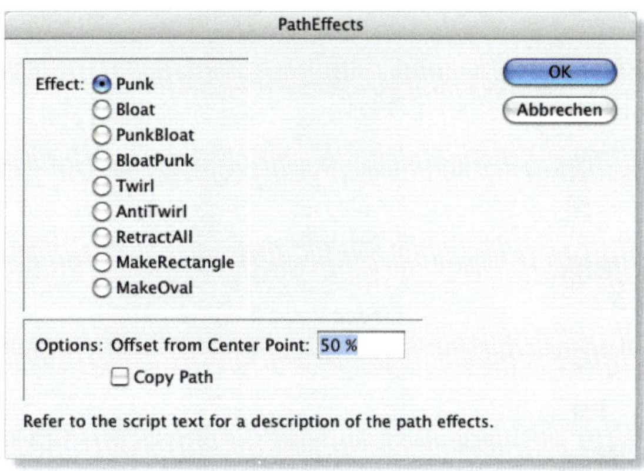

◂ **Abbildung 24.19**
Die verschiedenen Effekte zum Verzerren eines Pfades

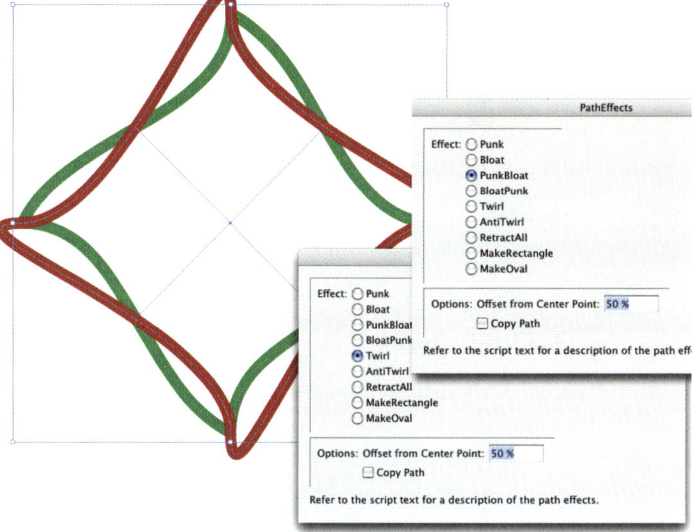

◂ **Abbildung 24.20**
Die Kombination aus Punk und Bloat (rot) nennt sich PunkBloat und erzeugt etwas, das verdächtig nach Twirl (grün) aussieht, oder?

24.2.16 PlaceMultipagePDF.jsx: Mehrseitige PDF-Dateien platzieren

Das Platzieren einer PDF-Datei mit mehr als einer Seite stellt Sie gelegentlich vor Herausforderungen. Dieses Skript erleichtert Ihnen die Arbeit, indem es automatisch ein neues Dokument anlegt und jede einzelne PDF-Seite fortlaufend platziert. Legen Sie sich daher zunächst eine InDesign-Datei mit dem richtigen Seitenformat an, falls die PDF-Datei nicht im A4-Format vorliegt. Rufen Sie nun das Skript mit einem Doppelklick auf, und wählen Sie eine PDF-Datei aus. Wenn Sie ein benutzerdefiniertes Format benötigen, können Sie jetzt im nächsten Dialog wählen, ob die PDF-Dateien in dieses bereits geöffnete Layout platziert werden.

Für jede Seite wird übrigens eine Verknüpfung erstellt, wie Sie in der gleichnamigen Palette sehen können.

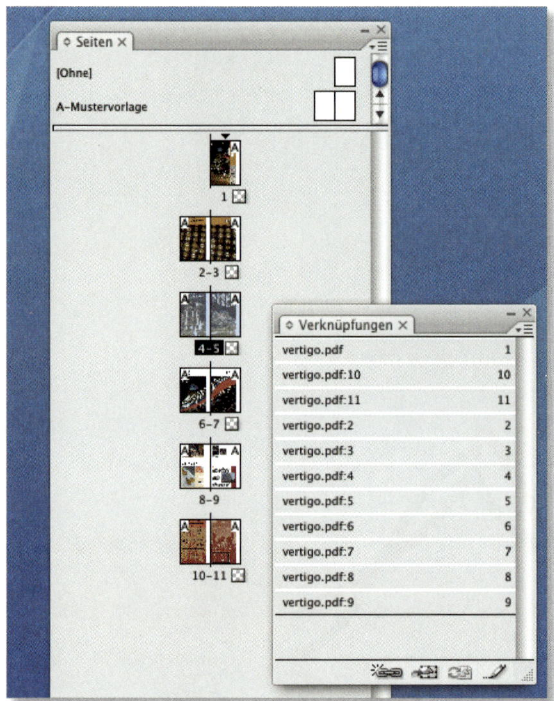

Abbildung 24.21 ▸
Eine mehrseitige PDF-Datei ist platziert und verknüpft.

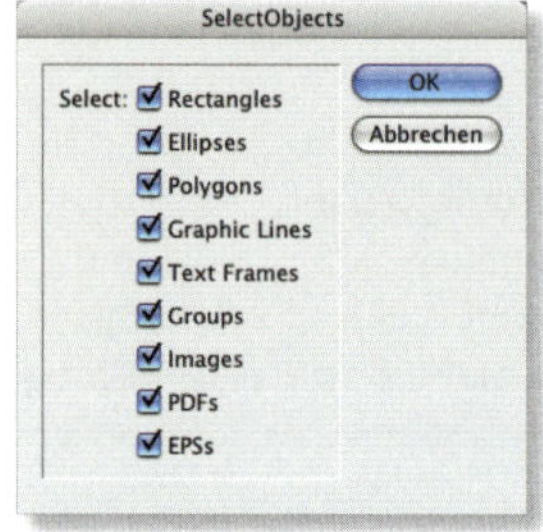

▴ Abbildung 24.22
Die Auswahl des Objekttyps

24.2.17 SelectObjects.jsx: Objekte nach Inhalt auswählen

Dieses Skript sorgt dafür, dass Sie auf Ihrer Layoutseite nur bestimmte Arten von Rahmen auswählen können.

24.2.18 SortParagraphs.jsx: Absätze alphabetisch sortieren

Für ein Wörterbuch oder ein Glossar eignet sich dieses Skript – mit der Einschränkung, dass Sie nur nacheinander folgende einzelne Absätze als Beschreibung eines Sachverhaltes nutzen können. Wenn Sie das Skript für einen zuvor markierten Text aufrufen, sortiert InDesign die Abschnitte nach der alphabetischen Reihenfolge.

24.2.19 SplitStory.jsx: Textverkettungen aufheben

Hinweis
Im Gegensatz zum Skript »BreakFrames.jsx« trennt »SplitStory.jsx« alle Verkettungen auf.

Wenn mehrere Rahmen miteinander verkettet sind, damit der Text als geschlossener Abschnitt umbrochen wird, können Sie anhand dieses Skripts die Verkettungen aufheben. Das Skript sorgt dafür, dass sich der Textumbruch nicht ändert, nur die Verknüpfungen der Textrahmen zueinander werden aufgehoben. Blenden Sie sich auch hier die Textverkettungen im Menü Ansicht ein.

24.2.20 TabUtilities.jsx: Tabulatoren und Einzüge einfügen

Dieses Skript ergänzt einen Textabschnitt durch Tabulatoren und Einzüge in Abhängigkeit vom linken Rand, vom rechten Rand oder von der Cursor-Position.

24.3 Skripte selbst schreiben?

Falls Sie selbst Aufgaben per Skript lösen möchten, aber diese Skripte nicht von Grund auf neu schreiben wollen, können Sie

- ein vordefiniertes Skript anpassen,
- nach bekannten dokumentierten Skripten suchen oder
- externe Spezialisten beauftragen.

Die mitgelieferten Skripte sind beispielhaft für Methoden, InDesign-Techniken anzuwenden. Dazu finden Sie in der Datei »InDesign CS3 Sample Scripts Read Me.pdf« im Verzeichnis von ADOBE INDESIGN CS3/SCRIPTS/SCRIPTS PANEL/SAMPLES/ eine Übersicht darüber, welche Skripte welche Methoden ausführen.

ExtendScript Toolkit | Adobe hat der Creative Suite ein Script-Toolkit beigefügt, sodass Sie JavaScripts u.a. bearbeiten können. Dazu wählen Sie in der Palette ein Skript aus und rufen im Kontextmenü mit der rechten Maustaste oder mit `Ctrl`+Klick die Option SKRIPT BEARBEITEN auf. Alternativ dazu rufen Sie mit dem Befehl IM FINDER/EXPLORER ANZEIGEN die einzelne Datei im Unterverzeichnis von InDesign auf, um sie dann in einem Editor wie ExtendScript Toolkit zu bearbeiten. Natürlich stehen Ihnen auch andere Editoren zur Verfügung. Hierzu genügen schon einfache Texteditoren wie WordPad oder TextEdit. Die Skript-Editoren verfügen jedoch über ein sogenanntes Syntax-Highlighting, also eine farbliche Trennung der Code-Elemente sowie eine automatische Unterstützung beim Schreiben von Befehlen.

25 Publishing mit XML

XML – die Extensible Markup Language – ist eine Metasprache zur Beschreibung und Strukturierung beliebiger Dokumente. Layoutdokumente erhalten in InDesign durch XML-Tags eine zusätzliche Datenstruktur, die sowohl von InDesign als auch von anderen XML-fähigen Anwendungen verstanden wird.

Hinweis
Eine Anwendung von XML in InDesign verlangt ein Mindestmaß an Informatik-Grundkenntnissen. Wollen Sie XML innerhalb von InDesign einsetzen, so sollten Sie immer anhand eines konkreten Falles die Funktionsweise erlernen.

25.1 Was kann man mit XML erreichen?

Stellen Sie sich vor, Sie müssen mit variablen Inhalten aus Datenbanken identische Layoutdokumente gestalten. Zusätzlich wird von Ihnen gefordert, die formatierten Inhalte aus der Layoutdatei so vorzubereiten, dass sie später auf einer Website oder wiederum in eine Datenbank eingebunden werden können. Das Austauschformat muss nur die Inhalte transportieren und für den Kunden leicht zu lesen sein. Die XML-Integration in InDesign ermöglicht diese Trennung von Form und Inhalt, sodass Text- und Bildinhalte in unterschiedliche Layoutformen einfließen können.

Die Möglichkeiten, XML in InDesign einzusetzen, sind umfangreich und verlangen von Ihnen, sich zunächst intensiv mit dem Thema XML und Skriptsprachen auseinanderzusetzen. Da die Anwendungen für XML und InDesign sehr unterschiedlich ausfallen, konzentrieren wir uns in diesem Kapitel auf die Grundlagen und wollen gleich auf die Alternativen hinweisen, bevor Sie selbst mit XML-, DTD- und InDesign-Dateien arbeiten.

Neben dem Import und Export von XML-Dateien ist aber auch das XHTML-Format interessant, mit dem Sie Layoutdaten für das Internet sowie für die Adobe Digital Editions exportieren können. Das SVG-Format ist ebenfalls für das Internet geeignet und basiert auf XML.

25.1.1 Soll man wirklich auf XML zurückgreifen?

Denken Sie zuallererst lösungsorientiert, auch wenn die technischen Möglichkeiten verlockend sind. Häufig dauert die manuelle

Vorbereitung und Durchführung eines XML-Workflows wesentlich länger und verschlingt zusätzliche Arbeitszeit durch Fehlersuche und -beseitigung, die Sie beim Erwerb einer fertigen Softwarelösung nicht aufwenden müssten.

Datenzusammenführung als Alternative | Wenn Sie als Praxisbeispiel jetzt an einen Serienbrief mit austauschbaren Adressen denken, ist die Lösung über XML-Inhalte möglich, aber eher umständlich. Dazu kann InDesign CS3 mit der Funktion DATENZUSAMMENFÜHRUNG einfache Inhalte als tabulatorenformatierten Text oder als kommaseparierte Liste einlesen.

Ebenso ist das Einbinden von Bildern in ein flexibles Layout möglich. Lesen Sie dazu bitte Kapitel 23, »Datenzusammenführung: Einfaches Database-Publishing mit InDesign CS3«, in dem wir Ihnen mithilfe eines Workshops die Arbeitsweise erklären. Die Datenzusammenführung erzeugt auf Wunsch auch neue Seiten, was Sie mit XML nur in Verbindung mit Skripten erreichen.

Automatisierte Katalogerstellung | Die Katalogproduktion aus Datenbankinhalten ist über die XML-Funktionalität möglich, jedoch haben hier schon viele Plug-in-Hersteller Lösungen entwickelt, die gegenüber einer eigenen Planung und Umsetzung des XML-Publishings kostengünstiger und produktionssicherer sind. Zudem sind die Plug-ins ausreichend dokumentiert, und die Hersteller können eine gute Hilfestellung bieten. Importoptionen bieten Schnittstellen zu bekannten Datenbanken an. Die Lösungen und Adressen finden Sie in Kapitel 33, »Plug-ins«.

25.2 XML-Struktur

Bevor Sie tiefer in die XML-Thematik einsteigen, müssen hier drei Grundprinzipien erläutert werden:

- Jeder Inhalt besteht aus gleichwertigen Elementen.
- Elemente sind hierarchisch gegliedert.
- Form und Inhalt sind voneinander getrennt.

25.2.1 Ein Beispiel

Ein Beispiel für Hierarchien: Ein leckeres Speiseeis besteht aus einer gefrorenen Flüssigkeit und einem Behältnis als obere Hierarchie. Speiseeis und Behältnis können verschiedene Beziehungen eingehen: als Wassereis in der Tüte, als Milchspeiseeis im Pappbecher oder als Riesenkugeln in der Waffel mit Schlagsahne. Die Reihenfolge und die Existenz der einzelnen Elemente auf der zweiten Ebene stellt verschiedene Bedinungen dar. Das

Milchspeiseeis besitzt Inhaltsstoffe wie Milch, Zucker, Früchte, Alkohol oder Aromen, die Waffel hingegen wurde aus einer bestimmten Teigzusammensetzung hergestellt. Somit bilden diese Elemente die dritte Ebene in der Hierarchie »Speiseeis«.

Ein Zeitungsartikel ist ebenfalls gegliedert und kann aus allen oder aus Teilen dieser Elemente bestehen (siehe Tabelle 1).

Artikel	
1.	Titel
2.	Untertitel
3.	Titelbild
4.	Bildunterschrift
5.	Text
6.	Zwischenüberschrift
7.	Querverweis
8.	Autorenkürzel
9.	Anleser
10.	Fließtext

◂ **Tabelle 25.1**
Elemente eines Zeitungsartikels

Diese möglichen Elemente müssen in eine geordnete Reihenfolge gebracht werden. Einige Elemente können als Unterelemente eingesetzt werden, so ist das Element »Text« übergeordnet, andere Elemente wie »Überschrift«, »Zwischenüberschrift« oder »Querverweis« sind untergeordnet. Sie erhalten nach einer Ordnung der Elemente die in Tabelle 2 gezeigte Struktur.

Bei dieser Struktur sind die Elemente nicht nur hierarchisch gegliedert, sondern sie besitzen auch eine Reihenfolge, die nicht verändert werden darf. Setzen Sie z. B. die Zwischenüberschrift an den Anfang, wird die Logik zerstört.

Artikel	
Bild	
	Titelbild
	Bildunterschrift
Text	
	Titel
	Untertitel
	Fließtext
	Zwischenüberschrift
	Fließtext

◂ **Tabelle 25.2**
Struktur eines Zeitungsartikels

25.2.2 Tag-Definition

Eine XML-Struktur verhält sich vergleichbar. Die Elemente eines Zeitungsartikels, die wir eben beschrieben haben, werden in einer XML-Struktur mit den sogenannten Tags markiert, die den Anfang eines Elements kennzeichnen. Die Tags stehen in spitzen Klammern. Die Markierung <artikel> sitzt immer vor dem Element, dagegen bildet </artikel> das Ende eines Elements.

XML unterscheidet zwischen Groß- und Kleinschreibung. Verwenden Sie daher einheitliche Schreibweisen bei der Tag-Definition. Ebenso wird ein Tag ignoriert, wenn es in der falschen Reihenfolge steht – auch wenn die Definition stimmen sollte.

Wie die Bezeichnung des Tags lautet, ist frei definierbar, und damit unterscheidet sich XML auch von anderen Beschreibungssprachen wie z. B. HMTL, das eine genaue Tag-Definition benötigt. Darin liegt die Flexibilität, aber auch die »Sprachproblematik« von XML. So können Sie eine Textüberschrift als <ueberschrift>, <headline>, <head>, <titelzeile>, <texttitel> oder gar als <blumentopf> bezeichnen, XML interessiert das nicht.

Das Problem taucht dann auf, wenn der Layoutinhalt einer InDesign-Datei als XML-Datei exportiert wird und an einer anderen Stelle wieder eingelesen werden soll. Diese anderen Stellen können sein:

- ein anderes InDesign-Layout für ein alternatives Medium
- ein Content Management System, das die Inhalte archivieren soll und Zugriffe auf diese Datei innerhalb eines Netzwerkes verwaltet
- ein Webeditor wie Dreamweaver, der die Inhalte in eine Website einbindet und mit eigenen Style-Sheets formatiert

Lieber automatisieren

Erlauben Sie noch ein persönliches Wort, bevor Sie zur Validierung übergehen: Schreiben Sie niemals XML-Dateien von Hand, denn Datenbanken exportieren Ihnen einwandfreie Dateien, die auf Basis einer DTD erstellt sind.

25.2.3 DTD und Validierung

Beim Empfänger müssen die Tags verstanden werden. Das bedeutet für Ihre Arbeit, dass die Tags in ihrer Bezeichnung und der Hierarchie genau vereinbart werden müssen. Wenn dies nicht der Fall ist und in der Datei statt des erwarteten Tags <head> ein Tag namens <headline> die Titelzeile markiert, werden sowohl das Tag als auch sein Inhalt ignoriert!

In einer XML-Umgebung wird die Überprüfung einer XML-Struktur auf Basis einer DTD – Document Type Definition – vorgenommen, in der die Struktur hinterlegt ist. Dieser Vorgang wird als Validierung bezeichnet. Während der Validierung werden der Aufbau und die Hierarchie der XML-Datei mit der vorgegebenen Struktur verglichen. Stimmt die Struktur der XML-Datei mit der DTD überein, wird das Dokument akzeptiert. Weist die Datei dagegen Abweichungen auf, wird das Dokument zunächst abgelehnt.

Diese Validierung können Sie in InDesign mittels einer importierten DTD durchführen. Diese Validierung findet nicht durch eine Aktion statt, sondern eine XML-Datei aus einer Datenbank wird mit der Referenz auf die DTD abgespeichert. Im Gegensatz zur »well-formed« XML-Datei ohne DTD-Referenz arbeiten Sie also mit einer vorgegebenen Struktur, die Sie in InDesign CS3 als externe Datei importieren können.

Über das Palettenmenü der Strukturansicht (die Sie öffnen, indem Sie auf den linken Seitenrand eines Dokuments doppelklicken) importieren Sie die DTD entsprechend zu Ihrer XML-Datei. Erst dann kann InDesign permanent im Hintergrund überprüfen, ob die Struktur mit der DTD übereinstimmt.

Da sich die Arbeit mit einer DTD immer nach der Komplexität der XML-Struktur richtet, können wir Ihnen an dieser Stelle keine allgemein gültigen Vorgehensweisen empfehlen. Daher sollten Sie sich zum Thema XML immer mit der Struktur der XML-Daten aus Ihrer Datenbank beschäftigen und bei Bedarf einen Programmierer hinzuziehen, der eventuelle Transportprobleme in das Layoutdokument durch eine Umformung der XML-Datei löst.

25.2.4 XML-Regelsätze

Neben der eigentlichen Datenquelle im XML-Format, der DTD und dem Tagging im Layout bietet InDesign CS3 eine weitere Möglichkeit, über das reine Zuweisen von XML-Inhalten durch Tagging hinaus konkrete Regeln festzulegen.

Dies kann der Fall sein, wenn beispielsweise in der XML-Struktur auf eine Überschrift ein Absatzelement folgt. Dann kann festgelegt werden, wie mit dieser Bedingung vorgegangen werden soll. Wird der Überschrift und dem Absatz ein konkretes Absatzformat zugewiesen? Werden für andere Bedingungen Platzhalterrahmen mit vorgegebenen Rahmeneinpassungsoptionen angelegt?

Diese Bedingung wird in einem Skript in der Sprache JavaScript, AppleScript oder VBScript abgefragt. Trifft der Fall zu, so wird durch das Skript eine Aktion (wie das Zuweisen des Absatzformats) ausgeführt.

Ein anderer klassischer Fall für die Anwendung von Skripten ist die unterschiedliche Länge von Texten oder die Anzahl von Bildern. Was passiert, wenn Sie ein Layout vorbereitet haben und der Inhalt mehr Seiten benötigt, als im getaggten Layout vorhanden sind? Ein Skript muss den Umfang der Daten aus der Quelle ermitteln und ab einer definierten Grenze neue Seiten zum Layout hinzufügen, die auf einer konkreten Mustervorlage und Bibliotheksobjekten basieren. Hier kommen Sie mit reinen Bord-

Weiterführendes
Da das Thema der Regelsätze ein umfangreiches Wissen über XML-Strukturen, InDesign-Technologien und Skriptsprachen erfordert, das wir an dieser Stelle unmöglich beschreiben können, wollen wir Sie unbedingt auf die Buch-DVD hinweisen, auf der Sie Tutorials, Handbücher und Beispielskripte von Adobe in englischer Sprache finden. Des Weiteren wollen wir Sie auf das Internet verweisen: Unter der Adresse *http://www.adobe.com/go/learn_id_XMLrules_de* sowie unter *http://www.adobe.com/go/learn_id_XMLscript_de* finden Sie weitergehende Informationen und Kontakte zu Entwicklern.

mitteln von InDesign nicht weiter, diese komplexen Aktionen können nur durch Skripte gelöst werden.

25.3 XML importieren

Die einfachste Weise, gleich auf Basis einer bestehenden XML-Struktur im Layout zu arbeiten, ist der Import einer XML-Datei. Dazu kann auch eine XML-Datei dienen, in der nur Platzhaltertexte oder -bilder als Inhalt angegeben sind.

25.3.1 Die fertige XML-Datei

Für unser Beispiel nutzen wir eine fertige XML-Datei, die wir in GoLive oder in Dreamweaver öffnen und verändern können. Alternativ stellt auch ein Webeditor wie der Internet Explorer ab Version 5.x den XML-Code dar.

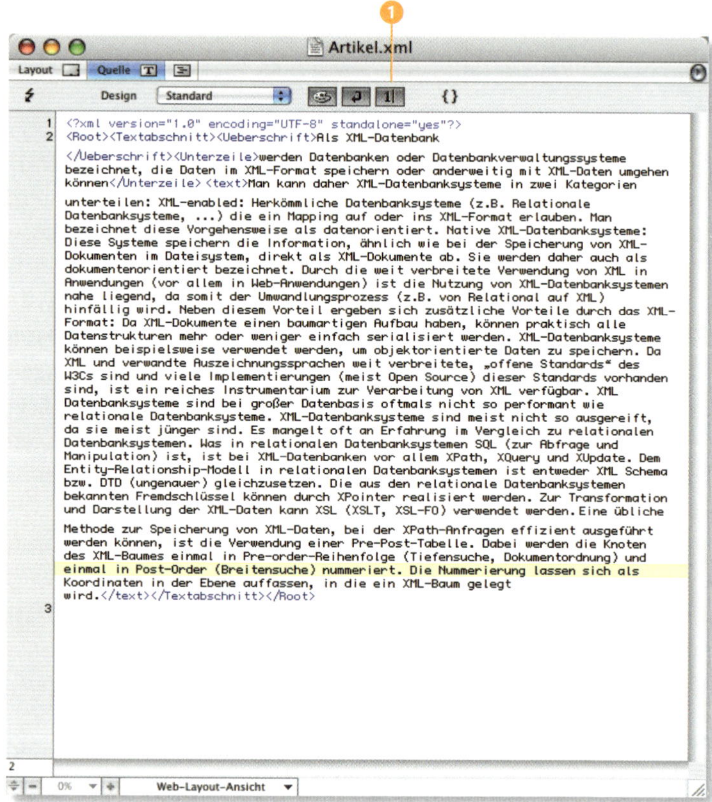

Abbildung 25.1 ▸
Die Quelle ist eine XML-Datei, die im Browser oder in einem Webeditor wie GoLive angezeigt und bearbeitet werden kann.

Die Struktur der XML-Datei ist als reiner Quelltext ungeeignet, um Inhalte zu verändern. Dazu wechseln Sie in GoLive auf die Strukturansicht. Klicken Sie dazu auf den dritten Button unterhalb des Fenstertitels ❶.

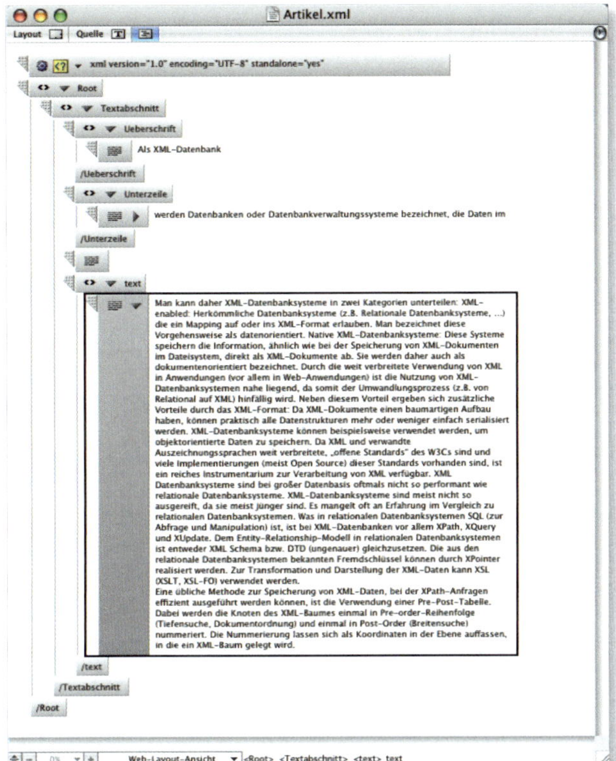

◂ **Abbildung 25.2**
Die Strukturansicht in GoLive ermöglicht es, die reine Verschachtelung der Tags zu bearbeiten. Wird ein Anfangs-Tag umbenannt, ändert sich auch das Schluss-Tag.

Nun können Sie die Tags mit den Pfeilsymbolen aufklappen und sehen die Verschachtelung. Bei unserem Beispiel klammert das Tag TEXTABSCHNITT die weiteren Tags und deren Inhalte ein. Wird der Name des Tags geändert, verändert sich auch automatisch das Schluss-Tag zum Ende der XML-Datei. Diese Strukturdarstellung und Bearbeitung ist auch mit kostenpflichtigen XML-Editoren möglich.

25.3.2 In InDesign

Kehren wir wieder zu InDesign und einem vorbereiteten Layoutdokument mit Absatzformaten zurück: Rufen Sie das Palettenmenü der Strukturansicht auf, und wählen Sie den Punkt XML IMPORTIEREN aus. Danach wählen Sie die entsprechende XML-Datei und aktivieren die Importoptionen.

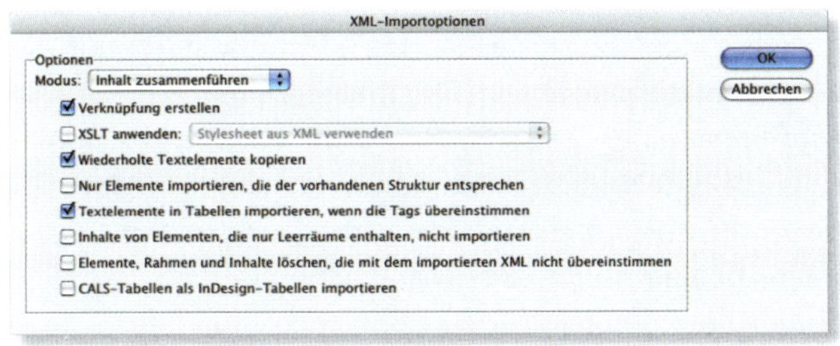

◂ **Abbildung 25.3**
Die XML-Datei wird mit dem Layout zusammengeführt.

XML-Importoptionen | Wählen Sie VERKNÜPFUNG ERSTELLEN aus, damit die XML-Datei wie jede andere platzierbare Datei in der Verknüpfungen-Palette erscheint und zu jedem beliebigen Zeitpunkt aktualisiert werden kann.

Unter Modus wählen Sie INHALT ZUSAMMENFÜHREN und klicken auf OK, damit die XML-Struktur in das Layout geladen wird. InDesign legt dann entsprechend der Struktur die Tags in der richtigen Reihenfolge in der Strukturansicht an.

Abbildung 25.4 ▸
Das InDesign-Layout besitzt bereits fertige Absatzformate, und die XML-Datei wurde in die Strukturansicht importiert.

25.3.3 Tag-Vorgabeoptionen

Haben Sie bereits eine XML-Datei importiert und werden die Tags in der gleichnamigen Palette angezeigt, so können Sie den Layoutelementen in InDesign gleich »beibringen«, welche Tags – und deren Inhalte – durch welches Layoutelement wiedergegeben werden sollen.

Rufen Sie dazu in der XML-Strukturansicht das Palettenmenü auf, und wählen Sie den letzten Punkt, TAG-VORGABEOPTIONEN, aus. Sofern Ihre XML-Datei entsprechende Tags mitbringt, können Sie nun den typischen Objekten wie Textrahmen, Tabelle oder Bild ein entsprechendes Tag zuordnen. Dann legt InDesign beim Platzieren dieser Elemente im Layout auch die entsprechenden Rahmen an.

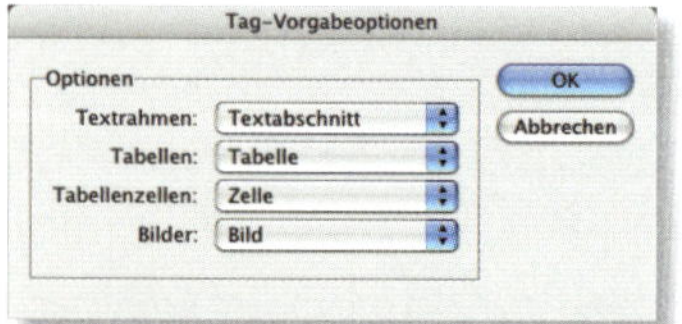

▲ Abbildung 25.5
Die Vorgabeoptionen regeln die Zuordnung zwischen den verschiedenen Layoutobjekten und den XML-Elementen.

25.3.4 XML-Inhalte platzieren

Nun wird die XML-Datei in das Layout platziert. Ziehen Sie einfach mit gedrückter Maustaste das Tag »Textabschnitt« auf die Layoutseite. Danach platziert InDesign einen eingefärbten Textrahmen auf Breite einer Textspalte. Der Rahmen verhält sich nun wie jeder andere Textrahmen: Sie können sowohl die Textrahmenoptionen bearbeiten als auch die Farbgebung oder die Form des Rahmens beeinflussen.

Rahmen mit Tags einblenden | Wenn Sie unter dem Menü ANSICHT • STRUKTUR • RAHMEN MIT TAGS EINBLENDEN anwählen, werden alle bereits mit Tags versehenen Rahmen farbig hervorgehoben, passend zu den Tag-Farben in derselben Palette.

InDesign stellt nun die einzelnen Textabschnitte, die durch Tags in der XML-Datei markiert werden, durch farbige eckige Klammern im Layout dar. Die Farben werden von InDesign zufällig ausgewählt. Der gesamte Textrahmen ist in unserem Beispiel violett eingefärbt. Die Farbwahl gewinnt garantiert keinen Schönheitspreis – wie auch bei Hilfslinien oder Ebenenfarben dient sie nur zur Unterscheidung. Sobald Sie in den Vorschaumodus [W] wechseln, verschwinden alle farbigen Markierungen.

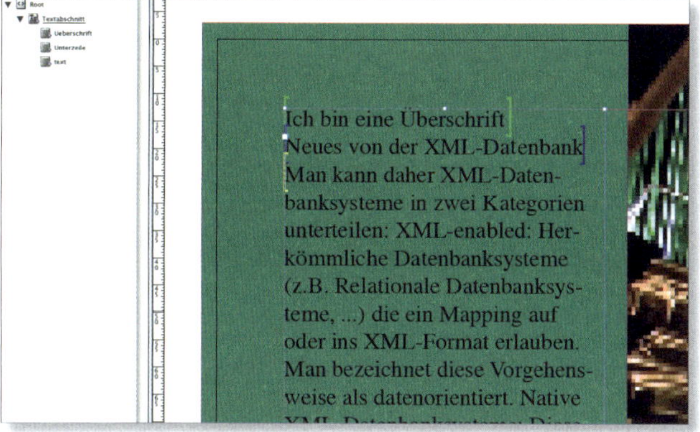

◂ **Abbildung 25.6**
Die XML-Inhalte wurden platziert, und die Tags werden durch farbige eckige Klammern angezeigt.

25.3.5 Tags zu Formaten zuordnen

Die Inhalte sind nun platziert, aber die Textabschnitte müssen noch den Absatz-, Zeichen-, Tabellen- oder Zellenformaten im Layout zugewiesen werden. Wichtig ist, dass Ihre Layoutdatei sauber aufgebaut ist und alle Texte und Tabellen durch Formate definiert sind.

Rufen Sie die Palette TAGS aus dem Menü FENSTER auf.

Wählen Sie anschließend aus dem Palettenmenü der Tag-Palette die Option TAGS ZU FORMATEN ZUORDNEN aus.

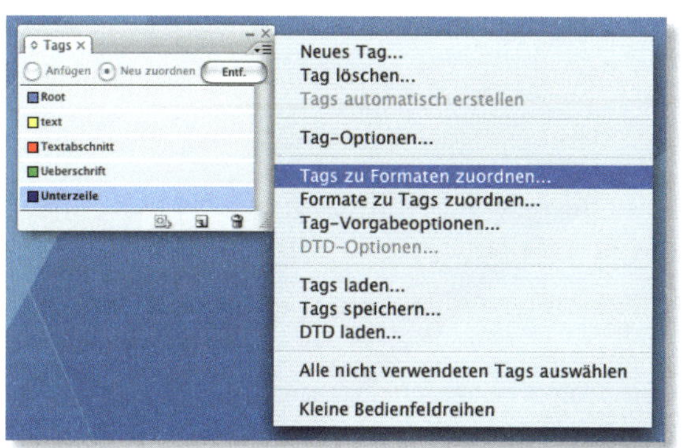

◂ **Abbildung 25.7**
Tag-Palette mit definierten XML-Tags

Sie erhalten eine Liste Ihrer Tags, die Sie nun über die Auswahlfelder den bestehenden Formaten für Absätze, Zeichen, Tabellen und Zellen zuordnen können.

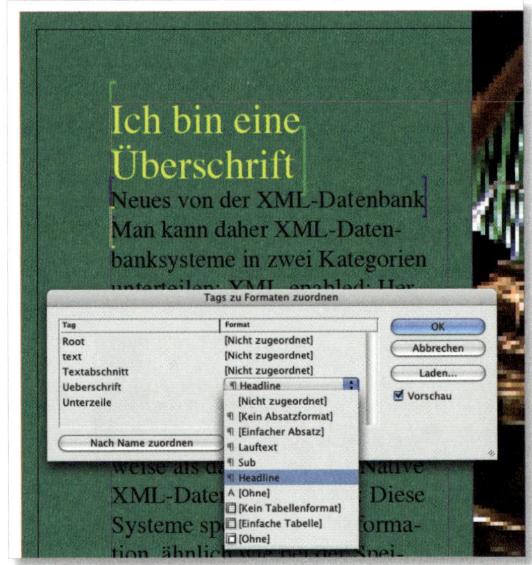

Abbildung 25.8 ▸
Die Tags werden einem Absatzformat zugeordnet, und der Inhalt wird umformatiert.

Nach Name zuordnen

Diese Option im Dialog der Zuordnung von Tags zu Formaten ermöglicht es, gleichnamige Tags und Formate mit einem Klick auszuwählen. Dazu müssen diese aber auch identisch benannt werden – inklusive Groß- und Kleinschreibung.

Wählen Sie die entsprechenden Formate aus. Mit aktiver Vorschau sehen Sie gleich im Hintergrund, dass sich Ihr Layoutdokument ändert. Tags, denen Sie kein Absatzformat zuordnen können, weil der Inhalt nicht verwendet wird oder der Inhalt ein Bild ist, lassen Sie frei.

25.3.6 Formate zu Tags zuordnen

Der andere Weg, die bestehenden Absatzformate jeweils einem Tag zuzuordnen, besteht ebenfalls. Dafür öffnen Sie die Funktion FORMATE ZU TAGS ZUORDNEN im Palettenmenü der Strukturansicht oder der Tag-Palette. Eine Vorschau ist jedoch nicht möglich. Über die Option LADEN... können Sie eine Tag-Format-Zuordnung auch aus einem vorhandenen InDesign-Dokument übernehmen.

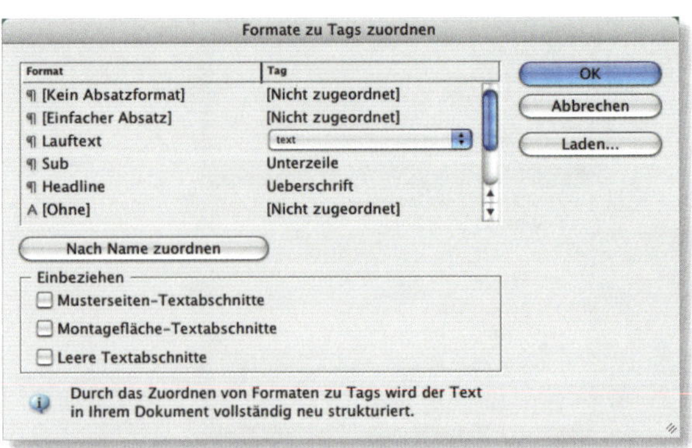

Abbildung 25.9 ▸
Die Formate können auch den Tags zugeordnet werden.

25.3.7 XML-Quelle aktualisieren oder tauschen

Die verknüpfte XML-Datei ist wie ein Bild oder eine PDF-Datei mit dem Layout verbunden. Wenn Sie die XML-Datei ändern oder verschieben, sollten Sie danach auch die Verknüpfung wieder aktualisieren. Über die Palette VERKNÜPFUNGEN ist dies spielend möglich, wie Sie in Kapitel 12, »Dateien platzieren und verknüpfen«, nachlesen können.

Da Sie mit InDesign CS3 eine XML-Datei platzieren können und InDesign die Verknüpfung zur Originaldatei beibehält, können Sie nun zwei Wege einschlagen, um Ihr Layout mit anderen Inhalten durch eine XML-Datei gleichen Aufbaus zu befüllen: Entweder verwenden Sie die Funktion XML IMPORTIEREN, die wir schon beschrieben haben, oder Sie setzen die Verknüpfung der ersten XML-Datei auf die zweite XML-Datei.

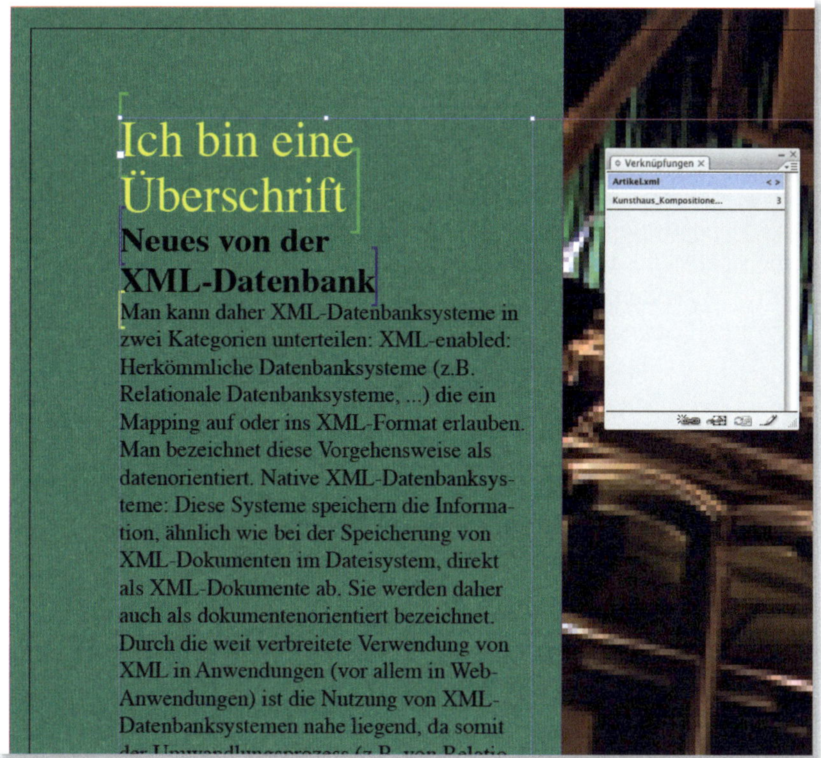

▲ **Abbildung 25.10**
Ausgangspunkt ist der deutsche Text der Datei »artikel.xml«.

In der Verknüpfungen-Palette klicken Sie doppelt auf die alte XML-Datei. Im nachfolgenden VERKNÜPFUNGEN-Dialog wählen Sie die Option ERNEUT VERKNÜPFEN... und wählen als Quelle nun die neue XML-Datei.

Sobald Sie die neue XML-Datei auswählen, tauscht InDesign auf Basis der Strukturinformationen die Inhalte und formatiert den neuen Text mit den identischen Absatzformaten.

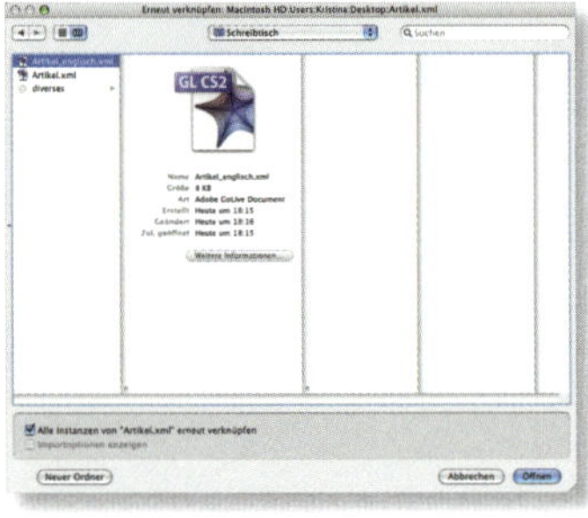

▲ **Abbildung 25.11**
Im Dialog ERNEUT VERKNÜPFEN… wählen Sie die neue Datei aus.

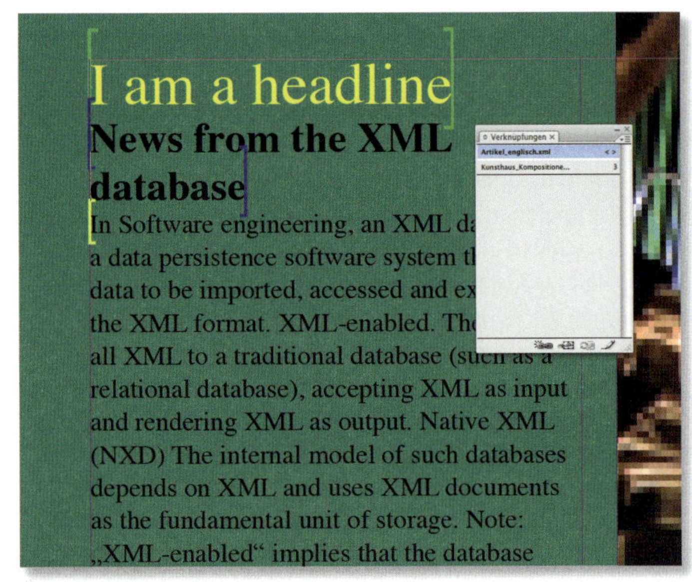

Abbildung 25.12 ▶
Der Inhalt wird durch einen englischen Text ausgetauscht.

Mehrsprachige Dokumente

Natürlich müssen Sie beachten, dass mehrsprachige Dokumente wie unser Beispiel auch mit einem entsprechenden Wörterbuch umbrochen werden. Legen Sie pro Sprache ein gesondertes Absatzformat an, indem Sie die Wörterbücher verwenden und die Tags den Formaten zuweisen.

25.4 XML exportieren

Wenn Sie nun die Inhalte der InDesign-Datei für eine andere Anwendung im Internet nutzen wollen, so wählen Sie im DATEI-Menü den Punkt EXPORTIEREN. Geben Sie als Format im nachfolgenden Dialog XML an, und bestätigen Sie mit dem korrekten Dateinamen, den Sie vergeben möchten, die Auswahl. Ihnen werden nun die XML-Exporteinstellungen gezeigt.

Alternativ zum EXPORTIEREN-Dialog ist es auch möglich, dass Sie in der STRUKTUR-Ansicht in das Palettenmenü klicken und den Eintrag XML EXPORTIEREN aufrufen.

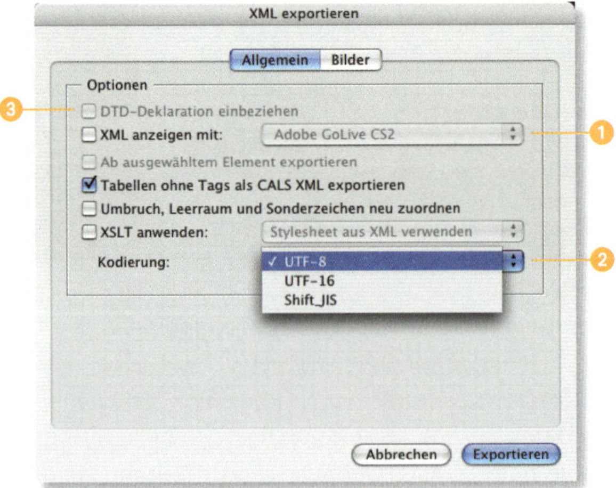

Abbildung 25.13 ▶
Die Kodierung sollte auf UTF-8 gestellt werden.

25.4.1 Allgemein

Unter ALLGEMEIN können Sie den Browser auswählen, mit dessen Hilfe die XML-Datei nach dem Export angezeigt wird ①. Um eine reibungslose Übergabe der Inhalte im XML-Format zu gewährleisten, stehen Ihnen drei Kodierungen zur Verfügung ②. Die ersten beiden, UTF-8 und UTF-16, sind Unicode-Transformierungsformate als 8- oder 16-Bit-Code. Davon gilt das 8-Bit-Format als universell einsetzbar. Das dritte Format, Shift-JIS, ist ein asiatisches Format. Außerdem können Sie hier die DTD angeben ③, sofern Sie zuvor eine DTD in das Layout eingebunden haben, auf der Ihre XML-Datei basiert.

25.4.2 Bilder

Unter dem zweiten Reiter, BILDER, legen Sie die Bildumwandlung fest.

Bildoptionen | Unter BILDOPTIONEN • IN UNTERORDNER "BILDER" KOPIEREN ④ werden verknüpfte Originalbilder bei aktivierter Option in einen Unterordner BILDER gelegt. Die Verknüpfungen zum InDesign-Dokument bleiben dabei erhalten.

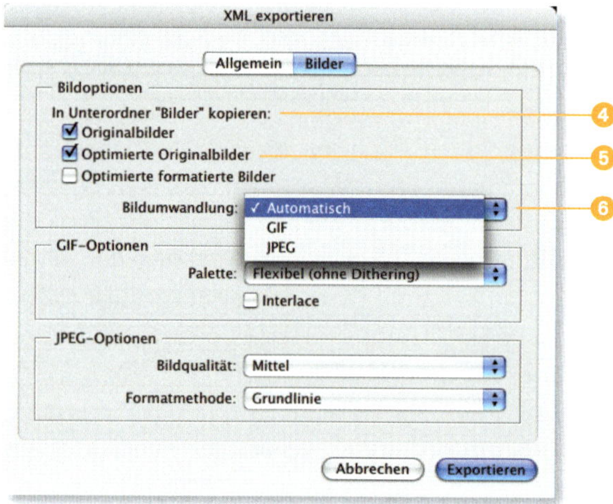

◂ **Abbildung 25.14**
XML-Exporteinstellungen BILDER

Mit den nächsten beiden Optionen definieren Sie, ob und wie die platzierten Bilder neu berechnet werden. Wollen Sie nur den Inhalt von einem Dokument in ein anderes Layout einfügen, deaktivieren Sie bitte diese Punkte, um die Feindaten zu erhalten. Wenn Sie die Inhalte jedoch für das Internet aufbereiten wollen, aktivieren Sie den ersten Punkt, OPTIMIERTE ORIGINALBILDER ⑤. OPTIMIERTE FORMATIERTE BILDER hingegen behalten ihre Informationen zur Platzierung und Skalierung bei.

BILDUMWANDLUNG ⑥ bietet JPEG oder GIF als Ausgangsformat an. Sicher werden Sie bei dieser automatischen Ausgabe mit

JPEGs bessere Bildergebnisse erzielen. GIF-Dateien haben zwar im Internet zahlreiche Vorteile, aber dazu brauchen Sie auch eine Kontrolle, wie die Bilder mit einer bestimmten Einstellung umgewandelt werden. Für das Web ist die Einstellung MITTLERE oder NIEDRIGE QUALITÄT bei der JPEG-Einstellung ausreichend.

25.4.3 Exportvorgang

Wenn Sie die Eingaben und den Export bestätigen, erzeugt InDesign eine XML-Datei, die im ausgewählten Browser angezeigt wird. Beachten Sie hier die Tags in der Datei. Untergeordnete Elemente wie eine Zwischenüberschrift werden im Textfluss markiert. Wie Sie ebenso erkennen können, werden in der XML-Datei keinerlei Formatierungen angezeigt noch Zeilen- oder Spaltenumbrüche integriert. Somit kann der Inhalt in einer anderen InDesign-Datei vollständig neu formatiert werden.

25.5 Wer braucht XML?

Bei kritischer Betrachtung werden Sie sicher auch den erhöhten Aufwand und die Notwendigkeit von Kontrollen der XML-Struktur sehen, die über die Gestaltungsarbeit hinausgehen. Für den täglichen Gebrauch für täglich neue Gestaltungsaufgaben eignet sich XML daher nicht.

Wenn die Layoutinhalte jedoch aus einer Datenbank stammen, täglich erneuert in mehreren Sprachen ausgegeben oder parallel für das Internet aufbereitet werden sollen, lohnt sich die XML-Integration und bietet auch für den Kunden einen enormen Mehrwert. Die Daten können sehr schnell ausgetauscht und aktualisiert werden, die Fehlerquote durch Copy-Paste-Arbeit und mehrere Dokumente, die den Inhalt bereitstellen (Word, Excel, externe Bilddaten etc.), entfällt vollständig, und das Publizieren auf verschiedenen Plattformen findet immer mit dem identischen Inhalt statt.

Nur über eine sinnvolle Verwendung von DTDs und XML-Dateien, die diese DTD referenzieren, ist ein fehlerfreies Publizieren über InDesign möglich. Für ein umfangreiches XML-Publishing lohnt sich daher die Zusammenarbeit mit externen Systemintegratoren, die fehlende Schnittstellen oder Datenübergaben auf XML-Basis schließen können und mit regelbasierten Skripten fehlende Funktionalitäten ergänzen. Alternativ dazu ermöglichen Plug-ins von Drittanbietern die Datenübergabe zwischen Datenbanken und Layout. Wir gehen in Kapitel 33, »Plug-ins«, noch genauer darauf ein.

25.6 Medienübergreifender XHMTL-Export

Wie Sie bereits erfahren haben, hat sich Adobe entschieden, aus InDesign CS3 die Layoutdaten für das Internet als XHTML zu exportieren. Die aus CS2 bekannte Option FÜR GOLIVE VERPACKEN wurde nun durch diesen Export ersetzt.

Das bedeutet, dass Sie Ihre Layoutelemente für einen beliebigen Webeditor exportieren können. Selbstverständlich ist es auch möglich, die XHTML-Dateien in GoLive oder Dreamweaver zu importieren und mit Cascading Stylesheets zu formatieren.

Von dem Menüeintrag DATEI • MEDIENÜBERGREIFENDER EXPORT • XHTML/DREAMWEAVER sollten Sie sich jedoch nicht irritieren lassen, es handelt sich grundsätzlich um einen neutralen Export.

25.6.1 Die XHTML-Exportoptionen

Öffnen Sie den Exportdialog mit einem Klick auf diesen Eintrag. Nachdem Sie einen Platz auf der Festplatte angegeben haben, wo InDesign die XHTML-Datei ablegen soll, bekommen Sie die Exportoptionen angezeigt.

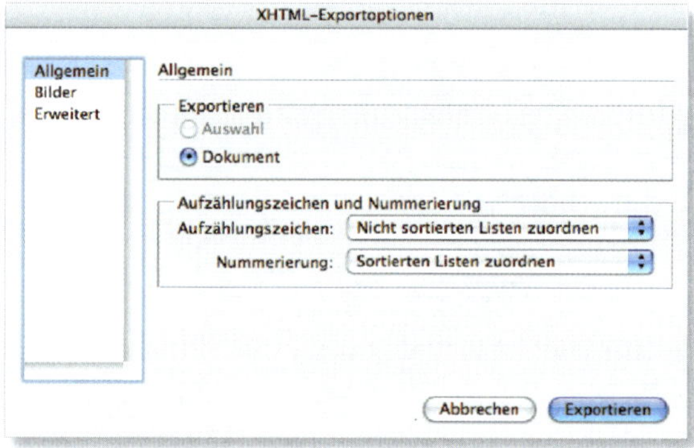

◄ **Abbildung 25.15**
Die Exportoptionen für den XHTML-Export

Nun werden alle Layoutdaten so weit zusammengetragen, und Sie geben an, wie mit Nummerierungen, Bildern und Formaten umgegangen wird.

Allgemein | Unter ALLGEMEIN entscheiden Sie, ob Sie nur einen markierten Abschnitt im Layout verwenden oder das gesamte Dokument exportieren. In der Praxis zeigt sich, dass es häufiger vorkommt, dass man nur einen Abschnitt verwendet.

Die Nummerierungen im Layout können Sie mit den Befehlen NICHT SORTIERTEN LISTEN ZUORDNEN und die Aufzählungen mit SORTIERTEN LISTEN ZUORDNEN so angeben, dass eine HTML-Liste oder HMTL-Aufzählungen exportiert werden.

Bilder | Ebenso wie im XML-Export werden Sie im zweiten Bereich, BILDER, nach der Auflösung der Bilddaten gefragt. Neben der Möglichkeit, nur die Feindaten zu exportieren und die Skalierung und Komprimierung später durchzuführen, können Sie auch gleich die optimierten Bilder als GIF oder JPEG exportieren. Die Einstellungen sind zum XML-Export identisch.

Erweitert | In den erweiterten Einstellungen geben Sie an, ob Sie bereits eine externe CSS-Datei zum Formatieren der Inhalte des Layouts einbinden wollen oder ob der Verweis zur CSS-Datei leer bleibt. Wählen Sie hier für einen neutralen Export LEERE CSS-KLASSENDEKLARATIONEN, wenn keine CSS-Datei vorhanden ist.

Erstellung | InDesign speichert nun die XHMTL-Datei an dem vorgegebenen Ort ab und erstellt einen Ordner für die verknüpften Bilder.

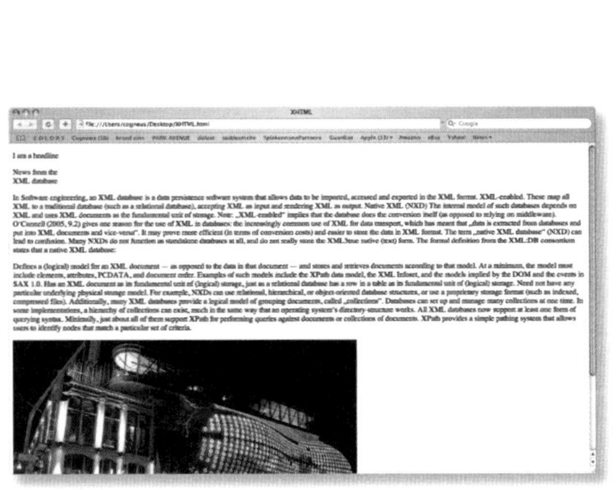

▲ **Abbildung 25.16**
Die exportierte XHTML-Datei erscheint zunächst ohne typografische Auszeichnungen und grafische Formatierungen.

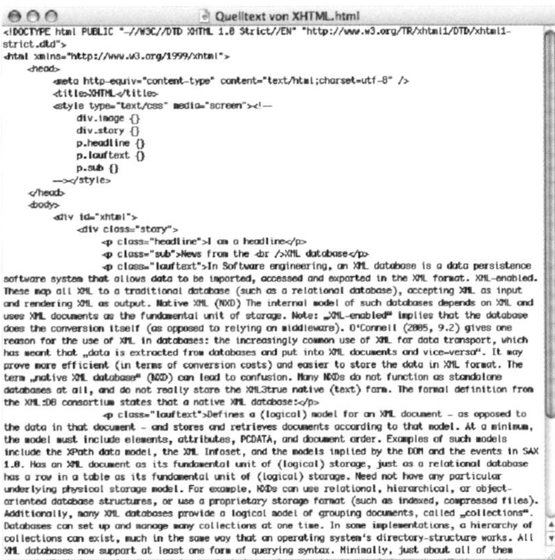

▲ **Abbildung 25.17**
Im Quellcode ist gut zu sehen, dass alle Textabschnitte mit DIV-Tags versehen worden sind, sodass sie nun mit einer neuen oder importierten CSS-Datei formatiert werden können.

25.7 Export für Adobe Digital Editions

Adobe greift eine Idee aus vergangenen Jahren wieder auf, elektronische Dokumente (Ebooks) als »Bücher« zu verkaufen und auf einer Vielzahl von mobilen Geräten wie Handys, SmartPhones und PDAs anzuzeigen. Dazu hat sich Adobe entschieden, von der früheren PDF-basierten Lösung auf eine Mischung aus XTML-Format und einem Flash-basierten Reader »Digital Editions« umzusteigen.

25.7.1 Elektronische Buchdatei erstellen

Aus InDesign heraus können Sie also nun genau für diesen Zweck Layoutdateien exportieren, die jedoch erst über ein Webportal und einen Verschlüsselungsserver zu einer echten elektronischen Buchdatei werden.

Die Einstellungen für den Export finden Sie unter dem Menü Datei • Medienübergreifender Export • XHTML/Digital Editions.

Zunächst fragt InDesign Sie nach dem Speicherort. Die Daten werden dabei immer im Format ***.epub** angelegt.

25.7.2 Digital Editions-Exportoptionen

Danach erscheint der Dialog, der sich in einigen Punkten vom herkömmlichen XHTML-Export unterscheidet.

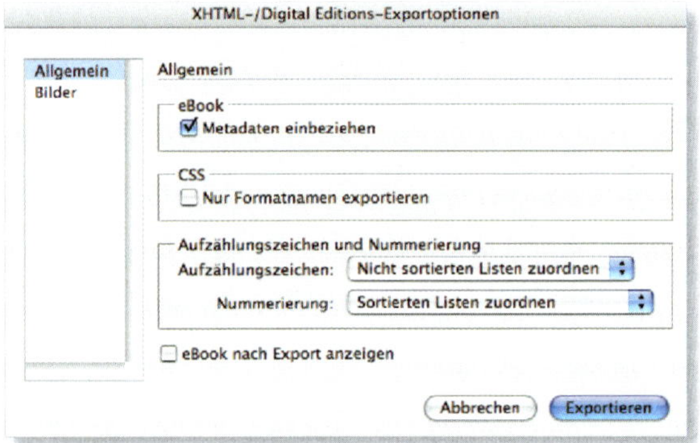

◀ **Abbildung 25.18**
Die Exportvorgaben für ein elektronisches Buchdokument

Darin fragt InDesign gleich, ob es die Metadaten in den Export einbeziehen soll. Metadaten sind ein zentrales Element von digitalen Büchern, da hier die Copyright-Informationen sowie Schlagwörter für Suchmaschinen hinterlegt sind.

In der Regel werden Sie noch keine Metadaten im InDesign-Dokument hinterlegt haben. Das können Sie im Menü Datei • Dateiinformationen... nachholen.

Neben der Einstellung für Bilder in der zweiten Rubrik finden Sie in der ersten Rubrik, Allgemein, noch einen Button eBook nach Export anzeigen.

Digital Editions Reader | Das elektronische Buch kann aber erst dann angezeigt werden, wenn Sie den entsprechenden Reader installiert haben. Den finden Sie bei Adobe unter dem Link *http://www.adobe.com/products/digitaleditions*. Des Weiteren können

Sie sich auch auf der Website von Adobe über das Konzept und die weiterführenden Verschlüsselungstechniken informieren.

25.8 SVG – Scalable Vector Graphics

SVG ist ein Datenformat, das auf XML basiert. Scalable Vector Graphics dienen zwar primär zur Darstellung von Vektorgrafiken im Internet – ähnlich wie das Flash-Format –, doch neben Pixeldaten können auch Schriften mit eingebunden werden, und das Dateiformat basiert auf einem offenen Standard.

SVG gibt es in zwei Versionen:

- als offenes Format ***.svg** und
- als komprimiertes Format ***.svgz**.

Beide Formate lassen sich aus InDesign exportieren oder in das Layout platzieren. SVG-Dateien werden von den aktuellen Internet-Browsern angezeigt. Der Mac benötigt den SVG-Viewer, ein kostenloses Plug-in, das Sie von der Adobe-Homepage herunterladen können (*http://www.adobe.de*).

25.8.1 SVG erzeugen

Um eine SVG-Datei zu erzeugen, brauchen Sie das Layout nicht mit Tags zu markieren. Wählen Sie unter dem Menü Datei den Befehl Exportieren... aus, und entscheiden Sie sich entweder für das SVG- oder das komprimierte SVGZ-Format.

Unterschätzt?

Das Format SVG wurde über einen langen Zeitraum nicht von den großen Herstellern unterstützt, obwohl es zahlreiche Vorteile gegenüber älteren Flash-Formaten und -Playern hatte. Hier hat sich auch Adobe nicht besonders vorgetan, sodass auch in Zukunft nicht mit Programmen zu rechnen ist, die SVG verarbeiten können, um damit beispielsweise datenbankgestützte Webanimationen auszuführen – denn das könnte man mit SVG durchaus tun!

Beide Formate haben einen identischen Exportdialog, in dem Sie die Einstellungen vornehmen können. Bei zusätzlich eingeblendeten Mehr Optionen entdecken Sie einige bereits vertraute Einstellungen.

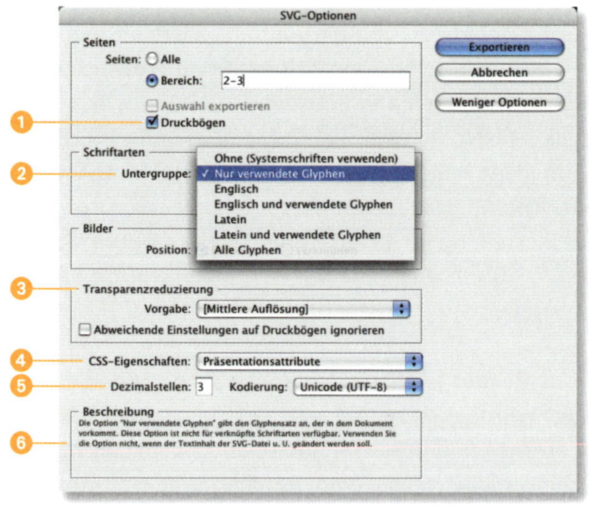

Abbildung 25.19 ▸
Die SVG-Exportoptionen mit eingeblendeten Optionen

So können Sie wie beim PDF-Export statt Einzelseiten den Druckbogen exportieren ❶, und auch die Transparenzreduzierung hat den Weg in diesen Exportdialog gefunden ❸. Schriften können auf unterschiedlichste Weise eingebunden werden. Eine optimale Verwendung im Internet ist die Untergruppenbildung ❷, da hier nur die Zeichen eingebettet werden, die auch wirklich in der Datei verwendet werden. Bilder werden entweder verknüpft oder eingebettet.

CSS-Eigenschaften | Die CSS-Eigenschaften sind komplex ❹. Mit der Einstellung Präsentationsattribute kommen Sie zu sehr guten Ergebnissen; die anderen Einstellungen werden ausführlich in der Online-Hilfe erläutert. Die Dezimalstellen ❺ von 1 bis 7 bestimmen, wie genau die Vektoren für die Bildschirmansicht berechnet werden. Der Wert 7 erzeugt die beste Abbildungsqualität, aber auch größere Dateien. Der Wert 3 reicht zunächst für einen guten Standardexport aus, ebenso die Kodierungsart Unicode (UTF-8).

Die Beschreibung am Fuß des Dialogfensters ❻ erläutert Ihnen die Einstellung, auf der Sie sich mit dem Mauszeiger befinden. Der SVGZ-Export ist dazu identisch.

Eine SVG-Datei kann sowohl im Browser angezeigt werden, um die optische Darstellung zu überprüfen, als auch in einem Texteditor, um die XML-Struktur einzusehen.

SVG nachbearbeiten
Mit Illustrator können Sie die SVG-Dateien importieren und nachbearbeiten.

Das offene Format wird im XML-Code angezeigt, das komprimierte Format kann dagegen nur verschlüsselt angezeigt werden. Neben der geringeren Dateigröße schützt das Format SVGZ auch davor, Grafiken oder Schriftinformationen zu extrahieren.

Weiterführende Infos

Weitere Informationen zu diesem XML-basierten Format können Sie im Internet unter *http://www.adobe.com/svg* einsehen.

◂ Abbildung 25.20
Die SVG-Datei im Safari-Browser im Vordergrund. Im Hintergrund sehen Sie die InDesign-Datei als Vorlage.

26 Redaktions-Workflow mit InCopy CS3

Die Layoutabteilung eines Magazins oder einer Tageszeitung gestaltet das Layout nach flexiblen Vorlagen, platziert Bilder, lässt Texte der Redaktion einfließen und stimmt die Korrekturen mit den Redakteuren ab. InDesign arbeitet mit InCopy zusammen, einem Werkzeug nur für Textredakteure.

26.1 Wozu InCopy?

Eine Magazinredaktion setzt sich aus Redakteurinnen und Redakteuren, Layoutern, Fotografen und Systemadministratoren zusammen. Aufgrund dieses heterogenen Redaktionsteams entstehen für die redaktionelle und gestalterische Arbeit an einer Zeitung viele parallele Arbeiten. Die einzige Planungssicherheit für eine Zeitungsredaktion liegt den fest vorgegebenen Routineaufgaben und den Rollen der Mitarbeiter.

Standards | Ebenso ist die Vereinbarung von Standards (Dateiformate, Größen, Exportdateien, Farben, Farbprofile, Schriften) extrem wichtig. Da Layout und Artikel parallel entstehen, ist für den Layouter entscheidend, wie lang der Artikel wird und nach welcher Vorlage – einspaltiger Randbeitrag ohne Bild, dreispaltig mit Bild und großer Headline – der Artikel im Layout angelegt werden soll. Der Redakteur will dagegen sehen, wie der Artikel im Layout steht. Gerade diese Aufgabe, die ein Layoutprogramm wie InDesign nicht allein lösen kann, erfüllt Adobe InCopy.

InCopy und InDesign | Dieses Textverarbeitungsprogramm wurde für Redaktionen entwickelt. Es beruht auf demselben Programmkern wie InDesign. Da InDesign modular aufgebaut ist (d. h., alle Werkzeuge und Funktionen bestehen aus Plug-ins, die über den Programmkern angesteuert werden), wurden für InCopy eigene Werkzeuge entwickelt. Die Darstellungsqualität von Typografie und Farbe ist in beiden Programmen somit völlig identisch.

Sowohl das Layout als auch die redaktionelle Arbeit können parallel entstehen.

Einsatzmöglichkeiten | InCopy kann in unterschiedlichen Umgebungen eingesetzt werden, um entweder die Arbeit in einem kleinen Netzwerk zu ermöglichen oder aber ganze Zeitungs- und Magazinredaktionen zusammen mit einem Redaktionssystem wie SmartConnection von Woodwing oder K4 von Softcare zu verbinden.

26.2 Ein typischer Workflow für ein Zeitungslayout

Wir wollen die Funktionalität von InDesign und InCopy anhand einer typischen Abfolge von Arbeitsschritten im Zeitungslayout darstellen. Dabei gibt es je nach Arbeitsorganisation kleine Unterschiede, wie die Aufgaben und Probleme gelöst werden. Die Abteilungen **Redaktion**, **Layout**, **Bildbearbeitung** und **Anzeigensatz/Produktion** arbeiten stets parallel.

1. **Redaktion:** Die Texte werden zunächst unabhängig vom Layout in einer Textverarbeitung geschrieben.
2. **Anzeigensatz/Produktion:** Der Anzeigenspiegel schreibt vor, auf welchen Seiten Platz für Artikel bleibt und welchen Umfang die Zeitung einnimmt.
3. **Anzeigensatz/Produktion:** Für die Anzeigen werden alle Seiten als einzelne InDesign-Dokumente mit Platzhalterrahmen angelegt und entsprechend gekennzeichnet oder gesperrt.
4. **Redaktion:** Die Artikel werden für eine Seite redaktionell ausgewählt und nach Aufmacher, normaler Meldung oder Randbericht gewichtet.
5. **Redaktion:** Für jeden Artikel findet eine Vorauswahl der Bildmotive durch die Redaktion statt. Mögliche Bildalternativen vergrößern den Gestaltungsspielraum für das Layout.
6. **Layout:** Eine Layoutvorlage wird als neues Dokument in InDesign angelegt oder vom Anzeigensatz übernommen.
7. **Layout:** Für die Artikel werden entsprechende Mustervorlagen sowie Bibliotheksobjekte auf der Seite platziert.
8. **Layout:** Der Text wird als Datei in die Platzhalterrahmen importiert.
9. **Layout:** Je nach Textstruktur und Vorlage wird der Text grob in unterschiedlichen Rahmen umbrochen und mit Absatzformaten formatiert.

10. **Layout:** Bildmotive werden ausgewählt und platziert, die Bildunterschriften werden als Textrahmen hinzugefügt.
11. **Layout:** Bilder und Bildunterschriften – die sogenannten BUs – werden als Verdrängungsobjekte über die Textrahmen des Artikels platziert und die Textrahmenlängen werden gegebenenfalls angepasst.
12. **Layout:** Die Textmenge wird in der Laufweite angepasst oder manuell umbrochen, wenn die automatischen Umbruchoptionen von InDesign einen zu weit laufenden Text mit ungünstigen Trennungen oder großen Wortlücken ergeben.
13. **Layout:** Nach dem fertigen Layout wird die Seite als Korrekturabzug ausgedruckt oder als PDF an die Redaktion zur Kontrolle weitergereicht.
14. **Layout:** Damit der verantwortliche Textredakteur seine Änderungen am Text selbst durchführen kann, werden die gesamte InDesign-Seite und die Textabschnitte für InCopy freigegeben.
15. **Redaktion:** Die Textarbeiten werden in InCopy durchgeführt, während im Layout weitere Artikel platziert und gestaltet werden können. Dazu checkt der Redakteur oder die Texterin den Textabschnitt in InCopy aus.
16. **Redaktion:** Nach der Textkorrektur wird der Abschnitt in InCopy wieder freigegeben, und im Layout wird die Verknüpfung aktualisiert.
17. **Layout:** Ändert sich die Textlänge, wird das Layout entsprechend angepasst.
18. **Bildbearbeitung:** Die ausgesuchten Bildmotive werden auf die korrekte Darstellungsgröße im Layout berechnet, und es wird eine Profilkonvertierung in den CMYK-Arbeitsfarbraum durchgeführt.
19. **Anzeigensatz/Produktion:** Die Anzeigen werden parallel dazu als EPS oder PDF platziert.
20. **Anzeigensatz/Produktion:** Die fertige Seite wird geprooft, um die Druckqualität der Bilder und Anzeigen zu gewährleisten und entsprechende Anpassungen durchzuführen.
21. **Anzeigensatz/Produktion:** Nach einem Export der Seite als PDF-Datei wird die Datei in die Druckerei übermittelt.

In InCopy CS3 kann über Plug-ins für den Bridge-Workflow – also das Aus- und Einchecken von Artikeln bei gleichzeitiger Layout- und Redaktionsarbeit – zusammen mit InDesign auf einem oder mehreren Rechnern gearbeitet werden. InDesign CS3 bringt diese Plug-ins bereits mit, daher erhalten Sie beispielsweise im Menü Bearbeiten einen eigenen Eintrag InCopy.

Schritt für Schritt: Einsatz von InCopy CS3

1 Aufgabe hinzufügen

Wählen Sie zunächst markierte Rahmen aus, und fügen Sie diese im Menü Bearbeiten • InCopy als Aufgabe hinzu. Das Hinzufügen neuer Aufgaben funktioniert erst, wenn Sie Ihre Datei einmal abgespeichert haben.

Benennen Sie hier die Aufgabe. Schön ist, dass auch Platzhalterrahmen eingeschlossen werden können, in denen der Redakteur Bilder platziert.

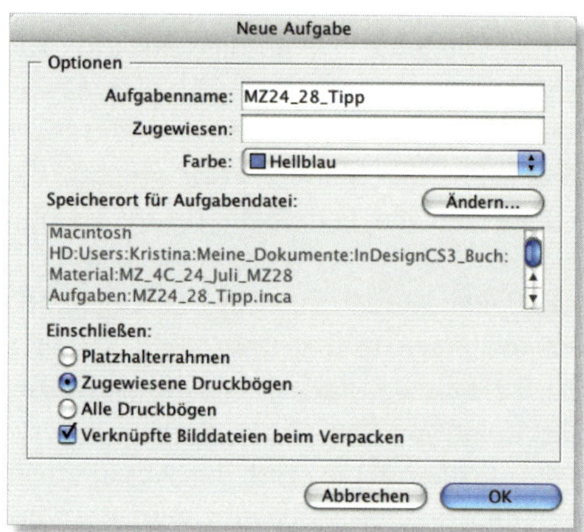

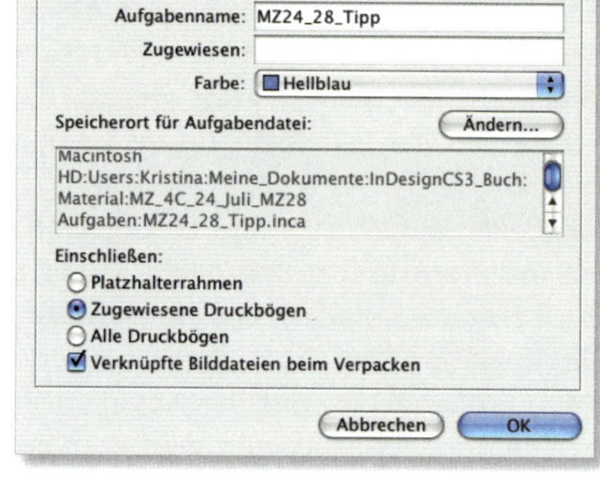

Abbildung 26.1 ▸
Eine neue Aufgabe anlegen.

▴ Abbildung 26.2
Die Aufgabe in der Aufgaben-Palette

Wenn Sie den Dialog Neue Aufgabe jetzt mit OK bestätigen, wird die Aufgabe in die Liste der Aufgaben in die gleichnamige Palette aufgenommen.

2 Aufgabe auschecken

Nun checkt die Texterin oder der Redakteur die entsprechende Aufgabe zur Bearbeitung über das Palettenmenü aus.

Abbildung 26.3 ▸
Aufgabe auschecken

Im InDesign-Rahmen wird nun als Bearbeitungssymbol ein Bleistift angezeigt. Während der Bearbeitung mit InCopy ist der Textabschnitt im Layout gesperrt. In den Aufgaben signalisiert dies dann ein durchgestrichener Bleistift.

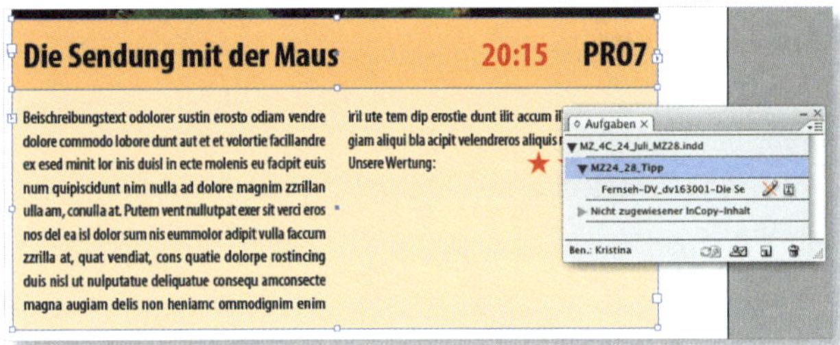

◀ **Abbildung 26.4**
Der Textabschnitt ist gesperrt.

3 Aufgabe einchecken

Nach den Textänderungen in InCopy werden alle Textabschnitte wieder eingecheckt.

Sobald der Text wieder eingecheckt ist, kann in InDesign der Textabschnitt aktualisiert werden. Klicken Sie dazu auf das Diskettensymbo INHALT AKTUALISIERENl, ähnlich wie in der Verknüpfungen-Palette.

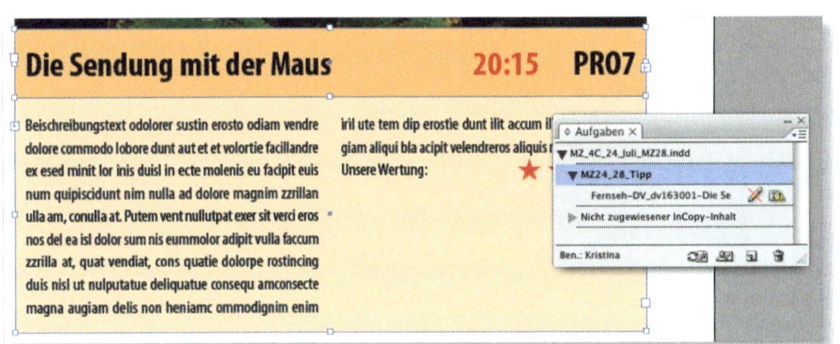

◀ **Abbildung 26.5**
Der Inhalt wird aktualisiert. ■

26.3 Die Werkzeuge in InCopy CS3

26.3.1 Ansichtsmodi

InCopy bietet Redakteuren komfortable Werkzeuge für die layoutverbindliche Texterstellung und -korrektur in drei Ansichtsmodi:

1. Die **Layout-Ansicht** zeigt die gesamte Seite aus InDesign und den eingebundenen Artikel.
2. In der **Textabschnitt-Ansicht** schreibt die Texterin oder der Redakteur direkt den Artikel.
3. Die **Druckfahne-Ansicht** hingegen zeigt den Spalten- und Zeilenumbruch nach den aktuellen Absatzformaten und Wörterbüchern an.

▲ **Abbildung 26.6**
Die Layout-Ansicht zeigt den Artikel zunächst im tatsächlichen Design.

Weitere Werkzeuge wie die Absatz- und Zeichenformate und die Tabellenformate funktionieren identisch zu InDesign.

26.3.2 Änderungsverfolgung

Darüber hinaus ist die Änderungsverfolgung möglich: Wird ein Artikel gegenüber einem gespeicherten Stand verändert, zeigt InCopy an, welche Textabschnitte gelöscht, überschrieben oder verschoben wurden.

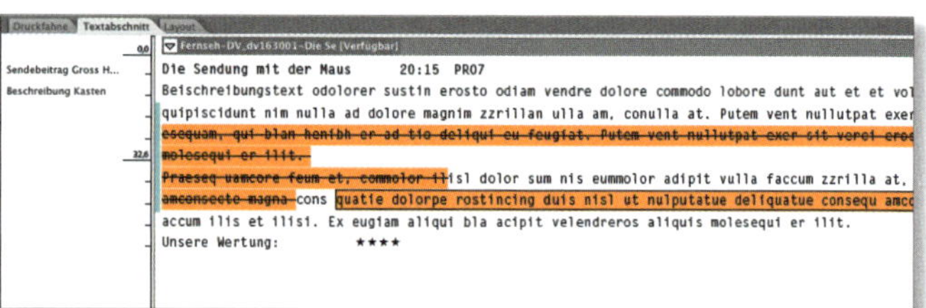

Abbildung 26.7 ▸
Änderungen am Text können in InCopy nachverfolgt und angezeigt werden, hier in der Textabschnitt-Ansicht.

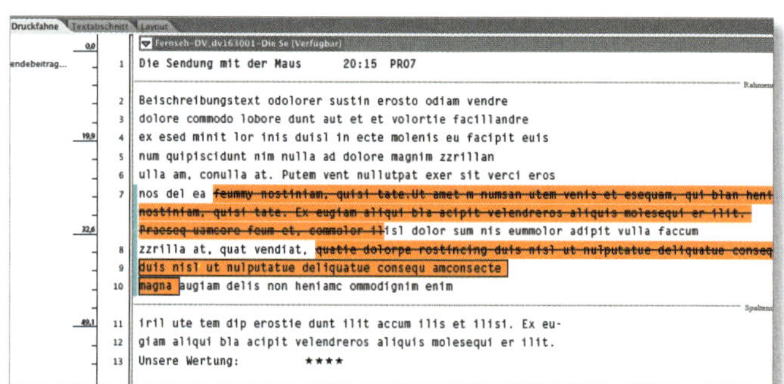

Abbildung 26.8 ▸
In der Druckfahne-Ansicht wird der Umbruch im Layout gleich dargestellt.

26.3.3 Kommentarwerkzeuge

Ergänzend zu diesen Grundfunktionen einer Textverarbeitung gibt es Kommentarwerkzeuge, um unklare Textpassagen zu markieren oder besondere Wünsche der Redaktion an das Layout mitzuteilen.

26.3.4 Bilder platzieren

Für ein reines Textwerkzeug ungewöhnlich, aber in der Praxis sehr vorteilhaft ist die neue InCopy-Funktion, Bilder zu platzieren. Der Redakteur und die Texterin können sofort die Bildmotive auswählen. Eine Abstimmung mit dem Layout ist also nicht erforderlich. Diese Funktion fehlte bislang in InCopy CS und wurde nur dadurch überbrückt, dass weiterführende Redaktionssysteme diese Möglichkeit nachträglich in InCopy zur Verfügung gestellt haben.

26.3.5 Textmakros

Durch Textmakros setzen Sie bei wiederkehrenden Begriffen oder Wortfolgen automatisch die Formulierungen während des Schreibens ein. Eine permanente Rechtschreibkontrolle zeigt sofort Schreibfehler, und Sie können unbekannte Wörter dem Wörterbuch hinzufügen. Diese automatische Rechtschreibkorrektur ist identisch zu der neuen Korrektur in InDesign CS3.

26.3.6 Automatisierung

Sollen umfangreiche automatische Abläufe von Textersetzungen oder dem Anlegen von Absatzformaten ausgeführt werden, ist es möglich, diese Schritte in InCopy als JavaScript zu programmieren. Für den Mac ist auch eine AppleScript-Variante und auf dem PC ein VBScript-Pendant möglich. Beispiele hierzu und die Anleitung finden Sie auf der InCopy-Installations-CD.

26.3.7 Typografische Werkzeuge

Neben weiteren Optionen für den redaktionellen Workflow bietet InCopy alle typografischen Werkzeuge, die auch InDesign CS auszeichnen. Somit können Sie also im Layout Absatz- und Zeichenformate vorgeben, die in der Redaktion genutzt werden, um den Text gleichzeitig zu formatieren. Ist die Textbearbeitung beendet, checken Sie einfach den formatierten Text für das Layout wieder aus.

26.4 Redaktionssysteme auf Basis von InDesign und InCopy

Die Verwaltung der InDesign- und InCopy-Daten sowie die Freigabe auf Server-Verzeichnisse und andere Aufgaben erledigt ein Redaktionssystem. Von einer einfachen Netzwerkverwaltung bis hin zu einem komplexen Content Management System mit Definition und Verfolgung der Arbeitsprozesse sind Lösungen erhältlich.

26.4.1 Woodwing Smart Connection

Die Datenablage zwischen InDesign und InCopy kann über einen File-Server erfolgen. Die Übergabe der Dateien vom Server zu InDesign oder InCopy erfolgt über das Plug-in Woodwing Smart Connection, das in einer Pro(fessional)- und einer Enterprise-Version erhältlich ist.

Auf der Buch-DVD finden Sie im Ordner PLUG-INS_DEMOVERSIONEN eine Demoversion von Woodwing Smart Connection Pro für InDesign CS2 und InCopy CS2. Versionen für CS3 sind beim Hersteller in Vorbereitung. Beobachten Sie die Homepage *http://www.woodwing.com*.

Pro und Enterprise | Die Pro-Version stellt in Verbindung mit InDesign und InCopy ein vollständiges Redaktionssystem dar. Die Enterprise-Version ist als datenbankgestützte High-End-Lösung für große Redaktionen gedacht, die es Redakterinnen und Redakteuren auch ermöglicht, über das Internet auf die Daten im Redaktionssystem zuzugreifen und in einem Webeditor Änderungen vorzunehmen.

Darüber hinaus ist es sogar möglich, eine Vorschau der neuen Fassung über das Internet zu berechnen, sodass also eine Textbearbeitung für kurze Nachrichten mit InCopy fast überflüssig wird.

Einsatz
Smart Connection wird weltweit eingesetzt. Im deutschsprachigen Raum arbeiten beispielsweise die Verlagshäuser Axel Springer, Ringier Print sowie Delius Klasing mit dieser Lösung.

Vorgehen | SmartConnection installiert eine neue Palette in der Oberfläche von InDesign, über die Sie den Status der aktuellen Layoutdokumente abfragen können. Auch eine rein visuelle Darstellung der einzelnen Seiten ist möglich. Sobald ein Dokument in einem Arbeitsschritt fertig ist, stellen Sie nur den Status um, und der nächste Arbeitsplatz, der beispielsweise die Textkorrektur durchführt, wird über das Redaktionssystem benachrichtigt.

Den Stand der Layouterstellung sieht die Chefin oder der Chef vom Dienst (CvD) über eine Browseroberfläche oder über die Palette innerhalb von InDesign.

Informationen | Weitergehende Informationen und einen Vergleich der Funktionen dazu erhalten Sie im Internet unter *http://www.woodwing.com* bzw. *http://www.woodwing.com/smartconnect.htm*. Die Internetseite *http://www.scenterprise.de* bietet zudem eine deutschsprachige Anleitung, Beispiele aus der Praxis sowie die Benutzung eines Live-Servers in Verbindung mit InDesign und InCopy, sodass Sie allein mit einer Demoversion von InDesign, InCopy und SmartConnection Enterprise das Zusammenspiel testen können.

Distributor

Distributor für Deutschland, Österreich und Schweiz ist die Impressed GmbH, Hamburg (*http://www.impressed.com*).

Systemintegratoren | Systemintegratoren für Woodwing finden Sie hier:

- A&F Computersysteme AG, CH-Sursee (*http://www.a-f.ch*)
- Baum-Systems Deutschland GmbH, D-Wiesbaden (*http://www.baum-systems.de*)
- Jeberien Consulting, D-Hamburg (*http://www.jeberien.de*)
- ProPublish AG, D-Hamburg (*http://www.propublish.de*)
- Österreich: ToolsAtWork, A-Wien (*http://www.toolsatwork.com*)
- DigiMedia, A-Wien (*http://www.digimedia.co.at*)

Einsatz
K4 wird u.a. in den Redaktionen der Magazine Capital, Focus und Playboy eingesetzt. Alle Dokumente werden auch hier zentral auf einem Server verwaltet und für Veränderungen »ausgecheckt«, d.h., die Bearbeitung erfolgt nur auf einem Arbeitsplatz.

26.4.2 Softcare K4 und K2 Publishing System

Für die typischen Anforderungen im Redaktionsalltag haben die Hamburger Softwarefirma Softcare das K4- und das K2-Redaktionssystem entwickelt, die ebenso mit InDesign als Layout-Tool und InCopy als Texteingabe zusammenarbeiten. In den wesentlichen Funktionen unterscheiden sich die Lösungen von

Woodwing und Softcare nicht, jedoch arbeiten beide Systeme mit einer grundverschiedenen Software-Architektur.

Vorgehen | Die aktuelle Ausgabe von K4 unterstützt die Zusammenarbeit von InDesign CS3 und InCopy CS3 und zeigt einen Dokumentstatus nicht nur für Layoutdateien, sondern auch für Bilder oder Anzeigen an. Zusätzlich können auch Office-Dokumente aus Microsoft Word und Excel eingebunden werden.

Informationen | Infos finden Sie unter *http://www.softcare.de/de/k4/index.html*. Leider wird von K4 keine Demoversion angeboten.

Systemintegratoren | Von K4-Systemintegratoren werden eine Anpassung an die Bedürfnisse von Verlagshäusern oder Redaktionen sowie die Schulung durchgeführt:

- Dr. Wirth New Media, D-Frankfurt am Main (*http://www.newmedia-log.de*)
- SNAP Innovation Softwareentwicklungsgesellschaft mbH, D-Hamburg (*http://www.snap.de*)
- SNAP Innovation Softwareentwicklungsgesellschaft mbH, D-München (*http://www.snap.de*)
- Syspro GmbH, D-Traunstein (*http://www.sysprogmbh.de*)
- Expanic, A-Wien (*http://www.expanic.at*)
- Syspro GesmbH, A-Salzburg (*http://www.sysprogmbh.at*)
- Topix AG, CH-St. Gallen (*http://www.topix.ch*)

K2

K2 ist als »kleiner Bruder« des K4-Systems für kleinere Agenturen und Verlage mit bis zu 15 gleichzeitig eingeloggten Benutzern vorgesehen, die auf die Funktionsweise eines Redaktionssystems nicht verzichten wollen.

Auf der Buch-DVD im Ordner SONSTIGES/SOFTCARE_K4_INFOMATERIAL finden Sie Produktbroschüren des Herstellers.

26.5 Der Workflow ohne Redaktionssystem

Für kleine Redaktionen lohnt sich die Anschaffung eines Redaktionssystems nicht, wenn z. B. die Publikation nur vierteljährlich herauskommt oder für jedes Magazin ein anderer Workflow mit internen wie externen Redakteuren stattfindet, die nicht auf identischen Systemen bzw. mit identischen Programmen die Texte verfassen.

Häufig bildet Microsofts Word in solch einem Fall den Texteditor, eine Statusverfolgung und eine Zugriffsbeschränkung auf spezielle Dateien gibt es nicht, und der Anzeigenspiegel wird manuell notiert.

Damit Sie auch in diesen Situationen mit InDesign und InCopy arbeiten können, sollten Sie für die Dateiablage und Arbeitsorganisation einige Punkte beachten, die wir Ihnen kurz vorstellen.

Interessanterweise hat sich der Arbeitsprozess ohne Redaktionssystem bei Magazinen und Zeitungen in England durchgesetzt. Aufgaben wie das Verschieben der Daten auf einen anderen Status werden per Skript auf dem FileServer erreicht.

Es ist möglich, mit einer gut strukturierten Arbeitsweise eine ähnlich gute Effizienz zu erreichen wie mit einem servergebundenen Redaktionssystem. Ein vollwertiges Redaktionssystem bildet übrigens diese Punkte ebenso ab, nur ist die Verwaltung und Konfiguration wesentlich umfangreicher.

Für unser Beispiel betrachten wir die Aufgabengebiete Textredaktion, Layout, Bildbearbeitung und Produktionskontrolle. Dazu wird ein lokaler File-Server verwendet, auf den alle beteiligten Redaktionsmitglieder zugreifen können und Schreib- und Leserechte besitzen.

26.5.1 Dateinamen und Ablageorte

Abbildung 26.9 zeigt eine typische Situation in einem OS-X-Dokumentenfenster (System 10.4.10). Alle Layoutdokumente sind als Einzel- oder Doppelseiten in einem Verzeichnis auf einem Netzwerkordner abgelegt. Die Dateien tragen eine einheitliche Benennung, die mit der Seitenzahl endet.

Abbildung 26.9 ▼
Alle Einzelseiten werden auf einem Server zentral gespeichert. Die einzelnen Dokumente werden direkt geöffnet, bearbeitet und wieder an diesem Ort gesichert. Anhand der Lock-Files oben in der Liste kann jeder Layouter sehen, welche Dateien in Benutzung sind. Die farbliche Unterscheidung hilft zu erkennen, welche Dokumente noch bearbeitet werden müssen.

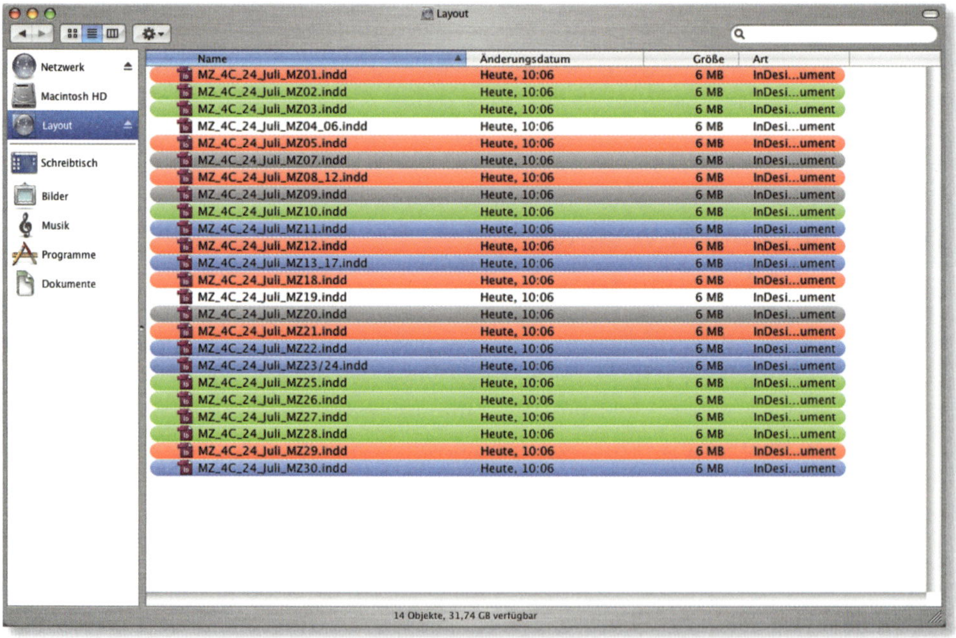

26.5.2 Aufgaben in Ordnern

Neu in InDesign CS3 ist das Speichern der einzelnen Aufgaben in Form von Ordnern, um die Übersicht über die Daten zu behalten. Dazu legen Sie zunächst eine Aufgabe an und fügen dann

Rahmen oder Rahmengruppen dieser Aufgabe hinzu. Die Aufgabendatei (*.inca) und die damit verbundenen Inhaltsdateien werden auf dem File-Server als eigener Ordner gespeichert. Dazu speichert InDesign in der Aufgaben-Datei auch die Ansicht des Layouts und der Textfahne, sodass die Textredaktion nur mit den Aufgaben-Daten arbeiten muss. Dazu ist es erforderlich, dass die Textabschnitte zum Bearbeiten ausgecheckt werden. Nach der Bearbeitung erfolgt natürlich das Einchecken, sodass andere auf die Aufgabe oder die Textabschnitte zugreifen können.

Pakete per E-Mail versenden

Wenn Sie einen entsprechenden Aufgaben-Ordner nicht im Netzwerk bearbeiten, sondern an einen externen Redakteur verschicken wollen, können Sie den gesamten Ordner per E-Mail versenden. Zuvor müssen Sie jedoch die Aufgabe dem Empfänger zuweisen. Dazu geben Sie die Benutzerdaten in den Aufgabenoptionen in InDesign an. Nach der externen Bearbeitung kann das Paket wieder lokal eingefügt werden.

26.5.3 Rollen der Arbeitsplätze

Im lokalen Netzwerk kann anhand der Dateien nicht ermittelt werden, wer als Nächstes im Arbeitsprozess die Daten für diese Seiten bearbeiten muss. Somit ist Kreativität bei der Benachrichtigung und bei der Vergabe des Status gefragt, beispielsweise über Etiketten auf dem Mac: Eine graue Seite gibt vor, dass Bilder und Anzeigen fehlen. Somit ist die Bildbearbeitung dafür zuständig, entsprechende Daten für die korrekte Größe im Layout herunterzurechnen und in das richtige Ausgabeprofil zu konvertieren. Sind Anzeigen und Bilder korrekt platziert und aktualisiert worden, kann der Status auf »grün« umgestellt werden und die Produktionskontrolle kann diese Seite proofen, eine PDF-Datei erzeugen, einen Preflight starten und zuletzt die Datei an die Druckerei weiterleiten.

Etiketten können unter Windows nicht dargestellt werden. Wenn Sie in einem gemischten Netzwerk mit Macs und PCs arbeiten, sollten Sie die Etiketten-Funktion der Bridge oder das File-Server-System Version Cue in Betracht ziehen, das wir Ihnen in Kapitel 27, »Version Cue«, zeigen.

26.5.4 Vorlagen

Mit InDesign öffnen Sie Vorlagen als InDesign-Template und erzeugen somit eine neue Datei. Wollen Sie also Layoutschemata festlegen, können Sie als Vorbereitung diese Vorlagen aus einzelnen Dateien speichern. Über ein gesondertes Verzeichnis z. B. mit dem Namen »Vorproduktion« greifen alle Gestalterinnen und Layouter auf das Template zu und starten die Layoutarbeit somit immer mit denselben Voraussetzungen.

Interessant ist jedoch auch die Verwendung von Bibliotheken: In der linken Favoritenleiste könnte sich einen Bibliothek befinden. Mit jedem Klick auf diese Bibliothek, die zentral auf einem Server gespeichert ist, öffnet sich in InDesign die entsprechende Bibliothek-Palette, aus der fertige Vorlagen für dreispaltige Artikel mit Bild oder einzeilige Randnachrichten in das Layout platziert werden können.

26.5.5 Automatismen

Was wäre ein tägliches Layout mit wiederkehrenden Arbeitsschritten, wenn nicht kleine Helfer in Form von Automatismen die Arbeit erleichtern würden? So könnten sich z. B. Automatismen als Symbolbuttons in der Favoritenzeile über der Dateiliste befinden. Mit einem Klick würde ein Programm geöffnet oder eine Aktion durchgeführt.

Die verwendeten Programme wie InDesign und InCopy können hier abgelegt werden, aber auch ein Droplet aus Photoshop könnte seinen Platz finden. Wenn Sie Dateien auf ein Droplet ziehen, wird Photoshop mit einer zuvor gespeicherten Aktion gestartet und ein Bild z. B. in den richtigen Arbeitsfarbraum konvertiert.

Natürlich können Sie hier auch ein JavaScript ablegen. Im Dokumentenfenster sind alle Favoriten – Netzwerkvolumes, Ordner, Bibliotheken, Programmicons und Aktionen – mit einem Klick aufrufbar. Insofern ersparen Sie sich lange Wege.

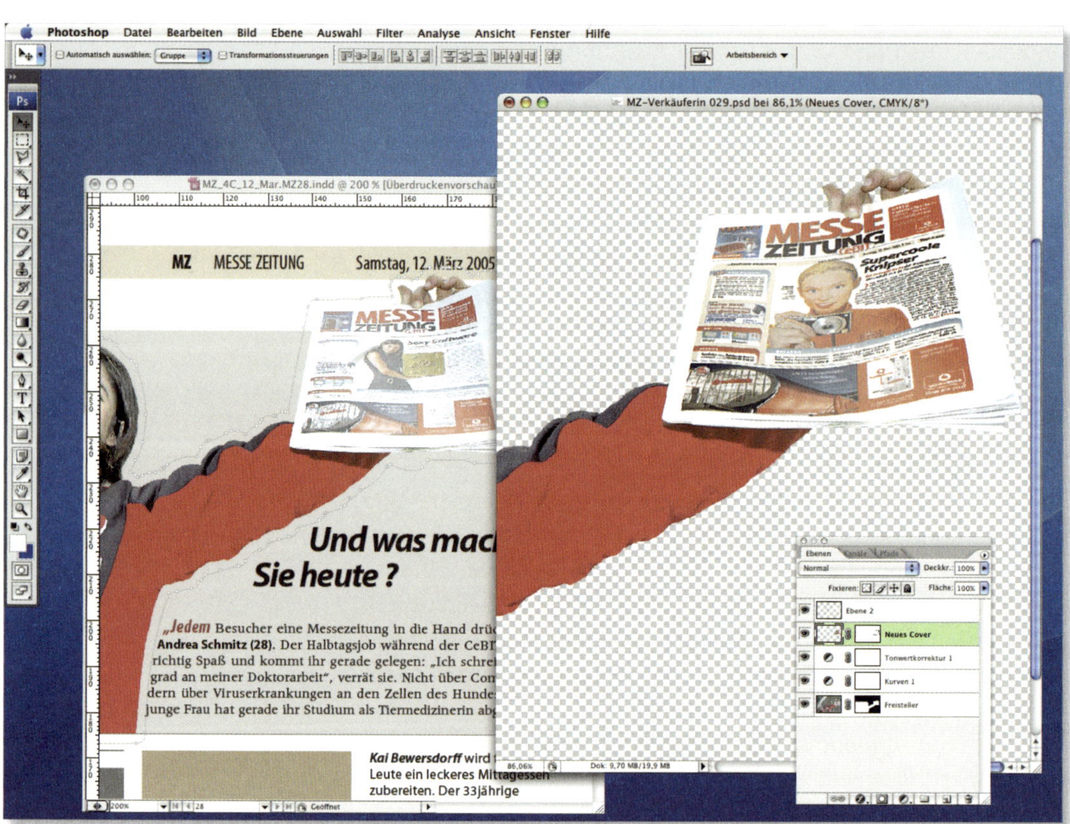

▼ Abbildung 26.10
Für die Ausgabe des nächsten Tages wird für den Freisteller das aktuelle Cover eingesetzt. Die Photohop-Datei wurde mit einem Alpha-Kanal freigestellt und transparent in InDesign platziert. Im Layout verdrängt der Freisteller anhand eines Pfades den Artikeltext.

27 Version Cue CS3

Version Cue ist ein File-Server-System und verwaltet in der Adobe Creative Suite – wie der Name schon sagt – die Versionierung, Design-Alternativen, die Benutzer- und Zugriffsrechte sowie den Status und das Backup eines Projektes. Darüber hinaus ist es kinderleicht, Macs und PCs innerhalb eines gemischten lokalen Netzwerkes miteinander zu verbinden.

Wie Sie in Version Cue ein Designprojekt einrichten, ein Netzwerk für eine Arbeitsgruppe erstellen und letztendlich Dateiversionen verwalten, zeigen wir Ihnen hier. Auch der Umgang mit Metadaten ist in Version Cue CS3 deutlich optimiert worden. Dabei arbeitet Version Cue sehr gut mit der Adobe Bridge zusammen und bietet somit eine komfortable Verbesserung gegenüber der früheren Version an.

▲ **Abbildung 27.1**
Das Version Cue-Icon

Version Cue-Lizenz

Version Cue CS3 ist nur dann auf Ihrem Arbeitsplatz installiert, wenn Sie über eine Creative Suite-Lizenz verfügen und Version Cue in der Standard-Installation aktiviert lassen.

27.1 Versionsverwaltung

Eine zentrale Aufgabe für Version Cue CS3 ist das Verwalten von Versionen einer Datei. Dazu wollen wir uns kurz den Alltag anschauen.

Die Anforderungen | Innerhalb der Entwurfsphase zwischen der Auftragserteilung und der Entwurfsabnahme durch den Kunden können einfache bis komplexe Entscheidungsprozesse ablaufen. Zwischen mehreren Entscheidungen können verschiedene Versionen ein und desselben Entwurfs gestaltet werden. Sie kennen sicher die Situation, dass der Kunde fragt, ob er denn von den vorliegenden drei Gestaltungskonzepten nicht doch noch eine Variante 1a, 2b oder eine Mischung aus 1 und 3 sehen kann.

Administration

Viele administrative Eingriffe wie das Zuweisen von Rechten einzelner Benutzer zu konkreten Projekten sowie das Anlegen von Benutzergruppen sind möglich. Diese Eingriffe verstecken sich in der browserbasierten Oberfläche des Version Cue Servers. Dazu öffnen Sie die EINSTELLUNGEN aus der Systemeinstellung VERSION CUE auf dem Mac oder aus der Systemsteuerung des PC-Betriebssystems.

Der alltägliche Workaround | Für diese Anforderungen haben sich Designerinnen und Gestalter häufig damit beholfen, genau diese verschiedenen Versionen »irgendwie« zu verwalten. Häufig wird die naheliegende Methode der Dateinamenerweiterung genutzt.

So kann eine Layoutdatei die Bezeichnung "Layout_01_b_2506-2008.indd" bekommen. Je nach Dateiablage, Ordnerbenennung und Vorlieben der Mitarbeiter kann schnell einmal die Reihenfolge vertauscht oder die Entwurfsbezeichnung »umgestaltet« werden, und schon ist die schönste Dateinamenkonvention dahin.

27.1.1 Lösungen

Was hilft gegen diese leider doch alltäglichen Szenarien?

So könnte die Dateiablage durch ein professionelles Content-Management – wie ein Redaktionssystem auch – abgelöst werden. Dazu ist jedoch umfangreiche administrative Arbeit erforderlich, und die Lösungen sind kosten- und zeitintensiv.

Gemeinsam mit den Programmen in der Creative Suite 3 wird Version Cue als Management-Tool eingesetzt. Version Cue verwaltet die Versionierung, Alternativen, die Benutzer- und Zugriffsrechte sowie den Status und das Backup eines Projekts. Darüber hinaus lassen sich Kommentarprozesse mit einem PDF als Diskussionsgrundlage abbilden.

Version Cue ist für kleine Arbeitsgruppen innerhalb eines Netzwerkes gedacht. Für einen Arbeitsplatz allein bietet Version Cue allerdings bereits eine bessere Dateiübersichtlichkeit über die Versionierung an.

27.2 Was ist Version Cue?

Version Cue ist ein Java-Webserver, der auf demjenigen Arbeitsplatz als Server läuft, auf dem die Projektdaten abgelegt sind. Version Cue verwaltet u.a. die Metadaten einer Datei als XMP-Informationen und schreibt diese mit anderen Dokumenteninformationen in eine zentrale SQL-Datenbank für alle CS3-Anwendungen. Die Abkürzung XMP steht für »Extensible Metadata Platform« und umfasst eine ganze Fülle von Metainformationen zu einer Datei wie Autor, Copyright und natürlich Version.

Auf den anderen angeschlossenen Arbeitsplätzen muss in den CS3-Applikationen die Verbindung zum Version Cue-Server aktiviert sein. Somit lässt sich auf die zentralen Daten zugreifen. Über die Systemeinstellungen auf dem Mac und unter der Systemkonfiguration von Windows wird der Server von Version Cue CS3 aktiviert und eingerichtet. Der Server benötigt kein eigenes User-Interface und lässt sich über einen Internet-Browser konfigurieren. In einfachen Arbeitsschritten erfolgen das Einrichten des Projektes und das Anmelden der Nutzer.

Auf einem Arbeitsplatz oder auf einem Server im Netzwerk werden die Projekte eingerichtet. Alle am Projekt beteiligten

Bonjour Tristesse?

Zum reibungslosen Ablauf und zur Dateiverwaltung benötigt Version Cue CS3 den Serverdienst »Bonjour« von Apple. Dieser Dienst ist auf Mac-Rechnern verfügbar, auf PCs muss er jedoch von Version Cue installiert werden. Daher sollten sich PC-Anwender nicht wundern, wenn gleichzeitig mit Version Cue auch der Bonjour-Dienst läuft.

Nutzer müssen hierfür angemeldet werden. Der Vorteil gegenüber einem normalen File-Sharing ist, dass sich jederzeit kontrollieren und protokollieren lässt, wer wann welche Datei bearbeitet hat. Zeitlich parallele Zugriffe auf eine einzelne Datei durch zwei Nutzer können ausgeschlossen werden. Ein zwischenzeitlicher oder endgültiger Verlust von Daten oder Entwurfsständen ist somit nahezu ausgeschlossen – ein ungemein hoher Produktivitätsvorteil.

In der Praxis integriert sich Version Cue auf dem Arbeitsplatz in den Öffnen- und Speichern-Dialog, wenn er in der Form Adobe Dialog aufgerufen wird. Dabei kann der Benutzer jederzeit zwischen der konventionellen Dateiablage und dem Speichern in das Dateisystem von Version Cue wechseln. Darüber hinaus überwacht Version Cue auch den Status einer Datei: Ist ein Layout-Dokument gerade in Benutzung? Wer arbeitet daran?

27.3 Version Cue-Projekt in der Bridge einrichten

Die Einstellungen zu Version Cue können zwar auf dem Mac in den Systemsteuerungen und auf dem PC unter Systemeinstellung getroffen werden, wir wollen Ihnen jedoch den einfacheren Weg über die Adobe Bridge zeigen, in der Sie unter den Favoriten einen eigenen Button zu Version Cue finden.

▲ **Abbildung 27.2**
In der Adobe Bridge CS3 finden Sie unter den Favoriten die Einstellungen zu Version Cue.

Nach einem Klick auf Version Cue aktivieren Sie in einem Begrüßungsbildschirm den Server und können hier Projekte und Benutzer einrichten.

In der zweiten Spalte, Gehe zu, rufen Sie mit einem Klick auf Meinen Server starten die Konfigurationen des Servers auf. Beim Starten erhalten Sie einen Hinweis, dass Sie einen Administrator und Benutzer inklusive der Passwörter anlegen müssen. Version Cue startet dann den Standard-Webbrowser wie z. B. Firefox, um die Konfigurationen einzurichten.

27.3.1 Erstkonfiguration

Der Version Cue Server ist zunächst nach einer Standard-Installation immer deaktiviert, damit der Computer nicht unnötig belastet wird. Das ist eine von vielen Verbesserungen der CS3-Version, da bislang auf jedem Computer mit einer frisch installierten CS2 ein unnötiger Server lief.

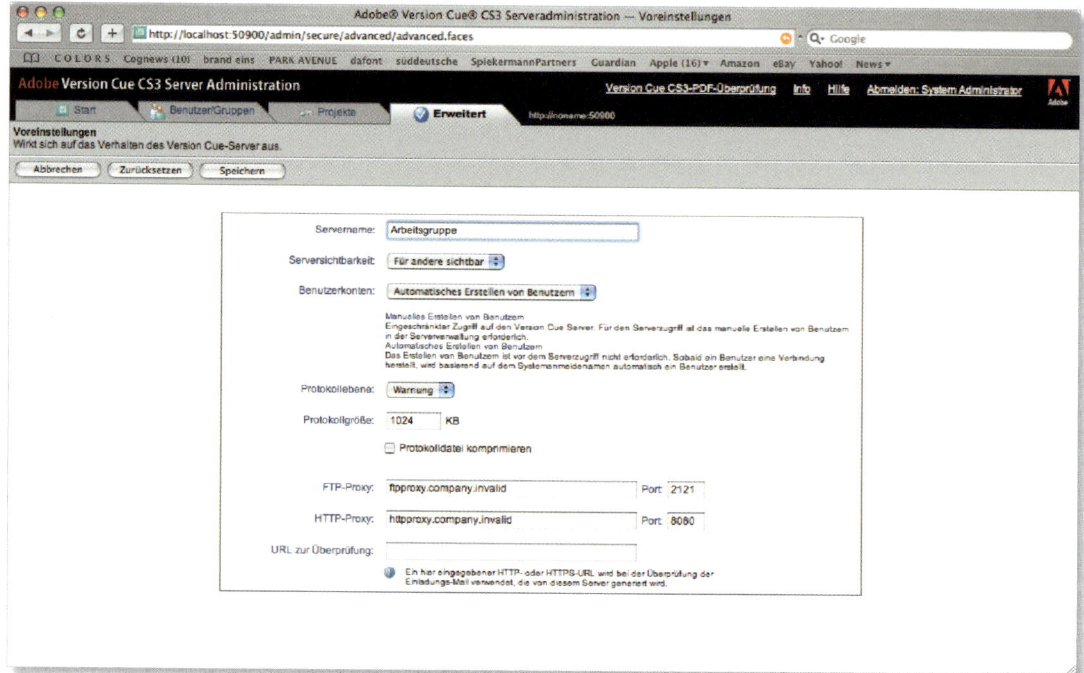

▲ **Abbildung 27.3**
Die Erstkonfiguration zum Starten des Servers

Kennwort | Sobald der Webbrowser gestartet wurde, legen Sie zunächst das Kennwort des Administrators fest, um später Projekte und Benutzer zu verwalten. Dies ist für eine reibungslose Arbeitsweise unumgänglich!

Servername | Der SERVERNAME ist später im Adobe Dialog sichtbar, wenn Sie aus InDesign auf die Daten zugreifen wollen. Vergeben Sie Namen wie »Arbeitsgruppe« oder »Projektverwaltung«, damit Sie und alle Beteiligten den Server zum Öffnen und Speichern von Layoutdaten wiederfinden.

Serversichtbarkeit | Die SERVERSICHTBARKEIT stellt klar, ob nur Sie den Server für Ihren Arbeitsplatz PRIVAT verwenden, oder ob das Projekt FÜR ANDERE SICHTBAR ist.

Benutzerkonten | Die Benutzer in Ihrem Netzwerk können natürlich einzeln angelegt werden. Doch diese Arbeitsweise ist zeitraubend und sollte nur bei umfangreichen und langfristigen Projekten erfolgen. Wenn Sie dagegen AUTOMATISCHES ERSTELLEN VON BENUTZERN verwenden, erkennt Version Cue den Benutzernamen anhand der Anmeldung am Betriebssystem.

Klicken Sie nach diesen Eingaben nun auf den Button SPEICHERN. Es erscheint die erweiterte Serververwaltung mit dem Log-in-Fenster.

27.4 Neues Projekt anlegen

Nun kehren Sie wieder in die Adobe Bridge zurück. Der Version Cue Server ist gestartet und bereit. Die Benutzer werden automatisch erkannt und von Version Cue angelegt.

Im Version-Cue-Begrüßungsbildschirm können Sie auf SERVER DURCHSUCHEN klicken und erhalten die verfügbaren Server angezeigt. Falls Sie in einem Netzwerk arbeiten, sehen Sie eventuell auch schon andere Version Cue-Server, die auf anderen Computern im Netzwerk erreichbar sind.

Mit einem Doppelklick auf den Server »Arbeitsgruppe« öffnen Sie nun den Projektbereich. Dieser Bereich ist zunächst leer und wartet geduldig auf Ihre Dateien. Doch bevor Sie nun Dateien hier hineinziehen, müssen Sie ein Projekt anlegen, indem Sie auf den Button NEUES PROJEKT klicken.

Es erscheint nun ein Eingabedialog, in dem Sie Name, Ort und Beschreibung des Projektes angeben. Beachten Sie bitte auch hier, dass das Projekt für andere erreichbar sein muss, wenn Sie auf den Button DIESES PROJEKT FÜR ANDERE BENUTZER FREIGEBEN klicken. Abwärtskompatibel arbeitet Version Cue CS3 mit den Programmen der Creative Suite 2 zusammen, damit nicht alle Computer ein komplett neues Update benötigen.

Für die Benutzer von Version Cue CS2

Ältere Version Cue-Server können unter Umständen auch noch laufen. Dies erkennen Sie dann anhand der Versionsnummer in der Übersicht der Server. Ein 2.0-Server wird noch mit Version Cue CS2 verwaltet. Die CS3-Version ist abwärtskompatibel zu den CS2-Programmen.

▲ **Abbildung 27.4**
In der oberen Leiste der Buttons erstellen Sie ein NEUES PROJEKT.

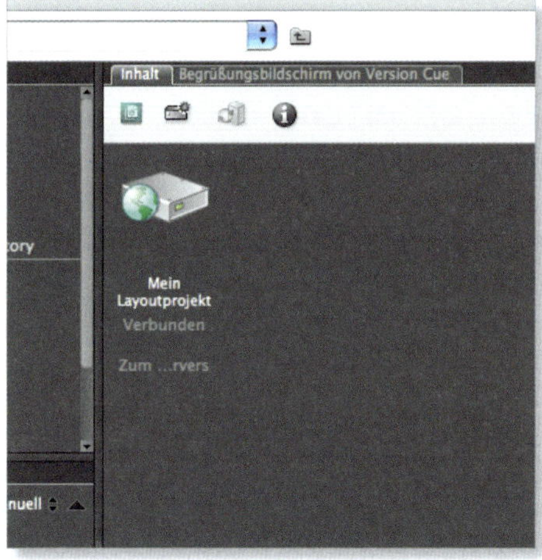

◀ **Abbildung 27.5**
Legen Sie ein neues Projekt an.

27.4.1 Dateien hinzufügen

Bislang war es in der älteren CS2-Version umständlich, Dateien auf den Server zu spielen. Dies gelang nur mit ganzen Ordnern über die Administrator-Oberfläche sowie durch das einzelne Speichern einer Layoutdatei über den Adobe Dialog.

Nun öffnen Sie mit einem Doppelklick Ihr Projekt in der Bridge CS3 und ziehen Dateien vom Finder und dem Arbeitsplatz oder aus einem anderen Bridge-Fenster per Drag & Drop hinein.

Abbildung 27.6 ▸
Wählen Sie Ihre Projektdateien aus, und ziehen Sie diese per Drag & Drop in das offene Projektfenster in der Adobe Bridge. Danach werden Sie nach Kommentaren gefragt, und Version Cue speichert die Dateien.

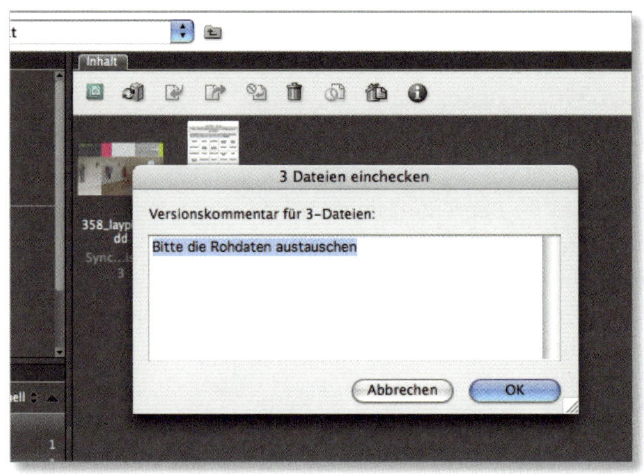

InDesign-Layouts verpacken

Damit alle Verknüpfungen aktiv bleiben, sollten Sie eine InDesign-Datei mitsamt der verwendeten Bilder verpacken und diesen Ordner komplett in die Bridge in Ihr Projekt ziehen.

Ablageort

Sofern Sie es nicht anders eingerichtet haben, werden alle Dateien in einem Verzeichnis Version Cue auf Ihrer Festplatte unter Ihrem Benutzernamen und den Dokumenten abgelegt.

Nachdem Sie die Dateien in den Projektbereich gezogen haben, fragt Version Cue bereits nach Kommentaren zur Version 1. Dies bedeutet, dass Version Cue von Anfang an die Versionierung protokolliert. Geben Sie hier zur besseren Kennzeichnung »Erste Fassung« ein.

Mit den lokal gespeicherten Kopien der Daten lässt sich nun ganz normal arbeiten, wie Sie es auch mit anderen Dateien gewohnt sind. Achten Sie bitte nur darauf, dass Sie die Dateien nicht aus dem Serverbereich ziehen.

27.5 Mit Versionen arbeiten

Nachdem nun das Projekt mit Dateien eingerichtet ist, starten Sie InDesign neu und öffnen eine neue Datei mit dem Tastenbefehl [⌘]/[Strg]+[O]. Im Öffnen-Dialog erscheint ein Button Adobe Dialog, über den Sie in die Adobe-eigene Arbeitsumgebung wechseln. Sie erhalten einen Öffnen-Dialog, der der Bridge-Umgebung gleicht, und die Favoriten sind auch hier wie in der Bridge vorhanden.

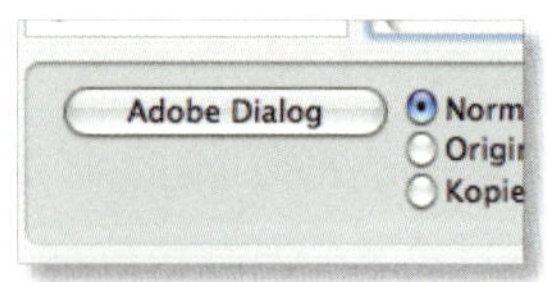

▲ **Abbildung 27.7**
Der normale Öffnen-Dialog von OS X wird durch den Button Adobe Dialog ergänzt.

Der Adobe Dialog ist also noch keine Projektumgebung von Version Cue, sondern nur eine andere Form der Dateiansicht. Der Vorteil liegt hier darin, dass Sie mit der Adobe Bridge eigene Favoriten in der linken Spalte ablegen können, die dann wieder im Dialog hier erscheinen.

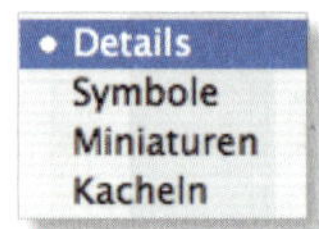

▲ **Abbildung 27.8**
Der Adobe Dialog für die normale Dateiablage ermöglicht auch eine Darstellung der Dateien durch Symbole und Icons.

Adobe Dialog | Über den Button Ansicht rechts oben im Adobe Dialog schalten Sie zudem die Dateiansicht zwischen einer Listendarstellung Details und verschiedenen grafischen Ansichten wie Symbole, Miniaturen oder Kacheln um.

27.5.1 Version Cue-Projektumgebung öffnen

Klicken Sie in der linken Spalte des Adobe Dialogs auf VERSION CUE, und die Projektumgebung wird geöffnet. Hier sehen Sie Ihren Arbeitsbereich und die angelegten Projekte »Letzte Projekte« sowie Ihre »Arbeitsgruppe«.

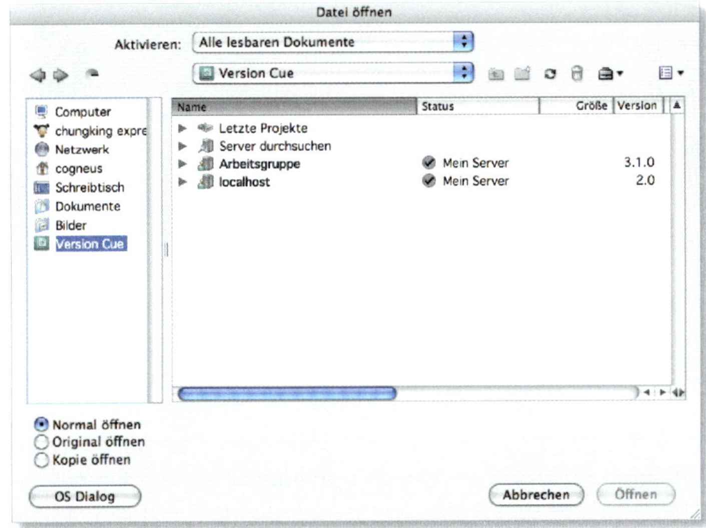

◂ **Abbildung 27.9**
Sobald Sie auf Version Cue klicken, wird die Projektverwaltung geöffnet.

Mit einem Doppelklick auf das entsprechende Projekt erscheinen nun die abgelegten Dateien. Falls Sie von einem anderen Rechner aus diese Dateien öffnen wollen, werden Sie jetzt aufgefordert, sich mit Ihrem Benutzernamen und Ihrem Passwort am Version Cue-Server anzumelden. Ist das Projekt so eingestellt, dass Benutzer automatisch anhand des Log-ins auf dem Betriebssystem erkannt werden, legt Version Cue entsprechende Namen an. Eine Eingabe der Passwörter ist nicht erforderlich.

27.5.2 Auschecken – Bearbeiten – Einchecken

Auschecken | Sobald Sie eine Layoutdatei aus einem Version Cue-Projekt öffnen, wird die Datei »ausgecheckt«. Das bedeutet, nur Sie allein können nun an diesem Dokument Änderungen vornehmen.

Version Cue protokolliert nun alle Änderungen bis zum nächsten Speichervorgang. Andere Benutzer im Netzwerk sehen, dass die Datei von Ihnen verwendet wird. Dazu erscheint im Adobe Dialog ein kleines Bleistift-Symbol neben dem Dokumenten-Icon, und in den Dateiinformationen sehen Sie, welcher Benutzer die Datei verwendet: »Datei derzeit ausgecheckt von MaximaMustermann«. Dazu halten Sie die Maus einfach über die entsprechende Datei, bis ein gelber »Post-it-Zettel« erscheint.

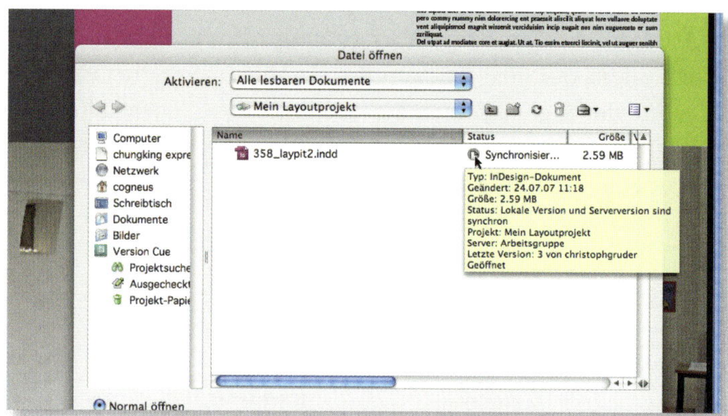

Abbildung 27.10 ▶
Diese Datei wurde ausgecheckt und befindet sich in Bearbeitung.

Dokumentenstatus immer sichtbar

Am unteren Rand des Dokumentenfensters sehen Sie immer den aktuellen Status der Datei, wie beispielsweise »wird von mir verwendet«.

Solange Sie nun die Layoutdatei in InDesign bearbeiten, bleibt der Status »ausgecheckt«.

Einchecken | Wenn Sie zwischenzeitlich eine Version Ihres Layouts speichern wollen, aber dennoch eine weitere Version, die Ihnen im Kopf herumspukt, nachfolgend umsetzen, so rufen Sie im Menü Datei die Option Einchecken auf. Nun fragt Version Cue nach einem neuen Versionskommentar. Geben Sie hier zu Ihrer Orientierung den Grund des Speicherns ein. Nachdem Sie mit OK bestätigt haben, wird eine Version abgelegt. Die InDesign-Datei bleibt jedoch offen, und Sie können an der dritten Version arbeiten. Verwechseln Sie hier nicht mehrere Versionen mit mehreren Dateien. Es genügt, dieselbe Datei immer wieder als Versionen zu speichern.

Speichern unter... | Wenn Sie stattdessen endgültig die Datei speichern und hierfür einen neuen Dateinamen verwenden wollen, sollten Sie die Funktion Speichern unter... im Menü Datei aufrufen. Nun geben Sie einen neuen Namen an. Somit erzeugen Sie ein neues Dokument in der Version 1 und werden nach dem Bestätigen mit OK auch nach einem neuen Versionskommentar gefragt. Auch hierbei wird diese neue Datei eingecheckt.

27.5.3 Versionen anzeigen und zurücksetzen

Worin besteht denn nun der Vorteil zur herkömmlichen Arbeitsweise, auch wenn Sie zuvor den Server von Version Cue gestartet und Versionen einer Datei gespeichert haben? Jetzt wollen wir Ihnen zeigen, wie Sie diese Versionen anzeigen lassen können und wie Sie zu einer vorherigen zurückkehren.

Öffnen Sie dazu Ihr Layoutdokument aus dem Version Cue-Projekt. Sicher ist es Ihnen entgangen, dass am unteren Fensterrand ein kleines Pulldown-Menü erscheint, in dem jetzt Syn-

CHRONISIERT steht. Klicken Sie in diesem Menü auf den kleinen Pfeil nach rechts, und rufen Sie VERSIONEN... auf.

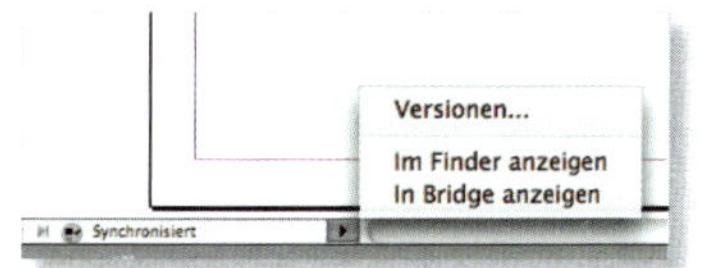

▲ **Abbildung 27.11**
Die Versionen sind u.a. am unteren Bildrand zu finden.

Übersicht | Sie erhalten nun eine Übersicht der gespeicherten Versionen dieser Datei. Jetzt sehen Sie, warum Sie auch stets Kommentare beim Einchecken einer Version vergeben sollten. Somit werden inhaltliche Änderungen nachvollziehbar. Da Version Cue nur eine grafische Vorschau der ersten Seite zeigt, kann es bei längeren Dokumenten mit vielen Textänderungen keinerlei sichtbare Unterschiede in dieser Übersicht geben.

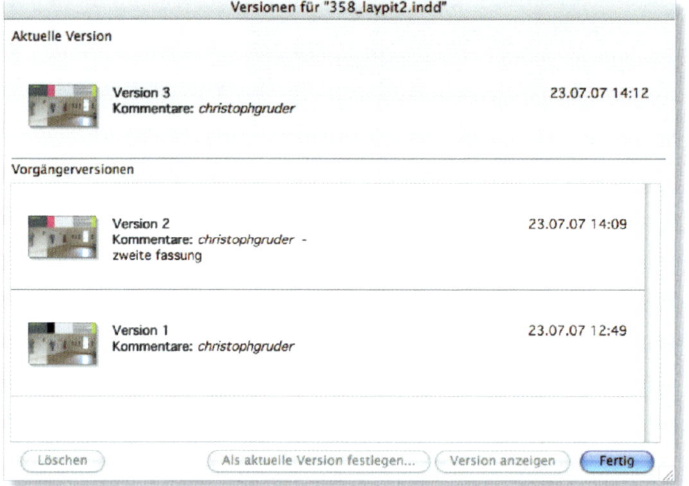

◄ **Abbildung 27.12**
Nun werden die Versionen dieser Datei sichtbar.

Wenn Sie nun eine Vorgänger-Version auswählen, können Sie entweder nur diese Version öffnen und als neues Dokument speichern, oder Sie kehren zu dieser Version zurück. Dabei löscht Version Cue keine Versionen, sondern aus der älteren Version wird nun eine neue Version.

Platzierte Versionen

Natürlich können auch im Layout platzierte Photoshop-Dateien versioniert werden. Den Status der Datei sehen Sie dann in der Verknüpfungen-Palette, und Sie können gegebenenfalls die Verknüpfung im Falle einer neuen Version auf dem Server aktualisieren.

27.5.4 Versionen über die Bridge verwalten

Damit Sie gleich auf einen Blick sehen können, ob zu einer Datei auch mehrere Versionen vorliegen, und auf Wunsch die aktuelle Version öffnen, nutzen Sie nun wieder den Adobe Dialog oder die Adobe Bridge CS3. Wenn Sie sich in der Bridge für die dritte Anzeigemöglichkeit mit einem Klick auf den Button 3 rechts unten im Bridge-Fenster entscheiden, wird die Darstellung für Versionen komfortabler.

Versionen anzeigen | Rufen Sie den Ordner Ihres Version Cue-Projektes auf, und wählen Sie eine Layoutdatei, die bereits in mehreren Versionen vorliegt. Nun klicken Sie im Menü WERKZEUGE unter der Rubrik VERSION CUE auf VERSIONEN ANZEIGEN.

Danach zeigt Ihnen die Bridge eine Vorschau aller Versionen und eine Erläuterung in Form von Metadaten.

Abbildung 27.13 ▸
Versionen in der Bridge anzeigen und bearbeiten.

Mit der Werkzeugleiste am oberen Fensterrand erhalten Sie weitere Möglichkeiten, Arbeiten zu verrichten, die Sie sonst in InDesign machen mussten. Markieren Sie eine frühere Version, und klicken Sie auf den zweiten Button Hochstufen, so können Sie auch hier eine ältere Version zur neuesten Fassung erklären. Einzelne Versionen löschen Sie mit einem Klick auf den Papierkorb.

27.5.5 Suchen

Im Adobe Dialog erreichen Sie die Suchfunktion, indem Sie in der Favoritenspalte unter Version Cue auf Projektsuche klicken. In der Eingabemaske können Sie nahezu alle Begriffe oder Benutzernamen eingeben. Version Cue durchsucht danach alle XMP-Felder wie Autor, Erstellungsdatum, Kommentare oder andere nach dem Suchbegriff. Der Klartext der Kommentare für jede Dateiversion wird dazu ebenfalls durchsucht.

27.6 Export eines Projekts

Wenn Sie die Arbeit eines Projektes innerhalb von Version Cue auslagern wollen, um die Versionierung zu beenden, Daten zu archivieren oder nur noch einen finalen Stand anzufertigen, so ist dies auf mehreren Wegen möglich. Die einfachste Lösung ist sicher das Kopieren der Dateien aus dem Verzeichnis .../Benutzer/Dokumente/VersionCue/... auf Ihrer Festplatte in ein anderes Verzeichnis außerhalb von Version Cue. Dabei läuft das Projekt jedoch weiter, der Server ist aktiv.

Rufen Sie daher in der erweiterten Version Cue-Verwaltung im Browser das Projekt auf, und wählen Sie die Funktion Exportieren

Backups automatisch erstellen

In der erweiterten Serververwaltung stellen Sie auch ein, ob ein Projekt regelmäßig als Backup gespeichert wird. Somit stellen Sie sicher, dass keine Daten verloren gehen.

aus. Die Serververwaltung erreichen Sie auf dem Mac unter den Systemeinstellungen, auf dem PC unter Systemsteuerung. Klicken Sie in der Rubrik EINSTELLUNGEN auf SERVERVERWALTUNG.

Der Webbrowser wird geöffnet, und Sie müssen sich als Admin einloggen. Nun wählen Sie den Reiter PROJEKTE aus und klicken vor das Projekt, das Sie exportieren wollen. Nun erscheint der Button EXPORTIEREN oberhalb der Projektliste. Klicken Sie darauf, und wählen Sie anschließend das Verzeichnis unter EXPORT DES PROJEKTS IN ORDNER, in das alle Dateien gespeichert werden sollen. Danach können Sie an derselben Stelle das Projekt löschen.

Alternativ steht Ihnen der Export auf einen FTP-Server oder einen WebDAV-Server zur Verfügung.

Verpacken

Layoutdokumente und platzierte Dateien, die von Version Cue verwaltet werden, können auch verpackt werden. Als Ziel des Pakets wählen Sie ein Verzeichnis in Ihrem Projekt aus. Den verpackten Ordner müssen Sie dann in der Bridge aus Ihrem Projektverzeichnis auf den Favoriten »Schreibtisch« ziehen. Somit werden der Ordner und die darin befindlichen Layout- und Bilddokumente reibungslos aus dem Projekt exportiert und können weitergegeben werden. Die Funktionen PREFLIGHT und VERPACKEN erklären wir Ihnen im gleichnamigen Kapitel 20.

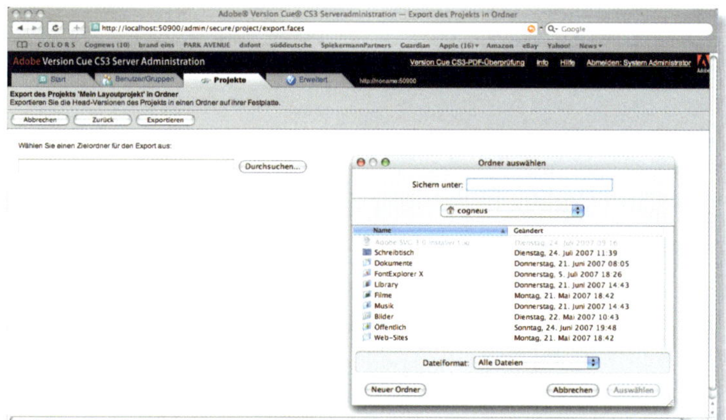

◄ **Abbildung 27.14**
Zur Auslagerung eignet sich der Projektexport.

TEIL VIII
Spezialitäten

28 Import von QuarkXPress-Dokumenten

Kann InDesign QuarkXPress-Dateien problemlos übernehmen? Welche Einschränkungen gibt es beim Öffnen von diesen Dokumenten, und wovon hängt es überhaupt ab, ob sich Quark-Satzdateien nach InDesign übernehmen lassen?

Auf der Buch-DVD finden Sie im Ordner VIDEO-LEKTIONEN auch einen Lernfilm zum Thema »Tipps für QuarkXPress-Umsteiger«.

28.1 QuarkXPress-Dokumente öffnen

Über den Befehl ÖFFNEN ist es möglich, QuarkXPress-Dokumente direkt auszuwählen. InDesign kann **einsprachige** QuarkXPress-Dokumente bis zur **Version 4.11** öffnen. Dazu müssen jedoch einige Voraussetzungen erfüllt sein, die wir Ihnen hier darlegen wollen. Indem wir Sie mit den Einschränkungen bekannt machen, können Sie selbst sinnvoll planen, ob Sie Ihre Layoutdaten in InDesign-Dokumente umwandeln und wie viel Nacharbeit nötig ist.

Wer erwartet, dass man ein Quark-Dokument in InDesign zu 100% übernehmen kann, dem sei hier gleich gesagt, dass InDesign nicht zaubern kann. Auch bei anderen proprietären Dateiformaten und deren Besonderheiten treten ähnliche Einschränkungen auf.

28.2 Grundsätzliche Unterschiede zwischen InDesign und QuarkXPress

Viele XPress-Kenner sind in InDesign von bestimmten Werkzeugen irritiert, da diese entweder nicht so wie in Quark funktionieren oder für einen anderen Zweck bestimmt sind. Auch das Platzieren von Dokumenten, das Arbeiten mit Transparenzen und die PDF-Ausgabe widersprechen den bekannten Arbeitsweisen. Daher sträuben sich viele ehemalige Quark-Anwender, Transparenzen einzusetzen oder eine Photoshop-Datei mit einem Alpha-Kanal wirklich zu platzieren. Folglich gehen sie immer einen

S&B
S&B finden Sie in InDesign CS3 auch, allerdings in der Absatz-Palette im Palettenmenü unter ABSTÄNDE bzw. SILBENTRENNUNG.

Umweg über Zwischenformate wie TIFF oder EPS. Diese Formate sind in InDesign nicht zwingend notwendig!

Hier ist eine Aufstellung der wichtigsten Unterschiede, mit denen Sie sich vertraut machen sollten:

Grafiken platzieren | Grafiken und Bilder ziehen Sie entweder aus der Adobe Bridge oder aus einem Dokumentenfenster per Drag & Drop in das Layout. Eine Mehrfachauswahl ist ebenso möglich, das Platzieren erfolgt nacheinander aus einem »Stapel«. Das Platzieren von Grafiken erfordert keine vorherige Erstellung eines Platzhalterrahmens.

OpenType-Format | Die um typografische Alternativen und osteuropäische Zeichen erweiterten OpenType-Pro-Fonts können Sie mit InDesign vielfältig einsetzen. Erst die QuarkXPress-Version 7 kann das OpenType-Format in vollem Zeichenumfang verwenden.

Farbmanagement | Mit einem synchronisierten Farbmanagement arbeiten Sie in InDesign ebenso farbgetreu wie in Photoshop. Um Farben im Layout zu beurteilen, starten Sie den Soft-Proof. Das Öffnen und Bearbeiten in Photoshop ist nicht zwingend nötig.

Ausgabevorschau | Im Zusammenspielt mit dem Farbmanagement kontrollieren Sie die Farbauszüge noch vor dem Export mithilfe der Ausgabevorschauen für die Separation und das Überdrucken. Eine Beurteilung von Farben und dem Druckverhalten ist mit QuarkXPress nur nach dem Layout über einen PDF-Preflight möglich.

Ebenen | Die Ebenen im Layoutdokument können Sie auch als Ebenen im PDF erhalten. Dazu nutzen Sie den direkten PDF-Export aus InDesign.

Transparenzen | Transparente Grafiken erstellen Sie direkt im Layout. Deckkraft, Füllmethode oder Alpha-Kanal sind die Werkzeuge, mit denen InDesign aufwarten kann. Für transparent erscheinende Grafiken müssen Sie nicht den Umweg über Photoshop gehen, so wie das in QuarkXPress Alltag war.

Tabellen | Excel-Tabellen platzieren Sie im Layout und bearbeiten das Design. Zellen können jederzeit zusammengefügt und wieder aufgetrennt werden, Kopf- und Fußzeilen sind seit InDesign CS bekannt. Die neuen Tabellen- und Zellenformate runden das Bild von InDesign vollständig ab.

PDF | Die direkte PDF-Ausgabe ermöglicht einen schnellen Export für eine Kundenkorrektur oder eine PDF/X-3-Ausgabe für die Belichtung. Ein mühsamer Umweg über das Exportieren von Einzelseiten als EPS und das anschließende Destillieren von PDF-Dateien entfällt. Der Umweg über den Acrobat Distiller ist jedoch auch für InDesign in einigen Fällen ratsam, EPS-Daten müssen jedoch nicht exportiert werden.

Objektwerkzeug und Inhaltswerkzeug
Die beiden Quark-Werkzeuge entsprechen in InDesign am ehesten dem Auswahl- und dem Direktauswahlwerkzeug.

28.3 Probleme bei der Verarbeitung

Bei der Konvertierung von Quark-Dokumenten bleiben das Format, das Layout, die Dokumentstruktur, Stilvorlagen, Farbdefinitionen und Objektpositionen erhalten. Folgende Probleme treten aber in der Praxis auf:

Passport-Versionen

Seit InDesign CS2 können nun auch QuarkXPress-Dateien geöffnet werden, die »mehrsprachig« abgespeichert wurden. Das Rückspeichern auf ein einsprachiges Dokument ist somit nur noch für InDesign CS und InDesign 2 notwendig.

28.3.1 Quark 5.x, 6.x und 7.x?

Dateien der neueren Versionen müssen Sie abwärtskompatibel als Quark 4-Dateien abspeichern, damit InDesign diese Daten erkennen und umwandeln kann. Ein Importfilter für 5.x-, 6.x- oder 7.x-Dateien ist derzeit nicht erhältlich. Entgegen dem Wunsch vieler ehemaliger Quark-Nutzer, einen Import für neuere Versionen anzubieten, hat Adobe die Importfilter für Quark auch in der CS3-Version nicht geändert. Es bleibt Ihnen nur der Umweg über das externe Plug-in Q2ID von Markzware.

28.3.2 XTensions

Es ist in InDesign nicht möglich, QuarkXPress-Dokumente zu öffnen, die in Quark unter Benutzung von Drittanbieter-XTensions erstellt wurden. In diesem Fall wird Ihnen InDesign beim Versuch, das Dokument zu öffnen, gleich mit der entsprechenden Meldung begegnen.

Quark-Import via Plug-in Q2ID

Für Quark-Dokumente bietet die Firma Markzware das Plug-in Q2ID v3.0 an, das die Quark-Layouts von 3.32 bis 7.2 für InDesign CS3 konvertiert.

Um dieses Dokument unter Umständen dennoch in ein InDesign-Dokument überführen zu können, müssen Sie mit dem Umgang von Quark vertraut sein und den XTension-Ordner einmal genauer durchgehen. Manchmal ist es möglich, die Drittanbieter-XTensions zu deaktivieren und das Dokument neu abzuspeichern, sodass der Verweis zur XTension aus dem Layoutdokument entfernt wird. Dies setzt natürlich voraus, dass Sie das Quelldokument in QuarkXPress überhaupt öffnen können, denn manche Dokumente dürfen ohne installierte XTension gar nicht bearbeitet werden.

Werden im QuarkXPress-Dokument nur QuarkXPress-eigene XTensions benutzt, sollte das Öffnen in InDesign kein Problem sein.

28.3.3 Textumbruch

InDesign erzeugt einen neuen Umbruch. Somit ist es unumgänglich, Text- und Seitenumbruch manuell zu kontrollieren. Hier wird der Generationswechsel von Quark zu InDesign besonders deutlich, da das einfache Umbruchverhalten von Quark nicht in InDesign »simuliert« werden kann. Wo Quark zeilenweise umbricht und manuelle Umbrüche sowie weiche Trennungen an der Tagesordnung sind, berücksichtigt InDesign je nach Einstellung und Absatzformat alle erdenklichen Zeilenumbrüche und wählt einen optimalen aus, der sich später nachkorrigieren lässt.

28.3.4 Standard- und benutzerdefinierte Seitenformate

Papierformate wie DIN A4 werden direkt in InDesign übernommen. Benutzerdefinierte Formate wie z. B. 22 zu 43 mm hingegen können im InDesign-Dokument um wenige Millimeter abweichen. Kontrollieren Sie daher bei selbst definierten Formaten in Quark das Dokumentenformat in InDesign.

28.3.5 Alles rosa? Schriften aktivieren

Alle im Quark-Dokument verwendeten Schriften müssen für einen vollständigen Import auf dem Computer installiert sein. Ansonsten bekommen Sie nach der Konvertierung eine wahre Flut von rosafarbenen Textzeilen, die den Eindruck erwecken, dass das gesamte Dokument zerstört ist. Diese rosafarbene Markierung ist jedoch nur eine Hervorhebung, die zeigt, welche formatierten Textzeilen nicht durch eine definierte Schrift dargestellt werden. Installieren Sie vor dem Import die Schriften, um dieser unliebsamen, aber harmlosen Überraschung zu entgehen!

Weiße Rahmen um platzierte Bilder

Nach dem Import der QuarkXPress-Datei kann es dazu kommen, dass platzierte Bilder innerhalb der Rahmen von einer weißen Linie umrandet werden. Dieses Problem lösen Sie, indem Sie in der Palette KONTUR die Konturenausrichtung der Rahmen von MITTIG auf NACH INNEN umstellen. Diese Prozedur können Sie auch per JavaScript auf alle Rahmen anwenden. Eine Anleitung zur Erstellung von JavaScripts in InDesign finden Sie auf der Installations-DVD. Fertige Skripts werden in den einschlägigen User-Foren angeboten.

28.3.6 Verknüpfungen

Neben den Schriften sollten Sie auch die verknüpften Bilddaten zur Verfügung haben. Bestenfalls tragen Sie in QuarkXPress mittels FÜR AUSGABE SAMMELN alle verknüpften Dateien und die Layoutdatei in einen neuen Ordner zusammen, um dann mit dieser Layoutdatei die Konvertierung durchzuführen.

28.4 Import-Beispiel

Wir zeigen in diesem Buch anhand eines Beispiels einmal auf, wie die mögliche Konvertierung einer Satzdatei aus QuarkXPress durchgeführt wird, und stellen Ihnen das Ergebnis der Konvertierung vor.

28.4.1 Öffnen einer Quark-Datei

Wählen Sie über das Menü Datei • Öffnen direkt das jeweilige QuarkXPress-Dokument aus, das in ein InDesign-Dokument umgewandelt werden soll, und klicken Sie dann nur noch auf die Schaltfläche OK.

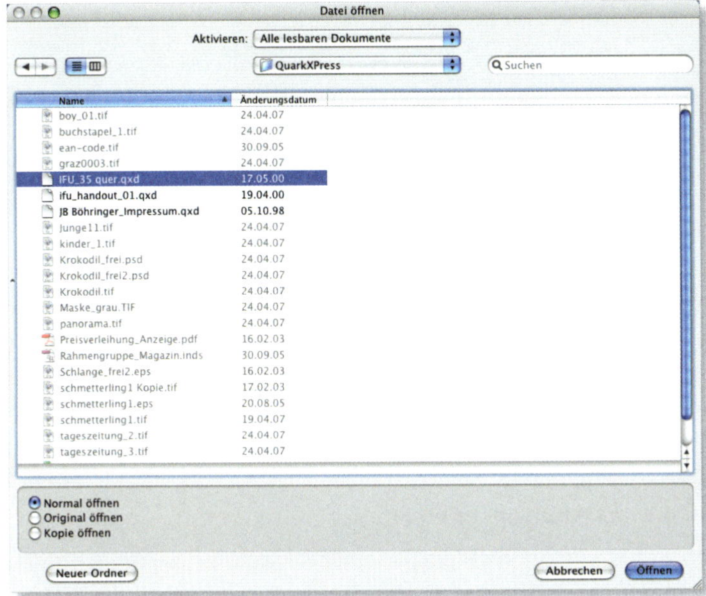

◂ **Abbildung 28.1**
Die QuarkXPress-Datei importieren Sie einfach über den Öffnen-Dialog in InDesign.

Im ersten Schritt wird das Dokument analysiert, und die einzelnen Textabschnitte werden eingelesen. Text wird dabei in InDesign-Textrahmen konvertiert. Alle definierten Formate werden hierbei in vorhandene InDesign-Formate konvertiert, wobei Text und Grafikverknüpfungen erhalten bleiben. In der Verknüpfungen-Palette werden die Text- und Grafikverknüpfungen angezeigt. Im Text eingebettete Grafiken, also Grafiken, die dem ursprünglichen Dokument über die Zwischenablage, beispielsweise als eingebundene Grafik, hinzugefügt wurden, können hierbei nicht konvertiert werden.

28.4.2 Konvertierungswarnungen

Jeder Quark-Anwender kennt die Möglichkeit, für Stilvorlagen eigene Shortcuts in Verbindung mit den Funktionstasten anzulegen, um so möglichst rasch und bequem über die Tastatur die Textformatierungen vornehmen zu können. Nicht alle Befehlszuordnungen aus QuarkXPress lassen sich in InDesign übernehmen, da InDesign ein eigenes Shortcut-Set oder ein Quark 4.x-kompatibles Set anbietet.

Werden im Quark-Dokument Shortcuts für die Formatierungen benutzt, kommt es bei der Konvertierung während des

Öffnens der Datei zu einer Konvertierungswarnung. Es lässt sich im Warnhinweis sehen, welche der Stilvorlagen mit nicht zulässigen Tastaturkürzeln versehen sind.

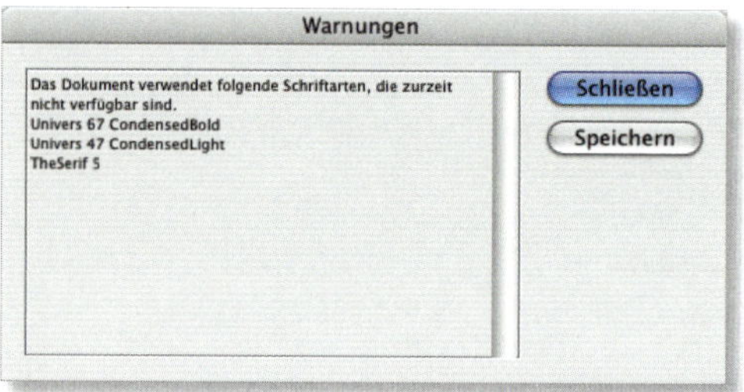

Abbildung 28.2 ▸
InDesign meldet fehlende Schriften, die Sie nachträglich installieren oder aktivieren sollten. Tastenbefehle, die für Absatzformate in QuarkXPress angewandt wurden, können nicht importiert werden und sind in diesem Dialog dargestellt.

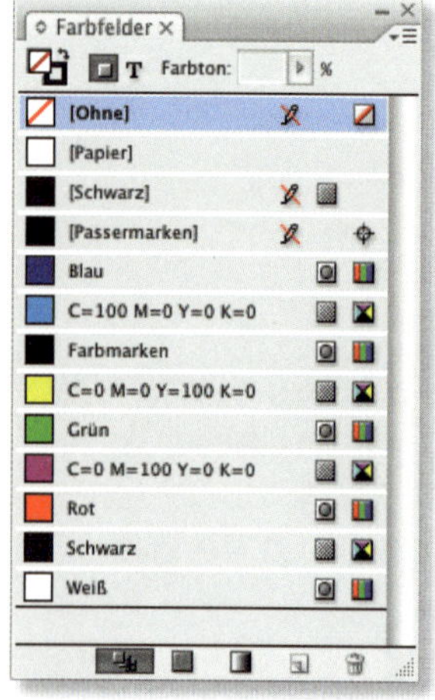

▴ Abbildung 28.3
Die Bibliotheksfarben werden in die Farbfelder importiert und in der Reihenfolge der Verwendung im Layout aufgelistet. HSB-Farben werden dabei beispielsweise in RGB-Farbfelder konvertiert.

28.4.3 Das konvertierte Dokument

Nach kurzer Zeit erscheint in unserem Beispiel die fertig konvertierte Satzdatei unter dem Namen »unbenannt« am Bildschirm. Insgesamt benötigt die umgewandelte Datei gut 200 % mehr Speicherplatz als das entsprechende QuarkXPress-Original. Das hängt mit der internen Kodierung von Texten zusammen. Anstelle von QuarkXPress nutzt InDesign Unicode, ein 16-Bit-Format.

28.4.4 Farbkonvertierungen

In QuarkXPress angelegte Farben werden in InDesign-Farbfelder umgewandelt. Die Konvertierung der Farben des Farbbestandes aus Quark 3.3 und 4.1 geschieht auf der Grundlage ihrer CMYK-Werte. HSB-Farben werden in RGB-Farben konvertiert.

Die aus Quark importierten Farbfelder werden nicht nach ihren Namen sortiert, sondern entsprechend der Reihenfolge des Anlegens. Somit erscheinen die Farbfelder auf den ersten Blick unvollständig, werden jedoch korrekt importiert. Wollen Sie also die Reihenfolge zugunsten einer geordneten Arbeitsweise wiederherstellen, so müssen Sie die Farben gegebenenfalls manuell per Drag & Drop in der Farbe-Palette neu sortieren.

28.4.5 Farbprofile

QuarkXPress verwendet grundsätzlich andere Farbprofile als InDesign. Die XPress-Farbprofile in der Layoutdatei werden in InDesign ignoriert, die Farbprofile platzierter Dokumente werden jedoch einwandfrei eingelesen.

Zum Nachlesen
Wollen Sie mit aktivem Farbmanagement arbeiten, so empfehlen wir Ihnen, sich mit Kapitel 4, »Farbmanagement«, vertraut zu machen.

28.4.6 Musterseiten

Alle Quark-Musterseiten werden in entsprechende InDesign-Mustervorlagen konvertiert. Dieser Vorgang ist recht zeitintensiv. Dabei werden die Druckbögen zusammengestellt.

28.4.7 Ebenen und Linien

QuarkXPress-Ebenen aus Quark-Dateien werden auch in InDesign-Ebenen konvertiert. Konturen und Linien aus Quark werden in die Linienarten konvertiert, denen sie am ehesten entsprechen.

28.4.8 Verknüpfungen

Bild- und Grafikverknüpfungen des Dokuments sind in der Verknüpfungen-Palette erhalten. Sie klicken mit dem Auswahlwerkzeug auf ein Bild der Datei, und in der Palette wird das entsprechende Bild markiert. In der Palette kann direkt abgelesen werden, auf welcher Dokumentseite sich das verknüpfte Objekt befindet.

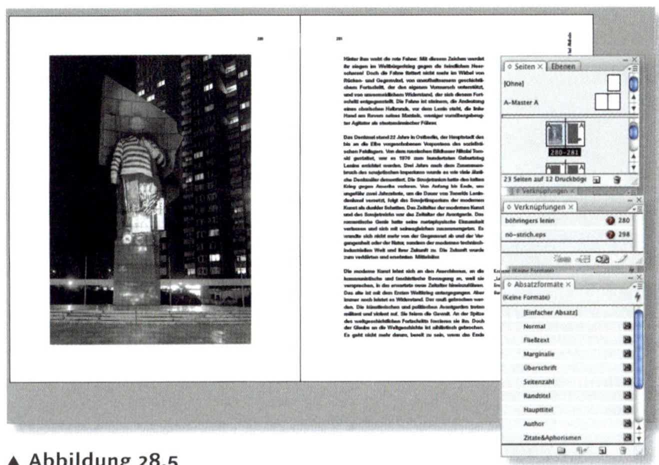

▲ **Abbildung 28.5**
Das konvertierte Dokument in InDesign: Haben Sie die Verknüpfungen- und die Absatzformate-Palette geöffnet, sehen Sie nach der Konvertierung sofort, ob Ihr QuarkXPress-Dokument vollständig importiert wurde.

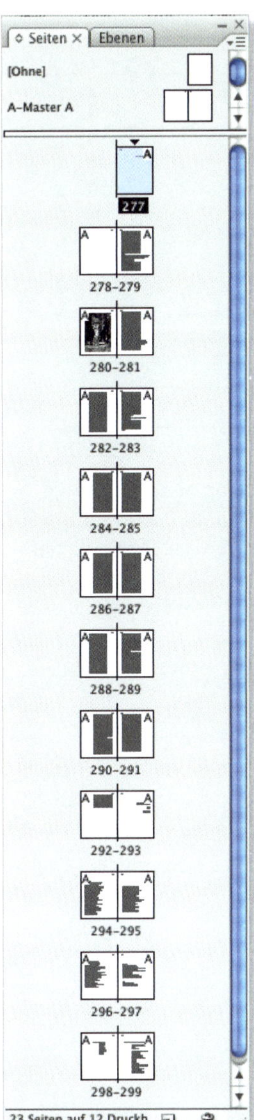

▲ **Abbildung 28.4**
Musterseiten und Bearbeitungsseiten werden nahtlos nach InDesign übernommen. Die Bearbeitungsseiten tragen das Kürzel der jeweils zugewiesenen Mustervorlage.

28.4.9 Stilvorlagen zu Absatzformaten

Die Konvertierung der Textabschnitte ist ein komplexer, zeitaufwendiger Prozess. Alle mikrotypografischen Einstellungen aus Quark bleiben in den Absatzformaten erhalten. Das Grundlinienraster wird übernommen, und die Registerhaltigkeit bleibt bestehen.

Die Wort- und Zeichenabstände der Quark-Stilvorlagen werden in die Absatzformate überführt.

Alle in Quark definierten Stilvorlagen werden in Absatzformate konvertiert und können danach in InDesign weiter bearbeitet werden. Der schon beschriebene Absatzumbruch lässt sich somit über die Einstellungen in den Formaten zum Trenn- und Zeichenausgleichsverhalten korrigieren.

▲ **Abbildung 28.6**
Stilvorlagen werden in Absatzformate konvertiert. Das Diskettensymbol zeigt an, dass es sich um ein importiertes Format handelt.

Umbruchmethoden | Da InDesign als Standard mit dem Adobe-Absatzsetzer arbeitet, der alle Textzeilen in einem Textfluss über mehrere Textrahmen und Seiten berücksichtigt, Quark hingegen zeilenweise trennt und ausgleicht, ist es ratsam, zunächst die Umbruchmethode in den Absatzformaten auf den Ein-Zeilen-Setzer umzustellen, wenn das Layout aus Quark möglichst originalgetreu übernommen werden soll. Damit verhält sich InDesign ähnlich wie Quark. Die weitere Korrektur erfolgt danach über die Toleranzwerte für den Zeilenausgleich sowie über die Trennregeln. Stellen Sie unter anderem den Trennbereich auf 0 mm, wenn Sie dem Quark-Umbruch möglichst nahekommen wollen.

Zum Nachlesen
Auf die Besonderheit der echten Zeichenformate in InDesign gehen wir an anderer Stelle in Kapitel 9, »Absatz- und Zeichenformate«, genauer ein.

28.4.10 Zeichenformate

Auch die in XPress angelegten Zeichenformate bleiben erhalten. Die Zeichenformate funktionieren erwartungskonform.

Hier sei darauf verwiesen, dass Zeichenformate aus Quark grundsätzlich mit einer Schriftfamilie und einem entsprechenden Schnitt verknüpft werden. InDesign benötigt diese Information nicht unbedingt. Hier können relative Formate definiert werden, die nur den Unterschied des Zeichenformats zum Absatzformat beschreiben. Um flexibel mit Zeichenformaten umzugehen, können Sie auch die importierten Formate aus Quark-Dateien zu diesem Zweck editieren.

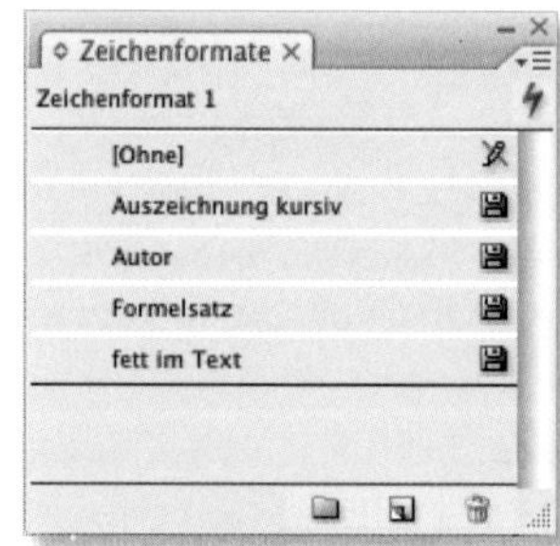

▲ **Abbildung 28.7**
Auch Zeichenformate werden importiert. Im Unterschied zu QuarkXPress benötigt InDesign für eine »Auszeichnung kursiv« nicht unbedingt eine Schriftfamilie, eine Schriftgröße oder Ähnliches, sondern nur eine Schnittangabe. Sie können diese überflüssigen Informationen nachträglich löschen, um flexibler die typografischen Formatierungen zu wählen.

Zum Nachlesen
Wir zeigen Ihnen in Kapitel 16, »Inhaltsverzeichnis, Index und Variablen«, wie Sie ein automatisches Inhaltsverzeichnis generieren und wie Sie die Zuweisung der Absatzformate steuern.

28.4.11 Automatisches Inhaltsverzeichnis

Die Inhaltsverzeichnisse und Indizes beim Konvertieren eines Quark-Dokuments werden übernommen.

Bei der Übernahme eines Quark 4.x-Dokumentes in InDesign, bei dem ein automatisches Inhaltsverzeichnis generiert wurde, kann es geringfügige Probleme geben, die eine manuelle Anpassung erforderlich machen: Das Inhaltsverzeichnis weist nach dem Import Sonderzeichen auf, die Sie einzeln entfernen müssen. Entweder lassen Sie das Inhaltsverzeichnis in InDesign neu generieren, oder aber Sie editieren die entsprechenden Absatzformate und gehen anschließend über das Menü LAYOUT • INHALTSVERZEICHNIS AKTUALISIEREN, um den TOC (Table of Content) neu erstellen zu lassen.

28.4.12 Sichern

Nach der Konvertierung der Quark-Datei in ein InDesign-Layout sollten Sie unbedingt die gesamte Datei unter einem neuen Namen abspeichern, damit die Dateiressourcen neu geschrieben werden. Somit wird aus der konvertierten QXD eine einwandfreie INDD. Gegebenenfalls sind auch ein Preflight und Verpacken ratsam, um alle wichtigen Daten zu sammeln.

28.5 Fazit

Die Tatsache, dass InDesign in der Lage ist, komplexe Dokumente, die mit einer anderen Layout-Software erstellt worden sind, zu importieren, ist sehr beeindruckend und ermöglicht eine vereinfachte Dokumentübernahme. Darauf basierend jedoch einen völlig identischen Nachdruck eines Dokuments zu realisieren, ist leider utopisch. Der Weg über PDF ist hier vorzuziehen. Sie sind trotzdem in der Lage, einen Großteil der bestehenden Dokumente zu übernehmen, um darauf basierend neue Dokumente zu erstellen. Um die Sicherheit Ihrer Daten zu gewährleisten, ist es ratsam, dass Sie bei Problemen mit Quark-Dokumenten alle konvertierten Rahmen auf einer Seite kopieren und in ein neues InDesign-Dokument hineinkopieren. Nur so »vergisst« InDesign Attribute, die ursprünglich aus Quark stammen und im Adobe-Workflow Probleme verursachen können.

Zum Weiterlesen
Weitere Informationen zum Thema »Quark-Import« entnehmen Sie bitte dem Kapitel 33, »Plug-ins«.

29 Übernahme von Dokumenten aus InDesign CS2

Dokumente übernehmen, abwärtskompatibel speichern und korrigieren: Ältere Layoutdokumente aus CS1 und CS2 können Sie mit CS3 problemlos öffnen und bearbeiten. Mit InDesign CS3 bekommen Sie auch die Möglichkeit, Ihre Layoutdateien für die frühere InDesign CS2-Version abzuspeichern. Dabei sollten Sie einige Dinge beachten.

29.1 Frühere Versionen öffnen

Über den Befehl ÖFFNEN ist es möglich, InDesign-Dokumente früherer Versionen direkt einzulesen.

29.1.1 Color-Management

Dabei können Farbwarnungen erscheinen, wenn die Dateien mit anderen Farbmanagement-Einstellungen angelegt wurden. Konvertieren Sie diese Daten nicht in die aktuellen Farbprofile, wenn Sie die Farben 1 zu 1 übernehmen wollen. Lesen Sie bitte in Kapitel 4, »Farbmanagement«, nach, welche Einstellungen für InDesign CS3 optimal sind.

29.1.2 Plug-ins

Wenn in den alten InDesign-Dateien Plug-ins zur Formatierung verwendet wurden, sollten Sie prüfen, ob Sie diese Plug-ins auch für die InDesign CS3-Version installiert haben. Ist dies nicht der Fall, kann InDesign CS3 die Layoutdatei nicht einwandfrei darstellen oder bricht den Öffnen-Vorgang je nach Auswirkung des fehlenden Plug-ins auf die Datei ab.

29.1.3 Wörterbücher

Frühere InDesign-Versionen nutzen interne Wörterbücher. Wenn Sie also eine Layoutdatei mit InDesign CS1 oder CS2 bearbeitet haben, konnten Sie unbekannte Wörter dem dokumenteigenen

Wörterbuch hinzufügen. InDesign CS3 nutzt dokumenteneigene und separate Wörterbücher, die hinzugeladen werden können.

Beim Öffnen einer alten InDesign-Datei werden Sie eventuell gefragt, ob Sie die Ausnahmewortliste im Dokument oder im Benutzerwörterbuch verwenden möchten. Entscheiden Sie sich für einen der beiden Wege, und lesen Sie in Kapitel 7, »Texte platzieren und bearbeiten«, nach, wie Sie diese Ausnahmewörter überprüfen und gegebenenfalls neue dem InDesign-Wörterbuch oder Ihrem eigenen Benutzerwörterbuch hinzufügen.

29.1.4 Bibliotheken

Ältere Bibliotheken-Dokumente öffnen Sie mit InDesign CS3 und geben danach an, wo und mit welchem Namen die Bibliothek neu abgespeichert wird. Da die Bibliothekstechnik schon seit Jahren in InDesign reibungslos funktioniert, werden Sie bei der Konvertierung die geringsten Probleme haben.

29.2 Abwärtskompatibilität

InDesign CS2 aktualisieren

Achten Sie bitte darauf, dass Sie die CS2-Version von InDesign auf den neuesten Stand bringen. Sie benötigen sehr wahrscheinlich ein Update. Somit kann die InDesign CS2-Version problemlos die Layoutdatei öffnen. Das Update können Sie von der Adobe-Website laden.

Wenn Sie den Export-Dialog mit ⌘/Strg+E öffnen, entdecken Sie das InDesign-Austauschformat (*.inx). Dieses Format konvertiert Ihre aktuelle Datei für die CS2-Version von InDesign. Sie können danach die Datei in der älteren Version öffnen und bearbeiten.

Erwarten Sie hinsichtlich der Kompatibilität von CS3-Funktionen keine Wunder. Besonders wiederholte verschachtelte Absatzformate, Tabellen- oder Zellenformate werden oft nicht identisch umgesetzt. Die neuen transparenten Effekte wie die weiche Verlaufskante tauchen im konvertierten CS2-Dokument überhaupt nicht auf. Nur Schlagschatten, weiche Kante sowie Deckkraft oder Transfermodi bleiben erhalten.

Eine Abwärtskompatibilität ist immer ein Kompromiss: **Was die CS2-Version nicht kennt, kann sie auch nicht darstellen.** Dennoch sollten alle sichtbaren Objekte an sich bei einem solchen Export erhalten bleiben. Beachten Sie also, dass CS2 nicht CS3 ist, und prüfen Sie ein exportiertes Dokument mit der älteren InDesign-Version.

30 Interaktive PDF-Dokumente

Schaltflächen, Lesezeichen und Hyperlinks für das Internet und die Präsentation: Mit modernen Navigationshilfen in einer PDF-Datei für das Internet werten Sie Ihre Layoutdateien auf, und die Anwender freuen sich über Links zu anderen Websites.

InDesign ist keine Alternative zu einem professionellen Präsentationsprogramm, kann jedoch in Sachen Interaktivität mithalten und zeigt Ihre Entwürfe in idealer Auflösung und brillanten Farben in einer PDF-Datei an, die Sie als Präsentation nutzen oder per Internet als elektronisches Dokument Ihren Kunden zur Verfügung stellen.

30.1 PDF für das Web

PDF-Dokumente für die Verbreitung im Internet müssen vier Kriterien erfüllen:

- eine geringe Dateigröße für einen schnellen Download,
- bildschirmoptimierte Auflösungen,
- interaktive Navigationshilfen sowie
- »echte« Internet-Links zu anderen Internetseiten.

Dafür stehen Ihnen in InDesign eine ganze Fülle von Funktionen zur Verfügung, um PDF-Dokumente interaktiv zu gestalten.

Oft bieten PDF-Dateien im Internet nur eine mangelhafte Aufbereitung: Lediglich die Layoutdaten werden präsentiert, ohne jedoch Navigationshilfen zu bieten oder den Inhalt der PDF-Datei flexibel zu halten. Besonders umfangreiche Dokumente verderben dem Betrachter die Lust, am Bildschirm durch Hunderte von Seiten zu navigieren. Daher ist es sinnvoll, Dokumente auf mehrere kürzere und handlichere Dokumente aufzuteilen und diese miteinander zu verknüpfen. Das beschleunigt die Ladezeit, und der Benutzer muss die Dokumente nicht erst ausdrucken, um eine spezielle Information zu finden.

Kein HTML
Die interaktiven Funktionen von InDesign sind ausschließlich für einen Export in das PDF-Format bestimmt. Ein HTML-Export dieser Multimedia-Daten ist nicht möglich.

Filme und Ton integrieren | Zudem können in den Formaten PDF 1.5, 1.6 und 1.7 auch Filme oder Tonspuren den Inhalt unterstützen: InDesign erlaubt es, QuickTime-Movies oder AVIs, MPEGs oder Flash-Dateien in das Layout einzufügen. Zur Arbeit mit Videos wird mindestens QuickTime 6.0 benötigt. Sie wenden dies einfach an, indem Sie über die Funktion PLATZIEREN eine entsprechende Multimedia-Datei auswählen. Zudem können Sounddateien im Format WAV, AIFF sowie AU importiert werden. Diese Filme, die auch wiederum interaktive Elemente in Flash- oder QuickTime-Dateien enthalten können, und die Sounddateien lassen sich nun bequem in das PDF 1.5- oder 1.6-Format exportieren. PDF 1.5 ist kompatibel zu Acrobat 6, die Dokumente können Sie also ab dem Adobe Reader 6 anzeigen und präsentieren.

30.1.1 PDF-Export mit interaktiven Objekten

Keine Links
Wenn Hyperlinks in QuickTime- oder Flash-Dateien verwendet werden, können diese Links nicht in die PDF-Datei übertragen werden.

Schaltflächen, Hyperlinks, Anker oder Lesezeichen werden erst dann in eine PDF-Datei exportiert, wenn Sie die entsprechenden Optionen aktivieren.

Gehen Sie über DATEI • EXPORTIEREN, und geben Sie unter Adobe PDF-Vorgabe KLEINSTE DATEIGRÖSSE an, denn das PDF soll ja vermutlich im Web verwendet werden.

Wichtig sind nun die Einstellungen im Bereich EINSCHLIESSEN: Aktivieren Sie hier die Optionen LESEZEICHEN, HYPERLINKS und INTERAKTIVE ELEMENTE.

Speichern Sie sich diese Einstellungen als Vorgabe, und verwenden Sie einen geeigneten Namen, z. B. »Interaktives Web-PDF«.

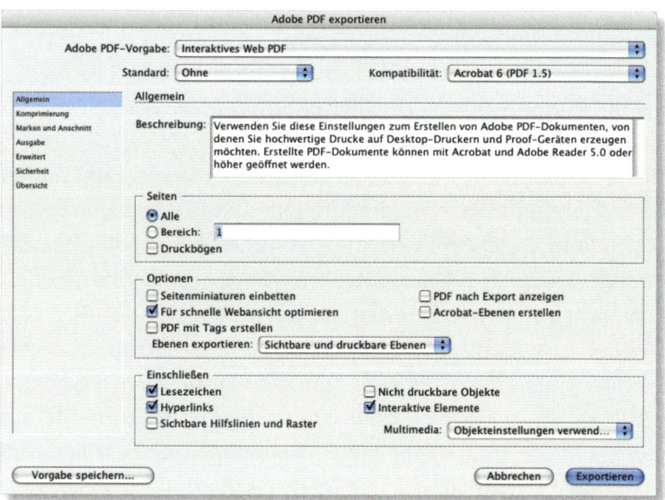

Abbildung 30.1 ▸
Eine eigene PDF-Exportvorgabe garantiert Ihnen, dass alle interaktiven Elemente exportiert werden und später im PDF sichtbar sind.

30.2 Schaltflächen

InDesign verfügt über Schaltflächen-Objekte. Diese Schaltflächen unterstützen die Navigation wie mit einem Sprung auf eine andere Seite. Darüber hinaus legen Sie Schaltflächen an, mit denen Sie Seiten in der Ansicht umblättern, externe Dokumente öffnen oder ein platziertes QuickTime-Movie abspielen. Auch die Sichtbarkeit von anderen Schaltflächen lässt sich über ein Verhalten steuern.

Buttons gestalten

Verwenden Sie Effekte wie die abgeflachte Kante oder einen Schlagschatten, um einem Rahmen eine interaktive Erscheinung zu geben. Die Transparenzeffekte zeigen wir Ihnen im gleichnamigen Kapitel 13.

30.2.1 Schaltflächen anlegen

Sie haben zwei Möglichkeiten, diese Schaltflächen anzulegen.

In Schaltfläche umwandeln | Sie gestalten zuerst eine Grafik aus einer Hintergrundfläche, einem Bild und einer Beschriftung. Dann markieren Sie alle Rahmen und gruppieren sie mit dem Tastenbefehl [⌘]/[Strg]+[G].

Im Kontextmenü rufen Sie über den Unterpunkt INTERAKTIV den Befehl IN SCHALTFLÄCHE UMWANDELN... auf. Alternativ wählen Sie diese Funktion aus dem Menü OBJEKT. Danach zeigt Ihnen InDesign im Layoutmodus die Schaltfläche durch ein kleines Symbol an.

▲ **Abbildung 30.2**
Ein kleines Symbol hilft Ihnen, die Schaltflächen im Layoutmodus zu erkennen.

Button-Werkzeug | Der andere Weg führt über das Button-Werkzeug in der Werkzeugpalette, das Sie mit dem Shortcut [B] aufrufen. Mit diesem Werkzeug ziehen Sie einen Rahmen auf, der später in einer PDF-Datei als Button funktioniert. Dieser Weg ist jedoch eher umständlich, da die Größe des Buttons eventuell angepasst werden muss. Wenn Sie über den ersten Weg zunächst die Grafiken gestalten und erst danach die Interaktivität festlegen, ersparen Sie sich die Größenanpassungen der Schaltfläche.

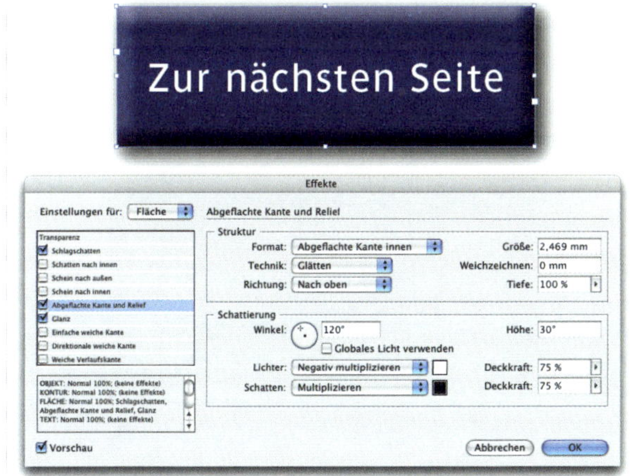

◂ **Abbildung 30.3**
Eine typische Methode, Schaltflächen darzustellen, nutzt die neuen Transparenzeffekte wie abgeflachte Kante und Relief in Verbindung mit einem Schlagschatten. Auch der Glanz-Effekt kann hinzugenommen werden.

30.2.2 Schaltflächen-Optionen

Durch einen Doppelklick auf die Schaltfläche gelangen Sie in die Schaltflächen-Optionen.

Der Name des Buttons wird hier zunächst von InDesign mit der Bezeichnung »Schaltfläche« und einer laufenden Nummer automatisch angelegt. Wenn Sie Buttons nur für ein PDF-Formular vorbereiten, müssen Sie die Namen nicht ändern. Wollen Sie jedoch Buttons durch andere Buttons einblenden, so ist es sinnvoll, passende Namen zu vergeben.

Abbildung 30.4 ▸
In den SCHALTFLÄCHEN-OPTIONEN legen Sie allgemeine Einstellungen und das Verhalten fest.

Interessant ist die Registerkarte VERHALTEN in den SCHALTFLÄCHEN-OPTIONEN. Hier legen Sie fest, bei welchem EREIGNIS rund um Ihre Schaltfläche welches VERHALTEN ausgelöst wird. Zum Beispiel könnten Sie beim Drücken der Maustaste (Ereignis) einen Film anlaufen lassen (Verhalten).

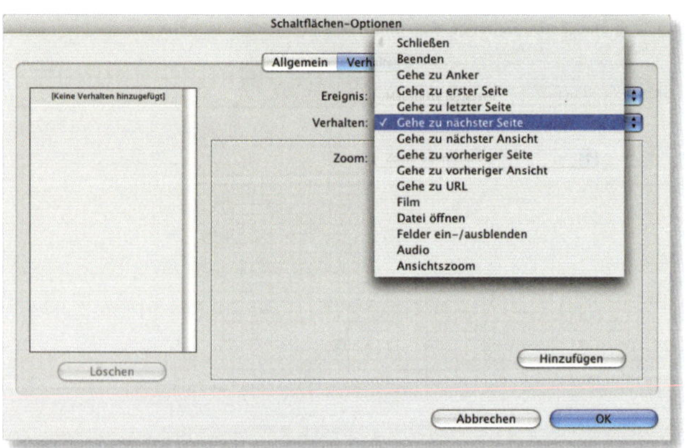

Abbildung 30.5 ▸
Unter VERHALTEN fügen Sie der Schaltfläche eine Aktion hinzu.

Ereignis | Eine Schaltfläche kann also für verschiedene Zustände vorbereitet werden, die bestimmen, wann durch die Interaktion des Benutzers eine Aktion ausgelöst wird: MAUSTASTE LOSLASSEN, MAUSTASTE DRÜCKEN, MAUS IN FELD, MAUS AUS FELD, FELD AKTIVIEREN und FELD DEAKTIVIEREN.

Jeder neu angelegte Button beginnt grundsätzlich mit der Voreinstellung MAUSTASTE LOSLASSEN, da mit diesem Ereignis der Benutzer den Mauscursor auf eine Schaltfläche bewegen kann und erst bei einem Klick wirklich eine Aktion ausgelöst wird. Andere Ereignisse der Interaktion sind in InDesign nicht möglich, diese können erst in Acrobat in der PDF-Datei angelegt werden.

JavaScript
Diese Optionen sind gleichzusetzen mit JavaScript-Befehlen für Internetseiten. Das Ereignis MAUSTASTE LOSLASSEN z. B. ist gleichzusetzen mit dem Befehl ONRELEASE.

Verhalten | Nachdem die Schaltfläche nun über ein Ereignis aktiviert wird, setzen wir noch ein Verhalten hinzu, das bestimmt, was nach einem Klick passieren soll. Auf diese Weise kann man dann auf die erste oder letzte Seite springen, in einem Dokument mithilfe der Aktionen VORHERIGE SEITE und NÄCHSTE SEITE blättern und über GEHE ZU URL auch Verweise auf Hyperlinks setzen.

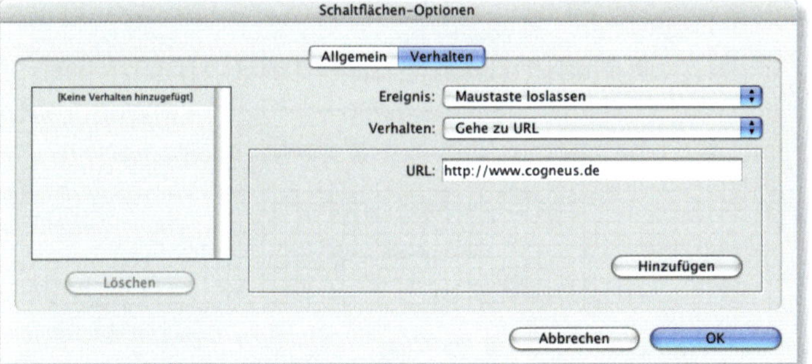

◂ **Abbildung 30.6**
Die Schaltfläche kann auch als Hyperlink dienen. Wählen Sie hierzu das Verhalten GEHE ZU URL.

Gehe zu URL | Nachdem Sie dieses Verhalten ausgewählt haben, geben Sie einfach eine vollständige Internetadresse beginnend mit »http://www...« ein, wie in Abbildung 30.6 zu sehen ist. Wenn Sie stattdessen eine E-Mail-Adresse eingeben wollen, so starten Sie mit »mailto:...« und geben dahinter die Adresse ein.

Einen Film starten lassen | Um über ein Verhalten einen Film zu starten, muss erst einmal eine QuickTime-Datei, eine AVI-Datei oder Ähnliches in das Layout platziert werden. Danach erscheint in den Schaltflächen-Optionen unter VERHALTEN der Dateiname dieses Filmes, und Sie können ihn als Verhalten aufrufen lassen.

Aktionen anlegen | Nach dieser Eingabe klicken Sie einfach auf HINZUFÜGEN, und diese Aktion erscheint in der linken Spalte der SCHALTFLÄCHEN-OPTIONEN. Nun können Sie in dieser Spalte die angelegten Aktionen wieder bearbeiten oder weitere Aktionen definieren. Somit ist es möglich, gleichzeitig eine Seite aufzurufen, eine Internetadresse über den Browser zu öffnen oder zu einem Textanker zu springen, sofern dieser definiert wurde.

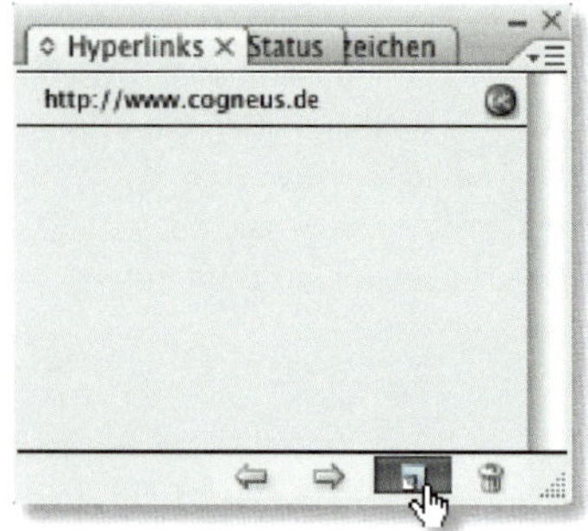

▲ **Abbildung 30.7**
Mit einem Klick auf das Blattsymbol der Palette HYPERLINKS legen Sie eine neue Adresse an.

30.3 Hyperlinks

Wenn Sie erst einmal eine Schaltfläche im Layout angelegt haben, können Sie diese über das KONTEXTMENÜ UND DEN BEFEHL INTERAKTIV in einen Hyperlink umwandeln, oder Sie arbeiten von Anfang an mit der Hyperlinks-Palette, die besonders bei umfangreichen Dokumenten sinnvoll ist.

30.3.1 Hyperlink anlegen

Markieren Sie zunächst eine Schaltfläche, die als Hyperlink-Button funktionieren soll. Danach rufen Sie die Hyperlinks-Palette über FENSTER • INTERAKTIV • HYPERLINK auf.

30.3.2 Einstellungen

Danach bestimmen Sie, wohin die Reise gehen soll. Ein Hyperlink ist ähnlich wie eine Schaltfläche ausgestattet, erlaubt aber nur einen Sprung zu einem genauen Ziel. Dies kann im World Wide Web durch eine Internetadresse (URL) gekennzeichnet sein, wie in Abbildung 30.8 zu sehen ist.

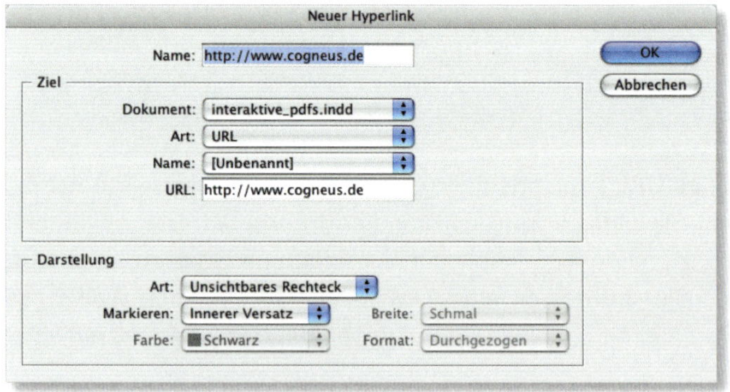

Abbildung 30.8 ▶
Als ART wird eine URL angegeben, ausgeschriebene URLs im Text werden jedoch nicht automatisch erkannt.

Die Erscheinung eines Hyperlinks in der später exportierten PDF-Datei ist vorgegeben: Sie können nur zwischen den Optionen UNSICHTBARES RECHTECK oder SICHTBARES RECHTECK mit den entsprechenden Möglichkeiten wählen.

30.3.3 Hyperlinkziel

Da ein Hyperlink nicht immer absolute Adressen wie eine URL ansteuert, sondern auch Ziele im Dokument benötigt, ist es ratsam, für diesen Fall ein Ziel zu definieren und danach den Hyperlink auf dieses Ziel anzuwenden.

Über das Palettenmenü legen Sie ein neues Hyperlinkziel an und legen danach die Art des Ziels fest. Aus einer Seitenanweisung, einem Textanker oder einer URL können Sie hier auswählen. Diese Funktionen sind mit den SCHALTFLÄCHEN-OPTIONEN identisch.

30.4 Lesezeichen

Aus einer PDF-Datei kennen Sie sicher die Lesezeichen: kleine Notizen in einer eigenen Spalte in Acrobat oder dem Adobe Reader, die hierarchisch organisiert sind. Mit einem Klick auf die Lesezeichen springen Sie dann auf eine festgelegte Seite.

30.4.1 Lesezeichen anlegen

Auch in InDesign können Sie diese Lesezeichen anlegen und verwalten. Dazu rufen Sie einfach die Palette LESEZEICHEN aus dem Menü FENSTER • INTERAKTIV auf.

Wählen Sie im Layoutdokument eine Seite aus, und bringen Sie die Seite zur Ansicht. Nun legen Sie über das Palettenmenü ein neues Lesezeichen passend zur Seite an. Im Lesezeichen wird übrigens auch die Vergrößerung der Seite in der Ansicht gespeichert.

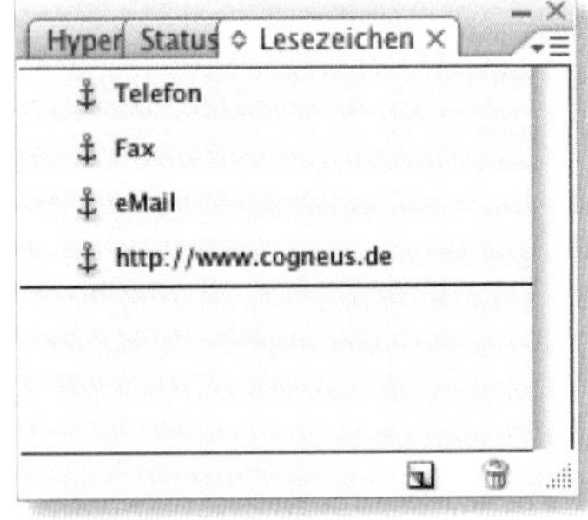

▲ **Abbildung 30.9**
Die Lesezeichen-Palette listet die Textanker auf, die später in einer PDF-Datei erscheinen werden.

30.4.2 Textanker anlegen

Über die Lesezeichen-Palette legen Sie auch Textanker an. Diese Anker können zum Beispiel als Hyperlinkziel fungieren. Markieren Sie eine Überschrift im Layout mit dem Textwerkzeug, und wählen Sie aus dem Palettenmenü der Lesezeichen-Palette ein neues Lesezeichen aus. Sofort wird ein neuer Textanker angelegt, der am maritimen Symbol in der Palette zu erkennen ist.

30.5 Interaktive Präsentationen

Überraschen Sie Ihren Kunden doch einmal durch eine Designpräsentation im PDF-Format. Nicht nur die Farbdarstellung dank Farbmanagement ist mit PDF eindeutig besser als z. B. in PowerPoint, sondern auch die Schriftdarstellung. Zudem lässt sich die PDF-Datei später in Acrobat über die Dokumenteigenschaften so vorbereiten, dass sich das PDF beim Öffnen sofort im Vollbildmodus in der gewünschten Größe darstellt.

Zu einer guten PDF-Präsentation zählt, abgesehen von der Aufbereitung der Inhalte, auch eine gute Navigation über Buttons, die zu einem Inhaltsverzeichnis führen oder zwischen Designvarianten auf verschiedenen Seiten hin und her schalten. Sie müssen also zwangsläufig für eine Präsentation eine Navigation zwischen den verschiedenen Seiten – auch Slides genannt – ermöglichen. Diese legen Sie am besten auf der Mustervorlage und auf einer eigenen Ebene an, sodass Sie für alle Folgeseiten eine identische Navigation nutzen können.

30.5.1 Navigation über das Inhaltsverzeichnis

Um den Verknüpfungsaufwand so gering wie möglich zu halten, können Sie dazu das automatische Inhaltsverzeichnis verwenden. Wie in Kapitel 16, »Inhaltsverzeichnis, Index und Variablen«, bereits beschrieben wurde, erzeugen Sie das Inhaltsverzeichnis automatisch auf Basis der Absatzformate. Haben Sie also z. B. ein Absatzformat »Headline« definiert und mit diesem Absatzformat alle Slide-Überschriften formatiert, können Sie daraus ein einfaches Inhaltsverzeichnis zur Gesamtnavigation erzeugen.

Beim direkten Export in eine PDF-Datei wird das Inhaltsverzeichnis bei aktivierter Option Lesezeichen im Einstellungsdialog so aufbereitet, dass Sie in der PDF-Datei die Überschriften auf der Seite des Inhaltsverzeichnisses anklicken können und somit auf die jeweilige Seite springen.

30.5.2 Seitenübergänge in Acrobat hinzufügen

Was InDesign nicht kann, aber Acrobat zur Verfügung stellt, sind Seitenübergänge. Wie wird also eine vorherige durch eine nachfolgende Seite grafisch ersetzt?

Wenn Sie eine PDF-Datei aus InDesign exportieren, werden die einzelnen Seiten in der Bildschirmpräsentation nur »hart« umgeblättert. Dennoch ist es möglich, in Acrobat die Seitenübergänge zu bestimmen.

Dazu wählen Sie in der Seiten-Palette von Acrobat die entsprechenden Seiten aus und wählen im kleinen Pulldown-Menü Optionen der Seiten-Palette den Eintrag Seitenübergänge... aus.

Keine weichen Animationen?

Acrobat und der Reader tun sich schwer, eine PDF-Datei zu animieren, schließlich wird hier PostScript animiert und kleine einzelnen Bilder, sodass die Bewegungen schnell »ruckeln« können. Gehen Sie mit den Effekten sparsam um, und wenden Sie eher schnelle Animationen an, damit der Effekt die Präsentation nicht stört.

Effekte | Hier stehen Ihnen verschiedene Effekte wie Von oben rollen zur Verfügung, was ein Hineinschieben der Seiten beim Umblättern bedeutet. Die Richtung nach links/nach rechts ist selbsterklärend, die Geschwindigkeit sollte eher auf Mittel oder Schnell eingestellt werden. Damit Sie keine Seite übersehen, wenden Sie den Effekt gleich auf alle Seiten an, indem Sie auf Alle Seiten im Dokument klicken.

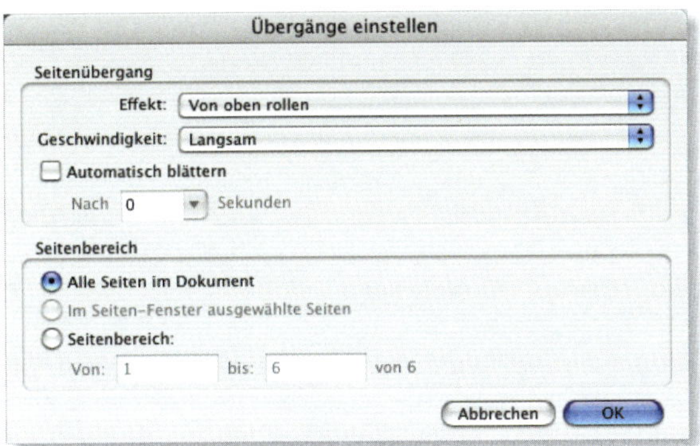

◂ **Abbildung 30.10**
Die Seitenübergänge können per Effekt gestaltet werden.

Testen im Vollbild-Modus | Testen Sie den Umblättern-Effekt, indem Sie den Dialog mit OK bestätigen und sofort mit dem Tastenbefehl [⌘]/[Strg]+[L] in den Vollbild-Modus wechseln. Durch Drücken der [←]/[→] blättern Sie per Effekt weiter. Leider gibt es innerhalb von Acrobat keine Vorschau der Effekte.

Thumbnails | Eine gestalterisch elegantere Methode ist vielleicht auch die Möglichkeit, alle Seiten der Präsentation als Seitenvorschau – Thumbnails – aufzubereiten. Hier ist zunächst viel manuelle Arbeit gefragt.

Exportieren Sie dazu die gesamte Präsentation einmal als PDF-Datei, und platzieren Sie danach die einzelnen Seiten manuell auf einer neuen »Index«-Seite. Wenn Sie es einfacher haben wollen, können Sie auch alle Seiten aus dem Layout als JPEG-Dateien exportieren und ebenso platzieren.

Image Catalog

Das Skripten »ImageCatalog.jsx« aus der Skript-Palette legt Ihnen automatisch einen Kontaktabzug aller Bildern an. Nutzen Sie dazu die exportierten Seiten als JPEGs, und lassen Sie das Skript den Rest erledigen.

TEIL IX
Infoteil

31 Troubleshooting: Dokumente reinigen

Es gibt verschiedene Möglichkeiten, ein InDesign-Dokument von Fehlern und Datenschmutz zu befreien, wenn Sie Probleme während der Arbeit entdecken sollten. Zunächst sollten Sie gezielt nach dem Übeltäter suchen und ihn mit einfachen Reinigungswerkzeugen bekämpfen. Wenn diese nicht helfen sollten, hilft nur noch die »Waschmaschine«: das InDesign-Austauschformat.

31.1 Die Dokumentchronik

Eine InDesign-Datei merkt sich, was mit ihr gemacht wurde. Die Datei registriert in einem internen Protokoll, wann sie zuerst angelegt, geändert und zuletzt gespeichert wurde. Darüber hinaus werden auch die Plattformen und Systeme vermerkt – z. B. OS X 10.4.10 oder Windows XP Service Pack 2. Aber InDesign kann noch mehr: Zwischenzeitliche Abstürze des Dokuments oder des Programms werden ebenso protokolliert wie die Konvertierung aus anderen Formaten wie QuarkXPress oder PageMaker.

Mit einem Klick können Sie sich dieses Protokoll anschauen. Auf dem Mac: Halten Sie die [⌘]-Taste gedrückt, und klicken Sie in das Menü INDESIGN • ÜBER INDESIGN. Auf dem PC: Halten Sie die [Strg]-Taste gedrückt, und klicken Sie in das Menü HILFE • ÜBER INDESIGN.

Es erscheint ein Fenster, in dem zunächst unter ANWENDUNGSINFORMATIONEN und ERFORDERLICHE ZUSATZMODULE reine Entwicklerinformationen unter aufgeführt sind. Unten links sehen Sie jedoch den Bereich DOKUMENTENCHRONIK: Hier sehen Sie die Übersicht, was mit Ihrer InDesign-Datei schon passiert ist.

Protokolldatei
Praktisch: Sie können sich die Informationen auch in eine txt-Datei schreiben lassen. Diese wird automatisch im gleich Ordner wie das geöffnete Dokument abgelegt.

Sollten im Umgang mit Ihrer Datei bei der Ausgabe oder beim Speichern Fehler auftauchen, kann der Grund in einer Konvertierung oder Wiederherstellung liegen, die entweder unvollständig oder fehlerhaft durchgeführt wurde. Mit dieser Übersicht können Sie diese Punkte prüfen und gegebenenfalls schon einmal die »Waschmaschine« anwerfen, die wir noch beschreiben werden.

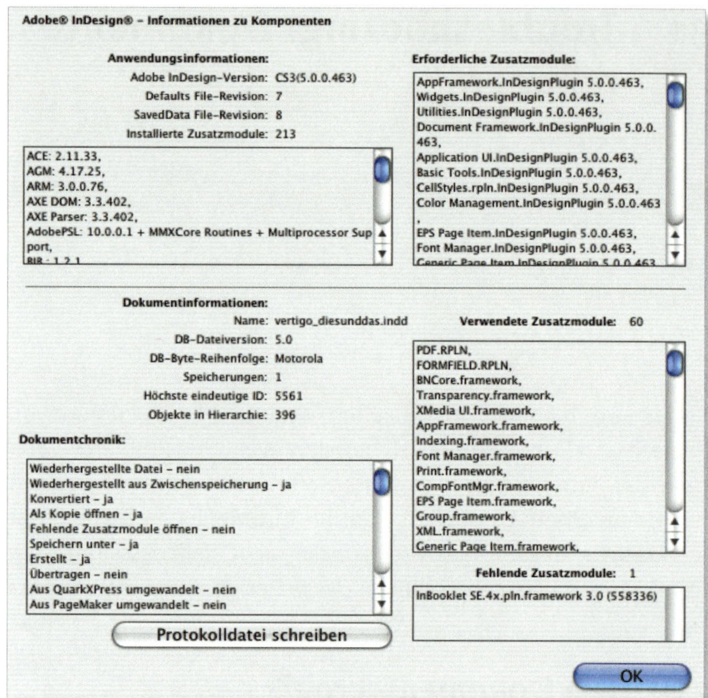

Abbildung 31.1 ▶
Dateiinformationen zu Komponenten und die Dokumentchronik

31.2 Schriften ersetzen, Schriftenschnipsel löschen

Fehler können sich auch darin äußern, dass InDesign behauptet, Sie würden Schriften in Ihrem Dokument nutzen, die nicht aktiv sind. Dabei kann es sich um Überreste einer vorherigen Formatierung handeln: Eventuell ist im ganzen Dokument ein einziges Leerzeichen eines anderen Fonts verwendet worden. Mithilfe der Funktion Schriftart suchen können Sie diesem Störenfried zu Leibe rücken.

Rufen Sie die Funktion über das Menü Schrift auf, und klicken Sie auf den Button Mehr Informationen. Wählen Sie aus den Schriftarten die problematische Schrift aus, und ersetzen Sie sie durch eine im Dokument genutzte oder auf dem Rechner verfügbare Schrift. Klicken Sie zunächst auf Suche starten, um die Fehlerstelle im Layout anzuzeigen. Erst danach können Sie die Stelle ersetzen.

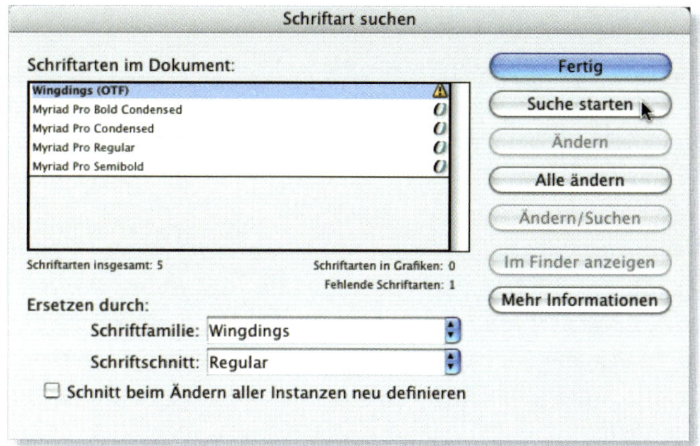

◄ **Abbildung 31.2**
Schriftart suchen für fehlerhafte Schriften

31.2.1 0 Zeichen verwendet

Sollte Ihnen in den Informationen am unteren Rand angezeigt werden, dass Sie eine problematische Schrift mit exakt 0 Zeichen verwenden, sollte Sie das stutzig machen. InDesign kann jedem Rahmen eine Schrift zuweisen, auch wenn in Wirklichkeit kein Text in den Rahmen geschrieben wurde. Fall Sie versehentlich mit dem Textwerkzeug in einen Grafikrahmen oder in ein platziertes Bild klicken, versucht InDesign sofort, einen Textrahmen anzulegen, damit Sie Text eingeben können. Tun Sie dies jedoch nicht und klicken in einen anderen Rahmen oder wechseln das Werkzeug, behält der vorherige Rahmen dennoch das Schriftattribut der aktuellen Schrift bei.

Um einem solchen Rahmen die »Erinnerung« abzugewöhnen und somit auch die Schriftenwarnung zu entfernen, suchen Sie den Rahmen, indem Sie wie oben beschrieben zunächst die Schrift in der Fontliste anklicken und die Suche starten. Wenn Sie nun einen Rahmen finden, so wählen Sie den Rahmen an und rufen aus dem Menü Objekt die Option Inhalt • Nicht zugewiesen auf. Somit wird der Rahmen wieder zu einem »normalen« Rahmen ohne Schriftzuweisung.

31.3 Schmuckfarben löschen

Wenn Sie häufig EPS-, PDF-, DCS-, INDD- oder PSD-Dokumente mit Schmuckfarben platzieren, werden die Farben als Sonderfarben in der Farbfelder-Palette abgelegt. Solange Sie die Daten platzieren, wird auch die Schrift aktiv genutzt und kann nicht gelöscht werden.

Wenn Sie eine solche platzierte Datei aus dem Layout entfernen, sollte auch die Schmuckfarbe verschwinden. Ist dies nicht der Fall, kann das zwei Gründe haben:

- Die Farbe wird noch von einem Grafikobjekt genutzt.
- InDesign hat vergessen, die Farbe zu löschen.

In der Ausgabe kann es dann zu Irritationen kommen, wenn Ihnen die Druckerei mehr Schmuckfarben ausbelichtet, als Sie eigentlich haben wollten.

Den ersten Fall können Sie ermitteln, wenn Sie in der Farbfelder-Palette im Palettenmenü die Funktion ALLE NICHT VERWENDETEN AUSWÄHLEN ANKLICKEN. Danach werden diese Farbfelder in der Palette angezeigt. Klicken Sie danach auf den Papierkorb der Palette, oder rufen Sie im Palettenmenü die Option FARBFELD LÖSCHEN auf.

Wird daraufhin die Farbe immer noch angezeigt oder ist sie nicht unter den ausgewählten zu finden, müssen Sie mit gröberem Besen kehren. Nutzen Sie das Austauschformat, um die Datei grundlegend zu reinigen.

31.4 Ungenutzte Grafiken

Wenn Sie eine platzierte Grafik löschen, verschwindet die Verknüpfung. Wenn Sie allerdings einen Rahmen mit dieser Grafik vom Druckbogen auf die Montagefläche schieben, ist die Grafik nicht mehr sichtbar. Sie spielt dann im Druck keine Rolle, wird aber beispielsweise verpackt und an einen Dienstleister weitergegeben, wenn Sie Ihre Daten offen ausliefern.

Ob sich eine Grafik neben einer Seite auf der Montagefläche ausruht und Ihre Layoutdaten nur unnötig aufbläht, stellen Sie fest, indem Sie die Verknüpfungen-Palette mit dem Befehl [⌘]/[Strg]+[⇧]+[D] aufrufen.

In der Liste der Dateien müsste eine solche Grafik mit einem »MF« gekennzeichnet sein. Lassen Sie sich diese Datei einfach anzeigen, wenn Sie zunächst in die Layoutdarstellung [W] wechseln, um auch den Bereich neben der Druckfläche zu sehen.

Klicken Sie danach auf den zweiten Button am Fuß der Palette GEHE ZUR VERKNÜPFUNG... Solange auch nur ein Millimeter noch druckrelevant ist, erscheint immer die Seitenzahl hinter der verknüpften Grafik. Ein »MF« sagt aus, dass die Datei überhaupt keine Rolle spielt. Sie können sie also löschen.

31.4.1 Ausgeblendete Grafiken

Etwas anders verhält es sich, wenn Sie Grafiken auf Ebenen platzieren, diese jedoch für den aktuellen Zustand des Layouts nicht benötigen und ausblenden. Diese Daten könnten für den Druck noch eine Rolle spielen, und somit würde InDesign diese Dateien auch mit verpacken.

Wenn Sie eine PDF-Datei im Format 1.5, 1.6 oder 1.7 mit Ebenen exportieren, werden aus InDesign-Ebenen im Handumdrehen PDF-Ebenen. Auch ausgeblendete Ebenen können in das PDF exportiert werden. Auch hier kann sich eine Grafik unbemerkt ausruhen und die Dateigröße unnötig aufblähen.

Leider gibt es keinen Hinweis darauf, ob sich eine verknüpfte Datei auf einer inaktiven Ebene befindet. Daher wird Ihnen nichts anderes übrig bleiben, als nach ausgeblendeten Ebenen in der gleichnamigen Palette zu suchen und jede Seite zu überprüfen. Schneller geht es natürlich, indem Sie die nicht verwendeten Ebenen komplett löschen. InDesign wird Ihnen dann einen Hinweis ausgeben, wenn sich noch Objekte auf diesen Ebenen befinden.

31.5 Übersatztext erkennen

Das Layout ist fertig, die PDF-Datei exportiert, die Druckplatte ausbelichtet, und nach dem Andruck stellt der Kunde fest, dass auf einer Seite die letzte Textzeile seiner AGBs nicht mit abgedruckt wurde. Wer ist schuld? Natürlich der Übersatz.

Sie können in InDesign zwar in jedem Rahmen mithilfe der Informationen-Palette den Übersatz anzeigen lassen, aber wie soll das in einem gesamten Dokument geprüft werden? Die Preflight-Funktion gibt darauf leider keine Antwort.

Also müssen wir zu einem Trick greifen: Verkleinern Sie sich die Ansicht des Layoutdokuments auf 12,5% Darstellungsgröße. Damit Ihnen die Übersicht nicht von zahlreichen Hilfslinien versperrt wird, sollten Sie mit dem Tastenbefehl [W] in die Vorschauansicht wechseln.

Klicken Sie auf eine Layoutseite, und wählen Sie mit [⌘]/[Strg]+[A] alle Objekte aus. Somit werden Ihnen natürlich auch die Textrahmen angezeigt. Das kleine rote Plus, das für einen Textrahmen den Übersatz anzeigt, fällt in dieser Darstellung besonders auf.

Overset Manager

Übersatz kontrollieren Sie besonders elegant mit dem Plug-in Overset-Manager des Herstellers Softcare. Näheres dazu entnehmen Sie bitte Kapitel 33, »Plug-ins«.

31.5.1 Übersatz und Index

Übersatztext taucht auch im Zusammenhang mit der Indexerstellung auf.

- Index-Seitenverweise, die sich im Übersatz befinden, werden in der Index-Palette mit einem »PN« gekennzeichnet.
- »PB« kennzeichnet Indexeinträge auf der Montagefläche.

- »HL« verweist auf Indexeinträge auf ausgeblendeten Ebenen (Hidden Layers).
- »Master« kennzeichnet solche Einträge, die sich auf einer Mustervorlage befinden.

Wählen Sie den Indexeintrag in der Index-Palette aus, klicken Sie auf den Button GEHE ZU AUSGEWÄHLTER MARKE am unteren Ende der Palette, und ziehen Sie den Textrahmen weiter auf, oder platzieren Sie ihn auf dem Druckbogen. Sobald Sie den Fehler also korrigiert haben, müssen Sie im Palettenmenü der Index-Palette die Option VORSCHAU AKTUALISIEREN anklicken. Die genannten Kennzeichnungen verschwinden, und der korrekte Seitenverweis erscheint wieder im der Liste.

31.6 Fehlerhafte Rahmen und Objekte entdecken: Seitenweise kopieren

Falls es nicht möglich ist, ein Dokument zu drucken oder zu exportieren, gibt es eine gute Methode, um fehlerhafte Rahmen und Objekte zu entdecken: das seitenweise Kopieren in ein neues Dokument.

Dazu legen Sie sich ein vollständiges neues Dokument mit derselben Seitengröße wie Ihr fehlerhaftes Layout an. Nun wechseln Sie wieder auf das alte Dokument. Rufen Sie im Menü FENSTER • ANORDNEN • NEBENEINANDER auf. InDesign stellt Ihnen nun beide Dokumente gleich groß dar. Öffnen Sie die Seiten-Palette, und ziehen Sie die einzelnen Mustervorlagen oder Seiten in das neue Dokument.

Wenn Sie nun auf diese Weise Stück für Stück die neue Datei aufbauen, exportieren Sie zwischendurch die gewünschte Datei. Somit ermitteln Sie, ab welcher Seite ein fehlerhaftes Objekt im Layout den Druck- oder Exportabbruch verursacht hat.

Dabei können Ihnen unter Umständen die Textverkettungen verloren gehen. Die Position bleibt aber gesichert. Über Kopieren und Einfügen mit dem Befehl BEARBEITEN • AN ORIGINALPOSITION EINFÜGEN... erhalten Sie den Rahmen im neuen Dokument an derselben Stelle wie im alten Layout.

Haben Sie bei keiner Seite Erfolg, liegt der Fehler tiefer begraben, und es hilft Ihnen nur noch der Export als Austauschformat. Lesen Sie dazu auch den letzten Abschnitt.

Textverkettungen unterbrechen

Zwei JavaScripts sorgen dafür, dass Sie vor dem Herauskopieren von Seiten den Textumbruch nicht ändern müssen. Schauen Sie sich bitte Kapitel 24, »Skripte«, mit den Beschreibungen zu »BreakFrame.jsx« und »SplitStory.jsx« an.

31.7 Überblick über Daten zurückgewinnen

Manchmal geht es aber auch ein wenig einfacher. Speichern Sie Ihr Layoutdokument einfach unter einem neuen Namen ab. Auch hierbei werden Ressourcen neu geschrieben.

Alternativ können Sie die Layoutdatei durch die Preflight- und Verpacken-Funktion an einem neuen Speicherort sammeln. Alle platzierten Dateien und die genutzten Schriften werden dabei neu kopiert. Somit bekommen Sie auch wieder eine bessere Übersicht, wenn Sie zuvor die platzierten Dateien an vielen verschiedenen Speicherorten abgelegt haben sollten.

31.8 Das Austauschformat: Ihr Dokument in der Waschmaschine bereinigen

Als positiver Nebeneffekt kann in der CS3-Version das Austauschformat als »Waschmaschine« genutzt werden:

Durch einen einmaligen Export aus InDesign CS3 und nachfolgenden Import werden alle Ressourcen neu geschrieben. Überflüssige Daten werden dabei herausgefiltert und tauchen im neuen Dokument nicht mehr auf.

Wenden Sie jedoch diese Funktion nur dann an, wenn Sie Fehler im Dokument entdecken, die mit den herkömmlichen Methoden wie dem Speichern als neues Dokument oder dem Kopieren aller Seiten in ein neues Dokument nicht mehr zu einer Fehlerbereinigung führen.

Das Austauschformat mit dem Kürzel *.inx ist ein XML-basiertes Dateiformat, das nur diejenigen grafischen Attribute speichert, die momentan in der Datei vergeben sind. Dadurch werden »Erinnerungen« an Schriften oder platzierte Grafiken entfernt. Nach einem Öffnen dieses Austauschformats können Sie zum Beweis auch einmal die Dateichronik anschauen, in der sich nun kein Hinweis mehr auf frühere Speichervorgänge oder Konvertierungen finden lässt.

32 Sinnvolle Voreinstellungen

Die enorme Funktionsvielfalt von InDesign erfordert umfangreiche Einstellungen. Mit sinnvollen Vorgaben arbeiten Sie in InDesign effektiv und vermeiden Fehler in der späteren Produktion. Welche Einstellungen geändert werden sollten und was sich dahinter verbirgt, zeigen wir Ihnen hier.

Um es kurz zu machen: InDesign ist so konfiguriert, dass Sie sofort mit der Layoutarbeit beginnen können. Jedoch können später Probleme während der kreativen Arbeit oder in der Ausgabe auftreten, die Sie mit korrekten Voreinstellungen hätten vermeiden können.

Farbmanagement und Text

Die Einstellungen zum Farbmanagement und zur Textbearbeitung finden Sie gesondert in den Kapiteln 4, »Farbmanagement«, und 7, »Texte platzieren und bearbeiten«.

32.1 Absolut und relativ

InDesign unterscheidet zwischen absoluten Grundeinstellungen, die bei jedem Programmstart übernommen werden, und dokumentspezifischen Einstellungen. Sobald Sie InDesign geöffnet haben und noch kein Dokument angelegt wurde, sind die absoluten Einstellungen aktiv. Sie können nun beginnen, anhand dieses Kapitels die Einstellungen zu überprüfen und sie gegebenenfalls zu ändern.

Wenn Sie ein neues Dokument anlegen, werden die absoluten Einstellungen automatisch in diesem Dokument übernommen. Jede Änderung der Grundeinstellungen bei einem geöffneten Dokument bleibt relativ, d.h., die absoluten Einstellungen bleiben unangetastet.

Wo liegt nun der Vorteil? Ein Beispiel: Sie verwenden generell als Standardeinheit für Maße und Lineale immer Millimeter. Für besondere typografische Arbeiten wollen Sie jedoch anstatt Millimeter die Einheit Cicero verwenden. Sie können die Einstellungen nur für dieses Dokument ändern. Jedes andere Dokument verwendet dagegen weiterhin Millimeterangaben. Bei einigen Grundeinstellungen weisen wir auf die besonderen Extras dieser Art hin.

Voreinstellungen aufrufen

Über das Hauptmenü InDesign • Voreinstellungen • Allgemein auf dem Mac bzw. Bearbeiten • Voreinstellungen • Allgemein auf dem PC oder mit dem Shortcut Strg/⌘+K öffnen Sie die Voreinstellungen. Auf der ersten Seite erhalten Sie die Übersicht zu den allgemeinen Voreinstellungen. Die weiteren Einstellungen folgen in Kapiteln, die Sie über einen Klick in die linke Spalte aufrufen können.

32.2 Allgemein

32.2.1 Seitennummerierung

Die Paginierung Ihres Dokuments können Sie absolut nummerieren – also von der ersten bis zur letzten Seite –, oder Sie unterteilen Ihr Dokument in mehrere Kapitel mit einer eigenen Paginierung.

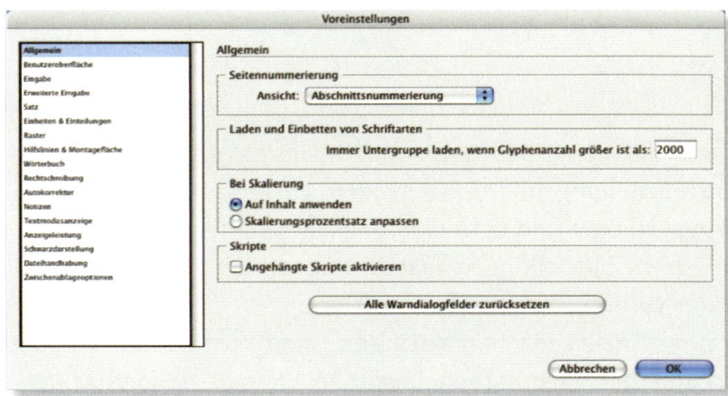

Abbildung 32.1 ►
Die allgemeinen Voreinstellungen legen Sie absolut fest, wenn Sie alle Dokumente in InDesign schließen. Für jedes neue Dokument gelten dann diese Vorgaben.

Die Einstellung ABSOLUTE NUMMERIERUNG ignoriert Kapiteleinteilungen bei der Seitendarstellung in der Seiten-Palette, ABSCHNITTSNUMMERIERUNG hingegen zeigt Ihnen die Kapitelnummerierung an. Die Abschnittsnummerierung bezieht sich hier nur auf ein geöffnetes Dokument mit mehreren Kapiteln. Die Buchfunktion hingegen verwaltet innerhalb eines Buchprojektes Dokumente mit durchgehender Nummerierung über alle Bücher hinweg.

Alle Warndialogfelder zurücksetzen

Während Ihrer Arbeit in InDesign werden Ihnen je nach Situation Warndialogfelder angezeigt, die Sie auf die eine oder andere Gefahr hinweisen. In diese Felder ist überwiegend die Option DIESE WARNUNG NICHT MEHR ANZEIGEN integriert. Über den ZURÜCKSETZEN-Button deaktivieren Sie alle diese Optionen, und die Warnungen erscheinen bei drohenden Gefahren wieder vollständig.

32.2.2 Laden und Einbetten von Schriftarten

Diese Einstellung betrifft die Druck- und Exporteinstellungen. Hier handelt es sich besonders darum, OpenType-Fonts mit mehreren tausend Zeichen nicht vollständig in eine PostScript-, EPS- oder PDF-Datei einzubetten, da auf diese Weise schnell einige Megabyte zusätzlich zur Ausgabedatei hinzukommen würden.

Der Schwellenwert bezieht sich auf die Summe an Zeichen, ab der eine Untergruppe des Fonts erzeugt und in die Exportdatei geschrieben wird.

Zum Nachlesen
Lesen Sie dazu bitte auch den Abschnitt über OpenType-Fonts in Kapitel 8, »Typografie«.

32.2.3 Bei Skalierung

Falls Sie in InDesign CS2 oder einer früheren Version schon einmal mittels Transformieren-Werkzeug einen Rahmen oder eine Rahmengruppe skaliert haben sollten, so speicherte InDesign stets den alten Vergrößerungsfaktor in Klammern vermerkt. Bei Texten lautete dann eine verkleinerte Schriftgröße: 9,56pt (12pt). Diese kryptische, aber sehr genaue Darstellung verärgerte viele Anwenderinnen und Anwender, sodass Adobe nun immer nur den aktuellen Wert angibt. Wollen Sie wieder zur alten Fassung zurückkehren, so aktivieren Sie stattdessen den Button SKALIERUNGSPROZENTSATZ ANPASSEN.

32.2.4 Skripte

Benutzerdefinierte Skripte können in der InDesign-Datei gespeichert werden. Ist die Funktion ANGEHÄNGTE SKRIPTE AKTIVIEREN angeschaltet, so werden diese Skripte ausgelesen und in der Palette SKRIPTE sichtbar gemacht.

32.3 Benutzeroberfläche

Hier finden Sie alle Einstellungen, um die neue Bedienoberfläche von InDesign CS3 einzustellen.

32.3.1 Verschiebbares Werkzeugbedienfeld

Ob Ihre Werkzeuge zweispaltig, einspaltig oder einzeilig angezeigt werden, können Sie hier einstellen.

32.3.2 QuickInfo

Die QuickInfos – kleine gelbe Textfahnen – erscheinen dann, wenn Sie den Mauszeiger über die Paletten bewegen. Sie erklären die Funktion, die hinter einem Symbol liegt. Da sich diese kleinen Heinzelmännchen – für Anfänger hilfreich – nach einiger Zeit schnell als nervige Besserwisser entpuppen, ist die Grundeinstellung auf NORMAL gestellt. Das bedeutet, dass erst nach ca. 2–3 Sekunden die QuickInfo sichtbar wird.

32.3.3 Platzierungscursor

Da InDesign CS3 nun beim Platzieren immer eine Vorschau berechnet, erleichtert das die Arbeit ungemein, da man anhand der Miniatur immer sehen kann, wohin das Motiv im Layout gehört. Wollen Sie jedoch auf die herkömmliche Art arbeiten oder nicht auf die Vorschau warten, so deaktivieren Sie die Funktion BEIM PLATZIEREN MINIATUREN EINBLENDEN.

32.3.4 Bedienfelder

Die Paletten werden in der neuen Version CS3 nun »Bedienfelder« genannt. Wie Sie sie auch selbst nennen mögen: Haben Sie den Haken vor SYMBOLBEDIENFELDER AUTOMATISCH AUSBLENDEN gesetzt, verschwinden die Paletten, wenn sie nicht mehr verwendet werden. Ich finde es allerdings wichtig, die Paletten, die Sie zuletzt verwendet haben, stets sichtbar zur Orientierung offen lassen.

32.4 Eingabe

Unter Eingabe finden Sie Voreinstellungen, die sich auf das Verarbeiten von Text beziehen.

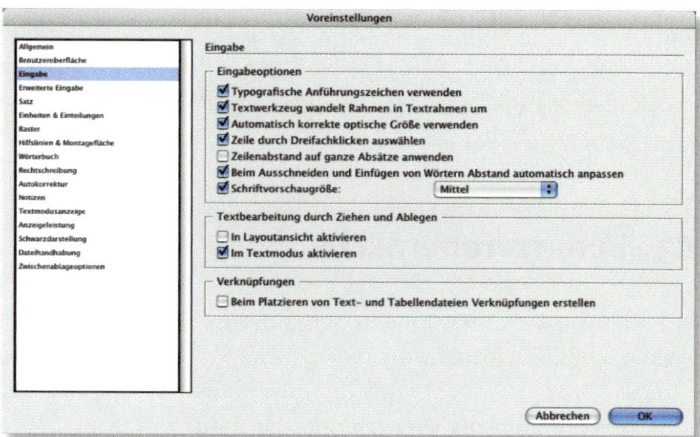

Abbildung 32.2 ▶
Zur Texteingabe und Bearbeitung dienen diese Vorgaben.

32.4.1 Eingabeoptionen

Tastenkürzel
Für die Satz-Profis unter Ihnen gelten die Shortcuts ⌘+⌥+⇧+ß für den Mac und Strg+Alt+⇧+ß für den PC.

Typografische Anführungszeichen verwenden | Die Entwicklung des Desktop-Publishings hat leider die korrekte Orthografie in Mitleidenschaft gezogen. Für die deutsche Sprache fangen Anführungsstriche bei wörtlicher Rede unten an und hören oben auf. Wenn Sie bei der Texteingabe nicht auf diese Regel achten und die normale Anführungstaste auf Ihrer Tastatur verwenden, verzeiht InDesign Ihnen und wandelt alle »falschen« Anführungsstriche in korrekte Zeichen um. So wird aus "InDesign" z. B. „InDesign“. Nett, oder?

Die Verwendung der typografischen Anführungsstriche wird von den Verlagen unterschiedlich gehandhabt. So verwenden auch viele die deutschen »Guillemets«, die sich für den Buchsatz besser in den Textfluss integrieren und weniger Unruhe erzeugen. Deswegen setzen wir sie auch in diesem Buch ein.

Guillemets

Die Guillemets bezeichnen ursprünglich die französischen Anführungszeichen, deren Spitze vom Wort weg zeigt: «Guillemets». Im Deutschen werden die Anführungszeichen allerdings mit der Spitze zum Wort hin verwendet: »Anführungszeichen«.

Textwerkzeug wandelt Rahmen in Textrahmen um | Mit einem Klick des Textwerkzeugs wird ein Rahmen in der Regel zu einem Textrahmen und speichert bereits Schriftinformationen. Sie können danach direkt in den angewählten Rahmen hineinschreiben oder Text in ihn hineinkopieren. Wenn Sie dagegen eher diese Arbeitsweise unterbinden wollen, um die in Kapitel 31, »Troubleshooting: Dokumente reinigen«, beschriebenen Probleme zu umgehen, deaktivieren Sie diese Funktion.

Automatisch korrekte optische Größe verwenden | Sollten Sie Multiple-Master-Schriften verwenden, so bieten diese Spezialfonts Variablen, um das Schriftbild bezüglich der Dickte, der Standfette oder der optischen Größe zu beeinflussen. Letztere dient dazu, die angewählte Schriftgröße (z. B. von 10 Punkt) als Maßstab dafür zu nehmen, welche Dickte und Standfette optimal für die Lesbarkeit sind. Wenn dieser Punkt also aktiviert ist, übernimmt InDesign solche Vorgaben vom Multiple-Master-Font zur Wiedergabe der Typen.

Zeilenabstand auf ganze Absätze anwenden | Wenn Sie mit Absatz- und Zeichenformaten arbeiten, dürfen Sie diese Einstellung ignorieren: Die aktivierte Funktion dient dazu, in der laufenden Layoutarbeit den Zeilenabstand schnell verändern zu können. Sie müssen dazu nur mit der Einfügemarke in einen Textabsatz hineinklicken und ändern den Zeilenabstand in der Zeichen-Palette. Das lästige Markieren von Text entfällt. Diese Funktion sollten Sie einstellen, wenn Sie von QuarkXPress kommen, denn dann verhält sich InDesign CS2 wie XPress.

Textbearbeitung durch Ziehen und Ablegen
Die Funktion, Text per gedrückter Maustaste an eine neue Stelle zu verschieben, ist im Textmodus und im Layout möglich. Die Bearbeitung zeigen wir Ihnen ausführlich in Kapitel 7, »Texte platzieren und bearbeiten«.

32.4.2 Verknüpfungen

Sobald externe Dateien in das Layout platziert werden, erzeugt InDesign eine Verknüpfung mit der Layoutdatei, die Sie in der Verknüpfen-Palette sehen und bearbeiten können. Das ist für Bilddateien optimal. Wenn Sie dagegen eine Textdatei platzieren und formatieren, gehen Ihnen bei der Aktualisierung der Textdatei die Formatierungen verloren. Ist diese Option Beim Platzieren von Text- und Tabellendateien Verknüpfungen erstellen deaktiviert, wird der platzierte Text automatisch in InDesign-Text konvertiert und die Verknüpfung zur Textdatei aufgehoben. Diese Option steht auch für platzierte Doppelseiten aus anderen Layoutdokumenten zur Verfügung. Da hier aufgrund unterschiedlichster Arbeitsweisen keine eindeutige Einstellung empfohlen werden kann, sollten Sie sich dazu ausführlich mit Kapitel 7, »Texte platzieren und bearbeiten«, beschäftigen.

32.5 Erweiterte Eingabe

In diesem Menü können zum einen fehlende Zeichen im Font – wie Kapitälchen, hoch- und tiefgestellte Ziffern – durch skalierte Zeichen ersetzt werden, die sowohl in der Größe als auch in der Position zur Grundlinie variierbar sind. Zum anderen wird Ihnen die Texteingabe in diesen Voreinstellungen mit automatischen Funktionen erleichtert.

Zum Nachlesen
Für die Erläuterung der typografischen Bezeichnungen lesen Sie bitte Kapitel 8, »Typografie«.

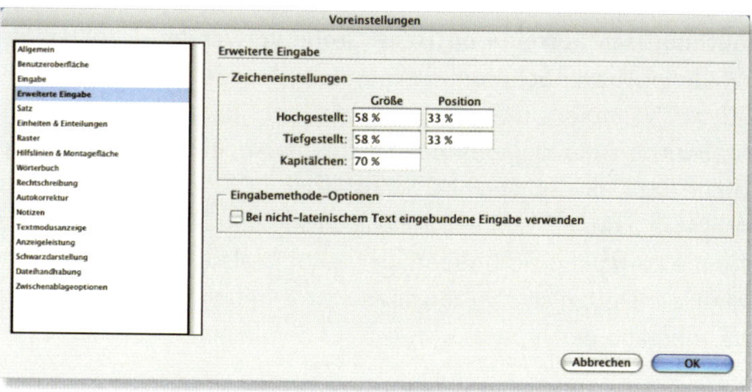

Abbildung 32.3 ▶
Voreinstellungen ERWEITERTE EINGABE

32.5.1 Zeicheneinstellungen

Die Größe von Kapitälchen und hoch- und tiefgestellten Zeichen im Verhältnis zur Schriftgröße stellen Sie in den Zeicheneinstellungen ein. Diese Prozentwerte dienen zur Skalierung von normalen Zeichen, wenn Ihr verwendeter Font keine Sonderzeichen beinhaltet. Zwei typografische Probleme tauchen dabei auf. Zum einen werden die »künstlichen« Kapitälchen durch die Skalierung magerer als Versalien und Gemeine, es entsteht ein unregelmäßiges Schriftbild. Zum anderen ist die x-Höhe bei jeder Schrift und Klassifizierung unterschiedlich hoch. Das bedeutet, dass Sie diese Werte hier genau für jede Schrift optimieren müssen – ein mühsames Unterfangen. Lassen Sie diese Werte zunächst unangetastet, und verwenden Sie Fonts mit Sonderschnitten (auch Expert-Schnitte genannt), die echte Kapitälchen sowie hoch- und tiefgestellte Zeichen bieten. Alternativ bieten OpenType-Pro-Fonts echte Kapitälchen sowie hoch- und tiefgestellte Zeichen an, die Sie aus der Glyphen-Palette aufrufen können.

32.5.2 Eingabemethode-Optionen

Diese Option ermöglicht die Eingabe nicht-lateinischer Zeichen wie z. B. chinesischer Schriftzeichen während der Texteingabe. Dazu werden diese Zeichen je nach Betriebssystem in einer temporären Eingabezeile durch das Eintippen der chinesischen Silben erzeugt. Da diese Eingabe stark vom System und den zur Verfügung stehenden Schriften abhängt, sollten Sie diese Funktion deaktiviert lassen, wenn Sie nur mit europäischen Sprachen layouten.

32.6 Satz

Unter den Satzeinstellungen finden Sie hilfreiche Markierungsfunktionen, die Ihnen im Textabsatz Umbruchverletzungen, ersetzte Schriftarten etc. anzeigen. Hier legen Sie auch das

Programmverhalten fest, wie ein Textabsatz neben einer Konturenführung ausgeglichen wird.

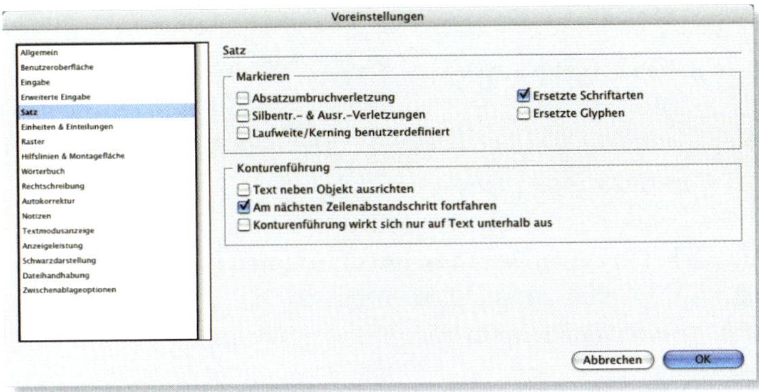

◂ **Abbildung 32.4**
Die Voreinstellungen SATZ

32.6.1 Markieren

Absatzumbruchverletzung | Umbruchverletzungen sind einzelne Zeilen, die entweder am unteren Rand einer Spalte oder Seite (Schusterjunge) oder zu Beginn einer neuen Seite stehen (Hurenkind). Auch einzelne Silben auf einer Zeile zu Beginn einer neuen Spalte oder Seite werden erkannt. In der Absatzformatierung stellen Sie ein, wie viele Zeilen und Silben zusammengehalten werden (siehe Kapitel 9, »Absatz- und Zeichenformate«).

Ersetzte Schriftarten | Diese Funktion markiert Ihnen in Rosa die Textabschnitte, die nicht mit dem dafür vorgesehenen Font dargestellt werden können, da der Font nicht aktiviert ist, die Datei defekt ist oder auf dem Rechner gar nicht existiert. InDesign fragt Sie beim Öffnen eines Dokuments, das unbekannte Schriftreferenzen enthält, nach den Ersatzfonts, die Sie im Dialogfenster manuell zuweisen können, bis InDesign zu jeder nicht aktivierten Schrift eine neue Zuweisung erhalten hat.

Ersetzte Glyphen

Zeichenpaare, die durch Ligaturen im Absatzformat ausgetauscht werden, können mithilfe dieser Option hervorgehoben werden. Diese Zeichen werden violett markiert.

Laufweite/Kerning benutzerdefiniert | Eine feine typografische Funktion verbirgt sich hinter der Option LAUFWEITE/KERNING BENUTZERDEFINIERT. Wenn Sie einen Textabschnitt mit einem Absatzformat definiert und nachträglich einzelne Wörter oder Buchstabenpaare manuell spationiert und unterschnitten haben, bleiben diese Eingriffe erhalten und werden Ihnen mit dieser Einstellung auch in Gelb angezeigt.

32.6.2 Konturenführung

Diese Einstellungen betreffen das Verhalten von Text gegenüber Objekten, die umflossen werden sollen. Dabei können verschiedene Sonderfälle erlaubt werden. Diese Verhaltensregeln von

Textmengen beziehen sich auf ein gesamtes Dokument und können nicht für einzelne Rahmen aktiviert oder außer Kraft gesetzt werden.

Text neben Objekt ausrichten | Wenn Sie freigestellte Objekte verwenden, die von Textspalten teilweise umflossen werden, wird bei dieser aktivierten Option den betreffenden Textzeilen das Blocksatzformat zugewiesen.

Am nächsten Zeilenabstandschritt fortfahren | Ist diese Funktion aktiviert, werden vollständige Textzeilen, die von einem Objekt umbrochen werden, immer regelmäßig zum Zeilenraster gesetzt. Bei Objekten mit amorphen Umräumen, die in der Größe nicht unbedingt an einem Zeilen- oder Grundlinienraster ausgerichtet werden können, kann es vorteilhaft sein, diese Funktion zu deaktivieren. Die folgenden Textzeilen sitzen dann direkt unterhalb des Objekts, ohne das Zeilenraster zu berücksichtigen. Egal ob Sie jemals diese Funktion benötigen werden, die Auswirkungen sind nur bei hohen Zeilenabständen über 18 Punkt wirklich sichtbar.

Konturenführung wirkt sich nur auf Text unterhalb aus | Objekte, die über anderen Textrahmen liegen, werden mit aktiver Option umflossen. Dabei können die Objekte sowohl in der Objektreihenfolge oben liegen als auch auf einer anderen oberen Layoutebene. Objekte, die stattdessen unterhalb des Textrahmens liegen, werden mit aktiver Option nicht umflossen. Diese Voreinstellung wird für QuarkXPress-Anwender interessant sein: So verhält sich auch XPress.

32.7 Einheiten & Einteilungen

32.7.1 Linealeinheiten

Ursprung | Zu beachten ist, wo der Ursprung (x = 0 mm, y = 0 mm) für die Hilfslineale liegt: Druckbogen setzt den Ursprung auf die linke obere Ecke einer gesamten Doppelseite, Seite betrachtet alle Seiten – ob einzeln oder doppelt – immer von der linken oberen Ecke aus, und Rücken setzt den Ursprung auf die obere Mitte einer Doppelseite. Rücken ist in der Anwendung clever, da die Objekte auf der linken Seite negative Positionsangaben besitzen und Objekte auf der rechten Seite folglich im positiven Bereich liegen.

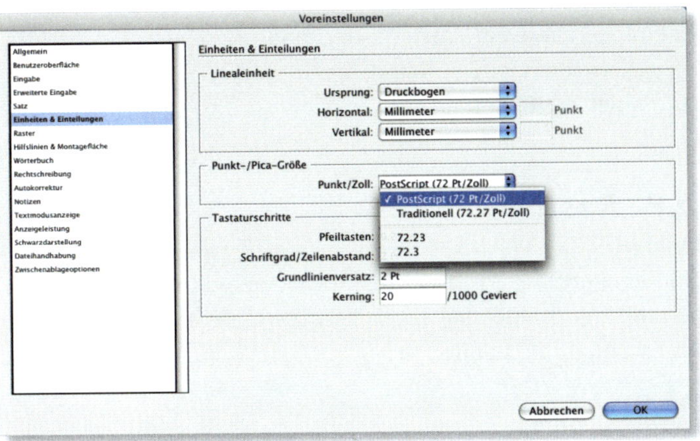

◂ **Abbildung 32.5**
Unter Einheiten & Einteilungen legen Sie die Bezugsmaße für das Layout fest.

Horizontal und Vertikal | Die horizontalen und vertikalen Lineale können unabhängig voneinander in unterschiedlichste Einheiten eingeteilt werden. Sicher wird die übliche Standardeinheit zunächst Millimeter sein, bevor Sie sich an typografische Maße wie Pica, Punkt oder Cicero wagen. Während der Arbeit können Sie die Linealeinheit umstellen, indem Sie auf dem horizontalen oder vertikalen Lineal das Kontextmenü mit [Ctrl] aufrufen.

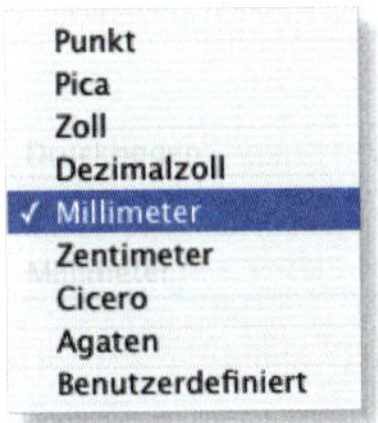

▴ **Abbildung 32.6**
Die Einheiten von InDesign umfassen alle typografisch und geografisch genutzten Einheiten.

32.7.2 Punkt/Pica-Größe

Die typografische Größe Punkt benötigt einen Bezug zur physikalischen Umrechnung. Da es mehrere historisch bedingte Umrechnungen zwischen 72 Punkt/Zoll und 72,3 Punkt/Zoll gibt, bietet InDesign diese an. Sie sollten jedoch darauf achten, dass hier immer die PostScript-relevante Umrechnung benutzt wird!

32.7.3 Tastaturschritte

Pfeiltasten | Wenn Sie Objekte im Layout bewegen wollen, können Sie das neben der freien Positionierung auch numerisch oder mit den Pfeiltasten durchführen. Wie viel weiter ein Objekt verschoben wird, wenn Sie es mit den Pfeiltasten bewegen, legen Sie hier fest.

Schriftgrad/Zeilenabstand | Schriftgrößen und Zeilenabstände verkleinern oder vergrößern Sie ebenfalls mit den Pfeiltasten. Doppelklicken Sie dazu in die Zeichen-Palette auf die Eingabe der Schriftgröße, sodass das Eingabefeld markiert ist, und wählen Sie mit den Pfeiltasten [↑] und [↓] die gewünschte Schriftgröße aus. Ebenso können Sie mit dem Zeilenabstand verfahren.

Kerning | Das manuelle Spationieren erfolgt ebenfalls in Kombination mit [⌥]/[Alt] und den Pfeiltasten [←]/[→], wenn Sie mit

Zum Nachlesen
Auch diese Maße sind in Kapitel 8, »Typografie«, eingehender beschrieben.

der Einfügemarke ein Wort markiert oder zwischen zwei Buchstaben geklickt haben. Der Standardwert von $^{20}/_{1000}$ Geviert bedeutet 2 % der Breite des Gevierts.

32.8 Raster

Grundlinienraster und Dokumentraster vervollständigen zusammen mit den Layoutspalten und Rändern die Möglichkeiten der Gliederung Ihres Layouts.

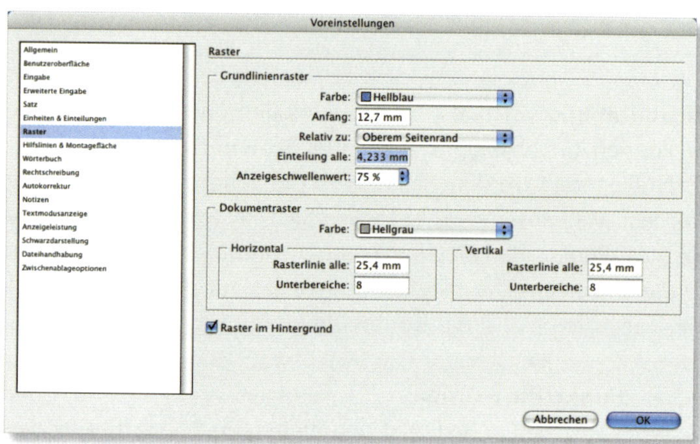

Abbildung 32.7 ▸
Einstellungsmöglichkeiten des Grundlinien- und Dokumentenrasters

Zum Nachlesen
Auf die Gestaltung mit Layoutrastern gehen wir in Kapitel 9, »Absatz- und Zeichenformate«, noch genauer ein.

Grundlinienraster während der Arbeit aufrufen
Wenn Sie das Grundlinienraster während Ihrer typografischen Arbeit einstellen wollen, sollten Sie mit gedrückter [Alt]-Taste in der Steuerung-Palette auf eines der beiden Grundliniensymbole (Am Grundlinienraster ausrichten, Nicht an Grundlinienraster ausrichten) klicken. Danach öffnet sich sofort der Voreinstellungsdialog. Das erspart Ihnen den umständlichen Weg über das Menü.

32.8.1 Grundlinienraster

Ein Grundlinienraster dient dazu, den Fließtext immer auf denselben Grundlinien laufen zu lassen, sowohl auf einer Vorder- als auch auf der Rückseite. Beim Zeitungs- und Buchdruck werden diese Raster in Kombination mit Spaltenrastern besonders häufig verwendet, da nicht nur das Layoutabbild klar gegliedert wird, sondern auch das opake Papier die Rückseite so abbildet, dass der Widerdruck nicht die Lesbarkeit der Vorderseite stört. Ein solches Layoutraster wird auch als »registerhaltig« bezeichnet. Ein Grundlinienraster sollte daher denselben Zeilenabstand aufweisen wie die Absatzformatierung des Fließtextes.

Anzeigeschwellenwert | Die Ansicht des Grundlinienrasters macht nur bei »näherer« Betrachtung Sinn, da zu viele Hilfslinien auch sehr schnell den Blick auf das Layout ablenken. Daher bietet InDesign einen Anzeigeschwellenwert an, der zunächst auf 75 % eingestellt ist und unterhalb dessen keine Linien mehr angezeigt werden. Blenden Sie das Raster unter dem Menü Ansicht • Grundlinienraster einblenden ein, und ändern Sie den Zoomfaktor am linken unteren Fensterrahmen.

32.8.2 Dokumentraster

Dokumentraster hingegen sind bei eher technischen Darstellungen wie Tabellen, Info-Grafiken oder Formularen sinnvoll, da sie sich über die gesamte Arbeitsfläche erstrecken. Sie variieren die Rasterweite, indem Sie Unterteilungen einfügen. Zur besseren Orientierung werden die auf dem Raster liegenden Linien dicker angezeigt als die Unterteilungen.

Ob die Raster im Vorder- oder Hintergrund angezeigt werden, liegt ganz in Ihrem Ermessen. Im Vordergrund sind die Rasterlinien zur Positionierung nicht zu verfehlen, stören jedoch eventuell die Layoutdarstellung. Im Hintergrund können die Rasterlinien immer angezeigt werden, werden aber durch positionierte Bilder oder Grafiken überlagert. Wir empfehlen Ihnen, die Rasterlinien im Vordergrund zu halten. Mit der Seitenvorschau [W] können Sie dann jeweils zwischen der Layoutansicht und der Vorschau wechseln.

Zeilenlineal

Besonders das vertikale Lineal kann intelligent genutzt werden: Verwenden Sie die Einheit BENUTZERDEFINIERT, und geben Sie für den Wert die Weite des Grundlinienrasters an, z. B. 12 Punkt. Sie können danach am vertikalen Lineal ablesen, wie viele Textzeilen Ihnen auf der Seite zur Verfügung stehen, vorausgesetzt, das Grundlinienraster beginnt ebenfalls bei der Seitenkante, also bei 0 mm.

Farbe | Die Farbgebung der Rasterlinien ist mit der der Hilfslinien abgestimmt. Die verwendeten Farben erscheinen zunächst recht schräg. Beachten Sie jedoch, dass solche Farben sicher nicht in einem CMYK-Layout auftauchen! Daher heben sich diese Farben immer vom Untergrund ab.

32.9 Hilfslinien & Montagefläche

Diese Einstellungen betreffen Ränder- und Spaltenhilfslinien, den Anschnitt und den Seiteninfo-Bereich, die Sie sowohl beim Anlegen eines neuen Dokuments definieren als auch während der laufenden Layoutarbeit editieren können.

Farbe | Für jedes dieser Objekte kann eine eigene Farbe vergeben werden. Natürlich tauchen diese Farben niemals in einem gedruckten Layout auf, also dürfen Sie sich auch hier Ihre Lieblingsfarben zusammenstellen. Die Farbgebung für den Hintergrund der Vorschau ist allerdings hilfreich. Oftmals können Doppelseiten oder auch Titelblätter auf einem neutralen (Grau, Weiß, Schwarz) oder kontrastierendem Untergrund besser beurteilt werden.

Vorschauhintergrund

Sobald Sie die Vorschau mit der Taste [W] im Layout wählen, werden alle Hilfslinien und der Anschnitt ausgeblendet. Der Seitenumraum wird grau dargestellt. Das muss aber nicht sein. Suchen Sie sich mit der Option VORSCHAUHINTERGRUND auch eine andere kontrastierende Farbe aus.

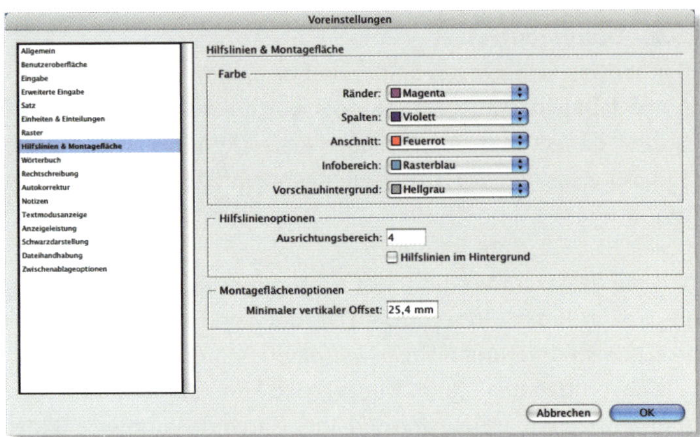

Abbildung 32.8 ▶
Für jede Linie eine Farbe

32.9.1 Hilfslinienoptionen

Objekte können an Hilfslinien aller Arten ausgerichtet werden. Wenn Sie ein Objekt auf der Layoutseite in die Nähe einer Hilfslinie bewegen und zuvor die Funktion An Hilfslinien ausrichten im Menü Ansicht angewählt haben, zieht die nächstgelegene Hilfslinie dieses Objekt an.

Der Ausrichtungsbereich legt fest, wie nah Sie der Hilfslinie mit dem Objekt kommen müssen. Der Standardwert von 4 Pixel setzt eine genaue Layoutarbeit voraus. Je größer dieser Wert definiert ist, desto eher springt ein Objekt an eine nahegelegene Hilfslinie. Aber Vorsicht: Benutzen Sie Grund-, Rand-, Spalten- und Linealhilfslinien, könnten Ihre Layoutobjekte beim Bewegen ein unvorhersehbares Eigenleben entwickeln! Daher sollten Sie nie Werte über 10 Pixel verwenden.

▲ Abbildung 32.9
Die Vorschau gibt es auch mit nahe beieinanderliegenden Doppelseiten auf schwarzem Grund.

32.9.2 Montageflächenoptionen

Doppelseiten werden im Dokumentfenster stets untereinander angezeigt. Wenn Sie aus einem mehrseitigen Dokument herauszoomen, sehen Sie, dass die Doppelseiten jeweils einen Abstand bis zur Begrenzung der Arbeitsfläche besitzen, den Sie hier genauer einstellen können. Eine Vergrößerung dieses Wertes ist besonders dann hilfreich, wenn Sie große Rahmen auf den Seitenrändern oben oder unten platziert haben, sodass die Anfasser der Rahmen nicht mehr vollständig zu erkennen und zu benutzen sind.

Verkleinern Sie den Wert dann, wenn Sie nur Buchseiten ohne Objekte im Anschnitt layouten. Somit bleiben mehr Doppelseiten auf dem Monitor sichtbar.

Voreinstellungen Rechtschreibung und Wörterbuch

Die Voreinstellungen zu Wörterbuch, Rechtschreibung und Autokorrektur werden in Kapitel 7, »Text platzieren und bearbeiten«, erläutert.

32.10 Notizen

Mit NOTIZEN können Sie Kommentare zu Texten für InCopy CS3 auszutauschen. Was die Notizen leisten, können Sie hier einstellen.

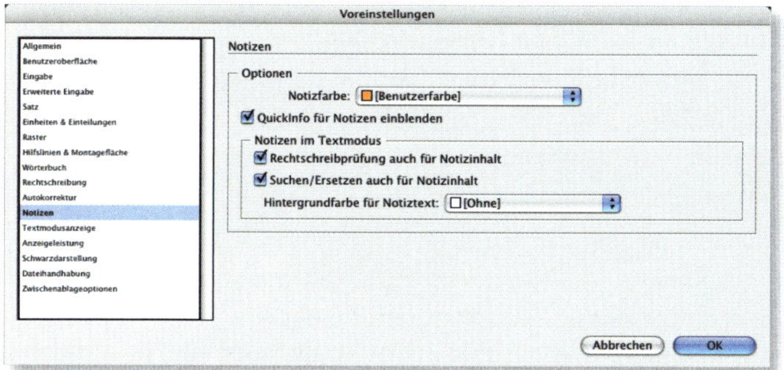

◂ **Abbildung 32.10**
Die Notizzettel zum Austausch mit InCopy

Die Optionen sind allerdings nur für die Darstellung von Notizzetteln und die Rechtschreibprüfung des Notizinhalts zuständig, das Layout wird dadurch nicht beeinflusst.

Voreinstellungen Textmodus

Eine Erklärung zu den Textmodus-Einstellungsmöglichkeiten finden Sie werden in Kapitel 7, »Text platzieren und bearbeiten«.

32.11 Anzeigeleistung

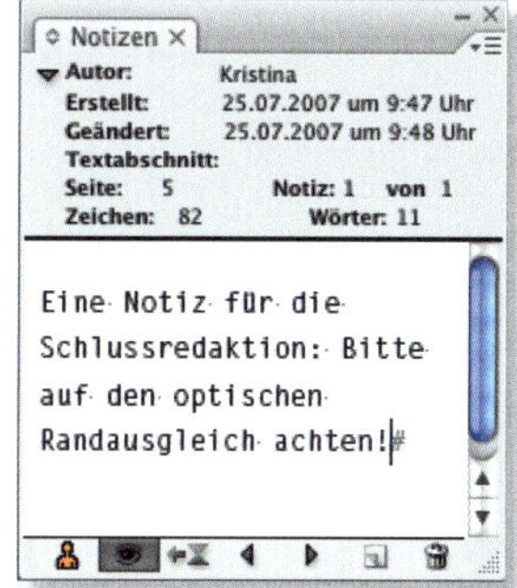

▴ **Abbildung 32.11**
Mit einer Notiz wird eine Nachricht zu einem Textabschnitt für InCopy verfasst.

Diese Einstellungen dienen zur Steuerung der Anzeigequalität von platzierten Bildern im Layout. Während andere Layoutprogramme nur eine mittelmäßige bis schlechte Farb- und Detailansicht platzierter Bilder und Grafiken – besonders von EPS-Dateien – bieten, die Sie zudem nicht beeinflussen können, dürfen Sie sich hier die Anzeigequalität selbst aussuchen.

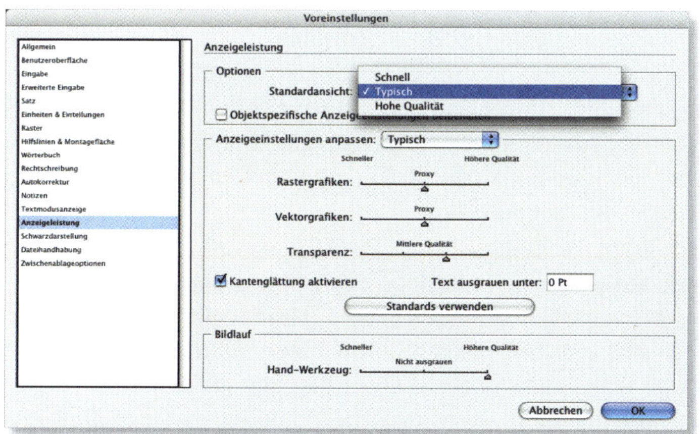

◂ **Abbildung 32.12**
Qualität ist Ansichtssache.

Standardansicht | Die Standardeinstellungen sind bereits für die Layoutarbeit optimiert, jedoch können Sie selbst die Anzeige beeinflussen. InDesign kennt drei Richtungen: SCHNELL, TYPISCH und HOHE QUALITÄT.

- SCHNELL blendet alle platzierten Objekte aus und stellt auch Transparenzen nicht dar. Das ist bei älteren Computern sinnvoll, deren Performance nicht ausreicht, um die Bilder schnell genug aufzubauen, oder zur Textkorrektur.
- TYPISCH benutzt eine für die Layoutarbeit völlig ausreichende Proxy-Auflösung von 72 dpi und eine normale Transparenzdarstellung. Dazu müssen Sie die platzierte Bilddatei nicht separat herunterrechnen, InDesign erzeugt diese Bildvorschau bereits beim Import als JPEG.
- HOHE QUALITÄT dagegen nutzt die Feinauflösung der platzierten Objekte und setzt Transparenzen bestmöglich um. Dazu erfolgt der Bildschirmaufbau aber langsamer als in den anderen Einstellungen, sodass ein flüssiges Arbeiten eher in der Einstellung TYPISCH möglich wird und diese Einstellung nur zur Kontrolle gedacht ist.

Kantenglättung aktivieren | Mit der Option KANTENGLÄTTUNG AKTIVIEREN zeigt InDesign alle Schrift- und Vektorinformationen mit einer geglätteten Objektkante an, die sich aus Pixeln unterschiedlicher Deckkraft zusammensetzt.

Dieser Algorithmus ist auch bekannt als Antialias-Funktion. Für Vektoren und hohe Schriftgrade führt diese Einstellung zu einem qualitativ optimalen Abbild. Kleine Schriftgrade werden jedoch mit aktivierter Kantenglättung geringfügig magerer dargestellt, als sie in Wirklichkeit sind. Die Glättung erfolgt nach einem Standardverfahren, wie es auch in Photoshop oder Illustrator angewandt wird. Photoshop hat darüber hinaus noch zwei weitere Algorithmen in petto, die besonders die Eigenschaft der Abmagerung kleiner Schriftgrade ausgleichen. Ohne eine Kantenglättung werden alle Schrift- und Vektorkanten gröber dargestellt, an Radien oder schiefen Kanten können Sie den berühmten Treppeneffekt erkennen. Grundsätzlich gilt: Die geglättete Darstellung erscheint zwar unschärfer, aber die Zeichenpositionierung wird präziser abgebildet.

Text ausgrauen | Je kleiner Schriftgrade abgebildet werden, desto schwieriger sind sie zu lesen. Durch Kantenglättungen ist auch eine präzise Zeichenpositionierung unterhalb von wenigen Punkt nicht mehr möglich. Wenn Sie hier einen Wert von z.B. 6 Punkt angeben, wird jede Schrift, die auf dem Monitor eine Größe unterhalb von diesen 6 Punkt erreicht, als grauer Balken dargestellt. Diese Einstellung betrifft nur die Schriftgröße relativ zum Monitor, nicht aber zur Textformatierung.

32.11.1 Bildlauf

Sobald Sie im Layout die Leertaste drücken, können Sie mit gedrückter Maustaste den Bildschirminhalt verschieben. Hier greift InDesign zugunsten eines schnelleren Bildaufbaus auf eine ungeglättete Darstellung ohne präzise Transparenzabbildung zurück, bis Sie die Leertaste wieder loslassen. Die Qualität des Dokuments wird natürlich nicht beeinflusst. Wenn Sie den Regler auf SCHNELLER schieben, werden auch die Bilder ausgegraut. Sollten Sie einen älteren Computer mit geringer Grafikleistung einsetzen, kann sich dadurch die Layoutarbeit beschleunigen.

32.12 Schwarzdarstellung

Wie in Kapitel 4, »Farbmanagement«, schon erwähnt wurde, bietet Ihnen InDesign zwei mögliche Schwarzdarstellungen: die korrekte Darstellung eines 100 % Black als »Dunkelgrau« am Bildschirm und eine korrekte Ausgabe beim Druck oder die Darstellung und die Ausgabe als Tiefschwarz. Die Argumente für und wider diese Einstellungen haben wir bereits genannt, Sie sollten grundsätzlich die korrekte Darstellung wählen.

[Schwarz]

Interessant ist hier auch die Bezeichnung [SCHWARZ]: Dies ist die richtige Bezeichnung des Prozessfarbtons. Die eckigen Klammern deuten an, dass es sich um eine fest definierte Farbe handelt. Sollten Sie z. B. Duplex-Bilder mit einer Sonderfarbe und Schwarz als EPS in das Layout platzieren, müssen Sie den Schwarzkanal mit »Schwarz« bezeichnen, damit InDesign die Farbe einwandfrei erkennt.

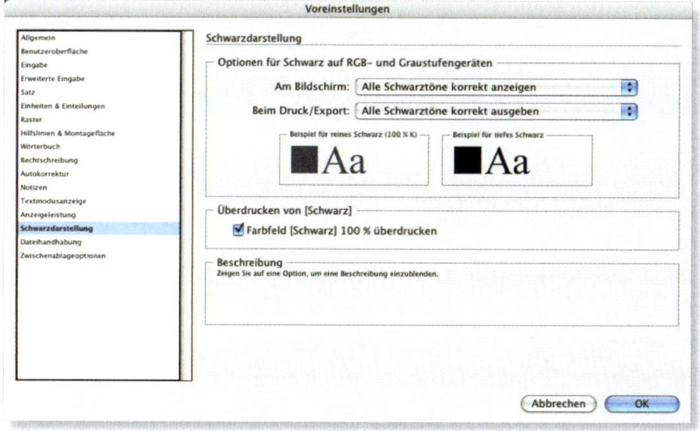

◂ **Abbildung 32.13**
Voll »korrekte Anzeige« von Schwarz am Bildschirm und im Druck

32.12.1 Überdrucken von [Schwarz]

Hier ist angewählt, dass die Prozessfarbe Schwarz im Farbton 100 % überdruckt wird. Diese Einstellung sollten Sie nicht verändern, da sie im vierfarbigen Offsetdruck grundsätzlich richtig ist. Hauptsächlich schwarz eingefärbter Text, der auf Bildern oder farbigen Vektorflächen steht, wird somit überdruckt. Ist diese Funktion deaktiviert, wird beim Separieren das Schwarz ausgespart. Sehr wahrscheinlich werden dadurch Blitzer an den Rändern der Schrift auftauchen, die das gesamte Druckbild ruinieren.

Zum Nachlesen

Mehr zu den Themen Überdrucken, Aussparen und Separieren finden Sie in Teil VI des Buchs, »Ausgabe«.

32.13 Dateihandhabung

32.13.1 Daten für Dokumentwiederherstellung

Der hier angegebene Ordner dient InDesign zur Ablage der Datei »Recovery Data«. Dahinter verbirgt sich die geniale Eigenschaft von InDesign, alle Ihre Bearbeitungsschritte unbegrenzt aufzuzeichnen und zwischenzeitlich in diese Datei zu schreiben, bis Sie die bearbeitete Datei wieder abspeichern. Sollte während der Bearbeitung das Programm oder Ihr Computer abstürzen – kein Problem, Sie öffnen nach dem Neustart erneut InDesign, und die unfreiwillig verlassene Datei wird aufgrund dieser Recovery Data bis zum letzten Bearbeitungszustand zusammengesetzt. Voilà!

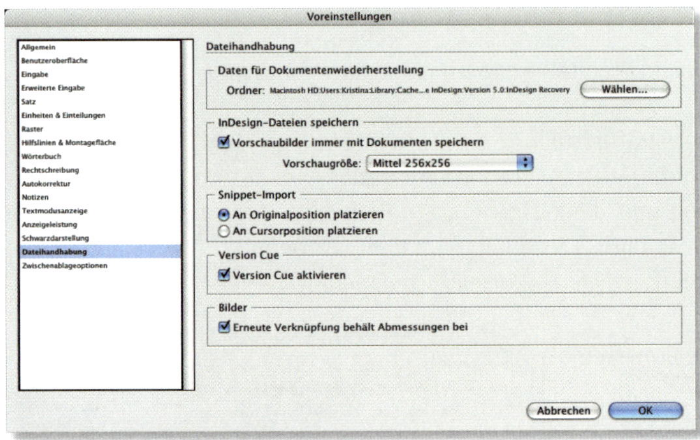

Abbildung 32.14 ▸
Die Reste der Voreinstellungen haben sich unter der Rubrik Dateihandhabung zusammengefunden.

InDesign setzt diesen Dateipfad von selbst, Sie müssen diese Einstellung nicht zwingend verändern.

Arbeitsschritte zurückgehen

Sie sind beeindruckt? Nun, was halten Sie davon, dass diese Protokolldatei es Ihnen ebenso gestattet, alle Schritte in Ihrer Layoutarbeit zurückzugehen? Rufen Sie dazu den Tastenbefehl Strg/⌘+Z auf, und gehen Sie die Bearbeitungsschritte beliebig zurück. Mit Strg bzw. ⌘+⇧+Z gehen Sie die zurückgenommenen Schritte wieder vorwärts! Ein Überspringen von Arbeitsschritten über eine Palette – wie in Photoshop – ist in InDesign nicht möglich.

32.13.2 InDesign-Dateien speichern

Seit Adobe Bridge ist es sinnvoll, auch eine Übersicht der ersten InDesign-Seite als Bild in die Datei zu speichern. Somit können Sie in der Bridge die Vorschau anzeigen lassen. Wenn Sie es üppig mögen, können Sie hier die Grundeinstellung von 256 × 256 Pixeln auf die maximale Größe von 1024 × 1024 stellen. Ein Blättern durch eine InDesign-Datei ist jedoch nicht möglich.

32.13.3 Snippet-Import

Das Platzieren von Snippets ist jederzeit möglich. Ein Snippet merkt sich jedoch die Originalposition auf dem Druckbogen und will auch in neuen Dokumenten immer wieder an derselben Stelle platziert werden. Gewöhnen Sie Ihren Snippets ab, sich immer an derselben Stelle im Layout niederzulassen, und wählen Sie stets die Option An Cursorposition platzieren.

32.13.4 Version Cue

Die unscheinbare Funktion VERSION CUE AKTIVIEREN verbindet InDesign mit dem Version Cue-Server der Creative Suite 3. Über den ÖFFNEN- und SPEICHERN-Dialog erhalten Sie den Button ADOBE DIALOG. Damit wechseln Sie in die Projektumgebung der Adobe Bridge und können auch die Version Cue-Projekte öffnen, um dort InDesign-Dateien und -Dateiversionen zu speichern.

Zum Nachlesen
Mehr dazu finden Sie in Kapitel 27, »Version Cue«.

32.13.5 Bilder

Werden Bilder über die Verknüpfung-Palette erneut platziert, hatte InDesign in früheren Versionen die unangenehme Eigenschaft, den Vergrößerungsfaktor im Layout stets auf 100% zurückzustellen, sodass ein originalgetreues Platzieren nicht möglich war. Hier können Sie sehen, dass Adobe vielen Anwendern zugehört hat und InDesign nun diese Vergrößerung beibehält.

32.14 Zwischenablageoptionen

32.14.1 Zwischenablage

Sobald Sie Texte, Bilder oder Vektorobjekte auf Ihrem Computer kopieren, wird die Zwischenablage aktiv. Sie funktioniert wie ein Postfach: Kopieren Sie hinein, was Sie wollen, die Zwischenablage ist so eingerichtet, dass nahezu alle Formate eingelagert werden. Sobald Sie den Befehl EINFÜGEN aufrufen, wird die Zwischenablage komplett in das aktuelle Programm entleert, eine Kopie bleibt in der Zwischenablage als Sicherheit zurück.

Die Fähigkeiten der Voreinstellung ZWISCHENABLAGE beschränken sich darauf, wie Sie grafische Objekte von InDesign zu einem anderen Adobe-Programm kopieren und wie Objekte aus der Zwischenablage in InDesign übernommen werden. Als eingängiges Beispiel nehmen wir den Austausch zwischen InDesign und Illustrator: Die erste Einstellung, BEIM EINFÜGEN PDF BEVORZUGEN, richtet sich an die einkommenden Objekte. Die zweite Einstellung, PDF IN ZWISCHENABLAGE KOPIEREN, wandelt alle kopierten Objekte in eine temporäre PDF-Datei um.

Das PDF-Format kann mitunter Transparenzen aus InDesign nach Illustrator transportieren. Dabei werden auch verwendete Schriften und Farbangaben eingebettet. Sind diese beiden Einstellungsfelder deaktiviert, verwendet InDesign das AICB-Format, das im Gegensatz zum PDF keine Transparenzen kennt. Dafür werden diese AICB-Objekte aber von InDesign nativ aus Illustrator übernommen und beanspruchen weniger Speicher und Computer-Performance. Überlegen Sie daher, welches Austauschformat für Ihre Zwecke günstig ist und welche Einstellungen in den anderen Programmen nötig sind.

32.14.2 Beim Einfügen von Text und Tabellen aus anderen Anwendungen

Die letzte Option in dieser Voreinstellungsrubrik ermöglicht es, alle Informationen eines in die Zwischenablage kopierten Textes oder einer Tabelle zu übernehmen. Diese Funktion sollten Sie stets deaktivieren. Andere Dokumente sind häufig nicht mit professionellen Satzschriften geschrieben worden, und häufig kommt hier die Times oder Arial zum Einsatz. Damit Sie nicht später in jeder Layoutdatei diese Schriften suchen und ersetzen wollen, sollten Sie diese Funktion deaktivieren.

Obwohl die Option gut gemeint ist, kann in serverbasierten Prozessen eine Fehlermeldung oder die Nachfrage nach einer nicht geladenen »Times« die Arbeit bei der Ausgabe unnötig verzögern oder komplett unterbrechen.

Textexport
Wussten Sie schon, dass Sie auch aus dem Adobe Reader 6.x nicht nur Text kopieren, sondern auch als vollständige Textdatei im TXT-Format exportieren können?

33 Plug-ins

Für viele Anwendungen reicht der Funktionsumfang von InDesign nicht aus und muss um Plug-ins oder komplett datenbankgestützte Workflow-Lösungen ergänzt werden. Wir stellen Ihnen einige Spezialwerkzeuge vor und nennen Ihnen die Adressen von Herstellern und Anwenderforen im Internet.

Viele der nachfolgend präsentierten Plug-ins finden Sie als Demo-Versionen auf der Buch-DVD. Sie sind mit einem DVD-Icon in der Seitenspalte gekennzeichnet.

33.1 Plug-ins für die dynamische Katalogproduktion

InDesign eignet sich auch für die Produktion von Katalogen, deren Inhalte aus einer Datenbank ausgelesen werden und automatisch in die Layoutdatei einfließen. Besonders der XML-Import bildet hier die optimale Schnittstelle.

Dazu wird in InDesign zunächst eine Vorlagendatei – ein sogenanntes Template – erstellt, in dem alle Layoutrahmen angelegt und Platzhaltertexte mit Absatzformaten definiert werden.

Danach muss eine Übergabe der Datensätze aus der Datenbank an die Layoutrahmen erfolgen. Um nun die Inhalte wie eine EPS-Grafik oder eine Textdatei in InDesign zu platzieren, kann ein Skript (Visual Basic oder JavaScript) die Übergabe definieren. Alternativ dazu können Sie mithilfe von Plug-ins die Datenübergabe einfacher organisieren. Gleich mehrere Plug-ins treten an, die beste Anbindung von Datenbanken an InDesign zu gewährleisten.

InDesign CS2 oder CS3?

Achten Sie bei der Auswahl der Plug-ins auch auf die unterstützte InDesign-Version oder fragen Sie bei den Herstellern nach der Unterstützung für InDesign CS3.

33.1.1 Inforvision ModeS CatalogSuite

Eines dieser Datenbank-Plug-ins ist ModeS von Inforvision. Es arbeitet mit allen Datenbanken, die SQL-fähig sind und mittels ODBC-Treiber angesteuert werden können. Über die automatische Befüllung entsteht ein Groblayout, das nun in InDesign verfeinert werden kann. Aufgrund der Flexibilität von ModeS kann praktisch jede Datenbank mit ModeS und InDesign CS verbunden werden. Die Anlage von Templates für die spätere Befüllung erfolgt mit einfach zu lernenden Werkzeugen, sodass mehrere hundert Vorlagen für die Kombinationsmöglichkeiten im Layout angelegt werden können. Zusätzliche Skripte sind für die Datenübergabe nicht nötig.

- Unterstützte Version: InDesign CS3
- Nur Windows
- Infos unter *http://www.inforvision.de* und beim Distributor *http://www.impressed.de*

33.1.2 Pagino

Dieses Plug-in des Herstellers quisquilia zeichnet sich besonders durch die Unterstützung von Pivot-Tabellen aus Excel aus. Darüber hinaus kann eine vorgegebene Abfolge von Layout-Templates zu einer Strecke angegeben und aus einer Datenbank befüllt werden. Auch hier ist keine weitere Programmierarbeit notwendig, die Vorlagen können adäquat zur Layoutarbeit erstellt werden.

- Unterstützte Version: InDesign CS2
- Nur Windows
- Infos unter *http://www.pagino.de*

33.1.3 Woodwing Smart Catalog

Als dritter Kandidat wartet SmartCatalog von Woodwing auf die Befüllung von Layouts mit Datenbankinhalten. Smart Catalog ist modular aufgebaut: Während die Light-Version die Grundvoraussetzung zur Datenbankanbindung mitbringt, erweitern die Module den Funktionsumfang für die verschiedenen Bedürfnisse: Das ODBC-Modul verbindet SQL-fähige Datenbanken mit InDesign CS. Das XML-Modul ermöglicht die Integration von XML-Dateien zusammen mit den Katalogen im Layout, und das Robot-Modul automatisiert den Aktualisierungsprozess zwischen Layout und Datenbank, sodass Sie jederzeit mit dem aktuellen Datenbankinhalt arbeiten. Zuletzt bietet das Layout-Modul die Möglichkeit, fertige Layoutabschnitte als Bibliotheksobjekt abzulegen und anzuwenden. Somit entfällt die Vorgabe einer gesamten Layoutseite.

- Unterstützte Version: InDesign CS2 (CS3 vom Hersteller angekündigt)
- Windows und Mac
- Hersteller: *http://www.woodwing.com*
- Distributor: *http://www.impressed.com*

33.1.4 Codeware Xactuell

Für SQL-Datenbanken wurde Xactuell konzipiert, um Inhalte für das InDesign-Layout bereitzustellen. Besonders die Aktualisierung nach erfolgter Verbindung von Datenbank und Layout soll eine große Stärke von Xactuell sein.

- Unterstützte Version: InDesign CS und CS2
- Windows und Mac
- Infos unter *http://www.xactuell.de* sowie *http://www.codeware.de*

33.2 Weitere sinnvolle Plug-ins

33.2.1 Arbeiten mit Stilen: Woodwing SmartStyles

Alle Layoutobjekte, die Sie in InDesign angelegt haben, können Sie mit diesem Plug-in als Objektstil abspeichern, inklusive Transparenzen, Schattenwürfen oder weiche Kanten. Ebenso lassen sich Tabellenstile anlegen, um verknüpfte Excel-Tabellen schnell zu aktualisieren.

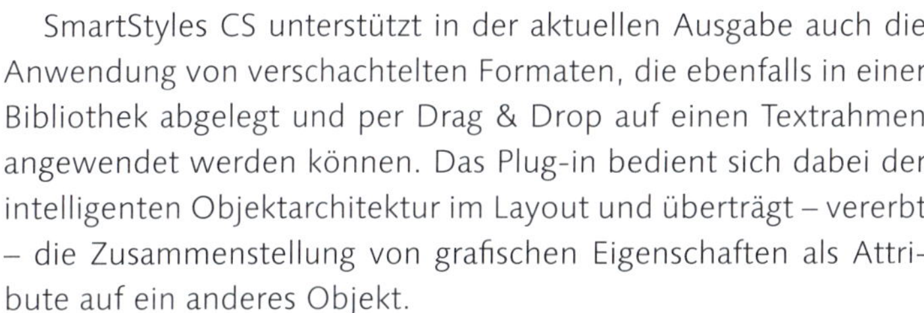

SmartStyles CS unterstützt in der aktuellen Ausgabe auch die Anwendung von verschachtelten Formaten, die ebenfalls in einer Bibliothek abgelegt und per Drag & Drop auf einen Textrahmen angewendet werden können. Das Plug-in bedient sich dabei der intelligenten Objektarchitektur im Layout und überträgt – vererbt – die Zusammenstellung von grafischen Eigenschaften als Attribute auf ein anderes Objekt.

- Unterstützte Version: InDesign CS2
  (CS3 vom Hersteller angekündigt)
- Windows und Mac
- Demo und Infos unter *http://www.woodwing.com*

33.2.2 Indexerstellung mit Sonar Bookends InXref, InSeq, InFnote, InDex

Diese Plug-ins gehen über den Funktionsumfang der Indexerstellung von InDesign CS3 hinaus.

InXref | InXref erzeugt Querverweise auf andere InDesign-Seiten oder Dokumente innerhalb eines InDesign-Buches.

InSeq | InSeq ist für technische Dokumentationen gedacht und erstellt hierarchische Nummerierungen von Absätzen oder Tabellen.

InFnote | InFnote ist eine Fuß- und Endnotenverwaltung.

InDex und InDex Pro | InDex und InDex Pro ermöglichen die Indexerstellung über eine vorgegebene Liste von Wörtern oder Eigennamen. Wird ein Begriff im Text in den Index abgelegt, untersucht Sonar Bookends automatisch das gesamte Layoutdokument und verknüpft alle Treffer mit dem Index. Auch die Erkennung über die typografische Formatierung ist möglich.

- Unterstützte Versionen: InDesign CS, InDesign CS2 und InDesign CS3
- Windows und Mac
- Hersteller und Demo-Version: Virginia Systems, *http://www.virginiasystems.com*

33.2.3 Protokoll-Palette auch für InDesign: DTP-Tools History

Das Plug-in ergänzt InDesign um die Protokoll-Palette und zeichnet alle Arbeitsschritte auf. Zwischenstände lassen sich als Version speichern.

- Unterstützte Versionen: InDesign CS, InDesign CS2 und InCopy
- Windows und Mac
- Informationen unter: *http://www.dtptools.com*

33.2.4 Platzierte Bilder komfortabel: Slendro PictureLinks

PictureLinks verwaltet platzierte Bilder über die Verknüpfen-Palette hinaus. Welche Auflösung und Ausmaße ein platziertes Bild im Layout hat, lässt sich in PictureLinks auf einen Klick sehen. Das Aktualisieren der Links soll wesentlich komfortabler vonstatten gehen.

- Unterstützte Version: InDesign CS und InDesign CS2
- Informationen unter *http://www.slendro.com/picturelinks.htm*.

33.2.5 Formeln mit InMath

Mathematischer Formelsatz im Layoutprogramm auf Basis von OpenType-Fonts: Mit InMath entfällt das Platzieren von PDF-Dateien oder Bildern für mathematische Formeln.

- Unterstützte Version: InDesign CS, InDesign CS2, InDesign CS3 angekündigt, InCopy CS, InCopy CS2 und InCopy CS3 angekündigt
- Infos unter *http://www.itip.biz/ge/index.htm*

33.2.6 Barcodes mit Cacidi Extreme BarCodes

Barcodes werden dynamisch aus der Zahlenfolge – je nach Standard – generiert und können als Vektorobjekte ausbelichtet werden.

- Unterstützte Versionen: InDesign CS, InDesign CS2 und InDesign CS3
- Windows und Mac
- Infos unter *http://www.cacidi.com*

33.2.7 Unterschneidung mit Knowbody Cool Kerning

Die Kerning-Tabellen aus Quark sind bekannt, für InDesign gibt es sie nun auch. Per Tabelle können für einen Font die Zeichenpaare nachträglich anders unterschnitten werden, als sie in der Schrift definiert sind. Besonders ältere oder günstig erworbene Schriften benötigen eine Nachkorrektur.

- Unterstützte Version: InDesign CS und InDesign CS2
- Infos unter *http://www.knowbody.dk*

33.2.8 Automatisierte Druck-PDF-Ausgabe mit MadetoPrint

Axaio bietet ein Automatisierungswerkzeug, das einen oder mehrere Druckaufträge für verschiedene Ausgabegeräte über eine einzige Dialogbox steuert.

- Unterstützte Version: InDesign CS und InDesign CS2, InCopy CS und InCopy CS2, CS3 ist angekündigt.
- Infos unter *http://www.axaio.com* und *http://www.impressed.de*
- Für Windows und Mac

33.2.9 Übersatz finden: Der Overset-Manager von Softcare

Mit SoftCare Overset Manager können Sie als Benutzer von Adobe InDesign und Adobe InCopy Texte und Übersatz getrennt auszählen, sowie Übersatz im Layout einblenden, bearbeiten und ausdrucken. Auf Wunsch erhöht das Plug-in die Produktionssicherheit zusätzlich, indem es vor dem Druck oder Export in einer Warnmeldung auf Übersatz im Dokument hinweist. SoftCare Overset Manager gibt Ihnen so die vollständige Kontrolle über die Passgenauigkeit von Texten.

- Unterstützte Version: InDesign CS, InDesign CS2 und InDesign CS3 wie auch InCopy CS, InCopy CS2 und InCopy CS3
- Infos unter *http://www.softcare.de*
- Für Windows und Mac

33.2.10 Booklet CE: Das Skript zum Ausschießen von Druckbögen

Zum Ausschießen von InDesign-Dateien. Der Clou: Dieses Skript legt ein neues InDesign-Dokument mit platzierten PDFs an. Als Freeware auf Englisch erhältlich.

- Unterstützte Version: InDesign CS3
- Infos unter *http://www.carlsenenterprises.com*
- Für Windows und Mac

34 Links

34.1 Informationen direkt von Adobe

Weiterführende Produktinformationen, Tutorials und Kundenberichte zu InDesign finden Sie beim Hersteller Adobe unter *http://www.adobe.de/indesign*.

34.1.1 Adobe Design Center

Seit geraumer Zeit bietet die Adobe-eigene Website »Adobe Design Center« Tutorials, Beispiele aus der Praxis, Anwenderberichte und technischen Support. Darüber hinaus können Sie auch viele Beispielskripte als Visual Basic- oder Apple-Skript laden und in InDesign integrieren, die den einen oder anderen langen Arbeitsweg erheblich verkürzen können. Nun ist diese Website auch auf Deutsch nutzbar (*http://www.adobe.com/designcenter*).

34.2 User-Foren

Bei Problemen oder speziellen Fragen, die nicht durch die Anleitung und dieses Buch geklärt werden können, haben sich die User-Foren im Internet als äußerst informatives Mittel erwiesen. Sie fragen alle Teilnehmer des Forums entweder direkt im Internet oder per E-Mail, und ein Experte – oder ein anderer Teilnehmer, der eine Lösung zu Ihrem Problem gefunden hat – antwortet innerhalb kürzester Zeit. User-Foren werden zu unterschiedlichen Themenbereichen angeboten.

34.2.1 Adobe Community

Zu InDesign allgemein gibt es u.a. zwei wichtige Foren. Die Adobe Community ist das allgemeine Adobe-Forum für alle Nutzer, das sich dann in Unterbereiche wie InDesign untergliedert. Eine Anmeldung ist erforderlich, um eigene Fragen verfassen oder auf die bestehenden Diskussionsbeiträge antworten zu können. Wenn Sie nur die Diskussionsbeiträge einsehen wollen, brauchen

Sie keine Anmeldung. Infos finden Sie unter *http://www.adobe.de/community/main.html*.

34.2.2 Hilfdirselbst.ch

»Hilf Dir selbst« ist ein unabhängiges Forum aus der Schweiz, gegründet u.a. von Urs Gamper. Es wird von einer Vielzahl von Moderatoren aus der Medien- und Printproduktion betreut, die in unterschiedlichen Foren – alle CS-Programme – für fachkundige Antworten sorgen. Ursprünglich als schweizerisches GoLive-Forum gestartet, erfreut sich »hds« einer Anzahl von über 10000 Mitgliedern und ist somit das mittlerweile größte und schnellste Forum in Deutschland, Österreich und der Schweiz. Eine Anmeldung ist auch hier erforderlich (*http://www.hilfdirselbst.ch*).

34.2.3 InDesignSECRETS.com

Entwickelt wurde »InDesignSECRETS.com« von David Blatner und Anne-Marie Concepcion. Auf der englischsprachigen Seite erhält man wertvolle Tipps und Tricks rund um das Thema InDesign. Neben der Möglichkeit, sich über die neuesten Skripte und Plug-ins zu informieren und diese herunterzuladen, werden außerdem verschiedene Tutorials in Form von PDFs angeboten. Weitere Informationen finden Sie unter *http://www.indesignsecrets.com*.

34.2.4 PDF in der Druckvorstufe oder im Web

Der Themenbereich PDF in der Druckvorstufe oder im Web geht über das Thema InDesign hinaus, ist jedoch für die Produktion mindestens so wichtig wie das Design. Die »PDFZone« ist hierfür ein viel genutztes Internet-Forum, in dem alle Probleme, die beim Erstellen und Ausgeben von PDF-Dateien auftreten können, angesprochen werden. Es wurde von dem Journalisten Thomas Müller und dem PostScript-Spezialisten Robert Zacherl ins Leben gerufen. Dank zahlreicher Diskussionen der vergangenen Jahre können Sie auch über die Website nach bereits verfassten Beiträgen suchen. InDesign bildet nach Acrobat und QuarkXPress eines der meistgenannten Themengebiete. Auch hier ist eine Anmeldung zum Mitdiskutieren erforderlich (*http://www.pdfzone.de*).

34.2.5 European Color Initiative

Die European Color Initiative – abgekürzt ECI – kümmert sich um die Festlegung von Druckstandards innerhalb der ISO-Kommission, die weltweite Standards definiert, wie z.B. das Format PDF/X-3. Dazu empfiehlt die ECI die Verwendung von ISO-Farbprofilen in zwei unterschiedlichen Klassen. Diese Farbprofile sind jeweils für eine bestimmte Ausgabeart eingemessen worden.

Die Sets an Profilen können Sie problemlos herunterladen, eine detaillierte Beschreibung der Profile wie z. B. des »ISO Coated v2« liegt als separate PDF-Datei bei (*http://www.eci.org*).

34.2.6 PDF/X

Keine User-Foren, aber umfangreiches Informationsmaterial zum Thema PDF und dem ISO-Druckstandard PDF/X finden Sie unter der Adresse *http://www.pdfnews.de* – ein deutschsprachiges PDF-Forum rund um neue Techniken zur PDF-Erstellung aus Datenbanken, Layoutanwendungen oder für den Einsatz als elektronisches Formular.

34.2.7 FOGRA

Die FOGRA – Forschungsgesellschaft Druck e. V. – beschäftigt sich maßgeblich mit der Definition von Standards in der Druckindustrie und bietet u. a. standardisierte Medienkeile an (*http://www.fogra.de*).

35 Glossar

16-Bit-Grafik
Ein Farbbild oder -movie mit 65.536 Farben.

24-Bit-Grafik
Ein Farbbild oder -movie mit 16,7 Millionen Farben.

8-Bit-Grafik
Eine Farb- oder Graustufengrafik (oder Motive), die 256 Farben oder weniger hat.

Absatzlinie
Absatzlinien sind Bestandteil eines Absatzes und wandern bei einem neuen Textumbruch auch mit diesem mit. Die Absatzlinie kann oberhalb oder unterhalb des Absatzes stehen.

Absatzmarke
Eine Absatzmarke ist ein nicht druckbares Zeichen, das einen Zeilenumbruch visualisiert. Sie wird durch die [↵]-Taste erzeugt.

Additive Farbmischung
Auf den Grundfarben Rot, Grün und Blau basierendes Farbsystem. In der Mischung ergeben die Grundfarben Weiß. Das Verfahren lässt sich am besten durch die Mischung von Lichtfarben veranschaulichen. Fernseher und Computermonitore basieren auf der additiven Farbmischung.

Adobe-Absatzsetzer
Algorithmus, der den gesamten Textinhalt eines Rahmens betrachtet und ermittelt, wie mit möglichst wenigen Trennstrichen der Textfluss optimal umbrochen werden kann.

Adobe-Einzeilensetzer
Standardabsatzmethode, die für den Textumbruch jede Zeile separat betrachtet. Textkorrekturen in den Absätzen führen hierbei zu weniger großen Änderungen des Textbildes als beim → Adobe-Absatzsetzer.

Akzidenz
Druck- und Satzarbeit mit geringem Umfang (Anzeigen, Formulare, Briefbögen).

Alpha-Kanal
Ein 8-Bit-Kanal, der von einigen Bildverarbeitungsprogrammen für die Bildmaskierung oder für zusätzliche Farbinformationen reserviert wird. Er wird ebenfalls verwendet, um einen bestimmten Transparenzgrad eines Bildes zu definieren, sodass ein anderes Bild unter dem darüber liegenden durchscheinen kann.

Andruck
Probedruck zur Farb- und Rasterkontrolle.

Anschnitt
Elemente auf den Seiten eines Layouts (Bilder, farbige Kästen, Linien), die über den eigentlichen Seitenbereich hinausragen und nach dem Binden abgeschnitten werden. Damit sollen Ungenauigkeiten beim Druck ausgeglichen werden, sodass die Elemente im Endprodukt auch wirklich bis zum Seitenrand reichen. Man nennt solche Seitenelemente auch randabfallende Objekte.

Anti-Aliasing
Die → Kantenglättung bei Pixeln, um einen Treppcheneffekt zu vermeiden.

Antiqua
Serifenschrift, abgeleitet von der römischen Capitalis; neben den Serifen ist das typische Merkmal die wechselnde Strichstärke.

Anzeigeschwellenwert
Der Anzeigeschwellenwert wird im Zusammenhang mit der Anzeige des → Grundlinienrasters angegeben und blendet das Raster in Abhängigkeit von der Ansichtsgröße des Dokuments ein.

Aqua
Mit Aqua wird fast die gesamte grafische Benutzeroberfläche von Mac OS X bezeichnet. Sie erscheint deutlich heller als der in Brushed Metal gehaltene Finder.

ASCII
Mit dem »American Standard Code of Information Interchange« (ASCII) wurde ein Standard geschaffen, Texte in einer Datei speichern zu können. Er umfasst 256 Zeichen, ist an der englischen Sprache orientiert und beinhaltet daher keine deutschen Umlaute und Sonderzeichen.

Auflösung
Eigenschaft von Grafikdateien (→ Bitmap), aber auch von Geräten wie Monitoren, Druckern, Scannern u. a. Wichtiges Kriterium für die technische Qualität eines Bildes und die Leistungsfähigkeit eines Ausgabegerätes: Die Auflösung legt fest, wie viele Bildpunkte sich auf der Strecke von einem Inch (Zoll) befinden. Bezeichnet wird die Auflösung mit den Kürzeln ppi – Pixel per Inch – (bei Bildern) und dpi – Dots per Inch – (bei Geräten). In der Praxis werden die Begriffe nicht mehr so sauber getrennt – »dpi« hat sich längst als universelle Maßeinheit eingeschlichen.

Ausschießen
Der Begriff »Ausschießen« bezeichnet den Vorgang, einzelne Dokumentenseiten in der richtigen Reihenfolge und Ausrichtung für den Druckbogen zu sortieren.

Auszeichnung
Hervorhebung von Textteilen. Möglichkeiten hierzu sind z. B. **fette** oder *kursive* Schrift, S p e r r e n oder Kapitälchen.

Belichter
Ausgabegerät, das mit Hilfe von Licht (Laser) digitale Ausgabedaten auf lichtempfindliches Material (Film) schreibt. Neben Film- und Druckplattenbelichtern, die reine Strich- und Rasterdaten belichten, gibt es auch Diabelichter, die echte Halbtöne realisieren können.

Beschneidungspfad
Beschneidungspfade setzen bei Bildern, die für die Weitergabe an Layoutprogramme wie InDesign, QuarkXPress und andere gedacht sind, diejenigen Bildbereiche transparent, die im Layoutprogramm nicht angezeigt werden sollen. Unterstützt werden Beschneidungspfade nur vom Dateiformat EPS.

Beschnitt
- Teil einer Abbildung, der im Layout über den Seitenrand ragt, aber beim fertigen Buch/Prospekt weggeschnitten wird. Der in der Regel verlangte Überstand beläuft sich auf 3 mm.
- Teil des Druckbogens, der beim Schneiden nach dem Falzen wegfällt.

Beschnittmarken
5 bis 10 mm lange feine Linien außerhalb des Endformates einer Drucksache, die die Verlängerung der Endformatkanten darstellen und bei randabfallendem oder angeschnittenem Druck auf dem größeren unbeschnittenen Format als Markierung für den Stapelschnitt mitgedruckt werden.

Bézierkurve
Als Vektoren definierte Kurvenzüge zur Anlage von Pfaden (Linien oder Flächenbegrenzungen) mit Zeichenprogrammen, hauptsächlich im DTP-Bereich. Eine Bézierkurve wird immer definiert durch die Koordinaten von vier Punkten, wobei zwei davon als sogenannte Stützpunkte Beginn und Ende des jeweiligen Kurvenzuges festlegen und dementsprechend immer auf der Kurve liegen müssen. Die beiden anderen Punkte nennt man Ankerpunkte; sie können auch außerhalb der Kurve liegen und bestimmen als Tangenten auf dem zugeordneten Stützpunkt den Verlauf. Die Bézierkurven erhielten ihren Namen von ihrem Erfinder, dem französischen Ingenieur Pierre Bézier, der sie für Zwecke des Karosseriedesigns im Automobilbau entwickelte.

Bildformat
Bilddaten können in unterschiedlichen Dateiformaten gespeichert werden. Die gebräuchlichsten Dateiformate für Bilder sind TIFF, EPS, JPEG, PCX, BMP und PICT.

Bildgröße
Die Anzahl der Bildpunkte eines digitalen Bildes. Aus der Auflösung und der Bildgröße ergibt sich die Größe, in der ein Bild ohne Qualitätsverluste maximal gedruckt werden kann.

Bildschirmauflösung
Die Bildschirmauflösung bezieht sich im Allgemeinen auf die Auflösung eines üblichen Computerbildschirms. Der gängige Durchschnitt ist 72 dpi, bei

größeren Bildschirmen werden Sie gelegentlich aber auch von einer Auflösung von 96 dpi hören.

Bindung
Gefalzte Druckbogen werden durch verschiedene Verfahren zusammengefasst: Fadenheften, Klebebinden, Klammerheften.

Bit
Kürzel für »Binary Digit«, die kleinste Informationseinheit, die ein Computer nutzen kann. Ein Bit kann zwei Zustände (1 oder 0) annehmen: entweder Spannung beziehungsweise Schalter ein oder aus.

Bitmap
Die Gesamtmenge aller Helligkeits- und Farbinformationen eines Rasterbildes.

Bittiefe
Gibt bei Rasterbildern an, wie viele Informationen (Bits) pro Bildpunkt verfügbar sind. 1 Bit kann nur Schwarz oder Weiß darstellen, 8 Bit stellen 256 Helligkeitsstufen oder Farben dar. Auch mehrfarbige Bilder haben normalerweise eine Bittiefe von 8 Bit, diese gilt jedoch für jede Farbe, sodass sich 256 × 256 × 256 Farben (16,7 Millionen) darstellen lassen. Manche Programme wie Photoshop bieten auch einen Bearbeitungsmodus für 16 Bit pro Farbe an.

Blindtext
Neutraler Text, der der Visualisierung für ein Layout dient, wobei es nicht um Inhalte, sondern um den ersten visuellen Eindruck eines Entwurfs geht.

Blocksatz
Den Blocksatz kennen wir aus Büchern, Zeitschriften und Zeitungen. Vorn und hinten bündig, sieht Blocksatz ausgesprochen ordentlich aus, zumindest von Weitem. Bei näherem Hinsehen jedoch entdeckt man die mehr oder weniger großen Löcher, die jeden Blocksatz auszeichnen.

Bogenmontage
Zusammenstellen der einzelnen Seiten eines Dokuments zu einem Druckbogen. Dabei werden die Seiten so angeordnet, dass die Seiten nach dem Bedrucken von Vorder- und Rückseite, dem Falzen und Aufschneiden in der richtigen Lesereihenfolge stehen. Man bezeichnet die Bogenmontage auch als → Ausschießen.

Bold
Englischer Begriff für einen **fetten Schriftschnitt**.

Broschur
Dünnes, einfach gebundenes Buch oder Heft mit oder ohne einfachen Einband.

Brotschrift
Schriftart des gesetzten Grundtextes (Werkschrift, Bodytype) einer Publikation.

Browserunabhängige Farben
Die 216 Farben, die auf den verschiedenen Plattformen bzw. unter verschiedenen Betriebssystemen und den meisten Webbrowsern gleich dargestellt werden (daher auch → Websichere Farben genannt)

Buchblock
Die gehefteten oder gebundenen Druckbogen. Der Buchblock wird nach dem Beschneiden in den Umschlag/die Buchdecke eingehängt.

Buchdecke
Besteht aus der Pappe und dem Bezugsmaterial.

CID-Font
CID steht für Character Identifier und ist eine Weiterentwicklung des Type 1-PostScript-Fonts von Adobe. Gedacht sind diese CID-Fonts für den asiatischen Raum. Chinesische, koreanische und japanische Schriften benötigen mehr als 265 Zeichen, die im herkömmlichen Verfahren nicht in einem PostScript-Font beschrieben werden können.

CIE
Eine internationale Normenkommission, die eine Reihe von Standards für die Farbdefinition entwickelt hat, z. B. den L*a*b*- oder L*u*v*-Farbraum. Diese Normvorgaben sind Grundlage für die Farbdefinition in DTP-Standards wie z. B. PostScript Level 2.

CIE 1976 L.A.B.-Farbraum
Ein einheitlicher Farbraum, der von der CIE im Jahre 1976 festgelegt wurde. Er eignet sich für die Verwendung bei der additiven Lichtmischung (z. B. bei Farbfernsehgeräten) und als Maßeinheit für geringe Farbunterschiede.

CIE-Chromatik-Koordination
Der Anteil der einzelnen Farbmesswerte einer Farbe an der Summe der Farbmesswerte. In CIE-Systemen werden diese Werte durch x-, y- und z-Koordinaten bestimmt.

CIE-Standardprüfverfahren
Ein hypothetisches Prüfverfahren, das den Messwerten von Farbmischungen entspricht, die im Jahre 1931 von der CIE für ein 2°-Sichtfeld empfohlen wurden. Ein zusätzliches Prüfverfahren wurde 1964 für ein größeres 10°-Feld entwickelt.

Classic-Modus
Nur als Umgebung unter Mac OS X benutzbares Mac OS 9.

CMYK
Gebräuchliche Abkürzung für die vier Prozessfarben Cyan, Magenta, Gelb (Yellow) und Schwarz (Key Color). Im Vierfarbdruck werden alle anderen Farben aus diesen vier Grundfarben erzeugt.

Color Gamut
Gesamtumfang der Farben in einem Farbraum.

Color Management System
→ Farbmanagementsystem.

ColorSync
Apples Implementierung des Farbmanagements, das auf den Standards des International Color Consortiums (ICC) basiert. Die ICC-Farbprofile sorgen für eine standardisierte Darstellung und Wiedergabe von Farben auf verschiedenen Plattformen und in verschiedenen Programmen.

Composite-Datei
Druckdatei, bei der im Gegensatz zur separierten Ausgabe mit Farbauszügen die Farben nicht seitenweise voneinander in die Prozessfarben aufgeteilt sind, sondern bei der alle Farben einer Seite als Einheit behandelt werden. Der Ausdruck auf Farbdruckern erfolgt beispielsweise immer als Composite-Datei, die Aufteilung auf die Druckfarben erfolgt dann erst im Gerät.

CUPS
Das »Common Unix Printing System« (CUPS) stellt seit Mac OS X 10.2 die Grundlage des Drucksystems dar. Es ist im Unix-Bereich von Mac OS X untergebracht und kann auch über einen Browser konfiguriert werden.

Dateiformat
Festlegung, wie Daten von Texten, Bildern usw. abgelegt werden. Je nach Dateiformat können bei Bildern auch Alpha-Kanäle mitgespeichert werden. Zudem komprimieren manche Formate die Bilddatenmenge (→ Komprimierung).

DCS-Format
Dateiformat für vorseparierte Bilder. Das Dateiformat umfasst fünf Dateien: je eine für die vier Separationsdateien und ein Vorschaubild für die Platzierung im Layoutprogramm.

Densitometer
Ein Gerät, das das Licht misst, das von Papier oder Film durchgelassen oder reflektiert wird. Es wird verwendet, um die Genauigkeit, die Qualität und die Gleichmäßigkeit der Ausgabe zu kontrollieren. Densitometer erkennen entweder das reflektierte oder das durchgelassene Licht.

Didot-Punkt
Typografisches Maß; der alte Didot-Punkt beträgt ca. 0,37601 mm, der neue wurde auf 0,375 mm abgerundet.

Digitalproof
Hochwertiger Farbdruck ohne vorherige Herstellung der Filmvorlagen, der das spätere Druckergebnis simuliert. Der Nachteil des Digitalproofs gegenüber den herkömmlichen Proof-Verfahren oder einem Andruck ist, dass Fehler durch falsche Rasterung der Filme nicht erkannt werden können.

Dithering
Simulation von Graustufen oder Farben durch regelmäßige oder unregelmäßige Anordnung anderer Bildpunkte. Das Auge erkennt diese Kombinationen als einheitliche Helligkeits- oder Farbwerte.

Divis
Trennstrich eines Wortes am Zeilenende oder bei Verbundwörtern, z. B. in »Nordrhein-Westfalen«.

dpi
Dots per Inch. Maßeinheit für die Auflösung eines Druckers, Monitors oder Scanners sowie eines Pixelbildes.

Druckbogen
Großformatiger Papierbogen, auf den mehrere Seiten gedruckt werden. Dieser Bogen wird gefalzt und beschnitten und somit ein Teil des Buchblocks.

Druckfarbe
Die farbigen Substanzen, die beim Druckprozess verwendet werden. Als Prozessfarben für den Farbdruck

werden normalerweise Cyan, Magenta, Gelb und Schwarz verwendet. Diese Farben werden durch internationale Standards definiert. In einigen Fällen können auch spezielle Farben gedruckt werden. Dies ist meist dann der Fall, wenn eine Volltonfarbe in einem bestimmten Farbton und einer bestimmten Sättigung benötigt und nicht im Halbtonverfahren bearbeitet wird.

Druckverfahren
Grundsätzlich unterscheidet man zwischen Hoch-, Flach-, Tief- und Durchdruck. Das heute verbreitetste Verfahren ist der Flachdruck (Offsetdruck), weil es ausgezeichnete Qualität mit hoher Flexibilität und einfacher Druckvorlagenherstellung verbindet. Der Hochdruck hat immens an Bedeutung verloren und ist in der Praxis außer im → Akzidenzbereich nur noch im → Flexodruck vertreten. Der Tiefdruck ist qualitativ sehr hochwertig, aber wegen der äußerst komplizierten und teuren Druckformherstellung nur für hohe Auflagen geeignet. Der Durchdruck wird durch den Siebdruck repräsentiert, dessen Vorteil darin besteht, mit unterschiedlichsten Farben die unterschiedlichsten Materialien bedrucken zu können.

Druckvorlage
Bereitgestellte Seiten einer geplanten Publikation für die Reproduktion bzw. für die Übertragung auf Druckplatten.

Duplex
Graustufenbild, dem man eine zweite Farbe zur Verstärkung der Zeichnung und zum Erzielen einer gewissen Farbigkeit zuweist. Wird vor allem bei Druckaufträgen verwendet, die nur Schwarz und eine Sonderfarbe oder Schwarz und eine weitere Prozessfarbe einsetzen.

Durchschuss
Freier Zwischenraum zwischen zwei Zeilen.

Einzüge
Einzüge vor jedem Absatz lockern das Textbild auf und geben dem Leser neue Ansatzpunkte. Häufig sparen sie auch die Leerzeile, die sonst erforderlich wäre, um Absätze deutlich voneinander abzugrenzen.

EPS
Encapsulated PostScript. Dateiformat für Bilder, Vektorgrafiken und einseitige Layouts, das intern PostScript verwendet und in der Regel für die Bildschirmdarstellung zusätzlich eine niedrig auflösende (72 dpi) Voransicht umfasst. EPS-Daten lassen sich nur auf Geräten ausgeben, die PostScript-Befehle verarbeiten können. Alle anderen Ausgabegeräte stellen nur die Bildschirmansicht dar.

Euro-Skala
In Mitteleuropa allgemein anerkannte Norm für die Definition, Herstellung und Anwendung von Druckfarben für den Vierfarbendruck.

EXIF
Exchangeable Image File, Dateiformat für Digitalkameras, das sich aus einem JPEG-Bild und einem Dateianhang mit Kamera- und Aufnahmeinformationen wie Blende oder Belichtungszeit zusammensetzt. Häufig wird unter EXIF aber nur die Information zur Kamera- und Aufnahmesituation verstanden.

Falzmarken
Die Falzmarke ist ein Fachbegriff aus der Buchherstellung. Mittels der Falzmarken erkennt der Buchbinder, wie ein Druckbogen gefalzt (geklappt) werden muss. Dies gilt natürlich z. B. auch für Flyer.

Farbauflösung
→ Farbtiefe

Farbauszüge
Für den Vierfarbdruck werden alle in einem Dokument vorkommenden Farben in die vier Prozessfarben Cyan, Magenta, Gelb und Schwarz seitenweise aufgetrennt (separiert). Jeder Farbauszug umfasst nur die Elemente in einer dieser Farben auf der jeweiligen Dokumentseite. Je Auszug entsteht dann ein eigener Film für die Belichtung der Druckplatten, oder die Druckplatten werden direkt belichtet. Erst durch den Zusammendruck der vier Prozessfarben in der Druckmaschine entstehen dann im fertigen Ausdruck wieder die eigentlichen Farben.

Farbkalibrierung
Damit das Druckergebnis von Farbbildern mit der Bildschirmanzeige und dem Farbausdruck übereinstimmt, müssen alle Geräte aufeinander abgestimmt sein. Farben mit gleichen Anteilen der vier Druckfarben Cyan, Magenta, Gelb und Schwarz müssen auf jedem Ausgabegerät gleich erscheinen.

Farbkanal
Farbkanäle speichern die Farbinformationen von Bildern. Für jede Grundfarbe eines jeweiligen Farb-

formats (RGB, CMYK, Lab etc.) wird ein Farbkanal benötigt.

Farbkontrollstreifen
Ein Farbstreifen auf einem Negativ, einem Korrekturausdruck oder einem anderen Ausdruck, der verwendet wird, um die Druckqualität zu überprüfen, da er bestimmte Farben in verschiedenen Dichten druckt.

Farbkurven
Ein Mechanismus, der die exakte Änderung und Anpassung von Farben in jedem Stadium des Erstellungsprozesses ermöglicht und gezielte Farbänderungen innerhalb des Bildes erlaubt. Die Kurven bestehen aus verschiedenen benutzerdefinierten Farbumrechnungstabellen, mit denen die Veränderung definiert wird, die für jede Primärfarbe (additiv oder subtraktiv) im Bild angewendet werden soll.

Farbmanagementsystem
Software zur Anpassung der Farben beim Scannen, bei der Bildschirmanzeige und beim Drucken, sodass geräteabhängige Farbverfälschungen softwareseitig ausgeglichen werden.

Farbmischung, additive
Farbaufbau des RGB-Farbsystems. Farbigkeit entsteht durch Addition der Grundfarben, alle Grundfarben zusammen ergeben Weiß. Die additive Farbmischung des RGB-Systems entspricht der Farbmischung des Lichtes.

Farbmischung, subtraktive
Farbaufbau bei Reflexion von Licht. Der Vierfarbdruck (CMYK-System) basiert auf subtraktiver Farbmischung. Durch Auftragen einer Druckfarbe auf weißes Papier werden aus dem Farbspektrum des reflektierenden Lichtes alle übrigen Farben subtrahiert. Alle Druckfarben zusammen ergeben Schwarz.

Farbmodell
Ein Farbmodell beschreibt den → Farbraum, der von Ein- oder Ausgabegeräten wie Kameras, Scannern, Monitoren, Druckern und Druckmaschinen, aber auch dem menschlichen Sehsinn unter spezifischen Bedingungen dargestellt bzw. erkannt werden kann. Bekannte und oft gebrauchte Farbräume sind → RGB, → CMYK und → Lab.

Farbmodus
Die Farben von Bildern können in unterschiedlichen Farbsystemen (Farbmodi) dargestellt werden, denen jeweils ein anderer Farbraum zugrunde liegt. Die gebräuchlichsten Farbmodi sind RGB, CMYK, Lab, indizierte Farben, Graustufen und Bitmap.

Farbprofil
Beschreibungsdateien des Farbverhaltens von Eingabe-, Betrachtungs- und Ausgabegeräten, um durchgehend eine einheitliche Farbdarstellung zu erreichen.

Farbraum
Beschreibung von Farben in einem Farbsystem. Es gibt verschiedene Systeme wie RGB, HSB oder Lab.

Farbsättigung
Die Menge von Grau in einer Farbe. Je höher der Grauanteil ist, desto niedriger ist die Farbsättigung.

Farbseparation
Zerlegung eines Farbbildes in die für den Mehrfarbdruck erforderlichen subtraktiven Grundfarben Cyan, Magenta, Gelb und Schwarz. Das Schwarz wird als Zusatzfarbe für eine bessere Tiefenwirkung mitgedruckt. Für die Umrechnung sind Farbraumtransformationen erforderlich.

Farbspezifikation
Farbmesswerte, Chromatikkoordination und Luminanzwerte oder andere Farbskalenwerte, die verwendet werden, um eine Farbe in einem angegebenen Farbsystem nummerisch zuzuweisen.

Farbtiefe
Sie gibt bei Scannern, Grafikkarten und Monitoren an, wie viele Farben dargestellt beziehungsweise erfasst werden können.

Farbton
Die Wellenlänge des Lichts einer Farbe in absoluter Farbreinheit (ohne Zusatz von Weiß oder Schwarz).

Farbumfang
Ein Wert, der die Farbfähigkeit eines Gerätes beschreibt, d.h. die Farben, die es anzeigen oder drucken kann.

Farbverlauf
Der weiche Übergang von einer Farbe in eine andere. Bei der Grafikbearbeitung kann mit diesem Vorgang innerhalb eines bestimmten Bereichs allmählich von einer Farbe zu einer anderen gewechselt werden (abgestuft – linear und logarithmisch, radial, konturiert).

Farbverwaltung
Ein Farbverwaltungssystem (Color Management System, CMS) interpretiert und übersetzt Farben zwischen mehreren Geräten auf präzise Art und Weise. Es vergleicht den Farbraum (die Farbskala, die ein Gerät darstellen kann) einer erzeugten Farbe mit dem Farbraum, in dem dieselbe Farbe ausgegeben wird, und passt die erforderliche Farbe in Vorschaugeräten so genau wie möglich der Farbe an, die in der Endausgabe erzeugt wird (gedruckt oder online).

Faux-Funktionen
Nicht jede Schrift bietet auch jeden Schriftschnitt, den man gerade benötigt. Faux-Fett (»faux« ist das französische Wort für »falsch, nachgemacht«) oder Faux-Kursiv stellen diese Schnitte digital nach – die ursprüngliche Grundschrift wird streng genommen verzerrt. Für eine korrekte Typografie ist die Verwendung von Faux-Funktionen nicht zu empfehlen.

Flattersatz
Der Satz ist nur auf einer Seite (rechts- oder linksbündig) an einer vorgegebenen Kante ausgerichtet, auf der anderen Seite aber laufen die Zeilen unterschiedlich lang aus. Der Wortabstand ist gleichmäßig.

Font
Schriftart innerhalb einer Schriftfamilie. Meistens besitzen Schriftfamilien Fonts/Schriftarten wie: Normal, Kursiv, Fett etc.

Formsatz
Nach bestimmten Formen/Figuren gesetzter Text, z. B. in Kreis-, Halbkreis- oder Wellenlinien.

Fraktur
Auch Frakturschrift genannt, Schriftform, bei der die Linien der Buchstaben gebrochen bzw. unterbrochen sind.

Freisteller
Ein in einem Bild angelegter Pfad oder eine Maske, die bestimmte Bildbereiche ausblendet, sodass nur noch ein Teil des Motivs zu sehen ist und gedruckt wird.

Gamma
Bestimmt die mittlere Helligkeit in einem Bild. Bei der Gammakorrektur verteilen sich die Tonwerte zwischen Schwarz- und Weißpunkt neu. Die Korrektur wirkt sich hauptsächlich in den Mitteltönen aus, der gesamte Tonwertumfang wird nicht verändert.

Gammakorrektur
Das Verdichten oder Erweitern von Bereichen mit dunklen oder hellen Farbtönen in einem Bild.

GCR
Abkürzung für Grey Component Replacement. Separationsart, die den Gesamtfarbauftrag verringert. Der Unbuntaufbau reduziert die Anteile der Buntfarben und gleicht die Reduktion durch Zugabe von Schwarz aus (→ UCR).

Gemeine
Kleinbuchstabe oder Minuskel.

Gestaltungsraster
Hilfslinien, die in gleichmäßigen Abständen in zwei Dimensionen gezeichnet werden, um die Positionierung der Seitenelemente zu erleichtern. Bei elektronischen Systemen müssen Raster verwendet werden, um Text und Bilder exakt im Seitenlayout zu platzieren.

Geviert
Größe zur Beschreibung eines Zwischenraums beim Setzen von Text. Entspricht der jeweiligen Schrifthöhe (Kegelgröße). Es gibt auch Halbgeviert, Viertelgeviert und Achtelgeviert.

GIF
Graphics Interchange Format. Ein schon etwas betagtes, aber immer noch weit verbreitetes Bildformat im Internet. Kann maximal 256 Farben darstellen und komprimiert die Daten mit dem LZW-Verfahren. Eine Besonderheit sind animierte GIFs, bei denen mehrere Varianten einer Abbildung in einer Datei gespeichert sind, die dann wie in einem Daumenkino nacheinander auf der Webseite dargestellt werden.

GIF89a
Eine Form der GIF-Datei, die Transparenz und Multiblocks unterstützt. Multiblocks (mehrere Bilder in einer einzigen Datei) vermitteln die Illusion von Bewegung. GIF89a-Dateien werden oft auch als Transparent GIFs oder Animated GIFs bezeichnet.

Glyphen-Palette
Für alle Zeichen, die im Font vorliegen, aber nur schwer über die Tastatur aufgerufen werden können, steht in InDesign die Glyphen-Palette zur Verfügung. In der *Typografie* ist eine Glyphe die grafische Darstellung eines beliebigen Schriftzeichens.

Gradation
Charakteristisches Schwärzungsverhalten eines lichtempfindlichen Materials, ausgedrückt in einer Gradationskurve. Diese Kurven gibt es auch in Photoshop. Mit ihrer Hilfe kann man die Gradation eines Bildes steuern.

Gradationskurve
Korrekturfunktion in Bildbearbeitungs- und Scanprogrammen zur Änderung von Helligkeit, Kontrast und Gamma. Die Gradation lässt sich auch in einzelnen Farbkanälen ändern, um Farbstiche auszugleichen.

Grammatur
Grammatur bezeichnet das Flächengewicht von Papier. Eine Grammatur von 90 g/m² besagt, dass ein Bogen von 1 m² des bezeichneten Papiers 90 g wiegt. Die Einheit der **G** ist g/m².

Graustufen
Helligkeitswerte eines Bildes. Im Rasterdruck ergibt sich die Anzahl der Graustufen aus dem Zusammenhang (dpi : lpi) × 2 : lpi = Anzahl der darstellbaren Graustufen (maximal 256 bei 8 Bit).

Grauwertreduktion, GCR
Beim Druck soll durch die Farben Cyan, Magenta und Gelb beim Übereinanderdruck ein Schwarz erreicht werden. Dies ist nicht der Fall, es entsteht nur ein dunkles Braun. Bei dunklen Farben wird die »Dunkelheit« durch Zugabe der anderen Farbanteile erreicht. Bei GCR (Gray Component Peplacement) wird nun der »Dunkelanteil« errechnet und durch Zugabe von Schwarz erreicht. Dabei spart man den sonst verwendeten Anteil von Cyan, Magenta und Gelb.

Grundlinienraster
Das Grundlinienraster dient einerseits dazu, die Textgrundlinien automatisch an ihm auszurichten, es kann andererseits aber wie alle anderen Hilfslinien zur Positionierung von Objekten verwendet werden.

Haarlinie
Die dünnste auflösbare Linie, die noch durch einen belichteten Rasterpunkt dargestellt werden kann.

Halbgeviert
Die halbe Breite eines Gevierts vom entsprechenden Schriftgrad, was dem Zeichen »n« bei den meisten Schriften entspricht.

Halbton
Hiermit werden Bilder mit unendlich vielen Farben und Farbtönen beschrieben, die weich ineinander übergehen, um eine möglichst realistische Reproduktion von natürlichen Bildern zu erzeugen.

Halbtonraster
Ein Muster aus Punkten unterschiedlicher Größe, mit dem ein Farb- oder Graustufenbild simuliert wird. Im Notfall werden beim Drucken Raster zwischen 60 und 228 dpi verwendet. Je höher die Punktdichte ist, desto weniger sind die Punkte mit dem Auge wahrzunehmen und desto höher ist die jeweilige Auflösung.

Hängender Einzug
Ein Absatz, bei dem die erste Zeile nach links außen gesetzt ist; in der Regel für einen hinweisenden Begriff oder kurzen Text, der im Absatz erläutert wird.

Helligkeit
Ein Maß für das gesamte von einem Objekt ausgesendete, durchgelassene oder reflektierte Licht. In der Naturwissenschaft wird dieser Wert in Candela gemessen.

Hexadezimal
Zahlensystem, das auf der Basis 16 aufbaut. Es wird mit den Ziffern 0 bis 9 und den Buchstaben A bis F geschrieben. Es ist im Computerbereich weit verbreitet, da die Werte eines Bytes (2 hoch 8) auch mit exakt zwei Hexadezimalziffern (2 × 2 hoch 4) geschrieben werden können.

Hierarchische Mustervorlagen
Mustervorlage, die wiederum auf einer anderen → Mustervorlage basiert und diese nur in bestimmten Punkten abwandelt.

Histogramm
Darstellung der Tonwertverteilung in einem Bild. Für jede der 256 Stufen in einem 8-Bit-Bild oder -Kanal wird die Zahl der Bildpunkte ermittelt, die diesen Wert repräsentiert.

HLS
Ein Farbmodell, das auf drei Koordinaten basiert: dem Farbton (Hue), der Helligkeit (Luminanz) und der Farbsättigung (Saturation).

HSB
Farbsystem mit den Parametern Hue, Saturation, Brightness; verwandte Systeme: HSV (Hue, Saturation, Value) und HSL (Hue, Saturation, Lightness).

Hue
Deutsch: Farbton (ohne Berücksichtigung von Helligkeit und Sättigung).

Hurenkind
Wenn die letzte Zeile eines Absatzes durch den Seitenumbruch an den Anfang einer neuen Seite oder Spalte gerät, nennt man diese Zeile traditionell ein Hurenkind. Sein Gegenteil ist ein → Schusterjunge. Beide Erscheinungen gelten als Satzfehler und können durch Voreinstellungen in der Satz-Software meist vermieden werden.

ICC-Standard
Standard für ein geräteunabhängiges, aber auch programm- und plattformunabhängiges Farbmanagement. Geräte und ihre Farbräume werden über ICC-Farbprofile beschrieben und mit einem Color Management Modul (CMM) ineinander umgerechnet. Der Referenzfarbraum ist der geräteunabhängige Lab-Farbraum. Das ICC-Farbmanagement ist mit ColorSync (Mac OS) bzw. ICM (Windows) fester Bestandteil der Betriebssysteme.

Imagemap
Grafik oder Bild auf einer Website, in der bzw. dem Hyperlinks (Hot Spots) in Form von anklickbaren Bereichen angelegt sind.

InCopy
Adobe InCopy ist ein Texteditor, der ganz auf die Zusammenarbeit mit Adobe InDesign ausgelegt ist. InCopy ermöglicht ein paralleles Arbeiten an einem Dokument, wobei der Texter zeilenverbindliche Texte in InCopy schreibt und der Layouter die Gestaltung des Dokuments in InDesign vornimmt.

Indizierte Farben
Farbmodus für Bilder, die nur eine begrenzte Anzahl von Farben enthalten. Im 8-Bit-Modus sind dies 256 Farben, bei einer geringeren Farbtiefe entsprechend weniger. Verwendung findet dieser Farbmodus besonders bei Bildern, die für die Darstellung auf Bildschirmen mit geringer Farbtiefe vorgesehen sind.

Initial
Großbuchstabe am Absatzbeginn, der höher als die normalen Großbuchstaben ist und sich über mehrere Zeilen erstreckt.

Interpolation
Höherrechnen der Bildauflösung durch mathematische Formeln.

Italic
Englische Bezeichnung für *kursiv*.

JPEG
Joint Photographic Experts Group; verlustbehaftetes Kompressionsformat für digitale Bilder, das bei niedrigen Kompressionsraten einen guten Kompromiss zwischen Qualität und Größe bietet. Standardformat bei Digitalkameras und im Web.

JPEG 2000
Weiterentwicklung von JPEG mit Wavelet-Kompression. JPEG 2000 ermöglicht eine bessere Qualität bei hoher Kompression.

Kalibrierung
Eichen von Geräten auf Standardmaße, um zuverlässige Ergebnisse zu produzieren. Ein Beispiel sind auf bestimmte Standardeinstellungen kalibrierte Farbmonitore.

Kantenglättung
Eine Technik, um die zackigen Grenzlinien, die bei Bitmap-Bildern auftreten, zu vermindern. Dies geschieht gewöhnlich durch das Einfügen von Pixeln, die die Farben an den Übergängen zwischen benachbarten Farben vermischen.

Kapitälchen
Eine Schrift, bei der die Kleinbuchstaben wie Großbuchstaben aussehen, aber die Höhe von normalen Kleinbuchstaben ohne Ober- und Unterlänge haben: KAPITÄLCHEN.

Kegel
Metallblock, auf dem im Bleisatz die Letter (spiegelverkehrt) steht. Die Höhe des Kegels ist auch die angegebene Schriftgröße.

Keil
Keile dienen dazu, Texte gleichmäßig auf eine bestimmte Breite (oder Höhe) zu setzen. Im Blocksatz werden die Abstände zwischen Wörtern »ausgetrieben«. Der vertikale Keil dagegen stört das

Gleichmaß der Typografie und behindert mitunter die Lesbarkeit.

Kerning
Individuelle Zurichtung von Buchstabenpaaren zur Erzielung eines besseren, ausgeglicheneren Schriftbildes. Früher eine sehr anspruchsvolle, manuelle Tätigkeit, heute bei den wirklich hochwertigen Schriften entbehrlich. Auch hier hat DTP den traditionellen Schriftsatz qualitativ längst abgehängt.

Kompression
Verringern der Dateigröße vor allem zur Übertragung im Web oder per E-Mail oder für schnellere Anzeige von Multimedia-Daten. Es gibt verlustlose (LZW, ZIP) und verlustbehaftete (JPEG) Komprimierungsverfahren.

Kopfzeile
Separate Zeile über dem Text, bisweilen auch »lebender Kolumnentitel« genannt.

Kursiv
Eigenständiger Schriftschnitt, dessen Zeichen leicht nach rechts geneigt sind und so einer Schreibschrift etwas ähnlicher sehen: *kursiv*. Man unterscheidet echte kursive Schriftschnitte, die eigenständige Schnitte mit z. T. erheblich anderen Buchstabenformen sind, und → Faux-Funktionen, die nur die vorhandene Schrift verzerren.

Lab
Geräteunabhängiger Farbmodus, bei dem Farben durch einen Kanal für die Helligkeit (L für Lightness) und zwei Buntheitskomponenten (Kanal a von Grün bis Magenta und Kanal b von Blau bis Gelb) dargestellt werden. Der Lab-Farbraum ist größer als der RGB-Farbraum, lässt sich aber ebenfalls mit 24 Bit kodieren. Er umfasst das gesamte Spektrum der sichtbaren Farben.

Laufweite
Abstand zwischen den Buchstaben.

Layout
Englisch für »Planung, Anordnung«: typografische Text- und Bildgestaltung einer Seite oder eines Dokuments. Auf dem Layout wird der → Satzspiegel festgelegt, in dem Text und Abbildungen angeordnet werden.

Layoutprogramm
Programm zur vollständigen Gestaltung von Medien wie Zeitschriften, Prospekten und Webseiten auf dem Computer. Die bekanntesten Layoutprogramme sind Adobe InDesign, Adobe PageMaker und QuarkXPress.

Layout-Proof
Eine Farbkopie, mit der ein Gesamteindruck der auf einer Seite verwendeten Farben und des Seitenlayouts vermittelt wird.

Ligaturen
Kombination von zwei Buchstaben zu einer Einheit. In Zeichensätzen für den Mac gibt es standardmäßig Ligaturen für die Buchstabenkombinationen »fi« und »fl«. Auch das »ß« ist eigentlich eine Ligatur.

Linienstärke
Die in Millimetern oder Punkten gemessene Dicke einer Linie.

Linksbündig
Die Zeilen eines Absatzes bilden links eine Kante und laufen nach rechts frei aus.

Luminanz
Die Helligkeitskomponente einer Farbe, die von der Farbe selbst unabhängig ist. Ein Schwarz-Weiß-Foto besteht aus einem Luminanzmuster der Szene, die auf dem Film festgehalten wurde. Es ist möglich, die Luminanz ohne Chrominanz (Farbkomponenten) anzuzeigen. Es ist jedoch nicht möglich, Farbe ohne Luminanz zu zeigen.

LZW
Nach seinen Entwicklern Lempel, Ziv und Welch benanntes, verlustfreies Kompressionsverfahren, das von den Bildformaten TIFF und GIF verwendet wird. Man erreicht damit ein Kompressionsverhältnis von rund 2:1.

Majuskel
Großbuchstabe, auch Versalie genannt.

Marginalien
Randbemerkungen, ergänzende Informationen (Text oder Illustrationen) zum Haupttext eines Buches, die in der Randspalte gesetzt sind.

Mediävalziffern
Ziffern mit unterschiedlichen Breiten und Unterlängen, die sich dem Antiquasatz gut anpassen.

Minuskel
Kleinbuchstabe, auch Gemeine genannt.

Mittellänge
Teilmaß eines Zeichens zwischen der Schriftlinie und der mittleren Höhe, der x-Höhe.

Moiré
Beim Farbdruck entstehendes Muster, das durch die Überlagerung der Raster der einzelnen Druckfarben entstehen kann. Die Moirébildung wird weitgehend dadurch vermieden, dass die Farben mit versetzten Rasterwinkeln gedruckt werden.

Monitorkalibrierung
Der Vorgang, bei dem die Farbberechnungseinheiten eines Monitors so korrigiert werden, dass sie den gewählten Farben des Ausdrucks so genau wie möglich entsprechen.

Monochrom
Ein Bild, das in einer Farbe gedruckt wird, die nicht unbedingt Schwarz sein muss, die jedoch alle Farbtöne, die erforderlich sind, um das gesamte Bild zu beschreiben, abdeckt.

Montagefläche
Eine virtuelle Ablagefläche, die sich rund um das Dokument befindet. Hier können Elemente abgelegt werden, bis sie gebraucht werden. Elemente, die auf der Montagefläche außerhalb des → Druckbogens liegen, werden nicht ausgegeben.

Mustertextrahmen
Diese Funktion erstellt im Dokument automatisch einen Textrahmen im Ausmaß des Satzspiegels.

Mustervorlage
Eine Musterseite, auf die Sie alle Grafiken, Bilder und Texte platzieren, die auf mehreren Seiten im Dokument in derselben Weise passgenau dargestellt werden sollen, z. B. Seitenzahlen oder ein Firmen-Logo.

Nachbreite
Freier Raum nach dem Schriftzeichen.

Nutzen
Nutzen wird die größtmögliche Anzahl darstellbarer Seiten inklusive Anschnitt und weiterer Druckmarken pro Seite oder Doppelseite bezeichnet.

Oberlänge
Oberer Teil eines Zeichens.

Open-Type
Von Adobe und Microsoft auf der Basis von TrueType entwickeltes Dateiformat für Schriften, bei dem sich in einer Schriftdatei mehrere Tausend unterschiedliche Zeichen speichern lassen. Intern verwendet eine Open-Type-Schrift entweder die PostScript- oder die TrueType-Technologie zur Beschreibung der einzelnen Zeichen. Die Schriften lassen sich sowohl auf dem Mac als auch unter Windows einsetzen.

OPI
»Open Prepress Interface«: Arbeitsablauf in der Druckvorstufe, bei dem auf einem OPI-Server die hochauflösenden Bilddaten verwaltet und für das Layout niedrig auflösende Platzierungsdateien erstellt werden. Das Verfahren reduziert das im Netzwerk zu übertragende Datenvolumen beträchtlich. Bei der Ausgabe wird über den OPI-Server gedruckt, der die Platzierungsbilder wieder durch die hochauflösenden Varianten ersetzt.

OPI-Schnittstelle
OPI ist eine Erweiterung der PostScript-Sprache, mit der die kommentierten Funktionen der Sprache für zusätzliche Aufgaben genutzt werden können. Ursprünglich wurde diese Erweiterung von Aldus entwickelt, um eine Verbindung zwischen DTP-Anwendungen und traditionellen Farbrepro-Verfahren zur Verfügung zu stellen. Die OPI-Schnittstelle wird jetzt verwendet, um niedrig aufgelöste Bilddateien durch hochaufgelöste Bilddaten auszutauschen, bevor diese für die Ausgabe an einen PostScript-RIP gesendet werden.

Pagina
Seitenzahl.

Passergenauigkeit
Die genaue Positionierung der vier separierten Filme oder der vier Druckfarben übereinander. Das menschliche Auge kann auch ohne Hilfsmittel feststellen, wenn die Passgenauigkeit nicht exakt ist, da dies durch Farbränder, die an den Konturen im Bild erscheinen, deutlich sichtbar wird.

Passkreuze
Auf den einzelnen Farbauszügen angebrachte Markierungen, die die exakte Montage der belichteten Filme ermöglichen.

PDF
Portable Document Format. Ein von Adobe auf der Basis von PostScript entwickeltes Dateiformat, das

den plattformübergreifenden Austausch von Dokumenten bei gleichzeitiger Beibehaltung aller Gestaltungsmerkmale erleichtern soll, was unter anderem durch die Einbettung der Schriften möglich ist. PDF-Dateien sind durch die Komprimierungsmöglichkeiten für Bilder und Schriften vergleichsweise klein. Ursprünglich nicht mit Blick auf die Druckindustrie entwickelt, ist PDF inzwischen zu einem Standardaustauschformat in der Druckvorstufe geworden.

Pica-Point
Englisches typografisches Maß; ein Pica hat 12 Pica Points (4,233 mm); 6 Pica ergeben rund 1 Zoll.

PICT
Dateiformat für Bilder und Grafiken des klassischen Mac-Betriebssystems. Lässt sich auch mit Mac OS X einsetzen, nicht jedoch mit Windows.

Pixel
Kunstwort aus »Picture Element« beziehungsweise »Picture Cell«, kleinste digitale Bildeinheit in einem Bild oder Bildverarbeitungssystem.

Pixelgrafik
Auch Bitmap genannt. Aus farbigen Flächen bestehende Bilder. Jede Fläche entspricht einem Pixel und ist in einem gedachten Raster angeordnet. Pixelgrafiken wirken natürlicher als → Vektorgrafiken, ihr Dateivolumen ist aber auch deutlich größer.

Plattformübergreifend
... sind Dokumente, Programme und Medien, die sich unter verschiedenen Betriebssystemen einsetzen lassen.

Plug-in
Zusatzmodul, das den Funktionsumfang eines Programms erweitert. Notwendig ist dazu eine entsprechende Schnittstelle, wie sie zum Beispiel Photoshop bietet. Auch Browser verwenden Plug-ins wie QuickTime, Flash, Shockwave, Real Video und Real Audio, um Multimedia-Inhalte darzustellen.

PNG
Portable Network Graphics, als Nachfolger für GIF entwickeltes, frei verfügbares Bilddateiformat für Webseiten; lässt sich aber auch in vielen Programmen verwenden.

PostScript
Programmiersprache zur Beschreibung von Text, Grafik und Bildern in einem Layout, weshalb man PostScript auch als Seitenbeschreibungssprache bezeichnet. Der Vorteil von PostScript liegt darin, dass bis auf die Pixelbilder alle Elemente rein mathematisch definiert und deshalb auflösungsunabhängig sind. Erst bei der Ausgabe wird eine PostScript-Datei entsprechend dem Auflösungsvermögen des Ausgabegerätes im RIP (Raster Image Processor) aufgerastert. Mit PostScript-Befehlen lassen sich auch Schriften erstellen, deren Buchstaben ebenfalls nur mathematisch definiert und damit auflösungsunabhängig sind. Zum Drucken der Zeichen muss das Betriebssystem oder das Ausgabegerät PostScript unterstützen.

PPD
»PostScript Printer Definition«: Druckerbeschreibungsdatei für PostScript-Drucker. In dieser sind die gerätespezifischen Informationen wie Auflösung, Papierformat und verfügbare Papierschächte gespeichert und werden vom Druckertreiber gelesen und dann im Dialogfenster angezeigt.

Proof
Testdrucke, anhand derer die Druckqualität farbverbindlich festgelegt wird. Analoge Proofs wie Cromalin und Matchprint werden auf der Basis der belichteten Filme erstellt, bei digitalen Proofs werden die Originaldaten (Layouts, Bilder) direkt auf einem Ausgabegerät ausgegeben.

Proportionalschriftart
Eine Schriftart, in der jedes Zeichen eine unterschiedliche Breite hat.

Prozessfarben
Die vier Farben Cyan, Magenta, Gelb und Schwarz (CMYK), aus denen im Vierfarbdruck alle anderen Farben erzeugt werden. Es gibt auch den Sechsfarbdruck, bei dem als zusätzliche Prozessfarben noch Grün und Orange hinzukommen.

PSD
»Photoshop Document«: Das ist das »hauseigene« Photoshop-Datei-Format. Es unterstützt durchweg alle (Photoshop-)Spezialfunktionen wie Ebenen, Kanäle und Transparenzen. PSD-Dateien sind jedoch sehr groß und lassen sich vor allem mit Anwendungen aus der Creative Suite bearbeiten. Das Dateiformat wird stetig weiterentwickelt. Die Kompatibilität lässt sich über einen Dialog maximieren. Damit kann das Dokument dann auch in älteren Versionen von Photoshop verwendet werden. Die Verwandlung von PSD in andere Dateiformate ist problemlos möglich.

Punkt
Ein einzelnes Element beim Halbtondruckverfahren. Die Punkte, die durch eine Lupe sichtbar sind, variieren in der Größe, um die Intensität der gedruckten Farbe zu steuern. Jeder Punkt besteht in Wirklichkeit aus vielen zusammenstehenden, sehr kleinen Punkten, die von der elektronischen Ausgabeeinheit erzeugt werden. Durch Kombination solcher elektronischer Rasterpunkte wird sowohl die Größe als auch die Form des fertigen Punktes bestimmt. Ein elektronischer Rasterpunkt ist ein einzelner Punkt oder ein Pixel bei der angegebenen Auflösung, mit der die Belichtungseinheit (Ausgabeeinheit) arbeiten kann.

QuickInfo
Wenn Sie über den Zweck eines Werkzeuges unsicher sind, verweilen Sie einfach kurz mit der Maus auf dem jeweiligen Button – ein erklärender Werkzeugtipp (»QuickInfo«) wird eingeblendet.

Raster
Da Druckmaschinen keine unterschiedlich großen Punkte drucken können, wird eine Anzahl von Maschinenpunkten (Dots) zu Rasterzellen zusammengefasst. Je nachdem, wie viele dieser Punkte gedruckt werden, erscheint die Rasterzelle größer oder kleiner. Dadurch entsteht für das Auge der Eindruck von helleren und dunkleren Farben.

Rasterscan
In einem gerasterten Bild wird jedes einzelne Bildelement durch einen numerischen Wert dargestellt, der die Farbintensität beschreibt. Bei einem Rasterscan wird ein Bild normalerweise progressiv von oben links nach oben rechts abgetastet. Nach dieser ersten Zeile werden die nächsten Zeilen ebenso abgetastet, bis das gesamte Bild erfasst ist.

Rasterweite
Maßeinheit, die angibt, wie viele Rasterzellen ein Ausgabegerät pro gewählter Strecke ausgeben kann. Verwendet werden entweder die Einheiten Lines per Inch (lpi) oder Linien pro Zentimeter (lpc).

Rasterwinkel
Die Linien mit den Rasterzellen der Druckfarben werden in unterschiedlichen Winkeln zueinander gedruckt, damit keine unerwünschten Muster (Moiré) auf dem Ausdruck erscheinen.

Rauhsatz
Variante des Flattersatzes mit bewusst glatter gehaltenen Kanten.

RAW
Format der unkomprimierten Digitalkamera-Aufnahme. Es gibt kein einheitliches RAW-Format; die Hersteller verwenden jeweils eigene Varianten. Zum Lesen der Daten sind spezielle Programme oder Plug-ins erforderlich.

Registerhaltigkeit
Wenn die Grundlinien des Textes in einem Buch oder einer Zeitschrift in den Spalten und auf Vorder- und Rückseite jeweils auf der gleichen Linie liegen, spricht man von Registerhaltigkeit. In Layoutprogrammen erreicht man dies durch das Grundlinienraster, an dem sich der Text ausrichtet.

RGB
Rot, Grün, Blau: Farbraum aus Selbstleuchterfarben, die sich additiv zu Weiß mischen, beispielsweise beim Farbmonitor.

RIP
Ein »Raster Image Processor« bereitet die PostScript-Daten zur Ausgabe auf Druckern und Belichtern auf.

Rollenoffsetdruck
Ein Druckverfahren, bei dem keine Bögen, sondern Rollenpapier verwendet wird. Der Rollenoffsetdruck ist schneller als der Bogendruck, sodass er sich besonders für große Auflagen eignet.

Satzspiegel
Wichtige Größe bei der Planung eines Seitenlayouts. Der Satzspiegel gibt vor, wie groß der zu bedruckende Raum einer Seite sein soll.

Saturation
Sättigung einer Farbe

Satzspiegel
Vorgegebener zu bedruckender Raum.

Schmutztitel
Die erste Seite eines Buches. In der Regel steht hierauf der Kurztitel und Name des Autors. Der Begriff stammt aus der Zeit, als Bücher nur nach Bedarf gebunden wurden. Der Schmutztitel schützte den eigentlichen Innentitel vor dem Verschmutzen.

Schrift
- Durch Zeichen/Buchstaben dargestellte Sprache.
- Eine gedruckte, weniger umfangreiche Publikation kulturellen, wissenschaftlichen etc. Inhalts.

Schriftfamilie
Unterschiedliche Schriftarten einer Schrift (Familie); z. B. normal, kursiv, fett, mager, fett-kursiv. Im Bleisatz hieß das Garnitur.

Schriftgröße
Die Schriftgröße richtet sich nach der Art des Textes. Der Typograf unterscheidet zwischen Konsultations-, Lese- und Schaugröße. Die Konsultationsgröße liegt zwischen 6 und 8 Punkt (z. B. Telefonbuch).

Schrifthöhe
Die Höhe des Kegels (im Bleisatz), was im Fotosatz und Computersatz übernommen wurde. Die Schrift selbst ist kleiner, hat also keine absolute Höhe.

Schriftkegel
Höhe der Letter (im Bleisatz).

Schriftklassifizierung
Einteilung von Schriften nach Gruppen mit gleichen Merkmalen (DIN 16 518).

Schriftlinie
Zeichen/Wortgruppen stehen auf einer gemeinsamen Schriftlinie, auch wenn unterschiedliche Schriften bzw. Schriftgrößen verwendet werden.

Schriftmuster
Gesetzter Text, anhand dessen das Bild und die Wirkung einer Schrift beurteilt werden kann.

Schriftschnitt
Im Bleisatz bezeichnet man damit jede Variante einer Schrift: kursiv, mager, normal, fett usw.

Schusterjunge
Die erste Zeile eines Absatzes, die beim Umbruch an das Ende der vorhergehenden Spalte geraten ist (→ Hurenkind).

Schwarzaufbau, Schwarzanteil
Anteil der Schwarzkomponente in CMYK-Bildern. Je nach Separationseinstellung (GCR oder UCR) werden gleiche Farbanteile der Buntfarben Cyan, Magenta und Gelb ganz oder teilweise durch die Farbe Schwarz ersetzt.

Schwarzpunkt und Weißpunkt
Die Punkte auf einer Gradationskurve oder im Histogramm, die einem 100%igen Schwarz bzw. Weiß entsprechen. Durch Setzen von Schwarz- und Weißpunkt lassen sich die vorhandenen Tonwerte optimal auf die gesamte zur Verfügung stehende Grauskala verteilen.

Schwellenwert
Tonwertgrenze bei der Umwandlung von Graustufenbildern in den Bitmap-Modus: Dunklere Töne werden schwarz, hellere weiß.

Separation
Trennung der im Layout verwendeten Farben in die Farbauszüge der Prozessfarben und der gegebenenfalls verwendeten Sonderfarben. Die Separation kann entweder durch das jeweilige Grafik- oder Layoutprogramm erfolgen oder bei modernen Geräten auch direkt im RIP (In-RIP-Separation).

Serifen
Kleine geschwungene oder rechteckige Abschlussstriche oder Begrenzungen an den Enden der Buchstaben; auch Antiqua-Schriften genannt.

Siebdruck
Durchdruckverfahren, bei dem mit einem Rakel die Druckfarbe durch sehr feine textile Siebe (aus Kunststoff- oder Metallfasern) gedrückt wird. Die Farbe kann nur an den Stellen auf dem Bedruckstoff wirksam werden, die vorher nicht undurchlässig beschichtet oder abgedeckt wurden. Siebdruck ist nur für kleine Auflagen bzw. schwierige Druckaufgaben geeignet. Er wird überwiegend für Kunstdrucke, Plakate, Schilder, Tapeten und Stoffe verwendet.

Softproof
Ungefähre Vorschau des zu erwartenden Druckergebnisses auf dem Bildschirm.

Sonderfarben
Auch als Schmuckfarben oder Volltonfarben bezeichnet. Diese Farben werden als gesonderte, vorgemischte Farben über ein separates Farbwerk aufgetragen. Man benötigt sie zum Drucken von Farben, die sich nicht durch die Prozessfarben darstellen lassen. Es gibt standardisierte Sonderfarbensysteme wie HKS und Pantone.

Sonderschrifttypen
Repräsentieren Gruppen von Schrifttypen. Das Zielsystem wählt eine installierte Schrifttype aus dieser Gruppe.

Spationieren
Das Verbreitern der Wort- und Buchstabenabstände in einem Text.

Spatium
Im Bleisatz ein dünnes Blättchen, mit dem Wortzwischenräume ausgeglichen werden, daher der Ausdruck → Spationieren.

Steg
Frei bleibende Ränder einer bedruckten Seite; man unterscheidet jeweils: Kopfsteg = oben; Fußsteg = unten; Außensteg = rechts/links außen; Bundsteg = innen bis zur Bindung. In InDesign wird auch der Spaltenabstand als Steg bezeichnet.

Subtraktive Farbmischung
Farbsystem mit den Grundfarben Cyan, Magenta und Gelb, bei dem die Absorption von Wellenlängenbereichen des Spektrums beschrieben wird. Das Ergebnis einer Mischung ist immer dunkler als die Ursprungsfarbe.

Suffix
Die Endung einer Datei wie ».pcx« wird als Suffix bezeichnet. Die englische Bezeichnung ist »Extension«.

TIFF
»Tagged Image File Format«: Dateiformat für Bilder, das plattformübergreifend von vielen Programmen verstanden wird und alle Farbmodelle und Farbtiefen unterstützt. In einem TIFF lassen sich außerdem Masken und Pfade zur Freistellung und Ebenen speichern.

Tonwert
Helligkeitswert eines Pixels in einem Graustufenbild bzw. Farbkanal eines RGB- oder CMYK-Bildes. Die Tonwertskala reicht von 0 (Schwarz) bis 255 (Weiß).

Tonwertkorrektur
Verfahren zur Anpassung von Helligkeit und Kontrast. In einzelnen Farbkanälen durchgeführt, dient die Tonwertkorrektur zur Kompensation von Farbstichen.

Tonwertumfang
Bereich zwischen dem hellsten und dunkelsten Punkt in einer Bilddatei.

Tonwertzuwachs
Durch Farbquetschung, Diffundierung der Druckfarbe in die Papierstruktur und vor allem durch den optischen Effekt des »Lichtfangs« (Unterstrahlung eines Rasterpunkts) hervorgerufene »Verdunklung« eines gerasterten Farbtons. Der Tonwertzuwachs muss bei der Separation oder Belichtung durch invertierte Berechnung (Aufhellung) kompensiert werden, damit der Druck die Tonwerte in der vorgesehenen Helligkeit und Farbe wiedergibt.

Transparent GIF
Eine Untergruppe innerhalb des ursprünglichen GIF-Dateiformats, bei der der GIF-Datei Header-Informationen hinzugefügt werden, durch die eine bestimmte Farbe maskiert wird.

Trapping
→ Überfüllen

True Color
Die durch 24 Bit Farbtiefe erzielte Farbqualität. 24 Bit führt zu 16,7 Millionen Farben, was für das menschliche Auge mehr als ausreichend sein sollte.

TrueType
Von Apple und Microsoft als Gegenstück zu den PostScript-Schriften von Adobe entwickeltes Schriftenformat, bei dem die Zeichen auflösungsunabhängig durch eine mathematische Beschreibung definiert sind und sich deshalb stufenlos skalieren lassen. Hat sich als Standardschriftformat der Betriebssysteme Mac OS und Windows sowie im Office-Bereich durchgesetzt. TrueType-Schriften können anders als PostScript-Schriften mehr als 256 unterschiedliche Zeichen umfassen (Beispiel Lucida Grande).

Typometer
Auf dem typografischen Punkt basierende Messleiste

Überdrucken
Normalerweise muss ein in einer bestimmten Farbe definiertes Gestaltungselement einer Drucksache aus einem Untergrund, der mit von dem Element nicht benutzten Farben definiert wurde, ausgespart werden, damit die Farbe des Elements nicht durch die Farbe des Untergrundes verfälscht wird. Es gibt jedoch Fälle, wo dies nicht sinnvoll ist, beispielsweise bei schwarzer Schrift vor einem farbigen Hintergrund. Hier spricht man davon, dass das Objekt den Hintergrund überdrucken muss, also aus diesem nicht ausgespart wird, denn Schwarz kann durch einen hinterlegten Grund nicht mehr nennenswert verändert werden.

Überfüllen
Der Vorgang, der normalerweise auf fotomechanische Weise ausgeführt wird, indem von einem Negativ wiederholt Kontaktdrucke angefertigt werden,

wobei die Strichvorlage vergrößert wird. Die umgekehrte Funktion »Unterfüllen« wird verwendet, um Strichvorlagen in demselben Prozess zu verkleinern (wobei allerdings von einem Positivbild ausgegangen wird). Der Vorgang wird ausgeführt, um sicherzustellen, dass zwischen der Strichvorlage und dem umgebenden Bereich keine Lücke vorhanden ist, durch die das Papier scheint (Blitzer). Die Strichvorlage, die leicht vergrößert ist, tritt etwas über den Originalbereich hinaus. Hierdurch wird der Druckprozess vereinfacht, da die Druckpresse nicht absolut genau eingestellt sein muss.

Übersatz
Übersatz ist Text, der in einem Textrahmen nicht genügend Platz hat und nicht mehr im Textrahmen dargestellt werden kann.

UCA
Abkürzung für »Under Colour Addition« (Unterfarbenaddition). Dies ist eine Technik, mit der in neutralen, dunklen Bereichen CMY-Farbe zugegeben wird, damit das → UCR-Verfahren effektiv eingesetzt werden kann.

UCR
Abkürzung für »Under Colour Removal« (Unterfarbreduktion). Mit dieser Technik werden die drei Farbkomponenten, mit denen die Grauwerte an dunklen oder schwarzen Stellen in Farbseparationen durch Mischung erzeugt werden, durch Schwarz ersetzt. Auf diese Weise werden die teuren CMY-Farben sparsam verwendet und durch die preiswertere schwarze Farbe ersetzt. Diese Technik reduziert die Menge an Druckfarbe, die erforderlich ist, um Grautöne zu erzeugen. Gleichzeitig wird die Druckgeschwindigkeit erhöht und die Trockenzeit verkürzt. Diese Technik ist nicht mit dem → GCR-Verfahren zu verwechseln, das sämtliche Mischungen der drei Farben beeinflusst. Vielmehr sind hiervon nur die Grautöne, nicht die Farben betroffen. Das Ergebnis ist eine stärkere schwarze und schwächere CMY-Separation.

Unbuntaufbau
Deutscher Terminus für → GCR (Gray Component Replacement).

Unterfarbenentfernung
Deutscher Terminus für → UCR (Under Color Removal).

Unterfüllen
Dieser Vorgang, bei dem Strichvorlagen verkleinert werden, wird normalerweise fotomechanisch ausgeführt, indem von einem Positiv wiederholt Kontaktabzüge erstellt werden. Die Gegenfunktion, das → Überfüllen, wird verwendet, um Strichvorlagen mit demselben Verfahren (allerdings mit Hilfe eines Negativs) zu vergrößern.

Unterlänge
Unterer Teil eines Zeichens/Buchstabens.

Unterschneiden
Verringern des Abstandes zwischen zwei Buchstaben, um optische Löcher zu vermeiden. Wird auch mit dem Begriff Kerning bezeichnet. Gut gemachte Schriften enthalten viele Zeichenkombinationen mit schon vordefinierten Unterschneidungswerten, die sogenannten Kerning-Paare, die von Publishing-Programmen automatisch erkannt und verwendet werden.

Vakatseite
Eine leere, unbedruckte Seite.

Vektor
Vektor ist ein allgemeiner Ausdruck für eine bestimmte Klasse von Grafiksystemen. Innerhalb eines solchen Grafiksystems wird ein Vektor durch eine Linie beschrieben, die durch Farbe, Start- und Endpunkt definiert ist. Vektoren werden daher im Normalfall bei der Erstellung von Strichvorlagen, typografischen Zeichen und Farbverläufen verwendet.

Vektorgrafik
Aus mathematischen Formeln beschriebene Bilder. Programme wie Flash und Illustrator sind auf Vektorgrafiken basierende Zeichen- bzw. Animationsprogramme. Siehe auch Pixelgrafik.

Versalhöhe
Gemessene Höhe des Großbuchstabens.

Versalie
Auch Majuskel; die Großbuchstaben einer Schrift. Versalien sollten für Hervorhebungszwecke nur vorsichtig eingesetzt werden (besser sind Kapitälchen), für ganze Texte überhaupt nicht – denn sie sind wesentlich schlechter lesbar als → Gemeine. Der Satz von Texten mit Versalien ist eine typische DTP-Unsitte und gibt dem Inhalt – im Gegensatz zur Mei-

nung ihrer Urheber – keineswegs mehr Bedeutung, sondern hält eher vom Lesen ab.

Versalziffer
Ziffern in gleicher Höhe der Versalien, z. B. K 123.

Vierfarbauszüge
Farbauszüge für den Vierfarbdruck in den Farben Cyan, Magenta, Gelb und Schwarz.

Vierfarbdruck
Allgemein übliches Druckverfahren für farbige Druckprodukte mit den Grundfarben Cyan, Magenta, Gelb und Schwarz

Vierfarbraster
Rasterung für die Darstellung von Farben im Vierfarbdruck (siehe Raster).

Volltonfarben
Alle Sonderfarben wie HKS- oder Pantone-Farben sowie Gold, Silber oder eine Lackform.

Websichere Farben
Websafe Colors: Farben, die von allen Browsern gleich angezeigt werden. In jedem Farbkanal (Rot, Grün und Blau) muss entweder eine 0 oder ein durch 51 teilbarer Betrag eingetragen sein.

Weißabgleich
Einstellung der Digitalkamera auf die Lichtbedingungen.

Weißpunkt
→ Schwarzpunkt und Weißpunkt.

Weißraum
Unbedruckter Raum auf einer Seite.

Werkschrift
Auch Brotschrift oder Textschrift genannt: die in einem Text benutzte Grundschrift.

Widerdruck
Bei doppelseitig bedruckten Vorlagen nennt man das Gedruckte, das sich auf der abgewandten Seite des Blattes befindet, den Widerdruck. Der Widerdruck kann bei dünnen Papiersorten durchscheinen und vom Scanner mit erfasst werden; die Vorderseite wird auch Schöndruck genannt.

XML
Die »Extensible Markup Language« (XML) entwickelt sich zur Grundlage vieler Dateiformate. Sie dient als Standard für die Beschreibung von Daten. XML-Dateien können in alle möglichen anderen Dateiformate – wie etwa HTML oder PDF – umgewandelt werden. XML wird auch von Apple bei den Property-Listen verwendet.

XHTML
»Extensible HyperText Markup Language«: Im Zuge von XML und seiner wachsenden Bedeutung für immer mehr Dateiformate, die auch im Web ihren Einsatz finden, entstand der Wunsch, auch HTML mit Hilfe von XML zu definieren. Damit kein Versionenwirrwarr entsteht, entschloss man sich dazu, dieses neue, XML-basierte HTML mit einem neuen Namen und eigener Versionenkontrolle auszustatten.

XSLT
XSL wurde als allgemeine Stylesheet-Sprache für XML-Daten geschaffen. Die grundsätzliche Aufgabe von XSLT besteht darin, die XML-Datenstruktur in eine andere vorgegebene Struktur umzuwandeln.

Zeilenabstand
Der von Grundlinie zu Grundlinie gemessene Abstand zweier Zeilen.

Zeilendurchschuss
Auch: Zeilenzwischenraum; zur Schriftgröße zusätzlicher Abstand der Zeilen.

Zentriert
Flattersatz auf Mittelachse bzw. Ausrichtung von Objekten in Bezug auf eine Achse. Sollte im Schriftsatz nur für kurze Texte verwendet werden.

ZIP
Verlustloses Kompressionsverfahren für Dateien und Bilder, das auch in Mac OS X 10.3 integriert ist.

Zulaufen
Negative (weiße) Rasterpunkte, deren Größe oberhalb der Druckbarkeitsgrenze liegt, können »zulaufen«, das heißt: Sie werden nicht mehr differenziert gedruckt. Dies entsteht dadurch, dass die Druckplatte die Farbe auf das Papier quetscht.

36 Tastenkürzel

36.1 Tastaturen unter Mac und Windows

◂ **Abbildung 36.1**
Die Windows-Tastatur

◂ **Abbildung 36.2**
Die Mac-Tastatur

Die folgende Tabelle zeigt die Entsprechungen der Tasten Windows und Mac

Windows		Mac	
Steuerungstaste	[Strg] ❸	Befehl-Taste oder Apfel-Taste	[⌘] ❿
Alttaste	[Alt] ❺	Alttaste oder Wahltaste	[⌥] ❾
Umschalttaste	[⇧] ❷	Umschalttaste	[⇧] ❼
Tabulator	[⇆] ❶	Tabulator	[⇆] ❻
rechte Maustaste		Control-Taste	[Ctrl] ❽
Windows-Taste	[⊞]-Taste ❹		

▴ **Tabelle 36.1**
Windows und Mac: Tastenbelegungen

36.2 Werkzeuge

36.2.1 Werkzeuge und ihre Tastenkürzel – alphabetisch nach Werkzeugen geordnet

Werkzeug	Symbol	Tastenkürzel
Ankerpunkt hinzufügen		+
Ankerpunkt löschen		-
Auswahl		V
Buntstift		N
Direktauswahl		A
Drehen		R
Ellipse		L
Ellipsenrahmen		
Farbe anwenden		,
Flächen- und Konturaktivierung austauschen		X
Flächen- und Konturfarben austauschen		⇧ + X
Frei transformieren		E
Glätten		
Hand		H
Keine anwenden		#
Linienzeichner		<
Messwerkzeug		K
Notizen		
Pipette		↵
Polygon-Werkzeug		
Polygonrahmen		
Positionierungswerkzeug		⇧ + A

Werkzeug	Symbol	Tastenkürzel
Radieren		
Rechteck		M
Rechteckrahmen		F
Richtungspunkt umwandeln		⇧ + C
Schaltflächen		B
Schere		C
Skalieren		S
Standardflächen- und -konturfarben anwenden		D
Text		T
Text auf Pfad		⇧ + T
Verbiegen		O
Verlaufsfarben		G
Verlauf anwenden		.
Weiche Verlaufskante		
Zeichenstift		P
Zoom		Z
Zwischen den Ansichten NORMAL, VORSCHAU, ANSCHNITT und INFOBEREICH wechseln		W

36.3 Paletten

	Icon	Windows	Mac*
Absatz		Strg + Alt + T	⌥ + ⌘ + T
Absatzformate		F11	⌘ + F11
Ausrichten		⇧ + F7	⇧ + F7
Ebenen		F7	F7

	Icon	Windows	Mac*
Effekte		⇧ + Strg + F10	⇧ + ⌘ + F10
Farbe		F6	F6
Farbfelder		F5	F5
Glyphen		⇧ + Alt + F11	⇧ + ⌥ + F11
Index		⇧ + F8	⇧ + F8
Informationen		F8	F8
Kontur		F10	F10
Konturenführung		Strg + Alt + W	⌥ + ⌘ + W
Objektstile		Strg + F7	⌘ + F7
Seiten		F12	⌘ + F12
Separationsvorschau		⇧ + F6	⇧ + F6
Skripten		Strg + Alt + F11	⌥ + ⌘ + F11
Steuerung		Strg + Alt + 6	⌥ + ⌘ + 6
Tabelle		⇧ + F9	⇧ + F9
Verknüpfungen		⇧ + Strg + D	⇧ + ⌘ + D
Zeichen		Strg + T	⌘ + T
Zeichenformat		⇧ + F11	⇧ + ⌘ + F11

36.4 Datei

	Windows	Mac
Anlegen	Strg + N	⌘ + N
Öffnen	Strg + O	⌘ + O
Speichern	Strg + S	⌘ + S
Speichern, Kopie	Strg + Alt + S	⌘ + Alt + S
Speichern unter	⇧ + Strg + S	⇧ + ⌘ + S
Schließen	Strg + W, Strg + F4	⌘ + W, ⌘ + F4
Beenden	Strg + Q	⌘ + Q
Dateiinformationen	⇧ + Strg + Alt + ↵	⇧ + ⌘ + Alt + ↵
Dokument einrichten	Strg + Alt + P	⌘ + Alt + P

	Windows	Mac
Drucken	Strg + P	⌘ + P
Durchsuchen	Strg + Alt + O	⌘ + Alt + O
Exportieren	Strg + E	⌘ + E
Platzieren	Strg + D	⌘ + D
Preflight	⇧ + Strg + Alt + F	⇧ + ⌘ + Alt + F
Verpacken	⇧ + Strg + Alt + P	⇧ + ⌘ + Alt + P

36.5 Ansichten

	Windows	Mac
Auszoomen	Strg + -	⌘ + -
Einzoomen	Strg + +	⌘ + +
Anzeige: mit hoher Qualität	Strg + Alt + H	⇧ + ⌥ + ⌘ + H
Anzeige: schnell	⇧ + Strg + Alt + Z	⇧ + ⌥ + ⌘ + Z
Anzeige: typisch	Strg + Alt + Z	⌥ + ⌘ + Z
Ganze Montagefläche	⇧ + Strg + Alt + 0	⇧ + ⌥ + ⌘ + 0
Originalgröße	Strg + 1	⌘ + 1
Auswahl in Fenster einpassen	Strg + Alt + +	⌥ + ⌘ + +
Druckbogen in Fenster einpassen	Strg + Alt + 0 oder ein Doppelklick auf	⌥ + ⌘ + 0 oder ein Doppelklick auf
Seite in Fenster einpassen	Strg + 0	⌘ + 0
Größe 50 %	Strg + 5	⌘ + 5
Größe 200 %	Strg + 2	⌘ + 2
Größe 400 %	Strg + 4	⌘ + 4
Ansicht: zwischen aktueller und vorheriger wechseln	Strg + Alt + 2	⌥ + ⌘ + 2
Alle Paletten in Seiten-Registerkarten öffnen/schließen	Strg + Alt + ⇥	⌥ + ⌘ + ⇥
An Dokumentraster ausrichten	⇧ + Strg + ß	⇧ + ⌘ + ß
An Hilfslinien ausrichten	⇧ + Strg + Ü	⇧ + ⌘ + Ü
An Grundlinienraster ausrichten	⇧ + Strg + Alt + G	⇧ + ⌥ + ⌘ + G

36.5.1 Ein- und ausblenden

	Windows	Mac
Lineale	Strg + R	⌘ + R
Rahmenkanten	Strg + H	Ctrl + ⌘ + H
Dokumentraster	Strg + ß	⌘ + ß
Grundlinienraster	Strg + Alt + ß	⌥ + ⌘ + ß
Hilfslinien	Strg + Ü	⌘ + Ü

	Windows	Mac
Struktur	Strg + Alt + 1	⌥ + ⌘ + 1
Textverkettungen	Strg + Alt + Y	⌥ + ⌘ + Y
Alle Paletten außer Werkzeugpalette	⇧ + ⇆	⇧ + ⇆
Alle Paletten	⇆	⇆
Alle Hilfslinien auswählen	Strg + Alt + G	⌥ + ⌘ + G
Hilfslinien sperren	Strg + Alt + Ü	⌥ + ⌘ + Ü

36.6 Bewegen im Layout

	Windows	Mac
Seite hinzufügen	⇧ + Strg + P	⇧ + ⌘ + P
Gehe zur ersten Seite	⇧ + Strg + Bild ↑	⇧ + ⌘ + Bild ↑
Gehe zur letzten Seite	⇧ + Strg + Bild ↓	⇧ + ⌘ + Bild ↓
Eine Bildschirmlänge nach oben/nach unten	Bild ↑/Bild ↓	Bild ↑/Bild ↓
Vorheriger Druckbogen	Alt + Bild ↑	⌥ + Bild ↑
Nächster Druckbogen	Alt + Bild ↓	⌥ + Bild ↓
Zurück zur letzten Seite	Strg + Bild ↑	⇧ + Bild ↑
Vor zur letzten Seite	Strg + Bild ↓	⇧ + Bild ↓
Gehe zu Zoomfeld	Strg + Alt + 5	⌥ + ⌘ + 5
Gehe zu Seiteneingabe	Strg + J	⌘ + J
Bildschirm neu aufbauen	⇧ + F5	⇧ + F5
Zum nächsten Dokument wechseln	Strg + F6	⌘ + <

36.7 Rahmen und Objekte

36.7.1 Objekt auswählen

	Windows	Mac
Erstes Objekt darüber	⇧ + Strg + Alt + Ä	⇧ + ⌥ + ⌘ + Ä
Letztes Objekt darunter	⇧ + Strg + Alt + Ö	⇧ + ⌥ + ⌘ + Ö
Nächstes Objekt darüber	Strg + Alt + Ä	⌥ + ⌘ + Ä
Nächstes Objekt darunter	Strg + Alt + Ö	⌥ + ⌘ + Ö

36.7.2 Objekte duplizieren und verschieben*

	Windows	Mac
Verschieben nach links, oben, unten, rechts	Pfeiltasten	Pfeiltasten
Um ein Zehntel verschieben	⇧ + Strg + Pfeiltasten	⇧ + ⌘ + Pfeiltasten

	Windows	Mac
Auswahl um das Zehnfache verschieben	⇧ + Pfeiltasten	⇧ + Pfeiltasten

* Die Einheiten, um die hier verschoben wird, können Sie in den Voreinstellungen unter EINHEITEN UND EINTEILUNGEN • TASTATURSCHRITTE • PFEILTASTEN bestimmen.

36.7.3 Größe ändern

	Windows	Mac
Um 1 % vergrößern	Strg + .	⌘ + .
Um 5 % vergrößern	Strg + Alt + .	⌥ + ⌘ + .
Um 1 % verkleinern	Strg + ,	⌘ + ,
Um 5 % verkleinern	Strg + Alt + ,	⌥ + ⌘ + ,

36.7.4 Objekt anordnen

	Windows	Mac
Anordnen: in den Hintergrund	⇧ + Strg + Ö	⇧ + ⌘ + Ö
Anordnen: in den Vordergrund	⇧ + Strg + Ä	⇧ + ⌘ + Ä
Anordnen: schrittweise nach hinten	Strg + Ö	⌘ + Ö
Anordnen: schrittweise nach vorne	Strg + Ä	⌘ + Ä

36.7.5 Inhalt und Rahmen anpassen

	Windows	Mac
Inhalt an Rahmen	Strg + Alt + E	⌥ + ⌘ + E
Inhalt proportional	⇧ + Strg + Alt + E	⇧ + ⌥ + ⌘ + E
Inhalt zentrieren	⇧ + Strg + E	⇧ + ⌘ + E
Rahmen an Inhalt	Strg + Alt + C	⌥ + ⌘ + C
Rahmen proportional füllen	⇧ + Strg + Alt + C	⇧ + ⌥ + ⌘ + C

36.7.6 Sonstige Befehle für Objekte

	Windows	Mac
Beschneidungspfad	⇧ + Strg + Alt + K	⇧ + ⌥ + ⌘ + K
Erneut transformieren	Strg + Alt + 3	⌥ + ⌘ + 3
Erneut transformieren: Abfolge	Strg + Alt + 4	⌥ + ⌘ + 4
Gruppieren	Strg + G	⌘ + G
Gruppierung aufheben	⇧ + Strg + G	⇧ + ⌘ + G
In Pfade umwandeln	⇧ + Strg + O	⇧ + ⌘ + O
Position entsperren	Strg + Alt + L	⌥ + ⌘ + L
Position sperren	Strg + L	⌘ + L

	Windows	Mac
Schlagschatten	Strg + Alt + M	⌥ + ⌘ + M
Textrahmenoptionen	Strg + B	⌘ + B
Verschieben	⇧ + Strg + M	⇧ + ⌘ + M

36.8 Textformatierung

36.8.1 Cursor bewegen im Text

	Windows	Mac
An das Zeilenende	Ende	Ende
An den Zeilenanfang	Pos1	Pos1
Ein Wort nach links	Strg + ←	⌘ + ←
Ein Wort nach rechts	Strg + →	⌘ + →
Ein Zeichen nach links	←	←
Ein Zeichen nach rechts	→	→
Eine Zeile nach oben	↑	↑
Eine Zeile nach unten	↓	↓
Zum nächsten Absatz	Strg + ↓	⌘ + ↓
Zum vorherigen Absatz	Strg + ↑	⌘ + ↑
Zum Anfang des Textabschnitts	Strg + Pos1	⌘ + Pos1
Zum Ende des Textabschnitts	Strg + Ende	⌘ + Ende

36.8.2 Mit dem Cursor Wörter auswählen

	Windows	Mac
Bis zum Anfang der Zeile auswählen	⇧ + Pos1	⇧ + Pos1
Bis zum Ende der Zeile auswählen	⇧ + Ende	⇧ + Ende
Bis zum Anfang des Textabschnitts auswählen	⇧ + Strg + Pos1	⇧ + ⌘ + Pos1
Bis zum Ende des Textabschnitts auswählen	⇧ + Strg + Ende	⇧ + ⌘ + Ende
Linkes Wort auswählen	⇧ + Strg + ←	⇧ + ⌘ + ←
Rechtes Wort auswählen	⇧ + Strg + →	⇧ + ⌘ + →
Linkes Zeichen auswählen	⇧ + ←	⇧ + ←
Rechtes Zeichen auswählen	⇧ + →	⇧ + →
Nächsten Absatz auswählen	⇧ + Strg + ↓	⇧ + ⌘ + ↓
Vorherigen Absatz auswählen	⇧ + Strg + ↑	⇧ + ⌘ + ↑
Zeile auswählen	⇧ + Strg + ´	⇧ + ⌘ + ´
Zeile darüber auswählen	⇧ + ↑	⇧ + ↑
Zeile darunter auswählen	⇧ + ↓	⇧ + ↓

36.8.3 Ausrichtung und Einzug

	Windows	Mac
Blocksatz	⇧ + Strg + J	⇧ + ⌘ + J
Blocksatz (inkl. letzte Zeile)	⇧ + Strg + F	⇧ + ⌘ + F
Linksbündig	⇧ + Strg + L	⇧ + ⌘ + L
Rechtsbündig	⇧ + Strg + R	⇧ + ⌘ + R
Zentriert	⇧ + Strg + C	⇧ + ⌘ + C
Einzug bis hierhin	Strg + ´	⌘ + ´

36.8.4 Auszeichnung

	Windows	Mac
Fettdruck anwenden	⇧ + Strg + B	⇧ + ⌘ + B
Kursivdruck anwenden	⇧ + Strg + ↵	⇧ + ⌘ + ↵
Normal anwenden	⇧ + Strg + Y	⇧ + ⌘ + Y
Durchgestrichen	⇧ + Strg + #	⇧ + ⌘ + #
Großbuchstaben	⇧ + Strg + K	⇧ + ⌘ + K
Hochgestellt	⇧ + Strg + +	⇧ + ⌘ + +
Kapitälchen	⇧ + Strg + H	⇧ + ⌘ + H
Tiefgestellt	⇧ + Strg + Alt + +	⇧ + ⌥ + ⌘ + +
Unterstrichen	⇧ + Strg + U	⇧ + ⌘ + U
Kerning und Laufweite zurücksetzen	Strg + Alt + Q	⌥ + ⌘ + Q
Kerning/Laufweite fünffach erhöhen	Strg + Alt + →	⌥ + ⌘ + →
Kerning/Laufweite fünffach verringern	Strg + Alt + ←	⌥ + ⌘ + ←
Kerning/Laufweite erhöhen	Alt + →	⌥ + →
Kerning/Laufweite verringern	Alt + ←	⌥ + ←
Schriftgrad fünffach erhöhen	⇧ + Strg + Alt + .	⇧ + ⌥ + ⌘ + .
Schriftgrad fünffach verringern	⇧ + Strg + Alt + ,	⇧ + ⌥ + ⌘ + ,
Schriftgrad erhöhen	⇧ + Strg + .	⇧ + ⌘ + .
Schriftgrad verringern	⇧ + Strg + ,	⇧ + ⌘ + ,
Wortabstand fünffach vergrößern	⇧ + Strg + Alt + <	⇧ + ⌥ + ⌘ + <
Wortabstand fünffach verkleinern	⇧ + Strg + Alt + ←	⇧ + ⌥ + ⌘ + ←
Wortabstand vergrößern	Strg + Alt + <	⌥ + ⌘ + <
Wortabstand verkleinern	Strg + Alt + ←	⌥ + ⌘ + ←
Zeilenabstand fünffach erhöhen	Strg + Alt + ↓	⌥ + ⌘ + ↓
Zeilenabstand fünffach verringern	Strg + Alt + ↑	⌥ + ⌘ + ↑
Zeilenabstand erhöhen	Alt + ↓	⌥ + ↓
Zeilenabstand verringern	Alt + ↑	⌥ + ↑
Autom. Zeilenabstand	⇧ + Strg + Alt + A	⇧ + ⌥ + ⌘ + A

	Windows	Mac
Grundlinienversatz fünffach erhöhen	⇧ + Strg + Alt + ↑	⇧ + ⌥ + ⌘ + ↑
Grundlinienversatz fünffach verringern	⇧ + Strg + Alt + ↓	⇧ + ⌥ + ⌘ + ↓
Grundlinienversatz erhöhen	⇧ + Alt + ↑	⇧ + ⌥ + ↑
Grundlinienversatz verringern	⇧ + Alt + ↓	⇧ + ⌥ + ↓
Normale horizontale Textskalierung	⇧ + Strg + X	⇧ + ⌘ + X
Normale vertikale Textskalierung	⇧ + Strg + Alt + X	⇧ + ⌥ + ⌘ + X

36.8.5 Umbruch

	Windows	Mac
Absatzmarke	Alt + 7	⌥ + 7
Absatzumbruch	↵	↵
Alle Textabschnitte neu umbrechen	Strg + Alt + #	⌥ + ⌘ + #
Harter Zeilenumbruch	⇧ + ↵	⇧ + ↵
Seitenumbruch	Enter	⌅

36.8.6 Suche/ersetzen

	Windows	Mac
Weitersuchen	⇧ + F2	⇧ + F2
Auswahl in Ersetzen durch laden	Strg + F2	⌘ + F2
Auswahl in Suchen nach laden	Strg + F1	⌘ + F1
Auswahl in Suchen nach laden und weitersuchen	⇧ + F1	⇧ + F1
Durch Ersetzen durch-Text ersetzen	Strg + F3	⌘ + F3
Durch Ersetzen durch-Text ersetzen und weitersuchen	⇧ + F3	⇧ + F3

36.8.7 Leerzeichen, Striche, Sonderzeichen

	Windows	Mac
Geviert-Leerzeichen	⇧ + Strg + M	⇧ + ⌘ + M
Halbgeviert-Leerzeichen	⇧ + Strg + N	⇧ + ⌘ + N
Achtelgeviert-Leerzeichen	⇧ + Strg + Alt + M	⇧ + ⌥ + ⌘ + M
Geschütztes Leerzeichen	Strg + Alt + X	⌥ + ⌘ + X
Geschützter Trennstrich	Strg + Alt + -	⌥ + ⌘ + -
Bedingter Trennstrich	⇧ + Strg + -	⇧ + ⌘ + -
Geviertstrich	⇧ + Alt + -	⇧ + ⌥ + -
Halbgeviertstrich	Alt + -	⌥ + -
Öffnendes Anführungszeichen	Alt + Ö	

	Windows	Mac
Öffnendes einfaches Anführungszeichen	Alt + Ä	
Schließendes Anführungszeichen	⇧ + Alt + Ö	
Schließendes einfaches Anführungszeichen	⇧ + Alt + Ä	
Aufzählungszeichen	Alt + 8	⌥ + Ü
Auslassungszeichen	Alt + Ü	
Copyright-Symbol (©)	Alt + G	⌥ + G
Paragraphenzeichen	Alt + 6	
Symbol für eingetragene Marke (®)	Alt + R	⌥ + R

36.8.8 Sonstige Arbeiten mit Text

	Windows	Mac
Typografische Anführungszeichen ein/aus	⇧ + Strg + Alt + ß	⇧ + ⌥ + ⌘ + ß
Verborgene Zeichen einblenden	Strg + Alt + ↵	⌥ + ⌘ + ↵
Absatzlinien	Strg + Alt + J	⌥ + ⌘ + J
Absatzumbruchoptionen	Strg + Alt + K	⌥ + ⌘ + K
Abstände	⇧ + Strg + Alt + J	⇧ + ⌥ + ⌘ + J
Initialen und verschachtelte Formate	Strg + Alt + R	⌥ + ⌘ + R
Absatzformat neu definieren	⇧ + Strg + Alt + R	⇧ + ⌥ + ⌘ + R
Zeichenformat neu definieren	⇧ + Strg + Alt + C	⇧ + ⌥ + ⌘ + C
Alle Musterseitenobjekte übergehen	⇧ + Strg + Alt + L	⇧ + ⌥ + ⌘ + L
Tags automatisch erstellen	⇧ + Strg + Alt + F7	⇧ + ⌥ + ⌘ + F7
Liste fehlender Schriftarten aktualisieren	⇧ + Strg + Alt + #	⇧ + ⌥ + ⌘ + #
Autom. Silbentrennung ein/aus	⇧ + Strg + Alt + H	⇧ + ⌥ + ⌘ + H
Automatische Seitenzahl	⇧ + Strg + Alt + N	⇧ + ⌥ + ⌘ + N

36.9 Tabelle

	Windows	Mac
Tabelle einrichten	⇧ + Strg + Alt + B	⇧ + ⌥ + ⌘ + B
Auswählen		
Tabelle auswählen	Strg + Alt + A	⌥ + ⌘ + A
Spalte auswählen	Strg + Alt + 3	⌥ + ⌘ + 3
Zeile auswählen	Strg + 3	⌘ + 3
Zelle auswählen	Strg + #	⌘ + #
Zellen darüber auswählen	⇧ + ↑	⇧ + ↑
Zellen darunter auswählen	⇧ + ↓	⇧ + ↓
Zellen zur Linken auswählen	⇧ + ←	⇧ + ←

	Windows	Mac
Zellen zur Rechten auswählen	⇧ + →	⇧ + →
Einfügen		
Tabelle einfügen	⇧ + Strg + Alt + T	⇧ + ⌥ + ⌘ + T
Spalte einfügen	Strg + Alt + 9	⌥ + ⌘ + 9
Zeile einfügen	Strg + 9	⌘ + 9
Zeilen oder Spalten beim Ziehen einfügen	Zeilen- oder Spaltenrand ziehen, dann Alt drücken und weiter ziehen	Zeilen- oder Spaltenrand ziehen, dann ⌥ drücken und weiter ziehen
Löschen		
Spalte löschen	⇧ + ←	⇧ + ←
Zeile löschen	Strg + ←	⌘ + ←
Zeilen oder Spalten beim Ziehen löschen	Zeilen- oder Spaltenrand ziehen, dann Alt drücken und weiter ziehen	Zeilen- oder Spaltenrand ziehen, dann ⌥ drücken und weiter ziehen
Cursor bewegen		
In benachbarte Zelle bewegen	Pfeiltasten	Pfeiltasten
Zur nächsten bzw. vorherigen Zelle gehen	⇆ bzw. ⇧ + ⇆	⇆ bzw. ⇧ + ⇆
Zur ersten bzw. letzten Zelle in Spalte gehen	Alt + Bild↑/Bild↓	⌥ + Bild↑/Bild↓
Zur ersten bzw. letzten Zelle in Zeile gehen	Alt + Pos1 bzw. Ende	⌥ + Pos1 bzw. Ende
Weitere Befehle		
Zellen-/Textauswahl wechseln	Esc-Taste	Esc-Taste
Zellenoptionen: Text	Strg + Alt + B	⌥ + ⌘ + B
Zeile in nächstem Rahmen beginnen	⇧ + Enter	⇧ + ⌅
Zeile in nächster Spalte beginnen	Enter	⌅
Größe der Zeilen oder Spalten verändern, ohne die Größe der Tabelle zu ändern	⇧ + inneren Zeilen- oder Spaltenrand ziehen	⇧ + inneren Zeilen- oder Spaltenrand ziehen
Größe von Zeilen oder Spalten proportional ändern	⇧ + Tabellenrand ziehen	⇧ + Tabellenrand ziehen

36.9.1 Tabulatoren

	Windows	Mac
Tabulator	⇆	⇆
Tabulator für Einzug rechts	⇧ + ⇆	⇧ + ⇆
Tabulatoren	⇧ + Strg + T	⇧ + ⌘ + T

36.10 Index

	Windows	Mac
Index-Palette öffnen	⇧ + F8	⇧ + F8
Indexeintrag erstellen, ohne das Dialogfeld zu öffnen	⇧ + Strg + Alt + Ö	⇧ + ⌥ + ⌘ + Ö
Dialogfeld INDEXEINTRAG öffnen	Strg + U	⌘ + U
Indexeintrag für Eigennamen (Nachname, Vorname) erstellen	⇧ + Strg + Alt + Ä	⇧ + ⌥ + ⌘ + Ä

36.11 XML: Struktur, Navigation

	Windows	Mac
Bis zum ersten XML-Knoten auswählen	⇧ + Pos1	⇧ + Pos1
Bis zum letzten XML-Knoten auswählen	⇧ + Ende	⇧ + Ende
Element erweitern	→	→
Element und untergeordnete Elemente erweitern	Alt + →	⌥ + →
Elementstruktur ausblenden	←	←
Ersten XML-Knoten auswählen	Pos1	Pos1
Letzten XML-Knoten auswählen	Ende	Ende
Nächsten Validierungsfehler anzeigen	Strg + →	⌘ + →
Struktur für Element und untergeordnete Elemente ausblenden	Alt + ←	⌥ + ←
Strukturfenster einen Bildschirm nach oben	Bild ↑	Bild ↑
Strukturfenster einen Bildschirm nach unten	Bild ↓	Bild ↓
Vorherigen Validierungsfehler anzeigen	Strg + ←	⌘ + ←
XML-Auswahl nach oben erweitern	⇧ + ↑	⇧ + ↑
XML-Auswahl nach oben verschieben	↑	↑
XML-Auswahl nach unten erweitern	⇧ + ↓	⇧ + ↓
XML-Auswahl nach unten verschieben	↓	↓

36.12 Tastenkürzel für den Mac

36.12.1 Dock und Programme

Dock ein- und ausblenden	⌘ + ⌥ + D
Aktives Programm ausblenden	⌘ + H
Andere Programme ausblenden	⌘ + ⌥ + H
Aktives Programmfenster im Dock ablegen	⌘ + M

Dock ein- und ausblenden	⌘ + ⌥ + D
Zwischen geöffneten Programmen wechseln	⌘ + ⇥
Hilfe öffnen	⌘ + ?
Wechselmedium oder externe Festplatte auswerfen	⌘ + E
Fenster Programme sofort beenden aufrufen	⌘ + ⌥ + Esc
Aktives Programm sofort beenden	⌘ + ⌥ + ⇧ + Esc

36.12.2 Finder

Neues Fenster	⌘ + N
Fenster schließen	⌘ + W
Alle Fenster schließen	⌘ + ⌥ + W
Fenster im Dock ablegen	⌘ + M
Ordner »Privat« öffnen	⌘ + ⇧ + H
Programmordner öffnen	⌘ + ⇧ + A
Fenster in Symbolansicht darstellen	⌘ + 1
Fenster in Listenansicht darstellen	⌘ + 2
Fenster in Spaltenansicht darstellen	⌘ + 3
Objekt zur Seitenleiste hinzufügen	⌘ + T
Neuen Ordner anlegen	⌘ + ⇧ + N
Suchen	⌘ + F
Ordner oder Datei kopieren	⌘ + C
Ordner oder Datei einsetzen	⌘ + V
Bewegen oder Kopieren eines Objekts rückgängig machen	⌘ + Z
Objekt in den Papierkorb legen	⌘ + ←
Papierkorb ausleeren	⌘ + ⇧ + ←
Fenster Information öffnen	⌘ + ↵
Alias erzeugen	⌘ + L
Original eines Alias finden	⌘ + R
In den Dialogfenstern Öffnen und Sichern zum Schreibtisch wechseln	⌘ + D

36.12.3 Rechnerstart

Startvolume auswählen (Startmanager)	⌥
Von CD oder DVD starten	C
CD oder DVD auswerfen	Maustaste gedrückt halten
Im gesicherten Modus starten	⇧
Im Single-User-Modus starten	⌘ + S
Im Target-Disk-Modus starten	T

NVRAM zurücksetzen	⌘ + ⌥ + P + R
Mit Open Firmware starten	⌘ + ⌥ + O + F

36.12.4 Ausschalten

Ausschaltdialog aufrufen	Ctrl + Auswurftaste
Ruhezustand (nur bei manchen Rechnermodellen)	Kurz auf die Einschalttaste drücken
Zwangsweiser Neustart	⌘ + Ctrl + Auswurftaste
Zwangsabschalten	Einschalttaste mehrere Sekunden drücken

36.12.5 Bildschirmfotos

Ganzer Bildschirm	⌘ + ⇧ + 3
Ausschnitt	⌘ + ⇧ + 4
Fenster	⌘ + ⇧ + 4 und anschließend Leertaste

36.13 Tastenkürzel für Windows

36.13.1 Tricks mit der Windows-Taste

Ausführen-Dialog öffnen	⊞ + R
Alle Fenster minimieren	⊞ + M
Alle minimierten Fenster wieder herstellen	⊞ + ⇧ + M
Systemeigenschaften einblenden	⊞ + Pause
Suchen-Dialog aufrufen	⊞ + F
Computer sperren	⊞ + L
Lupe & Bildschirmtastatur aufrufen	⊞ + U

36.13.2 Explorer

Windows Explorer öffnen	⊞ + E
Eigenschaften eines Ordners	Alt + ↵
Alle Unterordner öffnen	Num + *
Eine Ordnerebene nach oben	←

36.13.3 Text markieren

Einfügemarke an den Anfang des nächsten Wortes setzen	Strg + →
Einfügemarke an den Anfang des vorigen Wortes setzen	Strg + ←

Einfügemarke an den Anfang des nächsten Absatzes setzen	Strg + ↓
Einfügemarke an den Anfang des vorigen Absatzes setzen	Strg + ↑

36.13.4 Sonstiges

Kopieren	Strg + C
Ausschneiden	Strg + X
Einfügen	Strg + V
Aktionen rückgängig machen	Strg + Z
Alles markieren	Strg + A
Löschen	Entf
Aktives Fenster schließen	Alt + F4
Element löschen, ohne es in den Papierkorb abzulegen	⇧ + Entf
Kopie durch Ziehen erzeugen	Strg
Umbenennen	F2
Datei oder Ordner suchen	F3
Aktives Fenster aktualisieren	F5
Zwischen geöffneten Fenstern wechseln	Alt + ⇆
Elemente in der Reihenfolge durchlaufen, in der sie geöffnet wurden	Alt + Esc
Kontextmenü öffnen	Alt + Leertaste

37 Die DVD zum Buch

Die DVD zum Buch ist eine wahre Fundgrube, die Ihnen viel Freude bei der Arbeit mit InDesign CS3 bereiten wird. Sie finden weiterführendes Material von Herstellern, Drittanbietern und Arbeitsgruppen als PDF-Dateien. Darüber hinaus können Sie anhand des Demomaterials die im Buch gezeigten Werkzeuge und Funktionen selbst ausprobieren.

Die DVD setzt sich aus folgenden Verzeichnissen zusammen:

1. Adobe-Testversionen
2. Beispielmaterial
3. Plugins_Demoversionen
4. Sonstiges
5. Video-Lektionen

Damit Sie einen Überblick über die einzelnen Ordner bekommen, möchte ich Ihnen die Inhalte kurz vorstellen.

37.1 Adobe-Testversionen

Das Verzeichnis InDesign CS3 enthält eine 30-Tage-Vollversion von InDesign CS3 für Mac und Windows. Die Version ist in deutscher Sprache.

Im Verzeichnis InCopy CS3 finden Sie eine englische 30-Tage-Testversion für InCopy CS3, dem Texteditor für InDesign.

Für beide Testversionen gilt: Um das Programm zu installieren, sollten Sie die komplette Installationsdatei auf Ihre Festplatte kopieren. Sollten Sie bereits einmal eine Demoversion von InDesign bzw. InCopy auf Ihrem Rechner installiert gehabt haben, so ist die erneute Installation einer Testversion nicht möglich.

37.2 Beispielmaterial

In diesen Ordnern finden Sie viele praktische Beispiele wieder, die in diesem Buch verwendet wurden. Dies sind u.a.

- Effekte, die in InDesign CS3 komplett überarbeitet und erweitert wurden.
- Tabellen mit ihren Tabellen- und Zellenformaten.
- Aufzählungen mit noch mehr Möglichkeiten.
- Variablen, mit denen es endlich möglich ist, lebende Kolumnentitel zu erstellen.

37.3 Plugins_Demoversionen

Weitere Infos zu den Plugins

Genauere Informationen zu allen Plugins, die sich als Demoversionen auf der DVD befinden, bieten wir im Plugin-Kapitel.

Im Buch besprechen wir Plug-ins, die Ihre Arbeit mit InDesign vereinfachen können. Zu vielen davon gibt es eine Demoversion, die wir Ihnen hier auf der Buch-DVD mitliefern können. Die in diesem Ordner abgelegten Dateien können Sie probeweise in dem Plugins-Ordner von InDesign CS3 platzieren und dann verwenden.

37.3.1 Axaio_MadetoPrint

Automatisierungswerkzeug, das einen oder mehrere Druckaufträge für verschiedene Ausgabegeräte über eine einzige Dialogbox steuert.

- Unterstützte Version: InDesign CS und InDesign CS2, InCopy CS und InCopy CS2, CS3 ist angekündigt.
- Für Windows und Mac

37.3.2 Booklet CE: Das Skript zum Ausschießen von Druckbögen

Zum Ausschießen von InDesign-Dateien.

- Unterstützte Version: InDesign CS3
- Für Windows und Mac

37.3.3 Codeware Xactuell

Für SQL-Datenbanken: Stellt Inhalte für das InDesign-Layout bereit

- Unterstütze Version: InDesign CS
- Windows XP und Mac OS X

37.3.4 DTP-Tools History

Protokoll-Palette auch für InDesign CS2

- Unterstützte Versionen: InDesign CS, InDesign CS2 und InCopy
- Windows und Mac

37.3.5 InMath

InMath ermöglicht den mathematischer Formelsatz auf Basis von OpenType-Fonts. Der Ordner enthält neben dem Plug-in selbst eine Bedienungsanleitung als PDF, ein PDF-Dokument zum Online-Anfordern eines Linzentschlüssels, die Nutzungsbedingungen und einige Beispiele.

- Unterstützte Version: InDesign CS, InDesign CS2, InDesign CS3, InCopy CS, InCopy CS2 und InCopy CS3
- Für Mac und Windows

37.3.6 Pagino

Dieses Plugin unterstützt Pivot-Tabellen aus Excel.

- Unterstützte Version: InDesign CS2
- Nur Windows
- Infos unter *http://www.pagino.de*

37.3.7 Softcare_Overset-Manager

Mit Softcare Overset Manager können Sie als Benutzer von Adobe InDesign und Adobe InCopy Texte und Übersatz getrennt auszählen.

- Unterstützte Version: InDesign CS, InDesign CS2 und InDesign CS3 wie auch InCopy CS, InCopy CS2 und InCopy CS3
- Für Windows und Mac

37.3.8 Sonar Bookends

InXref | Querverweise auf andere InDesign-Seiten oder Dokumente innerhalb eines InDesign-Buches.

Sonar Bookends InSeq | technische Dokumentationen, erstellt hierarchische Nummerierungen von Absätzen oder Tabellen.

Sonar Bookends InFnote | InFnote ist eine Fuß- und Endnotenverwaltung

Sonar Bookends InDex Pro | ermöglichen die Indexerstellung über eine vorgegebene Liste von Wörtern oder Eigennamen.

- Unterstützte Versionen: InDesign CS, InDesign CS2 und InDesign CS3
- Windows und Mac

37.3.9 Woodwing Smart Catalog

SmartCatalog dient der Befüllung von Layouts mit Datenbankinhalten.

- Unterstützte Version: InDesign CS2
- 30-Tage-Version

37.3.10 Woodwing Smart Styles

Arbeiten mit Stilen

- Unterstützte Version: InDesign CS2
- Windows 2000 SP 3 und XP, Mac OS X ab 10.2.8
- 30-Tage-Version

37.3.11 Woodwing Smart Connection

Übergabe der Dateien vom Server zu InDesign oder InCopy. Die Pro-Version stellt in Verbindung mit InDesign und InCopy ein vollständiges Redaktionssystem dar.

- Unterstützte Version: InDesign CS2, InCopy CS2
- Windows 2000 SP 3 und XP, Mac OS X ab 10.2.8
- 30-Tage-Version

37.4 Sonstiges

37.4.1 ECI_Offset_2007-08-15

Hier finden Sie aktuelle Farbprofile der European Color Initiative (ECI).

37.4.2 PDF

Das PDF-Dokument »PDFReference16.pdf« befasst sich mit allgemeinen Informationen rund um das Thema PDF, das Dokument »pdfx_white_paper.pdf« bietet Informationen zum Thema PDF/X. Beide Dokumente sind in englischer Sprache verfasst.

37.4.3 PostScript

In diesem Ordner liegt ein englischsprachiges PDF, das Ihnen das Thema PostScript näherbringt, angefangen von der ersten Idee und der Geschichte bis zu den verschiedenen Fonts.

37.4.4 Scripting

In diesem Ordner finden Sie Skripting-PDFs und Beispiel-Skripte.

In den Dateien »Adobe_Intro_to_Scripting1.pdf« und »InDesignCS3_Scripting_Tutorial.pdf« wird erklärt, wie man solche Skripte entwickelt. Die in diesen Dateien angesprochenen Skripte finden Sie im Ordner »InDesign CS3 Tutorial Scripts«.

Des Weiteren sind Scripting-Guides (»InDesignCS3_Scripting-Guide_AS.pdf«, »InDesignCS3_ScriptingGuide_JS.pdf«, »InDesign CS3_ScriptingGuide_VB.pdf«) für verschiedene Programmiersprachen zu finden. Die in diesen PDFs angesprochenen Skripte liegen im Ordner »InDesign CS3 Guide Scripts«.

Wenn Sie erfahren möchten, wofür Sie diese Scripte verwenden können, genügt es, sie in einem Texteditor zu öffnen. Am Anfang eines jeden Skripts steht seine Beschreibung.

37.4.5 Softcare K4_Infomaterial

Dieser Ordner bietet, wie der Name schon sagt, Infomaterial zu Softcare K4.

37.4.6 XML

Die »InDesign_and_XML_Technical_Reference.pdf« beschreibt die Bedeutung von XML und geht Schritt für Schritt auf die Arbeitsweise mit InDesign ein. Auch der »InDesign_User_Guide_XML_chapter.pdf« gibt eine kurze Einführung in das Thema XML und fährt dann mit der konkreten Anwendung fort.

37.5 Video-Lektionen

In diesem Ordner finden Sie ein attraktives Special: Als Ergänzung zum Buch möchten wir Ihnen relevante Lehrfilme zur Verfügung stellen. So haben Sie die Möglichkeit, dieses neue Lernmedium kennen zu lernen und gleichzeitig Ihr Wissen um InDesign CS3 zu vertiefen. Sie schauen dem Trainer bei der Arbeit zu und verstehen intuitiv, wie man die erklärten Funktionen anwendet.

37.5.1 Training starten

Um das Training zu starten, gehen Sie auf der Buch-DVD in den Ordner Video-Lektionen und klicken dort auf der obersten Ebene als Windows-Benutzer die Datei »Start-PC.exe« an (als Mac-Anwender die Datei »Start-Mac«). Alle anderen Dateien können Sie ignorieren.

Das Video-Training startet und Sie finden sich auf der Oberfläche wieder.

37.5.2 Inhalt des Trainings

Bitte klicken Sie im rechten Bereich auf einen Lektionen-Namen, und schon läuft die Video-Lektion los. Sie finden folgende Filme:

Kapitel 1: Grundlagen und Farbmanagement

Neue Funktionen in InDesign CS3 (08:28)
Weitere neue Funktionen (08:15)
Tipps für QuarkXPress-Umsteiger (11:15)

Farbmanagement (06:48)
Farbeinstellungen (11:24)

Kapitel 2: Arbeiten mit Objekten und Text
Objekte ausrichten, verteilen und stapeln (08:53)
Inhalte und Container (11:57)
Glyphen und Sonderzeichen (04:51)
Steuerzeichen und Sonderzeichen (10:36)

Kapitel 3: Effekte und fortgeschrittene Funktionen
Ebeneneffekte und Objektstile (07:00)
Transparenzeffekte (08:49)
Effekte einsetzen (08:45)
Bibliotheken anlegen (07:56)
Verankerte Objekte (11:49)
Der Druckfarben-Manager (03:47)

Sollten Sie **Probleme bei der Verwendung** des Video-Trainings haben, so finden Sie Hilfe unter *http://www.galileodesign.de/hilfe/Videotrainings_FAQ*.

Viel Spaß beim Lernen am Bildschirm!

Index

B

C

D

E

F

G

H

I

J

K

L

M

N

O

P

Q

R

S

T

U

V

W

X

Z

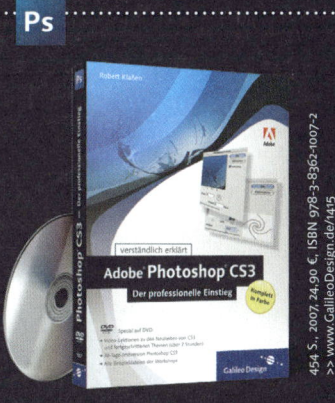

Bibliografische Information der Deutschen Bibliothek
Die Deutsche Bibliothek verzeichnet diese Publikation in der Deutschen Nationalbibliografie; detaillierte bibliografische Daten sind im Internet über http://dnb.ddb.de abrufbar.

ISBN 978-3-8362-1012-6

1. Auflage 2007

Der Name Galileo Press geht auf den italienischen Mathematiker und Philosophen Galileo Galilei (1564–1642) zurück. Er gilt als Gründungsfigur der neuzeitlichen Wissenschaft und wurde berühmt als Verfechter des modernen, heliozentrischen Weltbilds. Legendär ist sein Ausspruch Eppur se muove (Und sie bewegt sich doch). Das Emblem von Galileo Press ist der Jupiter, umkreist von den vier Galileischen Monden. Galilei entdeckte die nach ihm benannten Monde 1610.

Lektorat Ruth Lahres
Korrektorat Friederieke Daenecke, Zülpich
Herstellung Vera Brauner
Einbandgestaltung Hannes Fuß, www.exclam.de
Typografie und Layout Vera Brauner
Satz Satzpro, Krefeld
Druck Himmer AG, Augsburg

Dieses Buch wurde gesetzt aus der Linotype Syntax (9,25pt/13 pt) in Adobe InDesign CS3. Gedruckt wurde es auf Offsetpapier (100 g/m²).

Gerne stehen wir Ihnen mit Rat und Tat zur Seite:
ruth.lahres@galileo-press.de
bei Anmerkungen zum Inhalt des Buches

service@galileo-press.de
für versandkostenfreie Bestellungen und Reklamationen

ralf.kaulischgalileo-press.de
für Rezensions- und Schulungsexemplare